*Schriften des Instituts für Arbeits-
und Wirtschaftsrecht der Universität zu Köln*

*Begründet von Hans Carl Nipperdey
herausgegeben von Martin Henssler und Herbert Wiedemann*

Band 101

Tarifautonomie im Zugriff des Gesetzgebers

Verfassungsrechtliche Grundlagen
einer Änderung des Tarifrechts
und Möglichkeiten zur Anpassung
von Tarifverträgen an geändertes Gesetzesrecht

von

DR. FRANK MASCHMANN

Professor an der Universität Mannheim

VERLAG C.H. BECK MÜNCHEN 2007

Verlag C.H. Beck im Internet:
beck.de

ISBN 978-3-406-54033-2

© 2007 Verlag C.H. Beck oHG
Wilhelmstr. 9, 80801 München

Als Habilitationsschrift auf Empfehlung
der Juristischen Fakultät der Universität Passau
gedruckt mit Unterstützung der Deutschen Forschungsgemeinschaft

Druck: Druckhaus „Thomas Münzer" GmbH
Neustädter Straße 1–4, 99947 Bad Langensalza

Satz: Textservice Zink, Schwarzach

Gedruckt auf säurefreiem, alterungsbeständigem Papier
(hergestellt aus chlorfrei gebleichtem Zellstoff)

Vorwort

Die Tarifautonomie ist in die Jahre gekommen. Hatten namhafte Vertreter der Arbeitsrechtswissenschaft den Tarifvertrag in den sechziger Jahren noch wegen seiner Elastizität, seiner Möglichkeit zu feiner Klassifizierung der Arbeitsbedingungen und zu schneller Reaktion auf neuere Erkenntnisse gepriesen, wird heute gerade das überkommene Tarifvertragssystem für die Misere am Arbeitsmarkt verantwortlich gemacht. „Deregulierung" lautet das Gebot der Stunde, und der Ruf nach dem Gesetzgeber wird lauter. Der Zugriff auf die Tarifautonomie scheint unausweichlich, doch hat er sich vor dem Forum der Grundrechte zu legitimieren. Die Rechtfertigung bereitet von je her Schwierigkeiten. Speziell für die Tarifautonomie entworfene topoi wie Kernbereich, Normsetzungsprärogative und Ausgestaltung haben den verfassungsrechtlichen Diskurs geprägt und zu einer bereichsspezifischen Sonderdogmatik geführt, die sich in Teilen weit von den allgemeinen Grundrechtslehren entfernt hat. Zwar besinnt sich die neuere Rechtsprechung des BVerfG wieder stärker auf die grundrechtlichen Elementarkategorien; jedoch fügt sich die Tarifautonomie nicht ohne weiteres in das hergebrachte Eingriffs-Schranken-Schema. Sie ist Repräsentant der Gruppe der rechtsgeprägten Grundrechte, deren Bauplan sie mit so unterschiedlichen Gewährleistungen wie denen der Ehe, des Eigentums und der Vereinigungsfreiheit teilt, und der erst erkennbar wird, wenn man von den bereichsspezifischen Besonderheiten der einzelnen Gewährleistungen absieht. Die Arbeit zeigt die Konstruktionsmerkmale rechtsgeprägter Grundrechte auf, verdichtet ihren Bauplan und macht sie für konkrete Anwendungen im Bereich der Tarifautonomie fruchtbar. Darüber hinaus werden die vielfältigen Wechselwirkungen zwischen staatlichem und tariflichem Arbeitsrecht aufgezeigt und eine konsistente Dogmatik der Anpassung von Tarifverträgen an geändertes Gesetzesrecht entworfen.

Die Arbeit wurde im Sommersemester 2003 von der Juristischen Fakultät der Universität Passau als Habilitationsschrift angenommen. Dort, wo es notwendig schien, wurde sie aktualisiert.

Mein besonderer Dank gilt meinem verehrten akademischen Lehrer, Herrn Professor Dr. Wolfgang Hromadka, der die Arbeit angeregt und gefördert hat. Danken möchte ich auch Herrn Professor Dr. Otfried Seewald für die Erstattung des Zweitgutachtens sowie Herrn Prof. Dr. Herbert Wiedemann und Herrn Prof. Dr. Martin Henssler für die Aufnahme des Werkes in die Schriftenreihe des Instituts für Arbeits- und Wirtschaftsrecht der Universität zu Köln. Für die großzügige Unterstützung bei der Drucklegung der Arbeit danke ich der Deutschen Forschungsgemeinschaft.

Mannheim, im Januar 2007 *Frank Maschmann*

Inhaltsübersicht

Vorwort	V
Inhaltsverzeichnis	IX

Einführung	1

1. Teil: Die verfassungsrechtliche Verankerung der Tarifautonomie 7

§ 1 Tarifautonomie als Herzstück der Koalitionsfreiheit	7
§ 2 Koalitionsfreiheit als ausgestaltungsbedürftiges Grundrecht	18
§ 3 Die Lehre vom rechtsgeprägten Grundrecht	65

2. Teil: Der Zugriff des Gesetzgebers auf die Tarifautonomie 174

§ 4 Der Zugriff auf den Tarifvertrag als Regelungsinstrument	174
§ 5 Der Zugriff auf die Tarifmacht	198
§ 6 Zugriff auf bestehende Tarifverträge	275

3. Teil: Die Kopplung des Tarifvertrages an das Gesetz 301

§ 7 Grundsätze	301
§ 8 Eigene tarifliche Regelung	307
§ 9 Verweisung auf das Gesetz	314
§ 10 Konstitutive und deklaratorische Tarifbestimmungen	347

4. Teil: Änderung und Beseitigung von Übernahme- und Verweisungsklauseln 374

§ 11 Teilkündigung	374
§ 12 Außerordentliche Kündigung von Tarifverträgen und Wegfall der Geschäftsgrundlage	387

Ergebnisse der Arbeit	456
Literaturverzeichnis	471

Inhaltsverzeichnis

Vorwort V
Inhaltsübersicht VII

Einführung 1

1. Teil:
Die verfassungsrechtliche Verankerung der Tarifautonomie

§ 1 Tarifautonomie als Herzstück der Koalitionsfreiheit 7
    I. Tarifautonomie und Koalitionsfreiheit 7
   II. Die Koalitionsfreiheit im Normgefüge des Grundgesetzes 10
       1. Grundrecht, Einrichtungsgarantie oder bloßer Programmsatz? 10
       2. Eigenständiger Gehalt oder Unterfall der Vereinigungs(bildungs)freiheit? 12
       3. Individual- oder auch Kollektivgrundrecht? 14
       4. Ausgestaltungsbedürftigkeit der Koalitionsfreiheit 15

§ 2 Koalitionsfreiheit als ausgestaltungsbedürftiges Grundrecht 18
    I. Grundrechtsausgestaltung als allgemeine Erscheinung 18
       1. Terminologie 18
       2. Charakteristika grundrechtsausgestaltenden Rechts 20
          a) Geringere Bindung des Gesetzgebers 20
          b) Ausgestaltung von Grundrechten ohne Gesetzesvorbehalt 23
   II. Abgrenzung von Ausgestaltung und Eingriff 29
       1. Struktureller, nicht nur gradueller Unterschied 29
       2. Ausgestaltungsbedürftigkeit jedes Grundrechts? 33
       3. Einschränkender Eingriff – nicht einschränkende Ausgestaltung 37
          a) Ausgestaltung als strikter Gegenbegriff zum Eingriff 37
          b) Merkmale des Eingriffs 37
             aa) Probleme der Merkmalsbildung 37
             bb) Merkmale des Eingriffs im klassischen Sinne 39
             cc) Erweiterter Eingriffsbegriff 40
          c) Konsequenzen für die Abgrenzung zur Ausgestaltung 43
          d) Freiheitsbeschränkung oder Freiheitsförderung 44
             aa) Freiheitsbeschränkung im Prinzipienmodell der Grundrechte . 44
             bb) Einwände gegen das Prinzipienmodell 45
       4. Ausgestaltung als Verwirklichung objektiv-rechtlicher Grundrechtsgehalte 47
          a) Objektiv-rechtliche Gehalte der Grundrechte 48
          b) Verwirklichung der objektiv-rechtlichen Gehalte durch Ausgestaltung 50
          c) Stellungnahme 51
       5. Ausgestaltung als Auflösung einer Grundrechtskollision 54
          a) Begriff der Grundrechtskollision 54
          b) Ansicht der Rechtsprechung 55

            aa) Ausgestaltung der Rundfunkfreiheit 55
            bb) Ausgestaltung der Koalitionsfreiheit 56
            cc) Ausgestaltung der Eigentumsgarantie 57
        c) Ansicht der Literatur 58
        d) Stellungnahme 61
     6. Zwischenschau 64

§ 3 **Die Lehre vom rechtsgeprägten Grundrecht** 65
A. **Das rechtsgeprägte Grundrecht** 65
   I. Einführung 65
     1. Die Verbindung von Ausgestaltung und rechtsgeprägtem Grundrecht 65
     2. Eine bekannte Figur 66
        a) Textlicher Befund im Grundgesetz 66
        b) Rechtsprechung 66
        c) Lehre 70
     3. Sachgeprägte und rechtsgeprägte Grundrechte 71
   II. Schutzgüter sach- und rechtsgeprägter Grundrechte 73
     1. Begriff des Schutzgutes 73
     2. Freiheit als Schutzgut der Freiheitsrechte 75
        a) Mögliche Konzeptionen von Freiheit 75
        b) Negativ-formell-subjektiver Freiheitsbegriff 75
        c) Positiv-materiell-objektiver Freiheitsbegriff 76
     3. Freiheit und Freiheitsrecht 78
        a) Staatliche Freiheitsordnung 78
        b) Negativer Freiheitsbegriff und Außentheorie des Rechts 79
        c) Positiver Freiheitsbegriff und Innentheorie des Rechts 82
        d) Der Freiheitsbegriff der Freiheitsrechte im Grundgesetz 83
            aa) Traditionelle Ansicht 83
            bb) Kritik an der traditionellen Ansicht 84
            cc) Stellungnahme 86
     4. Das Schutzgut rechtsgeprägter Grundrechte 88
        a) Normativ konstituierte Freiheit 88
        b) „Kontaktfreiheiten" 90
        c) Beispiele für Grundrechte mit rechtlich konstituiertem
           Schutzgut 91
B. **Der Schutz normativ konstituierter Freiheiten** 92
   I. Grundfragen 92
     1. Schutzbedürftigkeit und Schutzwürdigkeit 92
     2. Dimensionen der Schutzbedürftigkeit 93
        a) Schaffung des freiheitskonstituierenden Normenbestandes 94
        b) Änderung des Normenbestandes 95
        c) Beseitigung des Normenbestandes 95
   II. Schutz (nur) nach Maßgabe des einfachen Rechts 96
     1. Unmöglichkeit eines verfassungsrechtlichen Schutzes 96
     2. Die Grundposition unter der WRV 97
     3. Fortführung unter der Geltung des Grundgesetzes 99
     4. Einwände 100
   III. Status-quo-Garantie 102
     1. Bedeutung 102
     2. Existenz im gegenwärtigen Recht? 103

Inhaltsverzeichnis

IV.	Schutz durch Einrichtungsgarantien	105
	1. Bedeutung	105
	a) Entwicklung der Lehre von den Einrichtungsgarantien	107
	b) Definition	108
	2. Die Schutzwirkungen von Einrichtungsgarantien nach klassischem Verständnis	110
	a) Schaffung des Normenkomplexes	111
	b) Erhalt des Normenkomplexes	113
	c) Minimalgarantie	116
	3. Kritik der Lehre	118
V.	Zwischenschau	121
VI.	Grundrechtlicher Schutz normativ konstituierter Freiheit	122
	1. Grundrechtlicher Abwehrschutz	122
	a) Lehre vom grundrechtlichen Normbestandsschutz	122
	b) Anwendungsbereich	123
	c) Unbegründete Bedenken	125
	2. Dimensionen des Abwehrschutzes	128
	a) Bestandsschutz	128
	b) Entstehensschutz	129
	3. Defizite eines rein negatorischen Schutzes	130
	4. Erweiterter Schutz durch die Figur der Ausgestaltung	130

C. Ausgestaltung eines normgeprägten Grundrechts ... 131

I.	Begriff und Inhalt	131
	1. Begriff	131
	2. Dogmatische Konstruktion	131
	3. Ausgestaltung und grundrechtliche Schutzpflicht	132
	4. Abgrenzung zum Eingriff	134
II.	Verfassungsrechtliche Anforderungen	136
	1. Notwendigkeit einer verfassungsrechtlichen Bindung	136
	2. Das Problem der Bindungsparadoxie	138
	a) Darstellung	138
	b) Auflösung der Bindungsparadoxie	140
	aa) Ermittlung des von der aktuellen einfachrechtlichen Grundrechtsausgestaltung unabhängigen Schutzguts	140
	bb) Anforderungen an die Bezeichnung des Schutzgutes	141
	cc) Figur des Typus als Lösung	141
	dd) Typologisch-funktionelle Begründungsansätze in der Rechtsprechung	144
	ee) Stellenwert bereits vorgefundener Rechtsinstitute	147
	ff) Zusammenfassung	148
	3. Funktionsfähigkeit der Ausgestaltung	148
	a) Bedeutung	148
	b) Ansicht der Rechtsprechung	149
	c) Beurteilung der Funktionsfähigkeit	150
	4. Bindung an das Verhältnismäßigkeitsprinzip?	151

D. Umgestaltung einfachrechtlicher Ausgestaltungen von Grundrechten ... 157

I.	Begriff der Umgestaltung	157
	1. Ausgangslage	157
	2. Umgestaltung im weiteren Sinne	158

Inhaltsverzeichnis

	3. Umgestaltung im engeren Sinne	159
	a) Stärkung der Funktionsfähigkeit	159
	b) Aufopferung zugunsten anderer Rechtsgüter	160
	4. Qualifizierung	160
II.	Verfassungsrechtliche Bindungen bei der Umgestaltung	162
	1. Wiederkehr der ausgestaltungsrechtlichen Debatte	162
	2. Bindung an den Grundsatz der Verhältnismäßigkeit?	163
	3. Systemgerechtigkeit und Folgerichtigkeit	165
	a) Bindung an den allgemeinen Gleichheitssatz	165
	b) Systemgerechtigkeit und Folgerichtigkeit als Ausprägungen des allgemeinen Gleichheitssatzes	166
	c) Grenzen von Systemgerechtigkeit und Folgerichtigkeit	169

E. Zusammenfassung 170

2. Teil:
Der Zugriff des Gesetzgebers auf die Tarifautonomie

§ 4 Der Zugriff auf den Tarifvertrag als Regelungsinstrument 174
   I. Ausgangslage 174
  II. Vollkommene Beseitigung der zwingenden Wirkung des Tarifvertrages . 175
      1. Mögliche Gesetzesänderungen 175
      2. Prüfung der Verfassungsmäßigkeit nach den Maßstäben des BVerfG . 176
         a) Ältere Rechtsprechung 176
         b) Neuere Rechtsprechung 178
         c) Zulässigkeit der Beseitigung der zwingenden Wirkung nach älterer und neuerer Rechtsprechung 179
      3. Prüfung der Verfassungsmäßigkeit nach den hier entwickelten Maßstäben 182
         a) Ausgestaltung 182
         b) Umgestaltung 182
         c) Eingriff 183
           aa) Beschränkung durch kollidierendes Verfassungsrecht 183
           bb) Verfassungsrechtliche Bindungen 185
 III. Auflockerung der zwingenden Wirkung des Tarifvertrages 188
      1. Systematisierung möglicher Gesetzesänderungen 188
      2. Prüfung der Verfassungsmäßigkeit nach den Maßstäben der Rechtsprechung 190
         a) Ältere Rechtsprechung 190
         b) Neuere Rechtsprechung 191
      3. Prüfung der Verfassungsmäßigkeit nach dem hier vertretenen Konzept 191
         a) Auflockerung als Umgestaltung im engeren Sinne 191
         b) Auflockerung als Eingriff 194

§ 5 Der Zugriff auf die Tarifmacht 198
   I. Die Formen des Zugriffs 198
      1. Verbote, Gebote, Rücknahme des staatlichen Geltungsbefehls 198
      2. Typik der Verbotsnormen 200
      3. Bestimmung der Dispositivität eines Gesetzes 202
      4. Konsequenzen für den Gesetzgeber 207

II.	Zulässigkeit nach älterer Rechtsprechung	208
	1. Bundesverfassungsgericht	208
	2. Bundesarbeitsgericht	210
III.	Zulässigkeit nach älterer Literatur	211
	1. Säcker: Garantie von Kernbereich und Unter-Kernbereichen tariflicher Rechtsetzung	212
	a) Inhalt	212
	b) Würdigung	214
	2. Biedenkopf: Ausschließliche und konkurrierende Regelungskompetenzen von Staat und Tarifvertragsparteien	215
	a) Inhalt	215
	b) Würdigung	217
	3. Allgemeines Gesetz und Tarifautonomie	219
	a) Begriff des allgemeinen Gesetzes	219
	b) Position Herschels	224
	c) Position von B. Preis	226
	d) Position Nipperdeys	228
	e) Position von Scholz	229
	f) Zusammenfassung	232
	4. Zuordnung nach dem Subsidiaritätsprinzip	232
	a) Inhalt	232
	b) Probleme der Anwendbarkeit	234
	aa) Subsidiaritätsprinzip als allgemeines Prinzip der Staatsorganisation?	234
	bb) Beschränkte Anwendung des Subsidiaritätsprinzips im Arbeitsrecht?	236
	cc) Maßstab für die Zuordnung nach dem Subsidiaritätsprinzip	239
	c) Konsequenzen	241
	5. Zusammenfassung der älteren Literatur	241
IV.	Rechtsprechung seit 1996	243
	1. Vorgeschichte und Ergebnis	243
	2. Strukturen der neuen Rechtsprechung	244
	3. Offene Fragen	246
V.	Zugriff als Ausgestaltung	247
	1. Begriff und Anwendung	247
	2. Grenzen der Ausgestaltung	250
VI.	Zugriff als Umgestaltung	252
	1. Begriff der Umgestaltung i.e.S.	252
	2. Umgestaltungspotentiale	253
VII.	Zugriff als Eingriff	254
	1. Begriff und Anwendung	254
	2. Rechtfertigung des Eingriffs	257
	a) Verfassungsmäßige Ziele	257
	aa) Denkbare Ziele	257
	bb) Speziell: Kodifizierung des Arbeitsvertragsrechts	258
	b) Geeignetheit und Erforderlichkeit	261
	c) Angemessenheit	264
	aa) Abwägungsgrundsätze	264
	bb) Intensität der Beschränkung der Tarifmacht	267
	cc) Gewicht und Dringlichkeit der gegenläufigen Interessen	272
	dd) Mittel-Zweck-Proportionalität	274

§ 6 Zugriff auf bestehende Tarifverträge ... 275
I. Einführung ... 275
1. Problemaufriß ... 275
2. Diskussionsstand ... 276
II. Vertrauensschutz bei Gesetzesänderungen ... 279
1. Vertrauensschutz auf der Grundlage des Rechtsstaatsprinzips ... 279
2. Vertrauensschutz auf grundrechtlicher Grundlage ... 281
III. Eigentumsrechtlicher Schutz bestehender Tarifverträge ... 284
1. Eigentumsrechtliche Garantie tarifvertraglich begründeter Rechtspositionen? ... 285
2. Möglichkeiten der gesetzlichen Beschränkung eigentumsrechtlich geschützter Rechtspositionen aus bestehenden Tarifverträgen ... 291
IV. Schutz bestehender Tarifverträge nach Maßgabe des rechtsstaatlich fundierten Vertrauensschutzprinzips ... 294
1. Eingriff in den bestehenden Tarifvertrag als Fall echter oder unechter Rückwirkung eines Gesetzes? ... 294
2. Zulässigkeit einer unechten Rückwirkung ... 296
V. Besonderer Schutz bestehender Tarifverträge durch Art. 9 Abs. 3 GG selbst? ... 298

3. Teil:
Die Kopplung des Tarifvertrages an das Gesetz

§ 7 Grundsätze ... 301
I. Der mittelbare Zugriff auf die Tarifautonomie durch die Kopplung des Tarifvertrages an das Gesetz ... 301
II. Systematik ... 302
1. Verweisungsklausel, Übernahmeklausel, Begriffswiederholung ... 302
2. Vorsorgliche Tarifregelung für den Fall einer Gesetzesänderung ... 303
   a) Jeweiligkeitsklauseln ... 304
   b) Sicherungsklauseln ... 304
3. Keine tarifliche Vorsorge ... 305
4. Weitere Einteilungskriterien ... 305

§ 8 Eigene tarifliche Regelung ... 307
I. Grundsätze ... 307
II. Übernahme des Gesetzes ... 307
III. Übernahme zweiseitig zwingender Normen ... 308
IV. Übernahme dispositiver Normen ... 309
1. Vollständige Übernahme ... 310
2. Teilweise Übernahme ... 310

§ 9 Verweisung auf das Gesetz ... 314
I. Wirkungsweise ... 314
II. Abgrenzung zur Delegation ... 314
III. Erscheinungsformen ... 315
IV. Statische oder dynamische Verweisung? ... 316
1. Ausdrückliche Regelung ... 317
2. Fehlende Regelung ... 318
V. Funktionen ... 320

VI.	Zulässigkeit von Verweisungen	322
	1. Grundsätze	322
	2. Dynamische Verweisung auf fremde Rechtsnormen	323
	a) Rechtsprechung	323
	b) Schriftformgebot	324
	c) Zulässigkeit einer Delegation von Rechtssetzungsmacht	327
	aa) Dynamische Verweisung als Delegation von Rechtssetzungsmacht	327
	bb) Delegation nur bei ausdrücklicher Ermächtigungsnorm?	330
	cc) Positive Ermächtigungsnormen	332
	dd) Ausdrückliches Verbot der Delegation tariflicher Rechtssetzungsbefugnisse?	333
	(α) Normen des TVG	333
	(β) Art. 9 Abs. 3 GG	334
	ee) Zwischenergebnis	336
	d) Grenzen der Delegation tariflicher Rechtssetzungsmacht	336
	aa) Art. 80 Abs. 1 Satz 2 GG	336
	bb) Delegation nur bei größerer Sachnähe des Delegatars	338
	cc) Wesentlichkeitsprinzip	339
	dd) Kernbereichslehre	342
	ee) Reversibilität der Delegation	343
	3. Überraschende Änderung des Gesetzes	345
	a) Rechtsprechung und Lehre	345
	b) Stellungnahme	345

§ 10 Konstitutive und deklaratorische Tarifbestimmungen 347

I.	Abgrenzung nach der Wirkungsweise	347
II.	Funktionen	348
	1. Konstitutive Tarifbestimmungen	348
	a) Abweichung, Ergänzung, Erstreckung des Gesetzes	348
	b) Absicherung gesetzlicher Ansprüche	349
	c) Relative Friedenspflicht	349
	d) Ausschluß konkurrierender Betriebsvereinbarungen	352
	2. Deklaratorische Tarifbestimmungen	353
III.	Die Abgrenzung in der Praxis	354
	1. Allgemeine Regeln für die Auslegung von Tarifverträgen	355
	a) Ziel und Gegenstand der Auslegung	355
	b) Unterschiede zwischen objektiver und subjektiver Auslegung	355
	c) Objektive oder subjektive Auslegung des Tarifvertrages?	356
	2. Auslegungsregeln für die Abgrenzung zwischen konstitutiven und deklaratorischen Klauseln	362
	a) Verweisungsklauseln	362
	aa) Pauschale Verweisungen	362
	bb) Teilverweisungen	363
	b) Übernahmeklauseln	364
	aa) Rechtsprechung	364
	bb) Kritik	366
	(γ) Vergleich mit dem staatlichen Gesetz	366
	(β) Abweichung vom Primat des Wortlauts bei der Auslegung von tarifvertraglichen Übernahmeklauseln	367

4. Teil:
Änderung und Beseitigung von Übernahme- und Verweisungsklauseln

§ 11 Teilkündigung 374
    I. Begriff und Wirkungsweise 374
    II. Zulässigkeit 375
        1. Fehlende spezialgesetzliche Regelung 375
        2. Rechtsprechung und Literatur 377
        3. Gründe 379
        4. Stellungnahme 380
    III. Gesetzliches Verbot der Teilkündigung 385
    IV. Vertraglicher Ausschluß der Teilkündigung 386
        1. Ausdrückliche Regelung 386
        2. Fehlende Regelung 386

§ 12 Außerordentliche Kündigung von Tarifverträgen
und Wegfall der Geschäftsgrundlage 387
    I. Außerordentlichen Kündigung 387
        1. Jederzeitige Kündbarkeit unzumutbar gewordener Dauerschuldverhältnisse 387
        2. Beschränkungen der jederzeitigen Kündbarkeit von Tarifverträgen .. 388
            a) Gesetzliche Beschränkungen 388
            b) Tarifvertragliche Beschränkungen 389
        3. Wichtiger Grund 390
    II. Wegfall der Geschäftsgrundlage 392
        1. Tatbestand und Rechtsfolgen 392
        2. Verhältnis zur außerordentlichen Kündigung 393
            a) Bisheriges Meinungsspektrum 393
            b) Stellungnahme 394
        3. Anwendbarkeit des Rechtsinstituts auf Normenverträge 395
            a) Rechtsprechung 395
            b) Lehre 396
            c) Stellungnahme 397
                aa) Wegfall der Geschäftsgrundlage nur Gestaltungsgrund, nicht Gestaltungsmittel 398
                bb) Keine Bedenken gegen eine richterlich vorgenommene Tarifvertragsanpassung 401
    III. Tatbestandliche Voraussetzungen des Wegfalls der Geschäftsgrundlage 403
        1. Geschäftsgrundlage 403
            a) Subjektive Formel der Rechtsprechung 404
            b) Objektive Geschäftsgrundlage 407
        2. Vertragliche Risikozuweisung 408
            a) Grundgedanken 408
            b) Risikozuweisung im Tarifvertrag 410
            c) Risikozuweisung durch deklaratorische Klauseln 411
            d) Risikozuweisung durch konstitutive Klauseln 412
        3. Vorhersehbarkeit 415
            a) Vorhersehbarkeit als negatives Tatbestandsmerkmal .. 415
            b) Grundgedanke 416
            c) Konsequenzen 416

			d) Kriterien der Vorhersehbarkeit	417
			aa) Abstrakt-generelle Vorhersehbarkeit	417
			bb) Konkret-spezielle Vorhersehbarkeit	418
		4.	Unzumutbarkeit	420
			a) Rechtsprechung und Lehre	420
			b) Grundgedanken	421
			c) Interessenabwägung	424
IV.	Rechtsfolgen			427
	1.	Vertragsanpassung oder Vertragsauflösung		427
	2.	Grundsatz der Verhältnismäßigkeit		430
		a) Begründungszwang für die Anwendbarkeit des Verhältnismäßigkeitsprinzips		430
		b) Begründung der Rechtsprechung und der herrschenden Lehre		430
		c) Weitere Begründungen in der Literatur		431
		d) Eigener Ansatz		432
		e) Konsequenzen		433
	3.	Rechtsfolge: außerordentliche Kündigung		433
		a) Unbeachtlichkeit von Kündigungsfristen und -terminen		433
		b) Nachwirkung		434
		c) Teilkündigung		437
	4.	Rechtsfolge: Anpassung		440
		a) Einvernehmliche Anpassung		440
		b) Pflicht zur Neuverhandlung?		441
			aa) Prozeß- und ergebnisorientierte Neuverhandlungspflichten	441
			bb) Begründung für Neuverhandlungspflichten	443
			cc) Folgen einer Verletzung der Neuverhandlungspflicht	445
			(α) Notwendigkeit von Sanktionen	445
			(β) Erfüllung und Schadensersatzanspruch	446
			(γ) Neuverhandlungslast als Obliegenheit	447
			(δ) Neuverhandlungspflicht und außerordentliche Kündigung	449
		c) Einseitige Anpassung		450
			aa) Ausgangslage	450
			bb) Formen	450
			cc) Legitimation	452
			dd) Verhältnismäßigkeit	454

Ergebnisse der Arbeit ... 456

Literaturverzeichnis ... 471

Einführung

Unter Tarifautonomie versteht man im deutschen Recht die Befugnis der Tarifvertragsparteien, in freier Selbstbestimmung und ohne staatliche Einflußnahme Arbeitsbedingungen durch Tarifverträge zu regeln, die mit unmittelbarer und zwingender Wirkung für die an die Tarifverträge Gebundenen gelten. Arbeitsbedingungen regelt aber auch der Staat: durch die vom Parlament beschlossenen staatlichen Gesetze, durch die von der Verwaltung erlassenen Rechtsverordnungen zur Konkretisierung dieser Gesetze sowie durch Normen, die im Wege der höchstrichterlichen Rechtsfortbildung geschaffen werden. Die Macht des Staates geht in einem entscheidenden Punkt über die Befugnisse der Tarifvertragsparteien hinaus. Er ist es, der die rechtlichen Rahmenbedingungen für die Tarifautonomie festlegt, und er ist es auch, der diese Rahmenbedingungen ändern kann. Zwar ist die Tarifautonomie keine staatliche Veranstaltung – zu ihrem Wesen gehört gerade, daß die Tarifvertragsparteien die Arbeits- und Wirtschaftsbedingungen im wesentlichen ohne staatliche Einflußnahme regeln können –, jedoch bedarf es staatlicher Gesetze, damit die von den Tarifvertragsparteien getroffenen Vereinbarungen nicht nur unverbindliche Vorschläge bleiben, sondern zu normativer Geltung gelangen.

Bislang war das Verhältnis von staatlichem und tarifautonomem Arbeitsrecht durch ein friedliches Miteinander gekennzeichnet. Die Tarifvertragsparteien waren oft Vorreiter sozialer Neuerungen. Was durch Tarifverträge erreicht wurde, hat der Gesetzgeber später nicht selten zum Gegenstand eigener Vorschriften gemacht; tarifliches Arbeitsrecht wurde durch staatliches Arbeitsrecht übernommen und ergänzt. Das ließ in den sechziger Jahren die Frage aufkommen, ob der Gesetzgeber durch die Übernahme von Tarifrecht in Gesetzesrecht nicht langsam die Tarifautonomie ausdörre, da kein Anreiz mehr bestehe, sich für weitere tarifliche Regelungen zu engagieren. Die Möglichkeit, daß der Gesetzgeber die Tarifautonomie auch einschränken könnte, wurde nicht ernsthaft in Erwägung gezogen. Sie war für den Gesetzgeber tabu. Allerdings wurde intensiv über die Grenzen der tarifautonomen Normsetzung nachgedacht, wobei Fragen der Grundrechts- und der Gemeinwohlbindung der Tarifvertragsparteien im Mittelpunkt standen.

Die Anfang der neunziger Jahre einsetzende Strukturkrise ließ jedoch Zweifel an der Funktionsfähigkeit der tarifautonomen Normsetzung aufkommen[1]. Noch drei Jahrzehnte zuvor hatten namhafte Vertreter der Arbeitsrechtswissenschaft den Tarifvertrag wegen seiner Elastizität, seiner Möglichkeit zu feinen Klassifizierungen der Arbeitsbedingungen und der schnellen Reaktion auf neuere Erkenntnisse gepriesen[2]. Der Tarifvertrag hatte einst als das klassische Anpassungsinstrument des Arbeitsrechtssystems gegolten, zumindest aus der Sicht einer starren gesetzlichen

---

[1] Ergebnisse neuerer empirischer Untersuchungen zur Einhaltung von Tarifverträgen bei *Artus/Schmidt/Sterkel*, Brüchige Tarifrealität (2000); *Höland/Reim/Brecht*, Flächentarifvertrag und Günstigkeitsprinzip (2000); *Oppolzer/Zachert*, Krise und Zukunft des Flächentarifvertrags (2000); *Seifert*, WSI Mitteilungen 2000, 437 (439).

Ordnung[3]. Vom Hohen Lied auf die Tarifautonomie ist nicht viel geblieben. Im Gegenteil: Nicht selten wird heute gerade das überkommene Tarifvertragssystem für die Misere am Arbeitsmarkt verantwortlich gemacht. Gewerkschaften und Arbeitgeberverbände gelten manchen gar als „Dinosaurier der Nachkriegszeit, Neandertaler unseres Wirtschaftssystems und Fossilien eines Tarifkartells"[4], das sich alle Jahre wieder in einem „Ritual der Steinzeit" übe[5]. Die Stimmen, die die Vorzüge der tarifautonomen Regelungskompetenz loben, sind rar geworden[6]. Das überwiegende Schrifttum geht heute davon aus, daß eine Reform des Tarifsystems not tut und daß das Ziel aller Bemühungen in der Wiederherstellung der Flexibilität des Tarifvertrages liegen muß[7]. Darin ist man sich mit den meisten Unternehmern und mittlerweile auch mit einer Reihe von Gewerkschaften einig[8]. Wichtige Denkanstöße kamen von der Nationalökonomie[9]. Lebhaft diskutiert wurden in diesem Zusammenhang die Vorschläge der von der Bundesregierung eingesetzten Deregulierungskommission und der Monopolkommission, die ihre Berichte 1991[10] bzw. 1994[11] vorgelegt haben. Beide Kommissionen kommen zum selben Ergebnis: Erforderlich ist vor allem eine größere Flexibilisierung des Tarifvertrags[12].

Freilich ist der Begriff der Flexibilisierung schillernd, mehrdeutig und wenig konturenscharf[13]. Nicht von ungefähr ist er zur Chiffre der gesamten Modernisierungsdebatte geworden[14]. Flexibilisierung umfaßt eine Vielzahl höchst unterschied-

---

[2] *Hueck/Nipperdey*, Arbeitsrecht II/1, S. 237; *Nikisch*, Arbeitsrecht II, S. 206 f.
[3] *Zöllner*, ZfA 1988, 265 (272).
[4] FAZ vom 26.7.1995, S. 1; FAZ vom 27.9.1995, S. 19; FAZ vom 6.10.1995, S. 17.
[5] FAZ vom 6.10.1995, S. 17.
[6] *Brecht/Höland/Reim*, AuR 2002, 127 (132); *Dieterich*, RdA 2002, 1 ff.; *Zachert*, AuA 1996, 293 ff.
[7] *Bayreuther*, Tarifautonomie, S. 1 ff.; *Berthold/Fehn*, Tarifautonomie auf dem Prüfstand, S. 57; *Buchner*, FS Kissel (1994), S. 97 ff.; *Dieterich/Henssler/Oetker/Wank/Wiedemann*, RdA 2004, 65 ff.; *Franzen*, RdA 2001, 1 ff.; *Hanau*, RdA 1993, 1 ff.; *ders.*, RdA 1998, 65 ff.; *Heinze*, NZA 1995, 5 ff.; *ders.*, NZA 1997, 1 (7 f.); *Henssler*, ZfA 1994, S. 487 ff.; *Hromadka*, FS Wlotzke (1996), S. 333 ff.; *ders.*, AuA 1996, 289 ff.; *ders.*, NZA 1996, 1233 ff.; *Junker*, ZfA 1996, 383 ff.; *Konzen*, NZA 1995, 913 ff.; *Lesch*, DB 2000, 322; *Lieb*, NZA 1994, 289 ff.; *Löwisch*, JZ 1996, 812 ff.; *Möschel*, BB 2002, 1314 ff.; *ders.*, BB 2003, 1951 ff.; *ders.*, BB 2005, 490 ff.; *Picker*, NZA 2002, 761 ff.; *Reuter*, RdA 1991, 193 ff.; *ders.*, RdA 1994, 152 ff.; *ders.*, ZfA 1995, 1; *Rieble*, RdA 1996, 151 ff.; *Richardi*, Gutachten B zum 61. DJT 1996, S. 13 ff.; *Walker*, ZfA 1996, 353 ff.; *Waltermann*, RdA 1996, 129 ff.; *ders.*, NZA 1996, 357 ff.; *Wank*, NJW 1996, 353 ff.; *Zachert*, RdA 1996, 140 ff.; *Zöllner*, ZfA 1988, S. 265 ff.; monografisch *Ruoff*, Die Flexibilisierung der Tarifverträge (1999).
[8] So sind für die DAG Öffnungsklauseln und Korridorlösungen kein Tabu mehr, vgl. *Gartz*, NZA 2000, Sonderbeilage zu Heft 24, S. 6 (10) und FAZ vom 17.2.1996, S. 11; ähnlich bei der IG BCE, vgl. *Bischoff*, NZA 2000, Sonderbeilage zu Heft 24, S. 4 (6).
[9] *Berthold*, Flächentarifvertrag (2000); *Cassel*, in: Seidenfus (Hg.), Deregulierung – eine Herausforderung an die Wirtschafts- und Sozialpolitik in der Marktwirtschaft, S. 37 ff.; *Kronberger Kreis*, Schriftenreihe des Frankfurter Instituts für wirtschaftliche Forschung, Bd. 10: Mehr Markt im Arbeitsrecht, 1986; *Kronke*, Regulierungen auf dem Arbeitsmarkt, passim; *Möschel*, WuW 1995, 704 ff.; *ders.*, BB 2002, 1314 ff.; *Siebert*, Geht den Deutschen die Arbeit aus? passim.
[10] Marktöffnung und Wettbewerb, 8. Kapitel: Der Arbeitsmarkt.
[11] Mehr Wettbewerb auf allen Märkten, Kapitel VII: Arbeitsmarkt und Wettbewerb, BT-Drucksache 12/8323 vom 22.7.1994.
[12] *Deregulierungskommission*, Tz. 597 ff.; *Monopolkommission*, Tz. 936 ff.
[13] *Zöllner*, ZfA 1988, S. 265 (268).
[14] *Junker*, ZfA 1996, S. 383 (404): Modewort.

licher Erscheinungen. Zum Teil überschneiden sich die Vorschläge zur Flexibilisierung mit den Konzepten von „Deregulierung", „Dezentralisierung"[15] und „Differenzierung". Die Mittel und Wege zu einer Flexibilisierung sind dabei ebenso umstritten wie ihre Grenzen. Das Ziel, um das es geht, bleibt aber immer dasselbe: die Beseitigung starrer Tarifnormen. Flexibilisierung bedeutet die leichtere und schnellere Anpassung tariflich geregelter Arbeitsbedingungen an sich wandelnde Umstände. Flexibilisierung soll Handlungsspielräume erweitern und damit größere Freiheit bei der Festlegung von Arbeitsbedingungen schaffen. Das kann allerdings nur auf Kosten der Verbindlichkeit der Tarifnormen geschehen. Folgerichtig setzen alle Flexibilisierungsstrategien bei der normativen Wirkung des Tarifvertrages an und wollen diese mehr oder weniger auflockern[16].

Eine Reihe von Empfehlungen zielt auf die Anpassungsfähigkeit des Tarifvertrags an Veränderungen im Zeitablauf. Ändern sich nach Abschluß eines Tarifvertrages die dem Vertrag zugrundeliegenden Bedingungen, so lassen die Tarifnormen für gewöhnlich keine vorzeitige Anpassung an die veränderten Umstände zu. Flexibilisierung verlangt hier, das Kündigungsrecht für Tarifverträge sowie die Anwendbarkeit der Lehre vom Wegfall der Geschäftsgrundlage zu überdenken[17].

In eine ähnliche Richtung gehen die Vorschläge, die die Tarifgebundenheit beschränken wollen[18]. Im Kreuzfeuer der Kritik stehen die verlängerte Tarifgebundenheit nach § 3 Abs. 3 TVG sowie die Nachwirkung gemäß § 4 Abs. 5 TVG. Bei einer Reform des § 3 Abs. 3 TVG wird daran gedacht, die Tarifgebundenheit sofort mit dem Austritt der tarifgebundenen Arbeitsvertragspartei aus ihrem bisherigen Verband enden zu lassen, spätestens aber mit Ablauf eines Jahres nach dem Austritt. Darüber hinaus soll bei einem Verbandsaustritt die Nachwirkung des § 4 Abs. 5 TVG entfallen.

Andere wollen die normative Wirkung des Tarifvertrags zumindest in Ausnahmefällen auflockern, wenn einzelnen Unternehmen die Einhaltung der Tarifbedingungen unzumutbar wird. Vorschläge zur zeitlich beschränkten Absenkung tariflicher Leistungen in Notfällen werden unter den Stichworten Ausnahme-, Lohnöffnungs- oder Härteklausel diskutiert[19]. Sie dürften sich noch am ehesten realisie-

---

[15] Dazu zuletzt *Lesch*, DB 2000, 322; *Möschel*, BB 2002, 1313 (1316); krit. *Brecht/Höland/Reim*, AuR 2002, 127; *Dieterich*, RdA 2002, 1 (7).

[16] *Monopolkommission*, Tz. 936: „Zu lockern ist die bisherige Unabdingbarkeit von Tarifverträgen."

[17] *Henssler*, ZfA 1994, S. 487 (490 ff.).

[18] *Deregulierungskommission*, Tz. 601 ff.; Antrag der FDP-Bundestagsfraktion, BT-Drucks. 14/2612, S. 2, 4; *Monopolkommission*, Tz. 947 ff.; zur Änderung *Adomeit*, Regelung von Arbeitsbedingungen und ökonomische Notwendigkeiten, S. 54 f.; *Beuthien/Meik*, DB 1993, 1518; *Henssler*, ZfA 1994, S. 487 (514 f.); *Junker*, ZfA 1996, S. 383 (399 ff.); *Konzen*, NZA 1995, 913 (919f.); *Lieb*, NZA 1994, 337 ff.; *Löwisch*, JZ 1996, 812 (818 ff.); *Möschel*, WuW 1995, S. 704 (712); ders., BB 2002, 1313 (1316); *Schaub*, BB 1995, 2003; *Walker*, ZfA 1996, S. 353 (378 ff.).

[19] Antrag der FDP-Bundestagsfraktion, BT-Drucks. 14/2612, S. 2, 4; *Hanau*, RdA 1993, 1 ff.; *Henssler*, ZfA 1994, S. 487 (501 ff.); *Hromadka*, FS Wlotzke (1996), S. 333 ff.; ders., AuA 1996, 289; ders., NZA 1996, 1233 ff.; *Junker*, ZfA 1996, S. 383 (412 f.); *Konzen*, NZA 1995, 913 (919); *Möschel*, BB 2002, 1313 (1316 ff.); *Reuter*, RdA 1991, 193 (198 ff.); *Wagner*, DB 1992, 2550 (2554); *Zöllner*, ZfA 1988, 265 (288); krit. *Brecht/Höland/Rehm*, AuR 2002, 127 ff.; *Zachert*, AuR 1997, 11 (12).

ren lassen[20], obwohl es schwerfällt, die tatbestandlichen Voraussetzungen für die Annahme eines solchen Notfalls genau zu bestimmen[21]. Was für notleitende Unternehmen gilt, muß mutatis mutandis auch für solche Arbeitskräfte gelten, die aufgrund bestimmter persönlicher Umstände keine Chance haben, eine Beschäftigung zu den „normalen" Tarifbedingungen zu erhalten. Die Rede ist von Einsteiger- oder Sondertarifen für schwervermittelbare Langzeitarbeitslose, deren Abschluß in den Neuen Bundesländern bereits durch § 249 h AFG gefördert wird.

Noch einen Schritt weiter gehen diejenigen, die die Öffnung des Tarifvertrages nicht nur für Notfälle, sondern allgemein oder zumindest in größerem Umfange als bisher fordern. An die Stelle tariflicher Regelungen könnten dann Betriebsvereinbarungen oder Absprachen der Arbeitsvertragsparteien treten. Flexibilisierung soll hier zu einer Dezentralisierung führen. Die Arbeitsbedingungen sollen nicht mehr brancheneinheitlich durch Verbandstarifvertrag festgelegt werden, sondern auf der Ebene des jeweiligen Betriebes, um dessen Besonderheiten besser Rechnung zu tragen. Sachentscheidungen sollen auf sachnächster Ebene getroffen werden[22]. Die Festlegung der Arbeitsbedingungen auf der Ebene des Betriebes würde zugleich eine Differenzierung der Arbeitsbedingungen bewirken: sie würden nicht mehr brancheneinheitlich, sondern nur noch betriebseinheitlich gelten. Flexibilität meint insoweit also die Abweichung vom einheitlichen Branchentarifvertrag.

Streitig ist bei allen Vorschlägen, wer dem Tarifvertrag zu größerer Flexibilität verhelfen soll: die Tarifvertragsparteien selbst durch eine andere Tarifpolitik oder der Gesetzgeber durch eine Änderung des Tarifrechts. Da längst nicht alle Tarifvertragsparteien zu weitreichenden Flexibilisierungsmaßnahmen bereit sind, wird der Ruf nach dem Gesetzgeber laut.

Der Gesetzgeber sieht sich aber nicht nur zu einem Zugriff auf die Tarifautonomie gedrängt, um deren eigene Funktionsfähigkeit wiederherzustellen. Vielmehr steht er auch vor der Frage, ob er nicht aus Gründen, die nicht unmittelbar mit der Tarifautonomie zusammenhängen, die Tarifautonomie beschränken muß: Die Beseitigung der Massenarbeitslosigkeit, die Sanierung der öffentlichen Haushalte und die Stabilisierung der Systeme der sozialen Sicherheit seien hier nur beispielhaft genannt.

Der Gesetzgeber kann auf drei verschiedenen Wegen auf die Tarifautonomie zugreifen. Zunächst kann er Zugriff auf den Tarifvertrag als dem Instrument der tarifautonomen Normsetzung nehmen; er kann dessen normative Wirkung ganz oder teilweise abschwächen. Weiterhin kann der Gesetzgeber Zugriff auf die Tarifmacht nehmen. Er kann Regelungsbereiche oder Regelungsgegenstände, die den Tarifver-

---

[20] So hat sich die arbeitsrechtliche Abteilung des 61. Deutschen Juristentages in Karlsruhe dafür ausgesprochen, daß es den Betriebsparteien in einer konkret festzustellenden Notsituation gestattet werden soll, durch Betriebsvereinbarung tarifliche Leistungen vorübergehend herabzusetzen; ein solcher Notfall soll aber nur dann anzunehmen sein, wenn das Unternehmen in seiner Existenz bedroht ist oder erhebliche Teile der Belegschaft ihren Arbeitsplatz zu verlieren drohen, vgl. NZA 1996, 1277; gegen jede Auflockerung aber *Hanau*, RdA 1993, 1 (10 f.); *Kissel*, NZA 1986, 72. Bedenken äußern auch *Dieterich*, RdA 2002, 1 ff.; *Lieb*, NZA 1994, 289 (290 ff.) und *Löwisch*, JZ 1996, 812 (820).

[21] Dazu *Deregulierungskommission*, Tz. 598; *Henssler*, ZfA 1994, S. 487 (501 ff.); *Hromadka*, NZA 1996, 1233 ff.; *Konzen*, NZA 1995, 913 (919); *Walker*, ZfA 1996, S. 353 (363 f.).

[22] *Walker*, ZfA 1996, S. 353 (359).

tragsparteien bislang für eine tarifautonome Normsetzung offenstehen, sperren. Schließlich kann der Gesetzgeber nicht nur Zugriff auf das bestehende Tarifrecht nehmen und dieses für die Zukunft ändern, sondern auch in laufende Tarifverträge eingreifen, die nach den Voraussetzungen des bislang geltenden Tarifrechts abgeschlossen wurden.

Ob und inwieweit der Gesetzgeber berechtigt ist, auf die Tarifautonomie in der beschriebenen Weise zuzugreifen, bestimmt die Verfassung. Diese hat zwar nicht die Tarifautonomie selbst, wohl aber die Koalitionsfreiheit unter grundrechtlichen Schutz gestellt. Allerdings entspricht es der absolut herrschenden Meinung, daß auch die Tarifautonomie grundrechtlich garantiert ist. Wenn also die Tarifautonomie unter grundrechtlichem Schutz steht, dann ist das Problem des Zugriffs des Gesetzgebers auf die Tarifautonomie mit den Mitteln der modernen Grundrechtsdogmatik zu lösen. Nach abwehrrechtlicher Grundrechtsdogmatik trifft den Gesetzgeber nur die Pflicht, Eingriffe in das von einem Grundrecht geschützte Rechtsgut zu unterlassen. Damit ist der Tarifautonomie aber noch nicht Genüge getan. Der Gesetzgeber muß, wie das BVerfG in ständiger Rechtsprechung verlangt, ein „Tarifsystem bereitstellen". Dabei sind bestimmte Voraussetzungen zu beachten. Die Besonderheit des Grundrechts der Koalitionsfreiheit liegt darin, daß sein Schutzgut, was die Tarifautonomie anbelangt, rechtsgeprägt ist. Es besteht – anders als etwa das Schutzgut der Meinungs-, Glaubens- oder Gewissensfreiheit – nur im Staat und ist ohne diesen nicht zu haben. Wie aber kann das grundrechtliche Schutzgut „Tarifautonomie" vor einem unberechtigten Zugriff des Gesetzgebers geschützt werden, wenn es gerade der Gesetzgeber ist, der dieses Schutzgut erst schafft, da es nicht natürlicherweise besteht? Das ist nur zu bewerkstelligen, indem man die unterschiedlichen Regelungsmöglichkeiten, die dem Gesetzgeber offenstehen, strikt voneinander unterscheidet, ihre Besonderheiten analysiert und die Grundsätze ermittelt, die der Gesetzgeber aufgrund seiner Grundrechtsbindung nach Art. 1 Abs. 3 GG zu beachten hat. Im ersten Teil der Arbeit werden deshalb die Bausteine einer Dogmatik für rechtsgeprägte Grundrechte entwickelt. Sie knüpfen an die unterschiedlichen Regelungsmöglichkeiten des Gesetzgebers an, d.h. an den Eingriff in ein Grundrecht, an die Ausgestaltung eines Grundrechts und an die Umgestaltung einer einmal erfolgten einfachrechtlichen Ausgestaltung eines rechtsgeprägten Grundrechts. Dabei ist der Grundrechtseingriff von der Grundrechtsausgestaltung abzugrenzen. Eine sachgerechte Unterscheidung ist deshalb so wichtig, weil die Rechtsprechung gerade bei Art. 9 Abs. 3 GG den Gesetzgeber für befugt hält, die Tarifautonomie näher auszugestalten, ohne jedoch zu präzisieren, worin sich Ausgestaltung und Eingriff unterscheiden. Die Arbeit wird dieser Frage im einzelnen nachgehen. Dabei wird sich zeigen, daß die Grundrechtsausgestaltung nicht das genaue Gegenstück zum Grundrechtseingriff bildet. Beide Figuren lassen sich auch nicht durch das Merkmal der vorhandenen oder fehlenden Freiheitsbeschränkung unterscheiden, denn Grundrechtsausgestaltungen können sehr wohl den Bürger belastende Wirkungen entfalten.

Im zweiten Teil der Arbeit werden dann die Ergebnisse des ersten Teiles auf die Frage übertragen, ob und inwieweit der Gesetzgeber Zugriff auf die Tarifautonomie nehmen darf. Dabei wird unterschieden zwischen dem Zugriff auf den Tarifvertrag als Instrument der Normsetzung, dem Zugriff auf die Tarifmacht und dem Zugriff auf den laufenden Tarifvertrag.

Da die Möglichkeiten eines Zugriffs auf die Tarifautonomie beschränkt sind und sich der Gesetzgeber bislang auf Gesetzesänderungen konzentriert hat, die weder die Instrumente noch die Bereiche der tarifautonomen Normsetzungsbefugnis beschneiden, ist abschließend zu erörtern, welche Möglichkeiten die Tarifvertragsparteien haben, um ihre Verträge an insoweit geändertes Gesetzesrecht anzupassen.

Staatliches und tarifautonomes Arbeitsrecht stehen nicht unvermittelt nebeneinander, sondern sind durch Verweisungs- und Übernahmeklauseln vielfach miteinander verwoben. Eine Änderung des staatlichen Arbeitsrechts führt deshalb nicht selten unmittelbar zu Änderungen des tariflichen Arbeitsrechts, ohne daß in diesen Vorgängen Eingriffe in die Tarifautonomie liegen. Insoweit handelt es sich um eine Art „mittelbaren Zugriff" auf die Tarifautonomie, dessen Wirkungen aber nicht der Gesetzgeber, sondern die Tarifvertragsparteien durch ihre besondere Tarifgestaltung zu verantworten haben. Im dritten Teil der Arbeit wird daher eingehend analysiert, welche Wirkungen die Änderung des staatlichen Arbeitsrechts hat, wenn dieses tarifvertraglich in Bezug genommen wurde. Im vierten Teil soll dann abschließend der Frage nachgegangen werden, welche Möglichkeiten die Tarifvertragsparteien haben, ihre Bindungen an das staatliche Arbeitsrecht wieder aufzuheben. Konkret geht es darum, ob die Tarifvertragsparteien befugt sind, sich durch eine Teilkündigung des Tarifvertrages von einer Übernahme- oder einer Verweisungsklausel zu lösen. Angesichts längerer Laufzeiten von Manteltarifverträgen, in denen die wesentlichen Arbeitsbedingungen geregelt sind, kommt schließlich auch der Frage Bedeutung zu, ob die Änderung eines Gesetzes die Tarifvertragsparteien zu einer außerordentlichen Kündigung des Tarifvertrages berechtigt. In diesem Zusammenhang gilt es, die Voraussetzungen des für eine außerordentliche Kündigung erforderlichen „wichtigen Grundes" zu präzisieren; das verlangt nicht zuletzt auch eine Auseinandersetzung mit der Frage, ob und inwieweit die Lehre vom Wegfall der Geschäftsgrundlage auf Tarifverträge anwendbar ist.

1. Teil:
Die verfassungsrechtliche Verankerung der Tarifautonomie

§ 1 Tarifautonomie als Herzstück der Koalitionsfreiheit

I. Tarifautonomie und Koalitionsfreiheit

Die Tarifautonomie steht unter verfassungsrechtlichem Schutz. Obwohl das Grundgesetz schweigt, entspricht die Annahme einer Verfassungsgarantie der Tarifautonomie ständiger Rechtsprechung[1] und der absolut herrschenden Meinung[2]. Das Schweigen des Grundgesetzes ist beredt. Schon in Art. 165 Abs. 1 WRV – einer der Vorläuferbestimmungen des Art. 9 Abs. 3 GG, in der die Verfassungsgarantie der Tarifautonomie üblicherweise verortet wird – hieß es: „Die Arbeiter und Angestellten sind dazu berufen, gleichberechtigt in Gemeinschaft mit den Unternehmern an der Regelung der Lohn- und Arbeitsbedingungen sowie an der gesamten wirtschaftlichen Entwicklung der produktiven Kräfte mitzuwirken. Die beiderseitigen Organisationen und ihre Vereinbarungen werden anerkannt". Daß das Grundgesetz keine entsprechende Bestimmung enthält, erwies sich bislang nie als Nachteil[3]. Denn das BVerfG hatte bereits 1954 in seiner ersten Entscheidung[4] zur Koalitionsfreiheit historisch argumentiert und die Verfassungsgarantie im Lichte ihrer geschichtlichen Entwicklung gedeutet: „Wenn also die in Art. 9 Abs. 3 GG garantierte Koalitionsfreiheit nicht ihres historisch gewordenen Sinnes beraubt werden soll, so muß im Grundrecht des Art. 9 Abs. 3 GG ein verfassungsrechtlich geschützter Kernbereich auch in der Richtung liegen, daß ein Tarifvertragssystem im Sinne des modernen Arbeitsrechts staatlicherseits überhaupt bereitzustellen ist und daß Partner dieser Tarifverträge notwendig frei gebildete Koalitionen sind." Bei dieser Aussage ist es bis heute geblieben. Die Tarifautonomie gilt als Herzstück der Koali-

---

[1] Grundlegend BVerfGE 4, 96, (101, 106); aus neuerer Zeit BVerfGE 58, 233 (248 ff.); 84, 212 (224); 88, 103 (114); 94, 268 (283); 100, 271 (282); 103, 293 (304).

[2] *Biedenkopf*, Grenzen der Tarifautonomie, S. 102 ff.; *Bayreuther*, Tarifautonomie, S. 156 ff.; *Dietz*, Grundrechte III/1, S. 460 ff.; *Dieterich*, AuR 2001, 390; ders., RdA 2002, 1 (8); *Höfling*, in: Sachs, Art. 9 GG Rn. 83 ff.; *Kemper*, Koalitionsfreiheit, S. 115 ff.; *Pieroth*, FS 50 Jahre BVerfG II (2001), S. 293 (296, 298); *Richardi*, Kollektivgewalt, S. 89; *Säcker*, Grundprobleme, S. 71 ff.; *Scholz*, in: Maunz/Dürig, Art. 9 GG Rn. 299 ff.; ders., HdbStR VI, S. 1170 ff.; ders., FS Trinkner (1995), S. 377 ff.; *Söllner*, ArbRdGgw 35 (1998), S. 21 (25); *Stein*, AuR 1998, 1 (3); *W. Weber*, Tarifautonomie, S. 22 ff.; *Wiedemann*, TVG, Einl. Rn. 103; *Zöllner*, Rechtsnatur der Tarifnormen, S. 17.

[3] Daß Art. 9 Abs. 3 GG hinter der sehr detaillierten Ordnungsentscheidung des Art. 165 WRV zurückbleibt, basiert *Scholz* zufolge auf dem Bekenntnis des Grundgesetzgebers zu einer offenen Wirtschafts- und Sozialverfassung; an der prinzipiellen Kontinuität der verfassungsrechtlichen Gewährleistung der Koalitionsfreiheit soll das aber nichts ändern, vgl. *Scholz*, in: Maunz/Dürig, Art. 9 GG Rn. 155. Zur Einführung der Tarifautonomie durch das TVG v. 9.4.1949 vgl. *Richardi*, FS Dieterich (1999), S. 497 ff.

[4] BVerfGE 4, 96 (106).

tionsfreiheit und wird als nicht explizit erwähnte Teilgewährleistung von Art. 9 Abs. 3 GG mit garantiert.

Dieser Befund mag verwundern, spricht Art. 9 Abs. 3 GG doch nur vom Jedermannsrecht, „zur Wahrung und Förderung der Arbeits- und Wirtschaftsbedingungen Vereinigungen zu bilden". Wörtlich genommen gewährt die Norm deshalb dasselbe wie Art. 159 WRV, dem sie aufs Haar gleicht: nicht mehr und nicht weniger als ein Individualrecht zur Bildung von Koalitionen. Schon früh fand auch hier das BVerfG die klärenden Worte. In der bereits genannten Entscheidung wies das Gericht auf die Zweckgebundenheit der Norm hin und stellte sodann klar: „Das Grundrecht der Koalitionsfreiheit betrifft nicht nur den Zusammenschluß als solchen, sondern den Zusammenschluß zu einem bestimmten Gesamtzweck, nämlich zu einer aktiven Wahrnehmung der Arbeiter-(Arbeitnehmer-)Interessen. Dies bedeutet zugleich, daß frei gebildete Organisationen auf die Gestaltung der Löhne und Arbeitsbedingungen Einfluß nehmen, insbesondere zu diesem Zweck Gesamtvereinbarungen treffen können"[5]. Mit dieser, den Wortlaut der Verfassungsnorm weit übersteigenden Auslegung, die immer wieder kritisiert wurde[6], stellte das Gericht die Weichen für den verfassungsrechtlichen Siegeszug der Tarifautonomie und sicherte ihr die Anerkennung für mehr als ein halbes Jahrhundert. Freilich sind die Kritiker des Gerichts bis heute nicht verstummt[7], und fast scheint es, als erlebten ihre früheren Vorbehalte im Zeichen von Globalisierung und Tertiarisierung[8] eine wundersame Renaissance, zumal die arbeitsrechtlichen Deutungsmuster der Tarifautonomie alles andere als geklärt sind[9]. Für Verwirrung sorgten verfassungsgerichtliche Entscheidungen, die in der Folgezeit eine Reihe von Topoi schufen, deren verfassungsdogmatischer Gehalt schwer oder gar nicht auszumachen war. Schlüsselbegriffe wie Normsetzungsprärogative der Tarifvertragsparteien, Kernbereich und staatliche Ausgestaltungskompetenz prägten den verfassungsrechtlichen Diskurs zu Art. 9 Abs. 3 GG und schufen eine Sonderdogmatik, die sich in vielen Teilen weit von den allgemeinen Grundrechtslehren entfernt hatte[10].

---

[5] BVerfGE 4, 96 (106).
[6] Vgl. z.B. *Henssler*, ZfA 1998, 1 (4): „... wucherungsartige Erweiterung des Garantiebereichs"; *Picker*, Tarifautonomie, S. 19 m.w.N.; *ders.*, NZA 2002, 761 (765 ff.).
[7] Vgl. zuletzt *Picker*, Tarifautonomie, S. 19 m.w.N.; *ders.*, NZA 2002, 761 (765 ff.).
[8] Zum Begriff *Maschmann*, Arbeitsverträge, S. 21 ff.
[9] Im wesentlichen stehen sich eine „privatrechtliche" und eine „öffentlichrechtliche" Schule gegenüber; vgl. zuletzt für erstere *Picker*, NZA 2002, 761 (765 ff.) und *Rieble*, ZfA 2000, 5 ff.; für letztere *Waltermann*, ZfA 2000, 53 ff. Dazwischen stehen vermittelnde Konzepte, vgl. z.B. *Bayreuther*, Tarifautonomie, S. 232, der zwar von einem „staatlichen Geltungsbefehl" zur Überwindung der Durchsetzungsschwäche privat gesetzten Rechts ausgeht, durch den der Tarifvertrag aber nicht zu objektivem, staatlich gesetztem Recht werde; ähnlich *Ricken*, Autonomie, S. 117, der zwischen der privatautonomen Rechtserzeugung und der staatlichen Anerkennung privat erzeugten Rechts unterscheidet.
[10] Vgl. nur *Höfling*, in: Sachs, Art. 9 GG Rn. 71: „Die Kernbereichslehre einerseits und die Konzeption von der gesetzlichen Ausgestaltungsbedürftigkeit (...) der Koalitionsfreiheit andererseits haben die grundrechtsdogmatischen Elementarkategorien von Grundrechtstatbestand und Grundrechtsschranke, von verfassungsgeschütztem Verhalten und freiheitsverkürzendem Eingriff weitgehend aufgelöst; krit. auch *Kemper*, in: von Mangoldt/Klein/Starck, Art. 9 GG Rn. 169.

§ 1 Tarifautonomie als Herzstück der Koalitionsfreiheit

In seiner neuesten Rechtsprechung[11] scheint sich das BVerfG wieder stärker auf die allgemeinen Lehren zu besinnen[12], denn Termini wie „Kernbereich"[13] und „Ausgestaltung"[14] sucht man vergeblich. Eine solche Rückwendung wäre angesichts des mittlerweile erreichten Stands der allgemeinen Dogmatik der Freiheitsrechte sicher kein Nachteil. Sie darf nur nicht darüber hinwegtäuschen, daß sich die Tarifautonomie nicht ohne weiteres in das herbrachte „Eingriffs-Schranken-Schema"[15] der Freiheitsrechte fügt. Es wird zu zeigen sein, daß Art. 9 Abs. 3 GG einen Grundrechtstyp mit eigenem Bauplan verkörpert. Dieser Bauplan resultiert nicht aus den Besonderheiten der Koalitionsfreiheit. Vielmehr folgen seinem Muster alle rechtsgeprägten Grundrechte, zu denen so unterschiedliche Gewährleistungen wie die Ehefreiheit (Art. 6 Abs. 1 GG), die Vereinigungsfreiheit (Art. 9 Abs. 1 GG) sowie die Freiheit des Eigentums und des Erbrechts (Art. 14 Abs. 1 GG) zählen. Diesen Bauplan aufzuspüren, soll das grundrechtsdogmatische Anliegen der Arbeit sein. Dabei wird den Begriffen „Ausgestaltung", „Umgestaltung" und „Eingriff" eine Schlüsselfunktion zukommen, und zwar nicht als Teil einer koalitionsrechtlichen Sonderdogmatik, sondern als Bausteine einer Lehre für rechtsgeprägte Grundrechte.

Allgemeine Grundrechtslehren und Sonderdogmatik lassen sich jedoch nur voneinander scheiden, wenn zunächst einige Besonderheiten des Art. 9 Abs. 3 GG freigelegt werden. Das ist kein leichtes Unterfangen. Angesichts der Offenheit des Tatbestands, der Vagheit seiner Formulierung und der ihn übersteigernden verfassungsgerichtlichen Interpretation nimmt es nicht wunder, daß über fast alle Einzelfragen gestritten wird. Hinzu kommt, daß Art. 9 Abs. 3 GG im Regelungszentrum des antagonistischen Interessenkonflikts zwischen „Kapital" und Arbeit" steht. *Zöllner* hat deshalb nicht zu Unrecht das Wort von der „Wundertüte" des Art. 9 Abs. 3 GG geprägt[16]. Trotz allen Streits hat eine ständige verfassungsgerichtliche Rechtsprechung für einen Minimalkonsens gesorgt. Drei Problemkreise, die Koalitionsfreiheit im Normgefüge des Grundgesetzes betreffend, verdienen besonders hervorgehoben zu werden.

---

[11] BVerfGE 100, 214 (Gewerkschaftsliste); BVerfGE 100, 271 (Lohnabstandsgebot); BVerfG v. 3.7.2000, 1 BvR 945/00 (Kammerbeschluß); BVerfGE 103, 293 (Anrechnung von Kuren auf Tarifurlaub).
[12] *Löwer*, in: von Münch/Kunig, Art. 9 GG Rn. 59.
[13] Die „Kernbereichslehre" hat das Gericht im Beschluß vom 14.11.1995, BVerfGE 93, 352 (358 f.) ausdrücklich aufgegeben.
[14] Der Begriff taucht zuletzt 1996 in der Entscheidung zum Hochschulrahmengesetz auf, vgl. BVerfGE 94, 268 (284).
[15] Vgl. nur *Lübbe-Wolff*, Eingriffsabwehrrechte, S. 14 ff., 25 ff.; zum Eingriff *Bethge*, VVDStRL 57 (1998), S. 7 ff.
[16] RdA 1969, 250, 254.

II. Die Koalitionsfreiheit im Normgefüge des Grundgesetzes

1. Grundrecht, Einrichtungsgarantie oder bloßer Programmsatz?

Am Anfang steht die Frage nach der Rechtsqualität des Art. 9 Abs. 3 GG. Ist Art. 9 Abs. 3 GG als Grundrecht, als Einrichtungs- oder Institutsgarantie oder nur als Programmsatz zu verstehen? Letzteres wird mit Recht allgemein abgelehnt[17]. Koalitionsfreiheit und Tarifautonomie sind zu wichtig, als daß ihnen die Verfassung den Rang bloßer Absichtsbekundungen hätte zukommen lassen wollen. Solches zu behaupten, bedeutete einen Rückfall hinter den Stand der Weimarer Dogmatik. Schon dort entsprach die Annahme eines bloßen Programmsatzes nicht der h.M.[18]

Schwieriger ist die Entscheidung zwischen Grundrecht[19] und Einrichtungsgarantie. Rechtsprechung und h.M.[20] mögen sich nicht recht festlegen. Häufig wird der Doppelcharakter des Art. 9 Abs. 3 GG herausgestellt[21]: Abwehrrecht, aber nicht allein das, sondern zugleich Institutsgarantie oder objektive Entscheidung[22], insbesondere für den Kernbestand des Tarifvertragssystems[23]. Andere entdecken gar „Züge des Institutionellen"[24]. In welcher Weise beide „Komponenten" – abwehrrechtliche und institutionelle – zusammenwirken, bleibt auf seltsame Weise offen: ein Zeichen für das dogmatische Unbehagen, das viele Autoren quält.

Indes kann nicht ernstlich zweifelhaft sein, daß Art. 9 Abs. 3 GG eine grundrechtliche Gewährleistung darstellt. Dafür streiten sein klarer Wortlaut[25], aber auch die systematische Stellung im Grundrechtskatalog. Die Struktur der Koalitionsfreiheit als liberales Abwehrrecht entspricht ihrem Entstehungsprozeß im Kampf um soziale Selbstbestimmung auf dem Gebiet der Arbeits- und Wirtschaftsbedingungen. Ihrem Zweck nach soll sie einen von staatlicher Rechtsetzung freien Raum garantieren, in dem autonom gebildete Arbeitgeber- und Arbeitnehmervereinigungen das Arbeitsleben selbständig ordnen[26]. Darin erschöpft sich der Gewährleistungsgehalt des Art. 9 Abs. 3 GG aber nicht. Schon 1954 hatte das BVerfG mit gu-

---

[17] Statt aller *Scholz*, in: Maunz/Dürig, Art. 9 GG Rn. 154 m.w.N. in Fn. 4.

[18] RGZ 111, 199 (113); 113 (169); *Anschütz*, Art. 159 WRV Erl. 1 ff.; *Nipperdey*, in: Nipperdey, Grundrechte der WRV III, S. 385 m.w.N. in Fn. 1; a.A. *Potthoff*, Einwirkung, S. 70.

[19] Dafür dezidiert *Löwer*, in: von Münch/Kunig, Art. 9 GG Rn. 57; vgl. auch *Pieroth*, FS 50 Jahre BVerfG II (2001), S. 293 (304).

[20] Vgl. z.B. *Jarass* in: Jarass/Pieroth, Art. 9 GG Rn. 30.

[21] *Höfling*, FS Friauf (1996), S. 378 (379). Nicht selten findet man die Formulierung, die Koalitionsfreiheit verkörpere keines der klassischen Grundrechte, vgl. z.B. *Scholz*, in: Maunz/Dürig, Art. 9 GG Rn. 155.

[22] *Jarass* in: Jarass/Pieroth, Art. 9 GG Rn. 30.

[23] Für eine Institutsgarantie der Tarifvertragsfreiheit BVerfGE 4, 96 (104); 44, 322 (340); *Kemper*, in: von Mangoldt/Klein/Starck, Art. 9 GG Rn. 173, 226; *Pieroth/Schlink*, Grundrechte, Rn. 718; *Wiedemann*, FS Stahlhacke (1995), S. 675 (680).

[24] Nachw. bei *Kemper*, Koalitionsfreiheit, S. 61 ff.; *Reuter*, FS Mestmäcker (1996), S. 271, 285 ff.; *Scholz*, in: Maunz/Dürig, Art. 9 GG Rn. 164: subjektives Freiheitsrecht und objektives Ordnungsprinzip; verneinend aber *Löwer*, in: von Münch/Kunig, Art. 9 GG Rn. 57;.

[25] *Kemper*, in: von Mangoldt/Klein/Starck, Art. 9 GG Rn. 167.

[26] BVerfGE 50, 290 (367); 92, 365 (393); *Kemper*, Koalitionsfreiheit, S. 3 ff.; *Löwer*, in: von Münch/Kunig, Art. 9 GG Rn. 54; *Scholz*, in: Maunz/Dürig, Art. 9 GG Rn. 155.

tem Gespür in Art. 9 Abs. 3 GG einen verfassungsrechtlich geschützten Kernbereich mit der Verpflichtung entdeckt, „daß ein Tarifvertragssystem im Sinne des modernen Arbeitsrechts staatlicherseits überhaupt bereitzustellen ist". Allerdings unterließ es das Gericht, den dogmatischen Gehalt dieser „Garantieschicht" weiter auszudeuten. Fest stand nur, daß das Grundrecht, beschränkt auf seinen liberalen Abwehrgehalt, leerlaufen würde, und das verlangte der Rechtsprechung zufolge nach Schaffung „der Rechtsinstitute und Normenkomplexe, die erforderlich sind, um die grundrechtlichen Freiheiten ausüben zu können"[27]. Die Literatur verarbeitete die „zweite Garantieschicht" wenn überhaupt, dann über die Figur der Einrichtungs-, genauer: Institutsgarantie[28]. Damit verband sich kaum mehr als die Beschreibung, daß vom Garantiegehalt des Grundrechts auch einfachrechtliche Normen erfaßt würden, jedoch in einer seit *Carl Schmitt*[29] seltsamen „Verobjektivierung"[30]. Die zweite, nicht abwehrrechtlich aufzufassende Garantieschicht sollte, obwohl Teil einer grundrechtlichen Gewährleistung, nicht subjektiv-, sondern objektiv-rechtlich zu verstehen sein. Subjektiv öffentliche Rechte, gar individuelle Ansprüche, etwa auf Erlaß der zur Realisierung der Koalitionsfreiheit notwendigen Normenkomplexe, schieden damit aus. Das war nicht weiter schlimm, da mit dem Tarifvertragsgesetz von 1948 schon eine das Verfassungsversprechen umsetzende einfachrechtliche Norm vorhanden war und damals keine Anstalten zu seiner Einschränkung unternommen wurden. Zwar bricht sich die Erkenntnis langsam Bahn, daß objektiv-rechtliche Einrichtungsgarantien Quelle subjektiver Rechte sein können[31]; insoweit steht eine Re-Subjektivierung der Figur an. Des umständlichen Weges über die Einrichtungsgarantie bedarf es aber nur dort, wo es an einem spezifisch grundrechtlichen Schutz fehlt. Gibt es Grundrechte, die – auf welche Weise auch immer – nicht abwehrrechtlich zu erklärende Garantieschichten verbürgen, sollten diese besonderen Gewährleistungsgehalte nicht zusätzlich über die Figur der Einrichtungsgarantie gedeutet werden[32]. Einrichtungsgarantien tragen nicht nur nichts zur Klärung dogmatischer Strukturen bei, sondern bergen wegen ihrer unge-

---

[27] BVerfGE 50, 290 (368).
[28] *Badura*, ArbRdGgw 15 (1978), S. 21 f.; *Biedenkopf*, Grenzen der Tarifautonomie, S. 105 f.; *Säcker*, ArbRdGgw 12 (1975), S. 20 ff.; *W. Weber*, Tarifautonomie, S. 25; *Wiedemann*, FS Stahlhacke (1995), S. 675 (681); a.A. *Scholz*, in: Maunz/Dürig, Art. 9 GG Rn. 26, 29, 300; *ders.*, Koalitionsfreiheit, S. 54 ff., 120 f., 149, 258 ff. Nach *Scholz* besteht der verfassungsrechtliche Schutz der Tarifautonomie nur soweit, wie die Tarifautonomie tatsächlich ein funktionstypisches Koalitionsmittel bleibt. Art. 9 Abs. 3 GG erlaube aber auch die Ersetzung der Tarifautonomie durch andere Koalitionsmittel. Eine Institutsgarantie der Tarifautonomie erkennt er nicht an.
[29] Verfassungslehre, 1780 ff.; *ders.*, Freiheitsrechte und institutionelle Garantien, S. 140 ff.; *ders.*, Grundrechte und Grundpflichten, S. 181 ff., 213.
[30] Üblicherweise werden Instituts- oder Einrichtungsgarantien zu den „objektiven Grundrechtsgehalten" gezählt, vgl. *Dreier*, in: Dreier, Vor Art. 1 GG Rn. 55 ff. 68; *Stern*, Staatsrecht III/1, § 68; *Sachs*, in: Sachs, Vor Art. 1 GG Rn. 28; *de Wall*, Der Staat 38 (1999), S. 377 m.w.N. in Fn. 2.
[31] Vgl. z.B. *Alexy*, Theorie der Grundrechte, S. 61; *Dürig*, in: Maunz/Dürig, Art. 1 GG Rn. 97; *Höfling*, Vertragsfreiheit, S. 26 ff.; *Kemper*, Koalitionsfreiheit, S. 58 ff.; *Steinbeiß-Winkelmann*, Freiheitsordnung, S. 115; *Stern*, Staatsrecht III/1, S. 856 ff., 873 ff.; *de Wall*, Der Staat 38 (1999), S. 377 (384 ff.).
[32] Wie hier *Alexy*, Theorie der Grundrechte, S. 444; *Dreier*, in: Dreier, Vor Art. 1 GG Rn. 49; *Pieroth*, FS 50 Jahre BVerfG II (2001), S. 293 (304); krit. auch *Waechter*, Die Verwaltung 29 (1996), S. 47 (51 ff., 62).

klärten „institutionellen Gehalte" die Gefahr von Schutzlücken[33]. Darauf wird bei der Analyse rechtsgeprägter Grundrechte zurückzukommen sein.

2. Eigenständiger Gehalt oder Unterfall der Vereinigungs(bildungs)freiheit?

Die zweite Frage betrifft die thematische Eigenständigkeit des Art. 9 Abs. 3 GG. Ist Art. 9 Abs. 3 GG als Unterfall der allgemeinen Vereinigungsfreiheit des Art. 9 Abs. 1 GG – schlicht als Recht „sich zu vereinigen" – zu betrachten[34] oder enthält die Norm Elemente, die über eine „Vereinigungsbildungsfreiheit" hinausgehen? Die Frage ist zunächst von schrankenrechtlicher Bedeutung. Wäre die Koalitionsfreiheit als Unterfall der Vereinigungsfreiheit zu deuten, stünde sie wie diese bereits unter der Grundrechtsschranke des Art. 9 Abs. 2 GG[35]. Die h.M. bejaht das und argumentiert weiter mit der Entstehungsgeschichte und dem systematischen Zusammenhang zwischen Art. 9 und Art. 21 GG. Die Koalitionsfreiheit könne nicht weiter geschützt sein als die Parteienfreiheit[36]. Indes übergeht die h.M., daß Art. 9 GG seine grundrechtsunmittelbaren Schranken in Abs. 2 nennt, der sich direkt nur auf Abs. 1 bezieht[37]. Die Verfechter tolerieren das unter Verweis auf das „Unterfall"-Argument. Da sich allgemeine Vereinigungsfreiheit und Koalitionsfreiheit lediglich durch die Zwecksetzung der von Art. 9 Abs. 3 GG geschützten Vereinigungen unterschieden, könnten sich Koalitionen stets auch auf die allgemeine Vereinigungsfreiheit berufen und unterlägen damit deren Schranken. Übersehen wird dabei jedoch, daß Art. 9 Abs. 1 GG als Deutschen-, Art. 9 Abs. 3 GG als Jedermannsrecht gestaltet ist[38]. Wäre der Unterschied in den Zwecksetzungen der Vereinigungen tatsächlich so gering, wie behauptet wird, fragt es sich, warum das Grundgesetz die Koalitionsfreiheit eigens erwähnt und mit Verfassungsrang ausstattet hat. Sinn macht das nur, wenn mit dieser Garantie nicht allein vereinigungs(bildungs)rechtliche, sondern koalitions(-betätigungs-)rechtliche Inhalte abgesichert werden sollten. Ausweislich der Materialien zur Entstehung des Grundgesetzes war genau das der Fall[39], nur konnte sich der Grundgesetzgeber wegen eines Streits um die ausdrückliche Aufnahme einer Streikgarantie[40] zu keiner dem Art. 165 Abs. 1 WRV entspre-

---

[33] So vor allem *Waechter*, Die Verwaltung 29 (1996), S. 47 (51 ff., 62). Auch *Scholz*, in: Maunz/Dürig, Art. 9 GG Rn. 173 warnt vor einer „institutionellen Deutung" der Koalitionsfreiheit, soweit daraus inhaltliche Beschränkungen hergeleitet werden sollen.

[34] *Bauer*, in: Dreier, Art 9 GG Rn. 24; *Jarass*, in: Jarass/Pieroth, Art. 9 GG Rn. 32; *Pieroth/Schlink*, Grundrechte, Rn. 717.

[35] Bejahend *Bauer*, in: Dreier, Art. 9 GG Rn. 87; *Kunig*, in: von Münch/Kunig, Art. 9 GG Rn. 80; *Löwer*, in: von Münch/Kunig, Art. 9 GG Rn. 56; *Sachs*, Grundrechte, B 9 Rn. 31; *Scholz*, HdbStR VI, § 151 Rn. 5; a.A. *Gamillscheg*, Kollektives Arbeitsrecht I, S. 152 f.; *Höfling*, in: Sachs, Art. 9 GG Rn. 127; *Kemper*, in: von Mangoldt/Klein/Starck, Art. 9 GG Rn. 165; *Jarass*, in: Jarass/Pieroth, Art. 9 GG Rn. 49; AK-*Kittner*, Art. 9 GG Rn. 35.

[36] *Pieroth/Schlink*, Grundrechte, Rn. 754.

[37] AK-*Kittner*, Art. 9 GG Rn. 36; *Schmidt*, NJW 1965, 424 (426).

[38] Darauf weist vor allem *Söllner*, ArbRdGgw 35 (1998), S. 21 (25) hin.

[39] *Matz*, JÖR 1 n.F. (1951), S. 116 f.

[40] *Matz*, JÖR 1 n.F. (1951), S. 116, 120 ff.; *Niclaus*, Weg zum Grundgesetz, S. 267 ff.; *Pieroth*, FS 50 Jahre BVerfG II (2001), S. 293 (294).

chenden Regelung durchringen. Man beließ es deshalb bei der Formulierung des alten Art. 159 WRV, wobei nie zweifelhaft war, daß damit nicht allein die Bildung, sondern auch die Betätigung von Koalitionen verfassungskräftig abgesichert werden sollte[41]. Deshalb ist nicht nur der Anwendung des Art. 9 Abs. 2 GG auf Art. 9 Abs. 3 GG eine Absage zu erteilen, sondern sämtlichen schrankenrechtlichen Umbauversuchen, die darauf zielen, nur die Bildungs-, nicht aber die Betätigungsfreiheit der grundrechtlichen Gewährleistung zu unterstellen.

Solche Umbauversuche begegnen in verschiedenen Spielarten. Sie sind von der Überzeugung getragen, Art. 9 Abs. 3 GG Schranken einzufügen, die das Grundgesetz nicht vorgesehen hat. Bekanntlich wird die Koalitionsfreiheit ohne den ausdrücklichen Vorbehalt einer Beschränkungsmöglichkeit gewährleistet. Vereinzelt blieben die Versuche, Art. 9 Abs. 3 GG als Teil einer umfassenderen „Kommunikationsverfassung" zu begreifen. Ziel dieses Konzepts war es, die Koalitionsfreiheit nach dem Vorbild des Art. 5 Abs. 1 GG und des Art. 9 Abs. 1 GG dem Vorbehalt der „allgemeinen Gesetze" entsprechend Art. 5 Abs. 2 GG zu unterstellen[42]. Abgesehen davon, daß die Annahme einer solchen „Kommunikationsverfassung" zweifelhaft ist, taugt der Begriff schon wegen seiner Vagheit nicht, das grundrechtliche Schrankensystem zu überspielen. Im Ergebnis stünde die Tarifautonomie nämlich unter einem einfachen Gesetzesvorbehalt.

Zahlreicher waren die Bestrebungen, bei Art. 9 Abs. 3 GG selbst anzusetzen. Eine Variante geht dahin, bereits den Gewährleistungsbereich möglicher Koalitionsbetätigungen von vornherein auf eine eng gefaßte Schutzzone – einen Kernbereich – zu begrenzen, diesen aber von weiteren Schranken freizustellen. Das entspricht der vom BVerfG bis 1995 vertretenen[43] „Kernbereichsrechtsprechung", die weder eine Stütze im Verfassungstext noch in den allgemeinen Grundrechtslehren fand und deshalb zu Recht als untragbarer Teil[44] einer koalitionsrechtlichen „Sonderdogmatik" verabschiedet wurde[45]. Eine andere Variante[46] will zwischen gesetzesfesten „Primärgarantien" und gesetzlichen Zugriffen zugänglichen „Sekundärgarantien" differenzieren; zu ersteren sollen die Freiheit der Koalitionsbildung, zu letzteren sämtliche Formen koalitionsmäßiger Betätigung zählen. Auch hier wird versucht, den einheitlichen Schutz der grundrechtlichen Garantie unter Berufung darauf aufzubrechen, „an sich" enthalte Art. 9 Abs. 3 GG verfassungskräftig nur eine Gewährleistung der Koalitionsbildung, nicht aber der Koalitionsbetätigung. Dasselbe

---

[41] Vgl. nur BVerfGE 4, 96 (104 ff.); *Matz*, JÖR 1 n.F. (1951), S. 116 f.

[42] *Scholz*, Koalitionsfreiheit, S. 335 ff.; *ders.* in: Maunz/Dürig, Art. 9 GG Rn. 348; ähnlich *Bettermann*, Grenzen der Grundrechte, S. 27 f.; *Lerche*, Verfassungsrechtliche Zentralfragen, S. 34 ff.

[43] BVerfGE 17, 319 (333 f.); 19, 303 (321 ff.); 28, 295 (304); 38, 281 (305); 38, 386 (393); 50, 290 (368); 57, 220 (245 f.).

[44] *Kühling*, AuR 1994, 126 (132).

[45] Aufgabe in BVerfGE 93, 352 (358 f.) angekündigt bereits BVerfGE 84, 212, wo das Gericht nicht mehr auf die Kernbereichsformel zurückkommt. In den Entscheidungen zum Beamteneinsatz bei Arbeitskämpfen, zum Zweitregister und zu § 116 AFG wird ebenfalls nicht mehr von einem Kernbereich gesprochen, vgl. BVerfGE 88, 103 (114 ff.); 92, 26 (38 ff.); 92, 365 (393 ff.).

[46] *Henssler*, ZfA 1998, 1 (12); *Scholz*, in: Maunz/Dürig, Art. 9 GG Rn. 266; *Wank*, JZ 1996, 629 (631); *ders.*, Anm. zu BVerfG, AP Nr. 76 zu Art. 9 GG Bl. 184 R ff; ähnliche Stufenmodelle schlagen vor *Otto*, FS Zeuner (1994), S. 121 (137 f.); *Wiedemann*, FS Stahlhacke (1995), 685 ff.

Ziel verfolgt offenbar die neuere Rechtsprechung des BVerfG. Seit dem HRG-Beschluß vom 24.4.1996[47] vertritt das Gericht die Ansicht, der Grundrechtsschutz sei nicht für alle koalitionsmäßigen Betätigungen gleich intensiv, sondern „nehme in dem Maße zu, in dem eine Materie aus Sachgründen am besten tariflich geregelt werden könne"[48], was das Gericht am Grade der Tarifüblichkeit einer Regelung ablesen will. Laufenden Tarifverträgen werde so der stärkste Schutz zuteil[49], was das Gericht allerdings kurze Zeit später nicht davon abhielt, auch gezielte gesetzgeberische Eingriffe in bestehende Tarifwerke zu billigen, wie etwa die durch das arbeitsrechtliche Beschäftigungsförderungsgesetz vom 25.9.1996 geschaffene Möglichkeit, Kurtage auf den tariflichen Erholungsurlaub anzurechnen[50], oder das Lohnabstandsgebot bei der Förderung von Arbeitsbeschaffungsmaßnahmen[51]. Für die Annahme, es gebe *von vornherein* Schutzzonen unterschiedlicher Dichte, fehlt jedoch jeder Beleg. Anders als bei Art. 12 GG, in dessen Wortlaut bereits unterschiedliche Gewährleistungsschichten angelegt sind – Schutz der Berufswahlfreiheit in Abs. 1 Satz 1 einerseits, Schutz der Berufsausübungsfreiheit in Abs. 1 Satz 2 andererseits –, die von der h.M. bekanntlich zur „Drei-Stufen-Lehre" ausgebaut wurden, sind Art. 9 Abs. 3 GG derartige Abstufungen fremd. Sie ließen sich auch kaum sachgerecht bestimmen. Daß die Bildungsfreiheit generell schutzbedürftiger sei als die Betätigungsfreiheit scheint ebenso willkürlich wie die Annahme des Gegenteils. Art. 9 Abs. 3 GG trotzt Zugriffen in beiden Bereichen, letzte Bastion ist die Wesensgehaltsgarantie. Für Art. 9 Abs. 3 GG als Abwehrrecht kann nichts anderes gelten als für die übrigen Freiheitsrechte. Daß der *effektive* Schutz, den Art. 9 Abs. 3 GG für Koalitionsfreiheit und Tarifautonomie zu leisten vermag, nicht stets derselbe sein kann, sondern sich als das *Ergebnis* einer Abwägung aller Umstände des Einzelfalls ergibt, ist selbstverständlich. Auch darin unterscheidet sich die Norm nicht von anderen Gewährleistungen.

3. Individual- oder auch Kollektivgrundrecht?

Die dritte Frage geht dahin, ob die Koalitionsfreiheit nur ein Individual- oder auch ein kollektives Grundrecht darstellt, auf das sich die Koalitionen selbst berufen können. Letzteres wurde immer wieder mit dem Argument bestritten, das Grundgesetz kenne keine „Gruppengrundrechte"; das Problem, ob sich Gruppen auf grundrechtliche Gewährleistungen berufen könnten, sei allein und abschließend in Art. 19 Abs. 3 GG geregelt[52]. Die Verneinung des kollektiven Charakters der Koalitionsfreiheit hätte erhebliche Folgen, da damit nichts weniger als das verfassungsrechtliche Fundament der Tarifautonomie in Frage gestellt wäre. Die h.M. ist dem

---

[47] BVerfGE 94, 268.
[48] BVerfGE 94, 268 (285).
[49] BVerfGE 94, 268 (285); 100, 271 (286 f.).
[50] BVerfGE 103, 293 (304).
[51] BVerfGE 100, 271 (283 f.).
[52] *Scholz*, Koalitionsfreiheit, S. 126 ff., 135 ff., 145 ff., 249, 254, 382, 384, 387; krit. auch *Höfling*, in: Sachs, Art. 9 GG Rn. 70; *Pieroth*, FS 50 Jahre BVerfG II (2001), S. 293 (298); *Pieroth/Schlink*, Grundrechte, Rn. 737.

§ 1   *Tarifautonomie als Herzstück der Koalitionsfreiheit*

zu Recht nicht gefolgt[53]. Art. 9 Abs. 3 GG ist zwar seinem Wortlaut nach hinter Art. 165 WRV zurückgefallen, der die Koalitionen verfassungsrechtlich ausdrücklich anerkannte. Es spricht aber nichts dafür, daß das Grundgesetz den Weimarer Stand zurückschrauben wollte[54]. Eine ausschließlich individuelle Sicht der Koalitionsfreiheit verträgt sich weder mit der geschichtlich gewachsenen Bedeutung der Berufsverbände noch mit dem Verfassungsprinzip der sozialen Selbstverwaltung[55]. Daß sich die Koalitionen als solche auf Art. 9 Abs. 3 GG berufen können, ergibt sich letztlich daraus, daß Art. 9 Abs. 3 GG den Zweck der Vereinigung („Wahrung und Förderung der Arbeits- und Wirtschaftsbedingungen") ausdrücklich unter grundrechtlichen Schutz gestellt hat[56]. Schon daraus folgt die Sonderstellung der Koalitionen. Wäre dieser besondere Schutz nicht gewollt gewesen, hätte man es bei der allgemeinen Vereinigungsfreiheit des Art. 9 Abs. 1 GG belassen können[57]. Ein Koalitionsgrundrecht, das nicht auch den Bestand, die Organisation und die freie Betätigung der Koalitionen selbst schützte, wäre weitgehend seines Sinns entkleidet. Die stärkere Qualität der Freiheitsausübung im Kollektiv berechtigt dazu, den Berufsorganisationen eine eigenständige, von den gebündelten Individualinteressen losgelöste Grundrechtsberechtigung zuzusprechen. Im übrigen lassen sich nach geltendem Tarifrecht nicht sämtliche Befugnisse der Tarifvertragsparteien auf die Individualrechte ihrer Mitglieder zurückführen. Zu Recht gelten daher auch der Abschluß von Tarifverträgen und der Einsatz von Arbeitskampfmaßnahmen (Streik[58] und Aussperrung[59]), soweit sie für eine funktionierende Tarifautonomie erforderlich sind, als grundrechtlich geschützt[60].

4. Ausgestaltungsbedürftigkeit der Koalitionsfreiheit

Die letzte Besonderheit der Koalitionsfreiheit liegt in ihrer „Ausgestaltungsbedürftigkeit" durch das einfache Gesetzesrecht. Schon früh hatte das BVerfG festgestellt, daß es „Sache des Gesetzgebers" sei, „die Tragweite der Koalitionsfreiheit dadurch zu bestimmen, daß er die Befugnisse der Koalitionen im einzelnen gestaltet und näher regelt"[61]. Später erklärte das Gericht, die Koalitionsfreiheit bedürfe „von

---

[53] BVerfGE 4, 96 (101 f.); 19, 303 (312, 321); 84, 212 (224); *Bauer*, in: Dreier, Art. 9 GG Rn. 77; *Bayreuther*, Tarifautonomie, S. 158; *Biedenkopf*, Grenzen der Tarifautonomie, S. 102; *Gamillscheg*, Kollektives Arbeitsrecht, S. 210 ff; *Jarass*, in: Jarass/Pieroth, Art. 9 GG Rn. 37; *Ricken*, Autonomie, S. 140 ff.; *Säcker/Oetker*, Grundlagen und Grenzen der Tarifautonomie, S. 6; *Wiedemann*, TVG, Einl. Rn. 89 m.w.N.

[54] BVerfGE 4, 96 (101 f.); 19, 303 (312, 321); 84, 212 (224).

[55] *Wiedemann*, TVG, Einl. Rn. 90.

[56] BVerfGE 84, 212 (224).

[57] Vgl. BVerfGE 84, 212 (224).

[58] BVerfGE 88, 103 (114); 92, 365 (394).

[59] Zumindest als Aussperrung mit suspendierender Wirkung, die in Abwehr von Teil- oder Schwerpunktstreiks der Herstellung der Verhandlungsparität dienen, vgl. BVerfGE 84, 212 (225); noch offengelassen von BVerfGE 38, 386 (394).

[60] BVerfGE 50, 290 (317); 55, 7 (21); 57, 220 (245); 64, 208 (213); 73, 261 (270); 84, 212 (225); 88, 103 (114); 92, 365 (393); 93, 352 (358); 94, 268 (282 f.).

[61] BVerfGE 28, 295 (306); 50, 290 (368); 57, 220 (246, 248); 58, 233 (247).

vornherein der gesetzlichen Ausgestaltung"[62], sie sei „Aufgabe des gesetzgeberischen Ermessens"[63]. Es bestehe ein „Verfassungsauftrag" des Gesetzgebers zur Ausführung des Art. 9 Abs. 3 GG[64]. Das gelte auch für die Gewährleistung der Tarifautonomie[65].

Von Anfang an konstatierte das BVerfG das ambivalente Wesen der Ausgestaltung. Einerseits bestehe die Ausgestaltung „in der Schaffung der Rechtsinstitute und Normenkomplexe, die erforderlich sind, um die grundrechtlich garantierten Freiheiten ausüben zu können."[66] Ausgestaltung meine insoweit das Treffen von Regelungen, „die erst die Voraussetzungen für eine Wahrnehmung des Freiheitsrechts bilden"[67]. Andererseits bedeute Ausgestaltung stets auch Begrenzung. Im Mitbestimmungsurteil führt das BVerfG dazu aus: „Die Bedeutung und Vielzahl der von der Tätigkeit der Koalitionen berührten Belange namentlich im Bereich der Wirtschafts- und Sozialordnung machen vielfältige gesetzliche Regelungen notwendig, die der Koalitionsfreiheit auch Schranken ziehen können"[68]. Solche Beschränkungen wertete die Rechtsprechung erstaunlicherweise nicht als rechtfertigungsbedürftigen Eingriff, sondern als Ausgestaltung. Im Ergebnis machte das keinen großen Unterschied[69], da das BVerfG in der Ausgestaltungsbefugnis keinen Freibrief für beliebige Zugriffe sah. Die Koalitionsfreiheit dürfe trotz ihrer Ausgestaltungsbedürftigkeit nur soweit in ihre Schranken gewiesen werden, wie dies „zum Schutze anderer Rechtsgüter von der Sache her geboten" sei[70].

In späteren Entscheidungen wies das BVerfG Ausgestaltungsgesetzen noch eine weitere Funktion zu. Das Besondere am Grundrecht der Koalitionsfreiheit liege darin, daß es die „Beziehung zwischen Trägern widerstreitender Interessen zum Gegenstand hat"[71]. „Beide Tarifvertragsparteien genießen den Schutz des Art. 9 Abs. 3 GG in gleicher Weise, stehen aber bei seiner Ausübung in Gegnerschaft zueinander"[72]. Zwar seien die Koalitionäre beim Austragen ihrer Interessengegensätze vor staatlicher Einflußnahme geschützt, es bedürfe aber „koordinierender Regelungen". Diese „kollisionsschlichtenden Rahmenvorschriften" schlägt das BVerfG nicht den Eingriffs-, sondern ebenfalls den Ausgestaltungsgesetzen zu. Ausgestaltungsgesetze zur Kollisionslösung sollten gewährleisten, daß die „aufeinander bezogenen Grundrechtspositionen nebeneinander bestehen können" und daß „Sinn und Zweck die-

---

[62] BVerfGE 50, 290 (368); 57, 220 (246); 58, 233 (247); in den neueren Entscheidungen fehlt allerdings der Hinweis, die Koalitionsfreiheit und die Tarifautonomie seien „von vornherein" ausgestaltungsbedürftig, vgl. BVerfGE 84, 212 (225, 228); 88, 103 (115); 92, 26 (41); 94, 268 (284).
[63] BVerfGE 4, 96 (107 f.).
[64] BVerfGE 57, 220 (248).
[65] BVerfGE 58, 233 (248).
[66] BVerfGE 50, 290 (368).
[67] BVerfGE 92, 26 (41).
[68] BVerfGE 50, 290 (368).
[69] Gegen eine Überbewertung der dogmatischen Unterscheidung zwischen Ausgestaltung und Eingriff *Cornils*, Ausgestaltung, S. 666 ff.; *Henssler*, ZfA 1998, 1 (11); *Löwer*, in: von Münch/Kunig, Art. 9 GG Rn. 59; *Schwarze*, JuS 1994, 653 (658); für ein striktes Festhalten daran *Dieterich*, RdA 2002, 1 (11); *Gellermann*, Grundrechte, passim; *Söllner*, NZA 2000, Sonderbeilage zu Heft 24, S. 33 (35 f.).
[70] BVerfGE 50, 290 (369).
[71] BVerfGE 88, 103 (115).
[72] BVerfGE 92, 365 (394).

§ 1 Tarifautonomie als Herzstück der Koalitionsfreiheit   17

ses Freiheitsrechts sowie seine Einbettung in die verfassungsrechtliche Ordnung gewahrt bleiben"[73].

Bis heute ist unklar, wie das BVerfG seine dogmatische Konstruktion der Ausgestaltungsgesetze verstanden wissen wollte[74]. In der Anfangszeit schien es, als ob das Gericht Ausgestaltungsgesetze auf der Ebene des Schutzbereichs zu verorten suchte. Grundrechtsschutz hätte dann von vornherein nur nach Maßgabe der einfachrechtlichen Ausgestaltung bestanden, womit der Zwang zur Rechtfertigung im strengen „Eingriffs-Schranken-Schema" entfallen wäre. In diese Richtung deuteten Judikate, die die Freiheitskonstituierung in den Vordergrund rückten[75]. Sie beruhen offenbar auf der These, Freiheitsermöglichung und Freiheitsverkürzung könnten nicht denselben Regeln folgen; Grundrechtsunterstützung müsse eher erlaubt sein als Grundrechtsbeschränkung[76]. „Grundrechtsausgestaltung stellt keine Grundrechtsbeeinträchtigung dar", hieß es daraufhin vielfach in der Literatur[77]. Neuerdings scheint das Gericht unter dem Beifall der Literatur[78] die Ausgestaltung als Element der Rechtfertigungsebene aufzufassen. In den Vordergrund gestellt wird nämlich, daß von ausgestaltenden Gesetzen Belastungen ausgehen könnten, die einer Rechtfertigung an den Maßstäben des Verhältnismäßigkeitsprinzips genügen müßten[79]. Betont man diese Erschwerungen, verfließen die Übergänge von der Ausgestaltung zum Eingriff. Zu Recht konstatiert deshalb der langjährige Verfassungsrichter *Dieterich*: „Ausgestaltende und einschränkende Gesetze unterscheiden sich nämlich in ihrem äußeren Erscheinungsbild aus der Sicht einzelner Grundrechtsträger oft kaum"[80]. Ob das BVerfG die Unterscheidung deshalb aufgeben wird, ist schwer zu beurteilen. Jedenfalls kommt die Ausgestaltung im neueren Argumentationshaushalt des Gerichts deutlich seltener vor[81].

Die Annahme, daß Grundrechte einer gesetzlichen Ausgestaltung fähig und bedürftig sind, ist nicht auf die Gewährleistungen des Art. 9 Abs. 3 GG beschränkt. Vielmehr existiert eine Reihe weiterer Grundrechte, die der Ausgestaltung durch den Gesetzgeber zugänglich ist. Ein Bedürfnis für eine gesetzliche Ausgestaltung hat das BVerfG namentlich anerkannt bei der Rundfunkfreiheit (Art. 5 Abs. 1 Satz 2

---

[73] BVerfGE 92, 365 (394) unter Hinweise auf BVerfGE 88, 103 (115).
[74] Diese Einschätzung wird allgemein geteilt, vgl. z.B. *Höfling*, in: Sachs, Art. 9 GG Rn. 71: „... Auflösung der grundrechtsdogmatischen Elementarkategorien"; *Pieroth*, FS 50 Jahre BVerfG II (2001), S. 293 (303); *Wiedemann*, TVG, Einl. Rn. 130.
[75] Vgl. z.B. BVerfGE 4, 96 (104 ff.).
[76] *Wiedemann*, TVG, Einl. Rn. 130.
[77] *Jarass*, in: Jarass/Pieroth, Vor Art. 1 GG Rn. 34. und Art. 9 GG Rn. 14; *Löwer*, in: von Münch/Kunig, Art. 9 GG Rn. 24; *Merten*, HdbStR VI, S. 772 (803); *Pieroth/Schlink*, Grundrechte, Rn. 209 ff.
[78] *Kemper*, in: von Mangoldt/Klein/Starck, Art. 9 GG Rn. 233; *Löwer*, in: von Münch/Kunig, Art. 9 GG Rn. 59; *Thüsing*, Anm. zu BVerfG, EzA Art. 9 GG Nr. 60, S. 14; *Müller/Thüsing*, Anm. zu BVerfG, EzA Art. 9 GG Nr. 61, S. 19.
[79] BVerfGE 92, 26 (43 f.); 92, 365 (395 f.).
[80] RdA 2002, 1 (11).
[81] Die Figur der Ausgestaltung wird zuletzt in BVerfGE 92, 365 ausführlicher bemüht; im Beschl. v. 10.9.2004, NZA 2004, 1338 (1339), wird ohne inhaltliche Auseinandersetzung darauf verwiesen. In den neueren Entscheidungen spricht das Gericht nur noch von „Beeinträchtigung" der Koalitionsfreiheit, vgl. BVerfGE 100, 214 (222 f.); 103, 293 (305), bzw. unmittelbar vom „Eingriff", vgl. BVerfGE 100, 271 (283); BVerfG, Kammerbeschl. v. 29.12.2004, NZA 2005, 153 (154).

Alt. 2 GG)[82], für die Organisation der Wissenschaftsfreiheit (Art. 5 Abs. 3 GG)[83], bei der Ehefreiheit (Art. 6 Abs. 1 GG)[84], der Vereinigungsfreiheit (Art. 9 Abs. 1 GG)[85], der Vertragsfreiheit (als Ausprägung der nach Art. 2 Abs. 1 GG geschützten allgemeinen Handlungsfreiheit)[86], der Freiheit des Eigentums[87] und des Erbrechts[88] (Art. 14 Abs. 1 Satz 1 GG), der Garantie des Rechtsweges (Art. 19 Abs. 4)[89] und der Garantie des rechtlichen Gehörs (Art. 103 Abs. 1 GG)[90]. Ob das Einsatzfeld für die Figur der Ausgestaltung damit abschließend umrissen ist, ist nicht gesagt. Jedenfalls handelt es sich um eine Erscheinung, die sich einen breiten Anwendungsbereich erobert hat[91], der – angesichts der Vielgestaltigkeit der betroffenen Grundrechtsbestimmungen – nicht sachlich-thematisch abgesteckt sein kann. Die Gemeinsamkeiten sind vielmehr struktureller Art. Offenbar geht die Ausgestaltung mit einer Bauform von Grundrechten einher, die den Staat nicht zu schlichtem Unterlassen verpflichtet, sondern die ihm positive Handlungspflichten auferlegt, deren Inhalt und Reichweite sich nicht mehr eingriffsdogmatisch erklären lassen.

§ 2 Koalitionsfreiheit als ausgestaltungsbedürftiges Grundrecht

I. Grundrechtsausgestaltung als allgemeine Erscheinung

1. Terminologie

Trotz erheblicher Anstrengungen im Schrifttum[92] ist es bislang nicht gelungen, das Phänomen der Grundrechtsausgestaltung abschließend zu klären, geschweige denn als anerkannte Figur der allgemeinen Grundrechtslehren zu etablieren. Schon

---

[82] BVerfGE 57, 295 (320); 73, 118 (153); 74, 297 (323 f.); 83, 238 (296); 87, 181 (197 f.); 89, 144 (152); 90, 60 (87 f.).
[83] BVerfGE 35, 79 (123 f.).
[84] BVerfGE 31, 58 (69 f.); 62, 323 (330); 81, 1 (6 f.); Urt. v. 17.7.2002, 1 BvF 1/01 (eingetragene Lebenspartnerschaft).
[85] BVerfGE 50, 290 (354 f.).
[86] BVerfGE 89, 214 (231 f.).
[87] BVerfGE 31, 229 (240 ff.); 31, 248 (251 f.); 31, 270 (272 f.); 49, 382 (392); 50, 290 (340); 51, 193 (217); 53, 257 (292); 58, 81 (109 f.); 72, 9 (22); 74, 203, (214); 77, 263 (270 f.); 79, 1 (25); 79, 29 (40 f., 46); 81, 12 (14 ff.); 91, 294 (308).
[88] BVerfGE 19, 202 (206); 67, 329 (340); 91, 346 (369).
[89] BVerfGE 60, 253 (268f., 294 ff., 298); 67, 208 (211); 74, 1 (5); 77, 170 (229 f.); 77, 275 (284); 84, 34 (49); 84, 59 (78); 88, 118 (123 f.).
[90] BVerfGE 55, 1 ff.; 54, 277 ff.; 60, 310; 79, 51 ff.
[91] *Cornils*, Ausgestaltung, S. 54 ff.; *Gellermann*, Grundrechte, S. 9.
[92] *Alexy*, Theorie der Grundrechte, S. 300 ff.; *Bamberger*, Verfassungswerte, S. 37 ff.; *Bethge*, NJW 1982, 1 (3 ff.); *ders.*, VVDStRL 57 (1998), S. 7 (29 f.); *ders.*, in: Sachs, Art. 5 GG Rn. 154 ff.; *Bumke*, Grundrechtsvorbehalt, S. 104 ff.; *Butzer*, RdA 1994, 375 (378); *Cornils*, Ausgestaltung, passim; *Dieterich*, RdA 2002, 1 (11); *Friese*, Kollektive Koalitionsfreiheit, S. 214 ff.; *Gellermann*, Grundrechte im einfachgesetzlichen Gewande, passim; *Häberle*, Wesensgehalt, S. 183 ff. und passim; *Dieterich*, RdA 2002, 1 (11 ff.); *Henssler*, ZfA 1998, 1 (11 ff.); *Herdegen*, in: Maunz/Dürig, Art. 1 Abs. 3 GG Rn. 41; *Herzog*, FS Zeidler II (1987), S. 1415 ff.; *Hesse*, Verfassungsrecht, Rn. 303 f.; *ders.*, in: HdbVerfR, § 5 Rn. 45; *Höfling*, Vertragsfreiheit, S. 34 ff.; *ders.*, FS Friauf (1996), S. 378 (384 ff.); *Hoffmann-Riem*, in: HdbVerfR, § 7 Rn. 34; *ders.*, in: AK-GG, Art. 5 Abs. 1, 2 Rn. 137; *Isensee*, in: HdbStR V, § 111 Rn. 51; *Jarass*, in: Ja-

§ 2 Koalitionsfreiheit als ausgestaltungsbedürftiges Grundrecht

die Begrifflichkeit, auf die man stößt, ist schillernd. Die Rede ist von „Grundrechten aus der Hand des Gesetzgebers"[93] und von „Grundrechten in einfachgesetzlichem Gewande"[94]. Andere sprechen von „Grundrechtsprägung"[95] und subsumieren unter diesen Oberbegriff „grundrechtskonstituierende", „grundrechtskonkretisierende" und „grundrechtskonturierende" Gesetze[96]. Geläufig sind auch Bezeichnungen wie „Inhaltsbestimmung"[97], „Substantiierung"[98], „Regulierung"[99] „Aktualisierung"[100] und „Ausformung"[101], ohne daß damit nennenswerte Unterschiede in der Sache verbunden wären. Wirkliche Verbreitung hat nur der Begriff der Ausgestaltung erfahren[102], nicht zuletzt durch die umfangreiche Rechtsprechung des BVerfG. Gemeinsame Linie dieser Konzepte ist es, die Ausgestaltung als Gegenstück zum Eingriff zu präsentieren und beide in einem Verhältnis mehr oder weniger strikter Exklusivität zu sehen[103]. Nicht selten wird daran angeknüpft, ob von einfachen Gesetzen mit Grundrechtsbezug belastende Wirkungen ausgehen oder nicht und eine Grundrechtsausgestaltung angenommen, wenn sich das Handeln des Gesetzgebers

---

rass/Pieroth, Vor Art. 1 Rn. 34; *Jarass*, Rundfunk, S. 20 f.; *ders.*, Gutachten G für den 56. DJT, Rn. 33 ff; *ders.*, AöR 110 (1985), S. 363, 392; *ders.*, NZA 1990, 505 (507); *ders.*, AöR 120 (1995), S. 345 (368); *Kemper*, in: von Mangoldt/Klein/Starck, Art. 9 GG Rn. 233; *Kühling*, AuR 1994, 126 (132); *Konzen*, SAE 1996, 216 (218 f.); *Lerche*, Übermaß, S. 99, 107, 112, 115; *ders.*, Arbeitskampf, S. 37 ff.; *ders.*, in: HdbStR V, § 121 Rn. 9, 39 ff.; *Lübbe-Wolff*, Eingriffsabwehrrechte, S. 60; *Manssen*, Privatrechtsgestaltung, S. 140 ff.; *Nierhaus*, AöR 116 (1991), S. 72 (73 ff., 83 f., 90 ff.); *Pieroth/Schlink*, Grundrechte, Rn. 209; *Rossen*, Rundfunk, S. 285 ff.; *Ruck*, AöR 117 (1992), S. 543 (548); *Ruffert*, Verfassung und Privatrecht, S. 104 ff., 117 f. 191 ff. 314 ff.; *Sachs*, in: Sachs, Vor Art. 1 GG Rn. 44, 78, 102; *Schwarze*, JuS 1994, 653 (658); *Söllner*, NZA 2000, Sonderbeilage zu Heft 24, S. 33 (35 ff.); *Stern*, Staatsrecht III/1, S. 597, 1301; *Thüsing*, Anm. zu BAG, EzA Art. 9 GG Nr. 60; *Wank*, Anm. zu BVerfG, Beschl. v. 10.1.1995, AP Nr. 76 zu Art. 9 GG; *Wiedemann*, FS Stahlhacke, S. 675 (681); *ders.*, TVG, Einl. Rn. 130 ff.

[93] *Herzog*, FS Zeidler II (1987), S. 1415 ff.
[94] So der gleichnamige Titel der im Jahre 2000 erschienenen Habilitationsschrift von *Martin Gellermann* im Anschluß an *Nierhaus*, AöR 116 (1991), S. 72.
[95] *Bethge*, VVDStRL 57 (1998), S. 7 (29); *Jarass*, in: Jarass/Pieroth, Vor Art. 1 GG Rn. 34; *Lerche*, HdbStR V, § 121 Rn. 10, 38 ff.; *Pieroth/Schlink*, Grundrechte, Rn. 211.
[96] *Lerche*, HdbStR V, § 121 Rn. 10, 38 ff.; ihm folgend *Gellermann*, Grundrechte, S. 89 und passim.
[97] Dieser Begriff findet sich vor allem im Zusammenhang mit der Eigentumsgarantie des Art. 14 GG. Eine Reihe von Autoren versteht ihn aber in einem umfassenderen Sinne, vgl. z.B. *Haverkate*, Leistungsstaat, S. 96; *Holoubek*, Bauelemente, S. 72 ff.
[98] *Badura*, HdbStR VII, § 163 Rn. 10.
[99] *Bethge*, VVDStRL 57 (1998), S. 7 (27).
[100] *Bethge*, Der Staat 24 (1985), S. 351 (366).
[101] BVerfGE 58, 300 (330).
[102] Vgl. nur *Alexy*, Theorie der Grundrechte, S. 300; *Bethge*, VVDStRL 57 (1998), S. 7 (29 f.); *Bumke*, Grundrechtsvorbehalt, S. 58; *Cornils*, Ausgestaltung, S. 13 ff.; *Dieterich*, RdA 2002, 1 (11 ff.); *Gellermann*, Grundrechte, passim; *J. Ipsen*, Grundrechte Rn. 149; *Jarass*, AöR 120 (1995), S. 345 (367); *Pieroth/Schlink*, Grundrechte, Rn. 209; *Söllner*, NZA 2000, Sonderbeilage zu Heft 24, S. 33 (35 f.).
[103] *Badura*, HdbStR VII, § 163 Rn. 10; *Bethge*, VVDStRL 57 (1998), S. 7 (30); *Bumke*, Grundrechtsvorbehalt, S. 105; *Butzer*, RdA 1994, 378; *Dieterich*, RdA 2002, 1 (11); *Gellermann*, Grundrechte, S. 51 ff., 81 und passim; *Herdegen*, in: Maunz/Dürig, Art. 1 Abs. 3 GG Rn. 41; *Hesse*, Verfassungsrecht, Rn. 303; *Höfling*, Vertragsfreiheit, S. 34; *J. Ipsen*, JZ 1997, 473 (479); *Jarass*, in: Jarass/Pieroth, Vor Art. 1 GG Rn. 34 f.; *Löwer*, in: von Münch/Kunig, Art. 9 GG Rn. 24; *Ruffert*, Verfassung und Privatrecht, S. 105 ff., 117; *Sachs*, Grundrechte, A 8 Rn. 3; *Söllner*, NZA 2000, Sonderbeilage zu Heft 24, S. 33 (35 f.); *Wiedemann*, TVG, Einl. Rn. 130 ff.; krit. zur Möglichkeit einer exakten Grenzziehung *Cornils*, Ausgestaltung, S. 666 ff.; *Henssler*, ZfA 1998, 1 (11).

„nicht als Grundrechtsbeeinträchtigung darstellt"[104] und daher „der Schutzbereich intakt bleibt"[105]. So definiert beispielsweise *Gellermann* die Ausgestaltung als eine im „Kontrast zum Eingriffsbegriff stehende Kategorie, der grundrechtlich bedeutsames Staatshandeln unterfällt, welches einen negatorischen Grundrechtsschutz nicht auszulösen vermag"[106]. Ob sich daraus, wie *Gellermann* propagiert, eine allgemeine Ausgestaltungsdogmatik entwickeln läßt, ist allerdings fraglich. Insbesondere stimmt es bedenklich, Prinzipien, die bei rechtsgeprägten Grundrechten – wie etwa der Gewährleistung des Eigentums – Sinn machen, auf andere Fallgruppen übertragen zu wollen. Zu unterschiedlich sind die Umstände einer „Entfaltung der objektiven Gehalte der Freiheitsgrundrechte durch das einfache Gesetzesrecht"[107]. Überdies ist nicht gesagt, daß sich jedes Gesetz stets eindeutig der Kategorie der Ausgestaltung oder der des Eingriffs zuordnen läßt. Selbst wenn es gelänge, die beiden Kategorien abstrakt-generell voneinander zuscheiden, könnte ein Gesetz im Einzelfall zugleich ausgestaltende und eingreifende Elemente aufweisen[108]. Der hier vertretene Ansatz wird deshalb bescheidener sein. Er wird den Begriff der Ausgestaltung nicht als exaktes Gegenstück zum Eingriff einführen[109], sondern ihn für die Kategorie der rechtsgeprägten Grundrechte reservieren, um ihn dort von den Begriffen der Umgestaltung und des Eingriffs abzusetzen. Dieses Vorgehen verspricht mehr Gewinn als der Versuch einer Theorie mit umfassendem Geltungsanspruch.

2. Charakteristika grundrechtsausgestaltenden Rechts

Die Prinzipien der Grundrechtsausgestaltung aufzudecken, ist deshalb nicht ganz einfach, weil die Ausgestaltung als allgemeines Phänomen nicht selten von der – vermeintlichen oder wirklichen – „Sonderdogmatik" des betreffenden Grundrechts überlagert und dann zugleich von dieser modifiziert wird[110]. Versucht man, von bereichsdogmatischen Besonderheiten abzusehen, sind es zwei Merkmale, die immer wieder mit der Ausgestaltung in Verbindung gebracht werden.

a) Geringere Bindung des Gesetzgebers

Was zunächst auffällt, ist die weniger strenge Bindung des Gesetzgebers an verfassungsrechtliche Vorgaben, insbesondere an den Grundsatz der Verhältnismäßigkeit.

---

[104] *Sachs*, Grundrechte, A 8 Rn. 3.
[105] *Pieroth/Schlink*, Grundrechte, Rn. 209.
[106] *Gellermann*, Grundrechte, S. 51, 451; ähnlich *Höfling*, Vertragsfreiheit, S. 34: „Grundrechtsausgestaltung im Sinne von Nicht-Einschränkung ...".
[107] *Gellermann*, Grundrechte, S. 87 ff.
[108] *Bumke*, Grundrechtsvorbehalt, S. 105; *Cornils*, Ausgestaltung, S. 669; *Gellermann*, Grundrechte, S. 426 ff., 435.
[109] So aber *Höfling*, Vertragsfreiheit, S. 34: Ausgestaltung als Gegenbegriff zum Terminus der Einschränkung, der Gebots- und Verbotsnormen umfaßt.
[110] Eine im Vordringen befindliche Meinung betont denn auch den Vorrang der bereichsspezifischen Sonderdogmatik, die durch Rechtsprechung und Lehre bereits weit entfaltet worden ist, vor den „überwölbenden" allgemeinen Grundrechtslehren, insbesondere vor einer undifferenzierten Anwendung des Übermaßverbotes, vgl. *Ossenbühl*, FS Lerche (1993), S. 151 ff.; *Pieroth/Schlink*, Grundrechte, Rn. 293 f.

§ 2 Koalitionsfreiheit als ausgestaltungsbedürftiges Grundrecht

In der Mehrzahl der Entscheidungen billigt das BVerfG dem Gesetzgeber einen „Beurteilungs-", „Handlungs-" oder „Gestaltungsspielraum" zu, den es nicht selten auch noch als „weit" oder „erheblich" bezeichnet[111]. Wie die Ausgestaltung vorgenommen wird, ist nach Ansicht der Rechtsprechung Sache der politischen Entscheidung des Gesetzgebers[112]. Dem weiten Gestaltungsspielraum des Gesetzgebers entspricht eine Rücknahme der verfassungsgerichtlichen Kontrolldichte. Die verfassungsgerichtliche Prüfung beschränkt sich darauf, ob der Gesetzgeber das Schutzgut oder das Normziel des Grundrechts, das er einfachrechtlich ausgestaltet, beachtet hat. Das ist der Fall, wenn er den grundlegenden Gehalt einer grundrechtlichen Verbürgung wahrt[113]. Im übrigen begnügt sich das Gericht im Regelfall mit einer Evidenzkontrolle. Die Rücknahme der verfassungsgerichtlichen Kontrolldichte führt zu einer Einschätzungsprärogative des Gesetzgebers gegenüber der Verfassungsgerichtsbarkeit[114].

Im Schrifttum wird die Ansicht der Rechtsprechung weithin geteilt. Die wohl h.M. gesteht dem Gesetzgeber bei der Ausgestaltung von Grundrechten einen im Vergleich zum Eingriff größeren Beurteilungsspielraum zu[115]. Abgelehnt wird vor allem die strikte Bindung an den Grundsatz der Verhältnismäßigkeit[116]. Manchem dient die Unterscheidung zwischen Ausgestaltung und Eingriff gar als „Lackmusprobe" *(Lerche)* für die Anwendbarkeit dieses verfassungsrechtlichen Prinzips[117]. Viele meinen, daß es wenig Sinn mache, dort, wo Freiheit erst durch besondere Rechtsinstitute ermöglicht werde, den Gesetzgeber spezifischen Eingriffsschranken zu unterwerfen[118]. Nur in das Vorhandene könne eingegriffen werden; was noch

---

[111] So etwa für die Vertragsfreiheit (als Teil der allgemeinen Handlungsfreiheit nach Art. 2 Abs. 1 GG) BVerfGE 81, 242 (254 ff.); 89, 214 (231 ff.); für die Rundfunkfreiheit (Art. 5 Abs. 1 Satz 2 Alt. 2 GG) BVerfGE 12, 205 (262); 57, 295 (321 f.); 83, 238 (296, 315 f., 324); 90, 60 (94); für die Organisation der Wissenschaftsfreiheit (Art. 5 Abs. 3 GG) BVerfGE 35, 79 (123 f.); für die Ehefreiheit (Art. 6 Abs. 1 GG): BVerfGE 31, 58 (70); 62, 323 (330); 81, 1 (6 f.); für die Koalitionsfreiheit (Art. 9 Abs. 3 GG) BVerfGE 20, 312 (317); 50, 290 (369); 58, 233 (248); 92, 365 (394); für die Freiheit des Eigentums (Art. 14 Abs. 1 GG) BVerfGE 31, 275 (284); 58, 300 (336), 50, 290 (340 f.); 70, 191 (201).

[112] Für die Ehefreiheit BVerfGE 81, 1 (6 f.).

[113] Für die Koalitionsfreiheit BVerfGE 92, 26 (41); für das Erbrecht BVerfGE 31, 229 (240); 52, 1 (27, 29 f.); 67, 329 (340); 91, 346 (369).

[114] Für die Koalitionsfreiheit BVerfGE 92, 365 (394).

[115] *Butzer*, RdA 1994, 375 (381); *Cornils*, Ausgestaltung, S. 11, 496 f.; 544 ff.; 660; *Dieterich*, RdA 2002, 1 (13); *Gellermann*, Grundrechte, S. 363; *Konzen*, SAE 1996, 216 (219); *Lerche*, Übermaßverbot, S. 99, 130 ff., 140 ff.; *Ruck*, AöR 117 (1992), S. 543 (550); *Ruffert*, Verfassung und Privatrecht, S. 117; *Söllner*, NZA 2000, Sonderbeilage zu Heft 24, S. 33 (35 f.); *Wank*, Anm. zu BVerfG, Beschl. v. 10.1.1995, AP Nr. 76 zu Art. 9 GG Bl. 182.; ders., JZ 1996, 629 (630); zu Recht krit. *Bumke*, Grundrechtsvorbehalt, S. 106 f.

[116] *Alexy*, Theorie der Grundrechte, S. 300 ff., 306; *Cornils*, Ausgestaltung, S. 650 ff.; *Gellermann*, Grundrechte, S. 331 ff., 454; *Hoffmann-Riem*, in: HdbVerfR, § 7 Rn. 34; *Jarass*, Gutachten G für den 56. DJT, S. 27; ders., NZA 1990, 505 (508); *Lerche*, Übermaßverbot, S. 99, 130 ff., 140 ff.; *Ruffert*, Verfassung und Privatrecht, S. 118; *Söllner*, NZA 2000, Sonderbeilage zu Heft 24, S. 33 (35 f.); a.A. *Jarass*, in: Jarass/Pieroth, Vor Art. 1 GG Rn. 35, wenn sich die Ausgestaltung wie ein Grundrechtseingriff auswirkt, sei eine volle Verhältnismäßigkeitsprüfung geboten; *Wank*, Anm. zu BVerfG, Beschl. v. 10.1.1995, AP Nr. 76 zu Art. 9 GG Bl. 182; *Windthorst*, Verfassungsrecht I Rn. 135.

[117] *Alexy*, Theorie der Grundrechte, S. 300 ff.; *Lerche*, Übermaß, S. 107 ff., 140 ff.

[118] *Kühling*, AuR 1994, 126 (132).

geschaffen werden müsse, werde nicht beschränkt[119] und müsse sich daher auch nicht als Eingriff rechtfertigen[120]. Die schlichte Übertragung eingriffsrechtlicher Grundsätze kommt deshalb für die h.M. nicht in Betracht[121]. Welchen Bindungen der Gesetzgeber bei der Grundrechtsausgestaltung unterliegt, ist indessen unklar. Für ein weitgehend freies Ausgestaltungsrecht wird selten plädiert[122]. Zumeist wird es von Autoren thematisiert, die der Figur kritisch gegenüberstehen[123], und dann auf die Formel gebracht: „Daß der Gesetzgeber ein Grundrecht ausgestalten muß, kann nicht heißen, daß er über das Grundrecht verfügen darf.[124]" Wenig Anhänger hat auch die Gegenposition, die grundrechtsausgestaltende Gesetze wegen ihrer freiheitsbeschränkenden Wirkungen „wie einen Eingriff zu behandeln" und die gewöhnlichen schrankenrechtlichen Kautelen anwenden will[125]; in der Tat macht dann die ganze Unterscheidung keinen rechten Sinn mehr[126]. Das Meinungsspektrum zwischen diesen Extremen ist bunt. *Gellermann* sieht den Gesetzgeber nur an gewisse unverzichtbare Essentialia gebunden, die innerhalb eines Ordnungskerns die für das jeweilige Grundrecht typischen Strukturprinzipien bilden[127] und die deshalb der Disposition des Gesetzgebers entzogen seien, und postuliert ansonsten einen „angemessenen Ausgleich kollidierender Grundrechtspositionen"[128]. Nach *Jarass* soll die Ausgestaltung solange mit der Verfassung vereinbar sein, wie „bei generalisierender Betrachtung die reale Bedeutung des Grundrechts ausgeweitet und nicht etwa beschränkt wird (...), auch wenn sie für einzelne Grundrechtsinhaber begrenzend wirkt"[129]. *Bumke* erachtet ausgestaltende Regelung für zulässig, wenn die mit ihnen verknüpften Nachteile geeignet sind, „verfassungsrechtliche Handlungsgebote" zu verwirklichen, und wenn sie für die Betroffenen in ihren Auswirkungen nicht unangemessen erscheinen. Für *Pieroth/Schlink* ist eine „Regelung, die mit der Tradition bricht, (...) grundsätzlich keine Ausgestaltung des Schutzbereichs". Worauf sich die unterschiedlichen Anforderungen für grundrechtsausgestaltende Regelungen gründen, bleibt bei den meisten Autoren im dunkeln, nur selten trifft man auf ausgearbeitete Konzepte[130]. Fest steht für sie nur, daß Grundrechtsausgestaltung und Grundrechtseingriff nicht denselben Regeln unterworfen werden können und daß die Grundrechtsbindung bei der Ausgestaltung gegenüber dem Eingriff gelockert ist.

---

[119] *Ruffert*, Verfassung und Privatrecht, S. 117.
[120] *Alexy*, Theorie der Grundrechte, S. 306 f.; *Bumke*, Grundrechtsvorbehalt, S. 107.
[121] *Bumke*, Grundrechtsvorbehalt, S. 107 f.; *Gellermann*, Grundrechte, S. 9.
[122] *Lerche*, Übermaß, S. 142; *ders*., in: HdbStR V, § 122 Rn. 10.
[123] *Borowski*, Grundrechte als Prinzipien, S. 195; *Eckhoff*, Grundrechtseingriff, S. 15; *Gellermann*, Grundrechte, S. 30 m.w.N.; *Höfling*, Vertragsfreiheit, S. 34; *Steinbeiß-Winkelmann*, Freiheitsordnung, S. 109 ff.
[124] *Pieroth/Schlink*, Grundrechte, Rn. 213.
[125] *Lübbe-Wolff*, Eingriffsabwehrrechte, S. 62; *von Münch*, in: von Münch/Kunig, Vor Art. 1 GG Rn. 54.
[126] *Henssler*, ZfA 1998, 1 (11).
[127] *Gellermann*, Grundrechte, S. 314 ff., 363, 454.
[128] *Gellermann*, Grundrechte, S. 350 ff., 360 ff., 363, 454 f.
[129] AöR 110 (1985), S. 363 (391 f.).
[130] Vgl. aber *Cornils*, Ausgestaltung, S. 493 ff.; *Gellermann*, Grundrechte, S. 287 ff.

§ 2 *Koalitionsfreiheit als ausgestaltungsbedürftiges Grundrecht* 23

b) Ausgestaltung von Grundrechten ohne Gesetzesvorbehalt

Neben der verringerten Bindung des Gesetzgebers weist die Grundrechtsausgestaltung eine weitere Besonderheit auf. Rechtsprechung und Lehre greifen nicht selten auf diese Figur zurück, wenn der Gesetzgeber Regelungen im Schutzbereich von Grundrechten ohne einen Beschränkungsvorbehalt trifft[131].

Dringt der Gesetzgeber in den Schutzbereich eines Grundrechts ein, benötigt er einen „Zugriffstitel", der die Beschränkung grundrechtlich versprochener Freiheit rechtfertigt[132]. Über einen solchen Zugriffstitel verfügt der Gesetzgeber ohne weiteres bei Grundrechten, die das Grundgesetz selbst mit einem ausdrücklichen Regelungs- oder Beschränkungsvorbehalt ausgestattet hat[133]. Probleme bereiten jedoch die sogenannten vorbehaltlosen Grundrechte. Ihrem Wortlaut nach werden vorbehaltlose Grundrechte absolut gewährleistet, denn die Verfassung hat den Gesetzgeber nicht ausdrücklich zur ihrer Beschränkung ermächtigt. Gleichwohl sind sich Rechtsprechung[134] und Lehre[135] im Ergebnis darin einig, daß kein vorbehaltlos gewährleistetes Grundrecht schrankenlos bestehen kann. Die Frage der Begrenzung vorbehaltloser Grundrechte würde sich weit weniger dringlich stellen, hätte das Grundgesetz nicht bei einer Reihe von Grundrechten höchst differenzierte Beschränkungsvorbehalte vorgesehen. Wo in den Verfassungen anderer Länder, wie etwa in den USA, grundrechtliche Beschränkungsvorbehalte weitgehend fehlen, legitimiert sich der in die Grundrechte eingreifende Gesetzgeber bereits dadurch, daß er sich unmittelbar auf die gegenüber dem Grundrecht höherwertigen Gemeinschaftsinteressen beruft[136]. Dieser Weg ist für das deutsche Verfassungsrecht versperrt. Fehlende, einfache oder qualifizierte Beschränkungsvorbehalte müssen

---

[131] Dazu *Jarass*, Rundfunk, S. 20 f.; *ders.*, AöR 120 (1995), S. 345 (368).

[132] *Bethge*, VVDStRL 57 (1998), S. 7 (10 f., 46 f.); *J. Ipsen*, Grundrechte, Rn. 158 ff.; *Jarass*, in: Jarass/Pieroth, Vor Art. 1 GG Rn. 37; *Sachs*, Grundrechte, A 9 Rn. 5; *von Münch*, in: von Münch/Kunig, Vor Art. 1 GG Rn. 53 f.

[133] Vgl. *Krebs*, Vorbehalt des Gesetzes, passim; *Rottmann*, EuGRZ 1987, 277 ff.; *Sachs*, JuS 1995, 693 ff.; *Wülfing*, Grundrechtsschranken, passim; *Bumke*, Grundrechtsvorbehalt, S. 109 ff.

[134] Für die Glaubensfreiheit (Art. 4 Abs. 1 GG) BVerfGE 32, 98 (107 f.); 33, 23 (29); 41, 29 (50 f.); 44, 37 (49 f.; 53); 44, 59 (67); 47, 46 (76); 52, 223 (246 f.); für die Freiheit der Religionsausübung (Art. 4 Abs. 1 GG) BVerfGE 41, 29 (50); 41, 88 (107); BVerfG, Beschl. v. 16.5.1995, NJW 1995, 2477 (2479); für die Gewissensfreiheit (Art. 4 Abs. 1 GG) BVerfGE 28, 243 (260 f.); für die Kunstfreiheit (Art. 5 Abs. 3 GG) BVerfGE 30, 173 (193); 57, 70 (99); 67, 213 (228); 81, 278 (292); 83, 130 (139); für die Koalitionsfreiheit (Art. 9 Abs. 3 GG) BVerfGE 19, 303 (322); 28, 295 (306); 50, 290 (369); 57, 220 (245 f.); 58, 233 (247 f.); 84, 212, (228 f., 231 f.); 92, 26 (41); 94, 268 (284); 100, 271 (283); 103, 293 (306).

[135] *Bamberger*, Verfassungswerte, S. 2 m.w.N. in Fn. 6; *Berg*, Konkurrenzen, S. 20; *Bettermann*, Grenzen der Grundrechte, S. 7 ff.; *Bleckmann*, Grundrechte, AL § 12 V 2 b bb, S. 355; *Graf*, Freiheitsrechte, S. 107 ff.; *ders.*, BayVBl 1971, 55; *Hesse*, Verfassungsrecht, Rn. 308; *Heyde*, FS Zeidler II (1987), S. 1429 (1435); *von Hippel*, Grenzen der Grundrechte, S. 23 ff.; *Jarass*, in: Jarass/Pieroth, Vor Art. 1 GG Rn. 38, 45; *Knies*, Kunstfreiheit, S. 85 ff.; *Kriele*, JA 1984, 629 (630); *von Münch*, in: von Münch/Kunig, Vor Art. 1 GG Rn. 56; *Otto*, FS Zeuner (1994), S. 121 (128); *von Pollern*, JuS 1977, 644 ff.; *Sachs*, in: Stern, Staatsrecht III/2, § 81 IV 1, S. 513 ff.; *ders.*, JuS 1995, 984 (985); *Schnapp*, JuS 1978, 729 (732), anders aber S. 729; *Starck*, in: von Mangoldt/Klein/Starck, Art. 1 Abs. 3 GG Rn. 176; *Wendt*, AöR 104 (1979), S. 414 (431); *Wipfelder*, BayVBl. 1981, 417 und 457.

[136] *Brugger*, Grundrechte in den Vereinigten Staaten, S. 41 ff.; *Loewenstein*, Verfassungslehre, S. 340 f.; *Sachs*, in: Stern, Staatsrecht III/2, § 81 IV 1, S. 513.

als bewußte Entscheidungen des Verfassungsgebers ernst genommen werden[137]. Dafür spricht vor allem die Entstehungsgeschichte des Grundgesetzes[138]. Art. 21 Abs. 3 des Herrenchiemseer Entwurfes hatte einen für sämtliche Grundrechte gültigen allgemeinen Gemeinschaftsvorbehalt vorgesehen[139], der aber später im Parlamentarischen Rat ausdrücklich abgelehnt wurde, weil man ihn für zu gefährlich hielt; er hätte dem Gesetzgeber bei der Beschränkung von Grundrechten weitgehend freie Hand gelassen, und das sollte angesichts der katastrophalen Erfahrungen der Vergangenheit unbedingt vermieden werden[140]. Insoweit verwirklichen vorbehaltlose Grundrechtsgewährleistungen das gegenüber dem Herrenchiemseer Entwurf verfolgte Ziel, eine weitgehende Bindung der Staatsgewalt anzuordnen, am stärksten[141].

Aus der formellen Schrankenlosigkeit einiger Grundrechte kann nun aber nicht im Gegenzug auf ihre absolute Unbegrenztheit und Unbeschränkbarkeit geschlossen werden[142]. Die Inanspruchnahme vorbehaltlos gewährleisteter Freiheit kann nicht zur Exemtion von der allgemeinen Rechtsordnung führen. Die vorbehaltlos gewährte Kunstfreiheit (Art. 5 Abs. GG) erlaubt weder den Diebstahl von Pinsel und Leinwand noch die Blockierung einer Ausfallstraße wegen eines Happenings noch die grob beleidigende Schmähung einer Person in einer Karikatur[143]. Die ebenfalls vorbehaltlos gewährte Wissenschaftsfreiheit (Art. 5 Abs. 3 GG) erlaubt keine beliebigen Experimente am menschlichen Erbgut. Und für Sektierer und weltanschauliche Gesinnungsethiker, die sich auf ihre vorbehaltlos gewährleistete Gewissensfreiheit berufen (Art. 4 Abs. 1 GG), gilt das Strafgesetzbuch wie für alle anderen Bürger. Eine vorbehaltlos gewährleistete Freiheit würde sonst zum grundrechtlichen Privileg[144].

---

[137] *Sachs*, JuS 1995, 984 (985); *Wendt*, AöR 104 (1979), S. 414 (436 ff.); *Pieroth/Schlink*, Grundrechte, Rn. 314 ff., 323, 327, 333, 334 378 ff; a.A. *Gamillscheg*, AuR 1996, 41 (42): „Bestehen wie Fehlen eines Vorbehalts spielen im Ergebnis keine Rolle mehr".

[138] Speziell zur Geschichte der Grundrechtsvorbehalte *Bumke*, Grundrechtsvorbehalt, S. 109 ff.

[139] Art. 21 Abs. 3 HerrChE lautete: „Die Grundrechte sind, soweit sich aus ihrem Inhalt nichts anderes ergibt, im Rahmen der allgemeinen Rechtsordnung zu verstehen". Diese Vorschrift wurde ergänzt durch Art. 21 Abs. 4 HerrChE: „Eine Einschränkung der Grundrechte ist nur durch Gesetz und unter der Voraussetzung zulässig, daß es die öffentliche Sicherheit, Sittlichkeit oder Gesundheit zwingend erfordert. Die Einschränkung eines Grundrechts oder die nähere Ausgestaltung durch Gesetz muß das Grundrecht als solches unangetastet lassen".

[140] *Von Mangoldt*, JÖR n.F. 1 (1951), S. 177; *Sachs*, in: Stern, Staatsrecht III/2, § 79 II 6 b, S. 267 ff. und § 82 II 2 a, S. 611.

[141] *Sachs*, in: Stern, Staatsrecht III/2, § 79 II 6 b β, S. 271.

[142] *Bumke*, Grundrechtsvorbehalt, S. 152; *Sachs*, Grundrechte, A 9 Rn. 21 ff.; *von Pollern*, JuS 1977, 644; *Wendt*, AöR 104 (1979), S. 414 (431).

[143] *F. Müller*, Positivität der Grundrechte, S. 43 ff.; *ders.*, Freiheit der Kunst, S. 52; *Rüfner*, Der Staat 7 (1968), S. 41 (54 f.).

[144] *Bettermann*, JZ 1964, 601 (603 f.); *ders.*, Grenzen der Grundrechte, S. 27; ähnlich BVerfGE 70, 1 (25); 84, 372, (378). Der Sache nach wird damit bei vorbehaltlos gewährleisteten Grundrechten ein ungeschriebener Gemeinschaftsvorbehalt anerkannt, wenn und soweit die Ausübung grundrechtlicher Freiheit einen Sozialbezug aufweist. Die unreflektierte Berufung auf einen „allgemeinen Gemeinschaftsvorbehalt" birgt aber die Gefahr einer weitgehenden Nivellierung der differenzierten Begrenzungsvorbehalte.

Die Annahme, vorbehaltlos gewährte Grundrechte könnten schrankenlos bestehen, widerspricht auch dem Grundsatz der Einheit der Verfassung[145]. Dieser Grundsatz ist zwar nicht positiv im Grundgesetz normiert, das BVerfG hat aber immer wieder auf ihn zurückgegriffen. Zuerst sah es in ihm das „vornehmste Interpretationsprinzip" zur Auslegung von Verfassungsnormen[146]. Dann diente die Einheit der Verfassung zur Begründung, daß andere Verfassungsbestimmungen ausnahmsweise imstande sind, auch vorbehaltlose Grundrechte in einzelnen Beziehungen zu begrenzen[147]. Schließlich hat das Gericht die Einheit der Verfassung sogar als – wenn auch untergeordneten – Maßstab für die Begrenzung vorbehaltloser Grundrechte herangezogen[148]. Der Grundsatz der Einheit der Verfassung geht von der prinzipiellen Gleichrangigkeit aller Verfassungsbestimmungen und der „inneren Harmonie des Verfassungswerks"[149] aus. Die Konsequenz, die die Rechtsprechung aus der Einheit der Verfassung zieht, ist klar: „Die einzelne Verfassungsbestimmung kann nicht isoliert betrachtet und allein aus sich heraus ausgelegt werden. Aus dem Gesamtinhalt der Verfassung ergeben sich gewisse verfassungsrechtliche Grundsätze und Grundentscheidungen, denen die einzelnen Verfassungsbestimmungen untergeordnet sind. Diese sind deshalb so auszulegen, daß sie mit den elementaren Verfassungsgrundsätzen und Grundentscheidungen des Verfassungsgesetzgebers vereinbar sind[150]". Könnten vorbehaltlos gewährleistete Grundrechte schrankenlos bestehen, so wäre eine Begrenzung durch den Gesetzgeber verfassungsrechtlich nicht zulässig. Dann würden aber bei vorbehaltlosen Grundrechten die Kompetenz- und Organisationsvorschriften der Verfassung leerlaufen. Im Ergebnis käme es zu einer wertungsmäßigen Überordnung der vorbehaltlosen Grundrechte über die anderen Teile der Verfassung. Gerade das widerspricht dem Grundsatz der Einheit der Verfassung.

Was der Grundsatz der Einheit der Verfassung verlangt, ist aber nicht mehr als die rechtslogische Notwendigkeit, die im Rahmen einer Verfassung auftretenden Normwidersprüche auszuräumen[151]. Das kann nicht zuletzt die Begrenzung vorbehaltlos gewährleisteter Grundrechte erfordern[152]. Allerdings läßt sich aus dem Grundsatz der Einheit der Verfassung nur ableiten, *daß* das Spannungsverhältnis zwischen einzelnen Verfassungsnormen überhaupt auszugleichen ist. Auf welche Weise

---

[145] Krit. *Bethge*, VVDStRL 57 (1998), S. 7 (17), der den Begriff nur als Verpflichtung gelten läßt, eine widerspruchsfreie Gesamtordnung herzustellen.

[146] BVerfGE 1, 14 (32 f.); 19, 206 (220); später wiederholt in BVerfGE 30, 1 (19); 34, 165 (183); 44, 37 (49 f.); 55, 274 (300).

[147] BVerfGE 28, 243 (261); später ähnlich in BVerfGE 44, 37 (49 f.); 52, 223 (226 f.).

[148] BVerfGE 33, 23 (29).

[149] BVerfGE 6, 309 (361).

[150] BVerfGE 1, 14 (32 f.); ähnlich BVerfGE 30, 1, (19); 55, 274 (300).

[151] *Bethge*, VVDStRL 57 (1998), S. 7 (17); *Ehmke*, VVDStRL 20 (1963), S. 53 (72); *Kriele*, Theorie der Rechtsgewinnung, S. 321; *Lerche*, FS Odersky (1996), S. 215 (220); *Rüfner*, FG BVerfG II (1976), S. 453 (466); *Scheuner*, VVDStRL 20 (1963), S. 125 f.; *ders.*, VVDStRL 22 (1965), S. 1 (53); *Schröder*, DVBl. 1990, 1217.

[152] *Sachs*, in: Stern, Staatsrecht III/2, § 81 IV 5 d α αα, S. 560.

der Ausgleich zu erfolgen hat, sagt der Grundsatz nicht[153]. Dazu ist er zu abstrakt und inhaltsleer[154].

Es verwundert daher auch nicht, daß bis heute umstritten ist, unter welchen Bedingungen ein vorbehaltlos gewährleistetes Grundrecht beschränkt werden kann[155]. Seit der zweiten KDV-Entscheidung des BVerfG vom 26.5.1970[156] steht zumindest für die Rechtsprechung fest: „Nur kollidierende Grundrechte Dritter und andere mit Verfassungsrang ausgestattete Rechtswerte sind mit Rücksicht auf die Einheit der Verfassung und die von ihr geschützte gesamte Wertordnung ausnahmsweise imstande, auch uneinschränkbare Grundrechte in einzelnen Beziehungen zu begrenzen." An dieser Formel hat das BVerfG bis heute festgehalten[157]. Das Gericht geht also grundsätzlich davon aus, daß der Gesetzgeber vorbehaltlos gewährleistete Grundrechte nur unter sehr strengen Voraussetzungen begrenzen darf. Für die Beschränkung der – ebenfalls vorbehaltlos gewährleisteten – Kunstfreiheit hat das BVerfG die Voraussetzungen sogar noch enger gefaßt: „Da die Kunstfreiheit keinen Vorbehalt für den einfachen Gesetzgeber enthält, darf sie weder durch die allgemeine Rechtsordnung noch durch eine unbestimmte Klausel relativiert werden, welche ohne verfassungsrechtlichen Ansatzpunkt und ohne ausreichende rechtsstaatliche Sicherung auf eine Gefährdung der für den Bestand der staatlichen Gemeinschaft notwendigen Güter abhebt. Vielmehr ist ein im Rahmen der Kunstfreiheitsgarantie zu berücksichtigender Konflikt nach Maßgabe der grundgesetzlichen Wertordnung und unter Berücksichtigung der Einheit dieses grundlegenden Wertsystems durch Verfassungsauslegung zu lösen"[158].

Ob die für die Beschränkung der Kunstfreiheit geltenden Grundsätze ohne weiteres auf alle anderen vorbehaltlos gewährleisteten Grundrechte übertragen werden können, braucht hier nicht entschieden zu werden. Jedenfalls liegen die Voraussetzungen, unter denen vorbehaltlos gewährte Grundrechte beschränkt werden können, sicher nicht unter den Anforderungen für die Begrenzung von Grundrechten mit einem ausdrücklichen Beschränkungsvorbehalt[159]. Eingriffe in vorbehaltlose Grundrechte müssen die Ausnahme bleiben[160]. Sie lassen sich nicht schon dadurch rechtfertigen, daß der Gesetzgeber auf einen Zuständigkeitstitel aus den Kompetenzkatalogen der Art. 74 ff. GG verweist[161]. Die Kompetenzkataloge haben vor al-

---

[153] So *Mahrenholz* und *Böckenförde* in ihrem Sondervotum zum Urteil zum Kriegsdienstverweigerungs-NeuordnungsG, BVerfGE 69, 1, 57, (62 f.).
[154] *Sachs*, in: Stern, Staatsrecht III/2, § 81 IV 5 d α γγ, S. 561.
[155] Ausführlich *Sachs*, in: Stern, Staatsrecht III/2, § 82 IV 3, 4, S. 661 ff. m.w.N.
[156] BVerfGE 28, 243 (261).
[157] Für Art. 4 Abs. 1 GG BVerfGE 32, 98 (107 f.); 33, 23 (29); 41, 29 (50 f.); 41, 88 (107); 44, 37 (49 f.; 53); 44, 59 (67); 47, 46 (76); 52, 223 (246 f.); 93, 1 (21); für Art. 5 Abs. 3 GG BVerfGE 30, 173 (193); 57, 70 (99); 67, 213 (228); 81, 278 (292); 83, 130 (139); für Art. 9 Abs. 3 GG BVerfGE 19, 303 (322); 28, 295 (306); 50, 290 (369); 57, 220 (245 f.); 58, 233 (247 f.); 84, 212, (228 f., 231 f.); 92, 26 (41); 94, 268 (285); 100, 271 (283); 103, 293 (306).
[158] BVerfGE 30, 173 (193); 47, 327 (368 ff.); 57, 70 (99); 67, 213 (228); 81, 278 (292); 83, 130 (139).
[159] *Pieroth/Schlink*, Grundrechte, Rn. 333; *Sachs*, in: Stern, Staatsrecht III/2, § 82 IV 6; krit. zum Konzept der h.M. auch *Bamberger*, Verfassungswerte, S. 4, 151 ff.
[160] *Pieroth/Schlink*, Grundrechte, Rn. 334.
[161] *Pieroth*, AöR 114 (1989), S. 422 (439 ff.); *ders.*, FS BVerfG II (2001), S. 293 (309); *Sachs*, in: Stern, Staatsrecht III/2, S. 582 ff.; *Selk*, JuS 1990, 895 ff. m.w.N.; das ist jedoch gängige Rechtsprechungspra-

lem formellen Charakter. Sie teilen Zuständigkeiten zwischen Bund und Ländern auf. Materielle Bedeutung kommt ihnen grundsätzlich nicht zu[162]. Deshalb ist nicht bereits all das, was der Staat regeln kann, ein Verfassungsgut, mit dem eine Beschränkung eines vorbehaltlos gewährleisteten Grundrechts ohne weiteres gerechtfertigt werden kann[163]. Auf jeden Fall gilt das Übermaßverbot[164]. Das BVerfG beruft sich zwar selten ausdrücklich auf das Übermaßverbot, wenn es die Beschränkung eines vorbehaltlos gewährleisteten Grundrechts durch den Gesetzgeber überprüft[165]; der Sache nach wendet es dieses aber fast immer an. Nach Ansicht des Gerichts lassen sich nämlich die Konflikte, die bei der Beschränkung vorbehaltlos gewährter Grundrechte entstehen, nur lösen, „indem ermittelt wird, welche Verfassungsbestimmung für die konkret zu entscheidende Frage das höhere Gewicht hat. Die schwächere Norm darf nur so weit zurückgedrängt werden, wie das logisch und systematisch zwingend erscheint; ihr sachlicher Grundwertgehalt muß in jedem Fall respektiert werden."[166]. In neueren Entscheidungen betont das BVerfG zudem, daß in den Fällen, in denen andere Verfassungsgüter mit der Ausübung eines vorbehaltlos gewährleisteten Grundrechts in Widerstreit geraten, ein verhältnismäßiger Ausgleich der gegenläufigen, gleichermaßen verfassungsrechtlich geschützten Interessen mit dem Ziele ihrer Optimierung gefunden werden muß[167].

Diese strengen Voraussetzungen gelten aber offenbar nur für den Eingriff, nicht jedoch für die Ausgestaltung eines vorbehaltlos gewährleisteten Grundrechts. Für die Ausgestaltung macht es keinen Unterschied, ob der Gesetzgeber im Schutzbereich eines vorbehaltlosen Grundrechts Regelungen trifft oder ob er bei Grundrechten mit einem ausdrücklichen Beschränkungsvorbehalt tätig wird. Nach wohl h.M. kommt ihm ein erheblicher Gestaltungsspielraum zu, und er ist nicht strikt an den Grundsatz der Verhältnismäßigkeit gebunden. Es besteht daher die Gefahr, daß Regelungen, die der Gesetzgeber im Schutzbereich eines vorbehaltlosen Grundrechts trifft, als Ausgestaltung dieses Grundrechts qualifiziert werden, um damit dem strengen Rechtfertigungszwang zu entgehen[168]. In der Tat hat das BVerfG in einer

---

xis, vgl. BVerfGE 7, 377 (401); 12, 45 (50); 28, 243 (261); 48, 127 (159); 53, 30 (56); 69, 1 (21); 77, 170 (221); 94, 268 (284); 103, 293 (306); anders aber BVerfGE 21, 245 (248); 39, 302 (315).

[162] Mit Recht konstatiert *Pieroth*, FS BVerfG II (2001), S. 293 (309), die Kompetenz bestehe nur für die Frage des Ob, nicht aber für die Frage des Wie einer Regelung.

[163] *Bethge*, VVDStRL 57 (1998), S. 7 (48); *Jarass*, in: Jarass/Pieroth, Vor Art. 1 GG Rn. 46; *Mahrenholz/Böckenförde*, Sondervotum zum KDV-NeuordnungsG-Urteil, BVerfGE 69, 1, 57, (62 f.); *Pieroth/Schlink*, Grundrechte, Rn. 328, 334; *Sachs*, in: Sachs, Vor Art. 1 GG Rn. 106 f.; *Schnapp*, JuS 1978, 729 (734); *Selk*, JuS 1990, 895 (897 ff.) m.w.N.; kritisch auch *Söllner*, NZA 1996, 897 (899); a.A. *Alexy*, Theorie der Grundrechte, S. 118; *von Münch*, Art. 73 GG Rn. 3; Art. 74 Rn. 2; *Wülfing*, Grundrechtsschranken, S. 116 ff. 128 ff.; differenzierend *Pieroth*, AöR 114 (1989), S. 422 ff.; *Sachs*, in: Stern, Staatsrecht III/2, § 82 IV 9 b.

[164] BVerfGE 44, 353 (373); 63, 131 (144); 80, 137 (159 ff.); 81, 242 (261); 81, 278 (292); 83, 130 (143); 84, 212 (229 ff., 232); 88, 203 (251 ff.); *Sachs*, in: Stern, Staatsrecht III/2, § 82 II 4 c, III 4 d, IV 6, 8 m.w.N.

[165] So aber BVerfGE 94, 268 (284 f.); 103, 293 (306).

[166] BVerfGE 28, 243 (261).

[167] BVerfGE 77, 240 (253); 81, 278 (292 f.); ähnlich BVerfGE 83, 130 (139 ff.).

[168] *Jarass*, AöR 110 (1985), S. 363 (392); *ders.*, AöR 120 (1995), S. 345 (368); *ders.*, in: Jarass/Pieroth, Vor Art. 1 GG Rn. 35.

Reihe von Entscheidungen eine solche (Um-)Qualifizierung vorgenommen, um die Verfassungsmäßigkeit einer gesetzlichen Regelung zu begründen. Da in diesen Fällen die Regelungen des Gesetzgebers für den Bürger belastend waren, wäre eine Rechtfertigung nach den für Eingriffe geltenden Maßstäben zwar erforderlich, im Ergebnis aber kaum möglich gewesen: sei es, daß es an einem wichtigen Verfassungsrechtsgut zur Beschränkung des Grundrechts mangelte[169], sei es, daß die strikte Anwendung des Übermaßverbotes eine mildere, den Bürger weniger belastende Regelung verlangt hätte[170]. Indem das Gericht die Regelung als Ausgestaltung qualifizierte, entfiel der strenge Rechtfertigungszwang. So lag es bei der vorbehaltlos gewährten Freiheit der Wissenschaft (Art. 5 Abs. 3 GG)[171], der Freiheit der Eheschließung (Art. 6 Abs. 1 GG)[172], der Koalitionsfreiheit (Art. 9 Abs. 3 GG)[173], der Garantie des Rechtsweges (Art. 19 Abs. 4)[174] und der Garantie des rechtlichen Gehörs (Art. 103 Abs. 1 GG)[175].

Das BVerfG versuchte aber auch dort gesetzliche Regelungen mit der Figur der Ausgestaltung zu rechtfertigen, wo ein Grundrecht zwar über einen qualifizierten Beschränkungsvorbehalt verfügte, sich seine Einschränkung wegen der besonderen Form seines Beschränkungsvorbehalts aber nicht begründen ließ. Das war bei der Rundfunkfreiheit (Art. 5 Abs. 1 Satz 2 Alt. 2 GG)[176] und bei der Vereinigungsfreiheit (Art. 9 Abs. 1 GG)[177] der Fall. Art. 5 Abs. 2 GG läßt eine gesetzliche Beschränkung der Rundfunkfreiheit nur zu, wenn es sich dabei um allgemeine, d.h. nicht auf die Rundfunkfreiheit als solche zielende Gesetze handelt. Die zahlreichen rundfunkrechtlichen Organisationsgesetze, auf denen das duale System von öffentlich-rechtlichem und privatem Rundfunk derzeit beruht und die für die privaten Rundfunkveranstalter zu erheblichen Belastungen führen, sind aber gerade keine allgemeinen Gesetze im Sinne des Art. 5 Abs. 2 GG. Sie sind nach Ansicht des BVerfG gleichwohl verfassungsmäßig: zwar nicht als eingreifende, wohl aber als die Rundfunkfreiheit ausgestaltende und organisierende Gesetze[178]. Ähnlich liegt es bei der Vereinigungsfreiheit. Art. 9 Abs. 2 GG verbietet nur ganz bestimmte Vereinigungen. Damit läßt sich der numerus clausus der gesellschaftsrechtlichen Typen nicht rechtfertigen. Der Ausschluß alternativer Gesellschaftsformen kann nur damit begründet werden, daß der Gesetzgeber mit der Bereitstellung einiger weniger Gesell-

---

[169] So in BVerfGE 19, 303 (321); 20, 312 (317); 28, 295 (306); 50, 290 (369); 57, 220 (246); 58, 233 (247); 84, 212 (228); 88, 103 (115); 92, 26 (41); 92, 365 (394); 94, 268 (284 ff.).
[170] So in BVerfGE 31, 58 (69 f.); 35, 79 (123 f.); 62, 323 (330); 81, 1 (6 f.).
[171] BVerfGE 35, 79 (123 f.).
[172] BVerfGE 31, 58 (69 f.); 62, 323 (330); 81, 1 (6 f.).
[173] BVerfGE 19, 303 (321); 20, 312 (317); 28, 295 (306); 50, 290 (369); 57, 220 (246); 58, 233 (247); 84, 212 (228); 88, 103 (115); 92, 26 (41); 92, 365 (394); 94, 268 (284 ff.).
[174] BVerfGE 60, 253 (268 f., 294 ff., 298); 67, 208 (211); 74, 1 (5); 77, 170 (229 f.); 77, 275 (284); 84, 34 (49); 84, 59 (78); 88, 118 (123 f.).
[175] BVerfGE 55, 1 ff.; 54, 277 ff.; 60, 310; 79, 51 ff.
[176] BVerfGE 57, 295 (320); 73, 118 (153); 74, 297 (323 f.); 83, 238 (296); 87, 181 (197 f.); 89, 144 (152); 90, 60 (87 f.).
[177] BVerfGE 50, 290 (354 f.).
[178] BVerfGE 57, 295 (320); 73, 118 (153); 74, 297 (323 f.); 83, 238 (296); 87, 181 (197 f.); 89, 144 (152); 90, 60 (87 f.).

schaftsformen die Vereinigungsfreiheit nicht beschränkt, sondern abschließend ausgestaltet hat[179].

Gerade diese Beispiele belegen, wie notwendig die Abgrenzung zwischen einem gesetzlichen Eingriff und einer gesetzlichen Ausgestaltung ist. Insbesondere gilt es zu verhindern, daß es zu einem Rechtsformentausch kommt, d.h. daß im Gewande einer gesetzlichen Ausgestaltung, die dem Gesetzgeber nach h.M. erhebliche Freiheiten läßt, in Wahrheit ein Eingriff erfolgt. Über die Merkmale der Abgrenzung besteht jedoch, wie gesagt, alles andere als Klarheit.

II. Abgrenzung von Ausgestaltung und Eingriff

1. Struktureller, nicht nur gradueller Unterschied

Der überwiegende Teil der Lehre[180] bejaht die Notwendigkeit, die Grundrechtsausgestaltung vom Grundrechtseingriff zu trennen. Eine Reihe von Autoren behauptet, daß beide Begriffe in einem Verhältnis „strenger Exklusivität" zueinander stehen: Gesetze, die in Grundrechte eingreifen, sind exakt von grundrechtsausgestaltenden Gesetzen zu unterscheiden[181]. Eine Vielzahl verfassungsgerichtlicher Entscheidungen weist ebenfalls in diese Richtung[182]. Dieser Grundauffassung entspricht die Behauptung, eine einmal als Ausgestaltung qualifizierte Maßnahme könne nicht mehr in einen unerlaubten Eingriff umschlagen, selbst wenn die Ausgestaltung (verfassungs-)rechtswidrig sei. Die Eingriffsqualität einer Maßnahme bemesse sich im allgemeinen nicht nach ihrer Rechtmäßigkeit[183]. Im Verhältnis zum

---

[179] BVerfGE 50, 290 (354 f.); so wohl auch *Jarass*, Rundfunk, S. 20 f.
[180] *Alexy*, Theorie der Grundrechte, S. 300 ff.; *Bethge*, NJW 1982, 1 (4); *Butzer*, RdA 1994, 375 (378); *Cornils*, Ausgestaltung, S. 667; *Hesse*, Verfassungsrecht, Rn. 306; *ders.*, in: HdbVerfR, § 5 Rn. 45; *Herdegen*, in: Maunz/Dürig, Art. 1 Abs. 3 GG Rn. 41; *Hoffmann-Riem*, in: HdbVerfR, § 7 Rn. 34; *Isensee*, in: HdbStR V, § 111 Rn. 51; *Jarass*, in: Jarass/Pieroth, Vor Art. 1 GG Rn. 34; *ders.*, Rundfunk, S. 20 f.; *ders.*, Gutachten G für den 56. DJT, Rn. 33 ff; *ders.*, AöR 110 (1985), S. 363 (392); *ders.*, NZA 1990, 505 (507); *ders.*, AöR 120 (1995), S. 345 (368); *Konzen*, SAE 1996, 216 (218 f.); *Kühling*, AuR 1994, 126 (132); *Lerche*, Übermaß, S. 99, 107, 112, 115; *ders.*, Arbeitskampf, S. 37 ff.; *ders.*, in: HdbStR V, § 121 Rn. 9, 39 ff.; *Pieroth/Schlink*, Grundrechte, Rn. 209; *Rossen*, Rundfunk, S. 285 ff.; *Ruck*, AöR 117 (1992), S. 543 (548); *Schwarze*, JuS 1994, 653 (658); *Stern*, Staatsrecht III/1, S. 597, 1301; *Wank*, Anm. zu BVerfG, Beschl. v. 10.1.1995, AP Nr. 76 zu Art. 9 GG; *Wiedemann*, FS Stahlhacke (1995), S. 675 (681); wohl auch *Häberle*, Wesensgehalt, S. 183 ff.; die Relevanz dieser Unterscheidung bestreitet *Lübbe-Wolff*, Eingriffsabwehrrechte, S. 60; ähnlich *Henssler*, ZfA 1998, 1 (11); ihm folgend *Bayreuther*, Tarifautonomie, S. 30.
[181] *Badura*, HdbStR VII, § 163 Rn. 10; *Bethge*, DVBl. 1983, 376; *Bumke*, Grundrechtsvorbehalt, S. 105 ff.; *Butzer*, RdA 1994, 375 (378); *Gellermann*, Grundrechte, S. 51 ff., 81; *Herdegen*, in: Maunz/Dürig, Art. 1 Abs. 3 GG Rn. 41; *Hesse*, Verfassungsrecht, Rn. 303; *Hoffmann-Riem*, in: HdbVerfG, § 7 Rn. 34; *J. Ipsen*, JZ 1997, 473 (479); *ders.*, Grundrechte, Rn. 149 ff.; *Jarass*, AöR 120 (1995), S. 345 (367 f.); *Ruffert*, Verfassung und Privatrecht, S. 105 ff., 117; *Rossen*, Rundfunk, S. 285 ff.
[182] BVerfGE 73, 118 (166); 79, 29 (40); 89, 1 (8).
[183] *Bumke*, Grundrechtsvorbehalt, S. 105 ff.; *Gellermann*, Grundrechte, S. 371; *Hoffmann-Riem*, in: HdbVerfR, § 7 Rn. 34; *Ruck*, AöR 117 (1992), 543 (550); a.A. *Bethge*, VVDStRL 57 (1998), S. 7 (30); *Ruffert*, Verfassung und Privatrecht, S. 186; *Rossen*, Rundfunk, S. 311 f.

Eingriff sei die Ausgestaltung nicht wesensgleiches Minus, sondern aliud. Eingriff und Ausgestaltung unterschieden sich strukturell und nicht nur graduell[184].

Davon geht offenbar auch das BVerfG aus. In seiner rundfunkrechtlichen Rechtsprechung hat es immer wieder betont, die Aufgabe, die Rundfunkfreiheit nach Art. 5 Abs. 1 Satz 2 GG auszugestalten, gebe kein Recht zu ihrer Beschränkung[185]. Auf einem ähnlichen Standpunkt steht es – wenigstens vom Ansatz her – bei Art. 12 Abs. 1 Satz 2 GG, wenn es zwischen nur ausgestaltenden Regelungen der Berufsausübungsfreiheit und Gesetzen zu deren Beschränkung differenziert[186]. Dasselbe gilt für die Unterscheidung von (ausgestaltender) Inhaltsbestimmung und (freiheitsverkürzender) Schrankenziehung bei der Eigentumsfreiheit des Art. 14 Abs. 1 Satz 2 GG[187]. Ferner hält das Gericht den strukturellen Unterschied zwischen Eingriff und Ausgestaltung beim Zitiergebot des Art. 19 Abs. 1 Satz 3 für maßgeblich. Das Zitiergebot findet dann Anwendung, wenn ein Grundrecht durch Gesetz eingeschränkt wird. Nach Ansicht des BVerfG ist das bei konstitutiven Einschränkungen des Grundrechtsinhalts – wie etwa beim Eingriff – der Fall, nicht aber bei anderen grundrechtsrelevanten Maßnahmen, die der Gesetzgeber in Ausführung der ihm obliegenden, im Grundrecht vorgesehenen Regelungsaufträge oder Inhaltsbestimmungen vornimmt[188].

Im Bereich der Koalitionsfreiheit (Art. 9 Abs. 3 GG) hat das Gericht die Unterscheidung zwischen Eingriff und Ausgestaltung in der Vergangenheit weniger strikt gesehen. Dort soll die Befugnis des Gesetzgebers zur näheren Ausgestaltung auch das Recht umfassen, dem Betätigungsrecht der Koalitionen Schranken zu ziehen, die „von der Sache her geboten sind"[189]. Ähnliches gelte für die Vereinigungsfreiheit nach Art. 9 Abs. 1 GG. Dort sei der grundsätzlich zur Ausgestaltung von Art. 9 Abs. 1 GG berechtigte Gesetzgeber auch zu Regelungen ermächtigt, die die Vereinigungsfreiheit in die allgemeine Rechtsordnung einfügen, die Sicherheit des Rechtsverkehrs gewährleisten, die Rechte der Mitglieder sichern und den schutzbedürftigen Belangen Dritter oder auch öffentlicher Interessen Rechnung tragen[190].

Der Trend zur Nivellierung von Grundrechtsausgestaltung und Eingriff bei Art. 9 Abs. 3 GG setzte sich Anfang der 90er Jahre fort. So hat es das BVerfG im Aussper-

---

[184] *Alexy*, Theorie der Grundrechte, S. 300 ff.; *Bumke*, Grundrechtsvorbehalt, S. 104 ff.; *Butzer*, RdA 1994, 375 (378); *Cornils*, Ausgestaltung, S. 667; *Gellermann*, Grundrechte, S. 51; *Jarass*, in: Jarass/Pieroth, Vor Art. 1 GG Rn. 34; a.A. *Henssler*, ZfA 1998, 1 (11); *Schwarze*, JuS 1994, 653 (658).

[185] BVerfGE 52, 283, (298 f.); 57, 295 (321); 73, 118 (166); 74, 297 (334).

[186] Erstmals in BVerfGE 7, 377 (404); allerdings hat das Gericht die Entscheidung nicht maßgeblich auf diesen Unterschied gestützt, sondern war der Ansicht, der in Art. 12 Abs. 1 Satz 2 GG enthaltene Regelungsvorbehalt berechtige den Gesetzgeber auch zur Einschränkung der Berufsfreiheit zum Schutze von Gemeinschaftsinteressen. Den Regelungsvorbehalt begreift das Gericht im Grunde wie einen gewöhnlichen Gesetzesvorbehalt, der auch zu Eingriffen in ein Grundrecht berechtigt.

[187] BVerfGE 52, 1 (27 f.); 58, 300, (330). Freilich tritt hier das Sonderproblem hinzu, daß Art. 14 GG nicht nur zwischen Inhalts- und Schrankenbestimmung differenziert, sondern darüber hinaus auch die (entschädigungspflichtige) Enteignung kennt.

[188] BVerfGE 64, 72 (79 ff.).

[189] St. Rspr., vgl. nur BVerfGE 50, 290 (368); 57, 220 (246) m.w.N. Aus neuerer Zeit BVerfGE 103, 293 (306 f.).

[190] BVerfGE 50, 290 (354).

§ 2 Koalitionsfreiheit als ausgestaltungsbedürftiges Grundrecht

rungsbeschluß von 1992[191] ausdrücklich offengelassen, ob dem Gesetzgeber bei der Ausgestaltung weitergehende Regelungsbefugnisse zum Schutz sonstiger Rechtsgüter zukommen. 1993 ist es in seinem Beschluß zur Streikarbeit von Beamten darauf überhaupt nicht mehr eingegangen[192]. In seinem Urteil zum FlaggenRG vom 10.1.1995[193] hat das BVerfG dann allerdings die Ausgestaltung der Sache nach wieder wie einen Eingriff behandelt und diese an Hand der bereits oben dargestellten Kriterien für die Beschränkung vorbehaltloser Grundrechte geprüft. In seinem Beschluß zur Befristung von Arbeitsverhältnissen der Mitarbeiter an Hochschulen und Forschungseinrichtungen vom 24.4.1996[194] hat das Gericht ausdrücklich von einem Eingriff gesprochen, der aber durch eine zulässige Ausgestaltung gerechtfertigt sei. Eine gesetzliche Regelung in dem Bereich, der Tarifverträgen offenstehe, sei jedenfalls dann zulässig, wenn sie sich auf Grundrechte Dritter oder andere mit Verfassungsrang ausgestattete Rechte stützen könne. Das sind aber genau die Voraussetzungen, die allgemein für den Eingriff in ein vorbehaltlos gewährleistetes Grundrecht gelten. Ob dem Gesetzgeber weitergehende Regelungsbefugnisse zum Schutz sonstiger Rechtsgüter zukommen, ließ das BVerfG ebenso offen, wie die Frage, ob es in diesen Regelungen Eingriffe oder Ausgestaltungen erblickt.

Seit 1999 verwendet das Gericht den Begriff der Ausgestaltung deutlich seltener, verzichet jedoch nicht ganz darauf. Im Beschluß zur Maßregelung von Gewerkschaftsmitgliedern, die bei der Betriebsratswahl auf konkurrierenden Listen kandidieren[195], sieht das BVerfG die insoweit sogar „empfindlich"[196] beeinträchtigte individuelle Koalitionsfreiheit der Gewerkschaftsmitglieder nicht aufgrund einer Grundrechtsausgestaltung gerechtfertigt, sondern schlicht wegen der gewerkschaftlichen Notwendigkeit eines „geschlossenen Auftretens nach außen". Bekräftigt wird dagegen die Formel, Art. 9 Abs. 3 GG könne als vorbehaltloses Grundrecht zum Schutze anderer verfassungsrechtlich begründeter Positionen eingeschränkt werden, „insbesondere zum Ausgleich konkurrierender Positionen desselben Grundrechts"[197]. In der Entscheidung zum Lohnabstandsgebot vom 27.4.1999[198] wird die faktische Beschränkung tariflicher Regelungsmöglichkeiten aus § 275 SGB III ohne lange Umschweife als Eingriff behandelt, die durch „verfassungsrechtlich legitimierte überwiegende Gründe des Gemeinwohls" gerechtfertigt seien[199]. Im Beschluss zur Anrechnung von Kuren auf den tariflichen Jahresurlaub vom 3.4.2001[200] wertet das BVerfG den gesetzlichen Zugriff auf einen laufenden Tarifvertrag nebulös als „Beeinträchtigung der Tarifautonomie"[201]; dieser sei aber zum Schutz „mit Verfassungsrang

---

[191] BVerfGE 84, 212 (228).
[192] BVerfGE 88, 103 (115).
[193] BVerfGE 92, 26 (38 ff., 41 ff.).
[194] BVerfGE 94, 268 (284 ff.).
[195] BVerfGE 100, 214.
[196] BVerfGE 100, 214 (222 f.).
[197] BVerfGE 100, 214 (224).
[198] BVerfGE 100, 271.
[199] BVerfGE 100, 271 (283).
[200] BVerfGE 103, 293.
[201] BVerfGE 103, 293 (305).

ausgestatteter Belange" erforderlich[202], da es um die Bekämpfung der Massenarbeitslosigkeit[203] und die Sicherung der finanziellen Stabilität des Systems der sozialen Sicherheit gehe[204]; zur Grundrechtsausgestaltung dagegen kein Wort. Im Beschluß über die Rechtmäßigkeit von Streikmaßnahmen gegen einen nicht verbandsgebundenen Arbeitgeber[205] gebrauchte das Gericht zwar wieder den Begriff „Ausgestaltung", setzt sich aber inhaltlich nicht mehr damit auseinander. Im Kammerbeschluss vom 29.12.2004[206] gegen den Grundsatz der Gleichbehandlung von Stamm- und Leiharbeitskräften, den das „Hartz-I-Gesetz"[207] im Arbeitnehmerüberlassungsgesetz (AÜG) verankert hat, kam es mangels beeinträchtigender Wirkungen des Gesetzes auf die Unterscheidung zwischen Eingriff und Ausgestaltung nicht an. Ähnlich lag es in der Entscheidung[208] zur „Tariftreueerklärung" nach dem Berliner Vergabegesetz[209]. Auch hier unterblieb jede genauere Auseinander mit der Thematik, weil das Gericht der Ansicht war, dass das Gesetz die Koalitionsfreiheit nicht einmal berühre[210].

Angesichts dieser Entwicklung muß die Frage erlaubt sein, ob die Abgrenzung zwischen Ausgestaltung und Eingriff noch trägt, oder ob sie die Praxis, wie *Henssler* meint, „nicht schon längst als künstliches Konstrukt entlarvt hat, da eine präzise Grenzziehung zwischen normativer Ausgestaltung und Eingriff nicht möglich ist"[211]. In der Tat scheint es, als ob sich das BVerfG jedenfalls für Art. 9 Abs. 3 GG ein Stück weit von der von ihm selbst geschaffenen Figur verabschiedet hat. Das entbindet die Grundrechtsdogmatik indessen nicht davon, den strukturellen Unterschieden im Bauplan der Grundrechte nachzuspüren, selbst wenn diese nicht offen zu Tage liegen. Im übrigen könnte sich die Annahme bestätigen, daß grundrechtsrelevante Hoheitsakte im Einzelfall nicht eindeutig einer der beiden Kategorien zuzuordnen sind, sondern Elemente beider Kategorien aufweisen können[212]. Ebenso wenig ist auszuschließen, daß neben Ausgestaltung und Eingriff noch eine dritte Kategorie grundrechtsrelevanten Staatshandelns existiert, die bislang der Aufmerksamkeit entgangen ist. An der Abgrenzung zwischen Ausgestaltung und Eingriff ist deshalb festzuhalten. Sie mangels trennscharfer Kriterien aufzugeben, wäre verfrüht, soll nicht, wie *Pieroth* ernüchternd feststellt, die „bundesverfassungsgerichtliche Abwägung alles überrollen"[213]. Aufgabe muß es vielmehr sein, die relevanten Unterscheidungsmerkmale herauszuarbeiten und daran anknüpfend für beide Formen grundrechtsrelevanten Staatshandelns das verfassungsrechtliche Anforderungsprofil zu entwerfen.

---

[202] BVerfGE 103, 293 (306).
[203] Erstmals ausdrücklich dem Art. 9 Abs. 3 GG gegenübergestellt durch BVerfGE 100, 271 (284).
[204] BVerfGE 70, 1 (26, 30); 77, 84 (107); 82, 209 (230).
[205] BVerfG, Beschl. v. 10.9.2004, NZA 2004, 1338 (1339).
[206] NZA 2005, 153.
[207] Erstes Gesetz für moderne Dienstleistungen am Arbeitsmarkt v. 23.12.22 (BGBl. I S. 4607, 4617).
[208] BVerfG, Beschl. v. 11.07.2006, 1 BvL 4/00.
[209] V. 9.7.1999, GVBl. S. 369.
[210] BVerfG, Beschl. v. 11.7.2006, 1 BvL 4/00 Tz. 65, 72 ff.
[211] *Henssler*, ZfA 1998, 1 (11); ähnlich krit. *Schwarze*, JuS 1994, 653 (658).
[212] *Bumke*, Grundrechtsvorbehalt, S. 105; *Cornils*, Ausgestaltung, S. 667; *Gellermann*, Grundrechte, S. 435, 456.
[213] FS 50 Jahre BVerfG II (2001), S. 293 (316) zur tatbestandlichen Konturierung von Koalitionsfreiheit und Tarifautonomie in der Rechtsprechung des BVerfG.

2. Ausgestaltungsbedürftigkeit jedes Grundrechts?

Fraglich ist zunächst, ob die einfachrechtliche Ausgestaltung von Grundrechten ein Phänomen darstellt, das alle Freiheitsrechte betrifft. Das wird jedenfalls von *Häberle* behauptet. Seines Erachtens ist jedes Grundrecht einer gesetzlichen Ausgestaltung fähig und bedürftig[214]. Die Grundrechte unterschieden sich nicht danach, ob sie überhaupt der gesetzlichen Ausgestaltung bedürften, sondern nur, in welchem Umfang dies erforderlich sei[215]. Mit der Ausgestaltung konkretisiere und aktualisiere der Gesetzgeber die Grundrechte. Ohne die Gesetzgebung fehle den Grundrechten der „Unterbau"; sie blieben ohne Wirkung, stünden nur auf dem Papier und seien zur Bedeutungslosigkeit verurteilt[216]. Die Verfassung bedürfe der Gesetzgebung als „Medium" und Mittlerin zur sozialen Wirklichkeit. Erst durch sie erhalte die Verfassung „reale Geltung"; ohne sie bleibe sie in einer „Idealhöhe" nur formaler Geltung[217]. Im Grundrechtsbereich sei es die spezifische Aufgabe des Gesetzgebers, Inhalten, die in der Verfassung nur keimhaft angelegt seien, zu einer gesteigerten Wirklichkeit zu verhelfen[218]. Die Grundrechtsausgestaltung sei „rechtsschöpferische Konkretisierung"[219].

Daß die Verfassung, der als „lex fundamentalis"[220] der Vorrang vor jeder sonstigen Rechtsnorm zukommt, und die Grundrechte, die alles staatliche Handeln binden (Art. 1 Abs. 3 GG), notwendig allgemein und abstrakt sein müssen, versteht sich von selbst. Gerade das ist Kennzeichen einer entwickelten Rechtsordnung[221]. Die Grundrechtsnormen müssen äußerst konzentriert sein und dürfen nicht mit Einzelheiten belastet werden[222]. Sie können daher nur den Charakter von Generalklauseln[223] oder „offenen Normen"[224] haben. „Kurz und bündig formuliert"[225] ist ihr Wortlaut besonders knapp, elastisch, relativ unbestimmt und weit[226]. Daß die Grundrechte des Grundgesetzes daher konkretisierungsfähig und -bedürftig sind, damit sie auf den Einzelfall angewendet werden können, ist eine häufig konstatierte

---

[214] Wesensgehaltsgarantie, S. 181, 184 ff., 198 und passim; ähnlich *Hesse*, Verfassungsrecht, Rn. 303 ff.; *Jarass*, Rundfunk, S. 21.
[215] *Häberle*, Wesensgehaltsgarantie, S. 200; so auch *Jarass*, Rundfunk, S. 20 f.
[216] *Häberle*, Wesensgehaltsgarantie, S. 184.
[217] *Häberle*, Wesensgehaltsgarantie, S. 185; ähnlich *Hesse*, Verfassungsrecht, Rn. 304.
[218] *Häberle*, Wesensgehaltsgarantie, S. 186.
[219] *Häberle*, Wesensgehaltsgarantie, S. 187.
[220] *Bethge*, Der Staat 24 (1985), S. 351 (362).
[221] Rechtsordnungen, die keinen so erheblichen Abstraktionsgrad aufweisen, müssen sich demgegenüber häufig der Kasuisik bedienen, vgl. *Kimminich*, FS Raschhofer (1977), S. 105 (112).
[222] *Bethge*, Der Staat 24 (1985), S. 351 (357); *von Mutius*, VerwArch 64 (1973), S. 183 ff.; *Voßkuhle*, AöR 119 (1994), S. 35 ff.
[223] *Häberle*, Wesensgehaltsgarantie, S. 102; *Kriele*, Theorie der Rechtsgewinnung, S. 197; *F. Müller*, Die Positiviät der Grundrechte, S. 5; *Starck*, in: v. Mangoldt/Klein/Starck Art. 1 GG Rn. 127.
[224] BVerwGE 49, 202, 206; *Alexy*, Theorie der Grundrechte, S. 501 f.; *Menger*, VerwArch 66 (1975), S. 397 (398); *Starck*, Verfassungsauslegung, S. 22; *Zuck*, NJW 1976, 285; zu den unterschiedlichen Formen der Offenheit von Verfassungsnormen *H.-P. Schneider*, FS Hesse (1990), S. 39 (44 ff.).
[225] BVerfGE 43, 154 (168).
[226] *Bethge*, Grundrechtskollisionen, S. 8; *Böckenförde*, VVDStRL 30 (1972), S. 162; *ders.*, NJW 1974, 1529; *Ehmke*, VVDStRL 20 (1963), S. 53 (62); *H. Huber*, GS Imboden (1972), S. 191 (192); *Rupp*, AöR 92 (1967), S. 212 (213).

Tatsache[227] und nichts Außergewöhnliches. Dieses Schicksal teilen die Grundrechte mit anderen Generalklauseln, wie etwa im Zivilrecht den §§ 242, 307, 315 BGB. *Häberle* geht es letztlich auch um etwas anderes.

Nach *Häberle* sind die Grundrechte „keine normlosen Sphären der Freiheit", sondern „rechtlich geordnete und freiheitlich ausgestaltete Lebensbereiche"[228]. Deshalb bestünden die Grundrechte nur nach Maßgabe des einfachen Gesetzesrechts[229]. Grundrechte, deren Grenzen nicht durch die vom Gesetzgeber geschaffenen Rechtsnormen konkretisiert und ausgestaltet würden, blieben zur Bedeutungslosigkeit verurteilt[230]. Was Grundrechte im einzelnen seien, ergebe sich erst aus der von der Verfassung vorausgesetzten Rechtsordnung. Diese sei wesentlich durch den einfachen Gesetzgeber geschaffen[231]. Mit diesen Ausführungen ist *Häberle* in Deutschland zum Begründer des sogenannten institutionellen Grundrechtsverständnisses geworden[232]. Nach dem institutionellen Grundrechtsverständnis haben die Grundrechte nicht mehr den Charakter von Abwehrrechten des Einzelnen, die Bereiche individuellen Beliebens vor dem Zugriff des Staates schützen. Ihr Schutzgut ist nicht mehr die vorstaatliche, negativ-formelle (Willkür-)Freiheit des klassisch-liberalen Grundrechtsverständnisses, sondern eine bereits rechtlich geordnete und ausgestaltete und damit von vornherein begrenzte Freiheit[233]. Sie ist nicht mehr eine Freiheit schlechthin wie beim klassisch-liberalen Grundrechtsverständnis, sondern sie ist auf die Realisierung des insitutionell-objektiven Sinns der Gewährleistung hin orientiert[234]. Sie ist nicht mehr „undefinierte Hohlform, die von der Gesellschaft ausgefüllt werden muß, sondern ein durch den Staat ausgestalteter „Ordnungszustand"[235].

---

[227] Vgl. nur *Hesse*, Verfassungsrecht, Rn. 304 ff.; *Huber*, GS Imboden, S. 191 ff.; *Lerche*, Übermaß, S. 99, 107, 112, 115; *ders.*, Arbeitskampf, S. 37 ff.; *ders.*, in: HdbStR V, § 121 Rn. 9, 39 ff.; *Säcker*, Koalitionsfreiheit, S. 98 ff., 102 ff.; *Wahl*, NVwZ 1984, 401 (407). *Böckenförde*, Grundrechtsdogmatik, S. 56 Fn. 115, weist auf die verschiedenen Bedeutungen des Begriffs der Konkretisierung hin. Konkretisierung kann danach einerseits die Bildung von Untersätzen meinen, die die Subsumtion des Sachverhaltes unter eine Norm ermöglichen und letztlich bei allen Rechtssätzen erforderlich ist, weil diese notwendigerweise allgemeinen Charakter haben. Konkretisierung in diesem Sinne ist ein Zwischenglied im Vorgang der Rechtsanwendung, indem die unbestimmte Norm im Hinblick auf den konkreten Fall ausgelegt wird. Konkretisierung kann aber auch die gestaltend-schöpferische Entwicklung anwendungsfähiger rechtlicher Normen aus einem Prinzip meinen. Die zu entwickelnden Normen füllen dieses Prinzip erst mit einem bestimmten Inhalt und vollziehen diesen nicht bloß nach. In der Tat läßt sich unter eine Generalklausel nicht in derselben Weise subsumieren, wie unter eine konkrete Norm mit eindeutigen Begriffen. Man wird Fallgruppen zu bilden und diese näher zu entfalten haben. Aber nochmals: Das ist keine Besonderheit der Grundrechte, sondern gilt für jede Generalklausel.

[228] Wesensgehaltsgarantie, S. 97, 193.

[229] Wesensgehaltsgarantie, S. 195.

[230] Wesensgehaltsgarantie, S. 184.

[231] Wesensgehaltsgarantie, S. 194.

[232] Zum Begriff des institutionellen Grundrechtsverständnisses *Böckenförde*, NJW 1974, S. 1529 (1532 ff.); *von Münch*, in: von Münch/Kunig, Vorb. Art. 1-19 GG Rn. 23; ausführlich *Steinbeiß-Winkelmann*, Freiheitsordnung, S. 317 ff.; zu den weiteren Vertretern des institutionellen Grundrechtsverständnisses vgl. *Stern*, Staatsrecht III/1, § 68 I 6 b, S. 773 Fn. 113.

[233] Wesensgehaltsgarantie, S. 225.

[234] *Böckenförde*, NJW 1974, 1529 (1532).

[235] *Badura*, Staatsrecht, Rn. C 65.

§ 2 *Koalitionsfreiheit als ausgestaltungsbedürftiges Grundrecht*   35

Bekanntlich hat sich das institutionelle Grundrechtsverständnis nicht durchzusetzen vermocht[236]. Die Kritik entzündete sich gerade an dem Bild, das diese Lehre von der Freiheit zeichnet. Freiheit als ein dem Menschen zukommendes und an ihn gebundenes Gut kann nur aus der Sicht des Einzelnen bestimmt werden[237], nicht aber von der Gemeinschaft her[238]. Noch immer gilt, was *Carl Schmitt* bereits 1931 über die Freiheit im bürgerlichen Rechtsstaat gesagt hat: „Die Freiheit ist kein Rechtsinstitut, keine Einrichtung und keine Anstalt; sie kann noch weniger eine organisierte und formierte Institution des öffentlichen Rechts sein. Ihr Inhalt ist nicht von Staats wegen normiert; sie besteht nicht nach ‚Maßgabe der Gesetze'; sie kann auch nicht, wenn sie nicht eine betrügerische Redensart werden soll, unter einem Vorbehalt stehen, dessen Ausfüllung im Ermessen eines andern liegt."[239] Wäre es anders, bestünde der Einzelne nicht um seiner selbst willen, sondern nur wegen der Gemeinschaft. Das Menschenbild des Grundgesetzes ist aber ein anderes[240]. Art. 1 Abs. 1 GG bringt das deutlich zum Ausdruck. Der Staat besteht gerade nicht als Selbstzweck, sondern um der Menschen willen. Seine oberste Maxime ist nicht die Unterordnung der Bürger unter die Belange der Gemeinschaft, sondern die Achtung der Würde des Einzelnen. Zu Recht hat daher das BVerfG festgestellt: „Im Mittelpunkt der grundgesetzlichen Ordnung stehen Wert und Würde der Person, die in freier Selbstbestimmung als Glied einer freien Gesellschaft wirkt"[241]. Und etwas später heißt es: „Selbstbestimmung (ist) eine elementare Funktionsbedingung eines auf Handlungs- und Mitwirkungsfähigkeit seiner Bürger begründeten freiheitlichen demokratischen Gemeinwesens."[242] Wo aber – wie bei *Häberle* – den rechtlichen Institutionen der Vorrang vor der individuellen Freiheit eingeräumt wird, ist diese offensichtlich gefährdet. Das gilt vor allem dann, wenn die Grundrechte ihrer abwehrenden Funktion beraubt werden und sich staatliches Handeln nicht mehr zu rechtfertigen hat. Staatliche Machtausübung, auch wenn sie demokratisch legitimiert ist, wirkt aber nicht nur – wie *Häberle* meint – freiheitsfördernd und freiheitsermöglichend, sondern muß nicht zuletzt der individuellen Willkür Schranken ziehen. Allein die Teilhabe am Prozeß der demokratischen Willensbildung kann den Verlust an vorstaatlich-grenzenloser Freiheit, der mit der Annahme einer institutionalisierten Freiheit im Sinne *Häberles* verbunden ist, nicht wettma-

---

[236] Zur Kritik *Alexy*, Theorie der Grundrechte, S. 301 f.; *Bleckmann*, Grundrechte, AL § 11 III 3 b, S. 232 ff.; *Böckenförde*, NJW 1974, 1529 (1533 f.); *Kemper*, Koalitionsfreiheit, S. 48 ff.; *H.H. Klein*, Grundrechte, S. 61 f.; *Schwabe*, Grundrechtsdogmatik, S. 139 ff.; *Steinbeiß-Winkelmann*, Freiheitsordnung, S. 404 ff.; 418 ff.; Nachweis der z.T. äußerst kritischen Rezensionen bei *Häberle*, Wesensgehaltsgarantie, 3. Aufl. 1982, S. 315 Fn. 2 und 3.
[237] *Kemper*, Koalitionsfreiheit, S. 49.
[238] *H.H. Klein*, Grundrechte, S. 64.
[239] Freiheitsrecht und institutionelle Garantien, in: Verfassungsrechtliche Aufsätze, S. 167.
[240] Vgl. dazu BVerfGE 4, 7 (15); 50, 290 (353); 59, 275 (279); 65, 1 (44). Zwar betont das Gericht, daß das GG den Einzelnen nicht als „isoliert souveränes Individuum" sieht, sondern als „gemeinschaftsbezogenes und gemeinschaftsgebundenes"; es unterstreicht aber, daß sich der Einzelne nur solche Schranken seiner Handlungsfreiheit gefallen lassen muß, die der Gesetzgeber zur Pflege und Förderung des sozialen Zusammenlebens in den Grenzen des allgemein Zumutbaren zieht, immer vorausgesetzt, daß dabei die Eigenständigkeit der Person gewahrt bleibt.
[241] BVerfGE 54, 148 (153); 65, 1 (41).
[242] BVerfGE 65, 1 (43).

chen²⁴³. Vermöge der Grundrechte befindet sich der Einzelne „in der Lage eines Gegenübers der Staatsgewalt, von wem immer sie ausgeht"²⁴⁴. Auch dem demokratisch legitimierten Gesetzgeber sind Grenzen gezogen, die er im Interesse des Einzelnen nicht überschreiten darf, selbst wenn es um die Verwirklichung von Belangen der Gemeinschaft geht. Mit der Demokratie haben die Grundrechte deshalb nichts von ihrer Stoß- und Zielrichtung eingebüßt²⁴⁵. Demokratisches und rechtsstaatliches Prinzip lassen sich nicht gegeneinander ausspielen. „Im Grundgesetz ist die Demokratie zugunsten der Freiheit mobilisiert, nicht umgekehrt" *(Klein)*²⁴⁶. Wer, wie *Häberle*, gerade die abwehrende Funktion der Grundrechte leugnet, muß dem Staat ein ungehindertes Zugriffsrecht zugestehen. Gerade das wollte der Parlamentarische Rat verhindern. Wie sonst ließe sich Art. 1 Abs. 3 GG verstehen, der die Bindung aller staatlichen Gewalt an die Grundrechte verlangt?

Grundrechtlich versprochene Freiheit darf deshalb nur im Wege des gesetzlichen Eingriffs beschränkt werden, wenn und soweit es das Grundrecht selbst zuläßt. Oder mit *Carl Schmitt*: „Immer ist daran festzuhalten, daß Inhalt und Umfang der Freiheit sich nicht aus dem Gesetz ergeben dürfen. Eine Freiheit ,nach Maßgabe der Gesetze' ist überhaupt keine Freiheit im liberalen Sinne. Der Vorbehalt des Gesetzes ist daher niemals der Vorbehalt einer Maß- oder Inhaltsangabe, sondern immer nur der Vorbehalt einer Ausnahme, und zwar einer Ausnahme, die als solche prinzipiell begrenzt, berechenbar und nachprüfbar sein muß"²⁴⁷. Daß ein Gesetz im Hinblick auf die Gemeinschaft der Bürger an sich erst freiheitsermöglichend und freiheitsfördernd wirkt, legitimiert die Begrenzung der Freiheit des Einzelnen deshalb nicht ohne weiteres. Vor allem ist sie keine Ausgestaltung der Freiheit. Denn die Freiheit ist gerade kein normiertes Rechtsinstitut, und sie bedarf deshalb keines gesetzlichen Umbaus.

Das schließt freilich die Möglichkeit nicht aus, daß bestimmte Freiheiten erst durch die Rechtsordnung konstituiert werden. Solche Freiheiten sind ohne eine gesetzliche Ausgestaltung nicht zu haben. Dieses Phänomen trifft man jedoch – anders als das institutionelle Grundrechtsverständnis meint – nicht bei sämtlichen, sondern nur bei einzelnen grundrechtlichen Gewährleistungen an. Deshalb bleibt die Unterscheidung zwischen Ausgestaltung und Eingriff wichtig. Sie darf durch ein institutionelles Grundrechtsverständnis nicht aufgehoben werden.

---

[243] *Steinbeiß-Winkelmann*, Freiheitsordnung, S. 430 ff.
[244] *H.H. Klein*, Grundrechte, S. 68.
[245] *Bethge*, VVDStRL 57 (1998), S. 7 (36): Die Grundrechte sind „Minderheitenrechte, die der demokratischen Mehrheitsentscheidung Schranken setzen, also nicht zu deren Disposition stehen".
[246] Grundrechte, S. 71.
[247] Grundrechte und Grundpflichten, in: Verfassungsrechtliche Aufsätze S. 209.

§ 2 Koalitionsfreiheit als ausgestaltungsbedürftiges Grundrecht

3. Einschränkender Eingriff – nicht einschränkende Ausgestaltung

a) Ausgestaltung als strikter Gegenbegriff zum Eingriff

Nicht selten wird die gesetzliche Ausgestaltung von Grundrechten als strikter Gegenbegriff zur Figur des Eingriffs in ein Grundrecht konstruiert[248]. Alles staatliche Handeln, das grundrechtlich relevant ist, ließe sich so stets einer der beiden Kategorien zuordnen. Die Ausgestaltung wäre bei dieser dichotomen Einteilung das genaue Gegenteil eines Eingriffs. Um den Begriff der Ausgestaltung zu erhalten, müßte nur der Begriff des Eingriffs exakt definiert werden. Das ist indes kein leichtes Unterfangen.

b) Merkmale des Eingriffs

aa) Probleme der Merkmalsbildung. Greift der Staat in den Schutzbereich eines Grundrechts ein, so wird die fundamentale Sicherungsfunktion und Legitimationslast der Freiheitsrechte ausgelöst: die Eingriffsabwehr und die Eingriffsrechtfertigung. Erstere zielt auf Unterlassung, letztere auf Nachweis einer verfassungsmäßigen Ermächtigungsgrundlage, etwa in Gestalt eines grundrechtlichen Beschränkungsvorbehalts, und Einhaltung weiterer Kautelen, vor allem des Grundsatzes der Verhältnismäßigkeit.[249] Während der Schutzbereich eines Grundrechts angibt, was grundrechtlich geschützt wird, legt der Eingriff fest, wogegen sich dieser Schutz richtet[250]. Der Eingriff ist mithin dasjenige Verhalten, das den abwehrrechtlichen Schutz auslöst, sei es daß es vom Staat selbst und unmittelbar ausgeht, sei es, daß es ihm zumindest zurechenbar ist. Liegt den Grundrechten als Abwehrrechten eine „Befugnis zur individuellen Beliebigkeit" zugrunde, dann muß prinzipiell all das, wodurch der Staat dieser individuellen Willkürfreiheit Hindernisse bereitet, geeignet sein, den abwehrrechtlichen Schutzmechanismus auszulösen[251]. Gebietet der Staat also dem Einzelnen mit Befehl und Zwang unmittelbar ein Tun, Dulden oder Unterlassen und schließt er auf diese Weise Handlungsalternativen einer Freiheit zur Beliebigkeit aus, wird der grundrechtliche Abwehrmechanismus ohne weiteres in Gang gesetzt[252]. Ein Strafgesetz, das die Meinungsfreiheit beschränkt, eine polizeiliche Festnahme oder Verhaftung, ein gerichtliches Leistungsurteil: all diese staatlichen Akte sind Prototypen des Eingriffs[253] im zumeist als „klassisch" apostro-

---

[248] *Alexy*, Theorie der Grundrechte, S. 300; *Bumke*, Grundrechtsvorbehalt, S. 105 ff.; *Butzer*, RdA 1994, 375 (378); *Gellermann*, Grundrechte, S. 51 ff., 81 ff., 457; *Hoffmann-Riem*, in: HdbVerfG, § 7 Rn. 34; *Lerche*, Übermaßverbot, S. 99, 107, 112, 115; *Rossen*, Rundfunk, S. 285 ff.
[249] *Bethge*, VVDStRL 57 (1998), S. 7 (10 f.).
[250] *Eckhoff*, Grundrechtseingriff, S. 20 f.
[251] *Grabitz*, Freiheit, S. 25.
[252] *Grabitz*, Freiheit, S. 25 m.w.N.; *Jarass*, in: Jarass/Pieroth, Vor Art. 1 GG Rn. 24; *Pieroth/Schlink*, Grundrechte, Rn. 240.
[253] *Grabitz*, Freiheit, S. 24 f.; *Jarass*, in: Jarass/Pieroth, Vor Art. 1 GG Rn. 24 ff.; *Isensee*, in: HdbStR V, § 111 Rn. 60; *Pieroth/Schlink*, Grundrechte, Rn. 238, 246.

phierten[254] Sinne. Wenn aber nicht jedes staatliche Verhalten, das in irgendeiner Hinsicht Auswirkungen auf die Grundrechte hat, den spezifisch abwehrrechtlichen Schutzmechanismus auslösen soll[255], da sonst eine Relativierung der Erfordernisse der Eingriffsrechtfertigung und damit eine „Planierung der abwehrrechtlichen Prüfungsinstrumentarien durch die bequemen Mechanismen eines allgemeinen Angemessenheits- und Billigkeitsabgleichs" *(Bethge)*[256] drohen, so sind die für den Eingriff charakteristischen Merkmale zu bestimmen.

Das ist schon deshalb nicht ganz einfach, weil das Grundgesetz selbst nur bei zwei Grundrechten[257] ausdrücklich von einem Eingriff in ein Grundrecht spricht, im übrigen aber eine Palette von Begriffen verwendet. So ist die Rede von einer „Einschränkung"[258], „Beschränkung"[259] oder einfach nur einer „Schranke" eines Grundrechts[260]. Manche Grundrechte verbieten ausdrücklich bestimmte Formen staatlicher Beeinträchtigung[261], andere vermeiden den Begriff der Beschränkung überhaupt, regeln der Sache nach aber die Beschränkung eines Grundrechts[262]. Schließlich kennt das Grundgesetz auch Vorbehalte zur Regelung des Näheren[263], zur Bestimmung einzelner Freiheitsbereiche[264] sowie des Inhalts und der Schranken eines Grundrechts[265]. Angesichts dieser begrifflichen Vielfalt ist es kaum verwunderlich, daß sich auch das BVerfG keiner einheitlichen Terminologie bedient, wenn es die den grundrechtlichen Abwehrschutz auslösende staatliche Maßnahme zu bezeichnen sucht. Zumeist spricht es von einem „Eingriff"[266], mitunter ist aber auch von Beschränkungen oder Einschränkungen[267] die Rede. Manchmal wird das Problem nur vage mit den Ausdrücken „Grundrechtsberührung", „Grundrechtsbeeinträchtigung"[268] oder Grundrechtsrelevanz"[269] beschrieben. Die Wissenschaft beklagt deshalb mit Recht die Auflösung der Eingriffsvorstellung im „klassischen" Sinne

---

[254] *Sachs*, in: Stern, Staatsrecht III/2, § 78 II 2, S. 85 ff. hat näher dargelegt, daß es in keiner geschichtlichen Epoche vor Erlaß des Grundgesetzes einen solchen klassischen Eingriffsbegriff gegeben hat, mit dem trennscharf alle staatlichen Maßnahmen zu bestimmen sind, die den abwehrrechtlichen Schutz auslösen.

[255] *Dreier*, in: Dreier, Vor Art. 1 GG Rn. 82; *J. Ipsen*, Grundrechte, Rn. 125.

[256] *Bethge*, VVDStRL 57 (1998), S. 7 (37).

[257] Art. 2 Abs. 2 Satz 3 und bei Art. 13 Abs. 3 GG.

[258] Bei Art. 11 Abs. 2, Art. 12a Abs. 6 S. 1, Art. 17a Abs. 1 und 12, Art. 19 Abs. 1 S. 1 GG.

[259] Bei Art. 8 Abs. 2, Art. 10 Abs. 2, Art. 13 Abs. 3, Art. 104 Abs. 1 GG.

[260] Bei Art. 5 Abs. 2, Art. 14 Abs. 1 Satz 2 GG.

[261] So ordnet Art. 4 Abs. 3 GG an, daß niemand gegen sein Gewissen zum Kriegsdienst mit der Waffe gezwungen werden darf; nach Art. 5 Abs. 1 Satz 3 GG findet eine Zensur nicht statt.

[262] Etwa Art. 6 Abs. 2 Satz 2, Art. 7 Abs. 3 Satz 3, Art. 7 Abs. 4 Satz 4, Art. 10 Abs. 2 Satz 2, Art. 12 Abs. 2 und 3, Art. 12a Abs. 1, Abs. 2 Satz 1, Abs. 3, Abs. 4 S. 1, Art. 13 Abs. 2, Art. 14 Abs. 3 Satz 1, Art. 15 GG.

[263] Art. 4 Abs. 3 Satz 2 GG.

[264] Art. 12 Abs. 1 Satz 2 GG.

[265] Art. 14 Abs. 1 Satz 2 GG.

[266] BVerfGE 52, 283 (296); 57, 9 (23); 61, 291 (309 ff.); 65, 1 (45); 66, 39 (64); 68, 193 (205); 69, 315 (342 f.); 100, 271 (283).

[267] BVerfGE 65, 1, (44 f.); 69, 315 (342 f.); 84, 212 (228).

[268] BVerfGE 92, 26 (41); 92, 365 (393); 103, 293 (305).

[269] BVerfGE 47, 46 (80).

§ 2 Koalitionsfreiheit als ausgestaltungsbedürftiges Grundrecht   39

und konstatiert einen Prozeß der Ausweitung und des Substanzverlustes[270]. Einig ist man sich darin, daß der abwehrrechtliche Schutz jedenfalls dann ausgelöst wird, wenn sämtliche Merkmale des Eingriffs im klassischen Sinn erfüllt sind[271] Sie sind hinreichende, aber keine notwendigen Bedingungen[272]. Der Begriff im klassischen Sinne hat, wie *Bethge*[273] mit Recht bemerkt, „Entlastungsfunktion"; er vermittelt eine gewisse „Reduktion selbsterzeugter Komplexität". Schon aus heuristischen Gründen ist er unverzichtbar.

bb) Merkmale des Eingriffs im klassischen Sinne. Der klassische Eingriffsbegriff[274] geht bis auf die Zeit des Frühkonstitutionalismus in Deutschland zurück[275]. Zwar wird über Zahl und genauen Inhalt seiner Merkmale gestritten[276]; nach wohl h.M. kommt es aber auf die Kennzeichen „Imperativität", „Finalität" und „Unmittelbarkeit"[277] der staatlichen Maßnahme an.

Beim Merkmal „Imperativität" geht es um die Verbindlichkeit der staatlichen Anordnung für den Einzelnen. Sie wird durch einen staatlichen Rechtsakt – Gesetz, Verwaltungsakt oder Urteil – ausgelöst, der beim Betroffenen zu einer entsprechenden Verhaltenspflicht – einem Tun, Dulden oder Unterlassen – führt. Diese kann mit Hilfe staatlicher Gewalt auch gegen seinen Willen durchgesetzt werden. Das Wesen der Imperativität besteht also in Befehl und Zwang des staatlichen Rechtsaktes. Da es allein auf seine Verbindlichkeit ankommt, ist es gleichgültig, ob der Rechtsakt wie beim Urteil und beim Verwaltungsakt in Form einer konkret-individuellen Anordnung ergeht oder wie bei Gesetzen durch abstrakt-generelle Sollens-

---

[270] *Bethge*, VVDStRL 57 (1998), S. 7 (37); *Dreier*, in: Dreier, Vor Art. 1 GG Rn. 82; *Grabitz*, Freiheit, S. 24 ff.; *Lerche*, Übermaß, S. 259; *Lübbe-Wolff*, Eingriffsabwehrrechte, S. 29.

[271] *Bleckmann*, Grundrechte, AL § 12 III; *Galluvas*, Faktische Beeinträchtigungen, S. 9 ff.; *Jarass*, in: Jarass/Pieroth, Vor Art. 1 GG Rn. 25; *Lübbe-Wolff*, Eingriffsabwehrrechte, S. 44 f., 47; *Pieroth/Schlink*, Grundrechte, Rn. 207; *Sachs*, in: Stern, Staatsrecht III/2, § 78 II 3, S. 104 m.w.N.; *Sachs*, Grundrechte, A 8 Rn. 13.

[272] *Sachs*, in: Stern, Staatsrecht III/2, § 78 II 3, S. 104.

[273] VVDStRL 57 (1998), S. 7 (38).

[274] *Sachs*, in: Stern, Staatsrecht III/2, § 78 II 2, S. 85 ff. hat überzeugend dargelegt, daß es in keiner geschichtlichen Epoche vor Erlaß des Grundgesetzes einen solchen klassischen Eingriffsbegriff gegeben hat, mit dem trennscharf alle staatlichen Maßnahmen zu bestimmen sind, die den abwehrrechtlichen Schutz auslösen; vgl. auch *dens.*, JuS 1995, 303 f. und Grundrechte A 8 Rn. 7 ff.

[275] *Schlink*, EuGRZ 1984, 457 (458 f.).

[276] *Bleckmann*, Grundrechte, AL § 12 III c; *Jarass*, in: Jarass/Pieroth, Vor Art. 1 GG Rn. 25; *Lübbe-Wolff*, Eingriffsabwehrrechte, S. 42 ff.; *Pieroth/Schlink*, Grundrechte, Rn. 239; *Sachs*, in: Stern, Staatsrecht III/2, § 78 II 3, S. 104 ff.

[277] *Bethge*, VVDStRL 57 (1998), S. 7 (38); *Dreier*, in: Dreier, Vor Art. 1 GG Rn. 81; *Eckhoff*, Grundrechtseingriff, S. 175 ff; *Isensee*, HdbStR V, § 111 Rn. 61; *J. Ipsen*, JZ 1997, 473 (478); *Pieroth/Schlink*, Grundrechte, Rn. 238; *Sachs*, JuS 1995, 303; ob es außer den genannten noch weitere Kriterien gibt, wird unterschiedlich beantwortet; in diese Richtung *Bleckmann*, Grundrechte, AL § 12 III c, S. 336 ff.; *Isensee*, in: HdbStR V, § 111 Rn. 61. Zumeist lassen sich die weiteren Kriterien als Untermerkmale der genannten auffassen, etwa die häufig geforderte „Rechtsförmlichkeit des Vorgehens über Gesetz, Verwaltungsakt oder Urteil" als Teil der Imperativität. Teilweise werden sogar Finalität und Unmittelbarkeit als unselbständige Merkmale der Imperativität begriffen, vgl. *Sachs* in: Stern, Staatsrecht III/2 § 78 II 3 a, b, S. 104, 117 ff.; andere sehen gerade in ihnen Ausprägungen der Imperativität, vgl. *Grabitz*, Freiheit, S. 29.

sätze erfolgt[278]. Aus dem Gesagten ergibt sich zugleich, daß nur ein aktives staatliches Handeln imperativ in den Schutzbereich eingreifen kann. Ein Unterlassen des Staates braucht – zumindest nach klassischem Verständnis – nicht abgewehrt zu werden[279].

Das Merkmal der „Finalität" bezieht sich auf das Telos des staatlichen Aktes[280]. Der Eingriff hat die Beeinflussung der freien Selbstbestimmung des Bürgers zum Ziel[281]. Er bezweckt die Freiheitsbeeinträchtigung. Die eingeforderte Verhaltensweise darf deshalb nicht nur die unbeabsichtigte, rein objektiv-zufällige Folge eines auf ganz andere Ziele gerichteten Staatshandelns sein[282], sondern sie muß sich als der mit der fraglichen Maßnahme bewußt und gewollt verfolgte Zweck darstellen[283].

Das Kriterium der „Unmittelbarkeit" soll schließlich sicherstellen, daß die eingeforderte Verhaltensweise ohne Hinzutreten weiterer, selbständiger Zwischenursachen vom staatlichen Rechtsakt herrührt. „Unmittelbarkeit" und „Finalität" meinen nicht dasselbe. Sie sind zwar häufig miteinander verbunden, notwendig ist das nicht[284]. Zwar ist jeder unmittelbare Eingriff auch final, nicht jeder finale Eingriff muß aber unmittelbar erfolgen[285]. Die letzten beiden Merkmale schließen es aus, daß unbeabsichtigte Folgewirkungen einer staatlichen Regelung, Nebenwirkungen auf Dritte und Beeinträchtigungen ohne Regelungscharakter zu einem staatlichen Eingriff führen können. Ob man mit *Gallwas*[286] gar eine „Identität von Regelung und Beeinträchtigung" für den Eingriff verlangen muß, ist eine Frage der Betrachtungsweise. Daß der imperative Rechtsakt des Staates und die Beeinträchtigung beim Bürger nicht dasselbe sind, versteht sich von selbst[287]. Gemeint ist mit der Formel von der „Regelungsidentität", daß Staatsakt und Grundrechtseinwirkung insoweit aufeinander bezogen sind, als letztere ohne weiteres am Inhalt des Staatsaktes „ablesbar"[288] ist. Erforderlich ist also ein direkter, unmittelbarer und innerer Zusammenhang zwischen staatlicher Maßnahme und Einwirkung[289]. Erfüllt eine staatliche Maßnahme sämtliche soeben genannten Voraussetzungen, liegt nach klassischem Verständnis ein Eingriff vor, der den abwehrrechtlichen Schutzmechanismus auslöst.

cc) Erweiterter Eingriffsbegriff. Die neuere Grundrechtsdogmatik ist sich darin einig, daß die abwehrrechtliche Funktion der Grundrechte nicht nur dann aktiviert

---

[278] *Sachs*, in: Stern, Staatsrecht III/2 § 78 II 3 a αα, S. 105.
[279] *Lübbe-Wolff*, Eingriffsabwehrrechte, S. 42.
[280] *Grabitz*, Freiheit, S. 29.
[281] *Friauf*, DVBl 1971, 674 (681); *Forsthoff*, Verwaltungsrecht, S. 347 hält den ungezielten Eingriff für ein „sprachliches und logisches Unding".
[282] *Friauf*, DVBl 1971, 674 (681).
[283] *Pieroth/Schlink*, Grundrechte, Rn. 238.
[284] *Lerche*, DVBl 1958, 528 f.; *Grabitz*, Freiheit, S. 31.
[285] Beispiel: Verhinderung der Entstehung neuer Gaststätten durch eine Schrankerlaubnissteuer und nicht durch ein behördliches Gebot, vgl. BVerfGE 13, 181.
[286] Faktische Beeinträchtigungen, S. 12.
[287] *Gallwas*, Faktische Beeinträchtigungen, S. 12, sieht denn auch in der Beeinträchtigung (nur) „das Spiegelbild der Regelung im Bereich des Betroffenen".
[288] *Sachs*, in: Stern, Staatsrecht III/2, § 78 II 3 a, S. 105.
[289] *Jarass*, in: Jarass/Pieroth, Vor Art. 1 GG Rn. 23.

wird, wenn staatliche Maßnahmen imperativ, final und unmittelbar auf grundrechtlich geschützte Freiheiten einwirken[290]. Staatshandeln, das nicht mit Befehl und Zwang arbeitet, und das ist im Wohlfahrtsstaat bei einer fiskalisch oder schlicht hoheitlich handelnden Leistungsverwaltung eher die Regel als die Ausnahme, ist für die abwehrrechtliche Dogmatik deshalb ebenso in den Blick zu nehmen wie die faktischen Neben- und Folgewirkungen imperativer Rechtsakte[291]. Entscheidend für den Abwehrschutz ist nicht mehr die Form der staatlichen Handlung – imperativ, final, unmittelbar –, sondern der (beeinträchtigende) Effekt, den sie beim Einzelnen entfaltet[292]. Die Umstellung von „Form" auf „Effekt" entspricht der inneren Logik des formellen Freiheitsbegriffs. Wenn grundrechtliche Freiheit die freie Selbstbestimmung des Einzelnen bedeutet, so muß jede staatliche Maßnahme, die sie negativ beeinflußt, weil sie dem Einzelnen Handlungsalternativen nimmt, den Abwehrschutz auslösen können, gleichgültig ob dies imperativ geschieht oder nicht[293].

Der Abschied von den traditionellen Merkmalen hat zunächst seine terminologische Konsequenzen. Manche halten am Begriff des Eingriffs im klassischen Sinne fest und bezeichnen sonstige grundrechtsverkürzende Einwirkungen als Grundrechtsbeeinträchtigungen[294]. Andere erweitern den Eingriffsbegriff[295] oder lösen ihn vollständig von seinen klassischen Merkmalen[296]. Wieder andere verstehen den Terminus der „Grundrechtsbeeinträchtigung" als Oberbegriff und ordnen ihm dann „klassische Eingriffe" und „sonstige Eingriffe" unter[297]. Schließlich wird überhaupt zum Generalangriff gegen das überkommene Eingriffs- und Schrankendenken geblasen[298].

---

[290] *Bethge*, VVDStRL 57 (1998), S. 7 (40 ff.); *Bleckmann*, Grundrechte, AL § 12 III e, S. 338 ff.; *Eckhoff*, Grundrechtseingriff, S. 1 ff., 175 ff. m.w.N.; *Grabitz*, Freiheit, S. 28 m.w.N.; *Isensee*, in: HdbStR V, § 111 Rn. 62 ff.; *Jarass*, in: Jarass/Pieroth, Vor Art. 1 GG Rn. 26; *Lerche*, in: HdbStR V, § 121 Rn. 52; *Papier*, DVBl 1984, 801 (805); *Pieroth/Schlink*, Grundrechte, Rn. 239 ff.; *Sachs*, in: Stern, Staatsrecht III/2, § 78 III 1, S. 128.
[291] *Isensee*, in: HdbStR V, § 111 Rn. 63.
[292] *Bethge*, VVDStRL 57 (1998), S. 7 (40); *Bleckmann*, Grundrechte, AL § 12 III g, S. 342; *Gallwas*, Faktische Beeinträchtigungen, S. 43 ff., 48 und passim; *Grabitz*, Freiheit, S. 32 ff.; *Sachs*, Grundrechte, A 8 Rn. 20 will die Abgrenzung anhand der Rechtsfolgen, die relevante Beeinträchtigungen unmittelbar auslösen, vornehmen.
[293] *Grabitz*, Freiheit, S. 33; krit. *Bethge*, VVDStRL 57 (1998), S. 7 (40 f.).
[294] *Eckhoff*, Grundrechtseingriff, S. 8; *Sachs*, in: Stern, Staatsrecht III/2, § 78 I 2, S. 81 f. m.w.N.; *ders.*, Grundrechte, A 8 Rn. 15 ff.
[295] *Eckhoff*, Grundrechtseingriff, S. 173 ff., 236 ff; *Isensee*, in: HdbStR V, § 111 Rn. 59, 63.
[296] *Bleckmann/Eckhoff*, DVBl 1988, 373; *Pieroth/Schlink*, Grundrechte, Rn. 239 ff.; *Lübbe-Wolff*, Eingriffsabwehrrechte, S. 73 ff. unterscheidet zwischen einem engen und einem weiten Eingriffsbegriff im nicht traditionellen, d.h. nicht klassischen Sinn. Unter Eingriff im weiteren Sinn versteht sie jede „beeinträchtigende Ingerenz in den Schutzbereich eines Freiheitsgrundrechts durch positives staatliches Handeln". Demgegenüber soll der Eingriff im engeren Sinne diejenige positive (handelnde) Ingerenz in den Schutzbereich eines Grundrechts sein, die sich den dogmatischen Verarbeitungsregeln des Eingriffs-Schemas fügt; ähnlich *Eckhoff*: „Grundrechtseingriff [ist] eine gegen grundrechtlich geschützte Freiheit gerichtete staatliche Maßnahme, die wegen dieser Ausrichtung rechtfertigungsbedürftig ist", jedoch restriktiver auf S. 20: „qualifizierte Beeinträchtigung".
[297] *Jarass*, in: Jarass/Pieroth, Vor Art. 1 GG Rn. 23 ff. Zu den sonstigen Eingriffen rechnen sie bei den Abwehrrechten faktische, influenzierende und mittelbare Einwirkungen sowie Grundrechtsgefährdungen.
[298] *Häberle*, Wesensgehaltsgarantie, S. 163 ff., 180 ff., 222 ff. und passim.

Bedenklicher sind die materiellrechtlichen Konsequenzen. Die Ausweitung des schutzauslösenden Tatbestandes und die damit verbundene Umstellung von „Form" auf „Wirkung" der belastenden Maßnahme verstärkt nur auf den ersten Blick die grundrechtliche Gewährleistung. In Wirklichkeit erweist sie dem Grundrechtsschutz einen Bärendienst. Denn die Preisgabe eines engen und damit justitiablen Kriteriums verhindert die exakte Ermittlung des den Abwehrschutz in Gang setzenden Staatshandelns.[299] Eine terminologisch vage Formulierung vermag kaum normative Wirkung zu entfalten. Was das Grundrecht nicht als schutzauslösendes Moment erkennt, dagegen kann es auch nicht schützen. Rechtsunsicherheit ist die unvermeidliche Folge. Fallen die restriktiven, klassischen Kriterien des traditionellen Eingriffs weg, so wird letztlich alles staatliche Handeln rechtfertigungsbedürftig. Das kann zur Lähmung aller staatlichen Aktivität führen. Möglich ist aber auch das andere Extrem. Der Zwang zu permanenter Rechtfertigung bewirkt letztlich seinen Leerlauf, weil er als bloße Förmelei abgetan wird[300]. Damit steht nichts weniger als die grundrechtliche Bindung des Staates auf dem Spiel, die im wesentlichen auf eben diesem Rechtfertigungszwang beruht.

In Rechtsprechung[301] und Lehre[302] besteht deshalb Einigkeit, daß nicht jede vom Staat ausgelöste Betroffenheit in einem Grundrecht zu einer abwehrrechtlichen Reaktion führen kann. Der Grenzverlauf ist einstweilen offen[303]. Die einen knüpfen an den Strukturmerkmalen des klassischen Eingriffs an und versuchen, diese modifizierend auszubauen[304]. Die anderen systematisieren die bekannten Formen belastender Maßnahmen[305], um auf diese Weise Kriterien eines Zurechnungszusammenhangs zwischen Staatshandeln und Freiheitsbeeinträchtigung zu ermitteln, die über eine bloße Kausalitätsbeziehung hinausgehen[306]. Wieder andere setzen bei dem von einer staatlichen Maßnahme Betroffenen an, in dem Bestreben, eine Relevanzschwelle zu bestimmen, unterhalb derer nicht ernsthaft von einer Beeinträchtigung und damit auch nicht von einem Eingriff die Rede sein kann[307]. Ob es auf diese Weise gelingt,

---

[299] *Bethge*, VVDStRL 57 (1998), S. 7 (40 f.); *Grabitz*, Freiheit, S. 35; *Isensee*, in: HdbStR V, § 111 Rn. 64.

[300] So warnt *Lerche*, in: HdbStR V, § 121 Rn. 52, vor einer „überbordenden und abstrahierenden Angemessenheitswertung", die Folge einer voreiligen und allzu unbekümmerten Anwendung des Grundsatzes der Verhältnismäßigkeit ist. Er verlangt begriffliche Disziplin, um der Auflösung grundrechtlicher Konturen entgegenzuwirken.

[301] BVerwGE 46, 1 (6 ff.); 54, 211 (233); 71, 183 (192 f.).

[302] *Bethge*, VVDStRL 57 (1998), S. 7 (41); *Bleckmann*, Grundrechte, AL § 12 III f, S. 341; *Eckhoff*, Grundrechtseingriff, S. 20; *Gallwas*, Faktische Beeinträchtigungen, S. 21 f.; *Grabitz*, Freiheit, S. 28; *Isensee*, in: HdbStR V, § 111 Rn. 64 ff.; *Jarass*, in: Jarass/Pieroth, Vor Art. 1 GG Rn. 23; *Lerche*, in: HdbStR V, 121 Rn. 50; *Pieroth/Schlink*, Grundrechte, Rn. 240 ff.; *Sachs*, in: Stern, Staatsrecht III/2, § 78 I 2, S. 81 und § 78 III, S. 128; *ders.*, Jus 1995, 504.

[303] *Eckhoff*, Grundrechtseingriff, S. 235; *Grabitz*, Freiheit, S. 28; *Jarass*, in: Jarass/Pieroth, Vor Art. 1 GG Rn. 27; skeptisch zu den Restriktionsüberlegungen aber *Bethge*, VVDStRL 57 (1998), S. 7 (42 ff.).

[304] Zu den Versuchen im einzelnen *Eckhoff*, Grundrechtseingriff, S. 178 ff., 183 ff., 186 ff., 197 ff.; *Sachs*, in: Stern, Staatsrecht III/2, § 78 III 1 b, S. 129-148.

[305] *Sachs*, in: Stern, Staatsrecht III/2, § 78 III 2 a, S. 158-162.

[306] *Jarass*, in: Jarass/Pieroth, Vor Art 1 GG Rn. 23 ff.

[307] Zum Bagatellvorbehalt *Isensee*, in: HdbStR V, § 111 Rn. 66 m.w.N.; *Pieroth/Schlink*, Grundrechte, Rn. 248; *Sachs*, in: Stern, Staatsrecht III/2, § 78 IV 1 b, S. 204 ff.

§ 2 *Koalitionsfreiheit als ausgestaltungsbedürftiges Grundrecht* 43

dem Grundrechtseingriff wieder zu Kontur und Profil zu verhelfen, wird mit Recht bezweifelt[308]. Als dogmatische Zweckschöpfung des Grundrechtsschutzes bleibt er unverzichtbares Scharnier zwischen freiheitsrechtlichem Gewährleistungsbereich und staatlicher Eingriffsrechtfertigung[309].

c) Konsequenzen für die Abgrenzung zur Ausgestaltung

Angesichts der Schwierigkeiten, den Grundrechtseingriff auch nur einigermaßen präzise zu fassen, läßt sich die Grundrechtsausgestaltung kaum trennscharf als dessen Gegenbegriff einführen. Schon von daher ist es bedenklich, eine Ausgestaltungsdogmatik zu entwerfen, die ihren Schlüsselbegriff in strikter Exklusivität zum Eingriff definiert[310]. Nichts anderes gilt für den in die gleiche Richtung zielenden Versuch, die Ausgestaltung als eine Kategorie zu begreifen, die den negatorischen Grundrechtsschutz nicht auszulösen vermag[311]. Sie bleiben untauglich, solange eine positive Definition der den Eingriffsschutz aktivierenden Merkmale fehlt.

Ein möglicher Weg, trotz der geschilderten Probleme zu einer brauchbaren Charakterisierung der Ausgestaltung zu gelangen, besteht darin, an der gemeinsamen Eigenschaft anzuknüpfen, die für alle Arten und Formen des Eingriffs typisch ist. Das gemeinsame Leitbild, das traditionellen wie modernen Eingriffsvorstellungen zugrundeliegt, ist die Beschränkung der grundrechtlich gewährleisteten Freiheit. Sie ist die Folge jedes Eingriffs, und sie ist es auch, die den abwehrrechtlichen Schutzmechanismus auslöst. Bemißt sich der durch den staatlichen Eingriff ausgelöste grundrechtliche Abwehrschutz nicht mehr nach der Form, sondern lediglich nach dem (belastenden) Effekt einer staatlichen Maßnahme, so liegt es nahe, bei diesem anzusetzen.

In der Tat grenzen Rechtsprechung und Literatur die Grundrechtsausgestaltung vom Grundrechtseingriff nicht selten nach dem Merkmal der Einschränkung ab. Häufig wird das auf die Kurzformel gebracht: Der Eingriff wirkt freiheitsbeschränkend, die Ausgestaltung nicht[312]. Während der Eingriff seiner Wirkung nach dasjenige staatliche Handeln sei, das dem Einzelnen ein Verhalten, das in den Schutzbereich eines Grundrechts falle, unmöglich mache, wolle der Staat durch eine Ausgestaltung Verhaltensmöglichkeiten gerade eröffnen, damit der Einzelne von seinem Grundrecht Gebrauch machen könne[313]. Der Eingriffe verwehre, die Aus-

---

[308] *Bethge*, VVDStRL 57 (1998), S. 7 (42).
[309] *Bethge*, VVDStRL 57 (1998), S. 7 (52).
[310] *Bumke*, Grundrechtsvorbehalt, S. 105; *Butzer*, RdA 1994, 378; *Cornils*, Ausgestaltung, S. 669; *Dieterich*, RdA 2002, 1 (11); *Gellermann*, Grundrechte, S. 51 ff. und passim; *Höfling*, Vertragsfreiheit, S. 34; *J. Ipsen*, JZ 1997, 473 (479); *Jarass*, in: Jarass/Pieroth, Vor Art. 1 GG Rn. 34; *Löwer*, in: von Münch/Kunig, Art. 9 GG Rn. 24; *Ruffert*, Verfassung und Privatrecht, S. 105 ff., 117; *Söllner*, NZA 2000, Sonderbeilage zu Heft 24, S. 33 (35 f.); *Wiedemann*, TVG, Einl. Rn. 130 ff.
[311] *Gellermann*, Grundrechte, S. 51.
[312] *Bethge*, NJW 1982, 1 (4); *Jarass*, Rundfunk, S. 20 f.; *ders.*, Gutachten G für den 56. DJT, Rn. 33 ff; *ders.*, AöR 110 (1985), S. 363 (392); *ders.*, AöR 120 (1995), S. 345 (368); *Ruck*, AöR 117 (1992), 547 f.
[313] *Pieroth/Schlink*, Grundrechte, Rn. 240 (Eingriff), Rn. 209 (Ausgestaltung).

gestaltung sichere und ermögliche die Grundrechtsausübung[314]. Ob diese Unterscheidung das Verhältnis zwischen Eingriff und Ausgestaltung zutreffend beschreibt, wird im folgenden näher zu prüfen sein.

d) Freiheitsbeschränkung oder Freiheitsförderung

aa) Freiheitsbeschränkung im Prinzipienmodell der Grundrechte. Der wichtigste Vertreter, der zur Unterscheidung zwischen Eingriff und Ausgestaltung darauf abstellt, ob eine staatliche Maßnahme grundrechtliche Freiheit beschränkt oder nicht, ist *Alexy*[315]. In seiner Theorie der Grundrechte[316] geht er der Frage nach, wann einfachrechtliche Normen im Bereich der Grundrechte einer verfassungsrechtlichen Rechtfertigung bedürfen. Unter einer Norm im Bereich eines Grundrechts versteht er zunächst eine einfachrechtliche Vorschrift, die mit dem, was das Grundrecht erfaßt, irgend etwas zu tun hat, die also im Schutzbereich des Grundrechts liegt. Entscheidend für die Notwendigkeit einer verfassungsrechtlichen Rechtfertigung ist nach *Alexy* nun, ob eine einfachrechtliche Vorschrift das Grundrecht einschränkt oder nicht. Denn eine Norm, die ein Grundrecht nicht einschränkt, müsse diesem Grundrecht gegenüber nicht als Schranke gerechtfertigt werden[317]; andererseits verliere eine einschränkende Norm auch dann nicht ihre Eigenschaft als Schranke, wenn sie vernünftig und aus verfassungsrechtlichen Gründen zur Bewehrung der Freiheit gefordert sei[318]. Um diesen Ausgangspunkt zu verdeutlichen, führt *Alexy* den Begriff der Ausgestaltung als Gegenbegriff zu dem der Einschränkung ein[319]. Ist eine einfachrechtliche Norm als gesetzliche Ausgestaltung eines Grundrechts qualifiziert, bedarf sie *Alexy* zufolge gegenüber dem Grundrecht keinerlei verfassungsrechtlicher Rechtfertigung mehr[320]. Es kommt deshalb darauf an, nach welchem Kriterium „Ausgestaltungen" von „Eingriffen" unterschieden werden können.

Alexy will darauf abstellen, ob eine einfachrechtliche Norm die Realisierung eines „grundrechtlichen Prinzips" hemmt. Sei das der Fall, so liege keine bloße Ausgestaltung, sondern eine rechtfertigungsbedürftige Einschränkung des Grundrechts vor[321]. Unter einem „grundrechtlichen Prinzip" versteht *Alexy* das in jedem Grundrecht enthaltene Optimierungsgebot, die jeweilige grundrechtliche Gewährleistung im Hinblick auf die rechtlichen und tatsächlichen Möglichkeiten möglichst weitgehend zu verwirklichen. Im Gegensatz zu Regeln, die stets nur entweder erfüllt oder nicht erfüllt seien, könnten Prinzipien in unterschiedlichen Graden erfüllt

---

[314] *Bethge*, NJW 1982, 1 (4); *Bleckmann*, Grundrechte, AL § 12 V 2 e, S. 366; *Wiedemann*, FS Stahlhacke (1995), S. 675 (681).
[315] Ihm folgend *Höfling*, Vertragsfreiheit, S. 34 ff.
[316] S. 300 ff.
[317] Theorie der Grundrechte, S. 300.
[318] Theorie der Grundrechte, S. 302.
[319] Zwar ist sich *Alexy* der Tatsache bewußt, daß sich einfachrechtliche Normen im Schutzbereich eines Grundrechts auch noch anders klassifizieren lassen; für die verfassungsrechtliche Rechtfertigung soll es aber allein auf die beschränkende Wirkung einer einfachrechtlichen Norm ankommen.
[320] Theorie der Grundrechte, S. 306 f.
[321] Theorie der Grundrechte, S. 306.

werden. In welchem Maße ein Prinzip realisiert werden könne, bestimme sich im wesentlichen nach dem Vorhandensein und der konkreten Reichweite von gegenläufigen Prinzipien und Regeln[322]. Keine gesetzliche Ausgestaltung, sondern ein Eingriff sei gegeben, wenn das einschlägige grundrechtliche Prinzip nicht mehr möglichst weitgehend verwirklicht werden könne, sondern ein Stück weit zurückgedrängt werde.

Was *Alexy* meint, verdeutlicht er am Beispiel der Beseitigung der mietrechtlichen Änderungskündigung. Die Änderungskündigung stand einem Eigentümer als Vermieter von Wohnraum bis zum 31.12.1974 zu. Sie wurde durch § 1 Satz 2 des Gesetzes zur Regelung der Miethöhe (MHG)[323] ausgeschlossen. *Alexy* prüft die materielle Zulässigkeit der Gesetzesänderung an Hand von Art. 14 GG. Art. 14 Abs. 1 Satz 1 GG gewährleistet das Eigentum, Art. 14 Abs. 1 Satz 2 GG erlaubt dem Gesetzgeber, Inhalt und Schranken des Eigentums festzulegen. *Alexy* fragt nun, ob der Ausschluß der Änderungskündigung des Vermieters eine Ausgestaltung des Eigentumsgrundrechts im Sinne einer Inhaltsbestimmung ist oder ob es sich um einen Eingriff handelt[324]. Abgrenzungskriterium sei das Merkmal der Einschränkung. Die Einschränkung könne sich aber nicht auf die einfachrechtliche Gesamtposition, die vor dem Ausschluß der Änderungskündigung bestanden habe, beziehen, da es auf die Einschränkung einer grundrechtlichen Position ankomme. *Alexy* prüft daher, ob durch die einfachrechtliche Regelung die Realisierung des dem Art. 14 Abs. 1 Satz 1 GG inhärenten grundrechtlichen Prinzips gehemmt wird. Art. 14 Abs. 1 Satz 1 GG verbürge das grundrechtliche Prinzip des Privateigentums. Dieses Prinzip verlange wie alle Prinzipien ein möglichst hohes Maß seiner Realisierung. Ein möglichst hohes Maß der Realisierung des Prinzips der Privateigentums fordere ein möglichst hohes Maß an Privatnützigkeit und Verfügungsbefugnis. Da bei Ausschluß der Änderungskündigung hiervon ein geringeres Maß realisiert werde als bei ihrer Beibehaltung, werde das Prinzip des Eigentums mit dem Ausschluß der Änderungskündigung ein Stück weit zurückgedrängt, d.h. seine Realisierung werde gehemmt. Die Beseitigung der Änderungskündigung sei deshalb nicht bloße Ausgestaltung, sondern ein rechtfertigungsbedürftiger Eingriff[325].

bb) Einwände gegen das Prinzipienmodell. Alexys Kriterium der „Nichthemmung eines grundrechtlichen Prinzips" ist nicht geeignet, Ausgestaltungen von Eingriffen abzugrenzen. Die Frage, ob eine einfachrechtliche Vorschrift die Realisierung eines grundrechtlichen Prinzips hemmt oder nicht, führt nicht weiter. *Alexy* kann nur in nicht relevanten Ausnahmefällen überhaupt dazu kommen, eine Ausgestaltung anzunehmen. Das ist zum einen der Fall, wenn die einfachrechtliche Vorschrift das Prinzip nicht einmal thematisch berührt; dann tangiert sie nicht den Schutzbereich des Grundrechts und ist schon von daher ohne Belang. Zum anderen ist es der Fall,

---

[322] Theorie der Grundrechte, S. 71 f.; zuvor bereits in Rechtstheorie, Beiheft 1 (1979), S. 59 (79 ff.).
[323] Verkündet als Art. 3 des Zweiten Wohnraumkündigungsschutzgesetzes vom 18.12.1974 (BGBl. I S. 3603). Das Gesetz trat am 1.1.1975 in Kraft.
[324] Im Anschluß an BVerfGE 37, 132 (139 ff.).
[325] Theorie der Grundrechte, S. 304 f.

wenn die das Grundrecht ausgestaltende Vorschrift die Realisierung des grundrechtlichen Prinzips in keiner Weise hemmen kann. Das geschieht nur, wenn das Prinzip a priori keine weitergehenden Realisierungsmöglichkeiten enthält als seine einfachrechtliche Ausgestaltung. Der Gehalt der grundrechtlichen Gewährleistung würde vollständig durch die einfachrechtliche Norm entfaltet. Unerklärlich ist dann aber, warum es überhaupt noch einer gesetzlichen Ausgestaltung bedarf, wenn sämtliche Einzelheiten bereits im Grundrecht selbst geregelt sind. Eine solche Ausgestaltung würde, da im Grunde überflüssig, nur selten vorkommen und dann auch keine Probleme bereiten[326]. Sie hätte allenfalls deklaratorischen Wert. Schon deshalb führt *Alexys* Konzeption kaum weiter.

Ihre wirkliche Schwäche liegt aber in einem anderen Punkt. Solange nämlich nicht konkret feststeht, was „a priori" Inhalt eines grundrechtlichen Prinzips ist, kann nicht bestimmt werden, ob eine einfachrechtliche Vorschrift die Realisierung dieses Prinzips hemmt und damit keine Ausgestaltung mehr vorliegt, sondern ein Eingriff. Zum wesensmäßigen Inhalt eines grundrechtlichen Prinzips vermag aber auch *Alexy* nichts Konkretes zu sagen.

Alexy hat diese Schwachstelle seiner Argumentation offenbar erkannt. Deshalb bietet er noch ein anderes Merkmal zur Unterscheidung zwischen Ausgestaltung und Eingriff: Da das Kriterium der Nichthemmung der Realisierung eines grundrechtlichen Prinzips impliziere, daß keine Abwägung widerstreitender Prinzipien zu erfolgen habe, könne davon ausgegangen werden, daß eine einfachrechtliche Norm immer dann ein Grundrecht einschränke und nicht nur ausgestalte, wenn eine am Verhältnismäßigkeitsgrundsatz orientierte Abwägung erforderlich oder zumindest möglich sei[327].

Mit dieser neuen Unterscheidung wird *Alexys* Konzeption allerdings vollends zirkulär. Denn was *Alexy* schlußendlich sagt, ist folgendes: Eine nicht einschränkende Norm muß sich nicht verfassungsrechtlich legitimieren, weil sie das Grundrecht nicht einschränkt, und eine Norm, die sich tatsächlich (nach Maßgabe des Verhältnismäßigkeitsgrundsatzes) legitimiert, kann keine ausgestaltende, sondern nur eine einschränkende Norm sein. Das ist zum einen nicht mehr als eine Tautologie: Rechtfertigen muß sich, was einschränkt, und was einschränkt, muß sich rechtfertigen. Zum anderen liegt hier ein unzulässiger Schluß vom Sein auf das verfassungsrechtliche Sollen: Das, was sich tatsächlich rechtfertigt, soll sich rechtfertigen, genauer: es muß sich aus verfassungsdogmatischen Gründen rechtfertigen.

Alexys Ausführungen enden mit dem Rat, von einem engen Ausgestaltungsbegriff auszugehen, um den Bereich des Begründungsbedürftigen und -fähigen möglichst weit zu halten. Damit soll verhindert werden, daß die Einschränkung eines grundrechtlichen Prinzips ihrer verfassungsrechtlichen Rechtfertigungslast entgehe[328]. Um zu solcher Erkenntnis zu gelangen, hätte es aber nicht der von *Alexy* gewählten Konstruktion bedurft. Sie erschließt in verfassungsdogmatischer Hinsicht nichts wesentlich Neues.

---

[326] Theorie der Grundrechte, S. 307.
[327] Theorie der Grundrechte, S. 306.
[328] Theorie der Grundrechte, S. 307.

Zwei Dinge verdienen gleichwohl, festgehalten zu werden. Zum einen: Gesetzliche Ausgestaltung und gesetzlicher Eingriff sind zwar Kategorien, die wesensmäßig verschieden sind; sie können jedoch nicht danach unterschieden werden, ob ein Grundrecht eingeschränkt wird oder nicht[329]. Auch von Ausgestaltungen können Belastungen ausgehen[330]. Zum anderen kann es nicht richtig sein, nur an den Eingriff verfassungsrechtliche Anforderungen zu stellen, die Ausgestaltung jedoch von jeder Rechtfertigungslast zu entbinden[331]. Das gängige Argumentationsmuster beschränkt sich häufig darauf, die gesetzliche Regelung einer der beiden Kategorien zuzuordnen und die weitere verfassungsrechtliche Prüfung bereits abzubrechen, wenn die gesetzliche Regelung als Ausgestaltung qualifiziert worden ist[332]. Ein solches Vorgehen steht schon mit Art. 1 Abs. 3 GG in Widerspruch, der jegliches Handeln des Gesetzgebers – ob eingreifend oder ausgestaltend – an die Grundrechte bindet[333]. Freilich wird der besondere Rechtfertigungszwang des Eingriffsvorbehalts nur bei der Minderung von Grundrechtssubstanz, d.h. beim Eingriff, ausgelöst [334].

4. Ausgestaltung als Verwirklichung objektiv-rechtlicher Grundrechtsgehalte

Ein anderes, von *Jarass*[335] begründetes und von *Gellermann* jüngst ausgebautes Konzept[336], begreift die Ausgestaltung als ein Mittel zur Verwirklichung der objektiv-rechtlichen Gehalte eines Grundrechts. Daß die Grundrechtsausgestaltung durch den Gesetzgeber für den Einzelnen mit Belastungen verbunden sein kann, wird weder von *Jarass*[337] noch von *Gellermann*[338] bestritten; im Gegensatz zu *Alexy* sehen sie darin aber keine Eingriffe.

---

[329] *Bumke*, Grundrechtsvorbehalt, S. 107; *Gellermann*, Grundrechte, S. 51; a.A. *Höfling*, Vertragsfreiheit, S. 34 ff.

[330] BVerfGE 92, 26 (43 f.); 92, 365 (395 f.); *Bamberger*, Verfassungswerte, S. 39; *Bumke*, Grundrechtsvorbehalt, S. 106; *Cornils*, Ausgestaltung, S. 669; *Jarass*, AöR 110 (1985), S. 363 (392); *ders.*, in: Jarass/Pieroth, Vor Art. 1 GG Rn. 34.

[331] *Bumke*, Grundrechtsvorbehalt, S. 106 f.; *Gellermann*, Grundrechte, S. 288 ff.

[332] So in BVerfGE 73, 118 (166): Ausgestaltende Regelungen könnten keine Grundrechtseingriffe enthalten, bedürften also keiner weiteren verfassungsrechtlichen Rechtfertigung.

[333] *Bethge*, VVDStRL 57 (1998), S. 7 (29); *Borowski*, Grundrechte als Prinzipien, S. 195 Fn. 69; *Eckhoff*, Grundrechtseingriff, S. 15; *Gellermann*, Grundrechte, S. 291; *Höfling*, Vertragsfreiheit, S. 34 ff.; *Nierhaus*, AöR 116 (1991), S. 72 (73, 83 ff., 94 ff.); *Steinbeiß-Winkelmann*, Freiheitsordnung, S. 109 ff.

[334] *Bethge*, VVDStRL 57 (1998), S. 7 (29).

[335] AöR 110 (1985), S. 363 (390 ff.); *ders.*, Gutachten G zum 56. DJT 1986, S. 25 f.; *ders.*, NZA 1990, 505 (507 f.); *ders.*, AöR 120 (1995), S. 345 (368); *ders.*, in: Jarass/Pieroth, Vor Art. 1 GG Rn. 34.

[336] *Gellermann*, Grundrechte, S. 51, 53 ff., 83, 74 ff., 451.

[337] *Jarass*, in: Jarass/Pieroth, Vor Art. 1 GG Rn. 34.

[338] *Gellermann*, Grundrechte, S. 51 f.

a) Objektiv-rechtliche Gehalte der Grundrechte

Spätestens seit dem Lüth-Urteil des BVerfG[339] ist in Rechtsprechung[340] und Lehre[341] anerkannt, daß die Grundrechte nicht nur subjektive Abwehrrechte darstellen, sondern auch objektiv-rechtliche Gehalte aufweisen. Damit ist nicht gemeint, daß die Grundrechte außer subjektiven Rechten des Einzelnen stets auch objektives Recht darstellen, das den Entscheidungs- und Handlungsspielraum des Gesetzgebers in Form negativer Kompetenznormen beschränkt[342]. Vielmehr geht es um zusätzliche Wirkungen und Funktionen der Grundrechte[343]. Über das Vehikel der objektiv-rechtlichen Gehalte wird im Ergebnis die abwehrrechtliche Funktion der Grundrechte um Schutzansprüche, Verfahrens-, Teilhabe- und Leistungsrechte erweitert[344]. In der objektiven Wertordnung der Grundrechte kommt – so das BVerfG[345] – eine prinzipielle Verstärkung der Geltungskraft der Grundrechte zum Ausdruck; dieses Wertsystem müsse als verfassungsrechtliche Grundentscheidung für alle Bereiche des Rechts gelten. Gesetzgebung, Verwaltung und Rechtsprechung empfingen von ihm Richtlinien und Impulse. Allerdings hat das BVerfG bislang offengelassen, was genau unter den objektiv-rechtlichen Gehalten zu verstehen ist. Auch die Terminologie schwankt. Während das Gericht früher von „objektiven Wertentscheidungen" sprach[346], ist heute – in Abgrenzung zu der subjektiv-abwehrrechtlichen Seite der Grundrechte – eher von „Elementen objektiver Ordnung"[347], objektiv-rechtlichen Gehalten[348], objektiv-rechtlichen Wertentscheidungen[349] oder der objektiven Dimension[350] der Grundrechte die Rede.

---

[339] BVerfGE 7, 198.
[340] BVerfGE 10, 59 (81); 21, 362 (371 f.); 35, 79 (114); 39, 1 (41); 49, 89 (141 f.); 56, 54 (73); 73, 261 (269); einschränkend BVerfGE 50, 290 (337 f.).
[341] *Alexy*, Der Staat 29 (1990), S. 49 ff.; *Bethge*, Der Staat 24 (1985), S. 351 ff.; *Bleckmann*, Grundrechte, AL § 11 V, S. 253; *Böckenförde*, Grundrechtsdogmatik, S. 22 ff.; *ders.*, Der Staat 29 (1990), S. 1 ff.; *Dreier*, Jura 1994, 505 ff.; *ders.*, in: Dreier, Vor Art. 1 GG Rn. 55; *Grabitz*, Freiheit, S. 209, Fn. 2 m.w.N.; *Hesse*, Verfassungsrecht, Rn. 290 ff.; *Jarass*, AöR 110 (1985), S. 363 ff.; *ders.*, in: Jarass/Pieroth, Vor Art. 1 GG Rn 3.; *Jean d'Heur*, JZ 1995, 161 ff.; *von Münch*, in: von Münch/Kunig, Vor Art. 1-19 GG Rn. 22; *Pieroth/Schlink*, Grundrechte, Rn. 73 ff.; krit. *Schlink*, EuGRZ 1984, 457 (462 ff.).
[342] Dazu *Hesse*, Verfassungsrecht, Rn. 291; *Jarass*, AöR 120 (1995), S. 345 (347 f.); *Pieroth/Schlink*, Grundrechte, Rn. 73 ff.
[343] *Bleckmann*, Grundrechte, AL § 11 V, S. 253; *Jarass*, in: Jarass/Pieroth, Vor Art. 1 GG Rn. 3; *Pieroth/Schlink*, Grundrechte, Rn. 76 f.
[344] *Bleckmann*, Grundrechte, AL § 11 V 4, 5, S. 256 f.; *Böckenförde*, Grundrechtsdogmatik, S. 22 ff.; *ders.*, Der Staat 29 (1990), S. 1 ff.; *Hesse*, Verfassungsrecht, Rn. 290 ff.; *Jarass*, AöR 110 (1985), S. 363 ff.; *ders.*, in: Jarass/Pieroth, Vor Art. 1 GG Rn. 2 ff.; *von Münch*, in: von Münch/Kunig, Vor Art. 1-19 GG Rn. 22; *Pieroth/Schlink*, Grundrechte, Rn. 76; *Stern*, Staatsrecht III/1, § 69 II 5, S. 921 f.
[345] BVerfGE 7, 198 (205); 49, 89 (141 f.).
[346] BVerfGE 7, 198 (205); 10, 59 (81); 21, 362 (371 f.); 35, 79 (114); 39, 1 (41); 49, 89 (141 f.); 56, 54 (73); 73, 261 (269); einschränkend BVerfGE 50, 290 (337 f.).
[347] BVerfGE 53, 30 (57); 57, 295 (320); 73, 261 (269); 77, 170 (214); 80, 81 (92).
[348] BVerfGE 92, 26 (46); *Gellermann*, Grundrechte, S. 51.
[349] *Jarass*, in: Jarass/Pieroth, Vor Art. 1 GG Rn. 3.
[350] *Dreier*, Grundrechte, S. 21 ff.

§ 2 *Koalitionsfreiheit als ausgestaltungsbedürftiges Grundrecht* 49

Um zum objektiven Gehalt eines Grundrechts zu gelangen, bedarf es einer Abstraktion[351]. Aus der abwehrrechtlichen Fassung, die das Grundrecht seinem Wortlaut nach konkret im Grundgesetz erhalten hat, ist auf den durch das Grundrecht allgemein verkörperten Wert zu schließen. Die Wertentscheidung, deretwegen das Grundrecht einen Abwehranspruch gewährt, wird von dieser konkreten Rechtsfolge getrennt und anschließend nach anderen Richtungen hin aktualisiert: etwa als Verfahrens-, Teilhabe- oder Schutzrecht. Das BVerfG entnimmt den grundrechtlichen Abwehrrechten also bestimmte Rechtsprinzipien, die dann zur Basis neuer Rechtsfolgen, insbesondere neuer subjektiver öffentlicher Rechte werden können[352].

Der objektiv-rechtliche Gehalt der Grundrechte ist weniger deutlich ausgeprägt als der subjektiv-abwehrrechtliche, bei dem es nur eine einzige Rechtsfolge gibt: den staatsgerichteten Unterlassungsanspruch. Der objektiv-rechtliche Gehalt ist zudem auf die Umsetzung durch den Gesetzgeber angewiesen[353]. Im Gegensatz zur Abwehrfunktion verlangt der objektiv-rechtliche Gehalt vom Gesetzgeber gerade kein Unterlassen, sondern er verpflichtet ihn zum Handeln. Dabei determiniert der objektiv-rechtliche Gehalt mehr das „Ob" als das „Wie" staatlichen Handelns. Auf welche Weise der Gesetzgeber seine aus dem objektiv-rechtlichen Gehalt hergeleitete Handlungs- und Schutzpflicht erfüllt, ist seine Sache. Ihm kommt ein erheblicher Gestaltungsspielraum zu[354]. Das liegt nicht zuletzt daran, daß – je nachdem, wie die tatsächlichen Verhältnisse, die konkreten Ziele und die Eignung der geplanten Mittel beurteilt werden – verschiedene Lösungen für eine verfassungsmäßige Umsetzung der grundrechtlichen Wertentscheidung möglich sind. Die Auswahl aus dem Zielraum zulässiger Optionen ist die ureigenste politisch-gestalterische Maßnahme des demokratisch legitimierten Gesetzgebers[355]. Im Ergebnis kann der objektiv-rechtliche Grundrechtsgehalt deshalb nicht mehr als einen Kern- oder Minimalschutz bieten[356]. Da der objektiv-rechtliche Grundrechtsgehalt den Gesetzgeber zu einem Tun, nicht aber zu einem Unterlassen verpflichtet, gilt für ihn hier nicht das Übermaßverbot, sondern verbreiteter Ansicht zufolge ein „Untermaßverbot"[357]. Dieses gebietet dem Gesetzgeber, wenn aus der objektiven Wertentscheidung eines Grundrechts eine Schutzpflicht resultiert, einen angemessenen, wirksamen und ausreichenden Schutz zu schaffen. Seine Regelung muß auf sorgfältigen

---

[351] Krit. zu einer derartigen „Verselbständigung" und Entpersonalisierung *Bethge*, VVDStRL 57 (1998), S. 7 (16).

[352] *Jarass*, AöR 110 (1985), S. 363 (366); inwieweit sich aus einer objektiven Wertentscheidung unmittelbar und sogleich subjektive Rechte ergeben, hat das BVerfG bislang offengelassen; hierzu *Jarass*, AöR 110 (1985), S. 363 (395); ausführlich *Stern*, Staatsrecht III/1, § 69 VI m.w.N.

[353] *Jarass*, AöR 110 (1985), S. 363 (395).

[354] BVerfGE 39, 1 (44); 46, 160 (164); 56, 54 (81); 88, 203 (262 f.).

[355] Den politisch-dezisionären Charakter der zuvörderst in die Hände des Gesetzgebers gelegten Aufgabe des „Weiterdenkens verfassungsrechtlicher Impulse" betont auch *Gellermann*, Grundrechte, S. 312.

[356] *Jarass*, AöR 110 (1985), S. 363 (395).

[357] BVerfGE 88, 203 (254) im Anschluß an *Isensee*, in: HdbStR V, § 111 Rn. 165 f. Der Terminus geht zurück auf *Canaris*, AcP 184 (1984) S. 201 (288); *Borowski*, Grundrechte als Prinzipien, S. 119 ff.; *Denninger*, FS Mahrenholz (1994), S. 561 ff.; *Erichsen*, Jura 1997, 85 (88); *Klein*, DVBl. 1994, 495; skeptisch *Dreier*, in: Dreier, Vor Art. 1 GG Rn. 64; *Jarass*, in: Jarass/Pieroth, Vor Art. 1 GG Rn. 53; ablehnend *Sachs*, in: Sachs, Art. 20 GG Rn. 147; *Gellermann*, Grundrechte, S. 342 ff., 350.

Tatsachenermittlungen und vertretbaren Einschätzungen beruhen[358]. Das gilt besonders, wenn Rechtsgüter von höchster Bedeutung auf dem Spiel stehen, wie etwa der Schutz des ungeborenen Lebens[359].

b) Verwirklichung der objektiv-rechtlichen Gehalte durch Ausgestaltung

Nach *Jarass* ergibt sich aus dem objektiv-rechtlichen Gehalt eines Grundrechts die Aufgabe und Berechtigung des Gesetzgebers zu konkretisierenden Regelungen. Sie legitimiert den Gesetzgeber zur Grundrechtsausgestaltung. Obwohl mit der Ausgestaltung Belastungen oder „ungünstige Rückwirkungen" für den Einzelnen verbunden sein können, rechnet *Jarass* sie nicht zum Begriff der Beeinträchtigung oder des Eingriffs[360]. Die Ausgestaltung tangiere zwar den Schutzbereich des Grundrechts, greife in diesen jedoch nicht ein[361]. Deshalb müsse sich die Ausgestaltung auch nicht als Eingriff rechtfertigen. Vielmehr sei die Ausgestaltung bereits insoweit legitimiert, als der Gesetzgeber mit ihr den objektivrechtlichen Gehalt des Grundrechts ausführt[362]. Der Gesetzgebe benötige deshalb auch keinen Zugriffstitel in Form eines ausdrücklichen grundrechtlichen Beschränkungsvorbehalts[363].

Jarass verneint den Eingriffscharakter ausgestaltender Gesetze auch deshalb, weil durch die Ausgestaltung die grundrechtlich gewährleistete Freiheit bei generalisierender Betrachtung insgesamt gefördert werde[364]. Beschränkungen, die dem Einzelnen durch ausgestaltende Gesetze in der Mikroperspektive zugemutet würden, seien keine Eingriffe, weil sie in der Makroperspektive objektiv den Freiheitsschutz gewährleisteten. Gerade darin liege der Unterschied zwischen Eingriff und Ausgestaltung: Während bei einem Eingriff der objektive und der subjektive Bedeutungsgehalt eines Grundrechts zugleich verkürzt würden, gewinne bei der Ausgestaltung stets zumindest der objektive Gehalt, freilich mitunter auf Kosten des subjektiven Schutzes für Einzelne Grundrechtsträger[365]. Die Ausgestaltung stelle eine Regelung dar, die wegen der Eigenart des betreffenden Grundrechts erforderlich sei, damit es reale Bedeutung erlangen könne[366]. Sie diene dem Grundrecht selbst, indem sie seine generelle Bedeutung erhöhe[367].

Ähnlich argumentiert *Hoffmann-Riem*[368]. Er setzt wie *Jarras* bei der Makroperspektive an. *Hoffmann-Riem* verneint den Eingriffscharakter, weil Ausgestaltungsgesetze die unterschiedlichen, regelmäßig multipolaren Interessen einander optimie-

---

[358] BVerfGE 88, 203 (254).
[359] BVerfGE 39, 1 (44); 46, 160 (164); 56, 54 (81).
[360] *Jarass*, AöR 110 (1985), S. 363 (390 ff.); *ders.*, Gutachten G zum 56. DJT 1986, S. 25 f.; *ders.*, NZA 1990, 505 (507 f.); *ders.*, AöR 120 (1995), S. 345 (368); *ders.*, in: Jarass/Pieroth, Vor Art. 1 GG Rn. 34.
[361] *Jarass*, AöR 110 (1985), S. 363 (392 f.).
[362] *Jarass*, AöR 110 (1985), S. 363 (390 f.); *ders.*, AöR 120 (1995), S. 345 (369); *ders.*, in: Jarass/Pieroth, Vor Art. 1 GG Rn. 34 f.
[363] *Jarass*, AöR 120 (1995), S. 345 (368).
[364] *Jarass*, AöR 110 (1985), S. 363 (392); *ders.*, Gutachten G zum 56. DJT 1986, S. 25 f.
[365] *Jarass*, AöR 110 (1985), S. 363 (392).
[366] *Jarass*, AöR 110 (1985), S. 363 (394).
[367] *Jarass*, AöR 110 (1985), S. 363 (393 f.); so auch *Hoffmann-Riem*, in: HdbVerfR, § 7 Rn. 34.
[368] In: HdbVerfR, § 7 Rn 34; *ders.*, Rundfunkrecht, S. 71 ff.

§ 2 *Koalitionsfreiheit als ausgestaltungsbedürftiges Grundrecht*

rend zuordneten und insofern notwendig eine Gemengelage aus Begünstigungen und Belastungen gestalteten. Da sie der Funktionsfähigkeit der staatlichen Ordnung dienten und so die grundrechtlich gewährleistete Freiheit sicherten, fehle es an einem Eingriff[369]. In eine ähnliche Richtung argumentieren *Däubler/Hege*[370], die in der Konkretisierung von Grundrechten deshalb keine Beschränkung sehen, weil durch die Ausgestaltung die Inanspruchnahme grundrechtlich gewährleisteter Freiheit auch erleichtert werden könne und solle. Schließlich meint *Rossen*[371], negative Auswirkungen seien nicht als Eingriff zu qualifizieren, weil sie dem Freiheitsbereich erst Gestalt gäben.

c) Stellungnahme

Die Ansicht, die gesetzliche Ausgestaltung eines Grundrechts verwirkliche die objektiv-rechtlichen Gehalte der Grundrechte, vermag nicht zu überzeugen. Gegen sie müssen zunächst die gleichen Einwände wie gegen das institutionelle Grundrechtsverständnis geltend gemacht werden. Die Grundrechte sind nach ihrer geistesgeschichtlichen Entwicklung und den konkreten historischen Vorgängen, die zu ihrer Aufnahme in das Grundgesetz geführt haben, in erster Linie individuelle Abwehrrechte des Bürgers gegen den Staat. Sie haben den Schutz konkreter, besonders gefährdeter Bereiche menschlicher Freiheit zum Inhalt. Das hat das BVerfG immer wieder bekräftigt[372], und daran ist festzuhalten. Die Funktionserweiterungen, insbesondere die Entdeckung ihrer objektiven Gehalte, haben nichts daran geändert, daß die Grundrechte nach wie vor und vor allem Abwehrrechte sind[373]. Sie sind, um eine Formulierung *Suhrs*[374] zu benutzen, „Anbauten", die das klassische Gebäude der Eingriffsabwehr ergänzen, aber nicht ersetzen. Im Mitbestimmungsurteil hat das BVerfG sehr deutlich zum Ausdruck gebracht, daß die Funktion der Grundrechte als objektive Wertentscheidungen nur in der Verstärkung ihrer abwehrrechtlichen Geltungskraft besteht: „[Die Funktion der Grundrechte als objektive Prinzipien] läßt sich deshalb nicht von dem eigentlichen Kern lösen und zu einem Gefüge objektiver Normen verselbständigen, in dem der ursprüngliche und bleibende Sinn der Grundrechte [als Abwehrrechte] zurücktritt.[375]" Bei der Ordnung der Wirtschaft steht nach Ansicht des BVerfG die Wahrung der Freiheit des einzelnen Bürgers im Mittelpunkt, nicht aber ein institutioneller Zusammenhang der Wirtschaftsverfassung, der durch eine verselbständigte, den individualrechtlichen Gehalt der Grundrechte überhöhende Objektivierung begründet wird[376]. Damit steht fest, daß die objektiven Gehalte, die in jedem Grundrecht stecken, nicht

---

[369] *Hoffmann-Riem*, in: HdbVerfR, § 7 Rn 34; *ders.*, Rundfunkrecht, S. 71 ff.
[370] Koalitionsfreiheit, Rn. 260 speziell für Art. 9 Abs. 3 GG.
[371] Rundfunk, S. 285 ff., 307 ff.
[372] BVerfGE 1, 97 (104); 6, 55 (72); 7, 198 (204 f.); 10, 59 (81); 21, 362 (369); 39, 1 (41); 39, 68 (70 ff.); 50, 290 (337); 61, 82 (101); 68, 193 (205).
[373] So mit Nachdruck *Bethge*, VVDStRL 57 (1998), S. 7 (14 ff.).
[374] EuGRZ 1984, 530.
[375] BVerfGE 50, 290 (337); Ergänzungen vom Verf.
[376] BVerfGE 50, 290 (338).

gegen die Abwehrfunktion ausgespielt werden können[377]. Die Abwehrfunktion ist das Primäre; sie kann durch die grundrechtliche Wertentscheidung nur verstärkt, nicht aber abgeschwächt werden. Den Schutzgehalt der grundrechtlichen Gewährleistungen zu verselbständigen und auf objektive Normen zu reduzieren, hieße, den ursprünglichen und bleibenden Sinn der Grundrechte gerade dort zu verkehren, wo es um ihre wesentliche Funktion geht[378]. Wirken sich Ausgestaltungen belastend aus, können sie deshalb nicht unter Berufung auf den objektiven Wertgehalt gerechtfertigt werden.

Die Ansicht, Einzelne müßten Einschränkungen hinnehmen, solange diese nicht „generell" wirkten, führt zu einem weitgehenden Leerlauf der Grundrechte und biegt deren Schutzrichtung um. Die Frage nach dem Schutzgehalt des Grundrechts geriete unter der Hand zur rein quantitativ zu beantwortenden Frage, ob die Zahl derer, die das Grundrecht noch in Anspruch nehmen können, hinreichend groß ist, um ein Leerlaufen des Grundrechts zu verneinen. Darauf kann und darf es nicht ankommen. Letztlich ist die Ansicht von *Jarass* dogmatisch inkonsequent. Erkennt man nämlich bestimmte Grundrechtspositionen Einzelner an, die durch die Ausgestaltung beschränkt werden, kann diese gezielte Verkürzung nichts anderes als ein Eingriff sein[379].

Beschränkungen durch ausgestaltende Gesetze können aber auch nicht schon dadurch gerechtfertigt werden, daß allein auf eine Gemengelage von Interessen abgehoben wird, die im Ausgestaltungsgesetz so oder anders berücksichtigt werden können. Daß in einem Gesetzgebungsverfahren verschiedene Interessen berücksichtigt werden müssen, sich aber nur diejenigen, für die es eine demokratische Mehrheit gibt, verwirklichen lassen, ist Kennzeichen jeder Gesetzgebung und nicht ein spezifisches Problem von Ausgestaltungsgesetzen. Ein bloßes Saldieren von Belastungen und Vergünstigungen ist selbst bei einem positiven Saldo, d.h. wenn die Gewährung von Möglichkeiten deren Verkürzung überwiegt, ein Vorgang in der „Makroperspektive", der nicht vom verfassungsmäßigen Rechtfertigungszwang in der „Mikroperspektive" entbindet. Richtig ist, daß Freiheit nur in gesellschaftlichen Zusammenhängen und dank staatlicher Vorkehrungen lebt[380]. Aber es stellt die Dinge auf den Kopf, wenn behauptet wird, die bloße Schaffung einer „Ordnung", innerhalb derer sich die Grundrechte erst verwirklichen können und die deshalb zur Sicherung der Grundrechte notwendig ist, könne niemals eine legitimationsbedürftige Verkürzung einer grundrechtlichen Freiheit bedeuten. Wenn der aus dem tiefen Mißtrauen gegenüber dem staatlichen Gesetzgeber in das Grundgesetz aufgenommene Art. 1 Abs. 3 die Grundrechte zum Maßstab allen staatlichen Handelns bestimmt, muß das Augenmerk auf der Bewahrung der Freiheit liegen. Die staatliche Ordnung besteht nicht zum Selbstzweck, sondern sie muß sich daran messen lassen, inwieweit sie in der Lage und imstande ist, die Freiheit ihrer Bürger zu bewahren.

---

[377] *Bethge*, VVDStRL 57 (1998), S. 7 (16); *Jean d'Heur*, JZ 1995, 161 (163).
[378] *Herbert*, EuGRZ 1985, 321 (324).
[379] *Ruck*, AöR 117 (1992), S. 543 (548).
[380] *Schlink*, EuGRZ 1984, 457 (467).

§ 2 Koalitionsfreiheit als ausgestaltungsbedürftiges Grundrecht

Anderenfalls schrumpfte die Freiheit zur Befugnis, sich im Sinne vorgegebener staatlicher Verhaltensmuster zu betätigen[381].

Die Schwierigkeiten, die mit dem Konzept der Ausgestaltung als Ausführung der objektiven Wertentscheidung der Grundrechte verbunden sind, werden denn auch von keinem Verfechter dieser Ansicht übersehen. So konzediert *Jarass*, daß die Ausgestaltung dazu genutzt werden kann, die Schranken, die den grundrechtlichen Begrenzungsmöglichkeiten gezogen sind, zu unterlaufen; damit berge die Figur der Ausgestaltung eine erhebliche Gefahr für die primär individualrechtliche Ausrichtung der Grundrechte[382]. Bei der Annahme einer Ausgestaltung sei „Vorsicht und Zurückhaltung geboten, um nicht verdeckte Eingriffe zu ermöglichen"[383]. Eine Legitimierung individueller Belastungen durch objektive oder generelle Gewinne könne nur dann angenommen werden, wenn die Belastungen im Hinblick auf die weitreichenden Förderungswirkungen völlig untergeordneter Natur seien[384]. Im übrigen sei zwischen zulässigen und unzulässigen Ausgestaltungen zu unterscheiden. Zulässig sei eine Ausgestaltung, wenn sie der realen Entfaltung der mit dem betreffenden Grundrecht verfolgten Ziele diene[385]. Ähnlich formuliert *Hoffmann-Riem*[386]. Werde der Ausgestaltungszweck verfehlt, sei die Regelung mangels Eignung verfassungswidrig, ohne jedoch rechtsdogmatisch ein Eingriff zu sein. Zweck der Ausgestaltung sei die Verwirklichung des Grundrechts selbst, insbesondere die Funktionsfähigkeit der Ordnung, die die Inanspruchnahme der Freiheit erst ermögliche.

Doch auch diese Zugeständnisse vermögen die grundsätzlichen Bedenken gegen dieses Konzept nicht auszuräumen. Wollte man mit *Jarass* die Figur der Ausgestaltung auf diejenigen Fälle beschränken, in denen die negativen Auswirkungen auf die Einzelnen nur geringfügig sind, hätte sie kaum noch einen Anwendungsbereich: „Minima non curat legislator" *(Bethge)*[387]. Insoweit gilt dasselbe, was bereits oben der Konzeption *Alexys* entgegengehalten wurde. Nach dem derzeitigen Stand der abwehrrechtlichen Eingriffs- und Schrankendogmatik stellen minimale Belastungen noch nicht einmal eine rechtfertigungsbedürftige Beeinträchtigung dar[388]. Der umständlichen Konstruktion einer Ausgestaltung bedarf es deshalb nicht. Andererseits ist das *Jarass*'sche Konzept dort nicht anwendbar, wo es am ehesten benötigt wird: wenn Belastungen die Minimalschwelle überschreiten. Denn *Jarass* würde in diesem Fall im Zweifel den Ausgestaltungcharakter einer Regelung verneinen und „vorsichtshalber" doch von einem Eingriff ausgehen.

Immerhin geht die Unterscheidung zwischen einer verfassungsmäßigen und einer verfassungswidrigen Ausgestaltung in die richtige Richtung, denn sie stellt in

---

[381] *H.H. Klein*, Der Staat 20 (1981), S. 177 (186).
[382] *Jarass*, AöR 110 (1985), S. 363 (392); *ders.*, AöR 120 (1995), S. 345 (368).
[383] *Jarass*, in: Jarass/Pieroth, Vor Art. 1 GG Rn. 35.
[384] *Jarass*, AöR 110 (1985), S. 363 (392).
[385] *Jarass*, AöR 110 (1985), S. 363 (392).
[386] In: HdbVerfR, § 7 Rn 34; *ders.*, Rundfunkrecht, S. 71 ff.
[387] VVDStRL 57 (1998), S. 7 (45).
[388] *Bethge*, VVDStRL 57 (1998), S. 7 (45); *Eckhoff*, Grundrechtseingriff, S. 255 ff.; *Pieroth/Schlink*, Grundrechte, Rn. 248; *Sachs*, in: Stern, Staatsrecht III/2, § 78 IV 1, S. 204 ff. m.w.N.; umfassend *Scherzberg*, Grundrechtsschutz und Eingriffsintensität.

54 1. Teil: Die verfassungsrechtliche Verankerung der Tarifautonomie

Rechnung, daß es auch für grundrechtsausgestaltende Gesetze Kontrollmaßstäbe geben muß, schon um Rechtfertigungsdefizite zu vermeiden[389]. Solange die Kontrollmaßstäbe aber nur vage formuliert sind, vermögen sie nichts zu bewirken. Unter der „realen Entfaltung der mit dem betreffenden Grundrecht verfolgten Ziele" im Sinne von *Jarass*[390] mag man sich ebenso viel oder wenig vorstellen[391] wie unter der „Verwirklichung des Grundrechts selbst" im Sinne von *Hoffmann-Riem*[392]. Keinesfalls kann damit die Funktionsfähigkeit der Ordnung gemeint sein, die die Inanspruchnahme der Freiheit erst ermöglicht. Das liefe auf ein institutionelles Grundrechtsverständnis hinaus, das den Grundrechten gerade nicht zugrundeliegt. Die Ausgestaltung eines Grundrechts muß folglich etwas anderes als die Ausführung seiner objektiven Wertentscheidung sein.

5. Ausgestaltung als Auflösung einer Grundrechtskollision

a) Begriff der Grundrechtskollision

Ein anderer Ansatz[393] begreift die gesetzliche Ausgestaltung von Grundrechten als Mittel zur Auflösung einer Kollision, die dadurch entsteht, daß mehrere Grundrechtsträger zur selben Zeit dieselben oder andere grundrechtlich geschützte Betätigungen ausüben und es dadurch zu Freiheitsbeeinträchtigungen kommt[394]. Beispiel für eine Kollision von Grundrechten ist der Arbeitskampf. Handelt es sich sowohl beim Streik als auch bei der (Abwehr-)Aussperrung um freiheitliche Betätigungen, die von Art. 9 Abs. 3 GG gewährleistet werden[395], so muß es bei jedem Arbeitskampf zu einer Grundrechtskollision kommen. Gewerkschaften, Arbeitgeberverbände und ihre Mitglieder berufen sich zum selben Zeitpunkt auf Art. 9 Abs. 3 GG und hindern sich damit gegenseitig an der Grundrechtsausübung. Den anderen Grundrechtsträger zu behindern, ist gerade das Mittel, um zu neuen Tarifbedingungen zu gelangen. Ob in einem Kollisionsfall abstrakt-generelle Grundrechtsnormen[396], objektive Grundrechtswerte[397], subjektiv-öffentlich Grundrechte[398], grund-

---

[389] So auch *Bumke*, Grundrechtsvorbehalt, S. 106 f.; *Gellermann*, Grundrechte, S. 288 ff.
[390] AöR 110 (1985), S. 363 (392).
[391] *Bumke*, Grundrechtsvorbehalt, S. 108.
[392] In: HdbVerfR, § 7 Rn 34; *ders.*, Rundfunkrecht, S. 71 ff.
[393] *Bethge*, Zur Problematik von Grundrechtskollisionen, passim; *ders.*, NJW 1982, 1 (4); *ders.*, FS Rudolf (2001), S. 405 (407 f.) zur Ausgestaltung der Rundfunkfreiheit; *Denninger*, in: HdbStR V, § 113; Rn. 7; *Gellermann*, Grundrechte, S. 177 ff., 212 ff., 222 ff., 226: Auflösung grundrechtlicher Kollisionslagen als Grundrechtsausgestaltung im Sinne einer „normativen Konturierung des Grundrechts"; *Ossenbühl*, FS Eichenberger (1982), S. 183 (184 ff.); *Stern*, Staatsrecht III/1, § 69 V 7 d, S. 974 ff.; ähnlich *Jarass*, AöR 110 (1985), S. 363 (386 f.); *Starck*, in: von Mangoldt/Klein/Starck, Art. 1 GG Rn. 274 ff.; krit. *Kemper*, in: von Mangoldt/Klein/Starck, Art. 9 GG Rn. 172.
[394] In diese Richtung definiert *Berg*, Konkurrenzen, S. 6, insbes. Anm. 19, den Begriff der Kollision.
[395] Für den Streik BVerfGE 88, 103 (114); 92, 365 (394); für die Abwehraussperrung BVerfGE 84, 212 (224 ff.).
[396] *Alexy*, Theorie der Grundrechte, S. 78 f.
[397] *Blaesing*, Grundrechtskollisionen, S. 2f., 216 ff.; *Jarrass*, AöR 110 (1985), 382 ff.; *Schwerdtfeger*, Öffentliches Recht, Rn. 579 ff., 585 ff., 650.
[398] *Blaesing*, Grundrechtskollisionen, S. 2f., 48 ff.

rechtliche Abwehransprüche[399] oder konkret-individuelle grundrechtliche Entscheidungsnormen zusammenstoßen[400], kann letztlich dahinstehen. Stets geht es um die gleichzeitige Inanspruchnahme grundrechtlich gewährter Freiheit durch verschiedene Grundrechtsträger. Freilich setzt die Annahme einer Grundrechtskollision die sorgfältige Prüfung voraus, ob ein bestimmtes Verhalten überhaupt vom Schutzbereich des Grundrechts gedeckt ist[401]; wo dies nicht der Fall ist, können allenfalls „Scheinkollisionen" gegeben sein[402].

b) Ansicht der Rechtsprechung

Die Auflösung einer grundrechtlichen Kollisionslage ist nach Ansicht des BVerfG die Aufgabe des Gesetzgebers. Sie berechtige und verpflichte ihn zur gesetzlichen Ausgestaltung eines Grundrechts. Dieser Ansatz läßt sich zwar nicht in allen Judikaten zur Kollision von Grundrechten nachweisen, prägt aber die Rechtsprechung zur Rundfunkfreiheit (Art. 5 Abs. 1 Satz 2 GG)[403], zur Koalitionsfreiheit (Art. 9 Abs. 3 GG)[404] und zur Eigentumsgarantie (Art. 14 Abs. 1 Satz 1 GG)[405].

aa) Ausgestaltung der Rundfunkfreiheit. Was das BVerfG unter der Ausgestaltung eines Grundrechts zur Auflösung einer Kollisionslage versteht, hat es zuerst im sogenannten 3. Fernsehurteil[406] näher ausgeführt. Freie individuelle und öffentliche Meinungsbildung durch den Rundfunk verlange zunächst die Freiheit des Rundfunks von staatlicher Beherrschung und Einflußnahme. Insoweit habe die Rundfunkfreiheit (Art. 5 Abs. 1 Satz 2 GG), wie die klassischen Freiheitsrechte, eine abwehrende Funktion. Doch damit sei das, was zu gewährleisten sei, noch nicht sichergestellt: „Es bedarf dazu vielmehr einer positiven Ordnung, welche sicherstellt, daß die Vielfalt der bestehenden Meinungen im Rundfunk in möglichster Breite und Vollständigkeit Ausdruck findet und daß auf diese Weise umfassende Information geboten wird. Um dies zu erreichen, sind materielle, organisatorische und Verfahrensregelungen erforderlich, die an der Aufgabe der Rundfunkfreiheit orientiert und deshalb geeignet sind zu bewirken, was Art. 5 Abs. 1 GG gewährleisten will"[407].
Unter der gesetzlichen Ausgestaltung der Rundfunkfreiheit versteht das Gericht also vor allem die Sicherung der grundrechtlichen Berechtigung durch „Organisation und Verfahren". Die Ausgestaltung ist deshalb offensichtlich etwas anderes als ein Eingriff in die Rundfunkfreiheit. Die Ausgestaltung dient dem Ausgleich einer

---

[399] *Harald Schneider*, Güterabwägung, S. 120 f.
[400] *Fohmann*, Kollisionen, S. 96 f.; *F. Müller*, Einheit der Verfassung, S. 196, 201, 212.
[401] *F. Müller*, Positivität der Grundrechte, S. 20 f.; *Pieroth/Schlink*, Grundrechte, Rn. 332.
[402] *Rüfner*, FG BVerfG II (1976), S. 453 (455 ff.).
[403] BVerfGE 57, 295 (320 ff.); 73, 118 (166); 74, 297 (324); 83, 238 (296); 87, 181 (198).
[404] BVerfGE 84, 212 (228); 88, 103 (115); 92, 365 (394); 94, 268 (284).
[405] BVerfGE 18, 121 (131 f.); 89, 1 (5 ff.).
[406] BVerfGE 57, 295.
[407] BVerfGE 57, 295 (320). Diese Formel wiederholt das BVerfG in ständiger Rechtsprechung, vgl. BVerfGE 73, 118 (152 f.); 74, 297 (324); 83, 238 (296); 87, 181 (197 f.).

Grundrechtskollision[408]. Bei der Veranstaltung von Rundfunk kollidiert der aus der Informationsfreiheit folgende Anspruch auf umfassende und wahrheitsgemäße Information mit der Meinungsäußerungsfreiheit derjenigen, die die Programme herstellen oder in den Sendungen zu Wort kommen. Nach Ansicht des BVerfG hat der Gesetzgeber durch einfachrechtliche Regelungen sicherzustellen, daß der Rundfunk nicht einer oder einzelnen gesellschaftlichen Gruppen ausgeliefert wird und daß sämtliche in Betracht kommenden Kräfte im Gesamtprogrammangebot zu Worte kommen[409]. Der Freiheit des Rundfunks werde der Gesetzgeber nicht schon dadurch gerecht, daß er selbst zwar Eingriffe in die Rundfunkfreiheit unterlasse, im übrigen aber den Rundfunk dem freien Spiel der Kräfte ausliefere[410]. Wie der Gesetzgeber den Ausgleich der aufeinanderstoßenden Grundrechte bewerkstellige, sei grundsätzlich seine Sache[411]. Das Grundgesetz schreibe weder ein bestimmtes Ausgleichsmodell vor, noch zwinge es zu konsistenter Verwirklichung des einmal gewählten Modells[412]. Bei der Ausgestaltung genieße der Gesetzgeber einen weiten Beurteilungs- und Entscheidungsspielraum[413].

Allerdings bindet das BVerfG die Befugnis zur Ausgestaltung der Rundfunkfreiheit an bestimmte Voraussetzungen[414]. Die aus Art. 5 Abs. 1 Satz 2 GG folgende Aufgabe, die Rundfunkfreiheit gesetzlich auszugestalten, berechtige nicht dazu, das Grundrecht zu beschränken[415]. Die Ausgestaltung müsse funktionsgerecht erfolgen[416] und dürfe allein der Sicherung der Rundfunkfreiheit dienen[417]. Nur dann sei sie verfassungsgemäß. Ob der Gesetzgeber mit einer verfassungswidrigen Ausgestaltung in die Rundfunkfreiheit eingreift, sagt das Gericht nicht. Es läßt auch offen, ob eine verfassungswidrige Ausgestaltung zumindest als Eingriff legitimiert werden könnte. Klar ist nur, daß das Gericht zwischen der Ausgestaltung der Rundfunkfreiheit und einem Eingriff in diese Gewährleistung unterscheidet, daß die Ausgestaltung eine grundrechtliche Kollisionslage auflöst und daß sie Anforderungen genügen muß, die geringer als bei einem Eingriff in ein Grundrecht sind.

bb) Ausgestaltung der Koalitionsfreiheit. Auf die Auflösung einer Kollisionslage als Ansatzpunkt für eine gesetzliche Ausgestaltung stellt das BVerfG seit 1991 auch bei der Koalitionsfreiheit ab[418]. Daß die Koalitionsfreiheit ein der gesetzlichen Ausgestaltung zugängliches Grundrecht ist, hatte das Gericht zwar schon früher

---

[408] BVerfGE 57, 295 (321).
[409] BVerfGE 57, 295 (325).
[410] BVerfGE 57, 295 (323).
[411] BVerfGE 57, 295 (321); 83, 238 (296).
[412] BVerfGE 83, 238 (296); 87, 181 (198).
[413] BVerfGE 87, 181 (198).
[414] Die spezifisch für Art. 5 Abs. 1 Satz 2 GG geltenden Anforderungen wurden vom Gericht in einer langen Kette von Entscheidungen entwickelt, vgl. BVerfGE 57, 295 (321); 73, 118 (166); 74, 297 (334); 83, 238 (296); 87, 181 (198).
[415] BVerfGE 57, 295 (321); 73, 118 (166); 74, 297 (334).
[416] BVerfGE 87, 181 (198).
[417] BVerfGE 77, 297 (334).
[418] BVerfGE 84, 212 (228); 88, 103 (115); 92, 26 (41); 92, 365 (394); 94, 268 (284).

bemerkt[419], als es – freilich noch nebulös – meinte, die Bedeutung und die Vielzahl der von der Tätigkeit der Koalitionen berührten Belange mache vielfältige gesetzliche Regelungen notwendig, die der Koalitionsfreiheit auch Schranken ziehen könnten. Aber erst seit dem Aussperrungsbeschluß[420] hat das BVerfG die Ausgestaltungsfähigkeit und -bedürftigkeit explizit damit begründet, daß der Gesetzgeber durch ausgestaltende Gesetze eine Kollisionslage auflöst. Insbesondere bei einem Arbeitskampf genössen beide Tarifvertragsparteien den Schutz des Art. 9 Abs. 3 GG. Soweit das Verhältnis der Tarifvertragsparteien zueinander berührt sei, sei eine Ausgestaltung der Koalitionsfreiheit durch die Rechtsordnung erforderlich. Im Urteil zur Streikarbeit durch Beamte meint das Gericht, die Tarifvertragsparteien, die gleichermaßen den Schutz des Art. 9 Abs. 3 GG für sich in Anspruch nähmen, stünden bei seiner Ausübung „in scharfem Gegensatz zueinander". Deshalb bedürfe es „koordinierender Regelungen, die gewährleisten, daß die aufeinander bezogenen Grundrechtspositionen trotz ihres Gegensatzes nebeneinander bestehen können."[421] In dieser Entscheidung taucht auch der rundfunkrechtliche Argumentationstopos wieder auf. Nach Ansicht des Gerichts kann sich das Grundrecht der Koalitionsfreiheit nämlich nicht darauf beschränken, den einzelnen Grundrechtsträger vor staatlichen Eingriffen in individuelle Handlungsmöglichkeiten zu schützen. Vielmehr habe Art. 9 Abs. 3 GG darüber hinaus die Beziehung zwischen den Trägern widerstreitender Interessen zum Gegenstand. Die Möglichkeit des Einsatzes von Kampfmitteln mache rechtliche Rahmenbedingungen erforderlich, die sicherten, daß Sinn und Zweck dieses Freiheitsrechts gewahrt blieben[422]. Was das BVerfG hier dem Art. 9 Abs. 3 GG entnimmt, ist im Ergebnis nichts anderes als bei der Rundfunkfreiheit: die Ausgestaltung eines Grundrechts zum Zwecke der Auflösung einer Grundrechtskollision durch Schaffung von Organisations- und Verfahrensrecht. Und wie schon bei der Rundfunkfreiheit, so billigt das BVerfG dem Gesetzgeber auch bei der Ausgestaltung der Koalitionsfreiheit einen weiten Handlungsspielraum zu. Das Grundgesetz schreibe dem Gesetzgeber nicht vor, wie er die gegensätzlichen Grundrechtspositionen im einzelnen abzugrenzen habe[423]. Übereinstimmung zwischen Art. 9 Abs. 3 GG und Art. 5 Abs 1 Satz 2 GG besteht schließlich auch im Hinblick auf die Grenzen der Ausgestaltung: Die Funktionsfähigkeit der grundrechtlichen Gewährleistung – bei Art. 9 Abs. 3 GG insbesondere der Tarifautonomie – darf nicht gefährdet werden[424].

cc) Ausgestaltung der Eigentumsgarantie. Die Auflösung einer Kollisionslage war schließlich auch bei der Eigentumsgarantie des Art. 14 Abs. 1 Satz 1 GG Ansatzpunkt für die Annahme einer Ausgestaltungsbefugnis des Gesetzgebers. Vor 1993 hatte es das BVerfG ausdrücklich offengelassen, ob das aus dem Mietvertrag folgende Besitzrecht des Mieters an der gemieteten Wohnung zugleich auch Eigentum

---

[419] BVerfGE 19, 303 (321); 20, 312 (317); 28, 295 (306); 50, 290 (369); 57, 220 (246); 58, 233 (247).
[420] BVerfGE 84, 212 (228).
[421] BVerfGE 88, 103 (115).
[422] BVerfGE 88, 103 (115).
[423] BVerfGE 92, 365 (394).
[424] BVerfGE 92, 365 (394 f.).

im Sinne von Art. 14 Abs. 1 Satz 1 GG darstellt[425]. In seinem Beschluß vom 26.5.1993 bejahte es diese Frage dann ausdrücklich[426]. Das Besitzrecht des Mieters von Wohnraum erfülle Funktionen, wie sie typischerweise dem Sacheigentum zukämen. Es stelle eine privatrechtliche Rechtsposition dar, die dem Mieter wie Sacheigentum zugeordnet sei. Die Wohnung – so das BVerfG – sei für jedermann Mittelpunkt seiner privaten Existenz; jedermann sei auf ihren Gebrauch zur Befriedigung elementarer Lebensbedürfnisse sowie zur Freiheitssicherung und Entfaltung seiner Persönlichkeit angewiesen; allerdings könne der Großteil der Bevölkerung zur Deckung seines Wohnbedarfs nicht auf Eigentum zurückgreifen, sondern sei gezwungen, Wohnraum zu mieten. Auch wenn der Mieter keine originäre, sondern nur eine abgeleitete Beziehung zu dem von einem anderen geschaffenen Wohnraum habe, stehe das der Anerkennung des Besitzrechts des Mieters von Wohnraum als Eigentum im Sinne des Art. 14 Abs. 1 Satz 1 GG nicht entgegen. Der Eigentumsschutz des Mieters unterscheide sich in seiner Struktur nicht von demjenigen des Eigentümers. Er bestehe in einem staatsgerichteten Abwehrrecht, das Regelungen, die das Bestandsinteresse des Mieters gänzlich mißachteten oder unverhältnismäßig beschränkten, verhindere.

Die Erstreckung des Schutzbereichs des Art. 14 Abs. 1 Satz 1 GG auf den Mieter von Wohnraum führt unweigerlich zu einer Grundrechtskollision. Denn erst recht kann sich der Eigentümer, der dem Mieter den Wohnraum zur Verfügung stellt, auf Art. 14 Abs. 1 Satz 1 GG berufen. Dasselbe gilt nach ständiger Rechtsprechung auch für den Vermieter im Hinblick auf die sich aus dem Mietvertrag ergebenden Ansprüche[427]. Nach Ansicht des BVerfG hat der Gesetzgeber gerade bei und wegen dieser Kollisionslage zwischen den widerstreitenden Grundrechtspositionen zu vermitteln: „Der Gesetzgeber muß in Erfüllung seines Auftrages aus Art. 14 Abs. 1 Satz 2 GG die beiden miteinander konkurrierenden Eigentumspositionen inhaltlich ausgestalten, gegeneinander abgrenzen und die jeweiligen Befugnisse so bestimmen, daß die beiden Eigentumspositionen angemessen gewahrt werden."[428]

c) Ansicht der Literatur

In der Literatur teilt eine Reihe von Autoren die Ansicht der Rechtsprechung. Auch für sie dient die gesetzliche Ausgestaltung von Grundrechten der Auflösung einer Grundrechtskollision[429]. Sie sei eine „Grundrechtssicherung durch Organisa-

---

[425] BVerfGE 18, 121 (131 f.); 83, 82 (88).
[426] BVerfGE 89, 1.
[427] Für den Anspruch auf Mietzins BVerfGE 37, 132 (141 f.); 49, 244 (247 ff.); 52, 352 (357 f.); 71, 230 (247); 79, 80 (84 f.); für das Kündigungsrecht BVerfGE 68, 361 (370); 79, 283 (289 f.); 79, 292 (302).
[428] BVerfGE 89, 1 (8); ähnlich bereits BVerfGE 18, 121 (131 f.).
[429] *Bethge*, NJW 1982, 1 (4); *ders.*, FS Rudolf, 2001, S. 405 (407 f.) zur Ausgestaltung der Rundfunkfreiheit; *Denninger*, in: HdbStR V, § 113; Rn. 7, *Gellermann*, Grundrechte, S. 177 ff., 212 ff., 222 ff., 226: Auflösung grundrechtlicher Kollisionslagen als Grundrechtsausgestaltung im Sinne einer „normativen Konturierung des Grundrechts"; *Ossenbühl*, FS Eichenberger (1982), S. 183 (184 ff.); *Stern*, Staatsrecht III/1, § 69 V 7 d, S. 974 ff.; ähnlich *Jarass*, AöR 110 (1985), S. 363 (386 f.); *Starck*, in: von Mangoldt/Klein/Starck, Vor Art. 1 GG Rn. 164 ff. und Art. 1 GG Rn. 174.

§ 2 Koalitionsfreiheit als ausgestaltungsbedürftiges Grundrecht

tion und Verfahren"[430]. Freilich ist der Begriff der „Grundrechtssicherung durch Organisation und Verfahren" vielschichtig[431]. Er ist jedoch, wie *Bethge* [432] mit Recht feststellt, die „generalformelhafte Klammer für eine im übrigen im Detail äußerst komplexe Problematik mit teilweise ganz unterschiedlichen Grundrechtskonstellationen und verschiedenartigen Konfliktslagen". Bei näherem Zusehen lassen sich vier Bedeutungen unterscheiden[433], von denen allerdings nur eine die Auflösung einer grundrechtlichen Kollisionslage betrifft[434]. Geht es um die Kollisionsauflösung sollen Organisation und Verfahren der Grundrechtseffektuierung im Verhältnis zwischen verschiedenen Grundrechtsträgern dienen[435]. Organisation und Verfahren werden in einem nicht unmittelbar vom Staat beherrschten, aber von ihm gesetzlich

---

[430] Aus der kaum mehr zu übersehenden Literatur zur Grundrechtssicherung durch Organisation und Verfahren seien genannt *Alexy*, Theorie der Grundrechte, S. 428 ff.; *Bethge*, NJW 1982, 1 ff.; *Denninger*, in: HdbStR V, § 113; *Hesse*, EuGZ 1978, 427 (434); *ders.*, HdbVerfR (1. Aufl. 1983), S. 100 ff.; *ders.*, Verfassungsrecht, Rn. 359 f.; *Isensee*, in: HdbStR V, § 115 Rn. 152; *Jarass*, AöR 110 (1985), S. 363 (384 ff.); *ders.*, in: Jarass/Pieroth, Vor Art. 1 GG Rn. 11; *von Münch*, in: von Münch/Kunig, Vor Art. 1 GG Rn. 25 ff.; *Ossenbühl*, FS Eichenberger (1982), S. 183 ff.; *Rupp*, AöR 101 (1976), S. 161 (194 ff.); *Simon/Heußner*, Sondervotum, BVerfGE 53, 69 (71 ff.); *Starck*, FG BVerfG II (1976), S. 480 (483 ff.); *ders.*, JuS 1981, 237 (242); *ders.*, in: von Mangoldt/Klein/Starck, Vor Art. 1 GG Rn. 163 ff. und Art. 1 GG Rn. 274 ff.; *Steinbeiß-Winkelmann*, Freiheitsordnung, S. 539 ff.; *Stern*, Staatsrecht III/1, § 69 V, S. 953 ff.

[431] *Alexy*, Theorie der Grundrechte, S. 428 f.; *Bethge*, NJW 1982, 1 ff.; *Stern*, Staatsrecht III/1, § 69 V 4, S. 959.

[432] NJW 1982, 1 (2).

[433] Im Anschluß an *Stern*, Staatsrecht III/1, § 69 V 7 d; dieser anschließend an *Hesse*, EuGRZ 1978, 427 (435 f.); *ders.*, in: HdbVerfR, (1. Aufl. 1983), S. 100 ff.; *ders.*, Verfassungsrecht, Rn. 359 f.; *Ossenbühl*, FS Eichenberger (1982), S. 183 (184 ff.); *Simon/Heußner*, Sondervotum BVerfGE 53, 69 (71 ff.); ähnlich *Denninger*, in: HdbStR V, § 113 Rn. 7.

[434] Zu den drei anderen, nur das Bürger-Staat-Verhältnis betreffenden Aspekten einer Grundrechtssicherung durch Organisation und Verfahren gehört der Schutz durch Grundrechte, die selbst und unmittelbar das Verfahren zum Gegenstand haben. Das sind die sogenannten justiziellen Grundrechte bzw. grundrechtsgleichen Rechte. Zu ihnen rechnen Art. 19 Abs. 4, Art. 101, 103 und 104 GG. Sie spielen, da sie das Verfahren vor den Gerichten betreffen, bei der Kollisionsfrage keine Rolle. Zum Problemkreis der Grundrechtssicherung durch Organisation und Verfahren gehört weiterhin die Einwirkung materieller, d.h. nicht spezifisch prozeßrechtlicher Grundrechte auf die Organisation öffentlicher Einrichtungen und das Verfahren vor den Verwaltungsbehörden. Materielle Grundrechte können die grundrechtskonforme Gestaltung und Anwendung des Organisations- und des Verfahrensrechts verlangen, d.h. einen „Grundrechtsschutz durch Verfahren" bewirken; vgl. hierzu *Denninger*, in: HdbStR V, § 113; Rn. 8 f.; *Häberle*, VVDStRL 30 (1972), S. 43 (86): „Status activus processualis"; *Hesse*, EuGRZ 1978, 427 (435); *Jarass*, in: Jarass/Pieroth, Vor Art. 1 GG Rn. 11; *von Münch*, in: von Münch/Kunig, Vor Art. 1 GG Rn. 25 ff.; *Starck*, in: von Mangoldt/Klein/Starck, Vor Art. 1 GG Rn. 131; *Stern*, Staatsrecht III/1, § 69 V 6 a β, γ, S. 967. Sie spielen für die Kollisionslösung ebenfalls keine Rolle, weil es um die Ausgestaltung öffentlicher Organisationen und das Verwaltungsverfahren gilt. Dasselbe gilt für die dritte Bedeutungsschicht. Die Ausübung bestimmter Grundrechte ist abhängig von einer zuvor erfolgten staatlichen Anerkennung. Das betrifft etwa Art. 4 Abs. 3 GG (Grundrecht auf Kriegsdienstverweigerung) oder Art. 16 GG (Grundrecht auf Asyl). Diese Grundrechte prägen das gesetzliche Anerkennungsverfahren; ihre Ausübung ist aber selbst wieder von der konkreten Gestaltung des Verfahrens abhängig; vgl. *Bethge*, NJW 1982, 1 (5): „gesetzesdeterminierte Verfahrensakzessorietät des Grundrechts"; *Denninger*, in: HdbStR V, § 113; Rn. 7; *Ossenbühl*, FS Eichenberger (1982), S. 183 (184 ff.): „verfahrensabhängige Grundrechte"; *Stern*, Staatsrecht III/1, § 69 V 7 d α, S. 975. Auch bei dieser Bedeutungsschicht der Grundrechtssicherung durch Organisation und Verfahren steht die Bürger-Staat Beziehung im Mittelpunkt.

[435] *Bethge*, NJW 1982, 1 (3); ähnlich *Steinbeiß-Winkelmann*, Freiheitsordnung, S. 539 ff.

ausgestalteten oder auszugestaltenden Bereich relevant[436]. Damit ist folgendes gemeint: Bestimmte Freiheitsgarantien, wie etwa die Rundfunkfreiheit oder die Koalitionsfreiheit, können sich ohne einen Rahmen organisatorischer Regelungen nicht wirklich entfalten. Die am selben Grundrecht partizipierenden Personen benötigen ausgleichende und Grenzen ziehende Regelungen, damit jeder Grundrechtsträger die ihm garantierte Freiheit verwirklichen kann[437]. Bestimmte Grundrechte können nur „kooperativ" oder „im arbeitsteiligen Verbund"[438] ausgeübt werden. Erforderlich sind dann Zuteilungs- und Willensbildungsverfahren oder sonstige organisatorische Leistungen, die einen Interessenausgleich ermöglichen[439]. Worum es letztlich geht, ist die Organisation eines Verfahrens, in dem die entgegengesetzten Interessen berücksichtigt und ausgeglichen werden, und bei dem es am Ende zu einem Ergebnis kommt, das in hinreichendem Maße grundrechtsgemäß ist[440].

Entscheidend ist nun die Konsequenz, die die Literatur aus der Grundrechtssicherung durch Organisation und Verfahren zieht. Trifft der Gesetzgeber durch Organisations- und Verfahrensrecht Regelungen zum Ausgleich einer grundrechtlichen Kollisionslage, so greift er nach Ansicht der Literatur nicht in die grundrechtliche Gewährleistung ein[441], sondern sichert die Grundrechtsausübung. Da der Gesetzgeber „organisierte Grundrechtssubstanz"[442] schaffe, sei jegliches Eingriffsdenken fehl am Platze[443]. Das gelte auch für „Eingriffspartikel"[444], die bei Organisations- und Verfahrensgesetzen zu belastenden Rückwirkungen für die Normunterworfenen führten. Zwar wirkten Organisation und Verfahren auf die Grundrechte regulierend ein und seien deshalb ein Stück Begrenzung des Freiheitsgebrauches; diese Beschränkung müsse aber hingenommen werden[445]. Da mit dem Erlaß von Organisations- und Verfahrensrecht gerade kein Eingriff verbunden sei, entfalle eine entsprechende Legitimationspflicht[446]. Zumindest sei mit den Regelungs- und Beschränkungsvorbehalten überkommener Provenienz nichts gewonnen; sie paßten für die Bereitstellung von Organisations- und Verfahrensrecht nicht[447].

---

[436] *Stern*, Staatsrecht III/1, § 69 V 7 c, S. 972 f.
[437] *Denninger*, in: HdbStR V, § 113 Rn. 7; *Jarass*, Rundfunk, S 20.
[438] *Bethge*, NJW 1982, 1 (3); *Denninger*, in: HdbStR V, § 113 Rn. 7; *Starck*, in: von Mangoldt/Klein/Starck, Art. 1 GG Rn. 164 ff.
[439] *Denninger*, in: HdbStR V, § 113 Rn. 7.
[440] *Alexy*, Theorie der Grundrechte, S. 431.
[441] *Bethge*, NJW 1982, 1 (4); *ders.*, Der Staat 24 (1985), S. 351 (376); *ders.*, VVDStRL 57 (1998), S. 7 (29 f.); *ders.*, FS Rudolf (2001), S. 405 (407 f.); *Hoffmann-Riem*, in: HdbVerfR, § 7 Rn. 34; *Ruck*, AöR 117 (1992), S. 543 (547 ff.); *Starck*, JuS 1981, 237 (242); *ders.*, in: von Mangoldt/Klein/Starck, Art. 1 GG Rn. 166; wohl auch *Jarass*, in: Jarass/Pieroth, Vor Art. 1 GG Rn. 11; *Stern*, Staatsrecht III/1, § 69 V 7 d, S. 975.
[442] *Bethge*, NJW 1982, 1 (4); *ders.*, Der Staat 24 (1985), S. 351 (376); *ders.*, VVDStRL 57 (1998), S. 7 (28 f.).
[443] *Bethge*, NJW 1982, 1 (4); *ders.*, Der Staat 24 (1985), S. 351 (376).
[444] *Starck*, in: von Mangoldt/Klein/Starck, Art. 1 GG Rn. 166.
[445] *Stern*, Staatsrecht III/1, § 69 V 7 d, S. 975.
[446] *Ruck*, AöR 117 (1992), S. 543 (549); *Starck*, in: von Mangoldt/Klein/Starck, Art. 1 GG Rn. 132.
[447] *Bethge*, NJW 1982, 1 (4).

d) Stellungnahme

Trotz seiner großen Verbreitung sind gegen das Konzept einer gesetzlichen Ausgestaltung von Grundrechten, um durch Organisations- und Verfahrensrecht grundrechtliche Kollisionslagen aufzulösen, Bedenken anzumelden. Vor allem besteht die Gefahr, daß die ohnehin nicht gerade klaren Grenzen zwischen Eingriff und Ausgestaltung vollends verwischt werden.

Richtig ist, daß es bei der Ausübung von grundrechtlichen Berechtigungen zu Kollisionen zwischen den Grundrechtsträgern kommen kann. Richtig ist auch, daß die Kollision von Grundrechten einer Auflösung bedarf und daß dem Gesetzgeber hierbei eine wichtige Rolle zufällt. Grundrechtskollisionen sind zunächst nichts anderes als Normenkonflikte. Diese müssen für alle Normunterworfenen verbindlich durch die Rechtsordnung gelöst werden. Widersprüche in deontologischen, d.h. auf Sollensurteilen beruhenden Systemen können nicht hingenommen werden, wenn die Rechtsordnung ihre maßgebliche Funktion, die verschiedenen Träger hoheitlicher Gewalt zu steuern und zu koordinieren, nicht verlieren soll. Aus widersprüchlichen Sollensurteilen lassen sich nämlich beliebige Sollensurteile ableiten[448]. Grundrechtskollisionen als Normenkonflikte müssen daher aufgelöst werden. Freilich bedeutet das nicht, daß es nur eine einzige, eindeutige Kollisionslösung gibt; viel spricht für die Annahme eines Raumes zumindest vertretbarer Lösungen[449].

Grundsätzlich ist jede der drei Staatsgewalten mit der Lösung von Grundrechtskollisionen befaßt[450]. Dem Gesetzgeber kommt jedoch gegenüber den anderen Staatsgewalten die Prärogative zu. Denn bevor Exekutive und Judikative tätig werden können, muß zunächst der Gesetzgeber mit dem Mittel der generell-abstrakten Regelung die für die anderen Staatsgewalten maßgebliche Lösung des Kollisionsproblems entwickeln. Dabei unterliegt der Gesetzgeber – wie auch sonst – einer verfassungsgerichtlichen Kontrolle. Die verfassungsgerichtliche Kontrolle steht allerdings vor einem schwierigen Problem. Gerade weil es keine eindeutige Lösung des Kollisionsproblemes gibt, sondern einen Raum vertretbarer Gestaltungsmöglichkeiten, ist die Auflösung einer Grundrechtskollision mehr Rechtsgestaltung als Rechtsfindung. Rechtsgestaltung verlangt politische Entscheidungen. Diese muß der Gesetzgeber treffen. Schon deshalb kann das BVerfG nicht einfach seine eigenen Vorstellungen von einer sachgerechten Kollisionslösung an die Stelle der vom Gesetzgeber getroffenen Entscheidung setzen. Rechtsgestaltende Funktionen kann das BVerfG nicht übernehmen[451], weil es sonst zu einer „Superlegislatur"[452] käme. Eine

---

[448] *Fohmann*, EuGRZ 1985, 49 (50).
[449] *Bethge*, Grundrechtskollisionen, S. 13; *Fohmann*, EuGRZ 1985, 49 (50).
[450] Ähnlich *Fohmann*, EuGRZ 1985, 49 (61), der dem Gesetzgeber die originäre Befugnis zur Kollisionslösung zugesteht; Exekutive und Judikative sollen nur dann ein originäres Schlichtungsrecht haben, wenn und soweit der Gesetzgeber nicht tätig geworden ist; ansonsten sollen sie nur eine derivative Befugnis besitzen.
[451] *Bethge*, Grundrechtskollisionen, S. 13 f., 290.
[452] *Smend*, Das Bundesverfassungsgericht 1951-1971, S. 24; ähnlich *Leibholz*, Das Bundesverfassungsgericht 1951-1971, S. 46: „Suprematie des Bundesverfassungsgerichts gegenüber anderen Verfassungsorganen" und „Bundesverfassungsgericht als 3. Kammer"; *Zweigert*, JZ 1952, 321: „Gouvernement des Juges".

solche ist vom Grundgesetz nicht gewollt, weil sie die Entscheidungen des Gesetzgebers einer totalen Kontrolle anheimgeben und ihn damit auf die Stufe eines Organes verweisen würde, das die in der Verfassung vorgegebenen Entscheidung lediglich zu vollziehen hätte, ohne selbstverantwortlich tätig werden zu können[453]. Zu Recht stellt *Scheuner* fest, daß die Aufgabe der Verfassungsgerichtsbarkeit nur darin liegen kann, den normativ dauerhaft aufgerichteten Rahmen der Verfassung gegenüber Überbordungen des Gesetzgebers zu stabilisieren und zu verteidigen[454]. Das Bundesverfassungsgericht kann nicht mehr und nicht weniger, als nachvollziehend feststellen, ob der Gesetzgeber im Einzelfall das rechte Maß bei der Auflösung einer Grundrechtskollision eingehalten hat[455]. Denn dem Gesetzgeber kommt kein zwar Monopol zur Kollisionslösung zu, wohl aber die Prärogative; kein Alleinrecht, sondern ein Vorrecht. Die von ihm gewählte Kollisionslösung steht deshalb unter dem Vorbehalt einer Kassation durch das BVerfG[456].

Um die verfassungsgerichtliche Kontrolle wäre es allerdings schlecht bestellt, wenn der Gesetzgeber unbegrenzt Organisations- und Verfahrensrecht schaffen könnte. Bei Lichte betrachtet ist nämlich die Kollision von Grundrechten nicht die seltene und kaum vorhersehbare Ausnahme, sondern der verfassungspraktische Normalfall[457]. Der staatlichen Freiheitsordnung durch Gesetze bedarf es vor allem deshalb, weil sich alle Grundrechtsträger auf die grundrechtlichen Gewährleistungen berufen können und es damit zwangsläufig zur Kollision kommen muß. Die Beschränkung grundrechtlicher Freiheit ist daher notwendig. Die Freiheit des einen muß an der Freiheit des anderen seine Grenze finden. Nichts anderes ist gemeint, wenn *Bethge* der Ansicht ist, daß die konfligierenden Freiheitssphären in einer „Gegenseitigkeitsordnung" schon im Ausgangspunkt als kollidierende Grundrechtsgüter aufzufassen seien, bei denen dem Staat die Funktion einer „Schlichtungsinstanz in der Vertikalen" zukomme[458]. Die Befugnis zur Freiheitsbeschränkung wäre aber allzu leicht zu haben, wenn sich der Gesetzgeber schlicht auf die Auflösung einer Kollisionslage berufen könnte[459]. Genau darin besteht die Gefahr, die von einer Grundrechtsverwirklichung durch Organisation und Verfahren ausgeht. Daß der Gesetzgeber organisatorische und verfahrensmäßige Regelungen erläßt, um die Freiheit des einen mit der des anderen zu harmonisieren, kann nicht darüber hinwegtäuschen, daß es letztlich um die Beschränkung von Grundrechten geht. Wo diese gezielt, unmittelbar und imperativ erfolgt, liegt der Sache nach ein Eingriff vor. Daß eine organisatorische Regelung notwendig, sinnvoll und letztlich für die Gesamtheit der Grundrechtsträger freiheitsfördernd oder zumindest stabilisierend

---

[453] *Scheuner*, VVDStRL 20 (1963), S. 125. Das würde eine unzulässige Gleichsetzung von gesetzesvollziehender Verwaltungstätigkeit und die Verfassung konkretisierender Gesetzgebung bedeuten.
[454] *Scheuner*, VVDStRL 20 (1963), S. 125 betont zu Recht, daß der demokratisch legitimierte Gesetzgeber, der die im Mehrheitswillen zum Ausdruck gekommene Meinungsbildung in gesetzliche Entscheidungen umsetzt, zwar in Bindung an den vom Grundgesetz vorgegebenen Rahmen handelt und in permanenter parlamentarischer Verantwortung steht, ansonsten aber frei ist.
[455] *Rüfner*, FG BVerfG II (1976), S. 453 (472).
[456] *Bethge*, Grundrechtskollisionen, S. 286.
[457] *Kemper*, in: von Mangoldt/Klein/Starck, Art. 9 GG Rn. 172.
[458] Grundrechtskollisionen, S. 396.
[459] Mit Recht auch *Kemper*, in: von Mangoldt/Klein/Starck, Art. 9 GG Rn. 172.

ist, nimmt ihr noch nicht den Charakter eines Eingriffs. Was den Schutzbereich eines Grundrechts verkürzt, bleibt ein Eingriff und muß als solcher gerechtfertigt werden. *Kemper* hat daher Recht, wenn er meint, die These von der durch den Staat zu lösenden Grundrechtskollision schaffe das Problem, das sie lösen will. Indem sie die Wirkung der Freiheitsrechte unter Mißachtung ihrer Abwehrfunktion gegen den Staat auf das zwangsläufig gegenseitige Verhältnis der Privaten untereinander ausdehnt, entsteht erst die vermeintliche Gegenläufigkeit der Freiheitsgarantien.[460] Was als Kollisionsschlichtung deklariert wird, ist nichts anderes als eine wechselseitige Beschneidung der Schutzbereiche. Das kollisionsgeneigte Grundrecht stünde unter dem Generalvorbehalt einer gesetzlichen Regelung und damit zur Disposition des vermeintliche Rechte der Grundrechtsträger gegeneinander abwägenden Staates, statt der Regelungsmacht des Staates Grenzen zu setzen. Gerade das ist der Sinn der Grundrechte: Bestimmte Schutzbereiche sollen den Erwägungen und Abwägungen des Staates und den sich daraus ergebenden Reglementierungen entzogen werden. In den Worten *Kempers*: „Nicht innergesellschaftliche Harmonie, sondern Freiheitsschutz gegenüber dem Staat ist das Ziel der Grundrechte; sie begrenzen Staatsmacht auch dort, wo der Staat – nach welchen Maßstäben auch immer – zwischen den Interessen der Grundrechtsträger ausgleichen und vermitteln will".

Anders als die Befürworter einer Auflösung von Grundrechtskollisionen durch Organisations- und Verfahrensrecht annehmen, genügt es gerade nicht, auf die „grundrechtsimmanente organisationsnormierende Kraft der Freiheitsrechte"[461] zu verweisen, die dafür sorge, daß der Gesetzgeber den grundlegenden Gehalt dieser Freiheitsrechte nicht mit beliebigen Inhalten füllen könne. Solange es an konkreten und grundrechtsgemäßen Maßstäben fehlt, die angeben, wann der Gesetzgeber mit dem Erlaß von Organisations- und Verfahrensrecht die „grundrechtliche Direktive" erfüllt und wann er den Schutz des gewährleisteten Verfassungsgutes verfehlt[462], kann diese Sicherung letztlich nicht greifen.

Wer dies bestreitet, läuft Gefahr, einem institutionellen Grundrechtsverständnis zu erliegen, das mit dem Verständnis der Grundrechte als Abwehrrechte nicht zu vereinbaren ist. Er müßte die Existenz von Grundrechten annehmen, die der Rechtsordnung nicht vorausliegen, sondern erst durch sie organisiert werden. Die Folgen wären erheblich: Grundrechtliche Berechtigungen kämen erst durch eine

---

[460] *Kemper*, in: von Mangoldt/Klein/Starck, Art. 9 GG Rn. 172, S. 1109.
[461] *Bethge*, NJW 1982, 1 (4).
[462] So will *Ruck*, AöR 117 (1992), S. 543 (549) die Ausgestaltung daran messen, ob sie den jeweiligen Grundrechtsträger im Hinblick auf seine Funktion in dem vom Gesetzgeber zur Grundrechtseffektuierung gewählten Organisationsmodell „nicht unangemessen belastet". Nur „nicht funktionale Belastungen" seien verfassungswidrig. Offen bleibt aber, ob und ggf. warum der Gesetzgeber ein bestimmtes Ordnungsmodell wählen darf. Grundrechtsträger brauchen sich grundsätzlich auch keine „funktionalen" Belastungen gefallen zu lassen, sondern nur verfassungsmäßige Beschränkungen. Wer so argumentiert, hat sich bereits weit von der klassischen Funktion der Grundrechte als Abwehrrechte entfernt. Das kann um so weniger hingenommen werden, als die weiteren Grundrechtsfunktionen stets nur zur Verstärkung, nicht aber zur Einschränkung des abwehrrechtlichen Gehalts eines Grundrechts herangezogen werden dürfen. Im übrigen kann es auch – anders als *Ruck*, a.a.O, S. 550, meint – nicht darauf ankommen, ob die Begrenzung der Aktionsmöglichkeiten einzelner Grundrechtsträger nicht zu einer gegenüber dem bisherigen Zustand insgesamt mindestens gleichwertigen Sicherung grundrechtlicher Freiheit führe.

gesetzliche Ausgestaltung zustande; zudem könnten sie Geltung nur nach Maßgabe des einfachen Rechts beanspruchen[463]. Eine solche Möglichkeit ist zwar nicht von vornherein ausgeschlossen. Die Annahme, es gebe keine originären, dem Staate „vorausliegenden" subjektiven Grundrechtspositionen, trifft jedoch dort nicht zu, wo Rechtsprechung und Lehre die Sicherung der Grundrechtsausübung durch Organisation und Verfahren derzeit vor allem verorten: bei der Rundfunkfreiheit und beim Arbeitskampfrecht. Beide Bereiche sind „sachgeprägt" und nicht „rechtsgeprägt"[464]. Weder die Veranstaltung von Rundfunk noch die Führung von Arbeitskämpfen sind denknotwendig mit dem Bestehen einer staatlichen Rechtsordnung verbunden. Daß beide Bereiche durch gesetzliche oder richterrechtliche Normen geregelt werden, hilft zwar, grundrechtlich gewährleistete Freiheit auszuüben; existentiell angewiesen sind die Grundrechtsträger darauf aber nicht. Es mag sein, daß sich der Staat – wie das BVerfG meint – nicht darauf beschränken darf, sich nicht in den Rundfunk oder in Arbeitskämpfe einzumischen, sondern daß er positive Ordnungen erlassen muß[465]. Wenn und soweit diese Ordnungen nicht freiheitsbeschränkend wirken, werfen sie keine Probleme auf. Begrenzen sie aber „vorstaatliche" Freiheiten, so handelt es sich um Eingriffe.

6. Zwischenschau

Grundrechtsausgestaltung und Grundrechtseingriff sind streng voneinander zu trennen, die Ausgestaltung ist aber nicht das direkte Gegenstück zum Eingriff. Folglich kann sie auch nicht durch einfache Negation der für den Eingriff typischen Merkmale definiert werden, zumal sich diese mehr und mehr auflösen. Gleichwohl tendieren Rechtsprechung und h.L. zu Kurzformeln, die die Ausgestaltung als „freiheitsfördernd", den Eingriff als „freiheitsbeschränkend" charakterisieren. Eine rein auf die Wirkungen des einfachen Rechts abstellende Unterscheidung bekommt die Ausgestaltung jedoch nicht in den Griff, da von ihr auch den Bürger belastende Wirkungen ausgehen können, weshalb sie nicht völlig beliebig erfolgen darf. Erst recht ist der These zu widersprechen, jedes Grundrecht bedürfe mehr oder weniger einer einfachrechtlichen Ausgestaltung. Das hinter dieser Behauptung durchschimmernde institutionelle Grundrechtsverständnis führt zu empfindlichen Schutzeinbußen, die durch keine noch so intensive Teilhabe am demokratischen Willensbildungsprozeß wettgemacht werden können. Denselben Vorwurf trifft eine neuere Lehre, die die Ausgestaltung als Vehikel zur Verwirklichung objektiv-rechtlicher Grundrechtsgehalte begreift. Abgesehen davon, daß der Begriff des objektiven Grundrechtsgehalts wegen seiner Vagheit kaum treffsichere Abgrenzungen er-

---

[463] *Ruck*, AöR 117 (1992), S. 543 (548).
[464] Zu den Begriffen sogleich.
[465] Eine andere Frage ist, ob der Einzelne ein subjektiv-öffentliches Recht auf den Erlaß einer solchen Ordnung hat. Das ist nur dann zu bejahen, wenn den Gesetzgeber eine grundrechtliche Schutzpflicht trifft, vgl. BVerfGE 39, 1 (42); 46, 160 (164); 49, 89 (141 f.); 53, 30 (57); 56, 54 (78); 65, 1 (45 f.); 77, 170 (214 f.); 88, 203 (251 ff.); 92, 26 (46). Aber selbst dann kommt dem Gesetzgeber ein erheblicher Gestaltungsspielraum zu. Grundrechtlich gebunden ist der Gesetzgeber deshalb vor allem beim „Ob", weniger beim „Wie" der Ordnung.

laubt[466], läuft auch diese Ansicht Gefahr, die Schranken, die den grundrechtlichen Begrenzungsmöglichkeiten gezogen sind, zu überspielen. Problematisch ist schließlich der Versuch, die Grundrechtsausgestaltung als Mittel zur Auflösung von Grundrechtskollisionen zu empfehlen. Zwar ist es vornehmste Aufgabe des Gesetzgebers sicherzustellen, daß die Freiheit des einen mit der des anderen „verträglich" bleibt. Daraus erwächst aber kein Freibrief zur Grundrechtsbeschränkung, den eine verfassungsrechtlich ungebundene Befugnis zur Grundrechtsausgestaltung ohne weiteres liefern würde. Die Grundrechtsausgestaltung ist kein Grundrechtseingriff im anderen Gewande, sondern ein Vorgang, der denknotwendig an die Figur des rechtsgeprägten Grundrechts gekoppelt ist. Ausgestaltung und Eingriff lassen sich deshalb nicht hinsichtlich ihrer Wirkungen unterscheiden, sondern nur nach dem mit ihnen verfolgten Ziel. Der Eingriff beschränkt unmittelbar und zielgerichtet grundrechtliche Schutzgüter, die Ausgestaltung konstituiert sie, allerdings nur bei den rechtsgeprägten Grundrechten, deren Dogmatik es im folgenden zu entfalten gilt.

§ 3 Die Lehre vom rechtsgeprägten Grundrecht

A. Das rechtsgeprägte Grundrecht

I. Einführung

1. Die Verbindung von Ausgestaltung und rechtsgeprägtem Grundrecht

Die Figur der Grundrechtsausgestaltung wird häufig mit der Kategorie des rechtsgeprägten Grundrechts in Verbindung gebracht[467]. Hier und nur hier hat die Lehre ihren legitimen Anwendungsbereich[468]. Eine Ausdehnung auf andere Felder staatlicher Grundrechtseinwirkungen macht angesichts der spezifischen Regelungsstruktur rechtsgeprägter Grundrechte keinen Sinn. Noch weniger geht es an, die für einzelne Grundrechte gewonnenen Ergebnisse auf andere Grundrechte übertragen zu wollen, zumal wenn dabei Vorstellungen einer vollkommen oder weitgehend gelockerten Grundrechtsbindung des Gesetzgebers mitschwingen. Bevor der Unterscheidung von Ausgestaltung, Umgestaltung und Grundrechtseingriff nachgegangen werden kann, ist deshalb die Dogmatik des rechtsgeprägten Grundrechts zu entfalten.

---

[466] Das gilt selbst dann, wenn man ihn mit *Gellermann*, Grundrechte, S. 51 als Oberbegriff für alle Maßnahmen deutet, die nicht den grundrechtlichen Abwehrschutz auslösen. Da man den Terminus als Negativbegriff einführt, kommt man nicht um eine Beschreibung der positiven Kriterien des Gegenbegriffs herum.

[467] *Bethge*, VVDStRL 57 (1998), S. 7 (29); *Bamberger*, Verfassungswerte, S. 38 f.; *Bumke*, Grundrechtsvorbehalt, S. 104 f.; *Eckhoff*, Grundrechtseingriff, S. 15; *Gellermann*, Grundrechte, S. 21 ff., 90 ff.; *Höfling*, Vertragsfreiheit, S. 34 ff.; *J. Ipsen*, Grundrechte, Rn. 149 ff.; *Isensee*, HdbStR V, § 111 Rn. 51; *Kemper*, in: von Mangoldt/Klein/Starck, Art. 9 GG Rn. 173, 233; *Lübbe-Wolff*, Eingriffsabwehrrechte, S. 60 ff.; *Nierhaus*, AöR 116 (1991), S. 72 (94 ff.); *Pieroth/Schlink*, Grundrechte, Rn. 209. Nicht terminologisch, aber der Sache nach *Alexy*, Theorie der Grundrechte, S. 303, der den Begriff der Ausgestaltung (im engeren Sinne) mit dem Begriff der „Kompetenznorm" in Zusammenhang bringt.

[468] A.A. *Gellermann*, Grundrechte, S. 23 ff. und passim.

2. Eine bekannte Figur

a) Textlicher Befund im Grundgesetz

Da das Grundgesetz den Begriff des Grundrechts nirgends definiert, sondern ihn voraussetzt, fehlt es erst recht an einer Bestimmung über rechtsgeprägte Grundrechte. Das heißt jedoch nicht, daß der Verfassungsgeber ihre besondere Bauform verkannt hätte. Rechtsgeprägte Grundrechte sind insbesondere dort anzutreffen, wo das Grundgesetz wie etwa bei Art. 9 Abs. 3 Satz 1[469] oder bei Art. 14 Abs. 1 Satz 1[470] von einer „Gewährleistung" spricht. Indes ginge es zu weit, bei jeder ausdrücklichen „Gewährleistungsgarantie" des Grundgesetzes ein rechtsgeprägtes Grundrecht zu vermuten. Wenn etwa Art. 4 Abs. 2 GG die ungestörte Religionsausübung gewährleistet, ist damit keinerlei Rechtsprägung verbunden, weil der Inhalt der Religionsfreiheit gerade nicht auf eine einfachrechtliche Bestimmung durch den Gesetzgeber angewiesen ist. Umgekehrt existieren rechtsgeprägte Grundrechte ohne explizite Gewährleistungsgarantie, wie das Beispiel des Art. 6 Abs. 1 GG zeigt. Welche Form menschlichen Zusammenlebens als „Ehe" anzusehen ist, bedarf auch und gerade einer Vermittlung auf einfachgesetzlicher Grundlage[471].

Nicht weiter hilft es, beim Merkmal der „Regelung" anzuknüpfen, da auch nicht rechtsgeprägte Grundrechte einer gesetzlichen „Regelung" zugänglich sind, wenngleich diese zumeist der Grundrechtsbeschränkung dient. Einen Regelungsvorbehalt in diesem Sinne weist etwa Art. 12 Abs. 1 Satz 2 GG auf. Man ist sich darin einig, daß dieser Vorbehalt nichts anderes als einen einfachen Gesetzesvorbehalt[472] darstellt. Erst recht nicht deutet der Regelungsvorbehalt des Art. 4 Abs. 3 Satz 2 GG auf ein rechtsgeprägtes Grundrecht hin. Das Grundrecht auf Kriegsdienstverweigerung (Art. 4 Abs. 3 Satz 1 GG) wird nicht deshalb zu einem rechtsgeprägten, weil der Gesetzgeber zur Regelung der näheren Einzelheiten legitimiert ist. Einen deutlichen Hinweis auf das Phänomen der rechtsgeprägten Grundrechte enthält jedoch Art. 14 Abs. 1 Satz 2 GG, wenn dort hinsichtlich der Bestimmung von Inhalt und Schranken des verfassungsrechtlichen Eigentums auf „die Gesetze" verwiesen wird.

b) Rechtsprechung

Das BVerfG verwendet den Begriff der Ausgestaltung eines Grundrechts, nicht jedoch den des rechtsgeprägten Grundrechts. Der Sache nach geht das Gericht von der Existenz derartiger Grundrechte aus, wenngleich es bislang an einer konsistenten Rechtsprechung zu den damit verbundenen Strukturfragen fehlt. Das liegt nicht zuletzt daran, daß die Rechtsprechung eine Engführung der Lehre ablehnt. Den

---

[469] „Das Recht zur Wahrung und Förderung der Arbeits- und Wirtschaftsbedingungen Vereinigung zu bilden, wird gewährleistet.".
[470] „Eigentum und Erbrecht werden gewährleistet".
[471] BVerfGE 31, 58 (69 f.); 62, 323 (330); 81, 1 (7).
[472] Statt aller *Pieroth/Schlink*, Grundrechte, Rn. 219 ff.

Begriff der Ausgestaltung bringt sie auch im Zusammenhang mit nicht oder nicht vorrangig rechtsgeprägten Grundrechten[473]. Sie bezieht ihn beispielsweise auf die Rundfunkfreiheit, die nach ihrer Ansicht einfachrechtlich auszugestalten „zuvörderst Sache des Gesetzgebers" sei[474].

Wo die Rechtsprechung die Ausgestaltung in Verbindung mit rechtsgeprägten Grundrechten sieht, geht sie davon aus, daß bestimmte grundrechtliche Gewährleistungen ohne einfachrechtliche Normenkomplexe leerlaufen würden. In diesen Fällen sei der Gesetzgeber befugt, durch einfachrechtliche Ausgestaltungen diejenigen Regelungen zu treffen, die erst die Voraussetzung für eine Wahrnehmung des Freiheitsrechts bilden, und zwar selbst dann, wenn die Verfassung den Gesetzgeber nicht ausdrücklich zu einer Ausgestaltung oder Inhaltsbestimmung ermächtigt hat[475]. Sieht man die Rechtsprechung durch, so entdeckt man einschlägige Judikate gerade bei den rechtsgeprägten Grundrechten, insbesondere bei den Garantien privatrechtlicher Rechtsinstitute. Namentlich bei den Gewährleistungen der Art. 6 Abs. 1, 9 Abs. 1, 9 Abs. 3 und 14 Abs. 1 Satz 1 Alt. 1 und 2 GG geht das BVerfG von einer – geschriebenen oder ungeschriebenen – Ausgestaltungsbefugnis aus.

In der Ehefähigkeitsentscheidung hat das BVerfG festgestellt, daß die Freiheit der Eheschließung (Art. 6 Abs. 1 GG) gesetzliche Regeln über die Formen der Eheschließung und ihre sachlichen Voraussetzungen nicht nur zuläßt, sondern geradezu voraussetzt. Das Gericht betont die untrennbare Verbindung zwischen dem Grundrecht und der Institutsgarantie, die notwendig eine rechtliche Ordnung verlange[476]. „Ehe" im Sinne des Art. 6 Abs. 1 GG sei ein Rechtsbegriff[477]; an anderer Stelle spricht das Gericht von der Ehe als einer „Rechtseinrichtung"[478]. Sie sei die rechtliche Form der umfassenden Bindung zwischen Mann und Frau[479]. Art. 6 Abs. 1 GG gewährleiste das Institut der Ehe aber nicht abstrakt, sondern in der den herrschenden Anschauungen entsprechenden Form, so wie sie in der – konsequent beibehaltenen[480] – einfachrechtlichen Ausgestaltung zum Ausdruck gelangt sei[481]. In einer neueren Entscheidung weist das BVerfG dem Gesetzgeber die Ausgestaltungsbefugnis sogar ausdrücklich zu[482].

Im Mitbestimmungsurteil ist das BVerfG zu dem Ergebnis gekommen, daß die verfassungsrechtliche Garantie der Vereinigungsfreiheit seit jeher mit der Notwendigkeit einer gesetzlichen Ausgestaltung verbunden sei, ohne die die Vereinigungsfreiheit keine praktische Wirksamkeit entfalten könne, insbesondere was die Rechte

---

[473] Für die Organisation der Wissenschaftsfreiheit BVerfGE 35, 79 (123 f.); für die Rundfunkfreiheit BVerfGE 57, 295 (320); 73, 118 (152 f.); 74, 297 (324); 83, 238 (296); 87, 181 (197 f.); 89, 144 (152); 90, 60 (87 f.); für die Garantie des rechtlichen Gehörs BVerfGE 55, 1 ff.; 54, 277 ff.; 60, 310, 79, 51 ff.
[474] BVerfGE 57, 295 (320); 73, 118 (152 f.); 74, 297 (324); 83, 238 (296); 87, 181 (197 f.); 89, 144 (152); 90, 60 (87 f.).
[475] BVerfGE 92, 26 (41) für Art. 9 Abs. 3 GG.
[476] BVerfGE 31, 58 (69).
[477] BVerfGE 87, 234 (264).
[478] BVerfGE 53, 224 (250).
[479] BVerfGE 76, 1 (71).
[480] BVerfGE 15, 328 (332).
[481] BVerfGE 6, 55 (82); 9, 237 (242 f.); 15, 328 (332); 31, 58 (82 f.).
[482] BVerfGE 81, 1 (6 f.).

des Zusammenschlusses als solchen betreffe. Die Notwendigkeit einer einfachrechtlichen Ausgestaltung gehöre von vornherein zum Inhalt des Art. 9 Abs. 1 GG. Der Gesetzgeber habe eine hinreichende Vielfalt von Rechtsformen zur Verfügung zu stellen, die den verschiedenen Typen von Vereinigungen angemessen und deren Wahl deshalb zumutbar sei. Dabei habe der Gesetzgeber die Grundlagen für das Leben in diesen Rechtsformen so zu gestalten, daß seine Regelung die Funktionsfähigkeit der Vereinigungen gewährleiste[483].

Rechtsgeprägt sind auch die Schutzobjekte des Art. 14 Abs. 1 Satz 1 GG: Eigentum und Erbrecht. Bei beiden geht das BVerfG von einer Ausgestaltungsbedürftigkeit aus. Zwar komme der Eigentumsgarantie von Verfassungs wegen die Aufgabe zu, dem Träger des Grundrechts gegenüber dem Staat einen Freiheitsraum im vermögensrechtlichen Bereich zu erhalten und ihm damit eine Entfaltung und eigenverantwortliche Lebensgestaltung zu ermöglichen[484]. Da es jedoch keinen dem Staate vorgegebenen und absoluten Begriff des Eigentums gebe[485] und Inhalt und Funktion des Eigentums der Anpassung an die gesellschaftlichen und wirtschaftlichen Verhältnisse fähig und bedürftig seien, habe die Verfassung dem Gesetzgeber durch Art. 14 Abs. 1 Satz 2 GG die Aufgabe übertragen, den Inhalt und die Schranken des Eigentümers zu bestimmen[486]. Das Eigentum als Zuordnung eines Rechtsgutes an einen Rechtsträger bedürfe, um im Rechtsleben praktikabel zu sein, notwendigerweise der rechtlichen Ausformung[487]. Inhaltsbestimmung sei die generelle und abstrakte Festlegung von Rechten und Pflichten durch den Gesetzgeber hinsichtlich solcher Rechtsgüter, die als Eigentum im Sinne der Verfassung zu verstehen seien. Sie sei auf die Normierung objektiv-rechtlicher Vorschriften gerichtet, die den „Inhalt" des Eigentumsrechts für die Zukunft bestimmten[488]. Der Gesetzgeber schaffe auf der Ebene des einfachen Rechts diejenigen Rechtssätze, die die Rechtsstellung des Eigentümers begründeten und ausformten[489]. Der Sache nach ist

---

[483] BVerfGE 50, 290 (354 f.); ähnlich in BVerfGE 84, 372 (378 f.).
[484] BVerfGE 21, 73 (86); 24, 367 (389, 396, 400); 31, 229 (239 f.); 37, 132 (140); 46, 325 (334); vgl. aus neuerer Zeit BVerfGE 78, 58 (73); 79, 292 (303 f.); 83, 201 (208).
[485] So BVerfGE 20, 351 (355); 80, 101 (110). Auch das läßt sich bestreiten, vgl. aus früherer Zeit BVerfGE 15, 126 (144). Gewiß kann man die Zuordnung einer Sache zu einer Person als eine der grundrechtlichen Eigentumsgarantie vorausliegende, natürliche (Zustands-)Freiheit begreifen. Zu einer rechtlichen Zuordnung wird das Verhältnis zwischen Person und Sache erst durch die staatliche Rechtsordnung. Vgl. auch *Herzog*, FS Zeidler II (1987), S. 1415 (1418): „Das Eigentum als Form der rechtlichen Herrschaft über die Güterwelt setzt das Urteil der Rechtlichkeit begrifflich schon voraus und ist daher ohne die Existenz einer Rechtsordnung nicht denkbar". Das Sacheigentum wird damit zu einer normativ konstituierten Freiheit. Was bereits für das körperlich faßbare Eigentum an einer Sache gilt, muß erst recht für die Zuordnung bestimmter absoluter oder relativer Rechte zu einer Person gelten. Sie alle sind ohne die Rechtsordnung nicht denkbar. Aufschlußreich in diesem Zusammenhang auch die Einteilung *Leisners*, HdbStR VI, § 149 Rn 71: Natürlich abgegrenztes Eigentum (z.B. bewegliche Güter) muß der Gesetzgeber eigentumskräftig anerkennen; abgrenzungsbedürftiges Eigentum (insbesondere Grundeigentum) hat er rechtlich auszugestalten; natürlich nicht vorgegebene Güter (Immaterialgüterrechte, Urheberrechte, Warenzeichenrechte, Forderungen, Anwartschaften) muß er durch gesetzliche Inhaltsbestimmung erst eigentumsfähig machen.
[486] BVerfGE 31, 229 (240).
[487] BVerfGE 58, 300 (330).
[488] BVerfGE 52, 1 (27); 58, 300 (330); 72, 66 (76).
[489] BVerfGE 58, 300 (330).

das nichts anderes als eine Ausgestaltung[490]. Gegenstand der verfassungsrechtlichen Garantie des Art. 14 Abs. 1 Satz 1 GG sei nur das durch die – verfassungsmäßigen – Gesetze ausgeformte Eigentum[491]. Ebenso sei der Gesetzgeber zur einfachrechtlichen Ausgestaltung der grundrechtlichen Gewährleistung des Erbrechts befugt. Hierbei habe der Gesetzgeber dessen grundlegenden Gehalt zu wahren[492].

Ähnliches gilt für die Privatautonomie, die das BVerfG als „Selbstbestimmung des Einzelnen im Rechtsleben" begreift[493]. Als Ausfluß der allgemeinen Handlungsfreiheit werden die Freiheit im wirtschaftlichen Verkehr und die Vertragsfreiheit nach ständiger Rechtsprechung[494] und herrschender Lehre[495] von Art. 2 Abs. 1 GG geschützt, soweit diese nicht durch besondere Grundrechtsbestimmungen gewährleistet sind. Das BVerfG ist der Meinung, daß die Privatautonomie schon ihrem Regelungsgegenstand nach auf eine staatliche Durchsetzung angewiesen ist. Die Privatautonomie bedürfe notwendigerweise der rechtlichen Ausgestaltung. Ihre Gewährleistung denke die justitielle Realisierung gleichsam mit. Sie begründe daher die Pflicht des Gesetzgebers, rechtsgeschäftliche Gestaltungsmittel zur Verfügung zu stellen, die als rechtsverbindlich zu behandeln seien und die auch im Streitfall durchsetzbare Rechtspositionen begründeten[496]. Privatautonomie bestehe nur im Rahmen der geltenden Gesetze; diese seien jedoch ihrerseits an die Grundrechte gebunden[497].

Schließlich hat das BVerfG auch die Ausgestaltungsbedürftigkeit der mit der Koalitionsfreiheit gewährleisteten Tarifautonomie anerkannt. Schon 1954 hat das Gericht entschieden, daß, wenn die in Art. 9 Abs. 3 GG garantierte Koalitionsfreiheit nicht ihres historisch gewordenen Sinne beraubt werden solle, staatlicherseits ein Tarifvertragssystem im Sinne des modernen Arbeitsrechts bereitzustellen sei[498] – eine Aussage, die das Gericht später häufig wiederholt hat[499]. Mit dem Grundrecht der Koalitionsfreiheit sei zugleich die Institution eines gesetzlich geregelten und geschützten Tarifvertragssystems verfassungsrechtlich gewährleistet[500]. In neueren Entscheidungen hat das Gericht die Notwendigkeit einer Ausgestaltung gerade darin

---

[490] Für diese gälten auch andere Voraussetzungen als für die Legal- und Administrativenteignung, von der die Ausgestaltung scharf zu unterscheiden sei, vgl. BVerfGE 58, 300 (331 f.).

[491] BVerfGE 20, 351 (356 f.); 24, 367 (396); 37, 132 (141); 58, 300 (330, 336); 70, 115 (122); 72, 66 (77); 74, 129 (148); 83, 182 (195).

[492] BVerfGE 67, 329 (340); 91, 346 (369).

[493] BVerfGE 89, 214 (231).

[494] BVerfGE 6, 32 (41 f.); 10, 89 (99); 12, 341 (347); 60, 329 (339); 65, 196 (210); 70, 115 (123); 73, 261 (270); 74, 129 (151 f.); 75, 108 (154); 78, 232 (244); 88, 384 (403); 89, 48 (61); 89, 214 (231).

[495] *Dürig*, in: Maunz/Dürig, Art. 2 GG Rn. 43 ff.; *Jarass*, in: Jarass/Pieroth, Art. 2 GG Rn. 4; *Schmidt-Bleibtreu/Klein*, Art. 2 GG Rn. 14; *Starck*, in: von Mangoldt/Klein/Starck, Art. 2 GG Rn. 55 ff.; ausführlich *Höfling*, Vertragsfreiheit, S. 6 ff.; *Manssen*, Privatrechtsgestaltung, S.130 ff.; vgl. auch *Klußmann*, Laufende Verträge, S. 42 ff., 93 ff.; a.A. *Flume*, FS 100jähriges Bestehen DJT I, S. 135 (136 f.); *ders.*, Allgemeiner Teil des Bürgerlichen Rechts II, S. 17 ff.; *H. Huber*, Vertragsfreiheit, S. 4 ff., 19, 30 f.; *Nierhaus*, AöR 116 (1991), S. 72 (90 f.).

[496] BVerfGE 89, 214 (231 f.).

[497] BVerfGE 81, 242 (254).

[498] BVerfGE 4, 96 (106).

[499] BVerfGE 18, 18 (26 f.); 28, 295 (305); 38, 281 (306); 44, 322 (341).

[500] BVerfGE 4, 96 (108).

gesehen, die Rechtsinstitute und Normenkomplexe zu schaffen, die erforderlich sind, um die grundrechtlich garantierten Freiheiten ausüben zu können[501]. Daß die Koalitionsfreiheit ein vorbehaltlos gewährleistetes Grundrecht sei, schließe eine Ausgestaltungsbefugnis des Gesetzgebers nicht aus, soweit er Regelungen treffe, die erst die Voraussetzung für eine Wahrnehmung des Freiheitsrechts bildeten[502]. Der Staat müsse, um den Schutz der Koalitionsfreiheit zu gewährleisten, geeignete Rechtsformen zur Verfügung stellen, die eine hinreichende rechtliche Handlungsmöglichkeit gewährleisteten[503]. Der Tarifvertrag könne nur deshalb Rechtsregeln mit unmittelbarer und zwingender Wirkung für die Koalitionsmitglieder schaffen, weil dieser durch den Staat anerkannt werde. Die Befugnis zu solch einer Anerkennung ergebe sich ihrerseits wieder aus Art. 9 Abs. 3 GG[504].

c) Lehre

Obwohl das Problem des rechtsgeprägten Grundrechts schon der Weimarer Grundrechtsdogmatik bekannt war, die es mit der Figur der „Institutsgarantie"[505] zu lösen suchte, ist es so gut wie nie genaueren Betrachtungen unterzogen worden. Das blieb auch unter dem Bonner Grundgesetz so. Erst der berühmte Naßauskiesungsbeschluß[506] hat die Diskussion um die rechtsgeprägten Grundrechte belebt. Die Abhandlungen, die in seinem Gefolge zu Inhalt und Reichweite der Eigentumsfreiheit erschienen, thematisierten jedoch weniger die Frage der Ausgestaltung als vielmehr das Verhältnis der Inhalts- und Schrankenbestimmung zur Enteignung[507]. Eine übergreifende, von einzelnen grundrechtlichen Verbürgungen losgelöste Dogmatik für rechtsgeprägte Grundrechte, die zugleich das Institut der Ausgestaltung, aber auch das der Umgestaltung in Abgrenzung vom Grundrechtseingriff mit umfaßt, steht erst am Anfang[508].

Bislang fehlt es an klaren Vorstellungen über die Bedeutung, den Inhalt und die Abgrenzung rechtsgeprägter Grundrechte von anderen grundrechtlichen Erscheinungen. Das zeigt sich nicht zuletzt an der uneinheitlichen Terminologie. Die Rede ist von „normgeprägten[509]", „rechtsgeprägten"[510], „rechtsgeschöpften"[511] oder

---

[501] BVerfGE 50, 290 (368); 58, 233 (247).
[502] BVerfGE 92, 26 (41).
[503] BVerfGE 92, 365 (403).
[504] BVerfGE 44, 322 (346).
[505] Statt aller *Wolff*, FS Kahl (1923), S. 4.
[506] BVerfGE 58, 300.
[507] S. z.B. *Melchinger*, Die Eigentumsdogmatik des Grundgesetzes (1994); *Rozek*, Die Unterscheidung von Eigentumsbindung und Enteignung (1998); *Wendt*, Eigentum und Gesetzgebung (1985).
[508] Grundlegend *Gellermann*, Grundrechte, S. 90 ff., 269 ff., 308 ff., 398 ff.; vgl. auch die Ansätze bei *Bumke*, Grundrechtsvorbehalt, S. 104 ff.; *Höfling*, Vertragsfreiheit, S. 20 ff.; *Lübbe-Wolff*, Eingriffsabwehrrechte, S. 81 ff., 125 ff., 136 ff.; *Manssen*, Privatrechtsgestaltung, S. 171 ff.
[509] *Pieroth/Schlink*, Grundrechte, Rn. 209.
[510] Der Begriff der Grundrechtsprägung geht auf *Lerche*, Übermaß und Verfassungsrecht, S. 107 ff., 112 ff. 240 ff. zurück; vgl. weiter *dens.*, Arbeitskampf, S. 37 ff.; *dens.*, HdbStR V, § 115 Rn. 10, 31, 38 ff., § 122 Rn. 9 ff.; vgl. weiter *Majewski*, Auslegung, S. 88 ff.
[511] *Nierhaus*, AöR 116 (1991), S. 72 (83).

§ 3 Die Lehre vom rechtsgeprägten Grundrecht

„rechtserzeugten"[512] Grundrechten", von Grundrechten mit „rechts- oder normgeprägten Schutzbereichen"[513] von „normativ konstituierten Grundrechten"[514] oder von „Grundrechten in einfachgesetzlichem Gewande"[515]. Manche sprechen gar von „Grundrechten aus der Hand des Gesetzgebers"[516] und verweisen damit auf eine bereits von *Leisner* besorgt zur Kenntnis genommene Entwicklung „von der Verfassungsmäßigkeit der Gesetze zur Gesetzmäßigkeit der Verfassung".

Allgemein betont wird die besondere Rolle des Gesetzgebers und des von ihm geschaffenen einfachen Gesetzesrechts für die „praktische Wirksamkeit" rechtsgeprägter Grundrechte[517]. Das geht zuweilen so weit, daß der Gesetzgeber bei der Ausgestaltung nicht als „Feind" oder „Widerpart"[518], sondern als „Freund" oder „Beschützer" der Grundrechte angesehen wird[519], der ihnen Kontur verleiht, ihre Ausübung ermöglicht und sie vor einem angeblichen „Leerlaufen"[520] bewahrt. Mancher spricht in diesem Zusammenhang von der „harmonischen Seite" des Bezuges von Grundrecht und Gesetz[521]. Bei rechtsgeprägten Grundrechten, so wird gesagt, habe der Gesetzgeber „kräftig seine Hand im Spiel"[522]; er schaffe den „Rechtsstoff, aus dem die Grundrechte sind"[523], die „Grundrechtssubstanz"[524]; er habe „schöpferische Prägungen vorzunehmen und konstitutive Beiträge für die Inhalte der Freiheitsrechte zu liefern."[525]

3. Sachgeprägte und rechtsgeprägte Grundrechte

Die Konturen des rechtsgeprägten Grundrechts zeichnen sich klarer ab, wenn ein Gegenbegriff bestimmt werden kann. Zur Abgrenzung wird nicht selten die Figur der sachgeprägten Grundrechte bemüht[526]. Bei ihnen läßt sich verbreiteter Ansicht zufolge der Schutzgehalt durch Begriffe der „Alltagssprache" bezeichnen, denen nicht oder nicht primär juristische Bedeutung zukommt. Der Sinn von Ausdrücken

---

[512] *Bethge*, VVDStRL 57 (1998), S. 7 (29); *Gellermann*, Grundrechte, S. 21; *Nierhaus*, AöR 116 (1991), S. 72 (90).
[513] *Pieroth/Schlink*, Grundrechte, Rn. 209.
[514] *Burgi*, ZG 9 (1994), S. 341 (343); *Gellermann*, Grundrechte, S. 89 ff.
[515] So der Titel der Habilitationsschrift von *Gellermann* (2000) in Anlehnung an *Nierhaus*, AöR 116 (1991), S. 72 (110).
[516] *Nierhaus*, AöR 116 (1991), S. 72 ff. in Anlehnung an *Herzog*, FS Zeidler II (1987), S. 1415 ff.; krit. *Bethge*, VVDStRL 57 (1998), S. 7 (29).
[517] *Gellermann*, Grundrechte, S. 15 ff., 90 ff.
[518] *Gellermann*, Grundrechte, S. 47.
[519] *Burgi*, ZG 9 (1994), S. 341; *Gellermann*, Grundrechte, S. 5, 49; *Häberle*, Wesensgehaltsgarantie, S. 163.
[520] *Gellermann*, Grundrechte, S. 91.
[521] *Gellermann*, Grundrechte, S. 49 und passim; *Schnapp*, JuS 1978, 729 (731); *Stern*, Staatsrecht III/1, S. 1299 m.w.N.
[522] *Nierhaus*, AöR 116 (1991), S. 72 (90).
[523] *Nierhaus*, AöR 116 (1991), S. 72 (90).
[524] *Bethge*, VVDStRL 57 (1998), S. 7 (29).
[525] *Höfling*, Vertragsfreiheit, S. 34 im Anschluß an *Häberle*, Wesensgehaltsgarantie, S. 187, allerdings von seinem institutionellen Grundrechtsverständnis ausgehend.
[526] *Burgi*, ZG 9 (1994), S. 341 (346); *Majewski*, Auslegung, S. 88 ff.; *Nierhaus*, AöR 116 (1991), S. 72 (83 ff.); *Bethge*, VVDStRL 57 (1998), S. 7 (29) spricht von Grundrechten mit „sacherzeugter" Substanz.

wie „Glauben", „Kunst", „Wissenschaft", „Rundfunk" usw. könne ohne juristische Deutung unmittelbar aus den bezeichneten „Schutzgegenständen" erschlossen werden. Es sei die Sache selbst, gleichsam ihr „Wesen"[527], das die sinntragenden Elemente möglicher Definitionen liefere, die die Rechtsordnung nicht einfach links liegen lassen dürfe. Zumindest steuere die Rechtsordnung bei sachgeprägten Grundrechten keine konstitutiven Inhalte zur Merkmalsfindung bei. Zuweilen wird sogar behauptet, Begriffe wie „Glauben" oder „Kunst" als besonders prominente Vertreter sachgeprägter Grundrechte seien nicht nur juristisch undefinierbar[528], sondern stünden auch nicht zu staatlicher Disposition[529]. Demgegenüber sollen sich rechtsgeprägte Grundrechte gerade dadurch auszeichnen, daß sie durch Begriffe der Rechtssprache bezeichnet werden. Ausdrücke wie Ehe, Eigentum, Erbrecht oder Vereinigung verwiesen stets in irgendeiner Weise auf die Rechtsordnung. Sie seien juristisch ohne weiteres bestimmbar, ja verdankten ihren konkreten Inhalt auch und gerade rechtlicher Begriffsdefinition. Was „Eigentum" usw. sei, ergebe sich vor allem aus dem (einfachen) Recht[530].

Indes darf man angesichts der Vagheit der Merkmale rechts- und sachgeprägter Grundrechte keine trennscharfen Abgrenzungen erwarten, so daß mit mannigfachen Überschneidungen zu rechnen ist. Wenngleich vorrangig das einfache Recht bestimmt, was konkreter Inhalt von Einrichtungen wie „Ehe", „Eigentum", „Vertrag" sein soll, läßt sich die semantische Bedeutung dieser Begriffe nicht allein juristisch, sondern auch im Sinne ihres alltäglichen Sprachgebrauchs erschließen. Es bedarf keiner besonderen Erwähnung, daß auch Nichtjuristen mit diesen Einrichtungen konkrete Vorstellungen verbinden. Umgekehrt kommt die Rechtsordnung nicht umhin, juristisch nicht oder nur schwer definierbare, weil „sachgesetzlich" strukturierte Schutz-Gegenstände beschreiben zu müssen, wodurch diese eine gewisse „Rechtsprägung" erfahren. Um den *rechtsdogmatischen* Gehalt des Phänomens rechtsgeprägter Grundrechte zu ermitteln, muß die sprachlich-semantische Ebene verlassen werden.

Auf die richtige Spur führt der Hinweis *Herzogs*, daß die Schutzobjekte einiger Grundrechte nur als „Produkte der Rechtsordnung" zu begreifen sind[531]. Gegenüber Grundrechten, deren Schutzgüter der Staat „in der Welt der Tatsachen vorgefunden" und zu deren Beschützer er sich mehr oder weniger deutlich aufgeworfen habe, liege die Besonderheit rechtsgeprägter Freiheitsrechte darin, daß ihre Schutzobjekte erst durch die staatliche Rechtsordnung geschaffen würden, ohne die es sie nicht gäbe. Was Eigentum, Ehe oder Erbrecht seien, bestimme im wesentlichen der Staat; ohne ihn seien diese „Institute" nicht denkbar. Umgekehrt bestünden „außerrechtliche" Güter und Interessen, wie Leben, körperliche Unversehrtheit, Glaubensakte und Meinungsäußerungen, selbst dann, wenn der Staat sie nicht schützen,

---

[527] BVerfGE 30, 173 (188 f.) zur Kunstfreiheit.
[528] Zuweilen betont das BVerfG die Unmöglichkeit, Kunst generell zu definieren, vgl. BVerfGE 67, 213 (225), was allerdings nicht ausschließen soll, im Einzelfall festzustellen, ob eine bestimmte Handlung unter den Schutzbereich des Art. 5 Abs. 3 GG fällt.
[529] *Wendt*, in: von Münch/Kunig, Art. 5 GG Rn. 89 m.w.N.
[530] BVerfGE 58, 300.
[531] *Herzog*, FS Zeidler II (1987), S. 1415 (1417).

sondern dem beliebigen Zugriff seiner Organe oder privater Dritter preisgeben würde. Ob aus dieser Unterscheidung zwingend der Schluß gezogen werden kann, der Schutzbereich rechtsgeprägter Grundrechte werde erst und womöglich allein durch das einfache Gesetzesrecht konstituiert, wie häufig behauptet wird[532], ist damit nicht gesagt. Das mit der letzten These angeschnittene dogmatische Kernproblem aller rechtsgeprägten Grundrechte – das Verhältnis von Grundrecht und grundrechtsausgestaltendem einfachen Recht – bedarf einer genaueren Analyse. Dazu ist zunächst den unterschiedlichen „Schutzgütern" der Grundrechte nachzugehen.

II. Schutzgüter sach- und rechtsgeprägter Grundrechte

1. Begriff des Schutzgutes

Der Begriff des grundrechtlichen Schutzguts ist der traditionellen Grundrechtsdogmatik weniger geläufig als der Begriff des grundrechtlichen Schutzbereichs[533]. Unter diesem kann mit *Pieroth/Schlink*[534] der Regelungsbereich verstanden werden, den ein Grundrecht unter seinen Schutz stellt, indem es dem Staat für Eingriffe und vergleichbar belastende Maßnahmen Rechtfertigungslasten auferlegt. Normlogisch betrachtet rechnet der Schutzbereich zum Tatbestand einer Grundrechtsnorm[535]. Nach ihm richtet sich, welches Grundrecht thematisch einschlägig ist, woraus sich zugleich die Anforderungen für staatliche Maßnahmen mit Grundrechtsbezug bestimmen, die mangels einer grundrechtlichen „Einheitsschranke" nicht bei allen Grundrechten dieselben sind[536].

Schon bei der Bestimmung des Schutzbereiches, mit dem die Prüfung eines Grundrechts schulmäßig beginnt, zeigt sich, daß die Begriffe „Schutzbereich" und „Eingriff" Metaphern darstellen[537], die nur die Wirkungsweise des grundrechtlichen Schutz- und Abwehrmechanismus veranschaulichen sollen. Das Bild vom Schutzbereich als „Raum", in den der Staat „hineingreift" oder „hineinschneidet", übersetzt einen sehr viel komplexeren Zusammenhang, der sich erst erschließt, wenn gefragt wird, was „Inhalt" des vom Grundrecht geschützten „Raumes" ist. Auf diese Weise gelangt man zu dem vom Grundrecht geschützten Gut. Es liegt auf der Hand, daß bei Grundrechten, die sich als Freiheitsrechte verstehen, nur die Freiheit Schutzobjekt und damit Inhalt der verbürgten Gewährleistung sein kann[538].

---

[532] *Herzog*, FS Zeidler II (1987), S. 1415 (1416 ff.); *Nierhaus*, AöR 116 (1991), S. 72 (90); *Sachs*, in: Stern, Staatsrecht III/2, S. 47.

[533] Manche sprechen in diesem Zusammenhang auch von „Gewährleistungsbereich", meinen aber dasselbe, vgl. etwa *Bethge*, VVDStRL 57 (1998), S. 7 (19); *Hesse*, Verfassungsrecht, Rn. 46.

[534] Grundrechte, Rn. 195.

[535] *Sachs*, Grundrechte, A 7 Rn. 1 f.

[536] Wenngleich das Grundgesetz kein vollkommen schlüssiges Schrankensystem errichtet hat, müssen die Unterschiede in den Beschränkungsmöglichkeiten doch Ernst genommen werden, zumal das dafür notwendige Bestehen von „Spezialgrundrechten" neben dem Innominatgrundrecht der allgemeinen Handlungsfreiheit erklärtes Ziel des Verfassungsgebers war, vgl. *Bumke*, Grundrechtsvorbehalt, S. 122 ff.

[537] *J. Ipsen*, JZ 1997, 473 (474); *Sachs*, Grundrechte, A 7 Rn. 13; *Pieroth/Schlink*, Grundrechte, Rn. 231, warnen daher mit Recht vor einem „falschen räumlichen Denken".

[538] *Isensee*, Der Staat 19 (1980), S. 367 (371); *Steinbeiß-Winkelmann*, Freiheitsordnung, S. 18.

Dieser Annahme steht nicht der Befund entgegen, daß den Grundrechten nach heutigem Verständnis außer ihrer klassischen Rolle als Abwehrrechte[539] weitere subjektiv-rechtliche Funktionen zukommen, etwa als gegen den Staat gerichtete Verfahrens-[540], Teilhabe-[541], oder Schutzrechte[542], und sie darüber hinaus auch objektive Wertentscheidungen verkörpern[543]. All diese „Funktionserweiterungen" lassen den abwehrrechtlichen Charakter unberührt[544]. In ihrer abwehrrechtlichen Funktion geben sie dem Einzelnen einen gegen den Staat gerichteten Unterlassungsanspruch[545]. Dem korrespondiert auf seiten des Staates eine entsprechende Verpflichtung. Aus seiner Perspektive bilden die Grundrechte „negative Kompetenznormen", die seinen Aktivitäten Schranken setzen[546]. Das, was das Grundrecht als Abwehrrecht schützen soll, ist die Freiheit des Einzelnen.

Der Verweis auf die Freiheit als grundrechtlichen Gewährleistungsgegenstand schafft indes zwei neue Probleme. Zum einen bestehen unterschiedliche Konzeptionen von Freiheit (unten 2). Zum anderen muß das Verhältnis von Freiheit und Freiheitsrecht, von Schutzobjekt und Schutzinstrument bestimmt werden (unten 3). Viele Unklarheiten rühren schlicht daher, daß Grundrecht und grundrechtlich geschütztes Gut nicht auseinandergehalten werden; andere beruhen darauf, daß mal auf der „Bild-Ebene" der Metaphern von grundrechtlichem Schutzbereich und staatlichem Eingriff, mal auf der „Real-Ebene" von Freiheit und Freiheitsbeschränkung argumentiert wird. Damit hängt die Verwechslung von grundrechtlichem prima-facie-Schutz und definitiver Freiheitsgewährleistung im Einzelfall zusammen.

---

[539] BVerfGE 1, 97 (104); 6, 55 (72); 7, 198 (204 f.); 10, 59 (81); 21, 362 (369); 39, 1 (41); 39, 68 (70 ff.); 50, 290 (337); 61, 82 (101); 68, 193 (205).

[540] BVerfGE 37, 67 (77); 37, 132 (148); 39, 276 (294); 41, 251 (265); 44, 105 (119 ff.); 45, 422 (430 ff.); 46, 325 (334); 48, 292 (297 f.); 49, 220 (225); 50, 16 (30); 52, 389 f.; 52, 391 (407); 53, 30 (65); 62, 117 (168); 73, 280 (296); 84, 34 (46 f.); 84, 59 (72 f.); 90, 60 (96).

[541] BVerfGE 33, 303 (330 f.); 35, 79 (115 f.); 37, 104 (113); 39, 258 (269 f.); 39, 276 (293); 43, 291 (313 ff.); 45, 393 (397 f.); 59, 1 (25); 59, 172 (199); 62, 117 (146); 85, 36 (54 f.).

[542] BVerfGE 39, 1 (42); 46, 160 (164); 49, 89 (141 f.); 53, 30 (57); 56, 54 (78); 65, 1 (45 f.); 77, 170 (214 f.); 88, 203 (251 ff.); 92, 26 (46).

[543] BVerfGE 10, 59 (81); 21, 362 (371 f.); 49, 89 (141 f.). Zu den objektiv-rechtlichen Funktionen *Alexy*, Der Staat 29 (1990), S. 49 ff.; *Böckenförde*, Grundrechtsdogmatik, S. 22 ff.; ders., Der Staat 29 (1990), S. 1 ff.; *Hesse*, Verfassungsrecht, Rn. 290 ff.; *Jarass*, AöR 110 (1985), S. 363 ff.; ders., in: Jarass/Pieroth, Vor Art. 1 GG Rn. 3 ff.; *von Münch*, in: von Münch/Kunig, Vorb Art. 1-19 GG Rn. 22; *Pieroth/Schlink*, Grundrechte, Rn. 76; krit. *Schlink*, EuGRZ 1984, 457 (462 ff.).

[544] Insbesondere für die Funktion der Grundrechte als objektive Prinzipien hat das BVerfG ausdrücklich festgestellt, daß deren Zweck in der prinzipiellen Verstärkung ihrer Geltungskraft als Abwehrrechte liegt, vgl. BVerfGE 50, 290 (337). *Jarass*, AöR 120 (1995), S. 345 (347) bemerkt zutreffend, daß es der neueren Grundrechtsdogmatik nicht um eine Ablehnung oder Zurückdrängung der Abwehrfunktion, sondern um ihre Ergänzung durch weitere Funktionen geht; ähnlich *Bethge*, VVDStRL 57 (1998), S. 7 (14); *Pieroth/Schlink*, Grundrechte, Rn. 80.

[545] BVerfGE 24, 267 (396); *Jarass*, AöR 110 (1985), S. 363 (364).

[546] *Hesse*, Verfassungsrecht, Rn. 291 f.; *Jarass*, AöR 120 (1995), S. 345 (347 f.).

§ 3 Die Lehre vom rechtsgeprägten Grundrecht

2. Freiheit als Schutzgut der Freiheitsrechte

a) Mögliche Konzeptionen von Freiheit

Ein allgemeiner Begriff der Freiheit, der für jedermann und jederzeit verbindlich wäre, existiert nicht. Was Freiheit „an sich" ist, läßt sich angesichts der Vielfalt der Zusammenhänge, in denen der Begriff verwendet wird, nicht sagen. Da der Freiheitsbegriff positiv besetzt ist, gerät jede Umschreibung in die Gefahr einer „Überredungsdefinition", die ohne weitere Argumente den Anspruch auf Allgemeinverbindlichkeit für sich reklamiert[547]. Immerhin lassen sich die unterschiedlichen Bedeutungen, die dem Freiheitsbegriff zukommen, systematisieren. Gewöhnlich unterscheidet man negative Freiheitsbegriffe von positiven, formelle von materiellen und subjektive von objektiven[548]. Letztlich laufen diese Differenzierungen auf zwei Grundtypen hinaus. Einem negativ-formell-subjektiven Freiheitsbegriff steht ein positiv-materiell-objektiver Freiheitsbegriff gegenüber.

b) Negativ-formell-subjektiver Freiheitsbegriff

Der negative Freiheitsbegriff beschränkt sich auf die Feststellung Freiheit ist die Abwesenheit von Zwang[549]. Als Negativdefinition setzt dieser Freiheitsbegriff den Positivbegriff „Zwang" voraus[550]. Menschen sind vielen Zwängen ausgesetzt: inneren und äußeren, solchen der Natur und solchen, die das Zusammenleben mit anderen Menschen mit sich bringt, d.h. kulturellen, sozialen, religiösen, wirtschaftlichen. Im grundrechtsdogmatischen Zusammenhang interessiert nur ein solcher Zwang, der vom Staat veranlaßt oder ihm zurechenbar ist, denn „jede grundrechtliche Freiheit ist eine Freiheit, die mindestens in Relation zum Staat besteht"[551]. Solcher Zwang manifestiert sich augenscheinlich in der Anwendung körperlicher Gewalt gegen den Einzelnen durch die staatlichen Organe. Der Staat übt aber auch dann Zwang aus, wenn er dem Einzelnen Hindernisse bereitet, etwa indem er ihm ein bestimmtes Verhalten gebietet oder verbietet. Freiheit im negativen Sinne ist eine „Freiheit von", eine Freiheit von der Errichtung von Hindernissen durch den Staat[552]. Zur Herstellung dieser Freiheit ist nur ein einziges, nämlich ein negatives Verhalten des Staates erforderlich: das Unterlassen von Beschränkungen. Zur Sicherung dieser Freiheit bedarf es folglich nur eines negatorischen Abwehrrechtes, des

---

[547] Darauf weist *Alexy*, Theorie der Grundrechte, S. 201, zutreffend hin.
[548] Grundlegend *Böckenförde*, Staatslexikon II, Sp. 705 ff.
[549] Paradigmatisch hierfür etwa die Äußerung *Jellineks* zur Erklärung der Menschen- und Bürgerrechte: „Wir glauben als Jurist, daß der Inhalt der Freiheit an sich positiv nicht definiert werden kann. Wir glauben, daß alle Freiheiten nur die Negation von Beschränkungen sind, die menschlichem Handeln früher auferlegt waren", abgedr. bei *Schnur*, Menschenrechte, S. 113 (127).
[550] In der Sache gleichbedeutend spricht *H.H. Klein*, Grundrechte, S. 52, von Freiheit als „Freiheit *von Fremdbestimmung* durch den Staat".
[551] *Alexy*, Theorie der Grundrechte, S. 209.
[552] *C. Schmitt*, Grundrechte und Grundpflichten, S. 207.

staatsgerichteten Anspruchs auf Unterlassung[553]. Diesem korreliert als Pflicht ein Verbot, Freiheitsbeschränkungen zu erlassen[554].

Die Abwesenheit von Hindernissen ist allerdings nur die eine Seite der Medaille. Freiheit im negativen Sinne setzt die Auswahlfreiheit des Einzelnen voraus. Frei ist, wer selbstbestimmt, d.h. unabhängig von einem anderen, seine Ziele wählen und die zur Erreichung seines Zieles erforderlichen Mittel einzusetzen vermag[555]. Eine Auswahlfreiheit besteht nur dann, wenn es Handlungsalternativen gibt[556]. Dazu muß man wenigstens zwischen den Alternativen „handeln" und „nicht handeln" wählen können. Freilich ist nicht mehr im vollen Sinne frei, wer bei unabänderbar vorgegebenen Zielen nur die Mittel wählen kann, sie zu erreichen, oder zwar die Ziele autonom setzen darf, aber nicht frei ist in der Wahl seiner Mittel zur Zielerreichung[557]. Versteht man Freiheit im Sinne von Wahlfreiheit, dann handelt es sich um einen rein formalen Freiheitsbegriff. Formal ist er insoweit, als er sich auf das formale Prinzip der Nichthinderung von Handlungsalternativen beschränkt. Welche Ziele und welche Mittel der Einzelne wählen soll, beantwortet der formale Freiheitsbegriff nicht[558]. Als rein formales Prinzip ist er materiell inhaltsleer. Über den Inhalt der Freiheit, also welche Ziele und Mittel konkret gewählt werden, entscheidet der Einzelne nach seinem eigenen Willen. Möchte man diese von keinen inhaltlichen Vorgaben abhängige, vollkommen selbstbestimmte Entscheidungsfreiheit des Einzelnen betonen, spricht man von subjektiver Freiheit, von Willkürfreiheit[559] oder von Freiheit zur Beliebigkeit[560].

Der negativ-formell-subjektiven Freiheit zur beliebigen Wahl, die nur die Abwesenheit von Zwang verlangt, fehlt die Orientierung auf ein „woraufhin". Der negative Begriff der Freiheit kann und will nichts darüber aussagen, welche Ziele der Einzelne in freier Selbstbestimmung wählen und welche Mittel er hierzu einsetzen soll. Frei ist auch, wer die Freiheit der anderen bedroht, indem er ihnen nach dem Leben oder der Gesundheit trachtet oder ihre Selbstbestimmung mißachtet. Frei ist auch, wer gewissenlos jedes Ziel verfolgt und wem dabei alle Mittel recht sind.

c) Positiv-materiell-objektiver Freiheitsbegriff

Der positive Freiheitsbegriff behauptet demgegenüber, daß es bestimmte Ziele gibt, die der Mensch erreichen soll. Diese Ziele liegen außerhalb individueller Beliebigkeit und sind für den Menschen prinzipiell unverfügbar. Sie bilden die „wahre Freiheit". Freiheit ist dann die Erreichung und Verwirklichung der dem

---

[553] *Alexy*, Theorie der Grundrechte, S. 200.
[554] *Alexy*, Theorie der Grundrechte, S. 209.
[555] *H.H. Klein*, Grundrechte, S.52, 54; *Krings*, Staatslexikon II, Sp. 696.
[556] *Alexy*, Theorie der Grundrechte, S. 197 ff.
[557] *Krings*, Staatslexikon II, Sp. 696.
[558] *Alexy*, Theorie der Grundrechte, S. 198; *Böckenförde*, Staatslexikon II, Sp. 706; *Höfling*, Offene Grundrechtsinterpretation, S. 54 f.
[559] *Grabitz*, Freiheit, S. 6, 235, und passim.
[560] *Höfling*, Offene Grundrechtsinterpretation, S. 55; *H.H. Klein*, Grundrechte, S. 54; *Scholz*, Koalitionsfreiheit, S. 72 m.w.N.

Menschen eigenen, von seiner subjektiven Willkür unabhängigen Bestimmung. Sie ist nicht eine bloße „Freiheit von", sondern eine „Freiheit zu", nämlich eine Freiheit zur Verwirklichung der eigenen Bestimmung, eine „verzweckte, in Pflicht genommene Freiheit"[561]. Dieser Freiheitsbegriff ist ein materieller, weil er sich zu klaren Zielen bekennt, die der Einzelne in seiner Bestimmung als menschliches Wesen erreichen oder vermeiden soll. Er ist ein objektiver Freiheitsbegriff insoweit, als er die Ziele außerhalb individueller Beliebigkeit verortet und sie damit für jeden Menschen gleichermaßen verbindlich macht. Legt der Staat Ziele und Inhalte des Freiheitsgebrauchs fest, so erscheint dies dem positiv-materiell-objektiven Freiheitsverständnis weder als Hindernis noch als Zwang, sondern als „Weg und Anleitung zur Verwirklichung der eigenen Bestimmung des Menschen"[562]. Die Selbstbestimmung erschöpft sich für den positiven Freiheitsbegriff in der Zustimmung zur objektiven Notwendigkeit[563]. Was objektiv notwendig ist, erheischt ohne weiteres Zustimmung. Eine Freiheit, zwischen verschiedenen Handlungsalternativen auszuwählen, existiert nicht mehr. Vielmehr ist Gegenstand der Freiheit genau eine Handlung[564], nämlich diejenige, die der Bestimmung des Menschen zu seinem Selbst entspricht.

Jahrhundertelang prägte das positiv-materiell-objektive Freiheitsverständnis das abendländisch-europäische Denken[565]. Das kam nicht von ungefähr, bestand doch für lange Zeit eine mehr oder weniger allgemeinverbindliche (Heils-)Gewißheit über die objektive Bestimmung des Menschen, die sich teils aus einem Offenbarungsglauben, teils aus einem metaphysischen Begriff der menschlichen Natur speiste. Die individuelle Zustimmung zur objektiven Notwendigkeit war deshalb nicht weiter problematisch. Der Einzelne fügte sich in die vorgegebenen Lebensordnungen und akzeptierte sogar die Festlegung von Lebensführungspflichten und Lebenszielen, weil sie ihr Maß und ihren Inhalt von der objektiven Bestimmung des Menschen und damit von seiner wahren Freiheit empfingen. Als mit der Aufklärung diese allgemeine Gewißheit allmählich schwand, war es auch um die Verbindlichkeit der objektiven Bestimmung des Menschen geschehen. Spätestens seit Ende des 18. Jahrhunderts war über sie kein Konsens mehr zu erzielen. Objektive Bestimmungen ließen sich, wenn überhaupt, dann nur noch partikular und nach bestimmten Menschenbildern durchsetzen. Verschiedene Menschenbilder lösten einander ab und definierten je nach ihrem Vorverständnis die objektive Bestimmung des Menschen.

Im Ergebnis trägt der positiv-materiell-objektive Freiheitsbegriff totalitäre Züge. Wenn er objektive Notwendigkeit und Zustimmung als Einheit denkt, braucht zwischen beiden nicht eigens vermittelt zu werden, weil das, was objektiv notwendig ist, stets auch subjektiv gewollt wird. Wer die objektive Bestimmung des Menschen und die „wahre Freiheit" kennt oder zu kennen vorgibt, kann die Freiheit im Sinne von Wahlfreiheit beliebig bestimmen, ohne daß darin eine Einschränkung oder eine

---

[561] *Höfling*, Offene Grundrechtsinterpretation, S. 63.
[562] *Böckenförde*, Staatslexikon II, Sp. 706.
[563] *Böckenförde*, Staatslexikon II, Sp. 707.
[564] *Alexy*, Theorie der Grundrechte, S. 199; *Eckhoff*, Grundrechtseingriff, S. 164.
[565] *Böckenförde*, Staatslexikon II, Sp. 707.

78   1. Teil: Die verfassungsrechtliche Verankerung der Tarifautonomie

Behinderung liegt, da die Bestimmung der Freiheit der Befreiung des Menschen zum eigenen Selbst dient. Da es auf die Zustimmung des Einzelnen zur objektiven Notwendigkeit nicht mehr ankommt, kann darüber hinweggegangen werden. Damit legitimiert die objektive Notwendigkeit letztlich die vollkommene Nichtachtung der subjektiven Freiheit und der menschlichen Person[566].

3. Freiheit und Freiheitsrecht

a) Staatliche Freiheitsordnung

Die Unterschiede zwischen negativem und positivem Freiheitsbegriff treten vor allem dann zutage, wenn Freiheitsbegrenzungen in Rede stehen. Damit ist das Zentralproblem der Grundrechtsdogmatik berührt. Ihr geht es nicht um (rechts-)philosophische Aussagen über das Phänomen der Freiheit „an sich", sondern um das Verhältnis von Freiheit und Bindung, genauer: um die rechtlichen Mechanismen staatlicher Freiheitsbeschränkungen und deren Grenzen. Freilich wirken die verschiedenen Ansichten über den Gehalt der „Freiheit als solcher" – wie wir sehen werden – in der Art und Weise ihrer Beschränkung fort.

Daß der Staat prinzipiell zur „Freiheitsordnung" berechtigt ist und zu diesem Zwecke Freiheit auch beschränken oder zumindest „regeln" darf, wird von niemandem bestritten. Anlaß hierfür besteht genug: nicht nur, daß der Staat den Freiheitsgebrauch des einen mit dem des anderen harmonisieren muß, um Spannungen, die sich aus einer unbeschränkten Inanspruchnahme von Freiheit ergeben könnten, abzubauen[567], Frieden zu stiften und einen freiheitlichen „Gesamtzustand" zu schaffen und zu erhalten[568]. Seine Aufgabe besteht auch darin, die konfligierenden Interessen der Einzelnen mit den Interessen und den Belangen der Gemeinschaft im ganzen in Einklang zu bringen. Der Staat tritt insofern als verfaßte Friedens- und Ordnungsmacht auf. Seine „Rechtfertigung" ergibt sich zum Gutteil daraus, dem Einzelnen Sicherheit zu gewährleisten[569].

Die Befugnis zur Freiheitsordnung muß auch „regelungstechnisch" umgesetzt werden. Das verlangt im Prinzip, jedem Einzelnen die Grenzen seines Freiheitsgebrauchs aufzuzeigen. Stets muß bestimmt oder bestimmbar sein, was erlaubt und was verboten ist. Die Rechtsordnung kann und darf sich insofern nicht indifferent verhalten. Alles rechtlich bedeutsame Verhalten – und das ist jedes Verhalten mit Wirkung auf die Außenwelt – fügt sich in die das Rechtssystem vollständig durchziehende zweiwertige Logik von „verboten" und „erlaubt", von „rechtmäßig" und

---

[566] *Böckenförde*, Staatslexikon II, Sp. 707.
[567] *Böckenförde*, NJW 1974, 1529 (1530); *Pieroth/Schlink*, Grundrechte, Rn. 206; *Schnapp*, JuS 1978, 729.
[568] *Steinbeiß-Winkelmann*, Freiheitsordnung, S. 79. So schon *Hobbes*, Leviathan, S. 193: „Und nun erinnere man sich, daß Friede und Schutz der allgemeine Endzweck bei der Errichtung eines Staates sind".
[569] Für die Rechtsprechung BVerfGE 49, 24 (56 f.). Das entsprach auch der Auffassung im Parlamentarischen Rat, vgl. *C. Schmid*, JÖR n.F. 1 (1951), 47. Für die Lehre vgl. nur *C. Schmitt*, Verfassungslehre, S. 164.

"rechtswidrig", von "Recht" und "Unrecht"[570]. Zwischenstufen zwischen diesen Aussagewerten sind dabei ebenso ausgeschlossen wie Bereiche, in denen die Rechtsordnung rechtlich bedeutsames Verhalten schlicht ignoriert[571]: letzterenfalls kann eine schlichte Duldung im Sinne einer stillschweigenden Erlaubnis oder ein nicht sanktionsbewehrtes Verbot gegeben sein. An der Festlegung, was erlaubt und was verboten ist, kommt also keine Rechtsordnung vorbei. Es wäre jedoch ein aussichtsloses Unterfangen, wollte sie ausdrücklich alle möglichen Verhaltensweisen einer der beiden Kategorien zuordnen. Jede Rechtsordnung muß sich daher zur Bestimmung der Freiheit und ihrer Grenzen eines Modells von "Regel und Ausnahme" bedienen[572]. Bei der Einrichtung eines solchen Modells sind nur zwei Alternativen denkbar. Entweder gilt, daß regelmäßig erlaubt ist, was nicht ausnahmsweise verboten wurde, oder es gilt, daß regelmäßig verboten ist, was nicht ausnahmsweise erlaubt wurde[573]. Was zur Regel, was zur Ausnahme erklärt wird, ist durch das Modell selbst nicht vorgegeben, sondern bleibt der staatlich gesetzten Rechtsordnung überlassen[574].

b) Negativer Freiheitsbegriff und Außentheorie des Rechts

Es liegt auf der Hand, daß der negative Freiheitsbegriff, dem es um die Freiheit zur Beliebigkeit und die Abwesenheit von Zwang zu tun ist, zu einem Beschränkungsmodell tendiert, das die Erlaubnis als Regel, das Verbot als Ausnahme setzt. In dieser Sichtweise erscheint die Freiheit des Einzelnen als die primäre Gegebenheit, auf die die staatliche Rechtsordnung gleichsam "von außen" beschränkend zugreift. Nicht selten wird deshalb auch von einer "Außentheorie des Rechts" gesprochen[575]. "Freiheit" und "Recht" können – zumindest im Modell – getrennt "gedacht" werden[576]. Die Freiheit liegt dem Recht voraus, sie könnte "an sich" auch ohne das Recht bestehen, sie ist als "natürliche Freiheit"[577] etwas "Vorstaatliches"[578], ja "Vorrechtliches"[579]. Die Beziehung zwischen beiden wird erst und allein durch das äußere Erfordernis gestiftet, die Freiheit der vielen Einzelnen miteinander und mit dem Gemeinwohl vereinbar zu machen[580]. Die Notwendigkeit zur Be-

---

[570] Umfassend zur binären Codierung des Rechtssystems aus systemtheoretischer Sicht *Luhmann*, Recht der Gesellschaft, S. 60, 70, 72.
[571] *Bucher*, Subjektives Recht, S. 54; *von Arnauld*, Freiheitsrechte, S. 16.
[572] *Bucher*, Subjektives Recht, S. 54.
[573] *Schnur*, DVBl. 1965, 489 (490); *Steinbeiß-Winkelmann*, Freiheitsordnung, S. 36; *von Arnauld*, Freiheitsrechte, S. 17.
[574] *Von Arnauld*, Freiheitsrechte, S. 17.
[575] *Alexy*, Theorie der Grundrechte, S. 250 ff.; *Cornils*, Ausgestaltung, S. 40 ff.; *Schwabe*, Grundrechtsdogmatik, S. 64 ff.; *von Arnauld*, Freiheitsrechte, S. 16; im Sinne der Außentheorie auch *J. Ipsen*, Grundrechte, Rn. 63 ff.; *Pieroth/Schlink*, Grundrechte, Rn. 206; *Steinbeiß-Winkelmann*, Freiheitsordnung, S. 37.
[576] Nicht von ungefähr spricht *C. Schmitt*, Grundrechte und Grundpflichten, S. 208, davon, daß Freiheitsrechte (nur) *prinzipiell* unbegrenzt sind.
[577] *G. Jellinek*, System, S. 45 f.; *H.H. Klein*, Grundrechte, S. 62; *C. Schmitt*, Verfassungslehre, S. 164.
[578] *J. Ipsen*, Grundrechte, Rn. 63; *C. Schmitt*, Verfassungslehre, S. 163 f.; *ders.*, Grundrechte und Grundpflichten, S. 192.
[579] *Steinbeiß-Winkelmann*, Freiheitsordnung, S. 37.
[580] *Alexy*, Theorie der Grundrechte, S. 250.

schränkung muß auch der negative Freiheitsbegriff konzedieren. Er muß anerkennen, daß im „vergesellschafteten" Zustand keine wildwüchsige, grenzenlos-naturwüchsige Freiheit mehr bestehen kann[581], sondern nur noch eine „rechtlich gehegte", durch die „Rechtsordnung begrenzte"[582]. Freiheit im Staat kann, wie *Hesse* mit Recht bemerkt, niemals als eine utopische „natürliche" Freiheit, sondern nur als rechtliche Freiheit ..., nicht als etwas rechtlich Begrenztes, aber in diesen Grenzen Geschütztes bestehen"[583]. Jedoch gilt auch für die „staatlich begrenzte" Freiheit das, was Maxime der natürlichen Freiheit ist: als „Freiheit zur Beliebigkeit" ist sie zweckneutral, und ihr Gebrauch muß nicht gerechtfertigt werden, er bedarf keiner ausdrücklichen Gestattung. In den Grenzen, die die Rechtsordnung durch ausdrückliche Verbote aufstellt, ist jedermann frei[584]. Verfehlt ist es deshalb, von „Befugnissen" des Einzelnen zu sprechen[585], weil dadurch der Anschein erweckt wird, der Staat „verleihe" dem Einzelnen etwas, was ihm nicht schon von Natur aus zukommt[586]. Dem negativ-formellem Freiheitsbegriff zufolge gewährt der Staat die Freiheit nicht, sondern gewährleistet sie[587].

Die Gewährleistung erfolgt über die Freiheitsrechte. Geht man von einem negativ-formellen Freiheitsbegriff aus und der damit verbundenen „Außentheorie des Rechts", ist es vornehmste Aufgabe der Freiheitsrechte, zunächst das „rechtsstaatliche Verteilungsprinzip" abzusichern und damit in einem ersten Schritt die Freiheit als Regel, die Beschränkung als Ausnahme zu setzen[588], und in einem zweiten die Freiheit des Einzelnen – wohlverstanden als Schutzgut – für prinzipiell unbegrenzt, die staatliche Machtbefugnis für prinzipiell begrenzt zu erklären[589], was zur Folge hat, daß jede Ausnahme vom Grundsatz der Freiheit berechenbar und nachprüfbar sein muß[590].

Als Einrichtung der staatlicherseits hervorgebrachten Rechtsordnung gehören die Freiheitsrechte selbst – anders als ihr Schutzgut – aber zum „staatlichen Bereich" und damit nicht zu einer natürlichen, vor- oder außerstaatlichen „Sphäre". Freiheitsrechte können als Rechte nur im Staat, nicht außerhalb von ihm bestehen.

---

[581] *Böckenförde*, VVDStRL 28 (1969), S. 54 drückt das folgendermaßen aus: „Freiheit, als rechtliche Freiheit kann niemals schrankenlos und absolut sein; denn es gehört zu ihrem Begriff, daß sie mit der Freiheit anderer zusammen bestehen kann. Absolute unbegrenzte Freiheit bedeutet nur absolute Macht, und zwar über andere.".

[582] *H.H. Klein*, Grundrechte, S. 52; *Schnur*, DVBl 1965, 489 (490); *Steinbeiß-Winkelmann*, Freiheitsordnung, S. 37.

[583] *Hesse*, in: Forsthoff, Rechtsstaatlichkeit, S. 557 (575).

[584] *H.H. Klein*, Grundrechte, S. 62; *Steinbeiß-Winkelmann*, Freiheitsordnung, S. 36. Ähnlich *Schnur*, DVBl 1965, 489 (490): „Selbstverständlich ist die Freiheit, die dem Einzelnen jenseits der Schranken verbleibt, nicht mehr die natürliche. Aber sie hat mit dieser gemein, daß ihr ein Moment des Undefinierten innewohnt: Was nicht verboten ist, ist erlaubt.".

[585] So aber *Alexy*, Theorie der Grundrechte, S. 211, 220 ff.; *Scherzberg*, DVBl. 1988, 129 (130).

[586] Wie hier *J. Ipsen*, Grundrechte, Rn. 64.

[587] *J. Ipsen*, Grundrechte, Rn. 67.

[588] *C. Schmitt*, Verfassungslehre, S. 166.

[589] *C. Schmitt*, Grundrechte und Grundpflichten, S. 201, 208; aus neuerer Zeit *Bethge*, VVDStRL 57 (1998), S. 7 (11); *Isensee*, HdbStR I, § 13 Rn. 15; *ders.*, HdbStR V, § 111 Rn. 7, 47 ff.; *H.H. Klein*, Grundrechte, S. 10.

[590] *C. Schmitt*, Grundrechte und Grundpflichten, S. 209.

§ 3 Die Lehre vom rechtsgeprägten Grundrecht

Deshalb lassen sich ihr Inhalt und ihre Reichweite auch nur vom Staat selbst, nicht aber von den „Grundrechtsträgern" bestimmen[591]. Darin liegt kein Widerspruch zu den Grundannahmen des negativ-formellen Freiheitsbegriffs, der dem Staat die Definition verbietet, was Freiheit ist[592]. Dieses Verbot bezieht sich nur auf die natürliche, vorstaatliche Freiheit. Auch der negativ-formelle Freiheitsbegriff rechnet mit der Notwendigkeit, Bereiche, in denen Freiheit gewährleistet wird, positiv und nach außen hin zu fixieren[593]. Sie ergibt sich schon aus normlogischen Gründen. Nur wer das zu Schützende konkret bezeichnen und von anderen Gegenständen abgrenzen kann, vermag es vor Verkürzungen zu bewahren. Die Abwehr einer Freiheitsverkürzung setzt die positive Feststellung voraus, daß die Freiheit tatsächlich eingeschränkt worden ist. Freiheit schlechthin läßt sich nicht vor Zugriffen bewahren[594]. Was der Staat nicht definieren kann, vermag er nicht zu gewährleisten[595]. Die Bezeichnung des Schutzbereichs ist deshalb die „immanente Grenze" jedes Freiheitsrechts[596]. Ohne Angabe ihrer sachlichen Reichweite entfalten die Freiheitsrechte keine normative Verbindlichkeit[597].

Ebensowenig stellt es einen Widerspruch zum negativen Freiheitsbegriff dar, daß das Freiheitsrecht sich nicht mit der Beschreibung seines Schutzguts begnügt, sondern dem Staat über unterschiedlich ausgeformte „Vorbehalte" die Befugnis erteilt, das Schutzgut zu beschränken, d.h. die im Grundrecht versprochene Freiheit zu begrenzen. Was der Staat hierbei bestimmt, ist nicht der „innere" Inhalt der Freiheit, sondern – ganz im Sinne der Außentheorie – ihre „äußeren" Grenzen. Seine Regelungen betreffen nicht das „Können", sondern das „Dürfen"[598]. Er legt nicht Ziele und Mittel fest, die der Einzelne zu wählen hat, sondern bestimmt den äußeren Rahmen, innerhalb dessen die Selbstbestimmung gemeinschaftsverträglich bleibt. Auch nach der Vergemeinschaftung verliert die Freiheit durch die staatliche Freiheitsordnung nicht ihren dem Staate vorausliegenden Charakter[599]. Denn innerhalb der äußerlich-räumlich durch die Rechtsordnung gezogenen Grenzen bleibt Freiheit subjektive Beliebigkeit[600] und individuelle Autonomie, die an keinen weiteren Zielen ausgerichtet ist, sondern zum Selbstzweck besteht. Was der Einzelne bestimmt, sind Inhalt und Gehalt der in den Grenzen des Freiheitsrechts ausgeübten, aktualisierten Freiheit. Was er nicht bestimmen kann, sind die Grenzen des Freiheitsrechts, sonst wäre wieder der „natürliche", vor-staatliche Zustand erreicht.

---

[591] *Hesse*, Verfassungsrecht, Rn. 282.
[592] *C. Schmitt*, Freiheitsrechte, S. 140 (167).
[593] So erkennt *C. Schmitt* die Notwendigkeit, die Freiheit des Einzelnen, die fortwährend bedroht ist, zu schützen und zu sichern, woraus ein „Umbau von rechtlichen Normierungen und staatlichen Einrichtungen zum Schutz der Freiheit" entsteht, der als „Freiheitsgarantie" berzeichnet werden kann, vgl. Freiheitsrechte, S. 140 (167).
[594] *G. Jellinek*, System, S. 103.
[595] *Isensee*, Wer definiert die Freiheitsrechte?, S. 35; *Sachs*, Grundrechte, A 7 Rn. 24.
[596] *F. Müller*, Positivität der Grundrechte, S. 41.
[597] *Badura*, DVBl. 1982, 861 (862); *Geiger*, Grundrechte in der Privatrechtsordnung, S. 11 f.; *F. Müller*, Positivität der Grundrechte, S. 41; *Steiger*, Theorie der Institution, S. 91 (112); *Steinbeiß-Winkelmann*, Freiheitsordnung, S. 37.
[598] *G. Jellinek*, System, S. 46.
[599] *C. Schmitt*, Grundrechte und Grundpflichten, S. 208 f.; a.A. *W. Schmidt*, AöR 91 (1966), S. 42 (58).
[600] *H.H. Klein*, Grundrechte, S. 54.

Schon *Jellinek* erkannte: „Eine Freiheit schlechthin, in irgendeinem Punkte anerkannt, würde in ihren Konsequenzen geeignet sein, den ganzen Staat zu zerstören"[601].

Zusammengefaßt besteht die Aufgabe der Freiheitsrechte also darin, zwischen der als unbeschränkt gedachten, ihrem Wesen nach dem Staate vorausliegenden „natürlichen" Freiheit und den Belangen der anderen und der Gemeinschaft in einem juristischen Argumentationsprozeß zu vermitteln. Die Freiheitsrechte sichern nicht nur das rechtsstaatliche Verteilungsprinzip, indem sie die (staatlicherseits nicht definierte) Freiheit als Regel, die Beschränkung als Ausnahme setzen, sondern sie erlegen dem Staat für jede Ausnahme, für jede Beschränkung eine an den Maßstäben der Verfassung orientierte Begründung auf und machen diese beherrschbar und kontrollierbar.

c) Positiver Freiheitsbegriff und Innentheorie des Rechts

Für den positiven Freiheitsbegriff gibt es dagegen nicht zwei Dinge, die Freiheit und deren Schranke, sondern nur eines: das Freiheitsrecht mit einem bestimmten Inhalt. Der positive Freiheitsbegriff bekennt sich deshalb zur „Innentheorie des Rechts". Freiheit kann niemals „an sich", erst recht nicht als etwas „Unbeschränktes", „Außerstaatliches" bestehen, weil es nicht um subjektive Beliebigkeiten geht, sondern um die (freie) Zustimmung zum objektiv Notwendigen. Freiheit wird – positiv und in den Kategorien der „Innentheorie" verstanden – schon von vornherein nur in dem durch ihre Begrenzungen gesteckten Rahmen gewährt[602]. Sie ist eine Angelegenheit und Einrichtung des Rechts. Freiheit und Recht können nicht einander entgegengesetzt werden, weil das Recht die Voraussetzung und die Erscheinungsform der Freiheit ist[603]. Freiheit ist nach „positivem Verständnis" nicht ohne den Staat zu haben. Nur der Staat kann die objektive Bestimmung des Menschen allgemeinverbindlich festlegen, nur er hat aufgrund seines Monopols legitimer Gewaltanwendung die Macht, die „wahre Freiheit" durchzusetzen. Folglich erscheint dem positiven Freiheitsbegriff der Staat gerade nicht als Bedroher, sondern als Beschützer und Garant der Freiheit. Freiheit besteht für den positiven Freiheitsbegriff immer nur innerhalb bestimmter Ordnungen, die vom Staat gewährt werden. Deshalb kann sie dem Staat auch niemals vorausliegen. Freiheit besteht nicht vor dem Staat, sondern im Staat. Damit erübrigt sich auch die vom negativ-formellen Freiheitsverständnis propagierte Trennung von „Freiheit" und „Freiheitsrecht". Freiheit wird – der Innentheorie zufolge – nicht gewährleistet, sondern nur im Rahmen der von ihm selbst errichteten Begrenzungen gewährt, und zwar – im Gegensatz zu den Annahmen der Außentheorie – als „definitive", letztverbindliche, effektive Rechtsposition.

---

[601] System, S. 103.
[602] *Häberle*, Wesensgehaltsgarantie, S. 179; *Fr. Klein*, in: von Mangold/Klein, GG, Vorb. B XV 1 b, S. 122; *Scheuner*, VVDStR 22 (1965), S. 1 (40 f.); *von Arnauld*, Freiheitsrechte, S. 15.
[603] *Häberle*, Wesensgehaltsgarantie, S. 93.

§ 3 Die Lehre vom rechtsgeprägten Grundrecht

Was das Regel-Ausnahme-Modell des von einer Rechtsordnung „Erlaubten" und „Verbotenen" anbelangt, tut sich die „Innentheorie" schwerer als die „Außentheorie". Naheliegend scheint, daß die Innentheorie das Verbot zur Regel, die Erlaubnis zur Ausnahme erklärt, weil sie nur definitive Freiheitspositionen kennt. Daher entsteht der Eindruck, daß nur das erlaubt ist, was die Gesetze ausdrücklich gestatten, weil eine Freiheit nur im (Gesetzes-)Recht und nicht außerhalb davon möglich ist. Zwingend ist das allerdings nicht. Auch die Innentheorie kann dem Satz „erlaubt ist, was nicht ausdrücklich verboten ist", zustimmen, nämlich dann, wenn man im Gesetz nicht die Beschränkung der Freiheit, sondern ihre praktische Ermöglichung sieht. Nur ist der Schutz, den sie bietet, weit geringer als der der Außentheorie. Bei der Innentheorie gehört die Begrenzung der Freiheit zum Wesensmerkmal. Sie muß nicht eigens begründet oder legitimiert werden. Verkürzungen der Freiheit sind nicht bereits durch das Wesen der Freiheitsrechte ausgeschlossen[604]. Sie ergeben sich allenfalls aus mit den Freiheitsrechten verbundenen „Leitbildern"[605].

d) Der Freiheitsbegriff der Freiheitsrechte im Grundgesetz

aa) Traditionelle Ansicht. Die h.M. bekennt sich ausdrücklich oder der Sache nach zum negativen Freiheitsbegriff. Schutzgut der Freiheitsrechte des Grundgesetzes ist nach traditioneller Ansicht die Freiheit im negativ-formellen Sinne[606]. Als wichtigster Beleg gilt ihr Art. 1 Abs. 1 GG[607] – eine Bestimmung, die, wenngleich nicht selbst Grundrecht[608], so doch zu den „tragenden Konstitutionsprinzipien"[609] des Grundgesetzes rechnet: „Die Würde des Menschen ist unantastbar. Sie zu achten und zu schützen ist Verpflichtung aller staatlichen Gewalt."

Auf Art. 1 Abs. 1 GG zur Bestimmung des grundrechtlichen Freiheitsbegriffs zu rekurrieren liegt nahe, wenn man das Wesen der Menschenwürde in der Fähigkeit zur Selbstbestimmung erblickt, die sich nur dann realisieren läßt, wenn das Individuum frei von Fremdbestimmung und frei von staatlichem Zwang bleibt. Ganz in diesem Sinne formuliert *Dürig* als einer der ersten Exegeten des Art. 1: „Jeder Mensch ist Mensch kraft seines Geistes, der ihn abhebt von der unpersönlichen Natur und ihn aus eigener Entscheidung dazu befähigt, seiner selbst bewußt zu werden, sich selbst zu bestimmen und sich und die Umwelt zu gestalten". Daß zum unverzichtbaren Kern der Menschenwürde die Fähigkeit zur Selbstbestimmung gehört, entspricht auch der Auffassung des BVerfG. Seines Erachtens gründet sich

---

[604] *von Arnauld*, Freiheitsrechte, S. 38.
[605] *Häberle*, Wesensgehaltsgarantie, S. 210 f.
[606] *J. Ipsen*, Grundrechte, Rn. 63 ff.; *Jarass*, in: Jarass/Pieroth, Vor Art. 1 GG Rn. 5; *Pieroth/Schlink*, Grundrechte, Rn. 199; *von Arnauld*, Freiheitsrechte, S. 15 ff., 25 ff.; krit. *Enderlein*, Freiheit, S. 109 ff., 134 ff.
[607] *Böckenförde*, NJW 1974, 1529 (1537); *von Arnauld*, Freiheitsrechte, S. 25.
[608] *Dreier*, in: Dreier, Art. 1 I GG Rn. 71 f.; a.A. *Höfling*, in: Sachs, Art. 1 GG Rn. 5; *Pieroth/Schlink*, Grundrechte, Rn. 350; offengelassen von BVerfGE 61, 126 (137) und *Jarass*, in: Jarass/Pieroth, Art. 1 GG Rn. 3; *Zippelius*, in: Bonner Kommentar, Art. 1 GG Rn. 26.
[609] BVerfGE 6, 32 (36); 50, 166 (175); 61, 126 (137); 72, 105 (115); 87, 209 (228).

Art. 1 Abs. 1 GG auf „die Vorstellung vom Menschen als einem geistig-sittlichen Wesen, das darauf angelegt ist, in Freiheit sich selbst zu bestimmen und sich zu entfalten."[610] Selbstbestimmung als die Möglichkeit, seine Ziele frei zu wählen und dazu die entsprechenden Mittel einzusetzen, ist aber nichts anderes als die Auswahlfreiheit, die „Freiheit zur Beliebigkeit" des negativen Freiheitsbegriffs.

Entspringt die Freiheit der Menschenwürde, die für den Staat prinzipiell unverfügbar ist[611], trifft ihn deshalb das Verbot, den Inhalt der Freiheit konstitutiv zu bestimmen. Das ist eine deutliche Absage an den positiven Freiheitsbegriff, der die Ausrichtung des Einzelnen am „objektiv Notwendigen" postuliert und damit den für alle gleich verbindlichen Inhalt der „wahren Freiheit" festlegen muß. *Carl Schmitt* hat das prägnant zusammengefaßt: „Eine Freiheit, deren Maß und Inhalt ein anderer bestimmt, ist vielleicht eine höhere, edlere, wahrere, wohlverstandenere Art von Freiheit, aber nicht das, was man in einem bürgerlichen Rechtsstaat darunter verstehen muß ... Was Freiheit ist, kann nämlich in letzter Instanz nur derjenige entscheiden, der frei sein soll. Sonst ist es nach allen menschlichen Erfahrungen mit der Freiheit schnell zu Ende."[612]

Wenn die Menschenwürde etwas ist, das der Staat zu schützen und zu achten hat, so wird deutlich, daß das Grundgesetz die Menschenwürde als eine Art „Seinsgegebenheit" voraussetzt[613]: Die Menschenwürde ist etwas „an sich" Bestehendes. Sie wird nicht vom Staat verliehen, geschaffen oder vermittelt, sondern kommt jedem Menschen bereits aufgrund seiner Existenz als Mensch zu. Sie ist ihm angeboren und liegt deshalb jeglichem staatlichen Handeln voraus. Folglich muß auch all das, was das „Wesen" der Menschenwürde ausmacht, dem Staate vorausliegen. Gehört zum Wesen der Menschenwürde die Fähigkeit zur Selbstbestimmung, die dem Menschen bereits aufgrund seiner Natur zukommt, so geht das Grundgesetz offensichtlich von einem Begriff „natürlicher Freiheit" aus[614]. Diese ist natürlich insoweit, als sie nicht vom Staate verliehen, sondern – weil sie zum Kern der Menschenwürde gehört – vom Staat zu achten und zu schützen ist.

bb) Kritik an der traditionellen Ansicht. Die Kritik am traditionellen Freiheitsverständnis stammt vornehmlich von Vertretern des positiven Freiheitsbegriffs und der „Innentheorie" des Rechts. Sie entzündet sich zunächst am realitätsfremden Menschenbild[615], das die h.M. zeichne. Die h.M. – so lautet der Vorwurf – begreife den Menschen als isoliertes Individuum und ignoriere damit seine Gemeinschaftsbezogenheit und Gemeinschaftsgebundenheit. Der Mensch des Grundgesetzes sei

---

[610] BVerfGE 45, 187 (227); vgl. weiter BVerfGE 4, 7 (15 f.); 27, 1 (7); 30, 173 (193); 32, 98 (108); 33, 303 (334); 45, 187 (227); 50, 166 (175); 50, 290 (353).
[611] BVerfGE 45, 187 (229).
[612] Freiheitsrechte, S. 140 (167).
[613] *Dürig*, in: Maunz/Dürig, Art. 1 I GG Rn. 17; *J. Ipsen*, Grundrechte, Rn. 63 f.
[614] *Alexy*, Theorie der Grundrechte, S. 323 f.; *Böckenförde*, NJW 1974, 1529 (1537 f.); *Schlink*, EuGRZ 1984, 457 ff.; a.A. *Häberle*, Wesensgehaltsgarantie, passim; *Hesse*, Verfassungsrecht, Rn. 282, 292. Im Gegensatz zu *Häberle* schließt *Hesse* aber die Existenz einer naturhaften, im Prinzip omnipotenten staatlichen Gewalt aus, vgl. Verfassungsrecht, Rn. 292.
[615] *Scheuner*, DÖV 1971, 505 (507, 511).

§ 3 Die Lehre vom rechtsgeprägten Grundrecht

kein robinsonhaft autonomes, sozial unabhängiges, ganz auf sich gestelltes, vereinzeltes Individuum[616], im ewigen Kampfe „the man versus the State"[617], sondern ein sozial gebundenes. Der Mensch als Person existiert notwendig in sozialen Bezügen. Diesen „Sozialbezug" stellt auch das BVerfG heraus, wenn es in ständiger Rechtsprechung[618] seit 1952[619] mahnt: „Das Menschenbild des Grundgesetzes ist nicht das eines isolierten souveränen Individuums; das Grundgesetz hat vielmehr die Spannung Individuum – Gemeinschaft im Sinne der Gemeinschaftsbezogenheit und Gemeinschaftsgebundenheit der Person entschieden, ohne dabei deren Eigenwert anzutasten".

Mit dieser angeblichen Fehldeutung des Menschenbildes hängt der zweite Kritikpunkt zusammen. Allein durch Ausgrenzung von Freiheitssphären, in die der Staat nicht eindringen dürfe, sondern die er als „Reservate" privater Beliebigkeit zu respektieren und zu schützen habe, könne das Zusammenleben in einer funktionell hochgradig differenzierten Gesellschaft nicht wirksam geregelt werden[620]. Die Grundrechte seien schon wegen ihrer generalklauselartigen Offenheit ohne eine einfachrechtliche Gewährleistung, Ausgestaltung und Begrenzung außerstande, dem Einzelnen einen konkreten, realen Status der Freiheit und Gleichheit zu vermitteln[621]. Nach *Häberle* sind die Grundrechte „keine normlosen Sphären der Freiheit", sondern „rechtlich geordnete und freiheitlich ausgestaltete Lebensbereiche"[622]. Deshalb bestünden die Grundrechte nur nach Maßgabe des einfachen Gesetzesrechts[623]. Grundrechte, deren Grenzen nicht durch die vom Gesetzgeber geschaffenen Rechtsnormen konkretisiert und ausgestaltet würden, blieben zur Bedeutungslosigkeit verurteilt[624]. Was Grundrechte im einzelnen seien, ergebe sich erst aus der von der Verfassung vorausgesetzten Rechtsordnung. Diese sei wesentlich durch den einfachen Gesetzgeber geschaffen[625]. Das staatliche Gesetz lasse sich nicht „in Frontstellung" zum Freiheitsrecht bringen. Es würden „Feindbilder" beschworen, die keine seien[626]. Überdies räume auch die traditionelle Lehre ein, daß die prima facie versprochene Freiheit gar nicht existiere, jedenfalls nicht als eine unbeschränkte, vorstaatliche. Der negative Freiheitsbegriff stamme aus der Zeit eines nicht demokratisch verfaßten Obrigkeitsstaates. Schon von daher passe er nicht zum Staatsverständnis des Grundgesetzes, das sich in Art. 20 GG klar zur Demokratie bekenne. Der negative Freiheitsbegriff blende die Chance der aktiven Teilhabe des Einzelnen am Prozeß der Willensbildung vollkommen aus; er berücksichtige zu we-

---

[616] *Scheuner*, DÖV 1971, 505 (506 f.); dagegen *Steinbeiß-Winkelmann*, Freiheitsordnung, S. 47.
[617] So eine Formulierung von *Thoma*, FG Preuß. OVG (1925), S. 187; darauf Bezug nehmend *C. Schmitt*, Verfassungslehre, S. 164.
[618] BVerfGE 4, 7 (15 f.); 27, 1 (7); 20, 173 (193); 27, 344 (351); 30, 1 (20); 32, 98 (108); 32, 373 (379); 50, 166 (175); 50, 290 (353); 59, 275 (279); 65, 1 (44).
[619] BVerfGE 2, 1 (12).
[620] *Holoubek*, Grundrechtliche Gewährleistungspflichten, S. 154 f.
[621] *Häberle*, Wesensgehaltsgarantie, S. 8 ff.; *Hesse*, Verfassungsrecht, Rn. 282.
[622] Wesensgehaltsgarantie, S. 97, 193.
[623] Wesensgehaltsgarantie, S. 195.
[624] Wesensgehaltsgarantie, S. 184.
[625] Wesensgehaltsgarantie, S. 194.
[626] *Hesse*, Verfassungsrecht, Rn. 304.

nig die Möglichkeit einer wenn nicht vollständigen, so doch zumindest teilweisen Übereinstimmung des auf demokratische Weise ermittelten Gemeinwohls mit den Individualinteressen.

cc) Stellungnahme. Die Kritik an der traditionellen Ansicht ist ernst zu nehmen, weil sie einige Schwachpunkte aufzeigt. In der Tat ist es ein schwieriges Unterfangen, den Freiheitsbegriff allein oder überwiegend an Art. 1 Abs. 1 GG festmachen zu wollen, noch dazu, wenn mit der Menschenwürde an einen Begriff angeknüpft wird, dem unterschiedliche „Menschenbilder" zugrundeliegen, die sich bald für die negative, bald für die positive Theorie vereinnahmen lassen. Richtig ist zudem, daß auch der negative Freiheitsbegriff die Freiheitsbeschränkung mitdenken muß: allerdings nicht bereits beim Schutzgut des Freiheitsrechts, sondern erst beim Freiheitsrecht und dem von ihm definitiv geschützten, effektiven Freiheitsraum. Unhaltbar ist jedoch die Behauptung, der negative Freiheitsbegriff lasse die Gemeinschaftsgebundenheit des Menschen völlig außer acht. Der negative Freiheitsbegriff wurde als Reaktion auf den Umstand entwickelt, daß der Mensch gerade nicht „robinsonhaft" allein für sich, sondern in Gemeinschaft lebt. Ohne die Gemeinschaft ist der Begriff der Freiheit überhaupt nicht denkbar, weil ihm der nötige Bezugspunkt fehlt: als reiner Negativbegriff (Freiheit „wovon") setzt er den Positivbegriff des „Zwanges" voraus, verstanden hier als „Fremdbestimmung" eben durch die Gemeinschaft – sei es als staatlich verfaßte, sei es als Gesellschaft. Die „Außentheorie" beabsichtigt deshalb auch nicht, das hochkomplexe Gebilde moderner Gesellschaften allein durch Markierung „staatsexempter Sphären" zu regeln, obgleich es diese Bereiche gibt und geben muß. Aber sie läßt weit klarer als die „Innentheorie" die Mechanismen der Freiheitsbeschränkung erkennen, weil sie den staatlichen Organen eine Begründungspflicht auferlegt. Dieser formelle, weil rein technische Schutz würde leerlaufen, wenn die staatliche Befugnis zur Freiheitsbeschränkung – die durch das Regel-Ausnahme-Modell nie geleugnet wird – nicht ihrerseits beschränkt wäre. Nur in einem totalitären Staatswesen kann der Staat die Grenzen der Freiheit beliebig bestimmen, ohne selbst an übergeordnete Maximen gebunden zu sein; die Begrenzung der Freiheit ist selbst grenzenlos. Freiheit besteht in einer totalitären Ordnung grundsätzlich nur nach Maßgabe staatlicher Erlaubnis. Erlaubt ist ausschließlich das, was nicht verboten, sondern ausdrücklich gestattet ist. Das Verbot ist die Regel, die Erlaubnis die Ausnahme.

Demgegenüber ist in einer freiheitlichen Rechtsordnung die Befugnis des Staates, die Freiheit des Einzelnen zu begrenzen, ihrerseits begrenzt[627]. Der liberale Rechtsstaat ist „Form der Begrenzung staatlicher Macht"[628]. Das gilt auch dann, wenn der Staat die Freiheit des Einzelnen gerade zu dem Zweck beschränkt, sie aufs Ganze gesehen zu erhalten und zu schützen. „Die Menschen im Staat opfern *nur einen Teil ihrer Freiheit*, um sich des anderen mit desto größerer Sicherheit und Ruhe zu er-

---

[627] „Die Herrschaft des Staates ist eine sachliche begrenzte, im Gemeininteresse ausgeübte Herrschaft", *G. Jellinek,* System, S. 87.
[628] Verfassungsrecht, Rn. 191.

§ 3 Die Lehre vom rechtsgeprägten Grundrecht

freuen", konstatierte *Jellinek* schon 1892[629]. Auch die Rechtsordnung des Grundgesetzes geht von der grundsätzlichen Begrenztheit aller staatlichen Gewalt in ihrer Einwirkungsmöglichkeit auf das freie Individuum aus. Die Regel staatlicher Gewaltbegrenztheit bildet nach Ansicht des BVerfG eine „Leitidee des Grundgesetzes"[630]. „Das Grundgesetz hat" – so das BVerfG – gerade „keine virtuell allumfassende Staatsgewalt verfaßt, sondern den Zweck des Staat materialiter auf die Wahrung des Gemeinwohls beschränkt, in dessen Mitte Freiheit und soziale Gerechtigkeit stehen"[631].

Hier und nur hier ist der wahre Argumentationsort für die Menschenwürde. Denn Art. 1 Abs. 1 GG enthält nicht nur den Schlüssel für das den grundrechtlichen Abwehrrechten zugrundeliegende Freiheitsverständnis, sondern trifft auch eine wichtige Feststellung im Hinblick auf das Staatsverständnis. Der Staat des Grundgesetzes ist individualistisch, nicht universalistisch[632]: Art. 1 Abs. 1 GG begründet im Verhältnis zwischen Einzelnem und Staat eine Ausgangsvermutung zugunsten des Menschen: „Der Staat ist um des Menschen willen da, nicht der Mensch um des Staates willen" hieß es sprachlich ungelenk, aber genau in Art. 1 Abs. 1 des Herrenchiemseer Verfassungsentwurfs[633]. „Der Mensch muß immer Zweck an sich selbst bleiben", meint das BVerfG vollkommen zu Recht[634]. Der Vorrang des Menschen und seiner Würde gegenüber der Macht des Staates kommt nicht zuletzt auch durch die Voranstellung der Grundrechte vor den anderen Teilen des Grundgesetzes zum Ausdruck[635]. Der Staat besteht nicht zum Selbstzweck, schon gar nicht zur Bestimmung und Durchsetzung der „wahren Freiheit" im Sinne „objektiver Notwendigkeiten", sondern er hat die freie Selbstbestimmung des Einzelnen zu achten und zu schützen. Es nützt deshalb auch nichts, einen rechtsstaatlichen gegen einen demokratischen Freiheitsbegriff ausspielen zu wollen. Beide Begriffe stehen nebeneinander. Auch ein demokratisch verfaßtes Gemeinwesen bedarf eines die Staatsgewalt mäßigenden Verfassungselements[636]. Der Bürger muß deshalb nur solche „staatliche Maßnahmen hinnehmen, die im überwiegenden Interesse der Allgemeinheit unter strikter Wahrung des Verhältnismäßigkeitsgebotes erfolgen"[637], und sich „diejenigen Schranken seiner Handlungsfreiheit gefallen lassen, die der

---

[629] System, S. 95. *Jellinek* sieht die Wurzel dieses Prinzips im Naturrecht. Das Naturrecht gehe vom Individuum aus, dem kraft seiner Natur als Mensch bereits Rechte zukämen. Die staatliche Ordnung werde vom Menschen durch freie Selbstbestimmung gemäß seinen Zwecken erzeugt. „Vom Individuum geschaffen, ist der Staat, wie alles Menschenwerk, ausschließlich individueller Zwecke wegen da. Nur soweit die individuellen Zwecke es gestatten, ist die Einschränkung der natürlichen Freiheit gerechtfertigt und geboten, und diese Einschränkung selbst ist nur dazu da, um die Individualität in dem Genusse des Restes der natürlichen Freiheit zu sichern, der nach Abzug des die Koexsitenz der Individuen sichernden Zwanges übrig bleibt".
[630] BVerfGE 6, 55 (81).
[631] BVerfGE 42, 312 (332).
[632] Zu den Begriffen *Isensee*, Staatslexikon V, Sp. 147 f.
[633] JÖR 1951, 48.
[634] BVerfGE 45, 187 (228).
[635] BVerfGE 7, 198 (205).
[636] *Bethge*, VVDStRL 57 (1998), S. 7 (10); *H.H. Klein*, Grundrechte, S. 38, 40.
[637] BVerfGE 27, 344 (350 f.); 32, 373 (379); 33, 367 (376 f.); 34, 238 (245); 35, 35 (39); 35, 202 (220 f.); 44, 353 (373); 54, 148 (154); 89, 69 (84).

Gesetzgeber zur Pflege und Förderung des sozialen Zusammenlebens in den Grenzen des bei dem gegebenen Sachverhalt allgemein Zumutbaren zieht"[638].

4. Das Schutzgut rechtsgeprägter Grundrechte

a) Normativ konstituierte Freiheit

Nicht alle Freiheitsrechte enthalten als Schutzgut die negative Freiheit im Sinne einer dem Staate vorausliegenden, dem Einzelnen kraft seiner individuellen Menschenwürde zukommenden Freiheit zur Beliebigkeit. Eine Gruppe von ihnen, die hier als rechtsgeprägte Grundrechte bezeichnet werden soll, enthält als Schutzgegenstand eine Freiheit, die ohne den Staat nicht zu haben ist, weil sie bereits „als Freiheit" direkt an die staatliche Rechtsordnung „angeseilt" ist, ohne die sie sich nicht gehörig entfalten kann.

Die Besonderheit des Schutzgutes rechtsgeprägter Freiheitsrechte liegt darin, daß die staatliche Rechtsordnung hier dem Einzelnen „etwas hinzufügt", das ihm nicht schon aufgrund seiner „Natur", auch nicht aufgrund seiner „geselligen Natur" zukommt[639]. Insoweit kann – in der Terminologie *Herzogs* – davon gesprochen werden, daß die Schutzobjekte dieser Grundrechte „Produkte der Rechtsordnung"[640] sind. Solche „rechtsgeprägten Grundrechte" verdanken die Entstehung und die Geltung ihres Schutzgegenstandes im wesentlichen der staatlichen Rechtsordnung, vor allem dem einfachen Gesetzesrecht. Ihnen liegt keine „natürlich-vorstaatliche" Freiheit zugrunde, sondern eine „normativ konstituierte"[641]. Eine Freiheit ist normativ konstituiert, wenn erst die Rechtsordnung die Möglichkeit schafft, zwischen verschiedenen Handlungsalternativen frei zu wählen[642]. Die Rechtsordnung fügt dann dem Handlungsspielraum, der dem Einzelnen kraft seiner Natur als Mensch zukommt, eine Fähigkeit hinzu, die er ohne die Rechtsordnung nicht hätte[643]. Die Rechtsordnung erweitert das „natürliche Können" im Sinne einer vom Staate unabhängigen psychisch-physischen Handlungsmöglichkeit um die Dimension eines „rechtlichen Könnens". Sie schafft eine „rechtliche Gestaltungsmacht Privater"[644]. Auf diese Weise werden aus bloßen „Tathandlungen", denen Wirkung in der Außenwelt zukommt und die deshalb rechtlich von Belang sind, Rechtshandlungen, und zwar solche, die es ohne den Staat nicht gäbe. Durch letztere Einschränkung unterscheidet sich eine Tathandlung, an die die Rechtsordnung bestimmte Wirkungen knüpft, von einer Rechtshandlung kraft rechtlichen Könnens. Rechtshandlun-

---

[638] BVerfGE 4, 7 (15); 7, 320 (323); 8, 274 (329); 45, 187 (227); 50, 290 (353); 56, 37 (49); 59, 275 (279).
[639] *G. Jellinek*, System, S. 45.; *Pieroth/Schlink*, Grundrechte, Rn. 209.
[640] *Herzog*, FS Zeidler II (1987), S. 1415 (1417).
[641] *Alexy*, Theorie der Grundrechte, S. 212 ff.; *Gellermann*, Grundrechte, S. 22 f., 90 ff., 125, 136 ff.; *Höfling*, Vertragsfreiheit, S. 21; *Lübbe-Wolff*, Eingriffsabwehrrechte, S. 84 f.; *F. Müller*, Positivität der Grundrechte, S. 65 f.
[642] *Alexy*, Theorie der Grundrechte, S. 222.
[643] *Alexy*, Theorie der Grundrechte, S. 212 ff.; 222; *Höfling*, Vertragsfreiheit, S. 21; *Jellinek*, System, S. 47; *Lübbe-Wolff*, Eingriffsabwehrrechte, S. 84 f.; *Manssen*, Privatrechtsgestaltung, S. 140 f.
[644] *Bumke*, Grundrechtsvorbehalt, S. 87.

gen kraft natürlichen Könnens können Gegenstand rechtlicher Gebote, Verbote oder Erlaubnisse sein. Sie qualifizieren das jeweilige Verhalten zwar als „geboten, verboten oder erlaubt", sie ändern aber nichts daran, daß es allein der Mensch kraft seiner natürlichen Eigenschaften und Fähigkeiten ist, der dieses Verhalten zuwege bringt, mag es erlaubt oder verboten sein[645]. Die „Normunabhängigkeit" tatsächlichen Verhaltens kraft natürlichen Könnens zeigt sich daran, daß es vom Einzelnen bewirkt werden kann, gleichgültig ob es eine Rechtsnorm gebietet, verbietet oder erlaubt: „Das Verbot hat nicht die Wirkung, die verbotene Handlung unmöglich, sondern nur die, sie rechtswidrig zu machen"[646]. Darin liegt der Unterschied zum rechtlichen Können. Bei ihm vermag der Einzelne zwar zu handeln; rechtliche Geltung wird seinem Verhalten aber erst durch einen „Akt staatlicher Anerkennung" zuteil. Diese Anerkennung ist mehr als eine „Erlaubnis", wenn man darunter die Abwesenheit staatlicher Ge- oder Verbote versteht. Sie verlangt ein positives „Ingangsetzen", weil es ohne einen wie auch immer gearteten staatlichen „Initiationsakt" kein rechtliches Können im Sinne rechtlicher Handlungsalternativen gibt[647].

All das hatte bereits 1892 *Georg Jellinek* klar gesehen, als er zwischen einem „rechtlichen Dürfen" und einem „rechtlichen Können" unterschied[648]. Das „rechtliche Dürfen" sei die Gesamtheit aller rechtlich relevanten, d.h. auf andere wirkenden Handlungen, die von der Rechtsordnung nicht verboten seien. Die Handlungen als solche seien stets möglich; nur würden manche von der Rechtsordnung erlaubt, andere verboten. Demgegenüber betreffe das „rechtliche Können" die Gesamtheit der von einer Rechtsordnung gewährten rechtlich relevanten Fähigkeiten[649]. Es werde von denjenigen Bestimmungen der Rechtsordnung konstituiert, die die Gültigkeit von Rechtshandlungen und Rechtsgeschäften beträfen. Der Unterschied zum „rechtlichen Dürfen" zeige sich vor allem, wenn die Voraussetzungen, von denen die Rechtsordnung ein rechtliches Können abhingen, nicht erfüllt seien: „Die Rechtsordnung verbietet diesen Vorschriften widersprechende Handlungen durchaus nicht, sondern sie versagt ihnen nur die rechtliche Wirkung, der Richter kann zu ihrem Schutze wirksam nicht angerufen werden."[650] Widerspricht eine Handlung einem Nichtdürfen, ist sie rechtlich relevant, widerspricht sie einem „Nichtkönnen" ist sie rechtlich irrelevant. „Das rechtliche Nichtdürfen kann übertreten werden, das rechtliche Nichtkönnen niemals. Dort ist Strafe und Reparationspflicht Rechtsfolge der verbotenen, hier Nichtigkeit der unverbotenen aber irrelevanten Handlung"[651].

Normativ konstituierte Freiheit ist also nichts anderes als eine Freiheit durch Normbestände[652]. Zur praktischen Ausübung seiner Freiheit ist der Einzelne hier

---

[645] Vgl. *Alexy*, Theorie der Grundrechte, S. 216.
[646] *Jellinek*, System, S. 46.
[647] *Alexy*, Theorie der Grundrechte, S. 222.
[648] G. *Jellinek*, System, S. 46 ff. Diese Unterscheidung an sich ist freilich noch älterer Natur, vgl. G. *Jellinek*, a.a.O., m.w.N.
[649] G. *Jellinek*, System, S. 48.
[650] G. *Jellinek*, System, S. 47.
[651] G. *Jellinek*, System, S. 48.
[652] So *Manssen*, Privatrechtsgestaltung, S. 159 für die Vertragsfreiheit.

auf die Schaffung und den Erhalt von Rechtsnormen angewiesen. Anders als natürliche Freiheiten, die „selbstexekutiv" sind, benötigen normativ konstituierte Freiheiten gesetzlicher „Ausübungshilfen", um zu realen Freiheitspositionen zu erstarken[653]. Indes steht es bei „vorstaatlichen" wie bei normativ konstituierten Freiheiten im Belieben des Einzelnen, ob und wie er mit seiner Freiheit verfährt[654]. Natürliche Freiheit braucht der Staat nur zu gewährleisten, durch ihn konstituierte Freiheit muß er gewähren.

b) „Kontaktfreiheiten"

Grundrechte, die normativ konstituierte Freiheiten schützen, weisen gegenüber Grundrechten, die natürlich-vorstaatliche Freiheiten verbürgen, noch eine weitere Besonderheit auf. Ihr Schutzgut ist nicht nur rechtserzeugt, sondern stellt zumeist eine „Kontaktfreiheit" dar. Kontaktfreiheiten weisen gegenüber Individualfreiheiten einen „spezifischen Sozialbezug auf"[655]. In ihnen manifestieren sich Handlungsmöglichkeiten, die der Grundrechtsträger nicht allein, sondern nur zusammen mit mindestens einem weiteren Grundrechtsträger bewerkstelligen kann, zu dem er in Verbindung treten und zu dem er in Verbindung bleiben muß. Von Kontaktfreiheiten läßt sich folglich kein isolierter Gebrauch machen; erforderlich ist stets die Mitwirkung mindestens eines anderen. Erst in ihrem Zusammenwirken realisieren die Beteiligten ihre „Freiheit zur Beliebigkeit". Das unterscheidet Kontakt- von Individualfreiheiten: eine Meinung zu äußern, einen Glauben zu haben oder eine Gewissensentscheidung zu treffen, sind Freiheiten, die sich auch ohne weitere Personen bewerkstelligen lassen, einen Vertrag zu schließen, eine Vereinigung zu gründen, eine Ehe einzugehen dagegen nicht.

Nun sind die Möglichkeiten der Kontaktaufnahme und des Beziehungsinhalts vielfältig. Ob überhaupt eine Verbindung hergestellt und wann sie wieder beendet werden soll, unterliegt bei einer „Kontaktfreiheit" ebenso der freien Disposition der Beteiligten wie ihr Inhalt. „Ob" und „Wie" sind an sich autonom regelbar. Diese „Vielfalt" hat allerdings ihren Preis. „Kontaktfreiheiten" bergen üblicherweise ein weit größeres Konfliktpotential in sich als „Individualfreiheiten". Stets verlangen sie den Interessenausgleich der Beteiligten, der die Verwirklichung unbeschränkter, grenzenloser Freiheit schon im Ansatz utopisch werden läßt. Gelingt dieser Ausgleich nicht, sind Streit und Unfrieden die Folge, bei dem sich letztlich der Stärkere auf Kosten des Schwächeren durchsetzen würde. Gerade das kann der moderne Staat nicht tolerieren. Sieht man seine Aufgabe darin, mittels der von ihm zur Verfügung gestellten und von ihm durchgesetzten Rechtsordnung den Frieden zu sichern und dafür zu sorgen, daß die Freiheit des einen mit der des anderen verträglich bleibt, darf er nicht in reiner Passivität verharren. Soll nicht die Selbstbestimmung des Stärkeren zur Fremdbestimmung des Schwächeren geraten, muß er den Beteiligten Mittel und Wege zur Verfügung stellen, damit diese ihren

---

[653] *Höfling*, Vertragsfreiheit, S. 27.
[654] *Lübbe-Wolff*, Eingriffsabwehrrechte, S. 103.
[655] *Gellermann*, Grundrechte, S. 136 zur Vertragsfreiheit.

Kontakt auf friedliche und für beide Teile gerechte Art und Weise organisieren können. Eine derart vermittelnde Staatstätigkeit wirkt entlastend, weil sie den Koordinierungsbedarf der Parteien durch die Vorgabe gewisser Formen und Inhalte senkt und ihnen zugleich die Durchsetzbarkeit der staatlicherseits anerkannter Positionen garantiert.

In der Unzulänglichkeit aller Verfahren einer Selbstregelung von Kontaktfreiheiten durch die Parteien liegt denn auch die innere Begründung für die „Rechtsgeprägtheit" dieser besonderen Art von Grundrechten. Es kommt nicht von ungefähr, daß sich gerade bei ihnen das Problem des „rechtlichen Könnens" stellt. Schon im Ansatzpunkt vermögen Kontaktfreiheiten nur als vom Staat geordnete und damit als „rechtlich konstituierte Freiheiten" zu bestehen. Bei ihnen verbietet sich die Annahme einer a priori vorstaatlichen, natürlichen Freiheit, die erst später eine staatliche Begrenzung erfährt. Vielmehr „denken" Kontaktfreiheiten ihre staatliche Ordnung und Vermittlung mit, weil sie ohne diese nicht wirksam bestehen könnten. Diese apriorische Begrenztheit, die sich aus der Struktur als „Kontaktfreiheiten" ergibt, darf indes nicht verwechselt werden mit der Befugnis des Staates, „natürlich-vorstaatliche" Freiheit in ihre Schranken zu verweisen. Bei rechtsgeprägten Grundrechten ist die staatliche Ordnung freiheitsermöglichend, weil erst sie die Mittel und Verfahren bereitstellt, mit denen sich Freiheit als Kontaktfreiheit wahrnehmen läßt. Das ist bei Individualfreiheiten weder möglich noch erforderlich.

Die Besonderheiten einer normativ konstituierten Freiheit spiegeln sich nicht zuletzt im rechtsstaatlichen Verteilungsprinzip. Während für „natürliche Freiheiten" die Freiheit den Primat gegenüber der Beschränkung reklamiert, gilt für rechtlich konstituierte Freiheiten der Satz: „Gültig ist nur das, was die Rechtsordnung für gültig erklärt hat." Das staatliche Handeln erscheint bei ihnen nicht als besonders zu rechtfertigende Ausnahme, sondern als Regel. Freiheitsbetätigung unter Berufung auf Normbestände ist nur möglich, soweit sie vom Staate anerkannt wird. Der Umfang der Anerkennung ist mit der Umkehrung des Regel-Ausnahme-Verhältnisses noch nicht vorgegeben: sie kann generalklauselartig weit oder fein ausziseliert sein. Die Schutzdichte ist einstweilen offen. Offen ist ferner, ob und wenn ja welchen Bindungen der Gesetzgeber bei der Grundrechtsausgestaltung unterliegt.

c) Beispiele für Grundrechte mit rechtlich konstituiertem Schutzgut

Die Schar von Grundrechten mit einer erst durch die Rechtsordnung konstituierten Freiheit als Schutzgut ist nicht zu übersehen. Nicht von ungefähr lassen sie sich vor allem dort ausmachen, wo Rechtsprechung und h.L. bislang von Grundrechten mit der Verbürgung von „Instituts-" oder „Einrichtungsgarantien" ausgegangen sind, soll damit doch zum Ausdruck gebracht werden, daß solche Grundrechte nicht nur „individuelle Freiheiten", sondern auch einen „Kernbestand" von Normen schützen.

Einige wichtige hatte bereits *Jellinek* genannt: „Das Individuum mag welche Geschlechtsverbindung auch immer eingehen, zur Ehe wird sie nur unter den vom objektiven Recht festgesetzten Bedingungen; es mag welche Verfügungen auch immer auf den Todesfall treffen, zum Testament werden sie nur auf Grund der Rechtsvorschriften erhoben." Diese Beispiele lassen sich ohne weiteres vermehren: Das Individuum mag beliebige Versprechen austauschen – zum Vertrag werden sie erst durch die einfachrechtlichen Normen des Zivilrechts[656]; es mag sich mit anderen Individuen zusammenschließen – zum Verein oder zur Gesellschaft wird dieser Zusammenschluß erst aufgrund der Vorschriften des bürgerlichen Rechts. Ob es Verträge, Vereine oder Gesellschaften auch ohne das Zivilrecht gäbe, wie immer wieder behauptet wird[657], kann dahinstehen. Die Geltung als rechtliche Institutionen verleiht ihnen ausschließlich die Rechtsordnung[658]. Ein Vertrag – ob individueller oder kollektiver Natur – im hier gemeinten Sinne ist deshalb nur das, was mit Blickwinkel auf die Rechtsordnung geschlossen wird, und zwar mit dem Ziel, von dieser als verbindlich anerkannt zu werden[659].

B. Der Schutz normativ konstituierter Freiheiten

I. Grundfragen

1. Schutzbedürftigkeit und Schutzwürdigkeit

Daß auch normativ konstituierte Freiheiten eines verfassungsrechtlichen Schutzes bedürfen, wird von vielen Autoren anerkannt[660]. Zumeist wird darauf verwiesen, daß normativ-konstituierte Freiheiten keinesfalls weniger schutzbedürftig sind als natürlich-vorstaatliche[661]. Die Möglichkeit, Individual- und Kollektivverträge zu schließen, eine Vereinigung zu gründen, eine Ehe einzugehen, Eigentum zu erwerben, zu veräußern oder zu belasten, ist für den Einzelnen nicht weniger wichtig, als an einer Versammlung teilzunehmen, eine Meinung zu äußern, oder einen Beruf auszuüben. Da der Staat bei normativ konstituierten Freiheiten bereits über die Geltung einer Rechtshandlung und damit über ihre Existenz im Rechtssinne entscheiden kann, steht ihm mit deren Versagung ein besonders wirkungsvolles Instrument zur Freiheitsbegrenzung zur Verfügung[662].

Ob ein spezifisch grundrechtlicher Schutz normativ konstituierter Freiheit überhaupt realisiert werden kann, ist nicht gesagt. Ein möglicher Einwand könnte lauten: „Was im Rechtssinne nicht existiert, kann grundrechtlich nicht gewährleistet werden". Es ist nicht auszuschließen, daß sich natürliche und normativ konstituierte Freiheiten nicht auf dieselbe Weise schützen lassen. Die gegen einen abwehrrecht-

---

[656] *Höfling*, Vertragsfreiheit, S. 27.
[657] *Husserl*, Rechtskraft und Rechtsgeltung, S. 39; *Stern*, VerwArch 49 (1958), S. 106 (122 f.); vgl. auch *Ehrlich*, Stillschweigende Willenserklärung, S. 3: Der Vertrag werde nicht durch das Recht geschaffen, sondern sei älter als das Recht und reiche weiter als das Recht.
[658] *Alexy*, Theorie der Grundrechte, S. 215; *Höfling*, Vertragsfreiheit, S. 22, 27; *Leisner*, Grundrechte und Privatrecht, S. 328; *Lübbe-Wolff*, Eingriffsabwehrrechte, S. 81.
[659] *Manssen*, Privatrechtsgestaltung, S. 142.
[660] *Lübbe-Wolff*, Eingriffsabwehrrechte, S. 75.
[661] *Lübbe-Wolff*, Eingriffsabwehrrechte, S. 75.
[662] *Alexy*, Theorie der Grundrechte, S. 222; *Höfling*, Vertragsfreiheit, S. 27.

lichen Schutz erhobenen Bedenken[663] müssen ernstgenommen werden. Ihre Stichhaltigkeit läßt sich jedoch erst nach einer Analyse möglicher Schutzalternativen beurteilen. Ringt man sich zu einem grundrechtlichen Schutz durch, bleibt die Frage, ob und wenn ja welchen (zusätzlichen) Bindungen der Gesetzgeber unterliegt. Erst und nur in diesem Zusammenhang stellen sich die Probleme von Grundrechtsausgestaltung, Grundrechtsumgestaltung und Grundrechtseingriff.

Allerdings wird durch diese Terminologie von vornherein die Perspektive des Grundrechts, nicht des einfachen Rechts nahegelegt: das *Grundrecht* wird ausgestaltet, in das *Grundrecht* wird eingegriffen usw. Diese Sichtweise ist insoweit berechtigt, als dem Verfassungsrecht höherer Rang zukommt als dem einfachen Recht, an dem es gemessen werden muß, weil der (einfache) Gesetzgeber grundrechtsgebunden zu agieren hat (Art. 1 Abs. 3 GG). In Vergessenheit gerät dabei, daß einfaches Gesetzesrecht bei der Aufnahme der Grundrechte ins Grundgesetz bereits in weitem Umfange vorhanden war. Der Verfassungsgeber hat keine „tabula-rasa"-Situation vorgefunden, sondern ein dichtes Netz einfachrechtlicher Vorschriften. Historisch-genetisch betrachtet kann also keineswegs die Rede davon sein, daß ausgestaltungsbedürftige Grundrechte den Gesetzgeber zu ihrer „Durchnormierung" aufgefordert hätten. Tatsächlich kann ein grundrechtlicher Schutz nur der Sicherung des einfachrechtlichen Normenbestandes dienen[664]. Insoweit verfolgt das Grundrecht keinen Selbstzweck, sondern einen Schutzweck für die einfachrechtlichen Normenbestände, auf deren Bestand und Erhalt eine normativ-konstituierte Freiheit zwingend angewiesen ist.

2. Dimensionen der Schutzbedürftigkeit

Natürliche und konstituierte Freiheiten weisen Unterschiede in ihrer Schutzbedürftigkeit auf, die bei der Analyse der in Betracht kommenden Schutzkonzepte nicht außer acht gelassen werden dürfen. Wenn konstituierte Freiheiten rechtliche Handlungsmöglichkeiten darstellen, die auf die zwingende Vermittlung durch einfachrechtliche Normenbestände angewiesen sind, muß ihnen Schutz in drei Richtungen zukommen: zunächst muß die Schaffung des freiheitskonstituierenden Normenbestandes gewährleistet werden, dann ist eine Sicherung vor seiner willkürlichen Änderung erforderlich, endlich darf der Normenbestand nicht ohne weiteres beseitigt werden.

---

[663] *Borowski*, Grundrechte als Prinzipien, S. 136 f.; *Gellermann*, Grundrechte, S. 407 ff., 410 ff.; *Heun*, Funktionell-rechtliche Schranken, S. 72 f.; *Isensee*, HdbStR V, § 111 Rn. 160; *Pieroth*, AöR 115 (1990), S. 517 (519); *Robbers*, DÖV 1989, 687 (688); *Roth*, Faktische Eingriffe, S. 169; speziell gegen einen grundrechtlichen Schutz der Vertragsfreiheit *Flume*, Rechtsgeschäft, S. 17 ff.; *E.-R. Huber*, AöR 23 (1933), S. 1 (40); *H. Huber*, Vertragsfreiheit, S. 24; *Roscher*, Vertragsfreiheit, S. 46 ff.; *Schmidt-Salzer*, NJW 1970, 8 (15).

[664] *Cornils*, Ausgestaltung, S. 540 ff.; *Gellermann*, Grundrechte, S. 408 ff.; *Lübbe-Wolff*, Eingriffsabwehrrechte, S. 149 ff.; *Manssen*, Privatrechtsgestaltung, S. 170 ff.

a) Schaffung des freiheitskonstituierenden Normenbestandes

„Rechtliches Können" verlangt zur praktischen Realisierung nach Normenbeständen. Der Nichterlaß dieser „Ausübungshilfen" stellt ein Freiheitshindernis ersten Ranges dar, das der natürlich-vorstaatlichen Freiheit unbekannt ist. Anders als bei dieser ist bei jener stets eine aktivierende staatliche Tätigkeit erforderlich, ohne die sie nicht wirksam werden kann. Der Staat muß bestimmte Handlungen als Rechtshandlungen qualifizieren und ihnen rechtliche Geltung verschaffen. Unterläßt er dies, kann konstituierte Freiheit nicht als solche wirksam werden. Zwar ließen sich Vereinbarungen schließen und Gemeinschaften eingehen; diese würden aber außerhalb der staatlichen Rechtsordnung stehen und hätten damit keine Chance, vom Staate und seinen Organen notfalls auch gegen den Willen und den Widerstand eines Betroffenen durchgesetzt zu werden.

Freilich ist der Nichterlaß eines freiheitskonstituierenden Normenbestands in der Praxis kein großes Problem. Die maßgeblichen Institute des Privatrechts bestehen seit langer Zeit und haben sich – zumindest in ihren Grundzügen – so fest etabliert, daß daran nicht zu rütteln ist. Gleichwohl verdient auch die (erstmalige) Schaffung des freiheitskonstituierenden Normenkomplexes Beachtung, weil der Gesetzgeber mit diesem konstitutivem Akt aus der Vielzahl theoretisch denkbarer Regelungsformen bestimmte herausgreift. Indem er nur diese mit rechtlicher Geltungskraft versieht, bleibt möglichen anderen die staatliche Anerkennung versagt. Beispiele für diesen numerus clausus rechtlicher Gestaltungsformen ist der Typenzwang im Gesellschafts-, Familien- und Sachenrecht. Mit dieser konstitutiven Auswahl ist eine für die normativ konstituierten Freiheiten grundlegende Beschränkungsform verbunden. Da konstituierte Freiheit nur in Gestalt staatlich festgelegter Ordnungen existieren kann, ist eine Freiheit jenseits dieser Ordnungen zwar denkbar, aber nicht als rechtliche, d.h. staatlich anerkannte Freiheit praktizierbar. Beschränkend wirkt hier die Nichtgewährung alternativer Freiheitsformen.

Selbst wo es, wie etwa im Recht der Schuldverträge, keinen solchen Typenzwang gibt, kann die vom Staat zur Verfügung gestellte Ordnung zur Verwirklichung des „rechtliche Können" von vornherein unter erheblichen Restriktionen stehen. Der Staat ist nicht darauf verwiesen, rechtliches Können in denkbar weitestem Umfang zu ermöglichen, um es danach Schritt für Schritt wieder einzufangen. Rechtliches Können kann schon anfänglich von nur schwierig zu erfüllenden Voraussetzungen abhängen. Ein Beispiel hierfür ist die zum Abschluß von Tarifverträgen erforderliche Tariffähigkeit. Nicht jede Arbeitnehmerkoalition ist nach der Rechtsprechung zum Abschluß von Tarifverträgen in der Lage. Vorausgesetzt wird vielmehr ein freiwillig gebildeter, gegnerfreier, überbetrieblich und demokratisch organisierter, vom sozialen Gegenspieler unabhängiger Zusammenschluss, der das geltende Tarifrecht als für sich verbindlich anerkennt sowie willens und in der Lage ist, Tarifverträge abzuschließen[665]. Das BAG verlangt als zusätzliches Merkmal eine „hinreichende Mächtigkeit"der Arbeitnehmerkoalition. Eine Richtigkeitsgewähr der Tarifverträge

---

[665] Vgl. z.B. BVerfGE 50, 290 (368); 58, 233 (247); zu den Merkmalen im einzelnen vgl. z.B. *Oetker*, in: Wiedemann, § 2 TVG Rn. 171-331.

bestehe nur, wenn die sozialen Gegenspieler über hinreichende Verbandsmacht und Durchsetzungskraft verfügten[666]. Freilich verwundert es nicht, daß diese vom BAG aufgestellte zusätzliche Bedingung umstritten ist: nicht nur, weil sie die großen und etablierten Gewerkschaften zu Lasten der kleinen und jungen privilegiert[667], sondern weil bis heute unklar ist, anhand welcher Faktoren das Kriterium der sozialen Mächtigkeit zu bestimmen ist[668]. Unter verfassungsrechtlichen Gesichtspunkten liegt aber auch hier ein Problem der Ausgestaltung, nicht des Eingriffs in die Koalitionsfreiheit vor, weil es um die Grund- und Ausgangsbedingungen einer normativ konstituierten Freiheit geht. Daß die soziale Mächtigkeit zu einer echten Freiheitbeschränkung für kleinere Verbände werden kann, steht dieser Einschätzung nicht entgegen. Vielmehr belegt sie mit Nachdruck die Notwendigkeit, bereits an die Schaffung des freiheitskonstituierende strenge verfassungsrechtliche Anforderungen zu stellen.

b) Änderung des Normenbestandes

Rechtliches Können bedarf nicht allein der erstmaligen Schaffung freiheitskonstituierender Normen. Die einschlägigen Rechtsinstitute müssen auch „funktionsfähig" gehalten werden. Funktionsverluste können intern oder extern bedingt sein. Die einfachrechtlichen Normenkomplexe können sich im Laufe der Zeit als untauglich erweisen und selbst unangemessene Hindernisse bei der Verwirklichung der Freiheit darstellen. So kann es sein, daß der Gesetzgeber Probleme, die sich erst bei der späteren Anwendung des einfachen Rechts ergeben, verkannt hat und daß er später nachbessern muß. Auch können sich im Laufe der Zeit die Anschauungen der Beteiligten wandeln. Im Zeichen der Globalisierung können fremde Leitvorstellungen Einfluß auf den Normbestand gewinnen. Soll normativ konstituierte Freiheit wirksam wahrgenommen werden, darf es zu keiner Versteinerung des Normbestands kommen. Es müssen Mittel und Wege gefunden werden, den Normenbestand zwar an die „Lebenswirklichkeit" anzupassen, ihn aber vor willkürlicher Änderung um jeden Preis zu bewahren.

c) Beseitigung des Normenbestandes

Die größte Gefahr für jede normativ konstituierte Freiheit geht von der teilweisen oder vollständigen Beseitigung des Normenbestandes aus, der das rechtliche

---

[666] BAG, Urt. v. 16.11.1982, 10.9.1985, 25.11.1986, 16.1.1990, AP Nr. 32, 34, 36, 38, 39 zu § 2 TVG.

[667] *Gamillscheg*, Kollektives Arbeitsrecht, S. 433; *Zöllner/Loritz*, § 34 I 2 a.

[668] Während das BAG hierfür zunächst insbesondere die Zahl der Mitglieder und ihre Stellung in den Betrieben sowie den organisatorischen Aufbau für beachtlich erklärte (Urt. v. 15.3.1977, AP Nr. 24 zu Art. 9 GG), stellte es in neueren Entscheidungen vor allem auf den tatsächlichen Abschluß von Tarifverträgen ab, wobei schon ernsthafte Verhandlungen über den Abschluß von Tarifverträgen genügten, wenn sich darin zeige, daß der soziale Gegenspieler die Vereinigung ernst nehme, vgl. Urt. v. 25.11.1986, AP Nr. 36 zu § 2 TVG. Maßgeblich sei eine Gesamtschau aller Umstände des Einzelfalles, vgl. zusammenfassend *Schaub*, in: ErfK, § 2 TVG Rn. 11 ff.

Können erst ermöglicht. Hierin liegt ihre eigentümliche Schwäche. Gerade weil sie freiheitsermöglichender Normenkomplexe bedarf, ist sie erst recht auf den Erhalt dieser Normenkomplexe angewiesen. Darin unterscheiden sich letztlich natürliche und staatlich konstituierte Freiheit. Der Abbau staatlicher Normen bedroht nur die staatlich-konstituierte, nicht jedoch die natürliche Freiheit. Erstere bedarf eines intensiven Normenbestandsschutzes, letztere nicht. Wie weit dieser gehen kann, ist Gegenstand einer weitverzweigten Diskussion. Den Mittelpunkt der Debatte bildet die Frage, ob sich der Schutz auf einen wie auch immer zu bestehenden „Normenkern" beschränkt oder ob er darüber hinausreicht.

Daran schließt sich eine zweite Frage an. Bedroht vom Zugriff ist nicht nur der konkrete Normenbestand, sondern auch die konkrete Rechtsposition, die der Einzelne in Ausübung normativ konstituierter Freiheit erlangt hat: ein konkreter Vertrag, aus dem sich ein Anspruch gegen den Vertragspartner ergibt, die Mitgliedschaft in einer tatsächlich bestehenden Gesellschaft, die rechtliche Stellung des einen Ehegatten gegenüber dem anderen in einer bestimmten Ehe. Konkrete Rechtspositionen als Resultat eines praktisch verwirklichten rechtlichen Könnens sind keinesfalls weniger schutzbedürftig als die abstrakte Möglichkeit, erst künftig solche Positionen einzugehen oder zu erwerben. Seltsamerweise gewährt die derzeit h.M. aber konkreten Rechtspositionen einen sehr viel stärkeren Schutz als der bloß abstrakten Möglichkeit rechtlichen Könnens[669].

II. Schutz (nur) nach Maßgabe des einfachen Rechts

1. Unmöglichkeit eines verfassungsrechtlichen Schutzes

Die Möglichkeit eines verfassungsrechtlichen Schutzes rechtlich konstituierter Freiheit wird von manchen generell in Abrede gestellt[670]. Rechtliches Können entfalte sich nur in den Bahnen des einfachen Rechts. Erst recht verbiete sich die Annahme, auf staatliche Ausübungshilfen angewiesene Freiheiten bildeten einen tauglichen Gegenstand eines spezifisch grundrechtlichen Abwehrschutzes. Grundrechte zum Schutze erst durch das einfache Recht konstituierter Freiheiten seien nur „scheinbar" liberale Freiheitsrechte. In Wahrheit meinten solche Vorschriften „keine echte Freiheit, sondern nur die Freiheit, das zu tun, was die Gesetze erlauben"[671]. Wenn rechtlich konstituierte Freiheiten die Rechtsordnung als Korrelat forderten, könnten sie gar nicht anders als nach deren Maßgabe gewährleistet sein[672]. Sie gälten nur, soweit sie das positive Recht gewähre[673].

---

[669] S. vor allem *Gellermann*, Grundrechte, S. 456.
[670] Hinsichtlich der Vertragsfreiheit *Flume*, Rechtsgeschäft, S. 17 ff.; *E.-R. Huber*, AöR 23 (1933), S. 1 (40); *H. Huber*, Vertragsfreiheit (1966), S. 24; *Roscher*, Vertragsfreiheit, S. 46 ff.; *Schmidt-Salzer*, NJW 1970, 8 (15).
[671] So zur Vertragsfreiheit *E.-R. Huber*, AöR 23 (1933), S. 1 (40).
[672] *H. Huber*, Vertragsfreiheit, S. 18 ff.
[673] *Stoll*, in: Nipperdey, Grundrechte der WRV III, S. 181 (zu Art. 152 WRV).

2. Die Grundposition unter der WRV

Vor allem unter der Weimarer Reichsverfassung wurde für die wichtigsten Vertreter normativ konstituierter Freiheiten – des Vertrags, Eigentums und Erbrechts – ein (besonderer) verfassungsrechtlicher Schutz bezweifelt[674]. An eine Mobilisierung der Freiheitsrechte gegen den Gesetzgeber war schon deshalb nicht zu denken, weil die WRV die meisten von ihnen ausdrücklich unter einen „Maßgabevorbehalt" gestellt hatte. Das galt vor allem für die Grundpfeiler der Privatrechtsordnung. Art. 152 Abs. 1 WRV bestimmte: „Im Wirtschaftsverkehr gilt Vertragsfreiheit *nach Maßgabe der Gesetze*". Entsprechendes ordnete Art. 154 Abs. 1 WRV für das Erbrecht an: „Das Erbrecht wird *nach Maßgabe des bürgerlichen Rechts* gewährleistet". Ähnlich formulierte Art. 153 Abs. 1 Satz 2 WRV für das Eigentum: „Sein Inhalt und seine Schranken ergeben sich *aus den Gesetzen*". Angesichts dieses klaren Normbefundes verwundert die Aussage der zeitgenössischen Exegeten wenig, daß es sich bei diesen „Garantien" im wesentlichen um „leerlaufende Grundrechte"[675] handele, die „nichts Neues" sagten[676], sondern nur den bestehenden Rechtszustand bestätigten[677]. Sie stellten nur das unter den „Schutz der Gesetzlichkeit", was ohnehin schon unter diesem stehe[678]. Die genannten Grundrechtsartikel seien materiell bedeutungslos, weil die Verfassung im Nachsatz wieder nehme, was sie im Vordersatz gewährleistet habe[679]. Von einem Grundrechte in dem Sinne, daß es durch die Verfassung irgendwie über das Niveau eines der einfachen Gesetzgebung unterliegenden Rechtsinstituts hinausgehoben und durch einen positiven „Rechtsgrundsatz" gegen Aufhebung und grundlegende Umgestaltung geschützt wäre, könne bei erst staatlich konstituierten Freiheiten – gedacht war vor allem an die Vertrags-, Eigentums- und Erbrechtsfreiheit" – nicht die Rede sein[680].

Die enge Verbindung zwischen rechtlich konstituierter (Vertrags-, Eigentums-, Erbrechts- usw.) Freiheit und dem einfachen Gesetzesrecht erschien den meisten Autoren als so selbstverständlich und untrennbar, daß diese – wenn man sie überhaupt problematisierte – stets im Sinne eines Primats des einfachen Rechts gegenüber der Verfassung gedeutet wurde. Umgestaltung und Aufhebung einzelner konstituierter Rechtspositionen galten deshalb im Prinzip als nicht rechtfertigungsbedürftig. Die Vorstellung einer verfassungsrechtlichen Bindung des Gesetzgebers hielten nicht wenige gerade bei rechtlich konstituierten Freiheiten für abwegig; mehrheitlich ging man von einer vollkommen oder weitgehend freien Einschränk-

---

[674] So vor allem *Thoma*, FG Preuß. OVG (1925), S. 196; vgl. auch *Boehmer*, in: Nipperdey, Grundrechte der WRV III, S. 252 (zu Art. 154 WRV); *Stoll*, in: Nipperdey, Grundrechte der WRV III, S. 185 (zu Art. 152 WRV).

[675] *Boehmer*, in: Nipperdey, Grundrechte der WRV III, S. 253; *Thoma*, FG Preuß. OVG (1925), S. 196.

[676] Z.B. *Siber*, JhrJb 70, S. 225: „Art. 152 WRV besagt ja nur, was ohnehin niemand bezweifelt, daß Verträge nach Maßgabe der Gesetze wirksam sind; das hat natürlich von jeher gegolten, und es gilt auch weiterhin"; *Stoll*, in: Nipperdey, Grundrechte der WRV III, S. 185 (zu Art. 152 WRV).

[677] *Boehmer*, in: Nipperdey, Grundrechte der WRV III, S. 252.

[678] *Boehmer*, in: Nipperdey, Grundrechte der WRV III, S. 252; *Thoma*, FG Preuß. OVG (1925), S. 196.

[679] *Von Freytagh-Loringhoven*, Reichsverfassung, S. 364 (366); *Hofacker*, Grundrechte, S. 62.

[680] *Thoma*, FG Preuß. OVG (1925), S. 196.

barkeit aus⁶⁸¹. Für diese Ansicht mochten nicht zuletzt „technische" Gründe mitverantwortlich zeichnen. Wollte man die Anerkennung einer „a priori" schrankenlosen Freiheit von Rechtspositionen vermeiden, und das war das erklärte Ziel⁶⁸², so hätte man – verbreiteter Meinung zufolge – sämtliche (bestehenden) Schranken in der Verfassung aufzählen müssen. Das wäre ebensowenig möglich gewesen wie deren stetige Fortschreibung⁶⁸³.

Angesichts des materiell weitgehend leerlaufenden Schutzes normativ konstituierter Freiheiten verwundert es nicht, daß nur selten nach dem Sinn und Zweck ihrer verfassungsrechtlichen Verankerung gefragt wurde. Das Problem stellte sich allenfalls dann, wenn man in diesen Vorschriften nicht bloße „Programmsätze", sondern „aktuelles Recht"⁶⁸⁴ erblickte. Wer – wie etwa *Heinrich Stoll*⁶⁸⁵ – von ihrer positiven Geltung überzeugt war, nahm zumeist an, daß der Verfassungsgeber angesichts des „Programms des Sozialismus und seiner Machtstellung nach der Revolution von 1918" ein deutliches Zeichen zugunsten der Anerkennung der bisherigen bürgerlichen Rechtsordnung und ihrer wesentlichen Rechtsinstitute setzen wollte. Die verfassungsmäßige Sanktion von Eigentum, Vertrag, Erbrecht usw. sollte als bindende Richtschnur für die künftige Gesetzgebung dienen. Gesetze, die auf eine Beseitigung der bürgerlich-rechtstaatlichen Ordnung zugunsten einer sozialistischen Werteordnung zielten, sollten durch die verfassungskräftige Verankerung der „Grundpfeiler" der Privatrechtsordnung ausgeschlossen werden⁶⁸⁶. Ganz in diesem Sinne vindizierte *Smend*⁶⁸⁷ den die Privatrechtsordnung tragenden Grundrechten den Rang von Normen, „die dem Reich der Weimarer Verfassung die Legitimität eines Kultursystems geben, das die bisherige bürgerliche Rechtsordnung in ihren Kerninstituten (Vertragsfreiheit, Eigentum, Ehe, Erbrecht) festhält und dadurch die für das bürgerliche Zeitalter bezeichnendste und wichtigste Legitimitätsquelle enthält". Die verfassungsrechtliche Verankerung sollte die Gesamtheit der privaten Grundrechte vor einer „Entstellung" bewahren. Sie sollte die „Sprengung der Einheit des Kultursystems der bürgerlichen Rechtsordnung" abwehren helfen, die die Weimarer Republik in ihren Anfangsjahren konkret bedroht hatte⁶⁸⁸. So gesehen

---

⁶⁸¹ *Anschütz*, Art. 154 WRV (8. Aufl.), S. 404: „Die tatsächliche Bedeutung dieser Sicherung ist jedoch sehr gering, da Art. 154 dem Gesetzgeber, ... was die Gestaltung des Erbrechts ... betrifft, freie Hand läßt; *Boehmer*, in: Nipperdey, Grundrechte der WRV III, S. 252, 256 für die Freiheit des Erbrechts; *Schelcher*, in: Nipperdey, Grundrechte der WRV III, S. 208 für das Eigentum; *Stoll*, in: Nipperdey, Grundrechte der WRV III, S. 185 für die Vertragsfreiheit; *Thoma*, FG Preuß. OVG (1925), S. 196; *M. Wolff*, FS Kahl (1923), S. 1 (7): „Reichsgesetzliche Einengungen des Eigentümerbeliebens [sind], ohne gegen die verfassungsmäßige Eigentumsgarantie zu verstoßen, in weitestem Ausmaße zulässig.".

⁶⁸² *Stoll*, in: Nipperdey, Grundrechte der WRV III, S. 181.

⁶⁸³ *Stoll*, in: Nipperdey, Grundrechte der WRV III, S. 184 für die Vertragsfreiheit.

⁶⁸⁴ *Boehmer*, in: Nipperdey, Grundrechte der WRV III, S. 254; *Stoll*, in: Nipperdey, Grundrechte der WRV III, S. 183 für die Vertragsfreiheit.

⁶⁸⁵ *Stoll*, in: Nipperdey, Grundrechte der WRV III, S. 183 für die Vertragsfreiheit.

⁶⁸⁶ *Boehmer*, in: Nipperdey, Grundrechte der WRV III, S. 254.

⁶⁸⁷ Verfassung und Verfassungsrecht, S. 164.

⁶⁸⁸ Vgl. z.B. *Boehmer*, in: Nipperdey, Grundrechte der WRV III, S. 259 zu den Versuchen, zwischen 1918 und 1919 das Recht der privaten Erbfolge zugunsten eines Erbrechts der öffentlichen Hand abzulösen.

war sie vor allem gegen die damals bestehenden „linksradikalen Ideen" gerichtet[689]. Selbst wer den „Grundrechten der Privatrechtsordnung" in diesem Sinne aktuelle und positive Geltung zumaß, räumte jedoch ein, daß sie den Gesetzgeber bei der näheren Ausgestaltung „des rechtlichen Könnens" nicht weiter in Pflicht nehmen konnten. Insoweit beherrschte das „Dogma der freien Beliebigkeit" die Szene. Exemplarisch hierfür ist die prägnante Zusammenfassung *Martin Wolffs*: „Der ‚Privatrechtstechnik' steht die Reichs- (wie jede) Verfassung gleichgültig gegenüber"[690].

3. Fortführung unter der Geltung des Grundgesetzes

Daß sich diese Stimmen unter der Geltung des Bonner Grundgesetzes kaum durchzusetzen vermochten, erstaunt wenig. Denn zum einen vermied die neue Verfassung die Aufnahme von „Maßgabegrundrechten", zum anderen wurde auch der Gesetzgeber an die Einhaltung der Grundrechte gebunden. Deren aktualer und positiver Charakter wurde mit Art. 1 Abs. 3 GG ausnahmslos herausgestellt.

Nach wie vor existieren jedoch Auffassungen, die einen verfassungs- oder gar grundrechtlichen Schutz normativ konstituierter Freiheiten rundweg ablehnen. Das gilt vor allem für die Vertragsfreiheit, die hier stellvertretend für die anderen normativ konstituierten Freiheiten stehen möge. Vor allem *Flume* beklagt deren „Hypostasierung" zu einem apriorischen Freiheitsrecht: „Das Problem ... der Vertragsfreiheit wird unrichtig gesehen, wenn das Recht auf Selbstgestaltung der Rechtsverhältnisse mit den sonstigen im Grundrechtskatalog aufgeführten persönlichen Freiheitsrechten bezüglich des Verhältnisses zur Rechtsordnung auf eine Stufe gestellt wird"[691]. Aus der verfassungsrechtlichen Gewährleistung der Vertragsfreiheit ergäben sich keine konkreten Folgerungen für den Inhalt der Privatrechtsordnung. Auf derselben Linie argumentiert *Schmidt-Salzer*: „Die Grenzen der Vertragsfreiheit können also nicht am Grundgesetz gemessen werden, sondern das Grundrecht auf Vertragsfreiheit steht von vornherein unter dem Vorbehalt der vom Zivilgesetzgeber vorzunehmenden Organisation des intersubjektiven schuldvertraglichen Verkehrs[692]." Die mangelnde Bindung des Gesetzgebers bei der Schaffung des privaten Vertragsrechts konstatiert auch *Hans Huber*. In seiner Monographie über die verfassungsrechtliche Bedeutung der Vertragsfreiheit verwirft auch er die Bindung des Zivilrechtsgesetzgebers an eine „verfassungsmäßige Vertragsfreiheit", wenn er diese erst vorkehre und ausmesse[693]. Einen Primat des einfachen Privatrechts vor dem Verfassungsrecht betont schließlich *Gellermann*, wenn er schreibt: „Ist ‚Vertrag' nur das, was mit Blick auf die Rechtsordnung mit dem Ziel vereinbart wird, von ihr als verbindlich anerkannt zu werden, kann auch die grundrechtlich gewährleistete Vertragsfreiheit nur die Freiheit zum Abschluß jener Rechtsgeschäfte meinen, die vom einfachen Recht als rechtlich bindend anerkannt werden. Die Individuen mögen

---

[689] *M. Wolff*, FS Kahl (1923), S. 1 (6).
[690] *M. Wolff*, FS Kahl (1923), S. 1 (6).
[691] Rechtsgeschäft, S. 17.
[692] NJW 1970, 8 (15).
[693] Vertragsfreiheit, S. 24.

Vereinbarungen welchen Inhalts auch immer treffen, grundrechtlichen Schutz erfahren sie nur, soweit die Rechtsordnung ihre Übereinkünfte als möglich vorsieht. Nur in dem vom einfachen Recht absteckten Rahmen könne sie in grundrechtlich gesicherter Weise darüber bestimmen, ob und welche Verträge sie über welche Gegenstände und mit welchen Personen schließen"[694]. Folgerichtig kommt er dann zu dem Ergebnis: „Vorschriften, die in Erfüllung grundrechtlicher Regelungsaufträge ergehen oder zu ihrer Erfüllung beitragen, bilden nicht den Schutzgegenstand der Freiheitsrechte. In ihrer auf Staatsabwehr gerichteten Funktion versehen die Grundrechte Freiheiten und sonstige Schutzgüter mit negatorischem Schutz, nicht aber die im Interesse ihrer realen Wirksamkeit erlassenen Normen des einfachen Rechts."[695]

Insgesamt gesehen unterscheiden sich diese modernen Ansichten nur wenig von den Anschauungen der Weimarer Zeit. Natürlich kann die heutige Interpretation nicht einfach an der in Art. 1 Abs. 3 GG angeordneten Grundrechtsbindung der Legislative vorbeigehen. Sie wird von den genannten Autoren aber auf ein Minimum zurückgeschraubt. *Huber* sieht nur „allgemein den Bestand der Privatrechtsordnung" als verfassungsrechtlich gewährleistet an[696]; *Schmidt-Salzer* konstatiert: „Die Verfassung enthält nur die Grundsatzentscheidung für die Zulassung der Vertragsfreiheit"[697]. Ähnlich relativiert *Gellermann*: „Bestandsschutz erfahren die ausgestaltenden Regelungen lediglich insofern, als sie (…) gegen völlige Abschaffung und gegen Veränderungen gesichert werden, die sich nicht mehr als ordnungsgemäße Erfüllung grundrechtlicher Regelungsaufträge darstellen"[698]. *Flume* zufolge ist den verfassungsrechtlichen Anforderungen schon dann Genüge getan, wenn der Einzelne als Person geachtet und damit die Selbstbestimmung im Rechtsleben grundsätzlich respektiert wird[699]. Freilich müssen sich die Verfechter eines weitgehend leerlaufenden Minimalschutzes die Frage gefallen lassen, worin für sie der Sinn und Zweck einer verfassungsrechtlichen Verankerung der Vertragsfreiheit liegt. Auf die Weimarer Argumentation läßt sich nicht zurückgreifen, denn die rechtstatsächliche Ausgangslage bei Schaffung des GG war eine völlig andere. Unmittelbare „Sozialisierungsgefahren", die – wie in Weimar – eine verfassungskräftige Verstärkung der Privatrechtsordnung unabdingbar erforderlich gemacht hätten, drohten für den Geltungsbereich des Bonner GG nicht. Die Annahme eines bloßen Programmsatzes scheidet ebenfalls aus. Konsequent zu Ende gedacht würde die Garantie der Vertragsfreiheit von den modernen Autoren aber zu einem solchen degradiert.

4. Einwände

Die Ansicht, normativ konstituierte Freiheit stehe unter keinem verfassungsrechtlichen Schutz, vermag schon angesichts der strikten Grundrechtsbindung des

---

[694] *Gellermann*, Grundrechte, S. 141.
[695] *Gellermann*, Grundrechte, S. 456.
[696] Vertragsfreiheit, S. 24.
[697] NJW 1970, 8 (15).
[698] *Gellermann*, Grundrechte, S. 456.
[699] Rechtsgeschäft, S. 17.

§ 3 *Die Lehre vom rechtsgeprägten Grundrecht* 101

Gesetzgebers (Art. 1 Abs. 3 GG) nicht zu überzeugen. Die Protagonisten dieser Auffassung beschränken sich deshalb zumeist auf die Feststellung, „die Freiheit zur rechtlichen Betätigung" sei denknotwendig an die staatliche Rechtsordnung gebunden. Damit wird allerdings nicht mehr als der „Sachverhalt" der normativen Konstituierung beschrieben. Daß „rechtliches Können" auf einfachrechtliche „Ausübungshilfen" angewiesen ist, gewährt indes keinen gesetzgeberischen Freibrief. Die Verfassung verhält sich zum Phänomen des „rechtlichen Könnens" keinesfalls neutral. Das wäre angesichts der überragend wichtigen Bedeutung jeder Form normativ konstituierter Freiheit für die Entfaltung des Einzelnen, die ja unter dem besonderen Schutz des Grundgesetzes steht (Art. 1 Abs. 1 GG!), von vornherein ausgeschlossen. Natürliche und konstituierte Freiheit unterschieden sich insofern nicht. Mögen die Direktiven des Grundgesetzes, was den Schutz einfachrechtlicher Ausübungshilfen für konstituierte Freiheiten anbelangt, deutlich schwächer ausgeprägt sein als die für natürlich-vorstaatliche Freiheiten, besteht gleichwohl kein Grund, den verfassungsrechtlichen Schutz für das „rechtliche Können" gänzlich zu verabschieden. Das wäre die Konsequenz einer Gewährleistung einfach-rechtlicher Positionen nach Maßgabe des einfachen Rechts.

Ein verfassungsrechtlich nicht weiter gebundener Zugriff auf den einfach-rechtlichen Bestand von „Konstituierungsnormen" kommt um so weniger in Betracht, als damit nicht allein die Möglichkeit, in Zukunft vom „rechtlichen Können" Gebrauch zu machen, illusorisch wird, sondern bereits nach einfachem Recht erworbene, konkret vorhandene Rechtspositionen bedroht würden. Selbst diejenigen, die konstituierte Freiheiten nur nach Maßgabe des (jeweiligen) einfachen Rechts gewährleisten wollen, räumen dem Schutz des bereits „aktualisierten" rechtlichen Könnens einen erheblichen Stellenwert ein[700]. Soweit ersichtlich, gewährt niemand dem Gesetzgeber die Befugnis, beliebig in laufende (Kollektiv- oder Individual-)Verträge, in bestehende Ehen, vorhandenes Eigentum oder bereits niedergelegte letztwillige Verfügungen einzugreifen, was die logische Konsequenz der „Maßgabe"-Konzeption wäre. Die Verfassung selbst ist es, die solches Ansinnen abwehrt. Namentlich Art. 14 GG enthält mit seinen ausdrücklich normierten Anforderungen für die Enteignung, als der unmittelbarsten und schmerzhaftesten Beschränkung einer durch Vorschriften des einfachen Gesetzesrechts zugewiesenen Rechtsposition, besondere Schranken, die der Gesetzgeber zu beachten hat. Ohne im einzelnen auf die umstrittene Abgrenzung zwischen Inhaltsbestimmung und Enteignung einzugehen, läßt sich doch sagen, daß die Verfassung keinen beliebigen Zugriff auf bereits innegehabte und ausgeübte Eigentümerpositionen duldet. Art. 14 Abs. 1 Satz 1 GG enthält nach Rechtsprechung[701] und h.L.[702] eine Bestands- oder Rechtsstellungsgarantie für Eigentumsrechte, die vom Inhaber auf der Basis des bisherigen Rechts erworben wurden.

---

[700] Vgl. z.B. *Gellermann*, Grundrechte, S. 397 ff., 429 ff., der nur die Beseitigung konkreter Rechtspositionen als rechtfertigungsbedürftigen Eingriff des Gesetzgebers wertet, ansonsten aber für einen rein institutsrechtlichen Schutz normativer Freiheit plädiert und die abwehrrechtliche Dogmatik verwirft.
[701] BVerfGE 51, 193 (220); 58, 300 (351); 78, 58 (75).
[702] *Gellermann*, Grundrechte, S. 429 f.; *Melchinger*, Eigentumsdogmatik S. 125; *Schwerdtfeger*, Eigentumsgarantie. S. 21 f.; *Wendt*, in: Sachs, Art. 14 GG Rn. 9.

Der Schutz konkreter konstituierter Freiheitsrechtspositionen ist indes nicht auf Art. 14 GG beschränkt. Das Bundesverfassungsgericht wird nicht müde, gerade den Schutz, den eine konkrete Freiheitsrechtsposition genießt, herauszustellen. Einige Beispiele mögen dies illustrieren. Hinsichtlich der rechtlich konstituierten Ehefreiheit streicht das Gericht heraus, daß Art. 6 Abs. 1 GG nicht nur die Ehe „als Institution" oder als „Rechtseinrichtung" schützt[703], sondern daß der Einzelne aus dieser Norm auch ein Abwehrrecht gegen störende und schädigende Eingriffe des Staates in *seine* Ehe und *seine* Familie herleiten kann[704]. Die Vereinigungsfreiheit des Art. 9 Abs. 1 GG schützt nicht nur das für eine freiheitlich-demokratische Ordnung bedeutsame Prinzip der freien sozialen Gruppenbildung[705], sondern gewährt auch einer konkreten Vereinigung das Recht auf Entstehen und Bestehen, auf Existenz und Funktionsfähigkeit[706]. Hinsichtlich des Schutzes der Tarifautonomie ist das Gericht sogar der Auffassung, daß bestehende tarifvertragliche Regelungen grundsätzlich einen stärkeren Schutz genießen als die Tarifautonomie in Bereichen, die die Koalitionen ungeregelt gelassen haben[707]. Freilich begreift das Gericht auch die Gewährleistung konkreter Rechtspositionen nur im Sinne eines prima-facie-Schutzes und nicht als definitive Gewährleistung. Beeinträchtigungen dieser Positionen sind nicht von vornherein ausgeschlossen, sondern bedürfen einer besonderen verfassungsrechtlichen Legitimation, die – wenn es an ausreichenden sachlichen Gründen fehlt – zur Verfassungswidrigkeit führen können. Dieses Legitimationserfordernis ist es, das einem Schutz einfachrechtlicher Positionen nach Maßgabe des einfachen Rechtes fehlt und das deshalb diese Konzeption zu einer nicht tragfähigen werden läßt. Im übrigen spricht auch nichts dafür, nur konkret innegehabte Rechtsstellungen verfassungsrechtlich zu schützen, die bloße Möglichkeit, solche erst zu einem späteren Zeitpunkt begründen, aber nicht. Zu einer normativ konstituierten Freiheit gehört nicht nur die Entscheidung, ob überhaupt von ihr Gebrauch gemacht wird, sondern auch zu welchem Zeitpunkt sie realisiert werden soll.

III. Status-quo-Garantie

1. Bedeutung

Den auf den ersten Blick weitesten Schutz für normativ konstituierte Freiheiten versprechen verfassungsrechtliche „status-quo-Garantien". Ihre Wirkung besteht darin, daß sie den Bestand einfachrechtlicher Normen nicht schlechthin, sondern in der zu einem bestimmten Zeitpunkt gültigen Fassung vor Zugriffen bewahren. Für die zu ihrem Garantiebereich gehörigen Vorschriften kehren sie den lex-posterior-Grundsatz vollständig um. Vorrang hat nicht mehr das neue vor dem alten, sondern

---

[703] BVerfGE 6, 55 (82); 9, 237 (242 f.); 15, 328 (332); 31, 58 (62 f.).
[704] BVerfGE 6, 386 (388); Hervorhebungen im Leitsatz.
[705] BVerfGE 38, 281 (302 f.); 50, 290 (352); 80, 244 (252); 100, 214 (223).
[706] BVerfGE 13, 174 (175); 80, 244 (253); 84, 372 (378).
[707] BVerfGE 94, 268 (285); 100, 271 (283 f.); 103, 293 (306).

das alte vor dem neuen Gesetz. status-quo-Garantien wirken besonders intensiv, weil sie für ihren Garantiebereich nicht bloß einen unter Gesetzesvorbehalt stehenden prima-facie-Schutz gewährleisten, sondern den Normenbestand definitiv und absolut verbürgen. Dabei kann die gegenständlich-inhaltliche Reichweite von status-quo-Garantien durchaus verschieden sein. Denkbar ist, daß sie sich auf ein gesamtes Rechtsgebiet oder auf Teile davon beziehen; sie können Gesetze zur Gänze schützen oder nur besonders wichtige Normen verbürgen. In jedem Fall werden die von einer status-quo-Garantie erfaßten einfachrechtlichen Normen dem Zugriff des Gesetzgebers entzogen. Da nur die Verfassung selbst eine solche Bindung des Gesetzgebers zu bewirken vermag, verlangen status-quo-Garantien eine verfassungsrechtliche Verankerung des von ihnen geschützten einfachen Rechts. Auf diese Weise avanciert bei status-quo-Garantien einfaches Gesetzesrecht zum Verfassungsrecht. Damit gelten dieselben Schutzwirkungen wie für die Verfassung selbst. Der Zugriff auf den einfach-rechtliche Normenbestand ist damit nur noch unter den erschwerten Voraussetzungen, die Art. 79 GG für eine Verfassungsänderung vorsieht, möglich. Erforderlich ist vor allem eine Zweidrittel-Mehrheit im Bundestag und im Bundesrat. Erblickte man im einfach-rechtlichen Normenbestand sogar den Wesensgehalt einer normativ konstituierten Freiheit, ließe sich dieser selbst bei entsprechenden Mehrheiten nicht mehr abändern. Der Zugriff wäre wegen Art. 19 Abs. 2 GG gänzlich untersagt. Eine so verstandene status-quo-Garantie würde der Ausgestaltung in der Tat einen „Maximalschutz" bieten[708].

2. Existenz im gegenwärtigen Recht?

Carl Schmitt[709] war es, der sich als erster genauer mit diesem Phänomen beschäftigte. In seiner 1931 entstandenen Schrift „Freiheitsrechte und institutionelle Garantien" analysierte er die verschiedenen Garantien, mit deren Hilfe die Weimarer Reichverfassung versuchte, den Bestand einfachrechtlicher Vorschriften abzusichern. *Schmitt* unterschied zwischen Einrichtungsgarantien, die ein bestimmtes Rechtsinstitut oder eine institutionelle Einrichtung als solche schützen sollten, und reinen status-quo-Garantien. *Schmitt* ging nur in wenigen Fällen von reinen status-quo-Garantien der Weimarer Reichverfassung aus. Diese fänden sich – so *Schmitt* – hauptsächlich in Übergangsbestimmungen, wo sie dann den Charakter von „Sperrgesetzen" hätten[710].

---

[708] *Schmitt*, Freiheitsrechte, S. 140 (158).
[709] *Schmitt*, Freiheitsrechte, S. 140 (155); *ders.*, Verfassungslehre, S. 171; *ders.*, in: HdbDStR II, S. 596; vgl. auch *Abel*, Einrichtungsgarantien, S. 74; *F. Klein*, Institutionelle Garantien, S. 190 ff.; *Sasse*, AöR 85 (1960), S. 423 (428 ff.); *Steinbeiß-Winkelmann*, Freiheitsordnung, S.106; *Stern*, Staatsrecht III/1, § 68 I 2 b β, S. 758.
[710] Freiheitsrechte, S. 140 (155); status-quo-Garantien erblickte er dann in Art 173 WRV („Bis zum Erlaß eines Reichsgesetzes bleiben die bisherigen auf Gesetz, Vertrag oder besonderen Rechtstiteln beruhenden Staatsleistungen an die Religionsgesellschaften bestehen") und Art. 174 WRV („Bis zum Erlaß eines Reichsgesetzes des in Art. 146 Abs. 2 vorgesehenen Reichsgesetzes bleibt es bei der bestehenden Rechtslage").

Für das Bonner Grundgesetz wird die Existenz reiner status-quo-Garantien von Rechtsprechung[711] und Literatur[712] allgemein abgelehnt. Immer wieder betont das BVerfG: „Der Gesetzgeber ist grundsätzlich nicht an die überkommenen Rechtsformen und Normenkomplexe des einfachen Rechts gebunden[713]." „Er ist berechtigt, die einfachrechtliche Ausgestaltung eines Grundrechts der jeweiligen gesellschaftlichen Wirklichkeit anzupassen[714]." Das ergebe sich schon daraus, daß nur dem Grundrecht selbst, nicht aber seiner einfachrechtlichen Ausgestaltung Verfassungsrang zukomme; nur dieses binde den Gesetzgeber nach Art. 1 Abs. 3 GG. Der Gesetzgeber sei deshalb nicht nur zur Ausgestaltung, sondern auch zur Umgestaltung eines Grundrechts befugt[715].

Dem ist zuzustimmen. Die Annahme reiner status-quo-Garantien verbietet sich schon deshalb, weil sie Rechtslagen, die der Verfassung zu einem bestimmten Stichtag durch ein subkonstitutionelles Normengeflecht vorgegeben sind, zementieren[716]. Ändern sich die politischen, wirtschaftlichen, sozialen oder ethischen Anschauungen zu Lasten der durch die status-quo-Garantie bereits Geschützten, so schaffen sie für diese Privilegien[717]. Eine durch die garantierte Festschreibung sozialer Besitzstände bewirkte[718] „neue Privilegienordnung"[719] würde unweigerlich zu einem Verlust an demokratischer Substanz führen, den ein freiheitlich-demokratischer Rechtsstaat nicht einfach hinnehmen darf[720]. Die Zementierung kann freilich auch zu Nachteilen für die durch die status-quo-Garantie Geschützten führen. Erfordert die Entwicklung der Umstände nämlich eine gesetzliche Sicherung, die über die vom Verfassungsgeber vorgefundene Sach- oder Rechtslage hinausgeht,

---

[711] BVerfGE 20, 312 (319); 50, 290 (355); 74, 297 (350 f., 354); 83, 238 (296, 305, 308, 316 f., 325); 92, 365 (394).

[712] *Abel*, Einrichtungsgarantien, S. 75; *Böckenförde*, NJW 1974, 1529 (1533 ff.); *Manssen*, Privatrechtsgestaltung, S. 160 f.; *von Münch*, in: von Münch/Kunig, Vorb Art. 1-19 GG Rn. 24; a.A. wohl nur *Scheuner*, Recht-Staat-Wirtschaft 4 (1953), S. 88 (94) für Art. 7 Abs. 3 S. 1 GG.

[713] So ausdrücklich für die Vereinigungsfreiheit (Art. 9 Abs. 1 GG) BVerfGE 50, 290 (355).

[714] Für die Rundfunkfreiheit (Art. 5 Abs. 1 Satz 2 Alt. 2 GG) BVerfGE 74, 297 (350 f., 354), 83, 238 (296, 305, 308, 316 f., 325); für die Koalitionsfreiheit (Art. 9 Abs. 3 GG) BVerfGE 20, 312 (319); 92, 365 (394).

[715] BVerfGE 50, 290 (355) für die Vereinigungsfreiheit (Art. 9 Abs. 1 GG).

[716] *Steinbeiß-Winkelmann*, Freiheitsordnung, S. 105.

[717] Die „unentrinnbare Entwicklungstendenz", bei der Freiheit sich auf dem Wege über Garantien und Sicherungen der Freiheit unversehens in Privilegien wandeln, hat *Schmitt* schon früh erkannt: „Der Weg von der allgemeinen Freiheit zum Privilegium ist oft sehr kurz; er geht über die speziellen Garantien und Sicherungen der Freiheit" vgl. Freiheitsrechte, S. 140 (171).

[718] *Lübbe-Wolff*, Eingriffsabwehrrechte, S. 152.

[719] *Isensee*, Der Staat 19 (1980), S. 367 (376). Schon *Thoma*, Erinnerungsgabe für Max Weber, Bd. II, S. 39, hat darauf hingewiesen, daß es ein wesentliches Kennzeichen der modernen Demokratie darstellt, daß sie gerade nicht Privilegienstaat ist.

[720] *Schmitt*, Freiheitsrechte und institutionelle Garantien, in: Verfassungsrechtliche Aufsätze, S. 140 (169), stellte bereits für den bürgerlichen Rechtsstaat in der durch die WRV bewirkten liberal-demokratischen Gestalt fest, daß er das Gegenteil eines mittelalterlichen Staatswesens sei, in dem für die Minderheit der Herrschenden Exemptionen, Immunitäten und Privilegien garantiert waren. Ähnlich *ders.*, Grundrechte und Grundpflichten, in: Verfassungsrechtliche Aufsätze, S. 180 (190): Ein liberal-demokratischer Rechtsstaat, der Wert darauf legt, wesentlich nicht Privilegienstaat zu sein, kann keine Pivilegien und Sonderrechte, sei es einzelner Menschen, sei es von Korporationen oder Organisationen anerkennen.

kann die status-quo-Garantie als solche keinen ausreichenden Schutz mehr bieten[721]. Unterbleiben die notwendigen Anpassungen an die veränderten Lebensumstände oder an die neuen Anschauungen, weil die zur Verfassungsänderung erforderlichen Mehrheiten nicht auftreibbar sind oder weil die einfachrechtliche Ausgestaltung ganz oder teilweise für unantastbar erklärt wird, gefährdet dies sowohl die Verfassung[722] als auch die status-quo-Garantie, die, immer spröder werdend[723], ihre einmal anerkannte Ordnungsfunktion zu verlieren droht[724]. Damit der verfassungsrechtliche Schutz für eine normativ konstituierte Freiheit nicht erstarrt, muß die Gewährleistung stets ein dynamisches, entwicklungsoffenes Moment lassen[725]. Das heißt andererseits jedoch nicht, daß der Gesetzgeber ohne weiteres zu beliebigen Umgestaltungen übergehen darf[726]. Zwischen diesen beiden Extremen zu vermitteln, ist das erklärte Ziel der Lehre von den Einrichtungsgarantien. Einrichtungsgarantien sind insoweit „Kompromißlösungen"[727] zwischen der reinen status-quo-Garantie auf der einen und der freien Abänderbarkeit einfachen Rechts auf der anderen Seite.

IV. Schutz durch Einrichtungsgarantien

1. Bedeutung

Die wohl h.M. versucht, den allgemein für notwendig erachteten Schutz normativ konstituierter Freiheiten durch die Figur der sogenannten Einrichtungsgarantien zu gewährleisten[728]. Teils wird diese Verbindung ausdrücklich hergestellt[729], teils ergibt sie sich der Sache nach[730], insbesondere wenn auf die verfassungskräftige Verankerung der „Institute des Privatrechts" verwiesen wird[731]. Offenbar wähnt man sich hier auf sicherem Terrain, gehört doch die Lehre von der Einrichtungsgarantie mit-

---

[721] *Abel*, Einrichtungsgarantien, S. 53, allgemein für alle Einrichtungsgarantien.
[722] *Manssen*, Privatrechtsgestaltung, S. 160: status-quo-Garantie als eine die weitere Verfassungsentwicklung knebelnde und sinnvolle Weiterentwicklungen hindernde starre Bindung.
[723] *Schmidt-Jortzig*, Einrichtungsgarantien, S. 37.
[724] *Steinbeiß-Winkelmann*, Freiheitsordnung, S. 105.
[725] *Abel*, Einrichtungsgarantie, S. 53; *Schmidt-Jortzig*, Einrichtungsgarantien, S. 37; *Stern*, Staatsrecht III/1, § 68 VI 5 b.
[726] So aber die Vertreter des institutionellen Grundrechtsverständnisses, vgl. vor allem *Häberle*, Wesensgehaltsgarantie, S. 183 ff. Die Gefahr einer beliebigen Umgestaltung besteht ferner, wenn nicht sorgfältig zwischen der erstmaligen Ausgestaltung und einer später erfolgenden, abändernden Ausgestaltung unterschieden wird, und man dem Gesetzgeber bei beiden Formen weitgehend „freie Hand" läßt.
[727] *Menzel*, AöR 28 (1937), S. 32 (33 ff.); *M. Wolff*, FG Kahl (1923), S. 5 f.
[728] *Höfling*, Vertragsfreiheit, S. 25 ff. und passim; *Gellermann*, Grundrechte, S. 113 ff., 126 ff., 148, 161 ff. und passim; *Kemper*, Koalitionsfreiheit, S. 13 ff., 60 ff. und passim; *Kemper*, in: von Mangoldt/Klein/Starck, Art. 9 GG Rn. 173; *Lübbe-Wolff*, Eingriffsabwehrrechte, S. 127 ff.
[729] *Höfling*, Vertragsfreiheit, S. 25 ff. und passim; *Gellermann*, Grundrechte, S. 113 ff., 126 ff., 148, 161 ff. und passim; *Kemper*, Koalitionsfreiheit, S. 13 ff., 60 ff. und passim; *Kemper*, in: von Mangoldt/Klein/Starck, Art. 9 GG Rn. 173.
[730] *De Wall*, Der Staat 38 (1999), S. 377 (381); *Pieroth/Schlink*, Grundrechte, Rn. 70.
[731] *Windel*, Der Staat 37 (1998), S. 385 (398 ff.).

tlerweile zum festen Arsenal moderner Grundrechtsdogmatik[732]. Indes ist es bislang nicht gelungen, in allen dogmatischen Kernfragen Übereinstimmung zu erreichen[733]. Trotz Einvernehmens im Ansatz[734] ist die Divergenz der Ansichten in wichtigen Details, namentlich hinsichtlich der „Schutzwirkung" und der „Schutzdichte"[735] sowie der Subjektivierung[736] der an sich objektiv-rechtlich[737] zu verstehenden Garantiegehalte, beträchtlich. Verantwortlich zeichnet hierfür der Begriff der Einrichtungsgarantie selbst, von dem angesichts seiner Vagheit nicht zu Unrecht befürchtet wird, er löse sich „in den Nebel des Institutionellen auf"[738]. Daß manches neuere Konzept, das unter der Chiffre der klassischen Lehre auftritt, kaum mehr als ihren Namen teilt[739], verwundert deshalb ebenso wenig wie die in der neueren Literatur geäußerten Zweifel, ob die Lehre unter dem Bonner Grundgesetz überhaupt Bestand haben kann[740], zumal durch sie ernsthafte Schutzverkürzung drohen[741].

---

[732] Vgl. nur *Bleckmann*, Grundrechte, AL § 11 Rn. 72; *Dürig*, in: Maunz/Dürig, Art. 1 III GG Rn. 97 ff.; *Mager*, Einrichtungsgaranien; *Pieroth/Schlink*, Grundrechte, Rn. 70; *Sachs*, in: Sachs, Vor Art. 1 GG Rn. 30; *ders.*, Grundrechte, Rn. A 4 Rn. 50; *Starck*, in: von Mangold/Klein/Starck, Art. 1 GG Rn. 174; *Stern*, Staatsrecht III/1, S. 755, 795; *ders.*, HdbStR V, § 109 Rn. 51 ff.; *von Münch*, in: von Münch/Kunig, Vor Art. 1-19 GG Rn. 23 f.; *Steinbeiß-Winkelmann*, Freiheitsordnung, S. 85 ff.

[733] *Stern*, Staatsrecht III/1, S. 769; *von Münch*, in: von Münch/Kunig Vorb. Art. 1-19 GG Rn. 23 f.; *Waechter*, Die Verwaltung 29 (1996), S. 47; krit. bereits *Bettermann*, DVBl 1963, 41 (42).

[734] *Bleckmann*, Grundrechte, AL § 11 Rn. 106 ff.; 112 ff.; *Stern*, Staatsrecht III/1, S. 768 f. m.w.N., 855.

[735] Namentlich ist heute die Tendenz erkennbar, den ursprünglich auf den „Kernbereich" der Einrichtung beschränkten Schutz auf diesem vorgelagerte „Randbereiche" auszudehnen, vgl. vor allem *de Wall*, Der Staat 38 (1999), S. 377 (391); *Gellermann*, Grundrechte, S. 328 ff., 423 ff.; *Schmidt-Jortzig*, Einrichtungsgarantien, S. 38 f.

[736] Dazu neuestens (bejahend) *de Wall*, Der Staat 38 (1999), S. 377 ff.; vgl. weiter *Steinbeiß-Winkelmann*, Freiheitsordnung, S. 112 ff., die selbst aber nur in geringem Umfang eine Subjektivierung zuläßt, vgl. S. 121 ff.; *Stern*, Staatsrecht III/1, S.873 ff. Zur Frage der Subjektivierung bereits *Schmitt*, Verfassungslehre, S. 170; krit. zur Subjektivierung *Manssen*, Privatrechtsgestaltung, S. 167; *Windel*, Der Staat 37 (1998), S. 385 (406).

[737] Zwar noch nicht in dieser Terminologie, wohl aber der Sache nach bereits *Schmitt*, Verfassungsrechtliche Aufsätze, S. 174 (175) und HdbDStR II, S. 596.; vgl. aus neuerer Zeit *Abel*, Einrichtungsgarantien, S. 27; *de Wall*, Der Staat 38 (1999), S. 377 m.w.N. in Fn. 2; *Dürig*, in: Maunz/Dürig, Art. 1 Abs. 3 GG Rn. 97; *Klein*, in: von Mangold/Klein, Das Bonner Grundgesetz, Vorb. A VI 3, S. 83 ff.; *Schmidt-Jortzig*, Einrichtungsgarantien, S. 33; *Steinbeiß-Winkelmann*, Freiheitsordnung, S. 98.

[738] *Bettermann*, DVBl. 1963, 42.

[739] Das gilt vor allem für die Lehren, die die Einrichtungsgarantien, insbesondere die Institutsgarantie, als „grundrechtliches Gebot" auffassen, so etwa *Böhmer*, NJW 1988 2563 für die Institutsgarantie des Eigentums; vgl. weiter *Gellermann*, Grundrechte, S. 118.

[740] So zuerst wohl *Dürig*, in: Maunz/Dürig, Art. 1 III GG Rn. 98; vgl. aus neuerer Zeit *von Arnauld*, Freiheitsrechte, S. 20, 47; *Waechter*, Die Verwaltung 29 (1996), S. 47 ff.

[741] Davor warnte bereits 1958 *Dürig* in: Maunz/Dürig, Art. 1 III GG Rn. 98; vgl. weiter *Lübbe-Wolff*, Eingriffsabwehrrechte, S. 132 ff.; *Manssen*, Privatrechtsgestaltung, S. 168; *Waechter*, Die Verwaltung 29 (1996), S. 47 (51 f.). Gewisse Schutzverkürzungen registrieren auch *Bleckmann*, Grundrechte, AL § 11 Rn. 115; *Schmidt-Jortzig*, Einrichtungsgarantien, S. 66; *Steinbeiß-Winkelmann*, Freiheitsordnung, S. 109 ff.; wohl auch *Gellermann*, Grundrechte, S. 423, der aber nicht die Einrichtungsgarantie als solche abschaffen will, sondern an einen Umbau denkt, namentlich durch die Beifügung eines Randbereichs mit zusätzlichen Bindungen für den Gesetzgeber; nur die Schmälerung konkret begründete Rechtspositionen kann *Gellermann*, zufolge den abwehrrechtlichen Schutz auslösen, vgl. S. 429 ff., 435, der freilich nicht so weit reicht wie der Schutz einer natürlichen Freiheit vor einem Eingriff (S. 446 ff.).

a) Entwicklung der Lehre von den Einrichtungsgarantien

Die Lehre von den Einrichtungsgarantien wurde unter Geltung der Weimarer Reichsverfassung von *Martin Wolff*[742] und *Carl Schmitt*[743] begründet und dann von *Friedrich Klein*[744], *Ernst Rudolf Huber*[745] und anderen[746] ausgebaut. Ziel war es seinerzeit, eine Reihe allgemein für bedeutsam erachteter „Schutzobjekte" dem gesetzgeberischen Zugriff zu entziehen[747]. Das war angesichts der damals nur schwach ausgeprägten Bindungswirkung der Grundrechte[748] – ihrem sattsam bekannten „Leerlauf"[749] – ein wichtiges Anliegen. Unzulässig sollte nicht nur die vollständige Beseitigung einer Einrichtung „im Wege der einfachen Gesetzgebung"[750] sein, sondern auch ihre „Aushöhlung" oder „Denaturierung"[751]. In der Kürze der Zeit gelang es der Lehre nicht, sich nachhaltig zu etablieren, obwohl sie auf beinahe ungeteilte Zustimmung im Schrifttum stieß[752]. Erst recht nicht konnte sie die Mißachtung elementarer grundrechtlicher Garantien durch die Nationalsozialisten verhindern[753], von deren Staatsrechtslehrern sie schlicht für erledigt erklärt wurde[754]. Um so bedeutender war deshalb die ausdrückliche Verankerung eines grundrechtlichen „Wesensgehaltsschutzes" im Bonner Grundgesetz. Die Idee, bestimmte Einrichtungen nach dem Weimarer Muster verfassungskräftig zu sichern, war in den Beratungen des Herrenchiemseer Konvents und des Parlamentarischen Rates stets präsent[755], wenngleich sie sich nirgends textlich niedergeschlagen hatte[756]. Auch die neuere Staatsrechtswissenschaft[757] und die diese rezipierende Recht-

---

[742] FG Kahl (1923), S. 5 ff.

[743] *C. Schmitt*, Freiheitsrechte, S. 140 (149); *ders.*, Grundrechte, S. 180 (215 f.); *ders.*, in: HdbDStR II, S. 595 f.; *F. Klein*, Institutionelle Garantie, S. 103 ff.

[744] Institutionelle Garantie, S. 103 ff.

[745] AöR 23 (1933), S. 1 (14).

[746] Zusammenfassend *Abel*, Einrichtungsgarantien, S. 17 ff.; *Schmidt-Jortzig*, Einrichtungsgarantien, S. 14 ff.; *Stern*, Staatsrecht III/1, § 68 I, S. 754 ff.

[747] *C. Schmitt*, Verfassungslehre, S. 170; *ders.*, Freiheitrechte, S. 140.

[748] Diese beruhte vor allem auf preußischen Verfassungstraditionen, für die die Vorstellung eines staatsgerichteten Anspruchs auf Vornahme, Unterlassung oder Zurücknahme eines legislativen Aktes undenkbar war, vgl. *Grabitz*, Freiheit, S. 14 f.; *Manssen*, Privatrechtsgestaltung, S. 160 m.w.N.

[749] Zum Begriff des „Leerlaufens der Grundrechte" *Boehmer*, in: Nipperdey, Grundrechte der WRV III, Art. 154, S. 253 ff.; *Thoma*, FG Preuß. OVG (1925), S. 183 (195); *F. Klein*, Institutionelle Garantie, S. 128 ff. *C. Schmitt*, Freiheitsrechte, S. 140 f. Gemeint war damit vor allem die mangelnde Bindung des einfachen Gesetzgebers an die Grundrechte, vgl. auch *Steinbeiß-Winkelmann*, Freiheitsordnung, S. 92 f.

[750] *Schmitt*, Verfassungslehre, S. 170.

[751] Der Ausdruck geht auf *E. Kaufmann*, VVDStRL 3 (1927), S. 2 (13) zurück.

[752] Nur vereinzelt wurde die Lehre abgelehnt oder zumindest kritisch betrachtet, vgl. *Stier-Somlo*, Grundrechte der WRV I, S. 158 (170 f. mit Fn. 24); *Loewenstein*, Verfassungsänderung, S. 290.

[753] *Stern*, Staatsrecht III/1, S. 762 m.w.N.

[754] Vgl. z.B. *E.R. Huber*, Verfassungsrecht des Großdeutschen Reiches, S. 261 ff.: „Institutsgarantie und institutionelle Garantien fallen in der völkischen Verfassung dahin" ähnlich *Menzel*, AöR 67 (1937), S. 32 ff.

[755] Vgl die Nachweise bei *Stern*, Staatsrecht III/1, S. 764 f.

[756] Vgl. aber die ausdrückliche Erwähnung des Begriffs „Einrichtungsgarantie" in Art. 1 Abs. 2 Verf. des Landes Sachsen-Anhalt.

[757] *Abel*, Einrichtungsgarantien, S. 27 ff.; *Scholz*, Koalitionsfreiheit, S. 233 m.w.N.; *Stern*, Staatsrecht III/1, S. 763 ff. m.w.N.

sprechung[758] hatten keine Probleme, an die Vorkriegstradition anzuknüpfen, obwohl sich mit den Art. 1 Abs. 3 und 19 Abs. 2 des neuen Grundgesetzes ein Gutteil der Weimarer Problematik erledigt hatte[759]. Gerade das läßt die zahlreichen Versuche verständlich werden, die mittlerweile allgemein akzeptierte Lehre nach anderen Richtungen hin auszubauen. Überdehnungen[760], wie namentlich in Gestalt des in den 60er Jahren aufkommenden „institutionellen Grundrechtsverständnisses"[761], konnten dabei nicht ausbleiben, dürfen mittlerweile aber im wesentlichen als überwunden gelten[762].

b) Definition

Mitverantwortlich für diese Entwicklung zeichnen terminologische Unschärfen, mit denen die Lehre seit ihren Anfängen behaftet ist[763]. Versucht man gleichwohl eine Minimaldefinition im Sinne eines kleinsten gemeinsamen Nenners klassischer und neuzeitlicher Konzepte, so lassen sich unter Einrichtungsgarantien gewisse Regelungskomplexe begreifen, die von der Verfassung vorgefunden und von ihr in ihren wesensbestimmenden, typischen Kernelementen gewährleistet werden[764]. Im „klassischen Sinne" versteht sich die Lehre nicht als Schutzinstrument für nur rein tatsächlich bestehende „Lebensordnungen" *(Max Weber)*[765] – diese (zusätzlichen)

---

[758] Das BVerfG vermeidet zwar den Begriff „Einrichtungsgarantie", spricht aber von „Institutsgarantien" und institutionellen Garantien, vgl. die Nachweise bei *Bleckmann,* Grundrechte, AL § 11 Rn. 98 ff.; *Scholz,* Koalitionsfreiheit, S. 235 ff.; *Stern,* Staatsrecht III/1, S. 774 f.

[759] *Dürig,* in: Maunz/Dürig, Art. 1 Abs. 3 GG Rn. 98; *Sasse,* AöR 85 (1960), S. 423 (436, 439); *Scholz,* Koalitionsfreiheit, S. 233 m.w.N.; *Schmidt-Jortzig,* Einrichtungsgarantien, S.59 ff.; *Steinbeiß-Winkelmann,* Freiheitsordnung, S. 93 m.w.N.

[760] *Dürig,* in: Maunz/Dürig Art. 1 Abs. 3 GG Rn. 98; *Stern,* Staatsrecht III/1, S. 755.

[761] S. vor allem *Häberle,* Wesensgehaltsgarantie, S. 71; zur Verbreitung dieser Lehre *Scholz,* Koalitionsfreiheit, S. 233 m.w.N. in Fn. 6; *Stern,* Staatsrecht III/1, S. 772 ff. m.w.N. in Fn. 113.

[762] Krit. zum institutionellen Grundrechtsverständnis *von Münch,* in: von Münch/Kunig, Vorb. Art. 1-19 GG Rn. 23 f.; *H.H. Klein,* Grundrechte, S. 55 ff.; *Scholz,* Koalitionsfreiheit, S. 237 ff.; *Wülfing,* Grundrechtsschranken, S. 73 ff.

[763] Vgl. *Stern,* Staatsrecht III/1, S. 777 f.

[764] Vgl. etwa *Bleckmann,* Grundrechte, § 11 Rn. 112; *de Wall,* Der Staat 38 (1999), S. 377; *Dreier,* in: Dreier, Vor Art. 1 GG Rn. 68 m.w.N.; *Gellermann,* Grundrechte, S. 115; *Höfling,* Vertragsfreiheit, S. 25 f.; *Kemper,* Koalitionsfreiheit, S. 19 ff.; *Kemper,* in: von Mangoldt/Klein/Starck, Art. 9 GG Rn. 226; *Manssen,* Privatrechtsgestaltung, S. 160; *Pieroth/Schlink,* Grundrechte, Rn. 70; *Sachs,* Grundrechte, A 4 Rn. 50; *Sachs,* in: Sachs, Vor Art. 1 GG, Rn. 30; *von Starck,* in: Mangold/Klein/Starck, Art. 1 GG Rn. 174; *Steinbeiß-Winkelmann,* Freiheitsordnung, S. 95 ff.; vgl. „klassisch" *C. Schmitt,* Grundrechte und Grundpflichten, S. 215: „Verfassungsrechtliche Gewährleistung von Rechtsinstituten im Sinne von typischen, traditionell feststehenden Normenkomplexen und Rechtsbeziehungen. Sehr viel komplexer, aber im Kern gleichbedeutend definiert *Stern,* Staatsrecht III/1, S. 791: „Eine Einrichtungsgarantie ist dann gegeben, wenn die in ihr enthaltenen Objektivationen ... durch Normenkomplexe und tatsächliches Wirken formiert und abgrenzbare vorgefunden werden und im gewährleistenden Verfassungsrechtssatz so ausgestaltet sind, daß sie gewährleistet sein sollen". Kaum mehr griffig *Schmidt-Jortzig,* Einrichtungsgarantien, S. 31: Einrichtungsgarantien als „erkennbar gesteigerte, verfassungsrechtliche Fixierungen von bestimmten, rechtlich wie tatsächlich determinierten Faktoren grundlegend und eigengewichtig ordnender Funktion für das verfaßte Gemeinwesen.".

[765] Persönlichkeit und Lebensordnung, 1917, zit. bei *Stern,* Staatsrecht III/1, S. 786.

Gehalte sind erst später entwickelt worden[766] –, sondern als Garantie von *Rechtseinrichtungen*[767] im Sinne eines Bestandes von Normen des einfachen Rechts.

Dieser Normbestandsschutz erklärt denn auch, warum die h.M. gerade die Figur der Einrichtungsgarantie bemüht, um rechtlich konstituierte Freiheiten angemessen zu gewährleisten[768]. Rechtlich konstituierte Freiheiten sind qua definitione Freiheiten, die zu ihrer Ausübung auf (einfach-rechtliche) Normbestände angewiesen sind, die der Gesetzgeber bereitzustellen und beizubehalten hat. Auch die übrigen Voraussetzungen für die Annahme einer Einrichtungsgarantie sind bei ihnen offenkundig erfüllt. Die hier in Betracht kommenden Freiheiten mußten von der Verfassung nicht eigens geschaffen werden – was schon regelungstechnisch kaum möglich gewesen wäre –, sondern wurden von ihr angetroffen. Es bestand für den Verfassungsgeber hinsichtlich Figuren wie des Vertrags, des Eigentums, der Ehe usw. keine „tabula-rasa-Situation". Hauptstoßrichtung war und ist, die einfach-rechtlich konstituierten Freiheiten als von der Verfassung vorausgesetzte Rechtseinrichtungen zu perpetuieren. Selbst die ansonsten schwierig zu beantwortende und erst in Ansätzen gelöste Frage, welche einfach-rechtlichen Normenkomplexe in den Genuß des Schutzes durch verfassungsrechtliche Einrichtungsgarantien kommen können[769], beantwortet sich bei den rechtlich konstituierten Freiheiten sehr leicht: die h.M. erkennt im Prinzip sämtliche Regelungskomplexe mit freiheitskonstituierender Wirkung als taugliche Schutzobjekte an[770]. Wegen ihrer erheblichen Bedeutung für den Einzelnen wie für die Funktionsfähigkeit der Gesellschaft und ihrer Subsysteme sind

---

[766] Vgl. z.B. *Fr. Klein*, in: von Mangold/Klein, Das Bonner GG, I, Vorbem. A VI 3 c.; ausf. *Stern*, Staatsrecht III/1, S. 876 ff.

[767] Vgl. klassisch *Schmitt*, Verfassungsrechtliche Aufsätze, S. 149; *ders.*, HdbDStR II, S. 596; *E.R. Huber*, AöR 62 (1933), 1 (37); vgl. weiter *Abel*, Einrichtungsgarantien. S. 71; *Lübbe-Wolff*, Eingriffsabwehrrechte, S. 128; *Manssen*, Privatrechtsgestaltung, S. 162 m.w.N.; *Scholz*, Koalitionsfreiheit, S. 234 ff., 237 f., 241; *Steinbeiß-Winkelmann*, Freiheitsordndung, S. 96 m.w.N.; *Stern*, Staatsrecht III/1, S. 785 m.w.N. Daß eine Rechtseinrichtung üblicherweise zugleich einen gesellschaftlichen Sachverhalt (ab)bildet, ist „nur eine tatsächliche Koinzidenz", aber keine Tatbestandsvoraussetzung, so m.R. *Schmidt-Jortzig*, Einrichtungsgarantien, S. 28 f.

[768] *Gellermann*, Grundrechte, S. 120 ff.; *Höfling*, Vertragsfreiheit, S. 25 ff.; *Kemper*, Koalitionsfreiheit, S. 19 ff.; *Manssen*, Privatrechtsgestaltung, S. 161 ff., 166 ff., der selbst aber einen „grundrechtlichen Schutz" ohne Institutsgarantie präferiert, vgl. S. 236.

[769] Die einschlägigen Darstellungen beschränken sich zumeist auf umfangreiche Auflistungen von Verfassungsbestimmungen, die als Einrichtungsgarantien in Betracht zu ziehen oder zu verwerfen sind, vgl. insoweit bereits *Schmitt*, Verfassungslehre, S. 171 ff.; *ders.*, Freiheitsrechte, S. 160 ff.; *Schmidt-Jortzig*, Einrichtungsgarantien, S. 32; *Scholz*, Koalitionsfreiheit, S. 235 f. Im übrigen tut sich die Wissenschaft schwer, allgemeine „tatbestandliche" Voraussetzungen zu erarbeiten. Wo dies gleichwohl versucht wird, sind die Kriterien vage und kaum für eine trennscharfe Abgrenzung geeignet. Nach *Sasse*, AöR 85 (1960), S. 423 (441), muß „eine Verfassungsbestimmung, der eine institutionelle Garantie entnommen werden soll, eine Stabilisierungsfunktion erkennen lassen, die über den allen Verfassungssätzen eigenen Festlegungscharakter hinausreicht". *Stern*, Staatsrecht III/1, S. 790, zufolge muß eine (Verfassungs)Rechtsnorm, die eine Einrichtungsgarantie festlegt, „gerade darauf abzielen, die Einrichtung in ihrem Bestand zu konservieren". Welche Kriterien dafür maßgeblich sind, läßt er indes auch er offen. *Schmidt-Jortzig*, Einrichtungsgarantien, S. 25, 31 f. verlangt eine „gesteigerte Konservierungslage" bestimmter verfassungsgesetzlicher Fixierungen, mit „grundlegender und eigengewichtig ordnender Funktion für das verfaßte Gemeinwesen".

[770] Ausf. *Kemper*, Koalitionsfreiheit, S. 19 Fn. 42 m.w.N.; *Stern*, Staatsrecht III/1, S. 821 ff.; vgl. weiter *Schmidt-Jortzig*, Einrichtungsgarantien, S. 32.

sie ohne weiteres schutzwürdig; ihr „Ausgeliefertsein" an den einfachen Gesetzgeber macht sie zugleich schutzbedürftig. Maßgeblich für die verfassungsrechtliche Anerkennung ist nach h.M. indes ihre „thematische Nähe" zu den entsprechenden grundrechtlichen Gewährleistungen[771]. Da sie im wesentlichen durch Vorschriften des privaten Rechts gebildet werden, spricht man seit *Carl Schmitt*[772] von „Institutsgarantien", um sie von den „institutionellen Garantien" abzugrenzen, unter denen *Schmitt* verfassungsrechtliche Gewährleistungen formierter, organisierter, umgrenzbarer und damit unterscheidbarer Einrichtungen vorrangig öffentlich-rechtlichen Charakters verstehen wollte[773]. Wenngleich sich dieser – vom Sinn der Einrichtungsgarantie her sicher nicht zwingende[774] – Sprachgebrauch heute weitgehend durchgesetzt hat[775], treffen neuere Lehren hiervon abweichende Unterscheidungen. Für bedeutsam wird vor allem die Einteilung in grundrechtliche und nicht-grundrechtliche Einrichtungsgarantien erachtet[776]. Zuweilen wird mit dem Begriff der Institutsgarantie nur noch die speziell auf ein Grundrecht bezogene verfassungsrechtliche Gewährleistung eines einfach-rechtlichen Normenbestandes bezeichnet[777], wobei der privat- oder öffentlich-rechtlichen Natur des Schutzgegenstandes keine oder keine ausschlaggebende Bedeutung mehr zukommen soll. Die neue Terminologie ist Programm. Sie soll nahelegen, daß sich der Schutz einfach-rechtlich konstituierter Freiheiten allein über die Figur der Institutsgarantie bewerkstelligen läßt.

2. Die Schutzwirkungen von Einrichtungsgarantien nach klassischem Verständnis

Ihren ungebrochenen „Siegeszug" verdankt die Lehre von der Einrichtungsgarantie einem eingängigen Erklärungsmuster, das für die beiden wichtigsten Problemfelder normativ konstituierter Freiheit – die Schaffung und den Erhalt des einfach-rechtlichen Normensubstrats – für die h.M. bislang hinreichende Antworten geliefert hat.

---

[771] *De Wall*, Der Staat 38 (1999), S. 377 (385); *Gellermann*, Grundrechte, S. 117; *Kemper*, Koalitionsfreiheit, S. 19 ff.

[772] *C. Schmitt*, HdbDStR II, S. 596; *F. Klein*, Institutionelle Garantie, S. 110 ff; *M. Wolff*, FG Wilhelm Kahl (1923), S. 5 ff.

[773] *C. Schmitt*, Freiheitsrechte, S. 140 (149); *ders.*, Grundrechte und Grundpflichten, S. 180 (215 f.); *ders.*, in: HdbDStR II, S. 595 f.; *F. Klein*, Institutionelle Garantie, S. 146 f., 165 ff.; kritisch aber schon damals *E.R. Huber*, AöR 62 (1933), S. 1 (14).

[774] *Leisner*, Grundrechte und Privatrecht, S. 93 m.w.N. in Fn. 10.

[775] Vgl. nur *Abel*, Einrichtungsgarantien, S. 40; *Pieroth/Schlink*, Grundrechte, Rn. 70; *Manssen*, Privatrechtsgestaltung, S. 162 ff. m.w.N. in Fn. 284; *Scheuner*, Recht-Staat-Wirtschaft, S. 93; *Schmidt-Jortzig*, Einrichtungsgarantien, S. 17, 32; *F. Klein*, in: von Mangold/Klein, Das Bonner Grundgesetz, Vorb. A VI 3 a.

[776] *Dürig*, in: Maunz/Dürig, Art. 1 GG Rn. 97; *Gellermann*, Grundrechte, S. 117 ff.; *Höfling*, Vertragsfreiheit, S. 25 f.; *Kemper*, Koalitionsfreiheit, S. 17 ff., 23 f.; *F. Klein*, in: von Mangold/Klein, Das Bonner Grundgesetz, Vorbem A VI 3 d; *Schmidt-Jortzig*, Einrichtungsgarantien, S. 29; *Stern*, Staatsrecht III/1, S. 791 f.

[777] *Gellermann*, Grundrechte, S. 117 ff., 148 f., 416 ff.; *Höfling*, Vertragsfreiheit, S. 25 ff.; *Kemper*, Koalitionsfreiheit, S. 19 ff.; *Lübbe-Wolff*, Eingriffsabwehrrechte, S. 135; *Manssen*, Privatrechtsgestaltung, S. 161 ff., 166 ff.

a) Schaffung des Normenkomplexes

Bereits bei den Begründern der Lehre finden sich Anklänge, die auf eine verfassungsrechtlich fundierte Verpflichtung zur Schaffung freiheitskonstituierenden Normenkomplexe des einfachen Rechts hindeuten. Man registrierte nämlich, daß die Garantien ohne einen Unterbau einfachrechtlicher Vorschriften, ohne ein „subkonstitutionelles Normengeflecht", leerlaufen würden[778]. Um dies zu verhindern, nahm schon *Carl Schmitt* eine Garantie der zu den Grundrechten „konnexen und komplementären" Vorschriften des einfachen Gesetzesrechts an[779]. Mit dem Merkmal der Konnexität wollte er die Zuordnung der Vorschriften des einfachen Rechts zu den Grundrechten beschreiben. Das Merkmal der Komplementarität sollte andeuten, daß es zur Verwirklichung der grundrechtlich gewährleisteten Freiheit weiterer einfachrechtlicher Vorschriften bedurfte, die das, was die Grundrechte verfassungsrechtlich versprochen hatten, einfachrechtlich einlösen sollten[780]. Allerdings hatte *Schmitt* weniger den Normerlaß als vielmehr den Schutz vor einer Beseitigung des einfachrechtlichen Normensubstrats vor Augen, was angesichts der Tatsache, daß die Schutzobjekte der meisten Garantien seit langer Zeit vorhanden waren und nicht eigens geschaffen werden mußten, nicht weiter verwundern konnte. Immerhin war damit der erste Schritt getan, der rein abwehrenden Funktion der Garantie eine diametral entgegengesetzte, die Aktivität des Staates „herausfordernde" Bedeutung an die Seite zu stellen, wenngleich diese Sichtweise lange Jahre in Vergessenheit geriet.

Erst seit kurzer Zeit besinnt sich die Staatsrechtswissenschaft auf die Anfänge der Lehre zurück. Stimmen in der neueren Literatur plädieren dafür, gerade in den Einrichtungsgarantien das notwendige Vehikel zu sehen, um den Gesetzgeber bereits bei der Schaffung des freiheitskonstituierenden einfachen Rechts in die Pflicht zu nehmen[781]. Der Institutsgarantie als einer speziell den Grundrechten zugeordneten Einrichtungsgarantie[782] wird kein Verbot, sondern ein Gebots- bzw. Auftragsgehalt entnommen, diejenigen Rechtsregeln vorzuhalten, die zur Realisierung des verfassungsrechtlichen Regelungsziels erforderlich sind[783]. Der Sache nach geht es, wie vielfach betont wird, nicht um eine Garantie gegen, sondern vielmehr um eine sol-

---

[778] Zum Begriff des „Leerlaufens der Grundrechte" *Thoma*, FG Preuß. OVG (1925), S. 183 (195); *F. Klein*, Institutionelle Garantie, S. 128 ff. *C. Schmitt*, Freiheitsrechte, S. 140 (141).

[779] Freiheitsrechte, S. 140 (143 ff.); ders., Grundrechte, S. 181 (213 ff.); ders., in: HdbDStR II, S. 572 (596).

[780] Hier läßt sich weiter danach unterscheiden, ob die einfachrechtlichen Normen „denknotwendig" zum Grundrecht dazugehören, ohne die eine Verwirklichung des grundrechtlich Gewährleisteten vollkommen ausgeschlossen ist, oder ob sie der Verwirklichung bloß dienlich sind; vgl. *F. Klein*, in: von Mangoldt/Klein, Das Bonner Grundgesetz, Vorb A VI 3 d, S. 86.

[781] *Wendt*, Eigentum, S. 184 f., 187 ff.; ihm folgend *Kemper*, Koalitionsfreiheit, S. 15 ff., 51, 58 f. und ders., in: von Mangoldt/Klein/Starck, Art. 9 GG Rn. 173, 233; daran anknüpfend *Höfling*, Vertragsfreiheit, S. 25 ff.; *Gellermann*, Grundrechte, S. 118; krit. *Bumke*, Grundrechtsvorbehalt, S. 68.

[782] *Gellermann*, Grundrechte, S. 118; *Höfling*, Vertragsfreiheit, S. 28; *Kemper*, in: von Mangoldt/Klein/Starck, Art. 9 GG Rn. 173.

[783] *Böhmer*, NJW 1988, 2563; *Borowski*, Grundrechte als Prinzipien, S. 170 Fn. 29; *Gellermann*, Grundrechte, S. 118 m.w.N. in Fn. 158.

che durch den Staat⁷⁸⁴. Damit erhält der Begriff der Institutsgarantie einen vom derzeit herrschenden Sprachgebrauch abweichenden Sinn. So gesehen stimmt es, wenn die Verfechter der neuen Lehre behaupten, ein spezifisch grundrechtliches Verständnis der Institutsgarantie habe mit der zur Weimarer Zeit entwickelte Lehre nicht viel mehr als den Namen gemein⁷⁸⁵. Das trifft insbesondere für die Strömung in der neueren Lehre zu, die die Institutsgarantie in direktem Zusammenhang mit einer normativ konstituierten Freiheit sieht, so wie beispielsweise *Kemper*⁷⁸⁶. Seines Erachtens kann eine Institutsgarantie nur dort vorliegen, wo eine „kompetentielle Freiheit" als Freiheit eines rechtlichen Könnens gewährleistet ist, deren Existenz von der Bereitstellung einfachen Gesetzesrechts abhängt, weil die Grundrechtsträger nicht aus ihrem natürlichen Vermögen über die garantierte Kompetenz verfügen.

Dunkel bleibt allerdings in dieser neuen Sichtweise das Verhältnis von Grundrecht und Institutsgarantie. *Höfling* zufolge sollen beide nicht unverbunden nebeneinander stehen, sondern „integriert" sein⁷⁸⁷. *Kemper*, der die belastenden Wirkungen, die von Grundrechtsausgestaltungen ausgehen können, in den Mittelpunkt stellt, sieht in der Institutsgarantie offenbar das Bindeglied zwischen Ausgestaltung und Eingriff: „Ohne die in der Figur der Institutsgarantie begründete Rechtfertigung wäre die Ausgestaltung einer Freiheitsgarantie aber als Freiheitseingriff zu klassifizieren und grundrechtlich untersagt⁷⁸⁸". Offen bleibt, worauf die rechtfertigende Wirkung der Institutsgarantie beruht. Ist das Grundrecht ihr eigentliches Fundament, bedarf es der Annahme gesonderter Institutsgarantien an sich nicht, denn letztlich ist es das Grundrecht selbst, das die Ausgestaltung legitimiert, und nicht die Garantie⁷⁸⁹. Ihr kommt allenfalls ein gewisser heuristischer Wert zu⁷⁹⁰. Ungeklärt ist ferner, ob die Institutsgarantien den „objektiv-rechtlichen" Grundrechtsgehalten zugeschlagen werden müssen⁷⁹¹ oder ob sie als Teil der subjektiv-rechtlichen Grundrechtsgewährleistung anzusehen sind⁷⁹². Im letzteren Fall ist die Figur an sich überflüssig, da sich der Grundrechtsträger sogleich auf die grundrechtliche Gewährleistung berufen kann. Im ersteren Fall droht eine Verkürzung des grundrechtlichen Schutzgehalts, weil den objektiven Grundrechtsgehalten ein den Individualrechtsschutz beschränkender Zug anhaftet. Nicht von ungefähr sieht *Kemper* denn auch die von einer Grundrechtsausgestaltung ausgehenden Belastungen gerade durch die Figur der „Institutsgarantie" gedeckt. Was die neue Strömung letztlich bezweckt, ist klar: Über die Figur der Einrichtungsgarantie sollen Maßstäbe für die Grundrechtsausgestaltung durch den Gesetzgeber gewonnen werden. Das ist ein

---

⁷⁸⁴ *Gellermann*, Grundrechte, S. 118.
⁷⁸⁵ *Böhmer*, NJW 1988, 2563; *Gellermann*, Grundrechte, S. 118.
⁷⁸⁶ *Kemper*, in: von Mangoldt/Klein/Starck, Art. 9 GG Rn. 173, 233.
⁷⁸⁷ Vertragsfreiheit, S. 28.
⁷⁸⁸ *Kemper*, in: von Mangoldt/Klein/Starck, Art. 9 GG Rn. 233.
⁷⁸⁹ *Alexy*, Theorie der Grundrechte, S. 444; *Dreier*, in: Dreier, Vor Art. 1 GG Rn. 69; *Waechter*, Die Verwaltung 29 (1996), S. 55 f.
⁷⁹⁰ *Gellermann*, Grundrechte, S. 121, meint, daß nicht erkennbar sei, welche andere anerkannte Grundrechtsfunktion an die Stelle der Institutsgarantie treten könnte.
⁷⁹¹ So *Gellermann*, Grundrechte, S. 118, 121.
⁷⁹² *Höfling*, Vertragsfreiheit, S. 28.

§ 3 Die Lehre vom rechtsgeprägten Grundrecht

untauglicher Versuch[793]. Die Einrichtungsgarantie setzt ein bereits vorhandenes Institut voraus, dessen Normbestand in seinen Grundzügen vor Änderungen durch das einfache Recht bewahrt werden soll. Sollen der Garantie dennoch Leitlinien für die Grundrechtsausgestaltung entnommen werden, so ist das nur möglich, wenn man sie funktionell deutet[794] und nach dem Sinn und Zweck des grundlegenden Ordnungsgehalts der geschützten Gewährleistung fragt. Diese Sicht hätte freilich mit der Lehre von der Einrichtungsgarantie in ihrem klassischen Sinne kaum mehr als den Namen gemein.

b) Erhalt des Normenkomplexes

„Wirkmächtiger" ist die Lehre, was den Erhalt des freiheitskonstituierenden einfach-rechtlichen Normenkomplexes betrifft. Sie verwirklicht den von vielen Seiten geforderten Mittelweg[795] zwischen reiner „status-quo-Garantie" und bloßer „Maßgabegewährleistung". Will man sowohl die Zementierung der Rechtsordnung als auch den weitgehenden Leerlauf der Garantie vermeiden, kann der Kompromiß nur darin bestehen, nicht das gesamte einfache Recht für änderungsresistent zu erklären, sondern lediglich einen Kernbereich bestimmter Normenkomplexe. Daraus ergibt sich für die Lehre zweierlei: zum einen das Verbot, Normen, die zum Kernbereich gehören, abzuschaffen; zum anderen die Befugnis, Regelungen, die jenseits dieses Kernbereichs liegen, vornehmen zu dürfen, nicht zuletzt um Blockaden für die Weiterentwicklung des Normenbestandes zu vermeiden[796].

Zur Unterscheidung von Kern- und Randbereich wird gerne das Bild zweier konzentrischer Kreise bemüht[797]. Im äußeren Kreis – so heißt es dann – könne der Gesetzgeber ebenso frei auf den zur Garantie rechnenden Normenkomplex zugreifen wie auf beliebige andere, nicht spezifisch abgesicherte Verfassungspositionen; er habe lediglich die allgemeinen rechtsstaatlichen Anforderungen zu beachten. Im inneren Kreis, dem Kernbereich, befänden sich die für jegliche gesetzgeberische Gestaltung absolut unberührbaren essentialia der Einrichtungen[798]; diese Zone sei gleichsam der Tabubereich, bei dem die konzentrierte Abwehrdichte der Einrich-

---

[793] Wie hier *Bumke*, Grundrechtsvorbehalt, S. 68.
[794] *Bumke*, Grundrechtsvorbehalt, S. 68; *Gellermann*, Grundrechte, S. 320 ff.
[795] So bereits *Menzel*, AöR 28 (1937), S. 33 ff.; für die heute h.L. *Gellermann*, Grundrechte, S. 423.
[796] Für die Weimarer Lehre *Anschütz*, Verfassung, S. 520; *Boehmer*, in: Nipperdey, Die Grundrechte III, S. 254 f.; *Huber*, AöR 23 (1933), S. 1 (38, 45); *Menzel*, AöR 28 (1937), S. 33 ff.; *Schmitt*, Freiheitsrechte, S. 140 (146 f., 154, 158 f., 164, 166); *M. Wolff*, FG Kahl (1923), S. 5 ff.; zusammenfassend *Abel*, Einrichtungsgarantien, S. 17; *Stern*, Staatsrecht III/1, § 68 I S. 754 ff. Für das Grundgesetz vgl. *Abel*, Einrichtungsgarantien, S. 39 und 62; *Bleckmann*, Grundrechte, § 11 Rn. 112 ff.; *Manssen*, Privatrechtsgestaltung, S. 161; *Maunz* in: Maunz/Dürig, Art. 19 II GG, Rn. 2 und Art. 28 GG Rn. 53, 57; *Quaritsch*, in: EvStL, Sp. 1352 ff.; *Sasse*, AöR 85 (1960), S. 423 (438 f.); *Schmidt-Jortzig*, Einrichtungsgarantien, S. 39 ff.; *L. Schneider*, Wesensgehalt, S. 235, 241 f., 245, 257 f.; *Stern*, Staatsrecht III/1, § 68 VI 5 b; *Wendt*, Eigentum, S. 188 f.
[797] *Schmidt-Jortzig*, Einrichtungsgarantien, S. 39 ff., vgl. auch *Abel*, Einrichtungsgarantien, S. 39 und 62; *Maunz*/Dürig, Art. 19 II GG, Rn. 2 und Art. 28 GG Rn. 53, 57; *L. Schneider*, Wesensgehalt, S. 235, 241f., 245, 257f.; *Stern*, Staatsrecht III/1, § 68 I 5 d und VI 5 b, S. 768, 868 ff.
[798] Der Begriff geht auf VerfGH NW, OVGE 9, 74 (82) und 11, 149 (150) zurück; auf die Essentiale der Einrichtung stellt auch BVerfGE 79, 127 (147) ab.

tung auf den Plan trete; der Kernbereich mache das „Wesen" der Einrichtung aus[799]. Eingriffe in diesen Kernbereich stellten substantielle Verformungen der Einrichtung dar und könnten deshalb unter keinen Umständen verfassungsrechtlich legitimiert werden[800].

Daraus ergibt sich das Schlüsselproblem der gesamten Figur: die sachgerechte Unterscheidung der beiden Zonen. Schon Teile der Weimarer Staatsrechtslehre kapitulierten vor dieser Aufgabe. Bekanntlich war es *Anschütz*, der wegen der praktischen Aussichtslosigkeit dieses Unterfangens den erstaunlichen Schluß zog, es bestünden überhaupt keine Grenzen, und der deshalb die noch erstaunlichere Auffassung vertrat, der Gesetzgeber habe in diesem Bereich „völlig freie Hand"[801]. Dieser „Grenzenlosigkeitsschluß" mußte naturgemäß den Nerv der Lehre treffen. Er wurde denn auch prompt von ihrem maßgeblichen Vertreter, *Carl Schmitt*, zurückgewiesen, der ihn für ein „logisches Unding"[802] hielt. Niemals könne allein wegen praktischer Abgrenzungsprobleme gefolgert werden, daß eine Grenze überhaupt nicht existiere. *Schmitt* selbst wies dann die Richtung, die als die derzeit maßgebliche anzusehen ist: „Der Grund, aus dem der Gedanke der Institutsgarantie etwas Einleuchtendes hat, ... dürfte darin liegen, daß man in jeder Garantie der überlieferten Grundrechte, auch wenn nicht Rechtsinstitute im präzisen Sinne garantiert sind, doch eine *Garantie der überlieferten typischen Art und Weise einer Normierung finden* kann."[803] *Schmitts* Credo lautete also: keine status-quo-Garantie für sämtliche Teile des Normenkomplexes, sondern nur für ihre typischen Merkmale, ihre „Essentialia"[804]. Folgerichtig bemühen sich Rechtsprechung und h.L. um die Herausarbeitung der strukturbestimmenden, charakteristischen Kennzeichen[805] der jeweiligen Garantie, um sie von ihren jederzeit auswechselbaren „Akzidentialien" abzugrenzen[806].

Ganz im Sinne *Schmitts* konzentriert man sich dabei zunächst auf die historische Überlieferung. Das BVerfG betont in ständiger Rechtsprechung, daß bei der Bestimmung des änderungsresistenten Kernbereichs der geschichtlichen Entwicklung

---

[799] Das BVerfG geht zwar in ständiger Rechsprechung von einer absoluten Grenze des Wesens der Grundrechte aus, vgl. BVerfGE 7, 377 (411); 16, 194 (201); 34, 238 (245); 44, 353 (373); 61, 82 (113). Es kann allerdings diesen Anspruch nicht in jedem Falle durchhalten, vgl. *Herbert*, EuGRZ 1985, 321 (329).

[800] *Abel*, Einrichtungsgarantien, S. 64: „Die in der institutionellen Garantie begrifflich beschlossene Wesensgehaltsgarantie widerstreitet jeglicher Relativierung." und S. 65: „Die Gewährleistungen der institutionellen Garantie sind relativierungsfeindlich". Auch der Parlamentarische Rat dürfte von dem Bestehen eines absolut gestaltungs- und veränderungsfreien Wesenskern der Grundrechte ausgegangen sein, als er Art. 19 Abs. 2 GG ins Grundgesetz aufgenommen hat, vgl. *Maunz*, in: Maunz/Dürig, Art. 19 GG Rn. 5.

[801] *Anschütz*, Verfassung des deutschen Reiches, S. 583.

[802] *Schmitt*, Freiheitsrechte, S. 140 (147).

[803] *Schmitt*, Freiheitsrechte, S. 140 (166); Hervorhebungen im Original.

[804] *Stern*, in: Bonner Kommentar, Art. 28 GG Rn. 123; *ders.*, Staatsrecht III/1, § 68 VI 5 b β, S. 869.

[805] *Bleckmann*, Grundrechte, § 11 Rn. 112 ff., 116; *Lerche*, Übermaß, S. 240 f.; *Quaritsch*, in: EvStL Sp. 1352; *Schmidt-Jortzig*, Einrichtungsgarantien, S. 41 f.; *Steinbeiß-Winkelmann*, Freiheitsordnung, S. 99; *Stern*, Staatsrecht III/1, § 68 VI 5 b β, S. 869.

[806] Das Begriffspaar „Essentiale" – „Akzidentiale" geht zurück auf VerfGH NW, OVGE 9, 74 (82) und 11, 149 (150).

und den verschiedenen Gestalten, in denen sich die Einrichtung im Laufe der Zeit präsentiert hat, Rechnung zu tragen ist[807]. Der Gesetzgeber habe die überkommenen, identitätsbestimmenden Merkmale zu beachten; was herkömmlich das Bild der Einrichtung in ihren verschiedenen historischen Erscheinungsformen durchlaufend und entscheidend geprägt habe, dürfe weder faktisch noch rechtlich beseitigt werden[808]. Die Tradition sei es, die das geschichtliche Werden einer Einrichtung ausmache[809], ihren historisch gewordenen Sinn vermittele[810] und ihr damit Identität und Kontinuität verleihe[811]. Hinsichtlich Art. 33 Abs. 5 GG, der die hergebrachten Grundsätze des Berufsbeamtentums schützt, hat das BVerfG die Forderung aufgestellt, bei den zum Kernbereich einer Einrichtungsgarantie gehörigen Merkmalen müsse es sich um Regelungen grundsätzlicher Art handeln, „die allgemein oder doch ganz überwiegend und während eines längeren, eine Tradition bildenden Zeitraums, mindestens unter der Weimarer Reichsverfassung als verbindlich anerkannt und gewahrt worden sind"[812]. Daß ein Normenkomplex für einen langen Zeitraum weitgehend unverändert Bestand gehabt hat, gilt der Rechtsprechung denn auch als deutlichster Hinweis auf einen von der Verfassung gewollten Bestandsschutz[813]. Dieser Grundansatz entspricht im wesentlichen der h.L.[814], wenngleich die Meinungen in Detailfragen divergieren. So fordern manche, die garantierte Einrichtung müsse älter als ihre verfassungsrechtliche Gewährleistung sein[815] oder doch bereits bei Inkrafttreten der Verfassung bestanden haben[816]; andere verzichten hierauf und begnügen sich damit, daß die Einrichtung bei der Schaffung der Verfassung zumindest in Gestalt einer „Verfassungsdirektive" vorhanden gewesen war[817].

Das geschichtliche Werden ist es jedoch nicht allein, das die Änderungsresistenz von Teilen der Einrichtungsgarantie begründet[818]. Da die h.M. zur Vermeidung von „Blockaden" und „Versteinerungen" stets auch die Offenheit der Garantie für weitere Entwicklungen betont[819], kommt sie nicht umhin, den besonders geschützten

---

[807] So ausdrücklich für die Garantie der kommunalen Selbstverwaltung BVerfGE 22, 180 (205); 17, 172 (182); 23, 353 (366); 76, 107 (118); 79, 127 (146); 91, 228 (238).
[808] BVerfGE 7, 358 (364); 22, 180 (205); 79, 127 (147, 155); 83, 363 (381) für die Garantie der kommunalen Selbstverwaltung.
[809] BVerfGE 1, 167 (178); 8, 332 (359 f.) zu Art. 28 Abs. 2; BVerfGE 8, 332 (343); 9, 268 (285 f.) zu Art. 33 Abs. 5 GG.
[810] BVerfGE 4, 96 (106).
[811] *Stern*, Staatsrecht III/1, § 68 VI 5 γ, S. 870.
[812] BVerfGE 8, 332 (343); 9, 268 (286).
[813] BVerfGE 15, 328 (332): „Die Institution der Ehe ist nicht abstrakt, sondern in der Ausgestaltung gewährleistet, die unseren heute herrschenden Anschauungen entspricht, wie sie in den *konsequent beibehaltenen gesetzlichen Regelungen* maßgeblichen Ausdruck gefunden haben. (Hervorhebung vom Verfasser).
[814] *Abel*, Einrichtungsgarantien, S. 58 f.; *Kemper*, Koalitionsfreiheit, S. 26; *Pieroth/Schlink*, Grundrechte, Rn. 213; *Steinbeiß-Winkelmann*, Freiheitsordnung, S. 105.
[815] *Abel*, Einrichtungsgarantien, S. 56, 58.; *Bachof*, in: Nipperdey, Grundrechte der WRV III, S. 165; *Schnur*, DÖV 1965, 114 (116).
[816] *Sasse*, AöR 85 (1960), S. 423 (446 f.).
[817] *Lerche*, DÖV 1969, 46 (51).
[818] Statt aller *Stern*, Staatsrecht III/1, S. 870.
[819] Vgl. nur *Quaritsch*, Ev. Staatslexikon, Sp. 1022; *Schmidt-Jortzig*, Einrichtungsgarantien, S. 37 m.w.N.; *Steinbeiß-Winkelmann*, Freiheitsordnung, S. 107.

Kernbereich anhand weiterer Merkmale zu bestimmen. Dazu greift sie – ganz im Einklang mit den Grundlehren typologischer Begriffsbildung[820] – auf den Zweck der jeweiligen Garantie zurück, aus dem sie „wertende Leitgedanken" zur Merkmalsfindung herausdestilliert. Da all dies nicht ohne Rückbindung an die Tradition geschieht, verwundert es wenig, daß die so ermittelten Kriterien im Regelfall wiederum die fundamentalen Wesenszüge der Einrichtung tragen, die sie seit jeher geprägt haben.

c) Minimalgarantie

Aus dem soeben Dargelegten ergibt sich eine weitere Konsequenz. Einrichtungsgarantien können und sollen dem ihnen zugeordneten einfach-rechtlichen Normenkomplex nur einen Minimalschutz bieten. Kern- und Randbereich der Garantie werden gerade deshalb voneinander geschieden, um unabdingbar notwendige Gewährleistungszonen auszumessen. Auch das ist keine fundamental neue Erkenntnis, sondern gehört seit jeher zu den Grundannahmen der Lehre[821]. Derartige Maximen finden sich schon bei *Martin Wolff*, der 1923 als einer der ersten die Eigentumsgarantie in Art. 153 WRV untersuchte. Seines Erachtens konnte die Bestimmung nur den Sinn haben, „daß an den körperlichen Sachgütern ein Privatrecht möglich bleiben soll, das den Namen Eigentum verdient." Art. 153 WRV enthalte die Zusicherung „daß das Privateigentum *als Rechtsinstitut* erhalten bleibt"[822]. *Wolff* war es dann auch, der für diesen „Schutzmechanismus" den Begriff der „Institutsgarantie" prägte und damit den Weg zur Annahme einer Mindestgarantie bereitete: „Die Gewährleistung des Eigentums bedeutet selbstverständlich nicht die Aufrechterhaltung der zur Zeit der Reichsverfassung bestehenden Rechtssätze über den Eigentumsinhalt. (...) Das Eigentum empfängt seinen Inhalt und seine Begrenzung nicht durch das staatsrechtliche Prinzip seiner Unverletzbarkeit, sondern durch die Normen des geltenden objektiven Privatrechts. (...) Die Reichsverfassung erlaubt hiernach neue Gesetze, durch die der Eigentumsinhalt abweichend von dem bisherigen Rechte, und zwar mit Wirkung gegenüber den schon bestehenden Eigentumsrechten bestimmt wird". Wenig später verallgemeinerte *Richard Thoma*[823] die aus der Betrachtung der Eigentumsgarantie gewonnenen Erkenntnisse und übertrug den „minimalistischen Ansatz" auf alle Einrichtungsgarantien: „Die wiederholt erwähnten Institutsgarantien sind rechtwirksame, an die Le-

---

[820] Statt aller *Larenz*, Methodenlehre, S. 353: „Die Auswahl der maßgeblichen Erscheinungen und die nähere Umgrenzung des Typus werden aber durch den Normzweck und den hinter der Regelung stehenden Rechtsgedanken mit bestimmt".

[821] Für die Weimarer Staatsrechtslehre *E.R. Huber*, AöR 62 (1933), S. 1 (37 ff.); *F. Klein*, Institutionelle Garantien, S. 111 ff., 134 ff. 165; *C. Schmitt*, Verfassungslehre, S. 171; ders., Freiheitsrechte, S. 158 f.; *M. Wolff*, FS Kahl (1923), S. 1 (6). Für das Bonner Grundgesetz *Abel*, Einrichtungsgarantien, S. 61 m.w.N.; *Lübbe-Wolff*, Eingriffsabwehrrechte, S. 132 m.w.N.; *Sasse*, AöR 85 (1960), S. 423 (430, 433 ff.); *Schmidt-Jortzig*, Einrichtungsgarantien, S. 37, 48 m.w.N.; *Steinbeiß-Winkelmann*, Freiheitsordnung, S. 107 f.

[822] *M. Wolff*, FS Kahl (1923), S. 1 (6). Der Gedanke einer „Institutsgarantie" war zuvor schon bei Giese für die bürgerliche Ehe angeklungen.

[823] In: Nipperdey, Grundrechte der WRV I, S. 30 f.

gislative gerichtete Verbote, in der Ausgestaltung des Instituts diejenigen äußeren Grenzen zu überschreiten, jenseits deren das Institut als solche vernichtet oder denaturiert wäre". Auf derselben Linie formulierte *Anschütz*: „Die Wirkung solcher Garantien ist die, daß das garantierte Institut gegen völlige Abschaffung oder auch nur Verletzung des „Minimums dessen, was sein Wesen ausmacht ... unbedingt, d.h. mit Reichsverfassungskraft geschützt und der einfachen Gesetzgebung nur gestattet ist, innerhalb der hiermit bezeichneten Schranken die Einzelheiten des Instituts zu regeln."[824]

Die Vorstellung einer auf die Abwehr „substantieller, d.h. auf den Kernbereich zielender Eingriffe" beschränkten Schutzwirkung setzte sich – in mancher terminologischer Nuancierung [825] – rasch durch und gehört heute zum festen[826], wenngleich nicht unumstrittenen Bestand der Lehre[827]. Eine Reihe (älterer) Judikate des BVerfG, insbesondere zu Art. 6 Abs. 1 GG[828] und zu Art. 14 Abs. 1 GG[829], bekräftigt das Bild vom Minimalschutz. Ein ums andere Mal stellt das Gericht fest, daß Einrichtungsgarantien nur einen „Ordnungskern"[830] aufrechterhalten wollen; es gehe um den Schutz der „Strukturprinzipien"[831] und eines „Grundbestands an Normen"[832]. Dasselbe hat das Gericht bis zur Aufgabe der Kernbereichslehre im Jahre 1995[833] für die Koalitionsfreiheit reklamiert. Auch in der neueren Literatur wird ständig betont, daß die Institutsgarantie dem Gesetzgeber keine schwerwiegenden Hindernisse bereite, wenn er sich zur Umgestaltung grundrechtskonstituierender Normenbestände entschließe. Der durch sie vermittelte Normbestandsschutz sei von einer durchaus begrenzten Art[834]. Teils wird an der Unterscheidung von Kern- und Randbereich festgehalten, die dann sachlich-materiell verstanden wird[835], teils unterstreicht man den eher formalen Charakter der Unterscheidung, die nur das Wirkprinzip verdeutlichen solle. In jedem Fall sei der Gesetzgeber befugt, über den vorhandenen Bestand des konstituierenden Rechts zu disponieren, und zwar ohne Zwang zur Rechtfertigung in einer für Grundrechtseingriffe typi-

---

[824] Verfassung des Deutschen Reichs, S. 520.
[825] Zusammfassend *F. Klein*, Institutionelle Garantien, S. 135 f.: „Die institutionelle Garantie kann und will lediglich die einer völligen, existentiellen Vernichtung gleichkommende Abwandlung, Aushöhlung, Beeinträchtigung, Denaturierung, Durchbrechung, Durchlöcherung, Einschränkung, Entleerung, Überschreitung, Verletzung der Einrichtung verhindern".
[826] *Abel*, Einrichtungsgarantien, S. 61 m.w.N.; *Gellermann*, Grundrechte, S. 118 f., 423 f.; *Kemper*, Koalitionsfreiheit, S. 25 ff.; *Lübbe-Wolff*, Eingriffsabwehrrechte, S. 110, 132 m.w.N.; *Sasse*, AöR 85 (1960), S. 423 (430, 433 ff.); *Schmidt-Jortzig*, Einrichtungsgarantien, S. 37, 48 m.w.N.; *Steinbeiß-Winkelmann*, Freiheitsordnung, S. 107 f. Vgl. auch *Höfling*, Vertragsfreiheit, S. 33: „Der Gedanke eines (bloßen) Kernbereichsschutzes für Institutsgarantien wirkt diskussionsprägend".
[827] *Höfling*, Vertragsfreiheit, S. 33, 40; *Lübbe-Wolff*, Eingriffsabwehrrechte, S. 133 ff.
[828] BVerfGE 53, 224 (245); 62, 323 (330).
[829] BVerfGE 24, 367 (289); 58, 300 (339).
[830] BVerfGE 10, 59 (66).
[831] BVerfGE 53, 224 (245); 62, 323 (330).
[832] BVerfGE 24, 367 (289); 58, 300 (339).
[833] BVerfGE 93, 359 (362).
[834] *Gellermann*, Grundrechte, S. 424; *Heun*, Funktionell-rechtliche Schranken, S. 73.
[835] *Abel*, Einrichtungsgarantien, S. 72; *Bumke*, Grundrechtsvorbehalt, S. 68; *Gellermann*, Grundrechte, S. 417 f.; *Steinbeiß-Winkelmann*, Freiheitsordnung, S. 99; *Stern*, Staatsrecht III/1, S. 869.

schen Weise[836]. Die Institutsgarantie hindere ihn nicht daran, die aktuelle Ausgestaltung jederzeit und ohne weiteres durch eine andere zu ersetzen und damit auch die nach bisherigem Recht eröffneten Möglichkeiten der Betätigung grundrechtlicher Freiheit zu verschließen, vorausgesetzt er schaffe nicht solche Normen ab, die die Wirksamkeit des jeweiligen Grundrechts begründen[837].

3. Kritik der Lehre

Trotz ihrer weitgehenden Anerkennung war die Lehre von den Einrichtungsgarantien nie unangefochten. Die Zahl ihrer Kritiker wächst[838]. Wenngleich die Erkenntnisse der Weimarer Staatsrechtslehre für die damalige Zeit bahnbrechend waren – immerhin stand damit nicht weniger als ein schlüssiges und allgemein anerkanntes Konzept zur Bindung des Gesetzgebers an die Grundrechte zur Verfügung –, wird mit Recht gefragt, ob der Preis für das Festhalten an den überkommenen Maximen nicht zu hoch ist. Das Hauptanliegen der Lehre – der Schutz der Grundrechte vor ihrem Leerlauf – wird heute jedenfalls durch Art. 1 Abs. 3, 19 Abs. 2 und 79 Abs. 3 GG erfüllt[839], und zwar weit differenzierter, als es je in Weimar der Fall war. Nicht allein, daß Art. 1 Abs. 3 GG nunmehr ausdrücklich die Grundrechtsbindung des Gesetzgebers anordnet und Art. 19 Abs. 2 GG Eingriffe in den Wesensgehalt eines Grundrechts untersagt. Entscheidend ist, daß der grundrechtliche Abwehrschutz nach heute h.M. nicht erst im Kernbereich aktivierbar ist, sondern prima facie für jedes Verhalten im Schutzbereich eines Freiheitsrechts[840]. Ob sich die Lehre zumindest für nicht auf Grundrechte bezogene Einrichtungen, d.h. auf die traditionellen Schutzobjekte institutioneller Garantien, einsetzen läßt, um diesen einen „grundrechtsähnlichen Schutz" zu gewähren[841], ist eine andere, hier nur am Rande interessierende Frage[842].

Das größte Manko der Lehre besteht sicher darin, daß eine exakte materiell-inhaltliche Abmessung der verschiedenen Kernbereiche bislang nicht gelungen ist[843]. Nicht von ungefähr beschränken sich die meisten Äußerungen in der Literatur auf die Wiedergabe des kernbereichsspezifischen „Wirkmechanismus". Solange jedoch die Methoden zur Fixierung der änderungsresistenten Normenkomplexe nur vage beschrieben werden können, wird die Abgrenzung zumeist einzelfallbezogen erfolgen. Damit liegt die Gefahr eines (verfassungsrichterlichen) Dezisionismus offen zu

---

[836] *Gellermann*, Grundrechte, S. 423.
[837] *Gellermann*, Grundrechte, S. 424.
[838] *Alexy*, Theorie der Grundrechte, S. 442 ff.; *Dreier*, in: Dreier, Vor Art. 1 GG Rn. 69; *Dürig*, in: Maunz/Dürig, Art. 1 Abs. 3 GG Rn. 98; *Waechter*, Die Verwaltung 29 (1996), S. 47 (50); *Willke*, Grundrechtstheorie, S. 124; vgl. auch *Gellermann*, Grundrechte, S. 115 ff.; *Kemper*, Koalitionsfreiheit, S. 54; *Manssen*, Privatrechtsgestaltung, S. 164 f.; *Steinbeiß-Winkelmann*, Freiheitsordnung, S. 93.
[839] *Dürig*, in: Maunz/Dürig, Art. 1 Abs. 3 GG Rn. 98; *Manssen*, Privatrechtsgestaltung, S. 164.
[840] Statt aller *Bethge*, VVDStRL 57 (1998), S. 7 (21 ff.).
[841] So *Schmidt-Jortzig*, Einrichtungsgarantien, S. 62.
[842] Selbst wenn dies zu bejahen wäre, wofür einiges spricht, bliebe doch auch hier das Problem des Minimalschutzes.
[843] *Gellermann*, Grundrechte, S. 422; *Lübbe-Wolff*, Eingriffsabwehrrechte, S. 135.

Tage. Es bedarf nur geringer prophetischer Gabe, um sich vorzustellen, daß die damit zwangsläufig verbundene Rechtsunsicherheit zu einer unangemessenen Lähmung des Gesetzgebers führt, wenn er aus Angst vor einer Berührung oder gar Verletzung des Kernbereichs notwendige Legislativakte unterläßt. Diese Gefahren sind durchaus realer Natur. Die zwischen 1996 und 1998 geführte Diskussion, ob zweiseitig-zwingende Gesetzesvorschriften zur Absenkung der Höhe der Entgeltfortzahlung im Krankheitsfall bereits einen Eingriff in den Kernbereich der Tarifautonomie darstellen[844], liefert hierfür ein erschreckendes Beispiel.

Zu der Schwierigkeit, den Kernbereich einer Einrichtung zu bestimmen, tritt ein weiteres Problem hinzu. Liegt der spezifische Schutzgehalt der Einrichtungsgarantie darin, daß es überhaupt bestandsgeschützte Einrichtungen gibt, so greift dieser Schutz erst, wenn sich positiv feststellen läßt, daß nach Wegfall bestimmter Strukturelemente die Einrichtung nicht mehr besteht[845]. Das geht über einen Minimalschutz der verbürgten Einrichtung nicht hinaus. Die Verteidigung eines Minimums an normativer Substanz genügt aber häufig nicht[846]. Was eine Einrichtungsgarantie jedenfalls nicht bieten kann, ist die Abwehr einer sukzessiven Entleerung der geschützten Einrichtung[847]. Ein solcher Schutz ist aber besonders wichtig. Kaum ein Gesetzgeber würde Frontalangriffe gegen das „Herz" der geschützten Einrichtung wagen[848]; zu besorgen sind vielmehr die schleichenden Erosionen[849] „ganzer Einwirkungsketten"[850]. Die Lehre von den Einrichtungsgarantien lädt den Gesetzgeber geradezu zu einer „Salamitaktik" ein[851]. Er kann der Einrichtung solange Substanz entziehen, wie er ihren Sinn nicht vollkommen entleert. Erst den letzten Schritt – die Abschaffung der Institution – kann die Lehre von den Einrichtungsgarantien verhindern. Auch das hatte *Carl Schmitt* erkannt, als er 1931 feststellte, „daß es eine Methode unauffälliger Aushöhlung und Entleerung einer Institution gibt, gegen

---

[844] *Boerner*, ZTR 1996, 435 ff.; *Buchner* NZA 1996, 1177 ff.; *Hanau*, Arbeitsrechtliche und verfassungsrechtliche Fragen zu Karenztagen bei der Entgeltfortzahlung im Krankheitsfall, Bonn 1993; *Heinze*, NZA 1996, 785 ff.; *Keil*, FS Hanau (1999), S. 517 ff.; *Löwer*, Stellungnahme zum Entwurf eines Entgeltfortzahlungsgesetz, BT-Ausschuß für Arbeit und Sozialordnung, Drucks. 12/892; *Säcker*, AuR 1994, S. 1 ff.; *Wedde*, AuR 1996, 421 ff.; *Zachert*, NZA 1994, 529 ff.

[845] *Schmidt-Jortzig*, Einrichtungsgarantien, S. 40 f.; *Stern*, Staatsrecht III/1, § 68 VI 5 a α, S. 869.

[846] So ausdrücklich BVerfGE 79, 127 (148) für die Garantie der kommunalen Selbstverwaltung (Art. 28 Abs. 2 GG). Der Schutzmechanismus würde demnach bei einer Einrichtung, die nur aus zwei Einzelfunktionen bestünde, erst dann anspringen, wenn eine von beiden Funktionen entzogen wurde; vgl. *Schmidt-Jortzig*, Einrichtungsgarantien, S. 40 f.; *Stern*, Staatsrecht III/1, § 68 VI 5 a α, S. 869.

[847] Problematisiert in BVerwGE 67, 321 (322); BVerfGE 79, 127 (148) für Art. 28 Abs. 2 GG.

[848] *Lerche*, Übermaß, S. 244.

[849] Vgl. *Schmidt-Aßmann*, FS Ule (1977), S. 461 (482), der hinsichtlich Art. 28 Abs. 2 GG bemerkt, daß die Garantie der kommunalen Selbstverwaltung zwar gut gegen einen einzelnen massiven Eingriff schütze, der Schutzmechanismus aber nur schwer anspringe, wenn es um zahlreiche Eingriffe gehe, die jeweils für sich betrachtet unbedenklich erschienen.

[850] *Schmidt-Jortzig*, Einrichtungsgarantien, S. 51 f.; *Siedentopf*, StGdB 1976, S. 272 (277).

[851] Besonders plastisch *Lerche*, Übermaß, S. 244: „Die Einkreisung des Grundrechts wird allmählich beginnen, immer engere Schleifen ziehen, so daß jener Einschnitt, der schließlich den institutionellen Kern des Grundrechts trifft, in aller Regel nur als letzter Akt eines weitgespannten Vorgangs erscheinen mag.".

120   1. Teil: Die verfassungsrechtliche Verankerung der Tarifautonomie

welche keine institutionelle Garantie schützen kann"[852]. Während *Anschütz* aber keine Zweifel hegte, daß kein deutscher Gesetzgeber jemals daran denken werde, eine institutionelle Garantie anzutasten, und er deshalb die Entscheidung, ob eine bloße Beschränkung oder aber eine Beseitigung der Einrichtung vorliege, getrost der Loyalität des deutschen Gesetzgebers überlassen wollte[853], war sich *Schmitt* nicht so sicher; er konnte aber selbst keine Lösung anbieten[854].

Andere Stimmen meinen, der Abwehrmechanismus der Einrichtung reagiere zumindest auf „planmäßige Veränderungsprozesse"[855], d.h. auf eine sukzessive Entleerung des geschützten Gehalts, wenn und soweit dieser Aushöhlung ein systematisches Konzept zugrundeliege. Der Nachweis eines solchen Konzeptes dürfte jedoch kaum gelingen. Auf das Bestehen eines solchen Konzeptes wird man nur indirekt schließen können, und dies auch nur dann, wenn es eine ganze Kette von Einwirkungen auf die Einrichtung gibt. Damit würde der Nachweis eines Konzeptes allerdings vielfach zu spät kommen, nämlich erst dann, wenn die Einrichtung kaum mehr funktionsfähig ist und nur noch ein Schattendasein fristet. Außerdem ist fraglich, bei welcher Einwirkung auf die geschützte Einrichtung der kritische Punkt oder – um im Bild der „Salamitaktik" zu bleiben – die „letzte Scheibe" erreicht ist. Im übrigen kann dem Gesetzgeber kaum ein planmäßig rechtsbeugender Wille unterstellt werden[856].

Wieder andere wollen zunächst die wesentlichen Merkmale der Einrichtung enumerativ erfassen, um sodann nach Art einer „Subtraktionsmethode" festzustellen, ob das, was nach einer gesetzlichen Einwirkung von der Einrichtung übrigbleibt, vom angetroffenen Ausgangszustand wesentlich abweicht oder nicht[857]. Aber auch das geht letztlich nicht über einen Minimalschutz hinaus; zudem fehlen die konkreten Maßstäbe sowohl für die Ausgangslage als auch für den Endzustand. Eine Spielart der „Subtraktionsmethode" ist die Lehre von der „unzulässigen Überdehnung der Einrichtung"[858]. Danach seien nur solche Einwirkungen auf die Einrichtung zulässig, die langsam, kontinuierlich und unbemerkt erfolgten und dem allgemeinen Wandel der Lebensanschauungen entsprächen. Verboten seien konzentriert-sprunghafte, entwicklungsraffende Veränderungen, die das Wandlungsvermögen, die Dehnungsfähigkeit der Einrichtung überzögen und damit eine Kluft zwischen den tatsächlichen Lebensvorstellungen und den normierten Inhalten der Einrichtungsgarantie aufbrechen ließen. In diesen Fällen erfolge ein Umschlag von Quantität in

---

[852] *Schmitt*, Freiheitsrechte, S. 140 (148); ähnlich *F. Klein*, Institutionelle Garantien, S. 137 Fn. 46: Einrichtungsgarantien vermögen einem auf apokryphe Durchbrechungen, Durchlöcherungen, Entleerungen der Einrichtung und andere illoyale Praktiken ausgehenden planmäßig bösen Willen der Legislative und Exekutive keine Schranken zu setzen.

[853] *Anschütz*, Verfassung des Deutschen Reiches, S. 583, dachte dabei vorrangig an die Institution der kommunalen Selbstverwaltung.

[854] *Schmitt*, Freiheitsrechte, S. 140 (148 f.).

[855] *Köttgen*, Ausgewählte Schriften, S. 105 (108); *Ule*, ZfSR 8 (1962), S. 637 (701, 712).

[856] *Schmidt-Jortzig*, Einrichtungsgarantien, S. 53 f.

[857] *Stern*, Staatsrecht III/1, § 68 VI 5 b α, S. 869 m.w.N. So ausdrücklich auch für die Beschränkung der Tarifautonomie *Biedenkopf*, Verhandlungen des 46. DJT (1966), Bd. 1, S. 97 (164); *Kemper*, Koalitionsfreiheit, S. 122.

[858] *Schmidt-Jortzig*, Einrichtungsgarantien, S. 54 ff.; ähnlich *Lerche*, FS Maunz (1971), S. 285 ff.

Qualität. Aus einem Einzelakt könne dann zusammen mit den anderen Einwirkungsakten ein Gesamtakt werden, der bei einer Totalschau eine verfassungswidrige Störung des organischen Bildes vom Einrichtungstypischen bewirke: der sprichwörtliche Tropfen, der den Kelch zum Überlaufen bringe.

Alle diese subtilen Unterscheidungen ändern jedoch nichts an dem Grundproblem der Lehre, das *Manssen* wie folgt auf den Punkt bringt[859]: „Entweder berührt eine Maßnahme den Kernbereich des von der Verfassung rezipierten Normbestandes, dann ist sie immer – ohne Rücksicht auf die vorgebrachten Gründe – unzulässig, oder sie berührt den Kernbereich nicht, dann ist sie unter dem Gesichtspunkt der Einrichtungsgarantie immer zulässig". Für einen wirksamen Schutz eines rechtsgeprägten Grundrechts, der die kontrollierte Möglichkeit einer Umgestaltung einschließt, ist das strikte Alles oder Nichts der Lehre von den Einrichtungsgarantien viel zu undifferenziert. Die Annahme von Bereichen, die zwischen dem liegen, was absolut geschützt ist, und dem, was überhaupt nicht mehr geschützt ist, ist der Lehre von den Einrichtungsgarantien wesensfremd[860]. Eine Einrichtungsgarantie ist keine relative, sondern eine absolute Garantie, allerdings beschränkt auf einen Kernbereich, dessen Abgrenzung vom Randbereich mit großen Unsicherheiten behaftet ist.

V. Zwischenschau

Die bisher diskutierten verfassungsrechtlichen Schutzmodelle für normativ konstituierte Freiheiten haben sich als untauglich erwiesen. Eine Garantie nach Maßgabe des einfachen Rechts scheidet von vornherein aus, weil damit rechtlich konstituierte Freiheiten völlig dem Belieben des Gesetzgebers anheimfallen. Ebenso wenig kommen status-quo-Garantien in Betracht. Sie führen zu einer unerwünschten Versteinerung freiheitskonstituierender Normbestände und ebnen den aus Gründen des Stufenbaus der Rechtsordnung unverzichtbaren Unterschied zwischen Verfassungsrecht und einfachem Recht ein. Selbst die von der h.M. favorisierten Einrichtungsgarantien werden den Erfordernissen eines angemessenen verfassungsrechtlichen Schutzes nicht gerecht. Die Vorstellung, einen zugriffsresistenten Kern von einem regelungsoffenen Rand zu scheiden, besticht in der Theorie, lässt sich aber in der Praxis nicht realisieren, da es an trennscharfen Abgrenzungskriterien fehlt. Überdies bieten Einrichtungsgarantien nur einen Minimalschutz. Sie bewahren normativ konstituierte Freiheiten zwar vor völliger Abschaffung oder Denaturierung, nicht jedoch vor einzelnen Zugriffen, selbst wenn diese für sich allein schwerwiegend und weitreichend sind oder sich im nachhinein als Ketten sukzessiver Beschränkung erweisen. Selten wird man dem Gesetzgeber planmäßiges, auf die Abschaffung einer Einrichtungsgarantie zielendes Verhalten nachweisen können; gerade das wäre aber die Voraussetzung, um den vollen Schutz der Garantie zu aktivieren. Unterhalb dieser Schwelle versagt sie. Hinzukommen die nach wie vor

---

[859] *Manssen*, Privatrechtsgestaltung, S. 168.
[860] *Abel*, Einrichtungsgarantien, S. 64; *Manssen*, Privatrechtsgestaltung, S. 170.

ungelösten Probleme der Subjektivierung eines durch Einrichtungsgarantien vermittelten Verfassungsschutzes. Solange unklar ist, ob Einrichtungsgarantien nur objektive Pflichten erzeugen, ohne zugleich subjektive Rechte zu vermitteln, ist im Hinblick auf normativ konstituierte Freiheiten mit gravierenden Schutzdefiziten zu rechnen.

VI. Grundrechtlicher Schutz normativ konstituierter Freiheit

1. Grundrechtlicher Abwehrschutz

Bislang ist offengeblieben, ob sich normativ konstituierte Freiheiten durch Grundrechte schützen lassen. Ein spezifisch grundrechtlicher Schutz scheint angesichts der Unzulänglichkeit der untersuchten Instrumente auf der Hand zu liegen. Die Literatur steht diesem Ansatz reserviert gegenüber[861]. Eine Ausnahme bildet die Lehre vom grundrechtlichen Normbestandsschutz, die sich mit der Dogmatik rechtsgeprägter Grundrechte überschneidet, in ihrem Anwendungsbereich aber weit darüber hinausreicht.

a) Lehre vom grundrechtlichen Normbestandsschutz

Die Lehre vom grundrechtlichen Normbestandsschutz wird im neueren Schrifttum vor allem von *Lübbe-Wolff*[862] vertreten. Ihre Wurzeln reichen bis auf *Carl Schmitt* und seine Garantie der nicht über das traditionell typische und übliche Maß hinausgehenden Eingriffsermächtigungen zurück[863]. Grundrechtlicher Normbestandsschutz bedeutet in den Worten *Lübbe-Wolffs* „Zuordnung einer durch einfaches Recht konstituierten Rechtsposition zum negatorischen Schutzbereich des jeweils einschlägigen Grundrechts mit der Folge, daß restriktive Normänderungen als Eingriff in den Schutzbereich des Grundrechts zu qualifizieren sind."[864] Im Gegensatz zur Lehre von der Einrichtungsgarantie soll nicht nur der Kernbereich, sondern der gesamte zu einem einschlägigen Grundrecht gehörige einfachrechtliche Normenkomplex in den Schutzbereich eines Grundrechts einbezogen werden. Folglich gibt es keine Zonen unterschiedlicher Schutzdichte. Der Schutz beginnt schon bei dem ersten Zugriff des Gesetzgebers auf den Normenkomplex und nicht erst im Kernbereich, also beim Angriff auf die wesentlichen, typusprägenden Merkmale. Die Aufgabe des Konzeptes unterschiedlicher Schutzzonen wird von *Lübbe-Wolff* nicht zuletzt mit der Schwierigkeit, wenn nicht gar Unmöglichkeit begründet, die Schutzzonen voneinander abzugrenzen[865].

---

[861] Statt aller *Gellermann*, Grundrechte, S. 411 ff.
[862] Eingriffsabwehrrechte, S. 125 ff., 135 ff. 150 ff.; daran anknüpfend auch *Manssen*, Privatrechtsgestaltung, S. 170 ff.; ähnlich zuvor *Lerche*, Übermaß, S. 240: Wesensgehalt des Art. 19 Abs. 2 GG im Sinne eines Kernstücks der unterverfassungsgesetzlichen Normenkomplexe, die den einzelnen freiheitlichen Grundrechten zugrundeliegen.
[863] *C. Schmitt*, Freiheitsrechte, S. 140 (166); *ders.*, Grundrechte und Grundpflichten, S. 180 (209 f.).
[864] Eingriffsabwehrrechte, S. 150.
[865] *Lübbe-Wolff*, Eingriffsabwehrrechte, S. 135.

Das BVerfG hat sich in manchen Bereichen der Lehre vom grundrechtlichen Normbestandsschutz angenähert. Es hat erkannt, daß sich das Konzept von Zonen unterschiedlicher Schutzdichte – so wie es die Lehre von den Einrichtungsgarantien vertritt – nicht ohne weiteres durchhalten läßt. Spätestens seit der Rastede-Entscheidung steht für das BVerfG fest, daß der Schutz bestimmter einfachrechtlicher Normenbestände nicht erst beim Kernbereich beginnen kann, wenn die Gefahr einer Aushöhlung der Einrichtungsgarantie von innen vermieden werden soll. Auch außerhalb des Kernbereichs sei der Gesetzgeber in seiner Gestaltungsfreiheit beschränkt. Für die Garantie der kommunalen Selbstverwaltung (Art. 28 Abs. 2 GG) hat das Gericht angenommen, daß diese nicht nur einen Schutz der identitätsbestimmenden Merkmale der kommunalen Selbstverwaltung verbürge, sondern Rechtswirkungen auch jenseits dieses engsten Bereichs entfalte[866]. Ähnliches gilt seit 1995 für die Koalitionsfreiheit[867], von der das BVerfG bislang annahm, sie sei nur in einem Kernbereich geschützt[868]. In der Rastede-Entscheidung meinte das Gericht, daß der Gesetzgeber bei der Änderung einer gesetzlich ausgestalteten Einrichtung zwar einen Spielraum genieße. Seine Einschätzungsprärogative sei aber um so enger, je mehr die Einrichtung als Folge der gesetzlichen Regelung an Substanz verliere[869]. Der Schutz, der bei der Umgestaltung von einem rechtsgeprägten Grundrecht ausgeht, wird also um so stärker, je mehr der Gesetzgeber von den typusprägenden Merkmalen ändert oder beseitigt. Bahnbrechend ist jedenfalls die Erkenntnis, daß die verfassungsgerichtliche Kontrolle nicht erst beim letzten Zugriffsakt ansetzt, sondern beim ersten. Mit dieser Auffassung geht die Rechtsprechung weit über das traditionelle Verständnis einer Einrichtungsgarantie hinaus.

b) Anwendungsbereich

Maßgeblich für die Lehre vom Normbestandsschutz ist, welche einfachrechtlich geschaffenen Rechtspositionen dem grundrechtlichen Abwehrschutz zugeordnet werden. *Lübbe-Wolff* will darauf abstellen, ob eine allgemeine verfassungsrechtliche Gesetzgebungspflicht besteht. Das ist zu wenig präzise und trifft nicht den Kern, weil *Lübbe-Wolff* vor allem an grundrechtliche Schutzpflichten denkt[870], deren wesentliche Stoßrichtung in einer Pflicht zur Freiheitsbeschränkung und nicht zur Freiheitsbegründung liegt.

Manssen, der die Lehre fortgeführt hat, will auf Gesichtspunkte des Vertrauensschutzes abheben. Verfassungsrechtlich abgesichert seien solche Normenkomplexe, die beim Grundrechtsträger zu Vertrauensinvestitionen geführt hätten. Wenn bestimmte Gesetze darauf zielten, das Verhalten der Bürger in eine bestimmte Richtung zu lenken, so veranlasse der Staat final die Entstehung von Kontinuitätsver-

---

[866] BVerfGE 79, 127 (147); ähnlich dann in BVerfGE 83, 363 (381 f.); 91, 228 (238).
[867] BVerfGE 93, 352 (358 ff.); 94, 268 (283).
[868] BVerfGE 4, 96 (106); 17, 319 (333 f.); 28, 295 (303); 42, 133 (139); 50, 290 (368); 57, 220 (246); 58, 233 (247); 77, 1 (63); 92, 365 (294).
[869] BVerfGE 79, 127 (154) für Art. 28 Abs. 2 GG.
[870] Eingriffsabwehrrechte, S. 149.

trauen; gerade deshalb gerate der Bürger in ein Abhängigkeitsverhältnis zum Staat. Aus diesem Grunde sei es einleuchtend, dem Staat einen Rechtfertigungszwang aufzuerlegen, wenn er in Gesetze eingreife, durch deren Erlaß er beim Bürger Dispositionen veranlaßt habe[871]. Umgekehrt sei es unangebracht, solche Gesetze in den Schutzbereich der Grundrechte einzubeziehen, auf deren Bestand niemand vertraut habe. Normen, die niemand in Anspruch nehme, trügen zur Freiheitsverwirklichung nichts bei und müßten deshalb auch nicht gegenüber dem Gesetzgeber geschützt werden[872].

Eine Zuordnung nach Gesichtspunkten des Vertrauensschutzes vermag ebenfalls nicht zu befriedigen, weil zwei Dinge vermengt werden, die unbedingt auseinanderzuhalten sind: der Erhalt der einfachrechtlichen Normenkomplexe als solcher und der Schutz konkreter Verbindungen, die auf der Grundlage des einfachen Rechts eingegangen wurden. Es macht allemal einen Unterschied, ob der Gesetzgeber nur allgemein die Rahmenbedingungen für die Eingehung der Ehe, für den Abschluß von Individual- oder Kollektivverträgen oder für das Leben in den Vereinigungen des Gesellschaftsrechts ändert oder ob er auf bereits eingegangene Ehen, auf geschlosse Verträge oder bestehende Vereinigungen einwirkt. Vertrauensschutz kann es nach der Rechtsprechung nur für die bereits ins Werk gesetzte Freiheit geben[873], d.h. nur für die schon vorhandenen Ehen, Verträge oder Vereinigungen. Kein Vertrauensschutz besteht für die Rahmenbedingungen des rechtlichen Könnens schlechthin; auf deren Fortbestand kann grundsätzlich niemand vertrauen[874]. Das hat Konsequenzen für die Umgestaltung. Zielt die Umgestaltung nur auf die Rahmenbedingungen des rechtlichen Könnens, spielen Gesichtspunkte des Vertrauensschutzes keine Rolle. Sie sind deshalb auch nicht geeignet, Vorschriften, die zum grundrechtlichen Normbestandsschutz gehören, von anderen Regelungen abzugrenzen. Greift der Gesetzgeber auch auf bestehende Verbindungen (Ehen, Verträge oder Vereinigungen) zu, die auf der Grundlage der Rahmenbedingungen des rechtlichen Könnens eingegangen wurden, kommt alles auf den Vertrauensschutz an. Er führt dann aber nicht zu einem grundrechtlichen Normbestandsschutz im hier verstandenen Sinne, sondern verpflichtet den Gesetzgeber, für eine finanzielle Kompensation oder für Übergangsrecht zu sorgen. Das ist aber eine Frage, die beim jeweils einschlägigen Grundrecht zu prüfen ist. Zudem ist der Erlaß von Übergangs-, Überleitungs- oder Ausgleichsrecht kein spezifisches Problem eines Zugriffs auf den Normbestand; die damit zusammenhängenden Probleme treten vielmehr bei jeder Gesetzesänderung auf. Sie sollten deshalb strikt von den hier interessierenden Fragen getrennt werden[875].

Den Ausschlag für die Unterstellung unter den grundrechtlichen Abwehrschutz kann letzten Endes nur geben, ob einfachrechtliche Normenkomplexe freiheitskonstituierend wirken oder nicht. Nur wenn es die Aufgabe des einfachen Rechts ist, das grundrechtlich versprochene „rechtliche Können" real zu ermöglichen, wird

---

[871] *Manssen*, Privatrechtsgestaltung, S. 175 ff.
[872] *Manssen*, Privatrechtsgestaltung, S. 182.
[873] BVerfGE 75, 246 (280).
[874] St. Rspr., zuletzt BVerfGE 97, 271 (290).
[875] *Cornils*, Ausgestaltung, S. 544.

§ 3 *Die Lehre vom rechtsgeprägten Grundrecht* 125

das Grundanliegen der Lehre vom grundrechtlichen Normbestandsschutz tangiert: die Gleichbehandlung von natürlicher und rechtlich konstituierter Freiheit hinsichtlich des Schutzes gegen gesetzliche Beschränkungen. Ist der Grundrechtsträger zur realen Freiheitsentfaltung auf staatliche Gesetze angewiesen, dann ist die Aufhebung oder Änderung einer solchen freiheitsermöglichenden Norm von ihrer Wirkung her ebenso eine Restriktion wie die Beschränkung natürlicher Freiheit[876]. Unter den grundrechtlichen Normbestandsschutz müssen also alle Regelungen fallen, die das, was grundrechtlich an rechtlichem Können versprochen wurde, einfachrechtlich erfüllen. Konkret sind das sämtliche Regelungen über die Ehe, das Eigentum, die Vereinigungen sowie die Individual- und die Kollektivrechte. Dabei rechnen – anders als die Lehre von den Einrichtungsgarantien meint – zum Schutzbereich nicht nur die „Essentialien" dieser privatrechtlichen Rechtsinstitute, sondern sämtliche Bestandteile[877].

c) Unbegründete Bedenken

Gegen ein derart weit gefaßtes Verständnis eines grundrechtlichen Normbestandsschutz werden in der Literatur Bedenken erhoben[878].

Der spezifisch grundrechtliche Schutz scheitert nicht schon daran, daß normativ konstituierte Freiheiten nicht wie natürliche Freiheiten „von selbst" bestehen, sondern zwingend einer staatlichen „Ingangsetzung" bedürfen. Trotz ihrer einfachrechtlichen Unterfütterung handelt es sich um Freiheiten, von denen, sobald der Staat das normative Gerüst zur Verfügung gestellt hat, beliebig Gebrauch gemacht werden kann und die deshalb der Gefahr staatlicher Beschränkung ausgesetzt sind. In dieser Hinsicht unterscheiden sie sich nicht von natürlichen Freiheiten[879]. Schon aus diesem Grunde ist eine Gleichbehandlung naheliegend und geboten[880]. Auch rechtfertigt ihre „Anseilung" an die staatliche Rechtsordnung keinen gegenüber der Gewährleistung natürlicher Freiheit reduzierten Schutz. Im Gegenteil besteht bei konstituierten Freiheiten gerade wegen ihrer Normbezogenheit stets die Gefahr offener oder „verdeckter" Zugriffe.

Diese allen normativ konstituierten Freiheiten eigentümliche Schwäche ist den Kritikern eines abwehrrechtlichen Normbestandsschutzes nicht verborgen geblieben[881] nur ziehen sie daraus einen unter Schutzgesichtspunkten bedenklichen Schluß, so etwa wenn *Gellermann* behauptet: „Beruhen Entstehung, Reichweite und konkrete Gestalt der einmal eingeräumten abstrakten Position aber in gewisser Hinsicht auf einem freien Willensentschluß des Gesetzgebers, muß es ihm aus grundrechtlicher Sicht unbenommen bleiben, sich im Zuge der Umgestaltung eines

---

[876] So zutreffend *Manssen*, Privatrechtsgestaltung, S. 174.
[877] *Lübbe-Wolff*, Eingriffsabwehrrechte, S. 144.
[878] *Borowski*, Grundrechte als Prinzipien, S. 136 f., *Cornils*, Ausgestaltung, S. 197 ff.; *Pieroth*, AöR 115 (1990), S. 518 (518); *Ruffert*, Verfassung und Privatrecht, S. 190, 311 f.
[879] A.A. *Gellermann*, Grundrechte, S. 414.
[880] Wie hier im Ergebnis auch *Lübbe-Wolff*, Eingriffsabwehrrechte, S. 134 f.; a.A. *Gellermann*, Grundrechte, S. 428.
[881] *Gellermann*, Grundrechte, S. 414; *Klußmann*, Laufende Verträge, S. 89 ff.

anderen zu besinnen und das Maß der einmal begründeten rechtlichen Fähigkeiten und Befugnisse wieder zurückzunehmen"[882]. Ebenso wie die Gewährung des grundrechtsausgestaltenden einfachen Rechts kein „Gnadenakt" des Gesetzgebers ist, sondern in Erfüllung eines verfassungsrechtlichen Auftrags geschieht, der gerade nicht in seinem freien Belieben steht, kann auch der actus contrarius nicht nach einfachem „Gutdünken" erfolgen. Immerhin handelt es sich um die Versagung grundrechtlicher Freiheit. Das grundrechtsausgestaltende einfache Recht steht deshalb gerade nicht „unter dem Vorbehalt eines gesetzgeberischen Sinneswandels" *(Gellermann)*[883], sondern genießt den vollen Grundrechtsschutz. Ob der Staat auf natürliche oder auf normativ konstituierte Freiheiten zugreift, macht im Ergebnis keinen Unterschied. In beiden Fällen werden in der Außentheorie des Rechts als schrankenlos denkbare Handlungsmöglichkeiten begrenzt, und dies verlangt nach einer rationalen, an verfassungsrechtlichen Maßstäben orientierten Begründung. Das traditionelle Argumentationsschema von Eingriff, Schranken und Schranken-Schranken läßt sich im Prinzip auf natürliche wie auf normativ konstituierte Freiheiten anwenden.

Eine andere, immer wieder geäußerte Befürchtung geht dahin, ein grundrechtlicher Normbestandsschutz könne zu einer unerwünschten, weil den Gesetzgeber unangemessen lähmenden Verfestigung des einfachen Rechts führen[884]. *Pieroth* meint, es sei ein weittragender Schritt, einfachen Gesetzen ohne weiteres „Verfassungsrang" zu verleihen[885]. *Robbers* befürchtet gar eine Einebnung des Normstufenunterschieds zwischen der Verfassung und dem einfachen Recht[886]. Diese Bedenken liegen auf der Hand, wenn man in der Lehre vom grundrechtlichen Normbestandsschutz nichts weiter als eine Spielart der reinen status-quo-Garantie im *Schmitt*'schen Sinne erblickt. Wäre der Bestand gewisser Normen in der Fassung, die sie zu einem bestimmten Zeitpunkt aufweisen, absolut gegen jeden Zugriff des Gesetzgebers geschützt, so bestünden zwischen diesen Lehren keine Unterschiede. Gegen die Lehre vom Normbestandsschutz wären dieselben Bedenken anzumelden wie gegen die Lehre von der reinen status-quo-Garantie. Der Schutz, den die Lehre vom grundrechtlichen Normbestandsschutz bietet, ist jedoch kein absoluter, sondern ein relativer. Dem Gesetzgeber wird der Zugriff auf den geschützten Normbestand nicht gänzlich verwehrt, sondern er wird an bestimmte Voraussetzungen gebunden. Dem einfachen Gesetzesrecht wird damit nicht selbst Verfassungsrang zuteil, sondern es erhält lediglich verfassungsrechtlichen Schutz. Deshalb bleibt die Normenhierarchie, d.h. der Unterschied zwischen Verfassungsrecht und dem die Grundrechte ausgestaltenden einfachen Recht, erhalten[887]. Daß eine einfachrechtlich ausgestaltete Rechtsposition dem negatorischen Schutzbereich eines Grundrechts zugeordnet wird, sichert ihren Bestand folglich nicht effektiv und nicht ein für alle Mal,

---

[882] *Gellermann*, Grundrechte, S. 428.
[883] So aber *Gellermann*, Grundrechte, S. 428.
[884] *Gellermann*, Grundrechte, S. 441; *Heun*, Funktionell-rechtliche Schranken, S. 72; *Manssen*, Privatrechtsgestaltung, S. 173; *Robbers*, DÖV 1989, 687 (688).
[885] AÖR 115 (1990), S. 519.
[886] DÖV 1989, 687 (688).
[887] *Manssen*, Privatrechtsgestaltung, S. 172.

sondern läßt Umgestaltungen durchaus zu, und zwar selbst dann, wenn sie zu Beschränkungen führen. Nur erzeugt die Umgestaltung für den Gesetzgeber eine Rechtfertigungslast. Sie ist möglich, muß aber verfassungsrechtlich legitimierbar sein.

Die Lehre vom grundrechtlichen Normbestandsschutz wird jedoch noch in anderer Hinsicht kritisiert. Die Lehre sei als allgemeine Theorie konzipiert, die für sämtliche Grundrechte gelte. *Manssen* meint, daß dies bei Grundrechten, die vorbehaltlos gewährleistet seien, zu Problemen führe[888]. Folge man der Lehre vom grundrechtlichen Normbestandsschutz, so könne jede einfachrechtliche Norm im Schutzbereich eines Grundrechts ohne ausdrücklichen Beschränkungsvorbehalt nur dann zu Lasten eines Grundrechtsträgers abgeändert werden, wenn dies durch kollidierendes Verfassungsrecht gerechtfertigt sei. Eine Beschränkung von Grundrechten durch kollidierendes Verfassungsrecht sei mitunter sehr schwierig, weil die Voraussetzungen hierfür sehr hoch lägen. Unter diesen Umständen droht – so *Manssen* – Erstarrung. Überdies bestehe die Gefahr, daß der Gesetzgeber nicht bereit sei, notwendige Gesetze zur Ausgestaltung der Grundrechte zu erlassen, weil er befürchten müsse, von einer einmal erfolgten Ausgestaltung nicht wieder loszukommen[889]. Bei einer Umgestaltung könne der Gesetzgeber deshalb nicht an die speziellen grundrechtlichen Beschränkungsvorbehalte gebunden sein; er werde allenfalls durch das Übermaßverbot beschränkt[890].

Manssens Einwände sind jedoch unbegründet. Die Beschränkung vorbehaltlos gewährleisteter Grundrechte ist ein allgemeines Problem der Grenzen der Grundrechte. Es betrifft sachgeprägte wie rechtsgeprägte Grundrechte. Für die Umgestaltung einfachrechtlicher Normenkomplexe im Schutzbereich rechtsgeprägter Grundrechte können daher keine Besonderheiten gelten. Es macht keinen Unterschied, ob der Gesetzgeber bei Grundrechten ohne Beschränkungsvorbehalt eine natürliche oder eine gesetzlich konstituierte Freiheit beschränkt. Im übrigen gehören zum kollidierenden Verfassungsrecht, das die Beschränkung vorbehaltlos gewährleisteter Grundrechte rechtfertigen kann, auch entgegenstehende Grundrechte Dritter. Mit solchen entgegenstehenden Grundrechten Dritter hat es die Umgestaltung aber regelmäßig zu tun. Gestaltet der Gesetzgeber ein rechtsgeprägtes Grundrecht aus, so erfolgt dies zunächst, damit aus einem tatsächlichen Handeln ein rechtliches Können wird. Die Ausgestaltung sorgt darüber hinaus aber auch dafür, daß zwei Grundrechtsträger zugleich von ihrer verfassungsrechtlich versprochenen Freiheit Gebrauch machen können. Die gleichzeitige Inanspruchnahme von Grundrechten, die zur Grundrechtskollision führt, ist bei der Ausgestaltung der Normalfall. Rechtsgeprägte Grundrechte sind überwiegend „Kontaktfreiheiten", die nur zusammen mit anderen Grundrechtsträgern wahrgenommen werden können, nicht aber ohne sie. Die Ausgestaltung ist nicht zuletzt deshalb erforderlich, weil die Grundrechtsträger untereinander in Verbindung treten möchten und dafür rechtsverbindliche Regelungen benötigen. Die Rechtsordnung kann jedoch nicht jede

---

[888] Privatrechtsgestaltung, S. 173, 213 f.
[889] Privatrechtsgestaltung, S. 173, 214.
[890] Privatrechtsgestaltung, S. 173, 215.

Verbindung, die die Grundrechtsträger eingehen, als Ehe, Vertrag oder Vereinigung anerkennen. Erkennt die Rechtsordnung eine bestimmte Verbindung aber tatsächlich an und bindet sie diese an gewisse Geltungsvoraussetzungen, so liegt darin zwangsläufig auch immer ein Stück Kollisionslösung. Dann muß aber, wenn der Gesetzgeber eine konkrete Ausgestaltung umgestaltet, in der Umgestaltung auch wieder ein Stück Kollisionslösung liegen. Das bedeutet nichts anderes, als daß sich der Gesetzgeber auch bei der Umgestaltung von vorbehaltlos gewährleisteten Grundrechten stets auf kollidierendes Verfassungsrecht berufen kann, namentlich auf die entgegenstehenden Grundrechte Dritter. Umgestaltungen bleiben auch bei vorbehaltlos gewährleisteten Grundrechten grundsätzlich möglich. Eine Erstarrung der Rechtsordnung ist deshalb, anders als *Manssen* befürchtet, nicht zu besorgen. Überdies besteht – ebenfalls entgegen *Manssen* – kein Grund, den Gesetzgeber von der Beachtung der grundrechtlichen Beschränkungsvorbehalte freizustellen.

2. Dimensionen des Abwehrschutzes

a) Bestandsschutz

Der negatorische Abwehrschutz hat sich auf die typischen Erscheinungsformen normativ konstituierter Freiheit zu beziehen. Zu gewährleisten ist zunächst der Bestand konkreter Rechtspositionen, die auf der Grundlage des einfachen Rechts im Einzelfall bereits realisiert wurden[891]. Ein solcher Schutz ist für die meisten normativ konstituierten Freiheiten seit langem anerkannt. Im Hinblick auf die Freiheit von Ehe und Familie hat das BVerfG schon früh entschieden, daß der Einzelne aus Art. 6 Abs. 1 GG ein Abwehrrecht gegen störende und schädigende Eingriffe des Staates in *seine* Ehe und *seine* Familie herleiten kann[892]. Zu Art. 14 Abs. 1 GG meint das Gericht: „Das Grundgesetz gewährleistet das Privateigentum sowohl als Rechtsinstitut wie in seiner konkreten Gestalt in der Hand des einzelnen Eigentümers"[893]. Entsprechendes wurde für die Garantie des Erbrechts angenommen; auch dieses wird „sowohl als Rechtsinstitut wie als Individualrecht" gewährleistet[894]. Art. 9 Abs. 1 GG schützt nach Ansicht des Gerichts nicht nur die Freiheit, sich zu Vereinigungen des privaten Rechts zusammenzuschließen, sondern auch das Entstehen und Bestehen einer konkreten Vereinigung[895] und die Selbstbestimmung ihrer Organisation, das Verfahren ihrer Willensbildung und die Führung ihrer Geschäfte[896]. Einen besonderen Schutz hat das Gericht auch für die Koalitionsfreiheit erkannt. Art. 9 Abs. 3 GG schütze nicht nur die Freiheit der Koalitionsbildung und der koalitionsmäßigen Betätigung und mit ihr das Recht, Tarifverträge zu schließen, sondern auch den Bestand konkreter tarifvertraglicher Regelungen. Bestehenden Ta-

---

[891] So auch *Gellermann*, Grundrechte, S. 429 ff., der den grundrechtlichen Abwehrschutz allerdings auf eine Gewährleistung „konkreter Positionen" beschränken will.
[892] BVerfGE 6, 386 (388) – Hervorhebung im Original.
[893] BVerfGE 20, 351 (355); 24, 367 (389); 68, 193 (222).
[894] BVerfGE 44, 1 (17); 91, 346 (358); 99, 341 (350).
[895] BVerfGE 13, 174 (175).
[896] BVerfGE 50, 290 (354).

rifnormen soll dabei sogar ein stärkerer Schutz zuteil werden als der Tarifautonomie in Bereichen, die die Koalitionen bislang ungeregelt gelassen haben[897]. Der grundrechtliche Schutz konkreter, dem Einzelnen zugeordneter „Positionen" ist allerdings keine Besonderheit rechtsgeprägter Grundrechte, sondern der Dogmatik auch bei natürlichen Freiheiten geläufig. Grundrechte mit sachgeprägtem Schutzbereich schützen nämlich nicht allein punktuell aktives Tun (sich zu einer bestimmten Zeit fortbewegen, versammeln, einen Brief schreiben usw.), sondern auch Zustände als auf längere Zeit angelegte Verhaltensweisen oder persönliche Einstellungen (eine Wohnung bewohnen, eine Meinung, eine Überzeugung, einen Glauben haben usw.). Folglich macht es keinen Unterschied, ob Gegenstand der grundrechtlichen Gewährleistung eine natürlich-vorstaatliche oder eine erst durch die Rechtsordnung konstituierte Position ist. Beide unterliegen dem negatorischen Abwehrschutz.

b) Entstehensschutz

Bei normativ konstituierten Freiheiten kann sich der Grundrechtsschutz jedoch nicht auf die Gewährleistung konkret bestehender Rechtspositionen beschränken. Hinzukommen muß die Gewähr, eine bislang noch nicht in Anspruch genommene normativ konstituierte Freiheit auch zu jeder Zeit später tatsächlich realisieren zu können. Anderenfalls käme es zu empfindlichen, durch nichts zu rechtfertigenden Schutzlücken.

Ein solcher Entstehensschutz stößt allerdings auf weit verbreitete Skepsis. Im Falle seiner Anerkennung befürchtet man eine weitere Versteinerung der Rechtsordnung. Nicht alles, was das einfache Rechte den Grundrechtsträgern an theoretischen Möglichkeiten eröffne, könne ihre gerade gegen restriktive Normänderungen grundrechtliche gesicherte Rechtsstellung ausmachen[898], lautet ein gängiger Einwand. Die h.M. gewährt deshalb einen Entstehensschutz nur nach Maßgabe der Lehre von der Institutsgarantie[899]. Der damit verbundene, lediglich auf einen Kernbereich beschränkte Schutz normativ konstituierter Freiheit, wird der für notwendig befundenen Sicherung ihrer erst künftigen Realisierung im Einzelfall nicht gerecht. Freiheit verlangt – recht verstanden – nicht allein die autonome Entscheidung über das „Ob" einer freiheitlichen Betätigung, sondern auch über das „Wann". Niemand darf nur deshalb zur Begründung von konkreten Rechtspositionen gezwungen werden, weil sich verfassungsrechtlich nur konkrete, nicht aber abstrakte Rechtspositionen schützen lassen. Erst in Zukunft auf autonome Handlungsmöglichkeiten verzichten zu müssen, ist daher eine unter keinen Umständen weniger gravierende Beschränkung als der Entzug tatsächlicher und konkreter Rechtspositionen. Zum Schutz konkret vorhandener Rechtspositionen muß deshalb stets der Schutz des Entstehens solcher Positionen hinzutreten.

---

[897] BVerfGE 94, 268.
[898] *Gellermann*, Grundrechte, S. 432.
[899] *Gellermann*, Grundrechte, S. 417, 423 f.

3. Defizite eines rein negatorischen Schutzes

Natürliche und normativ konstituierte Freiheit bedürfen in gleicher Weise des Schutzes gegenüber staatlicher Einschränkung. Deshalb ist es, wie eben gesehen, gerechtfertigt, beide unter einen spezifisch grundrechtlichen Schutz zu stellen. Bei normativ konstituierten Freiheiten genügt das jedoch nicht. Bei ihnen muß der Staat – aus normlogischer, nicht aus historischer Perspektive – zunächst aktiv werden, weil er das Normengerüst zur Verfügung stellen muß, das erforderlich ist, um überhaupt Rechtspositionen begründen und im Einzelfall vorhandene erhalten zu können. Unterläßt er dies, kommt es zu empfindlichen Freiheitsdefiziten, die den Bürger stärker belasten können als der Zugriff auf eine bereits bestehende, rechtlich oder nur tatsächlich innegehabte „Position". In diesen Fällen ist es nämlich schon im Ansatz ausgeschlossen, Freiheitsspielräume zu realisieren.

Der Schutz vor einem Nicht-Ingangsetzen einer normativ zu konstituierenden Freiheit läßt sich jedoch nicht rein abwehrrechtlich bewerkstelligen. Das Eingriffs-Schranken-Denken reagiert nur auf die Verkürzung bereits bestehender (Rechts-)Positionen. Der Abwehrmechanismus versagt dort, wo der Staat zunächst etwas bereitzustellen hat. Die Nicht-Bereitstellung des einfachrechtlichen Normensubstrats läßt sich auch nicht als Eingriff in ein Grundrecht „umdeklarieren", etwa im Sinne einer Beeinträchtigung durch schlichtes Unterlassen. Mit einer derart weiten Definition würden sich die ohnehin verschwimmenden Konturen der Figur des Eingriffs vollends auflösen. Mit Recht wird deshalb immer wieder betont, daß nur in etwas Bestehendes eingegriffen werden kann[900]; allein darauf reagiert der negatorische Abwehrschutz. Etwas im Rechtssinne noch gar nicht Bestehendes kann nicht verkürzt werden. Insoweit kann ein gesetzgeberisches Unterlassen nie ein Eingriff sein, sondern nur ein Verstoß gegen eine Verpflichtung zum Handeln.

4. Erweiterter Schutz durch die Figur der Ausgestaltung

Den noch fehlenden Baustein in der Dogmatik rechtgeprägter Grundrechte liefert die Figur der Ausgestaltung. Sie ist das Element, mit dem der Staat bei rechtsgeprägten Grundrechten das normative Gerüst zur Verfügung stellt, das zur Realisierung eines „rechtlichen Könnens" erforderlich ist. Die Verpflichtung zur Ausgestaltung, die vorrangig an den Gesetzgeber adressiert ist und bei seinem Versagen auch die Judikative als im Wege richterlicher Rechtsfortbildung agierender „Ersatzgesetzgeber" trifft, ergibt sich bei allen rechtsgeprägten Grundrechten bereits aus der Natur der Sache. Soll die grundrechtliche Gewährleistung nicht leerlaufen, bedarf es eines staatlichen Handelns, das von einer gänzlich anderen Qualität als die eines Eingriffs ist. Einer speziellen Ermächtigung zur Ausgestaltung bedarf es insoweit nicht. Wo einzelne Grundrechte dennoch eine entsprechende ausdrückliche Erlaubnisnorm enthalten – z.B. bei Art. 14 Abs. 1 GG das Recht, Inhalt und Schranken des Eigentums zu bestimmen –, ist diese letztlich deklaratorisch gemeint.

---

[900] *J. Ipsen*, Grundrechte, Rn. 149.

Sie zeigt an, daß es sich bei der fraglichen Gewährleistung um ein rechtsgeprägtes Grundrecht zum Schutze einer normativ konstituierten Freiheit handelt.

Mit der Grundrechtsausgestaltung ist der Zentralbegriff der Dogmatik rechtsgeprägter Grundrechte benannt. Im folgenden gilt es, den Begriff näher zu entfalten und ihn von anderen Figuren – namentlich von der „Umgestaltung" und dem „Eingriff" abzuheben.

C. Ausgestaltung eines normgeprägten Grundrechts

I. Begriff und Inhalt

1. Begriff

Ausgestaltung meint zweierlei: zum einen den Prozeß der Ausgestaltung, beruhend auf der in allen rechtsgeprägten Grundrechten angelegten, an den Staat adressierten Verpflichtung und Befugnis, ausgestaltend tätig zu werden, um normativ konstituierte Freiheiten hervorzubringen; zum anderen das Ergebnis der Ausgestaltung als die vom Gesetzgeber bzw. von der Judikative in ihrer rechtsfortbildenden Funktion durch Schaffung einfachen Rechts zu einer bestimmten Zeit vorgesehene Gewährung, konkrete Rechtspositionen allein oder zusammen mit anderen zu begründen, innezuhaben und wieder aufzugeben. Indes fällt nicht jede Vorschrift, die der Gesetzgeber im Bereich eines rechtsgeprägten Grundrechts erläßt, in die Kategorie der Ausgestaltung. Zwar betreffen solche Regelungen stets normativ konstituierte Freiheiten; es kann sich bei ihnen jedoch auch um „Umgestaltungen" oder um „Eingriffe" handeln, für die besondere, noch im einzelnen darzustellende Kautelen gelten. Ebensowenig zur Figur der Ausgestaltung gehört die konkrete Rechtsposition, die der Einzelne aufgrund des einfachen Rechts erworben hat. Sie fällt nicht mehr allein in die Sphäre staatlicher Verantwortung, sondern ist das Ergebnis erfolgreichen Freiheitsgebrauchs. Das heißt freilich nicht, daß sie keines verfassungsrechtlichen Schutzes bedürfte. Im Gegenteil zielt die Lehre von den normativ konstituierten Freiheiten gerade darauf, auch konkrete Rechtspositionen, die sich als Ausübung grundrechtlich versprochener Freiheit erweisen, zu gewährleisten.

2. Dogmatische Konstruktion

Der Begriff der Grundrechtsausgestaltung will recht verstanden sein, weil es sich um eine sprachliche Verkürzung handelt. Zu beachten ist nämlich, daß das Grundrecht selbst keiner einfachrechtlichen Ausgestaltung zugänglich ist[901]. Von seiner Normqualität her ist es Teil der Verfassung. Als solcher Teil kann das Grundrecht, auch das normgeprägte, keiner authentischen, verfassungsgerichtlich nicht weiter kontrollierbaren Interpretation durch den einfachen Gesetzgeber unterliegen. Das wäre das Ende des „Selbststandes" der Verfassung und der Verzicht auf ihre die ge-

---

[901] *Kemper*, in: von Mangoldt/Klein/Starck, Art. 9 GG Rn. 168.

samte Rechtsordnung steuernde Funktion. In diesem Sinne ausgestalten läßt sich auch nicht der Schutzbereich des Grundrechts, jedenfalls soweit man ihn als (tatbestandlichen) Teil der Grundrechtsnorm und nicht als den tatsächlichen „Lebensbereich" versteht, in dessen Ausschnitt das Grundrecht seine Schutzfunktion entfaltet. Grundrechtlicher Schutzbereich und einfachrechtliche Ausgestaltung können nie deckungsgleich sein, da es anderenfalls zum Verzicht auf den Normstufenvorrang und damit zu einer nicht akzeptierbaren Grundrechtsgeltung nach Maßgabe des einfachen Rechts käme. Der grundrechtliche Schutzbereich muß deshalb stets größer und „kontingenter" als die Summe der bestehenden, thematisch einschlägigen einfachrechtlichen Normen sein. Er muß mögliche andere Formen einfachrechtlicher Ausgestaltung ebenso wie die weitere Entwicklung zulassen können.

Die Gefahr eines Leerlaufs normgeprägter Grundrechte, zu der es ohne die einfachrechtliche Ausgestaltung käme, steht dem nicht entgegen. Daß es einfacher Gesetze bedarf, um einzulösen, was grundrechtlich versprochen wurde, heißt nicht, daß jedes Ausgestaltungsgesetz hierzu tauglich sein müßte. Solche Gesetze können ihr Ziel auch verfehlen[902]. Wären Schutzbereich und einfaches Ausgestaltungsrecht identisch, ließen sich derartige Verfehlungen weder feststellen noch ahnden. Ausgestaltet wird deshalb nicht der Schutzbereich, sondern der Lebensbereich des Grundrechts. Die Ausgestaltung erfolgt nicht auf der Ebene des Verfassungs-, sondern auf der des einfachen Rechts. Sie ist keine Grundrechtsausgestaltung im technischen Sinne, sondern eine grundrechtsgeleitete Entfaltung einfachen Rechts. Einfaches Recht im Bereich eines Grundrechts zum Schutze einer normativ konstituierten Freiheit mutiert nie zum Verfassungsrecht[903]. Die „Rechtsprägung" des Grundrechts ist so gesehen nur eine mittelbare, vom einfachen Recht „zurückspiegelnde". Insoweit bedeutet der Begriff des „normgeprägten Schutzbereichs" ebenfalls eine sprachliche Verkürzung, die lediglich anzeigen soll, daß ein „normgeprägtes Grundrecht" keine natürliche, sondern eine normativ konstituierte Freiheit schützt und sich damit auf menschliche Verhaltensweisen bezieht, die erst durch die Rechtsordnung zum „rechtlichen Können" werden.

3. Ausgestaltung und grundrechtliche Schutzpflicht

Führt man den Begriff der Ausgestaltung wie beschrieben als neue Figur der Grundrechtsdogmatik ein, so hat man Rechenschaft darüber abzulegen, warum sich die damit beabsichtigen Ziele nicht über bereits gängige Erklärungsmuster erreichen lassen. Ähnliche Zwecke wie die Grundrechtsausgestaltung verfolgt – sieht man von den bereits diskutierten und verworfenen Einrichtungsgarantien ab – die Lehre von der grundrechtlichen Schutzpflicht. Möglicherweise läßt sich schon mit ihr das Phänomen der normativ konstituierten Freiheit adäquat beschreiben. Der Rückgriff auf diese Lehre liegt nicht ganz fern, weil grundrechtliche Schutzpflich-

---

[902] *Butzer*, RdA 1994, 375 (380); *Epping*, Grundrechte, Rn. 394; *Gellermann*, Grundrechte, S. 364 ff.; *Ruck*, AöR 117 (1992), S. 543 (549 f.).
[903] BVerfGE 50, 290 (355).

ten ebenfalls eine Verpflichtung des Staates zu aktivem Handeln[904] begründen und sie sich deshalb nicht der Abwehrfunktion der Grundrechte zuordnen lassen[905]. Indes ist ihr dogmatisches Fundament ein anderes. Schutzpflichten halten den Staat dazu an, grundrechtliche Schutzgüter vor Beeinträchtigungen durch private Dritte zu bewahren[906]. Der Staat darf derartige Übergriffe nicht einfach dulden, sondern muß sich schützend vor den bedrohten Grundrechtsträger stellen. Wie er den Schutz bewerkstelligt, ist grundsätzlich seine Sache; ihm kommt ein verfassungsgerichtlich nicht vollständig überprüfbarer Einschätzungs- und Gestaltungsspielraum zu[907]. Möglich sind etwa Verbote, Genehmigungsverfahren und sonstige verfahrensrechtliche Vorgaben[908], aber auch der Erlaß von Strafvorschriften[909]. Eine Reihe derartiger Schutzpflichten erwähnt das Grundgesetz ausdrücklich, allen voran das Gebot, die Würde des Menschen zu achten und zu *schützen* (Art. 1 Abs. 1 GG); andere wurden vom Bundesverfassungsgericht entwickelt, vor allem aus Art. 2 Abs. 2 GG, dem Recht auf Leben und körperliche Unversehrtheit, das in besonderer Weise Übergriffen privater Dritter ausgesetzt ist. Im Kern statuiert die Lehre von den Schutzpflichten Staatsaufgaben, die zwar – wie etwa das Beispiel „Sicherheit" zeigt – auf eine lange Tradition zurückblicken können, ohne jedoch grundrechtlich begründet zu sein. Das qualitativ Neue der Lehre von den Schutzpflichten liegt in der Auferlegung *spezifisch grundrechtlicher* Verhaltenspflichten[910]. Der Staat wird nicht aufgrund vager Staatszielbestimmungen, sondern von Grundrechts wegen in die Verantwortung genommen. Diese Verantwortung ist eine nicht lediglich der Allgemeinheit, sondern jedem Grundrechtsträger geschuldete Verpflichtung: nicht zum Unterlassen, sondern zu positivem Handeln.

In dieser nicht abwehrrechtlich zu begründenden Handlungsverpflichtung erschöpft sich indes die Parallele zwischen Ausgestaltungs- und Schutzpflichtenlehre, sieht man von den bei beiden dogmatischen Figuren nur schwach ausgeprägten verfassungsrechtlichen Direktiven ab, die für sich allein kein „Aufgehen" der einen in der anderen Lehre rechtfertigen. Die Ausgestaltungslehre eröffnet Handlungsmöglichkeiten, die Schutzpflichtenlehre verschließt sie. Jene sorgt dafür, daß „natürliches Können" um die Dimension eines „rechtlichen Könnens" erweitert wird, diese greift zum Schutze grundrechtlicher Freiheit des einen in die Freiheit des anderen ein. Die Ausgestaltungslehre will Freiheitsverluste infolge unzulänglicher einfachrechtlicher Umsetzung abwehren, die Schutzpflichtenlehre schafft einen weiteren „Zugriffstitel" zur Beschränkung von Freiheit. Die Ausgestaltungslehre versucht, zusätzliche Freiheitsräume für alle zu schaffen, die Schutzpflichtenlehre opfert – wie in einem Nullsummenspiel – die Position des einen zugunsten des anderen, der von ihm bedroht wird. Die Ausgestaltungslehre hat einen durch den

---

[904] *Dreier,* in: Dreier, Vor Art. 1 GG Rn. 62.
[905] *Dreier,* in: Dreier, Vor Art. 1 GG Rn. 62; *Jarass,* in: Jarass/Pieroth, Vor Art. 1 GG Rn. 10.
[906] *Dreier,* in: Dreier, Vor Art. 1 GG Rn. 62; *Jarass,* in: Jarass/Pieroth, Vor Art. 1 GG Rn. 10.
[907] BVerfGE 88, 203 (262); 96, 56 (65); 97, 169 (176); *Hesse,* FS Mahrenholz (1994), 541 (553 ff.); *Jarass,* in: Jarass/Pieroth, Vor Art. 1 GG Rn. 13.
[908] BVerfGE 53, 30 (60 ff.).
[909] BVerfGE 39, 1 (45 ff.).
[910] *Dreier,* in: Dreier, Vor Art. 1 GG Rn. 63.

grundrechtlichen Gewährleistungsgegenstand definierten Anwendungsbereich, die Schutzpflichtlehre kann sich auf alle Grundrechte beziehen. Ausgestaltungsfähig und -bedürftig sind nur solche Grundrechte, die dem Schutze normativ konstituierter Freiheiten, insbesondere der Erscheinungen der Privatautonomie (Vertrags-, Ehe-, Eigentums-, Erb-, Vereinsfreiheit) dienen. Der Schutzpflichtenlehre dagegen stehen Grundrechte offen, bei denen es zu „Kollisionslagen" zwischen Grundrechtsträgern kommen kann, was an sich bei allen Grundrechten – auch bei den normgeprägten – denkbar ist. Tatsächlich existiert deshalb ein Überschneidungsbereich zwischen Ausgestaltungs- und Schutzpflichtlehre. In aller Regel liegen normgeprägten Grundrechten Kontaktfreiheiten zugrunde, die ein Grundrechtsträger nie allein, sondern nur zusammen mit einem oder mit mehreren anderen realisieren kann. Übergriffe des einen in den Freiheitsbereich des anderen sind damit vorprogrammiert. Folgerichtig hat die Rechtsprechung nicht gezögert, die Schutzpflichtlehre auch bei normativ konstituierten Freiheiten anzuwenden. Als Beispiel sei die Vertragsfreiheit angeführt. Der Staat begnügt sich nicht damit, den Bürgern ein formal funktionstüchtiges Vertragsrecht zur Verfügung zu stellen, sondern ist von Grundrechts wegen gehalten, im Wege richterlicher Inhaltskontrolle die „strukturelle Überlegenheit" der stärkeren Vertragspartei einzuschränken, wenn der Vertragsinhalt für den Schwächeren ungewöhnlich belastend und der Interessenausgleich offensichtlich unangemessen erscheint[911]. Die Anwendung der Schutzpflichtenlehre auch auf normgeprägte Grundrechte belegt einmal mehr ihren umfassenden Geltungsanspruch, freilich nur zur Lösung der „Übergriffs"-Problematik. Was die Lehre nicht vermag, ist zu erklären, warum manche Grundrechte einer besonderen einfachrechtlichen Ausgestaltung bedürfen, andere wiederum nicht. Das beweist die unterschiedliche Stoßrichtung beider Figuren. Keine kann die Aufgaben der anderen übernehmen. Sie sind daher parallel anzuwenden.

4. Abgrenzung zum Eingriff

Rechtsgeprägte Grundrechte lassen einfachrechtliche Regeln zu ihrer Ausgestaltung nicht nur zu, sondern setzen sie geradezu voraus. Bei rechtsgeprägten Grundrechten erschöpft sich der freiheitliche Gehalt ihrer Regelung nicht in der Abwehr verfassungswidriger staatlicher Eingriffe[912]. Der Grund liegt darin, daß der Einzelne zum Freiheitsgebrauch nicht schon durch seine bloße Natur, auch nicht seine gesellige Natur, sondern erst durch die Rechtsordnung imstande ist[913]. Die Verwirklichung einer grundrechtlichen Freiheit bedarf in diesen Fällen einer allgemeinen subkonstitutionellen Regelung, die das von der Verfassung geschützte Freiheitsrecht

---

[911] BVerfGE 89, 214, 232; BVerfG-Kammer, NJW 1994, 2750; NJW 1996, 2021; *Di Fabio*, in: Maunz/Dürig, Art. 2 GG Rn. 108, 115; *Jarass*, in: Jarass/Pieroth, Art. 2 GG Rn. 16; *Murswiek*, in: Sachs, Art. 2 GG Rn. 37a, 55a.
[912] BVerfGE, 57, 295 (320).
[913] *Epping*, Grundrechte, Rn. 390; *Hesse*, Verfassungsrecht, Rn. 303 ff.; *Pieroth/Schlink*, Grundrechte, Rn. 209.

§ 3 Die Lehre vom rechtsgeprägten Grundrecht

rechtlich definiert und abgrenzt[914] und durch materielle, organisatorische und verfahrensrechtliche Regelungen zum Schutz dessen, was das Grundrecht gewährleistet, beiträgt[915]. Das subkonstitutionelle Normengeflecht bereitet – mit *Bethge* gesprochen – die grundrechtliche Gewährleistung für die soziale Wirklichkeit zu[916]. Die gesetzliche Ausgestaltung von Freiheitsrechten ist zwingend erforderlich, wenn es keinen der Verfassung vorgegebenen und absoluten Begriff einer bestimmten freiheitlichen Gewährleistung gibt, sondern erst die staatliche Ordnung den Inhalt dieser Gewährleistung festlegt. Zugleich kann der Gesetzgeber durch den Erlaß und durch die Änderung des einfachen Rechts den Inhalt der grundrechtlichen Gewährleistungen an die sich ständig wandelnden gesellschaftlichen und wirtschaftlichen Verhältnisse anpassen[917]. Bei der Ausgestaltung von Grundrechten bildet der Gesetzgeber somit Normenkomplexe und einzelne Rechtsinstitute, die zum Wesen des betreffenden Grundrechts gehören. Er schafft damit die Voraussetzungen, die die einzelnen Grundrechtsberechtigten in die Lage versetzen, von ihrer grundrechtlich garantierten Freiheit realen Gebrauch zu machen[918]. Die Ausgestaltung muß deshalb unmittelbar und gezielt mit dem jeweiligen rechtsgeprägten Grundrecht verbunden sein, und sie darf keinem anderen Ziel als der Förderung und der Realisierung gerade dieses Grundrechts dienen.

Grundrechtsausgestaltende Normen greifen nicht in einen schon gestalteten Grundrechtsbereich hinein, sondern bauen diesen erst auf[919]; sie konstituieren ihn[920]. Die für die grundrechtlichen Gewährleistungen notwendigen einfachrechtlichen Normen schränken die Grundrechte des Einzelnen nicht ein[921]. Anders als beim Eingriff soll ein Verhalten, das in den Schutzbereich eines Grundrechts fällt, nicht verwehrt werden; vielmehr ist es das Ziel der Ausgestaltung, dem Einzelnen Verhaltensmöglichkeiten zu eröffnen, damit er vom Grundrecht auch tatsächlich Gebrauch machen kann[922].

Die Ausgestaltung eines rechtsgeprägten Grundrechts durch den Gesetzgeber ist deshalb ein „aliud" zum Eingriff in ein Grundrecht[923]. Ausgestaltung ist nicht Freiheitseingriff, sondern Ordnungsstruktur[924]. Ausgestaltungs- und Eingriffsgesetze sind mithin strikt voneinander zu unterscheiden[925]. Eine Unterscheidung ist schon deshalb erforderlich, weil Ausgestaltungsgesetze andere Probleme lösen müssen als Eingriffsgesetze. Zwar müssen sich Ausgestaltungsgesetze nicht wegen der Be-

---

[914] BVerfGE 31, 58 (69).
[915] BVerfGE 57, 295 (320); 73, 118 (153).
[916] *Bethge*, NJW 1982, 1 (3).
[917] BVerfGE 31, 229 (240).
[918] BVerfGE 31, 229 (240); *Epping*, Grundrechte, Rn. 393; *Herbert*, EuGRZ 1985, 321 (333).
[919] *Lerche*, Übermaß, S. 107.
[920] *Lübbe-Wolff*, Eingriffsabwehrrechte, S. 62.
[921] *Alexy*, Theorie der Grundrechte, S. 303.
[922] *Butzer*, RdA 1994, 375 (378); *Epping*, Grundrechte, Rn. 390 f.; *Hottgenroth*, Verhandlungspflicht, S. 74; *Konzen*, SAE 1996, 219.
[923] *Lerche*, Übermaß, S. 109; *Epping*, Grundrechte, Rn. 391.
[924] *Isensee*, Tarifautonomie, S. 175.
[925] *Butzer*, RdA 1994, 375 (378); *Epping*, Grundrechte, Rn. 390 ff.; a.A. *Cornils*, Ausgestaltung, S. 676.

136   1. Teil: Die verfassungsrechtliche Verankerung der Tarifautonomie

schränkung von präformierten grundrechtlichen Schutzbereichen legitimieren, gleichwohl können auch Ausgestaltungen zur Verkürzung oder zum Ausschluß bestimmter Verhaltensweisen führen[926]. Zu kurz greifen deshalb Sichtweisen, bei denen Gesetze, die als einfachrechtliche Ausgestaltungen von Grundrechten qualifiziert werden, gegenüber dem Grundrecht überhaupt keiner Begründung mehr bedürfen[927]. Ebenso verfehlt ist es, dem Gesetzgeber bei der Grundrechtsausgestaltung pauschal freiere Hand zu lassen[928] oder ihm einen weiten Entscheidungsspielraum zur schöpferischen Entwicklung des Normbestandes[929] einzuräumen. Vielmehr folgt die einfachrechtliche Ausgestaltung von rechtsgeprägten Grundrechten eigenen, nur für die Ausgestaltung gültigen Maßstäben[930].

II. Verfassungsrechtliche Anforderungen

Die Frage, ob bei der Ausgestaltung rechtsgeprägter Grundrechte durch einfachrechtliche Normen verfassungsrechtliche Bindungen bestehen, ist in der Praxis von geringerer Bedeutung als das Problem, welche Anforderungen zu beachten sind, wenn eine einmal erfolgte einfachrechtliche Ausgestaltung später wieder umgestaltet werden soll. Die meisten privatrechtlichen Rechtsinstitute waren bereits lange vor ihrer grundrechtlichen Absicherung vorhanden und brauchten zur Erfüllung des grundrechtlichen Auftrags nicht eigens geschaffen zu werden. Vielmehr hat sich die Verfassung mit der Aufnahme von rechtsgeprägten Grundrechten selbst zu den bestehenden, die Grundrechte komplettierenden Rechtsinstituten bekannt. Das Bindungsproblem stellt sich aber dann, wenn der Gesetzgeber neue Institute schafft oder die Rechtsprechung bisher nur lückenhaft positivierte im Wege richterlicher Rechtsfortbildung vervollständigt.

1. Notwendigkeit einer verfassungsrechtlichen Bindung

Am Ergebnis kann jedenfalls kein Zweifel bestehen: Die Grundrechtsausgestaltung erfolgt nicht frei, sondern gebunden[931]. Andernfalls käme es zu empfindlichen Legitimationsdefiziten. Überdies wäre einem unzulässigen Rechtsformentausch

---

[926] Insoweit ist *Isensees* (Tarifautonomie, S. 175) Feststellung richtig, daß Grundrechtsausgestaltung und Grundrechtsbeschränkung häufig praktisch konvergieren, bzw. sich äußerlich kaum unterscheiden; vgl. auch *Dieterich*, RdA 2002, 1 (11).

[927] So für die Ausgestaltung der Rundfunkfreiheit, BVerfGE 73, 118 (166); *Alexy*, Theorie der Grundrechte, S. 306 f.

[928] *Lerche*, Übermaß, S. 109 und 143.

[929] *Isensee*, Tarifautonomie, S. 168.

[930] *Ruck*, AöR 117 (1992), S. 543 (547).

[931] *Alexy*, Theorie der Grundrechte, S. 301 Fn. 155; *Butzer*, RdA 1994, 375 (380); *Epping*, Grundrechte, Rn. 394; *Gellermann*, Grundrechte, S. 288 ff.; *Jarass*, in: Jarass/Pieroth, Vor Art. 1 GG Rn. 34; *F. Müller*, Positivität der Grundrechte, S. 18; *Nierhaus*, AöR 116 (1991), S. 72 (73 ff., 90 ff., 101 ff.); *Pieroth/Schlink*, Grundrechte, Rn.217 ff.; *Ruck*, AöR 117 (1992), S. 543 (548 ff.); *Wank*, Anm. zu BVerfG, Beschl. v. 10.1.1995, AP Nr. 76 zu Art. 9 GG Bl. 182; *Windthorst*, Verfassungsrecht I Rn. 132 ff.; *Bethge*, NJW 1982, 1 (4) für die Ausgestaltung im Sinne der Zurverfügungstellung von Organisations- und Verfahrensrecht.

§ 3 Die Lehre vom rechtsgeprägten Grundrecht

Tür und Tor geöffnet. Unter dem Etikett eines grundrechtsausgestaltenden Gesetzes könnte der Gesetzgeber die Grundrechte beliebig einschränken. Zu Recht stellt daher das BVerfG fest, daß die Befugnis zur Grundrechtsausgestaltung prinzipiell nicht zur Grundrechtsbegrenzung berechtigt[932]. Keinesfalls dürfe der sachliche Gehalt eines Grundrechts durch einfaches Gesetzesrecht eingeschränkt werden[933]. Der grundrechtsausgestaltende Gesetzgeber kann schon deshalb nicht von verfassungsrechtlichen Bindungen freigestellt werden[934], weil eine freiheitsausschaltende „Totalregelung[935]" oder „Durchnormierung"[936] das Ende der durch die Grundrechte geschützten Freiheiten bedeuten würde[937]. Rechtsgeprägte Grundrechte können folglich nicht als „Passepartout" verstanden werden, in das der Gesetzgeber beliebige Bilder einfügen darf[938]. Mithin kann es auch verfassungswidrige Ausgestaltungsgesetze geben, wenn diese Gesetze ihr Ziel, normativ konstituierte Freiheiten einfachrechtlich auszugestalten, verfehlen[939]. Verfassungswidrige Ausgestaltungsgesetze werden aber nicht automatisch zu Grundrechtseingriffen[940], sondern sie bewahren ihren Charakter als grundrechtsausgestaltende Normen[941]. Für die Abgren-

---

[932] BVerfGE 28, 283 (299); 57, 295 (321).
[933] BVerfGE 12, 45 (53); 28, 243 (259).
[934] BVerfGE 74, 297 (334).
[935] *Abel*, Einrichtungsgarantien, S. 52.
[936] *Häberle*, Wesensgehalt, S. 196 f.
[937] *Säcker*, Koalitionsfreiheit, S. 103. Nur eine grundrechtsvollziehende Gesetzgebung, die „äquipollenter" Ausdruck der durch sie ausgeführten Grundrechtsnorm ist und den Freiheitsgehalt des betreffenden Grundrechts durch Gewährung entsprechender Berechtigungen sicherstellt, soll danach zulässig sein. Offen bleibt freilich, wie dies konkret zu erfolgen hat.
[938] So für Art. 9 Abs. 3 GG *Isensee*, Tarifautonomie, S. 168.
[939] *Bethge*, NJW 1982, 1 (4); *Butzer*, RdA 1994, 375 (380); *Epping*, Grundrechte, Rn. 394 f.; *Gellermann*, Grundrechte, S. 364 ff.; *Ruck*, AöR 117 (1992), S. 543 (548 ff.).
[940] So aber *Badura*, FS Odersky (1996), S. 159 (161); *Bethge*, VVdStRL 57 (1998), S. 7 (30); *ders.*, in: Sachs, Art 5 GG Rn. 156; *Jarass*, in: Jarass/Pieroth, Art. 5 GG Rn. 44a; *Heimes*, MDR 1996, 561 (565); *Kingreen*, Nichteheliche Lebensgemeinschaft, S. 83 f.; *ders.*, Jura 1997, 403; *Pieroth/Schlink*, Grundrechte Rn. 214; *Rossen*, Runfunk, S. 309.
[941] *Butzer*, RdA 1994, 375 (381); *Epping*, Grundrechte, Rn. 396; *Gellermann*, Grundrechte, S. 371; *Ruck*, AöR 117 (1992), S. 543 (550). In eine ähnliche Richtung geht es, wenn das BVerfG in ständiger Rechtsprechung annimmt, daß eine verfassungswidrige Inhaltsbestimmung des Eigentums bei Art. 14 Abs. 1 GG nicht in eine Enteignung umgedeutet werden könne, vgl. BVerfGE 52, 1 (28); 58, 300 (331); a.A. *Pieroth/Schlink*, Grundrechte, Rn. 649, für Art. 6 Abs. 1 GG: „Die definierenden Regelungen des einfachen Rechts sind aber stets am verfassungsrechtlichen Ehe- und Familienbegriff zu messen; wenn sie ihm nicht entsprechen, schlägt die Definition in einen Eingriff um. Es handelt sich dann, genau besehen, um eine zwar versuchte, aber nicht gelungene Definition". Dem kann nicht gefolgt werden. Daß der Gesetzgeber den verfassungsrechtlichen Gehalt einer grundrechtlichen Garantie einfachrechtlich zu definieren versucht, die Vorgaben des Grundgesetzes dabei aber verfehlt, läßt die Qualität seiner Maßnahme als Definition(sversuch) unberührt. Warum auch sollte aus einer Definition ein Eingriff werden, wenn die Intention des Gesetzgebers darin bestand, das verfassungsrechtliche Schutzobjekt zunächst einmal einfachrechtlich zu beschreiben? Gänzlich unerklärbar ist, warum eine Maßnahme, die als Definition unzulässig ist, plötzlich als Eingriff die Möglichkeit zu ihrer Rechtfertigung bietet. Naheliegender ist es, eine Maßnahme sogleich als Eingriff zu qualifizieren und diesen an Hand der üblichen Maßstäbe zu beurteilen. Zwar ist Art. 6 Abs. 1 GG ein vorbehaltlos gewährtes Grundrecht; das schließt, wie gesehen, Eingriffe nicht aus. Ähnlich bereits *Pieroth/Schlink*, Grundrechte, Rn. 213: Bei rechtsgeprägten Grundrechten müsse dem Gesetzgeber eine Grenze gezogen werden, diesseits derer der rechtsetzende Staat den Schutzbereich ausgestalte, während er jenseits ihrer in das Grundrecht eingreife und Schranken ziehe; vgl. auch *Rossen*, Rundfunk, S. 311 f.

zung zwischen einer Grundrechtsausgestaltung und einem Grundrechtseingriff spielt die Rechtmäßigkeit des staatlichen Handelns keine Rolle. Ebensowenig kommt es darauf an, ob der Einzelne durch eine konkrete Ausgestaltung belastet wird, und zwar selbst dann nicht, wenn die Belastung intensiv ist[942]. Die Frage der negativen Rückwirkungen eines Gesetzes hat, wie gesehen, nichts mit seiner Zuordnung zur Kategorie der ausgestaltenden Gesetze zu tun. Ist ein grundrechtsausgestaltendes Gesetz verfassungswidrig, kann es auch nicht mehr als eine grundrechtseingreifende Regelung gerechtfertigt werden.

Den positivrechtlichen Beleg für die Richtigkeit der Ausgangsthese liefert Art. 1 Abs. 3 GG. Wenn Art. 1 Abs. 3 GG alle staatliche Gewalt ohne weitere Differenzierungen an die Grundrechte als unmittelbar geltendes Recht bindet, so kann es gerade nicht darauf ankommen, ob grundrechtsausgestaltende oder grundrechtseingreifende Normen ergehen. Stets sind die Grundrechte zu beachten. Die Grundrechtsausgestaltung ist selbst grundrechtsgebunden. Davon gehen im Grundsatz auch Rechtsprechung[943] und herrschende Lehre aus[944].

2. Das Problem der Bindungsparadoxie

a) Darstellung

Allerdings führt die Grundrechtsbindung der Grundrechtsausgestaltung zu einer nur schwer auflösbaren „Bindungsparadoxie"[945]. Einerseits sollen die Grundrechte in ihrer abwehrrechtlichen Funktion bestimmte Güter gegen den Staat schützen; andererseits gäbe es bei den rechtsgeprägten Grundrechten das geschützte Rechtsgut ohne den Staat überhaupt nicht, weil es erst durch die vom Staat garantierte Rechtsordnung geschaffen wird. Der Staat wird so in einer Person zum Beschützer wie zum Feind der grundrechtlichen Gewährleistungen. Wie also kann der Staat

---

[942] BVerfGE 58, 137 (145, 147, 149 f.); 79, 174 (192) für die Inhaltsbestimmung des Eigentums; für die Unmaßgeblichkeit von Belastungen bei der Ausgestaltung der Tarifautonomie vgl. Konzen, SAE 1996, 219.

[943] Für die Ehefreiheit BVerfGE 31, 58 (69 f.); 62, 323 (330); 81, 1 (6 f.); für die Eigentumsfreiheit (Art. 14 Abs. 1 GG) BVerfGE 52, 1 (27 f.); für die Privatautonomie als Teil der allgemeinen Handlungsfreiheit (Art. 2 Abs. 1 GG) BVerfGE 89, 214 (231); für die Vereinigungsfreiheit (Art. 9 Abs. 1 GG) BVerfGE 84, 372 (378 f.) BVerfGE 92, 365 (394); für die Erbrechtsfreiheit BVerfGE 67, 329 (340); 91, 346 (369).

[944] Borowski, Grundrechte als Prinzipien, S. 195 Rn. 69; Cornils, Ausgestaltung, S. 633 ff.; Epping, Grundrechte, Rn. 394; Gellermann, Grundrechte, S. 6, 291, 308; Höfling, Vertragsfreiheit, S. 34; F. Müller, Positivität der Grundrechte, S. 18; Nierhaus, AöR 116 (1991), S. 72 (73 ff., 90 ff., 101 ff.); Steinbeiß-Winkelmann, Freiheitsordnung, S. 109 ff.; Windthorst, Grundrechte, Rn. 132 ff.; Bethge, NJW 1982, 1 (4) für die Ausgestaltung im Sinne der Zurverfügungstellung von Organisations- und Verfahrensrecht.

[945] So der von Nierhaus, AöR 116 (1991), S. 72 (83) gewählte Begriff; ähnlich Alexy, Theorie der Grundrechte, S. 301 Fn. 155; Baur, NJW 1982, 1734 (1735); Cornils, Ausgestaltung, S. 526; Herzog, FS Zeidler II, S. 1415 (1417, 1420); Leisner, JZ 1964, S. 201 (203); ders., DVBl 1983, 61 (63); Manssen, Privatrechtsgestaltung, S. 153, 209; F. Müller, Die Positivität der Grundrechte, S. 17 ff.: „Unausweichlichkeit des hermeneutischen Zirkels"; Ruck, AöR 117 (1992), S. 543 (549): „Zwiespalt"; Wendt, Eigentum und Gesetzgebung, S. 150, 253 ff.; Wülfing, Grundrechtsschranken, S. 57.

bereits an das gebunden sein, was er durch eigene Normen erst konstituiert?[946] Wie ist es möglich, daß die Verfassungsmäßigkeit des einfachen Gesetzes selbst wieder an den Normen des einfachen Gesetzes gemessen wird?[947] Handelt es sich bei den rechtsgeprägten Grundrechten nicht gar um „Grundrechte aus der Hand des Gesetzgebers?"[948]

Zunächst ist festzustellen, daß diese Fragen nicht unmittelbar auf das verfassungsrechtliche Grunddilemma zielen. Das verfassungstheoretische Fundamentalproblem besteht darin, daß die Rechtsordnung und damit die Verfassung erst durch den Staat geschaffen wird, daß sie aber zugleich den Staat bei seinem weiteren Handeln binden sollen. Ist der Staat der Garant der Verfassung, so kann nur er selbst über ihre Einhaltung oder ihre Änderung befinden. Solange alle Staatsgewalt in einer Hand vereinigt ist, fehlt es an einer wirksamen Kontrolle, die über die Einhaltung der Verfassung befindet; damit steht die verfassungsrechtliche Bindung nur auf dem Papier. Erst mit Einführung der Gewaltenteilung läßt sich die effektive Bindung aller staatlichen Gewalt und damit die Geltung der Verfassung auch praktisch durchsetzen. Die Grundrechte treten dem Gesetzgeber dann nicht mehr als unverbindliche Programmsätze gegenüber, sondern als aktuell geltendes Recht, dessen Verbindlichkeit zur Nichtigkeit oder Vernichtbarkeit grundrechtswidrigen einfachen Rechts führt[949].

Das Problem, um das es bei der Ausgestaltung von Grundrechten geht, liegt deshalb weniger in dem Fehlen einer den Gesetzgeber effektiv überwachenden Kontrollinstanz als vielmehr in einem Mangel an klaren verfassungsrechtlichen Kontrollmaßstäben, an Hand derer sich die Verfassungsmäßigkeit von Gesetzen bemißt, die rechtsgeprägte Grundrechte einfachrechtlich ausgestalten[950]. Nicht von ungefähr befürchtet *Leisner* eine Verfassung, die nur noch nach Maßgabe des einfachen Gesetzesrechts gilt[951]. Sie wäre das Ergebnis einer Entwicklung „von der Verfassungsmäßigkeit der Gesetze zu einer Gesetzmäßigkeit der Verfassung"[952]. Andere sehen die Gefahr einer „Weimarisierung der Grundrechte"[953] und spielen damit auf *Herbert Krügers* Parömie von den „Grundrechten nur im Rahmen der Gesetze"[954] an, die dieser auf die Grundrechte der Weimarer Reichsverfassung gemünzt hatte.

In der Tat verlöre die Verfassung ihre Höherrangigkeit, ihren „Selbstand"[955] und damit ihre die einfache Gesetzgebung dirigierende Kraft, wenn sie nur noch nach Maßgabe der subkonstitutionellen Normen gelten würde. Die mit einer solchen

---

[946] *Alexy*, Theorie der Grundrechte, S. 301 Fn. 155; *Baur*, NJW 1982, 1734 (1735); *Cornils*, Ausgestaltung, S. 526 ff.; *Herzog*, FS Zeidler II (1987), S. 1415 (1417, 1420); *Nierhaus*, AöR 116 (1991), S. 72 (74).
[947] *F. Baur*, NJW 1982, 1734 (1735).
[948] So der Titel des Aufsatzes von *Herzog*, FS Zeidler II (1987), S. 1415 ff.
[949] *Gellermann*, Grundrechte, S. 3.
[950] *Gellermann*, Grundrechte, S. 3.
[951] JZ 1964, S. 201 ff.
[952] So der Titel seiner 1964 erschienen Monographie.
[953] *Nierhaus*, AöR 116 (1991), S. 72 (76); *Oppermann*, JZ 1981, 721 (726).
[954] DVBl. 1950, 625 (626).
[955] *Leisner*, JZ 1964, S. 201 (203).

„Normstufenvertauschung"[956] verbundenen Gefahren für die Grundrechte sind unabweisbar. Eine Verfassung nach Maßgabe einfacher Gesetze führt zunächst zu einer verschleierten Durchbrechung der vertikalen Gewaltenteilung zwischen dem einfachen und dem verfassungsändernden Gesetzgeber[957]. Bestimmt sich der Inhalt einer verfassungsrechtlichen Garantie im wesentlichen nach einfachem Gesetzesrecht, so geht jede Änderung des einfachen Rechts mit einer Verfassungsänderung einher. Änderungen des Grundgesetzes sind dem einfachen Gesetzgeber jedoch nur nach Maßgabe des Art. 79 GG erlaubt. Sie erfordern qualifizierte Mehrheiten sowie die ausdrückliche Angabe der geänderten Verfassungsnorm; zudem dürfen Verfassungsänderungen nicht die grundlegenden Staatszielbestimmungen antasten. Der Einhaltung dieser strengen Kautelen könnte sich der Gesetzgeber entziehen, wenn er nur einfaches Gesetzesrecht zu schaffen bräuchte, um eine Verfassungsänderung zu bewirken. Freilich kann auch das genaue Gegenteil eintreten: nicht eine ohne weiteres mögliche Änderung der Rechtsordnung, sondern ihre vollkommene Erstarrung. Bei einer Verfassung nach Gesetz wäre nämlich das gesamte einfache Recht für lange Zeit bis ins einzelne „zementiert"[958]. Die Verfassung würde allein den status quo der durch die einfachen Gesetze konstituierten Rechtsordnung schützen. Jede Änderung des einfachen Rechts erschiene als eine „flagrante" Verletzung der Verfassung und wäre deshalb womöglich politisch nicht mehr durchsetzbar.

Die Zentralfrage der Bindungsparadoxie lautet also mit *Wendt*[959], wie der Verfassungsgesetzgeber im Bereich der rechtsgeprägten Grundrechte einen bestimmten Rechtskomplex einem wirksamen Grundrechtsschutz unterstellen kann, obwohl er selbst gezwungen ist, dem einfachen Gesetzgeber aus normstrukturellen Gründen eine Dispositionsbefugnis über die der Grundrechtsgarantie unterliegende Rechtsmaterie einzuräumen.

b) Auflösung der Bindungsparadoxie

Die Bindungsparadoxie ist aufzulösen, um den normlogischen Vorrang des Grundgesetzes vor dem einfachen Recht, den Vorrang der Grundrechte vor ihren einfachrechtlichen Ausgestaltungen und die Priorität der verfassungsrechtlichen Verbürgungen vor ihren privatrechtlichen Substraten zu sichern. Nur wenn dieser Vorrang gewahrt ist, läßt sich die materielle Verfassungsmäßigkeit einer grundrechtsausgestaltenden Norm an Hand der Grundrechte beurteilen. Und nur so läßt sich die von Art. 1 Abs. 3 GG geforderte Bindung auch des grundrechtsausgestaltenden Gesetzgebers an die Grundrechte verwirklichen.

aa) Ermittlung des von der aktuellen einfachrechtlichen Grundrechtsausgestaltung unabhängigen Schutzguts. Über den Weg, dieses Ziel zu erreichen, sind sich Rechtspre-

---

[956] *Leisner*, JZ 1964, S. 201 (205).
[957] *Leisner*, JZ 1964, S. 201 (205).
[958] *Leisner*, JZ 1964, S. 201 (205).
[959] Eigentum und Gesetzgebung, S. 150 f. *Wendt* hatte diese Frage nur für die Eigentumsgarantie des Art. 14 Abs. 1 GG aufgeworfen; recht besehen gilt sie jedoch bei allen rechtsgeprägten Grundrechten.

chung⁹⁶⁰ und neuere Lehre⁹⁶¹ weitgehend einig. Er kann nur darin bestehen, einen eigenständigen verfassungsrechtlichen Begriff dessen zu entwickeln, was unabhängig von der aktuellen einfachrechtlichen Grundrechtsausgestaltung Inhalt der verfassungsrechtlichen Gewährleistung sein soll. Das hat das BVerfG in seinem berühmten Naßauskiesungsbeschluß sehr richtig erkannt, als es im Hinblick auf die grundrechtliche Eigentumsgarantie meinte: „Der Begriff des von der Verfassung gewährleisteten Eigentums muß aus der Verfassung selbst gewonnen werden. Aus den Normen des einfachen Rechts, die im Range unter der Verfassung stehen, kann weder der Begriff des Eigentums im verfassungsrechtlichen Sinn abgeleitet noch kann aus der privatrechtlichen Rechtsstellung der Umfang der Gewährleistung des konkreten Eigentums bestimmt werden."⁹⁶² Ähnlich hatte das Gericht bereits in seinem 2. Kriegsdienstverweigerer-Urteil entschieden: „Nicht das System von Normen, Instituten und Institutionen im Range unter der Verfassung bildet den Maßstab für die Auslegung verfassungsrechtlicher Bestimmungen; vielmehr liefern die letzteren umgekehrt die Grundlagen und den Rahmen, an den die übrigen Rechtsäußerungen und -erscheinungen sich anzupassen haben." Und in seiner Ehefähigkeitsentscheidung⁹⁶³ meinte es: „[Die Reichweite der Grundrechte] kann daher nicht davon abhängen, in welcher Weise eine bestimmte Materie durch das einfache Recht geregelt ist; sie ist vielmehr aus den Verfassungsnormen selbst zu erschließen".

bb) Anforderungen an die Bezeichnung des Schutzgutes. Eine spezifisch verfassungsrechtliche Bezeichnung für das Schutzgut rechtsgeprägter Grundrechte muß mehrere Bedingungen erfüllen. Sie darf einerseits nicht so abstrakt sein wie der im Verfassungstext verwendete Begriff („Ehe", „Eigentum", „Vertrag"); sie darf andererseits aber auch nicht ausschließlich das bedeuten, was mit der konkreten einfachrechtlichen Ausgestaltung der verfassungsrechtlichen Garantie „hier und jetzt" gemeint ist. Die gesuchte Bezeichnung muß konkreter als die im Verfassungstext verbürgte Gewährleistung sein, zugleich aber weiter als ihre aktuelle einfachrechtliche Ausprägung. Schließlich muß sie die Möglichkeit einer Änderung des einfachgesetzlichen Normensubstrats offenhalten, ohne zugleich den Gesetzgeber zu einer beliebigen Ausgestaltung zu ermächtigen.

cc) Figur des Typus als Lösung. All dies läßt sich allein mit einem Begriff bewerkstelligen, der nach seiner Abstraktionshöhe zwischen der abstrakt-allgemeinen Gattungsbezeichnung und der konkret-individuellen Lebenserscheinung steht. Ein solches heuristisches Konstrukt ist der Begriff des Typus⁹⁶⁴. Der Typus steht gleichsam

---

⁹⁶⁰ BVerfGE 28, 243 (260 f.); 58, 300 (335 f.).
⁹⁶¹ *Alexy*, Theorie der Grundrechte, S. 301 Fn. 155; *Epping*, Grundrechte, Rn. 934; *Isensee*, Tarifautonomie, S. 169 ff.; *Leisner*, JZ 1964, S. 201 (205); *Lerche*, FS Maunz (1971), S. 285 (286 ff.); *F. Müller*, Positivität der Grundrechte, S. 20, 23 ff., 41 ff., 45, 98 ff.; *Nierhaus*, AöR 116 (1991), S. 72 (85, 87, 94 ff. 97); *Scholz*, Koalitionsfreiheit, S. 91 ff.
⁹⁶² BVerfGE 58, 300 (335).
⁹⁶³ BVerfGE 31, 58 (73).
⁹⁶⁴ *Hardy*, in: Prechtl/Burkard, Metzler Philosophie Lexikon, S. 532.

in der Mitte zwischen dem Individuellen, Anschaulichen und Konkreten auf der einen und dem „abstrakten Begriff" auf der anderen Seite[965]. Der Typus wird gebildet, indem bei einer Gruppe von Gegenständen die wesentlichen gemeinsamen Merkmale hervorgehoben und mit einem Namen bezeichnet werden[966]. Den Typus machen dann die gemeinsamen, typischen, charakteristischen Eigenschaften der Gegenstände dieser Gruppe aus. Die charakteristischen Eigenschaften bestimmter Gegenstände herauszuarbeiten, ist jedoch nichts Ungewöhnliches; jede Abstraktion verfährt so. Trotzdem unterscheidet sich das Denken in Typen vom Denken in abstrakten Begriffen in einem wichtigen Punkt. Das Denken in abstrakten Begriffen verfestigt die charakteristischen Eigenschaften zu *isolierten* Merkmalen und bildet durch weiteres Weglassen immer allgemeinere Begriffe. Demgegenüber beläßt das Denken in Typen die charakteristischen Merkmale in ihrer *ganzheitlichen* Verbindung und bedient sich ihrer lediglich zum Zwecke der Beschreibung des Typus als eines „Merkmals-Ganzen"[967]. Diese Merkmale können bei einem einzelnen Gegenstand, der einem bestimmten Typus zugehört, in unterschiedlicher Stärke, in verschiedenen Abwandlungen und Mischungen hervortreten[968]. Der Typus ist deshalb zutreffend als „elastisches Merkmalsgefüge" bezeichnet worden[969]. Seine charakteristischen Züge können bei dem einen oder anderen „typischen Gegenstand" auch nur schwach ausgebildet sein oder sogar fehlen. Da der Typus den Vergleich zwischen verschiedenen Gegenständen ermöglicht, hat ihn *Kretschmer* ein „komparativ anschauliches Allgemeinbild"[970] genannt.

Realtypen können dabei von Idealtypen unterschieden werden. Realtypen stellen empirische Durchschnittstypen dar, die realitätsnahe Abbilder der Wirklichkeit sind. Sie lassen sich deshalb besonders anschaulich begreifen. Für gewöhnlich fungiert ein konkretes, tatsächlich vorhandenes Exemplar als Leitbild, das die charakteristischen Züge des Typus besonders ausgeprägt zeigt[971]. Spricht man beispielsweise von einem „typischen niedersächsischen Bauernhaus", so denkt man an ein konkretes Gehöft mit all seinen typischen Merkmalen und kann diese *in ihrer Gesamtheit* auf andere Bauernhöfe übertragen und sie damit vergleichen[972]. Dagegen sind Idealtypen Modellvorstellungen. Sie sind wissenschaftliche Konstrukte, „Gedankengebilde"[973], die durch Steigerung oder Weglassung einzelner in der Wirklichkeit beobachteter Züge und durch Hinzufügung tatsächlich gar nicht vorhandener Eigenschaften gewonnen werden. Sie bilden die Wirklichkeit nicht ab, sondern sind ein konstruiertes „Idealbild", das in dieser Form in der Lebenswelt selten oder gar nicht anzutreffen ist[974]. Idealtypen dienen dazu, gewisse typische Erscheinungen,

---

[965] *Engisch*, Konkretisierung, S. 238, 251, 260; *Kretschmer*, Studium Generale 4 (1951), S. 399 (400); *Larenz*, Methodenlehre, S. 351.
[966] *Hardy*, in: Prechtl/Burkard, Metzler Philosophie Lexikon, S. 532.
[967] *Heyde*, Studium Generale 5 (1953), S. 235 (238); *Larenz*, Methodenlehre, S. 350.
[968] *Larenz*, Methodenlehre, S. 350 ff.
[969] *Leenen*, Typus und Rechtsfindung, S. 34.
[970] *Kretschmer*, Studium Generale 4 (1951), S. 399 (400).
[971] *Larenz*, Methodenlehre, S. 350.
[972] Beispiel von *Heyde*, Studium Generale 5 (1953), S. 235 (238).
[973] *M. Weber*, Wirtschaft und Gesellschaft, S. 9 ff.
[974] Grundlegend *M. Weber*, Wirtschaft und Gesellschaft, S. 9 f.

Merkmale oder Abläufe am Modell zu verdeutlichen, um damit die in der Lebenswelt angetroffenen Erscheinungen besser zu verstehen und sie damit zu vergleichen.

Der typologische Begriff, mit dem das jeweilige Schutzgut eines normgeprägten Grundrechts bezeichnet werden soll, kann kein Realtyp, sondern nur ein Idealtyp sein[975]. Bei der Suche nach diesem Begriff geht es gerade nicht um die realitätsgerechte Abbildung der empirischen Wirklichkeit – sonst fielen Grundrecht und einfachrechtlicher Normenkomplex in eins –, sondern um die Konstruktion eines über die empirische Wirklichkeit hinausgehenden Modells, mit dem sich sowohl die aktuelle einfachrechtliche Ausgestaltung des Grundrechts – hic et nunc – begreifen läßt als auch ein Raum für weitere Ausgestaltungsalternativen erschlossen werden kann. In den Typus kann also nicht nur das Herkömmliche einfließen, d.h. was als statistisch Durchschnittliches vom Normbereich des Grundrechts bislang schon „stabilisiert und tradiert worden ist", sondern auch das, was „als neue Gestaltung" von der garantierten Sache her anscheinend die Gewähr bietet, selber stabilisierend und traditionsbildend wirken zu können."[976]

Damit ist das Hauptproblem bei der Bestimmung eines Typus berührt: die Auswahl der für ihn maßgeblichen, wesensmäßigen Eigenschaften. Sie hat, weil es sich beim Typus um einen Rechtsbegriff handelt, nach normativen Gesichtspunkten zu erfolgen[977]. *Leisner* hat sehr richtig gesehen, daß aus dem einfachen Gesetz nie die Einzelheit, nicht einmal die Gesamtheit aller Einzelheiten der niederrangigen Regelungen, sondern nur das Wesentliche, die Grundzüge, die Prinzipien in die Verfassung einfließen dürfen. Nur der „Rechtsgrundsatzgehalt jedes Rechtsgebietes" darf, wenn überhaupt, in die Verfassung übernommen und in ihr „verhärtet" werden[978], da sonst eine von der Verfassung offensichtlich nicht gewollte Garantie des einfachrechtlichen status quo die Folge wäre. Mit Recht konstatiert deshalb das BVerfG: „Mag auch das hergebrachte bürgerliche Recht weitgehend mit den [das geschützte Institut bestimmenden] Strukturprinzipien übereinstimmen, so kann nicht umgekehrt der Inhalt der Institutsgarantie überhaupt erst aus dem einfachen Recht erschlossen werden"[979].

Häufig findet sich das Bild eines „Kernbereiches" besonders wichtiger, unverzichtbarer Merkmale, die auf jeden Fall verfassungskräftig verbürgt sind, und eines „Randbereichs" von Merkmalen, die den Typus weniger prägen[980]. Das ist auch die Vorstellung der Lehre von den Einrichtungsgarantien[981]. Namentlich *Carl Schmitt* nahm an, daß in jeder Garantie der überlieferten Grundrechte eine „Garantie der

---

[975] So auch *F. Müller*, Die Positivität der Grundrechte, S. 99.
[976] *F. Müller*, Die Positivität der Grundrechte, S. 99.
[977] *Larenz*, Methodenlehre, S. 353.
[978] JZ 1964, S. 201 (205).
[979] BVerfGE 31, 58 (69 f.).
[980] So bei *Leisner*, JZ 1964, S. 201 (205).
[981] Besonders deutlich: *Schmidt-Jortzig*, Einrichtungsgarantien, S. 39 ff., vgl. auch *Abel*, Einrichtungsgarantien, S. 39 und 62; *Bleckmann*, Grundrechte, S. 214; *Maunz*, in: Maunz/Dürig, Art. 19 II GG, Rn. 2; Art. 28 GG Rn. 53, 57; *Quaritsch*, Evangelisches Staatslexikon, Sp. 1352, 1354; *L. Schneider*, Wesensgehalt, S. 235, 241 f., 245, 257 f; *Stern*, Staatsrecht III/1, § 68 VI 5 b, S. 868; vgl. auch die Weimarer Lehre: *Anschütz*, Verfassung, S. 520; *F. Klein*, Institutionelle Garantien, S. 135 f.; *Thoma*, in: Nipperdey, Grundrechte der WRV I, S. 30 f.

überlieferten typischen Art und Weise einer Normierung der zugrundliegenden Rechtsinstitute liegt"[982]. Die Lehre von den Einrichtungsgarantien stellt aber zu stark auf die empirischen Gegebenheiten ab. Was sie schützen will, ist nur der Realtyp der Ausgestaltung. Das wird den notwendigen Schutzerfordernissen nicht gerecht. Verfassungsrechtlich verbürgt ist nur der Idealtyp, der inhaltlich mehr umfaßt als die aktuelle Grundrechtsausgestaltung.

Zu Recht warnt deshalb *Friedrich Müller* davor, das Grundrecht vorschnell von der Faktizität des bereits Bestehenden her zu fixieren. Das Hergebrachte gebe zwar wertvolle Hinweise für den Umfang des Schutzbereichs, aber auch nicht mehr als das[983]. Das „Neue und Spontane" sei ebenfalls geschützt[984]. Herauszuarbeiten sei deshalb das „Spezifische" des Grundrechts, das vom nicht mehr geschützten „Exzentrischen" oder „Nichtspezifischen" zu unterscheiden sei[985]. Spezifisch sei eine bestimmte Ausübungsform, wenn ihr nicht nachweisbar der sachliche Zusammenhang mit der Struktur des grundrechtlichen Normbereichs fehle. In jedem Fall müßten vom Normbereich her „gleichwertige, austauschbare und insofern zwar in ihrem Nebeneinander, nicht aber in ihrem So-und-nicht-anders spezifische Möglichkeiten offen bleiben[986]. Auf die einfachrechtlichen Ausgestaltungen übertragen heißt das: Die Verfassung verbürgt nicht nur die herkömmlichen privatrechtlichen Rechtsinstitute, sondern auch das, was gegen diese Institute ohne weiteres austauschbar ist. Austauschbar ist, was funktional äquivalent ist. Funktional äquivalent ist, was mit anderen als den bereits vorhandenen Mitteln den Zweck der grundrechtlichen Garantie mindestens gleichwertig erfüllt.

Entscheidend für die Festlegung der charakteristischen Züge ist der Zweck der abstrakten Norm und der hinter ihr stehende Rechtsgedanke. Das gilt hier genauso wie bei allen anderen typologischen Rechtsbegriffen[987]. Zu fragen ist daher, was die Verfassung mit der jeweiligen grundrechtlichen Verbürgung erreichen will. Letztlich geht es um die Ermittlung des Schutzgutes. Dieses bestimmt den Inhalt des Grundrechts[988], und daran muß sich der Gesetzgeber bei der Ausgestaltung halten[989].

dd) Typologisch-funktionelle Begründungsansätze in der Rechtsprechung. Überprüft man die Rechtsprechung auf diese Grundsätze, so ist festzustellen, daß sich das BVerfG bei der Beurteilung der Verfassungsmäßigkeit von einfachrechtlichen Grundrechtsausgestaltungen stets darum bemüht hat, den Zweck der grundrechtlichen Garantie zu erforschen, um daraus die den Typus prägenden Merkmale zu ermitteln. Stehen diese Merkmale fest, so ist ein konkreterer Begriff für die verfassungsrechtliche Gewährleistung gefunden, an Hand dessen sich die Verfassungsmäßigkeit einer be-

---

[982] Freiheitsrechte, S. 140 (166).
[983] Positivität der Grundrechte, S. 99.
[984] Positivität der Grundrechte, S. 101.
[985] Positivität der Grundrechte, S. 99.
[986] Positivität der Grundrechte, S. 101.
[987] *Larenz*, Methodenlehre, S. 353.
[988] BVerfGE 50, 290 (354 f.).
[989] BVerfGE 84, 372 (378 f.).

stimmten Ausgestaltung – und noch wichtiger: einer späteren Umgestaltung – beurteilen läßt. Das BVerfG wird aber nicht müde zu betonen, daß die verfassungsrechtliche Verbürgung stets mehr – und anderes – umfaßt als die vorhandene einfachrechtliche Ausgestaltung; gerade deshalb bleibe dem Gesetzgeber ein Spielraum für Änderungen. Vier Beispiele mögen dies illustrieren:

Die Funktion der Eigentumsgarantie besteht nach Ansicht des BVerfG darin, den Bestand der durch die Rechtsordnung anerkannten einzelnen Vermögensrechte gegenüber Maßnahmen der öffentlichen Gewalt zu bewahren[990]. Dem Eigentum komme die Aufgabe zu, dem Träger des Grundrechts eine eigenverantwortliche Gestaltung des Lebens zu ermöglichen[991], und zwar nicht nur für den privaten Bereich des Einzelnen, sondern auch für seine wirtschaftliche Betätigung[992]. Diesem Normzweck entnimmt das Gericht die den Typus „Eigentum" prägenden Merkmale. Für das Eigentum ist nach Ansicht des BVerfG typisch, daß ein vermögenswertes Recht dem Berechtigten ebenso ausschließlich wie das Eigentum an einer Sache zugeordnet ist[993]. Das verlange, daß dem Berechtigten eine Rechtsposition zur privaten Nutzung und zur eigenen Verfügung zugeordnet sei. Ein Recht sei dann privatnützig, wenn es vom Berechtigten zum eigenen Vorteil ausgeübt werden könne und damit dem Berechtigten von Nutzen sei[994]. Auf dieser Grundlage hat das Gericht den Schutz der Eigentumsgarantie nicht nur für das Eigentum an beweglichen oder unbeweglichen Sachen angenommen, sondern auf eine Reihe weiterer vermögenswerter Rechte ausgedehnt, wie etwa auf Warenzeichen[995], Ausstattungen[996] und Erbbaurechte[997]. Zum Schutzbereich der Eigentumsgarantie sollen aber nicht nur absolute, gegenüber jedermann wirkende Rechtspositionen rechnen, sondern sogar Forderungen[998]. Der verfassungsrechtliche Begriff des Eigentums geht also weit über das hinaus, was § 903 BGB unter Eigentum versteht. Daraus folgt jedoch nicht, daß jedes vermögenswerte Gut von Verfassungs wegen einer privatrechtlichen Herrschaft unterworfen sein muß[999]. So gehört etwa die Möglichkeit, als Grundeigentümer auf seinem Grund und Boden beliebig und genehmigungsfrei Kies abzubauen, nicht zum verfassungsrechtlichen Begriff des Eigentums[1000].

Ein weiteres Beispiel liefert Art. 9 Abs. 1 GG. Mit dem Recht, Vereine und Gesellschaften zu bilden, gewährleistet Art. 9 Abs. 1 GG das Prinzip freier sozialer Gruppenbildung[1001]. Das soziale System des durch das Grundgesetz verfaßten Gemeinwesens solle – so das BVerfG – weder in ständisch-korporativen Ordnungen Gestalt gewinnen noch in der planmäßigen Formung und Organisation durch den

---

[990] BVerfGE 65, 196 (209); 71, 137 (143); 72, 175 (195); 78, 249 (277); 83, 201 (208).
[991] BVerfGE 24, 367 (389); 78, 58 (73); 79, 292 (303 f.); 83, 201 (208).
[992] BVerfGE 51, 193 (218); 78, 58 (73 f.).
[993] BVerfGE 31, 229 (240); 37, 132 (140).
[994] BVerfGE 53, 257 (290); 83, 201 (21).
[995] BVerfGE 51, 193 (216 ff.).
[996] BVerfGE 78, 58 (71).
[997] BVerfGE 79, 174 (191).
[998] BVerfGE 45, 142 (179); 70, 278 (285).
[999] BVerfGE 24, 367 (389); 58, 300 (339).
[1000] BVerfGE 58, 300.
[1001] BVerfGE 38, 281 (302 f.); 50, 290 (353); 80, 244 (252 f.).

Staat nach den Maßstäben eines von der herrschenden Gruppe diktierten, totalitären Wertsystems. Der Normzweck des Art. 9 Abs. 1 GG sei auf einen Ausgleich zwischen freier Assoziation und Selbstbestimmung der Vereinigungen einerseits und der Notwendigkeit eines geordneten Vereinslebens und der schutzbedürftigen sonstigen Belange andererseits gerichtet. Den Typus „Vereinigung" im Sinne des Art. 9 Abs. 1 GG prägen nun nach Ansicht des Gerichts nicht allein die bereits existierenden Rechtsformen und Normenkomplexe des Vereins- und Gesellschaftsrechts. Was der verfassungsrechtlichen Gewährleistung nur entnommen werden könne, sei der an den Gesetzgeber gerichtete Auftrag, eine hinreichende Vielfalt von Rechtsformen zur Verfügung zu stellen, die den verschiedenen Arten von Vereinigungen angemessen sind und deren Wahl deshalb zumutbar ist. Damit verträgt sich eine grundlose Vorenthaltung von Gestaltungsmöglichkeiten nicht[1002].

Normzweck der Erbrechtsgarantie (Art. 14 Abs. 1 GG) sei es, das Privateigentum als Grundlage der eigenverantwortlichen Lebensgestaltung nicht mit dem Tode des Eigentümers untergehen zu lassen, sondern seinen Fortbestand im Wege der Rechtsnachfolge zu sichern. Die Erbrechtsgarantie solle in erster Linie den Freiheitsraum des Erblassers sichern[1003]. Als typusprägendes Element macht das Gericht dann die Testierfreiheit aus[1004]. Darüber hinaus müsse der Gesetzgeber jedoch für den Fall, daß der Erblasser keine letztwillige Verfügung über seinen Nachlaß getroffen habe, eine gesetzliche Erbregelung vorsehen. Dabei könne der Gesetzgeber auf das Interesse eines verständigen Erblassers abstellen. Eine sachgerechte Regelung sei das Verwandtenerbrecht unter angemessener Beteiligung des Ehegatten[1005]. Auch dieses ist ein typusprägendes Merkmal der verfassungsrechtlichen Gewährleistung des Erbrechts.

Den Normzweck des Art. 9 Abs. 3 GG erblickt das BVerfG schließlich darin, den Arbeitnehmern und Arbeitgebern einen Freiraum zu schaffen, um dort ihre Interessengegensätze in eigener Verantwortung auszutragen. In dem von staatlicher Regelung freigelassenen Raum sollten die Beteiligten eigenverantwortlich bestimmen können, wie sie die Arbeits- und Wirtschaftsbedingungen fördern wollen. Diese Freiheit finde ihren Grund in der historischen Erfahrung, daß die unmittelbar Betroffenen besser wissen und besser aushandeln können, was ihren beiderseitigen Interessen, dem gemeinsamen Interesse, aber auch dem Gemeinwohl entspricht, als der demokratische Gesetzgeber[1006]. Die Gewährleistung der Tarifautonomie umfasse jedoch gerade nicht die besondere Ausprägung, die das Tarifvertragssystem in dem zur Zeit des Inkrafttretens des Grundgesetzes geltenden Tarifvertragsgesetz erhalten habe[1007]. Der Gesetzgeber sei an einer sachgemäßen Fortbildung des Tarifvertragssystems nicht gehindert. Ausdrücklich fordert das Gericht, daß sich die Ausgestaltung am Normziel von Art. 9 Abs. 3 GG orientiert[1008]. Zu den typusprägenden

---

[1002] *Manssen*, Privatrechtsgestaltung, S. 216.
[1003] BVerfGE 91, 346 (358).
[1004] BVerfGE 58, 377 (398); 67, 329 (341); 91, 346 (358).
[1005] BVerfGE 91, 346 (358 f.).
[1006] BVerfGE 34, 307 (317); 50, 290 (371); 88, 103 (114).
[1007] BVerfGE 20, 312 (318); 50, 290 (371).
[1008] BVerfGE 50, 290 (369); 58, 233 (248); 92, 26 (41).

Merkmalen des verfassungsrechtlich geschützten Tarifvertragssystems rechnet die Rechtsprechung dann die Verhandlungsfähigkeit beider sozialer Gegenspieler[1009]. Das erfordere nicht zuletzt ein ungefähres Kräftegleichgewicht zwischen den Tarifvertragsparteien[1010].

ee) Stellenwert bereits vorgefundener Rechtsinstitute. Mitunter betont die Rechtsprechung den besonderen Stellenwert von bereits vorgefundenen Rechtsinstituten gegenüber allen anderen Formen einer Ausgestaltung, die die grundrechtliche Gewährleistung – zumindest hypothetisch – ebenso gut verwirklichen könnten. In diesen Fällen gibt es zwischen realtypischer und idealtypischer Ausgestaltung kaum mehr Unterschiede. Der Gesetzgeber ist dann an die „vorgefundenen, überkommenen Lebensformen" gebunden[1011], d.h. an den empirischen Realtypus. Er hat die tatsächlichen Gegebenheiten zu berücksichtigen, die den ausgestaltungsbedürftigen Sachbereich prägen, sich aber seiner Verfügungsgewalt entziehen[1012]. Das gilt namentlich bei der Ausgestaltung der Rundfunkfreiheit[1013], der Ehefreiheit[1014], der von der Koalitionsfreiheit mit umfaßten Tarifautonomie[1015] und der Eigentumsfreiheit[1016]. Die Möglichkeiten einer vom empirischen Realtyp abweichenden Ausgestaltung sind in diesen Fällen stark begrenzt. Die Ausgestaltung muß in einer Art und Weise geschehen, die der „Natur" des jeweiligen Lebensbereichs entspricht[1017]. Sie darf nicht im Widerspruch zu den strukturellen Eigengesetzlichkeiten des jeweiligen Lebensbereichs stehen, sondern sie muß sachgerecht sein[1018]. Die Ausgestaltung ist sachgerecht, wenn sie den vorgegebenen (empirischen) Strukturen der Lebenswirklichkeit entspricht. Das faktische Sein der Lebenswirklichkeit, die „Natur der Sache", prägt das normative Sollen vor allem dann intensiv, wenn die bereits vorgefundenen Rechtsinstitute einen sehr langen Bestand aufweisen und deshalb gleichsam zu „erratischen Blöcken der Rechtsordnung"[1019] geworden sind. Das gilt beispielsweise für die Garantie der Ehe. Vom Schutzbereich des Art. 6 Abs. 1 GG ist nur die zwischen Mann und Frau auf Lebenszeit geschlossene Verbindung umfaßt,

---

[1009] BVerfGE 84, 212 (228).
[1010] BVerfGE 92, 365 (395).
[1011] So mehrfach für das Institut der Ehe BVerfGE 31, 58 (69); BVerfG, NJW 1993, 3058; BVerfG, Urt. v. 17.7.2002, 1 BvF 1/01 (eingetragene Lebenspartnerschaft) Tz. 87.
[1012] BVerfGE 31, 58 (69); 83, 238 (337); 92, 26 (42).
[1013] BVerfGE 83, 238 (337).
[1014] Art. 6 Abs. 1 GG schützt die Ehe, wie sie „vom Gesetzgeber unter Wahrung ihrer wesentlichen Grundprinzipien jeweils Gestalt erhalten hat", BVerfGE 31, 58 (82 f.); BVerfG, Urt. v. 17.7.2002, 1 BvF 1/01 (eingetragene Lebenspartnerschaft).
[1015] BVerfGE 18, 18 (27); 92, 26 (42).
[1016] BVerfGE 25, 112 (117).
[1017] BVerfGE 81, 1 (6 f.).
[1018] Für die Eigentumsfreiheit BVerfGE 25, 112 (117); 52, 1 (29 f.); für die Koalitionsfreiheit BVerfGE 50, 290 (369). Deshalb darf beispielsweise die Tariffähigkeit einer Koalition nicht von Umständen abhängig gemacht werden, die nicht von der Sache selbst, also von der im allgemeinen Interesse liegenden Aufgabe der Ordnung und der Befriedung des Arbeitslebens gefordert sind; ähnlich bereits BVerfGE 18, 18 (27).
[1019] *Isensee*, Tarifautonomie, S. 159.

nicht aber das Konkubinat[1020] und die gleichgeschlechtliche Lebensgemeinschaft[1021]; die Anerkennung dieser Lebensformen als Ehe wäre – nach den derzeitigen empirischen Anschauungen – eine verfassungswidrige Ausgestaltung[1022].

ff) Zusammenfassung. Der Gesetzgeber ist bei der Ausgestaltung rechtsgeprägter Grundrechte an die Grundrechte gebunden. Die sich daraus ergebende Bindungsparadoxie läßt sich auflösen, indem das abstrakt formulierte Grundrecht durch einen konkreteren Begriff ersetzt wird. Dabei handelt es sich um eine idealtypische Bezeichnung, die nicht nur bereits vorhandene Ausgestaltungen empirisch beschreibt, sondern einen Raum für andere Möglichkeiten offenhält. Die diesen Idealtyp prägenden Merkmale ergeben sich aus dem Normzweck, der dem Grundrecht zugrundeliegt. Zu bestimmen ist letztlich das Schutzgut der Grundrechte. An diesem muß sich jede bestehende und jede neue Ausgestaltung messen lassen. Freilich lassen die bereits bestehenden einfachrechtlichen Ausgestaltungen das den Grundrechten zugrundeliegende Schutzgut nicht unberührt. Hier kommt es zu dem, was *Ossenbühl* einmal „die geheimen Vorgänge der wechselseitigen Osmose" zwischen Verfassungs- und Gesetzesrecht genannt hat[1023]. Letzten Endes gehen nur die „Konzentrate" der einfachrechtlichen Normenkomplexe[1024] in die verfassungsrechtlichen Schutzgüter ein.

3. Funktionsfähigkeit der Ausgestaltung

a) Bedeutung

Eine Bindung des Gesetzgebers findet aber nicht nur dadurch statt, daß die konkrete Ausgestaltung eines rechtsgeprägten Grundrechts an Hand der typischen Merkmale der verfassungsrechtlichen Gewährleistung überprüft wird. Der Gesetzgeber hat auch die Funktionsfähigkeit seiner Ausgestaltung zu gewährleisten. Darunter ist folgendes zu verstehen: Bekanntlich unterscheiden sich rechtsgeprägte Grundrechte von sachgeprägten dadurch, daß ihr Schutzgut normativ konstituiert

---

[1020] BVerfGE 36, 146 (165); BVerfG, NJW 2005, 1415; ähnlich bereits BVerfGE 9, 20 (34 f.); so auch *Pieroth*, in: Jarass/Pieroth, Art. 6 GG Rn. 2.

[1021] BVerfGE 105, 313 (345 f.); *Lecheler*, HdbStR VI, S. 219; *Pieroth*, in: Jarass/Pieroth, Art. 6 GG Rn. 2.

[1022] Das schließt es freilich nicht aus, diese Lebensformen als von Art. 2 Abs. 1 GG geschützt zu begreifen, vgl. BVerfG, FamRZ 1990, 727 zur analogen Anwendung des § 569a Abs. 2 (Fortsetzung des Mietverhältnisses nach dem Tode des Mieters) auf nichteheliche Lebensgemeinschaften. Im übrigen ist aus Art. 6 Abs. 1 GG keine Pflicht zu entnehmen, nichtehelichen Gemeinschaften jedwede Anerkennung zu versagen, vgl. BVerfGE 82, 6 (15); BVerfG, Urt. v. 17.7.2002, 1 BvF 1/01 (eingetragene Lebenspartnerschaft) Tz. 82. Der Gesetzgeber hat bereits in verschiedenen Gesetzen an den Tatbestand der „eheähnlichen Gemeinschaft" bestimmte Rechte und Pflichten geknüpft, vgl. z.B. § 137 Abs. 2 AFG. Gemeint ist damit eine Lebensgemeinschaft zwischen einem Mann und einer Frau, die auf Dauer angelegt ist, daneben keine weitere Lebensgemeinschaft gleicher Art zuläßt und sich durch innere Bindungen auszeichnet, die ein gegenseitiges Einstehen der Partner füreinander begründe, also über die Beziehungen einer reinen Haushalts- und Wirtschaftsgemeinschaft hinausgehen, vgl. BVerfGE 87, 234 (264).

[1023] *Ossenbühl*, Der Staat 10 (1971), S. 53 (73).

[1024] *Lerche*, FS Maunz (1901), S. 285 (286 f., 290 f.).

ist. Erst die Rechtsordnung ermöglicht es dem Einzelnen, von der gewährleisteten Freiheit realen Gebrauch zu machen. Die Rechtsordnung fügt den naturgegebenen Handlungsmöglichkeiten des Menschen etwas hinzu. Sie erweitert das „natürliche Können" um ein „rechtliches Können". Von einem „rechtlichen Können" kann aber dann nicht mehr die Rede sein, wenn der Gesetzgeber dem Einzelnen hierfür objektiv untaugliche Formen und Mittel bereitstellt. Um die grundrechtliche Garantie nicht leerlaufen zu lassen, kommt es darauf an, daß der Gesetzgeber nicht nur überhaupt ein einfachrechtliches Normensubstrat schafft, sondern ein effektives, mit dem sich die grundrechtlich versprochene „rechtliche Freiheit" wirksam realisieren läßt. Eine funktionsuntaugliche Ausgestaltung trägt deshalb den Makel der Verfassungswidrigkeit[1025].

Das Merkmal der Funktionalität entfaltet nach zwei Richtungen hin Wirkung. Einerseits schützt es bestehende einfachrechtliche Grundrechtsausgestaltungen vor Umformungen, falls sie noch voll funktionstauglich sind. Andererseits bewahrt es sie vor einer Versteinerung, wenn und soweit es der zeitbedingte Wandel der gesellschaftlichen Anschauungen verlangt. Insoweit kann der Gesetzgeber schon von Verfassungs wegen zu einer Umgestaltung verpflichtet sein, gerade damit die verfassungsrechtliche Garantie kein bloßes Schattendasein führt und letztlich leerläuft.

b) Ansicht der Rechtsprechung

Von diesen Grundsätzen geht offenbar auch das BVerfG aus. Bei einer Reihe rechtsgeprägter Grundrechte hält das Gericht den Gesetzgeber für verpflichtet, auf die Funktionsfähigkeit der Ausgestaltung zu achten. Im Hinblick auf die Vereinigungsfreiheit sagt es: Der Gesetzgeber habe die Grundlagen für das Leben in den verschiedenen Vereinigungsformen so zu gestalten, daß seine Regelung die *Funktionsfähigkeit* der Vereinigungen, im besonderen ihrer Organe gewährleiste[1026]. Zum Schutz der Koalitionsfreiheit müsse der Staat den Koalitionen *geeignete* Rechtsformen zur Verfügung stellen, die für eine *hinreichende* rechtliche Handlungsmöglichkeit bürgten. Das gelte für ihre Binnenstruktur ebenso wie für ihre Wirksamkeit nach außen[1027]. Ihre *Funktionsfähigkeit* dürfe nicht gefährdet werden. Die Koalitionen müßten ihren verfassungsrechtlich anerkannten Zweck, die Arbeits- und Wirtschaftsbedingungen ihrer Mitglieder zu wahren und zu fördern, insbesondere durch den Abschluß von Tarifverträgen erfüllen können[1028]. Im Hinblick auf Art. 6 Abs. 1 GG meinte das Gericht, der Gesetzgeber habe das Rechtsinstitut der Ehe in einer seiner Natur und *Funktion* entsprechenden Weise auszugestalten[1029]. Bei der normativen Ausgestaltung der Garantie des Rechtsweges (Art. 19 Abs. 4 GG) müsse der Gesetzgeber einen *wirkungsvollen* Rechtsschutz gewährleisten. Die Ausgestaltung des

---

[1025] *Isensee*, Tarifautonomie, S. 170; *Ruck*, AöR 117 (1992), S. 543 (549 f.); *Scholz*, FS Trinkner (1995), S. 377 (384); ähnlich *Jarass*, in: Jarass/Pieroth, Vor Art. 1 GG Rn. 35: Die Ausgestaltung muß sachgerecht sein.
[1026] BVerfGE 50, 290 (335) – Hervorhebung vom Verfasser.
[1027] BVerfGE 92, 365 (403) – Hervorhebung vom Verfasser.
[1028] BVerfGE 92, 365 (394 f.) – Hervorhebung vom Verfasser; ähnlich BVerfGE 58, 233 (253).
[1029] BVerfGE 81, 1 (6 f.) – Hervorhebung vom Verfasser.

150   1. Teil: Die verfassungsrechtliche Verankerung der Tarifautonomie

Rechtsweges habe *zweckgerichtet* und *angemessen* zu sein[1030]. In dieselbe Richtung geht es schließlich, wenn das Gericht für die Verbürgung des Eigentums (Art. 14 Abs. 1 GG) meint, „die Institutsgarantie gewährleistet einen *Grundbestand* von Normen, der gegeben sein muß, um das Recht als ‚Privateigentum' bezeichnen zu können"[1031]. Die Gewährleistung des Privateigentums als Rechtseinrichtung verbiete es, daß solche Sachbereiche der Privatrechtsordnung entzogen würden, die zum *elementaren Bestand* grundrechtlich geschützter Betätigungen im vermögensrechtlichen Bereich gehörten[1032].

c) Beurteilung der Funktionsfähigkeit

Die Funktionsfähigkeit ist kein normatives, sondern ein empirisches Kriterium, das keine juristischen Wertungen und erst recht keine Interessen- oder Rechtsgüterabwägungen verlangt. Die Kategorien von „rechtmäßig" oder „rechtswidrig" sind deshalb fehl am Platze. Die Funktionalität ist ein Phänomen der Seins- und nicht der Sollenssphäre. Maßgeblich sind die Merkmale der Tauglichkeit, der Eignung und der Zweckmäßigkeit. Ob und inwieweit eine vorhandene gesetzliche Regelung ihr Ziel erfüllt, läßt sich nur empirisch nachweisen, etwa mit Hilfe von Statistiken und wissenschaftlichen Wirkungsanalysen.

Soll die Funktionalität neuer Ausgestaltungsgesetze beurteilt werden, sind Prognosen über die zukünftige Wirkung von Gesetzen erforderlich, die zwangsläufig das Moment der Ungewißheit in sich tragen[1033]. Diese Ungewißheit kann jedoch weder die Befugnis zum Erlaß neuer Gesetze ausschließen – anderenfalls wäre dem Gesetzgeber jede zukunftsweisende Gestaltung von Staat und Gesellschaft versperrt –, noch kann sie den Gesetzgeber zu jeder beliebigen Gestaltung legitimieren[1034]. Eine sachgerechte Lösung verlangt einen Mittelweg. Dem Gesetzgeber ist zwar gegenüber der ihn kontrollierenden Verfassungsgerichtsbarkeit eine gewisse Einschätzungsprärogative einzuräumen – gleichsam als ein Vorrecht auf einen „prognostischen Irrtum"[1035] –; er ist aber zugleich gehalten, die Grundlagen seiner prognostischen Entscheidung auszuweisen[1036], an Hand derer sich die Funktionalität der einfachrechtlichen Ausgestaltung bemißt. Der dabei anzulegende Kontrollmaßstab hängt von den Eigenarten des in Rede stehenden Sachbereichs, den tatsächlichen Möglichkeiten zur Bildung eines sicheren Urteils und der Bedeutung

---

[1030] BVerfGE 41, 23 (26); 60, 253 (268 f.); 77, 275 (284); 84, 34 (49); 84, 59 (78); 88, 118 (123 f.) – Hervorhebung vom Verfasser.
[1031] BVerfGE 31, 229 (241) – Hervorhebung vom Verfasser.
[1032] BVerfGE 58, 300 (344) – Hervorhebung vom Verfasser.
[1033] *Schlink*, EuGRZ 1984, 457 (460); *Pieroth/Schlink*, Grundrechte, Rn. 283 f. für das Geeignetheitskriterium bei gesetzlichen Eingriffen.
[1034] BVerfGE 50, 290 (332).
[1035] BVerfGE 25, 1 (12 f.); 30, 250 (262 f.); 37, 1 (20); 39, 210 (230 f.); 40, 196 (223); 50, 290 (334); 51, 193 (208); 61, 291 (313 f.); 77, 84 (106), vgl. auch *Ossenbühl*, FS BVerfG I (1976), S. 458 ff.; *Schnapp*, JuS 1983, 850 (854).
[1036] Dabei muß der Gesetzgeber den für seine Maßnahmen erheblichen Sachverhalt zutreffend und vollständig ermittelt haben, um die voraussichtlichen Auswirkungen seiner Regelung so zuverlässig wie möglich abzuschätzen, vgl. BVerfGE 50, 50 (51); 50, 290 (333).

der betroffenen Rechtsgüter ab[1037]. Er reicht von einer bloßen Evidenzkontrolle[1038] über eine Vertretbarkeitskontrolle[1039] bis hin zu einer intensivierten Inhaltskontrolle[1040].

4. Bindung an das Verhältnismäßigkeitsprinzip?

Abschließend stellt sich die Frage, ob der Gesetzgeber bei der Ausgestaltung von Grundrechten auch den Grundsatz der Verhältnismäßigkeit zu beachten hat. Diese Überlegung kommt nicht von ungefähr, bildet der Grundsatz der Verhältnismäßigkeit doch eine wichtige Ausprägung des Rechtsstaatsprinzips[1041]. Nicht zuletzt ergibt er sich auch aus dem Wesen der Grundrechte selbst[1042]. Er stellt eine „übergreifende Leitregel allen staatlichen Handelns" dar[1043] und dient damit der Verteidigung der individuellen Rechts- und Freiheitssphäre[1044]. Manche Stimmen in der Literatur erkennen in ihm ein überall geltendes Verfassungsprinzip[1045]. Namentlich *Herzog* meint, dem Grundsatz der Verhältnismäßigkeit liege der allgemeine Gedanke zugrunde, daß staatliche Maßnahmen nicht prinzipiell unbegrenzt und unbegründet sein dürften, sondern ihre Rechtfertigung in einem benennbaren Zweck hätten und an diesem Zweck in ihrem Umfang und Ausmaß auch gemessen werden müßten. Der Grundgedanke des Prinzips, die staatliche Gewalt grundsätzlich an Begründungen zu binden und damit meßbar und berechenbar zu machen, habe auch jenseits der Freiheitsrechte seine Berechtigung[1046]. Dem hat sich insbesondere *Bleckmann* angeschlossen, der meint, der Grundsatz der Verhältnismäßigkeit gelte für die gesamte staatliche Tätigkeit und nicht nur dann, wenn in die Grundrechte der Bürger eingegriffen werde[1047]. In der Literatur halten aber nur wenige ausdrücklich den grundrechtsausgestaltenden Gesetzgeber für verpflichtet, den Grundsatz der Verhältnismäßigkeit zu beachten[1048].

Von der Bindung des grundrechtsausgestaltenden Gesetzgebers an den Grundsatz der Verhältnismäßigkeit geht offenbar auch das BVerfG aus. Allerdings erwähnt das

---

[1037] BVerfGE 50, 290 (333); 77, 170 (214 f.).
[1038] BVerfGE 36, 1 (17); 37, 1 (20); 37, 104 (118); 40, 196 (223); 77, 84 (107).
[1039] BVerfGE 25, 1 (17); 30, 250 (263); 39, 210 (225 f.); 50, 290 (334 f.).
[1040] BVerfGE 7, 377 (415); 11, 30 (45); 17, 269 (276 ff.); 39, 1 (46, 51 ff.); 45, 187 (238); 88, 203 (263).
[1041] BVerfGE 19, 342 (348 f.); 23, 127 (133 f); 43, 101 (106); 55, 28 (30); 61, 126 (134); 69, 1 (35); 76, 1 (50 f.); 76, 256 (359); 77, 308 (334); 80, 109 (120).
[1042] BVerfGE 19, 342 (348); so ausdrücklich *Herzog*, in: Maunz/Dürig, Art. 20 GG VII Rn. 72; ausführlich zu den unterschiedlichen Ableitungen *Stern*, FS Lerche (1993), S. 165 ff.; vgl. weiter *Bleckmann*, JuS 1994, S. 177 ff.; *Grabitz*, Freiheit, S. 100 ff.; *ders.*, AöR 98 (1973), S. 568 (584 ff.); *Lerche*, Übermaß, S. 29 ff. 61 ff.: Übermaßverbot als Teil der „dirigierenden Verfassung".
[1043] BVerfGE 23, 133; *Degenhart*, Staatsrecht I, Rn. 398; *Jarass*, in: Jarass/Pieroth, Art. 20 GG Rn. 80.
[1044] BVerfGE 79, 311 (341); 81, 310 (338).
[1045] *Jakobs*, DVBl 1985, 97 (98 f., 100 f. m.w.N.); *Stern*, FS Lerche (1993), S. 165 (175 m.w.N. in Fn. 66); kritisch *Ossenbühl*, FS Lerche (1993), S. 151 (156 ff.).
[1046] In: Maunz/Dürig, Art. 20 GG VII Rn. 21 f.; ähnlich *Stern*, Staatsrecht III/2, § 84 III 9 a, S. 811.
[1047] JuS 1994, 177 (181).
[1048] *Boerner*, ZTR 1996, 435 (443); *Butzer*, RdA 1994, 375 (381); *Jarass*, in: Jarass/Pieroth, Vor Art. 1 GG Rn. 35.

1. Teil: Die verfassungsrechtliche Verankerung der Tarifautonomie

Gericht diesen Grundsatz nicht bei allen rechtsgeprägten Grundrechten[1049]. Ausdrücklich angenommen hat es ihn bei Art. 14 Abs. 1 GG. Dort meint das Gericht zunächst allgemein, daß der Gesetzgeber, wenn er den Inhalt des grundrechtlich gewährleisteten Eigentum bestimme und damit Art. 14 Abs. 1 GG ausgestalte, nicht nur den grundlegenden Gehalt der Eigentumsgarantie zu wahren habe, sondern darüber hinaus auch die übrigen Verfassungsnormen beachten müsse[1050]. In der Kleingartenentscheidung spricht das Gericht dann explizit von der „Bindung des Gesetzgebers an den verfassungsrechtlichen Grundsatz der Verhältnismäßigkeit"[1051]. Im Hinblick auf die Garantie des Rechtsweges bei Art. 19 Abs. 4 GG meint das Gericht, „[die Ausgestaltung muß] zweckgerichtet, geeignet und angemessen sowie für den Rechtssuchenden zumutbar sein"[1052]. Das ist genau das, was der Grundsatz der Verhältnismäßigkeit verlangt. Bei Art. 6 Abs. 1 GG ist das Gericht der Auffassung, daß zu strenge oder zu geringe Sach- oder Formvoraussetzungen der Eheschließung mit den sich aus der Verfassung ergebenden Strukturprinzipien unvereinbar seien; insbesondere könne die Anwendung einer solchen Vorschrift den Grundsatz der Verhältnismäßigkeit verletzen[1053]. Schließlich lassen sich in diese Richtung auch die Judikate zur gesetzlichen Ausgestaltung der von Art. 2 Abs. 1 GG mit geschützten Privatautonomie deuten. Wenn das BVerfG verlangt, daß der Gesetzgeber bei der Schaffung einer Privatrechtsordnung den konkurrierenden Grundrechtspositionen *ausgewogen* Rechnung tragen müsse[1054] und er sie in ihrer Wechselwirkung so zu begrenzen habe, daß sie *für alle Beteiligten möglichst weitgehend* wirksam würden[1055], so kann das nur heißen, daß der Grundsatz der Verhältnismäßigkeit als Kontrollmaßstab anzuwenden ist.

Das Meinungsbild im Schrifttum ist uneinheitlich[1056], die Mehrheit erachtet ihn für unanwendbar[1057]. Traditionell gilt der Grundsatz der Verhältnismäßigkeit nur bei Eingriffen des Staates in grundrechtlich geschützte Sphären[1058]. *Lerche* war es, der als erster auf die Gefahren einer uferlosen Anwendung des Verhältnismäßigkeitsprin-

---

[1049] Vgl. auch *Grabitz*, Freiheit, S. 89 ff.; 94 f.
[1050] BVerfGE 14, 263 (278); 18, 121 (132); 21, 73 (82); 31, 229 (240); 52, 1 (29).
[1051] BVerfGE 52, 1 (29); dann ständige Rechtsprechung, vgl. nur 55, 249 (261).
[1052] BVerfGE 60, 253 (268 f.); 77, 275 (284); 84, 34 (49); 84, 59 (78); 88, 118 (123 f.).
[1053] BVerfGE 31, 58 (70).
[1054] BVerfGE 81, 242 (255); Hervorhebung vom Verfasser.
[1055] BVerfGE 89, 214 (232); Hervorhebung vom Verfasser.
[1056] *Gellermann*, Grundrechte, S. 332.
[1057] *Cornils*, Ausgestaltung, S. 650 f.; *Dieterich*, RdA 2002, 1 (11); *Epping*, Grundrechte, Rn. 394; *Gellermann*, Grundrechte, S. 337 ff.; *Höfling*, Vertragsfreiheit, S. 34; *Lerche*, Übermaß, S. 140 ff.; 164, 249, 351 und passim; *Söllner*, NZA 2000, Sonderbeilage zu Heft 24, S. 33 (36); *Steinbeiß-Winkelmann*, Freiheitsordnung, S. 110; für die Anwendbarkeit z.B. *Herdegen*, in: Maunz/Dürig, Art. 1 Abs. 3 GG Rn. 41.
[1058] *Alexy*, Theorie der Grundrechte, S. 300 ff., 306; *Gentz*, NJW 1968, 1600 (1601): Verhältnismäßigkeitsprinzip als Schranke aller Grundrechtseinschränkungen; *Hoffmann-Riem*, in: HdbVerfR, § 7 Rn. 34; *Jarass*, Gutachten G für den 56. DJT, S. 27; *ders.*, NZA 1990, 505 (508); *Kirchhof*, FS Lerche (1993), S. 133 (143 f.); *Kühling*, AuR 1994, 126 (132); *Lerche*, Übermaß, S. 140 ff.; 164, 249, 351 und passim; *Ossenbühl*, FS Lerche (1993), S. 151 (158 ff.); *Stern*, Staatsrecht III/2, § 84 III 1, S. 785 ff.; a.A. *Wank*, Anm. zu BVerfG, Beschl. v. 10.1.1995, AP Nr. 76 zu Art. 9 GG Bl. 182; *Windthorst*, Verfassungsrecht I Rn. 135; vgl. auch *Jarass, in:* Jarass/Pieroth, Vor Art. 1 GG Rn. 35: Wenn sich die Ausgestaltung wie ein Grundrechtseingriff auswirke, sei eine volle Verhältnismäßigkeitsprüfung geboten.

zips aufmerksam gemacht hat[1059]. Seine Habilitationsschrift stand gleichsam unter dem Leitprinzip „Maßhalten mit dem Übermaßverbot"[1060].

Lerche meint, es könne nicht Ziel der Verfassung sein, dem Gesetzgeber bei der Ausgestaltung oder „Grundrechtsprägung" ein freies Organisieren zu verwehren[1061], da es hier um „verfassungsschwere Funktionen" des einfachen Gesetzgebers gehe. Da der Gesetzgeber den unfertig ausgeführten Bauplan der Verfassung zu Ende führe, müsse er einen Spielraum haben, der demjenigen des Verfassungsgebers entspreche[1062]. Hier könne es zu echter „Typisierungsmacht des Gesetzgebers" kommen[1063]. Wolle man die Grundsätze der Erforderlichkeit und der Verhältnismäßigkeit als verbindliche Richtschnur betrachten, so stünde dies einem wohlgeordneten Aufbau des jeweils vom Gesetzgeber geprägten Rechtsgebiets im Wege; der Gesetzgeber müsse das Recht besitzen, die Vielzahl von Tatbeständen in eine wünschenswerte grundsätzliche Systematik zu bringen[1064]; er müsse befugt sein, innerhalb des vom jeweiligen Grundrecht gezogenen Rahmens elementare Ordnungen zu setzen[1065]. Insbesondere in wichtigen Kernbereichen des Vermögens- und Wirtschaftsverfassungs-rechts könne das Übermaßverbot nicht angewendet werden, da dort der Gesetzgeber nicht auf die gerade noch erforderliche Abwehr von Störungen beschränkt, sondern vielmehr berechtigt sei, neue Ordnungen und selbständige Programme mit scharfen Konturen zu entwickeln, ohne dabei auf die individuellen Sachverhaltsnuancen Rücksicht nehmen zu müssen[1066]. Wäre es anders, würde der Gesetzgeber bei „weichen", d.h. inhaltsoffenen Stellen im Verfassungstext ansetzen, die entsprechenden Regelungen zur Ordnung des Wirtschaftslebens schaffen und so die Freiheitsrechte „von innen aufrollen"; hierzu tendierten insbesondere Lehren, die einer verstärkten „Güterabwägung" das Wort redeten[1067]. Die damit verbundenen Gefahren hält Lerche für erheblicher, als wenn der Gesetzgeber einen von Haus aus anerkannten Spielraum zu legaler und legitimer Gestaltung ausnutzen könnte[1068].

[1059] Lerche, Übermaß, S. 140 ff.; 164, 249, 351 und passim.
[1060] So Ossenbühl, FS Lerche (1993), S. 151 (152), der selbst der Ansicht ist, das Übermaßverbot führe – im Übermaß angewandt – zu einer „Knochenerweichung der Rechtsordnung". Es bestehe die Gefahr, daß an Stelle harter Direktiven, Maßstäben und Strukturen „weiche Topoi" träten.
[1061] Lerche, Übermaß, S. 142; ders., in: HdbStR V, § 122 Rn. 10.
[1062] Lerche, Übermaß, S. 142; ders., Arbeitskampf, S. 37 f.
[1063] Lerche, in: HdbStR V, § 122 Rn. 18 unter Hinweis auf BVerfGE 60, 16 (39); 70, 1 (34): „Typisierungsnotwendigkeiten des Gesetzgebers".
[1064] Lerche, Übermaß, S. 143. Da nach Lerche das Erforderlichkeitsprinzip eine individualisierende Tendenz aufweist, stößt es dort an Grenzen, wo die Sachnatur der auf generelle Regelungen angelegten Gesetzgebung entgegensteht, vgl. HdbStR V, § 122 Rn. 18.
[1065] Lerche, Übermaß, S. 144.
[1066] Lerche, Übermaß, S. 146.
[1067] Lerche, Übermaß S. 158. Lerche sieht im Siegeszug des Gedankens der Güterabwägung die Gefahr, daß sich am Ende die verfassungsgesetzlichen Strukturen in ein Bild von subjektiven Bewertungen auflösen. Damit würden subjektive Einflüsse den Primat über das Verfassungsgesetz erhalten, vgl. Übermaß, S. 224; 281 ff., 292. Er betont den formalen Charakter des Grundsatzes der Verhältnismäßigkeit, dessen Aufgabe es nicht sein kann, konkrete Standards zu liefern. Er soll allein dem Gedanken des „rechten Maßes" Rechnung tragen, kann den Gesetzgeber aber nicht davon entbinden, überhaupt erst einmal nach bestimmten Standards Ausschau zu halten, vgl. Übermaß S. 224; ähnlich Kirchhof, FS Lerche (1993), S. 133 (143 f.); Ossenbühl, FS Lerche (1993), S. 151 (157 ff.); Schlink, Abwägung, S. 201.
[1068] Lerche, Übermaß, S. 146.

Lerche ist zuzugestehen, daß das Grundgesetz im Gegensatz zur Weimarer Reichsverfassung keine konkreten verfassungsrechtlichen Grundsätze zur Gestaltung des Wirtschaftslebens normiert hat[1069], sondern dem Gesetzgeber die Ordnung überläßt[1070]. Dementsprechend ist das BVerfG nicht müde geworden zu betonen, daß der Gesetzgeber bereits allein aufgrund seiner demokratischen Legitimation befugt sei, innerhalb der ihm durch das Grundgesetz gezogenen Grenzen die Wirtschaftsordnung frei zu gestalten[1071]; er dürfe jede ihm sachgemäß erscheinende Wirtschaftspolitik verfolgen, sofern er das Grundgesetz, insbesondere die Grundrechte beachte[1072]. Wenn und soweit *Lerche* dem Gesetzgeber ein „freies Organisieren" zugesteht, kann es nur um die Festlegung dieses Ordnungsrahmens gehen, bei dem schon aus Gründen der Rechtssicherheit Typisierungen und Standardisierungen zur allgemeinen Normierung sämtlicher regelungsbedürftiger Sachverhalte unvermeidlich sind[1073].

Gleichwohl übernimmt der subkonstitutionelle Gesetzgeber damit nicht Aufgaben des Verfassungsgebers. Wenn sich der Verfassungsgeber zur Offenheit des Wirtschaftssystems bekannt hat[1074] oder genauer: nicht selbst dezidierte wirtschaftsrechtliche Regelungen in die Verfassung aufgenommen hat, so bedeutet dies nicht, daß die einfachrechtliche Ausgestaltung von Grundrechten selbst zur materiellen Verfassungsgebung gerät. Eine derartige Sicht würde den formellen Vorrang der Verfassung preisgeben und das von der Verfassung garantierte Ordnungssystem der Wirtschaft nur nach Maßgabe des einfachen Rechts wirksam werden lassen. Es ist aber nicht das gleiche, ob sich die Verfassung jeglicher Regelung enthält und eine Vielzahl von Gestaltungsmöglichkeiten offenhalten will oder ob sie positiv anordnet, daß der verfassungsrechtliche Schutz der Wirtschaftsordnung nur nach Maßgabe des subkonstitutionellen Rechts erfolgt; da im zweiten Falle die Verfassung sich um ihren Selbstand brächte, kann diese Möglichkeit nur in Betracht gezogen werden, wo sie selbst ausdrücklich auf das subkonstitutionelle Recht verweist. Das ist aber bei der Ordnung der Wirtschaft nicht der Fall. Sie besteht im verfassungsrechtlichen Sinne nicht allein nach Maßgabe des einfachen Rechts. Im übrigen darf die grundsätzlich anzuerkennende gesetzgeberische Gestaltungsfreiheit nicht zu einer Verkürzung der in den Einzelgrundrechten garantierten individuellen Freiheiten führen, ohne die ein Leben in menschlicher Würde nicht möglich ist.[1075] Schon deshalb kann es kein gänzlich ungebundenes „Organisieren" geben. Die Grundrechte entfalten auch im Wirtschaftsleben ihre volle Wirksamkeit. Sie beeinflussen und kontrollieren den Gesetzgeber bei der Ausgestaltung. Der Umstand, daß eine stringente Überprüfung der Ausgestaltungstätigkeit den Gesetzgeber dazu anhalten könnte, an

---

[1069] Vgl. die dezidierten Regelungen im 5. Abschnitt des 2. Hauptteiles (Art. 151-165 WRV).
[1070] Anders aber *Nipperdey*, Grundrechte der WRV IV/2, S. 908 f.
[1071] BVerfGE 7, 377 (400), 25, 1 (19 f.), 30, 292 (317 f., 319), 50, 290 (337 f.).
[1072] BVerfGE 4, 7 (17 f.), 50, 290 (338).
[1073] BVerfGE 9, 20 (32); 11, 50 (60); 11, 245 (253); 17, 1 (23); 52, 303 (348); 71, 146 (157); 75, 108 (161); 77, 308 (338); 78, 214 (226 f.); 79, 87 (100); 90, 109 (118); 81, 108 (119); 81, 228 (237); 84, 348 (359); 87, 234 (255); 89, 15 (23); 91, 93 (115).
[1074] Das Element relativer Offenheit ist zwar notwendig, um dem geschichtlichen Wandel Rechnung zu tragen, was speziell für die schnellebige Wirtschaft von Bedeutung ist; hierüber darf aber die normierende Kraft der Verfassung nicht aufs Spiel gesetzt werden, so mit Recht BVerfGE 50, 290 (338).
[1075] BVerfGE 50, 290 (338).

§ 3 Die Lehre vom rechtsgeprägten Grundrecht 155

anderen, „inhaltsoffenen" Stellen Regelungen zu treffen, um die Freiheitsrechte „von innen aufzurollen"[1076], ändert daran nichts. Es ist ein bekanntes Phänomen, daß vorhandene Bindungen faktisch umgangen werden können; das nimmt den Bindungen und Maßstäben aber nichts von ihrer normativen Geltung.

Im Ergebnis hat *Lerche* jedoch zumindest für die Ausgestaltung rechtsgeprägter Grundrechte recht. Der grundrechtsausgestaltende Gesetzgeber kann nicht an den Grundsatz der Verhältnismäßigkeit gebunden sein. Das ergibt sich bereits aus der Struktur des Verhältnismäßigkeitsprinzips[1077]. Nach überwiegender Auffassung in der Literatur ist das Verhältnismäßigkeitsprinzip nichts anderes als das Gebot des rechten Maßes[1078]. Der Grundsatz der Verhältnismäßigkeit bezieht sich auf eine Relation zwischen dem Zweck einer staatlichen Maßnahme und dem zu ihrer Verwirklichung eingesetzten Mittel. Er verlangt, daß das Verhältnis von Zweck und Mittel angemessen ist[1079]. Das BVerfG schlüsselt den Grundsatz der Verhältnismäßigkeit dann im einzelnen in drei Prüfungsschritte auf[1080]. Die gesetzliche Maßnahme muß geeignet sein, das Ziel zu erreichen. Das ist der Fall, wenn mit ihrer Hilfe der gewünschte Erfolg gefördert werden kann[1081]. Sie ist ungeeignet, wenn sie die Erreichung des beabsichtigten Ziels erschwert oder im Hinblick auf das Ziel überhaupt keine Wirkung entfaltet[1082]. Das BVerfG prüft jedoch nur, ob das Mittel schlechthin ungeeignet ist. Es reicht aus, daß das Mittel zumindest teilweise geeignet ist, das erwünschte Ziel zu erreichen[1083]. Weiterhin muß das vom Gesetzgeber eingesetzte Mittel erforderlich sein. Erforderlich ist es dann, „wenn der Gesetzgeber nicht ein anderes, gleich wirksames, aber das Grundrecht nicht oder doch weniger fühlbar einschränkendes Mittel hätte wählen können."[1084] Schließlich muß das Ver-

---

[1076] *Lerche,* Übermaß, S. 158.

[1077] *Gellermann,* Grundrechte, S. 339; für die Ausgestaltung der Eigentumsgarantie *Bryde,* in: von Münch/Kunig, Art. 14 GG Rn. 63 m.w.N.; *Wendt,* Eigentum, S. 162; im Ergebnis auch *Cornils,* Ausgestaltung, S. 651.

[1078] *Gellermann,* Grundrechte, S. 342; *Hirschberg,* Grundsatz der Verhältnismäßigkeit, S. 37, 246; *Larenz,* Methodenlehre, S. 368 f.; *Lerche,* Übermaß, S. 19 ff.; *Stern,* Staatsrecht I, § 20 IV 7 a, S. 863; *ders.,* Staatsrecht III/2, § 84 II, S. 775 ff. jeweils m.w.N.

[1079] *Gentz,* NJW 1968, 1600 (1604); *Grabitz,* AöR 98 (1973), S. 568 (571); *ders.,* Freiheit, S. 84 ff., 95 ff.; *Jakobs,* DVBl. 1985, 97; *Lerche,* Übermaß, S. 19 ff.; *Wittig,* DÖV 1968, 817.

[1080] Am deutlichsten BVerfGE 67, 157 (173); im wesentlichen übereinstimmend BVerfGE 30, 292 (316 f.); 63, 88 (115); 70, 1 (26); 76, 1 (51); 78, 38 (50); 78, 232 (245); 79, 256 (270 f.); 80, 1 (24); 80, 137 (159 ff.).

[1081] BVerfGE 30, 292 (316); 63, 88 (115); 70, 1 (26); 70, 278 (286); 79, 256 (270); 91, 156 (192); 90, 145 (172 f.); 92, 262 (273).

[1082] So auch die Literatur, vgl. nur *Grabitz,* AöR 98 (1973), S. 568 (571 ff.); *Gentz,* NJW 1968, 1600 (1603); *Jakobs,* Grundsatz der Verhältnismäßigkeit, S. 59 f.; *Lerche,* in: HdbStR V, § 1992 Rn. 16; *Maunz/Zippelius,* Deutsches Staatsrecht, Rn. 205 ff.; *Ossenbühl,* FS Lerche (1993), S. 151 ff.; *Pieroth/Schlink,* Grundrechte, Rn. 283; *Schnapp,* JuS 1983, 850 (852); *Stern,* Staatsrecht III/2, § 84 II 2, S. 776 m.w.N.

[1083] BVerfGE 19, 119 (127); 61, 291 (313 f.); 65, 116 (126); 70, 1 (26); 71, 206 (215); 73, 301 (317); 79, 174 (202); 83, 90 (109); 85, 191 (212); hierzu *Stern,* Staatsrecht III/2, §.84 II 2, S. 776 ff. m.w.N.

[1084] BVerfGE 30, 292 (316); 63, 88 (115); 70, 1 (26); 70, 278 (286); 78, 38 (50); 78, 232 (245); so auch die Literatur vgl. *Grabitz,* AöR 98 (1973), S. 568 (573 ff.); *ders.,* Freiheit, S. 84 ff.; *Gentz,* NJW 1968, 1600 (1603); *Jakobs,* Grundsatz der Verhältnismäßigkeit, S. 66 ff.; *Lerche,* Übermaß, S. 19 ff.; *ders.,* in: HdbStR V, § 122 Rn. 16; *Pieroth/Schlink,* Grundrechte, Rn. 289 ff.; *Schnapp,* JuS 1983, 850 (854); *Stern,* Staatsrecht III/2, § 84 II 2, S. 779 ff. m.w.N.

hältnis zwischen eingesetztem Mittel und erstrebtem Ziel auch „verhältnismäßig im engeren Sinne", „angemessen" bzw. „proportional" sein. Das eingesetzte Mittel darf nicht außer Verhältnis zum angestrebten Zweck stehen; es darf für den Betroffenen nicht unzumutbar sein[1085].

Recht besehen passen die Stufen der „Erforderlichkeit" und der „Angemessenheit" und damit die wesentlichen Prüfungsschritte des Verhältnismäßigkeitsprinzips[1086] nur für den Eingriff, nicht aber für die Ausgestaltung von Grundrechten. Denn während der grundrechtsausgestaltende Gesetzgeber einem einzigen Grundrecht zur Wirksamkeit verhilft, liegt bei einem Eingriff stets eine Kollision von mehreren geschützten Rechtsgütern oder Interessen vor. Nur beim Eingriff wird das Verhältnis von Mittel und Ziel im Sinne einer Opfer-Zweck-Relation relevant: Der Gesetzgeber kann ein bestimmtes, rechtlich relevantes Ziel nur dadurch erreichen, daß er ein anderes Gut vollkommen opfert oder zumindest teilweise beschränkt. Das setzt aber voraus, daß dieses andere Rechtsgut bereits besteht. Nur wenn der Gesetzgeber in einen bereits vorhandenen „Rechtsbezirk" eindringt, kann der Grundsatz der Verhältnismäßigkeit dafür sorgen, daß dieses Eindringen „schonend", „schmerzlos" und „nicht unzumutbar" erfolgt. Wo hingegen der Gesetzgeber – wie bei der Ausgestaltung – zunächst die grundrechtliche Substanz schafft, schneidet er nicht in einen bereits bestehenden Rechtsbezirk ein, sondern baut diesen erst auf. Er opfert nicht das eine Rechtsgut zugunsten eines anderen, sondern konstituiert ein Schutzgut, das es ohne ihn nicht gäbe. Gerade weil nur ein Schutzgut im Spiel ist, läuft die Prüfung, ob zur Verwirklichung dieses Schutzgutes das mildeste, den Grundrechtsträger am wenigstens belastende Mittel verwendet wurde, genauso ins Leere wie die Frage, ob das eingesetzte Mittel nicht außer Verhältnis zum angestrebten Zweck steht oder für den Betroffenen unzumutbar ist. Beide Kriterien – die Erforderlichkeit wie die Angemessenheit – sind ausschließlich auf den Eingriff, nicht aber auf die Ausgestaltung zugeschnitten. Dasselbe gilt letztlich auch für die Prüfung der Geeignetheit. Da sie eine empirische Tauglichkeitsprüfung ist, könnte man der Ansicht sein, daß damit nichts anderes als die empirische Prüfung der Funktionsfähigkeit der Ausgestaltung gemeint sei, auf die bereits oben eingegangen wurde. Aber auch die Geeignetheitsprüfung erfolgt letzten Endes vor dem Hintergrund, daß die Aufopferung des einen Rechtsgutes nicht vollkommen ungeeignet ist, um das andere Rechtsgut zu fördern. Nur wenn die gesetzliche Regelung überhaupt keinen Beitrag leisten kann, das andere Rechtsgut zu fördern, ist die Zurücksetzung des einen Rechtsgutes verboten. Demgegenüber geht es bei der Prüfung der Funktionsfähigkeit der Ausgestaltung stets um ein und dasselbe

---

[1085] BVerfGE 7, 377 (405 f.); 9, 338 (345); 13, 97 (113); 13, 230 (235); 15, 226 (234); 16, 286 (297); 18, 353 (362); 21, 150 (155); 21, 173 (183); 22, 1 (20); 22, 380 (385); 25, 112 (118); 26, 215 (226); 27, 88 (100); 49, 24 (58); 55, 159 (165); 67, 157 (178); 68, 193 (219); 69, 1 (35); 77, 84 (111); 81, 70 (92); 81, 156 (192 f.); 83, 1 (19 f.); so auch die Literatur vgl. *Gentz*, NJW 1968, 1600 (1604); *Grabitz*, AöR 98 (1973), S. 568 (575 ff.); *Jakobs*, Grundsatz der Verhältnismäßigkeit, S. 13.; *Kirchhof*, FS Lerche (1993), S. 133 (137 ff.); *Lerche*, Übermaß, S. 19 ff.; *ders.*, in: HdbStR V, § 122 Rn. 16; *Pieroth/Schlink*, Grundrechte, Rn. 289 ff.; *Schnapp*, JuS 1983, 850 (854); *Stern*, Staatsrecht III/2, § 84 II 4, S. 782 ff. m.w.N.; *Wittig*, DÖV 1968, 817 ff.

[1086] *Lerche*, Übermaß, S. 21 zieht diese beiden Begriffe zur Oberbezeichnung „Übermaßverbot" zusammen.

Rechtsgut: das ausgestaltungsbedürftige und -fähige Grundrecht[1087]. Zu Recht meint *Kühling*, daß es wenig Sinne macht, dort, wo Freiheit erst durch besondere Rechtsinstitute ermöglicht wird, den Gesetzgeber an spezifische Eingriffsschranken zu binden[1088]. Der Grundsatz der Verhältnismäßigkeit ist aber eine solche Schranke.

Dem steht auch nicht entgegen, daß die Ausgestaltung für die Grundrechtsträger mit negativen Rückwirkungen verbunden sein kann und daß deshalb der Gesetzgeber einem Rechtfertigungszwang unterliegen muß. Die Kontrolle des Gesetzgebers muß nicht unbedingt nach Maßgabe des Verhältnismäßigkeitsprinzips erfolgen. Wo sie, wie bei der Ausgestaltung von Grundrechten, leerläuft, müssen andere Kontrollmaßstäbe gefunden werden. Das sind, wie gesehen, die Bindung an die idealtypischen Merkmale der grundrechtlichen Garantie und die empirische Überprüfung der Ausgestaltung auf ihre Funktionsfähigkeit. Freilich heißt das nicht, daß bei der *Änderung* einer bereits erfolgten Ausgestaltung jegliche Belastung ausgeschlossen ist oder zumindest keinem Rechtfertigungszwang unterliegt. Das ist aber das Problem der Umgestaltung, auf das nun abschließend einzugehen ist.

D. Umgestaltung einfachrechtlicher Ausgestaltungen von Grundrechten

I. Begriff der Umgestaltung

1. Ausgangslage

Angesichts des dichten Geflechts freiheitskonstituierenden einfachen Rechts besteht für eine grundrechtsausgestaltende Gesetzgebung kaum noch Bedarf. Praktisch bedeutsamer ist deshalb die Frage, ob und inwieweit der Gesetzgeber auf den einschlägigen Normbestand zugreifen darf. Da es um die Änderung von „Grundrechtsausgestaltungen" geht, hat sich in der Literatur[1089] hierfür der Begriff der „Umgestaltung" eingebürgert. Das BVerfG verwendet diesen Terminus – soweit ersichtlich – nicht. Das Gericht ist sich des damit bezeichneten Problems aber sehr wohl bewußt. Im Schrifttum wird die Umgestaltung erst seit einiger Zeit ausführlicher erörtert[1090]. Weiter entfaltet ist die Dogmatik bislang nur bei der Eigentumsga-

---

[1087] Das hatte bereits *Lerche* richtig erkannt, vgl. Übermaß, S. 140 ff., 164, 249, 351. Seine Ausführungen können jedoch nur für die Ausgestaltung von rechtsgeprägten Grundrechten gelten, d.h. für solche Garantien, die ohne ein einfachrechtliches Normensubstrat vollständig leerliefen. Nur bei ihnen ist eine Bindung an den Grundsatz der Verhältnismäßigkeit nicht möglich. *Lerche* will den Gesetzgeber aber auch bei den Formen der „mittelbaren Grundrechtsprägung" von der Beachtung des Grundsatzes der Verhältnismäßigkeit freistellen. Das geht sicher zu weit, da sonst mit erheblichen Rechtfertigungsdefiziten zu rechnen ist; ähnlich *Steinbeiß-Winkelmann*, Freiheitsordnung, S. 110.
[1088] AuR 1994, 126 (132).
[1089] *Butzer*, RdA 1994, S. 345 (348); *Cornils*, Ausgestaltung, S. 30 f., 668; *Dieterich*, RdA 2002, 1 (12); *Epping*, Grundrechte, Rn. 397; *Gellermann*, Grundrechte, S. 402 ff.; *Konzen*, SAE 1996, S. 219; *Lübbe-Wolff*, Eingriffsabwehrrechte, S. 60 f., 125 ff., 149 ff.; *Manssen*, Privatrechtsgestaltung, S. 126 ff., 198 ff., 206 ff., 236 ff.; *Ruck*, AöR 117 (1992), S. 543 (550 f.).
[1090] Vgl. aber *Gellermann*, Grundrechte, S. 402 ff.

rantie des Art. 14 Abs. 1 GG. Die Diskussion konzentriert sich dort aber auf die eigentumsrechtlichen Besonderheiten, vor allem auf die Abgrenzung zwischen der Inhalts- und Schrankenbestimmung des Eigentums einerseits und der Enteignung andererseits[1091]. Die für die Umgestaltung einer einfachrechtlich konstituierten Rechtsposition wichtigere Abgrenzung ist jedoch die zwischen der Inhalts- und der Schrankenbestimmung[1092]; sie wird allerdings im öffentlich-rechtlichen Schrifttum für weitgehend bedeutungslos gehalten[1093]. Eine allgemeine, nicht an Art. 14 Abs. 1 GG orientierte „Umgestaltungs"-Lehre für alle rechtsgeprägten Grundrechte steckt erst in den Anfängen[1094].

2. Umgestaltung im weiteren Sinne

Umgestaltung im weiteren Sinne meint jeden Zugriff des Gesetzgebers auf den einfachrechtlichen Normenkomplex zur Ausgestaltung eines rechtsgeprägten Grundrechts. Nicht jede Änderung einer einfachrechtlichen Vorschrift im Schutzbereich eines solchen Grundrecht ist aber eine Umgestaltung. Von Umgestaltung kann nur dann die Rede sein, wenn der Gesetzgeber auf Normen zugreift, denen normativ konstituierte Freiheiten ihre Entstehung verdanken. Konkret sind das Änderungen innerhalb der privatrechtlichen Institute der Ehe, des Eigentums, des Individualvertrages, des Kollektivvertrages und der verschiedenen gesellschaftsrechtlichen Vereinigungen.

Die Umgestaltung kann unterschiedlich weit reichen. Sie kann sich auf die Änderung einiger Einzelheiten der Ausgestaltung beschränken, die für die reale Grundrechtsentfaltung kaum von Belang sind. Sie kann aber auch auf die Änderung eines zentralen, für die Funktionsfähigkeit der Ausgestaltung wesentlichen Merkmals zielen. Ändert oder beseitigt der Gesetzgeber ein wesentliches Merkmal und wird die Ausgestaltung damit faktisch funktionsunfähig, kann nicht mehr von einer bloßen Umgestaltung die Rede sein. Vielmehr liegt dann eine Beseitigung der Ausgestaltung vor. Ohne einen funktionierenden einfachrechtlichen Unterbau läuft das Grundrecht leer.

Hinsichtlich der Reichweite einer Umgestaltung ist ferner zu berücksichtigen, daß sich der Gesetzgeber nicht darauf beschränken muß, die Grund- und Ausgangsbedingungen für das rechtliche Können nur mit Wirkung für die Zukunft neu zu formulieren. Er kann auch auf bereits bestehende Verbindungen Zugriff nehmen, die die Grundrechtsträger im Einzelfall miteinander eingegangen sind, als sie die grundrechtlichen Garantien mit Hilfe des einfachen Rechts konkret in Anspruch genommen haben. Es macht einen Unterschied, ob der Gesetzgeber das Ehe-, (Ta-

---

[1091] Ausführlich zuletzt *Rozek*, Die Unterscheidung von Eigentumsbindung und Enteignung, 1997.

[1092] *Limpens*, Inhaltsbestimmung, S. 66 ff., 109 ff., 112 ff., 12 f. und passim; *Manssen*, Privatrechtsgestaltung, S. 255 ff.; *Timm*, Eigentumsgarantie, S. 43 ff.; *Wendt*, Eigentum, S. 147 ff.

[1093] Nachweise bei *Manssen*, Privatrechtsgestaltung, S. 253 f.; *Wendt*, Eigentum, S. 145 ff., Fn. 4-12.

[1094] *Cornils*, Ausgestaltung, S. 103 ff.; 668, *Epping*, Grundrechte, Rn. 397; *Gellermann*, Grundrechte, S. 398 ff.; *Lübbe-Wolff*, Eingriffsabwehrrechte, S. 60 f., 125 ff., 149 ff.; *Manssen*, Privatrechtsgestaltung, S. 126 ff., 198 ff., 206 ff., 236 ff.

rif-)Vertrags- oder Gesellschaftsrecht lediglich für die Zukunft neu gestaltet oder ob seine Regelungen darüber hinaus für bereits vorhandene Ehen, (Tarif)Verträge oder Vereinigungen gelten. Der Zugriff auf bereits bestehende Ehen, (Tarif)Verträge oder Vereinigungen wirft zwar Probleme des rechtsstaatlichen Vertrauensschutzes auf. Diese Probleme stellen indes keine Besonderheiten für Umgestaltungen im hier gemeinten Sinne dar, sondern sind typisch für rückwirkende Gesetzesänderungen, die an Sachverhalte anknüpfen, welche bereits vor Inkrafttreten des neuen Gesetzes begonnen haben, aber noch nicht wirksam abgeschlossen sind.

3. Umgestaltung im engeren Sinne

Zum Begriff der Umgestaltung im engeren Sinne gelangt man, wenn man nach dem Zweck fragt, der den Gesetzgeber zum Zugriff auf den Normenbestand veranlaßt[1095]. Zwei Ziele lassen sich idealtypisch unterscheiden.

a) Stärkung der Funktionsfähigkeit

Die Änderung des einfachrechtlichen Normensubstrats kann einmal erfolgen, um der Ausgestaltung selbst zu größerer Wirksamkeit und Funktionsfähigkeit zu verhelfen[1096]. So liegt es, wenn von einem privatrechtlichen Rechtsinstitut kaum Gebrauch gemacht wird, wenn seine Regelungen dauernd mißachtet oder unterlaufen werden oder wenn seine charakteristischen Züge nicht mehr den sich ständig wandelnden politischen, wirtschaftlichen, sozialen oder ethischen Vorstellungen genügen. In all diesen Fällen wird die konkrete einfachrechtliche Ausgestaltung eines Grundrechts um ihrer selbst willen geändert. Das gilt auch dann, wenn der Gesetzgeber bei gesetzlich konstituierten Grundrechten, die als Kontaktfreiheiten stets von zwei Grundrechtsträgern zugleich in Anspruch genommen werden, die Gewichte zwischen den Grundrechtsträgern anders verteilt, um damit die Funktionsfähigkeit des ausgestaltungsbedürftigen Grundrechts im ganzen zu stärken[1097]. So kann der Gesetzgeber dem einen Grundrechtsträger mehr Rechte einräumen als dem anderen und damit die Kollision anders auflösen, zu der es immer dann kommt, wenn zwei Grundrechtsträger zugleich von ihrer Freiheit Gebrauch machen. Die Änderung erfolgt aber nicht, um ein ganz anderes Rechtsgut zu Lasten des durch das einfache Recht ausgestalteten Grundrechts zu befördern. Vielmehr soll die Effizienz der bereits vorhandenen Ausgestaltung gesteigert werden. Eine solche Änderung kann als eine *Umgestaltung im engeren Sinne* bezeichnet werden.

[1095] Für eine Unterscheidung nach dem Regelungsziel – speziell bei der Tarifautonomie – auch *Dieterich*, RdA 2002, 1 (11 f.); *Thüsing*, Anm. zu BVerfG, EzA Art. 9 GG Nr. 60 unter III 4; *Wiedemann*, TVG, Einl. Rn. 131 ff.
[1096] *Dieterich*, RdA 2002, 1 (12) für die Tarifautonomie.
[1097] So für die Koalitionsfreiheit BVerfGE 92, 365 (394).

b) Aufopferung zugunsten anderer Rechtsgüter

Die Umgestaltung kann aber auch erfolgen, um auf Kosten der durch die konkrete Ausgestaltung normativ konstituierten Freiheit ein gänzlich anderes Rechtsgut zu realisieren. Ein solches Rechtsgut kann etwa der Abbau der Massenarbeitslosigkeit[1098] oder die Stabilisierung der finanziellen Lage der sozialen Sicherungssysteme sein[1099]. In der Aufopferung normativ konstituierter Freiheit zugunsten anderer Rechtsgüter liegt keine Umgestaltung im engeren Sinne mehr, sondern ein Eingriff in das ausgestaltete Grundrecht, für den die auch sonst üblichen Voraussetzungen gelten. Das BVerfG[1100] und große Teile der Literatur[1101] begreifen diesen Vorgang jedoch regelmäßig nicht als Eingriff, sondern als (abändernde) Ausgestaltung, die sich angeblich nicht den strengen Kautelen der Grundrechtsbegrenzung zu fügen braucht. Damit werden empfindliche Schutzlücken in Kauf genommen, die verfassungsrechtlich nicht zu rechtfertigen sind. Über die Figur der „ändernden Ausgestaltung" lassen sich keine Zugriffsmöglichkeiten verschaffen, die das Grundrecht mangels ausdrücklichen Beschränkungsvorbehalts nicht hergibt. Erst recht nicht kann der Gesetzgeber von den nur für Eingriffe geltenden materiellen Verfassungsrechtsbindungen freigestellt werden. Im Felde der „ändernden Ausgestaltung" ist kein grundrechtliches Belieben möglich, sondern es gelten besondere Gesetzmäßigkeiten, die dem Umstand Rechnung tragen, daß normativ konstituierte Freiheiten auf dem Spiel stehen.

4. Qualifizierung

Obgleich sich in der Theorie Umgestaltung i.e.S. und Eingriff voneinander unterscheiden, läßt sich nicht jede neue Rechtsvorschrift im Schutzbereich eines rechtsgeprägten Grundrechts ohne weiteres als umgestaltendes oder eingreifendes Gesetz qualifizieren. Die zutreffende Einordnung ist aber unverzichtbar, da sich nach ihr die verfassungsrechtlichen Anforderungen richten, die für Umgestaltungen und Eingriffe unterschiedlich sind. Diese Prüfungsreihenfolge ist zwingend. Die Qualifizierung nach den vorhandenen oder fehlenden Beschränkungsmöglichkeiten eines Grundrechts vornehmen zu wollen, hieße das abgestufte Schrankensystem über Bord zu werfen.

Hat die Einordnung nach dem Regelungsziel zu erfolgen, kann es nicht darauf ankommen, ob von einer Norm ausschließlich oder vorrangig belastende Wirkungen ausgehen. Ebensowenig kann darauf abgestellt werden, ob mit der neuen Norm Freiheitsbeschränkungen einhergehen, gleichgültig ob diese nur für einzelne Grundrechtsträger drohen, die durch aufs Ganze gesehen positive Effekte kompensiert werden, oder ob es „im Saldo" insgesamt zu Freiheitsverkürzungen kommt.

[1098] BVerfGE 10, 271 (284); 103, 293 (307).
[1099] BVerfGE 70, 1 (26, 30); 77, 84 (107); 82, 209 (230).
[1100] BVerfGE 20, 312 (319); 50, 290 (355); 74, 297 (350 f., 354); 83, 238 (296, 305, 308, 316 f., 325); 92, 365 (394).
[1101] *Häberle*, Wesensgehaltsgarantie, S. 183 ff. und passim.

Erst recht nicht kann danach unterschieden werden, ob der Zugriff konkrete Rechtspositionen betrifft, die auf der Grundlage bisher gültigen einfachen Rechts begründet wurden (dann Eingriff), oder ob (nur) allgemein die Rahmenbedingungen geändert werden, ohne daß Einzelne bereits von ihrer grundrechtlich versprochenen Freiheit Gebrauch gemacht hätten (dann Umgestaltung)[1102]. Noch nicht aktuell realisierte normativ konstituierte Freiheit ist nicht weniger schutzbedürftig als bereits konkret ins Werk gesetzte. Wahre Freiheit verlangt auch immer die autonome Entscheidung über den Zeitpunkt ihrer tatsächlichen Inanspruchnahme. Wäre es anders, würde die sprichwörtliche „logische Sekunde" über das Bestehen oder Nichtbestehen eines hinreichenden Abwehrschutzes entscheiden. Das das nicht richtig sein kann, liegt auf der Hand. Die Behauptung, es existiere eine allen normativ konstituierten Freiheiten eigentümliche Schwäche, die auf ihrer „Anseilung" an die positive Rechtsordnung beruhe, ist schlicht falsch[1103].

Ausschlaggebend ist, ob der Gesetzgeber die Neuordnung vornimmt, um damit erkannte Defizite einer bestehenden einfachrechtlichen Ausgestaltung auszugleichen oder um gänzlich andere Rechtsgüter zu befördern. Dabei kommt es weniger auf die subjektiven Vorstellungen des Gesetzgebers an als vielmehr auf die objektive Zweckrichtung, mit der die Regelungen ergehen. Subjektive Zweckvorstellungen können schon deshalb nicht den Ausschlag geben, da es sonst der Gesetzgeber in der Hand hätte, seine Ausgestaltungsvorschriften insoweit authentisch zu interpretieren und damit jedweder verfassungsgerichtlichen Kontrolle zu entziehen. Umgestaltung i.e.S. ist deshalb nicht das, was der Gesetzgeber hierzu deklariert, sondern was sich nach der objektiven Regelungstendenz als eine solche erweist.

Subjektive Zweckvorstellungen und objektive Regelungstendenz werden im Normalfall übereinstimmen. Dem Gesetzgeber sind weder böse Absichten noch planvoller Rechtsformmißbrauch zu unterstellen. Praktisch relevant ist deshalb nur die Einordnung von Zugriffen, die teils das grundrechtlich geschützte Schutzgut, teils ein anderes Rechtsgut befördern sollen. Solche Gemengelagen von Regelungszielen sind allenthalben an der Tagesordnung. Trotzdem führt kein Weg an einer eindeutigen Zuordnung vorbei; sie kann nicht dahingestellt bleiben. Eine denkbare Lösung ist, auf den Schwerpunkt der Regelung abzustellen. Sollen vorrangig bestehende Regelungsdefizite ausgeglichen werden, hat man es mit einer Umgestaltung zu tun. Bekundet der Gesetzgeber dagegen, ein anderes Rechtsgut auf Kosten normativ konstituierter Freiheit durchzusetzen, liegt selbst dann ein Eingriff vor, wenn sich durch die Neuordnung eines Rechtgebietes die Funktionalität bestehender Institute als positiver Nebeneffekt verbessern sollte. Hinweise auf das „wahre Regelungsziel" können sich ferner daraus ergeben, ob es für die Neuordnung einen konkreten Anlaß gab. Hätte die Änderung praktisch zu jeder Zeit erfolgen können, spricht viel für eine bloße Umgestaltung; in diesem Fall liegt die Vermutung einer Regelung als Selbstzweck nahe. Reagiert der Gesetzgeber dagegen auf einen unmittelbaren Handlungsbedarf „von außen", der nur mittelbar oder entfernt mit der grundrechtlichen Garantie selbst zu tun hat, ist von einem Eingriff auszugehen.

[1102] So aber *Gellermann*, Grundrechte, S. 429 ff.
[1103] *Gellermann*, Grundrechte, S. 428; *Klußmann*, Laufende Verträge, S. 89 ff.

Das strikte „Entweder-Oder" von Umgestaltung i.e.S. und Eingriff hat eine weitere Konsequenz. Eine Regelung, die die verfassungsrechtlichen Anforderungen an Umgestaltungen i.e.S. verfehlt, kann nicht als Eingriff aufrechterhalten und als solcher legitimiert werden. Ein solches Vorgehen verbietet bereits das hier vorgeschlagene Abgrenzungskriterium. Freilich werden sich solche „Praktiken" nicht stets verhindern lassen, vor allem dann nicht, wenn das Regelungsziel eines gesetzgeberischen Zugriffs nicht klar herausgearbeitet werden kann.

II. Verfassungsrechtliche Bindungen bei der Umgestaltung

1. Wiederkehr der ausgestaltungsrechtlichen Debatte

Daß die Umgestaltung keinen Freibrief zur Beliebigkeit gibt, unterliegt angesichts des klaren Wortlauts von Art. 1 Abs. 3 GG keinen ernsthaften Zweifeln. Greift der Gesetzgeber auf freiheitskonstituierendes einfaches Recht zu, bewegt er sich im grundrechtlich relevanten Bereich und unterliegt damit strikter Verfassungsbindung. Wie das verfassungsrechtliche Anforderungsprofil beschaffen ist, muß im folgenden noch genauer geklärt werden. Aus der Diskussion von Möglichkeiten und Grenzen eines verfassungsrechtlichen Schutzes für normativ konstituierte Freiheiten hat sich aber eine Reihe von Eckpunkten ergeben.

Die verfassungsrechtliche Verankerung normativ konstituierter Freiheiten hat zu berücksichtigen, daß grundrechtsausgestaltendes Recht lange vor dem Inkrafttreten der Verfassungsgarantie bestand. Mit Recht kann daher von einer „verfassungsrechtlichen Überhöhung" des einfachen Rechts gesprochen werden. Soll sie einen Sinn machen, können Grundrechte zum Schutz normativ konstituierter Freiheiten keine Freiheitsrechte nach Maßgabe des jeweiligen einfachen Rechts sein. Diese Freiheitsrechte bestehen nicht zum Selbstzweck, sondern zur Gewährleistung ihres Schutzgutes, konkret zum Schutz eines bestimmten Normbestands. Für die Umgestaltung bedeutet dies: Der Gesetzgeber kann sich auch unter Berufung auf das Regelungsziel der Umgestaltung nicht ohne weiteres des freiheitskonstituierenden Normenbestands bemächtigen. Authentische Verfassungsinterpretation ist ihm verboten. Auch Umgestaltungsgesetze können ihr Ziel verfehlen. Das könnten sie nicht, wenn rechtsgeprägte Grundrechte als reine Maßgabegrundrechte zu verstehen wären. Das sind sie aber nicht.

Umgekehrt stellt das einfache Recht keine für die Umgestaltung unüberwindbare Barriere dar. Die einfachrechtliche Ausgestaltung eines rechtsgeprägten Grundrechts genießt selbst keinen Verfassungsrang. Das Grundgesetz kennt keine status-quo-Garantien. Geschützt ist aber auch nicht lediglich der Kernbereich eines zivilrechtlichen Instituts. Selbst Umgestaltungen am Rande müssen sich gewisse Kontrollen gefallen lassen. Ferner läßt sich – bei entsprechender Begründung – sogar der Kernbereich eines Instituts umgestalten. Das kann notwendig werden, wenn es die gesellschaftlichen Anschauungen unabweisbar verlangen.

Zwischen all diesen Polen ist nunmehr das Anforderungsprofil zu entwerfen. Zwei Fragen stehen dabei im Mittelpunkt: zum einen, ob bei der Umgestaltung der Grundsatz der Verhältnismäßigkeit zu beachten ist, zum anderen, ob sich die verfassungsrechtlichen Rechtfertigungslasten darauf beschränken. Letzten Endes laufen alle Bemühungen darauf hinaus, die lex-posterior-Regel, die als Norm des allgemeinen Kollisionsrechts den Vorrang des neuen vor dem alten Gesetz verlangt, ganz oder teilweise außer Kraft zu setzen.

2. Bindung an den Grundsatz der Verhältnismäßigkeit?

Lübbe-Wolff[1104] und *Manssen*[1105] wollen den Gesetzgeber an den Grundsatz der Verhältnismäßigkeit binden, wenn er einfaches Recht ändert, das dem Schutzbereich eines Grundrechts zugeordnet ist, und sich aus dieser Umgestaltung Belastungen für die Grundrechtsträger ergeben. Die Aufnahme des einfachen Rechts in den Schutzbereich eines Grundrechts soll es ermöglichen, den Zugriff des Gesetzgebers auf den konkreten Normenbestand rechtsdogmatisch als Eingriff zu qualifizieren. Ist die Umgestaltung aber nichts anderes als ein Eingriff in den Schutzbereich eines Grundrechts, verlangt das klassische Eingriffs- und Schrankendenken vor allem die Beachtung des Verhältnismäßigkeitsprinzips. Allerdings will *Manssen* den Gesetzgeber bei einer Umgestaltung von der Beachtung der den Grundrechten ausdrücklich beigefügten Regelungs- und Beschränkungsvorbehalte freistellen[1106].

Demgegenüber billigt *Lerche* dem Gesetzgeber weitgehend freie Hand zu[1107]. Zwar erkennt auch *Lerche*, daß der Gesetzgeber bei der Umgestaltung im Gegensatz zur Ausgestaltung in einen „bereits geprägten Rechtsbezirk" eindringt und daß dies zu Belastungen führen kann[1108]. Es könne jedoch nicht Ziel der Verfassung sein, dem Gesetzgeber bei der (ändernden) „Grundrechtsprägung" ein grundsätzlich freies Organisieren zu verwehren, denn es gehe im Grunde um „verfassungsschwere Funktionen des einfachen Gesetzgebers"[1109]. An sich wäre es Sache des Verfassungsgebers gewesen, die prinzipiellen Organisationsnormen für das Funktionieren bestimmter Rechtsgebiete – wie etwa das Koalitionsrecht oder das Recht der politischen Parteien – zu erlassen. Komme der Verfassungsgeber dieser Aufgabe nicht nach, sei der einfache Gesetzgeber stillschweigend vom Grundgesetz ermächtigt, Einzelheiten genauer zu regeln[1110]; schon deshalb müsse er einen Spielraum haben, wie er sonst nur dem Verfassungsgeber zukomme[1111].

Keine der Ansichten vermag vollkommen zu überzeugen. Richtig ist zunächst ihr gemeinsamer Ausgangspunkt. Der grundrechtsausgestaltende Gesetzgeber hat einen Normenkomplex geschaffen, der einem bestimmten Grundrecht zugeordnet ist. In diesen „Rechtsbezirk" dringt der Gesetzgeber bei der Umgestaltung ein. Problema-

---

[1104] Eingriffsabwehrrechte, S. 150.
[1105] Privatrechtsgestaltung, S. 215, 217.
[1106] Privatrechtsgestaltung, S. 215, 217; demgegenüber will *Lübbe-Wolff*, Eingriffsabwehrrechte, S. 150, den Gesetzgeber nur an die Beachtung bestimmter formeller und materieller Voraussetzungen binden, ohne jedoch auf das Problem der unterschiedlichen Beschränkungsvorbehalte einzugehen.
[1107] *Lerche*, Übermaß, S. 141 ff.
[1108] *Lerche*, Übermaß, S. 141.
[1109] *Lerche*, Übermaß, S. 141.
[1110] *Lerche*, Arbeitskampf, S. 38 f.
[1111] *Lerche*, Übermaß, S. 142.

tisch wird dieses Eindringen nur – und auch darin besteht Einigkeit –, wenn damit Belastungen verbunden sind. Diese bestehen bei der Umgestaltung (im weiteren Sinne) im Abbau grundrechtskonstituierender Normen. *Lerche* irrt jedoch, wenn er von einer „verfassungsschweren" Funktion des einfachen Gesetzgebers ausgeht. Der einfache Gesetzgeber ist und bleibt an die Grundrechte gebunden, wenn er grundrechtsausgestaltende Normen umgestaltet. Eine Freistellung von diesen Bindungen wäre nicht mit Art. 1 Abs. 3 GG zu vereinbaren. Es kann auch nicht darauf ankommen, wie präzise der Verfassungsgeber selbst seine Regelungen getroffen hat. Eine offene Grundrechtsnorm ermächtigt den Gesetzgeber weder zu einem freien Organisieren, noch führt sie dazu, daß der Gesetzgeber der Sache nach zum Verfassungsgeber avanciert, weil er dessen unvollendeten Bauplan für die Rechtsordnung zu Ende denken kann und muß. Insoweit sind gegen die Lehre *Lerches* dieselben Bedenken wie bereits oben bei der Ausgestaltung anzumelden. Im Gegensatz zur Ausgestaltung besteht aber bei der Umgestaltung bereits eine gewisse einfachrechtliche Substanz, die verkürzt werden kann. Diese Substanz ist der Bezugspunkt, an dem die Erforderlichkeitsprüfung des Verhältnismäßigkeitsprinzips („kein milderes, gleich geeignetes Mittel") ansetzt. Bei der Ausgestaltung fehlt dieser Bezugspunkt allerdings, denn der Gesetzgeber baut den Schutzbereich des rechtsgeprägten Grundrechts erst auf; deshalb muß dort das Verhältnismäßigkeitsprinzip ins Leere gehen. Das heißt nun allerdings nicht, daß jede Umgestaltung auf ihre Verhältnismäßigkeit hin überprüft werden müßte. Die Dinge liegen insofern komplizierter, als es zwei verschiedene Arten von Umgestaltungen gibt: Eingriffe und Umgestaltungen im engeren Sinne. Nur beim Eingriff wird ein ausgestaltetes Grundrecht zugunsten eines anderen (Verfassungs)Rechtsguts beschränkt oder geopfert. Nur dort macht eine Verhältnismäßigkeitsprüfung Sinn: Sie begrenzt die Verkürzung der rechtlich ausgestalteten Freiheit auf das Maß des unbedingt Erforderlichen und führt die notwendige Güterabwägung zwischen dem durch den Eingriff geförderten und dem dadurch zurückgesetzten (Verfassungs)Rechtsgut herbei. Gerade weil ein anderes Rechtsgut auf Kosten des Grundrechts gefördert werden soll, sind auch die grundrechtlichen Beschränkungsvorbehalte strikt einzuhalten[1112]. Alles andere würde zu einer vom Verfassungsgeber gerade nicht gewollten Nivellierung der grundrechtlichen Schrankendogmatik führen. Fehlt dem Grundrecht ein ausdrücklicher Gesetzesvorbehalt, so kann dieses nur dann durch ein Gesetz beschränkt werden, wenn der grundrechtlichen Gewährleistung kollidierendes Verfassungsrecht entgegensteht. Einfache Rechtsgüter oder gar nur die „Natur der Sache" eines bestimmten Rechtsgebietes genügen zur Rechtfertigung einer Schrankenziehung jedenfalls nicht. All dies gilt – und darin steckt die wesentliche Erkenntnis der Lehre vom grundrechtlichen Normbestandsschutz – nicht nur für die Beschränkung natürlicher Freiheit, sondern auch für das erst durch die Rechtsordnung konstituierte rechtliche Können.

Bei der Umgestaltung im engeren Sinne geht es ausschließlich darum, die empirische Funktionsfähigkeit einer grundrechtlichen Ausgestaltung zu verbessern; es

---

[1112] *Wendt*, AöR 104 (1979), S. 414 (418 ff., 424 ff., 434 ff.); a.A. *Manssen*, Privatrechtsgestaltung, S. 215, 217.

§ 3 Die Lehre vom rechtsgeprägten Grundrecht

geht nicht darum, das Grundrecht für andere Zwecke zurückzudrängen. Deshalb müssen sowohl die Erforderlichkeits- als auch die Angemessenheitsprüfung ins Leere gehen. Der Gesetzgeber kann jederzeit die Gewichte zwischen den Grundrechtsträgern verschieben, wenn dies die Funktionsfähigkeit einer Ausgestaltung steigert. Daß es dabei zu Belastungen für einzelne Grundrechtsträger kommt, ist solange ohne Belang, wie die grundrechtliche Berechtigung aufs Ganze gesehen gewinnt. Insoweit, aber auch nur insoweit ist *Ruck*[1113] und *Jarass*[1114] zuzustimmen.

3. Systemgerechtigkeit und Folgerichtigkeit

a) Bindung an den allgemeinen Gleichheitssatz

Die bisherigen Grenzen für die Umgestaltung ergaben sich aus dem Gesichtspunkt der Grundrechte als freiheitliche Abwehrrechte. Der Gesetzgeber ist bei der Umgestaltung aber auch an den allgemeinen Gleichheitssatz des Art. 3 Abs. 1 GG gebunden[1115]. Er darf weder wesentlich Gleiches willkürlich ungleich noch wesentlich Ungleiches willkürlich gleich behandeln[1116]. Art. 3 Abs. 1 GG ist daher verletzt, wenn sich ein vernünftiger, aus der Natur der Sache sich ergebender oder sonst sachlich einleuchtender Grund für die gesetzliche Differenzierung nicht finden läßt. Dabei erkennt das BVerfG dem Gesetzgeber weitgehende Gestaltungsfreiheit zu; es kontrolliert im Rahmen einer Evidenzprüfung nur die Einhaltung der äußersten Grenzen der gesetzgeberischen Freiheit[1117]. Der Sache nach bedeutet Art. 3 Abs. 1 GG also vor allem ein allgemeines Willkürverbot. Seit seiner Entscheidung zur Prä-

---

[1113] *Ruck*, AöR 117 (1992), S. 543 (548).

[1114] *Jarass*, AöR 110 (1985), S. 363 (392).

[1115] Die Bindung des Gesetzgebers an den allgemeinen Gleichheitssatz gab kurz nach Inkrafttreten des Grundgesetzes Anlaß zu Zweifeln. Gegen eine Bindung sprach die Formulierung des Art. 3 Abs. 1 GG („Vor dem Gesetz gleich"), aber auch die Gefahr einer zu weiten Erstreckung der verfassungsgerichtlichen Kontrollkompetenz, vgl. *Herzog*, in: Maunz/Dürig, Anh. zu Art. 3 GG Rn. 19. Diesen Bedenken ist das BVerfG bereits in seiner ersten Entscheidung entgegengetreten, vgl. BVerfGE 1, 14 (52). Wenn Art. 1 Abs. 3 GG den Gesetzgeber an *die* Grundrechte bindet, kann das nur ausnahmslos für alle Grundrechte, also auch für Art. 3 Abs. 1 GG gelten. Im übrigen war im Herrenchiemseer Entwurf ausdrücklich vermerkt: „Der Grundsatz der Gleichheit bindet auch den Gesetzgeber". Während der weiteren Beratungen war das nicht streitig, vgl. *von Mangoldt*, JÖR 1 (1951), S. 66 f. Aus redaktionellen Gründen wurde aber auf die ausdrückliche Aufnahme dieser Vorschrift in das Grundgesetz verzichtet, vgl. *Dürig*, in: Maunz/Dürig, Art. 3 Abs. 1 GG Rn. 280, 292 ff.; *Kirchhof*, HdbStR V, § 125 Rn. 4; *Starck*, in: von Mangoldt/Klein/Starck, Art. 3 GG Rn. 2.

[1116] BVerfGE 1, 14 (52); 4, 144 (155); 9, 334 (337); 11, 64 (71); 11, 283 (287); 17, 319 (330); 21, 6 (9); 22, 254 (263); 42, 64 (72); 49, 148 (165); 50, 177 (186); 51, 295 (300); 52, 277 (280); 55, 114 (128); 86, 81 (87); zuweilen nimmt das BVerfG auch an, daß es der allgemeine Gleichheitssatz dem Gesetzgeber nicht verbiete, wesentlich Ungleiches entsprechend der bestehenden Ungleichheit ungleich zu behandeln, vgl. BVerfGE 2, 336 (340); 3, 58 (135); 4, 144 (155); 9, 334 (337); 11, 64 (71); 21, 6 (9).

[1117] BVerfGE 1, 264 (276); 2, 118 (119); 9, 124 (130); 9, 201 (206); 9, 137 (146); 9, 201 (206); 9, 334 (337); 11, 105 (123); 12, 326 (333, 337 f.); 12, 341 (348); 14, 221 (228); 15, 167 (201); 17, 319 (330); 18, 121 (124); 19, 101 (115); 21, 6 (9); 21 (26 f.); 21, 73 (84); 23, 135 (143); 25, 269 (293); 29, 148 (153 f.); 32, 157 (167 f.); 48, 227 (235); 52, 277 (281); 53, 164 (178 f.); 55, 72 (90); 55, 185 (198); 65, 141 (148); 71, 39 (58); 81, 156 (206 f.); 89, 132 (142); 91, 346 (363).

klusion im Zivilprozeß vom 7.10.1980[1118] verwendet das BVerfG noch eine weitere, über das Willkürverbot hinausgehende Formel. Danach soll Art. 3 Abs. 1 GG vor allem dann verletzt sein, „wenn eine Gruppe von Normadressaten im Vergleich zu anderen Normadressaten anders behandelt wird, obwohl zwischen beiden Gruppen keine Unterschiede von solcher Art und solchem Gewicht bestehen, daß sie die ungleiche Behandlung rechtfertigen könnten"[1119]. Diese neue Formel ist gegenüber der bisherigen Willkürformel präziser. Genügte bisher irgendein sachlich einleuchtender Grund für eine unterschiedliche Behandlung, um das Verdikt der Willkür auszuräumen, so ist nach der neuen Formel zu prüfen, ob Art und Gewicht der tatsächlichen Unterschiede in einem angemessenen Verhältnis zur Ungleichbehandlung stehen; das ist nichts anderes als eine Verhältnismäßigkeitsprüfung[1120]. Die neue Formel benutzt die Rechtsprechung aber bislang nur, wenn sie die unterschiedliche Behandlung von Gruppen durch den Gesetzgeber kontrolliert; sie findet keine Anwendung bei einem Vergleich von einzelnen Personen oder Sachverhalten[1121].

b) Systemgerechtigkeit und Folgerichtigkeit als Ausprägungen des allgemeinen Gleichheitssatzes

Für die Frage, in welcher Hinsicht der Gesetzgeber bei der Umgestaltung, d.h. bei der Änderung einfachen Rechts, das eine grundrechtliche Gewährleistung ausführt, an den allgemeinen Gleichheitssatz gebunden ist, kommt dem Gedanken der Systemgerechtigkeit maßgebliche Bedeutung zu[1122]. Das Wesen der Systemgerechtigkeit liegt nach Ansicht des BVerfG darin, „in einem bereits geregelten Lebensbereich die vom Gesetzgeber selbst gewählten Vernünftigkeitskriterien und Wertungen folgerichtig zu konkretisieren"[1123]. Systemgerechtigkeit meint also in erster Linie Folgerichtigkeit. Folgerichtigkeit gewährleistet die Gleichheit in der vorge-

---

[1118] BVerfGE 55, 72 (88).

[1119] BVerfGE 55, 72 (88); 70, 230 (241 f.); 82, 60 (86); 84, 133 (157); 84, 197 (199); 84, 348 (359); 85, 191 (210); 85, 238 (244 f.); 85, 360 (383); 87, 1 (36); 87, 234 (255); 88, 5 (12); 89, 69 (89); 92, 26 (51 f.); 92, 277 (318).

[1120] *Gubelt*, in: von Münch/Kunig, Art. 3 GG Rn. 14, 22, 29; *Herzog*, in: Maunz/Dürig, Anh. zu Art. 3 GG Rn. 6; *Hesse*, AöR 109 (1984), S. 174 (189); *Jarass*, in: Jarass/Pieroth, Art. 3 GG Rn. 27; *Katzenstein*, Sondervotum in BVerfGE 74, 28 (40); *Pieroth/Schlink*, Grundrechte, Rn. 439 ff.; *Robbers*, DÖV 1988, 749 (751 f.); *Schoch*, DVBl. 1988, 863 (874); *Wendt*, NVwZ 1988, 778 (781 ff.); a.A. wohl *Kirchhof*, HdbStR V, § 124 Rn. 193 und § 125 Rn. 101; *ders.*, FS Lerche (1993); S. 133 (141 ff.): Der Gleichheitssatz sichert das Gleichmaß; der Grundsatz der Verhältnismäßigkeit wehrt unangemessene Beschränkungen der Freiheit ab.

[1121] *Gubelt*, in: von Münch/Kunig, Art. 3 GG Rn. 14; *Herzog*, in: Maunz/Dürig, Anh. Art. 3 GG Rn. 9 *Hesse*, AöR 109 (1984), S. 174 (189); *ders.*, Verfassungsrecht, Rn. 439.

[1122] Zum Topos Systemgerechtigkeit in der Literatur vgl. *Bleckmann*, Grundrechte – Besondere Grundrechtslehren, § 4 III 18, S. 552 ff.; *Dürig*, in: Maunz/Dürig, Art. 3 GG Rn. 311 ff.; *Gubelt*, in: von Münch/Kunig, Art. 3 GG Rn. 30; *Herzog*, in: Maunz/Dürig, Anh. Art. 3 GG Rn. 31; *Jarass*, in: Jarass/Pieroth, Art. 3 GG Rn. 29; *Kirchhof*, in: HdbStR V, § 124 Rn. 222 ff.; *Rüfner*, in: Bonner Kommentar, Art. 3 GG Rn. 38 ff.; *Schmidt-Bleibtreu/Klein*, Art. 3 GG Rn. 22; *Starck*, in: von Mangoldt/Klein/Starck, Art. 3 GG Rn. 33 ff; kritisch und eher restriktiv *Degenhart*, Systemgerechtigkeit, passim; *Peine*, Systemgerechtigkeit, passim.

[1123] BVerfGE 60, 16 (43).

fundenen Ordnung. Sie verlangt logische Konsequenz und gegenseitige Abgestimmtheit, wenn eine neue Norm in ein bereits vorhandenes Teilrechtsgebiet und damit auch in die Gesamtrechtsordnung eingefügt wird[1124]. Sie fordert in einer ausufernden, unstetigen und gelegentlich auch widersprüchlichen Rechtsordnung eine verstetigende, Grundsatzwertungen hervorhebende, je nach Sachbereich differenzierte Fortbildung des Rechts[1125]. Zunächst verdeutlicht und formt die gesetzlich geschaffene Rechtsordnung die in der Lebenswirklichkeit vorgefundenen Strukturunterschiede. Die Folgerichtigkeit erwartet dann Kontinuität gegenüber dem bisher verbindlichen Recht[1126] und damit eine Art „Gleichbehandlung in der Zeit".

Dieser Kontinuitätserwartung liegt das für den allgemeinen Gleichheitssatz typische „Wenn-Dann"-Schema zugrunde. Ob der allgemeine Gleichheitssatz verletzt wurde, kann nämlich nicht absolut, sondern nur im Vergleich zu einem anderen staatlichen Verhalten festgestellt werden; das unterscheidet den allgemeinen Gleichheitssatz von den Freiheitsrechten im Grundgesetz. Der allgemeine Gleichheitssatz verlangt, wenn der Fall A in einer bestimmten Art und Weise behandelt wurde, dann den gleichgelagerten Fall B entsprechend zu behandeln[1127]. Auf die Systemgerechtigkeit übertragen heißt das: Hat der Gesetzgeber einen Lebensbereich umfassend geregelt, müssen sich Änderungen „systemgerecht" in den überkommenen Ordnungsrahmen einfügen[1128]. Änderungen fügen sich nur dann systemgerecht ein, wenn sie auf ihr rechtliches Umfeld abgestimmt sind, den Widerspruch zu den rechtlichen Vorgaben vermeiden und die vorgegebenen Rechtsgedanken weiterführen[1129]. Von den wesentlichen Grundregeln, die das System eines Rechtsgebietes prägen und die von ihm selbst gesetzt wurden, darf der Gesetzgeber nicht willkürlich abweichen[1130]. Das von ihm selbst gewählte Regelungssystem darf er nicht ohne weiteres durchbrechen[1131]. Hingegen ist es gerade keine Frage der Systemgerechtigkeit, nach welchem System der Gesetzgeber eine Materie überhaupt und erstmals ordnen will. Die Festlegung auf ein bestimmtes System ist seine Sache. Diese Grundsatzentscheidung kann deshalb von der Rechtsprechung auch nicht als ein Verstoß gegen Art. 3 Abs. 1 GG [1132] geahndet werden.

Welche Bindungen der Gedanke der Systemgerechtigkeit für den Gesetzgeber konkret erzeugt, läßt sich am leichtesten an Hand einiger Beispielsfälle erkennen[1133]:

Sehr schön kommt die von der Systemgerechtigkeit bewirkte „Wenn-Dann"-Bindung in der Dentisten-Entscheidung des BVerfG[1134] zum Ausdruck. Nicht staat-

---

[1124] *Kirchhof*, in: HdbStR V, § 124 Rn. 222.
[1125] *Kirchhof*, in: HdbStR V, § 125 Rn. 105.
[1126] *Kirchhof*, in: HdbStR V, § 124 Rn. 229.
[1127] *Herzog*, in: Maunz/Dürig, Anh. Art. 3 GG Rn. 31.
[1128] *Gubelt*, in: von Münch, Art. 3 GG Rn. 30; *Starck*, in: von Mangoldt/Klein/Starck, Art. 3 GG Rn. 33.
[1129] *Kirchhof*, in: HdbStR V, § 124 Rn. 223.
[1130] *Gubelt*, in: von Münch, Art. 3 GG Rn. 30.
[1131] *Jarass*, in: Jarass/Pieroth, Art. 3 GG Rn. 29.
[1132] BVerfGE 59, 36 (49); 61, 138 (149); 71, 81 (95); 75, 382 (395 f.); 76, 130 (140); 78, 104 (123).
[1133] Weitere Beispiele bei *Bleckmann*, Grundrechte – Besondere Grundrechtslehren, § 4 III 18, S. 552 ff. und *Starck*, in: von Mangoldt/Klein/Starck, Art. 3 GG Rn. 33 ff.
[1134] BVerfGE 25, 236.

lich anerkannte Dentisten sollten nach dem Willen des Gesetzgebers keine Zulassung zu den gesetzlichen Krankenkassen erhalten. Der Grund für diese subjektive Berufszulassungsschranke konnte letztlich nur im Schutz der Volksgesundheit bestehen. In ihrem Interesse wollte der Gesetzgeber eine hohe Qualifikation der die Zahnheilkunde als Beruf Ausübenden sichern und ungeeignete Personen von dieser Tätigkeit fernhalten. Andererseits hatte der Gesetzgeber aber durch § 19 Zahnheilkundegesetz für die praktizierenden Dentisten die Befugnis aufrechterhalten, im bisherigen Umfang die Zahnheilkunde beruflich auszuüben. Der Gesetzgeber ging also offenbar davon aus, daß die staatlich nicht anerkannten, aber praktizierenden Dentisten keine Gefahr für die Volksgesundheit bilden. Damit begab er sich hinsichtlich der Kassenzulassung in einen Widerspruch zu der von ihm selbst zuvor gesetzten „Sachgesetzlichkeit"[1135]. Wenn er die Dentisten für geeignet hielt, ihren Beruf auszuüben, dann mußte er sie auch zu den Kassen zulassen.

Eine ähnliche „Wenn-Dann"-Bindung entfaltet der Gedanke der Systemgerechtigkeit im Transsexuellenrecht. Verbietet der Gesetzgeber Personen unter 25 Jahren keine geschlechtsumwandelnden Operationen, obwohl er dazu in der Lage wäre, dann gebietet es die Systemgerechtigkeit, diesen Personen auch die Möglichkeit der personenstandsrechtlichen Geschlechtsänderung zu gewähren[1136].

Bedeutsam ist der Grundsatz der Systemgerechtigkeit auch im Abgabenrecht. Die Erhebung einer Abgabe zur freiwilligen Feuerwehr ist grundsätzlich zulässig. Die Abgabeerhebung kann jedoch an drei verschiedene Kriterien anknüpfen: an den Ausgleich besonderer Vorteile, die beispielsweise Hauseigentümer vom Feuerschutz haben, an die besondere Dienstpflicht feuerwehrtauglicher Männer oder an die Leistungsfähigkeit aller Gemeindeanwohner; je nachdem kann sie als Beitrag, Ersatzgeld oder Steuer ausgestaltet sein. Entsprechend dem gewählten System muß die Abgabe dann entweder den Grundsätzen der Beitragsgerechtigkeit, der Dienstleistungsgerechtigkeit oder der Leistungsgerechtigkeit genügen. Nach dem Beitragssystem wären auch Frauen, Kinder und Schwerbehinderte, die Hauseigentümer sind, beitragspflichtig. Demgegenüber könnten in einem Dienstleistungssystem Frauen, Kinder und Schwerbehinderte nicht zu einer Dienstleistung herangezogen werden; sie können daher auch nicht ersatzgeldpflichtig sein. In einem Steuersystem wären wiederum alle zur Abgabe verpflichtet. Für welches System sich der Gesetzgeber entscheidet, ist grundsätzlich seine Sache. Hat er aber ein konkretes System ausgewählt, so darf er nur die einen, nicht aber die anderen heranziehen. Genau das macht die Systemgerechtigkeit aus: in der Entscheidung für ein gewisses System ist der Gesetzgeber frei[1137]; im Rahmen des gewählten Systems muß er aber konsequent regeln[1138].

[1135] BVerfGE 25, 236 (251 f.).
[1136] BVerfGE 60, 123 (134 f.).
[1137] BVerfGE 59, 36 (49); 61, 138 (149); 71, 81 (95); 75, 382 (395 f.); 76, 130 (140); 78, 104 (123).
[1138] BVerfGE 6, 55 (70, 7); 9, 20 (28); 9, 201 (207); 12, 151 (164); 18, 315 (334); 19, 101 (111); 25, 236 (251 f.).

§ 3 Die Lehre vom rechtsgeprägten Grundrecht

c) Grenzen von Systemgerechtigkeit und Folgerichtigkeit

Es ist liegt auf der Hand, daß der Grundsatz der Systemgerechtigkeit bei strikter Anwendung die Gefahr einer Erstarrung der Rechtsordnung in sich birgt, vor allem, wenn man von einer lückenlosen Bindung des Gesetzgebers an die von ihm selbst gesetzten Regelungsstrukturen ausgeht. Das einmalige Bekenntnis zu einem bestimmten System würde den Gesetzgeber dann zum ausnahmslosen Durchhalten verpflichten[1139]. Ihm bliebe nur der vollständige Systemwechsel. Daran hindern ihn aber Art. 19 Abs. 2 GG, wenn sein Systemwechsel den Wesensgehalt der Grundrechte antastet, und 79 Abs. 3 GG, wenn er die in Art. 1 und 20 GG niedergelegten Grundsätze berührt. Die von einem strikt durchgeführten Grundsatz der Systemgerechtigkeit ausgehenden Gefahren für die Flexibilität der Rechtsordnung hat die Rechtsprechung denn auch frühzeitig erkannt. Vollkommen zu Recht meint das BVerfG, daß der Gedanke der Systemgerechtigkeit nicht zu einer „Verkrustung der Gesellschaftsordnung" führen darf. Die Forderung nach Systemgerechtigkeit untersage dem Gesetzgeber nicht eine „neue Ausrichtung seiner Vernünftigkeitskriterien und eine Neubewertung bislang anders bewerteter Sachverhalte."[1140] Folgerichtig nimmt das Gericht an, daß der Gesetzgeber durch Sonderbestimmungen von den Grundregeln wieder abweichen darf, die er selbst zuvor erlassen hat und die einen Rechtskreis – eben das von ihm geschaffene System – bestimmen. Eine solche Abweichung kann zwar ein Indiz für Willkür sein, jedoch nur dann, wenn damit die Gesetzessystematik ohne zureichende Gründe verlassen wird[1141].

Damit ist der entscheidende Punkt berührt: Der Systemgedanke diszipliniert den Gesetzgeber insofern, als Abweichungen von den Systemstrukturen besonderer verfassungsrechtlicher Gründe bedürfen[1142]. Die in jeder Gesetzgebungskompetenz angelegte Befugnis zur Rechtsänderung berechtigt nicht zum willkürlichen, abrupten Rechtsbruch. Folglich stellt das Gebot der Systemgerechtigkeit nicht die Änderungskompetenz des Gesetzgebers als solche in Frage, sondern sie verbietet nur deren sachlich nicht begründete Ausübung[1143]. Die Durchbrechung des Systems ist deshalb nicht vollkommen unmöglich, aber sie erzeugt Rechtfertigungslasten. Das Gewicht dieser Rechtfertigungslasten hängt davon ab, wie erheblich der Gesetzgeber von den von ihm selbst gesetzten Systemstrukturen abweicht. Die Bedeutung der für die Abweichung streitenden Gründe muß dabei der Intensität der getroffenen Ausnahmeregelung entsprechen[1144]. Darin kann man – wenn man will – eine Bindung an den Grundsatz der Verhältnismäßigkeit sehen. Jedenfalls dürfte damit nichts wesentlich anderes gemeint sein, als was das Gericht mit der „neuen Formel"

[1139] So zutreffend *Herzog*, in: Maunz/Dürig, Anh. Art. 3 GG Rn. 31.
[1140] BVerfGE 60, 16 (43).
[1141] BVerfGE 9, 20 (28); 12, 341 (349); 13, 31 (38); 13, 331 (340); 15, 313 (318); 18, 315 (334); 24, 174 (181); 41, 126 (189); 47, 1 (28); 81, 156 (207); 85, 238 (247).
[1142] *Starck*, in: von Mangoldt/Klein/Starck, Art. 3 GG Rn. 33.
[1143] *Kirchhof*, in: HdbStR V, § 124 Rn. 234.
[1144] BVerfGE 13, 331 (340 f.); 15, 313 (318); 18, 366 (372 f.); 59, 36 (49); 61, 138 (148); 61, 138 (148); 67, 70 (85); 71, 81 (96).

zum Ausdruck bringen will[1145]: Die Unterschiede zwischen den bisherigen Systemstrukturen und dem, was der Gesetzgeber nunmehr erreichen will, müssen von solcher Art und solchem Gewicht sein, daß sie eine ungleiche Behandlung rechtfertigen können[1146]. Die Abweichung wird erst dann verfassungsrechtlich relevant, wenn sie eine Wertentscheidung der Verfassung verletzt und dadurch eine Differenzierung herbeiführt, die von der Verfassung mißbilligt wird[1147].

Als besonders änderungsresistent erweisen sich damit vor allem die grundlegenden Strukturprinzipien eines Rechtsgebietes. Da diese Prinzipien sehr allgemein gehalten sind, wird besonderer Rechtfertigungsbedarf praktisch immer dann ausgelöst, wenn diese Prinzipien durchbrochen werden. In diesen Fällen ist die verfassungsrechtliche Legitimation besonders schwierig. Im Ergebnis erfahren diese Strukturprinzipien einen größeren Schutz als Regelungen im Randbereich. *Bleckmann* zieht daher sehr richtig folgendes Fazit: „Der Gedanke der Systemgerechtigkeit wird in der Lehre vor allem auch bemüht, um indirekt den fundamentalen Regelungen einen höheren Rang als den Detailregeln desselben Gesetzgebers zuzuordnen[1148]. Im Ergebnis sucht das aus dem allgemeinen Gleichheitssatz hergeleitete Gebot der Systemgerechtigkeit dasselbe zu schützen wie die Lehre von den Einrichtungsgarantien: einen Kernbereich von änderungsresistenten Merkmalen eines bestimmten Rechtsgebietes.

E. Zusammenfassung

Im letzten Teil ging es darum, die Begriffe des Eingriffs, der Ausgestaltung und der Umgestaltung als Bausteine einer Dogmatik für rechtsgeprägte Grundrechte näher zu entfalten. Die Eigenart rechtsgeprägter Grundrechte besteht darin, daß sie ohne einen Komplex einfachrechtlicher Normen leerlaufen. Sie sind in besonderer Weise auf ein Handeln des Gesetzgebers angewiesen. Schlichtes Nichtstun des Gesetzgebers genügt nicht. Der Gesetzgeber ist vielmehr gehalten, einfaches Recht zu schaffen, damit die Grundrechtsträger die ihnen grundrechtlich versprochene Gewährleistung auch tatsächlich in Anspruch nehmen können. Die Notwendigkeit, Gesetze zu erlassen, besteht aber – anders als das institutionelle Grundrechtsverständnis annimmt – nicht bei allen Grundrechten, sondern nur bei den rechtsgeprägten. Das liegt an ihrem Schutzgut. Das Schutzgut rechtsgeprägter Grundrechte ist eine freiheitliche Betätigungsmöglichkeit, die ohne die Rechtsordnung nicht zu haben ist: ein rechtliches Können. Indem die Rechtsordnung an bestimmte tatsächliche Handlungen der Grundrechtsträger den rechtlichen Geltungsanspruch knüpft,

---

[1145] So *Herzog*, in: Maunz/Dürig, Anh. Art. 3 GG Rn. 31.

[1146] BVerfGE 55, 72 (88); 70, 230 (241 f.); 82, 60 (86); 84, 133 (157); 84, 197 (199); 84, 348 (359); 85, 191 (210); 85, 238 (244 f.); 85, 360 (383); 87, 1 (36); 87, 234 (255); 88, 5 (12); 89, 69 (89); 92, 26 (51 f.); 92, 277 (318).

[1147] BVerfGE 6, 55 (70, 7); 9, 20 (28); 9, 201 (207); 12, 151 (164); 18, 315 (334); 19, 101 (111); 25, 236 (251 f.).

[1148] Staatsrecht II – Die Grundrechte, Besondere Grundrechtslehren, § 4 III 18, S. 556.

macht sie aus „Tathandlungen" „Rechtshandlungen" und erweitert damit das „natürliche Können" um die Dimension eines „rechtlichen Könnens".

Paradebeispiele für diese Erweiterung sind die privatrechtlichen Institute der Ehe, des Vertrages und der Vereinigungen des Gesellschaftsrechts. Die Grundrechtsträger können rein tatsächlich Verbindungen gleich welcher Art zu anderen Grundrechtsträgern aufnehmen; die normative Verbindlichkeit dieser Verbindungen wird allein durch die Rechtsordnung garantiert. Nur wenn die Rechtsordnung eine Verbindung als Ehe, Vertrag oder gesellschaftsrechtliche Vereinigung anerkennt, läßt sie sich vom Staate schützen und durchsetzen. Die einfachrechtliche Ausgestaltung von rechtsgeprägten Grundrechten meint daher nichts anderes, als daß den Grundrechtsträgern die gesetzlichen Grund- und Rahmenbedingungen zur Verfügung gestellt werden, damit diese rechtsverbindlich handeln können. Ausgestaltung bedeutet insofern Schaffung von Kompetenznormen. Der von der Garantie der Koalitionsfreiheit mit geschützte Tarifvertrag gehört in diese Reihe. Ohne Anerkennung durch die Rechtsordnung könnte der Tarifvertrag für die Mitglieder der Tarifvertragsparteien keine unmittelbare und zwingende Geltung entfalten. Die Vorschriften des TVG sind daher die einfachrechtliche Ausgestaltung der von Art. 9 Abs. 3 GG geschützten Tarifautonomie. Das TVG enthält die Startbedingungen, die die Tarifvertragsparteien in die Lage versetzen, Rechtsregeln für andere zu setzen.

Bei der Ausgestaltung von Grundrechten ist der Gesetzgeber nicht völlig frei, sondern wegen Art. 1 Abs. 3 GG selbst an die Grundrechte gebunden. Diese Bindungsparadoxie läßt sich auflösen, indem der Gesetzgeber an die idealtypischen Merkmale der grundrechtlichen Gewährleistung gebunden wird. Diese Merkmale umfassen mehr und anderes, als was bereits an einfachrechtlichen Regelungen in der Lebenswirklichkeit vorhanden ist. Die grundrechtliche Gewährleistung ist daher nicht identisch mit der bereits bestehenden einfachrechtlichen Ausführung, sondern läßt alternative Ausgestaltungsmöglichkeiten offen. Entscheidend ist der Schutzzweck der grundrechtlichen Garantie. Wird der Schutzzweck durch eine andere Ausgestaltung ebenso gut realisiert wie durch die bereits bestehende, kann ein Austausch der Gestaltungsformen erfolgen. Austauschbar ist also, was funktionell äquivalent ist. Damit ist die zweite wichtige Bindung berührt, der der Gesetzgeber bei der Ausgestaltung unterliegt: die Funktionsfähigkeit. Der Gesetzgeber hat darauf zu achten, daß die Grundrechtsträger durch die Ausgestaltung auch effektiv von ihrer Freiheit Gebrauch machen können. Ist die Ausgestaltung ungeeignet, das grundrechtliche Versprechen eines rechtlichen Könnens in die Praxis umzusetzen, würde das Grundrecht leerlaufen. Das muß der Gesetzgeber verhindern. An den Grundsatz der Verhältnismäßigkeit kann der die Grundrechte ausgestaltende Gesetzgeber allerdings nicht gebunden sein. Weist ein rechtsgeprägtes Grundrecht, wie etwa Art. 14 Abs. 1 GG, einen ausdrücklichen Vorbehalt zur Regelung oder Inhaltsbestimmung eines Grundrechts auf, so kann sich der grundrechtsausgestaltende Gesetzgeber ohne weiteres hierauf berufen. Ist, wie zumeist, ein solcher ausdrücklicher Vorbehalt nicht vorhanden, so ergibt sich die Befugnis zur einfachrechtlichen Ausgestaltung eines rechtsgeprägten Grundrechts aus dem Leerlaufverbot: Der Gesetzgeber muß das zur Wahrnehmung der grundrechtlichen Verbürgung erforderliche einfachrechtliche Normensubstrat bereitstellen, damit das, was verfassungsrechtlich versprochen wurde, auch realisiert werden kann.

Wichtiger als die Ausgestaltung ist in der Praxis die Frage der Umgestaltung, d.h. die Änderung des einfachrechtlichen Normensubstrates, das einer grundrechtlichen Gewährleistung konnex-komplementär zugeordnet ist. Mit einer Umgestaltung kann der Gesetzgeber zwei verschiedene Ziele verfolgen: die Aufopferung oder Beschränkung des einfachrechtlich ausgestalteten Grundrechts zugunsten eines anderen Rechtsguts oder die Umorganisation des Grundrechts um seiner selbst willen. Im ersten Fall erweist sich der Zugriff des Gesetzgebers auf den einfachrechtlichen Normbestand als Eingriff im klassischen Sinne, im zweiten Fall als Umgestaltung im engeren Sinne. Beim Zugriff auf rechtsgeprägte Grundrechte besteht gegenüber dem Eingriff in Grundrechte, denen eine natürliche, vorstaatliche Freiheit zugrundeliegt, eine Besonderheit. Der Gesetzgeber kann nicht nur auf ein Dürfen, sondern auch auf ein Können zugreifen. Er kann die rechtlichen Ausgangs- und Rahmenbedingungen für das rechtliche Können so verändern, daß bestimmte Handlungsformen keine Geltung mehr beanspruchen. Da das Schutzgut eines rechtsgeprägten Grundrechts erst durch die Normen des einfachen Rechts konstituiert werden, muß der Schutz anders als bei vorstaatlichen Freiheiten aussehen. Er besteht nicht in der Abwehr des Erlasses von neuen Gesetzen, sondern in einem Schutz gegen die Abschaffung der bereits vorhandenen Gesetze, d.h. in einem Normbestandsschutz.

Verfassungsrechtlich geschützt ist jedoch weder die Ausgestaltung einer grundrechtlichen Gewährleistung in der Gestalt, die sie zu einem ganz bestimmten Zeitpunkt „hic et nunc" aufweist, wie die Lehre von den status-Quo-Garantien behauptet, noch wird allein ein Kernbereich der typusprägenden Merkmale vor einer Umgestaltung bewahrt, wie die Lehre von den Einrichtungsgarantien annimmt. Geschützt wird vielmehr die einfachrechtliche Ausgestaltung mit sämtlichen Merkmalen. Freilich ist dieser Schutz ein rein formaler. Die Umgestaltung des status quo einer Ausgestaltung ist möglich; sie erzeugt aber besondere Rechtfertigungslasten. Diese richten sich nach Art und Umfang der Umgestaltung.

Handelt es sich bei der Umgestaltung um einen Eingriff, gelten die allgemeinen Grundsätze der Eingriffsdogmatik. Der Gesetzgeber benötigt für den Eingriff einen Zugriffstitel. Dieser findet sich in den Beschränkungsvorbehalten, die einer Reihe von rechtsgeprägten Grundrechten ausdrücklich beigegeben sind (Art. 9 Abs. 2, 14 Abs. 1 Satz 2 GG). Fehlen diese Gesetzesvorbehalte, so kommt die Beschränkung eines rechtsgeprägten Grundrechts nur nach den allgemeinen Grundsätzen über die Begrenzung vorbehaltloser Grundrechte in Betracht. Danach können vorbehaltlos gewährleistete Grundrechte nur durch kollidierendes Verfassungsrecht oder durch entgegenstehende Grundrechte Dritter beschränkt werden. In jedem Fall ist der Gesetzgeber strikt an den Grundsatz der Verhältnismäßigkeit und an Art. 19 Abs. 2 GG gebunden. Der Gesetzgeber darf also nicht das Wesen des rechtsgeprägten Grundrechts antasten. Das wäre der Fall, wenn der Gesetzgeber die idealtypischen Merkmale der verfassungsrechtlichen Garantie beseitigen und damit den Leerlauf des Grundrechts bewirken würde.

Handelt es sich um eine Umgestaltung im engeren Sinne, darf die Änderung des Normensubstrates nicht zugunsten eines anderen Rechtsgutes erfolgen, sondern

§ 3 Die Lehre vom rechtsgeprägten Grundrecht

nur dazu dienen, die Funktionsfähigkeit einer vorgefundenen Ausgestaltung zu verbessern. Den Gesetzgeber trifft dabei die volle Beweislast für den Nachweis, daß die neue Ausgestaltung zur alten funktionell gleichwertig und damit gegen diese austauschbar ist. Im Zuge einer Umgestaltung darf der Gesetzgeber auch die Rechte und Pflichten von Grundrechtsträgern, die sich zugleich auf dasselbe Grundrecht berufen, ändern und damit die Grundrechtskollision anders als bisher auflösen. Zu dieser Kollision kommt es bei rechtsgeprägten Grundrechten regelmäßig. Ihr Schutzgut ist nicht nur rechtserzeugt, sondern ihnen liegt eine „Kontaktfreiheit" zugrunde. Eine Kontaktfreiheit ist eine Handlungsmöglichkeit, die der Grundrechtsträger nicht allein, sondern nur zusammen mit mindestens einem anderen Grundrechtsträger realisieren kann. Beispiele für solche Kontaktfreiheiten sind wiederum die Ehe, der Vertrag, die Vereinigungen des Gesellschaftsrecht. Wenn der Gesetzgeber befugt ist, den Grundrechtsträgern diese Kontaktfreiheiten durch Ausgestaltung zuzuweisen, um die Grundrechtskollision aufzulösen, muß er auch befugt sein, eine andere Kollisionslösung zu wählen, wenn diese ihm funktionsgerechter erscheint.

Schließlich trifft den Gesetzgeber bei jeder Art Umgestaltung – sei es beim Eingriff, sei es bei der Umgestaltung im engeren Sinne – eine weitere Rechtfertigungslast aufgrund seiner Bindung an den allgemeinen Gleichheitssatz. Art. 3 Abs. 1 GG verlangt die Systemgerechtigkeit und die Folgerichtigkeit gesetzlicher Regelungen. Hat sich der Gesetzgeber zu einem bestimmten Normensystem bekannt, um auf diese Weise ein rechtsgeprägtes Grundrecht einfachrechtlich auszugestalten, so fordert der Gedanke der Folgerichtigkeit beim Erlaß neuer Vorschriften Regelungen, die sich in das bestehende System widerspruchsfrei einfügen und den Rechtsgedanken, so wie er sich aus den vorhandenen Regelungen ergibt, logisch fortzusetzen. Die Systemgerechtigkeit zwingt den Gesetzgeber also in eine „Wenn-Dann-Logik". Die Abweichung von der bisherigen Linie ist zwar möglich, erzeugt jedoch weitere Rechtfertigungslasten. Diese sind um so größer, je erheblicher die Umgestaltung von der bisherigen Ausgestaltung abweicht. Der Gesetzgeber ist auch befugt, das System im ganzen zu wechseln. Freilich werden ihm hierbei durch Art. 19 Abs. 2 GG und Art. 79 Abs. 3 GG äußerste Schranken gesetzt.

2. Teil:
Der Zugriff des Gesetzgebers auf die Tarifautonomie

Mit der im letzten Teil näher entwickelten Dogmatik für rechtsgeprägte Grundrechte soll nun versucht werden, die verfassungsrechtliche Zulässigkeit von Gesetzesänderungen zu prüfen, mit denen der Gesetzgeber auf die Tarifautonomie zugreift. Um welche Möglichkeiten es dabei im einzelnen geht, wurde bereits in der Einleitung diskutiert. Grundlegend für eine Systematisierung der Handlungsalternativen des Gesetzgebers ist, ob Gesetzesänderungen den Tarifvertrag als Regelungsinstrument betreffen oder sich auf die den Tarifvertragsparteien zugänglichen Regelungsgegenstände und -bereiche beziehen. Beim Zugriff auf den Tarifvertrag als Regelungsinstrument geht es um Beschränkungen der zwingenden Wirkung des Tarifvertrages (§ 4), beim Zugriff auf die Tarifmacht um die Sperrung bestimmter Regelungsgegenstände oder -bereiche (§ 5). Schließlich ist die Zulässigkeit von Gesetzesänderungen zu behandeln, mit denen der Gesetzgeber die Tarifmacht nicht nur für die Zukunft beschränkt, sondern auch auf laufende Tarifverträge Zugriff nimmt, die nach den Vorgaben des bisher bestehenden Tarifrechts abgeschlossen worden sind (§ 6).

§ 4 Der Zugriff auf den Tarifvertrag als Regelungsinstrument

I. Ausgangslage

Der Zugriff des Gesetzgebers auf den Tarifvertrag als Regelungsinstrument zielt auf Änderungen seiner zwingenden Wirkung. Sie ist derzeit durch § 4 Abs. 1 TVG verbürgt. Danach gelten die Tarifnormen als unmittelbar und (einseitig) zwingendes Recht für die beiderseits tarifgebundenen Arbeitsvertragsparteien. Die Geltung der Tarifnormen muß zwischen den tarifgebundenen Arbeitsvertragsparteien nicht eigens vereinbart werden. Vielmehr wirken die Tarifnormen wie staatliche Normen (Gesetze oder Verordnungen) auf das Arbeitsverhältnis ein, und zwar ohne weiteres, sobald der Arbeitgeber und der Arbeitnehmer an denselben Tarifvertrag gebunden sind: sei es durch Mitgliedschaft in den tarifschließenden Verbänden, sei es aufgrund der Allgemeinverbindlichkeit eines Tarifvertrages. Die gesetzlichen Änderungen können entweder auf eine vollkommene Beseitigung oder auf eine Auflockerung der zwingenden Tarifwirkung zielen. Weiterhin läßt sich danach differenzieren, ob die Beseitigung oder die Auflockerung der zwingenden Wirkung des Tarifvertrages unmittelbar durch die Gesetzesänderung herbeigeführt wird oder ob sich diese erst mittelbar aufgrund weiterer Zwischenakte ergibt. Für die Beurteilung der verfassungsrechtlichen Zulässigkeit macht das freilich keinen Unterschied; entscheidend kann immer nur der durch eine Gesetzesänderung bewirkte „letzte Effekt" sein.

II. Vollkommene Beseitigung der zwingenden Wirkung des Tarifvertrages

1. Mögliche Gesetzesänderungen

Die direkteste Form, die zwingende Wirkung des Tarifvertrags zu beseitigen, wäre die ersatzlose Streichung des § 4 Abs. 1 TVG. Ohne § 4 Abs. 1 TVG würden die von den Tarifvertragsparteien ausgehandelten Tarifnormen nicht mehr unmittelbar für die koalitionsangehörigen Arbeitsvertragsparteien gelten. Die Tarifbedingungen wären damit bloße Richtgrößen, aber keine rechtsverbindlichen Normen. Freilich könnten sich die Tarifvertragsparteien weiterhin schuldrechtlich verpflichten, darauf hinzuwirken, daß ihre Mitglieder die Tarifbedingungen dem Arbeitsverhältnis zugrundelegen. Ohne eine entsprechende Umsetzung liefen die Tarifbedingungen jedoch leer. Mangels zwingender Wirkung der Tarifbedingungen wäre jedenfalls auch jede andere arbeitsvertragliche Gestaltung möglich. Damit wäre der Rechtszustand erreicht, der vor Erlaß der TVVO im Jahre 1918 herrschte.

Der Gesetzgeber könnte sich aber auch darauf beschränken, nur die zwingende, nicht aber die unmittelbare Wirkung des Tarifvertrages zu beseitigen. Die Tarifnormen würden dann zwar gelten, ohne daß sie von den (tarifgebundenen) Arbeitsvertragsparteien eigens vereinbart werden müßten. Sie wären jedoch dispositiv, d.h. es könnte von ihnen zugunsten und – im Gegensatz zum heutigen Zustand – auch zu Lasten des Arbeitnehmers abgewichen werden. Um die vollkommene Dispositivität der Tarifnormen zu erreichen, könnte der Gesetzgeber zunächst § 4 Abs. 1 TVG entsprechend ändern. Möglich wäre aber auch der Erlaß einer allgemeinen, d.h. weder gegenständlich noch zeitlich beschränkten Öffnungsklausel, die eine Abweichung vom Tarifvertrag ohne weitere Voraussetzungen zuließe. Denselben Effekt hätte eine gesetzliche Bestimmung, die es den Tarifvertragsparteien zur Pflicht machte, selbst für die Dispositivität ihrer Normen zu sorgen. Die Tarifvertragsparteien könnten dann zwar gegen eine solche Bestimmung verstoßen; die Konsequenz dieser Gesetzesverletzung müßte dann aber die volle Dispositivität, wenn nicht gar die Unwirksamkeit der entsprechenden Tarifnorm sein. Um zumindest den Betriebsparteien vom Tarifvertrag abweichende Regelungen zu ermöglichen, könnte der Gesetzgeber § 77 Abs. 3 BetrVG streichen. Damit würde die Kollision von Tarifvertrag und Betriebsvereinbarung nicht mehr zugunsten, sondern zu Lasten des Tarifvertrages aufgelöst. Die Betriebsvereinbarung ginge dem Tarifvertrag als die fachliche und räumlich speziellere Norm vor.

Aus der Sicht der Normunterworfenen macht es einen Unterschied, ob Tarifverträge nur unmittelbar, aber nicht mehr zwingend oder weder unmittelbar noch zwingend gelten: Können sich die Betriebsparteien oder die Arbeitsvertragsparteien auf keine Regelung einigen, bliebe es im ersten Fall bei der tariflichen Regelung, im zweiten Fall gäbe es gar keine Regelung. Für die Frage der verfassungsrechtlichen Zulässigkeit kann diese Differenzierung jedoch keine Rolle spielen. Denn hier ist ausschließlich auf die Perspektive der Tarifvertragsparteien abzustellen. Sie sind die Herren der Tarifverträge, und nur sie genießen den Schutz der kollektiven Koalitionsfreiheit. Für die Tarifvertragsparteien spielt es bei einem Zugriff des Gesetzgebers auf den Tarifvertrag als Regelungsinstrument keine Rolle, ob ihre Normsetzungsbefugnis generell wirkungslos bleibt, weil der Gesetzgeber die unmittelbare und zwingende Wirkung des Tarifvertrages beseitigt hat, oder ob die Betriebsparteien oder Arbeitsvertragsparteien beliebig davon abweichen dürfen, wenn der Gesetzgeber den Tarifvertrag als unmittelbar, aber nur noch dispositiv geltende Norm erhält. Zu einer echten Normsetzungsbefugnis gehört immer auch die freie Entscheidung, ob eine Norm zwingend oder dispositiv gelten soll. Wird diese Entscheidungsmacht dem Normsetzer entzogen, kann nicht mehr ernstlich von einer Normsetzungsbefugnis die Rede sein[1]. Ohne die Befugnis, zwingendes Recht zu setzen, gäbe es keine Möglichkeit, den im oft mühsamen Einigungsprozeß erzielten „Tarifkompromiß" später auch durchzusetzen. Folglich sind die Beseitigung allein der zwingenden Wirkung des Tarifvertrages und die Beseitigung sowohl der zwingenden als auch der unmittelbaren Wirkung verfassungsrechtlich gleich zu behandeln.

Aus denselben Gründen liefe eine ersatzlose Abschaffung der verlängerten Tarifgebundenheit, so wie sie derzeit durch § 3 Abs. 3 TVG angeordnet wird, auf eine vollkommene Beseitigung der zwingenden Wirkung des Tarifvertrages hinaus. § 3 Abs. 3 TVG ordnet die Bindung an den Tarifvertrag bis zu dessen Ablauf an. Ohne diese Vorschrift könnte sich jede der beiden Arbeitsvertragsparteien der unmittelbaren und zwingenden Wirkung des Tarifvertrages schon dadurch entziehen, daß sie ihre Mitgliedschaft im tarifschließenden Verband aufgibt. Damit hätten es wiederum die Arbeitsvertragsparteien und nicht mehr die Tarifparteien in der Hand, ob der Tarifvertrag Geltung entfaltet oder nicht.

2. Prüfung der Verfassungsmäßigkeit nach den Maßstäben des BVerfG

a) Ältere Rechtsprechung

Die Ausgangsposition der Rechtsprechung ist bekannt. Sie nimmt an, daß Art. 9 Abs. 3 GG das Recht der Koalitionen gewährleistet, durch eine spezifisch koalitionsmäßige Betätigung zur Wahrung und Förderung der Arbeits- und Wirtschaftsbedingungen beizutragen. Zu diesem Zweck sei es verfassungsrechtlich erlaubt, Tarifverträge zu schließen[2]. Folgerichtig entnimmt die Rechtsprechung Art. 9 Abs. 3 GG dann das an den Gesetzgeber adressierte Gebot, den Koalitionen ein Tarifvertragssystem bereitzustellen[3]. Der Gesetzgeber habe insoweit Rechtsinstitute und Normenkomplexe zu schaffen, die erforderlich seien, um die grundrechtlich garantierten Freiheiten ausüben zu können. Insoweit bedürfe die Koalitionsfreiheit von vornherein der gesetzlichen Ausgestaltung.

Wichtiger sind die Beschränkungsmöglichkeiten. Daß die vorbehaltlos gewährleistete Koalitionsfreiheit und damit auch die Tarifautonomie nicht vollkommen schrankenlos existieren kann, steht für das Gericht seit je her fest[4]. Die Notwendig-

---

[1] Ähnlich *Krummel*, Unabdingbarkeitsgrundsatz, S. 202, und *Wank*, NJW 1996, 2273 (2277).
[2] BVerfGE 44, 322 (340); 50, 290 (367).
[3] BVerfGE 4, 96 (108); 38, 281 (305 f.); 50, 290 (367).
[4] BVerfGE 19, 303 (321); 20, 312 (317); 28, 295 (306); 50, 290 (369); 57, 220 (246); 58, 233 (247); 84, 212 (228); 88, 103 (115); 92, 26 (41); 92, 365 (394); 93, 352 (357); 94, 268 (284 ff.).

§ 4 *Der Zugriff auf den Tarifvertrag als Regelungsinstrument* 177

keit einer gesetzlichen Beschränkung sieht das Gericht vor allem in der Bedeutung und der Vielzahl der von der Tätigkeit der Koalitionen berührten Belange. Dann aber beginnen die Unklarheiten. Denn das BVerfG trennt nicht sauber zwischen Ausgestaltung, Umgestaltung und Eingriff, sondern begreift *jede* Art, Gesetze im Bereich der Koalitionsfreiheit zu erlassen, als Ausgestaltung. Auf diese Weise übergeht das Gericht den grundlegenden Unterschied zwischen der erstmaligen Bestimmung des Inhalts der Tarifautonomie im Sinne einer Zurverfügungstellung der erforderlichen Normenkomplexe und der nachträglichen Schrankenziehung. Folglich erschließen sich ihm auch nicht die unterschiedlichen Rechtfertigungslasten, die für Ausgestaltungen, Umgestaltungen und Eingriffe bestehen.

Gravierender für das Problem einer Begrenzung der Tarifautonomie ist die Schlußfolgerung, die das BVerfG daraus zieht, daß Art. 9 Abs. 3 GG die Tarifautonomie vorbehaltlos gewährleistet: Gerade weil dieses Grundrecht den Koalitionen nicht mit Verfassungsrang einen inhaltlich unbegrenzten und unbegrenzbaren Handlungsspielraum einräume, sei es Aufgabe des Gesetzgebers, die Tragweite der Koalitionsfreiheit dadurch zu bestimmen, daß er die Befugnisse der Koalitionen im einzelnen gestalte und näher regele[5]. Der Sache nach liest das BVerfG in den vorbehaltlos gewährleisteten Art. 9 Abs. 3 GG einen Gesetzesvorbehalt hinein, der vom Verfassungsgeber gerade nicht gewollt war. Es übergeht damit das sorgsam abgestufte Schrankensystem des Grundgesetzes.

Überdies billigt die Rechtsprechung dem Gesetzgeber einen weiten Spielraum zur Ausgestaltung zu[6]. Insbesondere sieht das BVerfG in Art. 9 Abs. 3 GG keine Status-quo-Garantie des Tarifvertragssystems in Gestalt des Tarifvertragsgesetzes, so wie es zur Zeit des Inkrafttretens des Grundgesetzes gegolten hat. Vielmehr sei die Gewährleistung der Tarifautonomie ganz allgemein; sie ermögliche es dem Gesetzgeber, die Tarifautonomie der jeweiligen gesellschaftlichen Wirklichkeit anzupassen, damit die Koalitionen ihre Aufgabe erfüllen könnten[7]. Freilich war dem Gericht bewußt, daß bei einem so weitreichenden Beschränkungsvorbehalt die Gefahr eines Leerlaufens von Art. 9 Abs. 3 GG besteht. Deshalb nahm es an, daß dem Betätigungsrecht der Koalitionen nur solche Schranken gezogen werden dürften, die zum Schutz anderer Rechtsgüter von der Sache her geboten seien. Im Klartext bedeutet dies nichts anderes als ein Verbot, die Koalitionsfreiheit willkürlich zu begrenzen. Folgerichtig hat sich die ältere Rechtsprechung stets auf eine reine Evidenzkontrolle beschränkt und damit auf die Anwendung des Grundsatzes der Verhältnismäßigkeit verzichtet. Das BVerfG hat auch nicht die strengen Maßstäbe zur Begrenzung vorbehaltlos gewährleisteter Grundrechte herangezogen. Auf diese Weise galten für die Beschränkung des vorbehaltlos gewährleisteten Art. 9 Abs. 3 GG im Ergebnis geringere Anforderungen als für die Begrenzung von Grundrechten mit einem Gesetzesvorbehalt.

Das war um so mißlicher, als das Gericht mit diesen für sich allein betrachtet schon sehr weitgehenden Beschränkungsmöglichkeiten noch zwei weitere Restrik-

---

[5] BVerfGE 28, 295 (306); 50, 290 (368); 57, 220 (246, 248); 58, 233 (247).
[6] BVerfGE 20, 312 (317); 50, 290 (369); 58, 233 (248); 92, 365 (394).
[7] BVerfGE 20, 312 (317);.

tionen zu Lasten der Koalitionsfreiheit verband. Zum einen nahm es an, daß Art. 9 Abs. 3 GG die Koalitionsfreiheit nur in einem Kernbereich schütze[8], zum anderen sollten in diesen Kernbereich nur diejenigen Betätigungsformen fallen, die für die Erhaltung und Sicherung des Bestands der Koalitionen unerläßlich sind[9]. Die Koalitionsfreiheit war hiermit zwar effektiv, d.h. gegen jeden Zugriff geschützt, dies jedoch nur in einem Kern des absolut Unverzichtbaren. Koalitionsmäßige Betätigungsformen, die nicht zum unverzichtbaren Wesen der Koalitionsfreiheit rechneten, konnten ohne weiteres beseitigt oder zumindest beschränkt werden. Geschützt war die Koalitionsfreiheit lediglich als Einrichtung.

b) Neuere Rechtsprechung

Diese weitreichenden Restriktionen hat die Rechtsprechung mittlerweile aufgegeben. Schon 1991 meinte das BVerfG im Aussperrungsbeschluß, daß der zu beurteilende Fall keinen Anlaß gebe, die Grenze eines unantastbaren Kernbereichs näher zu bestimmen[10]. Im Poststreik-Beschluß von 1993[11] fand die Kernbereichsformel keinerlei Erwähnung mehr. Das Gericht griff sie auch in den 1995 ergangenen Entscheidungen zum Zweitregister[12] und zu § 116 AFG[13] nicht wieder auf. Erst im Beschluß zur Gewerkschaftswerbung während der Arbeitszeit vom 14.11.1995[14] hat das BVerfG die Kernbereichsrechtsprechung endgültig verabschiedet, nachdem sie bereits zuvor in der Lehre auf heftige Kritik gestoßen war[15]. Aufgegeben wurde aber nicht die Vorstellung eines effektiv geschützten Kernes der Koalitionsfreiheit, sondern nur die Meinung, daß der den Kern umgebende Randbereich gegen gesetzliche Zugriffe ungeschützt sei. Damit ist das Gericht insoweit zur allgemeinen Grundrechtsdogmatik zurückgekehrt, als unter dem effektiv geschützten Kern heute nichts anderes mehr verstanden werden kann als die von Art. 19 Abs. 2 GG für jedes Grundrecht gewährleistete Garantie des Wesensgehalts[16]. Der Schutz der Koalitionsfreiheit geht nach heutiger Auffassung des Gerichts über die Garantie des Wesensgehaltes bzw. des Kernbereiches hinaus. Auch in diesem „Randbereich" sei

---

[8] Daß die Koalitionsfreiheit mindestens in einem Kernbereich geschützt sei, hat das BVerfG bereits in seiner ersten Entscheidung zu Art. 9 Abs. 3 GG angenommen, vgl. BVerfGE 4, 96 (106). Die Beschränkung auf eine Minimalgarantie („*nur* in einem Kernbereich geschützt") findet sich erstmals in der Entscheidung BVerfGE 19, 303 (321). Dort wird zwar auf die frühere Rechtspechung zum Kernbereichsschutz hingewiesen; die Zitate decken aber gerade nicht die Beschränkung der Koalitionsfreiheit auf eine Minimalgarantie. Seit BVerfGE 19, 303 (321) geht die Rechtsprechung aber von dieser Minimalgarantie aus, vgl. BVerfGE 28, 295 (303); 38, 386 (397); 58, 233 (247).
[9] BVerfGE 28, 295 (304).
[10] BVerfGE 84, 212 (228).
[11] BVerfGE 88, 103 (114 ff.).
[12] BVerfGE 92, 26.
[13] BVerfGE 92, 365.
[14] BVerfGE 93, 352 (358 ff.).
[15] *Caspar*, Stellung der Gewerkschaften im Betrieb, S. 78; *Gröbing*, AuR 1986, 297 ff.; *Hahn*, Gewerkschaftliche Betätigung, S. 196 ff.; *Hanau*, ArbRdGegw 17 (1980), S. 49; *Herschel*, AuR 1981, 265 (268); *Lübbe-Wolff*, DB 1988, Beil. 9, S. 2 (3); *Zechlin*, NJW 1985, 585 (591).
[16] *Butzer*, RdA 1994, 375 (384); *Gamillscheg*, AuR 1996, 41 (44); *Heilmann*, AuR 1996, 121 ff.; *Kühling*, AuR 1994, 126 (131 f.); *Wank*, JZ 1996, 630; a.A. *Isensee*, Tarifautonomie, S. 172.

§ 4 *Der Zugriff auf den Tarifvertrag als Regelungsinstrument* 179

der Gesetzgeber zur Rücksichtnahme auf die Koalitionen und ihre Mitglieder verpflichtet[17].

Bemerkenswert ist noch eine andere Entwicklung, die ebenfalls auf eine Rückkehr des BVerfG zur allgemeinen Grundrechtsdogmatik hinweist. Erstmals im Aussperrungsbeschluß vom 26.6.1991 führt das Gericht zur Rechtfertigung einer Einschränkung der Koalitionsfreiheit diejenigen Formeln an, die es allgemein verwendet, wenn es um die Legitimation einer Beschränkung vorbehaltlos gewährleisteter Grundrechte geht: „[Die Einschränkung] kann durch Grundrechte Dritter und andere mit Verfassungsrang ausgestattete Rechte gerechtfertigt sein"[18]. Diese neue Formel deutet darauf hin, daß es nicht mehr genügt, wenn die Beschränkung der Koalitionsfreiheit nicht lediglich willkürlich erfolgt, d.h. wenn sie sachlich geboten ist. Vielmehr geht das Gericht heute davon aus, daß eine Beschränkung der Koalitionsfreiheit – und der mit ihr gewährleisteten Tarifautonomie – nur noch aus bestimmten Gründen und bei strikter Wahrung der Verhältnismäßigkeit zulässig ist. Diese Linie setzt das Gericht in seinen jüngsten Entscheidungen zum Zweitregister[19], zu § 116 AFG[20] und zur Zulässigkeit befristeter Arbeitsverträge im Hochschulbereich[21] fort. Allerdings hat sich die Rechtsprechung nicht dazu durchringen können, dem Gesetzgeber sonstige, d.h. lediglich sachgerechte Beschränkungen der Koalitionsfreiheit zu verbieten. Neben der neuen Formel findet sich nämlich häufig die Feststellung, es brauche nicht entschieden zu werden, ob dem Gesetzgeber weitergehende Regelungsbefugnisse zum Schutz sonstiger Rechtsgüter zukämen[22]. Eine strikte Verhältnismäßigkeitsprüfung findet sich bislang in der Zweitregisterentscheidung[23], in Ansätzen im Beschluß zu § 57a HRG[24] sowie in den Entscheidung zum Lohnabstandsgebot[25] und zur Anrechnung von Kuren auf den Tarifurlaub[26].

c) Zulässigkeit der Beseitigung der zwingenden Wirkung nach älterer und neuerer Rechtsprechung

Nach älterer Rechtsprechung wäre die Beseitigung der zwingenden Wirkung des Tarifvertrages unzulässig, wenn diese zum Kernbereich der Koalitionsfreiheit gehören würde. Das BVerfG hat sich nur selten dazu geäußert, wie Inhalt und Umfang des Kernbereichs konkret zu bestimmen sind. Jedenfalls gehören solche Betätigungen dazu, die für die Erhaltung und die Sicherung des Bestands der Koalitionen un-

---

[17] BVerfGE 93, 352 (358 ff.); 94, 268 (283).
[18] BVerfGE 84, 212 (228).
[19] BVerfGE 92, 26 (41).
[20] BVerfGE 92, 365 (403).
[21] BVerfGE 94, 268 (284 f.).
[22] Vgl. zuletzt BVerfGE 94, 268 (284).
[23] BVerfGE 92, 26 (42 ff.).
[24] BVerfGE 94, 268 (284 ff.).
[25] BVerfGE 100, 271 (283 ff., 286 ff.).
[26] BVerfGE 103, 293 (307 ff.): dort lehrbuchmäßige Prüfung anhand der Kriterien „Geeignetheit, Erforderlichkeit, Verhältnismäßigkeit".

erläßlich sind[27]. Der Abschluß von Tarifverträgen ist eine kernbereichsgeschützte Betätigung. Bereits im ersten Urteil zur Koalitionsfreiheit nahm das BVerfG an, daß in Art. 9 Abs. 3 GG – solle die Koalitionsfreiheit nicht ihres historisch gewordenen Sinnes beraubt werden – ein verfassungsrechtlich geschützter Kernbereich auch in der Richtung liegen müsse, daß ein Tarifvertragssystem staatlicherseits überhaupt bereitzustellen sei[28]. Seit dieser Zeit geht das Gericht von der Garantie eines gesetzlich geregelten und geschützten Tarifvertragssystems aus, dessen Partner frei gebildete Koalitionen im Sinne des Art. 9 Abs. 3 GG sein müssen[29]. Im Beschluß zur Allgemeinverbindlicherklärung von Tarifverträgen rechnet das Gericht gerade die Rechtsverbindlichkeit des Tarifvertrages zum Kernbereich des Art. 9 Abs. 3 GG. Der Tarifvertrag schaffe Rechtsregeln für die Koalitionsmitglieder. Dies sei nur möglich kraft Anerkennung des Tarifvertrages durch die staatliche Gewalt. Diese Anerkennung erfahre ihre Legitimation aus Art. 9 Abs. 3 GG und sei vom Kernbereich dieses Grundrechts geboten[30]. Die Rechtsverbindlichkeit des Tarifvertrages meint aber nichts anderes als dessen zwingende Wirkung. Ohne diese können sich die Tarifvertragsparteien nicht effektiv für die Regelung der Arbeits- und Wirtschaftsbedingungen einsetzen. Sie ist deshalb für die koalitionsspezifische Betätigung unerläßlich und gehört somit zum Kernbereich. Folglich ist sie absolut geschützt. Darüber hinaus hat das BVerfG die Unabdingbarkeit des Tarifvertrages in zwei Entscheidungen ausdrücklich erwähnt. Bereits 1954 sah es die Unabdingbarkeit als historisch gewachsenen Bestandteil des Kernbereichs der Tarifautonomie: „Die historische Entwicklung hat dazu geführt, daß Kollektivvereinbarungen in Gestalt geschützter Tarifverträge mit *Zwingendwirkung und Unabdingbarkeit* abgeschlossen werden"[31]. 20 Jahre später meinte das das Gericht: „Den freigebildeten Koalitionen ist durch Art. 9 Abs. 3 GG die im öffentlichen Interesse liegende Aufgabe zugewiesen und in einem Kernbereich garantiert, insbesondere Löhne und sonstige materielle Arbeitsbedingungen (...) durch *unabdingbare* Gesamtvereinbarungen sinnvoll zu ordnen"[32]. Die zwingende Wirkung des Tarifvertrags gehört also ganz offensichtlich zum Kernbereich[33].

---

[27] BVerfGE 17, 319 (333 f.); 19, 303 (321 ff.); 28, 295 (304); 38, 281 (305); 38, 386 (393); 50, 290 (368); 57, 220 (245 f.); 93, 352 (357).
[28] BVerfGE 4, 96 (106).
[29] BVerfGE 4, 96 (108); 18, 18 (26); 38, 281 (305 f.); 50, 290 (369); 58, 233 (248).
[30] BVerfGE 44, 322 (346).
[31] BVerfGE 4, 96 (106) – Hervorhebung vom Verfasser.
[32] BVerfGE 44, 322 (340 f.) – Hervorhebung vom Verfasser.
[33] Aufschlußreich ist in diesem Zusammenhang, daß das Reichsarbeitsgericht bereits 1932 die Ansicht vertrat, daß Art. 165 WRV Tarifverträge als Vereinbarungen zur Regelung der Lohn- und Arbeitsbedingungen unter verfassungsrechtlichen Schutz stelle. Den Grundsatz der Unabdingbarkeit hielt das Gericht allerdings nur für mittelbar verfassungsrechtlich gewährleistet. Daraus, daß der Verfassungsgeber bei der Schaffung des Art. 165 Abs. 1 WRV von der Regelung der Unabdingbarkeit in der TTVO ausgegangen sei, ergebe sich noch nicht, daß die Unabdingbarkeit genau in dem Umfang und in derselben Weise wie in der TVVO verfassungsrechtlich abgesichert werde. Die Unabdingbarkeit sei zwar durch die Anerkennung der Tarifverträge grundsätzlich verfassungsrechtlich anerkannt, die Regelung des Grundsatzes im einzelnen sei aber dem Gesetzgeber überlassen. Folgerichtig wollte das Gericht einen Verstoß gegen Art. 165 WRV nur dann annehmen, wenn der Gesetzgeber den Grundsatz der Unabdingbarkeit völlig

§ 4 *Der Zugriff auf den Tarifvertrag als Regelungsinstrument* 181

Nichts anderes ergibt sich aus dem Mitbestimmungsurteil vom 1.4.1979[34]. Das BVerfG hatte dort die Auffassung vertreten, daß die eigenverantwortliche Bestimmung der Arbeits- und Wirtschaftsbedingungen nicht nur im Wege von Tarifverträgen möglich sei. Die Befriedung des Arbeitslebens, um die es Art. 9 Abs. 3 GG gehe, könne auf verschiedenen Wegen angestrebt werden. Denkbar seien nicht nur Gestaltungen, die wie das Tarifsystem durch die Grundelemente der Gegensätzlichkeit der Interessen, des Konflikts und des Kampfes bestimmt seien. Damit sollte nicht die Garantie der Tarifautonomie verabschiedet, sondern die Koalitionsfreiheit um den Bereich der Mitbestimmung der Arbeitnehmer im Unternehmen erweitert werden. Keineswegs hat das Gericht für die Tarifautonomie und die Mitbestimmung ein Verhältnis strikter Exklusivität angenommen. Beide – Tarifautonomie und Mitbestimmung – seien notwendig und geboten, um das, was Art. 9 Abs. 3 GG gewährleisten will, zu realisieren. Die Tarifautonomie hat auch nach dem Mitbestimmungsurteil keinen geringeren Schutz als vor dieser Entscheidung erfahren. Es bleibt darum dabei: Die vollständige Beseitigung der zwingenden Wirkung des Tarifvertrages wäre bereits nach alter Rechtsprechung verfassungswidrig. Das entspricht im übrigen auch der einhelligen Meinung im arbeitsrechtlichen Schrifttum[35]. Sie wird zwar gelegentlich, dann aber nicht ernsthaft in Frage gestellt[36].

Nach neuerer Rechtsprechung ergibt sich nichts anderes. Alte und neue Rechtsprechung unterscheiden sich, wie gesehen, nicht in der Beurteilung von Eingriffen in den Kernbereich – oder nach neuerer Lesart: in den Wesensgehalt – von Art. 9 Abs. 3 GG, sondern in den Anforderungen an die Beschränkung der außerhalb des Kernbereichs gelegenen Betätigungsformen. Diese sah die alte Rechtsprechung nur nach Maßgabe des einfachen Rechts gewährleistet. Demgegenüber besteht die neuere Rechtsprechung auch für die „Randbetätigungen" auf vollem Grundrechtsschutz, freilich nur als prima-facie-Garantie, nicht als definitive Gewährleistung. Beschränkungen der Randbetätigungen sind zulässig, bedürfen aber einer verfassungsrechtlichen Legitimation. Darüber hinaus ist die Verhältnismäßigkeit zu wahren. Gehörte die zwingende Wirkung des Tarifvertrages aber bereits nach früherer Rechtsprechung zum Kernbereich von Art. 9 Abs. 3 GG, so kann der Schutz des Tarifvertrages als Norminstrument nach neuerer Rechtsprechung kein geringerer

---

außer acht lasse oder eine Regelung schaffe, durch welche die Unabdingbarkeit im wesentlichen Bestand ihrer Bedeutung verletzt würde, vgl. RAG, Urt. v. 12.11.1932, Bensh. Samml. 16, 532 (539 ff.).

[34] BVerfGE 50, 290.

[35] *Däubler*, DB 1989, 2534; *ders.*, Tarifvertragsrecht, Rn. 182, 362; *Hanau*, RdA 1993, 1 (10 f.); *Henssler*, ZfA 1994, 487 (498); *Herschel*, AuR 1981, 265 (266); *Hromadka*, AuA 1996, 289; *Hueck/Nipperdey*, Arbeitsrecht II/1, S. 232; *Junker*, ZfA 1996, S. 383 (395); *Konzen*, NZA 1995, 913 (915); *Krummel*, Unabdingbarkeitsgrundsatz, S. 202; *Löwisch*, JZ 1996, 812 (817 f.); *Löwisch/Rieble*, TVG, Grundl. Rn. 41; *Meik*, Kernbereich der Tarifautonomie, S. 169; *G. Müller*, AuR 1992, 257 (258); *Reuter*, ZfA 1995, 1 (88); *Säcker*, Kollektive Koalitionsfreiheit, S. 72; *Walker*, ZfA 1996, S. 353 (356); *Wank*, NJW 1996, 2273 (2278); *Wiedemann*, in: Beuthien, Arbeitnehmer oder Arbeitsteilhaber?, S. 157; *ders.*, FS Hanau (1999), S. 607 (620); *Zachert*, DB 1990, 986; *ders.*, DB 1991, 1225; *ders.*, AuR 1995, 1; *ders.*, RdA 1996, 140 (148); die Möglichkeit nicht unmittelbar und zwingend geltender Tarifverträge zieht *Heinze*, DB 1996, 729 (734) in Erwägung.

[36] *Lesch*, DB 2000, 322 (323); *Möschel*, WuW 1995, 704 (712); *ders.*, BB 2002, 1314 (1316); *Monopolkommission*, Tz. 936.

sein. Die vollkommene Aufhebung der zwingenden Wirkung des Tarifvertrages wäre verfassungswidrig.

3. Prüfung der Verfassungsmäßigkeit nach den hier entwickelten Maßstäben

Folgt man dem hier vertretenen Konzept, so ist zunächst zu bestimmen, ob die vollständige Beseitigung der zwingenden Wirkung des Tarifvertrages eine Ausgestaltung, eine Umgestaltung oder einen Eingriff darstellt. Aus der Zuordnung zu einer der drei Kategorien ergeben sich dann die entsprechenden verfassungsrechtlichen Maßstäbe.

a) Ausgestaltung

Um eine Ausgestaltung im Sinne des hier vertretenen Konzeptes handelt es sich ganz offensichtlich nicht. Ausgestaltung wurde hier definiert als der Erlaß einfachrechtlicher Normenkomplexe, deren Zweck darin besteht, dem einzelnen die Realisierung der von den rechtsgeprägten Grundrechten versprochenen und erst durch die Rechtsordnung konstituierten „Kontaktfreiheiten" effektiv zu ermöglichen. Ausgestaltung meint Grundrechtsprägung durch den Gesetzgeber. Der Gesetzgeber legt, da es bei Kontaktfreiheiten keine vorstaatlichen Freiheitsbereiche gibt, konstitutiv das Schutzgut eines rechtsgeprägten Grundrechts fest und bestimmt hierdurch dessen Inhalt. Das hat der Gesetzgeber für die von Art. 9 Abs. 3 GG gewährleistete Tarifautonomie mit dem Erlaß des TVG getan. Die Aufhebung der zwingenden Wirkung des Tarifvertrages ist aber alles andere als eine Ausgestaltung. Sie beseitigt gerade die einfachrechtlich durch das TVG geschaffene Möglichkeit, die Koalitionsfreiheit effektiv in Anspruch zu nehmen.

b) Umgestaltung

In Betracht kommt aber eine Umgestaltung. Unter Umgestaltung wird hier die Änderung des einfachrechtlichen Normenkomplexes verstanden, der einem rechtsgeprägten Grundrecht konnex-komplementär zugeordnet ist. Formal verlangt die Aufhebung der zwingenden Wirkung des Tarifvertrages zwar eine Änderung des zu Art. 9 Abs. 3 GG konnex-komplementären einfachen Rechts. Im Ergebnis kommt diese Änderung aber der Beseitigung des Tarifvertrages als Regelungsinstrument gleich. Sie ist damit keine reine Umgestaltung mehr, da ohne die zwingende Wirkung des Tarifvertrages die Koalitionsfreiheit faktisch leerläuft. Es ist sehr fraglich, ob in einer solchen Änderung überhaupt noch eine Umgestaltung zu sehen sein kann. Will man trotzdem die hier entwickelten Maßstäbe anwenden, so ist zwischen Umgestaltungen im engeren Sinne und Eingriffen zu unterscheiden. Unterscheidungskriterium war das Ziel, das der Gesetzgeber mit der Umgestaltung (im weiten Sinne) verfolgt. Bei einer Umgestaltung im engeren Sinne ändert der Gesetzgeber die grundrechtliche Garantie um ihrer selbst willen, beim Eingriff opfert oder beschränkt er sie zugunsten eines anderen (Verfassungs)Rechtsguts.

Begreift man die Aufhebung der zwingenden Wirkung des Tarifvertrages als Umgestaltung im engeren Sinne, so bewirkt Art. 9 Abs. 3 GG einen Normbestandsschutz, d.h. einen Schutz gegen die Abschaffung einfachrechtlicher Standards. Bei der Umgestaltung im engeren Sinne ist der Gesetzgeber an die idealtypischen Merkmale der Koalitionsfreiheit gebunden. Sie ergeben sich aus ihrer einfachrechtlichen Ausgestaltung – hic et nunc –, gehen aber insoweit darüber hinaus, als verfassungsrechtlich ein Austausch funktionsgleicher Ausgestaltungen zulässig ist. Die Aufhebung der zwingenden Wirkung des Tarifvertrages wäre aber kein Tausch funktionsgleicher Ausgestaltungen, sondern die ersatzlose Beseitigung. Freilich wären bei der Aufhebung der zwingenden Wirkung des Tarifvertrages rechtsverbindliche Vereinbarungen zwischen den Betriebsparteien oder den Arbeitsvertragsparteien möglich. Sie stellen aber keinen funktionell gleichwertigen Ersatz für Tarifverträge dar. Auf der Ebene des Arbeitsvertrages besteht nicht stets eine Parität zwischen den Vertragsparteien, die für einen gerechten Interessenausgleich bürgt. Auf der Ebene des Betriebes fehlt dem Arbeitgeber häufig ein Ansprechpartner, da nur zwei Drittel der Arbeitnehmerschaft in Betrieben beschäftigt sind, in denen ein Betriebsrat existiert[37]. Den Betriebsräten mangelt es im übrigen an Instrumenten, um billige und gerechte Arbeits- und Wirtschaftsbedingungen wirksam durchzusetzen. Insbesondere verbietet ihnen § 74 Abs. 2 BetrVG Maßnahmen des Arbeitskampfes. Tarifvertrag und Betriebsvereinbarung sind deshalb „nicht kompatibel"[38]. Die Aufhebung der zwingenden Wirkung des Tarifvertrages wäre deshalb mangels eines funktionsgleichen Ersatzes verfassungswidrig.

c) Eingriff

Schließlich ist zu überlegen, ob die Beseitigung der zwingenden Wirkung des Tarifvertrages als Eingriff in die Tarifautonomie zu rechtfertigen ist. Dann müßte der Gesetzgeber die Tarifautonomie zugunsten eines anderen Rechtsgutes opfern. In Betracht kommt vor allem die Bekämpfung der Massenarbeitslosigkeit. Da Art. 9 Abs. 3 GG aber vorbehaltlos gewährleistet ist, kann die Koalitionsfreiheit nicht zugunsten jedes beliebigen Rechtsgutes beschränkt werden, sondern nur zugunsten verfassungsrechtlich besonders geschützter Werte.

aa) Beschränkung durch kollidierendes Verfassungsrecht. Unter welchen Voraussetzungen ein einfaches Rechtsgut zu einem besonders geschützten Verfassungsrechtsgut avancieren kann, wird im verfassungsrechtlichen Schrifttum lebhaft diskutiert[39]. Das BVerfG hat zwar in diesem Zusammenhang immer wieder auf die Kompetenzkataloge der Art. 70 ff. GG verwiesen. Es kann aber nicht schon jeder verfassungsrechtliche Kompetenztitel eine Beschränkung von vorbehaltlos gewährleisteten

---

[37] *Von Hoyningen-Huene*, Betriebsverfassungsrecht, S. 107; *Löwisch*, JZ 1996, 812 (819).
[38] *Hromadka*, NZA 1996, 1233 (1238); *Rieble*, RdA 1996, 151 (152); zu den Struktur- und Funktionsunterschieden zwischen Tarifvertrag und Betriebsvereinbarung im einzelnen *Kempen*, ArbRdGgw 1993, S. 97 ff.; *ders.*, RdA 1994, 140 ff.; *Picker*, NZA 2002, 761 ff.; *Richardi*, DB 2000, 42 ff.
[39] Überblick bei *Sachs*, in: Stern, Staatsrecht III/2, § 81 V, S. 571 ff. m.w.N.

Grundrechten rechtfertigen; sonst könnten diese allzu leicht unter einen allgemeinen Gesetzesvorbehalt gestellt werden. Darüber besteht im staatsrechtlichen Schrifttum weitgehend Einigkeit[40]. Auf Kompetenzbestimmungen kann sich der Gesetzgeber nur dann berufen, wenn diese konkret grundrechtsbeschränkende Regelungsmöglichkeiten betreffen oder als Billigung bereits stattfindender, insbesondere als vorkonstitutionell vorgefundener Grundrechtsbeeinträchtigungen verstanden werden können[41]. Beispiel für den ersteren Fall ist die Einführung der gesetzlichen Wehrpflicht und die damit einhergehenden grundrechtlichen Beschränkungen auf der Grundlage des Art. 73 Nr. 1 GG[42], Beispiel für den letzteren Fall die Anerkennung bestehender Finanzmonopole in Art. 105 Abs. 1, 106 Abs. 1 und 108 Abs. 1[43], die die Berufsfreiheit beschränken.

Verfassungsrechtsgüter sind jedenfalls Güter und Institutionen, die für den Staat oder die Gemeinschaft von so erheblichem Wert sind, daß eine Beeinträchtigung ihres Bestandes oder ihrer Funktionsfähigkeit nicht ohne wesentliche Einbuße für die staatliche Ordnung oder das Gemeinschaftsleben hingenommen werden kann, kurzum: Rechtsgüter von existentieller Bedeutung, die die Einschränkung von Grundrechten zwingend erfordern[44]. Als solche besonders qualifizierten Rechtsgüter werden immer wieder genannt: der Bestand der Bundesrepublik Deutschland, der Schutz der freiheitlich-demokratischen Grundordnung, der innerstaatliche Friede, die Verteidigungsbereitschaft, die Volksgesundheit, eine geordnete und funktionsfähige Rechtspflege, eine stabile Währung sowie das gesamtwirtschaftliche Gleichgewicht[45]. Die Bekämpfung der Massenarbeitslosigkeit gehört mit in diese Reihe[46]. Das Ziel der Vollbeschäftigung ist Teil des von Art. 109 Abs. 2 GG unter besonderen Verfassungsschutz gestellten gesamtwirtschaftlichen Gleichgewichts[47]. Überdies ermöglicht der Abbau von Arbeitslosigkeit den zuvor Arbeitslosen, das Grundrecht aus Art. 12 Abs. 1 Satz 1 GG zu verwirklichen, sich durch Arbeit in ihrer Persönlichkeit zu entfalten und darüber Achtung und Selbstachtung zu erfahren. Insofern wird das gesetzliche Ziel auch von Art. 1 Abs. 1 und Art. 2 Abs. 1 GG getragen[48]. Darüber hinaus ist die finanzielle Stabilität des Systems der sozialen Sicherung ein Gemeinschaftsbelang von hoher Bedeutung[49].

---

[40] *Herbert*, EuGRZ 1985, 321 (330 f.); *Heyde*, FS Zeidler II (1987), S. 1429 (1441 f.); *Mahrenholz/Böckenförde*, Sondervotum, BVerfGE 69, 1 57 (59 f.); *Otto*, FS Zeuner (1994), S. 121 (137 f.); *Pieroth*, AöR 114 (1989), S. 422 ff; *Sachs*, in: Stern, Staatsrecht III/2, § 81 V 4 b, S. 584 m.w.N. und § 82 IV 9 b β, S. 685; *Schlink*, EuGRZ 1984, 457 (464); *Schnapp*, JuS 1978, 729 (734); *Selk*, JuS 1990, 895 (897 ff.); *Stern*, Staatsrecht I, § 37 II 4 c g; *ders.*, Staatsrecht III/1, § 74 III 5 d; a.A. *Stettner*, Grundfragen einer Kompetenzlehre, S. 59 f., 331 f.; *von Pollern*, JuS 1977, 644 (648).
[41] *Sachs*, in: Stern, Staatsrecht III/2, § 81 V 4 c β, γ, S. 586 ff.
[42] BVerfGE 12, 45 (50).
[43] BVerfGE 14, 105 (111).
[44] BVerfGE 33, 52 (70); *Sachs*, in: Stern, Staatsrecht III/2, § 82 IV 9 c, S. 686.
[45] *Sachs*, in: Stern, Staatsrecht III/2, § 82 IV 9 a, S. 682 f. und § 84 IV 5 b β, S. 824.
[46] BVerfGE 100, 271 (284); 103, 293 (307).
[47] *Butzer*, RdA 1994, 375 (382); *Pieroth*, in: Jarass/Pieroth, Art. 109 GG Rn. 6; *Scholz*, ZfA 1981, 265 (282); krit. *Dieterich*, RdA 2002, 1 (16 f.); *Kamanabrou*, RdA 1997, 22 (31).
[48] BVerfGE 100, 271 (284); 103, 293 (307).
[49] BVerfGE 70, 1 (26, 30); 77, 84 (107); 82, 209 (230); 100, 271 (284); 103, 293 (307).

§ 4 *Der Zugriff auf den Tarifvertrag als Regelungsinstrument* 185

Möglicherweise läßt sich eine Beschränkung der Koalitionsfreiheit auch aus dem Sozialstaatsprinzip rechtfertigen. Das Sozialstaatsprinzip verlangt den Schutz sozial besonders Schwacher[50], die Schaffung sozialer Sicherungssysteme gegen die Wechselfälle des Lebens[51] sowie die Sorge für eine gerechte Sozialordnung zum Ausgleich der sozialen Gegensätze[52]. Gewiß ist der Abbau der Arbeitslosigkeit sozialstaatlich motiviert; nicht zuletzt, um den Bestand und die geordnete Entwicklung der Sozialversicherungssysteme zu garantieren. Das BVerfG hat nicht von ungefähr angenommen, daß die Vermeidung und die Behebung von Arbeitslosigkeit hohe Gemeinschaftswerte darstellen, die im Sozialstaatsprinzip begründet liegen[53]. Es ist allerdings nicht geeignet, Grundrechte ohne nähere Konkretisierung, d.h. unmittelbar und ohne „Zwischenschaltung" eines bestimmten Gesetzgebungsaktes zu beschränken. Das Sozialstaatsprinzip stelle dem Staat eine Aufgabe, sage aber nichts darüber, wie diese Aufgabe im einzelnen zu verwirklichen sei. Wegen dieser Offenheit könne das Sozialstaatsprinzip vorbehaltlos gewährleisteten Grundrechten keine unmittelbaren Schranken ziehen[54]. Allerdings hat das BVerfG nichts dazu ausgeführt, ob zumindest der Gesetzgeber auf der Grundlage des Sozialstaatsprinzips ohne weiteres zu einer Beschränkung vorbehaltlos gewährleisteter Grundrechte berechtigt ist. Das ist jedoch zweifelhaft. Denn nach dem klaren Wortlaut des Art 1 Abs. 3 GG sind die Grundrechte auch für den sozialstaatlich motivierten Gesetzgeber verbindlich. Ihre Beschränkung kommt grundsätzlich nur nach Maßgabe der von der Verfassung selbst vorgesehenen Gesetzesvorbehalte in Betracht. Das Sozialstaatsprinzip besitzt – jedenfalls für sich genommen – keine hinreichend präzisen Konturen, um außerhalb der bestehenden Gesetzesvorbehalte dem Gesetzgeber Möglichkeiten einer Grundrechtsbeschränkung zu eröffnen[55]. Der Abbau der Arbeitslosigkeit ist dagegen zumindest wegen Art. 109 Abs. 2 GG ein verfassungsrechtlich geschütztes Ziel.

bb) Verfassungsrechtliche Bindungen. Der Eingriff in ein vorbehaltlos gewährleistetes Grundrecht ist aber nicht allein dadurch gerechtfertigt, daß sich der Gesetzgeber auf ein verfassungsrechtlich geschütztes Gut berufen kann. Vielmehr ist der Gesetzgeber strikt an den Grundsatz der Verhältnismäßigkeit gebunden. Darüber hinaus verbietet ihm Art. 19 Abs. 2 GG, den Wesensgehalt eines Grundrechts anzutasten. Um dem Verhältnismäßigkeitsprinzip zu genügen, müßte die Beseitigung der zwingenden Wirkung ein geeignetes, erforderliches und angemessenes Mittel zur Bekämpfung der Arbeitslosigkeit sein.

---

[50] BVerfGE 40, 121 (133); 43, 13 (19); 43, 213 (226); 44, 353 (375).
[51] BVerfGE 28, 324 (248 ff.); 45, 376 (387); 68, 193 (209).
[52] BVerfGE 22, 180 (204); 35, 202 (235 f.); 69, 272 (314).
[53] BVerfGE 21, 245 (251); 100, 271 (284); 103, 293 (307).
[54] BVerfGE 59, 231 (263) im Anschluß an BVerfG 52, 283 (298).
[55] *Bieback,* EuGRZ 1985, 657 (661); *Bettermann,* Grenzen der Grundrechte, S. 18; *Jarass,* in: Jarass/Pieroth, Art. 20 GG Rn. 122; *Sachs,* in: Stern, Staatsrecht III/2, § 81 V 3 c, S. 578; *Wülfing,* Grundrechtsschranken, S. 97; nur für extreme Ausnahmefälle *Herzog,* in: Maunz/Dürig, Art. 20 GG VIII Rn. 45.

Geeignet ist ein Mittel, wenn mit seiner Hilfe der gewünschte Erfolg gefördert werden kann[56]. In der Literatur gibt es eine Reihe von Stimmen, die die Kartellierung des Arbeitsmarktes für die hohe Arbeitslosigkeit verantwortlich machen. Sie verlangen daher die Beseitigung der zwingenden Wirkung der Tarifverträge. Nach ihrer Ansicht verhindert die zwingende Wirkung des Tarifvertrages, daß Dienstleistungen auf dem Arbeitsmarkt zu einem markträumenden Preis angeboten werden. Da die Tarifbedingungen oberhalb dieses markträumenden Preises lägen, gehe die Nachfrage nach Arbeit zurück. Arbeitsplätze, die ihre Kosten nicht mehr erwirtschafteten, würden abgebaut: sei es durch Verlagerung in kostengünstigere Regionen, sei es durch noch kapitalintensivere Maschinisierung. Überdies verträten die Tarifvertragsparteien nur die Interessen der bei ihnen Organisierten; das seien aber gerade nicht die Arbeitslosen[57]. Gegen diese im wesentlichen volkswirtschaftlich, oder genauer: neo-liberal argumentierenden Stimmen läßt sich freilich einwenden, daß die Kartellstruktur auf dem Arbeitsmarkt, die durch die zwingende Wirkung des Tarifvertrages mit voller Absicht verursacht wird[58], nicht die einzige Ursache für die Arbeitslosigkeit ist. Hierfür sind zahlreiche weitere nachfrage- und angebotsorientierte Einflußgrößen von Bedeutung. Sie reichen von der Güternachfrage im In- und Ausland, der Produktionstechnologie und dem Unternehmensmanagement über die Bedingungen der Infrastruktur, des Wechselkurses, des Steuersystems bis hin zur demographischen Entwicklung. Diesen Faktoren kann im Einzelfall durchaus ein sehr viel größeres Gewicht zukommen als der institutionellen Ausgestaltung des Arbeitsmarktes. Das konzedieren auch die Befürworter einer Beseitigung der zwingenden Wirkung des Tarifvertrages[59]. Gleichwohl sind sie der Auffassung, daß ein Korrekturbedarf an anderer Stelle nicht den Korrekturbedarf am institutionellen Rahmen des Arbeitsmarktes beseitige. Korrekturen hätten dort zu erfolgen, wo sie möglich und sinnvoll seien.

In der Tat verlangt das Gebot des geeigneten Mittels nach h.M. nicht, die bestmögliche oder geeignetste Maßnahme einzusetzen; es genügt ein Beitrag zur Zielerreichung[60]. Überdies kommt dem Gesetzgeber beim Erlaß wirtschaftsordnender Gesetze ein erheblicher Beurteilungsspielraum zu[61]. Deshalb scheiden nur schlechthin ungeeignete Mittel aus[62]. Ob die Aufhebung der zwingenden Tarifwirkung den geeigneten Weg zur Bekämpfung der Arbeitslosigkeit bedeutet, ist allerdings sehr zweifelhaft. Gewiß kennen die wenigsten Arbeitsrechtsordnungen des Auslandes Tarifverträge mit zwingender Wirkung, und es läßt sich nicht behaupten, daß deshalb deren Arbeitsmärkte funktionsunfähig seien. Ländervergleiche im 1 : 1-Maßstab berücksichtigen jedoch nicht die vielen weiteren institutionellen Arrange-

---

[56] BVerfGE 30, 292 (316); 33, 171 (187); 67, 157 (173).
[57] *Möschel*, WuW 1995, 704 (705 ff.); vgl. auch *Monopolkommission*, Tz. 880, 885 ff., 936.
[58] *Richardi*, DB 2000, 42 (43); *Söllner*, NZA 2000, Sonderbeilage zu Heft 24, S. 33 (37) im Anschluß an *Böhm*, Kartelle und Koalitionen, S. 1 (24).
[59] So auch *Monopolkommission*, Tz. 888.
[60] *Herzog*, in: Maunz/Dürig, Art. 20 VII GG Rn. 74; *Jarass*, in: Jarass/Pieroth, Art. 20 GG Rn. 84.
[61] BVerfGE 39, 210 (225 f.); 46, 246 (256); 51, 193 (208); 77, 84 (106); 77, 308 (332); *Breuer*, in: HdbStR VI, S. 972 f.; *Jarass*, in: Jarass/Pieroth, Art. 12 GG Rn. 32b.
[62] BVerfGE 19, 119 (127); 61, 291 (313 f.); 65, 116 (126); 70, 1 (26); 71, 206 (215); 73, 301 (317); 79, 174 (202); 83, 90 (109); 85, 191 (212); hierzu *Stern*, Staatsrecht III/2, §.84 II 2, S. 776 ff. m.w.N.

§ 4 Der Zugriff auf den Tarifvertrag als Regelungsinstrument 187

ments, die für die Regelung des Arbeitsmarktes von Bedeutung sind[63]. Ihnen kommt deshalb für die Frage, ob die Beseitigung der zwingenden Wirkung des Tarifvertrages eine geeignete Maßnahme zur Bekämpfung der Arbeitslosigkeit darstellt, nur geringe Aussagekraft zu. Weit aufschlußreicher sind historische Vergleiche. Tatsächlich hat der deutsche Gesetzgeber schon einmal versucht, das Problem der Arbeitslosigkeit durch die Aufhebung der zwingenden Wirkung von Tarifverträgen in den Griff zu bekommen. In der Zeit der Weltwirtschaftskrise, die Deutschland Anfang der dreißiger Jahre mit besonderer Wucht traf, wurde die zwingende Wirkung von Tarifverträgen durch sechs Notverordnungen Schritt für Schritt abgebaut[64]. Der Gesetzgeber griff 1930 zunächst in die Tarifverträge des öffentlichen Dienstes ein[65], 1932 auch in die der Privatwirtschaft[66]. Die Notverordnungen schufen die Möglichkeit einer arbeitsvertraglichen Tariflohnunterschreitung. Erklärtes Ziel war die Erhöhung der Beschäftigung. Dieses Ziel wurde nicht erreicht, die Arbeitslosigkeit stieg weiter an[67]. Zudem stießen die Maßnahmen bei den Koalitionen selbst und bei den Arbeitsvertragsparteien auf erheblichen Widerstand[68]. Auch die zeitgenössische Lehre äußerte Kritik an der Abschwächung der Unabdingbarkeit von Tarifverträgen[69]. Der Gesetzgeber erkannte die Wirkungslosigkeit seiner Maßnahmen und hob die Verordnungen bereits Ende 1932 wieder auf[70]. Schon diese historische Erfahrung lehrt, daß die beschäftigungsfördernden Wirkungen, die von einer Aufhebung der zwingenden Wirkung des Tarifvertrages ausgehen, eher gering, wenn nicht gar negativ zu veranschlagen sind.

Die Aufhebung der zwingenden Wirkung von Tarifverträgen ist aber auch nicht erforderlich. Erforderlich im Sinne des Grundsatzes der Verhältnismäßigkeit ist eine Maßnahme dann, „wenn der Gesetzgeber nicht ein anderes, gleich wirksames, aber das Grundrecht nicht oder doch weniger fühlbar einschränkendes Mittel hätte wählen können"[71]. Gerade hier kommen andere Mittel in Betracht. Denn die Arbeits-

---

[63] *Henssler*, ZfA 1998, S. 1 (29).
[64] Zu den damaligen Vorschlägen zur Auflockerung der Unabdingbarkeit *Engelberger*, Tarifautonomie im Deutschen Reich, S. 243 ff.
[65] Verordnung des Reichspräsidenten zur Behebung finanzieller, wirtschaftlicher und sozialer Notstände vom 26.7.1930, RGBl I. S. 311; fortgeführt durch Verordnungen vom 1.12.1930, 18.7.1931, 6.10.1931, 9.12.1931, 4.9.1932; hierzu im einzelnen *Krummel*, Unabdingbarkeitsprinzip, S. 147 ff.
[66] Verordnung zur Vermehrung und Erhaltung der Arbeitsgelegenheit vom 5.9.1932, RGBl. I, S. 433.
[67] *Krummel*, Unabdingbarkeitsprinzip, S. 138 f., 187 f.; *Marcon*, Arbeitsbeschaffungspolitik der Regierungen Papen und Schleicher, S. 279; *Huber*, Deutsche Verfassungsgeschichte, Band VII, S. 1184, gibt allerdings zu Bedenken, daß ein abschließendes Urteil über die Wirkungen der Verordnungen wegen ihrer geringen Geltungsdauer nur schwer möglich sei; ähnlich *Engelberger*, Tarifautonomie im Deutschen Reich, S. 263.
[68] *Engelberger*, Tarifautonomie im Deutschen Reich, S. 263.
[69] Eingehend *Engelberger*, Tarifautonomie im Deutschen Reich, S. 256 ff.; *Krummel*, Unabdingbarkeitsprinzip, S. 170 ff.
[70] Verordnung über die Aufhebung der Verordnung zur Vermehrung und Erhaltung der Arbeitsgelegenheit vom 14.12.1932, RGBl. I, S. 545.
[71] BVerfGE 30, 292 (316); 63, 88 (115); 70, 1 (26); 70, 278 (286); 78, 38 (50); 78, 232 (245); so auch die Literatur, vgl. *Grabitz*, AöR 98 (1973), S. 568 (573 ff.); *ders.*, Freiheit, S. 84 ff.; *Gentz*, NJW 1968, 1600 (1603); *Jakobs*, Grundsatz der Verhältnismäßigkeit, S. 66 ff.; *Lerche*, Übermaß, S. 19 ff.; *ders.*, in: HdbStR V, § 122 Rn. 16; *Pieroth/Schlink*, Grundrechte, Rn. 285 ff.; *Schnapp*, JuS 1983, 850 (854); *Stern*, Staatsrecht III/2, § 84 II 2, S. 779 ff. m.w.N.

losigkeit läßt sich nicht auf eine einzige Ursache zurückführen. Folglich kann zu ihrer Bekämpfung ein ganzes Bündel von Maßnahmen eingesetzt werden, die die vorbehaltlos gewährleistete Koalitionsfreiheit weniger beeinträchtigen. Auf die Frage der Angemessenheit braucht deshalb nicht weiter eingegangen zu werden. Abgesehen davon wäre die Beseitigung der zwingenden Wirkung auch ein Verstoß gegen Art. 19 Abs. 2 GG, da sie das Wesen der Tarifautonomie antasten würde[72].

Zusammengefaßt läßt sich also feststellen, daß sowohl nach der älteren als auch nach der neueren – strengeren – Rechtsprechung als auch nach der hier vertretenen Konzeption die vollständige Aufhebung der zwingenden Wirkung des Tarifvertrages verfassungswidrig ist. Dasselbe gilt für Maßnahmen mit vergleichbaren Effekten: die Aufhebung des § 77 Abs. 3 BetrVG, die Beseitigung der verlängerten Tarifgebundenheit nach einem Verbandsaustritt sowie die Neuinterpretation des Günstigkeitsprinzips. Unterschiede zwischen älterer und neuerer Rechtsprechung und dem hier vertretenen Konzept bestehen jedoch, wenn die zwingende Wirkung des Tarifvertrages nicht vollständig beseitigt, sondern nur aufgelockert wird, sei es in persönlicher, zeitlicher oder sachlicher Hinsicht.

III. Auflockerung der zwingenden Wirkung des Tarifvertrages

Da die vollständige Beseitigung der zwingenden Wirkung des Tarifvertrages wegen Verfassungswidrigkeit von vornherein ausscheidet, fragt es sich, ob und inwieweit der Gesetzgeber diese zumindest auflockern kann. Zahlreiche Alternativen stehen ihm hierzu offen. Deren verfassungsrechtliche Zulässigkeit ist für jeden Fall gesondert zu prüfen. Ein Prüfung aller denkbaren Fälle würde allerdings den Rahmen dieser Arbeit sprengen. Es kann deshalb nur darum gehen, die möglichen Formen einer Auflockerung zu systematisieren, um anschließend die Linien der Zulässigkeitsprüfung zu skizzieren. Dabei wird sich zeigen, daß die Rechtsprechung kaum exakte Kriterien für diese Prüfung bereithält.

1. Systematisierung möglicher Gesetzesänderungen

Die Alternativen zur Auflockerung der zwingenden Wirkung des Tarifvertrages lassen sich nach vier Gesichtspunkten systematisieren.

Zunächst kann bezüglich des gegenständlichen Ansatzpunktes einer Auflockerung zwischen einer Beschränkung der zwingenden Wirkung in zeitlicher, betrieblicher und persönlicher Hinsicht differenziert werden. In die erste Kategorie fallen Änderungen der §§ 3 Abs. 3 und 4 Abs. 5 TVG, in die zweite Kategorie Auflockerungen der zwingenden Wirkung für betriebliche oder unternehmerische Notlagen, in die dritte Kategorie die Zulassung der einzelvertraglichen Abweichung vom Tarifvertrag zu Lasten bestimmter Arbeitnehmergruppen.

Hinsichtlich der Reichweite einer Auflockerung kann unterschieden werden zwischen Gesetzesänderungen, die die Geltung von Tarifverträgen unmittelbar für

---

[72] So bereits für Art. 165 Abs. 1 WRV das RAG, Urt. v. 12.11.1932, Bensh. Samml. 16, 532 (539 ff.).

§ 4 Der Zugriff auf den Tarifvertrag als Regelungsinstrument

Auflockerung der zwingenden Wirkung des Tarifvertrages

in zeitlicher
Hinsicht

in betrieblicher
Hinsicht

in persönlicher
Hinsicht

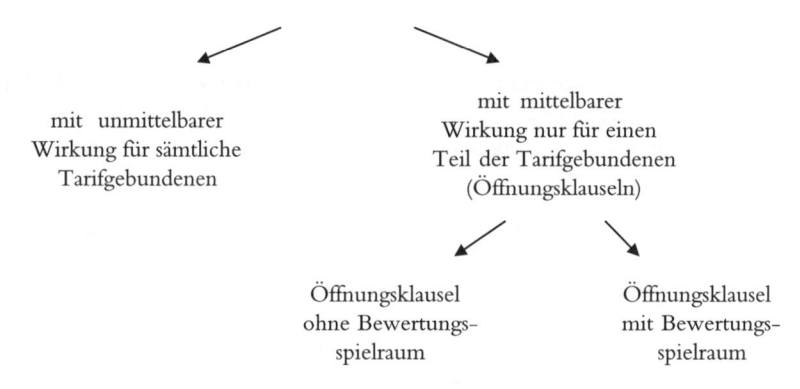

Auflockerung der zwingenden Wirkung des Tarifvertrages

mit unmittelbarer
Wirkung für sämtliche
Tarifgebundenen

mit mittelbarer
Wirkung nur für einen
Teil der Tarifgebundenen
(Öffnungsklauseln)

Öffnungsklausel
ohne Bewertungs-
spielraum

Öffnungsklausel
mit Bewertungs-
spielraum

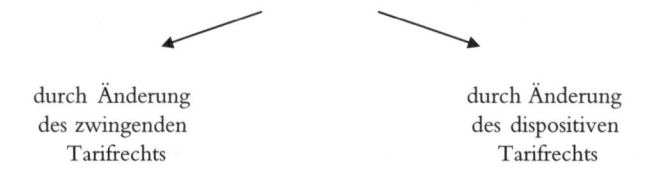

Auflockerung der zwingenden Wirkung des Tarifvertrages

durch Änderung
des zwingenden
Tarifrechts

durch Änderung
des dispositiven
Tarifrechts

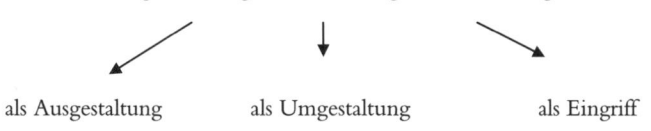

Auflockerung der zwingenden Wirkung des Tarifvertrages

als Ausgestaltung   als Umgestaltung   als Eingriff

sämtliche Tarifgebundenen einschränken, und solchen, die nur für bestimmte Tarifgebundene gelten und an den Eintritt zusätzlicher Bedingungen geknüpft sind. Zur ersten Gruppe zählen wiederum Änderungen der §§ 3 Abs. 3 und 4 Abs. 5 TVG, zur zweiten Gruppe rechnet insbesondere die Einführung eingeschränkter Öffnungsklauseln. Bei der Einführung von Öffnungsklauseln kann weiter danach differenziert werden, ob der Gesetzgeber die Voraussetzungen, unter denen vom Tarifvertrag abgewichen werden darf, selbst exakt und abschließend definiert, oder ob er dies Dritten überläßt, etwa durch Verwendung unbestimmter Rechtsbegriffe mit gerichtlich nicht im einzelnen nachprüfbaren Beurteilungsspielräumen.

Im Hinblick auf die ausschließliche Zuständigkeit des Gesetzgebers kann danach unterschieden werden, ob der Gesetzgeber auf solche Bausteine des institutionellen Rahmens der Tarifautonomie Zugriff nimmt, die nur er selbst verändern kann, oder ob er bei Systemelementen ansetzt, deren Änderung grundsätzlich auch den Tarifvertragsparteien offensteht. Beispiel für einen Zugriff aus der ersten Gruppe ist die Änderung des § 3 Abs. 3 TVG; über diese Norm können die Tarifvertragsparteien – im Gegensatz zu § 4 Abs. 5 TVG[73] – nicht selbst disponieren. Beispiel einer Änderung aus der zweiten Gruppe ist die Einführung einer gesetzlichen Öffnungsklausel; diese hätten die Tarifvertragsparteien zugunsten der Betriebsparteien nach Maßgabe des § 77 Abs. 3 TVG, zugunsten der Arbeitsvertragsparteien gemäß § 4 Abs. 3 TVG selbst schaffen können.

Schließlich kann, wie bereits bei der Beseitigung der zwingenden Wirkung des Tarifvertrages, so auch bei der Auflockerung nach dem Ziel des Gesetzgebers, d.h. zwischen Ausgestaltung, Umgestaltung und Eingriff unterschieden werden.

2. Prüfung der Verfassungsmäßigkeit nach den Maßstäben der Rechtsprechung

a) Ältere Rechtsprechung

Bekanntlich begriff die ältere Rechtsprechung den Schutz der Koalitionsfreiheit nur im Sinne einer Garantie der Einrichtung der Tarifautonomie als solcher. Sie reduzierte die Gewährleistung auf den Kernbereich des für den Bestand und die Erhaltung der Tarifautonomie Unerläßlichen. Zwar verlangte sie für Einschränkungen einen sachlichen Grund; das war aber nicht mehr als das Verbot willkürlicher Beschränkung. Der Sache nach sollten Änderungen im Randbereich der Tarifautonomie ohne weiteres möglich sein, wenn und soweit sie nicht die kernbereichsgeschützten Merkmale des Tarifvertrages als Rechtsinstitut beseitigten. Zu diesen absolut änderungsresistenten Merkmalen zählte kaum mehr als die zwingende Wirkung von Tarifverträgen. Legt man diese Bewertungsmaßstäbe zugrunde, so ist offensichtlich jede Gesetzesänderung, die die zwingende Wirkung des Tarifvertrages nur auflockert, jedoch nicht in toto beseitigt, zulässig. Sollen diese Änderungen im wesentlichen der Bekämpfung der Arbeitslosigkeit dienen, liegt der sachliche Grund für eine Auflockerung der zwingenden Wirkung auf der Hand. Die ältere Rechtsprechung vermag einer schleichenden Aushöhlung der Tarifautonomie nichts entgegenzusetzen. Diese Gefahr besteht vor allem bei weitreichenden Öffnungsklauseln, aber auch bei der Kombination von Einzelmaßnahmen. Solange jedoch die zwingende Wirkung des Tarifvertrages nicht aufgehoben wird, sind nach älterer Rechtsprechung sämtliche Maßnahmen zulässig, und zwar ohne Rücksicht auf ihre Gesamtwirkung.

---

[73] BAG, Beschl. v. 3.9.1986, AP Nr. 12 zu § 4 TVG Nachwirkung; Beschl. v. 16.8.1990, EzA § 4 TVG Nachwirkung Nr. 9; *Bepler*, in: Däubler, § 4 TVG Rn. 828; *Gamillscheg*, Kollektives Arbeitsrecht, S. 876 f.; *Kempen*, in: Kempen/Zachert, § 4 TVG Rn. 548; *Löwisch/Rieble*, § 4 TVG Rn. 410; *Wank*, in: Wiedemann, § 4 TVG Rn. 361.

b) Neuere Rechtsprechung

Der mangelnde Schutz vor einer schleichenden Aushöhlung der Koalitionsfreiheit war es, der das BVerfG zu einer Kurskorrektur bewog. Während sich ältere und neuere Rechtsprechung in der Ablehnung der vollständigen Beseitigung der zwingenden Wirkung des Tarifvertrages einig sind, hat die neuere Rechtsprechung auch die Anforderungen an eine Auflockerung der zwingenden Wirkung von Tarifverträgen verschärft. Zunächst genießt nicht mehr nur der Kernbereich des für den Bestand und die Erhaltung der Koalitionen Unerläßlichen verfassungsrechtlichen Schutz, sondern auch der Randbereich koalitionsmäßiger Betätigungen. Folgerichtig setzt der Normbestandsschutz aus Art. 9 Abs. 3 GG nicht erst bei Maßnahmen an, die die Funktionsfähigkeit des Tarifvertrages außer Kraft setzen oder erheblich schwächen, sondern bereits beim ersten Zugriff des Gesetzgebers. Außerdem genügt für die Beschränkung der Koalitionsfreiheit nicht mehr die Berufung auf beliebige Rechtsgüter, sondern es vermögen nur noch Verfassungsrechtsgüter die Koalitionsfreiheit zu begrenzen. Schließlich sieht die neuere Rechtsprechung den Gesetzgeber häufig an den Grundsatz der Verhältnismäßigkeit gebunden. Diese insgesamt verschärften Anforderungen gehen zwar in die richtige Richtung. Der Rechtsprechung fehlt aber ein schlüssiges Konzept zur Einordnung ihrer Kriterien, da sie bislang sämtliche Regelungen des Gesetzgebers im Bereich der Koalitionsfreiheit als Ausgestaltungen begreift. Überdies differenziert sie nicht genügend nach den Zielen einer Auflockerung; aus diesen ergeben sich jedoch unterschiedliche Rechtfertigungslasten. Die Unterscheidung nach Ausgestaltung, Umgestaltung und Eingriffen ist klarer.

3. Prüfung der Verfassungsmäßigkeit nach dem hier vertretenen Konzept

Da die Auflockerung der zwingenden Wirkung des Tarifvertrages offensichtlich keine Ausgestaltung der Tarifautonomie darstellt – sie betrifft nicht den erstmaligen Erlaß der Art. 9 Abs. 3 GG zugeordneten Normenkomplexe im Sinne einer Inhaltsbestimmung der Tarifautonomie –, ist ihre Verfassungsmäßigkeit nach den für Umgestaltungen und den für Eingriffe geltenden Kriterien zu beurteilen.

a) Auflockerung als Umgestaltung im engeren Sinne

Die Auflockerung der zwingenden Wirkung des Tarifvertrages wäre eine Umgestaltung im engeren Sinne, wenn das primäre Ziel des Gesetzgebers in der Anpassung des Tarifvertragssystems an die gewandelten Umstände bestünde und nicht in einer Zurückdrängung oder Aufopferung der Tarifautonomie zugunsten anderer Interessen, insbesondere der Bekämpfung der Massenarbeitslosigkeit läge. Nach diesem Kriterium wären beispielsweise Änderungen des § 3 Abs. 3 TVG und des § 4 Abs. 5 TVG Umgestaltungen im engeren Sinne. Denn hierbei geht es vorrangig um eine tarifrechtsimmanente Änderung, deren Ziel die Verbesserung der allgemeinen Funktionsfähigkeit des Tarifsystems ist. Die zeitliche Geltung von Tarifverträgen soll nicht aufgelockert werden, um andere, nicht im direkten Zusammenhang mit der Tarifautonomie stehende Interessen zu befördern; insbesondere dient sie nicht unmittelbar der Bekämpfung der Massenarbeitslosigkeit; die Änderung könnte auch zu jedem anderen Zeitpunkt erfolgen.

Der Normbestandsschutz aus Art. 9 Abs. 3 GG verlangt bei Umgestaltungen vom Gesetzgeber den Nachweis, daß die Änderung der einfachrechtlichen Ausgestaltung die Funktionsfähigkeit eines rechtsgeprägten Grundrechts erhöht. Überdies zwingt Art. 3 Abs. 1 GG den Gesetzgeber zur Beachtung der von ihm selbst durch seine eigenen Regelungen gesetzten Sachstruktur. Nicht gebunden ist der Gesetzgeber bei Umgestaltungen an den Grundsatz der Verhältnismäßigkeit, da das rechtsgeprägte Grundrecht hierbei nicht zugunsten anderer Güter zurückgedrängt wird. Er muß aber die idealtypischen Merkmale der Tarifautonomie beachten, die sich aus dem Schutzzweck des Art. 9 Abs. 3 GG ergeben. Schließlich darf der Gesetzgeber bei einer Umgestaltung die Gewichte zwischen den Beteiligten neu verteilen und damit eine andere Kollisionslösung vornehmen.

Um die Wirkungsweise dieser Kriterien zu demonstrieren, soll die Verfassungsmäßigkeit einer Änderung des § 3 Abs. 3 TVG geprüft werden. Dazu bietet sich ein von der Monopolkommission unterbreiteter Vorschlag an. Diese hatte angeregt, die Bindung an den Tarifvertrag zwar nicht bereits mit dem Austritt einer der beiden Arbeitsvertragsparteien aus dem entsprechenden tarifschließenden Verband entfallen zu lassen – das wäre eine verfassungswidrige Aufhebung des § 3 Abs. 3 TVG –, sondern erst mit dem Ablauf des Tarifvertrages. Damit sollte aber für den aus der Koalition Ausgetretenen zugleich die Bindung an sonstige noch nicht beendete Tarifverträge derselben Tarifvertragsparteien – etwa an Manteltarifverträge mit längerer Laufzeit – aufhören[74]. Diese Änderung wird in der Literatur allgemein für zulässig und geboten[75], mitunter sogar für dringend notwendig erachtet[76]. Wendet man die hier vorgeschlagenen Kriterien an, so ergibt sich folgendes:

Die Änderung des § 3 Abs. 3 TVG müßte aufs ganze gesehen die Funktionsfähigkeit der Tarifautonomie erhöhen. Die Funktionsfähigkeit ist ein empirisches Kriterium. Da es darum geht, die Funktionalität neuer Ausgestaltungsgesetze zu beurteilen, sind Prognosen über die zukünftige Wirkung von Gesetzen erforderlich, die zwangsläufig das Moment der Ungewißheit in sich tragen[77]. Diese Ungewißheit schließt weder die Befugnis zum Erlaß neuer Gesetze aus, noch legitimiert sie den Gesetzgeber zu jeder beliebigen Umgestaltung[78]. Die Änderung des § 3 Abs. 3 TVG ist jedoch ein taugliches Mittel, die Funktionsfähigkeit der Tarifautonomie zu stärken, denn sie zieht aus bestehenden Legitimationsdefiziten die richtige Konsequenz: Ist die Geltung der Tarifnormen im wesentlichen durch die Mitgliedschaft

---

[74] *Monopolkommission*, Tz. 947; zu weiteren Möglichkeiten, § 3 Abs. 3 TVG zu ändern *Dieterich/Henssler/Oetker/Wank/Wiedemann*, RdA 2004, 65 (75 ff.); *Wank*, NJW 1996, 2273 (2278).
[75] *Beuthien/Meik*, DB 1993, 1518 (1519); *Hromadka*, AuA 1996, 289 (291); *Junker*, ZfA 1996, S. 383 (400); *Konzen*, NZA 1995, 913 (920); *Lieb*, NZA 1994, 337 (339); *Löwisch*, JZ 1996, 812 (821); *Möschel*, BB 2002, 1313 (1316); *Walker*, ZfA 1996, S. 353 (380 f.).
[76] *Heinze*, NZA 1995, 5 (7).
[77] *Schlink*, EuGRZ 1984, 460; *Pieroth/Schlink*, Grundrechte Rn. 283 für das Geeignetheitskriterium bei gesetzlichen Eingriffen.
[78] BVerfGE 50, 290 (332).

der Arbeitsvertragsparteien in den tarifschließenden Verbänden legitimiert, kann der Verbandsaustritt nicht ohne Auswirkung auf die Tarifbindung bleiben. Zwar kommt eine sofortige Lösung vom Tarifvertrag nach einem Verbandsaustritt schon deshalb nicht in Betracht, weil sich die Tarifgebunden hiermit der Geltung der Tarifnormen ohne weiteres entziehen könnten. Der Schutz der zwingenden Wirkung des Tarifvertrages verlangt aber auch keine zeitlich unbeschränkte Tarifbindung nach einem Verbandsaustritt. Das gilt vor allem für die Bindung an Manteltarifverträge mit langer Laufzeit und für den Fall, daß die Tarifvertragsparteien Kündigungstermine ungenutzt verstreichen lassen und der Tarifvertrag auf diese Weise weiterwirkt. Eine zeitlich überlange Tarifbindung kann außerdem mit der negativen Koalitionsfreiheit kollidieren[79]. Eine entsprechende Änderung des § 3 Abs. 3 TVG vermag deshalb die Funktionsfähigkeit der Tarifautonomie aufs ganze gesehen zu stärken.

Freilich würde die isolierte Änderung des § 3 Abs. 3 TVG wenig bewirken[80]. Nach wie vor bliebe es bei der Nachwirkung des Tarifvertrages gemäß § 4 Abs. 5 TVG. Die nur noch unmittelbar, aber nicht mehr zwingend geltenden Tarifbedingungen können zwar grundsätzlich durch Betriebsvereinbarung oder Arbeitsvertrag abgelöst werden, für beide bestehen aber Hindernisse[81]. Solange nämlich eine Tarifbedingung üblich ist, sperrt § 77 Abs. 3 TVG Betriebsvereinbarungen über die entsprechende Materie, und rein verschlechternde Betriebsvereinbarungen sind nach der Rechtsprechung des Großen Senats des BAG ohnehin ausgeschlossen[82]. Zu einer einvernehmlichen Ablösung auf der Ebene des Arbeitsvertrages wird nicht jeder Arbeitnehmer bereit sein, und die Voraussetzungen für eine Änderungskündigung, mit der die Tarifbedingungen einseitig aufgehoben werden können, werden in den seltensten Fällen vorliegen[83]. Überdies hätte der Gesetzgeber mit dieser Neufassung des § 3 Abs. 3 TVG nur den Fall des Verbandsaustritts erfaßt, nicht aber den der – heute weit wichtigeren – Unternehmensausgründung[84]. Daß eine Änderung des § 3 Abs. 3 TVG durch flankierende Gesetzesänderungen unterstützt werden müßte, um die Funktionsfähigkeit effektiv zu steigern, kann an der Zulässigkeit einer Reform der Kernvorschrift nichts ändern. Im übrigen würde der Gesetzgeber hiermit auch nur die Gewichte zwischen positiver und negativer Koalitionsfreiheit anders vertei-

---

[79] Der BGH hat aus Art. 9 Abs. 3 GG gefolgert, daß die Frist für den Austritt aus einer Gewerkschaft nicht unangemessen lang sein darf. Die vereinsrechtliche Kündigungsfrist von zwei Jahren (§ 39 Abs. 2 BGB) hielt das Gericht für „viel zu lang", vgl. Urt. v. 4.7.1977, AP Nr. 25 zu Art. 9 GG. Bei der Bestimmung der Frist für den Austritt aus einem Arbeitgeberverband ist zu berücksichtigen, daß für den Arbeitgeberverband wegen der unterschiedlichen Größe der Mitgliedsunternehmen und der daraus folgenden unterschiedlichen Höhe der Beiträge das Problem des Mitgliedsbeitrages eine ganz andere Rolle spielt. Der Austritt eines Großunternehmens kann für einen Verband geradezu katastrophale Folge haben. Das muß das Recht bei der Bemessung der Austrittsfrist beachten, vgl. *Hromadka/Maschmann/Wallner*, Der Tarifwechsel, Rn. 182.
[80] *Hromadka*, AuA 1996, 289 (291 f.); *Junker*, ZfA 1996, S. 383 (400 ff.); *Lieb*, NZA 1994, 337 ff.; *Löwisch*, JZ 1996, 812 (821); *Walker*, ZfA 1996, S. 353 (379 ff.).
[81] Vgl. im einzelnen *Hromadka/Maschmann/Wallner*, Der Tarifwechsel, Rn. 264 ff.
[82] Beschl. v. 16.9.1986, AP Nr. 17 zu § 77 BetrVG 1972.
[83] Ausführlich *Hromadka/Maschmann/Wallner*, Der Tarifwechsel, Rn. 303 ff.; zur Änderungskündigung vgl. nur *Hromadka*, NZA 1996, S. 1 ff.
[84] *Junker*, ZfA 1996, S. 383 (401).

len, wozu er ohne weiteres befugt ist. Schließlich verstößt der Gesetzgeber bei einer Änderung des § 3 Abs. 3 TVG auch nicht gegen Art. 3 Abs. 1 GG. Die sich aus dem allgemeinen Gleichheitssatz ergebende Forderung nach Systemgerechtigkeit und Folgerichtigkeit verlangt die widerspruchsfreie Einpassung neuer Normen in ein bereits bestehendes Regelungssystem. Abweichungen hiervon erzeugen Rechtfertigungslasten. Eine Änderung des § 3 Abs. 3 TVG paßt in das bestehende Tarifvertragssystem und gerät nicht in Widerspruch zu den tragenden Prinzipien der Tarifautonomie, so wie sie derzeit einfachrechtlich geregelt ist. Sie läßt den Grundsatz, daß die Geltung der Tarifnormen mitgliedschaftlich legitimiert ist, unberührt, und zieht aus ihm für den Fall eines Verbandsaustritts nur andere, vor allem sachgerechtere Konsequenzen.

b) Auflockerung als Eingriff

Der Eingriff unterscheidet sich von der Umgestaltung im engeren Sinne dadurch, daß die Tarifautonomie nicht primär um ihrer selbst willen geändert, sondern zugunsten anderer Rechtsgüter beschränkt wird. Die Auflockerung der zwingenden Wirkung des Tarifvertrages ist also nicht Selbstzweck, sondern Mittel zur Erreichung weiterer Ziele. Beispiel für einen Eingriff ist die Einführung einer gesetzlichen Öffnungsklausel, mit der die Abweichung vom Tarifvertrag für den Fall gestattet wird, daß ein Unternehmen in eine wirtschaftliche Notlage gerät. Eine solche Öffnungsklausel zielt nicht darauf ab, die Funktionsfähigkeit der Tarifautonomie insgesamt, d.h. für alle Beteiligten zu stärken, sondern sie will einzelnen notleidenden Unternehmen helfen, Arbeitsplätze zu erhalten. Öffnungsklauseln dienen damit primär der Bekämpfung der Arbeitslosigkeit. Zu diesem Zweck wird die Geltung von Tarifverträgen ein Stück weit zurückgedrängt[85].

Der Eingriff muß einem verfassungsrechtlich geschütztem Gut dienen, da die Koalitionsfreiheit vorbehaltlos gewährleistet ist. Die Bekämpfung der Arbeitslosigkeit ist, wie gezeigt, ein solches Verfassungsrechtsgut. Darüber hinaus ist der Gesetzgeber an den Grundsatz der Verhältnismäßigkeit gebunden, und der Eingriff darf nicht den Wesensgehalt der Koalitionsfreiheit antasten (Art. 19 Abs. 2 GG).

Die Schaffung einer Öffnungsklausel entspricht dem Grundsatz der Verhältnismäßigkeit, wenn sich diese Maßnahme als ein geeignetes, erforderliches und angemessenes Mittel zur Bekämpfung der Arbeitslosigkeit erweist. Daß eine Öffnungsklausel nicht schlechthin ungeeignet ist, in Not geratenen Unternehmen zu helfen und damit vorhandene Arbeitsplätze zu sichern, ist evident. Zweifellos sind Öffnungsklauseln nicht der Königsweg zur Vollbeschäftigung. Für die Geeignetheit genügt jedoch, daß mit ihnen zumindest ein Beitrag zur Bekämpfung der Arbeitslosigkeit geleistet werden kann.

Problematisch ist allerdings die Erforderlichkeit. Erforderlich ist die Maßnahme, „wenn der Gesetzgeber nicht ein anderes, gleich wirksames, aber das Grundrecht

---

[85] Zum Thema „Öffnungsklauseln" bestehen mittlerweile zahlreiche Gesetzesvorschläge, s. die Zusammenstellung bei *Dieterich/Henssler/Oetker/Wank/Wiedemann*, RdA 2004, 65 (66) Fn. 3; weitere Alternativmodelle diskutieren *Möschel*, BB 2005, 490 ff. und *Natzel*, NZA 2005, 903.

§ 4 *Der Zugriff auf den Tarifvertrag als Regelungsinstrument* 195

nicht oder doch weniger fühlbar einschränkendes Mittel hätte wählen können."[86] Allerdings beschränkt die Rechtsprechung die Prüfung der Erforderlichkeit auf eine bloße Evidenzkontrolle, wenn sie meint: „Nur wenn sich eindeutig feststellen läßt, daß andere weniger einschneidende Mittel zur Verfügung stehen, kann die gesetzliche Regelung übermäßig belastend und deshalb verfassungswidrig sein"[87]. In diesem Zusammenhang machen die Kritiker einer gesetzlichen Öffnungsklausel geltend, daß bereits das geltende Tarifrecht den Tarifvertragsparteien genügend Möglichkeiten an die Hand gibt, den Betriebsparteien (§ 77 Abs. 3 Satz 2 BetrVG[88]) oder den Arbeitsvertragsparteien (§ 4 Abs. 3 Alt. 1 TVG) die Abweichung vom Tarifvertrag zu gestatten[89]. Die Tarifvertragsparteien sollten durch eine andere Tarifpolitik zunächst selbst von diesen Möglichkeiten Gebrauch machen[90], bevor der Gesetzgeber Öffnungsklauseln mit zwingender Wirkung erlasse[91]. Unbedenklich seien gesetzliche Öffnungsklauseln allenfalls dann, wenn ihre Wahrnehmung an die Zustimmung beider Tarifvertragsparteien gebunden werde[92]. Dem läßt sich zwar entgegenhalten, daß sich der Gesetzgeber nicht vom guten Willen der Beteiligten abhängig machen darf[93] und daß das Versagen des Tarifvertragssystems nicht ohne weiteres hingenommen werden kann[94]. Die zwangsweise Einführung von Öffnungsklauseln wirft jedoch mehr Probleme auf, als sie löst.

Das beginnt bereits bei den Schwierigkeiten, den Tatbestand der wirtschaftlichen Notlage exakt zu definieren[95]. Die Kriterien müssen für die Beteiligten handhabbar,

---

[86] BVerfGE 30, 292 (316); 63, 88 (115); 70, 1 (26); 70, 278 (286); 78, 38 (50); 78, 232 (245); so auch die Literatur, vgl. *Grabitz*, AöR 98 (1973), S. 568 (573 ff.); *ders.*, Freiheit, S. 84 ff.; *Gentz*, NJW 1968, 1600 (1603); *Jakobs*, Grundsatz der Verhältnismäßigkeit, S. 66 ff.; *Lerche*, Übermaß, S. 19 ff.; *ders.*, in: HdbStR V, § 122 Rn. 16; *Pieroth/Schlink*, Grundrechte, Rn. 285 ff.; *Schnapp*, JuS 1983, 850 (854); *Stern*, Staatsrecht III/2, § 84 II 2, S. 779 ff. m.w.N.

[87] BVerfGE 17, 232 (244 f.); 25, 1 (19 f.); 30, 292 (319); 37, 1 (21); 38, 281 (302); 39, 210 (230); 40, 196 (223); 40, 371 (383); 49, 24 (58); *Jarass*, in: Jarass/Pieroth, Art. 20 GG Rn. 85, 87; *Pieroth/Schlink*, Grundrechte, Rn. 287; *Schnapp*, JuS 1983, 850 (854); *Stern*, Staatsrecht III/2, § 84 II 3 b, S. 782.

[88] Freilich erlaubt § 77 Abs. 3 Satz 2 BetrVG nur den Abschluß ergänzender Betriebsvereinbarungen. Die h.M. versteht darunter aber auch Betriebsvereinbarungen, die vom Tarifvertrag abweichen, vgl. *Richardi*, in: Richardi, § 77 BetrVG Rn. 301; *Fitting*, § 77 BetrVG Rn. 121; *Hess/Schlochauer/Worzalla/Glock*, § 77 BetrVG Rn. 164; *Kreutz*, in: GK-BetrVG, § 77 BetrVG Rn. 154; *Waltermann*, RdA 1996, 136; kritisch *Zachert*, RdA 1996, 140 (145).

[89] *Wank*, NJW 1996, 2273 (2281 f.) weist darauf hin, daß die Betriebsparteien trotz der Sperrwirkung des § 77 Abs. 3 BetrVG bereits de lege lata über sehr weitgehende Möglichkeiten zur Bestimmung des Lohnes verfügten; § 87 Abs. 1 Nr. 10 BetrVG gebe dem Betriebsrat ein erzwingbares Mitbestimmungsrecht bei Fragen der betrieblichen Lohngestaltung, das die Rechtsprechung kontinuierlich ausgebaut habe.

[90] Das ist zum Teil bereits geschehen, vgl. *Eich*, NZA 1995, 149; *Zachert*, AuR 1995, 1; zu den Problemen der Gestaltung im einzelnen *Henssler*, ZfA 1994, S. 487 (501 ff.); *Hromadka*, FS Wlotzke (1996), S. 333 (346 f.); *Junker*, ZfA 1996, S. 383 (405 ff.); *Walker*, ZfA 1996, S. 353 (363 ff.).

[91] *Henssler*, ZfA 1994, S. 487 (489, 515); *Junker*, ZfA 1996, S. 383 (416 f.); *Löwisch*, ZfA 1996, 293 (313); *ders.*, JZ 1996, 812 (821); *Lieb*, NZA 1994, 289 (292); *Walker*, ZfA 1996, S. 353 (370). Davon geht bislang auch der Gesetzgeber aus, vgl. die Stellungnahme der Bundesregierung zu den entsprechenden Vorschlägen der Monopolkommission, BR-Drucksache 330/1995, Tz. 55.

[92] *Hanau*, RdA 1993, 1 (11).

[93] *Hromadka*, NZA 1996, 1233 (1237), ähnlich *Konzen*, NZA 1995, 913 (917).

[94] *Löwisch*, ZfA 1996, 293 (313).

[95] Darauf weisen alle Stimmen im Schrifttum hin, vgl. *Bayreuther*, Tarifautonomie, S. 605 ff., 652 f.; *Hanau*, FS Börner (1992), S. 729 (738); *ders.*, RdA 1993, 1 (3); *Henssler*, ZfA 1994, S. 487 (512); *Hro-*

für die Gerichte kontrollierbar sein. Der Begriff der Notlage ist aber so komplex, daß es kaum möglich ist, eine griffige Formel zu entwickeln, die den Sachverhalt nicht nur kurz und bündig beschreibt, sondern auch langwierige Streitereien ausschließt. Die Literatur will deshalb zum Teil auf materielle Kriterien verzichten und statt dessen ein Quorum der Belegschaft genügen lassen[96]. Überdies fragt es sich, ob die Unterschreitung des Tariflohnes einem notleidenden Unternehmen überhaupt noch helfen kann, oder ob sie nicht schon viel früher gestattet werden müßte, etwa zum Erhalt der Wettbewerbsfähigkeit eines Unternehmens[97]. Jedenfalls wären die Löhne nicht selten weit unter das Tarifniveau abzusenken, um ein notleidendes Unternehmen überhaupt retten zu können. Das würde seinerseits aber die Wettbewerbsbedingungen zu Lasten der nicht notleidenden Unternehmen verzerren. Diese wären dann nämlich der Billigkonkurrenz der notleidenden Unternehmen ausgesetzt. Damit würde der Tarifvertrag aber nicht nur einen Teil seiner Kartell-, sondern auch seiner Auslesefunktion einbüßen. Unternehmen, die nicht einmal die tariflichen Mindestbedingungen erfüllen, müssen nach den Gesetzen des Wettbewerbs aus dem Marktgeschehen ausscheiden und dürfen nicht durch „gesetzliche" Sonderkonditionen am Leben gehalten werden[98]. Niemand käme auf die Idee, notleidenden Unternehmen per Gesetz Sonderkonditionen zum Bezug von Hilfs-, Roh- oder Betriebsstoffen, von Energie oder Finanzmitteln zu verschaffen. Warum dies beim Faktor Arbeit anders sein soll, wird zu Recht in Frage gestellt[99].

Freilich setzt die Auslesefunktion des Tarifvertrags voraus, daß es sich bei den Tarifnormen um Mindestbedingungen handelt, die grundsätzlich von allen, zumindest von den durchschnittlichen Unternehmen erfüllt werden können. Die Politik der Gewerkschaften war bislang eher darauf gerichtet, die Schere zwischen tariflichem Mindestlohn und Effektivlohn zu schließen[100]. Die Zulassung von Öffnungsklauseln könnte hier als falsches Signal verstanden werden. Es ist nämlich nicht auszuschließen, daß Forderungen nach einem insgesamt gesehen höheren Tariflohn erhoben werden, da wegen der Öffnungsklausel eine Überforderung schwächerer Unternehmen nicht mehr zu besorgen ist[101].

Jedenfalls würde eine Öffnungsklausel die Schwierigkeiten der Lohnfindung in die Betriebe tragen, und ob eine zweite Lohnrunde auf Betriebsebene Sinn macht, ist zweifelhaft. Dabei bereiten die Abhängigkeit des Betriebsrats vom Arbeitgeber

---

madka, FS Wlotzke (1996), S. 333 (346); *ders.*, NZA 1996, 1233 (1237 ff.); *ders.*, AuA 1996, 289 (290); *ders.*, NJW 2003, 1273; *Junker*, ZfA 1996, S. 383 (396 f.); *Konzen*, NZA 1995, 913 (919); *Lieb*, NZA 1994, 289 (291); *Löwisch*, JZ 1996, 812 (820); *Möschel*, BB 2003, 1951 ff.; *Walker*, ZfA 1996, S. 353 (371); *Wank*, NJW 1996, 2273 (2281).

[96] *Adomeit*, Regelung von Arbeitsbedingungen, S. 73: 90% *Konzen*, NZA 1995, 913 (919): 75% der Belegschaftsangehörigen; *Walker*, ZfA 1996, S. 353 (363); ohne genaue Zahlenangabe *Junker*, ZfA 1996, S. 383 (396); *Löwisch*, ZfA 1996, 293 (312).

[97] So *Hromadka*, NZA 1996, 1233 (1238). Allerdings ist das Merkmal der Wettbewerbsfähigkeit noch schwieriger zu fassen als das der wirtschaftlichen Notlage. *Hromadka* löst dieses Problem, indem er Abweichungen vom Tarifvertrag an ein 75%-Quorum der Belegschaft bindet und daran die (widerlegbare) Vermutung knüpft, die Abweichung diene der Wettbewerbsfähigkeit eines Unternehmens.

[98] *Hanau*, FS Börner (1992), S. 729 (738); *Lieb*, NZA 1994, 289 (291).

[99] *Lieb*, NZA 1994, 289 (291).

[100] *Hromadka*, AuA 1996, 289 (290).

[101] *Lieb*, NZA 1994, 289 (291).

und das Verbot des Arbeitskampfes zwischen den Betriebsparteien nur geringes Kopfzerbrechen. Der Betriebsrat ist durch die §§ 15 KSchG, 78 BetrVG umfassend geschützt und deshalb weitaus unabhängiger, als viele meinen. Ein Streikrecht zugunsten des Betriebsrats[102] ist schon deshalb nicht erforderlich, weil es bei einer Notlage nicht der Betriebsrat, sondern der Arbeitgeber ist, der die Abweichung vom Tarifvertrag begehrt. Verweigert der Betriebsrat sein Einverständnis, bleibt es bei der tariflichen Regelung[103]. Das wirkliche Problem besteht darin, daß die Betriebsparteien Regelungen vor allem zu Lasten der Arbeitnehmer treffen müßten. Um einem notleidenden Unternehmen wirklich helfen zu können, müßte durch Betriebsvereinbarung auch in die Arbeitsverträge eingegriffen werden. Das ist ohne eine ausdrückliche gesetzliche Ermächtigungsgrundlage unzulässig[104]. Keinesfalls genügen hier § 88 BetrVG oder der Rückschluß aus § 77 Abs. 3 BetrVG, denen die h.M. eine umfassende Regelungskompetenz der Betriebsparteien entnehmen zu können glaubt[105]. Ob eine solche gesetzliche Ermächtigungsgrundlage mit der von Art. 2 Abs. 1 GG geschützten Vertragsfreiheit und der von Art. 12 Abs. 1 Satz 1 GG gewährleisteten Berufsfreiheit zu vereinbaren wäre, steht auf einem anderen Blatt. Keine Bedenken bestehen, wenn sämtliche Betroffenen mit einer Absenkung einverstanden sind. Ob die Absenkung schon dann erfolgen kann, wenn die Mehrheit der Betroffenen zustimmt, selbst wenn es sich um eine qualifizierte Mehrheit handelt, ist mehr als zweifelhaft. Dem Gesellschaftsrecht ist das Überstimmen der Minderheit durch die Mehrheit durchaus geläufig, dem Arbeitsrecht aus gutem Grunde nicht. Der Arbeitnehmer steht in keiner verbandsmäßigen Beziehung: weder zu seinem Arbeitgeber noch zu seinen Kollegen[106].

Alles in allem überwiegen deshalb die Zweifel an der Erforderlichkeit von Öffnungsklauseln, solange den Tarifvertragsparteien selbst die Möglichkeit offensteht, im Einzelfall eine Abweichung vom tariflich Vereinbarten zuzulassen. Öffnungsklauseln gesetzlich zu erzwingen, wäre eine unzumutbare, unangemessene Einschränkung der Tarifautonomie. Dies gilt vor allem deshalb, weil die positiven Effekte, die die Zulassung einer solchen Öffnungsklausel auf die Beschäftigungsförderung hat, eher gering zu veranschlagen sind. Auch das sollte eine Lehre aus der Geschichte sein: Die Notverordnungen der 30er Jahre, die die Unterschreitung des Tariflohnes zuließen, wirkten sich kaum auf die Arbeitslosigkeit aus, trugen aber nicht unerheblich zur Schwächung des demokratischen Systems bei – und dies, ob-

---

[102] Dieses fordern *Kissel*, NZA 1986, 73 (79 f.) und *Walker*, ZfA 1996, S. 353 (359); vgl. auch DGB, Thesen II 2, 4 um 61. DJT, AuR 1996, 368.

[103] *Hromadka*, NZA 1996, 1233 (1238).

[104] *Richardi*, Gutachten B zum 61. DJT, S. 49; ders., § 77 BetrVG Rn. 60 ff.; *Rieble*, Arbeitsrecht und Wettbewerb, Rn. 1422 ff.; *Waltermann*, Rechtsetzung, S. 182 ff.; ders., RdA 1996, 129 (134 f.).

[105] BAG, Beschl. v. 19.5.1978, AP Nr. 1 zu § 88 BetrVG 1972; BAG GS, Beschl. v. 7.11.1989, AP Nr. 46 zu § 77 BetrVG 1972; BAG, Beschl. v. 6.8.1991, AP Nr. 52 zu § 77 BetrVG 1972; Beschl. v. 9.4.1991, AP Nr. 1 zu § 77 BetrVG 1972 Tarifvorbehalt; *Fitting*, § 77 BetrVG Rn. 45 m.w.N.; *Hess/Schlochauer/Worzalla/Glock*, § 77 BerVG Rn. 15; *Kreutz*, in: GK-BetrVG, § 77 BetrVG Rn. 83; *Matthes*, in: MünchArbR, § 327 Rn. 51; *Säcker*, AR-Blattei (D), Betriebsvereinbarung I, C III.

[106] Richardi in Richardi, § 1 BetrVG Rn. 9, 12; *F. Kirchhof*, Private Rechtssetzung, S. 212 f.; *Löwisch*, JZ 1996, 812 (817); *Walker*, FS Kissel, S. 1205 (1215); *Waltermann*, in: Hromadka, Recht und Praxis der Betriebsverfassung, S. 49 (58).

wohl sie im Gegensatz zu den heute diskutierten Öffnungsklauseln die Abweichung vom Tarifvertrag nur dann zuließen, wenn Arbeitsplätze tatsächlich geschaffen oder erhalten wurden. Auch wenn die Erzwingung einer Öffnungsklausel nicht den Wesensgehalt oder den Kernbereich der Tarifautonomie trifft, ist sie nach allem mangels Erforderlichkeit trotzdem unzulässig.

§ 5 Der Zugriff auf die Tarifmacht

Der Gesetzgeber kann nicht nur auf den Tarifvertrag als Normsetzungsinstrument, sondern auch auf die Tarifmacht, d.h. die dem Tarifvertrag zugänglichen Regelungsmaterien und -bereiche Zugriff nehmen. Der Zugriff auf die Tarifmacht bedroht die Tarifautonomie nicht weniger als die Auflockerung der normativen Wirkung des Tarifvertrages. Ohne einen effektiven Regelungsinhalt bliebe der Tarifvertrag als Normsetzungsinstrument ein Torso. Soll deshalb die von Art. 9 Abs. 3 GG verbürgte Tarifautonomie nicht leerlaufen, muß den Tarifvertragsparteien auch ein angemessener Bereich zu eigenen tarifautonomen Regelungen zugewiesen werden und offengehalten bleiben. Im folgenden geht es deshalb zunächst darum, die Formen eines Zugriffs auf die Tarifmacht zu analysieren, wobei der Erlaß zwingenden Rechts im Mittelpunkt steht. Danach ist zu klären, ob und inwieweit ein Zugriff auf die Tarifmacht verfassungsrechtlich zulässig ist. Dabei wird zuerst auf die verfassungsgerichtliche Rechtsprechung und die Literatur eingegangen, um den Stand der Diskussion bis zum Beschluß des BVerfG vom 26.4.1996[107] zu skizzieren. Mit diesem Beschluß hat das Gericht einen Richtungswandel, dessen Tragweite erst ansatzweise ausgelotet ist. Es wird daher versucht, die neuen Formeln des Gerichts zu erklären, sie mit der bisherigen Rechtsprechung zu vergleichen und daraus Konsequenzen für die Frage des Zugriffs auf die Tarifmacht zu ziehen. Allerdings läßt die neue Rechtsprechung eine Reihe von Fragen offen. Deshalb soll abschließend versucht werden, das Problem des Zugriffs auf die Tarifmacht mit der hier für alle rechtsgeprägten Grundrechte entwickelten Unterscheidung zwischen Ausgestaltung, Umgestaltung und Eingriff und den sich daraus ergebenden verfassungsrechtlichen Anforderungen zu lösen.

I. Die Formen des Zugriffs

1. Verbote, Gebote, Rücknahme des staatlichen Geltungsbefehls

Der Zugriff auf die Tarifmacht kann durch Verbote, durch Gebote oder durch eine Rücknahme des rechtlichen Könnens, d.h. des staatlichen Geltungsbefehls für Tarifregelungen mit bestimmten Inhalten, erfolgen. Beim Zugriff durch ein gesetzliches Verbot sperrt der Gesetzgeber bestimmte Geltungsbereiche, gewisse Regelungsmaterien oder ganz konkrete Normen für die Tarifvertragsparteien. Mittel der Wahl ist der Erlaß zwingenden Gesetzesrechts. Bei einem Zugriff durch ein gesetz-

---

[107] BVerfGE 94, 268.

liches Gebot schreibt der Gesetzgeber den Tarifvertragsparteien positiv bestimmte Regelungen vor. Davon hat der Gesetzgeber bislang aus guten Gründen abgesehen. Beispiel hierfür wäre ein gesetzliches Gebot, daß die Tarifvertragsparteien spezielle Tarifnormen für besondere Personengruppen – etwa Einstiegstarife für Langzeitarbeitslose oder Berufsanfänger – zu erlassen haben. Eine ähnliche Wirkung hätte eine gesetzliche Vorschrift, die den Tarifvertragsparteien die „starre" Regelung sämtlicher Arbeitsbedingungen untersagen und sie statt dessen verpflichten würde, sich auf Korridor-, Menü- oder Optionslösungen zu beschränken. Die Alternativen, die dem Gesetzgeber für Gebotsregelungen offenstehen, sind vielfältig. Sie lassen sich nur schwer systematisieren. Da der Gesetzgeber zudem bislang nur indirekt wirkende Gebotsvorschriften erlassen hat[108], und der Erlaß neuer, unmittelbar wirkender Gebote kaum zu erwarten steht, werden diese nur am Rande behandelt.

Der Gesetzgeber kann aber nicht nur Verbote und Gebote erlassen und damit das rechtliche Dürfen beschränken, sondern er kann auch Zugriff auf das rechtliche Können nehmen. Die Eigenart der Tarifautonomie als erst durch die Rechtsordnung konstituierte Freiheit ermöglicht es, den staatlichen Geltungsbefehl von vornherein auf solche Tarifnormen zu beschränken, die innerhalb der von ihm selbst definierten Regelungsbereiche liegen. Normen, die über die vom Gesetzgeber einfachrechtlich definierte Tarifmacht hinausgehen, sind nicht mehr vom staatlichen Geltungsbefehl gedeckt und damit unwirksam. Der Umfang der Tarifmacht ist einfachrechtlich durch die §§ 1 Abs. 1 und 4 Abs. 2 TVG definiert. Die Tarifmacht umfaßt de lege lata die Befugnis, Tarifnormen über den Inhalt, den Abschluß und die Beendigung von Arbeitsverhältnissen, über betriebliche und betriebsverfassungsrechtliche Fragen sowie über Gemeinsame Einrichtungen der Tarifvertragsparteien zu erlassen. Ein effizienter und rechtstechnisch einfach zu bewerkstelligender Zugriff auf die Tarifmacht könnte darin bestehen, die Generalklausel des § 1 Abs. 1 TVG inhaltlich zu präzisieren oder durch einen abschließenden Katalog einzelner Regelungsgegenstände zu ersetzen, wofür die Kompetenzkataloge der Art. 72 ff. GG oder die genaue Auflistung der Mitbestimmungsrechte des Betriebsrats nach § 87 BetrVG Vorbilder liefern könnten. Noch einfacher wäre es, aus der bestehenden Generalklausel des § 1 Abs. 1 TVG bestimmte Regelungsmaterien, etwa die über betriebliche oder betriebsverfassungsrechtliche Fragen oder über die Arbeitszeit, auszuscheiden. Eine Änderung der Generalklausel wäre inhaltlich die am weitesten reichende Form eines Zugriffs auf die Tarifautonomie. Von den verfassungsrechtlichen Problemen abgesehen, steht eine solche Änderung momentan nicht zur Debatte. Sie wird deshalb ebenfalls nur am Rande mitbehandelt. Relevant ist der Zugriff auf die Tarifmacht durch den Erlaß neuer Verbotsnormen. Nur er wird im folgenden ausführlicher behandelt.

---

[108] Etwa in Gestalt des § 275 Abs. 2 SGB III (= 249 h AFG 1992), der die Gewährung von Zuschüssen zu Arbeiten, die der Verbesserung der Umwelt, der sozialen Dienste oder der Jugendhilfe in den neuen Bundesländern, davon abhängig macht, daß die dort beschäftigten Arbeitnehmer ein angemessen niedrigeres Arbeitsentgelt als vergleichbare Arbeitnehmer erhalten; damit wird Druck auf die Tarifvertragsparteien ausgeübt, Sondertarifverträge zu schlechteren Bedingungen als im Normalfall abzuschließen; zu den verfassungsrechtlichen Problemen *Dieterich*, AR-Blattei ES 1650 Nr. 20; *ders.*, AuR 2000, 441 ff.; *Löwisch*, NZS 1993, 473 ff.; *Marschner*, ZTR 1999, 489; *U. Mayer*, AuR 1993, 309 ff.

2. Typik der Verbotsnormen

Mit Verbotsnormen beschränkt der Gesetzgeber regelmäßig zugleich das rechtliche Dürfen und das rechtliche Können der Tarifvertragsparteien. Hat der Gesetzgeber Verbotsnormen erlassen, so ist es den Tarifvertragsparteien nicht nur untersagt, Tarifnormen zu schaffen, die dem gesetzlichen Verbot zuwiderlaufen, sondern solche Tarifnormen bleiben überhaupt wirkungslos. Selbst wenn die Tarifvertragsparteien gesetzeswidrige Tarifnormen erlassen wollten, könnten sie es nicht, da diesen keine Geltung zukäme. Diese besondere Zugriffsmöglichkeit hat der Gesetzgeber nur bei rechtsgeprägten Grundrechten, da sie ihre Entstehung allein der Rechtsordnung verdanken. Bei Grundrechten, denen natürliche, vorstaatliche Freiheiten zugrundeliegen, kann der Gesetzgeber nur das Dürfen, nicht aber das Können beschränken, da das Können gerade nicht vom Staat gewährt, sondern nur gewährleistet wird. Ob der Gesetzgeber durch ein Verbotsgesetz nur das rechtliche Dürfen oder darüber hinaus auch das rechtliche Können beschränkt hat, ist durch Auslegung des Verbotsgesetzes zu ermitteln. Hat der Gesetzgeber ausdrücklich ein bestimmtes Handeln untersagt, so spricht eine Vermutung für eine gleichzeitige Beschränkung des rechtlichen Dürfens und des rechtlichen Könnens. Das ergibt sich jedenfalls aus der Fassung des § 134 BGB, der als Grundregel bei einem Verstoß gegen ein gesetzliches Verbot die Nichtigkeit des Rechtsgeschäfts anordnet und davon nur eine Ausnahme macht, wenn sich aus dem Gesetz ein anderes ergibt[109].

Im Hinblick auf die Reichweite der Verbotsnorm kann unterschieden werden zwischen Vorschriften, die dem Tarifvertrag bestimmte Geltungsbereiche, gewisse Regelungsmaterien oder konkrete Regelungen entziehen:

Beispiel für ein Gesetz, das dem Tarifvertrag pauschal bestimmte Geltungsbereiche entzieht, ist § 21 Abs. 4 FlaggenRG[110]. Auf Seeschiffen, die unter deutscher Flagge fuhren, galt aufgrund der Kollisionsregel nach Art. 30 Abs. 2, 1. Halbsatz, Nr. 1 EGBGB bis zur Einführung des Internationalen Seeschiffahrtsregisters- des sogenannten Zweitregisters – automatisch deutsches Tarifrecht, wenn und soweit die Arbeitsvertragsparteien tarifgebunden waren. Seit 1989 ist es möglich, unter deutscher Flagge fahrende Schiffe in ein Zweitregister einzutragen, für das das deutsche Tarifrecht nach § 21 Abs. 4 FlaggenRG nur dann gilt, wenn es ausdrücklich vereinbart wird. Da die Mehrzahl der Schiffseigner von der Möglichkeit, ihr unter deutscher Flagge fahrendes Schiff in das Zweitregister einzutragen, Gebrauch gemacht hat, erwies sich die Entziehung dieses Geltungsbereichs für deutsche Tarifverträge als besonders wirkungsvoll[111], obwohl gegenüber den Tarifvertragsparteien kein Verbot ausgesprochen wurde, Tarifverträge für die Seeschiffahrt abzuschließen.

---

[109] Wie hier *Canaris*, Gesetzliches Verbot, S. 15; *Heinrichs*, in: Palandt, § 134 BGB Rn. 7; *Mayer-Maly*, in: Münchener Kommentar, § 134 BGB Rn. 1; *Sack*, in: Staudinger, § 134 BGB Rn. 59; a.A. wohl BGHZ 45, 326.

[110] Eingefügt in das FlaggenRG vom 8.2.1951, BGBl. I S. 79, neu bekanntgemacht am 4.7.1990, BGBl. I S. 1342, durch Art. 1 Nr. 2 des Gesetzes zur Einführung eines zusätzlichen Registers für Seeschiffe unter der Bundesflagge im internationalen Verkehr (Internationales Seeschiffahrtsregister) vom 23.3.1989, BGBl. I S. 550.

[111] So die Feststellungen des BVerfG in BVerfGE 92, 26 (39).

Solche Tarifverträge sind nach wie vor zulässig, ihnen kommt jedoch keine praktische Bedeutung zu, weil sich die Schiffseigner weigern, ihre Anwendbarkeit mit den Besatzungsmitgliedern zu vereinbaren[112].

Beispiel für ein Gesetz, das den Tarifvertragsparteien bestimmte Regelungsmaterien entzieht, ist § 57a Abs. 1 Satz 2 HRG. Danach ist es den Tarifvertragsparteien untersagt, Regelungen über die Befristung der Arbeitsverhältnisse des wissenschaftlichen Personals an Hochschulen und anderen Forschungseinrichtungen zu treffen, die vom Gesetz abweichen. Tarifnormen über andere Sachfragen bleiben von diesem Verbot unberührt[113].

Beispiel für ein Gesetz, das den Tarifvertragsparteien eine konkrete Regelung untersagt, war § 41 Abs. 4 Satz 3 SGB VI i.d.F. d. RRG 1992[114]. Danach war eine Vereinbarung, wonach ein Arbeitsverhältnis zu einem Zeitpunkt enden sollte, in dem der Arbeitnehmer Anspruch auf eine Rente wegen Alters hatte, grundsätzlich unwirksam. Unter Vereinbarung im Sinne des § 41 Abs. 4 Satz 3 SGB VI i.d.F. d. RRG 1992 wurden individualrechtliche wie kollektivrechtliche Verträge verstanden. Eine tarifvertragliche Altersgrenzenregelung wurde damit grundsätzlich unzulässig[115]. Der Gesetzgeber hat diese Vorschrift 1994 insoweit geändert[116], als nunmehr eine tarifvertragliche Altersgrenzenregelung dem Arbeitnehmer gegenüber als auf die Vollendung des 65. Lebensjahres abgeschlossen gilt[117].

Normalerweise dient der Entzug bestimmter Regelungsmaterien oder das Verbot bestimmter Tarifnormen dazu, Vorschriften durchzusetzen, die der Gesetzgeber selbst zur Regelung der Arbeits- und Wirtschaftsbedingungen erlassen hat oder erlassen will. Hiermit will der Gesetzgeber seine Normen vor Veränderungen durch die Tarifvertragsparteien bewahren. Folglich müssen Tarifnormen, die das Gesetz wörtlich oder seinem Inhalt nach übernehmen, weiterhin zulässig sein, weil sie das Regelungsziel des Gesetzgebers nicht durchkreuzen. Verbotsgesetze können aber auch den Zweck haben, die tarifautonome Normsetzung zu unterbinden, um nicht dem Gesetzgeber selbst, sondern anderen – etwa den Betriebspartnern oder den Arbeitsvertragsparteien – die Regelung der Arbeitsbedingungen zu ermöglichen. Solche Gesetze sind allerdings sehr selten. § 4 Abs. 3 TVG kann in diesem Sinne verstanden werden. Er enthält das an die Tarifvertragsparteien gerichtete Verbot, zu Lasten der Arbeitsvertragsparteien Höchstbedingungen zu normieren. Die meisten Verbotsgesetze sollen die gesetzliche Regelung selbst absichern, und nur diese soll hier näher betrachtet werden.

---

[112] Zur Verfassungsmäßigkeit dieser Vorschrift *Däubler*, Das zweite Schiffsregister, S. 33, 55; *Hauschka/Henssler*, NZA 1988, S. 597 ff.; *Wiedemann*, FS Stahlhacke (1995), S. 675 (691 ff.).

[113] Zu Einzelheiten *Buchner*, RdA 1985, 258 ff.; *Dallinger*, NZA 1985, 648 ff.; *Otto*, NJW 1985, 1807 ff.; *Plander*, RiA 1985, 54 ff.; ders., AuR 1986, 65 ff.; ders., DB 1986, 2180.

[114] Vom 18.12.1989, BGBl. I S. 2261.

[115] BAG, Urt. v. 20.10.1993, 1.12.1994 AP Nr. 3, 4 zu § 41 SGB VI. Die Urteile lösten im Schrifttum eine lebhafte Diskussion aus, vgl. *Bepler*, AuA 1994, 169 ff.; *Boemke*, JuS 1994, 461 ff.; *Gallon*, SGb 1994, 166 ff.; *von Hoyningen-Huene*, BB 1994, 640 ff.; *Moll*, NJW 1994, 499 ff.; *Pfeiffer*, ZIP 1994, 264 ff.; *Reiserer*, BB 1994, 69 ff.; *Waltermann*, RdA 1993, 209 ff.

[116] Vgl. SGB VI-Änderungsgesetz vom 26.7.1994, BGBl. I S. 1797.

[117] Zu den Fragen der Neuregelung *Ehrich*, BB 1994, 1633 (1635); *Kempen*, in: Kempen/Zachert, TVG, Grundl. Rn. 252; *Simitis*, RdA 1994, 257 ff.; *Waltermann*, NZA 1994, 822 (826).

Geht es bei Verbotsgesetzen vorrangig um die Absicherung eines Gesetzes vor tariflicher Veränderung, so wird das Verbot abweichender Regelungen zumeist unmittelbar mit der gesetzlichen Norm verbunden. Typisch sind Formulierungen wie „Von diesen Vorschriften kann durch Vereinbarung nicht abgewichen werden"[118]. Jedoch muß der Gesetzgeber nicht jede tarifliche Abweichung von seiner eigenen Regelung verbieten. Er kann seine Vorschrift auch als Mindestnorm ausgestalten, von der Abweichungen in einer Richtung zulässig sind. In diesem Fall wird dann häufig formuliert: „Von diesen Vorschriften darf nicht zu Ungunsten des Arbeitnehmers abgewichen werden"[119]. Schließlich kann der Gesetzgeber seine Regelung vollständig freigeben. Hieraus leitet sich die bekannte Unterscheidung zwischen zweiseitig zwingenden, einseitig zwingenden, dispositiven und tarifdispositiven Gesetzen ab[120]:

Zweiseitig zwingende Gesetze verbieten den Tarifvertragsparteien jegliches Abweichen von der gesetzlichen Regelung. Die entsprechende Materie oder Regelung ist damit der tarifautonomen Normsetzung vollständig entzogen. Einseitig zwingende Gesetze verbieten den Tarifvertragsparteien nur das Abweichen zu Lasten des Arbeitnehmers. Dispositives Gesetzesrecht erlaubt demgegenüber jedermann, zu Lasten jeder Partei davon abzuweichen. Dispositives Gesetzesrecht hat subsidiären Charakter[121], weil nur dann darauf zurückzugreifen ist, wenn die Vertragsparteien keine eigene Regelungen treffen[122]. Tarifdispositive Normen sind schließlich solche, die zwar für die Arbeitsvertragsparteien zweiseitig zwingendes Recht darstellen, nicht aber für die Tarifvertragsparteien; sie können zugunsten und zu Lasten des Arbeitnehmers abgeändert werden.

3. Bestimmung der Dispositivität eines Gesetzes

So klar diese Unterscheidungen in der Theorie sind, so schwer fällt es in der Praxis, die Dispositivität einer konkreten gesetzlichen Vorschrift zu bestimmen. Keine Probleme bestehen, wenn die entsprechende Vorschrift ausdrückliche Angaben zu ihrer Abdingbarkeit macht[123]. Beispiele hierfür finden sich in allen Bereichen. Ein Bedürfnis, die Frage der Abdingbarkeit einer arbeitsrechtlichen Norm ausdrücklich zu regeln, besteht vor allem bei zweiseitig zwingenden[124] und bei tarifdispositiven Normen. Sie stellen auch statistisch gesehen Ausnahmeerscheinungen dar[125]. Hat

---

[118] Beispiel: § 57a Satz 2 HRG i.d.F.v. 16.2.2002, BGBl. I S. 693.
[119] Beispiel: § 22 TzBfG.
[120] Vgl. nur *Brox/Rüthers/Henssler*, Arbeitsrecht, Rn. 135 ff.; *Däubler*, Tarifvertragsrecht, Rn. 361 ff.; *Hromadka*, in: FS Kissel (1994), S. 417 (418); *Kempen*, in: Kempen/Zachert, TVG, Grundl. Rn. 267 ff.; *Löwisch/Rieble*, § 1 TVG Rn. 205; *Säcker/Oetker*, Tarifautonomie, S. 174; *Wiedemann*, TVG, Einl. Rn. 357; *Zöllner/Loritz*, Arbeitsrecht, § 6 I 2.
[121] *Herschel*, DB 1971, 2114.
[122] *Wiedemann*, TVG, Einl. Rn. 383.
[123] Vgl. z.B. § 13 Abs. 1 Satz 3 BUrlG, § 22 Abs. 1 TzBfG.
[124] § 57a Satz 2 HRG, § 41 Abs. 4 Satz 3 SGB VI i.d.F.d. RRG 1992 vom 18.12.1989, BGBl. I S. 2261.
[125] § 7 ArbZG, § 12 Abs. 3 TzBfG, § 13 Abs. 4 TzBfG, § 14 Abs. 2 Satz 3 TzBfG, § 622 Abs. 4 BGB, § 4 Abs. 4 EFZG, § 17 Abs. 3 BetrAVG, § 13 BUrlG, § 1 Abs. 1 und 3 AÜG, § 4 Abs. 1 BäckereiArbzG, §§ 104 Abs.2, 140, 141 SeemannsG, §§ 48 Abs. 2, 101 Abs.1 und 2 ArbGG, § 4 Abs. 5 3. VermBG.

§ 5 *Der Zugriff auf die Tarifmacht*

der Gesetzgeber die Abdingbarkeit seiner Norm ausdrücklich geregelt, kann unklar sein, ob sich diese auf die gesamte Vorschrift erstreckt oder nur gewisse Regelungen betrifft[126]. Ein weiteres Problem bildet die Feststellung, ob eine Tarifnorm für den Arbeitnehmer günstiger als die gesetzliche Regelung ist und damit, wenn das Gesetz einseitig zwingend gestaltet ist, dem Gesetz vorgeht[127]. Im Regelfall werden ausdrückliche Angaben zur Abdingbarkeit einer Norm fehlen. Das gilt vor allem bei älterem Recht, bei dem sich der Gesetzgeber über die Frage der Dispositivität häufig keine Gedanken gemacht hat. Dann muß das Gesetz ausgelegt werden[128], wozu die herkömmlichen Interpretationsmethoden heranzuziehen sind, d.h. die Auslegung nach dem Wortlaut, nach dem Regelungszusammenhang, nach der Entstehungsgeschichte sowie nach dem Sinn und Zweck der Norm[129].

Nicht selten wird versucht, das Problem der Auslegung mit Hilfe von Auslegungsmaximen zu lösen. Der Anwendung von Vermutungs- oder Zweifelsregeln sind jedoch Grenzen gesetzt. Von vornherein ausgeschlossen sind Auslegungsregeln, die im Zweifel vom zweiseitig zwingenden oder vom dispositiven Charakter eines Gesetzes ausgehen. Die ersteren Auslegungsmaximen scheiden aus, weil sie die selbstverantwortliche Gestaltung der Arbeitsvertragsbedingungen zu sehr beschränken und dem Gesetzgeber den Willen zu einer unzulässigen Totalnormierung unterstellen[130]; den letzteren kann keine Geltung zukommen, weil sie dem Wesen des Arbeitsrechts, das die Schutzbedürftigkeit des Arbeitnehmers zum Gegenstand hat, nicht gerecht werden. Darüber besteht Einigkeit.

Diskutiert wird jedoch, ob man, wenn das Gesetz zu seiner Dispositivität schweigt, im Zweifel von seinem tarifdispositiven Charakter auszugehen hat. Für ein „verdeckt tarifdispositiven Gesetzesrecht"[131] könnte die Stärkung der Tarifautonomie sprechen, die mit einer solchen Auslegungsmaxime verbunden wäre. Sie ist gegenüber den anderen Auslegungsregeln die freiheitlichere Alternative. Gibt der Gesetzgeber nicht klar und deutlich zu erkennen, daß er einen Sachgegenstand abschließend normiert hat, stünde die Materie einer tarifautonomen Regelung offen. Die Tarifvertragsparteien könnten flexiblere, weil sach- und branchennähere Regelungen treffen[132] und damit den Gesetzgeber entlasten[133]. Hinzukommt, daß zwi-

---

[126] Beispiel für solch eine zweifelhafte Norm war § 6 BeschFG 1985. Unklar war, ob sie sich auf sämtliche Vorschriften des BeschFG bezieht oder nur auf diejenigen des zweiten Abschnitts, vgl. hierzu BAG, Urt. v. 29.8.1989, AP Nr. 6 zu § 2 BeschFG 1985; vgl. etwa *Hromadka*, in: FS Kissel (1994), S. 417 ff.
[127] Zum Günstigkeitsvergleich *Zachert*, in: Kempen/Zachert, § 1 TVG, Rn. 307 und § 4 Rn. 292 ff., 435; *Löwisch/Rieble*, § 4 TVG Rn. 290 ff.
[128] Instruktiv BAG, Urt. v. 25.9.1987, AP Nr. 1 zu § 1 BeschFG 1985; *Hueck/Nipperdey*, Arbeitsrecht II/1, S. 393; *Kempen*, in: Kempen/Zachert, TVG, Grundl. Rn. 290; *Säcker/Oetker*, Tarifautonomie, S. 175; *Wiedemann*, TVG, Einl. Rn. 359.
[129] Statt aller *Larenz*, Methodenlehre, S. 208 ff.
[130] *Däubler*, Tarifvertragsrecht, Rn. 367; *Kempen*, in: Kempen/Zachert, TVG, Grundl. Rn. 268.
[131] Unter diesem Stichwort wird das Problem im Schrifttum diskutiert, vgl. *Canaris*, GS Dietz, S. 199 (221 f.); *Däubler*, Tarifvertragsrecht, Rn. 372; *Kempen*, in: Kempen/Zachert, TVG, Grundl. Rn. 292; *Seiter*, SAE 1970, 206 (208); *ders.*, ZfA 1970, S. 355 (363); *Vossen*, Tarifdispositives Richterrecht, S. 131 ff.; *Wiedemann*, TVG, Einl. Rn. 407. Recht besehen geht es aber um die Frage der zutreffenden Auslegungsmaxime.
[132] BVerfGE 34, 307 (317); *Schaub*, Arbeitsrechts-Handbuch, § 31 Rn. 50.
[133] *Säcker/Oetker*, Tarifautonomie, S. 37.

schen den Tarifvertragsparteien eine Parität herrscht, die zwischen den Arbeitsvertragsparteien gerade nicht besteht; die Tarifvertragsparteien würden sicher nur aus wohlüberlegten Gründen und in einem angemessenen Umfang Abweichungen von der gesetzlichen Regelung vereinbaren[134]. Allerdings ist es bislang so gut wie nie zu einer Absenkung des Tarifniveaus unter den vom staatlichen Arbeitsrecht fixierten Standard gekommen. Auf das Verantwortungsbewußtsein der Tarifvertragsparteien allein kann sich die Rechtsordnung jedoch nicht verlassen, zumal die Ergebnisse von Tarifverhandlungen nicht stets den Interessen aller Mitglieder gerecht werden. Überdies könnten die Tarifvertragsparteien Kopplungsgeschäfte eingehen und hierbei Arbeitsbedingungen zur Disposition stellen, über die sie nach dem Willen des Gesetzgebers gerade nicht verfügen sollen. Aus diesen Gründen geht die herrschende Meinung im Zweifel nicht vom tarifdispositiven Charakter eines Gesetzes aus[135].

Die allgemeine Meinung geht vielmehr dahin, daß arbeitsrechtliche Gesetze im Regelfall einseitig zwingendes Recht darstellen, das, soweit das Gesetz nicht ausdrücklich anderes bestimmt, von den Tarifvertragsparteien nur zugunsten des Arbeitnehmers verändert werden kann[136]. Die Begründung hierfür verläuft zumeist tautologisch. Arbeitnehmerschutzrecht bezwecke den Schutz des Arbeitnehmers, und dieser verlange, daß allenfalls zu seinen Gunsten, nie aber zu seinen Lasten von der gesetzlichen Regelung abgewichen werde[137]. Beispielhaft für dieses Begründungsschema ist eine Passage aus dem Beschluß des Großen Senats des Bundesarbeitsgerichts zur Ablösung von Betriebsvereinbarungen[138]. Der Große Senat meint dort wörtlich: „Alle arbeitsrechtlichen Gestaltungsfaktoren können im Verhältnis zu rangniedrigeren Regelungen ... Verbesserungen nicht ausschließen, sie können nur einseitig zwingendes Recht schaffen". Der 7. Senat[139] hat diese Rechtsprechung fortgeführt und dabei den Grundsatz aufgestellt: „Solange und soweit der staatliche Gesetzgeber nicht eindeutig zu erkennen gegeben hat, daß er in einem bestimmten von ihm geregelten Bereich des Arbeitslebens die Regelungsmacht der Koalitionen zurückdrängen will, muß angesichts der Normsetzungsprärogative der Koalitionen angenommen werden, daß die gesetzliche Regelung tarifdispositiven Charakter hat". Gemeint hat der 7. Senat allerdings nicht die Tarifdispositivität des Gesetzes, von der im Zweifelsfall auszugehen ist, sondern seine einseitig zwingende Wirkung. Das hat dann der 1. Senat in seiner Entscheidung vom 10.2.1988 ausdrücklich klar-

---

[134] *Wiedemann*, TVG, Einl. Rn. 388; *Zöllner/Loritz*, Arbeitsrecht, § 6 I 2, S. 63.

[135] *Däubler*, Tarifvertragsrecht, Rn. 372; *Kempen*, in: Kempen/Zachert, TVG, Grundl. Rn. 292; *Seiter*, SAE 1970, 206 (208); *ders.*, ZfA 1970, S. 355 (363); *Wiedemann*, TVG, Einl. Rn. 407.

[136] BAG GS, Beschl. v. 16.9.1986, AP Nr. 17 zu § 77 BetrVG 1972; BAG, Urt. v. 25.9.1987, AP Nr. 1 zu § 1 BeschFG 1985; Beschl. v. 10.2.1988, AP Nr. 53 zu § 99 BetrVG 1972; *Hueck/Nipperdey*, Arbeitsrecht II/1, S. 372, 393; *Kempen*, in: Kempen/Zachert, TVG, Grundl. Rn. 272; *Löwisch/Rieble*, § 1 TVG Rn. 319; *Säcker*, AR-Blattei, Tarifvertrag I, C II; *Säcker/Oetker*, Tarifautonomie, S. 176 ff.; *Stein*, Tarifvertragsrecht, Rn. 381, 384; *Wiedemann*, TVG, Einl. Rn. 359; zweifelnd aber *Däubler*, Tarifvertragsrecht, Rn. 366 ff.

[137] In diese Richtung *Däubler*, Tarifvertragsrecht, Rn. 367; *Hromadka*, FS Kissel (1994), S. 417 (418); *Säcker/Oetker*, Tarifautonomie, S. 176 ff.

[138] BAG GS, Beschl. v. 16.9.1986, AP Nr. 17 zu § 77 BetrVG 1972.

[139] BAG, Urt. v. 25.9.1987, AP Nr. 1 zu § 1 BeschFG 1985.

gestellt:[140] „[Arbeitnehmerschutzvorschriften] sind in aller Regel einseitig zwingender Natur. Wenn der Gesetzgeber etwas anderes anordnen will, bedarf es einer entsprechenden klaren Regelung."

In dieser Allgemeinheit sind die Judikate sicher nicht haltbar[141]. Arbeitsrecht ist nicht allein Schutzrecht, sondern auch Ordnungsrecht[142]. Als Ordnungsrecht soll es einen gerechten Ausgleich zwischen den Beteiligten schaffen. Dazu müssen auch die berechtigten Interessen des Arbeitgebers berücksichtigt werden. Hinzukommt, daß sich arbeitsrechtliche Vorschriften in den Rahmen der allgemeinen Rechtsordnung einzufügen haben. Das verlangt, daß der Schutzgedanke in manchen Fällen anderen Prinzipien untergeordnet werden muß, etwa der Rechtssicherheit oder dem Allgemeinwohl. Ein universelles Günstigkeitsprinzip läßt sich deshalb schwerlich rechtfertigen[143]. Entscheidend sind immer Sinn und der Zweck der jeweiligen Norm. Über diese kann freilich gestritten werden, und nicht selten dient eine Regelung mehreren Zwecken. Liegt jedoch der Schwerpunkt einer arbeitsrechtlichen Vorschrift auf dem Arbeitnehmerschutz, so spricht eine Vermutung für ihren einseitig zwingenden Charakter. Überwiegt der Schutzgedanke den Ordnungsgedanken einer arbeitsrechtlichen Norm, so ist anzunehmen, daß der Gesetzgeber bloß eine gesetzliche Mindestbedingung schaffen wollte, ohne dadurch Verbesserungen durch Tarifvertrag, Betriebsvereinbarung oder Arbeitsvertrag auszuschließen. Eine Vermutung, daß arbeitsrechtliche Gesetze vorrangig dem Schutz des Arbeitnehmers dienen, besteht nicht; vielmehr ist der Zweck des jeweiligen Gesetzes im Einzelfall sorgfältig zu ermitteln.

Aber selbst bei primär dem Arbeitnehmerschutz dienenden Gesetzen bleiben Zweifel, wie die Diskussion um § 1 Abs. 3 KSchG zeigt. Es entspricht allgemeiner Überzeugung, daß die Vorschriften des KSchG einseitig zwingender Natur sind, weil sie den Arbeitnehmer vor willkürlichen Kündigungen bewahren sollen. Sie sollen daher zugunsten der Arbeitnehmer durch Tarifvertrag abgeändert werden können[144]. Das bereitet allerdings bei § 1 Abs. 3 KSchG Probleme, wenn Arbeitnehmer, deren ordentliche Kündbarkeit durch Tarifvertrag ausgeschlossen wurde, nicht mit in die Sozialauswahl einbezogen werden und sich daraus eine gesetzeswidrige Besserstellung gegenüber anderen, gleich schutzbedürftigen, aber tariflich nicht geschützten Arbeitnehmern ergeben kann[145]. Die h.M. ist der Ansicht, daß der tariflich verbesserte Kündigungsschutz nur das Verhältnis des konkreten Arbeitnehmers zu seinem Arbeitgeber betreffe, das Verhältnis der Arbeitnehmer untereinander aber außer Betracht lasse. Tariflicher Kündigungsschutz und gesetzlicher Kündigungsschutz stünden nebeneinander. Der tariflich verbesserte Kündigungsschutz sei

---

[140] AP Nr. 53 zu § 99 BetrVG 1972.
[141] So auch *Däubler*, Tarifvertragsrecht, Rn. 367.
[142] *Hromadka*, FS 40 Jahre Der Betrieb (1988), S. 241; *Zöllner/Loritz*, Arbeitsrecht, § 1.
[143] *Däubler*, Tarifvertragsrecht, Rn. 367.
[144] BAG, Urt. v. 14.5.1987, AP Nr. 5 zu § 1 KSchG 1969 Wartezeit; *Däubler*, Tarifvertragsrecht, Rn. 369, 931 ff., 946 ff.; *Kempen*, in: Kempen/Zachert, TVG, Grundl. Rn. 272; *Löwisch/Rieble*, § 1 TVG Rn. 865.
[145] *Herschel/Löwisch*, § 1 KSchG Rn. 223 m.w.N; *Löwisch/Rieble*, § 1 TVG Rn. 867; *Säcker/Oetker*, Tarifautonomie, S. 186 ff.

für das gesetzliche Kündigungsschutzrecht ein bloßer Rechtsreflex[146]. Dem kann nicht gefolgt werden. Tariflicher und gesetzlicher Kündigungsschutz sind in ihrem Regelungsziel identisch. Gewiß betrifft die tarifliche Regelung zunächst nur das konkrete Arbeitsverhältnis zwischen dem Arbeitgeber und einem bestimmten Arbeitnehmer. Ob der Tarifvertrag den Kündigungsschutz aber zu Lasten Dritter verändern kann, ist eine Frage, die sich allein nach der gesetzlichen Regelung, d.h. nach dem KSchG bemißt. Gerade § 1 Abs. 3 KSchG zeigt, daß dem gesetzlichen Kündigungsschutz nicht nur eine Schutz-, sondern auch eine Ordnungsfunktion zukommt. Mit Hilfe der vom Gesetzgeber vorgesehenen Sozialauswahl soll festgestellt werden, welcher Person eine betriebsbedingte Kündigung am ehesten zumutbar ist, weil sie die geringste Schutzwürdigkeit genießt. Diese gesetzliche Wertung dürfen die Tarifvertragsparteien nicht unterlaufen; über § 1 Abs. 3 KSchG können sie deshalb nicht disponieren.

Erst recht gibt es keine Möglichkeit, von arbeitsrechtlichen Normen tariflich abzuweichen, wenn der Ordnungsgedanke des Gesetzes den Schutzgedanken eindeutig übertrifft. Solche Normen sind im Arbeitsrecht allerdings eher die Ausnahme. Zu ihnen rechnet § 626 BGB, der den für das Privatrecht fundamentalen Satz, daß die Rechtsordnung den Parteien nichts Unzumutbares abverlangen darf, auf das Arbeitsverhältnis überträgt und zu einem Recht auf außerordentliche Kündigung verdichtet. Tarifverträge, die das Recht zur außerordentlichen Kündigung ausschließen oder an bestimmte Gründe binden, verstoßen gegen zweiseitig zwingendes Gesetzesrecht[147]. Dasselbe gilt nach umstrittener, aber zutreffender Meinung für die Grundstrukturen der Betriebsverfassung und der Personalvertretung, da sie zwingendes Organisationsrecht darstellen[148], sowie für das technische Arbeitsschutzrecht, soweit es in Ausführung von EG-Richtlinien ergangen ist, die auf Art. 95 EGV beruhen, da sie grundsätzlich keine mitgliedstaatlichen Abweichungen zulassen[149]. Ob privatrechtliche Gesetze, die nicht vorrangig arbeitsrechtliche Materien betreffen, zwingenden Charakter haben, ist im Einzelfall zu entscheiden. Zwingend sind jedenfalls Vorschriften, die die Voraussetzungen der Privatautonomie und ihre Ausübung betreffen; darüber hinaus aber alle Normen, die die Sicherheit des Rechtsverkehrs gewährleisten oder das Vertrauen Dritter schützen[150].

---

[146] *Däubler*, Tarifvertragsrecht, Rn. 949; *Kempen*, in: Kempen/Zachert, TVG, Grundl. Rn. 280; *Weller*, RdA 1986, 222.

[147] H.M. vgl. BAG, Urt. v. 12.4.1978, AP Nr. 13 zu § 626 BGB Ausschlußfrist; Urt. v. 4.6.1987, AP Nr. 16 zu § 1 KSchG 1969 Soziale Auswahl; *Löwisch/Rieble*, § 1 TVG Rn. 866; *Säcker/Oetker*, Tarifautonomie, S. 183 f.; *Schaub*, Arbeitsrechts-Handbuch, § 202 Rn. 15; *Wiedemann*, § 1 TVG Rn. 540; *M. Wolf*, in: KR, Grunds. Rn. 457; a.A. *Däubler*, Tarifvertragsrecht, Rn. 952; *ders.*, Das Grundrecht auf Mitbestimmung, S. 376; *Gamillscheg*, AuR 1981, 105 ff.

[148] BAG, Urt. v. 31.1.1995, DB 1995, 1670; *Däubler*, Tarifvertragsrecht, Rn. 368; *Kempen*, in: Kempen/Zachert, TVG, Grundl. Rn. 271; *Reichold*, Betriebsverfassung als Sozialprivatrecht, S. 360 ff.; *Wiedemann*, TVG, Einl. Rn. 361.

[149] Dazu *Maschmann*, ZSR 1994, 595 (616) m.w.N.

[150] *Larenz*, Allgemeiner Teil des deutschen Bürgerliches Rechts, § 1 V.

4. Konsequenzen für den Gesetzgeber

Aus dem Gesagten ergeben sich für den Gesetzgeber wichtige Grundsätze, die er beachten muß, wenn er den Tarifvertragsparteien bestimmte Regelungsmaterien entziehen will. Die sicherste Methode, die Tarifmacht zu beschneiden, besteht darin, den zweiseitig zwingenden Charakter eines Gesetzes ausdrücklich anzuordnen. Dem Gesetzgeber bleibt der unmittelbare Affront gegen die Tarifvertragsparteien erspart, wenn er sich, wie bei § 57a Abs. 1 Satz 5 HRG, auf die Feststellung beschränkt, daß arbeitsrechtliche Vorschriften nur insoweit anzuwenden sind, als sie den gesetzlichen Vorschriften nicht widersprechen. Da Tarifverträge zu den arbeitsrechtlichen Vorschriften gehören, werden sie, soweit sie vom Gesetz abweichen, verboten[151]. Dasselbe gilt, wenn der Gesetzgeber, wie in § 41 Abs. 4 Satz 3 SGB VI i.d.F. d. RRG 1992, „abweichende Vereinbarungen" ausschließt, weil zu „Vereinbarungen" nach h.M. auch Tarifverträge zählen[152]. Die Möglichkeit, Geltungsbereiche des Tarifvertrages nicht arbeitsrechtlich, sondern kollisionsrechtlich abzusperren, wie bei Art. 21 Abs. 4 FlRG geschehen, wird sich freilich nur ausnahmsweise ergeben.

Im Regelfall wird der Gesetzgeber ausdrückliche Bestimmungen vermeiden wollen. In manchen Fällen stünden sie auch im Gegensatz zum angestrebten Regelungsziel, namentlich bei einer möglichen Kodifikation des Arbeitsvertragsrechts. Wenn das Ziel einer solchen Kodifikation darin besteht, das Arbeitsrecht überschaubarer und besser handhabbar zu machen, wären umfangreiche Bestimmungen zur Dispositivität des staatlichen Rechts kontraproduktiv. Die ausdrückliche Sperrung ganzer Regelungsbereiche (BUrlG, EfzG usw.) kann in einer Kodifikation nur ausnahmsweise erfolgen. Um so wichtiger ist es, daß der Gesetzgeber die Vermutungsregeln beachtet, die allgemein für arbeitsrechtliche Gesetze gelten.

Will der Gesetzgeber Normen erlassen, um damit in erster Linie den Schutz des Arbeitnehmers zu stärken, so besteht für diese die Vermutung ihres einseitig zwingenden Charakters. Schutzgesetze in diesem Sinne sind aber nur solche Vorschriften, die sich am tatsächlichen Bestand eines konkreten Arbeitsverhältnisses orientieren. Nicht dazu rechnen Vorschriften, die die Beschäftigung als solche schützen und fördern sollen, etwa indem sie für bestimmte Personengruppen vom bisherigen arbeitsrechtlichen Schutzstandard abweichen. Will der Gesetzgeber den von Schutzgesetzen geregelten Bereich der tariflichen Rechtsetzung vollständig entziehen, so bleibt ihm keine andere Wahl, als klare und eindeutige Verbotsgesetze zu erlassen, d.h. seine Schutzgesetze ausdrücklich zweiseitig zwingend auszugestalten.

Bei allen anderen Vorschriften ist danach zu unterscheiden, ob es sich um rein formal-instrumentelle Normen handelt, denen kein besonderer material-ethischer Gehalt zukommt, oder um Vorschriften, die die Voraussetzungen der Privatautonomie und ihre Ausübung betreffen, die Sicherheit des Rechtsverkehrs gewährleisten oder das Vertrauen Dritter schützen[153]. Erstere Gesetze sind von vornherein dispo-

---

[151] BVerfGE 94, 268 (284); BAG, Urt. v. 30.3.1994, AP Nr. 1 zu § 57a HRG.
[152] BAG, Urt. v. 20.10.1993, 1.12.1994 AP Nr. 3, 4 zu § 41 SGB VI.
[153] *Larenz*, Allgemeiner Teil des deutschen Bürgerliches Rechts, § 1 V.

sitiv; letztere sind stets zweiseitig-zwingend und müssen daher den Tarifvertragsparteien nicht ausdrücklich entzogen werden.

Stehen die Wege, auf denen der Gesetzgeber zu einer Beschränkung der Tarifmacht gelangen kann, fest, kann analysiert werden, ob und inwieweit der Gesetzgeber nach geltendem Verfassungsrecht hierzu befugt ist. Daß der Gesetzgeber überhaupt zum Erlaß arbeitsrechtlicher Vorschriften berechtigt ist, ergibt sich bereits aus Art. 74 Abs. 1 Nr. 12 GG, der dem Bund die Gesetzgebungskompetenz für das Arbeitsrecht zuweist[154]. Grenzen werden dem Gesetzgeber durch Art. 9 Abs. 3 GG und die übrigen Bestimmungen der Verfassung gezogen. Wie weit die Möglichkeiten, die Tarifmacht gesetzlich zu beschränken, reichen, ist seit jeher umstritten. Besonderes Gewicht besitzt die Argumentation des Bundesverfassungsgerichts, da ihm das Monopol auf die letztverbindliche Auslegung des Verfassungsrechts zukommt und seine Rechtsauffassung auch für alle anderen Staatsorgane maßgeblich ist. Es ist daher kaum verwunderlich, daß das Bundesarbeitsgericht die verfassungsgerichtlichen Formeln unbesehen übernommen hat. Diese Formeln waren jedoch alles andere als eindeutig, weshalb die Literatur sich bemühte, sie zu präzisieren. Entstanden ist daraus eine Reihe hochdifferenzierter Konzepte.

II. Zulässigkeit nach älterer Rechtsprechung

1. Bundesverfassungsgericht

Vor 1996 hat sich das BVerfG nie zentral, sondern nur in Form von obiter dicta mit dem Verhältnis zwischen den Regelungsbereichen staatlicher und tarifautonomer Normsetzung auseinandergesetzt. Die drei Schlüsselbegriffe der Rechtsprechung waren die Normsetzungsprärogative der Tarifvertragsparteien, die Subsidiarität der staatlichen Gesetzgebung und die Gewährleistung nur eines Kernbereiches koalitionsmäßiger Betätigungen. Alle drei Begriffe finden sich in der 1977 ergangenen Entscheidung zur Allgemeinverbindlicherklärung von Tarifverträgen[155]. Die entscheidende Weichenstellung ist aber schon vier Jahre zuvor im Beschluß zum Heimarbeitsgesetz erfolgt[156]. Das Gericht arbeitet dort erstmals die Besonderheiten des Bereichs, der tarifautonomen Regelungen offensteht, heraus. Dabei kommt es zu dem Ergebnis: „Das grundlegend Besondere in diesem Bereich ist, daß der Staat seine Zuständigkeit zur Rechtsetzung, soweit es sich um den Inhalt von Arbeitsverträgen handelt, weit zurückgenommen hat. Er hat kraft der Grundentscheidung des Art. 9 Abs. 3 GG die Bestimmung über alle regelungsbedürftigen Einzelheiten des Arbeitsvertrages den in den Tarifparteien organisierten Arbeitnehmern und Arbeitgebern zu überlassen."[157] Zur Begründung dieser Zurücknahme staatlicher Rege-

---

[154] BVerfGE 103, 293 (306).
[155] BVerfGE 44, 322 (340 ff.).
[156] BVerfGE 34, 307.
[157] BVerfGE 34, 307 (316 f.). Die Passage kann leicht mißverstanden werden. Aus dem Zusammenhang ergibt sich, daß das Gericht damit nicht meint, daß die organisierten Arbeitgeber und Arbeitnehmer selbst die Arbeitsbedingungen festlegen sollen, sondern die Tarifparteien. Klarer die Formulierung

lungen führt das BVerfG zwei Gesichtspunkte an: „Dieses Zurücktreten das Staates zugunsten der Tarifparteien gewinnt seinen Sinn ebensosehr aus dem Gesichtspunkt, daß die unmittelbar Betroffenen besser wissen und besser aushandeln können, was ihren beiderseitigen Interessen und dem gemeinsamen Interesse entspricht, als der demokratische Gesetzgeber, wie aus dem Zusammenhang mit dem für die Gestaltung nicht öffentlich-rechtlicher Beziehung charakteristischen Prinzip der ‚Privatautonomie' im Grunde also der Entscheidung des Grundgesetzes zugunsten des freiheitlich-demokratischen Rechtsstaates".[158] Freilich blieben die Ausführungen in der Sache vage. Das Gericht äußert sich weder zu den Grenzen der tarifautonomen Regelungsbefugnisse noch zur Reichweite des Zurücktretens des staatlichen Gesetzgebers. Diese Fragen waren damals nicht entscheidungserheblich.

Konkreter wird das Gericht erst 1977. In der bereits erwähnten Entscheidung zur Allgemeinverbindlicherklärung von Tarifverträgen wird dreierlei klargestellt. Zunächst geht das Gericht davon aus, daß es sich bei der Normsetzung durch die Tarifparteien um eine Gesetzgebung im materiellen Sinne handelt, die Normen im rechtstechnischen Sinne erzeugt[159]. Danach äußert sich das Gericht zum Verhältnis zwischen tarifautonomer und staatlicher Rechtsprechung und wiederholt dabei die im Beschluß zum Heimarbeitsgesetz gefundene Formel von der „Zurücknahme der staatlichen Zuständigkeit" bei der von Art. 9 Abs. 3 GG gewährleisteten Ordnung des Arbeits- und Wirtschaftslebens[160]. Entscheidend ist die Konkretisierung dieser Formel. Die Zurücknahme der staatlichen Regelungskompetenz führt nach Ansicht des Gerichts gerade nicht zu einem Normsetzungsmonopol der Koalitionen, sondern nur zu einer „Normsetzungsprärogative". Den Koalitionen komme kein Alleinrecht, sondern nur ein Vorrecht zur Regelung der Arbeitsbedingungen gegenüber dem Gesetzgeber zu; dieser habe seine Zuständigkeit für die Ordnung mitnichten vollkommen aufgegeben. Der Normsetzungsprärogative der Koalitionen auf der einen Seite entspricht die Subsidiarität der staatlichen Regelungen auf der anderen Seite. Das ist die zweite wichtige Erkenntnis dieses Urteils.

Von der subsidiären Regelungskompetenz könne der Staat in zwei Fällen Gebrauch machen: zum einen dann, wenn die Koalitionen die ihnen übertragene Aufgabe, das Arbeitsleben durch Tarifverträge sinnvoll zu ordnen, im Einzelfall nicht allein erfüllen könnten; zum anderen dann, wenn die soziale Schutzbedürftigkeit einzelner Arbeitnehmer oder Arbeitnehmergruppen oder ein sonstiges öffentliches Interesse ein Eingreifen des Staates erforderlich mache[161].

Schließlich, und das ist die dritte Erkenntnis dieses Urteils, gilt die Normsetzungsprärogative der Koalitionen nach Ansicht des Gerichts nicht schrankenlos. Vielmehr sei es Sache des subsidiär für die Ordnung des Arbeitslebens weiterhin zuständigen staatlichen Gesetzgebers, die Betätigungsgarantie der Koalitionen in den

---

in BVerfGE 44, 322 (340), wo die gleiche Formel verwandt wird, die Regelung der Arbeitsbedingungen aber den „Koalitionen" überlassen ist.
[158] BVerfGE 34, 307 (317).
[159] BVerfGE 44, 322 (341).
[160] BVerfGE 44, 322 (340).
[161] BVerfGE 44, 322 (342).

Grenzen des Kernbereichs der Koalitionsfreiheit näher zu regeln"[162]. Zu diesem Kernbereich rechnet das Gericht die Festsetzung insbesondere von Löhnen und sonstigen materiellen Arbeitsbedingungen in einem von staatlicher Rechtssetzung freigelassenen Raum und im wesentlichen ohne staatliche Einflußnahme[163].

Im Ergebnis sieht das BVerfG die den Koalitionen versprochene Normsetzungsprärogative also unter erheblichen Restriktionen. Der Gesetzgeber kann Bereiche der tarifautonomen Normsetzung wieder an sich ziehen. Sein jus evocandi kann er jederzeit ausüben, solange er nicht vollkommen willkürlich davon Gebrauch macht, sondern sich auf einen sachlichen Grund beruft. Letztlich stehen damit sowohl die tarifautonomen Regelungsbereiche als auch der Tarifvertrag als Norminstrument unter einem einfachen Gesetzesvorbehalt. Wie dies mit dem Umstand in Einklang zu bringen ist, daß Art. 9 Abs. 3 GG vorbehaltlos gewährleistet ist, sagt das BVerfG nicht. Das ist um so mißlicher, als das Gericht den Schutz des Kernbereichs bis 1995 als reine Minimalgarantie begreift. Der Richtungswandel erfolgt erst 1996 mit dem HRG-Beschluß[164], in dem die Abgrenzung der Regelungsbereiche erstmals entscheidungserheblich war.

2. Bundesarbeitsgericht

Auch das Bundesarbeitsgericht hatte selten Gelegenheit, das Verhältnis der Regelungsbereiche von tarifautonomer und staatlicher Rechtssetzung genauer zu bestimmen. 1959 mußte sich der Große Senat mit der Frage auseinandersetzen, ob das 1957 ergangene Gesetz zur Verbesserung der wirtschaftlichen Sicherung der Arbeiter im Krankheitsfalle (ArbKrankhG)[165] die entsprechenden tariflichen Regelungen zur Lohnfortzahlung außer Kraft setzen konnte. Das Gericht bejahte dies nicht zuletzt aus dem Gesichtspunkt der Rechtssicherheit und der Rechtsklarheit. Das ArbKrankhG wolle für alle Arbeiter einen klaren und eindeutigen Rechtszustand schaffen. Deshalb müsse von dieser klaren Ordnung abweichendes Tarifrecht außer Kraft gesetzt werden; es könne nicht im Belieben der Tarifparteien stehen, ob das neue Recht Anwendung finde oder nicht[166]. So rigoros hat das BAG aber nur damals judiziert. Knapp 30 Jahre später war es weit vorsichtiger, als es um das Verhältnis zwischen staatlichen Vorschriften zur Befristung von Arbeitsverhältnissen und entsprechenden tariflichen Normen ging[167]. Konkret stellte sich die Frage, ob § 1 BeschFG zur Unwirksamkeit entsprechender Tarifnormen führte. Das BAG verneinte dies. Es berief sich auf die vom BVerfG in der Entscheidung zur Allgemeinverbindlicherklärung von Tarifverträgen aufgestellten Leitsätze und zog daraus den Schluß, daß der Gesetzgeber, wenn er die Regelungsmacht der Koalitionen zurückdrängen

---

[162] BVerfGE 44, 322 (341 f.).
[163] BVerfGE 44, 322 (340 f.).
[164] BVerfGE 94, 268.
[165] Vom 26.6.1957, BGBl. I, S. 649.
[166] BAG GS, Beschl. v. 17.12.1959, AP Nr. 21 zu § 616 BGB.
[167] BAG, Urt. v. 25.9.1987, AP Nr. 1 zu § BeschFG 1985.

wolle, dies eindeutig und klar zum Ausdruck bringen müsse. Im Zweifel sei davon auszugehen, daß eine gesetzliche Norm tarifdispositiven Charakter habe.

Anlaß für eine ausführlichere Erörterung der Grenzen eines Zugriffs des Gesetzgebers auf die Tarifmacht boten die Urteile zum gesetzlichen Verbot für tarifvertragliche Altersgrenzenregelungen[168] sowie zu den geänderten Befristungsmöglichkeiten für Arbeitsverträge mit wissenschaftlichem Personal an Hochschulen und Forschungseinrichtungen[169]. In diesen Entscheidungen legt das BAG die Auffassung des BVerfG dar und schließt sich diesen ohne weiteres an, vor allem was die Kernbereichslehre anbelangt, die das BAG – wie damals das BVerfG – als reine Minimalgarantie der Tarifautonomie verstand. Von daher ist es nicht verwunderlich, daß das BAG sowohl das Verbot der tariflichen Altersgrenzenregelung als auch den Ausschluß tarifvertraglicher Befristungsregelungen für wissenschaftliche Mitarbeiter für verfassungsmäßig erachtete. Weder mit § 41 Abs. 1 Satz 3 SGB VI noch mit den Vorschriften der §§ 57a ff. HRG habe der Gesetzgeber in den Kernbereich der Tarifautonomie eingegriffen. Mit den die Kernbereichslehre kritisch hinterfragenden Stimmen im Schrifttum[170] setzt sich das Gericht dabei nicht auseinander.

III. Zulässigkeit nach älterer Literatur

Die ältere Literatur bemühte sich vor allem darum, die vom BVerfG in die Debatte geworfenen Schlüsselbegriffe Normsetzungsprärogative, Subsidiarität und Kernbereich zu konkretisieren und zu einem stimmigen Gesamtkonzept zu verbinden. Entstanden ist dabei eine Vielzahl von Konzepten, die im einzelnen vorzustellen den Rahmen dieser Arbeit sprengen würde. Zudem haben diese angesichts des Richtungswandels der verfassungsgerichtlichen Rechtsprechung an Bedeutung verloren. Wenn im folgenden trotzdem einige Konzepte diskutiert werden, dann aus zwei Gründen: Zum einen hat das Schrifttum erheblich zum Paradigmenwechsel der Rechtsprechung beigetragen; ohne diesen Hintergrund kann die neueste Rechtsprechung kaum sachgerecht beurteilt werden. Zum anderen besteht auch nach dem Richtungswechsel des BVerfG Klärungsbedarf, vor allem was die Bestimmung eines für gesetzliche Zugriffe versperrten Bereichs anbelangt. Hier hat das frühere Schrifttum wichtige Gesichtspunkte herausgearbeitet. Denn mit dem Verzicht auf die alten Schlüsselbegriffe – Kernbereich und Normsetzungsprärogative – ist das Gericht bei der Lösung der weiterhin bestehenden Sachfragen nur einen kleinen Schritt vorangekommen.

---

[168] BAG, Urt. v. 20.10.1993, 1.12.1993, AP Nr. 3, 4 zu § 41 SGB VI.
[169] BAG, Urt. v. 30.3.1994, AP Nr. 1 zu § 57a HRG.
[170] *Caspar*, Stellung der Gewerkschaften im Betrieb, S. 78; *Gröbing*, AuR 1986, 297 ff.; *Hahn*, Gewerkschaftliche Betätigung, S. 196 ff.; *Hanau*, ArbRdGegw 17 (1980), S. 49; *Herschel*, AuR 1981, 265 (268); *Lübbe-Wolff*, DB 1988, Beil. 9, S. 2 (3); *Zechlin*, NJW 1985, 585 (591).

2. Teil: Der Zugriff des Gesetzgebers auf die Tarifautonomie

1. Säcker: Garantie von Kernbereich und Unter-Kernbereichen tariflicher Rechtsetzung

a) Inhalt

Einer der ersten, der darauf hingewiesen hat, daß den Koalitionen gegenüber dem Staat kein Normsetzungsmonopol, sondern nur eine Normsetzungsprärogative zukommt, war *Säcker*[171]. Die bereits in der ersten Entscheidung zu Art. 9 Abs. 3 GG vom BVerfG entwickelte „Kernbereichsgarantie" koalitionsmäßiger Betätigung[172] versteht er als „Trennwand" zwischen staatlicher und tarifautonomer Rechtsetzung im Bereich der Arbeits- und Wirtschaftsbedingungen[173]. Soweit die Kernbereichsgarantie reiche, habe der Staat seine Zuständigkeit zur Schrankenziehung verloren. Der durch die Kernbereichsgarantie markierte Bereich einer tarifautonomen Regelung der Arbeits- und Wirtschaftsbedingungen sei vor jeder staatlichen Intervention geschützt[174]: Hier seien ausschließlich die Koalitionen zur Regelung befugt. Soweit sie eine Regelung träfen, gelte diese und keine andere[175]. Regelungsmöglichkeiten im verfassungsrechtlich ungeschützten Randbereich seien dagegen jederzeit wieder entziehbar[176]. Dabei gehe der Zweck des Art. 9 Abs. 3 GG über die Sicherung menschenwürdiger Arbeitsbedingungen hinaus[177].

Die Freiheit der Koalitionen bestehe nicht unbegrenzt. Sie diene der Autonomie eines sozialen Handlungssystems[178]. Wichtig zu erkennen ist, daß *Säcker* die Koalitionsfreiheit als funktionales Grundrecht begreift[179]. Mit *Luhmann*[180] geht er davon aus, daß das Grundgesetz durch die Auffächerung und die Verteilung von Entscheidungszuständigkeiten eine Vielzahl sozialer Teilsysteme mit spezifischen Entscheidungsbereichen innerhalb des Staatsganzen verfassungsrechtlich sanktioniert hat. Das Ziel sei die Erhaltung einer offenen, differenzierten Kommunikations- und Gesellschaftsordnung. Zu diesem Zweck habe das Grundgesetz die Teilsysteme durch die grundrechtliche Institutionalisierung von Freiheiten in den einzelnen Teilsystemen gegeneinander abgegrenzt, damit zugleich die Staatmacht beschränkt und auf diese Weise die Herrschaft dezentralisiert und demokratisiert[181]. Funktionale Freiheitsgrundrechte dienten der Erhaltung einer gegliederten, pluralistischen Sozial-

---

[171] *Säcker*, Koalitionsfreiheit, S. 50, 55.
[172] BVerfGE 4, 96.
[173] *Säcker*, ArbRdGgw 12 (1975), S. 33. So schon *Reuß*, AuR 1958, 321 (326), der in dem vom Staat durch die Verfassung und die verfassungsmäßigen Gesetze markierten Bereich allein die Tarifparteien für berechtigt hält, allgemeine Arbeitsbedingungen zu regeln und zugleich ein an die Träger staatlicher Gewalt gerichtetes Verbot erblickt, in dieser Zone materielle Regelungen zu treffen; freilich sieht *Reuß* (a.a.O., S. 327) den staatlichen Gesetzgeber für befugt an, innerhalb der von der Verfassung gezogenen Grenzen den autonomen Bereich zu ändern, zu erweitern oder zu beschränken; ähnlich *Galperin*, FS Molitor (1962), S. 143 (158 f).
[174] *Säcker*, ArbRdGgw 12 (1975), S. 34.
[175] *Säcker*, Koalitionsfreiheit, S. 48; ders., AuR 1994, 1 (8).
[176] *Säcker*, ArbRdGgw 12 (1975), S. 40.
[177] *Säcker*, Koalitionsfreiheit, S. 46; ders., RdA 1969, 291 (298); ders., AuR 1994, 1 (8).
[178] *Säcker*, Koalitionsfreiheit, S. 21; ders., RdA 1969, 291 (298); ahnlich *Lerche*, Arbeitskampf, S. 26 ff.
[179] *Säcker*, Koalitionsfreiheit, S. 21, 45, 48, 91.
[180] Grundrechte als Institution, S. 19 ff. 23, 71 f.
[181] *Säcker*, Koalitionsfreiheit, S. 21; ders., RdA 1969, 291 (298).

ordnung, indem sie eine Entdifferenzierung der offenen, mobilen Kommunikationsordnung durch Ausdehnung des Herrschaftsbereiches des Staates als eines Teilsystems der modernen Gesellschaft verhinderten[182]. Diese Zwecksetzung verbiete es, daß der Gesetzgeber die Autonomie des von den Tarifparteien geprägten sozialen Handlungssystems beliebig einschränke[183]. Um eine Aushöhlung des Grundrechts der Koalitionsfreiheit zu verhindern, sei der weitere Ausbau der funktionellen Kernbereichsgarantie dringend notwendig[184]. *Säcker* propagiert deshalb die Herausarbeitung gegenständlicher Unter-Kernbereiche, die die Kernbereichsgarantie verfassungskongruent ausführen, da anderenfalls der Garantiegehalt zu vage bleibe[185]. Diese Unterkernbereiche hätten den verfassungsrechtlich gesicherten Mindestumfang der verbandsmäßigen Regelungsprärogative gegenüber dem Staat und den Privaten konkret zu fixieren[186]. Als Unterkernbereich sei bereits vom BVerfG der Kernbereich tarifautonomer Lohngestaltung genannt worden[187]. Aufgrund der historischen Entwicklung erkennt *Säcker* weiterhin einen Unter-Kernbereich verbandsmäßiger Arbeitszeitgestaltung an[188]. Ob auch die verbandsmäßige Regelung des Urlaubs, des Arbeitsplatzschutzes, des Prämienwesens oder der Vermögensbildung in Arbeitnehmerhand Unter-Kernbereiche darstellen, läßt er offen[189].

Damit die Rechtsordnung nicht versteinert, befürwortet *Säcker* eine variable, wandelbare Kernbereichstheorie. Danach seien die vor staatlicher Intervention unzugänglichen Unterkernbereiche „nicht ein für allemal taxativ", sondern „situationsbezogen – exemplifikativ"[190] zu bestimmen. Aus der funktionellen Garantie der Koalitionen ergibt sich nach *Säcker* nur die Pflicht für den Gesetzgeber, den Koalitionen die Möglichkeit zu einer effektiven Einflußnahme auf die Gestaltung der Arbeits- und Wirtschaftsbedingungen einzuräumen[191]. Die funktionellen Kernbereiche der Regelungsautonomie seien vor einer allmählichen Aushöhlung durch „legislative Okkupation"[192] zu bewahren[193]. In Anlehnung an die verfassungsgerichtliche Rechtsprechung zur Garantie der kommunalen Selbstverwaltung[194]

---

[182] *Säcker*, Koalitionsfreiheit, S. 48; ders., ArbRdGgw 12 (1975), S. 36.
[183] *Säcker*, RdA 1969, 298.
[184] *Säcker*, Koalitionsfreiheit, S. 48; ders., ArbRdGgw 12 (1975); S. 36.
[185] *Säcker*, Koalitionsfreiheit, S. 45.
[186] *Säcker*, Koalitionsfreiheit, S. 93. Das hatte bereits *Herschel*, Verhandlungen des 46. DJT, II, Teil D, S. 31 vorgeschlagen; ähnlich zuvor bereits ders., DB 1959, 1440 (1443).
[187] BVerfGE 18, 18 (28); 20, 312 (317); 28, 295 (304); 38, 381 (306); 44, 322, (341).
[188] *Säcker*, Koalitionsfreiheit, S. 78.
[189] *Säcker*, Koalitionsfreiheit, S. 94; in AuR 1994, 1 (12) zählt er die tarifautonome Regelung des Urlaubs bereits zum funktionellen Kernbereich.
[190] *Säcker*, Koalitionsfreiheit, S. 93.
[191] *Säcker*, Koalitionsfreiheit, S. 91.
[192] *Biedenkopf*, Tarifautonomie, S. 122.
[193] *Säcker*, Koalitionsfreiheit, S. 48.
[194] BVerfGE 1, 175 (178); 7, 258 (364); 9, 268 (289 f.); 11, 266 (274); 17, 172 (182). Diese Anlehnung rechtfertige sich deshalb, weil die in Art. 28 Abs. 2 GG garantierte kommunale Selbstverwaltung mit einem ähnlichen Problem wie die Tarifautonomie konfrontiert sei; auch die Gemeinden seien durch die zunehmende Zahl bundes- und landesgesetzlicher Regelungen in ihrem Recht, die eigenen Angelegenheiten selbständig und unabhängig zu regeln, bedroht. Das erlaube – bei allen Unterschieden – eine Übertragung der einschlägigen Rechtsprechung des BVerfG.

nimmt *Säcker* an, daß der Gesetzgeber durch die Kernbereichsgarantie lediglich gehalten ist, in den der Tarifautonomie zur Gestaltung zugewiesenen Bereichen diese nicht in toto aufzuheben und sie nicht derart einzuschränken, daß sie innerlich ausgehöhlt wird, die Gelegenheit zu kraftvoller Betätigung verliert und nur noch ein Scheindasein führt[195]. Stelle sich heraus, daß den Berufsverbänden noch wichtige Entscheidungen im konkreten Kernbereich verblieben, etwa die prinzipiell freie Lohn- und Arbeitszeitgestaltung, so könne von einer Verletzung der konkreten Kernbereichsgarantie nicht gesprochen werden[196].

b) Würdigung

Mit diesem, auf *Herschel*[197] zurückgehenden Konzept begreift *Säcker* die Gewährleistung der Tarifautonomie letztlich nicht als Ausprägung eines freiheitlichen Grundrechts, sondern als bloße Einrichtungsgarantie. Deshalb sind gegen sein Konzept dieselben Einwände wie gegen die Lehre von den Einrichtungsgarantien zu erheben. Die Kritik muß um so deutlicher ausfallen, als *Säcker* von einer am Unerläßlichkeitskriterium orientierten Minimalgarantie ausgeht[198]. *Säckers* Ansatz fordert eine „Salamitaktik" des Gesetzgebers geradezu heraus. Einer schleichenden Aushöhlung der Tarifautonomie vermag *Säcker* nichts entgegenzusetzen, denn sein Schutzkriterium greift zu spät[199]. Erst wenn den Tarifparteien keine wichtige Entscheidung mehr verbleibt, wäre der sachgegenständliche Unterkernbereich verletzt. Andererseits fragt es sich, ob schon dann von einer Verletzung des Kernbereichs die Rede sein kann, wenn nur ein einziger Unterkernbereich verletzt ist. *Isensee* kritisiert in diesem Zusammenhang mit Recht die durch die Annahme von Unterkernbereichen verursachte „wunderbare Grundrechtsvermehrung"[200]: Geschützt sei die Koalitionsfreiheit als solche, nicht aber die Gesamtheit ihrer Ausprägungen. Eine sachliche Auffächerung von Schutzbereichen führt gerade nicht zu der erforderlichen Beschränkung und Konkretisierung des Kernbereichs, sondern umgekehrt zu einem globalen Vorrangprinzip der Tarifvertragsparteien[201].

Wenig überzeugend ist schließlich auch *Säckers* Ausgangspunkt, bei der Koalitionsfreiheit handele es sich um ein funktionelles Grundrecht. *Säcker* argumentiert insoweit soziologisch, nicht verfassungsdogmatisch. Unter soziologischen Gesichts-

---

[195] *Säcker*, Koalitionsfreiheit, S. 92.
[196] *Säcker*, Koalitionsfreiheit, S. 92.
[197] *Herschel*, Verhandlungen des 46. DJT, II, Teil D, S. 31, geht ebenfalls nicht von einem einzigen, einheitlichen Begriff des Kernbereichs aus, sondern will diesen für jedes einzelne Sachgebiet ermitteln. Nach *Herschel* kommt es nicht darauf an, ob der Kernbereich der Tarifautonomie als ganzer betroffen wird, sondern darauf, ob der Kernbereich eines konkreten Sachbereichs beeinträchtigt ist. Demzufolge sei für jeden Sachbereich gesondert zu untersuchen, ob ein bestimmtes Gesetz in den Kernbereich des Sachgebietes eingreife.
[198] So ausdrücklich *Säcker*, Koalitionsfreiheit, S. 94; ders., AuR 1994, 1 (7).
[199] Diese Kritik trifft auch *Kemper*, Koalitionsfreiheit, S. 122, der eine „Subtraktionsmethode" befürwortet.
[200] Tarifautonomie, S. 174.
[201] *Wiedemann/Stumpf*, TVG, Einl. Rn. 45, mit Hinweis auf *Lieb*, RdA 1972, 129 (133); *Weber*, Tarifautonomie, S. 38.

punkten mag die funktionale Differenzierung gesellschaftlicher Subsysteme zur Stabilisierung des Gesamtsystems beitragen und deshalb wünschenswert sein. Für die verfassungsdogmatische Grenzziehung zwischen staatlichen und tarifautonomen Regelungsbefugnissen gibt sie nichts her. Ginge es nur darum, eine Entdifferenzierung der pluralistischen Gesellschaftsordnung dadurch zu verhindern, daß den Koalitionen stets genügend Aufgaben zukommen, würden der Bestand und das „Wohl" des durch die Koalitionen geprägten gesellschaftlichen Teilsystems zum reinen Selbstzweck. Zwar geht auch das BVerfG immer wieder davon aus, daß die Koalitionen genügend stark und unabhängig sein müssen, um die Interessen ihrer Mitglieder auf arbeits- und sozialrechtlichem Gebiet wirksam und nachhaltig vertreten zu können[202]. Aus Gründen, die das Gemeinwohl der Gesamtgesellschaft oder anderer gesellschaftlicher Subsysteme betreffen, muß es aber möglich sein, die den Koalitionen übertragenen Bereiche wieder zurückzunehmen. Alles andere liefe auf eine Aufgabenzuweisung um jeden Preis hinaus, die die Gesellschaft letzten Endes genauso destabilisieren kann wie ihre Entdifferenzierung.

2. Biedenkopf: Ausschließliche und konkurrierende Regelungskompetenzen von Staat und Tarifvertragsparteien

a) Inhalt

In der Sache ähnlich argumentiert *Biedenkopf*. Er geht davon aus, daß sich tarifautonome und staatliche Normsetzung nicht in ihrer Wirkung unterscheiden, denn beide erzeugen für Dritte verbindliche Regeln[203]. Deshalb sei die tarifliche Normsetzung nichts anderes als eine Gesetzgebung im materiellen Sinne. Die Tarifvertragsparteien seien Gesetzgeber, denen die Zuständigkeit zur Regelung der Arbeits- und Wirtschaftsbedingungen zukomme. Da der staatliche Gesetzgeber aber wegen Art. 74 Nr. 11 und 12 GG dieselben Bereiche regeln könne, komme es zur Kollision. Erforderlich sei deswegen die Abgrenzung der Zuständigkeiten zweier Gesetzgeber, die zur Regelung derselben Materie gleichermaßen befugt seien[204]. In Anlehnung an die bundesstaatlichen Kompetenzzuweisungsnormen der Art. 70 ff. GG, die die staatlichen Gesetzgebungszuständigkeiten zwischen dem Bund und den Ländern aufteilen, unterscheidet *Biedenkopf* zwischen Bereichen „ausschließlicher" und „konkurrierender" Gesetzgebungskompetenzen für den Staat und die Tarifvertragsparteien.

Zur ausschließlichen Zuständigkeit des Gesetzgebers gehöre die „gesetzliche Existenzsicherung"[205]. Diese liege im Grundsatz der Menschenwürde begründet. Sie zu achten und zu schützen sei gemäß Art. 1 Abs. 1 Satz 2 GG die Verpflichtung aller *staatlichen* Gewalt. Deshalb könne es nur die Aufgabe des Staates, nicht aber die der Tarifvertragsparteien sein, sozialstaatliche Grundanforderungen im Sinne von

---
[202] BVerfGE 4, 96 (107); 18, 18 (28); 50, 290 (370).
[203] *Biedenkopf*, Tarifautonomie, S. 13, 49, 61 f., 153 und passim.
[204] *Biedenkopf*, Tarifautonomie, S. 153.
[205] *Biedenkopf*, Tarifautonomie, S. 154 ff., 209 f.

Existenz- oder „Kulturminimen" zu konkretisieren. Staatliche Mindestbedingungen fixierten die „untere Grenze der kollektivrechtlichen Zuständigkeit"[206]. Sie gewährleisteten gleichsam die „Freiheit des Arbeitnehmers vor existentieller Not"[207], und über diese könnten sich auch die Tarifparteien nicht hinwegsetzen[208].

Bei allen anderen Regelungen, die Risiken, Lasten und Vorteile zwischen den Arbeitsvertragsparteien und/oder der Allgemeinheit verteilen, konkurrieren nach *Biedenkopf* staatliche und tarifautonome Regelungen. Dem Staat komme der Vorrang bei „verteilenden Sozialgesetzen", den Tarifvertragsparteien bei „arbeitsrechtlichen Schutzgesetzen" zu.

Verteilende Sozialgesetze strebten eine abschließende Regelung von Vorteilen und Lasten an. Der Gesetzgeber könne selbst eine angemessene Lastenverteilung zwischen den Arbeitsvertragsparteien und/oder der Allgemeinheit vornehmen und den Tarifvertragsparteien schon deshalb jede Veränderung untersagen[209]. Insbesondere stehe es ihm frei, gesetzliche Normen als einheitliche Ordnung eines bestimmten Sachbereichs zu erhalten und damit anderweitige Regelungen zugunsten der Arbeitnehmer auszuschließen[210]. Eine einheitliche Ordnung schaffe Frieden. Die Schaffung von Frieden sei die Funktion der Rechtsordnung schlechthin[211]. Darüber hinaus dürfe der Gesetzgeber mit einer zwingenden Regelung den „sozialen Kampf um eine Umverteilung" ausschließen. Es könne ihm nicht verwehrt sein, die „soziale Evolution" selbst in die Hand zu nehmen und allein nach seinen Vorstellungen voranzutreiben[212]. Schließlich dürfe der Gesetzgeber den Tarifparteien die Normsetzung untersagen, wenn er eine allgemeine Sozialpolitik betreiben wolle, die nur einheitlich durchführbar sei[213]. Habe der Gesetzgeber in zähen parlamentarischen Auseinandersetzungen „Ansprüche an die Sozialordnung" abgewogen, eine gewisse Rangfolge sozialpolitischer Maßnahmen festgelegt und dann ein „Sozialpaket" von Vergünstigungen und Belastungen geschnürt, sei diese Entscheidung für alle ver-

---

[206] *Biedenkopf*, Verhandlungen des 46. DJT, II, Teil D, S. 166; so auch *Reuß*, AuR 1958, 321 (326 f.); *ders.*, ArbRdGgw 1 (1964), S. 144 (155).

[207] *Biedenkopf*, Tarifautonomie, S. 156, 210; ähnlich *Hromadka*, FS Kissel (1994), S. 417 (420 f.): „Konkretisierung der Sittenwidrigkeit".

[208] Konkret rechnet *Biedenkopf*, Tarifautonomie, S. 155, zu diesem Bereich die Vorschriften über den Mindestlohn, die Lohnpfändung, den Ausschluß bestimmter Gegenstände von der Zwangsvollstreckung, den strafrechtlichen Schutz der Arbeitskraft und die besondere Behandlung von Ansprüchen der Arbeitnehmer im Konkurs des Arbeitgebers.

[209] *Biedenkopf*, Tarifautonomie, S. 158, 210; ähnlich *Hromadka*, FS Kissel (1994), S. 417 (420), der zwingende Regelungen dann für gerechtfertigt hält, wenn nur eine Lösung dem Interessenkonflikt zwischen den Parteien gerecht wird; das sei vor allem bei Bestimmungen mit „hohem Gerechtigkeitsgehalt" der Fall, die „Grundwerte der Verfassung" umsetzten.

[210] *Biedenkopf*, Tarifautonomie, S. 160; so auch *Badura*, RdA 1974, 129 (135).

[211] *Biedenkopf*, Tarifautonomie, S. 165; ähnlich *Mayer-Maly*, AuR 1975, 225 (227), der dem Gesetzgeber das Recht zur Schaffung einer einheitlichen Ordnung des Arbeitslebens zugesteht, insbesondere durch den Erlaß eines „Arbeitsgesetzes"; anders als *Biedenkopf* sieht er in dieser „generellen Ordnung" nur die für alle Arbeitsverhältnisse gültigen Mindestbedingungen, von denen die Tarifparteien auch abweichen könnten, sei es, um gegenüber der generellen Ordnung Verbesserungen zu erzielen, sei es, um den jeweiligen Branchenbesonderheiten gerecht zu werden.

[212] *Biedenkopf*, Tarifautonomie, S. 161.

[213] *Biedenkopf*, Tarifautonomie, S. 161; ähnlich *Hromadka*, FS Kissel, S. 417 (420); *Weber*, Tarifautonomie, S. 39.

bindlich. Es stehe den Tarifparteien nicht an, diese Entscheidung wieder in Frage zu stellen.

Demgegenüber genießen die Tarifvertragsparteien nach *Biedenkopf* bei „arbeitsrechtlichen Schutzgesetzen" den Vorrang vor dem staatlichen Gesetzgeber[214]. In diesen Bereich fielen Regelungen, die auf die Beziehungen der Arbeitsvertragsparteien beschränkt blieben. Deren Zweck sei der gerechte Ausgleich zwischen dem Arbeitgeber und dem Arbeitnehmer. Regelmäßig fehle diesen Regelungen der innere Sachzusammenhang zur allgemeinen, nicht typisch arbeitsrechtlichen Schutzgesetzgebung[215]. In diesem Bereich spreche eine Vermutung für den Vorrang des Tarifvertrages gegenüber dem staatlichen Gesetz, soweit der Tarifvertrag wirksam und geeignet sei, eine dem Gesetz ebenbürtige Schutzfunktion zu erfüllen; in jedem Fall hätten die Tarifvertragsparteien die gesetzlichen Vorschriften über die Existenzsicherung zu beachten[216]. Kernbereichsgeschützt seien diese Normen aber nur dann, wenn eine staatliche Ordnung der materiellen Arbeitsbedingungen nicht durch überwiegende Interessen des Allgemeinwohls zwingend gefordert werde[217]. Im Kernbereich sind nach *Biedenkopf* grundsätzlich nur tarifdispositive Regelungen zulässig[218].

b) Würdigung

Biedenkopfs Konzept besticht durch seine feinen Differenzierungen, deren Teile sich zu einem stimmigen System fügen. Nicht von ungefähr hat eine Reihe späterer Autoren auf das *Biedenkopf*'sche Konzept zurückgegriffen und dieses in verschiedene Richtungen ausgebaut, namentlich *Coester* mit seiner Theorie vom relativen und absoluten Kernbereich koalitionsmäßiger Betätigungen[219], *Scholz* mit der Unterscheidung zwischen dem Schutz des Wesensgehalts der Koalitionsfreiheit und dem Schutz des unmittelbaren und des mittelbaren Koalitionszwecks[220], *Meik* mit einer Lehre von den „drei Kernschichten der Chancengleichheit der Tarifautonomie[221]" und zuletzt *Otto* mit einem 3-Zonen-Modell[222]. *Biedenkopfs* wesentliche Leistung besteht in dem Versuch, die Gründe, aufgrund derer der Gesetzgeber die Tarifautonomie beschränken darf, zu systematisieren.

---

[214] *Biedenkopf*, Tarifautonomie, S. 205 ff., 210; *ders.*, Verhandlungen des 46. DJT, II, Teil D, S. 112.
[215] *Biedenkopf*, Tarifautonomie, S. 210.
[216] *Biedenkopf*, Tarifautonomie, S. 167, 189, 201 ff., 210, im Anschluß an *Galperin*, FS Molitor (1962), S. 158.
[217] *Biedenkopf*, Tarifautonomie, S. 187. Zwei Jahre später faßt er diesen Kernbereich enger und rechnet nur noch die „Essentialia einer tarifvertraglichen Ordnung", wie Löhne und Arbeitszeit dazu, vgl. Verhandlungen des 46. DJT, II, Teil D, S. 112, 166.
[218] *Biedenkopf*, Tarifautonomie, S. 188. Die Anwendung des Günstigkeitsprinzips zwischen staatlichen und tarifautonomen Regelungen im „Kernbereich" lehnt *Biedenkopf* entschieden ab, vgl. Tarifautonomie, S. 169 ff.; *ders.*, Verhandlungen des 46. DJT, II, Teil D, S. 112 f.
[219] Vorrangprinzip des Tarifvertrages, S. 84 ff.
[220] In: Maunz/Dürig, Art. 9 GG Rn. 266 ff.; ähnlich *Kemper*, Koalitionsfreiheit, S. 133 ff.
[221] Kernbereich der Tarifautonomie, S. 68 ff., 83 ff., 125.
[222] FS Zeuner (1994), S. 121 (129).

Nicht unproblematisch ist jedoch *Biedenkopfs* Ausgangspunkt. Gewiß gleichen sich staatliche und tarifautonome Normsetzung in ihren Wirkungen, da beide für Dritte verbindliches Recht erzeugen. Es mag daher gerechtfertigt sein, bei der tarifautonomen Normsetzung von einer Gesetzgebung im materiellen Sinne zu sprechen. Für die Frage des Verhältnisses von staatlicher und tarifautonomer Normsetzung dürfen daraus aber keine falschen Schlüsse gezogen werden. Die Tarifvertragsparteien nehmen weder gegenüber dem Staate noch gegenüber den Bürgern irgendwelche Zuständigkeiten wahr. Auch wenn ihre Tätigkeit im öffentlichen Interesse liegt, sind sie doch nicht in die Hierarchie staatlicher Hoheitsträger einzureihen. Bei der Wahrung und Förderung der Arbeits- und Wirtschaftsbedingungen werden Staat und Koalitionen nicht „auf gleichem Fuße tätig"[223]. Völlig zu Recht weist *Scholz* darauf hin, daß das Grundgesetz ein vom Gedanken der staatlichen Initiativkompetenz getragenes Zuständigkeitssystem formiert hat, das die Kompetenzen allein auf die dem staatlichen Organisationssystem eingefügten Zuständigkeitsträger verteilt. Eine kompetentielle Abgrenzung gegenüber gesellschaftlichen Aufgabenträgern ist dem Grundgesetz fremd[224].

Anzusetzen ist deshalb nicht bei den Kompetenzbestimmungen, sondern bei den Grundrechten. Die Grundrechte schirmen gewisse Betätigungen der Grundrechtsträger als „negative Kompetenznormen" gegenüber dem Gesetzgeber ab. Hieraus folgt jedoch keine „positive Gesellschaftszuständigkeit" oder „gesellschaftliche Kompetenz", sondern allenfalls ein „rechtliches Können"[225]. Verfehlt ist es daher, Staat und Koalitionen als konkurrierende Zuständigkeitsträger anzusehen. Staatliche Gesetzgebung und Koalitionszweck stehen einander vielmehr im Verhältnis von Kompetenz und Freiheit gegenüber[226]. Als Freiheitsrecht verbürgt Art. 9 Abs. 3 GG die „kollektive" Privatautonomie, nicht aber eine Autonomie im Sinne einer kompetenzrechtlichen Gewährleistung, etwa nach dem Vorbild der von Art. 28 Abs. 2 GG verbrieften Garantie der kommunalen Selbstverwaltung. Wenn der Staat gewisse Regelungsbereiche an sich zieht und für die Tarifvertragsparteien sperrt, so geschieht dies nicht in Ausübung seiner „Kompetenz-Kompetenz" für die Neuregelung der staatlichen Zuständigkeitsvorschriften, sondern in seiner Rolle als freiheitsbeschränkende Ordnungsmacht, die in den Schutzbereich grundrechtlicher Gewährleistungen eingreift. Da sich der Staat und die Tarifvertragsparteien gerade nicht als Träger unterschiedlicher Zuständigkeiten gegenüberstehen, führt die mit verräumlichenden Metaphern operierende Anschauung einer gegenseitigen Abschottung von Zuständigkeitsräumen im Sinne von „Tabuzonen" für den jeweils anderen Normsetzer in die Irre. Für die staatliche Rechtsetzung ergibt sich daraus eine wichtige Konsequenz, auf die in der Literatur mit Recht immer wieder hingewiesen wird[227]: Im binnensouveränen Verfassungsstaat kann es keine

---

[223] *Badura*, RdA 1974, 129 (134).
[224] *Scholz*, Koalitionsfreiheit, S. 159 ff.; 167 ff.; ders., in: Maunz/Dürig, Art. 9 GG Rn. 271.
[225] *Scholz*, Koalitionsfreiheit, S. 166 f.; ders., in: HdbStR VI, § 151 Rn. 38. Deshalb könnten absolute Funktionsvorbehalte zugunsten der Koalitionen prinzipiell nicht bestehen, vgl. *Scholz*, in: Maunz/Dürig, Art. 9 GG Rn. 269.
[226] *Scholz*, Koalitionsfreiheit, S. 330; ders., in: Maunz/Dürig, Art. 9 GG Rn. 259, 272.
[227] *Badura*, RdA 1974, 129 (134); *Dütz*, JA 1987, 405 (412); *Butzer*, RdA 1994, 375 (384 f.).

der staatlichen Gesetzgebung verschlossenen „Räume" geben. Die grundrechtliche Gewährleistung der Tarifautonomie entzieht dem Gesetzgeber nicht gewisse „Räume", sondern hindert ihn allenfalls an der Regelung bestimmter Materien[228]. Es kann daher nur um die grundrechtlichen Grenzen der staatlichen Regelungsbefugnis gehen[229].

Wer, wie *Biedenkopf*, allein aus der normativen Wirkung des Tarifvertrages auf eine „Zuständigkeit" der Tarifvertragsparteien zur Normsetzung schließt und diese gegen die Zuständigkeit des staatlichen Gesetzgebers abzugrenzen sucht, müssen diese spezifisch grundrechtlichen Zusammenhänge verschlossen bleiben. Das ist auch der Grund dafür, warum *Biedenkopf* zwar ausführlich die Möglichkeiten eines Zugriffs auf die tarifautonomen Regelungsbereiche diskutiert, aber nirgends näher auf die Grenzen dieser Beschränkungsmöglichkeiten eingeht. *Biedenkopf* berücksichtigt zu wenig, daß der Entzug von tarifautonomen Regelungsbereichen zumeist den Charakter eines Eingriffs in die Tarifautonomie besitzt und daß er deshalb an die für Eingriffe geltenden Voraussetzungen, vor allem an den Grundsatz der Verhältnismäßigkeit gebunden werden muß. Die Regelungsbefugnisse, die *Biedenkopf* den Tarifvertragsparteien konzediert, sind letztlich minimal und stehen weitgehend zur Disposition des Gesetzgebers. Das wird der verfassungsrechtlichen Stellung der Koalitionen, so wie sie ihnen Art. 9 Abs. 3 GG eingeräumt hat und wie sie nach heutiger Grundrechtsdogmatik gefordert wird, nicht gerecht.

3. Allgemeines Gesetz und Tarifautonomie

a) Begriff des allgemeinen Gesetzes

Mehrfach wurde in der Literatur versucht, die Zuordnung staatlicher und tarifautonomer Regelungsbereiche nach dem Kriterium der „allgemeinen Gesetze" vorzunehmen[230]. Zum Erlaß von allgemeinen Gesetzen sei ausschließlich der Gesetzgeber zuständig. Er bestimme damit die Grundlinien der Rechtsordnung, an die sich auch die Tarifvertragsparteien zu halten hätten. Freilich ist der Begriff des allgemeinen Gesetzes alles andere als konturenscharf. Als positivrechtlicher Anknüpfungspunkt für den Begriff des „allgemeinen Gesetzes" kommen im Grundgesetz zwei Schrankenbestimmungen in Betracht, die zwar in völlig unterschiedlichen Zusammenhängen eine grundrechtlich gewährleistete Freiheit unter den Vorbehalt des „allgemeinen Gesetzes" stellen, bei denen das Abgrenzungsproblem der Sache nach aber dasselbe ist. So findet zum einen die von Art. 5 Abs. 1 GG gewährleistete Meinungs- und Pressefreiheit ihre Schranken in den Vorschriften der allgemeinen Gesetze (Art. 5 Abs. 2 GG). Zum anderen ordnet Art. 137 Abs. 3 WRV, der durch

---

[228] *Badura*, RdA 1974, 129 (134).
[229] *Kissel*, ArbRdGgw (Dok. 1994), S. 21 (25).
[230] *Herschel*, Verhandlungen des 46. DJT, II, Teil D, S. 8, 30 ff.; *B. Preis*, ZfA 1972, 293 ff.; *Nipperdey*, Verhandlungen des 46. DJT, II, Teil D, S. 43 ff.; *Hueck/Nipperdey*, Arbeitsrecht II/1, § 19 A I 3, S. 371; *Scholz*, Koalitionsfreiheit, S. 137, 217, 295, 351 ff.

Art. 140 GG zum Bestandteil des Grundgesetzes erklärt wurde[231], an, daß zwar jede Religionsgesellschaft ihre Angelegenheiten selbständig ordnet, jedoch nur innerhalb der Schranken des „für alle geltenden Gesetzes".

Was man unter „allgemeinen Gesetzen" im Sinne des Art. 5 Abs. 2 GG zu verstehen hat, ist von jeher umstritten[232]. Allgemein ist ein derartiges Gesetz nicht bereits dann, wenn es abstrakt-generell formuliert ist[233], denn das ist es im Regelfall, und darin unterscheidet es sich auch nicht vom Tarifvertrag. Überdies hätte diese Ansicht zur Konsequenz, daß die grundrechtlich gewährleistete Freiheit nur nach Maßgabe des staatlichen Gesetzes Gültigkeit besäße, denn die Schranke der „allgemeinen Gesetze" wäre in diesem Fall nichts anderes als ein schlichter Gesetzesvorbehalt[234]. Dem widerspricht jedoch zum einen die gegenüber dem einfachen Gesetzesvorbehalt besondere Formulierung des Art. 5 Abs. 2 GG, zum anderen der Wille des Verfassungsgebers, dieses Grundrecht aufgrund seiner fundamentalen Bedeutung für das freiheitlich verfaßte Gemeinwesen[235] prinzipiell gesetzesfest zu gewähren[236]. Das Kriterium der abstrakt-generellen Formulierung hilft daher nicht weiter[237]. Aus denselben Gründen verbietet es sich, einen personalen Anknüpfungspunkt anzunehmen und „allgemein" im Sinne eines „für jedermann geltenden Ge-

---

[231] Damit wurden die kirchenrechtlichen Vorschriften der WRV in ihrem Wortlaut vom Grundgesetz rezipiert und als vollgültiges Verfassungsrecht inkorporiert, vgl. *Maunz*, in: Maunz/Dürig, Art. 140 GG Rn. 1 f.

[232] Vgl. nur die Charakterisierung von *Bethge*, AfP 1980, 13 (16): „jahrzehntealte crux des deutschen Staatsrechts" und *Frowein*, AöR 105 (1980), S. 169 (180): „... besonders problematische Begrenzung der Meinungsfreiheit". Vgl. weiter *Schwark*, Der Begriff des allgemeinen Gesetzes, S. 44 ff., 53 ff., 83 ff.; *Scholz*, Koalitionsfreiheit, S. 336.

[233] Allgemeine Meinung, vgl. *Bleckmann*, Staatsrecht II – Die Grundrechte, Besondere Grundrechtslehren, § 6 IX 2; *Herzog*, in: Maunz/Dürig, Art. 5 I, II GG Rn. 253; *Wendt*, in: von Münch/Kunig, Art. 5 Rn. 47; *Pieroth/Schlink*, Grundrechte, Rn. 587.

[234] *Bettermann*, JZ 1964, 601 (603).

[235] Vgl. BVerfGE 7, 198 (208): „schlechthin konstituierend"; „in gewissem Sinn Grundlage jeder Freiheit überhaupt"; vgl. auch *Bleckmann*, Staatsrecht II – Die Grundrechte, Besondere Grundrechtslehren § 6 I.

[236] *Pieroth/Schlink*, Grundrechte, Rn. 587; *Starck*, in: von Mangold/Klein/Starck, Art. 5 Abs. 1, 2 GG Rn. 122; *Wendt*, in: von Münch/Kunig, Art. 5 GG Rn. 76. Das Preußische Oberverwaltungsgericht ist wegen des unentschlossen-verantwortungslosen Verhaltens der Nationalversammlung, den inhaltsgleichen Art. 118 Abs. 1 Satz 1 WRV den Vorbehalt des „allgemeinen" Gesetzes im Sinne eines qualifizierten Gesetzesvorbehalt in den Verfassungstext aufzunehmen, von einem „Redaktionsversehen" des Verfassungsgebers ausgegangen und hat das beschränkende Wort „allgemein" schlicht für nicht vorhanden erklärt, vgl. OVG 77, 514.

[237] *Pieroth/Schlink*, Grundrechte, Rn. 587. Darüber hinaus ist bei Art. 5 Abs. 2 GG zu berücksichtigen, daß neben den „allgemeinen Gesetzen" die Bestimmungen zum Schutze der Jugend und das Recht der persönlichen Ehre den in Art. 5 Abs. 1 gewährten Freiheiten Grenzen setzen können; die Erwähnung der beiden letzten Schranken wäre jedoch überflüssig, wenn man die Schranke der „allgemeinen Gesetze" als einfachen Gesetzesvorbehalt anzusehen hätte, denn sie würde die spezielleren Eingriffsermächtigungen umfassen. Deshalb wird von der h.L. in der Schranke der „allgemeinen Gesetzen" ein qualifizierter Gesetzesvorbehalt erblickt, vgl. *Bettermann*, JZ 1964, 601 (603); *Jarass*, in: Jarass/Pieroth, Art. 5 GG Rn. 56; *Herzog*, in: Maunz/Dürig, Art. 5 I, II GG Rn. 255; *Wendt*, in: von Münch/Kunig, Art. 5 GG Rn. 76.

setzes" zu verstehen[238]. Es bleibt daher nur, von einem am Gegenstand der Regelung orientierten Maßstab auszugehen[239].

Bei rein formaler Betrachtungsweise meint „allgemeines Gesetz" den Gegensatz zum „Sondergesetz". Das ist Ausgangspunkt der bereits zum gleichlautenden Art. 118 Abs. 1 Satz 2 WRV vertretenen Sonderrechtslehre: „Allgemeine Gesetze sind alle Gesetze, die nicht Sonderrecht gegen die Meinungsfreiheit enthalten"[240], die sich also „nicht gegen eine bestimmte Meinung als solche richten, nicht eine Meinung als solche verbieten"[241], sondern die der normativen Bewältigung eines schlechthin, ohne Rücksicht auf eine bestimmte Meinung regelungsbedürftigen Anliegens dienen und insoweit „meinungsneutral" vorgehen[242]. Mit derartigen Regelungen verbundene Beschränkungen der Meinungsfreiheit sind nur „Rechtsreflexe" der eigentlich zu regelnden Materie[243]. Nicht allgemein, sondern speziell sind Gesetze, die sich mit den Freiheiten des Art. 5 Abs. 1 GG befassen[244] und zur Beschränkung bestimmter Kommunikationsinhalte ermächtigen[245]. Als formales Schrankenrecht kann das „allgemeine Gesetz" nicht an den materialen Wertungsmaßstäben der Güterabwägung gemessen werden[246].

Bei einer materialen Betrachtungsweise wird versucht, das allgemeine Gesetz im Wege einer abstrakten oder konkreten Güterabwägung zu bestimmen. Allgemeines Gesetz ist dann diejenige Norm, die ein gegenüber der Meinungsfreiheit abstrakt

---

[238] *Herzog,* in: Maunz/Dürig, Art. 5 I, II GG Rn. 253; *Starck,* in: von Mangold/Klein/Starck, Art. 5 Abs. 1, 2 Rn. 122.
[239] *Schmidt-Jortzig,* in: HdbStR VI § 141 Rn. 41.
[240] *Häntzschel,* AöR 50 (1926), S. 228, 232; *ders.,* in: HdbDStR II, S. 659.
[241] RG, JW 1930, 2139 (2140); *Anschütz,* VVDStRL 4 (1928), S. 75. Das erkennt auch das BVerfG als ersten Teil seiner Argumentation an, vgl. zuerst BVerfGE 7, 198 (209 f.) und dann ständig, vgl. BVerfGE 28, 175 (185 f.); 50, 234 (241); 62, 230 (243); 71, 162 (175).
[242] BVerfGE 7, 198 (209 f.); *Degenhardt,* in: Bonner Kommentar, Art. 5 GG, Rn. 106; *Jarass,* in: Jarass/Pieroth, Art. 5 GG Rn. 56; *Pieroth/Schlink,* Grundrechte, Rn. 592; *Schmidt-Jortzig,* HdbStR VI § 141 Rn. 41.
[243] BayVerfGH, DÖV 1955, 508 zu Art. 107 Abs. 1 BayVerf; *Lerche,* Arbeitskampf, S. 36 f.; *Bettermann,* JZ 1964, 601 (603), gibt allerdings zu bedenken, daß es für die Frage, ob gezielt in die Meinungsfreiheit eingegriffen oder diese nur reflexweise als Nebenwirkung einer anderen Regelung betroffen wird, nicht subjektiv auf den Willen des Gesetzgebers abgestellt werden könne: nicht nur, weil sich dieser schwerlich nachweisen lasse, sondern weil damit die Möglichkeit eines „Rechtsformenschwindels" bestehe.
[244] *Von Mangoldt/Klein,* Das Bonner Grundgesetz, Vorbem. B XV 3 b a.E., S. 132. *Bettermann,* JZ 1964, 601 (604) ist der Ansicht, daß der Vorbehalt der allgemeinen Gesetze nichts anderes darstellt als eine spezifische Ausprägung des in Art. 3 Abs. 1 GG normierten Grundsatzes der Gleichheit vor dem Gesetz. Dieser müsse sich auch gegenüber den Freiheiten des Art. 5 Abs. 1 GG durchsetzen. Dies gelte zunächst für die sondergesetzlichen Diskriminierungen der Meinungsfreiheit, beschränke sich jedoch nicht darauf. Wolle man eine Privilegienordnung verhindern, so dürfe sich niemand unter Berufung auf die in Art. 5 Abs. 1 GG gewährleisteten Freiheiten der Befolgung der für jedermann geltenden Gesetze entziehen. Allgemeine Gesetze seien daher solche Normen, deren Nichtbeachtung oder Nichtanwendung zu einer sachlich nicht gerechtfertigten Privilegierung führen würde. Ähnlich *Scholz,* Koalitionsfreiheit, S. 343 f., der dasjenige Gesetz für „allgemein" erachtet, das einen bestimmten materiellen Zweck unabhängig von dessen kommunikativer oder nicht-kommunikativer Ausübung schrankenrechtlich regelt und dann (S. 344) definiert: „Allgemein ist das Gesetz, dessen freiheitsbeschränkender Erfolg unabhängig von der kommunikativen Freiheitsausübung eintritt".
[245] *Jarass,* in: Jarass/Pieroth, Art. Art. 5 GG Rn. 46.
[246] *Scholz,* Koalitionsfreiheit, S. 341.

höherwertiges und damit wichtigeres Rechtsgut zu verwirklichen sucht[247] oder die zumindest im konkreten Einzelfall der Meinungsfreiheit vorgeht[248]. Dem Vorrang des Güterwertes entspricht dann der Vorrang in der Geltung[249].

Aus der Perspektive der materialen Auffassung vom allgemeinen Gesetz ist es nur verständlich, wenn die formelle Betrachtungsweise als „formalistisch-technisch"[250] abgetan wird. Aber die Bedenken gegen die materiale Lehre wiegen schwerer. Sie ist in gewisser Weise zirkulär, wenn sie behauptet, allgemeine Gesetze im Sinne von Normen, die Vorrang vor der Meinungsfreiheit haben, seien Gesetze, die diesen Vorrang verdienen[251]. Wenn man die Entscheidung, was als allgemeines Gesetz anzusehen ist, einer allgemeinen Güterabwägung überantwortet, so kommt es entscheidend auf die Wert- und Vorrangrelation zwischen den einzelnen Grundrechten an. Eine durchgängige Wertordnung mit vollkommen konsistenten Vorrangrelationen zwischen den einzelnen Grundrechten existiert jedoch nicht. Es gibt allenfalls bedingte, d.h. an konkrete Tatbestände anknüpfende Vorrangrelationen[252]. Für die Frage, ob ein allgemeines Gesetz vorliegt, käme es nach der materialen Betrachtungsweise auf die Einschätzungen des BVerfG in Bezug auf die Wert- und Rangverhältnisse zwischen Meinungsfreiheit und dem Gesetzeszweck an[253]. Aus dem Vorbehalt des „allgemeinen Gesetzes" würde so letztlich ein Urteilsvorbehalt, der den Charakter des „Allgemeinen" in Frage stellt[254]. Tatsächlich hat aber die Verfassung diese Güterabwägung bereits selbst vorgenommen, indem in Art. 5 Abs. 2 GG angeordnet ist, daß alle „allgemeinen Gesetze" stets die Meinungsfreiheit beschränken dürfen und nicht nur, wenn das mit ihnen verwirklichte Rechtsgut der Meinungsfreiheit im konkreten Einzelfall vorgeht[255]. Fragen der Güterabwägung können nen bei der Frage, ob überhaupt ein allgemeines Gesetz gegeben ist, noch nicht ins Spiel kommen[256]. Sie werden erst dann relevant, wenn es um die Verhältnismäßig-

---

[247] So vor allem *Smend*, VVDStRL 4 (1928), S. 44 (52); ähnlich *Häberle*, Wesensgehaltsgarantie, S. 31 ff.; *Scheuner*, VVDStRL 22 (1965), S. 1 (80 ff.).

[248] So der zweite Teil der vom BVerfG seit BVerfGE 7, 198 (209 f.) und dann in ständiger Rechtsprechung weitergeführten Formel, nach der unter allgemeinen Gesetzen solche Vorschriften zu verstehen sind, die „dem Schutze eines Gemeinschaftswertes [dienen], der gegenüber der Betätigung der Meinungsfreiheit den Vorrang hat". Etwas später heißt es dann: „Es wird deshalb eine ‚Güterabwägung' erforderlich: Das Recht zur Meinungsäußerung muß zurücktreten, wenn schutzwürdige Interessen eines anderen mit einem höheren Rang durch die Betätigung der Meinungsfreiheit verletzt würden", vgl. BVerfGE 7, 198 (210).

[249] *Bettermann*, JZ 1964, 601 (602).

[250] *Smend*, VVDStRL 4 (1928), S. 44 (51).

[251] Das hat bereits *Smend* gesehen, als er die „allgemeinen Gesetze" zu „jenem Typus juristischer Begriffsbestimmungen rechnet, die den Tatbestand einer Rechtfertigung lediglich dahin bezeichnen, daß es ein die Rechtfertigung rechtfertigender Tatbestand sein müsse", vgl. VVDStRL 4 (1928), S. 44 (54); vgl. auch *Bettermann*, JZ 1964, 601 (602).

[252] Vgl. *Alexy*, Theorie der Grundrechte, S. 81 ff.

[253] *Bettermann*, JZ 1964, S. 601 (602); *Pieroth/Schlink*, Grundrechte, Rn. 592.

[254] *Lerche*, Übermaßverbot, S. 150; *Scholz*, Koalitionsfreiheit, S. 339.

[255] *Scholz*, Koalitionsfreiheit, S. 339. Nach seiner Auffassung erweist sich das Prinzip der materialen Allgemeinheit, das der inhaltlich-materialen Betrachtungsweise zugrundeliegt, als verfassungsrechtlich irrelevant, vgl. *Scholz*, Koalitionsfreiheit, S. 307 ff.; 339.

[256] *Hesse*, Verfassungsrecht, Rn. 399; *Pieroth/Schlink*, Grundrechte, Rn. 592; *Schmidt-Jortzig*, in: HdbStR VI, § 141 Rn. 41; *Schnapp*, JuS 1978, 729 (732).

keit der Beschränkung geht[257]. Die Vorrangigkeit eines Gemeinschaftswertes vor der Meinungsfreiheit ist damit kein Definitionsmerkmal des allgemeinen Gesetzes. Es kann daher nur der formalen Betrachtungsweise im Sinne der Sonderrechtslehre gefolgt werden. Allgemeine Gesetze sind also Normen, die gegenüber der Meinungsfreiheit kein Sonderrecht darstellen, sondern „meinungsneutral" der Regelung von Sachverhalten dienen, die für die Gesamtrechtsordnung von Belang sind, d.h. deren freiheitsbeschränkende Wirkung unabhängig von der kommunikativen Freiheitsausübung besteht[258].

Die Diskussion um die „für alle geltenden Gesetze" im Sinne des Art. 137 Abs. 3 WRV verlief in ähnlichen Bahnen. Auch hier standen eine formale und eine materiale Betrachtungsweise einander gegenüber. Nach ersterer waren die „allgemeinen Gesetze" solche, die „unter anderem" auch für Religionsgemeinschaften Geltung haben sollten[259]. Darunter wurden insbesondere Normen zu „weltlichen" Fragen verstanden, die sich nicht speziell mit den Religionsgesellschaften befaßten und von deren Beachtung auch die Berufung auf die Religionsfreiheit nicht entbinden konnte[260]. Unzulässig waren danach Sonder- oder Ausnahmegesetze, die nicht „für alle" Personen galten, sondern ausschließlich an die Religionsgesellschaften gerichtet waren. Das entsprach inhaltlich der zu Art. 118 Abs. 1 Satz 2 WRV bzw. Art. 5 Abs. 2 GG vertretenen Sonderrechtslehre. Bei einer materialen Betrachtungsweise mußte eine Güterabwägung zwischen dem für alle geltenden Gesetz und der Selbstverwaltung durch die Religionsgemeinschaften erfolgen[261]. Insbesondere Gesetze, die im Interesse der Gesamtnation als politischer Kultur- und Rechtsgemeinschaft unentbehrliche Regelungen enthielten, konnten der kirchlichen Autonomie sachlich notwendige Schranken ziehen[262]. Auch hier finden sich die bekannten gegenseitigen Einwände[263]: die formale Betrachtungsweise habe es nicht vermocht, den Erlaß von Gesetzen zu verhindern, die sich ausschließlich mit der Regelung kirchlicher Fragen befaßten; bei einer rein materialen Auffassung bestehe die Gefahr, daß letztlich der Staat bestimme, was als sachlich notwendige Schranke kirchlicher Freiheit anzusehen sei; damit sei die kirchliche Autonomie einer latenten Bedrohung ausgesetzt[264]. Im Ergebnis folgt jedoch auch hier die h.M. wie bereits bei Art. 5 Abs. 2 GG der Sonderrechtslehre[265].

---

[257] Das ist nicht zuletzt Inhalt der vom BVerfG zuerst in BVerfGE 7, 198 (206 f.) und dann in st. Rspr. vertretenen „Wechselwirkungslehre", derzufolge die „allgemeinen Gesetze zwar dem Wortlaut nach dem Art. 5 Abs. 1 GG Schranken setzen, ihrerseits aber aus der Erkenntnis der wertsetzenden Bedeutung dieses Grundrechts im freiheitlichen demokratischen Staat ausgelegt und so in ihrer das Grundrecht begrenzenden Wirkung selbst wieder eingeschränkt werden müssen".
[258] *Scholz*, Koalitionsfreiheit, S. 344.
[259] *Maunz*, in: Maunz/Dürig, Art. 140 GG/137 WRV Rn. 21.
[260] *Hering*, FS Jahrreis (1964), S. 87 (89, 94 ff.) zählt hierzu insbesondere solche Rechtsvorschriften, die den Zweck haben, Störungen der Rechtsordnung zu verhindern, ohne die Eigenständigkeit der Religionsgemeinschaften einzuschränken.
[261] *Maunz*, in: Maunz/Dürig, Art. 140 GG/137 WRV Rn. 20.
[262] *Heckel*, VerwArch 1932, S. 284.
[263] *Maunz*, in: Maunz/Dürig, Art. 140 GG/137 WRV Rn. 21 ff.
[264] *Mikat*, Grundrechte IV/1, S. 178.
[265] *Von Campenhausen*, in: von Mangold/Klein/Starck, Art. 137 WRV/140 GG Rn. 123; *Jarass*, in: Jarass/Pieroth, Art. 4 GG Rn. 28; *Maunz*, in: Maunz/Dürig, Art. 140 GG/137 WRV Rn. 21 ff.; a.A. offenbar BVerfGE 42, 312 (332).

In der Vergangenheit waren es vor allem *Herschel, B. Preis, Nipperdey* und *Scholz*, die versuchten, die zu Art. 5 Abs. 2 GG bzw. Art. 140 GG i.V.m. Art. 137 Abs. 3 WRV entwickelten Kriterien für den der staatlichen Gesetzgebung vorbehaltenen Bereich der „allgemeinen Gesetze" auf das Verhältnis zwischen staatlicher und tarifautonomer Normsetzung zu übertragen. Freilich maßen die Autoren dabei dem Begriff des „allgemeinen Gesetzes" recht unterschiedliche Bedeutungen zu.

b) Position Herschels

Als erster hat *Herschel* auf die Parallelen zwischen tariflicher und kirchlicher Autonomie aufmerksam gemacht. Seines Erachtens ist der Grundsatz, daß jede Religionsgesellschaft ihre Angelegenheiten selbständig innerhalb der Schranken des für alle geltenden Gesetzes verwaltet, analog auf das Tarifvertragsrecht anzuwenden[266]. Das entspricht *Herschels* Grundkonzept, der von einer „originären" Autonomie der Tarifvertragsparteien ausgeht, die sich nicht vom Staate herleitet[267]. Der Staat sei nicht daran gehindert, „für alle" geltende Gesetze zu schaffen, die dann naturgemäß auch den Tarifvertrag ergriffen. Schranken für das rechtliche Dürfen der Tarifvertragsparteien ergeben sich nach *Herschel* insbesondere aus dem BGB, dem HGB, dem Währungsgesetz und dem Strafgesetzbuch[268]. Dieses Ergebnis ist nicht weiter überraschend, da überwiegend anerkannt wird, daß die Berufung auf die grundrechtlich gewährleistete Tarifautonomie nicht von der Beachtung der durch die „für alle" geltenden Gesetze konstituierten „allgemeinen Rechtsordnung" entbinden kann[269]. Problematischer ist die Zuordnung in dem der Tarifautonomie eröffneten Regelungsbereich. Hier ist *Herschel* der Ansicht, daß der Staat auch für das Gebiet der „sachlichen Zuständigkeit" der Tarifvertragsparteien „Spezialgesetze" erlassen und somit das rechtliche Dürfen der Tarifvertragsparteien eingrenzen kann; insoweit komme dem staatlichen Gesetzgeber auch ein „jus evocandi" zu[270]. Die Grenze sei dort erreicht, wo der Kernbereich der Tarifautonomie angetastet werde[271]. *Herschel* geht aber nicht von einem einheitlichen Kernbereich der Tarifautonomie aus, sondern will darauf abstellen, ob der Kernbereich eines konkreten Sachgebietes, wie etwa des Urlaubsrechts oder des Zeugnisrechts, beeinträchtigt wird. Von *Herschels* Ausgangspunkt, der Staat dürfe ohne weiteres „für alle geltende Gesetze" erlassen, ist die Schlußfolgerung konsequent, daß ein Einbruch in den Kernbereich einer Sachmaterie zu verneinen ist, wenn der Schwerpunkt der gesetzlichen Regelung auf straf- und verwaltungsrechtlichem Gebiete liegt, weil hier die sachliche Zuständigkeit der Tarifvertragsparteien fehlt. Im übrigen fordert er in diesem Bereich

---

[266] Verhandlungen des 46. DJT, II, Teil D, S. 8, 30 ff.
[267] FS Bogs (1959), S. 125 (127 ff., 130 ff.).
[268] *Herschel*, Verhandlungen des 46. DJT, II, Teil D, S. 31, 33.
[269] Alles andere wäre eine im Hinblick auf den Gleichheitssatz des Art. 3 Abs. 1 GG verfassungsrechtlich nicht zu rechtfertigende Privilegierung der Tarifvertragsparteien. Ähnlich für die Meinungs- und Pressefreiheit *Bettermann*, JZ 1964, 601 ff.
[270] *Herschel*, Verhandlungen des 46. DJT, II, Teil D, S. 31, 33.
[271] Später hat sich *Herschel* von der Kernbereichslehre, so wie sie vom BVerfG bis 1995 in ständiger Rechtsprechung vertreten wurde, distanziert, vgl. AuR 1981, 265 ff.

wenn nicht die generelle Anwendung des Günstigkeitsprinzips, so doch zumindest die Beschränkung auf den Erlaß tarifdispositiven Rechts.

Die Kritik kann bereits bei *Herschel* Ausgangspunkt ansetzen, Kirchenautonomie und Tarifautonomie seien – was die Selbstverwaltung eines bestimmten gesellschaftlichen Teilbereiches anbelangt – so ähnlich strukturiert, daß es gerechtfertigt erscheint, die Grenzen des Art. 137 Abs. 3 WRV analog auf die Tarifautonomie zu übertragen. Die Unterschiede zwischen beiden „Autonomien" sind so erheblich, daß eine Gleichbehandlung nicht in Betracht kommt. Denn während das „Hausgut" der Kirchenautonomie in Bereichen liegt, die der laizistische Staat niemals für sich in Anspruch nimmt[272], wollen Staat und Tarifvertragsparteien letztlich dasselbe bewirken: die Regelung der Arbeits- und Wirtschaftsbedingungen. Selbst wenn man mit *Herschel* nur von einer Übertragung des sich aus Art. 137 Abs. 3 WRV ergebenden Rechtsgedankens ausgeht, gelangt man zu nicht befriedigenden Ergebnissen. Gewiß muß sich die Tarifautonomie in die Rechtsordnung einfügen, weil sie als staatlich anerkannte Veranstaltung nur innerhalb der vom Grundgesetz errichteten Ordnung Bestand haben kann. Deshalb ist es richtig, wenn *Herschel* dem für das Gesamtwohl aller staatlichen und gesellschaftlichen Teilbereiche verantwortlichen Staat die Befugnis zugesteht, „für alle geltende Gesetze" zu schaffen und damit die „allgemeine Rechtsordnung" zu konstituieren; hier kann es aber regelmäßig gar nicht zu Überschneidungen mit Vorschriften der Tarifparteien kommen, da der Tarifautonomie die Bereiche der allgemeinen Gesetze wesensmäßig verschlossen sind. Bedenklich ist jedoch, daß *Herschel* in dem wirklich relevanten Bereich sich zumindest potentiell überschneidender staatlicher und tariflicher Normsetzung sogar staatliche „Sondergesetze" zuläßt. Denn das führt dazu, daß das Kriterium der „für alle geltenden Gesetze" letztlich verwässern muß und keinen effektiven Schutz mehr für die Tarifautonomie bieten kann[273]. Daran ändert sich nichts, wenn *Herschel* derartige Sondergesetze zum Teil damit zu rechtfertigen sucht, daß sie eigentlich „allgemeine Gesetze" seien, weil ihr Schwerpunkt im Straf- oder Verwaltungsrecht liegt. In diesem Fall ist die Zuordnung nicht richtig erfolgt. In Wahrheit handelt es sich nicht um spezifisch arbeitsrechtliche, sondern um „für alle geltende Gesetze". Damit ist jedoch die Frage aufgeworfen, wie der Schwerpunkt einer Regelung festgestellt werden soll, deren Charakter, wie insbesondere beim Arbeitsschutzrecht, an das *Herschel* offenbar denkt, zwar öffentlich-rechtlicher Natur ist, die sich aber vorrangig im privatrechtlich geprägten Arbeitsverhältnis auswirkt und damit zugleich Materien berührt, die mindestens potentiell den Tarifparteien von Verfassungs wegen offenstehen[274]. *Herschel* bleibt die Antwort schuldig. Andererseits leuchtet nicht ein, warum der Gesetzgeber, freilich unter genauer definierten Voraussetzungen,

---

[272] Zu den Gegenständen der kirchlichen Selbstverwaltung *Maunz*, in: Maunz/Dürig, Art. 140 GG/ 137 WRV Rn. 19.

[273] Insoweit bestehen allerdings wieder Parallelen zu Art. 137 Abs. 3 WRV, denn bekanntlich wurde der zu Art. 137 Abs. 3 WRV vertretenen „Sonderrechtslehre" vorgeworfen, sie hätte es nicht vermocht, den Erlaß von Gesetzen zu verhindern, die sich ausschließlich mit der Regelung kirchlicher Fragen befaßten.

[274] Zur Entwicklung des deutschen und des europäischen Arbeitsschutzrechts *Maschmann*, ZSR 1994, S. 595 ff.

nicht auch befugt sein soll, im Gebiet der „sachlichen Zuständigkeit" der Tarifparteien zweiseitig zwingende Regelungen zu erlassen und damit das Günstigkeitsprinzip auszuschließen. Schließlich übersieht *Herschel*, daß selbst die Zulassung tarifdispositiven Rechts, von dem er meint, es könne den Einbruch der staatlichen Rechtssetzung in die Tarifautonomie verhindern, nicht ohne Einfluß auf die tarifliche Normsetzung ist. Denn tarifdispositives Recht schafft zunächst eine Ausgangsbasis für spätere Tarifverhandlungen. Der Erlaß tarifdispositiven Rechts kann, wenn er vollkommen willkürlich erfolgt, die Parität der Tarifparteien beim Aushandeln der Arbeitsbedingungen beeinträchtigen, da es tendenziell diejenige Partei begünstigt, die sich der Änderung der bisherigen Verhältnisse widersetzt.

c) Position von B. Preis

Eher an dem Begriff der allgemeinen Gesetze im Sinne des Art. 5 Abs. 2 GG ausgerichtet ist die Argumentation von *B. Preis*. Er nimmt an, daß das Sozialstaatsgebot des Art. 20 Abs. 1 GG als unmittelbar geltendes Recht den Gesetzgeber verpflichtet, für eine gerechte Sozialordnung im Sinne einer Existenzsicherung und der Verwirklichung sozialer Gerechtigkeit zu sorgen[275]. Zwar könnten auch die Tarifpartner ihren Beitrag zu einer gerechten Sozialordnung leisten, dies könne den Staat jedoch nicht von seiner eigenen Verantwortung entbinden; vielmehr gewährleiste das Sozialstaatsgebot, daß die letzte Verantwortung für die Verwirklichung sozialgerechter Arbeitsbedingungen beim Staat verbleibe[276]. Daher könne man weder von einer Normsetzungsprärogative der Tarifparteien sprechen[277], noch könne von einer durch das Verfassungsrecht gebotenen staatlichen Neutralität gegenüber der tarifautonomen Gestaltung von Arbeitsbedingungen die Rede sein. Das gelte insbesondere für Arbeitsbedingungen, die in dem weiten Bereich zwischen der Sicherung des Existenzminimums und der Schädigung des Gemeinwohls lägen[278]. Auch hier könne der Staat wegen des aus dem Sozialstaatsprinzip folgenden Auftrages zur Sozialgestaltung zwingende Schutzrechtssätze aufstellen, an die die Tarifparteien gebunden seien[279]. Andererseits geht *B. Preis* mit der Rechtsprechung davon aus, daß Art. 9 Abs. 3 GG einen Kernbereich tarifautonomer Gestaltungsmöglichkeiten gewährleistet, in den der Gesetzgeber nicht beliebig eingreifen darf[280]. Allerdings versteht *B. Preis* diesen Kernbereich nur im Sinne einer Mindestgarantie. Dem Gesetzgeber sei es wegen seines Schutzauftrags, der sich aus dem Sozialstaatsprinzip ergibt, bei Art. 9 Abs. 3 GG ähnlich wie bei Art. 5 Abs. 2 GG nicht verwehrt, „allgemeine Gesetze" zu erlassen. Verboten seien ihm lediglich „Maßnahmegesetze". Wiederum in Anlehnung an die zu Art. 5 Abs. 2 GG vertretene „Sonderrechtslehre" versteht er darunter Normen, die sich speziell gegen eine bestimmte tarifrechtliche Gestal-

---

[275] *B. Preis*, ZfA 1972, 271 (293).
[276] So auch *Reuter*, ZfA 1979, 1 (19); *ders.*, FS 25 Jahre BAG (1979), S. 405 (417).
[277] *B. Preis*, ZfA 1972, 271 (295).
[278] In diesem Bereich hatten bekanntlich *Säcker* aber auch *Biedenkopf* eine Normsetzungsprärogative der Tarifparteien angenommen.
[279] *B. Preis*, ZfA 1972, 271 (296).
[280] *B. Preis*, ZfA 1972, 271 (297).

tung der Arbeitsbedingungen richten[281]. Der Bereich der allgemeinen Gesetze wird von B. Preis außerordentlich weit gezogen, wenn er darunter alle „allgemeinen arbeitsrechtlichen Schutznormen" versteht, die generell gelten, jeden am Arbeitsleben Beteiligten treffen und den Arbeitnehmern eine bestimmte Rechtsposition abschließend sichern[282].

Auch wenn man den gedanklichen Ansatzpunkt der Preis'schen Argumentation anerkennt und dem Staat schon aus Gründen der Binnensouveränität die Letztverantwortung für die Gestaltung der Sozialordnung zugesteht, wären die Tarifparteien bei dieser Auffassung in verfassungswidriger Weise auf die Rolle eines „Zuschauers" beschränkt. Sie hätten eine Randposition inne, die ihrer in Art. 9 Abs. 3 GG verfassungsrechtlich anerkannten Stellung keinesfalls gerecht würde. Der Staat hat zwar in wirtschafts- und sozialpolitischen Grundfragen das letzte Wort, aber nicht die ausschließliche Initiative[283]. Wer Gegenteiliges behauptet, müßte konsequenterweise im Sozialstaatsprinzip einen „Verstaatlichungsauftrag"[284] erkennen; ein solcher Auftrag steht jedoch im fundamentalen Gegensatz zur freiheitlich verfaßten Rechtsordnung des Grundgesetzes. Das Sozialstaatsprinzip markiert daher keine Trennungslinie zwischen staatlicher und tariflicher Aktivität. Vielmehr begründet es eine kombinierte Verantwortlichkeit sowohl des Staates als auch der Tarifparteien zur Herstellung sozialer Gerechtigkeit[285]. Wenn demnach die Koalitionsfreiheit nicht um ihrer selbst willen geschützt ist, sondern deshalb gewährleistet wird, weil die Tarifvertragsparteien aufgrund ihrer Sachnähe meist besser wissen, was den Interessen ihrer Mitglieder entspricht als der demokratische Gesetzgeber[286], so darf ihre tarifliche Normsetzungsbefugnis gerade nicht auf diese Restgröße zurechtgestutzt werden. Der Kernbereich kann deshalb nicht im Sinne einer bloßen Mindestgarantie aufgefaßt werden. Darüber hinaus ist es dem Staat weder aus Kapazitätsgründen möglich[287] noch von Verfassungs wegen erlaubt, in allen gesellschaftlichen Teilbereichen durch extensive Gesetzgebung soziale Gerechtigkeit durchzusetzen, insbesondere wenn dadurch in verfassungswidriger Weise Freiheitsrechte verkürzt werden[288]. Wenn im Wege der assoziativen Selbsthilfe versucht wird, sozial gerechte Arbeitsbedingungen zu erzielen, kann es dem Staat gerade nicht erlaubt sein, ohne zwingenden Grund dirigistisch in die Freiheit des Wirtschaftslebens einzugreifen[289]; er ist lediglich gehalten, die Voraussetzungen, die das Streben nach sozialer Gerechtigkeit überhaupt erst ermöglichen, zu schaffen[290]. Andererseits ist es durchaus denkbar, daß es der staatlichen Gesetzgebung vorbehalten bleiben muß, in gewissen Einzelfällen sogar eine bestimmte tarifliche Gestaltung der Arbeitsbedingungen zu

---

[281] B. Preis, ZfA 1972, 271 (297).
[282] B. Preis, ZfA 1972, 271 (297 f.).
[283] Coester, Vorrangprinzip, S. 85; Kempen, AuR 1980, 193 (200).
[284] Kempen, AuR 1980, 193 (201).
[285] Kempen, AuR 1980, 193 (201).
[286] Vgl. nur BVerfGE 34, 407 (317); Kissel, NZA 1995, 1 (2); vgl. auch Bulla, FS Nipperdey II (1965), S. 79 (81).
[287] So bereits Sinzheimer, Der Wille zur Rechtsgestaltung, II, S. 24 ff.
[288] Meik, Tarifautonomie, S. 46.
[289] Hueck/Nipperdey, Arbeitsrecht II/1 § 3 b δ.
[290] Meik, Tarifautonomie, S. 46.

verbieten, wenn sich diese als gemeinwohlschädlich erweisen sollte oder der Staat ein größeres Ordnungskonzept zu verwirklichen sucht, bei dem maßgeblich eine bestimmte tarifliche Norm im Wege steht[291]. Das muß nicht nur in Notfällen gelten. Der von *Preis* geäußerten Meinung kann daher im Ergebnis nicht gefolgt werden[292]

d) Position Nipperdeys

Nipperdey hat auf dem 46. DJT eine ähnliche Konzeption vorgeschlagen[293]. Auch er will zwischen allgemeinen Gesetzen, die er „Rechtsgesetze" nennt, und „Maßnahmegesetzen" unterscheiden[294]. Unter einem Rechtsgesetz versteht er ein auf Dauer angelegtes, von bestimmten rechtlichen Wertungen und Motiven getragenes allgemeines Gesetz, das vom Staat erlassen wird. Selbst dann, wenn es zwingend bestimmte Arbeitsbedingungen festlege, solle es – von Extremfällen abgesehen, in denen die Kollektivvertragsfreiheit der Tarifpartei ohne Not besonders stark eingeschränkt werde – nicht daraufhin überprüft werden, ob es geeignet und dazu bestimmt ist, das Existenzminimum und die menschliche Würde des Arbeitnehmers zu sichern, denn eine solche Überprüfung sei wenig praktikabel. Demgegenüber würden Maßnahmegesetze dadurch charakterisiert, daß sie vorübergehend eine ganz konkret gegebene Situation regelten. *Nipperdey* rechnet zu diesen „transitorischen" Normen insbesondere die Tarifverträge, die niemals auf Dauer abgeschlossen würden, sondern stets zeitlich begrenzt seien. Mit diesen Normen werde dasjenige festgelegt, was während der Laufzeit des Vertrages den jederzeit wechselnden Verhältnissen am Markt entspreche und demgemäß zweckmäßig sei. Zum Erlaß von „Maßnahmegesetzen" sei der staatliche Gesetzgeber nicht berechtigt, solange die Möglichkeit einer tariflichen Regelung bestehe. Dem Staat sei es verwehrt, eine konkrete Lohn- und Urlaubsregelung in einem bestimmten Bereich vorübergehend zu statuieren. Das widerspreche zudem der langjährigen Praxis. Im übrigen habe der Staat die ihm mit dem Gesetz über die Mindestarbeitsbedingungen eingeräumten Gestaltungsrechte nicht genutzt; daraus könne man schließen, daß er derartige Regelungen den Tarifparteien überlasse[295].

Diese auf den ersten Blick klare Zuordnung ist bei genauerer Betrachtung nicht problemlos. Zwar werden insbesondere in Lohnabkommen Regelungen über bestimmte Arbeitsbedingungen niedergelegt, die von vornherein nur eine kurze Zeit – meist für ein Jahr – gelten. Das gilt jedoch nicht für Rahmentarifverträge, in denen die allgemeinen Arbeitsbedingungen geregelt sind und bei denen längere Kündigungsfristen für einen gewissen Dauerzustand sorgen. Hier ist der Tarifvertrag keinesfalls schnellebig, eine Kündigung und Neuverhandlung des gesamten Tarif-

---

[291] Ähnlich *Dietz*, Verhandlungen des 46. DJT, II, Teil D, S. 50.
[292] Ebenso *Meik*, Tarifautonomie, S. 46; *Wiedemann/Stumpf*, TVG, Einl. Rn. 44.
[293] *Nipperdey*, Verhandlungen des 46. DJT, II, Teil D, S. 43 ff.; vgl. später *Hueck/Nipperdey*, Arbeitsrecht II/1 § 19 A I 3, S. 371.
[294] Grundlegend zur Unterscheidung *K. Huber*, Rechtsgesetz und Maßnahmegesetz; *K. Zeidler*, Klassisches Gesetz und Maßnahmegesetz.
[295] *Nipperdey*, Verhandlungen des 46. DJT, II, Teil D, S. 44 ff.

vertrages erfolgt nur äußerst selten. Meist wird über eine inhaltliche Veränderung während des Bestehens des Tarifvertrages verhandelt, wobei die Parteien häufig davon ausgehen, daß der Tarifvertrag auf sehr lange Zeit Geltung haben wird. Insoweit verhalten sich die Tarifvertragsparteien nicht anders als der Gesetzgeber[296]. Das Zeitmoment kann daher nicht allein ausschlaggebend sein[297]. Im übrigen darf sich der Staat insbesondere wegen des Sozialstaatsprinzips nicht der Möglichkeit begeben, in bestimmten Fällen auch transitorische Gesetze zu erlassen, etwa um bestimmten Not- oder Zwangslagen zu begegnen[298]. Daher führt auch diese Ansicht nicht zu befriedigenden Ergebnissen[299].

e) Position von Scholz

Scholz schließlich geht ebenfalls von den „allgemeinen Gesetzen" im Sinne des Art. 5 Abs. 2 GG aus, die der Gesetzgeber erlassen könne, um die Koalitionsfreiheit zu beschränken. Er argumentiert jedoch, anders als *B. Preis*, nicht vom Sozialstaatsprinzip, sondern vom Grundrecht der Koalitionsfreiheit her. Er sieht nämlich die grundrechtlichen Gewährleistungen der Koalitionsbildung und des Koalitionsverfahrens (koalitionsmäßige Auseinandersetzung und Einigung) als kommunikative „Ausübungen" der Koalitionsfreiheit an. Diese kommunikativen Ausübungen rechnet er zu einer Gruppe von Kommunikationsgrundrechten, zu denen außer Art. 9 Abs. 3 GG auch Art. 5 Abs. 1, Art. 8 Abs. 1 und Art. 9 Abs. 1 gehören[300]. Der entscheidende Punkt ist nun, daß alle diese „Kommunikationsfreiheiten" ein und derselben Schranke unterworfen sein sollen. Diese gemeinsame Schranke aller Kommunikationsfreiheiten sei der in Art. 5 Abs. 2 GG positivrechtlich zum Ausdruck gelangte Gedanke der „allgemeinen Gesetze"[301]. In die Kommunikationsfreiheiten dürfe nicht sonderrechtlich eingegriffen werden[302]. Anderseits gelte das generelle Arbeits-, Wirtschafts- und Zivilrecht als „allgemeines Inhaltsrecht" für jeden Teilnehmer am Arbeits- und Wirtschaftsleben und mache deshalb nicht vor dem Bereich der koalitionsmäßigen Einigung und Auseinandersetzung halt. Nur in die

---

[296] *Thon*, Verhandlungen des 46. DJT, II, Teil D, S. 49.
[297] *Herschel*, Verhandlungen des 46. DJT, II, Teil D, S. 71.
[298] Das wird selbst von solchen Autoren konzediert, die ansonsten für eher weitreichende Regelungsbefugnisse der Tarifparteien eintreten, vgl. *Däubler*, Tarifvertragsrecht, Rn 350; *Däubler/Hege*, Koalitionsfreiheit, Rn. 214; *Weber*, Tarifautonomie, S. 40.
[299] *Herschel*, Verhandlungen des 46. DJT, II, Teil D, S. 71; *Wiedemann/Stumpf*, TVG, Einl. Rn. 44.
[300] *Scholz*, Koalitionsfreiheit, S. 137, 217, 295; ders., in: HdbStR VI, § 151 Rn. 21.
[301] Bereits *Lerche*, Arbeitskampf, S. 35 ff., hatte angenommen, die Schrankenordnung des Art. 5 Abs. 2 GG sei nicht auf die Meinungsfreiheit beschränkt, sondern erfasse alle entsprechenden Grundrechtsgewährleistungen. Die Kommunikationsgrundrechte, zu denen *Lerche* Art. 5, 8 und 9 GG rechnet, beruhten auf einer identischen Gewährleistungsidee; sie hätten sich zu einem Komplex sachlich verwandter Freiheitsgarantien zusammengeschlossen. Konsequenterweise müßten sie dann für ein einheitliches Schrankenverständnis eröffnet sein, das durch die Erwähnung der allgemeinen Gesetze bei Art. 5 Abs. 2 GG nur exemplarisch hervorgehoben werde. Dagegen vgl. *Schmidt-Jortzig*, HdbStR VI, § 141 Rn. 39, der für Art. 5 und 8 GG die identische Gewährleistungsgarantie bestreitet, und von einer eigenständigen Gewährleistungsschicht ausgeht: Eine Versammlung müsse nicht notwendig kommunikative Wirkungen oder Anliegen haben, die Verbundenheit der Teilnehmer könne im rein assoziativen Bereich liegen.
[302] *Scholz*, Koalitionsfreiheit, S. 351.

„Ausübungsfreiheiten" dürfe der Gesetzgeber nicht sonderrechtlich eingreifen. Den inhaltsrechtlichen Gegenstand dieser Freiheiten, d.h. den Koalitionszweck, könne der Gesetzgeber hingegen recht frei regeln, und er werde darin auch nicht durch den Vorbehalt des allgemeinen Gesetzes beschränkt[303]. *Scholz* versteht den Vorbehalt des „allgemeinen Gesetzes" im Sinne einer Art Schranken-Schranke zugunsten der Tarifvertragsparteien. Wesentlich ist ihm daran gelegen, den Koalitionskampf als Prozeß eines „kommunikativen Konsensverfahrens" zu schützen[304], in das der Staat nicht sondergesetzlich eingreifen darf[305].

Ungeachtet der generellen Bedenken, die man gegen derartige schrankenrechtliche Umbauversuche haben muß, weil sie die positive Schrankenregelung der Verfassung in Frage stellen[306], weist der von *Scholz* vertretene Ansatz, die Schranken-Schranke der „allgemeinen Gesetze" allein auf die „Ausübungs-", nicht aber auf die „Inhaltsrechte" der Koalitionsfreiheit zu erstrecken, doch eine eigentümliche Schwäche auf: Geschützt wird letztlich ein verfahrensmäßiger Torso ohne rechten Inhalt. Das hat zwei problematische Konsequenzen:

Unter dem Gesichtspunkt der Einheit aller koalitionsrechtlicher Schranken muß sich für *Scholz* die Frage stellen, wie sich die unterschiedlichen Schranken für das „Ausübungs-" und das „Inhaltsrecht" miteinander harmonisieren lassen. *Scholz* versucht dies in Anlehnung an das von *Lerche* entwickelte Prinzip des „nach beiden Seiten hin schonendsten Ausgleichs"[307] und das Gebot der optimalen und funktionsgerechten Grundrechtsgeltung zu bewerkstelligen[308]. Ob diese Optimierungsgebote aber hier Anwendung finden können, ist zweifelhaft, denn „Ausübungs-" und „Inhaltsrecht" stehen sich nicht wie zwei verschiedene, schon gar nicht wie zwei antinomische, konkurrierende Rechtsgüter gegenüber, sondern wie „Mittel" und „Zweck"[309].

Problematischer ist jedoch, daß der Schutz eines Betätigungsfeldes für die Tarifparteien, der Koalitionszweck, bei *Scholz* nur über eine Garantie des Verfahrens ko-

---

[303] *Scholz*, Koalitionsfreiheit, S. 352, 356.

[304] *Scholz*, Koalitionsfreiheit, S. 354.

[305] Neutral habe sich der Staat jedoch nur zu verhalten, solange das Konsensverfahren funktioniere; sobald dies nicht mehr der Fall sei, sei der Staat zu einer Organisationsgesetzgebung verpflichtet, deren Aufgabe es sei, die gestörte Gleichberechtigung wieder herzustellen oder die verfahrenstechnischen Voraussetzungen für einen wirklichen Interessenausgleich zu schaffen, vgl. *Scholz*, Koalitionsfreiheit, S. 353. Unbeantwortet läßt *Scholz*, wann von einer Funktionsunfähigkeit des Systems auszugehen ist und und wer über ein solches Funktionsdefizit zu befinden hat. Man darf vermuten, daß *Scholz* hierbei nicht die Tarifparteien, sondern den Staat im Auge hat. Wenn dem so ist, wären ihm unbegrenzte Möglichkeiten für eine „Sondergesetzgebung" eröffnet. Letztlich steht damit die freiheitliche Wirtschaftsordnung auf dem Spiel, da sich der Staat permanent zum Einschreiten verpflichtet sehen könnte, um das Gleichgewicht der Funktionsbedingungen wiederherzustellen.

[306] *Manssen*, Privatrechtsgestaltung, S. 215; *Sachs*, in: Stern, Staatsrecht III/2, § 81 IV 4 e, S. 546 ff.; *Wahl*, Der Staat 20 (1981), S. 485 (509 ff.).

[307] *Lerche*, Übermaß, S. 153.

[308] *Scholz*, Koalitionsfreiheit, S. 356, 389.

[309] Es erscheint wenig hilfreich, wenn *Scholz* an gleicher Stelle empfiehlt, die divergierenden Schrankensysteme müßten sich auf ihr jeweiliges Wirkungszentrum (Inhaltsrecht oder Ausübungsrecht) konzentrieren und Übergriffe in die Sphäre des „konkurrierenden Rechts" möglichst vermeiden.

alitionsmäßiger Auseinandersetzung erfolgt[310]. Nur soweit Fragen des Verfahrens betroffen sind, d.h. insbesondere Aspekte des Arbeitskampfes und der Schlichtung, besteht Schutz vor legislativem Tätigwerden durch Sondergesetze. Eine weitere Sicherung kann *Scholz* bei konsequenter Weiterführung seines Ansatzes nicht gelten lassen. Damit wäre es aber ein Leichtes, bestimmte Materien dem Verfahren der koalitionsmäßigen Auseinandersetzung durch den Erlaß zwingender Gesetz zu entziehen. Am Ende bliebe, wie gesagt, ein bloßer Torso. *Scholz* sieht diese Gefahr. Er hält deshalb den Staat für verpflichtet, die koalitionsrechtlichen Kommunikationsprozesse nicht übermäßig zu verdrängen, sondern die „kommunikativen Energien" in „größtmöglichem Umfange" zu erhalten[311]. Offen bleibt jedoch, woraus sich diese Verpflichtung ergibt, wenn doch nur das Verfahren als solches verfassungsrechtlichen Schutz genießen soll. Eigentümlich ist auch die Lösung, die *Scholz* vorschlägt, um eine „Verdrängung" der Tarifparteien zu vermeiden: Der Staat habe die Tarifparteien „verfahrensrechtlich" zu berücksichtigen: zum einen, wenn er Gesetze erlasse, die Auswirkungen auf den Koalitionszweck, d.h. auf die Tarifautonomie hätten[312]; zum anderen, wenn er die gesetzlich definierten Ziele durchführe. Unklar bleibt, ob *Scholz* diese Berücksichtigung wirklich im Sinne einer „Teilhabe am Verfahren" der staatlichen Gesetzgebung verstanden wissen wollte[313] oder ob er lediglich davon ausgegangen ist, daß der Staat bei der Möglichkeit, das Inhaltsrecht nach Maßgabe der Art. 12 Abs. 1 Satz 2 und 14 Abs. 1 Satz 2 GG zu beschränken, dafür Sorge zu tragen hat, daß das Ausübungsrecht des Art. 9 Abs. 3 GG so weit geschont wird, daß der Koalitionszweck zur optimalen Entfaltung gelangen kann. Ersterenfalls stünde man dann vor dem Problem, ob sich Einschränkungen eigener Regelungsbefugnisse dadurch kompensieren lassen, daß Beteiligungsrechte in anderen Bereichen geschaffen würden. Davon kann nicht ausgegangen werden, da die Kompensation nicht denselben Sachgegenstand betrifft. Im übrigen kommt den Koalitionen bereits heute erhebliche Mitverantwortung in den Gremien der sozialen Selbstverwaltung zu, die, wenn man dem Kompensationsargument folgen würde, dazu führen könnte, die Tarifautonomie letztlich beliebig einzuschränken, da ja immer noch andere Betätigungsmöglichkeiten offenstehen. Wo aber der zentrale Wirkungsbereich einer freiheitlichen Einrichtungsgarantie nicht mehr gewährleistet ist, kann nichts mehr kompensiert werden. Die „gesellschaftliche" Macht wäre ihres originären Sinnes beraubt und könnte letztlich beliebig gegen eine andere Macht ausgetauscht werden. Die Koalitionen hätten keine Überlebenschance, wenn sie nur noch soziale Selbstverwaltung betrieben, da kaum anzunehmen ist, daß ihre Mit-

---

[310] Ähnlich auch *Kemper*, Koalitionsfreiheit, S. 118 f.: Im Kernbereich der Tarifautonomie bewirkt die Tarifautonomie nicht ein grundsätzliches Verbot staatlicher Regelung auf diesem Gebiet, sondern nur den Schutz des koalitionsmäßigen Einigungsprozesses als solchen.
[311] *Scholz*, Koalitionsfreiheit, S. 357; ders., in HdbStR VI, § 151 Rn. 39, 96.
[312] *Scholz*, Koalitionsfreiheit, S. 357.
[313] Dann hätte er sich einer Position angenähert, die im wesentlichen auch von *Däubler*, Mitbestimmung, S. 211 ff., vertreten wird. Während *Däubler* aber ein paritätisches Mitbestimmungsrecht bei Gesetzen, die das Arbeitsrecht betreffen, verlangt, und zwar in Form von Vetorechten in den gesetzgebenden Gremien, versteht *Scholz* unter der Einführung kompensatorischer Beteiligungsrechte nicht die Einräumung von Mitwirkungsrechten im Gesetzgebungsverfahren, sondern erst beim Vollzug der vom Gesetzgeber geschaffenen gesetzlichen Aufgaben, vgl. *Scholz*, in: Maunz/Dürig, Art. 9 GG Rn. 259.

glieder dafür Zeit und Geld aufbringen. Im Ergebnis trägt der Ansatz von *Scholz* also nichts über die bekannten Abgrenzungsformeln Hinausgehendes zur Zuordnungsfrage bei.

f) Zusammenfassung

Das Resümee fällt negativ aus. Die Bereiche staatlicher und tarifautonomer Regelung lassen sich mit Hilfe des Kriteriums der „allgemeinen Gesetze" nicht sachgerecht abgrenzen. Zu einem Gutteil liegt das an der Unschärfe des Kriteriums selbst. Bereits dort, wo die Verfassung, wie in Art. 5 Abs. 2 GG und in Art. 137 Abs. 3 WRV, Grundrechte ausdrücklich unter den Vorbehalt der „allgemeinen Gesetzen" stellt, ist alles andere als klar, worin der Unterschied zu den sonstigen Gesetzen besteht. Schon deshalb ist die Übertragung dieser Grenze auf die tarifautonomen Regelungsbefugnisse wenig geeignet, von der verfassungsrechtlichen Zulässigkeit solcher schrankenrechtlicher Umbauversuche ganz abgesehen. Zum Teil kommen die Konzepte – selbst wenn man nur den in Art. 5 Abs. 2 GG, Art. 137 Abs. 3 WRV niedergelegten Rechtsgedanken auf die Tarifautonomie überträgt – kaum über den Gemeinplatz hinaus, daß die Ausübung tarifautonomer Regelungsbefugnisse nicht von der Beachtung der verfassungsmäßigen Ordnung entbinden kann. Daß die verfassungsmäßige Ordnung tarifautonome Regelungsbefugnisse aber gerade in besonderer Form geschützt hat, nämlich in Gestalt eines vorbehaltlos gewährleisteten Grundrechts, dessen Beachtung Art. 1 Abs. 3 GG insbesondere vom Gesetzgeber verlangt, kommt dabei in aller Regel zu kurz. Schließlich lassen die diskutierten Positionen offen, welche Grenzen für den Erlaß „allgemeiner Gesetze" bestehen. Wer in dieser Weise auf die „allgemeinen Gesetze" rekurriert, weist den Tarifvertragsparteien im Ergebnis eine Außenseiterrolle zu und übergeht so den hohen Stellenwert, den die Verfassung den Koalitionen eingeräumt hat. Einen stärkeren und damit der grundrechtlichen Gewährleistung des Art. 9 Abs. 3 GG eher entsprechenden Schutz verspricht eine Zuordnung nach dem Subsidiaritätsprinzip.

4. Zuordnung nach dem Subsidiaritätsprinzip

a) Inhalt

In der Vergangenheit hat es nicht an Versuchen gefehlt, die Zuordnung von staatlichen und tarifautonomen Regelungsbereichen nach dem Subsidiaritätsprinzip vorzunehmen[314]. Als Zuständigkeitsprinzip[315] verbietet es in seiner negativen Fassung einer größeren, übergeordneten Gemeinschaft, die Erfüllung einer Aufgabe

---

[314] Vgl. die Nachweise bei *Richardi*, Kollektivgewalt, S. 52 Fn. 1; vgl. weiter *Küchenhoff*, RdA 1959, 201 (205); *ders.*, AuR 1963, 321 (322); *ders.*, FS Nipperdey II (1965), S. 341; *ders.*, FS Hans Schmitz I (1967), S. 115; *Misera*, Tarifmacht, S. 31; *Peters/Ossenbühl*, Übertragung, S. 19 ff.

[315] *Küchenhoff*, RdA 1959, 201 (202); *von Nell-Breuning*, Baugesetze, S. 112; *Scholz*, Koalitionsfreiheit, S. 167: „Kompetenzschema".

§ 5 *Der Zugriff auf die Tarifmacht*

für sich in Anspruch zu nehmen, die von einem kleineren, untergeordneten Gemeinwesen ebenso gut erfüllt werden kann. Positiv gewendet bedeutet es die Verpflichtung der größeren Gemeinschaft, insbesondere des Staates, der kleineren Gemeinschaft bei der Erfüllung dieser Aufgaben Hilfestellung zu geben und erst dann an ihre Stelle zu treten, wenn die untergeordnete Gemeinschaft ihre Aufgabe nicht mehr bewältigen kann[316].

Hätte man von diesem, maßgeblich von der katholischen Soziallehre[317] beeinflußten Prinzip auch für das Verhältnis zwischen staatlicher und tarifautonomer Normsetzung auszugehen, so wäre der Gesetzgeber gehalten, den Tarifparteien als den engeren und dem Staatsganzen untergeordneten Gemeinschaften den Regelungsvorrang einzuräumen und sich selbst solange und soweit mit eigenen Vorschriften zurückzuhalten, wie nicht die Interessen des Staates und das Gesamtwohl tangiert wären[318]. Es käme demnach zunächst den Koalitionen zu, die Arbeits- und Wirtschaftsbedingungen zu normieren[319]. Der Staat wäre darauf beschränkt, den Koalitionen dabei behilflich zu sein[320].

---

[316] *Dürig*, in: Maunz/Dürig, Art. 1 GG Rn. 53; *Herzog*, Der Staat 2 (1963), S. 399 (401); *Richardi*, Kollektivgewalt, S. 53, Fn. 6 m.w.N.

[317] Das Subsidiaritätsprinzip stellt zwar keine Schöpfung der päpstlichen Sozialenzykliken dar, wurde aber von ihnen aufgenommen und fand erst dadurch die umfassende Verbreitung in der Staats- und Soziallehre des 20. Jahrhunderts, vgl. *Herzog*, Der Staat 2 (1963), S. 399; *von Nell-Breuning*, Baugesetze, S. 87 ff.; *ders*. Den Kapitalismus umbiegen, S. 353 ff. Die bis heute gültige Fassung des Subsidiaritätsprinzips in der katholischen Soziallehre findet sich in der zweiten Sozialenzyklika des Papstes Pius XI., Quadragesimo Anno, aus dem Jahre 1931, die durch die Sozialenzyklika Mater et Magistra von Papst Johannes XXIII. 1961 ausdrücklich bestätigt worden ist. Die einschlägige, auf *Gundlach* zurückgehende Stelle (Quadragesimo Anno Nr. 79) lautet: „Wie dasjenige, was der Einzelmensch aus eigener Initiative und mit seinen eigenen Kräften leisten kann, ihm nicht entzogen und der Gesellschaftstätigkeit zugewiesen werden darf, so verstößt es gegen die Gerechtigkeit, das, was die kleineren und untergeordneten Gemeinwesen leisten und zum guten Ende führen können, für die weitere und übergeordnete Gemeinschaft in Anspruch zu nehmen; zugleich ist es überaus nachteilig und verwirrt die ganze Gesellschaftsordnung. Jedwede Gesellschaftstätigkeit ist ja ihrem Wesen und Begriff nach subsidiär; sie soll die Glieder des Sozialkörpers unterstützen, darf sie aber niemals zerschlagen oder aufsaugen." Vgl. auch Mater et Magistra Nr. 53, 117, 152.

[318] *Peters/Ossenbühl*, Übertragung, S. 19.

[319] *Hueck/Nipperdey*, Arbeitsrecht II/1, § 3 b δ, bringen den Grundsatz der Subsidiarität in Verbindung sowohl mit dem freiheitlichen Charakter der Verfassung als auch mit den Grenzen, die der Entfaltungsfreiheit durch das Sozialstaatsprinzip gezogen werden, wobei sie allerdings vom Primat des Freiheitsgrundsatzes ausgehen. Dieser verbiete es dem Staat, ein sozialverpflichtetes Verhalten durch obrigkeitlichen Zwang in den Fällen herbeizuführen, in denen es auf freiwilliger Grundlage, insbesondere durch den Schutz und die Anerkennung der sozialbezogenen Institute wie den Koalitionen und dem Tarifvertrag, sichergestellt werden kann. Erst wenn die Mobilisierung der gesellschaftlichen Kräfte auf der Grundlage freiwilliger eigenverantwortlicher Sozialverpflichtung versage, sei der Staat berechtigt und nach Art. 20, 28 GG auch verpflichtet, dem Sozialstaatsprinzip mit obrigkeitlichen Mitteln zur Geltung zu verhelfen.

[320] Das ist der originäre Sinn der in den Sozialenyklien benutzten lateinischen Wendung „subsidium afferre": Hilfe bringen. Etwas später im Text (Quadragesimo Anno Nr. 80) ist die Rede von „subsidiarii officii principium", das wörtlich mit „Prinzip der Hilfeleistungspflicht" oder „Prinzip der pflichtmäßigen Hilfeleistung" übersetzt werden müßte. Die Übersetzung mit „Prinzip der Subsidiarität" gibt diesen Sinn nicht genügend deutlich wieder, vgl. *von Nell-Breuning*, Baugesetze, S. 91; *ders*. Kapitalismus, S. 350 f. Darüber hinaus verbindet man mit „subsidiär" die eher negative Vorstellung von „ersatzweise" und nicht die Bedeutung von „hilfsweise", vgl. *Herzog*, Der Staat 2 (1963), S. 399 (409), Fn. 35.

b) Probleme der Anwendbarkeit

Die Abgrenzung zwischen staatlichen und tarifautonomen Regelungsbefugnissen nach dem Subsidiaritätsprinzip wirft drei Probleme auf. Zunächst ist fraglich, ob die durch das Grundgesetz konstituierte Zuständigkeitsordnung überhaupt auf dem Subsidiaritätsprinzip beruht; wäre dies zu verneinen, so ist zu prüfen, ob das Subsidiaritätsprinzip zumindest im Teilbereich des Arbeitsrechts Anwendung finden kann (aa) Im Anschluß daran ist der Maßstab zu klären, nach dem sich beurteilt, ob eine Aufgabe noch sinnvoll von einer kleineren Einheit erfüllt werden kann (bb). Schließlich fragt es sich, wer über das Überschreiten dieser „Eingriffsschwelle" zu befinden hat (cc); das ist vor allem dann von Bedeutung, wenn das Subsidiaritätsprinzip keine trennscharfen Kriterien liefert.

aa) Subsidiaritätsprinzip als allgemeines Prinzip der Staatsorganisation?. Aus gutem Grund hat man sich im Verfassungskonvent von Herrenchiemsee dagegen ausgesprochen, das Subsidiaritätsprinzip in den Text des Grundgesetzes aufzunehmen, obwohl es entsprechende Anträge gab[321]. Ursache hierfür waren weniger die Schwierigkeiten, den Inhalt des Subsidiaritätsprinzips zu formulieren und damit zum Inhalt des positiven Rechts zu machen[322], als vielmehr grundlegende staatsorganisationsrechtliche Bedenken. Versteht man das Subsidaritätsprinzip in seiner strikten Fassung, d.h. so, wie es ursprünglich gemeint war, bedroht es im Ergebnis die Binnensouveränität des Staates[323]. Denn die Eigenschaft des Staates, innerhalb seines Hoheitsbereichs das Gemeinwesen mit der umfassendsten Verfassungs- und Gesetzgebungskompetenz zu sein, die von keiner anderen Macht abgeleitet ist,[324] wird untergraben, wenn mit Hilfe des Subsidiaritätsprinzips den untergeordneten, engeren Gemeinschaften, den „sozialen Teilgewalten"[325], ein vom Staat selbständiger Bereich gesichert werden soll. Das Subsidiaritätsprinzip in seiner strikten Form scheint kein geringeres Ziel zu verfolgen, als die herkömmliche Vorstellung der staatlichen Geschlossenheit und Allzuständigkeit aufzuheben und durch ein vielschichtiges System sozialer Einheiten zu ersetzen[326]. Sieht man mit der h.M. den

---

[321] Obwohl es entsprechende Anträge gegeben hat, vgl. *Herzog*, Der Staat 2 (1963), S. 399 (412); *Peters/Ossenbühl*, Übertragung, S. 19; *Richardi*, Kollektivgewalt, S. 56; *Scholz*, Koalitionsfreiheit, S. 167.

[322] So aber *Richardi*, Kollektivgewalt, S. 56. Vgl. nunmehr für das Recht der Europäischen Union in Art. 2 Abs. 2 EUV und der Europäischen Gemeinschaft in Art. 5 Abs. 2 EGV, in dem ausdrücklich der Grundsatz der Subsidiarität niedergelegt wurde. Dort heißt es: „In den Bereichen, die nicht in ihre ausschließliche Zuständigkeit fallen, wird die Gemeinschaft nach dem Subsidiaritätsprinzip nur tätig, sofern und soweit die Ziele der in Betracht gezogenen Maßnahmen auf Ebene der Mitgliedstaaten nicht ausreichend erreicht werden können und daher wegen ihres Umfangs oder ihrer Wirkungen besser auf Gemeinschaftsebene erreicht werden können." Allerdings ist offen, ob und inwieweit diesem Prinzip Rechtscharakter und Justitiabilität zukommen, vgl. nur *Streinz*, Europarecht, Rn. 145a, der eine Rechtspflicht der Gemeinschaft annimmt und vom Subsidiaritätsprinzip als einer Kompetenzausübungsschranke ausgeht.

[323] *Herzog*, in: EvStL Sp. 2595; *Richardi*, Kollektivgewalt, S. 58.

[324] *K. Ipsen*, Völkerrecht, § 23 Rn. 4; *Herzog*, in: EvStL Sp. 2595; *Küchenhoff*, RdA 1959, 201 (202).

[325] *Richardi*, Kollektivgewalt, S. 54.

[326] *Herzog*, Der Staat 2 (1963), S. 399 (400); *Küchenhoff*, in: Utz, Subsidiaritätsprinzip, S. 82 ff.; *von Nell-Breuning*, Baugesetze, S. 144: „In diesem Licht scheint der Staat - so, wie wir den Staatsbegriff ver-

heutigen Zweck des Staates und damit seine staatsphilosophische Legitimation im wesentlichen darin, die „Existenz und das Gedeihen von Gesamtheit und Einzelnen zu sichern"[327], so muß der Staat auch über die gesicherte, uneingeschränkte Fähigkeit verfügen, diejenigen Mittel einseitig hervorzubringen und einzusetzen, die er braucht, um seinen Aufgaben gerecht zu werden[328], insbesondere um die Freiheit der Einzelperson gegenüber Zugriffen von „sozialen Zwischenmächten"[329] zu schützen. Nur der Staat hat die Aufgabe, das Gemeinwohl zu wahren, nur er kann das Wohl der Gesamtgesellschaft mit dem der Teilbereiche harmonisieren[330]. Solange das Subsidiaritätsprinzip die unbedingte Beschränkung der Staatsgewalt verlangt und die potentielle Allzuständigkeit des Staates bestreitet, steht es im Widerspruch zum staatlichen Rechtssetzungsmonopol als wesentlichstem Ausfluß staatlicher Binnensouveränität[331]. Der Staat als umfassende Rechtsgemeinschaft würde zerschlagen und müßte, wenn er als Garant der Rechtsordnung ausfallen würde und nicht Anarchie an seine Stelle treten soll, durch eine „höhere Instanz" ersetzt werden[332].

Trotz dieses offenkundigen Widerspruchs zwischen dem durch das Grundgesetz verfaßten Rechtssetzungsmonopol des Staates und der genau gegenläufigen Tendenz, die das Subsidiaritätsprinzip aufweist, wird an Hand einer Rechtsanalogie zu bestimmten Einzelvorschriften[333] nachzuweisen versucht, daß sich das Grundgesetz zu einem „organischen Stufenaufbau gesellschaftlicher und staatlicher Ordnung" bekenne und damit das Subsidiaritätsprinzip rezipiert habe. In Wahrheit handelt es sich jedoch um ein Verhältnis wechselseitiger Relationen. Die behauptete Dreiheit „Individuum-Verband-Staat" orientiert sich an keinem durchgängigen Organisations- oder Funktionsprinzip[334]. Von manchen wird auch Art. 72 Abs. 2 GG, der die Zuständigkeit des Bundes im Bereich der konkurrierenden Gesetzgebungszustän-

---

stehen, seitdem das Wort „Staat" sich an die Stelle der älteren Bezeichnungen gesetzt hat – sich zu verflüchtigen und aufzulösen." *Richardi*, Kollektivgewalt, S. 58: „Beschränkung der Staatsgewalt durch den Abbau staatlicher Souveränität".

[327] *Krüger*, DÖV 1959, 721 (724); vgl. weiter zu den verschiedenen Rechtfertigungsmöglichkeiten für das Bestehen des Staates *Isensee*, in: Staatslexikon V, Sp. 146 ff.; *Zippelius*, Allgemeine Staatslehre, § 17.
[328] *Herzog*, Der Staat 2 (1963), S. 399 (421); ders. in: EvStL Sp. 2595; *Krüger*, DÖV 1959, 721 (724).
[329] *Richardi*, Kollektivgewalt, S. 58.
[330] *Küchenhoff*, RdA 1959, 201 (204 f.).
[331] *Jacobi*, Grundlehren, S. 79, Fn. 11; kritisch *Galperin*, FS Molitor (1962), S. 143 (154), der bemerkt, das Rechtsetzungsmonopol des Staates sei keine Begriffsnotwendigkeit, sondern eine historische Erscheinung; für das Arbeitsrecht müsse das Bestehen eines staatlichen Rechtsetzungsmonopols erst noch bewiesen werden.
[332] Das ist für das Subsidiaritätsprinzip der katholischen Soziallehre kein Problem, da sie in der kirchlichen Lehrgewalt eine solche außerhalb der Staatsmacht stehende, für alle gesellschaftlichen Teilsysteme maßgebliche, weil verbindliche Direktiven gebende Instanz sieht, vgl. *Herzog*, Der Staat 2 (1963), S. 399 (400 f., 404); *Richardi*, Kollektivgewalt, S. 57.
[333] Häufig wird hierzu die Pyramide Einzelmensch (Art. 1 ff. GG) – Familie (Art. 6 Abs. 1 GG) – private Vereinigungen (Art. 9 Abs. 1 GG) – ihre Dachorganisationen (Art. 19 Abs. 3 GG) – Gemeinden (Art. 28 Abs. 2 GG) – Gemeindeverbände (Art. 28 Abs. 2 GG) – Kirchen (Art. 140 GG) – Länder (Art. 20 Abs. 1, 79 Abs. 3 GG) – Bund (Art. 20 Abs. 1 GG) – zwischenstaatliche Einrichtungen (Art. 24 GG) bemüht, vgl. *Dürig*, in: Maunz/Dürig, Art. 1 GG Rn. 53; *Herzog*, Der Staat 2 (1963), S. 399 (412 f.); ders., in: EvStL Sp. 2592.
[334] *Isensee*, Subsidiaritätsprinzip, S. 274, 313; *Scholz*, Koalitionsfreiheit, S. 167.

digkeit von einem Bedürfnis zu einheitlicher Regelung abhängig macht, als Beleg für die Behauptung angeführt, dem Grundgesetz liege das Subsidiaritätsprinzip zumindest mittelbar zugrunde[335]. Andere begreifen das Subsidiaritätsprinzip als „hintergründigeres Konstitutionsprinzip" der Verfassung[336]. Diese Bemühungen sind angesichts des klaren Bekenntnisses des Grundgesetzes zum demokratischen Staatsaufbau zumindest dann aussichtslos[337], wenn die staatliche Souveränität durch das Subsidiaritätsprinzip ganz oder teilweise beeinträchtigt würde. Deshalb kann die Anwendung des Subsidiaritätsprinzips allenfalls dann zugelassen werden, wenn Ergebnisse ausgeschlossen sind, die dem Gemeinwohl widersprechen[338]. Zudem muß die potentielle staatliche Allzuständigkeit beachtet werden; sie darf nur relativ, nicht aber absolut beschränkt und damit prinzipiell in Frage gestellt werden[339].

bb) Beschränkte Anwendung des Subsidiaritätsprinzips im Arbeitsrecht?. Kontrovers beurteilt man, ob zumindest ein auf das Arbeits- und Sozialrecht beschränktes Subsidiaritätsprinzip besteht. Gänzlich abgelehnt wird dies von *Scholz* und *Richardi*.

Scholz argumentiert fundamental. Da das System der staatlichen oder vom Staat abgeleiteten Zuständigkeiten keine Einschränkung dulde und das Grundgesetz das Subsidiaritätsprinzip gerade nicht aufgenommen habe, sei es keinem gesellschaftlichen Aufgabenträger gestattet, sich auf eine vermeintliche Subsidiarität einer staatlichen Zuständigkeit zu berufen. Ein subsidiaritätsgesicherter Kompetenzvorrang des Koalitionswesens sei deshalb ausgeschlossen[340]. Damit versperrt sich *Scholz* aber eine differenzierende Sicht der Dinge. Die Möglichkeit, das Subsidiaritätsprinzip so auszulegen, daß es nicht auf die Beseitigung der staatlichen Souveränität zielt, zieht er nicht in Betracht[341]. Im übrigen übersieht *Scholz*, daß die mit der souveränen Sorge für das Gemeinwohl notwendigen Staatskompetenzen selbst durch die Verfassung begrenzt sind und es dem Staat zur Aufgabe machen, die Tarifautonomie zu gewährleisten[342].

---

[335] *Dürig*, in: Maunz/Dürig, Art. 1 GG Rn. 53.
[336] *Peters/Ossenbühl*, Übertragung, S. 21, verstehen darunter Grund- und Leitsätze, die einzelne Bestimmungen der positiven Verfassung verbinden und innerlich zusammenhalten, ohne ausdrücklich im Verfassungstext zu erscheinen, weil sie das vorverfassungsrechtliche Gesamtbild, von dem der Verfassungsgeber ausgegangen ist, geprägt haben; deshalb bestimmten sie die gesamte Verfassung.
[337] *Herzog*, Der Staat 2 (1963), S. 399 (416) bringt das Problem auf die prägnante Formel: „... es steht damit fest, daß man einer Verfassung entweder unterstellen kann, sie sei eine demokratische Staatsverfassung, oder sie habe das Subsidiaritätsprinzip en bloc rezipiert; beides nebeneinander ist nicht möglich. Das Grundgesetz hat sich für die Demokratie entschieden.".
[338] *Küchenhoff*, RdA 1959, 201 (205).
[339] *Herzog*, Der Staat 2 (1963), S. 399 (421 f.), ist deshalb der Ansicht, der Staat dürfe eine Aufgabe zwar nur wahrnehmen, wenn keine andere Gemeinschaft dazu imstande sei. Die Beurteilung obliege aber der Zentralgewalt des Staates. Damit habe das Subsidiaritätsprinzip seine ursprüngliche Zielrichtung, die staatliche Souveränität zu überwinden, allerdings verfehlt.
[340] *Scholz*, Koalitionsfreiheit, S. 167. Dies entspricht der von *Scholz* vertretenen Ansicht, das Verhältnis von staatlicher und tarifautonomer Regelungsbefugnis nicht als Frage der Abgrenzung von Zuständigkeiten zu begreifen, sondern als ein Problem der Zuordnung von Kompetenz und Freiheit anzusehen, vgl. Koalitionsfreiheit, S. 166 f., 329 ff.
[341] *Herzog*, Der Staat 2 (1963), S. 399 (421 ff.).
[342] Ähnlich *Küchenhoff*, RdA 1959, 201 (205).

Richardi gibt zu bedenken, daß das Subsidiaritätsprinzip eine klare Vorstellung darüber verlangt, welche Einheit die engere, welche die weitere, übergeordnete ist; die Einheiten müßten vom potentiellen Aufgaben- und Mitgliederkreis her homogen sein, nur dann könne das weitere Gemeinwesen überhaupt die Funktionen der engeren Gemeinschaft übernehmen[343]. Dies setze allerdings eine berufsständische Ordnung voraus, bei der alle Arbeitgeber und Arbeitnehmer, die durch den gleichen Beruf verbunden seien, eine autonome Körperschaft bildeten[344]. Derartige Einrichtungen seien dem Grundgesetz unbekannt. Vielmehr gewährleiste Art. 9 Abs. 3 GG die getrennte Organisation von Arbeitgebern und Arbeitnehmern in Koalitionen[345], was die Verwirklichung einer berufsständischen Ordnung ausschließe. Im übrigen mediatisiere das Subsidiaritätsprinzip die Freiheit der Einzelpersönlichkeit, da es staatsfreie Räume schaffe, in dem nichtstaatliche Mächte rechtsgestaltend eine bestimmte Ordnungsvorstellung zur Vervollkommnung der Persönlichkeit verwirklichen könnten. Dies stehe im Widerspruch zum freiheitlichen Gehalt der Grundrechte, die darauf gerichtet seien, die Entfaltung der Persönlichkeit nach eigener Erkenntnis und unter selbstgewählter Verantwortung zu ermöglichen[346]. *Richardi* hält eine Verbindung von Subsidiaritäts- und Souveränitätsprinzip für nicht einmal im Ansatz möglich. Seines Erachtens führt eine Rückbindung der „sozialen Zwischenmächte" an die verfassungsrechtliche Grundordnung letztlich zu einer Preisgabe des Subsidiaritätsprinzips. *Richardis* Einwände greifen jedoch nur dann, wenn das Subsidiaritätsprinzip die Schaffung und Erhaltung einer vollkommen staatsfreien, für hoheitliche Zugriffe impermeablen Sphäre verlangen würde. Das ist jedoch nur dann der Fall, wenn man das Subsidiaritätsprinzip in seiner ursprünglichen, strikten Form anerkennt. Überdies steht der Begriff der Homogenität der Anwendung des Subsidiaritätsprinzips nicht grundlegend im Wege. Denn Homogenität besteht jedenfalls hinsichtlich der Aufgaben, die der Staat und die Tarifvertragsparteien konkurrierend wahrnehmen. Beiden geht es um die Regelung der Arbeits- und Wirtschaftsbedingungen, und beide zielen im wesentlichen auf denselben Kreis von Normgebundenen.

Demgegenüber versucht eine Reihe anderer Autoren, dem Subsidiaritätsprinzip zumindest für den Teilbereich des Arbeitsrechts Anerkennung zu verschaffen.

Fechner[347] hält das Subsidiaritätsprinzip für eine strukturelle Komponente des Sozialstaatsprinzips. Der vom Grundgesetz vorgesehene Sozialstaat sei gerade kein zentral gelenkter Massenstaat, sondern baue sich von unten nach oben auf; die Wortgruppe „sozialer Bundesstaat" in Art. 20 GG sei keine zufällige Verbindung, sondern Ausdruck einer dezentralisierenden Tendenz. Zu Recht geben aber *Peters/ Ossenbühl* zu bedenken, daß man aus der Wortverbindung „sozialer Bundesstaat" keine weitreichenden Schlüsse ziehen darf. Das Sozialstaatsprinzip sei primär darauf gerichtet, eine sozial gerechte Ordnung herzustellen und zu gewährleisten. Sozial-

---

[343] Im Anschluß an *Herzog*, Der Staat 2 (1963), S. 399 (402 f.).
[344] Quadragesimo Anno Nr. 83; *von Nell-Breuning*, Wirtschaft und Gesellschaft heute I, S. 219 ff.; 227 ff., 272 ff., 293 ff.
[345] *Richardi*, Kollektivgewalt, S. 57.
[346] *Richardi*, Kollektivgewalt, S. 58.
[347] RdA 1955, 161 (163).

staatsprinzip und Zentralismus schlössen einander keinesfalls aus, weshalb es nicht angehe, das Subsidiaritätsprinzip aus dem Sozialstaatsgebot ableiten zu wollen[348].
Ihr eigener Ansatz, Art. 9 Abs. 3 GG als Ausprägung des Subsidiaritätsgedankens anzusehen und zur Fundierung eines allgemein geltenden Subsidiaritätsprinzips heranzuziehen, ist angesichts der Vagheit und Offenheit dieser Bestimmung ebenfalls nicht unproblematisch. Sie verstehen das Subsidiaritätsprinzip als Leitidee, aus dem Anhaltspunkte für die Auslegung der Verfassung zu gewinnen seien, die bestimmte Auslegungstendenzen und Vermutungsregeln begründen. In diesem Sinne gehen sie von einer Zuständigkeitsvermutung für die engere soziale Einheit im Sinne einer „in-dubio"-Regel aus[349]. *Hueck/Nipperdey* begreifen das Subsidiaritätsprinzip als Ausfluß des Primats des Freiheitsgrundsatzes über das Sozialstaatsprinzip. Der Freiheitsgrundsatz verbiete es dem Staat, ohne zwingenden Grund dirigistisch in die Freiheit des Wirtschaftslebens einzugreifen, insbesondere dann, wenn sich die Betroffenen auf freiwilliger, eigenverantwortlicher Grundlage sozialverpflichtet verhielten[350]. Dieses Verbot hat mit der eigentlichen Bedeutung des Subsidiaritätsprinzips aber nur noch wenig gemein. *Küchenhoff* hat es unternommen, an Hand zentraler Vorschriften das Subsidiaritätsprinzip auch im Arbeitsrecht zu verorten[351]. Keiner der Genannten geht jedoch so weit, den staatlichen Gesetzgeber ganz aus dem Arbeitsrecht zu verdrängen und damit die staatliche Binnensouveränität durch Anwendung des Subsidiaritätsprinzips preiszugeben. *Küchenhoff*[352] und im Anschluß daran *Peters/Ossenbühl*[353] bejahen zwar in der Stufenordnung der Rechtsquellen den Vorrang bereits vorhandener staatlicher Gesetze, wollen aber den Tarifvertragsparteien die Vorhand in der Initiative und in der Gestaltung der Arbeitsbedingungen einräumen. Unklar bleibt dabei, ob diese „Vorhand" allein in zeitlicher Hinsicht im Sinne eines „Rechts des ersten Zugriffs" auf die Regelung der Arbeits- und Wirtschaftsbedingungen besteht oder ob sie sachlich gemeint ist. Die Äußerung *Küchenhoffs*, allein der Staat sei in der Lage, allgemeine Gesetze zu erlassen, läßt eher letzteres vermuten[354]. Die Befürworter des Subsidiaritätsprinzips im Arbeitsrecht stehen dann aber vor dem Zwiespalt, daß der Staat einerseits die Arbeits- und Wirtschaftsbedingungen nur subsidiär gestalten darf, andererseits aber kraft seiner alleinigen

---

[348] Übertragung, S. 20.
[349] Übertragung, S. 21.
[350] *Hueck/Nipperdey*, Arbeitsrecht II/1 § 3 b δ; vgl. auch B. *Preis*, ZfA 1972, 294; ähnlich *von Nell-Breuning*, Kapitalismus, S. 360, demzufolge das Subsidiaritätsprinzip dem Staat verbiete, durch Einsatz seiner größeren materiellen Mittel „der freien Betätigung der Bürger und ihrer „freien" Vereinigungen überlegene Konkurrenz zu machen und sie auf diesem Wege aus dem Felde zu schlagen".
[351] So am Gesetz über Mindestarbeitsbedingungen (§ 8 Abs. 2), bei § 49 Abs. 4 BetrVG 1952 (= § 77 Abs. 3 BetrVG 1972) und im Schlichtungsrecht; ähnlich *Galperin*, FS Molitor (1962), S. 158 f., der allerdings weitaus vorsichtiger davon spricht, daß es auch außerhalb des Kernbereichs der arbeitsrechtlichen Autonomie eine Reihe von Erscheinungen gebe, die ein Zurücktreten der staatlichen Normen und der staatlichen Initiative gegenüber der tariflichen Ordnung erkennen ließen. Nach *Küchenhoff*, RdA 1959, 201 (205), fänden die aus der souveränen Sorge für das Gemeinwohl folgenden Staatskompetenzen ihre Gestaltungsgrenzen erst im Verfassungsrecht, das den Staat hindern würde, das Tarifrecht in seiner Grundkonzeption zu beseitigen.
[352] RdA 1959, 201 (205).
[353] Übertragung, S. 21, 23.
[354] RdA 1959, 201 (205).

Zuständigkeit zur Sorge für das Gemeinwohl souverän in der Gesamtformung des Zusammenlebens einschließlich des Arbeitslebens sein soll[355]. Entscheidend kommt es daher auf den Maßstab für die Zuordnung nach dem Subsidiaritätsprinzip an.

cc) Maßstab für die Zuordnung nach dem Subsidiaritätsprinzip. Das Subsidiaritätsprinzip fragt, ob eine engere, untergeordnete Gemeinschaft eine ihr zukommende oder übertragene Aufgabe erfüllen kann[356]. Das ist rein faktisch und nicht an Hand des inneren Willens der untergeordneten Gemeinschaft zu beurteilen[357]. Bereits die katholische Soziallehre geht davon aus, daß sich die Frage, ob man etwas kann oder nicht, nicht danach beurteilt, ob die Kräfte gerade eben noch ausreichen, um diese Leistung zustande zu bringen. Vielmehr kommt es darauf an, ob sich ein Tun sinnvoll und verantwortbar in die Gesamtheit der Aufgaben und Pflichten einordnen läßt[358]. Zuständigkeiten gehören mit anderen Worten dahin, „wo sie am besten ausgeübt werden"[359]. Die Zuordnung von Aufgaben an Aufgabenträger kann, wie *Herzog* nachgewiesen hat[360], statisch oder dynamisch erfolgen. Wird sie statisch vorgenommen, so wird die Gesamtheit gegenwärtiger und zukünftiger Aufgaben den bereits durch die Gesellschaft hervorgebrachten Kräften oder den durch das staatliche Organisationsrecht geschaffenen Trägern zur Erfüllung zugewiesen. Geschieht sie dynamisch, so setzt dies in einem ersten Schritt eine idealtypische Gliederung der Aufgaben an Hand des Subsidiaritätsprinzips voraus; erst nachdem abstrakt eine ideale Gliederung der Gesellschaft ermittelt wurde, erfolgt in einem zweiten Schritt die konkrete Aufgabenzuteilung; diese bedingt regelmäßig nicht nur eine Neuverteilung der vorhandenen Zuständigkeiten, sondern kann auch zur Bildung neuer sozialer Einheiten führen[361]. Wenn deshalb häufig die Ansicht vertreten wird, die übergeordnete Gemeinschaft dürfe nicht sofort Kompetenzen an sich ziehen, wenn die engere Gemeinschaft zeitweilig ihre Aufgaben nicht zu erfüllen vermag, sondern sie müsse zunächst der engeren Gemeinschaft „Hilfe zur Selbsthilfe" geben[362], wird damit ein dynamisches Verständnis des Subsidiaritätsprinzips vorausgesetzt. Ausgegangen wird nämlich von einer abstrakt feststehenden sinnvollen Gliederung der Aufgaben und der Aufgabenträger. Gemeinwesen, die die ihnen zugewiesenen Aufgaben nicht bewältigen können, muß zunächst geholfen werden, bevor die größere Gemeinschaft eine Aufgabe an sich ziehen darf[363]. Die Behauptung, den Tarif-

---

[355] *Küchenhoff*, RdA 1959, 201 (205).
[356] *Von Nell-Breuning*, Baugesetze, S. 110.
[357] *Herzog*, Der Staat 2 (1963), S. 399 (408) m.w.N.
[358] *Von Nell-Breuning*, Baugesetze, S. 87; *ders.*, Kapitalismus, S. 359.
[359] *Von Nell-Breuning*, Baugesetze, S. 102.
[360] Ausführlich hierzu *Herzog*, Der Staat 2 (1963), S. 399 (405 ff.).
[361] Davon geht offensichtlich auch die katholische Soziallehre aus, vgl. *Herzog*, Der Staat 2 (1963), S. 399 (406); *Küchenhoff*, in: Utz, Subsidiaritätsprinzip, S. 95; *Link*, Subsidiaritätsprinzip S. 19, 93 ff. Nach *van der Ven*, in: Utz, Subsidiaritätsprinzip II, S. 52 f., enthalte das Subsidiaritätsprinzip allein den Grundsatz, daß jede Gemeinschaft nur ihren Zweck erfüllen dürfe; die Zwecke sollen sich aber wiederum aus dem Subsidiaritätsprinzip ergeben.
[362] *Van der Ven*, in: Utz, Subsidiaritätsprinzip Bd. 2, S. 49; *Hengstenberg*, in: Utz, Subsidiaritätsprinzip II; S. 43; *Herzog*, Der Staat 2 (1963), S. 399 (408).
[363] *Herzog*, Der Staat 2 (1963), S. 399 (409).

vertragsparteien müsse stets ein genügend großer Raum zu eigenen Regelungen verbleiben, in dem der Staat allenfalls subsidiär tätig werden dürfe, geht ebenfalls von einem dynamischen Verständnis des Subsidiaritätsprinzips aus. Hierbei wird die Regelung der Arbeits- und Wirtschaftsbedingungen für eine Angelegenheit gehalten, die abstrakt-ideell den Tarifparteien zukommt.

Mit Recht wird jedoch bezweifelt, ob der dynamischen Auffassung des Subsidiaritätsprinzips überhaupt eine verbindliche Wirkung zukommen kann[364]. Das würde voraussetzen, daß sich die Gesamtheit aller Aufgaben eindeutig nach dem Subsidiaritätsprinzip gliedern ließe[365]. Derart präzise ist das Subsidiaritätskriterium jedoch nicht. Die verschiedenen Zuständigkeiten lassen sich nicht ohne jede Willkür festlegen und gegeneinander abgrenzen. Selbst wenn man die Zuständigkeit nach der „Personennähe"[366] der einzelnen Gemeinschaft oder danach bestimmen würde, welche Gemeinschaft durch die Wahrnehmung einer Angelegenheit am meisten der Entfaltung und Vervollkommnung des Einzelmenschen dient[367], bestehen für die Zuständigkeitsabgrenzung noch große Spielräume, unabhängig davon, ob man sich dabei an einem „objektiven Wertsystem"[368] oder an bloßen Zweckmäßigkeitserwartungen orientiert[369]. Ob eine Funktion von einem Aufgabenträger sinnvoll erfüllt werden kann oder ob er damit überfordert ist, läßt sich kaum eindeutig beurteilen, weil immer die Möglichkeit einer hilfsweisen Erfüllung einer Aufgabe durch das übergeordnete Gemeinwesen in Erwägung gezogen werden muß.

Ist aber die Zuständigkeitsverteilung nach Maßgabe des Subsidiaritätsprinzips nicht eindeutig operationalisierbar, bleibt sie zum Gutteil Sache einer praktisch-politischen Dezision[370]. Dann kommt es allerdings darauf an, wer darüber zu entscheiden hat, auf welcher Ebene eine bestimmte Angelegenheit behandelt werden soll[371]. Der Inhaber dieser Kompetenz-Kompetenz wird damit zum „Vollstrecker des Subsidiaritätsprinzips"[372]. Daß eine autoritative Zuständigkeitsentscheidung getroffen werden muß, wenn Meinungsverschiedenheiten darüber bestehen, welches die beste und sachgerechteste Aufgabenverteilung ist, folgt bereits daraus, daß anderen-

---

[364] *Herzog*, Der Staat 2 (1963), S. 399 (407, 420).

[365] Dagegen wird von Seiten der Vertreter des Subsidiaritätsprinzips geltend gemacht, es ginge nicht um die Gesamtzuweisung von Aufgaben, sondern um das Verhältnis zwischen Ganzem und Glied. Pointiert *von Nell-Breuning*, Baugesetze, S. 111: „Um zu wissen, daß für das Kegeln der Kegelklub und für den Gesang der Gesangverein „zuständig" ist, dafür brauchen wir kein sozialphilosophisches Prinzip". Dem ist entgegenzuhalten, daß auch bei der Aufteilung von homogenen Aufgaben auf homogene Personengruppen Zuordnungsprobleme bestehen, die das Subsidiaritätsprinzip nur schwer bewältigen kann.

[366] „Möglichste Auflockerung nach unten, Selbstverwaltung in größtmöglicher Nähe bei den Dingen und den an ihnen beteiligten Personen", vgl. *von Nell-Breuning*, Baugesetze, S. 132.

[367] *Küchenhoff*, in: Utz, Subsidiaritätsprinzip, S. 77 ff.; *von Nell-Breuning*, Baugesetze, S. 142: „Jede Zuständigkeit liegt da, wo sie – den Menschen und den Dingen am nächsten – sachdienlich ausgeübt werden kann".

[368] *Rauscher*, Subsidiaritätsprinzip, S. 58.

[369] *Herzog*, Der Staat 2 (1963), S. 399 (420). Selbst Vertreter der katholischen Soziallehre geben diese Unschärfe des Subsidiaritätsprinzips zu, *von Nell-Breuning*, Subsidiaritätsprinzip, in: Staatslexikon, Bd. 7, Sp. 830; *ders.*, Kapitalismus, S. 358 f.: „Leerformel", mit der allein keine konkreten Lösungen entwickelt werden können.

[370] *Von Nell-Breuning*, Baugesetze, S. 112.

[371] *Herzog*, Der Staat 2 (1963), S. 399 (422).

[372] *Von Nell-Breuning*, Baugesetze, S. 146.

falls das Subsidiaritätsprinzip nicht nur zu einer Lähmung der Teilsysteme, sondern auch des Gemeinwesens führen würde. Dabei steht eine solche „Kompetenz-Kompetenz" solange nicht im Widerspruch zum Subsidiaritätsprinzip, als nicht vollkommen willkürlich über die Zuständigkeitszuordnung entschieden wird. Die Kriterien der Sachgerechtigkeit und der Personennähe sind zumindest mit heranzuziehen[373]. Berücksichtigt man dies, so kann nur die übergeordnete Einheit, d.h. letzten Endes nur der Staat selbst, nicht aber die einzelnen Einheiten über die Zuständigkeitsordnung entscheiden. Nur der Staat hat den umfassenden Überblick über sämtliche Aufgaben, nur er trägt die politische Verantwortung für die Gesamtheit aller ihm untergeordneten Einheiten. Freilich bleibt so zwar die staatliche Binnensouveränität erhalten, das Subsidiaritätsprinzip verfehlt aber seine ursprüngliche Zweckbestimmung, gerade diese Souveränität zu überwinden. Das Subsidiaritätsprinzip kann aber nur dann mit den Anforderungen des Grundgesetzes in Einklang gebracht werden, wenn man es als einen ausgleichenden, die staatliche Binnensouveränität respektierenden Grundsatz begreift.

c) Konsequenzen

Das Subsidiaritätsprinzip erweist sich letzten Endes als konturenschwaches Formalprinzip, aus dem sich keine konkreten Lösungen für das Zuordnungsproblem ergeben[374]. Es besagt lediglich, wie die Aufgaben vom Grundsatz her zuzuordnen sind: immer so, daß den Beteiligten ein Höchstmaß an Gelegenheiten geboten wird, durch ihr eigenes Tun reicher an Persönlichkeitswerten zu werden, bzw. – von der anderen Seite her gesehen – so, daß ihnen die Möglichkeit dazu nicht mehr als unvermeidlich beschnitten wird[375]. Das Subsidiaritätsprinzip ist damit ein zwar mögliches und zumeist auch sachgerechtes Schema, an das sich der Gesetzgeber bei der Ordnung aller Lebensbereiche halten kann; von Verfassungs wegen verpflichtet ist er dazu nicht.

5. Zusammenfassung der älteren Literatur

Die ältere Literatur versuchte das Problem der Zuordnung von staatlichen und tarifautonomen Regelungskompetenzen im wesentlichen dadurch zu lösen, daß Zonen unterschiedlicher Zuständigkeiten definiert wurden. Diese Zonen wurden von den einen mehr aus der Sicht der Tarifvertragsparteien, von den anderen mehr aus der Sicht des Staates bestimmt. Folgerichtig konzentrierten sich die ersteren eher darauf, den Begriff des Kernbereichs zu präzisieren, während sich die letzteren um eine genaue Analyse der ausschließlichen Zuständigkeiten des Gesetzgebers und des

---

[373] *Von Nell-Breuning*, Baugesetze, S. 112. Konsequent verlangt *von Nell-Breuning* daher den Einbau von Sicherungen gegen Mißbrauch dieser Kompetenz-Kompetenz. Eine solche besteht in Art. 79 GG; zwar besitzt der Bund die Kompetenz-Kompetenz für sämtliche staatliche Gewalt, er muß dann jedoch die Verfassung ändern und bedarf dazu der 2/3-Mehrheit des Bundesrates.
[374] *Von Nell-Breuning*, Baugesetze, S. 86; *ders.*, Kapitalismus, S. 359.
[375] *Von Nell-Breuning*, Kapitalismus, S. 360.

Begriffs der „allgemeinen Gesetze" bemühten. Die Abgrenzungskriterien für diese Zonen waren jedoch wenig trennscharf, stets blieb ein nicht unerheblicher Spielraum. Die Zuordnungsfrage war damit vor allem Sache politischer Dezision. Teile der älteren Literatur wollten diese Entscheidung allein dem Gesetzgeber vorbehalten und sie an keine weiteren Maßstäbe binden. Die h.M. hatte darin aber bereits die Gefahr eines Leerlaufens der Tarifautonomie erkannt. Diese meinte sie durch die Errichtung zugriffsfester Kernbereiche der Tarifautonomie bannen zu können. Das war in zweierlei Hinsicht problematisch. Zum einen konnte und wollte man nicht ein für allemal festlegen, welche Regelungsbereiche konkret zum Kernbereich gehören, nicht zuletzt um die verfassungsrechtliche Gewährleistung der Tarifautonomie für Neuerungen offen zu halten. Zum anderen sah man den Kernbereich als vor jedem Zugriff geschützt an. Deshalb war man gezwungen, den Kernbereich als absoluten Effektivbereich auf das für die koalitionsmäßige Betätigung Unerläßliche zu beschränken. Damit waren Schutzlücken vorprogrammiert, nicht nur, weil sich der Kernbereich nicht genau definieren ließ, sondern auch, weil der Gesetzgeber die Tarifautonomie durch den sukzessiven Entzug von Regelungsbereichen ausdörren und damit funktionsunfähig machen konnte, ohne je den Kernbereich berühren zu müssen.

Wer versuchte, die Zuordnung nach dem Subsidiaritätsprinzip vorzunehmen – ein Gedanke, den die frühere Rechtsprechung ins Spiel gebracht hatte –, konnte demgegenüber zwar die Starrheit gegenständlicher Regelungsbereichsabgrenzungen vermeiden, hatte dafür aber kaum mehr als ein inhaltsarmes Formalprinzip in der Hand, das überdies im Zweifel die Zuständigkeitsabgrenzung dezisionistisch dem Gesetzgeber überlassen mußte. Zwei weitere Probleme erschweren die Anwendung des Subsidiaritätsprinzips: zum einen die Frage, ob es überhaupt verfassungsrechtlich oder zumindest arbeitsrechtlich verbindlich ist, zum anderen der Umstand, daß das Subsidiaritätsprinzip nichts anderes darstellt als eine negative Zuständigkeitsregel, wohingegen die Tarifvertragsparteien mit ihrer Normsetzungsbefugnis gerade keine Zuständigkeiten wahrnehmen, sondern von grundrechtlich gewährleisteter Freiheit Gebrauch machen. Richtig erkannt haben die Befürworter des Subsidiaritätsprinzips jedoch, daß die Zuordnung der Regelungsbereiche weder starr noch absolut, sondern nur relativ erfolgen kann.

Der Gedanke, die Abgrenzung nach Maßgabe des Verhältnismäßigkeitsprinzips vorzunehmen, findet sich in der älteren Literatur noch nicht. Zwei Gründe sind dafür maßgeblich. Zum einen sah die ältere Literatur nur den Kernbereich der Koalitionsfreiheit als geschützt an; Eingriffe in den Kernbereich waren per se unzulässig, Regelungen im Randbereich per se zulässig. Regelungen im Randbereich konnten aber schon deshalb keine Eingriffe sein, weil diese ja prinzipiell verfassungsrechtlich zulässig waren. Sie mußten sich deshalb auch nicht rechtfertigen, womit eine strenge Prüfung am Grundsatz der Verhältnismäßigkeit unterblieb. Die Überlegung, daß es auch verfassungsmäßige, aber rechtfertigungsbedürftige Eingriffe in die Randbereiche der Koalitionsfreiheit geben könnte, hat sich erst in jüngerer Zeit durchzusetzen vermocht. Zum anderen bestand bis zum Erlaß des Hochschulrahmengesetzes auch kein praktisches Bedürfnis, den Entzug von tarifautonomen Regelungsbereichen als einen Eingriff zu begreifen. Bis dahin hatte der Gesetzgeber

§ 5 Der Zugriff auf die Tarifmacht 243

seine Regelungen zumindest tarifdispositiv ausgestattet. Erst als er begann, Regelungsbereiche für die Tarifvertragsparteien zu sperren, tauchte das Problem eines Eingriffs auch jenseits der Kernbereichsgarantie auf. Genau dort setzt 1996 das BVerfG an.

IV. Rechtsprechung seit 1996

Mit der Entscheidung des Ersten Senats des BVerfG vom 24.4.1996 hat die verfassungsgerichtliche Rechtsprechung einen Richtungswechsel vollzogen, der, wie gesagt, erst in Ansätzen ausgelotet ist. Das BVerfG hat in diesem Beschluß auch für den Bereich der Tarifmacht mit seiner Kernbereichsrechtsprechung gebrochen und vertritt nunmehr die Theorie eines Grundrechtsschutzes, der zwar sämtliche tarifautonomen Wirkungsbereiche umfaßt, diese jedoch mit unterschiedlicher Intensität schützt. Der Sache nach ist das nichts anderes als die Ablösung der Lehre von der Tarifautonomie als Einrichtungsgarantie durch die Lehre vom Normbestandsschutz.

1. Vorgeschichte und Ergebnis

Anlaß für den Richtungswechsel der Rechtsprechung war eine im Jahre 1986 von den Gewerkschaften ÖTV und GEW erhobene Verfassungsbeschwerde gegen das Gesetz über befristete Arbeitsverträge mit wissenschaftlichem Personal an Hochschulen und Forschungseinrichtungen (HFVG)[376]. Der Gesetzgeber hat mit dem HFVG die §§ 57a bis 57f in das 1976 erlassene Hochschulrahmengesetz (HRG)[377] eingefügt. Ziel des Gesetzes ist es, den Hochschulen und Forschungseinrichtungen den Abschluß befristeter Arbeitsverträge mit wissenschaftlichem, künstlerischem und medizinischem Personal zu erleichtern[378]. Insbesondere wurde durch die §§ 57b Abs. 2 Nr. 4 und 57d HRG die Möglichkeit geschaffen, den Bestand des Arbeitsverhältnisses an die Laufzeit einer Drittmittelfinanzierung zu knüpfen. Das Bundesarbeitsgericht hatte die Drittmittelfinanzierung eines Arbeitsplatzes für sich allein genommen nicht als einen sachlichen Grund für die Befristung eines Arbeitsverhältnisses anerkannt[379]. Die Hochschulen und Forschungseinrichtungen waren deshalb nicht selten in Schwierigkeiten geraten, weil sie drittmittelfinanzierte Stellen nicht wirksam befristen konnten und die Mitarbeiter nach dem Auslaufen der Drittmittel weiterbeschäftigen mußten. Es drohte nicht nur das Risiko einer Stellenblockierung, sondern auch – und schlimmer – die Gefahr, daß die Bereitschaft zurückging, Drittmittelprojekte überhaupt durchzuführen. Da der einschlägige Tarifvertrag zwar eine detaillierte Befristungsregelung enthielt, die Drittmittelfinanzierung eines Arbeitsplatzes aber nicht als einen sachlichen Grund für die Befristung eines Arbeitsverhältnisses gelten ließ, forderte die Bundesregierung die zuständigen

---

[376] Vom 14.6.1985, BGBl. I S. 1065.
[377] Vom 26.1.1976, BGBl. I S. 185.
[378] Begründung RegE, BT-Drucks. 10/2283 S. 6.
[379] BAG, AP Nr. 62 zu § 620 BGB Befristeter Arbeitsvertrag.

Tarifvertragsparteien 1983 auf, ihren Tarifvertrag in diesem Punkt zu ändern[380]. Zugleich stellte sie für den Fall, daß in absehbarer Zeit keine tarifvertragliche Regelung erreichbar sei, eine entsprechende Gesetzesänderung in Aussicht, die dann 1985 in Gestalt des HFVG erfolgte.

Mit ihrer Verfassungsbeschwerde rügten die klagenden Gewerkschaften eine Verletzung von Art. 9 Abs. 3 GG. Der Gesetzgeber habe durch den Erlaß des HFVG die Normsetzungsprärogative der Gewerkschaften verletzt und ihnen, da er die §§ 57a ff. HRG als zweiseitig zwingendes Recht ausgestaltet habe, eine bisher weitgehend tariflich geregelte Materie entzogen. Im übrigen sei der Staat als Träger der Mehrzahl der Hochschulen und Forschungseinrichtungen, nachdem er mit den Gewerkschaften keine Einigung über die drittmittelbezogene Befristung der Arbeitsverhältnisse von wissenschaftlichen Mitarbeitern erzielen konnte, bewußt aus der Position des Tarifpartners in die des Gesetzgebers ausgewichen[381]. Das BVerfG wies die Einwände als unbegründet zurück. Der Gesetzgeber sei mit dem Erlaß des HFVG der sich aus der objektiven Wertentscheidung des Art. 5 Abs. 3 GG ergebenden Verpflichtung nachgekommen, die Pflege der freien Wissenschaft und ihrer Vermittlung an die nachfolgende Generation durch Bereitstellung von personellen, finanziellen und organisatorischen Mitteln zu ermöglichen und zu fördern. Die §§ 57a ff. HRG dienten diesem Ziel und seien daran gemessen – sowohl für sich genommen als auch in Verbindung mit der Tarifsperre des § 57a Satz 2 HRG – nicht unverhältnismäßig. Im Ergebnis sei Art. 9 Abs. 3 durch das HFVG nicht verletzt. Allerdings vertrat der Verfassungsrichter *Kühling* in einem Sondervotum[382] die Ansicht, das HFVG sei insoweit verfassungswidrig, als es auch die Wirksamkeit künftiger Tarifnormen ausschließe.

2. Strukturen der neuen Rechtsprechung

Das im Ergebnis sicher zutreffende Urteil mag, was den Schutz der Tarifautonomie anbelangt, zunächst befremdlich erscheinen, hat doch die Rechtsprechung nichts Geringeres unternommen, als einen Zugriff des Gesetzgebers auf die tarifautonomen Regelungsbereiche für verfassungsmäßig zu erklären. Freilich war der Umfang des Eingriffs beschränkt und die Gründe, die für ihn sprachen, beachtlich. Aufs Ganze gesehen hat das BVerfG den verfassungsrechtlichen Schutz der Tarifautonomie gleichwohl in mehrerlei Hinsicht verstärkt.

Zunächst hat das Gericht seine bisherige Meinung bekräftigt, daß der Schutz der Tarifautonomie nicht nur die Zurverfügungstellung des Tarifvertrages als Regelungsinstrument fordert, sondern darüber hinaus auch die Gewährleistung eines „spezifischen Wirkungsbereichs für den Abschluß von Tarifverträgen". Neu ist nun, daß das Gericht den Schutz dieser für Tarifverträge offenstehenden Materien nicht mehr nur auf einen Kernbereich bezieht, sondern auf alle Bereiche erstreckt, die die Tarifvertragsparteien in eigener Verantwortung zu ordnen vermögen. Damit gibt

---
[380] BT-Drucks. 10/225, S. 20.
[381] *Plander*, RiA 1985, S. 54 ff.; *ders.*, AuR 1986, S. 65 ff.; *ders.*, DB 1986, S. 2180.
[382] BVerfGE 94, 268 (294 ff.).

das Gericht die Kernbereichsrechtsprechung auch für die Frage der Tarifmacht auf, nachdem es sich hiervon bereits ein Jahr zuvor für das Problem der Gewerkschaftswerbung während der Arbeitszeit verabschiedet hatte. Allerdings – und hier knüpft das Urteil wieder an seine frühere Rechtsprechung an – bestehe die Tarifmacht nicht grenzenlos. Die Tarifvertragsparteien hätten ein Normsetzungsrecht, aber kein Normsetzungsmonopol. Zwar werde Art. 9 Abs. 3 GG vorbehaltlos gewährleistet, doch zeige Art. 74 Abs. 1 Nr. 12 GG, der dem Bund die Gesetzgebungskompetenz für das Arbeitsrecht zuweise, daß der Gesetzgeber nicht seine Befugnis verloren habe, in Bereichen, die auch für Tarifverträge offenstünden, Regelungen zu treffen. All das entspricht der ständigen Rechtsprechung. Neu ist, daß das BVerfG die Beschränkung der Tarifmacht davon abhängig macht, daß sich der Gesetzgeber auf Grundrechte Dritter oder andere mit Verfassungsrang ausgestattete Rechte stützen kann und dabei den Grundsatz der Verhältnismäßigkeit wahrt. Das Gericht überträgt damit die von der allgemeinen Grundrechtsdogmatik bekannten Grenzen der Beschränkung vorbehaltlos gewährleisteter Grundrechte auf die Begrenzung der Tarifmacht. Diese Grenzen hatte es bei Art. 9 Abs. 3 GG zuerst in seiner 1991 ergangenen Arbeitskampfrechtsprechung angewandt und damit den bevorstehenden Richtungswandel bereits angedeutet. Er wird im HFVG-Urteil für die Frage der Tarifmacht nunmehr wie folgt vollzogen:

An die Stelle eines 2-Zonen-Konzepts aus eingriffsresistentem Kernbereich und gesetzesoffenem Randbereich setzt das BVerfG das Modell eines Grundrechtsschutzes, der sämtliche tarifautonomen Wirkungsbereiche umfaßt. Demzufolge ist Art. 9 Abs. 3 GG nicht schon dadurch Genüge getan, daß der Gesetzgeber den Kernbereich der Tarifautonomie wahrt und den Tarifvertragsparteien einen ausreichenden Spielraum für eigene Regelungen beläßt. Vielmehr bedarf jeder Entzug von tarifautonomen Regelungsbereichen einer Rechtfertigung, selbst wenn dadurch das Wesen der Tarifautonomie erhalten bleibt. Zur Rechtfertigung kann sich der Gesetzgeber auf kollidierendes Verfassungsrecht oder auf die Grundrechte Dritter berufen.

Damit nicht genug. Das BVerfG nimmt an, daß der Abwehrschutz in diesem Modell nicht für alle Regelungen und Regelungsbereiche gleich intensiv ist. Die Wirkkraft des Grundrechts nehme in dem Maße zu, in dem eine Materie aus Sachgründen am besten von den Tarifvertragsparteien geregelt werden könne. Folgerichtig heißt das für den Eingriff: „Je gewichtiger der Schutz ist, den Art. 9 Abs. 3 GG verleiht, desto schwerwiegender müssen die Gründe sein, die einen Eingriff rechtfertigen sollen". Daß die Wirkkraft eines Grundrechts zunimmt, bedeutet aber nichts anderes, als daß das Grundrecht auf unterschiedliche Eingriffe verschieden reagiert. Was das BVerfG letztlich meint, ist, daß der Grundrechtsschutz von der Intensität des Eingriffs abhängt. Das ist bei Art. 9 Abs. 3 GG nicht anders als bei den übrigen Grundrechten. Vor allem knüpft der Grundsatz der Verhältnismäßigkeit, von dem die Prüfung der Verfassungsmäßigkeit eines Gesetzes maßgeblich gesteuert wird, im allgemeinen nicht an der Wirkkraft des Grundrechts an, sondern daran, ob und wieweit ein Eingriff in den Schutzbereich des Grundrechts erfolgt. Die Intensität des Eingriffs in die Tarifmacht bemißt sich danach, welche Regelungsbereiche der Gesetzgeber den Tarifvertragsparteien entzieht und in welchem Umfange dies geschieht.

Dabei macht es einen Unterschied, ob der Gesetzgeber Bereiche für die tarifautonome Normsetzung sperrt, die die Tarifvertragsparteien bislang ungeregelt gelassen haben, oder ob er in bereits bestehende Tarifverträge eingreift; diese genießen einen größeren Schutz als jene. Das BVerfG entwickelt daraus das Kriterium der sachlichen Nähe. Je näher eine Materie aus dem Bereich der Arbeits- und Wirtschaftsbedingungen der Tarifautonomie stehe, desto stärker sei sie geschützt. Das ist nach Ansicht des Gerichts äußerlich an dem Umfang erkennbar, in dem die Tarifvertragsparteien in der Praxis von ihrer Regelungsmacht Gebrauch gemacht haben. Besonders geschützt seien deshalb das Arbeitsentgelt und andere materielle Arbeitsbedingungen, wie etwa Arbeitszeit und Urlaub. Darauf beschränkt das BVerfG den Schutz aber nicht. Vielmehr erstreckt es ihn auf weitere Bereiche des Arbeitsverhältnisses, insbesondere auf die mit dem Arbeitsverhältnis im Zusammenhang stehenden sozialen Leistungen und Einrichtungen. Entscheidend seien Herkommen und Üblichkeit der Regelungen. Das, was aktuell durch Tarifvertrag geregelt ist oder üblicherweise durch Tarifvertrag geregelt zu werden pflegt, ist stärker geschützt, als das, was nur möglicherweise in der Zukunft einmal Gegenstand eines konkreten Tarifvertrages werden kann. Der Schutz der positiv ausgeübten Tarifautonomie ist größer als der der noch nicht aktualisierten.

Im Ergebnis hat sich das BVerfG für die Tarifmacht zur Lehre vom Normbestandsschutz bekannt. Der Schutz des Art. 9 Abs. 3 GG wehrt Beschränkungen des derzeitigen Tarifrechts ab. Allerdings muß daran erinnert werden, daß dieser Schutz weder ein absoluter noch ein effektiver ist. Das unterscheidet ihn von der Kernbereichslehre. Nach dieser war jeder Eingriff in den Kernbereich der Tarifautonomie verfassungswidrig, aber nicht jede gesetzliche Regelung war ein Eingriff. Nach jetziger Rechtsprechung erscheint jede Beschränkung tariflicher Regelungsbereiche als Eingriff; sie ist damit noch nicht verfassungswidrig, sondern löst nur den abwehrrechtlichen Schutzmechanismus aus. Der Eingriff ist am Verhältnismäßigkeitsprinzip zu messen, und nur wenn diese Prüfung negativ ausfällt, ist der Entzug von tariflichen Regelungsbereichen verfassungswidrig.

3. Offene Fragen

Die Folgen dieser neuen Rechtsprechung sind, wie gesagt, noch nicht ausgelotet. So hat das BVerfG selbst ausdrücklich offengelassen, ob sich der Gesetzgeber nur auf kollidierendes Verfassungsrecht oder aber auf jedes Rechtsgut berufen darf, wenn er den Tarifvertragsparteien Regelungsbefugnisse entzieht. Zudem ist fraglich, ob das BVerfG die Kernbereichslehre auch insoweit verabschiedet hat, als den Tarifvertragsparteien nicht einmal ein Kern unentziehbarer Regelungsbefugnisse verbleiben muß. Das ist, wenn man das BVerfG richtig versteht, zu verneinen. Die Aufgabe der Kernbereichsrechtsprechung sollte nicht zu einer Schmälerung, sondern zu einer Stärkung der Tarifautonomie führen. Der Schutz des Art. 9 Abs. 3 GG sollte vom Kernbereich auf die Randbereiche koalitionsmäßiger Betätigungen und damit auch auf die Tarifmacht erstreckt werden. Mit diesem Ziel ließe sich die Befugnis des Gesetzgebers, den Tarifvertragsparteien die „Hausgüter" ihrer Normsetzung zu entziehen, nicht vereinbaren. Möglicherweise kann der Gesetzgeber aber auch solche Materien sperren, die nach Herkommen und Üblichkeit in sachlicher Nähe zur Tarifautonomie stehen, vorausgesetzt, es bestehen zwingende Gründe, aus denen eine Tarifsperre erforderlich und angemessen ist. Schließlich greift das Gericht wieder auf den Begriff der Ausgestaltung zurück, verschweigt aber, in welchem Verhältnis Ausgestaltung und Eingriff stehen. Den in diesem Zusammenhang entscheidenden Gesichtspunkt hat das Gericht nur angesprochen, nicht aber vertieft: Maßgeblich ist das Ziel der gesetzlichen Regelung. Die Unklarheiten lösen sich auf, wenn man auch für die Frage, inwieweit der Gesetzgeber Zugriff auf die tarifautonomen Regelungsbefugnisse nehmen darf, an der hier entwickelten Unterscheidung zwischen Ausgestaltung, Umgestaltung und Eingriff festhält und daran die entsprechenden Rechtfertigungslasten knüpft.

V. Zugriff als Ausgestaltung

1. Begriff und Anwendung

Ausgestaltung meint im hier vertretenen Konzept den Erlaß einfachrechtlicher Normenkomplexe, die zur tatsächlichen Wahrnehmung der von einem rechtsgeprägten Grundrecht versprochenen und erst durch die Rechtsordnung konstituierten „Kontaktfreiheit" befähigen. Dazu gehört zum einen die staatliche Anerkennung des Tarifvertrages als Instrument der Normsetzung, die durch die Vorschriften des TVG erfolgt ist. Sie ist die einfachrechtliche Ausgestaltung der Gewährleistung von Art. 9 Abs. 3 GG. Soll Art. 9 Abs. 3 GG nicht leerlaufen, muß der Staat den Tarifvertragsparteien auch bestimmte Materien zur tarifautonomen Regelung zuweisen und offenhalten, anderenfalls bliebe der Tarifvertrag ein inhaltsloser Torso. Die Zuweisung von Regelungsbereichen ist ebenfalls Sache einfachrechtlicher Ausgestaltung. Sie ist zunächst durch § 1 Abs. 1 TVG erfolgt, der generalklauselartig die möglichen Inhalte des normativen Teiles von Tarifverträgen umreißt. Danach kann der Tarifvertrag normativ, d.h. mit Wirkung für Dritte, den Inhalt, den Abschluß und die Beendigung von Arbeitsverhältnissen sowie betriebliche und betriebsverfassungsrechtliche Fragen regeln. § 1 Abs. 1 TVG wird ergänzt durch § 4 Abs. 2 TVG, der es den Tarifvertragsparteien ermöglicht, gemeinsame Einrichtungen, wie etwa Lohnausgleichs- oder Urlaubskassen, zu schaffen, die dann in normative Beziehungen zu den Tarifgebundenen treten. Andere als die genannten Gegenstände können die Tarifvertragsparteien nicht mit unmittelbarer und zwingender Wirkung für die Tarifunterworfenen regeln. §§ 1 Abs. 1 und 4 Abs. 2 TVG sind insoweit abschließend gemeint. Sie enthalten keine bloß beispielhafte Aufzählung möglicher Regelungsbereiche. Wäre dies gewollt gewesen, hätte es sich angeboten, bei § 1 Abs. 1 TVG den Terminus „insbesondere" zu verwenden oder auf den Wortlaut des Art. 9 Abs. 3 GG bzw. des Art. 165 WRV zurückzugreifen, die sachlich über §§ 1 Abs. 1, 4 Abs. 2 TVG hinausgehen[383]. Beides ist aus gutem Grund nicht geschehen, und

---

[383] *Henssler*, ZfA 1998, S. 1 (13 ff.); *Löwisch/Rieble*, TVG, Grundl. Rn. 23; *Loritz*, Tarifautonomie, S. 67 Fn. 49; *Reuter*, ZfA 1990, 545 (546); *Säcker/Oetker*, Tarifautonomie, S. 158; *Zöllner*, Tarifvertragliche Differenzierungsklauseln, S. 35 f.; a.A. *Gamillscheg*, Kollektives Arbeitsrecht, S. 539 f.

diese Entscheidung des Gesetzgebers hat der Interpret ernst zu nehmen. Es bleibt dabei: §§ 1 Abs. 1 und 4 Abs. 2 TVG sind als abschließende Aufzählungen zu verstehen. Folglich ist das, was nach dem TVG durch Tarifvertrag normativ regelbar ist, nur ein Ausschnitt aus der Gesamtheit der Arbeits- und Wirtschaftsbedingungen im Sinne des Art. 9 Abs. 3[384].

Diese Ansicht wird freilich von der wohl h.M. in Rechtsprechung[385] und Literatur[386] bestritten. Die herrschende Meinung übergeht dabei den Wortlaut des TVG. Sie verortet die Regelung über den Umfang der Tarifmacht allein und ausschließlich in Art. 9 Abs. 3 GG. Das gilt vor allem für Vertreter der sogenannten Integrationslehre, derzufolge sich die Fähigkeit zur tarifautonomen Normsetzung nicht aus dem einfachen Recht, d.h. aus § 1 TVG, sondern unmittelbar aus der Verfassung, d.h. aus Art. 9 Abs. 3 GG ergeben soll[387]. Andere meinen, daß sich die Tarifmacht nach dem Zweck der grundrechtlichen Gewährleistung richte[388]. Gegenstand von Tarifverträgen könnten deshalb grundsätzlich sämtliche Arbeits- und Wirtschaftsbedingungen sein, ohne Rücksicht auf den engeren Wortlaut der einfachrechtlichen Ausgestaltung der Tarifautonomie[389]. Die verfassungsrechtliche Gewährleistung des Art. 9 Abs. 3 GG sei bewußt offen formuliert worden. Insbesondere dürfe eine Rückbesinnung auf historisch-traditionelle Inhalte des Tarifvertrags nicht dazu führen, die Bewältigung neuer sozialer Probleme dem Tarifvertragsrecht zu versperren[390]. Zu den tariflich regelbaren Arbeitsbedingungen gehörten deshalb der Schutz vor Rationalisierung[391], insbesondere vor Arbeitsverdichtung[392] und den Folgen neuer Technologien[393].

---

[384] So mit Recht *Löwisch*, RdA 1982, 74 (77); *Löwisch/Rieble*, Grundl. TVG Rn. 23; *Säcker/Oetker*, Tarifautonomie, S. 100 ff., 155, 158, 166 ff. 321, wohl auch *Däubler*, Tarifvertragsrecht, Rn. 175a; *Hanau/Adomeit*, Arbeitsrecht, C II 2 f.

[385] Vgl. nur BAG, Beschl. v. 3.4.1990, AP Nr. 56 zu Art. 9 GG.

[386] *Wiedemann*, TVG, Einl. Rn. 96.

[387] *Biedenkopf*, Tarifautonomie, S. 102 ff.; *Galperin*, FS Erich Molitor (1962), S. 143 (153 ff.); *Schnorr*, JR 1966, 327 (330); ähnlich *W. Weber*, Tarifautonomie, S. 24.

[388] *Badura*, RdA 1974, 129 (133); *Kittner*, in: AK-GG, Art. 9 Abs. 3 GG Rn. 31; *Wiedemann*, TVG, Einl. Rn. 95 ff.

[389] *Badura*, RdA 1974, 129 (133); *Dütz*, JA 1987, 405 (410); *Käppler*, NZA 1991, 745 (748); *Kempen*, in: Kempen/Zachert, TVG, Grundl. Rn. 105 ff.; *Kittner*, in: AK-GG, Art. 9 Abs. 3 GG Rn. 31; *Misera*, Tarifmacht, S. 20 ff.; *Schaub*, Arbeitsrechts-Handbuch, § 200 Rn. 1; *Söllner/Waltermann*, Arbeitsrecht, § 17 II; *Waltermann*, NZA 1991, 754 (755 ff.); *Weyand*, AuR 1991, 65 ff.; *Wiedemann*, TVG, Einl. Rn. 97; nicht ganz klar *F. Kirchhof*, Private Rechtsetzung, S. 189 f.: § 1 TVG präzisiert die generelle Leitlinie, die Art. 9 Abs. 3 GG vorgegeben hat. Nach *Däubler*, Tarifvertragsrecht, Rn. 175a, soll sich der dem normativen Teil des Tarifvertrages offenstehende Bereich allein aus § 1 TVG ergeben, im schuldrechtlichen Teil könnten die Tarifvertragsparteien darüber hinausgehende Regelungen treffen und würden insoweit nur durch Art. 9 Abs. 3 GG begrenzt; ähnlich bereits *ders.*, Das Grundrecht auf Mitbestimmung, S. 193.

[390] BAG, Urt. v. 3.4.1990, AP Nr. 56 zu Art. 9 GG; *Wiedemann*, TVG, Einl. Rn. 96 ff. m.w.N.

[391] *Zachert*, in: Kempen/Zachert, § 1 TVG Rn. 464 ff.

[392] BAG, Urt. v. 3.4.1990, AP Nr. 56 zu Art. 9 GG; *Zachert*, in: Kempen/Zachert, § 1 TVG Rn. 464 ff.

[393] Etwa durch quantitative oder qualitative Besetzungsklauseln; hierzu BAG, Urt. v. 13.9.1983, AP Nr. 1 zu § 1 TVG Tarifverträge: Druckindustrie m. krit. Anm. *Reuter*; Beschl. v. 26.5.1990, AP Nr. 57 zu Art. 9 GG; *Löwisch/Rieble*, § 1 TVG Rn. 806 ff.; *Säcker/Oetker*, Tarifautonomie, S. 99, 306; *Waltermann*, NZA 1991, 754 ff.; *Zachert*, in: Kempen/Zachert, § 1 TVG 464 ff. m.w.N.

Diese Ansicht vermag nicht zu überzeugen. Die herrschende Meinung übersieht den strukturellen Unterschied zwischen der weitgefaßten verfassungsrechtlichen Gewährleistung des Art. 9 Abs. 3 GG und der einfachrechtlichen Ausgestaltung durch das TVG. Sie übergeht damit den ausdrücklichen Willen des einfachen Gesetzgebers, der die inhalts- und zeitoffene Gewährleistung des Art. 9 Abs. 3 GG für die konkrete Anwendung hic et nunc präzisiert hat. Gewiß kann man darüber spekulieren, welche möglichen Inhalte die grundrechtliche Gewährleistung des Art. 9 Abs. 3 GG überhaupt zuläßt[394]: ob die Formel der „Arbeits- und Wirtschaftsbedingungen" nur die „Lohn- und Arbeitsbedingungen" im Sinne des früheren § 152 GewO[395] meint[396], die sich aus der Sicht der Arbeitnehmer als Arbeits-, aus der Sicht des Unternehmens als Wirtschaftsbedingungen darstellen[397], oder – etwas weitergehend – sämtliche Bedingungen, durch die die Leistung abhängiger Arbeit im Betrieb berührt wird, d.h. die auf dem Arbeitsmarkt und nicht auch auf anderen Märkten gelten[398], also der „arbeits- und sozialpolitische Datenkranz", der der unternehmerischen Planungs- und Koordinierungstätigkeit vorgegeben ist[399], oder ob sie – noch etwas weitergehend – auch die Beeinflussung oder gar Mitgestaltung der unternehmerischen Entscheidung selbst umfaßt, wenn und soweit sie Auswirkungen auf den Arbeitsprozeß hat[400]. Hat der Gesetzgeber eine grundrechtliche Gewährleistung verfassungskonform ausgeführt, kann es kein Zurück zum Grundrecht selbst geben, das, weil es inhaltlich offener als das einfache Gesetz gefaßt ist, auch andere Möglichkeiten einer einfachrechtlichen Ausgestaltung abdeckt[401].

Im Prinzip gilt für das Verhältnis zwischen rechtsgeprägtem Grundrecht und einfachrechtlicher Gewährleistung dasselbe wie zwischen einfachem Gesetz und Rechtsverordnung. Niemand stellt die Wirksamkeit einer – rechtmäßigen – Rechtsverordnung in Frage, nur weil die gesetzliche Ermächtigungsgrundlage auch den Erlaß einer anders gestalteten Verordnung ermöglicht hätte. Wer für den Zusammenhang zwischen rechtsgeprägtem Grundrecht und einfachrechtlicher Ausgestaltung anderes behauptet, setzt sich nicht nur über den klaren und eindeutigen

---

[394] Umfassend zuletzt *Säcker/Oetker*, Tarifautonomie, S. 48 ff.
[395] „Alle Verbote und Strafbestimmungen gegen Gewerbetreibende, gewerbliche Gehülfen, Gesellen oder Fabrikarbeiter wegen Verabredungen und Vereinigungen zum Behufe der Erlangung günstiger *Lohn- und Arbeitsbedingungen*, inbesondere mittels Einstellung der Arbeit oder Entlassung der Arbeiter, werden aufgehoben." (Hervorhebung vom Verf.).
[396] *Forsthoff*, BB 1965, 381 (385); *W. Weber*, Tarifautonomie, S. 22.
[397] *Zöllner/Loritz*, Arbeitsrecht, § 8 III 1.
[398] *Söllner*, ArbRdGgw 16 (1978), S. 19 (24); *Säcker/Oetker*, Tarifautonomie, S. 72, 98.
[399] *Biedenkopf*, Verhandlungen des 46. DJT, I, Teil D, S. 97 (163); zustimmend *Richardi*, Kollektivgewalt, S. 181.
[400] BAG, Urt. v. 3.4.1990, AP Nr. 56 zu Art.9 GG im Anschluß an *Beuthien*, ZfA 1984, 1 (14 f.) und *Wiedemann*, Unternehmensautonomie und Tarifvertrag, FS Riesenfeld (1983), S. 301 (302 ff., 306). Noch weiter gehen *Däubler*, Grundrecht auf Mitbestimmung, S. 187, *Berg/Wendeling-Schröder/Wolter*, RdA 1980, 299 (307) und *Kittner*, in: AK-GG, Art. 9 Abs. 3 GG Rn. 30, die Art. 9 Abs. 3 GG auf alle wirtschaftlichen Entscheidungen des Unternehmers/Arbeitgebers beziehen, die die arbeitsrechtlichen Fragen unausweichlich determinieren. Von Art. 9 Abs. 3 GG umfaßt wären danach auch Investitionsentscheidungen mit Folgen für den Bestand von Arbeitsplätzen, den Inhalt der Arbeit, die Arbeitszeitverteilung und den Standort.
[401] *Krüger*, Verhandlungen des 46. DJT 1966, Band 1, Teil 1, S. 7 (18 f.); *Mayer-Maly*, BB 1966, 1067 (1069); *Säcker*, Koalitionsfreiheit, S. 103.

Willen des Gesetzgebers hinweg, sondern riskiert zugleich eine unerträgliche Rechtsunsicherheit[402]. Gerade diese will die einfachrechtliche Ausgestaltung eines rechtsgeprägten Grundrechts beseitigen. Die Beteiligten können Vereinbarungen über beliebige Arbeits- und Wirtschaftsbedingungen treffen; als Tarifverträge mit unmittelbarer und zwingender Wirkung für Dritte werden sie von der Rechtsordnung erst dann und nur insoweit anerkannt, als sie die einfachrechtlichen Voraussetzungen des TVG erfüllen. Nur für solche Vereinbarungen, die den Inhalt, den Abschluß oder die Beendigung des Arbeitsverhältnisses oder betriebliche bzw. betriebsverfassungsrechtliche Fragen regeln, erteilt der Staat den für die Rechtsverbindlichkeit erforderlichen Geltungsbefehl. Nicht zuletzt wegen der mit der tarifautonomen Normsetzung verbundenen Gefahren – für die Tarifgebundenen selbst, aber auch für die Allgemeinheit – kann es der Staat nicht hinnehmen, daß die Normsetzungsbefugnis schrankenlos besteht. Er muß deshalb den Regelungsbereich, der den Tarifvertragsparteien offensteht, konkreter, als die Verfassung es getan hat, abstecken, auch um anderen verfassungsgeschützten Rechtsgütern zur Geltung zu verhelfen. Damit schafft er zugleich das Substrat, auf das sich der konkrete Normbestandsschutz des Art. 9 Abs. 3 GG bezieht. Ohne die konkrete Zuweisung eines bestimmten Normenbereichs wäre nicht klar, worauf sich der grundrechtliche Schutz der Tarifautonomie überhaupt bezieht. Für Art. 9 Abs. 3 GG gilt insoweit nichts anderes als für die übrigen rechtsgeprägten Grundrechte. So gibt es bei Art. 14 Abs. 1 GG keinen der Verfassung vorgegebenen und absoluten Begriff des Eigentums; erst der Gesetzgeber bestimmt, auf welche Gegenstände sich die grundrechtliche Garantie einfachrechtlich erstreckt[403]. Ähnliches gilt für Art. 6 Abs. 1 GG. Welche Rechte und Pflichten sich konkret aus der Ehe ergeben, bestimmt der Gesetzgeber und nicht die Verfassung. Der Gesetzgeber definiert auf diese Weise das Rechtsinstitut der Ehe und grenzt es von anderen Erscheinungen ab[404]. Mit diesem – konkreteren – Inhalt wird die Ehe dann auch verfassungsrechtlich geschützt.

2. Grenzen der Ausgestaltung

Freilich unterliegt der Gesetzgeber, wenn er die Tarifautonomie ausgestaltet, indem er den Tarifvertragsparteien bestimmte Sachmaterien zur Regelung zuweist, gewissen Beschränkungen. Auch das ist keine Besonderheit von Art. 9 Abs. 3 GG, sondern gilt allgemein für jede Form der einfachrechtlichen Ausgestaltung von rechtsgeprägten Grundrechten. Der Gesetzgeber ist wegen Art. 1 Abs. 3 GG bei der Ausgestaltung der Tarifautonomie selbst wieder an Art. 9 Abs. 3 GG gebunden. Er hat ihre idealtypischen Merkmale zu wahren und muß auf die Funktionsfähigkeit der einfachrechtlichen Ausgestaltung achten. An den Grundsatz der Verhältnis-

---

[402] Daß diese These unhaltbar ist, läßt sich an einem einfachen Beispiel demonstrieren: § 6 Abs. 1 Nr. 3 StVG ermächtigt den Gesetzgeber zum Erlaß einer Straßenverkehrordnung. Die Verkehrssicherheit wäre aufs äußerste bedroht, käme ein Verkehrsteilnehmer auf die Idee, die Rechtsverbindlichkeit der Straßenverkehrsordnung allein deshalb in Frage zu stellen, weil der Verordnungsgeber auch andere Verkehrsregeln hätte aufstellen können.
[403] BVerfGE 31, 229 (240).
[404] BVerfGE 31, 58 (70).

mäßigkeit ist der Gesetzgeber allerdings nicht gebunden, weil er nicht schon in geprägte Rechtsbezirke eindringt und das durch Art. 9 Abs. 3 GG verbürgte Schutzgut zugunsten anderer Rechtsgüter opfert, sondern normativ geprägte Grundrechtssubstanz überhaupt erst schafft.

Die einfachrechtliche Zuweisung von Regelungsmaterien, die das TVG gegenüber den Tarifvertragsparteien vorgenommen hat, genügt diesen verfassungsrechtlichen Anforderungen. Aus der Gesamtheit der Arbeits- und Wirtschaftsbedingungen hat der Gesetzgeber den Tarifvertragsparteien diejenigen Materien zugewiesen, die ihnen seit je her, zumindest aber seit Erlaß der TVVO im Jahre 1918 zukommen. Der Idealtyp der Tarifautonomie beschränkt sich zwar nicht auf die tatsächlich vorgefundene Form der durch die TVVO bzw. das TVG einfachrechtlich ausgestalteten Tarifautonomie, da Art. 9 Abs. 3 GG die koalitionsmäßige Regelung der Arbeits- und Wirtschaftsbedingungen nur schlechthin gewährleistet und deshalb einen Austausch funktional äquivalenter Mittel zuläßt, die den verfassungsrechtlich verbürgten Zweck zumindest ebensogut erfüllen. Der Gesetzgeber wird seinem grundrechtlichen Ausgestaltungsauftrag jedoch allemal gerecht, wenn er am herkömmlichen Erscheinungsbild der Tarifautonomie festhält, so wie es sich im Laufe von Jahren und Jahrzehnten geschichtlich verfestigt hat. Der Gesetzgeber ist auch nicht gehalten, den Tarifvertragsparteien weitere Felder einer Normsetzung zu eröffnen – etwa im Bereich der Unternehmens- oder Betriebsverfassung –, um damit den von Art. 9 Abs. 3 GG vorgegebenen Ausgestaltungsrahmen voll auszuschöpfen. Dies gilt allerdings nur dann, wenn sich die Tarifautonomie, so wie sie derzeit einfachrechtlich ausgestaltet ist, als genügend funktionsfähig erweist und nicht zwingend eine Erweiterung der Regelungsgegenstände verlangt. Ein Bedürfnis, die Tarifmacht auszubauen, besteht momentan nicht; jedenfalls lassen sich die gegenwärtigen Probleme der Tarifautonomie damit nicht lösen.

Im übrigen hat der Gesetzgeber die einer tarifautonomen Regelung offenstehenden Bereiche sehr weit gefaßt. § 1 Abs. 1 TVG überläßt den Tarifvertragsparteien nicht nur die Gestaltung der materiellen, sondern auch der formellen Arbeitsbedingungen, ohne dabei die Tarifmacht auf gewisse „Kernmaterien" zu beschränken. Die Tarifvertragsparteien können nicht nur das regeln, was – cum grano salis – Gegenstand eines Arbeitsvertrages sein kann[405], sondern sie können darüber hinaus auch Betriebsnormen (Ordnungs- oder Solidarnormen)[406] und, soweit es das BetrVG zuläßt, Betriebsverfassungsrecht schaffen[407]. Das derzeitige Tarifrecht steht auch dem Übergang von einer quantitativen zu einer qualitativen Tarifpolitik nicht im Wege: Rationalisierungsschutzabkommen und Tarifverträge über die Folgen neuer Technologien lassen sich ohne große Schwierigkeiten unter die Generalklau-

---

[405] *Herschel*, Verhandlungen des 46. DJT, II, Teil D, S. 21; *Zöllner/Loritz*, Arbeitsrecht, § 38 III 1 b; kritisch zu dieser Formel aber *Hueck/Nipperdey*, Arbeitsrecht II/1, § 19 G I, S. 404.
[406] *Löwisch/Rieble*, § 1 TVG Rn. 105 ff.; *Säcker/Oetker*, Tarifautonomie, S. 135 ff.; *Zöllner/Loritz*, Arbeitsrecht, § 35 II.
[407] Die Frage, inwieweit das BetrVG zwingendes Recht darstellt, ist umstritten, vgl. BAG, Beschl. v. 18.8.1987, AP Nr. 23 zu § 77 BetrVG 1972; *Wendeling-Schröder*, in: Kempen/Zachert, § 1 TVG Rn. 558; *Löwisch/Rieble*, § 1 TVG Rn. 137 ff.; *Säcker/Oetker*, Tarifautonomie, S. 195 ff.; *Schwarze*, Betriebsrat, S. 88 ff., 102 ff., 174 ff.; eingehend *Spilger*, Tarifvertragliches Betriebsverfassungsrecht.

sel des § 1 TVG subsumieren[408]. Die Grenze ist erst dort erreicht, wo der Tarifvertrag den Bereich des Arbeits- oder des Betriebsverhältnisses verläßt und auf die „Unternehmensautonomie" Zugriff nimmt[409] oder die Kompetenz und die Zusammensetzung des Aufsichtsrates regeln will[410]. Tarifverträge, die unmittelbar die unternehmerische Entscheidungsfreiheit zur Einführung neuer Technologien, zur Reorganisation oder zur Rationalisierung zu bestimmen suchen und dabei nicht von § 1 TVG gedeckt sind, mögen zwar im Rahmen des verfassungsrechtlich Zulässigen liegen[411], sind aber allemal rechtswidrig, weil gesetzeswidrig. Da § 1 TVG den sachlichen Umfang der Tarifmacht generalklauselartig weit formuliert hat, besteht auch kein Bedürfnis, ihn „erweitert" im Lichte des Art. 9 Abs. 3 GG auszulegen[412].

VI. Zugriff als Umgestaltung

1. Begriff der Umgestaltung i.e.S.

Von der Ausgestaltung ist die Umgestaltung zu unterscheiden. Während sich die Ausgestaltung auf die erstmalige einfachrechtliche Komplettierung eines rechtsgeprägten Grundrechts im Sinne einer Inhaltsbestimmung oder Grundrechtsprägung bezieht, betrifft die Umgestaltung die Änderung des einfachrechtlichen Normensubstrats, das einem rechtsgeprägten Grundrecht konnex-komplementär zugeordnet ist. Die Umgestaltung im engeren Sinne – und allein diese wird hier betrachtet – ändert das einfachrechtliche Normensubstrat um seiner selbst willen, nicht aber zur Förderung anderer Rechtsgüter. Bei der Umgestaltung ist der Gesetzgeber wie bei der Ausgestaltung an die Grundrechte gebunden, nicht jedoch an den Grundsatz der Verhältnismäßigkeit; die Prüfung der „Erforderlichkeit" und der „Angemessenheit" einer Umgestaltung liefen nämlich ins Leere, weil hier das Grundrecht nicht zugunsten anderer Güter oder Werte zurückgedrängt wird. Umgestaltungen sind verfassungsrechtlich unbedenklich, wenn sie die Funktionsfähigkeit einer einfachrechtlichen Ausgestaltung erhöhen, was sich nicht normativ, sondern empirisch beurteilt. Möglich ist daher vor allem der Austausch funktionell äquivalenter Formen einer einfachrechtlichen Ausgestaltung, die das Ziel – die Wahrung und Förderung der Arbeits- und Wirtschaftsbedingungen – mindestens ebensogut erreichen wie die bisherigen.

---

[408] Vgl. ausführlich *Konertz*, Tarifrechtliche Regelungsmöglichkeiten der Rationalisierung; *Stark*, Verfassungsfragen einer Arbeitsplatzsicherung durch Tarifvertrag; *Säcker/Oetker*, Tarifautonomie, S. 104 ff.; vgl. auch *Zachert*, in: Kempen/Zachert, § 1 TVG Rn. 463 ff.

[409] BAG, Urt. v. 3.4.1990, AP Nr. 56 zu Art. 9 GG; *Wiedemann*, Einl. Rn. 456.

[410] *Beuthien*, ZfA 1983, 141 (143 f.); *Däubler*, Das Grundrecht auf Mitbestimmung, S. 98, 328 ff.; *Säcker/Oetker*, Tarifautonomie, S. 134 m.w.N.; *Schwarze*, Betriebsrat, S. 52; *Wiedemann*, TVG Einl. Rn. 454; *Windbichler*, Arbeitsrecht im Konzern, S. 549 f. m.w.N; *Zöllner/Loritz*, Arbeitsrecht, § 38 III 1. Die Unternehmensverfassung für zumindest durch den schuldrechtlichen Teil des Tarifvertrags modifizierbar halten *Däubler*, Tarifvertragsrecht, Rn. 175, 1098 ff.; *Wendeling-Schröder*, in: Kempen/Zachert, § 1 TVG Rn. 594 ff. m.w.N.

[411] *Säcker/Oetker*, Tarifautonomie, S. 90.

[412] So aber *Kempen*, in: Kempen/Zachert, TVG, Grundl. Rn. 105 ff.

2. Umgestaltungspotentiale

Angesichts der Tatsache, daß der Gesetzgeber die durch Art. 9 Abs. 3 GG vorgegebene sachliche Reichweite der Tarifmacht einfachrechtlich durch die Generalklausel des § 1 Abs. 1 TVG ausgestaltet und den Tarifvertragsparteien damit ein umfassendes Betätigungsfeld eröffnet hat, wird sich kaum ein praktisches Bedürfnis für eine Umgestaltung im hier gemeinten Sinne ergeben. Können die Tarifvertragsparteien bereits nach heutiger einfachrechtlicher Ausgestaltung ihrer Tarifmacht mehr oder weniger sämtliche Arbeitsbedingungen regeln, so ist kaum vorstellbar, daß durch eine Erweiterung ihrer Regelungsbefugnisse nennenswerte Funktionalitätszuwächse zu erzielen wären. Ein Potential für eine Ausdehnung der Tarifmacht besteht in der Freigabe der den Tarifvertragsparteien bislang verschlossenen Bereiche der Unternehmens- und der Betriebsverfassung. Freilich ist dabei nicht die Erweiterung der tarifautonomen Regelungsbefugnisse das Problem, sondern die spiegelbildlich damit verbundene Einschränkung der Leitungs-, Herrschafts- und Kontrollrechte der Unternehmenseigner und ihrer Beauftragten. Die erforderlichen Maßnahmen wären zwar, was die Tarifautonomie anbelangt, bloße Umgestaltungen; für die Unternehmen stellen sie aber Eingriffe in den Schutzbereich der Art. 12 Abs. 1 und 14 Abs. 1 GG dar, deren Verfassungsmäßigkeit hier nicht diskutiert werden kann. Sie sind derzeit auch nicht aktuell.

Näher liegt eine andere Überlegung. Sollte es sich in der Krise des Wohlfahrtsstaates als notwendig erweisen, den Tarifvertragsparteien bestimmte Regelungsbereiche zu entziehen, so könnte daran gedacht werden, den Verlust an Regelungsautonomie durch Mitwirkungsmöglichkeiten in anderen Bereichen zu kompensieren. In Betracht kämen zunächst weitergehende Anhörungs-, Initiativ- oder Mitwirkungsrechte der Koalitionen bei Maßnahmen der staatlichen Wirtschafts-, Finanz-, Sozial- und Arbeitspolitik. Das würde nicht unerhebliche Änderungen des Verfassungsrechts erfordern und erscheint schon deshalb als utopisch. Nicht zuletzt könnten derartige Aktionen verfassungsrechtliche Begehrlichkeiten anderer gesellschaftlicher Verbände – der Wirtschaft, der Kommunen, der Naturschützer, der Steuerzahler – wecken. Diese kann und darf der Staat schon wegen seiner Verpflichtung zur repräsentativen Demokratie (Art. 20 Abs. 2, 79 Abs. 3 GG) nicht erfüllen. Weniger spektakulär, wenngleich nicht unproblematisch wäre eine intensivere Beteiligung der Sozialpartner in den Gremien der Sozialversicherungsträger oder beim Erlaß und beim Vollzug von Arbeitsschutzrecht[413].

Zweifelhaft ist zunächst, ob solche Maßnahmen noch als Umgestaltungen im hier verstandenen Sinne angesprochen werden können. Das wäre nur dann zu bejahen,

---

[413] Zu den Problemen der Neuordnung des Arbeitsschutzrechts *Maschmann*, BB 1995, 146 ff. Freilich sind gerade im Arbeitsschutzrecht die Möglichkeiten, den Tarifvertragsparteien weitere Betätigungsfelder einzuräumen, begrenzt. Schon jetzt bereitet die Neuordnung der Vollzugsbefugnisse im Arbeitsschutzrecht zwischen der staatlichen Gewerbeaufsicht und den Trägern der gesetzlichen Unfallversicherung erhebliche Probleme; diese würden sich potenzieren, wollte man die Tarifvertragsparteien unmittelbar in den Vollzug einbinden. Daß diese schon jetzt erheblichen Einfluß auf den Vollzug des Arbeitsschutzrecht ausüben, namentlich durch die Besetzung der entsprechenden Gremien der Unfallversicherungsträger, steht auf einem anderen Blatt.

wenn es dem Gesetzgeber vorrangig um eine Stärkung der Tarifautonomie und nicht um die Förderung anderer Interessen ginge, da sonst ein Eingriff in die Tarifautonomie vorläge. Die Stärkung der Tarifautonomie als Umgestaltungsziel unterstellt, wäre zu prüfen, ob der „Austausch" der Beteiligungsformen funktionell äquivalent ist. Dann müßten die Tarifvertragsparteien mit den neuen Mitteln die Arbeits- und Wirtschaftsbedingungen zumindest gleichwertig wahren und fördern können. Das ist mehr als zweifelhaft. Zum einen betrifft die Kompensation keine gleichwertigen Gegenstände; es macht allemal einen Unterschied, ob die Tarifvertragsparteien privatrechtliche Vertragsbedingungen festlegen oder ob sie zur öffentlich-rechtlichen Gefahrenabwehr beitragen sollen. Zum anderen ist sehr fraglich, ob die Koalitionen sich derart instrumentalisieren ließen, da es bei der Gefahrenabwehr und den Fragen der sozialen Sicherheit nicht mehr um ihre unmittelbaren und ureigensten Belange geht. Entscheidend aber ist der bereits vorgetragene Einwand, daß sich das zentrale Tätigkeitsfeld der Koalitionen niemals durch Einräumung anderer Mitwirkungsrechte kompensieren läßt. Der „Kernbereich" koalitionsmäßiger Betätigung ist inkompatibel.

VII. Zugriff als Eingriff

Die praktisch bedeutsamste Frage ist, wann der Zugriff des Gesetzgebers auf die Tarifmacht einen Eingriff darstellt und unter welchen Voraussetzungen dieser zulässig ist.

1. Begriff und Anwendung

Der Eingriff wurde oben definiert als die Änderung der einfachrechtlichen Ausgestaltung eines rechtsgeprägten Grundrechts, deren Ziel in der Förderung eines anderen Rechtsguts zu Lasten des rechtsgeprägten Grundrechts liegt. Zur Ausgestaltung der von der Koalitionsfreiheit mitumfaßten Tarifautonomie gehört, daß den Tarifvertragsparteien bestimmte Regelungsbereiche einfachrechtlich zugewiesen werden müssen. Das ist durch die Generalklausel des § 1 Abs. 1 TVG sowie durch § 4 Abs. 2 TVG geschehen. Folglich müssen alle Gesetze, die im Ergebnis zu einer Beschränkung der durch die Generalklausel eröffneten Regelungsmöglichkeiten der Tarifvertragsparteien führen, Eingriffe sein, wenn und soweit sie andere Rechtsgüter zu Lasten der Tarifautonomie fördern sollen.

Da es nur auf das Ergebnis, nicht auf die Form der Beschränkung ankommt[414], spielt es keine Rolle, ob das Gesetz die Tarifmacht direkt begrenzt – etwa durch den Erlaß zweiseitig zwingenden Rechts – oder ob sich die Begrenzung erst aufgrund weiterer Zwischenschritte ergibt. Beispiel für eine mittelbare Einschränkung ist die Einführung eines zweiten Schiffsregisters, die es Reedern ermöglicht, sich ohne Ausflaggung ihrer Schiffe des Geltungsbereichs der einschlägigen deutschen Tarif-

---

[414] Das gilt, wie oben ausgeführt wurde, für alle Eingriffe, nachdem die Rechtsprechung Abschied vom klassischen Begriff des Eingriffs genommen hat.

normen zu entziehen. Hier wird die Tarifautonomie unmittelbar erst mit der Eintragung eines Schiffes in das Zweitregister beeinträchtigt. Aus demselben Grunde macht es keinen Unterschied, ob sich die Beschränkung der Tarifmacht aufgrund eines gesetzlichen Verbotes oder eines Gebotes ergibt. Die Freiheit, selbstverantwortlich Regelungen zu treffen, wird für die Tarifvertragsparteien nicht nur dann eingeschränkt, wenn ihnen verboten wird, etwas zu regeln, sondern auch dann, wenn man ihnen gebietet, bestimmte Regelungen zu treffen und man sie dabei an mehr oder weniger konkrete Vorgaben bindet. Dasselbe gilt für eine Änderung der Generalklausel des § 1 Abs. 1 TVG, wenn der Gesetzgeber das rechtliche Können der Tarifvertragsparteien schon im Ausgangspunkt beschränkt.

Für die Frage, ob ein Gesetz in die Tarifmacht eingreift, kommt es auf die damit verfolgten Zwecke nicht an, soweit sie nicht ausnahmsweise in der Förderung der Tarifautonomie bestehen. Gleichgültig ist deshalb, ob die Beschränkung der Tarifautonomie der vom Gesetzgeber beabsichtigte Endzweck oder die möglicherweise unerwünschte Nebenfolge seiner Maßnahme ist. Nach der Aufgabe der Kernbereichsrechtsprechung[415] ist es für das Problem der Eingriffsqualität eines Gesetzes ohne Bedeutung, wie intensiv es die Tarifmacht beschränkt, sieht man von völlig belanglosen Beschränkungen ab, die nicht einmal die für einen Eingriff maßgebliche Relevanzschwelle überschreiten[416]. Es ist gleichgültig, ob das Gesetz in den „Kern-" oder den „Randbereich" der Tarifmacht eingreift, d.h. ob es für die Tarifautonomie wesentliche Regelungsmaterien sperrt oder Korrekturen am Rand vornimmt.

Keine Privilegierung erfährt der Gesetzgeber, wenn er ein Rechtsgebiet vollständig neu ordnet. Die Frage, ob eine Kodifikation des Arbeitsvertragsrechts einen Eingriff in die Tarifmacht bedeutet, kann deshalb nicht pauschal beantwortet werden. Vielmehr ist jeweils im Einzelfall zu prüfen, ob mit einer bestimmten Norm eines neu geschaffenen Arbeitsvertragsgesetzes die Regelungsmacht der Tarifvertragsparteien beschränkt wird. Nun muß man zwar nicht unbedingt die Meinung von *Herschel* teilen, der 1959 behauptete, Tarifautonomie und Einheit des Rechts verhielten sich „wie Feuer und Wasser". Mit Recht weist *Herschel* aber darauf hin, daß man in dem Maße, in dem man die Tarifautonomie bejaht, die Rechtseinheit verneinen muß[417]. Zu berücksichtigen ist allerdings, daß der Gesetzgeber, sollte er eine Arbeitsrechtskodifikation in Angriff nehmen, sich keineswegs in einem gesetzesfreien Raum bewegt, sondern eine Tarifmacht vorfindet, die bereits durch zahlreiche arbeitsrechtliche Einzelgesetze beschränkt ist. Überführt der Gesetzgeber diese Einzelgesetze in ein Arbeitsgesetzbuch, ohne deren Dispositivität zu verändern, so liegt allein darin noch kein Eingriff. Bezugspunkt für die Frage, ob die Tarifmacht durch eine Kodifikation beschränkt wird, kann nämlich nicht eine Tarifmacht sein, rein hypothetisch als vollkommen unbeschränkt vorgestellt wird, sondern auszugehen ist von der Tarifmacht, so wie sie de lege lata besteht. Nur

---

[415] BVerfGE 93, 352; 94, 268.
[416] Hierbei kann es sich aber nur um „Belästigungen" handeln, vgl. *Pieroth/Schlink*, Grundrechte, Rn. 248. Über bloße Belästigungen geht die Änderung eines Gesetzes aber im Regelfall hinaus.
[417] DB 1959, 1440 (1443).

wenn der Gesetzgeber aus bislang tarifdispositivem Recht einseitig zwingendes oder aus einseitig zwingendem zweiseitig zwingendes Recht schafft, wird der grundrechtliche Abwehrmechanismus ausgelöst. Deshalb kann der weit verbreiteten Meinung, ein Arbeitsvertragsgesetz müsse grundsätzlich tarifdispositiv ausgestaltet werden[418], nicht gefolgt werden. Diese Ansicht übersieht die zahlreichen bereits bestehenden Restriktionen der Tarifmacht, zu deren Abbau der Gesetzgeber auch nach der neuen Rechtsprechung nicht verpflichtet ist. Das Problem des Eingriffs stellt sich nur, wenn der Gesetzgeber in einer Kodifikation zu politischen Kompromißlösungen gezwungen wird, bei der punktuelle Verbesserungen zugunsten der Arbeitnehmer mit Abstrichen in anderen Bereichen erkauft werden. Solche Kompromisse dürfen nicht auseinandergerissen werden, weshalb das Bedürfnis bestehen kann, das Gesetz gegen Abweichungen durch tarifvertragliche Regelungen abzuschirmen; insoweit kann es bei einer neuen Arbeitsrechtskodifikation sehr wohl zu Eingriffen in die Tarifmacht kommen, die einer verfassungsrechtlicher Legitimation bedürfen.

Nicht jede Änderung arbeitsrechtlicher Gesetze geht also mit einem Eingriff einher. Zu einem Eingriff in die Tarifmacht kommt es solange nicht, wie der Gesetzgeber die Dispositivität seiner Regelungen nicht zum Nachteil der Tarifvertragsparteien ändert. Das gilt ganz allgemein und nicht nur für eine umfassende Arbeitsrechtskodifikation. Ist die Höhe der Entgeltfortzahlung im Krankheitsfall bislang durch einseitig zwingendes Gesetz geregelt, so bedeutet eine Absenkung der Höhe der trotz Krankheit weiter zu entrichtenden Vergütung auf 80% des bisherigen Arbeitsentgelts[419] solange keinen Eingriff in Art. 9 Abs. 3 GG, wie es der Gesetzgeber bei der Ausgestaltung des EFZG als einseitig zwingendes Gesetz beläßt. Daß die Tarifvertragsparteien das EFZG zumeist dynamisch in Bezug genommen haben und sich deshalb bei einer Änderung des Gesetzesrechts automatisch viele Tarifverträge ändern, ist ohne Belang. Wenn und soweit es den Tarifvertragsparteien freisteht, nach der inhaltlichen Änderung eines Gesetzes eine andere als die gesetzliche Regelung zu treffen, wird ihre Tarifmacht nicht beschränkt[420]. Faßt der Gesetzgeber das EFZG jedoch als zweiseitig zwingende Vorschrift, so beschränkt er die Tarifmacht; damit ist zugleich ein rechtfertigungsbedürftiger Eingriff gegeben. Dasselbe gilt, wenn der Gesetzgeber Richterrecht kodifiziert und dabei dessen Dispositivität beschränkt. Das Bundesarbeitsgericht hat die Grundsätze, die es im Wege der Rechtsfortbildung zu den Fragen der Rückzahlung von Gratifikationen[421], der Befristung von Arbeitsverhältnissen[422], des nachvertraglichen Wettbewerbsverbots[423],

---

[418] *Badura*, RdA 1974, 129 (135); *Hanau*, ZIP 1996, 447; *Herschel*, DB 1959, 1440 (1443); *Mayer-Maly*, AuR 1975, 225 (227); *Wlotzke*, FS 25 Jahre BAG (1979), S. 681 (693 f.); *ders.*, DB 1985, 754 (755 f.).

[419] Vgl. § 4 Abs. 1 EFZG i.d.F.d. Arbeitsrechtlichen Beschäftigungsförderungsgesetz vom 25.9.1996, BGBl. I S. 1476.

[420] Eine andere Frage ist, ob sich die Tarifvertragsparteien bei einer Änderung von Gesetzen, auf die die tarifvertraglichen Regelungen aufbauen, von ihren eigenen Regelungen lösen können. Diese Frage wird ausführlich im vierten Teil der Arbeit behandelt.

[421] BAG, Urt. v. 31.3.1966, AP Nr. 54 zu § 611 BGB Gratifikation.

[422] BAG, Urt. v. 4.12.1969, AP Nr. 32 zu § 620 BGB Befristeter Arbeitsvertrag.

[423] BAG, Urt. v. 12.12.1971, AP Nr. 28 zu § 74 HGB.

der Unverfallbarkeit von Versorgungsanwartschaften[424] und des Arbeitskampfrechts[425] für tarifdispositiv erklärt. Schränkt der Gesetzgeber diese Tarifdispositivität ein, wozu die Ausgestaltung der richterrechtlich begründeten Rechtssätze als einseitig zwingendes Recht bereits genügt, liegt ein Eingriff in die Tarifmacht vor.

2. Rechtfertigung des Eingriffs

Daß sich der Zugriff des Gesetzgebers auf die Tarifmacht als Eingriff erweist, löst nur den Rechtfertigungszwang aus. Erst wenn feststeht, daß der Eingriff verfassungsrechtlich nicht zu rechtfertigen ist, ist der Zugriff auf die Tarifmacht unzulässig. Da die Tarifautonomie vorbehaltlos gewährleistet ist, kommt es zunächst auf das Ziel der Beschränkung der Tarifmacht an. Darüber hinaus ist der Gesetzgeber, wie bei allen Eingriffen, an den Grundsatz der Verhältnismäßigkeit gebunden. Schließlich hat er wegen Art. 3 Abs. 1 GG den Grundsatz der Systemkonformität seiner Regelungen zu beachten.

a) Verfassungsmäßige Ziele

aa) Denkbare Ziele. Die Ziele, die der Gesetzgeber mit einer Beschränkung der Tarifmacht verfolgen kann, sind naturgemäß vielfältig. Sie reichen von ausschließlich arbeitsrechtlich motivierten Gründen, wie etwa der Kodifizierung und Neuordnung des Arbeitsrechts, über die allgemeinen Probleme der Bekämpfung der Arbeitslosigkeit und des Umbaus der Sozialversicherungssysteme bis hin zu Faktoren, die nur noch reflexartig mit dem Tarifrecht zu tun haben, wie etwa die Stärkung der Wissenschaftsfreiheit oder die Europäische Integration. Sämtlichen Zielen nachgehen zu wollen, ist im Rahmen dieser Arbeit weder möglich noch erforderlich. Es kann hier nur darum gehen, die Grundlinien zu skizzieren. Dazu genügt es, auf die beiden wichtigsten, weil unmittelbarsten Ziele einzugehen: die Bekämpfung der Arbeitslosigkeit und die Kodifizierung des bislang in vielen Rechtsvorschriften verstreuten Individualarbeitsrechts.

Der Gesetzgeber muß sich beim Eingriff in die Tarifmacht auf Verfassungsrechtsgüter stützen. Welchen Rechtsgütern überhaupt Verfassungsrang zukommt, wurde bereits oben diskutiert[426]. Die Bekämpfung der Arbeitslosigkeit ist ein solches Ziel mit Verfassungsrang[427]. Sie ist Teil des von Art. 109 Abs. 2 GG ausdrücklich geschützten gesamtwirtschaftlichen Gleichgewichts. Zu ihren Gunsten kann die Tarifmacht grundsätzlich beschränkt werden, allerdings nur nach Maßgabe des Grundsatzes der Verhältnismäßigkeit.

---

[424] BAG, Urt. v. 10.3.1972, AP Nr. 156 zu § 242 BGB Ruhegehalt.
[425] BAG, Urt. v. 21.4.1971, AP Nr. 43 zu Art. 9 GG Arbeitskampf.
[426] S. oben 2. Teil § 4 II 3, dort auch zu anderen Verfassungsgütern, die die Tarifmacht beschränken können.
[427] BVerfGE 100, 271 (284); 103, 293 (307).

bb) *Speziell: Kodifizierung des Arbeitsvertragsrechts.* Ob sich der Gesetzgeber, wenn er das Individualarbeitsrecht in einem neuen Arbeitsvertragsgesetz kodifizieren will, ebenfalls auf verfassungsrechtlich besonders geschützte Ziele berufen kann, ist demgegenüber zweifelhaft. Die Beschäftigungsförderung kommt dabei nicht in Betracht. Sie wird durch eine Arbeitsvertragsrechtskodifikation, wenn überhaupt, allenfalls mittelbar erreicht, etwa durch eine Verbesserung der rechtlichen Rahmenbedingungen, die Investitionen in neue Beschäftigungen berechenbarer macht. Soll aber der Grundsatz, daß vorbehaltlos gewährleistete Grundrechte nur durch kollidierendes Verfassungsrecht beschränkt werden können, nicht zu einer reinen Leerformel geraten, so vermögen die entfernten und keinesfalls sicheren Folgewirkungen einer Arbeitsvertragsrechtskodifikation auf die Beschäftigung eine Beschränkung der Tarifmacht nicht zu rechtfertigen.

Primär zielt die Kodifikation auf eine Harmonisierung, Standardisierung und Vereinheitlichung der Arbeitsbedingungen für alle Arbeitnehmergruppen, Unternehmensgrößen und Wirtschaftszweige, auf eine Eindämmung der Zersplitterung des Arbeitsrechts und auf größere Rechtssicherheit, insbesondere durch die Positivierung eines mehr oder weniger unberechenbaren Richterrechts, das die Grenzen seiner Legitimität erreicht, wenn nicht gar überschritten hat. Der wichtigste Grund für eine solche Vereinheitlichung ist, daß der Gesetzgeber für alle Arbeitnehmer gleiche Mindestbedingungen schaffen muß, die unabhängig von einer Tarifbindung der Arbeitsvertragsparteien gelten. Vorrangig geht es dann aber nicht um eine Vereinheitlichung von Arbeitsbedingungen, sondern um die Sicherung eines für alle Arbeitnehmer gültigen Mindeststandards, den der Gesetzgeber bereits wegen des Grundrechts auf Leben und körperliche Unversehrtheit zu verbürgen hat. Beschränkt er aus diesem Grunde die Tarifmacht, so kann er sich auf Art. 2 Abs. 2 Satz 1 GG stützen, der mit Art. 9 Abs. 3 GG kollidiert und deshalb seine Beschränkung rechtfertigen kann. Für die zentralen Fragen des Arbeitsrechts, wie etwa die Arbeitszeit, die Entgeltfortzahlung im Krankheitsfall und an Feiertagen sowie den Urlaub wurde die Tarifmacht bereits beschränkt. Werden die zu diesen Fragen ergangenen Gesetze inhaltsgleich in die Kodifikation übernommen, so wird die Tarifmacht dadurch nicht berührt[428].

Sieht man jedoch von der durch Art. 2 Abs. 2 GG gebotenen Sicherung einheitlicher Mindestarbeitsbedingungen ab, so kommt einer darüber hinausgehenden Vereinheitlichung kein Wert an sich zu. Gewisse Abstufungen liegen in der Natur der Sache. Nicht alle Arbeitnehmer sind gleich schutzbedürftig, nicht alle Arbeitgeber gleich leistungsfähig. Diesen Unterschieden muß der Gesetzgeber durch Sonderregelungen, etwa für leitende Angestellte oder für Kleinbetriebe gerecht werden. Es läßt sich nicht alles über einen Leisten schlagen.

Erst recht nicht kann der Vereinheitlichung von Rechtsnormen ein Wert mit Verfassungsrang zukommen. Dagegen spricht nicht zuletzt die Änderung des

---

[428] Der Gesetzgeber hat keinen Grund, die Mindestarbeitsbedingungen in einer Kodifikation zu Höchstbedingungen zu machen, um sie auf diese Weise jeglicher Verbesserung durch die Tarifvertragsparteien zu entziehen. Der Erlaß zweiseitig zwingender Höchstarbeitsbedingungen könnte sich jedenfalls nicht auf Art. 2 Abs. 2 GG stützen.

Art. 72 Abs. 2 GG[429], die im Mittelpunkt der Grundgesetznovelle aus Anlaß der Wiedervereinigung stand[430]. Vor der Reform konnte der Bundesgesetzgeber im Rahmen seiner konkurrierenden Gesetzgebungszuständigkeit Bundesgesetze schon dann erlassen, wenn ein „Bedürfnis nach Wahrung der Einheitlichkeit der Lebensverhältnisse" bestand, was der Bund nach weitgehend freiem Ermessen beurteilen durfte[431]. Damit liefen die Gesetzgebungsbefugnisse der Länder in diesem Bereich weitgehend leer[432]. 1994 verschärfte der verfassungsändernde Gesetzgeber die Anforderungen des Art. 72 Abs. 2 GG und ersetzte die „Bedürfnisformel" durch eine „Erforderlichkeitsformel". Seitdem sind Bundesgesetze im Bereich der konkurrierenden Gesetzgebungszuständigkeit nur noch zulässig, „wenn und soweit die Herstellung gleichwertiger Lebensverhältnisse im Bundesgebiet oder die Wahrung der Rechts- oder Wirtschaftseinheit im gesamtstaatlichen Interesse eine bundesgesetzliche Regelung erforderlich macht". Die Voraussetzungen für eine bundeseinheitliche Regelung sind damit in dreifacher Hinsicht gestiegen. Zunächst wird mit Ersetzung der Bedürfnisformel durch die Erforderlichkeitsformel der Beurteilungsspielraum des Gesetzgebers eingeschränkt[433]; er hat nunmehr darzulegen und zu beweisen, daß eine bundeseinheitliche Regelung tatsächlich erforderlich ist. Weiterhin verlangt die Verfassung nicht mehr die „Einheitlichkeit der Lebensverhältnisse", sondern läßt die „Gleichwertigkeit der Lebensverhältnisse" genügen. Können die Länder durch eigene Gesetze gleichwertige Lebensverhältnisse herstellen – etwa im Wege der Selbstkoordination –, so ist eine bundesgesetzliche Regelung nicht mehr erforderlich und daher unzulässig[434]. Schließlich macht die Wahrung der Rechts- und Wirtschaftseinheit nicht jede bundeseinheitliche Regelung erforderlich; vielmehr muß sie im gesamtstaatlichen Interesse liegen. Damit Art. 72 Abs. 2 GG nicht leerläuft, kann das gesamtstaatliche Interesse für eine bundesgesetzliche Regelung nicht selbst wiederum darin liegen, daß die Rechts- und Wirtschaftseinheit der Bundesrepublik gewahrt bleibt[435]. Der Sinn des Art. 72 Abs. 2 GG erschließt sich nur, wenn man das Ziel der Verfassungsreform nicht aus dem Blick verliert: der innerstaatlichen Vielfalt und der föderativen Wettbewerbsfähigkeit mehr Raum zu geben, als dies bisher der Fall war. Nur wenn es aus zwingenden Gründen erforderlich ist, die innerstaatliche Vielfalt zu beschränken, sind bundeseinheitliche Regelungen zulässig. Das kann der Fall sein, wenn sich die Lebensverhältnisse in den Ländern in erheblicher Weise aus-

---

[429] Speziell zur Änderung des Art. 72 Abs. 2 GG s. BT-Drucks. 12/6000, S. 33 f.; 12/6633, S. 8 f.; 12/8165, S. 31 f.; 12/8399 S. 1 f.; *Sannwald*, NJW 1994, 3313 (3315 ff.); *ders.*, DÖV 1994, 633; *Scholz*, ZG 1994, 1 (9 ff.).

[430] Vom 27.10.1994, BGBl I, S. 3146.

[431] BVerfGE 2, 224; 4, 127: 10, 234; 13, 234; 26, 328; 33, 229; 34, 39; *Maunz*, in: Maunz/Dürig, Art. 72 GG Rn. 17 m.w.N; *Stern*, Staatsrecht II, S. 961 m.w.N.

[432] Die Beseitigung dieses Defizits war eines der Hauptanliegen der Gemeinsamen Verfassungskommission aus Bundestag und Bundesrat, vgl. BT-Drucks. 12/6000, S. 33 f.; sie wurde bereits von der in der 7. Legislaturperiode eingesetzten Enquete-Kommission zur Verfassungsreform gefordert, vgl. BT-Drucks. 7/5924, S. 123 ff.

[433] BVerfGE 106, 62 (135 ff.); 110, 141 (175).

[434] *Schmidt-Bleibtreu/Klein*, Art. 72 GG Rn. 7; *Sannwald*, NJW 1994, 3313 (3315); *ders.*, DÖV 1994, 633.

[435] So aber *Schmidt-Bleibtreu/Klein*, Art. 72 GG Rn. 7, die den Leerlauf dieser Vorschrift, den sie bei einer solchen Auslegung hätte, durchaus sehen.

einander entwickelt haben oder sich eine derartige Entwicklung abzeichnet[436], oder wenn die Vielfalt der Ländergesetze eine Rechtszersplitterung mit problematischen Folgen darstellt, die im Interesse sowohl des Bundes als auch der Länder nicht hingenommen werden kann[437].

Hat der verfassungsändernde Gesetzgeber durch die Verschärfung des Art. 72 Abs. 2 GG seinen Willen kundgetan, der Wahrung der Rechts- und Wirtschaftseinheit nicht mehr einen absoluten, sondern nur noch einen relativen Stellenwert beizumessen, so kann die Vereinheitlichung der Arbeitsbedingungen kein Rechtsgut mit Verfassungsrang sein, das in der Lage wäre, die vorbehaltlos gewährleistete Tarifautonomie unter dem Gesichtspunkt des kollidierenden Verfassungsrechts zu beschränken. Im Gegenteil. Die Quintessenz der Änderung des Art. 72 Abs. 2 GG muß lauten: „Was den Bundesländern recht ist, kann den Tarifvertragsparteien nur billig sein". Widerstrebt bereits die bundesstaatliche Kompetenzzuweisung unbotmäßigen Versuchen einer nicht erforderlichen Vereinheitlichung, so muß das erst recht für das Verhältnis zwischen staatlicher und tarifautonomer Regelungsbefugnisse gelten. Bei der Vereinheitlichung von Rechtsvorschriften begegnen sich nicht zwei Träger staatlicher Gewalt mit unterschiedlichen Kompetenzen, sondern es geht um die Begrenzung grundrechtlich gewährleisteter Freiheit, und dieser Aspekt wiegt um ein Vielfaches schwerer als die richtige Kompetenzaufteilung zwischen Bund und Ländern.

Schließlich vermag auch die Rechtssicherheit keine Vereinheitlichung der Arbeitsbedingungen, die mit einer Beschränkung der Tarifmacht einhergeht, zu rechtfertigen. Das Prinzip der Rechtssicherheit ist zwar ein wesentlicher Bestandteil des Rechtsstaatsprinzips[438], dem auch Verfassungsrang zukommt. Es verlangt nicht zuletzt klare und bestimmte Normen[439]. Gefordert wird allerdings nicht ein Höchstmaß an Präzision; es genügt, wenn eine Regelung zumindest „hinreichend" bestimmt ist[440]. Die Norm muß so bestimmt sein, wie dies nach der Eigenart der zu ordnenden Lebenssachverhalte und mit Rücksicht auf den Normzweck möglich ist[441]. Tarifnormen erfüllen diese Anforderungen in aller Regel jedenfalls nicht signifikant schlechter als staatliche Gesetze.

Die Rechtssicherheit wäre jedoch auch bedroht, wenn in einem konkreten Rechtsfall verschiedene, einander womöglich widersprechende Tarifnormen angewendet werden müßten. Auch das ist aber weitgehend ausgeschlossen. Gewiß bestehen in Deutschland derzeit mehr als 40 000 Tarifverträge. Diese finden aber niemals alle zugleich Anwendung, da sie sich deutlich nach ihrem räumlichen, betrieblichen, persönlichen und zeitlichen Anwendungsbereich sowie nach ihrem Gegenstand

---

[436] BVerfGE 106, 62 (144); BVerfG, NJW 2005, 493.
[437] BVerfGE 106, 62 (145).
[438] BVerfGE 2, 380 (403); 3, 225 (237); 7, 89 (92); 7, 194 (196); 13, 261 (271); 15, 313 (319 f.); 45, 142 (167); 49, 148 (164).
[439] BVerfGE 14, 13 (16); vgl. weiter zum Bestimmtheitsgrundsatz BVerfGE 1, 14 (45); 17, 7 (82); 17, 306 (318); 21, 245 (261); 59, 104 (114); 86, 288 (311).
[440] BVerfGE 17, 305 (314); 54, 237 (247); 60, 215 (230).
[441] BVerfGE 28, 175 (183); 49, 89 (133); 49, 168 (181); 59, 104 (114); 65, 1 (44); 75, 329 (342); 78, 205 (212); 86, 288 (311).

(z.B. Entgeltfragen einerseits, sonstige Arbeitsbedingungen andererseits) unterscheiden. Die Geltung dieser Normen setzt zudem die kongruente Tarifbindung beider Arbeitsvertragsparteien voraus. Sollte es dennoch zur Kollision von Tarifverträgen kommen, bestimmen Kollisionsregeln, welcher Tarifvertrag letztlich anwendbar ist[442]. Schon von daher ist keine Vereinheitlichung erforderlich. Sie würde auch der durch die Verfassungsreform als besonders wichtig hervorgehobenen innerstaatlichen Vielfalt zuwiderlaufen[443]. Dem kann nicht entgegengehalten werden, daß das BVerfG im Zusammenhang mit der Eigentumsgarantie der Ansicht war, die Herstellung von Rechtseinheit sei – vor allem unter dem Aspekt der Rechtssicherheit – ein so wichtiger Gesichtspunkt, daß sogar Eingriffe in geschützte Rechtspositionen gerechtfertigt sein könnten[444]. Denn zum einen ist das Gericht von dieser strikten Meinung wieder abgerückt[445], zum anderen macht es allemal einen Unterschied, ob der Gesetzgeber einzelne dingliche Rechte punktuell neugestaltet, um diese bundesweit zu vereinheitlichen, oder ob er das Arbeitsvertragsrecht kodifiziert und dabei umfassend in die Tarifmacht eingreifen muß. Es bleibt deshalb dabei: Auch aus Gründen der Rechtssicherheit kommt einer Vereinheitlichung der Arbeitsbedingungen als solcher kein verfassungsrechtlich besonders geschützter Wert zu.

b) Geeignetheit und Erforderlichkeit

Der Schwerpunkt der verfassungsrechtlichen Prüfung liegt darauf, ob der Gesetzgeber den Grundsatz der Verhältnismäßigkeit beachtet hat. Die Beschränkung der Tarifmacht muß geeignet sein, das erstrebte Ziel zu erreichen, und es darf dem Gesetzgeber grundsätzlich kein milderes, die Tarifvertragsparteien weniger belastendes Mittel zur Verfügung stehen, das das Ziel ebensogut erreicht[446].

Bei der Prüfung dieser beiden Kriterien ist der Beurteilungs- und Prognosespielraum des Gesetzgebers zu beachten[447]. Es ist vornehmlich Sache des demokratisch legitimierten Gesetzgebers, auf der Grundlage seiner politischen Vorstellungen und unter Beachtung der Sachgesetzlichkeiten des betreffenden Gebietes zu entscheiden, welche Maßnahmen er im Interesse des Gemeinwohls ergreifen will[448]. Die Verfassung schreibt ihm nur selten genauer vor, welche Umstände er im einzelnen beachten muß und wie er die maßgebenden Faktoren in einem Gesetz zu berücksichtigen hat. Soweit justitiable Maßstäbe fehlen, hält sich das BVerfG mit einer intensiven Kontrolle zurück. Im Regelfall vermeidet es das Gericht, die Einschätzung des Gesetzgebers durch eine eigene Beurteilung zu ersetzen[449].

---

[442] Vgl. nur *Hromadka/Maschmann/Wallner*, Der Tarifwechsel, Rn. 134 ff.
[443] *Sannwald*, NJW 1994, 3313 (3316); *Schmidt-Bleibtreu/Klein*, Art. 72 GG Rn. 7; *Scholz*, ZG 1994, 1 (12).
[444] BVerfGE 24, 367 (410 ff.); 31, 275 (290); 45, 297 (332); 53, 336 (351); 78, 58 (75).
[445] BVerfGE 83, 201 (213): „Das Streben nach Rechtseinheit kann jedoch ... für sich allein den ersatzlosen Entzug einer eigentumsrechtlich geschützten Rechtsposition nicht rechtfertigen.".
[446] Statt aller *Sachs*, in: Stern, Staatsrecht III/2, § 84 II 2.
[447] BVerfGE 90, 145 (173).
[448] BVerfGE 92, 365 (398).
[449] BVerfGE 92, 365 (396).

Die Einschätzungsprärogative des Gesetzgebers gegenüber der Verfassungsgerichtsbarkeit besteht jedoch nicht schrankenlos; immerhin geht es um einen Eingriff in ein Grundrecht. Ihre Reichweite hängt nicht zuletzt von der Eigenart des in Rede stehenden Sachbereichs, den Möglichkeiten, sich ein hinreichend sicheres Urteil zu bilden, und der Bedeutung der auf dem Spiele stehenden Rechtsgüter ab[450]. Die Anforderungen an die Sicherheit der Prognose und an die Verläßlichkeit der Tatsachenbasis steigen mit dem Rang der betroffenen Grundrechte und der Intensität des Eingriffs[451]. Das BVerfG hat in diesem Zusammenhang ein Kontrollsystem mit unterschiedlich intensiven Prüfungsstufen entwickelt. Dieses reicht von einer bloßen Evidenzkontrolle[452] über eine Vertretbarkeitskontrolle[453] bis hin zu einer intensivierten Inhaltskontrolle[454], vor allem in Fällen einer schwerwiegenden individuellen Grundrechtsberührung. Sind die Folgen eines Gesetzes irreversibel, ist der Spielraum für den Gesetzgeber noch enger[455]. Vereinzelt wird zwar verlangt, daß der Gesetzgeber bei vorbehaltlosen Grundrechten nur dann Regelungen treffen dürfe, wenn das Mittel das Regelungsziel mit größter Wahrscheinlichkeit erreiche[456]. Dem hat sich die h.M. jedoch bislang nicht angeschlossen. Sie geht von typisierten Prognoseinhalten und deren normativer Einbindung aus[457].

Bei wirtschafts- und sozialgestaltenden Prognoseentscheidungen gesteht sie dem Gesetzgeber einen erheblichen Beurteilungsspielraum zu[458]. Zwei Gründe sind dafür maßgeblich: zum einen die Schwierigkeit, angesichts der Fülle von Faktoren, von denen die wirtschaftliche und gesellschaftliche Entwicklung abhängt, die Wirkungen eines Gesetzes treffsicher abzuschätzen; zum anderen das hohe Maß an Konkretisierungs- und Aktualisierungsbedürftigkeit des Sozialstaatsprinzips, für dessen Verwirklichung es keine rechtsverbindlich vorgegebenen Einzelmaßstäbe gibt[459]. Die Sozialstaatsklausel bestimmt nach Ansicht des BVerfG für die Legislative „nur das ‚Was', das Ziel, die gerechte Sozialordnung"; sie läßt aber für das ‚Wie', das heißt für die Erreichung des Ziels alle Wege offen"[460]. Folgerichtig beläßt es das Gericht, wenn es kontrolliert, ob ein Gesetz geeignet und erforderlich ist, das Wirt-

---

[450] BVerfGE 50, 290 (333); 76, 1 (51 f.); 77, 170 (214); 88, 203 (262).
[451] *Butzer*, RdA 1994, 375 (382); *Jarass*, in: Jarass/Pieroth, Art. 20 GG Rn. 87; *Ossenbühl*, FS BVerfG I (1976), S. 500; *Sachs*, in: Stern, Staatsrecht III/2, § 84 II 2, S. 776 ff.
[452] BVerfGE 36, 1 (17); 37, 1 (20); 40, 196 (223); 56, 54 (81); 77, 170 (215); 79, 174 (202); 86, 90 (109).
[453] BVerfGE 25, 1 (12 f., 17); 30, 250 (263); 39, 210 (225 f.); 50, 290 (333 f.).
[454] BVerfGE 7, 377 (415); 11, 30 (45); 17, 269 (276 ff.); 39, 1 (46, 51 ff.); 45, 187 (238).
[455] BVerfGE 39, 1 (60); 88, 203 (262 f.); *Breuer*, Der Staat 16 (1977), S. 21 (34, 46); *Ossenbühl*, FG BVerfG I (1976), S. 458 (496, 506 f., 511 ff.).
[456] *Breuer*, Der Staat 16 (1977), S. 21 (41 f., 44 f.); *Seetzen*, NJW 1975, 429 (433).
[457] *Friauf*, NZA 1985, 513 (515 f.) m.w.N.
[458] BVerfGE 30, 250 (262 ff.); 30, 292 (319); 37, 1 (21); 39, 210 (230 f.); 46, 246 (260); 50, 290 (332 f.); 53, 135 (145); 77, 84 (106 ff.); 77, 308 (332); 81, 156 (192 f.); 92, 365 (396); 193, 293 (307); *Boerner*, ZTR 1996, 435 (445); *Butzer*, RdA 1994, 375 (383) m.w.N.; *Friauf*, NZA 1985, 513 (515 f.) m.w.N.; *Lerche*, Übermaß, S. 337 ff., *Lohs*, BB 1996, 1273 f.; *Ossenbühl*, FG BVerfG I (1976), S. 458 (496, 506 f., 511 ff.); *Säcker/Oetker*, Tarifautonomie, S. 283 ff.
[459] *Friauf*, NZA 1985, 513 (515).
[460] BVerfGE 22, 180 (204).

schaftsleben zu ordnen, zumeist bei einer reinen Evidenzprüfung[461]. Nur wenn sich ein Gesetz bei Ausschöpfung aller Erkenntnismöglichkeiten im Zeitpunkt seines Erlasses als eindeutig ungeeignet erweist, muß der Gesetzgeber davon Abstand nehmen[462]. Ähnliches gilt für die Beurteilung der Erforderlichkeit eines Gesetzes. Eine gesetzliche Maßnahme ist nur dann nicht erforderlich, wenn mögliche Alternativmaßnahmen sachlich eindeutig dasselbe leisten und dabei das Grundrecht weniger beschränken[463].

Nicht auszuschließen ist, daß ursprünglich plausible Annahmen durch die nachfolgende Entwicklung widerlegt und wohlbegründete Erwartungen hinsichtlich komplexer Wirkungszusammenhänge enttäuscht werden[464]. Aber auch das steht dem Erlaß eines die Tarifmacht beschränkenden Gesetzes nicht entgegen. Der Gesetzgeber ist lediglich gehalten, seine Entscheidung für die Zukunft zu korrigieren[465]. Das setzt allerdings voraus, daß der Gesetzgeber sich beim Erlaß des Gesetzes die notwendige und ausreichende Kenntnis über die tatsächliche Ausgangslage verschafft hat. Bei der Einschätzung der für die Allgemeinheit drohenden Gefahren hat der Gesetzgeber einen größeren Beurteilungsspielraum. Selbst wenn beim Erlaß des Gesetzes die Möglichkeit einer Gefahr für die Allgemeinheit noch fernliegt, ist es dem Gesetzgeber nicht verwehrt, rechtzeitig vorbeugende Maßnahmen zu ergreifen. Die Vorstellungen des Gesetzgebers über den weiten Verlauf der Dinge, der sich ohne sein Einschreiten ergäbe, dürfen aber nicht in dem Maße wirtschaftlichen Gesetzen oder praktischer Erfahrung widersprechen, daß sie vernünftigerweise keine Grundlage für gesetzgeberische Maßnahmen abgeben können[466].

Bei allem ist zu betonen, daß die Eignung oder die Erforderlichkeit einer Regelung nicht schon dadurch in Frage gestellt wird, daß das Gesetz bisherige soziale Standards, die ihrerseits sozialstaatlich begründet sind, teilweise oder zeitweise ändert oder abbaut. Der sozialstaatliche Gestaltungsauftrag stellt den „status quo immer neu zur Disposition"[467]. Er verpflichtet den Gesetzgeber nur dazu, alle sozialpolitisch relevanten Umstände verantwortungsbewußt abzuwägen. Ein Verbot des „sozialen Rückschritts" enthält das Sozialstaatsprinzip nach h.M. nicht[468]. Das Sozialstaatsprinzip hat keine sozialpolitische Einbahnstraße in dem Sinne zementiert, daß der Gesetzgeber eine einmal geschaffene soziale Sicherung nur verstärken, aber

---

[461] *Stern*, Staatsrecht III/2, § 84 II 2 c, S. 779 m.w.N.
[462] BVerfGE 30, 250 (263); 39, 210 (226); 71, 230 (250); 77, 84 (109); 81, 156 (193); 92, 365 (396).
[463] BVerfGE 25, 1 (18 ff.); 30, 292 (316 ff.); 37, 1 (21); 39, 210 (231); 46, 246 (260); 53, 135 (145); 77, 308 (332).
[464] Das wird vom BVerfG trotz seiner Grundüberzeugung, dem Gesetzgeber einen weiten Entscheidungsspielraum offenzuhalten, ausdrücklich in Rechnung gestellt, vgl. BVerfGE 92, 365 (396).
[465] BVerfGE 25, 1 (13); 49, 89 (130); 50, 290 (335); 57, 139 (162); 92, 365 (397).
[466] BVerfGE 25, 1 (17); 38, 61 (87); 39, 210 (225 f.); 46, 246 (256 f.); 51, 193 (208); 77, 308 (332).
[467] *W. Schmidt*, JuS 1973, 536.
[468] *Rüfner*, in: Koenig, Kontrolle der Verfassungsmäßigkeit, S. 101; ausführlich *Schlenker*, Soziales Rückschrittsverbot, S. 51 ff., 56 ff., 241 ff. und passim; vgl. auch *Butzer*, RdA 1994, 375 (383); *Friauf*, NZA 1985, 513 (515); *Isensee*, Der Staat 19 (1980), S. 367 (375 f.); *Zacher*, Sozialpolitik, S. 714 f.; zu den verschiedenen Ansätzen in der Literatur, ein soziales Rückschrittsverbot zu begründen, vgl. *Schlenker*, Soziales Rückschrittsverbot, S. 72 ff.

niemals abschwächen dürfte[469]. Eine Verpflichtung zur Besitzstandswahrung sozialer Rechte kann dem Sozialstaatsprinzip nicht entnommen werden[470].

c) *Angemessenheit*

aa) *Abwägungsgrundsätze.* Im Zentrum der Verhältnismäßigkeitsprüfung steht die Frage der Verhältnismäßigkeit im engeren Sinne[471]. Sie verlangt eine Gesamtabwägung zwischen den Gemeinwohlbelangen, zu deren Wahrnehmung es erforderlich ist, in Grundrechte einzugreifen, und den Auswirkungen auf die Rechtsgüter der davon Betroffenen[472]. Ein Gesetz ist verhältnismäßig im engeren Sinne, wenn bei der Gesamtabwägung zwischen der Schwere des Eingriffs einerseits und dem Gewicht und der Dringlichkeit der ihn rechtfertigenden Gründe andererseits die Grenze der Zumutbarkeit noch gewahrt ist[473]. Überprüft wird also eine Mittel-Zweck-Relation[474]. Da weder allein das Mittel, d.h. die mit dem Eingriff einhergehende Freiheitsbeschränkung, noch allein der mit dem Mittel verfolgte Zweck ausschlaggebend sind, kann es im Einzelfall dazu kommen, daß ein an sich geeignetes und erforderliches Mittel nicht angewandt werden darf, weil die davon ausgehenden Beeinträchtigungen der Grundrechte des Betroffenen den Zuwachs an Rechtsgüterschutz deutlich überwiegen, so daß der Einsatz des Schutzmittels als unangemessen erscheint[475]. Welche Auswirkungen und Bedingungen eines staatlichen Eingriffs in die Abwägung einzubeziehen sind und wann ein Mittel verhältnismäßig ist, sagt der Grundsatz der Verhältnismäßigkeit nicht. Insoweit bedarf es einer wertenden Entscheidung im jeweiligen Einzelfall[476]. Das macht es schwierig, die Zulässigkeit eines Eingriffs in die Tarifmacht allgemein und abstrakt zu behandeln. Hier können deshalb nur die Leitlinien skizziert werden.

Die Überprüfung der Mittel-Zweck-Relation setzt zunächst die sorgfältige Analyse aller widerstreitenden Interessen voraus[477]. Dabei ist zu kontrollieren, ob die geltend gemachten Interessen tatsächlich bestehen, ob, wenn nicht sämtliche, so doch die wesentlichsten Gesichtspunkte berücksichtigt wurden, soweit sie sich ermitteln lassen, und ob diese ausreichend rechtlich fundiert sind[478]. In einem gedank-

---

[469] *Friauf*, NZA 1985, 513 (516); *Schlenker*, Soziales Rückschrittsverbot, S. 242 ff.
[470] So ausdrücklich BSGE 15, 71 (76); 24, 285 (289).
[471] Synonym werden die Begriffe „proportional", „angemessen", „zumutbar", „nicht übermäßig" verwendet.
[472] BVerfGE 92, 277 (327).
[473] BVerfGE 30, 292 (316); 33, 171 (187 f.); 33, 240 (244, 246); 36, 47 (59); 37, 1 (19, 22); 38, 61 (92); 39, 210 (234); 40, 196 (227); 41, 251 (264); 41, 378 (395); 46, 120 (145); 53, 135 (144); 61, 291 (312); 67, 157 (178); 68, 272 (282); 71, 183 (197); 78, 77 (85); 79, 256 (270); 81, 70 (92); 81, 156 (192); 83, 1 (19); 90, 145 (173).
[474] *Gentz*, NJW 1968, 1600 (1604); *Hirschberg*, Grundsatz der Verhältnismäßigkeit, S. 75; *Jakobs*, Grundsatz der Verhältnismäßigkeit, S. 13; *Lerche*, Übermaß, S. 19; *Stern*, Staatsrecht III/2, § 84 II 4 m.w.N.; *Wittig*, DÖV 1968, 817 ff.
[475] BVerfGE 90, 145 (173).
[476] BVerfGE 92, 277 (327).
[477] BVerfGE 92, 277 (327).
[478] *Jakobs*, Grundsatz der Verhältnismäßigkeit, S. 22; *Sachs*, in: Stern, Staatsrecht III/2, § 82 IV 7 a, S. 671; *Stern*, Staatsrecht III/2, § 84 II 4 c, S. 784.

lich davon zu trennenden zweiten Schritt ist zu prüfen, ob der Gesetzgeber die widerstreitenden Belange bei seiner Abwägung mit dem richtigen Gewicht eingestellt hat[479]. Welches Gewicht dem jeweiligen Belang von Verfassungs wegen zukommt, läßt sich nicht abstrakt sagen. Zwar wollte das BVerfG mitunter auf die grundgesetzliche Wertordnung oder auf das der Einheit der Verfassung zugrundeliegende Wertsystems zurückgreifen[480]. Es ist jedoch bislang nicht überzeugend gelungen, die Koordinaten dieses Wertsystems zu fixieren, geschweige denn, die einzelnen von der Verfassung geschützten Werte in eine abstrakte Rangordnung zu bringen[481]. Das wäre aber erforderlich, um bei einer Kollision von Interessen schon im voraus bestimmen zu können, welchem der widerstreitenden Werte im Ergebnis das größere Gewicht und damit der Vorrang zukommt[482].

An Versuchen hierzu herrscht kein Mangel. Zuweilen wird angenommen, daß einem Freiheitsgrundrecht gegenüber anderen Verfassungsgütern im Zweifel der Vorrang gebühre[483]. *P. Schneider* hat das auf die Formel „in dubio pro libertate" gebracht. *Schneider* wird damit zwar dem hohen Stellenwert, den die Freiheitsrechte genießen, gerecht; er übersieht jedoch, daß es gegenläufige Verfassungsprinzipien gibt, die im Einzelfall sogar erhebliche Freiheitsbeschränkungen rechtfertigen können. Zudem läßt sich seine Formel nicht mit dem politischen Entscheidungsspielraum in Einklang bringen, den das BVerfG dem demokratisch legitimierten Gesetzgeber zugesteht und den es nicht weiter kontrolliert. Eine prinzipielle Präponderanz der Freiheitsrechte gegenüber anderen Bestimmungen der Verfassung besteht deshalb nach zutreffender herrschender Meinung nicht[484].

Ebensowenig besteht ein eindeutiges Vorrangverhältnis zwischen einzelnen Grundrechten, das nicht wenige Autoren mit unterschiedlicher Begründung zu konstruieren versucht haben. Vor dem Hintergrund der amerikanischen preferred freedoms-Doktrin[485] wird gelegentlich ein Vorrang persönlicher Freiheitsgrundrechte vor ökonomischen postuliert[486]. Namentlich der Freiheit der Religionsausübung, der Meinungsäußerung und der Presse soll gegenüber der Freiheit des Berufs, des Wettbewerbs und des Wirtschaftsleben das größere Gewicht zukommen. Einen Vorrang der Meinungs-, Presse- und Informationsfreiheit hat auch das BVerfG des öfteren angenommen[487]. Für den Vorrang einzelner Grundrechte fehlen allerdings eindeutige Anhaltspunkte. Weder läßt sich allgemein behaupten, daß vorbehaltlos

---

[479] *Kälin,* Verfassungsgerichtsbarkeit in der Demokratie, S. 47; *Sachs,* in: Stern, Staatsrecht III/2, § 82 IV 7 b, S. 672; *Stern,* Staatsrecht III/2, § 84 IV 4 b, S. 819.
[480] BVerfGE 30, 173 (193).
[481] *Goerlich,* Wertordnung und Grundgesetz, passim; *Stern,* Staatsrecht III/2, § 84.
[482] *Jakobs,* Grundsatz der Verhältnismäßigkeit, S. 24; *Wendt,* AöR 104 (1979), S. 414 (455 f.).
[483] FS 100 Jahre DJT II, S. 263 ff.; ähnlich *Bleckmann,* Staatsrecht II – Die Grundrechte, S. 88 f.; *Denninger,* in: AK-GG, Vor Art. 1 GG Rn. 13.
[484] *Von Münch,* in: von Münch/Kunig, Vor Art. 1 GG Rn. 51; *Pestalozza,* Der Staat 2 (1963), S. 425 (445 f.); *Pieroth/Schlink,* Grundrechte, Rn. 228 ff.; *Stern,* Staatsrecht III/2, § 84 IV 6 c, S. 829.
[485] *E. Klein,* FS Benda, S. 135 ff.
[486] *Gallwas,* Der Mißbrauch der Grundrechte, S. 42; vgl. auch *Sachs,* in: Stern, Staatsrecht III/2, § 82 IV 8 a, S. 677; *H. Schneider,* Die Güterabwägung des Bundesverfassungsgerichts bei Grundrechtskonflikten, S. 105; *Stern,* Staatsrecht III/2, § 84 IV 4, S. 818.
[487] BVerfGE 7, 198 (208); 12, 113 (125 ff.); 20, 162 (176 f.); 35, 202 (223); 62, 230 (247); 69, 315 (344 f.); 71, 206 (219); 76, 196 (208 f.); 82, 43 (51); 85, 1 (16).

gewährleisteten Grundrechten ein generell höherer Stellenwert zukommt als unter Gesetzesvorbehalt stehenden Freiheitsrechten[488], noch haben Grundrechte, deren Gewährleistung erst die Voraussetzung für die Inanspruchnahme anderer Grundrechte bilden, ein größeres Gewicht als die aus ihnen „abgeleiteten" Grundrechte. So ist zwar der Schutz des menschlichen Lebens die vitale Basis der Menschenwürde und die Voraussetzung aller anderen Grundrechte[489]; er kann jedoch, wie namentlich der *Schleyer*-Beschluß gezeigt hat, keinen absoluten Höchstrang beanspruchen[490]. Ähnliches gilt für die Behauptung, das Grundrecht der freien Meinungsäußerung sei die Grundlage jeder Freiheit überhaupt[491] oder gleichsam konstituierend für eine freiheitlich-demokratische Grundordnung. Die Meinungsfreiheit findet ihre im Grundgesetz ausdrücklich genannte Grenze bereits in den allgemeinen Gesetzen und in dem Recht der persönlichen Ehre. Schon von daher kann ihr keine abstrakte Höchstrangigkeit zukommen.

Kommt also mangels hinreichender Belege im Grundgesetz keinem Wert der Verfassung ein abstrakt-genereller Vorrang vor anderen Werten zu, verbietet es sich, bei einer pauschalen Gewichtung der widerstreitenden Interessen stehenzubleiben. Das Verhältnismäßigkeitsprinzip zwingt vielmehr zu einer Abwägung sämtlicher Belange, die im Einzelfall konkret betroffen werden. Entscheidend ist nicht der Wert, der einem Grundrecht abstrakt-generell zukommt, sondern das Ausmaß, in dem das grundrechtliche Schutzgut und das eingriffslegitimierende öffentliche Interesse konkret betroffen sind[492]. Allerdings dürfen weder die Berücksichtigung aller Umstände des Einzelfalles noch das Fehlen eindeutiger Abwägungsmaximen zu einem vollkommen willkürlichen Abwägungsvorgang führen; sonst geriete die Rechtssicherheit in Gefahr. Es darf auch nicht aus den Augen verloren werden, daß es bei der verfassungsgerichtlichen Kontrolle des Gesetzgebers nur um den Nachvollzug und die Überprüfung der von ihm angestellten Abwägungsüberlegungen geht, zumal ihm das Grundgesetz nicht explizit vorschreibt, wie er gegensätzliche Grundrechtspositionen im einzelnen abzugrenzen und auszugleichen hat[493]. Sind die Überlegungen, die der Gesetzgeber anstellt, plausibel, vertretbar und für jedermann nachzuvollziehen, so darf sie das BVerfG nicht beanstanden. Das schließt es nicht aus, der Entscheidung im Einzelfall eine abstrahierende Fallgruppenbildung vorzuschalten, um die auf der Abstraktionsebene gewonnenen falltypischen Entscheidungsmuster später wieder in einzelfallbezogene Sachgerechtigkeit umzusetzen[494].

Es kann also im folgenden nur darum gehen, die im Einzelfall zu berücksichtigenden Umstände einer Beschränkung der Tarifmacht zu typisieren, um damit den

---

[488] *Gamillscheg*, AuR 1996, 41 (42); anders *Pieroth/Schlink*, Grundrechte, Rn. 334: Eingriffe in vorbehaltlos gewährleistete Grundrechte müssen die Ausnahme bleiben.
[489] BVerfGE 39, 1 (42); 49, 24 (53); 53, 30 (57); 77, 170 (214).
[490] BVerfGE 46, 160 (164 f.).
[491] BVerfGE 7, 198 (208).
[492] *Stern*, Staatsrecht III/1, § 84 IV 7 b, S. 835; *Wendt*, AöR 104 (1979), S. 414 (462).
[493] BVerfGE 92, 365 (394).
[494] *Bethge*, Grundrechtskollisionen, S. 318; *Ossenbühl*, Der Staat 10 (1971), S. 53 (80); *H.H. Rupp*, NJW 1973, 1769 (1774); *Stern*, Staatsrecht III/2, § 84 IV 7 b.

Abwägungsvorgang transparenter und sein Ergebnis vorhersehbarer zu machen. Für eine solche Typisierung bieten sich zwei Ansatzpunkte an: die Intensität, mit der die Tarifmacht beschränkt wird, auf der einen, das Gewicht und die Bedeutung der diesen Eingriff rechtfertigenden Gründe auf der anderen Seite.

bb) Intensität der Beschränkung der Tarifmacht. Daß es für die Frage, ob eine Beschränkung der Tarifmacht verfassungsrechtlich zulässig ist, insbesondere auf deren Intensität ankommt, hat die neuere Rechtsprechung bereits erkannt. Im HRG-Beschluß stellt das BVerfG zwar vordergründig auf die Gewichtigkeit des Schutzes ab, den Art. 9 Abs. 3 GG gewährt[495]. Der Sache nach macht es diesen Schutz aber nicht am Schutzbereich des Art. 9 Abs. 3 GG selbst fest, sondern am Ausmaß der Beschränkung. Auf dieser Linie argumentiert das Gericht erneut in Entscheidungen zum Lohnabstandsgebot[496] und zur Anrechnung von Kuren auf den tariflichen Jahresurlaub[497] und bewegt sich damit auf den bekannten Bahnen der allgemeinen Grundrechtslehren. Hält man die Intensität, mit der die Tarifmacht beschränkt wird, für ausschlaggebend, empfiehlt sich eine Unterscheidung nach qualitativen und quantitativen Gesichtspunkten.

Eine Unterscheidung nach qualitativen Gesichtspunkten setzt bei den Regelungsgegenständen an. Es macht allemal einen Unterschied, ob der Gesetzgeber den Tarifvertragsparteien die Regelung solcher Arbeitsbedingungen entzieht, die die Hauptleistungen der Arbeitsvertragsparteien festlegen und damit den Kern des arbeitsvertraglichen Synallagmas berühren – also Arbeitsentgelt und Arbeitszeit –, oder ob er Zugriff auf tarifvertraglich geregelte Nebenbedingungen nimmt. Auf den besonderen Schutz, den die tarifvertragliche Regelung des Arbeitsentgelts, der Arbeits- und Urlaubszeiten sowie sonstiger sozialer Leistungen und Einrichtungen, kurz die Regelung der materiellen Arbeitsbedingungen genießt, weist auch das BVerfG in ständiger Rechtsprechung[498] hin. Die Lehre hat sich dem angeschlossen[499]. Daß diese „Kern"-Arbeitsbedingungen einen besonderen Schutz genießen, resultiert nicht zuletzt daraus, daß sie von den Tarifvertragsparteien in ein von wechselseitigen Interessen geprägtes Verhältnis gestellt worden sind. Dieses Verhältnis ist zwar kein rein synallagmatisches, da der Tarifvertrag keinen auf Gegenseitigkeit beruhenden Austauschvertrag, sondern einen Normenvertrag darstellt, der die Rechte und Pflichten Dritter regelt. Es ist aber dem Synallagma des Austauschvertrages insoweit nicht unähnlich, als die Tarifvertragsparteien gewisse, ihre Seite belastende Arbeitsbedingungen nur im Hinblick auf andere, ihre Seite begünstigende Arbeitsbedingungen zu konzedieren bereit waren. Die Sperrung einzelner, in solchem quasi-synallagmatischen Verhältnis stehender Arbeitsbedingungen durch den Gesetzgeber wirkt deshalb besonders intensiv, weil sie in der Lage ist, dieses Verhältnis erheblich zu stören. Schlimmstenfalls vernichtet es die ökonomische Basis, von der die Tarifvertragsparteien beim Abschluß des Tarifvertrages ausgegangen sind.

---

[495] BVerfGE 94, 268 (285).
[496] BVerfGE 100, 271.
[497] BVerfGE 103, 293 (305).
[498] BVerfGE 94, 268 (283, 285); 100, 271 (282); 103, 293 (304).
[499] *Boerner,* ZTR 1996, 435 (446); *Löwisch/Rieble,* TVG, Grundl. Rn. 32 f.

Weitere, eher qualitativ ausgerichtete Differenzierungsgesichtspunkte kommen hinzu. So wiegt etwa die Sperrung materieller Arbeitsbedingungen im allgemeinen schwerer als der Entzug formeller Arbeitsbedingungen, da letztere nur die Umstände der Leistungserbringung, nicht aber die Leistungspflichten selbst regeln. Demgegenüber spielt es keine Rolle, ob der Gesetzgeber Regelungsinhalte sperrt, deren sich die Tarifvertragsparteien erst seit geraumer Zeit angenommen haben, wie etwa den Schutz vor Rationalisierung oder den Auswirkungen neuer Produktionstechnologien, oder aber solche, die traditionell den Inhalt von Tarifverträgen bilden, wie etwa das Arbeitsentgelt und die Arbeitszeit.

Darauf, daß das BVerfG diesen Unterschied trotzdem für beachtlich hält, könnte allerdings eine im HRG-Beschluß[500] entwickelte und danach mehrfach verwandte[501] Formel hindeuten. Das Gericht will den Schutz der Tarifmacht für weitere Arbeitsbedingungen „nach Maßgabe von Herkommen und Üblichkeit" gewähren[502]. Daß sich Tarifverträge seit jeher mit bestimmten Fragen beschäftigen, ist jedoch nur ein Indiz für ihre Wichtigkeit und den damit verbundenen höheren Schutz. Dieses Indiz rechtfertigt nicht den Umkehrschluß, wonach der Gesetzgeber um so leichter auf Materien zugreifen kann, je später sie Eingang in die Tarifverträge gefunden haben. Die neue, qualitative Tarifpolitik ist nicht weniger schutzwürdig als die bisherige, eher quantitativ ausgerichtete, deren Ziel die Erhöhung des Arbeitsentgelts und die Verkürzung der Dauer der Arbeitszeit ist. Gerade heute kommt den Fragen der Arbeitsplatzsicherung, insbesondere durch tarifvertragliche Kündigungsschutzregelungen nicht selten größeres Gewicht zu als den reinen Entgeltfragen. Welchen Zielen die Tarifpolitik nachgeht, ist allein Sache der Tarifvertragsparteien und fällt in ihren tarifautonomen, von Art. 9 Abs. 3 GG geschützten Handlungs- und Entscheidungsspielraum. Im Ergebnis wollte das BVerfG seine neue Formel vom Schutz der materiellen Arbeitsbedingungen „nach Maßgabe von Herkommen und Üblichkeit" nicht in diese Richtung verstanden wissen. Es wollte nur den in § 77 Abs. 3 BetrVG einfachrechtlich zum Ausdruck gelangten Grundsatz betonen, demzufolge die tatsächlich ausgeübte Tarifautonomie, die sich in der Vereinbarung konkreter Arbeitsbedingungen manifestiert, größeren Schutz genießt als die noch nicht ins Werk gesetzte. Unter herkömmlichen und üblichen Arbeitsbedingungen versteht das Gericht also offensichtlich nichts anderes als bereits bestehende Tarifregelungen, unabhängig davon, wie lange es diese Bestimmungen schon gibt.

Selbst wenn man das BVerfG anders zu verstehen hätte, könnte der Schutz für nur abstrakt mögliche Inhalte eines Tarifvertrages nicht geringer sein als der für tatsächlich in Tarifverträgen vereinbarte Arbeitsbedingungen[503]. Zum Kern tarifautonomer Entscheidungsmöglichkeiten gehört nicht nur, Arbeitsbedingungen konkret zu regeln, sondern auch, diese ungeregelt zu lassen. Der Schutz der „Nichtregelung" ist wichtig für den Fall, daß sich die Tarifvertragsparteien erst zu einem späteren Zeit-

---

[500] BVerfGE 94, 268 (283).
[501] BVerfGE 100, 271 (282); 103, 293 (304).
[502] BVerfGE 94, 268 (283).
[503] *Weller*, in: KR, § 57a HRG Rn. 13; a.A. *Plander*, RiA 1985, 58 ff.; *ders.*, AuR 1986, 65.

punkt auf eine konkrete Regelung einigen können. Freilich darf für die Frage der Rechtfertigung des Eingriffs nicht unberücksichtigt bleiben, ob der Gesetzgeber – wie etwa vor Erlaß des HFVG – zunächst versucht hat, die Tarifvertragsparteien zu eigenen Regelungen zu bewegen, und nur deshalb eingreift, weil sich die Tarifvertragsparteien nicht einig werden konnten, oder ob sein Eingriff gleichsam wie aus heiterem Himmel erfolgt.

Ebensowenig kommt es darauf an, ob eine Materie ausschließlich tarifvertraglich oder darüber hinaus auch gesetzlich geregelt ist. Sachfragen, die allein durch Tarifverträge, aber nicht zugleich auch durch Gesetz geregelt werden, gibt es heute so gut wie nicht mehr. Das gilt vor allem für die Kernbedingungen des Arbeitsverhältnisses, wie Fragen des Entgelts, der Arbeitszeit, des Urlaubs oder der Entgeltfortzahlung im Krankheitsfall, für die der Gesetzgeber schon wegen Art. 1 Abs. 2 und 2 Abs. 2 GG Mindestbedingungen normieren mußte. Daß der Gesetzgeber wegen grundrechtlicher Schutzpflichten und wegen des Sozialstaatsgebots befugt ist, Mindestarbeitsbedingungen festzulegen und zu verändern, heißt nicht, daß er diese ohne weiteres zu Höchstarbeitsbedingungen erklären und sie folglich der tariflichen Normsetzung entziehen darf[504].

Wichtig ist aber nicht nur die Art des gesetzlichen Eingriffs, sondern auch der Umfang, in dem der Gesetzgeber eine Regelungsmaterie sperrt. Hier kann zunächst bei den Gegenständen selbst angeknüpft werden. Für die Intensität des Eingriffs ist es bedeutsam, ob der Gesetzgeber einen gesamten Regelungskomplex für die Tarifvertragsparteien sperrt – das gesamte Urlaubsrecht, das gesamte Entgeltfortzahlungsrecht, das gesamte innerbetriebliche Haftungsrecht – oder aus einem Regelungskomplex bestimmte Regelungsinhalte – etwa aus dem Fragenkreis der Beendigung von Arbeitsverhältnissen die Frage, ob und unter welchen Voraussetzungen Arbeitsverhältnisse befristet abgeschlossen werden können – oder innerhalb eines Regelungsinhalts eine konkrete Regelung – etwa im Hinblick auf tarifvertragliche Altersgrenzen das Verbot einer allgemeinen, nicht weiter spezifizierten Regelung, die ohne weitere Gründe an das Erreichen eines bestimmten Alters anknüpft. Überdies macht es einen Unterschied, ob der Gesetzgeber aus bisher tarifdispositivem Recht einseitig zwingendes Recht schafft und damit den Tarifvertragsparteien zumindest Abweichungen vom gesetzlichen Standard nach oben ermöglicht oder ob er durch den Erlaß zweiseitig zwingenden Rechts den Tarifvertragsparteien jegliche Regelung unmöglich macht. Anknüpfungspunkte können aber auch die persönliche oder betriebliche Reichweite sein, für die die Sperrung eines bestimmten tariflichen Regelungskomplexes, Regelungsinhalts oder einer konkreten Regelung gilt.

Im Hinblick auf die persönliche Reichweite eines Regelungsverbotes spielt es eine Rolle, ob die Tarifvertragsparteien für gar keine Arbeitnehmer mehr Regelungen treffen können oder nur bei bestimmten Personengruppen. Letzterenfalls wäre weiter nach Anzahl und Bedeutung der Personen zu differenzieren, für die die Tarifvertragsparteien keine Arbeitsbedingungen mehr regeln dürfen. Der Ausschluß von Regelungen für aktive Arbeitnehmer wiegt schwerer als der für Ruheständler,

---

[504] *Löwisch/Rieble*, TVG, Grundl. Rn. 35.

ein Regelungsverbot für große Kernbelegschaften intensiver als eines für Minderheitengruppen, zumal wenn diese nicht oder nur kaum gewerkschaftlich organisiert sind. Im Hinblick auf die betriebliche Reichweite eines Regelungsverbotes macht es einen Unterschied, ob das Verbot für sämtliche Betriebe in der Bundesrepublik Deutschland gilt oder nur für Betriebe einer bestimmten Branche, eines bestimmten Verwaltungsbereichs, einer bestimmten Region oder einer bestimmten Größe. Dabei kommt es nicht zuletzt auf den gewerkschaftlichen Organisationsgrad innerhalb der Betriebe an und auf die Frage, wie leicht sich Betriebe der Geltung des deutschen Tarifrechts entziehen können. Regelungen für Hochseeschiffe und Flugzeuge, d.h. für Betriebe, die ständig mit fremdem Recht in Berührung kommen, unterliegen einem anderen Schutz als Tarifverträge für Inlandsbetriebe ohne jeden internationalprivatrechtlichen Bezug[505]. Schließlich kann nicht unberücksichtigt bleiben, ob ein Regelungsverbot zeitlich befristet ergeht, etwa zur Behebung eines konkreten Mißstandes oder zur Erprobung einer Regelung, oder ob es sich um eine Dauerlösung handelt.

Schon diese wenigen Typisierungsmerkmale lassen die Vielfalt möglicher Eingriffe in die Tarifmacht erahnen. Überhaupt kann die Intensität eines Eingriffs nicht absolut, sondern nur relativ, d.h. allein durch Vergleich mit sonstigen dem Gesetzgeber offenstehenden Handlungsalternativen angemessen beschrieben werden[506]. Allgemeine Aussagen zur Intensität eines Zugriffs auf die Tarifmacht sind allenfalls in Form verallgemeinernder „je-desto"-Beziehungen möglich[507]. Diese zweifellos vergröbernden Relationen geben zwar nicht exakt den Punkt an, in dem eine Beschränkung der Tarifmacht unerträglich wird; nichtsdestoweniger können sie wertvolle Leitlinien für die Beurteilung konkreter Einzelfälle liefern:

Der Eingriff ist um so intensiver,

- je weiter er nach Art und Umfang die Tarifmacht beschränkt,
- je zentraler die Bedingungen für das arbeitsvertragliche Synallagma sind, die für eine tarifvertragliche Regelung gesperrt werden,
- je stärker das wechselseitige Verhältnis, in dem die Tarifbedingungen untereinander stehen, gestört werden,
- je weniger einzelne Regelungsmöglichkeiten den Tarifvertragsparteien nach einem Regelungsverbot noch verbleiben,
- je mehr Arbeitnehmer von einer tariflichen Regelung ausgeschlossen werden,
- je weniger Betriebe die noch bestehenden tariflichen Regelungen anwenden können.

---

[505] BVerfGE 92, 26 (42).

[506] Das ist nicht zuletzt der Gedanke, auf dem auch die Erforderlichkeitsprüfung beruht, d.h. die Frage nach dem im Vegleich zu anderen gesetzlichen Maßnahmen mildern Mittel, vgl. BVerfGE 30, 292 (316); 63, 88 (115); 70, 1 (26); 70, 278 (286); 79, 256 (270); 81, 156 (192); 90, 145 (172 f.); 92, 262 (273).

[507] Allgemein zu solchen „je-desto"-Formeln *Hirschberg*, Grundsatz der Verhältnismäßigkeit, S. 106 f.; *Stern*, Staatsrecht III/2, § 84 IV 7 b γ, S. 836. Auf solche Beziehungen stellt auch das BVerfG häufiger ab, vgl. BVerfGE 11, 30 (42 f.); 16, 194 (202); 17, 232 (242); 23, 50 (56); 25, 1 (12); 26, 259 (264); 30, 292 (316 f.); 40, 196 (227); 41, 378 (395).

Umgekehrt ist der Eingriff um so schwächer,

- je weniger zentral die gesperrten Arbeitsbedingungen für das jeweilige Arbeitsverhältnis sind,
- je spezieller die Gruppen von Arbeitnehmern oder Betrieben gefaßt sind, für die ein Regelungsverbot besteht,
- je konkreter die Regelungen, Regelungsinhalte oder Regelungskomplexe umschrieben sind, für die das Regelungsverbot besteht,
- je größer die den Tarifvertragsparteien nach einem teilweisen Regelungsverbot im betreffenden Regelungsbereich noch verbleibenden Regelungsmöglichkeiten sind,
- je kurzfristiger die Sperrung einer Regelungsmöglichkeit erfolgt und
- je voraussehbarer und planbarer das Verbot für die Tarifvertragsparteien war.

Freilich liegen die Dinge nicht immer so klar und eindeutig, daß nur auf eine der genannten „je-desto"-Relationen zurückgegriffen werden kann. Die Schwierigkeiten beginnen dort, wo der Gesetzgeber widerstreitende Intensitätsmerkmale kombiniert. So kann er den Tarifvertragsparteien zwar eine zentrale Bedingung für das arbeitsvertragliche Synallagma verbieten, dieses Verbot aber auf eine bestimmte Personengruppe in bestimmten Betrieben beschränken und es überdies befristen. Auf diese Weise ergeben sich mannigfache Kombinationsmöglichkeiten, die den politischen Handlungsspielraum des Gesetzgebers wahren. Andererseits darf nicht übersehen werden, daß jede Beschränkung der Tarifmacht einen Eingriff in die von Art. 9 Abs. 3 GG vorbehaltlos gewährleistete Koalitionsfreiheit bedeutet. Der erforderliche Schutz des Grundrechts läßt sich nur bewerkstelligen, wenn man weitere „je-desto"-Relationen aufstellt, die die der ersten mit denen der zweiten Gruppe verbinden. Solche Relationen sind beispielsweise:

- Je zentraler eine Bedingung für das arbeitsvertragliche Synallagma ist, die von einem Verbot betroffen wird, desto spezieller müssen der persönliche oder betriebliche Geltungsbereich dieses Verbotes sein, um überhaupt verfassungsrechtlich legitimierbar zu sein.
- Andererseits: Je mehr Handlungsmöglichkeiten nach einem (teilweisen) gesetzlichen Verbot den Tarifvertragsparteien im selben Regelungskomplex noch verbleiben, desto weiter kann der Gesetzgeber den persönlichen oder betrieblichen Geltungsbereich eines Verbots fassen.

Demgegenüber gibt es manche Arbeitsbedingungen, die einer Relativierung nur sehr schwer zugänglich sind. Eine konkrete Lohnvorgabe läßt sich nicht einfach dadurch relativieren, daß sie nur kurzfristig oder nur für bestimmte Personen gemacht wird. Sie ist und bleibt von hoher Intensität und ist deshalb kaum durch andere Rechtsgüter von Verfassungsrang zu rechtfertigen[508].

---

[508] H.M., vgl. *Boerner*, ZTR 1996, 435 (446); *Junker*, ZfA 1996, S. 383 (387 f.); *Kempen*, in: Kempen/Zachert, TVG, Grundl. Rn. 173; *Löwisch/Rieble*, TVG, Grundl. 35; *Scholz*, in: Maunz/Dürig, Art. 9 GG Rn. 276; a.A. *Lohs*, BB 1996, 1273 (1274).

cc) *Gewicht und Dringlichkeit der gegenläufigen Interessen.* Das maßgebende Abwägungsgesetz, wenn es um die Beschränkung der Tarifmacht geht, hat das BVerfG erstmals im HRG-Beschluß selbst wie folgt formuliert: „Je gewichtiger der Schutz ist, den Art. 9 Abs. 3 GG insofern verleiht, desto schwerwiegender müssen die Gründe sein, die einen Eingriff rechtfertigen sollen"[509]. Auch auf Seiten der den Eingriff legitimierenden Gründe läßt sich zwischen qualitativen und quantitativen Gesichtspunkten differenzieren.

In qualitativer Hinsicht ist nach der Bedeutung zu unterscheiden, der einem Belang des Gemeinwohls abstrakt-generell zukommt. Die Vorstellung, daß nicht jedes öffentliche Interesse dasselbe Gewicht besitzt, liegt auch der 3-Stufen-Lehre zugrunde, die das BVerfG zur Rechtfertigung von Eingriffen in die durch Art. 12 Abs. 1 GG geschützte Freiheit des Berufes entwickelt hat. Erstmals im berühmten Apothekenurteil[510] und danach in ständiger Rechtsprechung differenziert das BVerfG zwischen vernünftigen Erwägungen des Gemeinwohls[511], der Sorge um wichtige Gemeinschaftsgüter[512] und dem Schutze besonders wichtiger, überragender Gemeinschaftsgüter[513]. Zur letzten Kategorie rechnet die Rechtsprechung Gemeinschaftsgüter wie etwa die Sicherung der Volksgesundheit[514] und der Volksernährung[515], die Erhaltung einer menschenwürdigen Umwelt[516] und die Minderung der Arbeitslosigkeit[517], nicht jedoch den Schutz bestehender Unternehmen vor Konkurrenz[518] oder das Bedürfnis nach einer leichteren staatlichen Überwachung des Bürgers[519]. Wie sich das Gewicht, das einem Gemeinschaftsbelang zukommt, sachgerecht bestimmen läßt, ist offen[520]. Es besteht aber Grund zur Annahme, daß es keinen verfassungsrechtlichen numerus clausus vorgegebener Gemeinschaftsgüter

---

[509] BVerfGE 94, 268 (285); die Formel findet sich auch in BVerfGE 103, 293 (308).

[510] BVerfGE 7, 377 (405 f.).

[511] BVerfGE 7, 377 (405 f.); 65, 116 (125); 70, 1 (28); 78, 155 (162). Sie können Berufsausübungsregelungen rechtfertigen, d.h. Vorschriften, nach denen sich die Ausübung eines Berufes, den der Grundrechtsträger bereits innehat, richtet, vgl. *Jarass,* in: Jarass/Pieroth, Art. 12 GG Rn. 36; *Pieroth/Schlink,* Grundrechte, Rn. 885.

[512] BVerfG 14, 97 (107); 69, 209 (218). Sie legitimieren subjektive Berufszulassungsschranken. Darunter versteht das Gericht Vorschriften, die für die Wahl eines Berufs oder den Verbleib im Beruf an persönlichen Eigenschaften eines Grundrechtsträgers anknüpfen, wie etwa erworbene Abschlüsse oder erbrachte Leistungen des Berufserwerbers – BVerfGE 9, 338 (345) – oder das Alter –BVerfGE 9, 338 (344); 64, 72 (82).

[513] BVerfGE 7, 377 (408 f.); 63, 266 (286). Sie rechtfertigen objektive Berufszulassungsschranken, die mit der Person des Berufsbewerbers nichts zu tun haben, vgl. *Jarass,* in: Jarass/Pieroth, Art. 12 GG Rn. 39.

[514] BVerfGE 7, 377 (414); BVerwGE 65, 323 (339).

[515] BVerfGE 25, 1 (16).

[516] BVerwGE 62, 224 (230).

[517] BVerfGE 21, 245 (251).

[518] BVerfGE 7, 377 (408); 11, 168 (188 f.); 19, 330 (342).

[519] BVerfGE 65, 116 (129); 86, 28 (44).

[520] *Pieroth/Schlink,* Grundrechte, Rn. 856: Bestimmung der Wertigkeiten von einzelnen Gemeinschaftsgütern und -zwecken, die das BVerfG vorgenommen hat, zeigen eine ziemliche Beliebigkeit; vgl. auch die detaillierten Rechtsprechungsübersichten bei *Jarass,* in: Jarass/Pieroth, Art. 12 GG Rn. 36 ff.; *Scholz,* in: Maunz/Dürig, Art. 12 GG Rn. 336, 348 ff.; *Seifert/Hömig,* Art. 12 GG Rn. 11 ff.

gibt[521]. Im Rahmen seines wirtschaftspolitischen Ermessens ist der Gesetzgeber berechtigt, entsprechende Gemeinschaftsgüter zu entwickeln[522]. Im Urteil zum Großen Befähigungsnachweis im Handwerk meinte das BVerfG: „Schutzwürdig können nicht nur allgemein anerkannte, sondern auch solche Gemeinschaftswerte sein, die sich erst aus den besonderen wirtschafts-, sozial- und gesellschaftspolitischen Zielen des Gesetzgebers ergeben[523]. Das Gericht kontrolliert, ob die öffentlichen Interessen, deren Schutz die gesetzliche Regelung dient, Gemeinschaftswerte von so hohem Rang darstellen können, daß sie Grundrechtseingriffe zu rechtfertigen vermögen. Allerdings beschränkt sich die Prüfung mangels eindeutiger verfassungsrechtlicher Maßstäbe darauf, ob die Annahmen des Gesetzgebers offensichtlich fehlsam oder mit der Wertordnung des Grundgesetzes unvereinbar sind[524]. Die Gefahr, daß es dem Gesetzgeber damit allzu leicht gemacht werden könnte, sich auf beliebige Gemeinschaftswerte zu berufen, liegt auf der Hand[525]. Sie muß gleichwohl in Kauf genommen werden, soll die Rechtsordnung nicht versteinern, sondern auf die Anforderungen der jeweiligen Zeit reagieren können. Im übrigen sagt die Bedeutung, die ein Gemeinschaftswert abstrakt-allgemein besitzt, noch nichts über den Stellenwert, der ihm im konkreten Fall zukommt. Neben dem qualitativen Aspekt sind nämlich auch quantitative Gesichtspunkte zu berücksichtigen. Insbesondere sind der Grad der Gefährdung des zu schützenden Rechtsguts und die sich daraus ergebende Dringlichkeit der für eine Regelung sprechenden Gründe in die Abwägung einzustellen[526].

Mit dem Rekurs auf die Gefahr, die einem geschützten Rechtsgut beim Nichthandeln des Gesetzgebers droht, ist ein Schlüsselbegriff des Polizeirechts berührt. Dessen Wertungen können zumindest in gewisser Hinsicht für die Lösung unseres Problems fruchtbar gemacht werden. Dies gilt um so mehr, als der Grundsatz der Verhältnismäßigkeit seine Wurzeln bekanntlich im Polizeirecht hat[527]. Unter Gefahr im polizeirechtlichen Sinne kann ein Zustand verstanden werden, der nach verständigem Ermessen in näherer Zeit den Eintritt einer Störung der öffentlichen Sicherheit und Ordnung, insbesondere eines Schadens, mit Wahrscheinlichkeit erwarten läßt. Zwar existiert im Polizeirecht eine Vielzahl von Gefahrbegriffen – unterschieden wird unter anderem zwischen allgemeiner und spezieller, abstrakter und konkreter, latenter und gegenwärtiger sowie zwischen drohender, dringender und

---

[521] *Scholz*, in: Maunz/Dürig, Art. 12 GG Rn. 337.
[522] *Grabitz*, Freiheit, S. 94 ff.; *Gubelt*, in: von Münch/Kunig, Art. 12 GG Rn. 56 ff.; *Martens*, Öffentlich als Rechtsbegriff, S. 186 ff.; *Schmidt-Bleibtreu/Klein*, Art. 12 GG Rn. 14.
[523] BVerfGE 13, 97 (107); krit. aus neuerer Sicht zu Sinn und Zweck des Großen Befähigungsnachweises *Maschmann*, ZRP 1990, 434 ff.
[524] BVerfGE 13, 97 (107).
[525] *Gubelt*, in: von Münch/Kunig, Art. 12 GG Rn. 57; *Reuß*, DVBl 1961, 865 (967); *Rupp*, AöR 92 (1967), S. 212 (221 f.).
[526] *Stern*, Staatsrecht III/1, § 84 IV 7 b γ, S. 836; *Wendt*, AöR 104 (1979), S. 414 (467).
[527] Einer der ersten, die den Begriff „verhältnismäßig" verwendeten, war 1802 *von Berg* in seinem „Handbuch des Teutschen Policeyrechts"; vgl. weiter zu den historischen Wurzeln des Grundsatzes der Verhältnismäßigkeit *Jakobs*, DVBl 1985, 97; *Ossenbühl*, FS Lerche (1993), S. 151 (152 ff.); *Stern*, FS Lerche (1993), S. 165 (166 ff.).

erheblicher Gefahr [528]-, letztlich geht es aber immer um dieselben beiden Problemkreise: die Frage, wie wahrscheinlich der Eintritt eines Schadens für das geschützte Rechtsgut ist, wenn der Staat in einer Gefahrensituation nicht einschreitet, sondern den Dingen seinen Lauf läßt, und die Frage, welcher Schaden bei einem Nichthandeln zu befürchten ist. Zur Beantwortung beider Fragen sind Prognosen erforderlich, die im Regelfall durch wissenschaftlich bewährte Hypothesen fundiert werden können. Bei der Prognose der Wahrscheinlichkeit geht es um die Vorhersage, ob ein Schaden überhaupt eintritt und wann dies der Fall sein wird. Die jeweilige Wahrscheinlichkeit läßt sich graduell abstufen, für die Frage des „Ob" etwa in die Stufen: sicher ausgeschlossen – möglich – wahrscheinlich – höchstwahrscheinlich – sicher eintretend; für die Frage des „Wann" etwa in die Stufen: in ferner Zukunft – in Kürze – unmittelbar bevorstehend – bereits eingetreten. Bei der Voraussage, welcher Schaden zu befürchten ist, läßt sich nach Art und Umfang seines Ausmaßes unterscheiden. Der Schaden kann materieller oder immaterieller Natur, reversibel oder irreversibel, durch Kompensationen ausgleichbar oder unersetzbar sein. Er kann Personen oder Sachen betreffen. Von ihm erfaßt sein können Einzelne, Personengruppen, Bevölkerungskreise oder -schichten oder jedermann. Dementsprechend kann der Umfang des Schadens geringfügig – beachtlich – immens sein. Der Schaden ist um so erheblicher, je weniger leicht er sich kompensieren läßt, je schwerer seine Folgen zu beseitigen sind und je größer die Personengruppe ist, die von ihm betroffen wird.

Maßgeblich für die Eingriffsschwelle ist die strukturelle Kopplung der Wahrscheinlichkeit des Schadenseintritts, der Art und des Umfangs des Schadens sowie des abstrakten Gewichts des bedrohten Rechtsguts mit der Dringlichkeit, die Gefahr durch aktives Handeln abzuwehren. Auch sie erfolgt nicht absolut, sondern relativ über „je-desto"-Beziehungen[529]:

- Das Einschreiten des Gesetzgebers ist um so dringlicher, je wahrscheinlicher der Eintritt eines Schadens und je größer sein Ausmaß ist.
- Je erheblicher der Schaden eines Zuwartens des Gesetzgebers ist, desto niedriger liegt die Eingriffsschwelle.
- Je höher der Rang eines bedrohten Rechtsguts, desto geringer müssen die konkrete Wahrscheinlichkeit eines Schadenseintritts und der Umfang eines möglichen Schadens sein, um einen Eingriff zu rechtfertigen.
- Umgekehrt: Je geringer die Wahrscheinlichkeit eines Schadenseintritts und je geringer seine Auswirkungen, desto höher liegt die Eingriffsschwelle.

dd) Mittel-Zweck-Proportionalität. Das Problem, die Angemessenheit der Mittel-Zweck-Relation zu beurteilen, besteht nun darin, die relativen Intensitätsformeln

---

[528] Vgl. nur *Martens*, in: Drews/Wacke/Vogel/Martens, Gefahrenabwehr, S. 220 ff.; *Götz*, Allgemeines Polizei- und Ordnungsrecht, Rn. 120 ff.; *Knemeyer*, Polizei- und Ordnungsrecht, Rn. 61 ff.

[529] Im Polizeirecht wird allerdings versucht, das Problem über die oben erwähnten Begriffe wie abstrakte, allgemeine, konkrete Gefahr etc. zu steuern. Allerdings geht dies nicht selten auf Kosten struktureller Klarheit, da die Auseinandersetzung um inhaltsarme Begriffe erfolgt und nicht mehr um die mit ihnen bezeichneten Probleme.

für die Beschränkung der Tarifmacht einerseits und für die Dringlichkeit der sie legitimierenden Gründe andererseits zusammenzufassen. Die Schwierigkeiten rühren daher, daß sowohl Mittel (Beschränkung der Tarifmacht) als auch Zweck (Gründe für die Beschränkung) variable Größen sind, die sich auch nur variabel gegeneinander testen lassen. Deshalb lassen sich wiederum nur relative „je-desto"-Beziehungen aufstellen. Die allgemeinste lautet: „Je intensiver die Tarifmacht beschränkt wird, desto dringlicher müssen die Gründe dafür sein"[530]. Dieser allgemeine Abwägungsgrundsatz läßt sich jedoch nunmehr erheblich präzisieren, da bekannt ist, daß die Intensität der Beschränkung der Tarifmacht eine Funktion der Zentralität und Reichweite der gesperrten Regelungsmaterien sowie des persönlichen und des räumlichen Umfangs eines Regelungsverbotes ist und daß die Dringlichkeit der sie legitimierenden Gründe im wesentlichen von der Wahrscheinlichkeit und von Art und Umfanges eines Schadens abhängt, der beim untätigen Zuwarten des Gesetzgebers für ein mehr oder weniger wichtiges Gemeinschaftsgut entsteht. Wendet man die vorgeschlagenen „je-desto"-Beziehungen an, so wird sich im Regelfall nicht nur ein einziges verfassungsrechtlich zulässiges Abwägungsresultat ergeben, sondern ein Raum (noch) verfassungsmäßiger Ergebnisse. Die Lösung ist daher nicht eindeutig. Dieser Umstand bereitet allerdings wenig Kopfzerbrechen. Es geht nicht darum, eine eigene Lösung zu finden, sondern den Abwägungsvorgang und das Abwägungsergebnis, zu dem der Gesetzgeber im Einzelfall gelangt ist, nachzuvollziehen und auf seine Vertretbarkeit hin zu überprüfen.

§ 6 Zugriff auf bestehende Tarifverträge

I. Einführung

1. Problemaufriß

Bislang wurde nur erörtert, ob der Gesetzgeber Zugriff auf die normative Wirkung des Tarifvertrages und auf die Tarifmacht als solche nehmen kann. Noch nicht berücksichtigt wurde dabei der Umstand, daß der Gesetzgeber im Normalfall auf bereits bestehende, in der Vergangenheit abgeschlossene Tarifverträge trifft, die in ihrem normativen Teil die Rechte und Pflichten der tarifgebundenen Arbeitsvertragsparteien, in ihrem schuldrechtlichen Teil die der Tarifvertragsparteien selbst regeln. Es macht aber allemal einen Unterschied, ob der Gesetzgeber den Tarifvertragsparteien die Instrumente, die Materien oder die Geltungsbereiche ihrer Normsetzung ausschließlich für die Zukunft sperrt, d.h. nur für den Abschluß neuer Tarifverträge, oder ob er in die Pflichtenstruktur von bestehenden Tarifverträgen eingreift. Daß die Beschränkung einer nur abstrakt bestehenden Regelungsmöglichkeit, von der die Tarifvertragsparteien bislang keinen Gebrauch gemacht haben, weniger intensiv wirkt als die Aufhebung vereinbarter Tarifnormen, leuchtet ohne

---

[530] BVerfGE 94, 268 (285); 103, 293 (306 f.).

weiteres ein[531]. Unklar ist jedoch, auf welche Weise und in welchem Umfang der bestehende Tarifvertrag vor Zugriffen des Gesetzgebers geschützt wird. Obwohl die Kollision von staatlichem Gesetz und bestehendem Tarifvertrag zum verfassungspraktischen Alltag gehört, verwundert es, daß die Literatur den Schutz bestehender Tarifverträge wenn überhaupt, dann kaum vertieft behandelt[532]. Immerhin zeigt die neuere Rechtsprechung[533] eine gewisse Sensibilität für die Besonderheiten dieses Zugriffs, wenngleich sie sich noch nicht auf ein konsistentes Konzept festgelegt hat.

2. Diskussionsstand

In der Literatur schwanken die Meinungen zwischen zwei Extrempunkten. Die einen nehmen an, daß der Gesetzgeber prinzipiell keine Gesetze erlassen dürfe, die in die Tarifautonomie eingreifen[534]; selbst wenn man Eingriffe in die Tarifautonomie grundsätzlich konzedieren müsse, sei es dem Gesetzgeber jedenfalls untersagt, auf bestehende Tarifverträge durch zweiseitig zwingende Gesetze zuzugreifen; erlaubt seien lediglich dispositive Regelungen, die für die Arbeitnehmer günstigere Tarifnormen zuließen[535]. Zum geschützten Kernbereich der Tarifautonomie gehöre auch der Bestandsschutz für bestehende Tarifverträge[536]. Die anderen sind der Ansicht, daß Tarifverträge kein für den parlamentarischen Gesetzgeber impermeables Recht darstellen könnten; der Gesetzgeber dürfe durch Erlaß zweiseitig zwingenden Rechts auch in bestehende Tarifverträge eingreifen, wenn ihn das Sozialstaatsprinzip oder die Erhaltung des gesamtwirtschaftlichen Gleichgewichts dazu legitimierten[537].

Für beide Seiten streiten beachtliche Argumente. Die Gegner eines Eingriffs in bestehende Tarifverträge verweisen mit Recht darauf, daß der Gesetzgeber durch den Erlaß zweiseitig zwingenden Rechts das Ergebnis des Einigungsprozesses beeinträchtigt. Der Tarifvertrag sei trotz des Umstandes, daß er keinen lupenreinen Austauschvertrag darstellt, das Resultat eines Aushandelns, eines Gebens und Nehmens, bei dem regelmäßig beide Parteien Zugeständnisse gemacht hätten. Mit der staatlichen Aufhebung einzelner Tarifnormen würden der dadurch benachteiligten Partei

---

[531] *Däubler*, Tarifvertragsrecht, Rn. 354; *Otto*, FS Zeuner (1994), S. 121 (143); *Wiedemann*, FS Stahlhacke (1995), S. 675 (688 f.).

[532] *Butzer*, RdA 1994, 375 (384); *Däubler*, Tarifvertragsrecht, Rn. 201; *Kempen*, AuR 1985, 374 (376 ff.); *Kamanabrou*, RdA 1997, 22 (33 f.); *Lohs*, Anpassungsklauseln, S. 40 ff.; ders., BB 1996, 1273 ff.; *Oppolzer/Zachert*, BB 1993, 1353 (1359); *Löwer*, Drucksache 12/892 AuS-BT-Aussch. S. 3 ff.; *Otto*, FS Zeuner, S. 121 (143 ff.); *Pieroth*, Drucksache 12/872 AuS-BT-Aussch., S. 16 ff.; *Wank*, Anm. zu BVerfG, Beschl. v. 10.1.1995, AP Nr. 76 zu Art. 9 GG Bl. 185 ff.; *Wiedemann*, FS Stahlhacke (1995), S. 675 (689); *Zuleger*, AuR 1992, 231 ff.

[533] BVerfGE 94, 268 (285); 100, 271 (282 ff.); 103, 293 (308); BAG, Urt. v. 1.12.1993, AP Nr. 4 zu § 41 SGB VI.

[534] *Däubler/Hege*, Tarifvertragsrecht, Rn. 170 ff.; zurückhaltender aber *ders.*, Tarifvertragsrecht, Rn. 249, 352; *Peiseler*, NZA 1985, 238 (241 ff.); *Plander*, DB 1986, 2180 (2183 f., 2186).

[535] *Kempen*, AuR 1985, 374 (376, 383); *Zuleger*, AuR 1992, 231 (232).

[536] *Pieroth*, Drucksache 12/872 AuS-BT-Aussch., S. 17.

[537] *Butzer*, RdA 1994, 375 (384 f.); *Friauf*, RdA 1986, 188 (190 f.); *Lohs*, Anpassungsklauseln, S. 40 ff.; ders., BB 1996, 1273 ff.; *Löwer*, Drucksache 12/892 AuS-BT-Aussch., S. 3 f.; *Schwerdtner*, NZA 1985, 577 (580); *Winterfeld*, ZfA 1986, 157 (172 f.); *Weber*, Tarifautonomie, S. 26 f., 29, 31, 38 f.

Rechtspositionen genommen, für deren Erzielung sie regelmäßig Zugeständnisse auf anderen Gebieten gemacht habe. Das sei weder mit der Neutralitätspflicht des Staates noch mit der Normsetzungsprärogative der Koalitionen zu vereinbaren[538]. Ähnlich fundamental argumentieren die Befürworter eines Eingriffs. Tarifautonomie bedeute nicht Tarifexklusivität, die Normsetzungsprärogative sei kein Normsetzungsmonopol; auch der demokratische und zur Sozialstaatlichkeit verpflichtete Gesetzgeber habe Kompetenzen[539]. Die grundrechtliche Legitimation partikularer Verbände könne die Legitimation des Souveräns zur Gemeinwohlkonkretisierung nicht verdrängen[540]. Anderenfalls hätte jedes Ausgreifen der Tarifvertragsparteien einen Verlust an Regelungskompetenz des Gesetzgebers zur Folge, der so auf eine Randexistenz zurückgedrängt würde. Die Legislative dürfe sich ihrer Rechtssetzungsbefugnis jedoch nicht völlig entäußern; sie müsse notfalls regulierend einschreiten können. Wären tarifvertragliche Regelungen gegen staatliche Eingriffe absolut immun, könnten sich in Tarifverträgen beliebige Egoismen zu Lasten Dritter durchsetzen, denen der Staat keinerlei Einhalt mehr gebieten könne[541].

In der Tat würde eine absolute Immunisierung bestehender Tarifverträge für den Staat zu erheblichen Souveränitätsverlusten führen. Die Verfassungswidrigkeit solcher Herrschaftsbefugnisse zum Nachteil des Staates liegt auf der Hand. Eine absolute Immunisierung bestehender Tarifverträge kann ohnehin nur annehmen, wer das Verhältnis zwischen staatlicher und tarifautonomer Normsetzung als ein Problem der Zuständigkeitsverteilung begreift und meint, es gebe einen ausschließlich den Tarifvertragsparteien zugänglichen Kompetenzbereich für Arbeits- und Wirtschaftsbedingungen. Daß dieser Ansatz für das vom Grundgesetz verfaßte Gemeinwesen unhaltbar ist, wurde bereits oben nachgewiesen[542]. Tarifliche Normsetzung erfolgt nicht in Ausübung hoheitlicher Kompetenzen, sondern sie ist ausschließlich grundrechtlich fundiert. Der Staat bleibt allzuständig. Er wird aus seiner Verantwortung für das Gemeinwohl nicht durch partikulare Vereinbarungen verdrängt, selbst wenn sich deren Urheber auf Grundrechte berufen können. Wie wenig Sinn die Gegenansicht macht, zeigt eine einfache Kontrollüberlegung: Arbeitgeber und Arbeitnehmer können sich beim Abschluß des Arbeitsvertrages auf Art. 12 Abs. 1 GG berufen; ihre Absprachen sind grundrechtlich geschützt. Niemand käme deswegen auf die Idee, den Arbeitsvertragsparteien die Vereinbarung vollkommen unannehmbarer Arbeitsbedingungen zu gestatten und dem Staat den Erlaß zwingender Vorschriften zu untersagen. Bei Vertragsbedingungen, die die Koalitionen für die Arbeitsvertragsparteien aushandeln, kann das nicht anders sein.

Indes bleibt gerade die grundrechtliche Fundierung der tarifautonomen Normsetzungsbefugnis bei den Befürwortern eines Eingriffs auf der Strecke. Übersehen wird nämlich, daß die Beeinträchtigung eines bestehenden Tarifvertrages durch den Erlaß zweiseitig zwingenden Rechts den intensivsten Eingriff in die Tarifautonomie

---

[538] *Pieroth*, Drucksache 12/872 AuS-BT-Aussch., S. 17.
[539] *Schwerdtner*, NZA 1985, 577 (580); *Winterfeld*, ZfA 1986, 157 (172 f.).
[540] *Löwer*, Drucksache 12/892 AuS-BT-Aussch., S. 4.
[541] *Butzer*, RdA 1994, 375 (384); *Friauf*, RdA 1986, 188 (190 f.); *Lohs*, Anpassungsklauseln, S. 40 ff.; ders., BB 1996, 1273 ff.
[542] S. oben § 5 III 2.

bedeutet[543]. Er muß daher an die Einhaltung strikter Voraussetzungen gebunden werden. Andererseits kann nicht ernstlich zweifelhaft sein, daß der Gesetzgeber schon deshalb in bestehende Tarifverträge eingreifen können muß, weil er mit neuen arbeitsrechtlichen Gesetzen kaum je ein unberührtes Land betritt, sondern ein durch Tarifverträge reich bestelltes Feld; dürfte er dieses nicht umgestalten, so wäre er tatsächlich in eine arbeitsrechtliche Nische verbannt und müßte seine Verantwortung für das Gemeinwohl aufgeben. Sinnvollerweise kann es also nur darum gehen, die Voraussetzungen eines Eingriffs in bestehende Tarifverträge genauer herauszuarbeiten. Das haben die Extrempositionen, von ihrem Standpunkt aus verständlicherweise, nicht einmal ansatzweise versucht.

Denn wer wie die Vertreter der beiden Extrempositionen ausschließlich fundamental argumentiert, übersieht die Besonderheit, die gerade für den Eingriff in bestehende Tarifverträge typisch ist. Sie liegt darin, daß der Gesetzgeber eine bereits vorhandene Rechtsposition abbaut. Er dringt in ein Gefüge von Rechten und Pflichten ein, dessen Fortbestand sowohl die Koalitionen als auch die tarifgebundenen Arbeitsvertragsparteien beim Vertragsschluß wie selbstverständlich vorausgesetzt haben. Der Eingriff in den bestehenden Tarifvertrag ist letztlich nichts anderes als die Enttäuschung von Vertrauen, das die Beteiligten in die Kontinuität der einfachrechtlich ausgestalteten Arbeitsrechtsordnung hegen. Diese empfinden den Eingriff gerade deshalb als hart, weil er den Abbau von Besitzständen bedeutet, die sie mitunter hart erkämpft haben. Die Verläßlichkeit und die Beständigkeit der Rechtsordnung sind aber wesentliche Voraussetzungen dafür, daß freiwillig längerfristige Bindungen eingegangen werden. Andererseits muß die Rechtsordnung geändert werden können, falls es die politischen, wirtschaftlichen oder sozialen Umstände verlangen. Ein voller Schutz zugunsten des Fortbestands der bisherigen Gesetzeslage würde den demokratisch legitimierten Gesetzgeber in wichtigen Bereichen gegenüber den Einzelinteressen lahmlegen, das Gesamtwohl schwerwiegend gefährden und die Versteinerung der Rechtsordnung bedeuten[544]. Würde neues Recht nur auf neu entstehende Rechtsverhältnisses angewendet, käme es überdies zu einer ungerechtfertigten Privilegierung der „beati possidentes", die, je weiter der Schutz des Besitzstandes in sachlicher und zeitlicher Hinsicht reicht, die Gleichheit aller Bürger vor dem Gesetz in Frage stellt[545].

Der Ausgleich zwischen diesen beiden in Widerstreit liegenden Interessen – Verläßlichkeit der Rechtsordnung auf der einen und Notwendigkeit ihrer Anpassung auf der anderen Seite –, ist das zentrale Thema der allgemeinen verfassungsrechtlichen Vertrauensschutzdogmatik. Das Problem wird immer dann berührt, wenn der Gesetzgeber ein Rechtsgebiet neu ordnet und dabei auf Rechtspositionen stößt, die nach alter Gesetzeslage begründet worden sind. Die Neuordnung des Tarifrechts macht hier keine Ausnahme. So gesehen ist die Frage, ob der Gesetzgeber auch in bestehende Tarifverträge eingreifen kann, nichts anderes als ein Problem der richtigen Anwendung der vertrauensschutzrechtlichen Grundsätze auf die Tarifautono-

---

[543] So m.R. auch das BVerfG, vgl. BVerfGE 94, 268 (284 f.); 100, 271 (283 f.); 103, 293 (308).
[544] BVerfGE 76, 256 (347).
[545] BVerfGE 48, 403 (4125); *Götz*, FG BVerfG II (1976), S. 421 (438 ff.).

mie. Das haben die vermittelnden Meinungen in der Literatur[546] und die arbeitsgerichtliche Rechtsprechung[547] sehr richtig erkannt. Die korrekte Anwendung dieser Grundsätze setzt allerdings die genaue Kenntnis ihrer Inhalte voraus. Der folgende Abschnitt beschreibt deshalb die Grundzüge des allgemeinen verfassungsrechtlichen Vertrauensschutzes. Maßgeblich ist dabei die Sicht des BVerfG, die allerdings in der Lehre auf nicht unerhebliche Kritik gestoßen ist.

II. Vertrauensschutz bei Gesetzesänderungen

1. Vertrauensschutz auf der Grundlage des Rechtsstaatsprinzips

Daß auf den Bestand von Gesetzen vertraut werden können muß, gehört nicht erst seit heute zum gesicherten Bestand rechtsstaatlichen Denkens[548]. Das Problem ist deshalb nicht, ob der Rechtsstaat überhaupt Vertrauensschutz gewährt, sondern unter welchen Voraussetzungen und in welchem Umfang[549]. Soll der Gesetzgeber an das Vertrauensschutzprinzip gebunden werden, muß sich dieses Prinzip aus der Verfassung ergeben. Ausdrücklich erwähnt das Grundgesetz das Vertrauensschutzprinzip, vom Rückwirkungsverbot für Strafgesetze in Art. 103 Abs. 2 GG einmal abgesehen, nicht. Das BVerfG leitet es aus dem in Art. 20 Abs. 1 und 28 Abs. 1 GG niedergelegten Rechtsstaatsprinzip ab. Zu den wesentlichsten Elementen des Rechtsstaatsprinzips gehöre die Rechtssicherheit. Diese bedeute für den Bürger in erster Linie Vertrauensschutz. Der Bürger müsse darauf bauen können, daß sein dem geltenden Recht entsprechendes Handeln von der Rechtsordnung anerkannt bleibe. In diesem Vertrauen werde der Bürger verletzt, wenn der Gesetzgeber an abgeschlossene Tatbestände ungünstigere Folgen knüpfe als diejenigen, von denen der Bürger bei seinen Dispositionen ausgehen durfte[550]. Daraus entwickelt das Gericht ein grundsätzliches Verbot „echt" zurückwirkender Gesetze, wenn mit ihnen eine Belastung einhergeht.

Dem Vertrauensschutzprinzip müssen aber nicht nur Gesetze gehorchen, die zum Nachteil des Bürgers in bereits abgeschlossene Tatbestände eingreifen. Vielmehr gilt es auch für solche Gesetze, „die zwar nicht auf vergangene, aber auch nicht nur auf zukünftige, sondern auf gegenwärtige, noch nicht abgeschlossene Sachverhalte und Rechtsbeziehungen für die Zukunft einwirken und damit zugleich die betroffene Rechtsposition nachträglich im ganzen entwerten"[551]. Gesetze, die diese Bedingungen erfüllen, werden als „unecht zurückwirkend" bezeichnet. Diese Bezeichnung

---

[546] *Kamanabrou*, RdA 1997, 22 (33 f.); *Otto*, FS Zeuner (1994), S. 121 (143 ff.); *Wank*, Anm. zu BVerfG, Beschl. v. 10.1.1995, AP Nr. 76 zu Art. 9 GG Bl. 185 ff.; *Wiedemann*, FS Stahlhacke (1995), S. 675 (689); ansatzweise auch *Butzer*, RdA 1994, 375 (385); *Lohs*, Anpassungsklauseln in Tarifverträgen, S. 40 ff.; *ders.*, BB 1996, 1273 ff.

[547] BAG, Urt. v. 1.12.1993, AP Nr. 4 zu § 41 SGB VI.

[548] Instruktiv die Motive zu dem Entwurfe eines Bürgerlichen Gesetzbuches für das Deutsche Reich, Band 1, AT, S. 19 ff.; vgl. auch *Savigny*, System VIII, S. 360; *G. Jellinek*, Allgemeine Staatslehre, S. 369 f.

[549] So mit Recht *Pieroth*, JZ 1984, 971 (972).

[550] So erstmals BVerfGE 13, 261 (271).

[551] BVerfGE 30, 392 (402).

verdunkelt freilich mehr, als sie erhellt. Denn bei Gesetzen, die auf nicht abgeschlossene Sachverhalte einwirken, liegt streng genommen gar kein Rückwirkungsproblem vor. Rückwirkung kommt einem Gesetz zu, das an einen in der Vergangenheit abgeschlossenen Sachverhalt andere Rechtsfolgen als das bisherige Recht knüpft und daher eine Umwertung ausschließlich des in der Vergangenheit Geschehenen erfordert. Demgegenüber bezeichnet der Begriff „unechte Rückwirkung" die Probleme, die sich aus dem Anspruch eines Gesetzes ergeben, sofort und für die Zukunft gelten zu wollen, und das bei seinem Inkrafttreten auf durch bisher anders lautende Gesetze regelte Rechtslagen trifft, und dabei eine Wirkung entfaltet, die der eines rückwirkenden Gesetzes ähnlich ist[552]. Das BVerfG tut sich schwer, Fälle einer „unechten Rückwirkung" von solchen einer echten Rückwirkung und solchen ohne jede Rückwirkung abzugrenzen. Der zweite Senat hat einen Ausweg gesucht, und er hat ihn in der Unterscheidung zwischen einer „Rückbewirkung von Rechtsfolgen" und einer „tatbestandlichen Rückanknüpfung" gefunden. Erstere soll vorliegen, wenn die normativ angeordneten Rechtsfolgen für einen bestimmten, vor dem Zeitpunkt der Verkündung eines Gesetzes liegenden Zeitraum eintreten; letztere, wenn das Gesetz den Eintritt seiner Rechtsfolgen von Gegebenheiten vor seiner Verkündung abhängig macht[553]. Mit dieser neuen Formel präzisierte das Gericht zwar den Tatbestand der „echten Rückwirkung", konnte die mit dem Begriff der „unechten Rückwirkung" verbundenen Probleme jedoch nicht lösen. Immerhin räumte das Gericht ein, daß es nicht sinnvoll sei, die Fälle echter und unechter Rückwirkung unter einen einheitlichen Oberbegriff zu stellen. Im Ergebnis blieb es bei der bisherigen Rechtsprechung, die schon zuvor für die unechte Rückwirkung einen wichtigen Grundsatz aufgestellt hatte: Im Gegensatz zur echten Rückwirkung, die prinzipiell unzulässig ist, ist die unechte Rückwirkung grundsätzlich zulässig. An dieser Zweiteilung zwischen „echter" und „unechter" Rückwirkung und den sich daraus ergebenden Rechtsfolgen hat das Gericht der Sache nach bis heute festgehalten[554].

Die strikte Dichotomie rückwirkender Gesetze hat das BVerfG allerdings nach zwei Seiten hin relativiert. Zum einen macht die Rechtsprechung bei den Fällen echter Rückwirkung eine Reihe von Ausnahmen. Eine im Grundsatz unzulässige echte Rückwirkung kann im Einzelfall doch zulässig sein, wenn der Einzelne nach der rechtlichen Situation zu dem Zeitpunkt, auf den der Eintritt der Rechtsfolge bezogen wird, mit der Regelung rechnen mußte[555], wenn das geltende Recht unklar und verworren war[556] oder sich im nachhinein als verfassungswidrig erweist[557], wenn eine neue Rechtsprechung durch den Gesetzgeber korrigiert wird[558] oder

---

[552] *Götz*, FG BVerfG II (1976), S. 423 (424 f.); ähnlich *Friauf*, BB 1972, 669 (675); *Grabitz*, DVBl. 1973, 675 (677); *Leisner*, FS Berber (1973), S. 273 (290 ff.); *Muckel*, JA 1994, 13 ff.; *Pieroth*, JZ 1984, 971 (972 ff.); ders., JZ 1990, 279 (280 ff.); *Stern*, FS Maunz (1981), S. 381 (386 ff.).
[553] BVerfGE 72, 200 (241 f.).
[554] *Fiedler*, NJW 1988, 1624 (1627, 1629 f.); *Maurer*, HdbStR III, § 60 Rn. 15; *Muckel*, JA 1994, 13 (14); *Pieroth*, JZ 1990, 279 (281).
[555] BVerfGE 37, 363 (397 f.); 45, 142 (173 f.); 88, 384 (404).
[556] BVerfGE 45, 172 (173).
[557] BVerfGE 13, 261 (272).
[558] BVerfGE 72, 302 (325 ff.).

wenn es sich um bloße Bagatellen handelt[559], kurz: wenn das Vertrauen des einzelnen nicht schutzwürdig ist und zwingende Gründe des Gemeinwohls eine Rückwirkung erfordern[560]. Zum anderen ist die Rechtsprechung bei den Fällen unechter Rückwirkung zu einer situationsbezogenen Güterabwägung übergegangen[561]. Zwar dürfe dem Bürger um der Rechtssicherheit willen kein Nachteil durch eine unvorhersehbare Rechtsänderung erwachsen, vor allem, wenn er eine bestimmte Rechtslage zum Anlaß nimmt, entsprechende Dispositionen zu treffen. Der verfassungsrechtliche Vertrauensschutz gehe aber nicht so weit, dem Bürger jegliche Enttäuschung zu ersparen[562]. Auf den Vertrauensschutz könne er sich nicht berufen, wenn sein Vertrauen auf den Fortbestand einer bestimmten gesetzlichen Regelung eine Rücksichtnahme durch den Gesetzgeber billigerweise nicht beanspruchen könne. Hierfür sei auf der einen Seite das Ausmaß des Vertrauensschadens, auf der anderen Seite die Bedeutung des gesetzgeberischen Anliegens für das Wohl der Allgemeinheit maßgeblich. Sie seien gegeneinander abzuwägen[563]. Nur wenn diese Abwägung ergebe, daß das Vertrauen auf den Fortbestand der bisherigen Rechtslage den Vorrang verdiene, sei die Regelung verfassungswidrig[564]. Etwas später präzisiert das Gericht die maßgeblichen Gesichtspunkte noch einmal. Entscheidend seien die Schutzwürdigkeit des beeinträchtigten Besitzstandes, die Schwere des Eingriffs, das Ausmaß des Vertrauensschadens, der Grund für das enttäuschte Vertrauen sowie die Art und Weise, auf die das Vertrauen enttäuscht werde[565]. Den Grundsatz für „unecht zurückwirkende" Gesetze hat das Gericht aber nicht aufgegeben. Es hält diese Art der Rückwirkung für prinzipiell zulässig; nur wenn die gebotene Güterabwägung eindeutig zugunsten des individuellen Vertrauensschutzes ausfällt, ist die unechte Rückwirkung unzulässig. Das ist in der Praxis die Ausnahme. Im Regelfall ist die unechte Rückwirkung mit der Verfassung vereinbar[566], weil das Vertrauen in den Fortbestand der bisherigen günstigen Rechtslage nicht generell schutzwürdiger erscheint als das öffentliche Interesse an einer Änderung[567].

2. Vertrauensschutz auf grundrechtlicher Grundlage

Der Vertrauensschutz bei Gesetzesänderungen ruht jedoch nicht allein auf dem Rechtsstaatsprinzip, sondern auch auf den Grundrechten. Seit 1971 geht das

---

[559] BVerfGE 30, 367 (389); 72, 200 (258 f.).
[560] BVerfGE 13, 261 (271 f.).
[561] BVerfGE 18, 135 (144); 22, 241 (249); 24, 220 (230); 25, 142 (154); 30, 250 (268); 31, 94 (99); 48, 403 (416); 50, 386 (395); 51, 356 (363); 58, 81 (121); 63, 312 (329); 64, 87 (104); 67, 1 (15); 69, 272 (310); 70, 69 (84); 71, 255 (273); 72, 141 (154); 76, 256 (356); 78, 249 (284).
[562] BVerfGE 14, 288 (299 f.); 30, 367 (389); 50, 386 (396); 68, 287 (307); 76, 256 (350).
[563] BVerfGE 14, 288 (300).
[564] BVerfGE 18, 135 (144); 22, 241 (249); 24, 220 (230); 25, 142 (154); 30, 250 (268); 31, 94 (99); 48, 403 (416); 50, 386 (395); 51, 356 (363).
[565] BVerfGE 51, 356 (363); 58, 81 (121); 63, 312 (329); 64, 87 (104); 67, 1 (15); 69, 272 (310); 70, 69 (84); 71, 255 (273); 72, 141 (154); 76, 256 (356).
[566] *Götz*, FG BVerfG II (1976), S. 421 (438); vgl. auch die detaillierten Untersuchungen von *Pieroth*, JZ 1984, 971 (977) und JZ 1990, 279 (285).
[567] BVerfGE 30, 250 (268); 50, 386 (395); 70, 69 (84 f.); 71, 255 (273); 76, 256 (356); 78, 249 (284).

BVerfG davon aus, daß Art. 14 Abs. 1 GG lex specialis gegenüber dem rechtsstaatlich fundierten Vertrauensschutzprinzip ist. Der rechtsstaatliche Grundsatz des Vertrauensschutzes habe für die vermögenswerten Güter im Eigentumsgrundrecht eine eigene Ausprägung und verfassungsrechtliche Ordnung erfahren. Die Aufgabe der Eigentumsgarantie liege nämlich gerade darin, dem Bürger Rechtssicherheit hinsichtlich der durch Art. 14 Abs. 1 Satz 1 GG geschützten Güter zu gewährleisten und das Vertrauen auf das durch die verfassungsmäßigen Gesetze ausgeformte Eigentum zu schützen[568]. Die Garantie des Eigentums würde letztlich leerlaufen, wenn der Eigentümer nicht mehr darauf vertrauen könnte, daß seine Eigentumsrechte im Regelfall Bestandsschutz genießen[569]. Art. 14 Abs. 1 GG vereint nach Ansicht des BVerfG neben einer Institutsgarantie auch eine Rechtsstellungsgarantie. In seiner Funktion als Institutsgarantie hindert Art. 14 Abs. 1 GG den Gesetzgeber daran, das Eigentum als Rechtsinstitut zu beseitigen, und verpflichtet ihn, die zum Erwerb, zur Nutzung und zum Schutze des Eigentums erforderlichen Normenkomplexe zur Verfügung zu stellen; als Rechtsstellungsgarantie verbürgt Art. 14 Abs. 1 GG die bestehenden konkreten Rechte der Eigentümer. Instituts- und Rechtsstellungsgarantie unterscheiden sich in ihrem zeitlichen Ansatzpunkt: Während diese die in der Vergangenheit entstandenen konkreten einfachrechtlichen Rechtspositionen vor einer Entwertung schützt, verbürgt jene die Beibehaltung rechtlicher Zuordnungsverhältnisse, die auch in der Zukunft die Bezeichnung „Eigentum" noch verdienen[570]. Die Konsequenz dieses zweifachen Garantiegehaltes hat die Rechtsprechung sehr richtig erkannt: „Eine Regelung, die für die Zukunft allen verfassungsrechtlichen Erfordernissen des Art. 14 Abs. 1 GG entspricht, kann unter dem Gesichtspunkt desselben Grundrechts verfassungswidrig sein, soweit sie in Rechtspositionen eingreift, die in der Vergangenheit entstanden sind[571]". Die Konsequenz, die sich aus dem von der Rechtsprechung angenommenen Spezialitätsverhältnis zwischen Art. 14 Abs. 1 GG und dem allgemeinen rechtsstaatlichen Vertrauensschutzprinzip ergibt, ist ebenso klar: Auf letzteres darf dann nicht zurückgegriffen werden, wenn die geschützte Rechtsposition, die der Gesetzgeber beseitigt oder umgestaltet, innerhalb des Schutzbereichs des Eigentumsgrundrechts liegt. Ist die fragliche Rechtsposition nicht eigentumsrechtlich begründet, bleibt indes der Rückgriff auf das Vertrauensschutzprinzip möglich, freilich nur nach Maßgabe der richterrechtlich entwickelten Grundsätze zur Rückwirkung von Gesetzen[572]. Das BVerfG befolgt diese Maximen zumeist[573], prüft aber manchmal das rechtsstaatliche Vertrauensschutzprinzip selbständig neben Art. 14 Abs. 1 GG[574].

---

[568] BVerfGE 36, 281 (293); 42, 263 (300 f.); 45, 142 (168); 53, 257 (309); 58, 81 (120 f.); 64, 87 (104); 69, 272 (309); 70, 101 (114).

[569] *Bryde*, in: von Münch/Kunig, Art. 14 GG Rn. 64.

[570] *Bryde*, in: von Münch/Kunig, Art. 14 GG Rn. 31 f.; *Jarass*, in: Jarass/Pieroth, Art. 14 GG Rn. 3; *Kimminich*, in: Bonner Kommentar, Art. 14 GG Rn. 86 ff; *Pieroth*, JZ 1984, 971 (974).

[571] BVerfGE 58, 81 (121).

[572] *Kunig*, Rechtsstaatsprinzip, S. 307 ff.; *Maurer*, in: HdbStR III, § 60 Rn. 44, 46; *Pieroth*, JZ 1990, 279 (283).

[573] BVerfGE 45, 142 (168); 53, 257 (309); 58, 81 (120); 69, 272 (309); 72, 141 (154); 72, 175 (196); 74, 129 (155); 75, 78 (105); 77, 370 (377); 78, 249 (283).

[574] BVerfGE 70, 101 (114); 71, 230 (251); 79, 29 (45).

§ 6 Zugriff auf bestehende Tarifverträge 283

Die Gewährleistung einer Rechtsposition nach Maßgabe des Art. 14 Abs. 1 GG bedeutet nicht ihre Unantastbarkeit für alle Zeiten. Sie besagt auch nicht, daß jede inhaltliche Veränderung einer geschützten Rechtsstellung ein für alle Mal unzulässig wäre[575]. Vielmehr steht sie unter dem Vorbehalt einer einfachrechtlichen Inhalts- und Schrankenbestimmung gemäß Art. 14 Abs. 1 Satz 2 GG. Der Gesetzgeber darf Eigentumsrechten einen neuen Inhalt geben und neue Eigentumsrechte begründen. Er kann aber auch das Entstehen von Rechten, die nach bisheriger Gesetzeslage möglich waren, für die Zukunft ausschließen. Weiterhin ist es dem Gesetzgeber nicht verwehrt, die nach alter Gesetzeslage begründeten Rechte der Neuregelung anzugleichen, auch wenn dabei die bisherigen Befugnisse eingeschränkt werden[576]. Selbst die völlige Beseitigung bestehender, durch die Eigentumsgarantie geschützter Rechtspositionen kann unter bestimmten Voraussetzungen zulässig sein[577]. Der Gesetzgeber steht bei der Neuordnung eines Rechtsgebietes auch nicht vor der Alternative, die alten Rechtspositionen zu konservieren oder gegen Entschädigung zu entziehen, sondern er kann im Rahmen des Art. 14 Abs. 1 Satz 2 GG individuelle Rechtspositionen umgestalten[578]. In all diesen Vorgängen sieht das BVerfG keine (ausgleichspflichtige) Enteignung im Sinne des Art. 14 Abs. 3 GG, sondern lediglich eine Inhalts- und Schrankenbestimmung nach Maßgabe des Art. 14 Abs. 1 Satz 2 GG. Daran ändert auch der Umstand nichts, daß der Gesetzgeber bei der Neuordnung eines Rechtsgebietes bestehende Rechte abschafft, für die es im neuen Recht keine Entsprechung gibt[579].

Freilich unterliegt der Gesetzgeber bei der Umgestaltung oder dem Entzug eigentumsrechtlich geschützter Rechtspositionen verfassungsrechtlichen Bindungen. Die hier zu beachtenden Anforderungen sind nicht von ungefähr strenger als die Grundsätze, die bei der Rückwirkung von Gesetzen gelten[580]. In der Schmälerung einer von Art. 14 Abs. 1 GG geschützten Rechtsposition liegt ein Eingriff in den Schutzbereich des Eigentumsgrundrechts, der nur dann zulässig ist, wenn er sich verfassungsrechtlich legitimieren läßt. Voraussetzung für den mit einer Neuregelung eines Rechtsgebietes verbundenen Eingriff in eine nach früherer Gesetzeslage begründete und eigentumsrechtlich geschützte Rechtsposition ist zunächst die Verfassungsmäßigkeit der Neuregelung als solche, d.h. unabhängig von der Frage der Beseitigung oder Einschränkung bestehender Rechtspositionen[581]. Darüber hinaus muß der Eingriff durch Gründe des öffentlichen Interesses unter Berücksichtigung des Grundsatzes der Verhältnismäßigkeit gerechtfertigt sein[582]. Die Gründe, die für einen Eingriff sprechen, müssen so schwerwiegend sein, daß sie den Vorrang vor der bestandsgeschützten Rechtsposition genießen[583]. Auch das Ausmaß des zulässigen

---
[575] BVerfGE 31, 275 (284 ff., 289 f.); 36, 281 (293); 42, 263 (294); 58, 300 (351); 83, 201 (212); *Götz*, FG BVerfG II (1976), S. 421 (437).
[576] BVerfGE 31, 275 (284 ff., 289 f.); 36, 281 (293); 42, 263 (294); 58, 300 (351); 83, 201 (212).
[577] BVerfGE 78, 58 (75).
[578] BVerfGE 31, 275 (285, 290); 36, 281 (293); 43, 242 (288); 58, 300 (351).
[579] BVerfG 83, 201 (211 f.).
[580] *Götz*, FG BVerfG II (1976), S. 421 (438).
[581] BVerfGE 31, 275 (285); 58, 300 (338); 83, 201 (212).
[582] BVerfGE 31, 275 (290); 70, 191 (201 f.).
[583] BVerfGE 42, 263 (294); 58, 300 (351); 83, 201 (212).

Eingriffs hängt vom Gewicht des dahinterstehenden öffentlichen Interesses ab[584]. Weiterhin spielt eine Rolle, ob das Eigentumsobjekt in einem sozialen Bezug und einer sozialen Funktion steht[585]. In diesem Fall hat der Gesetzgeber wegen der in Art. 14 Abs. 2 GG angeordneten Sozialpflichtigkeit des Eigentums einen relativ weiten Gestaltungsspielraum. Umgekehrt genießt das Eigentumsobjekt einen um so größeren Schutz, je mehr es für die Sicherung der persönlichen Freiheit des Eigentümers wichtig ist[586]. Im allgemeinen kann der Gesetzgeber die Folgen einer Umgestaltung oder Beseitigung einer Rechtsposition durch eine Entschädigungs-, Überleitungs- oder Übergangsregelung abmildern. Ob er dazu verpflichtet ist, ist eine andere Frage. Dabei ist, da sich der Eingriff für den Betroffenen der Sache nach wie eine teilweise oder vollkommene Enteignung darstellt, das in Art. 14 Abs. 3 GG zum Ausdruck kommende Entschädigungsprinzip zu beachten[587]. Der Gesetzgeber ist zwar nicht ausnahmslos zu einer Abmilderung der mit der Neuordnung eines Rechtsgebietes einhergehenden negativen Folgen verpflichtet. Die völlige übergangs- und ersatzlose Beseitigung einer Rechtsposition kann jedoch nur unter besonderen Voraussetzungen in Betracht kommen. Das bloße Bedürfnis nach Rechtseinheit im Zuge einer Neuregelung rechtfertigt sie jedenfalls nicht[588]. Im übrigen ist die Überleitung bestehender Rechtspositionen in einer unbegrenzten Fülle von Abstufungen – von der sofortigen, übergangslosen Inkraftsetzung des neuen Rechts bis zur zeitlich unbeschränkten Fortgeltung der nach bisherigem Recht begründeten Rechtspositionen – möglich. Bei der Gestaltung des Übergangsrechts kommt dem Gesetzgeber ein erheblicher Spielraum zu, da die Verfassung insoweit kaum justitiable Maßstäbe enthält[589]. In jedem Fall trifft ihn eine besondere Pflicht zur Rücksichtnahme auf nach altem Recht erworbene Rechte[590].

III. Eigentumsrechtlicher Schutz bestehender Tarifverträge

Wenn die Frage, ob der Gesetzgeber auch in bestehende Tarifverträge eingreifen kann, nichts anderes als ein Problem der richtigen Anwendung vertrauensschutzrechtlicher Grundsätze auf die Tarifautonomie ist, so muß die Prüfung bei Art. 14

---

[584] BVerfGE 83, 201 (212).
[585] BVerfGE 37, 132 (140); 42, 263 (294); 53, 257 (292); 70, 191 (201); 71, 230 (246 f.); 79, 292 (302); *Jarass*, in: Jarass/Pieroth, Art. 14 GG Rn. 42; *Papier*, in: Maunz/Dürig, Art 14 GG Rn. 256.
[586] H.M., vgl. BVerfGE 50, 290 (340 f.); 58, 81 (112); 70, 191 (201); 79, 283 (289); 84, 382 (385); *Bryde*, in: von Münch/Kunig, Art. 14 GG Rn. 13, 59; *Jarass*, in: Jarass/Pieroth, Art. 14 GG Rn. 42; *Kimminich*, in: Bonner Kommentar, Art. 14 GG Rn. 139, 157 ff.; *Papier*, in: Maunz/Dürig, Art. 14 GG Rn. 304: abgestufter Grundrechtsschutz; *Rittsteig*, in: AK-GG, Art. 14 GG Rn. 169; *Schmidt-Bleibtreu/ Klein*, Art. 14 GG Rn. 6.
[587] BVerfGE 83, 201 (212 f.).
[588] BVerfGE 31, 275 (292); 78, 58 (75); 83, 201 (213).
[589] *Götz*, FG BVerfG II (1976), S. 421 (438); *Muckel*, Vertrauensschutz, S. 121 ff.; *ders.*, JA 1994, 13 (16); *Stern*, FS Maunz (1981), S. 381 (393); zum Problem des Überleitungsrecht ausführlich *Aschke*, Übergangsregelungen; *Pieroth*, Rückwirkung.
[590] BVerfGE 36, 281 (293 f.); 42, 263 (294); 53, 336 (351); 58, 300 (351 f.); 83, 201 (212); *Bryde*, in: von Münch/Kunig, Art. 14 GG Rn 64; *Papier*, in: Maunz/Dürig, Art. 14 GG Rn. 268; *Rittsteig*, in: AK-GG, Art 14 GG Rn. 176; *Rüfner*, JZ 1983, 755 ff.

Abs. 1 GG ansetzen, da dieser lex specialis zum allgemeinen, rechtsstaatlich fundierten Vertrauensschutzprinzip ist. Zu klären ist dabei zunächst, ob Rechtspositionen, die durch einen bestehenden Tarifvertrag begründet werden, überhaupt in den Schutzbereich der Eigentumsgarantie fallen. Sollte das der Fall sein, ist weiter zu fragen, welche Bindungen Art. 14 GG dem Gesetzgeber bei der Umgestaltung oder dem Entzug solcher Rechte auferlegt. Anderenfalls ist auf das subsidiär geltende allgemeine Vertrauensschutzprinzip zurückzukommen.

1. Eigentumsrechtliche Garantie tarifvertraglich begründeter Rechtspositionen?

Daß tarifvertraglich begründete Rechtspositionen den verfassungsrechtlichen Schutz des Art. 14 Abs. 1 GG genießen können, mag zunächst befremden, vor allem wenn man die grundrechtliche Garantie des Eigentums auf den Schutz des Sacheigentums im Sinne des § 903 BGB bezieht. Der verfassungsrechtliche Eigentumsbegriff reicht jedoch weit über den bürgerlich-rechtlichen hinaus. Er umfaßt jedes vermögenswerte Recht, jedenfalls soweit es privatrechtlichen Ursprungs ist. Von einem erweiterten, nicht allein auf das Sacheigentum begrenzten Eigentumsbegriff ist schon das Reichsgericht ausgegangen[591]. Die Anregung hierzu kam seinerzeit von *Wolff*, der als einer der ersten die Eigentumsgarantie der Weimarer Reichsverfassung näher untersucht hat[592]. Der BGH hat den „erweiterten Eigentumsbegriff" für die Eigentumsgarantie des Art. 14 Abs. 1 GG übernommen[593]. BVerfG[594] und Lehre[595] sind dem gefolgt. Der erweiterte Eigentumsbegriff erfaßt neben dem Sacheigentum auch die sonstigen dinglichen Rechte sowie Immaterialgüterrechte, Renten, Aktien und andere Gesellschafterrechte, den eingerichteten und ausgeübten Gewerbebetrieb und bestimmte Berufsstellungen[596], nicht jedoch das Vermögen als solches, d.h. die Gesamtheit sämtlicher einem Rechtsträger zugeordneter Rechtspositionen[597]. Das BVerfG hat im Beschluß vom 9.1.1991[598] die Gewährleistung dieser Vielzahl von eigentumsrechtlichen Schutzobjekten auf eine zusammenfassende Formel zu bringen versucht. Wesentliches Merkmal des Eigentums

---

[591] RGZ 109, 319; 111, 320; 129, 146.
[592] FS Kahl (1923), S. 2 ff.
[593] BGHZ 6, 270.
[594] BVerfGE 14, 263 (276); 24, 367 (384); 31 (229 (239); 28, 110 (141); 36, 281 (290); 51, 193 (217); 68, 193 (222); 70, 191 (199); 77, 130 (136); 77, 263 (270); 78, 58 (71); 79, 1 (25); 83, 182 (199); 83, 201 (208 ff.); 88, 384 (401).
[595] *Bryde*, in: von Münch, Art. 14 GG Rn. 11; *Hesse*, Verfassungsrecht, Rn. 444; *Kimminich*, in: Bonner Kommentar, Art. 14 GG Rn. 32; *Maunz/Zippelius*, Deutsches Staatsrecht, § 28 II; *Papier*, in: Maunz/Dürig, Art. 14 GG Rn. 8; *Pieroth/Schlink*, Grundrechte, Rn. 899; *Rittsteig*, in: AK-GG, Art. 14 GG Rn. 60 ff.; *Schmidt-Bleibtreu/Klein*, Art. 14 GG Rn. 3.
[596] Zusammenfassend *Jarass*, in: Jarass/Pieroth, Art. 14 GG Rn. 6 ff.; *Kimminich*, in: Bonner Kommentar, Art. 14 GG Rn. 32.
[597] BVerfGE 72, 176 ff.; 74, 129 (148); *Bryde*, in: von Münch, Art. 14 GG Rn. 23; *Papier*, in: Maunz/Dürig, Art. 14 GG Rn. 150; *Pieroth/Schlink*, Grundrechte, Rn. 907; *Rittsteig*, in: AK-GG, Art. 14 GG Rn. 125; *Wendt*, Eigentum, S. 36 ff.
[598] BVerfGE 83, 201 (209); wiederholt in BVerfGE 89, 1 (6); ähnlich zuvor BVerfGE 31, 229 (240); 27, 132 (140); 42, 263 (294); 50, 290 (339); 53, 257 (290); 55, 249 (257); 55, 249 (257); 58, 300 (345); 68, 361 (367 f.); 71, 230 (246); 79, 174 (191); 79, 292 (303); 81, 29 (34); 82, 6 (15).

im Sinne des Art. 14 Abs. 1 GG sei es, daß ein vermögenswertes Recht dem Berechtigten ebenso ausschließlich wie Sacheigentum zur privaten Nutzung und zur eigenen Verfügung zugeordnet sei. Die Eigentumsgarantie solle dem Grundrechtsträger einen Freiraum im vermögensrechtlichen Bereich erhalten und dem Einzelnen damit die Entfaltung und eigenverantwortliche Gestaltung seines Lebens ermöglichen. Unter den Schutz der Eigentumsgarantie im Bereich des Privatrechts fielen deshalb grundsätzlich alle vermögenswerten Rechte, „die dem Berechtigten von der Rechtsordnung in der Weise zugeordnet sind, daß er die damit verbundenen Befugnisse nach eigenverantwortlicher Entscheidung zu seinem privaten Nutzen ausüben darf". Dabei komme es weder darauf an, ob die betreffende Rechtsposition übertragbar ist[599], noch darauf, ob sich ihre Ausübung in einem einmaligen Vorgang erschöpft[600]. Privatnützig sei ein Recht bereits dann, wenn es zum eigenen Vorteil ausgeübt werden kann und damit dem Berechtigten „von Nutzen" ist[601].

Tarifvertraglich fundierte Rechtspositionen könnten insoweit in den Schutzbereich des Art. 14 Abs. 1 GG einbezogen sein, als sie in ihrem normativen Teil Forderungen der Tarifgebundenen begründen und in ihrem schuldrechtlichen Teil Ansprüche der Tarifvertragsparteien. Daß privatrechtliche Forderungen grundsätzlich dem verfassungsrechtlichen Eigentumsschutz unterliegen, ist allgemein anerkannt[602]. Sie erfüllen ohne weiteres die von der Rechtsprechung aufgestellten Voraussetzungen des erweiterten Eigentumsbegriffs. Die Rechtsordnung weist dem Gläubiger die Inhaberschaft an der Forderung zu, die er gegenüber seinem Schuldner eigenverantwortlich und ausschließlich zu seinem privaten Nutzen realisieren kann. Daß eine Forderung nur relativ, d.h. nur zwischen dem Gläubiger und einem konkreten Schuldner wirkt und nicht wie das (Sach-)Eigentum und die aus ihm abgeleiteten Befugnisse ein absolutes Recht begründet, das dem Gläubiger gegenüber jedermann zusteht, spielt für den verfassungsrechtlichen Eigentumsbegriff keine Rolle[603]. Über die Inhaberschaft an einer Forderung kann wie über Sacheigentum verfügt werden. Sie kann übertragen, belastet, geändert oder aufgehoben werden. Überdies gewährt die Rechtsordnung einen gewissen Schutz vor Zugriffen Dritter. Die Einbeziehung von Forderungen in den Schutzbereich des Art. 14 Abs. 1 GG wird auch dem Schutzzweck der Norm gerecht. Wenn dieser darin liegt, dem Grundrechtsträger einen Freiraum zu erhalten, um ihm in vermögensrechtlicher Hinsicht eine eigenverantwortliche Lebensgestaltung zu ermöglichen, muß die Inhaberschaft an einer Forderung verfassungsrechtlich zumindest einen vergleichbaren Schutz erfahren wie das Sacheigentum. Davon geht auch die Rechtsprechung aus[604]. In der Contergan-Entscheidung hat das BVerfG zunächst deliktische Ansprüche

---

[599] BVerfGE 91, 294 (307).
[600] BVerfGE 83, 201 (210).
[601] BVerfGE 53, 257 (290); 83, 201 (210).
[602] *Jarass*, in: Jarass/Pieroth, Art. 14 GG Rn. 8; *Kimminich*, in: Bonner Kommentar, Art. 14 GG Rn. 33; *Klußmann*, Laufende Verträge, S. 56; *Papier*, in: Maunz/Dürig, Art. 14 GG Rn. 199; *Schmidt-Bleibtreu/Klein*, Art. 14 GG Rn. 3.
[603] BVerfGE 45, 172 (179).
[604] BVerfGE 42, 263 (294); 45, 172 (179); 77, 370 (377); BGHZ 83, 1 (3 f.); 117, 236 (237 f.).

dem Schutz des Art. 14 Abs. 1 GG unterstellt[605]; kaum ein Jahr später hat es den eigentumsrechtlichen Schutz auf vertragliche Ansprüche ausgedehnt. Namentlich der Anspruch eines Verkäufers gegen den Käufer auf Zahlung des Kaufpreises und Abnahme der Waren sei ein vermögenswertes Recht im Sinne des Art. 14 Abs. 1 GG[606]. Dasselbe hat das BVerfG für die obligatorischen Rechte des Mieters[607] und des Verpächters von Kleingärten[608] angenommen. Auch ein Vorkaufsrecht fällt unter den Schutz des Art. 14 Abs. 1 GG, zumindest wenn der Vorkaufsfall eingetreten ist[609].

Für tarifvertraglich begründete Ansprüche und Forderungen kann nichts anderes gelten; auch sie müssen dem eigentumsrechtlichen Schutz unterstellt werden. Hinsichtlich des schuldrechtlichen Teiles liegt dieses Ergebnis ohne weiteres auf der Hand, denn hier verpflichten sich die Tarifvertragsparteien unmittelbar und selbst, und ihre Vertragsposition entspricht derjenigen gewöhnlicher Vertragsparteien. Aber auch Ansprüche und Forderungen, die aus dem normativen Teil des Tarifvertrages resultieren und die nicht für die Tarifvertragsparteien selbst, sondern für die von ihnen repräsentierten Tarifgebundenen gelten, rechnen zum Schutzbereich des Art. 14 Abs. 1 GG. Es kann nämlich keinen Unterschied machen, ob der Gesetzgeber auf eine durch einen Individualvertrag begründete Forderung zugreift oder ob er Ansprüche aus dem normativen Teil eines bestehenden Tarifvertrages beseitigt. Letztlich dient der normative Teil des Tarifvertrages keinem anderen Ziel als der Festlegung der Arbeitsbedingungen zwischen den Arbeitsvertragsparteien. Durch Tarifnormen ist grundsätzlich das regelbar, was die Arbeitsvertragsparteien auch durch eigene Vereinbarungen hätten regeln können[610]. Wenn dem aber so ist und die Arbeitsvertragsparteien auf eigene Vereinbarungen in dem berechtigten Vertrauen verzichten, die Tarifvertragsparteien seien dazu eher als sie selbst in der Lage, darf der Schutz tarifvertraglich begründeter Forderungen keinesfalls geringer sein als der für individualvertragliche Ansprüche. Beide Arten von Ansprüchen sind gleichzubehandeln. Auf ihren Entstehungsgrund kann es nicht ankommen. Auf welche Rechtsgrundlage sich ein privatrechtlicher Anspruch stützt, ist für die Frage, ob er den verfassungsrechtlichen Schutz der Eigentumsgarantie genießt, auch sonst ohne Belang. Wenn das BVerfG bereits deliktische Ansprüche, die keinerlei privatautonomen Willensakt voraussetzen, sondern nur die Erfüllung der gesetzlichen Tatbestandsmerkmale verlangen, zur Eigentumsgarantie des Art. 14 Abs. 1 GG rechnet, muß das erst recht für Forderungen aus einem Tarifvertrag gelten, deren Geltung immerhin von der Mitgliedschaft der Arbeitsvertragsparteien in den tarifschließenden Verbänden abhängt, die in der freien Willensentscheidung der Tarifgebunden liegt.

---

[605] BVerfGE 42, 263 (294).
[606] BVerfGE 45, 172 (179); 68, 193 (222); 77, 370 (377).
[607] BVerfGE 89, 1 (6); anders noch BVerfGE 18, 121 (131 f.).
[608] BVerfGE 52, 1 (26 ff.); offengelassen allerdings für die Rechte des Pächters, BVerfGE 10, 221 (228).
[609] BVerfGE 83, 201 (210).
[610] *Däubler*, Tarifvertragsrecht, Rn. 170; *Zachert*, in: Kempen/Zachert, § 1 TVG Rn. 60; *Löwisch/Rieble*, § 1 TVG Rn. 42.

Allerdings bildet der Tarifvertrag die Rechtsgrundlage nicht nur für eine einmalige Forderung, sondern er begründet zwischen den Tarifvertragsparteien ein Dauerschuldverhältnis, aus dem sich fortwährend neue Ansprüche ergeben. Darüber hinaus gestaltet sein normativer Teil die Arbeitsverhältnisse der Tarifgebundenen und erzeugt auch insofern immer wieder neue Ansprüche. Es fragt sich deshalb, ob auch diese zukünftigen Ansprüche unter den verfassungsrechtlichen Eigentumsbegriff subsumiert werden können. Das BVerfG hat es bislang nur mit Ansprüchen zu tun gehabt, die nicht aus Dauerschuldverhältnissen resultierten, sondern einmalige Rechtsbeziehungen betrafen, wie etwa im Contergan-Fall[611] eine einzige unerlaubte Handlung oder im Einfuhr- und Vorratsstellen-Fall[612] der Abschluß eines einzelnen Kaufvertrages. In beiden Fällen ging es um bereits existierende Forderungen, denen keine Einwendungen entgegenstanden und die deshalb ohne weiteres realisiert werden konnten.

Bedenken gegen die Einbeziehung erst zukünftiger Forderungen oder sonstiger ungewisser vermögenswerter Rechtspositionen in den Schutzbereich des Art. 14 Abs. 1 GG bestünden dann, wenn man in ihnen bloße Chancen zu sehen hätte. Darauf hat das BVerfG mehrfach zu Recht hingewiesen[613]. Nach ständiger Rechtsprechung[614] und herrschender Lehre[615] schützt Art. 14 Abs. 1 GG nämlich nur konkrete subjektive Rechtspositionen, die einem Rechtsträger bereits zustehen, nicht dagegen Chancen, Verdienstmöglichkeiten und Aussichten, auf deren Verwirklichung kein rechtlich gesicherter Anspruch besteht. Art. 14 Abs. 1 GG verbürgt auch nicht Vorteile, die sich aus dem bloßen Fortbestand einer günstigen Gesetzeslage ergeben[616]. Der Normzweck des Art. 14 Abs. 1 GG liegt ausschließlich darin, den Bestand des bereits Erworbenen, d.h. das Ergebnis einer bestimmten Betätigung gegen staatliche Zugriffe zu sichern. Demgegenüber ist es nicht die Aufgabe des Art. 14 Abs. 1 GG, die Betätigung selbst zu schützen. Das ist Sache anderer Grundrechtsnormen, insbesondere die Funktion des Art. 12 Abs. 1 GG[617].

Für die Einbeziehung erst zukünftig realisierbarer Forderungen aus einem Dauerschuldverhältnis in den Schutzbereich des Art. 14 Abs. 1 GG spricht, daß der Rechtsgrund für diese Forderungen durch den Abschluß des Tarifvertrages bereits gelegt und damit die wesentlichste Voraussetzung für das Entstehen späterer Ansprüche geschaffen ist. Insofern verfügt, wer zukünftige Rechte aus einem Dauer-

---

[611] BVerfGE 42, 263 (294).
[612] BVerfGE 45, 172 (179).
[613] BVerfGE 20, 31 (34); 68, 193 (223); 83, 201 (211).
[614] BVerfGE 20, 31 (34); 25, 112 (121); 28, 119 (142); 30, 292 (335); 45, 63 (81); 45, 272 (296); 52, 1 (27); 68, 193 (222); 74, 129 (148); 77, 84 (118); 77, 370 (377); 81, 208 (227 f.); 83, 201 (211); BGHZ 50, 284 (290); 62, 96 (99); 64, 382 (392 f.); 66, 173 (176); 80, 360; 83, 1 (6); 117, 236 (237).
[615] *Hesse*, Verfassungsrecht, Rn. 446; *Kimminich*, in: Bonner Kommentar, Art. 14 G Rn. 17; *Kreft*, Öffentlich-rechtliche Ersatzleistungen, Rn. 71 ff. *Ossenbühl*, Staatshaftungsrecht, S. 138; *Papier*, in: Maunz/Dürig, Art. 14 GG Rn. 100 ff.; *Pieroth/Schlink*, Grundrechte, Rn. 912; *Schmidt-Bleibtreu/Klein*, Art. 14 GG Rn. 3; krit. *Bryde*, in: von Münch/Kunig, Art. 14 GG Rn. 21.
[616] BVerfGE 68, 193 (222); 77, 370 (377).
[617] BVerfGE 30, 292 (335); *Bryde*, in: von Münch, Art. 14 GG Rn. 21; *Papier*, in: Maunz/Dürig, Art. 14 GG Rn. 8 ff., 222 f.; *Pieroth/Schlink*, Grundrechte, Rn. 912; *Rittsteig*, AK-GG, Art 14 GG Rn. 100; *Seifert/Hömig*, Art. 14 GG Rn. 3; *Wittig*, FS Gebhard Müller (1970), S. 575 (590).

schuldverhältnis herleitet, über eine andere Position als jemand, der erst in Vertragsverhandlungen zum Abschluß eines Dauerschuldverhältnisses steht[618]. Dem steht allerdings entgegen, daß die Rechtsstellung eines aus einem Dauerschuldverhältnis Berechtigten von vornherein dadurch gekennzeichnet und begrenzt ist, daß das Dauerschuldverhältnis nach näherer vertraglicher oder gesetzlicher Bestimmung gekündigt werden kann. Das gilt grundsätzlich auch für den Tarifvertrag, wenngleich es dort an gesetzlichen Kündigungsvorschriften fehlt. Soweit der aus einem Dauerschuldverhältnis Berechtigte gegenüber diesem einseitigen Kündigungsrecht nicht gesetzlich oder vertraglich abgesichert ist, stellt seine Rechtsposition nichts anderes als die Erwartung eines künftigen rechtlich wirksamen Verhaltens seines Vertragspartners dar. Das gilt selbst dann, wenn im Einzelfall die tatsächlichen Umstände für eine weitere Verlängerung sprechen mögen oder wenn das Dauerschuldverhältnis zu einem bestimmten Termin gekündigt werden kann, wovon in der Vergangenheit aber abgesehen wurde. Es ist nämlich nicht auszuschließen, daß nach längerer Zeit doch noch gekündigt wird. Im übrigen erlischt das Kündigungsrecht nicht allein dadurch, daß von ihm lange Zeit kein Gebrauch gemacht worden ist. Deshalb verdichtet sich die Aussicht auf Fortsetzung des Dauerschuldverhältnisses auch dann nicht zu einer eigentumsähnlichen Rechtsposition, wenn das Dauerschuldverhältnis viele Jahre bestanden hat und mit einer baldigen Kündigung nicht zu rechnen ist.

Auf diesen Erwägungen beruht die ständige enteignungsrechtliche Rechtsprechung des BGH zum Entzug erst in der Zukunft realisierbarer Forderungen aus Dauerschuldverhältnissen, insbesondere aus Mietverhältnissen[619]. Danach begründet der Wegfall einer rein tatsächlichen, nicht weiter gesicherten Erwartung auf den Fortbestand eines Vertragsverhältnisses keinen Anspruch auf Entschädigung nach Art. 14 Abs. 1 GG. Eine Entschädigungspflicht hat der BGH vor allem deshalb abgelehnt, weil die rechtlich nicht weiter gesicherte Erwartung, daß ein einmal begründetes Dauerschuldverhältnis auch in Zukunft Bestand haben wird, nicht eigentumsrechtlich verbürgt sei. Eigentumsrechtlich geschützt können Forderungen aus einem Tarifvertrag nur für dessen Laufzeit sein[620]. Ist der Tarifvertrag unbefristet abgeschlossen worden, so reicht der verfassungsrechtliche Schutz nur bis zum Erreichen des nächsten Kündigungstermines oder bis zum Ablauf der vereinbarten Kün-

---

[618] Im Beschluß vom 31.10.1984 zum Kostendämpfungsergänzungsgesetz hat das BVerfG ausdrücklich klargestellt, daß die bloße Aussicht auf den erneuten Abschluß von Verträgen zur Vergütung zahntechnischer Leistungen nachdem die bereits geltenden Vergütungsvereinbarungen abgelaufen waren, noch nicht unter den Schutz des Art. 14 Abs. 1 GG fällt, da es sich um bloße Chancen und Verdienstmöglichkeiten, nicht aber um bereits entstandene Forderungen handelt. Die erst zukünftig und nur möglicherweise entstehenden Forderungen sind eigentumsrechtlich gerade nicht geschützt, vgl. BVerfGE 68, 193 (223).

[619] BGHZ 83, 1 (4 ff.); 117, 236 (237); NJW 1994, 3156 f.

[620] Demgegenüber will *Geiger*, Sondervotum zu BVerfGE 45, 172, abgedruckt in BVerfGE 45, 182 (185), darauf abstellen, ob die Beteiligten Vertrauensschutz genießen; das sei nicht der Fall, wenn ihnen die Änderung der Gesetzeslage bekannt gewesen sei. *Geiger* übergeht damit den für Dauerrechtsverhältnisse bedeutsamen Umstand, daß der Rechtsgrund für die Entstehung künftiger Ansprüche zu einem Zeitpunkt gelegt wurde, in dem die Beteiligten nicht an eine Änderung der Rechtslage gedacht haben und auch nicht zu denken brauchten. Ihre Schutzbedürftigkeit liegt daher auf der Hand.

digungsfrist oder, falls eine Kündigungsfrist nicht vereinbart wurde, für längstens drei Monate[621]. Nach Ablauf dieser Fristen besteht nämlich in aller Regel kein rechtlich gesicherter Anspruch auf Fortsetzung des Tarifvertrages.

Selbst wenn man die sehr weit gefaßte Formel, die das BVerfG zur Bestimmung der unter die Eigentumsgarantie fallenden Schutzobjekte anwendet, gelangt man zu keinem anderen Ergebnis. Nach dieser Formel muß eine vermögenswerte Rechtsposition dem Berechtigten vergleichbar wie das Sacheigentum zur privaten Nutzung und zur eigenen Verfügung zugeordnet sein. An beidem fehlt es bei Forderungen aus Dauerschuldverhältnissen, deren Entstehung letztlich ungewiß ist. Noch nicht realisierbare Forderungen kann der aus einem Dauerschuldverhältnis Berechtigte gerade nicht wie Sacheigentum nutzen; insbesondere kann er darüber nur sehr beschränkt verfügen. Erst recht nicht kann er über solche Bestandteile des Dauerschuldverhältnisses disponieren, die weder Ansprüche noch Forderungen darstellen, sondern der reibungslosen Durchführung dieser Rechte dienen; diese sind lediglich akzessorischer Natur. Dasselbe gilt für Regelungen, die den Bestand des Dauerschuldverhältnisses als solches betreffen. Sie fallen nicht unter den verfassungsrechtlichen Schutz der Eigentumsgarantie.

Zu weit geht es allerdings, wenn *Klußmann* meint, Rechte aus bestehenden Verträgen könnten schon deshalb nicht vom Schutzbereich des Art. 14 Abs. 1 GG erfaßt werden, weil die „Rechts- und Bestandsschwäche" zum Wesen eines bestehenden Vertrages gehöre[622]. Gewiß hängen die als verfassungsmäßig geschütztes Eigentum anerkannten Rechtspositionen aus bestehenden Verträgen wesensmäßig von der jeweils geltenden Rechtsordnung ab[623], da die Möglichkeit, Verträge zu schließen, keine natürliche Freiheit ist, die dem Menschen a priori bereits aufgrund seiner Kreatürlichkeit zukommt[624], sondern vom Staat verliehen wurde. Und sicher kann grundsätzlich niemand darauf vertrauen, daß die beim Abschluß eines Vertrages gegebenen rechtlichen und tatsächlichen Voraussetzungen für die Zukunft erhalten bleiben[625]. Es macht aber allemal einen Unterschied, ob der Gesetzgeber eine Forderung beseitigt, deren Realisierung nichts mehr im Wege steht, oder ob er auf zukünftige Forderungen zugreift. Im übrigen darf der Schutz einer erst durch die staatliche Rechtsordnung konstituierten Freiheit nicht geringer sein als derjenige einer vorstaatlich-natürlichen Freiheit. Gerade bei rechtlich konstituierten Freiheiten tritt der Gesetzgeber zugleich als Garant und als Feind der grundrechtlichen Gewährleistung auf; gerade hier ist der einzelne Grundrechtsträger auf den Schutz der Verfassung angewiesen, den er notfalls mit verfassungsgerichtlicher Hilfe gegen den Gesetzgeber mobilisieren kann. Von einer „Rechts- und Bestandsschwäche" des bestehenden Vertrages kann also keine Rede sein. Im Ergebnis bestreitet *Klußmann*

---

[621] BAG, Urt. v. 18.6.1997, AP Nr. 2 zu § 1 TVG Kündigung; *Däubler*, Tarifvertragsrecht, Rn. 1435; *Gamillscheg*, Kollektives Arbeitsrecht I, § 17 IV 4 c; *Stein*, in: Kempen/Zachert, § 4 TVG Rn. 132; *Löwisch/Rieble*, § 1 TVG Rn. 507; *Oetker*, RdA 1995, 82 (92); *Stein*, Tarifvertragsrecht, Rn. 123; *Schaub*, Arbeitsrechts-Handbuch, § 199 Rn. 39; *Wank*, in: Wiedemann, § 4 TVG Rn. 22.
[622] LaufendeVerträge, S. 92 f., 97, 101 f., 104 f., 112.
[623] *Klußmann*, Laufende Verträge, S. 101.
[624] *Klußmann*, Laufende Verträge, S. 98.
[625] *Klußmann*, Laufende Verträge, S. 102.

dies auch nicht. Worum es ihm letztlich geht, ist der Ausschluß von Entschädigungen, die der Staat gemäß Art. 14 Abs. 3 GG leisten müßte, wenn man in jeder Änderung oder Beseitigung einer Rechtsposition aus einem bestehenden Vertrag eine Enteignung erblicken würde. Die Frage einer möglichen Entschädigungspflicht betrifft aber nicht das Problem, ob Forderungen aus bestehenden Verträgen in den Schutzbereich des Art. 14 Abs. 1 GG fallen, sondern bezieht sich auf die Möglichkeiten des Gesetzgebers, Eingriffe in verfassungsrechtlich geschützte Eigentumsobjekte vorzunehmen, sei es durch eine Inhalts- und Schrankenbestimmung im Sinne des Art. 14 Abs. 1 Satz 2 GG, sei es durch eine Enteignung im Sinne des Art. 14 Abs. 3 GG. Darauf ist sogleich zurückzukommen.

Im Ergebnis ist also festzuhalten, daß Forderungen aus einem Tarifvertrag, die selbständig übertragbar sind und deren tatsächlicher Realisierung nichts mehr im Wege steht, weil alle tatbestandlichen Voraussetzungen erfüllt sind, unter den Schutzbereich des Art. 14 Abs. 1 GG fallen. Anderes gilt für noch nicht realisierbare Forderungen, auch wenn im Tarifvertrag bereits der Rechtsgrund für ihr Entstehen gelegt worden ist. Bei ihnen handelt es sich um bloße Chancen, die nicht von Art. 14 Abs. 1 GG geschützt werden. Da Art. 14 Abs. 1 GG insoweit nicht einschlägig ist, kann auf das subsidiär geltende allgemeine, rechtsstaatlich begründete Vertrauensschutzprinzip zurückgegriffen werden, freilich nur nach Maßgabe der Grundsätze zur Rückwirkung von Gesetzen (dazu unten 4.).

2. Möglichkeiten der gesetzlichen Beschränkung eigentumsrechtlich geschützter Rechtspositionen aus bestehenden Tarifverträgen

Ist eine Rechtsposition aus einem bestehenden Tarifvertrag durch Art. 14 Abs. 1 GG verfassungsrechtlich vor Zugriffen des Gesetzgebers geschützt, so bedeutet das nicht, daß dem Gesetzgeber jeglicher Eingriff in einen bestehenden Tarifvertrag verboten wäre. Die Einbeziehung einzelner tarifvertraglicher Rechte in den eigentumsrechtlichen Schutz hat nur zur Folge, daß der Gesetzgeber Eingriffe in bestehende Tarifverträge verfassungsrechtlich zu rechtfertigen hat. Nur wenn der Eingriff in einen bestehenden Tarifvertrag keine ausreichende Legitimation besitzt, ist er unzulässig. Eingriffe in eigentumsrechtlich geschützte Rechtspositionen sind auf zweierlei Weise möglich: als nicht stets ausgleichspflichtige Inhalts- und Schrankenbestimmung des Eigentums (Art. 14 Abs. 1 Satz 2 GG) oder als stets entschädigungspflichtige Enteignung (Art. 14 Abs. 3 GG). Während das Wesen einer Inhalts- und Schrankenbestimmung nach der Rechtsprechung in der „generellen und abstrakten Festlegung von Rechten und Pflichten durch den Gesetzgeber hinsichtlich solcher Rechtsgüter, die als Eigentum zu verstehen sind", liegt, die „auf die Normierung objektiv-rechtlicher Vorschriften gerichtet ist, die den Inhalt des Eigentums vom Inkrafttreten des Gesetzes an für die Zukunft in allgemeiner Form bestimmen"[626], soll die Enteignung „auf die vollständige oder teilweise Entziehung konkreter subjektiver Eigentumspositionen im Sinne des Art. 14 Abs. 1 GG zur Er-

---

[626] BVerfGE 52, 1 (27); 58, 137 (144 f.); 58, 300 (330); 70, 171 (200); 72, 66 (76).

füllung bestimmter öffentlicher Aufgaben gerichtet"[627] sein. Die Einzelheiten dieser Abgrenzung sind zwar umstritten[628]; fest steht jedoch, daß ein Eingriff, der einmal als Inhalts- und Schrankenbestimmung qualifiziert wurde, auch dann nicht zu einer Enteignung wird, wenn es an einer ausreichenden verfassungsrechtlichen Legitimation fehlt und die Inhalts- und Schrankenbestimmung deshalb verfassungswidrig ist[629].

Daß die Neuordnung eines Rechtsgebietes, die auch nach bisheriger Gesetzeslage begründete Rechte betrifft, keine Enteignung, sondern nur eine Inhalts- und Schrankenbestimmung darstellen kann, liegt auf der Hand, da es um die generelle und abstrakte Festlegung von Rechten und Pflichten der Bürger geht. Weniger einsichtig ist, daß selbst die vollständige Beseitigung einer nach bisheriger Gesetzeslage begründeten Rechtsposition, die im Zuge der Neuordnung eines Rechtsgebietes erfolgt, ebenfalls keine entschädigungspflichtige Enteignung, sondern eine grundsätzlich entschädigungslose Inhalts- und Schrankenbestimmung bedeuten soll. Davon gehen Rechtsprechung[630] und mittlerweile h.L.[631] aus. Welchen Bindungen der Gesetzgeber dabei unterliegt, wurde bereits oben ausführlich dargelegt. Zu prüfen ist zunächst, ob die Neuregelung – für sich betrachtet – verfassungsmäßig ist. Entscheidend ist dann, ob die Gründe, die für eine sofortige und allumfassende Anwendung des neuen Rechts sprechen, so gewichtig sind, daß sie den Gesetzgeber auch zu einem Entzug der nach dem alten Recht begründeten Rechtspositionen berechtigen. Im Vorkaufrechts-Fall ist das BVerfG mit Recht der Meinung gewesen, daß eine völlige, übergangs- und ersatzlose Beseitigung einer Rechtsposition nur in Ausnahmefällen möglich ist[632]. Sie käme in ihren Auswirkungen in der Tat einer Enteignung gleich. Es muß verhindert werden, daß der Gesetzgeber unter dem Etikett einer Inhalts- und Schrankenbestimmung der Sache nach Enteignungen durchführt. Inhalts- und Schrankenbestimmungen, die zu einem Entzug von Rechtspositionen führen, können deshalb nur unter besonderen Voraussetzungen in Betracht

---

[627] BVerfGE 70, 191 (199); 72, 66 (76); 74, 264 (280); 79, 174 (191); BGHZ 99, 24 (28); BVerwGE 77, 295 (297).

[628] Streitig ist vor allem, ob die Abgrenzung eher nach materiellen Gesichtspunkten zu erfolgen hat, etwa nach Maßgabe der Intensität eines Eingriffs – so *Papier*, in: Maunz/Dürig, Art. 14 GG Rn. 317, 452 ff.; BVerwG, NVwZ-RR 1991, 144 – oder nach formellen Kriterien, insbesondere danach, ob der Entzug konkreter Eigentumspositionen der Hauptzweck oder die Nebenfolge der Maßnahme ist, vgl. BVerfGE 51, 1 (26 ff.); 72, 66 (77); 79, 174 (191 f.); *Bryde*, in: von Münch/Kunig, Art. 14 GG Rn. 53 ff., 73; *Jarass*, in: Jarass/Pieroth, Art. 14 GG Rn. 36; *Leisner*, in: HdbStR VI, S. 1094; *Ossenbühl*, JuS 1993, 203; *Pieroth/Schlink*, Grundrechte, Rn. 920 ff.; *Rittsteig*, AK-GG, Art. 14 GG Rn. 182 ff.; *Wendt*, Eigentum und Gesetzgebung, S. 162 f.

[629] BVerfGE 31, 275 (291 ff.); 52, 1 (27 f.); 58, 300 (320); 70, 191 (200); 80, 174 (192); *Bryde*, in: von Münch/Kunig, Art. 14 GG Rn. 57; *Jarass*, in: Jarass/Pieroth, Art. 14 GG Rn. 36; *Papier*, in: Maunz/Dürig, Art. 14 GG Rn. 28; kritisch aber *Schwabe*, JZ 1991, 774 (777).

[630] BVerfGE 70, 191 (200 ff.); 83, 201 (212).

[631] *Bryde*, in: von Münch, Art. 14 GG Rn. 57; *Jarass*, in: Jarass/Pieroth, Art. 14 GG Rn. 46; *Ossenbühl*, JuS 1993, 200 (202 f.); *Schmitt-Kammler*, FS 600 Jahre Universität Köln (1988), S. 821 (826 ff.); krit. *Papier*, in: Maunz/Dürig, Art. 14 GG Rn. 324; *Schwabe*, JZ 1991, 774 (777 ff.); ders., DVBl 1993, 840 (842).

[632] BVerfGE 83, 201 (212 f.).

kommen. Das Bedürfnis nach Rechtseinheit im Zuge einer Neuordnung genügt für sich allein nicht[633].

Beim Zugriff auf den bestehenden Tarifvertrag ist also zunächst zu prüfen, ob der Gesetzgeber für die Zukunft zum Erlaß zweiseitig zwingenden Rechts befugt ist. Das ist, wie oben ausführlich dargelegt, nur selten der Fall. Für die zentralen, im Kern des arbeitsvertraglichen Synallagmas stehenden Arbeitsbedingungen kommen zwingende Regelungen nur zur Absicherung des unerläßlichen Mindeststandards in Betracht. Je weiter entfernt die Arbeitsbedingungen von diesem Kern liegen, desto eher darf der Gesetzgeber zweiseitig zwingendes Recht schaffen, zumal wenn solche Gesetze nur relativ kleine Personengruppen betreffen oder zeitlich beschränkt sind oder der Gesetzgeber Maßnahmen zur Abwehr drohender dringender Gefahren für überragend wichtige Gemeinschaftsgüter trifft. Ist danach die Sperrung bestimmter tariflicher Geltungsbereiche oder Regelungsmaterien für die Zukunft zulässig, so ist weiter zu prüfen, ob diese Sperrung sofort, d.h. auch bei bereits bestehenden Tarifverträgen durchgesetzt werden muß. Nur wenn die sofortige Beseitigung konkreter Rechtspositionen aus einem bestehenden Tarifvertrag ein geeignetes, erforderliches und verhältnismäßiges Mittel ist, das Ziel des Gesetzgebers zu verwirklichen, ist der Eingriff in den bestehenden Tarifvertrag verfassungsmäßig. Dabei ist nochmals zu betonen, daß das Bedürfnis nach Rechtseinheit im Zuge der Neuordnung eines Rechtsgebietes für sich allein den Eingriff noch nicht zu legitimieren vermag[634], selbst wenn dadurch zumindest für eine Übergangszeit ungleiches Recht entsteht und die an einen bestehenden Tarifvertrag Gebundenen insoweit privilegiert werden. Die Beeinträchtigung von Rechtsklarheit und Rechtssicherheit ist dabei ebenso hinzunehmen wie mögliche soziale Spannungen[635]. Rechtssicherheit und Rechtsfrieden bestehen nicht als Selbstzweck. Überdies ist es Kennzeichen eines freiheitlichen, im erheblichen Umfang durch Tarifverträge geregelten Arbeitsrechts, daß nicht in allen Bereichen dieselben Arbeitsbedingungen gelten, sondern daß sie sich nach den Verhältnissen der jeweiligen Branche richten. Da es kaum Gründe gibt, die die sofortige Durchsetzung einer Tarifsperre erforderlich machen, wird der Eingriff in den bestehenden Tarifvertrag regelmäßig verfassungswidrig sein. Dies gilt um so mehr, als der eigentumsrechtliche Schutz tarifvertraglicher Ansprüche ohnehin nur für die konkrete Laufzeit des Tarifvertrages oder bei unbefristet abgeschlossenen Tarifverträgen bis zum Erreichen des nächsten Kündigungstermines oder bis zum Verstreichen der Kündigungsfrist reicht. Dann ist es aber für den Gesetzgeber zumutbar, das Auslaufen bereits bestehender Tarifverträge abzuwarten. Der Entzug konkreter Ansprüche aus einem bestehenden Tarifvertrag verstößt im Regelfall gegen den Grundsatz der Verhältnismäßigkeit, weil er nicht erforderlich oder zumindest nicht zumutbar ist. Folglich hat der Gesetzgeber, wenn er die Sperrung bestimmter tariflicher Regelungsmaterien für die Zukunft ins Auge faßt, durch geeignete Übergangsregelungen sicherzustellen, daß Ansprüche aus bereits

---

[633] BVerfGE 31, 275 (292); 78, 58 (75); 83, 201 (213).
[634] BVerfGE 83, 201 (213); anders noch BAG GS, Beschl. v. 17.12.1959, AP Nr. 21 zu § 616 BGB.
[635] A.A. BAG GS, Beschl. v. 17.12.1959, AP Nr. 21 zu § 616 BGB; anders auch BVerfGE 72, 302 (239), allerdings nicht im Zusammenhang mit Tarifverträgen; wie hier jedoch BVerfGE 83, 201 (213).

bestehenden Tarifverträgen von der gesetzlichen Neuregelung nicht erfaßt werden. Dies gilt freilich nur für einen Übergangszeitraum, längstens, wie gesagt, bis zum Ablauf der bestehenden Tarifverträge oder bis zu ihrer nächsten Kündigungsmöglichkeit.

IV. Schutz bestehender Tarifverträge nach Maßgabe des rechtsstaatlich fundierten Vertrauensschutzprinzips

Abschließend ist der Schutz von Rechtspositionen aus bestehenden Tarifverträgen zu analysieren, die nicht unter den Schutzbereich des Art. 14 Abs. 1 GG fallen. Dazu gehören vor allem Bestimmungen, die nicht unmittelbar materielle Ansprüche begründen, sondern deren Abwicklung und Durchsetzung dienen oder die den Bestand des Arbeitsverhältnisses betreffen. Da der von Art. 14 Abs. 1 GG bewirkte Schutz nicht als abschließende, keine weiteren Regelungen zulassende Verbürgung anzusehen ist, kann für den Schutz der sonstigen Tarifbestimmungen auf das subsidiär geltende allgemeine Vertrauensschutzprinzip zurückgegriffen werden, das letztlich im Rechtsstaatsprinzip wurzelt. Das BVerfG hat die sich aus dem allgemeinen Vertrauensschutzprinzip ergebenden Anforderungen bekanntlich durch die Grundsätze über die Rückwirkung von Gesetzen präzisiert. Zunächst ist deshalb zu überlegen, ob der Eingriff in einen bestehenden Tarifvertrag einen Fall der echten oder der unechten Rückwirkung darstellt.

1. Eingriff in den bestehenden Tarifvertrag als Fall echter oder unechter Rückwirkung eines Gesetzes?

Die Fälle echter und unechter Rückwirkung eines Gesetzes lassen sich, wie gezeigt, nur sehr schwer voneinander unterscheiden. Das liegt nicht zuletzt daran, daß die Fallgruppe der unechten Rückwirkung von Gesetzen im Grunde nichts mit einer Rückwirkung zu tun hat. Vielmehr ist sie eine Chiffre für alle Probleme, die sich daraus ergeben, daß ein neues Gesetz bei seinem Inkrafttreten auf Rechtspositionen trifft, die nach bisher geltendem Recht begründet worden sind und die nun mit der neuen Rechtslage harmonisiert werden müssen[636]. Maßgebliches Kriterium für die Abgrenzung zwischen echter und unechter Rückwirkung ist, ob ein Sachverhalt, an den ein Gesetz bestimmte Rechtsfolgen knüpft, bereits in der Vergangenheit abgeschlossen wurde – dann liegt echte Rückwirkung vor –, oder ob ein Gesetz auf in der Vergangenheit begonnene und in der Gegenwart noch nicht abgeschlossene Sachverhalte für die Zukunft einwirkt und damit zugleich die betroffene Rechtsposition nachträglich im ganzen entwertet – dann unechte Rückwirkung[637]. Die intensive Diskussion im Schrifttum, die das Problem der unechten Rückwirkung von Gesetzen in der Vergangenheit erfahren hat, hat gezeigt,

---

[636] *Götz*, FG BVerfG II (1976), S. 421 (424).
[637] BVerfGE 30, 292 (402); 30, 367 (386); 72, 175 (196); 79, 29 (45 f.); BVerfG, Beschl. v. 25.5.1993, DVBl 1993, 381 m. Anm. v. *Muckel*, JA 1993, 343 ff.

daß die Frage, ob ein Sachverhalt, den ein Gesetz rückwirkend regelt, abgeschlossen ist oder nicht, nur wertend und unter Berücksichtigung aller Umstände des Einzelfalles zu beantworten ist. Entscheidend ist, ob das Vertrauen, das der Bürger in die Kontinuität einer bestimmten Rechtslage gesetzt hat, schutzwürdig ist oder nicht[638]. Auf dieser Linie bewegt sich offensichtlich auch die neuere Rechtsprechung. Nicht von ungefähr verlangt sie insbesondere bei Fällen einer unechten Rückwirkung eine Abwägung zwischen dem Kontinuitätsvertrauen des Bürgers und dem öffentlichen Interesse an einer sofortigen Geltung der neuen Rechtslage, die übergangslos auch die nach dem alten Recht begründeten Rechtspositionen erfaßt[639].

Beseitigt der Gesetzgeber im Zuge der Neuordnung eines Rechtsgebietes eine Rechtsposition, die durch einen bestehenden Vertrag begründet wurde, so greift er in einen Sachverhalt ein, der zwar seine Ursache in der Vergangenheit hat, jedoch solange nicht abgeschlossen ist, wie von der eingeräumten Rechtsposition in der Zukunft noch Gebrauch gemacht werden kann. Abgeschlossen ist der Sachverhalt erst dann, wenn der Vertrag vollständig abgewickelt wurde oder bestimmte Rechtspositionen rechtskräftig festgestellt sind. Nur wenn der Gesetzgeber rückwirkend in derart abgeschlossene Sachverhalte eingreift, ist ein Fall echter Rückwirkung gegeben; diese ist in aller Regel unzulässig. Für gewöhnlich betreffen Gesetzesänderungen aber Rechtspositionen aus noch nicht vollständig abgewickelten Verträgen. Richtigerweise geht die Rechtsprechung in diesen Fällen von einer unechten Rückwirkung aus[640]. Das gilt erst recht für Rechtspositionen aus Dauerschuldverhältnissen, deren vertragliche Grundlage zwar in der Vergangenheit gelegt wurde, die aber erst in der Zukunft realisiert werden. Folgerichtig hat das BAG den Eingriff in einen bestehenden Tarifvertrag, der zwischen den Tarifgebundenen eine Beziehung begründet, die einem Dauerschuldverhältnis zumindest ähnlich ist, als einen Fall unechter Rückwirkung behandelt[641]. Gewiß liegt das Fundament eines bestehenden Vertrages oder eines Dauerschuldverhältnisses in der Vergangenheit, das insoweit einen historisch abgeschlossen Sachverhalt darstellt, als sich die Vertragsbedingungen nach dem Vertragsschluß kaum mehr einseitig verändern lassen. Entscheidend kann jedoch nur der Zeitpunkt sein, in dem bestimmte Rechtspositionen tatsächlich realisiert werden, denn bis dahin steht nicht fest, ob von vertraglichen Rechten überhaupt Gebrauch gemacht wird. Daß einer Vertragspartei die Befugnis zum Rücktritt, zur Wandelung oder zur Kündigung des Vertrages zusteht, heißt noch lange nicht, daß sie diese Rechte auch tatsächlich wahrnimmt. Für die erst zukünftige Realisierung solcher Rechtspositionen kann eine Vertragspartei aber keinen qualifizierten Vertrauensschutz mit der Konsequenz eines absoluten Ein-

---

[638] Vgl. etwa *Friauf*, BB 1972, 669 (675 ff.); *Götz*, FG BVerfG I (1976), S. 421 (423 ff.); *Leisner*, FS Berber (1973), S. 273 (295 ff.); *Muckel*, Vertrauensschutz, S. 74 ff.; *ders.*, JA 1993, 343 ff.; *ders.*, JA 1994, 13 (15 f.); *Pieroth*, JZ 1984, 971 (976 ff.); *ders.*, JZ 1990, 279 (283 ff.); *Stern*, FS Maunz (1981), S. 381 (388 ff.); *ders.*, Staatsrecht I, § 20 IV 4.

[639] BVerfGE 51, 356 (363); 58, 81 (121); 63, 312 (329); 64, 87 (104); 67, 1 (15); 69, 272 (310); 70, 69 (84); 71, 255 (273); 72, 141 (154); 76, 256 (356).

[640] BVerfGE 28, 66 (88); 31, 322 (225 ff.); 48, 403 (414 ff.); 68, 193 (221 ff.); 70, 1 (28); 72, 302 (320 ff.); 77, 370 (377 ff.).

[641] BAG, Urt. v. 20.10.1993, AP Nr. 3 zu § 41 SGB VI.

griffsverbotes für den Gesetzgeber beanspruchen. Da in der Vergangenheit begründete vertragliche Rechte regelmäßig nicht mehr in der Vergangenheit ausgeübt werden, greift der Gesetzgeber nicht in abgeschlossene Sachverhalte ein.

Freilich hat das BVerfG Recht, wenn es meint, daß das Recht der privaten Verträge schon selbst einen Vertrauensschutz zum wesentlichen Zweck und Inhalt hat, wenn es den am Privatrechtsverkehr Beteiligten den rechtlichen Rahmen für das Vertrauen bieten will, das sie beim Abschluß von Rechtsgeschäften in den jeweils anderen Teil setzen[642]. Dieses Vertrauen ist aber nur darauf gerichtet, daß der andere Teil seine in dem Rechtsgeschäft übernommenen Pflichten einhält und daß die staatliche Rechtsordnung bei Beachtung der von ihr vorgegebenen inhaltlichen und formalen Regeln den Beteiligten im gerichtlichen Verfahren zu Hilfe kommt, wenn der Vertragspartner das in ihn gesetzte Vertrauen durch die Nicht- oder Schlechterfüllung seiner Pflichten oder in anderer Weise verletzt[643]. Ein absoluter Vertrauensschutz im Sinne eines ausnahmslosen Verbotes, in bestehende Verträge einzugreifen, läßt sich daraus nicht herleiten. Richtigerweise hat deshalb die Rechtsprechung, wenn der Gesetzgeber in nicht eigentumsrechtlich geschützte Rechtspositionen aus bestehenden (Tarif-)Verträgen eingreift, stets einen Fall unechter Rückwirkung angenommen[644].

2. Zulässigkeit einer unechten Rückwirkung

Während die ältere Rechtsprechung ohne weiteres von der Zulässigkeit unecht zurückwirkender Gesetze ausgegangen ist, verlangt die neuere Rechtsprechung eine Abwägung zwischen dem Vertrauen des Bürgers auf den Fortbestand einer Gesetzeslage und dem öffentlichen Interesse an ihrer Änderung. Schutzwürdig sei zunächst nur das betätigte Vertrauen, also die „Vertrauensinvestition", die zur Erlangung einer Rechtsposition geführt hat[645]. Diese Vertrauensinvestition kann jedoch nicht rein materiell bestimmt werden; sie hängt insbesondere nicht davon ab, ob die Vertragsparteien Zeit, Mühe und Geld für den Abschluß ihres Vertrages investiert haben. Maßgeblich ist vielmehr die grundsätzliche Schutzbedürftigkeit eines Bürgers, der auf die Kontinuität der Gesetzeslage vertraut[646]. Schutzbedürftig ist nicht zuletzt, wer im Vertrauen darauf, daß sich Gesetze nicht ändern, längerfristige Verträge schließt, vor allem wenn er Dauerschuldverhältnisse eingeht. Gerade weil der Grundrechtsträger, wenn er Individual- oder Kollektivverträge schließt, in besonderer Weise auf die Rechtsordnung angewiesen ist, weil es sich bei der Freiheit zum Abschluß von Verträgen um eine rechtlich konstituierte Freiheit handelt, muß er vor willkürlichen Veränderungen der durch die Rechtsordnung konstituierten Rah-

---

[642] BVerfGE 72, 302 (320 f.).
[643] BVerfGE 72, 302 (321).
[644] BVerfGE 28, 66 (88); 31, 322 (225 ff.); 48, 403 (414 ff.); 68, 193 (221 ff.); 70, 1 (28); 72, 302 (320 ff.); 77, 370 (377 ff.).
[645] BVerfGE 72, 200 (242); 75, 246 (280); Aschke, Übergangsregelungen, S. 276; Leisner, FS Berber (1973), S. 273 (296); Muckel, Vertrauensschutz, S. 97 m.w.N.
[646] Ähnlich Muckel, Vertrauensschutz, S. 99 m.w.N.; Ossenbühl, Rücknahme, S. 89; Weber-Dürler, Vertrauensschutz, S. 101.

menbedingungen bewahrt bleiben. Die Vertrauensinvestition des Grundrechtsträgers ist deshalb bereits darin zu sehen, daß er überhaupt einen Vertrag geschlossen hat. Schutzwürdig ist demgegenüber jedoch nicht, wer zum Zeitpunkt des Vertragsschlusses mit einer nachträglichen Änderung der Rechtslage hätte rechnen müssen[647]. Unter diesen Umständen hätte der Bürger die neue Gesetzeslage seinem Vertrag zugrundelegen können. Unterläßt er dies trotz positiver Kenntnis der Regelungsabsicht des Gesetzgebers oder zumindest der Möglichkeit, sich Kenntnis zu verschaffen, verdient er keinen Schutz[648]. Entscheidend ist der Zeitpunkt, in dem der Inhalt der Neuregelung feststeht, d.h. mit dem Beschluß des Gesetzes im Bundestag[649].

Wie weit der Vertrauensschutz im Einzelfall reicht, hängt von mehreren Faktoren ab. Zu Gunsten des Bürgers sind zu berücksichtigen die Schutzwürdigkeit des beeinträchtigten Besitzstandes, die Schwere des Eingriffs, das Ausmaß des Vertrauensschadens, der Grund für das enttäuschte Vertrauen sowie die Art und Weise, auf die das Vertrauen enttäuscht wurde[650]. Dem sind die Bedeutung des gesetzgeberischen Anliegens für das Gemeinwohl, dem die auf ein gesetzlich geregeltes Dauerschuldverhältnis nachteilig einwirkende Vorschrift dienen soll, und die Dringlichkeit ihrer Realisierung gegenüberzustellen[651]. In jedem Fall sind sämtliche Umstände und Besonderheiten des Einzelfalles zu berücksichtigen. Die Leitlinien der Interessenabwägung lassen sich wiederum am besten durch „je-desto"-Beziehungen beschreiben. Je intensiver ein schutzwürdiges Vertrauen durch die Neuregelung verletzt wird – was sich nicht zuletzt an Hand des Ausmaßes des Vertrauensschadens bemißt, der die Folge des Entzuges einer konkreten Rechtsposition ist –, desto gewichtiger müssen die Gründe für die Neuregelung sein. Dabei reicht die Intensität eines Eingriffs in einen bestehenden Tarifvertrag von der Außerkraftsetzung des gesamten Tarifvertrages oder wichtiger Teile über die Einräumung von Wahlrechten zwischen verminderten tariflichen Ansprüchen bis hin zur Schaffung ordentlicher oder außerordentlicher Kündigungstatbestände mit oder ohne Nachwirkung des gekündigten Tarifvertrages[652].

Das bloße Interesse an einer Vereinheitlichung der Rechtslage dürfte zur Begründung eines Eingriffs in bestehende Tarifverträge kaum ausreichen[653]; erst recht nicht, wenn Tarifverträge vollkommen außer Kraft gesetzt werden[654]. Da die Beseitigung konkreter Rechtspositionen auf dem Spiel steht, wird man verlangen müssen, daß der Gesetzgeber mit einer Neuregelung wichtige Gemeinschaftsgüter durchsetzen will. Eine unechte Rückwirkung läßt sich um so leichter begründen, je dringlicher eine gesetzliche Regelung ist, etwa weil ein geschütztes Rechtsgut kon-

---

[647] BVerfGE 72, 141 (154 f.); 72, 302 (322 ff.); 75, 246 (281); *Muckel*, JA 1994, 13 (15).
[648] BVerfGE 72, 141 (15).
[649] Ständige Rechtsprechung seit BVerfGE 1, 264 (280).
[650] BVerfGE 51, 356 (363); 58, 81 (121); 63, 312 (329); 64, 87 (104); 67, 1 (15); 69, 272 (310); 70, 69 (84); 71, 255 (273); 72, 141 (154); 76, 256 (356).
[651] BVerfGE 14, 288 (301); 25, 142 (154); 43, 242 (286); 43, 291 (391); 75, 246 (280).
[652] *Otto*, FS Zeuner (1994), S. 121 (144).
[653] BVerfGE 83, 201 (213); anders noch BVerfGE 72, 302 (328).
[654] *Otto*, FS Zeuner (1994), S. 121 (144).

kret bedroht ist. Soweit bei der Abwägung Zweifel verbleiben, ob dem Kontinuitätsinteresse oder dem Änderungsinteresse der Vorrang zukommt, gehen diese zu Lasten des ersteren. Insoweit ist hier die Rechtslage anders als beim Schutz tarifvertraglicher Rechte nach Maßgabe des Art. 14 Abs. 1 GG; dort hat der Gesetzgeber strikt den Grundsatz der Verhältnismäßigkeit zu beachten. Demgegenüber ist die unechte Rückwirkung nur dann unzulässig, wenn die Abwägung (eindeutig) ergibt, daß das Vertrauen auf die Sicherung der früher bestehenden Rechtslage den Vorrang verdient[655]. Im Regelfall wird der Eingriff in den bestehenden Tarifvertrag – soweit jedenfalls keine eigentumsrechtlich geschützten Rechtspositionen betroffen sind – unter vertrauensschutzrechtlichen Gesichtspunkten daher zulässig sein. Dies gilt um so mehr, wenn der Gesetzgeber den Eingriff in schutzwürdige Vertrauenstatbestände durch angemessene Übergangsregelungen abmildert. Erläßt der Gesetzgeber solches Übergangsrecht, so ist dieses im Rahmen der Abwägung zwischen Kontinuitäts- und Änderungsinteresse zugunsten des Änderungsinteresses zu berücksichtigen[656]. Bei der Ausgestaltung der Übergangsregelung steht dem Gesetzgeber ein weiter Spielraum zur Verfügung. Zwischen der sofortigen, übergangslosen Inkraftsetzung des neuen Rechts und dem ungeschmälerten Fortbestand der nach altem Recht begründeten Rechtspositionen sind viele Zwischenstufen denkbar. Der verfassungsgerichtlichen Kontrolle unterliegt dabei nur, ob der Gesetzgeber bei einer Gesamtabwägung zwischen der Schwere des Eingriffs einerseits und dem Gewicht und der Dringlichkeit der ihn rechtfertigenden Gründe andererseits unter Berücksichtigung aller Umstände die Grenze der Zumutbarkeit überschritten hat[657]. Dabei darf nicht unberücksichtigt bleiben, daß die Laufzeit von Tarifverträgen zumeist beschränkt ist; es ist daher gerade im Hinblick auf den Grundsatz der Verhältnismäßigkeit sorgfältig zu prüfen, ob sich der Gesetzgeber nicht auf Regelungen für neu abgeschlossene Tarifverträge beschränken kann, weil es für das allgemeine Wohl (noch) zumutbar ist, das Auslaufen bestehender Tarifverträge abzuwarten.

V. Besonderer Schutz bestehender Tarifverträge durch Art. 9 Abs. 3 GG selbst?

Abschließend fragt es sich, ob der Schutz von Rechtspositionen aus bestehenden Tarifverträgen auch durch Art. 9 Abs. 3 GG selbst, d.h. unabhängig von Art. 14 Abs. 1 GG und den Grundsätzen über die Rückwirkung von Gesetzen gewährleistet wird. Wenn Art. 9 Abs. 3 GG die Tarifautonomie umfassend schützen will und daher verlangt, daß den Tarifvertragsparteien staatlicherseits Instrumente, Bereiche und Materien zur tarifautonomen Regelung der Arbeits- und Wirtschaftsbedingungen zur Verfügung gestellt werden, so scheint es naheliegen, auch den Schutz konkret abgeschlossener Tarifverträge dem Art. 9 Abs. 3 GG zu unterstellen. Die besondere Schutzbedürftigkeit bestehender Tarifverträge liegt auf der Hand. Denn Eingriffe in die Tarifautonomie sind vor allem dort intensiv, wo sie tarifautonome

---

[655] BVerfGE 30, 250 (268); 50, 386 (395); 67, 1 (15); 78, 249 (284).
[656] BVerfGE 76, 256 (359).
[657] BVerfGE 21, 173 (183); 43, 242 (288 f.); 51, 356 (368 f.); 67, 1 (15 f.); 76, 256 (360).

Regelungsbefugnisse nicht nur für die Zukunft beschränken, sondern bereits vorhandene Rechtspositionen beseitigen oder zumindest umgestalten. Offensichtlich meint auch die neueste Rechtsprechung, den Schutz bestehender Tarifverträge direkt über Art. 9 Abs. 3 GG verbürgen zu müssen. Darauf deutet jedenfalls eine Passage aus dem HRG-Beschluß hin: „Bestehende tarifvertragliche Regelungen genießen grundsätzlich einen stärkeren Schutz als die Tarifautonomie in Bereichen, die die Koalitionen ungeregelt gelassen haben. Die Abstufung des Schutzes, den Art. 9 Abs. 3 GG gewährt, wirkt sich in den Anforderungen aus, die an die Rechtfertigung von Eingriffen zu stellen sind. Je intensiver der Schutz, den Art. 9 Abs. 3 GG insofern verleiht, desto schwerwiegender müssen die Gründe sein, die einen Eingriff rechtfertigen sollen"[658]. Allerdings ging es in der Entscheidung nicht um den Eingriff in einen bestehenden Tarifvertrag, sondern nur um die Sperrung bestimmter Regelungsmaterien für die Zukunft. Insoweit ist die Passage, was die Einbeziehung bestehender Tarifverträge unter den Schutzbereich des Art. 9 Abs. 3 GG anbelangt, bloßes obiter dictum. Überdies fügt sich die Urteilspassage nicht in das herkömmliche Argumentationsschema, auf das das BVerfG immer wieder zurückgreift, wenn es Inhalt und Umfang der grundrechtlich gewährleisteten Tarifautonomie zu bestimmen hat. Das BVerfG ist bislang nämlich davon ausgegangen, daß die verfassungsrechtliche Garantie der Tarifautonomie ganz allgemein sei. Diese Garantie beschränke sich nicht auf die besondere Ausprägung, die das Tarifvertragssystem in Gestalt des Tarifvertragsgesetzes erfahren habe, das zur Zeit des Inkrafttretens des Grundgesetzes gegolten hat. Vielmehr lasse Art. 9 Abs. 3 GG dem Gesetzgeber einen weiten Spielraum zur Ausgestaltung[659]. Wenn aber schon nicht einmal das geltende einfache Tarifrecht in seinem konkreten Bestand durch Art. 9 Abs. 3 GG geschützt ist, kann das erst recht nicht für den einzelnen Tarifvertrag gelten, der unter den Voraussetzungen des selbst nicht bestandsgeschützten einfachen Tarifrechts abgeschlossen wurde.

Gewiß kann man entgegnen, daß die neuere Rechtsprechung auf die herkömmlichen Begründungsmuster nicht mehr zurückgreift, vor allem weil sie sich von der Kernbereichslehre verabschiedet hat. Es ist jedoch äußerst problematisch, wenn man den Schutz des bestehenden Tarifvertrages in das Zentrum der grundrechtlichen Garantie der Tarifautonomie rückt, mit der Folge, daß die Beseitigung bestimmter Tarifnormen im Zuge der Neuordnung eines Rechtsgebietes nur dann zulässig wäre, falls dies durch kollidierendes Verfassungsrecht gerechtfertigt ist. Der Schutz, den einzelne Tarifbedingungen aus bestehenden Tarifverträgen erhielten, wäre auf diese Weise intensiver als der für die zentralen Elemente des einfachen Tarifrechts, obwohl diese aufs ganze gesehen für die Funktionsfähigkeit der Tarifautonomie sicher wichtiger sind als jene. Es ist fraglich, ob sich das BVerfG der strukturellen Unterschiede zwischen einem Eingriff in das einfachgesetzliche Tarifrecht und dem in einen bestehenden Tarifvertrag bewußt geworden ist. Dann hätte es nämlich erkennen müssen, daß es bei einem Eingriff in einen bestehenden Tarifvertrag im wesentlichen um die Harmonisierung der bereits nach altem Recht begründeten Rechts-

---

[658] BVerfGE 94, 268 (284 f.); später wiederholt in BVerfGE 103, 293 (308).
[659] BVerfGE 20, 312 (317); 50, 290 (369); 58, 233 (248).

positionen aus einem Tarifvertrag mit dem neuen Recht geht und damit im Grunde um nichts anderes als ein Problem der Vertrauensschutzdogmatik, das nach den für diesen Fragenkreis geltenden Grundsätzen zu behandeln ist. Es ist auch kein Grund ersichtlich, warum Ansprüche aus Tarifverträgen in verfassungsrechtlicher Hinsicht anders zu behandeln sein sollen als Forderungen aus Individualarbeitsverträgen; wenn letztere dem Schutzbereich des Art. 14 Abs. 1 GG unterfallen, spricht alles dafür, bei tariflichen Rechten entsprechend zu verfahren. Möglicherweise wollte das BVerfG mit dem Hinweis auf Art. 9 Abs. 3 GG auch nur andeuten, wie es sich die prozessuale Geltendmachung eines Verstoßes gegen das Rückwirkungsverbot vorstellt. Da sich der einzelne Grundrechtsträger bei einer Verfassungsbeschwerde nur auf die Verletzung von Grundrechten berufen kann, nicht aber auf einen Verstoß gegen die jenseits der Grundrechte verbürgten allgemeinen Verfassungsprinzipien, zu denen auch das allgemeine Vertrauensschutzprinzip gehört, ist Art. 9 Abs. 3 GG letztlich nichts anderes als der prozessuale Hebel, mit dem ein Verstoß gegen die Grundsätze der unechten Rückwirkung von Gesetzen vor dem BVerfG geltend gemacht werden kann. Will eine Tarifvertragspartei oder ein an den Tarifvertrag Gebundener daher Verfassungsbeschwerde gegen die Entziehung einer tarifvertraglichen Rechtsposition erheben, die weder Forderungen noch sonstige Ansprüche betrifft, sondern sich beispielsweise auf die Durchführung und den Bestand des Tarifvertrages beziehen, so muß diese auf eine Verletzung des Art. 9 Abs. 3 GG gestützt werden. Inzidenter prüft dann das BVerfG, ob der Zugriff auf den bestehenden Tarifvertrag als Fall einer unechten Rückwirkung eines Gesetzes zulässig war oder nicht.

3. Teil:
Die Kopplung des Tarifvertrages an das Gesetz

§ 7 Grundsätze

I. Der mittelbare Zugriff auf die Tarifautonomie durch die Kopplung des Tarifvertrages an das Gesetz

In den Teilen 1 und 2 wurde der Frage nachgegangen, ob und unter welchen Voraussetzungen der Gesetzgeber unmittelbar auf die Tarifautonomie Zugriff nehmen darf, sei es durch die Abschwächung der normativen Wirkung des Tarifvertrages, sei es durch die Beschränkung der sachlichen und betrieblich-persönlichen Regelungsbereiche, die der tarifautonomen Normsetzungsbefugnis offenstehen, sei es durch die teilweise oder vollständige Außerkraftsetzung von laufenden Tarifverträgen. Offen blieb dabei, ob der Gesetzgeber auch mittelbar, d.h. ohne direkten Eingriff in das Tarifrecht oder in laufende Tarifverträge Zugriff auf die Tarifautonomie nehmen kann. Zu einem mittelbaren Zugriff kommt es, wenn eine Änderung des staatlichen Arbeitsrechts, ohne selbst das Tarifrecht oder laufende Tarifverträge zu berühren, zu einer Änderung der durch Tarifverträge bestimmten Rechtslage führt. Mittelbar ist der Zugriff insofern, als nicht der Gesetzgeber die automatische Anpassung der Tarifverträge an das geänderte Gesetzesrecht vornimmt, sondern weil sie auf Klauseln beruht, mit denen die Tarifvertragsparteien eine Verbindung zwischen dem tarifautonomen und dem staatlichen Arbeitsrechtsrecht hergestellt haben. Ob und inwieweit ein derartiger mittelbarer Zugriff des Gesetzgebers möglich ist und welche Folgen er im einzelnen für die Tarifverträge hat, beurteilt sich deshalb nicht mehr oder zumindest nicht vorrangig nach dem Verfassungsrecht, sondern nach geltendem Arbeitsrecht. Da in allen Fällen, in denen der Gesetzgeber weder die Dispositivität seiner eigenen Regelungen noch die laufenden Tarifverträge antastet, weder eine Ausgestaltung noch eine Umgestaltung noch ein Eingriff in die Tarifautonomie gegeben ist, entfallen die im ersten Teil entwickelten verfassungsrechtlichen Rechtfertigungslasten des Gesetzgebers. Nicht zuletzt deshalb hat der Gesetzgeber in der jüngsten Vergangenheit zu nicht unmittelbar „invasiven" Gesetzesänderungen tendiert.

Daß es trotzdem zu erheblichen Änderungen der durch Tarifverträge bestimmten Rechtlage kommt, liegt, wie gesagt, an der Gestaltung der Tarifverträge selbst. Die durch die Änderung des Entgeltfortzahlungsgesetzes im Jahre 1996 ausgelöste Diskussion über die Bestandskraft tariflicher Regelungen zur Höhe der Vergütung im Krankheitsfall hat auch einer breiteren Öffentlichkeit vor Augen geführt, daß staatliches und tarifautonomes Arbeitsrecht nicht unvermittelt nebeneinander stehen, sondern so intensiv miteinander verwoben sind, daß Änderungen des staatlichen Arbeitsrechts unmittelbare Auswirkungen auf die Tarifverträge haben. Die Frage, ob und in welchem Umfang die Tarifvertragsparteien Tarifnormen an das Gesetz koppeln dürfen, ist dabei genauso umstritten wie die Bestimmung der Rechtsfolgen, wenn eine solche Kopplung tatsächlich erfolgt ist. Das liegt nicht zuletzt daran, daß sich die Wissenschaft zwar sehr intensiv mit den Fragen der allgemeinen Rechtsquellenlehre und des speziellen Stufenbaus der arbeitsrechtlichen Gestaltungsfaktoren auseinandergesetzt hat, um insbesondere die Grenzen der niedrigeren Rechtsquelle, die sich aus den ihr im Stufenbau vorgehenden Quellen ergeben, zu bestimmen. Die Probleme der aktiven Vernetzung der verschiedenen Rechtsquellen, vor allem des Verweises der niedrigeren auf die höhere Rechtsquelle, fanden dabei jedoch weit weniger Beachtung.

Im folgenden Teil werden deshalb die Möglichkeiten, den Tarifvertrag an das Gesetz zu koppeln, genauer analysiert. Dabei geht es zunächst um eine systematische Darstellung der verschiedenen Klauseln, mit denen eine solche Kopplung erreicht werden kann. Danach ist die für die Vertragsgestaltung der Tarifvertragsparteien wichtige Frage der Zulässigkeit solcher Klauseln zu klären. Abschließend stellt sich für den Rechtsanwender – speziell für die Arbeitsvertragsparteien und für die Gerichte – das Problem festzustellen, welchen Inhalt der Tarifvertrag nach einer Gesetzesänderung aufweist.

II. Systematik

1. Verweisungsklausel, Übernahmeklausel, Begriffswiederholung

Zur Kopplung des Tarifvertrages an das Gesetz kommen drei Möglichkeiten in Betracht. Die sichtbarste Verbindung zwischen tarifautonomem und staatlichem Arbeitsrecht stellen Verweisungsklauseln dar, mit denen der Tarifvertrag staatliche Gesetze ausdrücklich in Bezug nimmt. Das geschieht zwar in den meisten Tarifverträgen, jedoch gibt es erhebliche Unterschiede im Hinblick auf die Art und den Umfang von Verweisungsklauseln. Typische Beispiele für Verweisungsklauseln sind Formulierungen im Tarifvertrag wie[1]:

- Die Entgeltfortzahlung[2] erfolgt/richtet sich/bestimmt sich nach den gesetzlichen Bestimmungen/nach den gesetzlichen Bestimmungen in ihrer jeweiligen Fassung.
- In Fällen krankheitsbedingter Arbeitsunfähigkeit gelten die Bestimmungen der EFZG/die gesetzlichen Vorschriften/die Bestimmungen für die Fortzahlung der Bezüge im Krankheitsfall.
- Die gesetzlichen Bestimmungen/das EFZG/§§ 3 ff. EFZG bleiben unberührt.
- Ist ein Arbeitnehmer durch Krankheit an der Erbringung der Arbeitsleistung gehindert, so gilt das EFZG/gilt das EFZG in seiner jeweiligen Fassung/gilt das EFZG in der Fassung vom ...

---

[1] Zusammenstellung von tarifvertraglichen Verweisungsklauseln aus dem Bereich der Entgeltfortzahlung im Krankheitsfall bei *Kamanabrou*, RdA 1997, 22 (28).
[2] Die Verweisungen erfolgen meist bezogen auf einen bestimmten Themenbereich, wie etwa Entgeltfortzahlung im Krankheitsfall, Urlaub, Kündigung und Kündigungsschutz, Haftung, Leistungsstörungen; pauschale Verweisungen auf ganze Regelungskomplexe sind eher selten.

Eine weniger auffällige Verbindung zwischen Tarifvertrag und Gesetz stellen sogenannte Übernahmeklauseln dar. Mit ihnen legen die Tarifvertragsparteien die Arbeitsbedingungen zwar selbst fest, sie wiederholen dabei jedoch die gesetzliche Regelung. Die Übernahme des Gesetzes kann vollständig oder teilweise, im Wortlaut oder nur ihrem Inhalt nach erfolgen. Die Tarifvertragsparteien müssen sich des Vorgangs der Übernahme nicht unbedingt bewußt sein. Trotz der wörtlichen oder inhaltlichen Übereinstimmung zwischen gesetzlicher und tariflicher Regelung können die Tarifvertragsparteien der Meinung sein, eine eigene, vom Bestand oder der Änderung des Gesetzes unabhängige Norm begründet zu haben.

Am geringsten ist die Kopplung zwischen Tarifvertrag und Gesetz, wenn der Tarifvertrag nicht komplett eine gesetzliche Regelung übernimmt, sondern nur einzelne Fachbegriffe wiederholt, dabei aber vom selben Sinn wie das Gesetz, aus dem der Fachbegriff stammt, ausgeht. Eine reine Begriffswiederholung wird sich nur selten vermeiden lassen, weil das Regelungsobjekt staatlicher und tarifautonomer Normen dasselbe ist: die Arbeits- und Wirtschaftsbedingungen. Die Tarifvertragsparteien können jedoch einem der gesetzlichen Regelung entlehnten Begriff eine andere als die übliche Bedeutung beimessen; eine vom allgemeinen Sprachgebrauch abweichende Bedeutung müssen die Tarifvertragsparteien aber klar und eindeutig zum Ausdruck bringen[3].

2. Vorsorgliche Tarifregelung für den Fall einer Gesetzesänderung

Ob nichtinvasive Gesetzesänderungen die tarifvertraglich bestimmte Rechtslage berühren, hängt ganz davon ab, was die Tarifvertragsparteien konkret vereinbart haben. Drei Alternativen sind denkbar: Die Tarifvertragsparteien können bei der Abfassung ihres Vertrages die Möglichkeit, daß sich während dessen Laufzeit eine bestimmte gesetzliche Vorschrift ändert, bedacht und vorsorglich für diesen Fall eine spezielle Vereinbarung getroffen haben. Es kann aber auch sein, daß sie eine Gesetzesänderung überhaupt nicht in Betracht gezogen und deshalb nichts geregelt haben. Schließlich ist vorstellbar, daß die Tarifvertragsparteien zwar nicht von Gesetzesänderungen ausgegangen sind, aber dem Tarifvertrag diejenige Fassung des Gesetzes als Geschäftsgrundlage zugrundegelegt haben, die zur Zeit des Abschlusses des Tarifvertrages galt.

Einen Anlaß, vorsorgliche Tarifregelungen für den Fall einer Gesetzesänderung zu vereinbaren, haben die Tarifvertragsparteien nur, wenn es zwischen Tarifvertrag und Gesetz eine Verbindung gibt, sei es durch tarifliche Verweisungsklauseln, sei es durch die wörtliche oder inhaltliche Übereinstimmung von Gesetz und Tarifvertrag. Wollen die Tarifvertragsparteien der Möglichkeit, daß sich nach Abschluß ihres Tarifvertrages das Gesetz ändert, Rechnung tragen, so müssen sie schon beim

---

[3] BAG, Urt. v. 5.2.1971, AP Nr. 120 zu § 1 TVG Auslegung; Urt. v. 13.5.1981, AP Nr. 1 zu § 1 TVG Tarifverträge: Presse; Urt. v. 28.4.1982, AP Nr. 39 zu § 1 TVG Tarifverträge: Bau; Urt. v. 25.8.1982, AP Nr. 9 zu § 1 TVG Auslösung; Urt. v. 19.8.1987, AP Nr. 3 zu § 1 TVG Tarifverträge: Fernverkehr; *Hromadka/Maschmann/Wallner*, Der Tarifwechsel, Rn. 47 m.w.N.; *Zachert*, in: Kempen/Zachert, TVG, Grundl. Rn. 376; *Schaub*, NZA 1994, 597 (598).

Vertragsschluß entscheiden, ob sich ihr Tarifvertrag automatisch an die neue gesetzliche Regelung anpassen soll oder nicht. Wollen sie die automatische Anpassung, vereinbaren sie Jeweiligkeitsklauseln. Wollen sie das nicht, weil ihnen die jederzeitige Verfügungsgewalt über den Tarifinhalt wichtig ist und weil sie erst bei einer konkreten Gesetzesänderung entscheiden möchten, ob und wieweit sie den Tarifvertrag an das neue Gesetz angleichen, müssen sie Sicherungsklauseln vereinbaren.

a) Jeweiligkeitsklauseln

Verweisen die Tarifvertragsparteien auf ein Gesetz, dann stellt sich immer die Frage, in welcher Fassung das Gesetz in Bezug genommen sein soll. Vereinbaren die Tarifvertragsparteien die Geltung des Gesetzes in seiner jeweiligen Fassung, so ändert sich mit dem Gesetz der Tarifvertrag, ohne daß es eines weiteren Zutuns der Tarifvertragsparteien bedarf. Ist eine derartige Harmonisierungsautomatik nicht mehr gewünscht, muß die Jeweiligkeitsklausel beseitigt werden. Das kann jederzeit durch Änderungsvertrag erfolgen. Problematisch ist, ob die Klausel auch einseitig durch eine Teilkündigung des Tarifvertrages beseitigt werden kann. Eine andere Frage ist, ob die Tarifvertragsparteien durch Jeweiligkeitsklauseln nicht unzulässig auf ihre verfassungsrechtlich garantierten Normsetzungsbefugnisse verzichten. Schließlich ist nicht auszuschließen, daß die Tarifvertragsparteien zwar generell auf Änderungen des Gesetzes vorbereitet sind, jedoch von einer konkreten Neufassung unvorhersehbar überrascht werden. Hier stellt sich dann die Frage, ob die Jeweiligkeitsklausel auch unter diesen Umständen die Gesetzesänderung trägt.

b) Sicherungsklauseln

Sicherungsklauseln sind weit weniger verbreitet. Bislang hatten die Tarifvertragsparteien keinen Grund, sich Gedanken für den Fall einer Verschlechterung des Gesetzes zu machen. Die Laufzeit von Tarifverträgen war auf einen überschaubaren Zeitraum beschränkt, in dem gesetzliche Änderungen kaum zu besorgen waren. Seit einiger Zeit ist das staatliche Arbeitsrecht aber in Bewegung geraten. Es wurden Gesetze geändert, die jahrzehntelang von Novellierungen verschont geblieben sind. Hinzu kommt, daß seit geraumer Zeit die Rechtsprechung[4] den Tarifvertragsparteien die Last auferlegt, ihre Bestimmungen ausdrücklich gegen Veränderungen des dispositiven Gesetzesrechts abzusichern. Zu erörtern ist auch hier, ob es trotz einer ausdrücklichen Vereinbarung von Verweisungs- oder Sicherungsklauseln einer Tarifvertragspartei möglich ist, im Falle der Änderung eines Gesetzes einseitig von diesen Bestimmungen wieder loszukommen.

---

[4] BAG, Urt. v. 26.3.1981, AP Nr. 17 zu § 72a ArbGG 1979; Urt. v. 5.11.1980, 27.8.1982, AP Nrn. 126, 133 TVG Auslegung; Urt. v. 28.2.1985, 28.1.1988, 21.3.1991, 29.8.1991, AP Nrn. 21, 24, 31, 32 zu § 622 BGB; Urt. v. 23.9.1992, 2 AZR 231/92 n.v.; Urt. v. 4.3.1993, 16.9.1993, AP Nrn. 40, 42 zu § 622 BGB; Urt. v. 10.5.1994, AP Nr. 3 zu § 1 TVG Tarifverträge: Verkehrsgewerbe; Urt. v. 5.10.1995, AP Nr. 48 zu § 622 BGB; Urt. v. 12.12.1995, AP Nr. 50 zu § 72a ArbGG 1979 Grundsatz; Urt. v. 14.2.1996, AP Nr. 50 zu § 622 BGB; Urt. v. 14.2.1996, AP Nr. 21 zu § 1 TVG Tarifverträge: Verkehrsgewerbe.

3. Keine tarifliche Vorsorge

Noch schwieriger wird es, wenn die Tarifvertragsparteien die Möglichkeit der Änderung eines Gesetzes nicht bedacht oder nicht ausdrücklich geregelt haben. Das dürfte in der bisherigen Tarifpraxis, sieht man von den gesetzlichen Bezugnahmeklauseln ab, der Normalfall sein. Nur dann, wenn der Tarifvertrag zu einem bestimmten Regelungsgegenstand gar keine Norm enthält, gilt das dispositive Gesetzesrecht, und zwar in seiner jeweiligen Fassung. Die Änderung der gesetzlichen Vorschrift schlägt dann unmittelbar auf das tariflich geregelte Arbeitsverhältnis durch. Es gilt die Zeitkollisionsregel. Die ältere Vorschrift wird durch die jüngere ersetzt, soweit sie mit ihr im Widerspruch steht oder von ihr ausdrücklich für ungültig erklärt wurde. Zuweilen ist unklar, ob der Tarifvertrag zu einer bestimmten Sachfrage eine eigenständige Regelung enthält[5].

4. Weitere Einteilungskriterien

Neben Verweisungsklauseln, Übernahmeklauseln und einfachen Begriffswiederholungen bestehen noch zwei weitere Kategorien. Zum einen gibt es konstitutive und deklaratorische Tarifbestimmungen. Nur konstitutive Tarifbestimmungen sind echte Tarifnormen. Deklaratorische Tarifnormen sind lediglich tatsächliche Hinweise, die über die bereits durch andere Normen gestaltete Rechtslage informieren, jedoch selbst nichts regeln. Zum anderen ist bei Verweisungsklauseln zwischen „statischen" und „dynamischen" Verweisungen zu unterscheiden; diese nehmen das Gesetz in seiner jeweiligen Fassung in Bezug, jene in einer bestimmten Fassung.

Die Dinge sind deshalb besonders kompliziert, weil ein Tarifvertrag regelmäßig sämtliche Arten von Bestimmungen – konstitutive und deklaratorische, regelnde und statisch bzw. dynamisch verweisende – enthält. Selbst innerhalb einer einzelnen Tarifbestimmung können einzelne Teile konstitutiver, andere deklaratorischer Natur sein. Zuweilen bleibt offen, was die Tarifvertragsparteien eigentlich gewollt haben. Ausgangspunkt der Untersuchung darf deshalb nicht der Tarifvertrag im ganzen sein, sondern betrachtet werden muß die einzelne Tarifbestimmung, wobei freilich der jeweilige Regelungszusammenhang nicht außer Betracht bleiben darf. Schließlich ist die Möglichkeit zu erwägen, ob bei einer Änderung des Gesetzes aus deklaratorischen Klauseln konstitutive und aus dynamischen statische werden können.

Will der Rechtsanwender herausfinden, ob eine „nichtinvasive" Gesetzesänderung Auswirkungen auf die tariflich gestaltete Rechtslage hat, ist zunächst festzustellen, ob überhaupt eine echte Tarifnorm vorliegt. Eine deklaratorische Bestim-

---

[5] Zweifelhaft sind insbesondere Wendungen wie: „Die gesetzliche Vorschrift bleibt unberührt" oder „Die Regelung des ... erfolgt nach den gesetzlichen Bestimmungen" oder „Es bewendet bei den gesetzlichen Vorschriften" oder „Im übrigen gelten die §§ ...". Selbst wenn eine Tarifnorm die Arbeitsbedingungen selbst festlegt, dabei aber ausschließlich den Wortlaut des Gesetzes wiederholt, ist es alles andere als sicher, ob diese Bestimmung von späteren Änderungen des Gesetzes unberührt bleibt. Noch schwieriger ist es, wenn die Tarifnorm den Wortlaut des Gesetzes nur zum Teil wiederholt und im übrigen keine oder andere Regelungen als das Gesetz trifft.

mung regelt nichts, es gilt das Gesetz in seiner jeweiligen Fassung; seine Änderung schlägt unmittelbar auf das Arbeitsverhältnis durch. Bei konstitutiven Regelungen ist die Lage weitaus komplizierter. Nach der augenblicklichen Rechtsprechung ergibt sich folgende komplexe Problemstruktur:

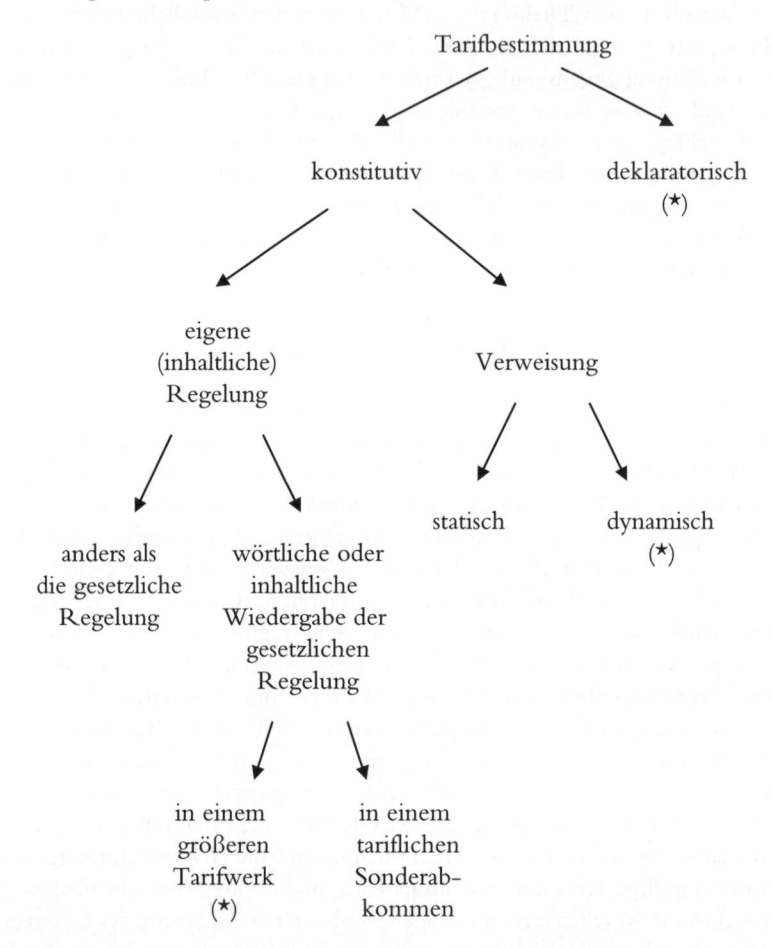

```
                            Tarifbestimmung
                           /              \
                   konstitutiv          deklaratorisch
                    /      \                (*)
                   /        \
            eigene
          (inhaltliche)     Verweisung
           Regelung          /      \
           /    \           /        \
          /      \       statisch   dynamisch
    anders als  wörtliche oder        (*)
  die gesetzliche  inhaltliche
    Regelung     Wiedergabe der
                  gesetzlichen
                   Regelung
                   /      \
              in einem   in einem
              größeren   tariflichen
              Tarifwerk  Sonderab-
                (*)      kommen
```

Bei den mit (*) gekennzeichneten Tarifbestimmungen wirkt sich die Änderung des Gesetzes unmittelbar auf die durch den Tarifvertrag gestaltete Rechtslage aus.

Die Unterscheidung zwischen konstitutiver und deklaratorischer Tarifbestimmung steht am Anfang, sie ist zugleich die schwierigste. Um die Dogmatik der Beziehungen zwischen gesetzlichen und tariflichen Regelungen genauer zu erschließen, werden zunächst die unterschiedlichen Formen konstitutiver Tarifbestimmungen analysiert. Begonnen wird mit Tarifbestimmungen, mit denen die Tarifvertragsparteien zwar selbst Regelungen treffen, dabei aber das Gesetz übernehmen (unten II). Es folgen die Verweisungsklauseln (unten III). Erst zum Abschluß wird auf die Unterscheidung zwischen konstitutiven und deklaratorischen Tarifbestimmungen eingegangen (unten IV).

§ 8 Eigene tarifliche Regelung

I. Grundsätze

Der Entschluß, ob und für welche Mitglieder Arbeitsbedingungen geregelt werden, unterliegt grundsätzlich der freien und autonomen, durch Art. 9 Abs. 3 GG verfassungsrechtlich gesicherten Entscheidung der Tarifvertragsparteien[6]. Darüber hinaus ist es ihre Sache, ob sie die Arbeitsbedingungen in einem Tarifvertrag selbst festlegen oder ob sie auf eine andere Norm verweisen. Sie können auch selbst darüber befinden, woher sie ihr Material für die Gestaltung einer Tarifbestimmung beziehen. Sie können sich an ihren eigenen, bisherigen Tarifnormen orientieren, aber auch an denen anderer Tarifvertragsparteien[7] oder am staatlichen Gesetz. Das muß nicht auf Mangel an eigener Gestaltungskraft beruhen, sondern kann ganz praktische Gründe haben. Nichts spricht dagegen, sich von Dritten erdachte und in der Praxis erprobte Formulierungen zu eigen zu machen[8].

II. Übernahme des Gesetzes

Im allgemeinen wird es den Tarifvertragsparteien schwerfallen, eine Tarifnorm völlig unabhängig von den jeweils einschlägigen gesetzlichen Bestimmungen zu formulieren, weil sie auf die gleichen oder auf ähnliche juristische Fachbegriffe wie das Gesetz zurückgreifen müssen. Die Tarifvertragsparteien können diesen Begriffen zwar eine Bedeutung beimessen, die vom allgemeinen arbeitsrechtlichen Sinn abweicht. Das muß sich aber zweifelsfrei aus dem Tarifvertrag ergeben. Benutzen die Tarifvertragsparteien Fachbegriffe ohne besondere Hinweise oder Zusätze, die im juristischen Sprachgebrauch eine bestimmte Bedeutung haben, so ist davon auszugehen, daß sie die Begriffe im allgemeinen arbeitsrechtlichen Sinn zugrundegelegt haben[9].

---

[6] BAG, Urt. v. 24.4.1985, AP Nr. 4 zu § 3 BAT; Urt. v. 18.9.1985, AP Nr. 20 zu § 23a BAT; Urt. v. 20.8.1986, AP Nr. 6 zu § 1 TVG Tarifverträge: Seniorität.

[7] Die Zahl der in Deutschland abgeschlossenen Tarifverträge ist immens. Am 31.12.2006 waren 67.289 Tarifverträge in das Tarifregister beim Bundesarbeitsminister eingetragen. Davon sind 7.930 Manteltarifverträge, 24.045 Tarifverträge mit einzelnen „Mantelbestimmungen", 8.793 Vergütungstarifverträge und 26.521 Änderungs-, Anschluß- und Paralleltarifverträge. Es bestehen rund 31.200 Firmentarifverträge. Insgesamt sind in das Tarifregister von 1949 bis Ende 2001 332.600 Tarifverträge eingetragen worden. Verbandstarifverträge bestehen für etwa 300 verschiedene Branchen. Verbands- und Firmentarifverträge erfassen schätzungsweise zwischen 80 und 90% der sozialversicherungspflichtig beschäftigten Arbeitnehmer; vgl. *Bundesarbeitsminister*, Tarifregister-Statistik 2006.

[8] *Herschel*, BB 1963, 1220 (1222).

[9] BAG, Urt. v. 14.11.1957, AP Nr. 13 zu § 1 TVG Auslegung; Urt. v. 27.4.1984, AP Nr. 61 zu § 616 BGB; Urt. v. 13.11.1985, AP Nr. 35 zu § 1 TVG Tarifverträge: Metallindustrie; Urt. v. 12.3.1986, AP Nr. 3 zu § 1 TVG Tarifverträge: Seeschiffahrt; Urt. v. 1.4.1987, AP Nr. 64 zu § 613a BGB; Urt. v. 25.11.1987, AP Nr. 18 zu § 1 TVG Tarifverträge: Einzelhandel; *Däubler*, Tarifvertragsrecht, Rn. 139 f.; *Hromadka/Maschmann/Wallner*, Der Tarifwechsel, Rn. 47 m.w.N; *Löwisch/Rieble*, § 1 TVG Rn. 555; *Wank*, in: Wiedemann, § 1 TVG Rn. 782 ff.

Die Regelungsautonomie erlaubt es den Tarifvertragsparteien im Grundsatz auch, den Wortlaut des staatlichen Gesetzes ganz oder teilweise in den Tarifvertrag zu übernehmen[10]. In vielen Fällen wird gerade die gesetzliche Vorschrift eine ausgewogene und allgemein anerkannte Regelung darstellen, die den Interessen aller Beteiligten angemessen Rechnung trägt. Schon deshalb bietet sie sich für eine Übernahme an. Fraglich ist, ob auch eine zweiseitig zwingende Vorschrift vollständig übernommen werden kann. Soll die gesetzliche Norm nur teilweise in den Tarifvertrag übernommen, im übrigen aber abbedungen oder verändert werden, was nur bei dispositivem Gesetzesrecht in Betracht kommt, so ist zu klären, ob die Abweichung von der gesetzlichen Norm einer besonderen Rechtfertigung bedarf.

III. Übernahme zweiseitig zwingender Normen

Zweiseitig zwingende Normen sind Vorschriften, die weder zu Gunsten noch zu Lasten des Arbeitnehmers durch Kollektivvertrag oder Arbeitsvertrag abbedungen werden können. Sie können, wenn überhaupt, nur unverändert in den Tarifvertrag übernommen werden. Eine Übernahme mit Änderungen käme einer teilweisen Abdingung gleich, und das wäre nach § 134 BGB unzulässig.

Ob den Tarifvertragsparteien eine vollständige Übernahme zweiseitig zwingender Normen erlaubt ist, ist umstritten. Das Bundesarbeitsgericht hat die Frage bislang offen gelassen[11]. *Hueck/Nipperdey*[12] und *Säcker/Oetker*[13] bezweifeln, daß in diesem Fall überhaupt eine echte Tarifnorm vorliegt. Der Tarifvertrag habe nur zur Klarstellung das in sich aufgenommen, was das zwingende Recht ohnehin bereits anordne. Da den Tarifvertragsparteien der Wille zu einer konstitutiven Regelung fehle, sei von einer deklaratorischen Tarifbestimmung auszugehen, die mit der Änderung oder Aufhebung der zwingenden gesetzlichen Vorschrift gegenstandslos werde. Ähnlich argumentiert *Bengelsdorf*. Da das zweiseitig zwingende Gesetz keinerlei Abweichung zulasse, komme den Tarifvertragsparteien keinerlei Gestaltungsfreiheit bei der Normsetzung zu. Deshalb mangele es ihnen im Regelfall auch an einem Gestaltungswillen[14]. *Kunze* hat dagegen eingewandt, daß es das zweiseitig

---

[10] Davon geht das BAG in st. Rspr. aus, vgl. Urt. v. 16.1.980, 26.3.1981, AP Nrn. 3, 17 zu § 72a ArbGG Grundsatz; Urt. v. 27.8.1982, AP Nr. 133 zu § 1 TVG Auslegung; Urt. v. 28.2.1985, 28.1.1988, 31.3.1991, 29.8.1991, 16.9.1993, AP Nrn. 21, 24, 31, 32, 42 zu § 622 BGB; Urt. v. 10.5.1994, AP Nr. 3 zu § 1 TVG Tarifverträge: Verkehrsgewerbe; Urt. v. 5.10.1995, AP Nr. 48 zu § 622 BGB. Die überwiegende Literatur folgt ihr, vgl. *Buchner*, NZA 1996, 1177 (1182); *Bengelsdorf*, NZA 1991, 121 (125); *Creutzfeld*, AuA 1995, 87; *Hergenröder*, Anm. zu BAG, Urt. v. 4.3.1993, AP Nr. 40 zu § 622 BGB; *Herschel*, BB 1963, 1220 (1222); *Hueck/Nipperdey*, Arbeitsrecht II/1 § 19 D III 1, S. 398; *Jansen*, Anm. zu BAG, Urt. v. 16.9.1993, AP Nr. 42 zu § 622 BGB; *Kamanabrou*, RdA 1997, 22 (27); *Kunze*, ArbRdGgw 1 (1964), S. 119 (126); *Nikisch*, Arbeitsrecht II, § 69 IV 4, S. 231; *Wedde*, AuR 1996, 421 (424); *Worzalla*, NZA 1994, 145 (146); *Zachert*, RdA 1996, 140 (142 f.).
[11] BAG, Urt. v. 5.10.1995, AP Nr. 48 zu § 622 BGB; anders das RAG, ARS 12, 206 (209), nach dem eine deklaratorische Tarifbestimmung vorliegt; BAG, Urt. v. 12.11.1964, AP Nr. 4 zu § 34 SchwbeschG 1961.
[12] Arbeitsrecht II/1, § 19 B II, S. 395.
[13] Tarifautonomie, S. 192 ff.
[14] *Bengelsdorf*, NZA 1991, 121 (126).

zwingende Gesetz zwar verbiete, von ihm abzuweichen, nicht aber, es zum Gegenstand selbständiger tariflicher Normen zu machen, um damit neben dem gesetzlichen Anspruch einen weiteren, allerdings inhaltsgleichen Anspruch zu schaffen[15]. Dem ist zuzustimmen[16].

Daraus, daß es den Tarifvertragsparteien verboten ist, eine von einer zweiseitig zwingenden gesetzlichen Vorschrift abweichende Tarifnorm zu vereinbaren, kann nicht im Umkehrschluß gefolgert werden, daß nicht vom Gesetz abweichende Tarifnormen von den Tarifvertragsparteien auch nicht gewollt sind. Zwingende Vorschriften dienen auch dem Arbeitnehmerschutz[17], so daß es nicht verboten sein kann, die gesetzliche Norm durch eine gleichlautende tarifliche Norm zu unterfangen. Man wende nicht ein, der Gesetzgeber habe gerade durch den Erlaß zweiseitig zwingenden Rechts alle Regelungsfragen umfassend und abschließend regeln und damit tarifliche Normen verhindern wollen. Nicht geregelt hat er nämlich die Frage, ob er auch in Zukunft an dieser Regelung festhält. Das kann der Gesetzgeber, von der Möglichkeit befristet geltender Gesetze abgesehen, auch gar nicht. Ändert er später das Gesetz, indem er bestimmte Sachverhalte nicht mehr selbst regelt, so müssen die Tarifvertragsparteien diese Regelungslücke durch eigene Tarifnormen schließen können. Es kann ihnen dann aber auch nicht verwehrt sein, die Möglichkeit einer Gesetzesänderung schon bei Abschluß des Tarifvertrages in Betracht zu ziehen und für diesen Fall Vorsorge durch eigenständige Regelungen zu treffen, die freilich von der derzeitigen Fassung des Gesetzes nicht abweichen dürfen. Ob und inwieweit eine solche konstitutive Tarifnorm bei einer Gesetzesänderung Bestand hat, hängt davon ab, in welchem Umfang die geänderte gesetzliche Vorschrift von ihr abweichende tarifvertragliche Regelungen gestattet.

IV. Übernahme dispositiver Normen

Dispositive Normen sind solche, von denen die Tarifvertragsparteien abweichen dürfen. Darf nur zu Gunsten, nicht aber zu Lasten des Arbeitnehmers abgewichen werden, spricht man von einseitig zwingenden Normen, dürfen nur die Tarifvertragsparteien, nicht aber die Arbeitsvertragsparteien abweichen, von tarifdispositiven Vorschriften[18]. Arbeitsrechtliche Gesetze sind grundsätzlich zugunsten des Arbeitnehmers dispositiv; tarifdispositiv sind sie nur, wenn und soweit die Abweichung durch Tarifvertrag ausdrücklich zugelassen wird[19].

---

[15] *Kunze*, ArbRdGgw 1 (1964), S. 119 (126).
[16] Die neuere Literatur äußert sich zu diesem Streit nicht explizit, geht der Sache nach aber von der Zulässigkeit konstitutiver Tarifnormen aus und verlangt deren gesetzeskonforme und gesetzesfreundliche Auslegung, vgl. *Löwisch/Rieble*, § 1 TVG Rn. 584; *Wank*, in: Wiedemann, § 1 TVG Rn. 799 ff.
[17] Freilich wird der Gesetzgeber zweiseitig zwingendes Recht nicht nur zum Schutze der Arbeitnehmer erlassen, sondern immer dann, wenn seines Erachtens nur eine Lösung dem Interessenkonflikt zwischen den Arbeitsvertragsparteien gerecht wird; das sind Bestimmungen mit einem hohen Gerechtigkeitsgehalt, die vor allem Grundwerte der Verfassung umsetzen, vgl. *Hromadka*, FS Kissel (1994), S. 417 (419 f.).
[18] Statt aller *Wiedemann*, TVG, Einl. Rn. 357.
[19] BAG, Urt. v. 27.6.1989, AP Nr. 113 zu Art. 9 GG Arbeitskampf.

1. Vollständige Übernahme

Ist bereits die vollständige Übernahme zweiseitig zwingender Gesetze in den Tarifvertrag erlaubt, so muß dies erst recht für eine Gesetzesnorm gelten, die es den Tarifvertragsparteien gestattet, hiervon abzuweichen. Machen die Tarifvertragsparteien von dieser Abweichungsbefugnis keinen Gebrauch und übernehmen sie die gesetzliche Vorschrift in den Tarifvertrag, so spricht nichts gegen eine konstitutive Regelung. Immerhin geben sie dadurch rechtsverbindlich zu erkennen, daß sie die tarifvertragliche Schlechterstellung der betroffenen Arbeitnehmer gerade nicht wollen[20].

2. Teilweise Übernahme

Problematisch ist die nur teilweise Übernahme dispositiver Vorschriften. Das dispositive Gesetz stellt, wie gesagt, eine ausgewogene Regelung dar, die den Interessen der Vertragsparteien angemessen Rechnung trägt. Ihm kommt insoweit eine Leitbildfunktion zu. Den Tarifvertragsparteien dient das dispositive Gesetze vielfach nur als Ausgangsregel für eine branchenspezifische Ausgestaltung. Je weniger die tarifliche Regelung von der gesetzlichen Vorlage übrig läßt, desto weiter entfernt sie sich von dem als angemessen angesehenen Interessenkompromiß. Das muß kein Mangel sein, wenn die Tarifvertragsparteien die gesetzliche Vorlage, die in sämtlichen Bereichen des öffentlichen wie des privaten Lebens angewandt werden kann, für ihre Branche als unpassend empfinden und sachnähere Regelungen treffen. Gerade in der branchenspezifischen Sachkenntnis der Tarifvertragsparteien liegt der besondere Vorzug der Tarifautonomie[21]. Gleichwohl wird die Frage, ob der Tarifvertrag nur Teile des Gesetzes übernehmen, andere aber weglassen oder modifizieren darf, kontrovers beurteilt.

Im früheren Schrifttum zum allgemeinen Vertragsrecht[22] wurde zuweilen die Ansicht vertreten, vom dispositiven Gesetzesrecht dürfe nur dann abgewichen werden, wenn hierfür ein sachlicher Grund bestehe. Die Abweichung müsse durch die rule of reason gerechtfertigt sein; darüber hinaus müsse sie die Interessen beider Parteien angemessen berücksichtigen, und zwar nach Maßgabe von Treu und Glauben und nach den Gerechtigkeitsvorstellungen, so wie sie im dispositiven Gesetzesrecht zum Ausdruck gekommen seien. Das dispositive Gesetzesrecht sei kein unverbindlicher Vorschlag des Gesetzgebers an die Vertragsparteien, von dem sie nach freiem Belieben abweichen könnten. Vielmehr treffe das dispositive Recht diejenige Regelung, die nach allgemeiner Erfahrung und einer oft Jahrhunderte alten Übung dem Wesen des speziellen Vertragstyps und den Interessen der Parteien am besten gerecht werde.

---

[20] Ausdrücklich offengelassen von BAG, Urt. v. 5.10.1995, AP Nr. 48 zu § 622 BGB; wie hier *Bengelsdorf*, NZA 1991, 121 (126); *Creutzfeld*, AuA 1995, 87 f.

[21] BVerfGE 34, 307 (317); BAG, Urt. v. 5.10.1995, AP Nr. 48 zu § 622 BGB.

[22] *Enneccerus/Nipperdey*, § 49 III m.w.N.; *Hueck/Nipperdey*, Arbeitsrecht II, 3.-5. Aufl., § 19 D III 1, S. 282; widerrufen in der 7. Aufl., § 19 D II.

§ 8 Eigene tarifliche Regelung

Zwar hat sich die ältere Rechtsprechung dieser Ansicht, die auch im neueren Schrifttum noch ihre Anhänger findet[23], vereinzelt angeschlossen[24]. Sie hat sich jedoch zu Recht nicht allgemein, sondern nur für die Abweichung vom Gesetz durch Allgemeine Geschäftsbedingungen durchzusetzen vermocht und insoweit in § 307 BGB eine positiv-rechtliche Regelung erfahren[25]. Das dispositive Recht will den Vertragsparteien nur eine Hilfestellung für ihren Vertrag geben, etwa für den Fall, daß sie im Vertrag eine vereinbarungsbedürftige Frage übersehen oder nicht ausreichend geregelt haben[26]. Weitere Bindungen legt es den Vertragsparteien nicht auf. Das wäre eine unzulässige, weil mit dem Prinzip der Selbstbestimmung nicht zu vereinbarende Bevormundung.

Nun ist allerdings dort, wo eine Vertragspartei aus (markt)strukturellen Gründen ein so starkes Übergewicht hat, daß sie vertragliche Regelungen faktisch einseitig setzen kann, der sachgerechte Ausgleich der Interessen allein mit den Mitteln des Vertragsrechts nicht gewährleistet[27]. Das gilt besonders häufig im Arbeitsrecht[28]. Damit unter diesen Umständen die Selbstbestimmung der überlegenen nicht zur Fremdbestimmung der unterlegenen Vertragspartei gerät, muß der Gesetzgeber ausgleichend eingreifen, wobei es in seinen weiten, verfassungsgerichtlich nicht näher überprüfbaren Beurteilungsspielraum fällt zu entscheiden, wann Ungleichgewichtslagen so schwer wiegen, daß die Vertragsfreiheit durch zwingendes Gesetzesrecht begrenzt oder ergänzt werden muß[29]. Begnügt sich der Gesetzgeber mit dem Erlaß dispositiven Rechts, so hat man davon auszugehen, daß er die Vertragsparteien für fähig hält, ohne seine Hilfe zu einem angemessenen Interessenausgleich zu gelangen. Daß dies nicht immer gelingt, muß eine Rechtsordnung, die der Selbstbestimmung des einzelnen verpflichtet ist, in Kauf nehmen. Da sich in einer konkreten Situation kaum je bestimmen läßt, welche Vertragsbedingungen nach den Geboten der ausgleichenden Gerechtigkeit „objektiv" richtig sind, muß es den Vertragsparteien selbst überlassen bleiben, ihre Interessen richtig einzuschätzen und sie beim Aushandeln der Vertragsbedingungen wahrzunehmen[30]. Deshalb dürfen die Vertragsparteien auch ohne sachlichen Grund von dispositiven Gesetzen abweichen. Allerdings darf der Gesetzgeber bei offensichtlichen Fehlentwicklungen nicht tatenlos zusehen, sondern ist aufgrund der Schutzgebotsfunktion der Grundrechte zu Eingriffen in die Vertragsfreiheit verpflichtet[31]. Die Möglichkeit, ungehindert vom dispositiven Recht

---

[23] *Schaub*, Arbeitsrechts-Handbuch, § 31 Rn. 54, nach dem die Ordnungsfunktion des dispositiven Rechts verlange, daß davon nur dann und nur insoweit abgewichen werden könne, wenn hierfür triftige Gründe, namentlich aus der besonderen, vom Gesetz nicht geregelten Interessenlage bestünden.
[24] BAG, Beschl. v. 2.11.1955, AP Nr. 1 zu § 27 BetrVG 1952.
[25] Vgl. nur *Larenz*, Schuldrecht I, § 4 II a, § 6 I; *ders*., Schuldrecht II/1, § 38; *Medicus*, Schuldrecht AT, § 12 I. § 307 BGB ist jedoch Ausdruck des hohen Gerechtigkeitsgehalt des dispositiven Gesetzesrechts; anders wäre diese Regelung nicht erklärbar.
[26] *Brox*, Allgemeiner Teil, Rn. 36; *Kunze*, ArbRdGgw 1 (1964), S. 119 (120); *Larenz*, Allgemeiner Teil, § 1 V; *ders*., Schuldrecht I, § 6 I.
[27] BVerfGE 81, 242 (255); 89, 214 (232).
[28] St. Rspr., vgl. zuletzt BAG, Urt. v. 21.11.2001, AP Nr. 31 zu § 611 BGB Ausbildungsbeihilfe.
[29] BVerfGE 81, 242 (255); 89, 214 (232).
[30] *Larenz*, Schuldrecht I, § 6 I.
[31] BVerfGE 81, 242 (255); 89, 214 (232).

3. Teil: Die Kopplung des Tarifvertrages an das Gesetz

abzuweichen, steht daher unter dem jederzeit vom Gesetzgeber zu realisierenden Vorbehalt des Erlasses zwingenden Gesetzesrechts. Solange und soweit dieses nicht besteht, bleibt es bei der freien vertraglichen Abänderbarkeit dispositiven Rechts.

Angesichts dieser weithin anerkannten Rechtslage im allgemeinen Vertragsrecht muß es um so mehr verwundern, daß sich im tarifrechtlichen Schrifttum *Wiedemann/Stumpf*[32], *Nikisch*[33] und *Schaub*[34] ausdrücklich dafür eingesetzt haben, daß die Tarifvertragsparteien den dispositiven gesetzlichen Regelungsvorschlag nicht willkürlich und nicht ohne berechtigten Grund abändern dürfen, vor allem dann nicht, wenn damit die Interessen einer Partei oder einer bestimmten Gruppe ungebührlich vernachlässigt werden[35]. Das ergebe sich aus ihrer Stellung in der sozialen Selbstverwaltung. Dem nachgiebigen Recht stünden die Tarifvertragsparteien mit derselben Freiheit gegenüber wie die Parteien eines Einzelvertrages; sei deren Freiheit zur Abweichung vom dispositiven Gesetz beschränkt, müsse dies auch für die Tarifvertragsparteien gelten.

Diese Ansicht hat sich nicht durchsetzen können. Weder Rechtsprechung[36] noch herrschende Lehre[37] verlangen einen sachlichen Grund für die Abweichung des Tarifvertrags vom dispositiven Recht. Da die Tarifverträge für ihren Geltungsbereich die allgemeinen Arbeitsbedingungen der Tarifunterworfenen festlegen, scheint zwar eine Parallele zu den Allgemeinen Geschäftsbedingungen zu bestehen. Indes unterscheiden sich die Allgemeinen Geschäftsbedingungen von den Normen eines Tarifvertrages in einem wichtigen Punkt, der ihre rechtliche Gleichbehandlung ausschließt. Während Allgemeine Geschäftsbedingungen einseitig vom Verwender gestellt werden, und damit typischerweise ein Ungleichgewicht zwischen den Kontrahenten besteht, das die Vertragsgerechtigkeit und die Richtigkeitsgewähr des Vertrages bedroht, sollen die zwischen den Tarifvertragsparteien ausgehandelten allgemeinen Arbeitsbedingungen gerade das strukturelle Ungleichgewicht, das zwischen den Arbeitsvertragsparteien besteht, ausgleichen. Die Rechtsordnung läßt Arbeitsbedingungen gerade deshalb von den Tarifvertragsparteien kollektiv aushandeln, weil sie axiomatisch voraussetzt, daß zwischen den Tarifvertragsparteien Parität herrscht und ihre Vereinbarungen unter vollwirksamem Druck und Gegendruck zustandekommen. Diese Vereinbarungen stehen daher unter der unwiderlegbaren

---

[32] TVG, Einl. Rn. 102.
[33] Arbeitsrecht II, § 69 IV 3, S. 229.
[34] *Schaub*, Arbeitsrechts-Handbuch, § 31 Rn. 54.
[35] Auf die Gefahr der Benachteiligung einzelner Arbeitnehmergruppen weisen auch *Däubler*, Tarifvertragsrecht, Rn. 375, 383 und *Schüren*, AuR 1988, 245 ff. hin, die jedoch keine Veranlassung sehen, die Tarifvertragsparteien bei einer Abweichung vom dispositiven Gesetz an einen sachlichen Grund zu binden.
[36] BAG, Urt. v. 22.2.1957, AP Nr. 2 zu § 2 TVG; Urt. v. 23.10.1963, AP Nr. 37 zu § 616 BGB; Urt. v. 27.8.1982, AP Nr. 133 zu § 1 TVG Auslegung; Urt. v. 16.9.1993, AP Nr. 42 zu § 622 BGB; Urt. v. 10.5.1994, AP Nr. 3 zu § 1 TVG Tarifverträge: Verkehrsgewerbe; Urt. v. 5.10.1995, AP Nr. 48 zu § 622 BGB.
[37] *Brox/Rüthers/Henssler*, Arbeitsrecht, Rn. 137; *Däubler*, Tarifvertragsrecht, Rn. 371 ff.; *Hueck/Nipperdey*, Arbeitsrecht II/1, § 19 D II, S. 397; *Kempen*, in: Kempen/Zachert, TVG, Grundl. Rn. 283; *Kunze*, ArbRdGgw 1 (1964), S. 119 (141 ff.); *Säcker*, AR-Blattei (D); Tarifvertrag I C, IV 1; *Söllner/Waltermann*, Arbeitsrecht, § 7 I; *M. Wolf*, ZfA 1971, S. 151 (158); *Zöllner/Loritz*, Arbeitsrecht, § 6 I 1; a.A. *Schaub*, Arbeitsrechts-Handbuch, § 31 Rn. 54.

Vermutung der Sachgerechtigkeit[38]. Wenn der Gesetzgeber dispositives Recht erläßt, so geht er stillschweigend davon aus, daß die Tarifvertragsparteien vom Gesetz nur aus wohlerwogenen, vernünftigen Gründen abweichen und dabei die Interessen der Arbeitsvertragsparteien, insbesondere die der schwächeren Partei wahren[39]. Einer besonderen Rechtfertigung bedürfen sie nicht. Ebensowenig kann gerichtlich kontrolliert werden, ob die Abweichung vom dispositiven Recht eine angemessene Regelung der Arbeitsbedingungen darstellt. Die Entscheidung, ob der Vorteil einer tariflichen Regelung so schwer wiegt, daß er den Nachteil der Abdingung der gesetzlichen Vorgabe rechtfertigt, fällt gerade in den verfassungsrechtlich geschützten Beurteilungsspielraum der Tarifvertragsparteien[40]. Alles andere wäre eine verfassungswidrige Tarifzensur[41].

Indes stellt die Beachtung der Interessen von einzelnen Gruppen und Minderheiten bei Tarifverhandlungen in der Tat ein schwieriges Problem dar[42]. Die Kritiker fragen zu Recht, ob auch dann vom dispositiven Recht abgewichen werden darf, wenn dadurch die Interessen einer Partei oder einer bestimmten Gruppe ungebührlich vernachlässigt werden[43]. Im Ergebnis ist das aber zu bejahen. Das Postulat der Sachgerechtigkeit gilt für jede tarifliche Regelung der Arbeits- und Wirtschaftsbedingungen, mag sie auch von einzelnen Beteiligten als unzweckmäßig, ungerecht oder unsachlich angesehen werden[44]. Nicht leicht zu beurteilen wäre, für welchen Personenkreis ein besonderer Rechtfertigungszwang eingeführt werden müßte. Überdies wäre die Unterscheidung schwierig, welche Tarifnorm als überprüfungsbedürftig und welche als „minderheitenneutral" zu gelten hätte. Probleme würde auch der Maßstab bilden, an Hand dessen die Zulässigkeit einer Abweichung zu beurteilen ist. Die intensive Kontrolle aller Tarifnormen würde die Verbindlichkeit des Tarifvertrages im ganzen in Frage stellen. Schließlich ist zu bedenken, daß die Benachteiligung von Minderheiten zwar nicht wünschenswert ist, sich im Prozeß demokratischer Willensbildung aber nicht vermeiden läßt. Soweit deshalb tarifliche Regelungen nicht unverzichtbare Rechtspositionen von Minderheiten berühren – die zumeist ohnehin durch zwingendes Recht geschützt sind –, muß es bei der freien Abdingbarkeit des dispositiven Gesetzes durch den Tarifvertrag bleiben.

Die Grenze markiert das zwingende Recht. Wo das Gesetz, das als Vorlage einer tariflichen Regelung dient, selbst nicht zwingend, sondern tarifdispositiv ausgestaltet ist, sind die unabdingbaren gesetzlichen Generalklauseln, insbesondere §§ 138, 242 BGB, zu beachten. Diese ziehen den Tarifvertragsparteien indessen nur äußerste Grenzen. Innerhalb dieser Grenzen beurteilen die Tarifvertragsparteien selbst, was sie für angemessen erachten. Beachten Sie diese Grenzen, ist ihre Entscheidung juristisch nicht weiter kontrollierbar.

---

[38] BAG, Urt. v. 10.11.1982, AP Nr. 8 zu § 1 TVG Form.
[39] *Bengelsdorf*, NZA 1991, 121 (125); *Brox/Rüthers/Henssler*, Arbeitsrecht, Rn. 136; *Zöllner/Loritz*, Arbeitsrecht, § 6 I 1.
[40] *Löwisch/Rieble*, TVG, Grundl. Rn. 48 f.
[41] BVerfGE 84, 212 (231); BAG, Urt. v. 10.11.1982, AP Nr. 8 zu § 1 TVG Form.
[42] Ausführlich *Schüren*, AuR 1988, 245 ff.
[43] *Däubler*, Tarifvertragsrecht, Rn. 375, 383; *Schüren*, AuR 1988, 245 ff.
[44] BAG, Urt. v. 10.11.1982, AP Nr. 8 zu § 1 TVG Form.

§ 9 Verweisung auf das Gesetz

Vielfach legen die Tarifvertragsparteien die Arbeitsbedingungen nicht selbst fest, sondern verweisen auf andere Vorschriften.

I. Wirkungsweise

Bei einer Verweisung nimmt eine Rechtsnorm Bezug auf eine andere Rechtsnorm. Dadurch wird der Inhalt der in Bezug genommenen Rechtsnorm von der verweisenden Rechtsnorm übernommen, er wird zu ihrem Bestandteil und teilt deren Anwendungsbereich, Geltungskraft und Ranghöhe[45], es sei denn, daß der Normgeber der verweisenden Vorschrift etwas anderes will. Im Ergebnis bewirkt die Verweisung auf fremde Vorschriften dasselbe wie deren wörtliche Wiedergabe in der verweisenden Norm.

Die Verweisung läßt die Geltung und den bisherigen Anwendungsbereich der in Bezug genommenen Vorschrift als solcher unangetastet. Er verschafft ihr einen zusätzlichen Geltungsbereich, wenn die Norm bislang nicht einschlägig war[46], also beispielsweise wenn ein für Arbeiter und Angestellte gültiger Tarifvertrag pauschal auf „die für Beamte geltenden Vorschriften" verweist[47]. Die für Beamte gültigen staatlichen Vorschriften (Gesetze, Rechtsverordnungen und Verwaltungsvorschriften) gelten dann für Angestellte und Arbeiter nicht kraft staatlicher Anordnung, sondern aufgrund des Regelungswillens der Tarifvertragsparteien.

II. Abgrenzung zur Delegation

Zum selben Ergebnis, d.h. zur Erweiterung des Anwendungsbereichs der Normen eines fremden Normgebers, führt die Delegation von Rechtssetzungsmacht. Gleichwohl unterscheiden sich Verweisung und Delegation in einem wichtigen Punkt. Die Verweisung läßt die vorgefundene Verteilung von Rechtssetzungskompetenzen unberührt, die Delegation verändert sie. Während der Delegant seine Rechtsmacht auf einen anderen, den Delegatar, überträgt, so daß dieser nunmehr auch außerhalb seines ursprünglichen Kompetenzbereichs Rechtsnormen im eigenen Namen erlassen kann[48], wird bei der Verweisung überhaupt nichts an Rechtsmacht auf einen anderen übertragen. Es wird nicht einmal die Wirkung einer Bevollmächtigung erreicht. Wer auf eine fremde Norm verweist, erklärt lediglich, daß die von einem anderen getroffene Regelung für ihn maßgeblich sein soll[49].

---

[45] *Clemens*, AöR 111 (1986), S. 63 (65); *Schneider*, Gesetzgebung, Rn. 378.
[46] *Clemens*, AöR 111 (1986), S. 63 (66); *Herschel*, BB 1963, 1220.
[47] BAG, Urt. v. 28.7.1988, AP Nr. 1 zu § 5 TV Arb Bundespost; Urt. v. 20.10.1993, AP Nr. 10 zu § 1 TVG Tarifverträge: Bundesbahn; Urt. v. 24.11.1993, AP Nr. 11 zu § 611 BGB Mehrarbeitsvergütung.
[48] *Baumann*, Delegation, S. 24 ff.; *Triepel*, Delegation, S. 23, 26, 42.
[49] BAG, Urt. v. 8.10.1959, AP Nr. 14 zu § 56 BetrVG 1952; Urt. v. 10.11.1982, AP Nr. 8 zu § 1 TVG Form; *Dietz*, FS Nipperdey II (1965), S. 141 (156); *Herschel*, BB 1963, 1220 (1222); *Iffland*, DB 1964, 1737 (1739); *Mangen*, Anm. zu BAG, Urt. v. 10.11.1982, AP Nr. 8 zu § 1 TVG Form; *Schwarze*, Be-

Die Abgrenzung ist einfach, wenn die verweisende Rechtsnorm auf eine andere Rechtsnorm in einer bestimmten Fassung verweist. Machen sich die Tarifvertragsparteien auf diese Weise eine schon vorhandene fremde Norm zu eigen, so bestimmen sie selbst und ohne jede mittelbare oder unmittelbare Delegation von Rechtssetzungsmacht über den Inhalt ihres Tarifvertrages[50]. Wird indes auf eine Rechtsnorm in ihrer jeweiligen Fassung verwiesen, verschwimmen die Grenzen zwischen Verweisung und Delegation, weil dann nicht nur auf bereits bestehende, sondern auch auf zukünftige Vorschriften eines anderen Normgebers verwiesen wird[51]. Im Ergebnis macht es kaum einen Unterschied, ob die Tarifvertragsparteien im Wege der Delegation einen anderen Normgeber ausdrücklich dazu ermächtigen, für sie Normen zu setzen, oder ob sie seine bereits bestehenden Normen übernehmen und daran auch für den Fall festhalten, daß er seine Normen ändert[52]. Das gilt insbesondere dann, wenn der Tarifvertrag inhaltsleere Blankettnormen verwendet[53].

III. Erscheinungsformen

In der derzeitigen Rechtspraxis sind Verweisungen auf andere Rechtsvorschriften gang und gäbe. Das ist nicht zuletzt Ausdruck der inneren Verwobenheit der Normen einer komplexen Rechtsordnung, in der kaum jemals eine Vorschrift für sich allein steht. Die Zahl alternativer Gestaltungsformen für Verweisungen ist Legion. Gleichwohl lassen sich ihre Grundformen wie folgt systematisieren, wobei damit noch nichts über die Zulässigkeit einer Verweisung im Einzelfall gesagt ist:

Die Rechtsnorm, auf die verwiesen wird, kann Teil desselben oder eines anderen Gesetzes sein. Im ersten Fall liegt eine Binnenverweisung vor, im zweiten eine Außenverweisung[54]. Beispiel für eine Binnenverweisung ist § 990 Abs. 1 Satz 1 BGB, der für die Haftung des bösgläubigen Besitzers auf die §§ 987, 989 BGB verweist; Beispiel für eine Außenverweisung ist § 46 Abs. 2 ArbGG, der auf die §§ 495 ff. ZPO verweist. Bei der Außenverweisung läßt sich weiter danach differenzieren, ob auf eine andere Vorschrift desselben oder eines anderen Normgebers verwiesen wird. Beispiel für den ersten Fall ist die Verweisung eines Entgelttarifvertrages auf die Lohn- und Gehaltsgruppen des entsprechenden Entgeltrahmentarifvertrages derselben Tarifvertragsparteien, Beispiel für den zweiten Fall die Verweisung eines Manteltarifvertrages auf die §§ 3 ff. EfzG.

---

triebsrat, S. 287 f.; *Wiedemann*, Anm. zu BAG, Urt. v. 9.7.1980, AP Nr. 7 zu § 1 TVG Form; *Wiedemann*, § 1 TVG Rn. 196.

[50] BAG, Urt. v. 8.10.1959, AP Nr. 14 zu § 56 BetrVG 1952.
[51] *Ossenbühl*, DVBl 1967, 401 (404).
[52] So auch BAG, Urt. v. 27.7.1956, AP Nr. 3 zu § 4 TVG Geltungsbereich; *Gumpert*, BB 1961, 1276 (1277); *Gröbing*, AuR 1982, 116 f.; *Groß*, BlStSozArbR 1965, 287 (288); *Hueck/Nipperdey*, Arbeitsrecht II/1, S. 44; *Löwisch/Rieble*, § 1 TVG Rn. 176; *Schwarze*, Betriebsrat, S. 300; *Wiedemann*, Anm. zu BAG, Urt. v. 9.7.1980, AP Nr. 7 zu § 1 TVG Form; *Wiedemann/Arnold*, Anm. zu BAG, Urt. v. 23.6.1992, AP Nr. 55 zu § 77 BetrVG 1972; ausdrücklich anders BAG, Urt. v. 9.7.1980, 10.11.1982, AP Nr. 7, 8 zu § 1 TVG Form; *Herschel*, BB 1963, 1220 (122); *Iffland*, DB 1964, 1737 (1738).
[53] *Baumann*, Delegation, S. 30.
[54] *Hill*, Gesetzgebungslehre, S. 115; *Schneider*, Gesetzgebung, Rn. 384.

Verwiesen werden kann auf einzelne Rechtsnormen oder auf Teile davon, etwa nur auf den Tatbestand oder nur auf die Rechtsfolge oder auf bestimmte Teile des Tatbestandes oder der Rechtsfolge[55]. Ebenso kann auf eine Mehrzahl von Rechtsnormen verwiesen werden. Das geschieht, wenn ein Tarifvertrag auf Regelungskomplexe innerhalb eines Gesetzes, auf ein Gesetz im ganzen, auf mehrere oder auf alle thematisch einschlägigen Gesetze verweist. Je weitergehend die Tarifvertragsparteien auf Vorschriften eines anderen Normgebers verweisen, desto mehr verzichten sie auf die Ausübung ihrer eigenen Rechtsetzungsmacht. Die verweisende Norm wird dadurch immer inhaltsärmer und gerät im Extremfall zur reinen Blankettvorschrift.

Schließlich kann, wie gesagt, auf eine andere Norm in einer bestimmten oder in ihrer jeweiligen Fassung verwiesen werden. Im ersten Fall spricht man von starrer oder statischer, im letzteren von gleitender oder dynamischer Verweisung[56]. Der Unterschied wirkt sich aus, wenn die in Bezug genommene Norm nachträglich verändert wird. Verweist der Tarifvertrag auf eine Norm in einer bestimmten Fassung, wollen die Tarifvertragsparteien die Geltung dieser Norm ausschließlich in dieser und in keiner weiteren Fassung. Meist wird das die bei Verabschiedung[57], Verkündung[58] oder Inkrafttreten[59] des Tarifvertrags gültige Fassung der anderen Norm sein, zwingend ist das aber nicht. Es kann genauso gut auf nicht mehr in Kraft befindliche Normen verwiesen werden[60]. Ändert sich die in Bezug genommene Norm, läßt das den verweisenden Tarifvertrag unberührt. Für ihn bleibt die bisherige Fassung der in Bezug genommenen Norm maßgeblich[61]. Bei einer dynamischen Verweisung bewirkt die Änderung der in Bezug genommenen Norm dagegen zugleich und unmittelbar die Änderung des Tarifvertrages. Einer Abänderung des Tarifvertrages bedarf es nicht, weil er bereits beim Abschluß zukünftige Änderungen der Norm, auf die er verweist, mit einbezogen hat[62]. Ob eine statische oder dynamische Verweisung vorliegt, ist durch Auslegung zu ermitteln[63].

IV. Statische oder dynamische Verweisung?

Diese Frage ist strikt von dem Problem zu trennen, ob eine Tarifbestimmung konstitutiver oder deklaratorischer Natur ist, ob also eine echte Tarifnorm vorliegt

---

[55] *Herschel*, BB 1963, 1220; *Schneider*, Gesetzgebung, Rn. 383.
[56] *Clemens*, AöR 111 (1986), S. 63 (80); *Hill*, Gesetzgebungslehre, S. 116; *Ossenbühl*, DVBl 1967, 401 (408); *Schneider*, Gesetzgebung, Rn. 385; *Wiedemann*, Anm. zu BAG, Urt. v. 9.7.1980, AP Nr. 7 zu § 1 TVG Form.
[57] BVerfGE 47, 285 (310, 312); 67, 348 (364).
[58] BVerfGE 47, 285 (311).
[59] *Schneider*, Gesetzgebung, Rn. 385.
[60] BVerfGE 8, 274 (302); 22, 330 (345 f.); kritisch *Schneider*, Gesetzgebung, Rn. 391, der meint, der verweisende Rückgriff auf bereits außer Kraft getretene Rechtsvorschriften führe zu Unbestimmtheit und Unklarheit.
[61] *Ossenbühl*, DVBl 1967, 401.
[62] *Clemens*, AöR 111 (1986), S. 63 (80); *Schneider*, Gesetzgebung, Rn. 385.
[63] *Schneider*, Gesetzgebung, Rn. 385.

oder ein reiner Hinweis gegeben ist[64]. Zwar ist jede deklaratorische Verweisung dynamisch zu verstehen[65]. Nicht jede dynamische Verweisung ist aber eine deklaratorische Tarifbestimmung[66], obwohl das häufig der Fall sein wird. Demgegenüber wird eine statische Verweisung spätestens dann zu einer konstitutiven Tarifnorm, wenn sich das in Bezug genommene Gesetz ändert und die Tarifvertragsparteien es bei der Verweisung auf das Gesetz in seiner bisherigen Fassung belassen wollen[67]. Ob eine Tarifnorm konstitutiver oder deklaratorischer Natur ist, ist später zu erörtern.

1. Ausdrückliche Regelung

Ob ein Tarifvertrag statisch oder dynamisch auf ein Gesetz verweist, ist klar, wenn die Tarifvertragsparteien ausdrückliche Regelungen getroffen haben. Eine statische Verweisung liegt vor, wenn die Tarifvertragsparteien deutlich gemacht haben, daß sie ein Gesetz ausschließlich in einer ganz bestimmten Fassung in Bezug nehmen wollen. Das kann durch Angabe der entsprechenden Fassung im Tarifvertrag oder in einer Protokollnotiz geschehen. Die Anforderungen an die Bestimmtheit dieser Angabe dürfen nicht übertrieben werden, weil sonst der mit der Verweisung bezweckte Entlastungseffekt nicht erzielt werden kann. Es genügt, daß die von den Tarifvertragsparteien ins Auge gefaßte Fassung bestimmbar ist[68]. Ungenauigkeiten oder Irrtümer bei der Angabe führen noch nicht zu einer dynamischen Verweisung. Eine dynamische Verweisung liegt vor, wenn der Tarifvertrag ein Gesetz in seiner jeweiligen Fassung in Bezug nimmt. Das kann durch eine einfache Jeweiligkeitsklausel erfolgen oder durch Zusätze wie „Es gelten die gesetzlichen Vorschriften. Tritt ein neues, anders lautendes oder ergänzendes Gesetz in Kraft, so gilt dieses."[69]

---

[64] In der Literatur werden beide Fragen zuweilen nicht klar genug getrennt, so etwa bei *Wedde*, AuR 1996, 421 (422).

[65] In diesem Fall regelt der Tarifvertrag selbst nichts, sondern weist nur auf das Gesetz hin. Ändert sich dies, verlautet die deklaratorische Verweisung automatisch die neue Gesetzeslage, vgl. *Boerner*, ZTR 1996, 435 (438); *Buchner*, NZA 1996, 1177 (1182); *Kamanabrou*, RdA 1997, 22 (27); a.A. *Wedde*, AuR 1996, 421 (422): eine deklaratorische Norm kann statisch oder dynamisch zu verstehen sein. Dem kann nicht gefolgt werden. Da eine deklaratorische Norm nicht mehr als ein Hinweis ist, regelt der Tarifvertrag selbst nichts, sondern verweist nur auf das jeweils geltende Gesetzesrecht. Eine andere Frage ist freilich, ob im Falle einer Gesetzesänderung aus einer deklaratorisch-dynamischen eine konstitutiv-statische Verweisungsnorm werden kann.

[66] Beispiel: § 13 Abs. 1 Satz 2 TV Ang Bundespost: „Im übrigen regelt sich ihre Arbeitszeit nach den für die Beamten der Deutschen Bundespost jeweils geltenden Vorschriften, soweit dieser Tarifvertrag nichts anderes bestimmt." Es handelt sich um eine dynamisch-konstitutive Verweisung, weil das für Beamte geltende Arbeitszeitrecht nur deshalb für tarifgebundene Angestellte gilt, weil die Tarifvertragsparteien darauf verwiesen haben, vgl. dazu BAG, Urt. v. 14.8.1986, AP Nr. 1 zu § 13 TV Ang Bundespost.

[67] *Buchner*, AR-Blattei (D), Tarifvertrag V, C I 2 b; *ders.*, NZA 1996, 1177 (1182).

[68] Es überzeugt daher nicht, wenn *Buchner*, NZA 1996, 1177 (1182), zur Auffassung gelangt, daß Tarifverträge, die auf ein datumsmäßig bestimmtes Gesetz verweisen, dieses stets dynamisch in Bezug nehmen. Wer ein Gesetz in einer bestimmten Fassung angibt, erklärt objektiv die Geltung dieser Norm genau in dieser, aber in keiner weiteren Fassung. Wer die Norm, auf die er verweist, genau bezeichnet, sie aber dynamisch in Bezug nehmen will, muß dies aus Gründen der Rechtsklarheit und der Rechtssicherheit durch ausdrückliche Vermerke deutlich anzeigen; wie hier *Boerner*, ZTR 1996, 435 (438).

[69] Überblick über verschiedene tarifliche Verweisungsklauseln aus dem Bereich der Entgeltfortzahlung im Krankheitsfall bei *Kamanabrou*, RdA 1997, 22 (28).

2. Fehlende Regelung

Häufig rechnen die Tarifvertragsparteien aber nicht damit, daß sich nach Abschluß des Tarifvertrages das in Bezug genommene Gesetz ändert. Erst recht treffen sie keine Vereinbarungen. Zumeist finden sich in Tarifverträgen nur Bestimmungen wie „Die gesetzlichen Bestimmungen bleiben unberührt", „Es bewendet bei den gesetzlichen Regelungen", „Die Entgeltfortzahlung richtet sich nach dem Gesetz" oder „Im übrigen gelten die gesetzlichen Bestimmungen". Ob solche Klauseln dynamische oder statische Verweisungsnormen darstellen, ist in Rechtsprechung und Literatur umstritten.

Die ältere Rechtsprechung hat angenommen, daß Verweisungsklauseln statisch zu verstehen sind, wenn die Tarifvertragsparteien nichts anderes bestimmt haben. Sie sollen sich nur auf die im Zeitpunkt des Tarifabschlusses geltende Fassung beziehen und künftige Änderungen nicht einschließen[70]. Tarifverträge legten die Arbeitsbedingungen nur für die Dauer des Tarifvertrages fest. In dieser Zeit sollten die Arbeitsvertragsparteien jedoch mit einer von sonstigen Konjunkturschwankungen unabhängigen Stetigkeit der Arbeitsbedingungen rechnen können. Dem Arbeitnehmer sollte ein bestimmter Mindestlohn, dem Arbeitgeber eine feste Kalkulationsgrundlage garantiert werden. In Zweifelsfällen sei daher derjenigen Auslegung der Vorzug zu geben, bei der den Tarifunterworfenen feste Lohn- und Gehaltssätze garantiert würden. Wollten die Tarifvertragsparteien die automatische Anpassung an ein verändertes Gesetz, so müßten sie dies ausdrücklich vereinbaren. Dieser Auffassung hat sich ein Teil der Literatur angeschlossen[71]. Die neuere Literatur betont zudem, daß eine Verweisungsnorm ohne Jeweiligkeitsklausel insbesondere nicht die Verschlechterung der Position des Arbeitnehmers decke[72]. Die Unterstellung, die Tarifvertragsparteien hätten jede Gesetzesänderung in ihren Willen aufgenommen, sei ein Eingriff in die Tarifautonomie, da sie der Klausel eine andere Bedeutung beilege als die von den Tarifvertragsparteien gewollte[73].

In neueren Entscheidungen[74] ist die Rechtsprechung mit dem übrigen Teil der Literatur[75] zum entgegengesetzten Ergebnis gelangt. Danach wollen die Tarifvertragsparteien im Zweifel das Gesetz in seiner jeweiligen Fassung in Bezug nehmen. Ist das nicht beabsichtigt, muß der entgegenstehende Wille deutlich zum Ausdruck gebracht werden. Die dynamische Verweisung sei das allgemein Übliche. Verweise

---

[70] BAG, Urt. v. 2.2.1959, AP Nr. 1 zu § 1 TVG Sachbezüge; Urt. v. 16.2.1962, AP Nr. 12 zu § 3 TVG Verbandszugehörigkeit.

[71] *Boerner*, ZTR 1996, 435 (437 f.); *Buchner*, AR-Blattei (D), Tarifvertrag V C, IV 1; *Däubler*, in: Däubler, TVG Rn. 534; *A. Hueck*, AR-Blattei, Tarifvertrag IV, Entscheidungen 8; *Zachert*, DB 1996, 2078 (2079).

[72] *Boerner*, ZTR 1996, 435 (437 f.); *Zachert*, DB 1996, 2078 (2079).

[73] *Zachert*, DB 1996, 2078 (2079).

[74] Für die Bezugnahme eines Sozialplanes auf einen Tarifvertrag auch BAG, Urt. v. 22.8.1979, AP Nr. 3 zu § 611 BGB Deputat.

[75] *Buchner*, NZA 1996, 1177 (1182); *Herschel*, BB 1963, 1220 (1223); *Iffland*, DB 1964, 1737 (1739 ff.); *Kamanabrou*, RdA 1997, 22 (27); wohl auch *Bengelsdorf*, NZA 1991, 121 (125 f.); *Nikisch*, Arbeitsrecht II, S. 230 f.; *Säcker*, AR-Blattei (D), Tarifvertrag I C, IV 2 b 3 aa.

der staatliche Gesetzgeber auf andere Vorschriften, so wolle er regelmäßig die jeweils geltenden Fassungen in Bezug nehmen[76]. Nähmen die Arbeitsvertragsparteien einen Tarifvertrag in Bezug, so geschehe dies ebenfalls im Zweifel dynamisch[77]. Die in Tarifverträgen geregelten Fragen seien ständig im Fluß. Deshalb müßten die Änderung von Bestimmungen und die Anpassung an neue Gegebenheiten eher möglich sein als bei dem auf größere zeitliche Dauer angelegten Gesetz. Die dynamische Bezugnahme sei die sachgerechtere Regelung, weil sie künftige Änderungen automatisch erfasse.

Richtigerweise wird man jeden Tarifvertrag für sich auszulegen haben. Dabei wird man darauf abstellen können, in welchem Umfang er Gesetze in Bezug genommen hat. Je pauschaler der Tarifvertrag auf die gesetzlichen Bestimmungen verweist, desto eher wird man von einer dynamischen Verweisung auszugehen haben[78]. Verweist der Tarifvertrag blankettartig auf das Gesetz, haben die Tarifvertragsparteien weitgehend auf eigene Normen verzichtet. Mit diesem Verzicht ist die Annahme unvereinbar, die Tarifvertragsparteien hätten in Wirklichkeit die Geltung des Gesetzes in einer ganz bestimmten Fassung gewollt. Die Tarifvertragsparteien können die Rechtssetzung nicht aus den Händen geben und sie im selben Moment wieder an sich ziehen. Wer die Vorteile der Verweisungstechnik für sich in Anspruch nimmt, muß in Kauf nehmen, daß sich das Verweisungsobjekt ändert. Den Tarifvertragsparteien geschieht dadurch keine Unbill. Sie können die Anpassungsautomatik ganz einfach dadurch ausschließen, daß sie die konkrete Fassung des in Bezug genommenen Gesetzes angeben. Die Anwendung der Zweifelsregel bedeutet auch keinen Eingriff in die Tarifautonomie. Die Tarifvertragsparteien werden nur an dem festgehalten, was sie ausdrücklich erklärt haben. Das war der Verzicht auf eine eigene Regelung. Freilich kann die Änderung des Gesetzes in Einzelfällen eine Partei benachteiligen. Dieses Risiko trifft aber beide Parteien für gewöhnlich gleichmäßig. Wollen sie es ganz ausschließen, müssen sie entsprechende Vereinbarungen treffen.

Unzutreffend ist jedenfalls die Annahme, die schlichte Verweisungsnorm decke nicht die Verschlechterung der Position des Arbeitnehmers. Haben die Tarifvertragsparteien keine eigenen Regelungen getroffen, sondern auf das Gesetz verwiesen, kommt es allein darauf an, ob der Gesetzgeber in grundrechtlich geschützte Rechtspositionen des Arbeitnehmers eingreifen darf. Ist der Eingriff verfassungsrechtlich zulässig, weil er verhältnismäßig ist und auch kein Vertrauensschutz besteht, ist das neue Gesetz wirksam. Haben die Tarifvertragsparteien darauf verwiesen, gilt das neue Gesetz, auch wenn es die Position des Arbeitnehmers verschlechtert. Zu einem anderen Ergebnis käme man allenfalls, wenn Tarifverträge im Zweifel arbeitnehmerfreundlich auszulegen wären. Die Existenz eines solchen

---

[76] H. *Müller*, Gesetzgebungstechnik, S. 174; *Schneider*, Gesetzgebung, Rn. 385.
[77] BAG, Urt. v. 6.4.1955, AP Nr. 7 zu Art. 3 GG; Urt. v. 10.8.1982, AP Nr. 7 zu § 5 BetrAVG; Urt. v. 16.8.1988, AP Nr. 8 zu § 1 BetrAVG Beamtenversorgung; Urt. v. 20.3.1991, AP Nr. 20 zu § 4 TVG Tarifkonkurrenz. Dazu *Hromadka/Maschmann/Wallner*, Der Tarifwechsel, Rn. 121 ff.
[78] So allgemein für Verweisungen *Schneider*, Gesetzgebung, Rn. 384.

Auslegungsgrundsatzes wird zwar immer wieder behauptet[79]. Es gibt ihn jedoch nicht[80]. Zwischen den Tarifvertragsparteien besteht Parität, ihren Vereinbarungen kommt die Vermutung inhaltlicher Richtigkeit und Sachgerechtigkeit zu. Damit läßt sich eine Auslegungsregel zugunsten einer Partei nicht vereinbaren. Die Vertragsauslegung verfolgt das Ziel, den übereinstimmenden Willen beider Vertragsteile festzustellen. Hiervon bei Tarifverträgen abzuweichen, besteht keine Veranlassung. Damit würde die Rechtsprechung auch das Gebot staatlicher Neutralität verletzen. Überdies kommt dem Tarifvertrag neben der Schutzfunktion eine Ordnungs- und Verteilungsfunktion zu, die nicht vernachlässigt werden darf, weil es keinen Vorrang einer bestimmten Funktion gibt.

V. Funktionen

Bewirkt die Verweisung auf eine fremde Rechtsnorm im wesentlichen dasselbe wie deren wörtliche Wiederholung, so hat die Verweisung vor allem gestaltungsökonomische Funktionen[81]. Verweisen die Tarifvertragsparteien auf eine gesetzliche Vorschrift, ersparen sie sich das Abschreiben des Gesetzestextes[82]. Das muß keine „heute besonders verbreitete Unsitte"[83] sein, sondern kann durchaus praktischen Bedürfnissen entsprechen. Freilich kommt es auf die Gestaltung der Verweisungsnorm im Einzelfall an, ob sie zu größerer Klarheit und Handhabbarkeit des Tarifvertrages führt oder – was *Hanswerner Müller* eher befürchtet – die „undurchsichtigste Art der Behandlung von Regeln" bleibt[84].

Die Tarifvertragsparteien werden an eine Verweisung denken, wenn die gesetzliche Vorschrift, die übernommen werden soll, lang und kompliziert ist. Die Verweisung bewahrt dann vor der Notwendigkeit, den Tarifvertrag mit Einzelheiten zu überfrachten. Zugleich werden Differenzen in der Auslegung gesetzlicher und tariflicher Normen verhindert[85]. Weiterhin bietet sich eine Verweisung an, wenn nicht nur eine einzelne Norm, sondern eine Vielzahl von Vorschriften in Bezug genommen werden soll. Das ist nötig, wenn die Tarifvertragsparteien sämtlichen oder einer größeren Zahl von staatlichen Vorschriften für eine Personengruppe Anwendung verschaffen wollen, für die sie nicht bereits aufgrund staatlicher Anordnung

---

[79] *Ananiadis*, Auslegung von Tarifverträgen, S. 53; *Däubler*, Tarifvertragsrecht, Rn. 151; *ders.*, in: Däubler, TVG Rn. 520; *Wiedemann/Stumpf*, § 1 TVG Rn. 410; *Zachert*, FS Arbeitsgerichtsverband (1994), S. 573 (585); *ders.*, in: Kempen/Zachert, TVG, Grundl. Rn. 397.

[80] *Buchner*, AR-Blattei (D), Tarifvertrag V B IV 2; *Herschel*, FS E. Molitor (1962), S. 161 (183); *ders.*, AuR 1976, 1 (4); *Gamillscheg*, Kollektives Arbeitsrecht, S. 649; *Hueck/Nipperdey*, Arbeitsrecht II/1 § 18 III 3 d, S. 360 m.w.N.; *Lieb*, RdA 1992, 129 (133 f.); *Löwisch/Rieble*, § 1 TVG Rn. 569; *Schaub*, NZA 1994, 597 (599); *Rieble*, RdA 1997, 134 (138); *Siegers*, DB 1967, 1630 (1636); *Wank*, in: Wiedemann, § 1 TVG Rn. 780; *Zöllner/Loritz*, Arbeitsrecht, § 33 V 3e.

[81] *Karpen*, Verweisung, S. 11 ff.; *Ossenbühl*, DVBl 1967, 401; *Schenke*, NJW 1980, 743 f.; *Schneider*, Gesetzgebung, Rn. 384, 399; *Wiedemann*, Anm. zu BAG, Urt. v. 9.7.1980, AP Nr. 7 zu § 1 TVG Form.

[82] *Schneider*, Gesetzgebung, Rn. 384.

[83] So *Ossenbühl*, DVBl 1967, 401.

[84] Gesetzgebungstechnik, S. 167.

[85] *Wiedemann*, Anm. zu BAG, Urt. v. 9.7.1980, AP Nr. 7 zu § 1 TVG Form.

gelten[86]. Darüber hinaus kommt eine Verweisung in Betracht, wenn sich die Tarifvertragsparteien über eine Sachfrage nicht einigen konnten und sie es deshalb bei der gesetzlichen Regelung belassen wollen. In all diesen Fällen dient die Verweisung der Abkürzung und Vereinfachung[87]. Sie trägt zur unmittelbaren Entlastung der Normgeber bei[88]. Schließlich ist die dynamische Verweisung das einzige Mittel, mit dem die Tarifvertragsparteien spätere Änderungen der Gesetze, die ihrem Tarifvertrag zugrundeliegen, antizipieren können. Sie können damit den Tarifvertrag automatisch auf dem neuesten Stand der Gesetzeslage halten, ohne bei Gesetzesänderungen nachbessern zu müssen[89].

Diese Vorzüge werden mit einer Reihe von Nachteilen erkauft. Verweisungen erfordern immer Konzessionen an die Klarheit und Bestimmtheit des Tarifvertrages[90]. Der Tarifvertrag ist nicht mehr aus sich selbst heraus verständlich, sondern erfordert die Zurhilfenahme der in Bezug genommenen Normen. Enthält der Tarifvertrag ausschließlich Blankettvorschriften, kann er ohne die fremden Normen gar nicht gehandhabt werden. Um trotzdem seine Anwendbarkeit zu gewährleisten, können zwar in einer Textausgabe des Tarifvertrages die in Bezug genommenen gesetzlichen Vorschriften mit abgedruckt werden[91]; dann gibt es aber keinen Grund mehr, sie nicht unmittelbar in den Tarifvertrag aufzunehmen. Bei dynamischen Verweisungen besteht zudem die Gefahr, daß die Tarifvertragsparteien dadurch, daß sie sich künftigen Gesetzesänderungen ausliefern, nicht mehr Herr des Tarifgeschehens sind[92]. So können durch die Hintertür einer harmlos gewandten Verweisungsvorschrift fundamentale Rechtsänderungen in den Tarifvertrag Einzug halten, ohne daß es dem Willen beider Tarifvertragsparteien noch entspricht[93]. Mit blankettartigen dynamischen Verweisungen verzichten die Tarifvertragsparteien zumindest temporär in erheblichem Umfang auf ihre Regelungsmacht. Möglicherweise liegt darin sogar eine verfassungswidrige Delegation. Im folgenden sind deshalb Zulässigkeit und Grenzen von Verweisungsnormen zu diskutieren.

---

[86] BAG, Urt. v. 14.8.1986, AP Nr. 1 zu § 13 TV Ang Bundespost; Urt. v. 28.7.1988, AP Nr. 1 zu § 5 TV Arb Bundespost.
[87] *Schneider*, Gesetzgebung, Rn. 384.
[88] *Hill*, Gesetzgebungslehre, S. 114.
[89] *Mayer-Maly*, FS E. Wolf (1985), S. 473 (475).
[90] Demgegenüber können Binnenverweisungen, d.h. Verweisungen innerhalb eines Tarifvertrages, die Rechtsklarheit fördern, weil sie Gemeinsamkeiten der tarifvertraglichen Regelung aufdecken und unterschiedliche Auslegungen verhindern. Das gilt freilich nur, wenn die Norm, auf die verwiesen wird, klar bezeichnet ist und Weiterverweisungen vermieden werden, vgl. *Schneider*, Gesetzgebung, Rn. 384.
[91] *Herschel*, BB 1963, 1220 (1221).
[92] *Gröbing*, AuR 1982, 116 (117).
[93] *Gröbing*, AuR 1982, 116 (117).

VI. Zulässigkeit von Verweisungen

1. Grundsätze

Rechtsprechung[94] und herrschende Lehre[95] sind sich darin einig, daß Tarifverträge auf andere Rechtsnormen verweisen dürfen. Das entspricht der täglichen Rechtspraxis und den berechtigten Interessen der Beteiligten. Ist es den Tarifvertragsparteien erlaubt, den Wortlaut einer anderen Norm ganz oder teilweise in den Tarifvertrag zu übernehmen, kann es ihnen auch nicht verwehrt sein, sich das bloße Abschreiben zu ersparen und statt dessen lediglich zu verweisen[96]. Die Verweisung ist dann im Ergebnis nichts anderes als ein Kürzel[97].

Ohne weiteres zulässig sind Binnenverweisungen und Außenverweisungen auf andere Rechtsnormen derselben Tarifvertragsparteien, sogar wenn sie dynamisch gefaßt sind[98]. Die Tarifvertragsparteien delegieren hier keine Rechtssetzungsmacht. Sie sind und bleiben Herr ihrer Verträge und entscheiden selbst über deren Inhalt, Reichweite und Abänderung. Für rechtmäßig gehalten werden außerdem statische Verweisungen auf Tarifverträge anderer Tarifvertragsparteien[99] und auf gesetzliche Vorschriften[100]. Denn auch hier verweist man auf etwas rechtlich bereits Existentes und erspart sich dadurch nur das reine Abschreiben[101]. Die Übernahme – sei es im Wortlaut, sei es durch Verweisung – bedeutet, daß die Tarifvertragsparteien diese Vorschriften auch für ihren eigenen Geltungsbereich als eine sachgerechte Regelung ansehen[102]. Problematisch ist lediglich die dynamische Außenverweisung auf die Vorschriften fremder Normgeber.

---

[94] BAG, Urt. v. 2.3.1956, AP Nr. 1 zu § 9 TVG; Urt. v. 27.7.1956, AP Nr. 3 zu § 4 TVG Geltungsbereich; Urt. v. 8.10.1959, AP Nr. 14 zu § 56 BetrVG 1952; Urt. v. 16.2.1962, AP Nr. 12 zu § 3 TVG Verbandszugehörigkeit; Urt. v. 19.3.1975, AP Nr. 14 zu § 5 TVG; Urt. v. 9.7.1980, 10.11.1981, AP Nrn. 7, 8 zu § 1 TVG Form; Urt. v. 10.11.1993, AP Nr. 169 zu § 1 TVG Tarifverträge: Bau; Urt. v. 10.5.1994, DB 1995, 328; Urt. v. 8.3.1995, AuR 1995, 273 f.

[95] Buchner, AR-Blattei (D), Tarifvertrag V C, I 1; ders., NZA 1996, 1177 (1181); Gröbing, AuR 1982, 116; Herschel, BB 1963, 1220; Kamanabrou, RdA 1997, 22 (27); Löwisch/Rieble, § 1 Rn. 176 ff.; Mangen, Anm. zu BAG, Urt. v. 10.11.1982, AP Nr. 8 zu § 1 TVG Form; Mayer-Maly, FS E. Wolf (1985), S. 473 (475 ff.); Däubler/Reim, § 1 TVG Rn. 175; Wiedemann, Anm. zu BAG, Urt. v. 9.7.1980, AP Nr. 7 zu § 1 TVG Form; Zachert, RdA 1996, 140 (142 ff.); ders., in: Kempen/Zachert, § 1 TVG Rn. 786 ff.; a.A. Gumpert, BB 1961, 1276; Hueck/Nipperdey, Arbeitsrecht II/1, § 21 III 1 c, S. 454.

[96] Buchner, AR-Blattei (D), Tarifvertrag V C I 1; Gröbing, AuR 1982, 116; Herschel, BB 1963, 1220 (1222); Mangen, Anm. zu BAG, Urt. v. 10.11.1982, AP Nr. 8 zu § 1 TVG Form.

[97] Herschel, BB 1963, 1220 (1222).

[98] BAG, Urt. v. 9.7.1980, 10.11.1982, AP Nrn. 7, 8 zu § 1 TVG Form; Buchner, AR-Blattei (D), Tarifvertrag V C II 1; Däubler, Tarifvertragsrecht, Rn. 120; Gröbing, AuR 1982, 116 (117); Löwisch, in: MünchArbR, § 251 Rn. 17; Löwisch/Rieble, § 1 TVG Rn. 178: in engen Grenzen.

[99] BAG, Urt. v. 8.10.1959, AP Nr. 14 zu § 59 BetrVG 1952; Boerner, ZTR 1996, 438; Buchner, AR-Blattei (D), Tarifvertrag V C II 1; Däubler, Tarifvertragsrecht, Rn. 120; Gumpert, BB 1961, 1276; Zachert, in: Kempen/Zachert, § 1 TVG Rn. 792; Löwisch/Rieble, § 1 TVG Rn. 178, 543.

[100] Däubler, Tarifvertragsrecht, Rn. 127; Löwisch/Rieble, § 1 TVG Rn. 184: soweit gesetzliche und tarifliche Regelung einen verwandten Personenkreis erfassen; Däubler/Reim, § 1 TVG Rn. 191.

[101] BAG, Urt. v. 8.10.1959, AP Nr. 14 zu § 56 BetrVG 1952.

[102] BAG, Urt. v. 9.7.1980, AP Nr. 7 zu § 1 TVG Form.

§ 9 *Verweisung auf das Gesetz* 323

2. Dynamische Verweisung auf fremde Rechtsnormen

a) Rechtsprechung

Früher hielt das BAG[103] mit der seinerzeit herrschenden Meinung[104] Verweisungen auf den jeweiligen Inhalt von Tarifverträgen anderer Tarifvertragsparteien für rechtswidrig. 1980 revidierte es seine Ansicht grundlegend[105] und schloß sich der damaligen Mindermeinung an[106]. Nunmehr geht es in ständiger Rechtsprechung[107] davon aus, daß die Rechtssetzungsbefugnis der Tarifvertragsparteien grundsätzlich auch das Recht umfaßt, auf jeweils geltende andere tarifliche Vorschriften zu verweisen, sofern deren Geltungsbereich mit dem Geltungsbereich der verweisenden Tarifnormen in einem engen sachlichen Zusammenhang steht, so etwa wenn im Haustarifvertrag auf den einschlägigen Verbandstarifvertrag[108], im Bundesrahmentarifvertrag des Baugewerbes auf Lohntabellen der regionalen Bezirksverbände des Baugewerbes[109] oder im Tarifvertrag des Goethe-Institutes auf den Tarifvertrag der bei Auslandsvertretungen der Bundesrepublik Deutschland beschäftigten deutschen nicht entsandten Angestellten verwiesen wird[110]. Dann sollen sogar Blankettverweisungen erlaubt sein, selbst wenn dadurch überraschende Klauseln anderer Tarifvertragsparteien in Bezug genommen werden, mit denen neue Arten und Formen der Regelung von Arbeitsbedingungen eingeführt werden[111]. Die dynamische tarifvertragliche Verweisung auf ein Gesetz hält die Rechtsprechung offensichtlich sogar für den Normalfall[112]. Schließlich bejaht sie die Zulässigkeit von Tarifverträgen für Arbeiter und Angestellte im öffentlichen Dienst, die pauschal und dynamisch auf die für Beamte geltenden staatlichen Vorschriften verweisen, weil damit dem öffentlichen Arbeitgeber die weitgehende Gleichbehandlung aller Arbeitnehmergruppen

---

[103] BAG, Urt. v. 27.7.1956, AP Nr. 3 zu § 4 TVG Geltungsbereich; Urt. v. 30.5.1958, AP Nr. 8 zu § 9 TVG; Urt. v. 8.10.1959, AP Nr. 14 zu § 56 BetrVG 1952; Urt. v. 16.12.1962, AP Nr. 12 zu § 3 TVG Verbandszugehörigkeit.
[104] *Gröbing*, AuR 1961, 337; *Gross*, BlStSozArbR 1965, 287; *Gumpert*, BB 1961, 1276 (1277); *A. Hueck*, AR-Blattei, Tarifvertrag IV, Enscheidungen 8 zu 4; *Hueck/Nipperdey*, Arbeitsrecht II/1, § 21 III 1 c, S. 454; *Nikisch*, Anm. zu BAG, Urt. v. 16.12.1962, AP Nr. 12 zu § 3 TVG Verbandszugehörigkeit; *Nipperdey/Säcker*, AR-Blattei (D), Tarifvertrag II B III 1 c; *Stahlhacke*, DB 1960, 581.
[105] BAG, Urt. v. 9.7.1980, AP Nr. 7 zu § 1 TVG Form.
[106] *Dietz*, FS Nipperdey II (1965), S. 141 (155 ff.); *Herschel*, BB 1963, 1220 (1222 f.); *Iffland*, DB 1964, 1737 (1738 ff.).
[107] BAG, Urt. v. 10.11.1982, AP Nr. 8 zu § 1 TVG Form; Urt. v. 13.8.1986, AP Nr. 1 zu § 2 MTV Ang DFVLR; Urt. v. 28.7.1988, AP Nr. 1 zu § 5 TV Arb Bundespost; Urt. v. 20.10.1993, AP Nr. 10 zu § 1 TVG Tarifverträge: Bundesbahn; Urt. v. 10.11.1993, AP Nr. 169 zu § 1 TVG Tarifverträge: Bau; Urt. v. 8.3.1995, AP Nr. 5 zu § 1 TVG Verweisungstarifvertrag.
[108] BAG, Urt. v. 10.11.1982, AP Nr. 8 zu § 1 TVG Form.
[109] BAG, Urt. v. 10.11.1993, AP Nr. 169 zu § 1 TVG Tarifverträge: Bau.
[110] BAG, Urt. v. 9.7.1980, AP Nr. 7 zu § 1 TVG Form.
[111] BAG, Urt. v. 10.11.1982, AP Nr. 8 zu § 1 TVG Form.
[112] BAG, Urt. v. 27.8.1982, AP Nr. 133 zu § 1 TVG Auslegung; Urt. v. 28.2.1985, 28.1.1988, 31.3.1991, 29.8.1991, 16.9.1993, AP Nrn. 21, 24, 31, 32, 42 zu § 622 BGB; Urt. v. 10.5.1994, AP Nr. 3 zu § 1 TVG Tarifverträge: Verkehrsgewerbe; Urt. v. 5.10.1995, AP Nr. 48 zu § 622 BGB.

ermöglicht wird[113]. Unzulässig soll es demgegenüber sein, wenn ein Gesetz[114] oder eine Betriebsvereinbarung[115] dynamisch auf einen Tarifvertrag verweisen. Die Lehre folgt dieser Rechtsprechung nur zum Teil[116].

Prüfsteine für die Rechtmäßigkeit dynamischer Verweisungen sind in formellrechtlicher Hinsicht das Schriftformgebot des § 1 Abs. 2 TVG, in materiell-rechtlicher Hinsicht das sich aus Art. 9 Abs. 3 GG ergebende Verbot, den Kernbereich der verfassungsrechtlich gewährleisteten Normsetzungsbefugnis aufzugeben.

b) Schriftformgebot

§ 1 Abs. 2 TVG verlangt für Tarifverträge die Schriftform. Welche Bedeutung dem Schriftformerfordernis zukommt, ergibt sich schon daraus, daß seine Nichteinhaltung zur Nichtigkeit führt (§ 125 Satz 1 BGB)[117]. Die Anforderungen an die Schriftform bei Verweisungen hängen von Sinn und Zweck dieses Erfordernisses ab. Ordnet der Gesetzgeber für privatrechtliche Willenserklärungen die Schriftform an, verfolgt er zwei Ziele. Zum einen soll die Schriftform den Inhalt des Rechtsgeschäftes klarstellen, zum anderen soll sie die Erklärenden vor der übereilten Abgabe von Willenserklärungen schützen[118]. Nur wenn die Parteien wissen, was sie im ganzen erklären, kann der Übereilungsschutz voll zur Wirkung gelangen. Deshalb muß die Vertragsurkunde grundsätzlich das gesamte formbedürftige Rechtsgeschäft enthalten[119]. Folglich müssen in Bezug genommene Schriftstücke, soweit sie wesentlicher Bestandteil der Willenserklärung sind, mindestens als Anlage der Urkunde beigefügt werden[120]. Die Tarifvertragsparteien bedürfen eines solchen Übereilungsschutzes nicht. Von ihnen erwartet die Rechtsordnung, daß sie wissen,

---

[113] BAG, Urt. v. 7.9.1982, 16.1.1985, AP Nrn. 7, 9 zu § 44 BAT; Urt. v. 10.4.1985, AP Nr. 19 zu § 242 BGB Betriebliche Übung; Urt. v. 14.8.1986, AP Nr. 1 zu § 13 TV Ang Bundespost; Urt. v. 28.7.1988, AP Nr. 1 zu § 5 TV Arb Bundespost.
[114] BVerfGE 64, 208 (215).
[115] BAG, Beschl. v. 23.6.1992, AP Nr. 55 zu § 77 BetrVG 1972.
[116] Die Rechtmäßigkeit – auch blankettartiger – dynamischer Verweisungen bejahen grundsätzlich *Däubler*, Tarifvertragsrecht, Rn. 121; *Dietz*, FS Nipperdey II (1965), S. 141 (155 ff.); *Frey*, AuR 1958, 306; *Herschel*, BB 1963, 1220 (1222 f.); *Iffland*, DB 1964, 1737 (1738); *Zachert*, in: Kempen/Zachert, § 1 TVG Rn. 794 ff.; *Löwisch*, in: MünchArbR, § 251 Rn. 16; *Mangen*, Anm. zu BAG, Urt. v. 10.11.1982, AP Nr. 8 zu § 1 TVG Form; *Reim*, in: Däubler, § 1 TVG Rn. 175; *Wiedemann*, Anm. zu BAG, Urt. v. 9.7.1980, AP Nr. 7 zu § 1 TVG Form; *Wiedemann/Arnold*, Anm. zu BAG, Beschl. v. 23.6.1992, AP Nr. 55 zu § 77 BetrVG 1972; *Wiedemann*, § 1 TVG Rn. 198 ff.; *Zachert*, RdA 1996, 140 (142); weitgehend a.A. *Buchner*, AR-Blattei (D), Tarifvertrag V C, III 2 b; *Gröbing*, AuR 1961, 337; *ders.*; AuR 1982, 116; *Groß*, BlStSozArbR 1965, 287; *Gumpert*, BB 1961, 1276 (1277); *A. Hueck*, AR-Blattei, Tarifvertrag IV, Enscheidungen 8 zu 4; *Hueck/Nipperdey*, Arbeitsrecht II/1, § 21 III 1 c, S. 454; *Mayer-Maly*, FS E. Wolf (1985), S. 473 ff.; *Nikisch*, Anm. zu BAG, Urt. v. 16.12.1962, AP Nr. 12 zu § 3 TVG Verbandszugehörigkeit; *Nipperdey/Säcker*, AR-Blattei (D), Tarifvertrag II B III 1 c; *Stahlhacke*, DB 1960, 579 (581).
[117] BAG, Urt. v. 13.6.1958, AP Nr. 2 zu § 4 TVG Effektivklausel; *Wiedemann*, § 1 TVG Rn. 227.
[118] BGHZ 26, 142 (146); *Hueck/Nipperdey*, Arbeitsrecht II/1, § 21 III 1 a m.w.N.; *Heinrichs*, in: Palandt, § 125 BGB Rn. 1; *Larenz*, Allgemeiner Teil, § 21 I.
[119] RGZ 136, 424; BGH, LM § 126 BGB Nr. 7; *Heinrichs*, in: Palandt, § 126 BGB Rn. 3.
[120] BGHZ 52, 25; BGH, WM 1992, 179; *Dilcher*, in: Staudinger, § 126 BGB Rn. 82 ff; *Heinrichs*, in: Palandt, § 126 BGB Rn. 3.

worauf sie sich mit ihrem Tarifvertrag einlassen[121]. Das Schriftformerfordernis beim Tarifvertrag soll die tarifgebundenen Arbeitsvertragsparteien schützen. Es dient der Klarstellung und der Feststellbarkeit des tariflichen Regelungsgehalts, weil beim Tarifvertrag im Gegensatz zum Gesetz kein Verkündungszwang besteht[122]. Ihm wird Genüge getan, wenn die in Bezug genommene Regelung anderweitig schriftlich abgefaßt und so genau bezeichnet ist, daß Irrtümer über Art und Ausmaß der in Bezug genommenen Regelung ausgeschlossen sind[123]. Auf diese Weise wird zugleich dem rechtsstaatlichen Gebot der Normenklarheit Rechnung getragen, an das die Tarifvertragsparteien in ihrer Funktion als Normgeber gebunden sind[124]. Ein Gesetz, das auf andere Normen verweist, muß klar erkennen lassen, welche Normen gelten sollen[125].

Statische Verweisungen eines Tarifvertrages auf ein Gesetz oder auf einen anderen Tarifvertrag erfüllen diese Voraussetzungen ohne weiteres. Das Bezugsobjekt, d.h. das Gesetz oder der Tarifvertrag, ist selbst schriftlich abgefaßt. Durch die Angabe, auf welche Fassung des Gesetzes der Tarifvertrag verweist, ist für jedermann ersichtlich, welche Norm konkret gilt. Der in Bezug genommene Tarifvertrag ist deshalb im Betrieb auszulegen (§ 8 TVG)[126].

Demgegenüber steht bei der dynamischen Verweisung auf ein Gesetz in seiner jeweils geltenden Fassung zum Zeitpunkt des Abschlusses des Tarifvertrages noch nicht fest, ob, wann und in welcher Weise sich das in Bezug genommene Gesetz ändern wird. Die Urkunde, auf die nach einer Gesetzesänderung verwiesen wird, kann folglich noch gar nicht bestehen[127]. Ein Teil der Lehre wendet deshalb ein, daß die Tarifvertragsparteien den Inhalt einer noch nicht existierenden Norm gar nicht in ihren Willen aufnehmen könnten[128]; ihre gemeinsame Unterschrift unter den verweisenden Tarifvertrag könne sich darauf gar nicht beziehen[129]. Der Tarifvertrag als Willensakt der Tarifvertragsparteien setze aber die Vorstellung des Gewollten

---

[121] *Hueck/Nipperdey*, Arbeitsrecht II/1, § 21 III 1 a; *Mangen*, Anm. zu BAG, Urt. v. 10.11.1982, AP Nr. 8 zu § 1 TVG Form; anders noch das RAG, das den Übereilungsschutz auch für die Tarifvertragsparteien annahm, vgl. RAGE 17, 237.

[122] BAG, Urt. v. 27.3.1963, AP Nr. 9 zu § 59 BetrVG; Urt. v. 13.6.1958, AP Nr. 2 zu § 4 TVG Effektivklausel; Urt. v. 10.11.1982, AP Nr. 8 zu § 1 TVG Form; Urt. v. 28.7.1988, AP Nr. 1 zu § 5 TV Arb Bundespost; *Dietz*, FS Nipperdey II (1965), S. 141 (156); *Groß*, BlStSozArbR 1965, 287; *Hueck/Nipperdey*, Arbeitsrecht II/1, § 21 III 1 a; *Mangen*, RdA 1982, 229 (236 f.); *Wiedemann*, Anm. zu BAG, Urt. v. 9.7.1980, AP Nr. 7 zu § 1 TVG Form; *Wiedemann*, § 1 TVG Rn. 228.

[123] BAG, Urt. v. 8.10.1959, AP Nr. 14 zu § 56 BetrVG 1952; Urt. v. 27.3.1963, AP Nr. 9 zu § 59 BetrVG 1952; Urt. v. 9.7.1980, 10.11.1982, AP Nrn. 7, 8 zu § 1 TVG Form.

[124] BAG, Urt. v. 10.11.1982, AP Nr. 8 zu § 1 TVG Form.

[125] BVerfGE 5, 25 (31); 8, 274 (302); 22, 330 (346); 26, 338 (366 f.); 44, 322 (350); 47, 285 (311); 92, 191 (197).

[126] BAG, Urt. v. 10.11.1982, AP Nr. 8 zu § 1 TVG Form; *Däubler*, Tarifvertragsrecht, Rn. 1296; *Zachert*, in: Kempen/Zachert, § 8 TVG Rn. 3; *Löwisch/Rieble*, § 8 TVG Rn. 5; *Oetker*, in: Wiedemann, § 8 TVG Rn. 7.

[127] *Hueck/Nipperdey*, Arbeitsrecht II/1, § 21 III 1 c, S. 454; *Nipperdey/Säcker*, AR-Blattei (D), Tarifvertrag II B III 1 c.

[128] *Gröbing*, AuR 1982, 116 (118).

[129] *Buchner*, AR-Blattei (D), Tarifvertrag V, C III 2 b.

notwendig voraus. Eine Norm ohne konkrete Vorstellung ihres Inhalts sei blinder Wille, nicht aber Ergebnis einer Willensbildung[130].

Die Rechtsprechung[131] und der andere Teil der Lehre[132] halten dem entgegen, daß die Klarstellungsfunktion der Schriftform eines Tarifvertrages bereits erreicht wird, wenn im Zeitpunkt seiner jeweiligen Anwendung die in Bezug genommene Regelung schriftlich abgefaßt und im verweisenden Tarifvertrag ihrerseits bestimmt genug bezeichnet ist. Die dynamische Verweisung wirke sich ohnehin erst dann aus, wenn das die Änderung herbeiführende Gesetz rechtlich existent sei. In diesem Moment sei es aber schriftlich abgefaßt und werde dann von der Verweisung im Tarifvertrag gedeckt, so daß § 1 Abs. 2 TVG erfüllt sei. Zu keiner Zeit werde also auf etwas Bezug genommen, das nicht schriftlich niedergelegt und deshalb nicht nachprüfbar sei.

Dem ist zu folgen. Die Tarifvertragsparteien haben mit der Vereinbarung einer dynamischen Klausel gerade ihren Willen bekundet, auch ein geändertes Gesetz als sachgerechte Regelung anzuerkennen. Sie beweisen damit besonderes Vertrauen in den Gesetzgeber. Niemand zwingt sie zu einem solchen Schritt. Haben sie sich aber hierzu durchgerungen, muß die Rechtsordnung ihren Entschluß als sachgerecht und für sie verbindlich akzeptieren. Es macht allemal einen Unterschied, ob eine Norm in Bezug genommen wird, deren inhaltliche Ausgestaltung man nicht einmal in Umrissen kennt, oder ob auf die zukünftige Fassung eines bereits bekannten Gesetzes verwiesen wird, die zumindest die Grundstrukturen der bekannten Regelung beibehält[133]. Freilich können die Tarifvertragsparteien, wenn sie dynamische Verweisungen verwenden, von bestimmten Änderungen des Gesetzes überrascht werden, die sie, wenn sie sie beim Abschluß des Tarifvertrages vorausgesehen hätten, nicht in ihren Willen aufgenommen hätten. Das ist aber kein Problem des Schriftformerfordernisses, sondern der materiell-rechtlichen Zulässigkeit von Verweisungsklauseln. Zu Recht betont *Mangen*[134], das Schriftformerfordernis könne nur eine Klarstellung dessen leisten, was die Tarifvertragsparteien selbst geregelt hätten, und das sei ausschließlich die Verweisungsnorm. Alle anderen Zweifel an der Rechtmäßigkeit bestimmter Verweisungsnormen seien nicht formeller Natur.

Mit denselben Gründen können die Bedenken ausgeräumt werden, die im Hinblick auf die Publikation und die Zugänglichkeit[135] von Gesetzen bestehen, die zum Abschluß des Tarifvertrages zwar noch gar nicht existieren, auf die aber bereits antizipierend verwiesen wird. Kommt es zu einer Gesetzesänderung, wird also die dynamische Verweisung aktuell, so ist das Verweisungsobjekt bereits veröffentlicht und allgemein zugänglich, da Gesetze erst mit ihrer Verkündung im Bundesgesetzblatt

---

[130] *Ossenbühl*, DVBl 1967, 401 (402); *Quaritsch*, Parlamentsgesetz, S. 40 f. für die Frage, ob der parlamentarische Gesetzgeber künftige Änderungen von Normen, auf die verwiesen wird, in seinen Willen aufnimmt.

[131] BAG, Urt. v. 9.7.1980, 10.11.1982, AP Nrn. 7, 8 zu § 1 TVG Form.

[132] *Baumann*, Delegation, S. 57 f.; *Boerner*, ZTR 1996, 435 (438); *Iffland*, DB 1964, 1737 (1738); *Wiedemann*, Anm. zu BAG, Urt. v. 9.7.1980, AP Nr. 7 zu § 1 TVG Form.

[133] *Iffland*, DB 1964, 1737 (1738 f.).

[134] Anm. zu BAG, Urt. v. 10.11.1982, AP Nr. 8 zu § 1 TVG Form.

[135] *Gröbing*, AuR 1982, 116 (118).

wirksam werden (Art. 82 GG). Wird kein Gesetz in Bezug genommen, sondern auf einen anderen Tarifvertrag verwiesen, muß dieser im Falle seiner Änderung in der novellierten Fassung im Betrieb ausgelegt werden (§ 8 TVG)[136].

c) Zulässigkeit einer Delegation von Rechtssetzungsmacht

Materiell-rechtlich ist zu prüfen, ob es die durch Art. 9 Abs. 3 GG garantierte Rechtssetzungsbefugnis den Tarifvertragsparteien gestattet, dynamische Verweisungsklauseln zu verwenden.

aa) Dynamische Verweisung als Delegation von Rechtssetzungsmacht. Wie gesehen, lassen sich tarifvertragliche Verweisungsnormen zwar formal von Normen unterscheiden, mit denen tarifautonome Rechtssetzungsmacht auf Dritte delegiert wird. Sobald Verweisungsnormen aber dynamisch gefaßt sind, bewirken sie im Ergebnis die Delegation von Rechtssetzungsmacht. Es macht keinen gravierenden Unterschied, ob die Tarifvertragsparteien einem anderen Normgeber ausdrücklich Regelungsmacht übertragen, damit dieser im eigenen Namen für sie Tarifnormen erlassen kann, oder ob sie sich durch dynamische Verweisungen den jeweils geltenden Vorschriften des anderen Normgebers unterwerfen, die dieser für seinen eigenen Bereich trifft[137]. In beiden Fällen verzichten die Tarifvertragsparteien zugunsten Dritter auf eigene Rechtssetzung. Das rechtfertigt es, beide Klauseln gleich zu beurteilen[138].

Rechtsprechung[139] und Teile der Lehre[140] bestreiten dies. Sie wollen an der formalen Unterscheidung zwischen Verweisungs- und Delegationsnormen selbst dann festhalten, wenn die Verweisungsnorm dynamisch gefaßt ist. Dementsprechend beurteilen sie die Zulässigkeit beider Klauseln unterschiedlich. Die Delegation tariflicher Rechtssetzungsmacht sei grundsätzlich unzulässig[141]; die dynamische Verweisung auf fremde Normen sei es nicht, wenn bestimmte Voraussetzungen eingehalten

---

[136] BAG, Urt. v. 10.11.1982, AP Nr. 8 zu § 1 TVG Form; *Däubler*, Tarifvertragsrecht, Rn. 1296; *Zachert*, in: Kempen/Zachert, § 8 TVG Rn. 3; *Löwisch/Rieble*, § 8 TVG Rn. 5; *Oetker*, in: Wiedemann, § 8 TVG Rn. 7.

[137] *Gröbing*, AuR 1982, 116 (117); *Hueck/Nipperdey*, Arbeitsrecht II/1, § 21 III 1 c, S. 454; *Niebler*, Sondervotum zu BVerfGE 73, 261, BVerfGE 73, S. 274 ff.; *Wiedemann*, Anm. zu BAG, Urt. v. 9.7.1980, AP Nr. 7 zu § 1 TVG Form; *Wiedemann/Arnold*, Anm. zu BAG, Beschl. v. 23.6.1992, AP Nr. 55 zu § 77 BetrVG 1972; *Wiedemann*, § 1 TVG Rn. 202 m.w.N.

[138] So im Ergebnis auch *Baumann*, Delegation, S. 33 ff.; *Gröbing*, AuR 1982, 116 (117); *Hueck/Nipperdey*, Arbeitsrecht II/1, § 21 III 1 c, S. 454; *Schwarze*, Betriebsrat, S. 300; *Wiedemann*, Anm. zu BAG, Urt. v. 9.7.1980, AP Nr. 7 zu § 1 TVG Form; *Wiedemann/Arnold*, Anm. zu BAG, Beschl. v. 23.6.1992, AP Nr. 55 zu § 77 BetrVG 1972.

[139] BAG, Urt. v. 9.7.1980, 10.11.1982, AP Nrn. 7, 8 zu § 1 TVG Form; Urt. v. 8.3.1995, AP Nr. 5 zu § 1 TVG Verweisungstarifvertrag.

[140] *Buchner*, AR-Blattei (D), Tarifvertrag V C, II 2; *Dietz*, FS Nipperdey II (1965), S. 141 (155 f.); *Herschel*, BB 1963, 1220 (1223); *Wiedemann*, § 1 TVG Rn. 202.

[141] BAG, Urt. v. 27.7.1956, AP Nr. 3 zu § 4 TVG Geltungsbereich; Urt. v. 30.5.1958, AP Nr. 8 zu § 9 TVG; Urt. v. 8.10.1959, AP Nr. 14 zu § 56 BetrVG 1952; Urt. v. 16.12.1962, AP Nr. 12 zu § 3 TVG Verbandszugehörigkeit; Urt. v. 9.7.1980, 10.11.1982, AP Nrn. 7, 8 zu § 1 TVG Form; Urt. v. 8.3.1995, AP Nr. 5 zu § 1 TVG Verweisungstarifvertrag.

würden¹⁴². In einer dynamischen Verweisung liege schon deshalb keine Delegation von Rechtssetzungsmacht, weil die Tarifvertragsparteien stets in der Lage seien, die Verweisungsbestimmung wieder aufzuheben, zu modifizieren oder durch andere Tarifnormen zu ersetzen. Sie blieben „Herren der von ihnen gesetzten Verweisungsbestimmungen", weil sie jederzeit bestimmen könnten, was als Tarifrecht gelte. Deshalb könne auch keine Rede davon sein, daß sich die Tarifvertragsparteien mit dynamischen Verweisungsklauseln ihrer eigenen Rechtssetzungsbefugnis begäben¹⁴³.

Das überzeugt nicht. Einerseits kann auch die Delegation von Rechtssetzungsmacht grundsätzlich jederzeit wieder rückgängig gemacht werden. Hat etwa der Gesetzgeber in einem formellen Parlamentsgesetz die Verwaltung nach Maßgabe des Art. 80 Abs. 1 GG zur Rechtssetzung ermächtigt und damit seine Befugnisse an sie delegiert, so kann er die delegierte Rechtssetzung jederzeit durch ein neues Parlamentsgesetz zurückholen[144]. Die Delegation wird vom Gesetzgeber allgemein nur unter „dem stillschweigenden Vorbehalt künftiger eigener Ausübung seiner Zuständigkeit" vorgenommen[145]. Aus diesem Grunde bleibt es stets der Gesetzgeber, der über die Reichweite und den Bestand der Delegation befindet[146]. Andererseits lassen sich dynamische Verweisungsklauseln in Tarifverträgen nicht ohne weiteres aufheben oder ändern, wenn sich eine Tarifvertragspartei widersetzt[147]. Dann muß die Laufzeit des Tarifvertrages oder der nächste Kündigungstermin abgewartet werden. Beides kann bei Manteltarifverträgen, in denen sich die meisten dynamischen Verweisungsklauseln befinden, sehr lange dauern[148]; bis dahin gilt die in Bezug genommene Regelung[149]. Eine außerordentliche Kündigung wird – wenn man der Rechtsprechung[150] und der herrschenden Lehre[151] folgt – selten möglich sein. Zudem wird der auf Aufhebung der Verweisungsnorm drängenden Tarifvertragspartei zuge-

---

[142] BAG, Urt. v. 10.11.1982, AP Nr. 8 zu § 1 TVG Form; Urt. v. 13.8.1986, AP Nr. 1 zu § 2 MTV Ang DFVLR; Urt. v. 28.7.1988, AP Nr. 1 zu § 5 TV Arb Bundespost; Urt. v. 20.10.1993, AP Nr. 10 zu § 1 TVG Tarifverträge: Bundesbahn; Urt. v. 10.11.1993, AP Nr. 169 zu § 1 TVG Tarifverträge: Bau; Urt. v. 8.3.1995, AP Nr. 5 zu § 1 TVG Verweisungstarifvertrag.

[143] BAG, Urt. v. 9.7.1980, 10.11.1982, AP Nrn. 7, 8 zu § 1 TVG Form; *Buchner*, AR-Blattei (D), Tarifvertrag V C II 2; *Dietz*, FS Nipperdey II (1965), S. 141 (155 f.); *Herschel*, BB 1963, 1220 (1223); *Reinermann*, Verweisung, S. 82 ff.; *Wiedemann*, § 1 TVG Rn. 200.

[144] BVerfGE 22, 330 (346); *Pieroth*, in: Jarass/Pieroth, Art. 80 GG Rn. 14; *Maunz*, in: Maunz/Dürig, Art. 80 GG Rn. 24; *Schmidt-Bleibtreu/Klein*, Art. 80 GG Rn. 8. Die nachträgliche Änderung oder Aufhebung des Gesetzes, das die Delegation anordnet, bewirkt nicht, daß auch die Rechtsverordnung außer Kraft tritt. Sie bleibt solange wirksam, bis sie durch einen besonderen Akt aufgehoben wird, vgl. BVerfGE 9, 12; 12, 347; 14, 249.

[145] *Triepel*, Delegation, S. 58.

[146] Damit wird der Primat des parlamentarischen Gesetzgebers gewahrt, vgl. *Wilke*, AöR 98 (1973), S. 196 (213).

[147] Die einvernehmliche Änderung oder Aufhebung eines Tarifvertrages ist jederzeit zulässig, vgl. BAG, Urt. v. 8.9.1976, AP Nr. 5 zu § 1 TVG Form; *Löwisch/Rieble*, § 1 TVG Rn. 500; *Wiedemann*, § 4 TVG Rn. 15.

[148] *Gröbing*, AuR 1982, 116 f.

[149] BAG, Urt. v. 9.7.1980, 10.11.1982, AP Nrn. 7, 8 zu § 1 TVG Form; Urt. v. 10.11.1993, AP Nr. 169 zu § 1 TVG Tarifverträge: Bau; *Däubler*, Tarifvertragsrecht, Rn. 123, 1457.

[150] BAG, Urt. v. 18.12.1996, 4 AZR 129/96.

[151] *Bauer/Diller*, DB 1993, 1085 (1090); *Belling*, NZA 1996, 906 (908); *Brox/Rüthers*, Arbeitskampfrecht, Rn. 363; *Buchner*, NZA 1993, 289 (295 ff.); *Däubler*, Tarifvertragsrecht, Rn. 1444; *Stein*, in: Kem-

mutet, den gesamten Tarifvertrag zu kündigen, da Teilkündigungen, soweit sie nicht ausdrücklich im Tarifvertrag vorbehalten worden sind, nach allgemeiner Meinung[152] regelmäßig nicht in Betracht kommen.

Die Frage der Rückholbarkeit der delegierten Rechtssetzung ist mithin nicht so gewichtig, daß sie eine unterschiedliche Behandlung von Verweisungs- und Delegationsnormen rechtfertigen könnte[153]. Vielmehr liegt in jeder dynamischen Verweisung eine – mehr oder weniger versteckte – Delegation, weil sie zu einer automatischen Anpassung der verweisenden Norm an die (geänderte) in Bezug genommene Norm führt[154]. Wollen die Tarifvertragsparteien etwas anderes, müssen sie eine automatische Beendigung der Verweisungswirkung verbunden mit Verhandlungen über einen jeweiligen Anschlußvertrag vorsehen[155]. Gerade das liegt aber nicht in ihrem Interesse[156]. Die Tarifvertragsparteien verwenden dynamische Verweisungen gerade wegen ihres Entlastungseffekts. Dieser würde aufgegeben, wenn die Tarifvertragsparteien nach jeder Gesetzesänderung über die Anpassung des Tarifvertrages verhandeln müßten. Alles spricht also dafür, dynamische Verweisungsklauseln wie eine Delegation von Rechtssetzungsmacht zu beurteilen[157]. Die folgenden Ausführungen über die Delegation tariflicher Rechtssetzungsbefugnisse gelten deshalb auch für die dynamischen Verweisungsklauseln, wenn nichts anderes gesagt wird.

Ob die Tarifvertragsparteien ihre Rechtssetzungsmacht auf Dritte delegieren dürfen, ist streitig. Rechtsprechung[158] und ältere Literatur[159] halten die Delegation

---

pen/*Zachert*, § 4 TVG Rn. 134 ff.; *Hueck/Nipperdey*, Arbeitsrecht II/1, S. 471 f. m.w.N. in Fn. 41; *Löwisch/Rieble*, § 1 TVG Rn. 514 ff.; *Nikisch*, Arbeitsrecht II, S. 351; *Oetker*, RdA 1995, 82 (94); *Söllner/Waltermann*, Arbeitsrecht, § 16 II 4; *Steffan*, JuS 1993, 1027 (1028 f.); *Wiedemann*, § 4 TVG Rn. 26 ff.; *Zachert*, NZA 1993, 299 (300).

[152] *Hueck/Nipperdey*, Arbeitsrecht II/1, S. 469 Fn. 30; *Kaskel/Dersch*, Arbeitsrecht, S. 102; *Stein*, in: Kempen/Zachert, § 4 TVG Rn. 142, 51; *Nikisch*, Arbeitsrecht II, S. 350 f.; *Wiedemann*, § 4 TVG Rn. 24; *Zachert*, AuR 1993, 294 (295); *Zöllner/Loritz*, Arbeitsrecht, §§ 6a I 2 und 22 I 2; im Grundsatz auch *Däubler*, Tarifvertragsrecht, Rn. 1448; wohl auch *Schaub*, Arbeitsrechts-Handbuch, § 199 Rn. 39; im Ergebnis auch *G. Hueck*, RdA 1968, 201 (208); *Oetker*, RdA 1995, 82 (99). Die Teilkündigung von Verweisungs- und Übernahmeklauseln wird zuweilen großzügiger beurteilt, vgl. BAG, Urt. v. 10.11.1982, AP Nr. 8 zu § 1 TVG Form; ähnlich auch *Buchner*, NZA 1996, 1177 (1182), der allerdings die Kündigung einer deklaratorischen Klausel prüft, der ohnehin keine normative Wirkung zukommt.

[153] *Baumann*, Delegation, S. 34 f.; *Schwarze*, Betriebsrat, S. 291.

[154] Zutreffend in diesem Sinne BVerfGE 47, 285 (312); *Arndt*, JuS 1979, 784 (785); *Schenke*, NJW 1980, 743 (744 ff.).

[155] *Wiedemann*, Anm. zu BAG, Urt. v. 9.7.1980, AP Nr. 7 zu § 1 TVG Form.

[156] *Baumann*, Delegation, S. 35.

[157] *Baumann*, Delegation, S. 34 f.; *Gröbing*, AuR 1982, 116 (117); *Hueck/Nipperdey*, Arbeitsrecht II/1, § 21 III 1 c, S. 454; *Kissel*, NZA 1986, 73 ff.; *Schwarze*, Betriebsrat, S. 291; *Wiedemann*, Anm. zu BAG, Urt. v. 9.7.1980, AP Nr. 7 zu § 1 TVG Form; *Wiedemann/Arnold*, Anm. zu BAG, Beschl. v. 23.6.1992, AP Nr. 55 zu § 77 BetrVG 1972.

[158] BAG, Urt. v. 27.7.1956, AP Nr. 3 zu § 4 TVG Geltungsbereich; Urt. v. 30.5.1958 AP Nr. 8 zu § 9 TVG; Urt. v. 8.10.1959, AP Nr. 14 zu § 56 BetrVG 1952; Urt. v. 16.12.1962, AP Nr. 12 zu § 3 TVG Verbandszugehörigkeit; Urt. v. 9.7.1980, 10.11.1982, AP Nrn. 7, 8 zu § 1 TVG Form; Urt. v. 8.3.1995, AP Nr. 5 zu § 1 TVG Verweisungstarifvertrag.

[159] *Gröbing*, AuR 1961, 337; *Gross*, BlStSozArbR 1965, 287; *Gumpert*, BB 1961, 1276; *A. Hueck*, AR-Blattei (D), Tarifvertrag IV zu Entsch. 8; *Hueck/Nipperdey*, Arbeitsrecht II/1, § 21 III 1 c, S. 454; *Nikisch*, Anm. zu BAG, Urt. v. 16.12.1962, AP Nr. 12 zu § 3 TVG Verbandszugehörigkeit; *Stahlhacke*, DB 1960, 581.

für grundsätzlich unzulässig. Die neuere Literatur[160] steht einer Delegation aufgeschlossener gegenüber; sie billigt jedoch keine völlige Aufgabe der tariflichen Rechtssetzung. Dem ist im Ergebnis zu folgen. Die Prüfung wird in drei Schritten verlaufen. Zunächst ist zu untersuchen, ob die Delegation von Rechtssetzungsmacht einer entsprechenden Ermächtigungsnorm bedarf. Wenn ja, ist die entsprechende Ermächtigungsnorm aufzusuchen. Wenn nein, ist zu prüfen, ob es Normen gibt, die eine Delegation ausdrücklich verbieten.

bb) Delegation nur bei ausdrücklicher Ermächtigungsnorm? Die Rechtsprechung lehnt die Delegation tariflicher Rechtssetzungsbefugnisse vor allem deshalb ab, weil die Tarifvertragsparteien hierzu durch keine Vorschrift ausdrücklich ermächtigt sind[161]. Die Rechtsprechung begreift die tarifvertragliche Rechtssetzung als materielle Gesetzgebung. Deshalb stellt sie an die Übertragung tariflicher Rechtssetzungsbefugnisse die Anforderungen, die für die Delegation staatlicher Gesetzgebungsgewalt gelten. Sei dem Gesetzgeber die Delegation seiner Gesetzgebungsbefugnisse nur bei Vorhandensein einer ausdrücklichen Ermächtigungsnorm gestattet, könnten die Tarifvertragsparteien nicht anders behandelt werden.

In der Tat bedarf der staatliche Gesetzgeber einer ausdrücklichen Ermächtigung, wenn er seine Befugnisse auf Dritte überträgt. Bei jeder Delegation von Rechtssetzungsmacht wird über Zuständigkeiten verfügt. Im staatlichen Bereich dienen Zuständigkeitsregelungen vor allem der horizontalen und vertikalen Gewaltenteilung, die „ein tragendes Organisationsprinzip des Grundgesetzes" ist[162]. Sie sollen verhindern, daß sich staatliche Macht in der Hand eines einzelnen Amtsträgers konzentriert und damit die Gefahr ihres Mißbrauchs steigt. Die Staatsgewalt soll gemäßigt, die Freiheit des Einzelnen geschützt werden[163]. Zugleich sollen Zuständigkeitsregelungen für eine rationale und sachgerechte Organisation des Staates sorgen[164]. Die Staatsaufgaben sollen von Organen erledigt werden, die nach ihrer organisatorischen und personellen Ausstattung und ihrem Verfahren legitimiert und geeignet sind, die Aufgaben in rechtmäßiger Weise zu erfüllen[165]. Deshalb ist ihnen ein unentziehbarer Kernbereich von Aufgaben verfassungsrechtlich garantiert[166]. Schließlich sollen Zuständigkeitsregelungen sicherstellen, daß sich die verschiedenen Staatsorgane durch die Delegation von Aufgaben und Befugnissen nicht ihrer Verantwortung gegenüber denjenigen entziehen, die der staatlichen Gewalt unterwor-

---

[160] *Baumann*, Delegation, S. 42 ff., 54 ff.; *Däubler*, Tarifvertragsrecht, Rn. 241 ff.; *Kissel*, NZA 1986, 73 (76 ff.); *ders.*, NZA 1995, 1 (4 ff.); *Reim*, in: Däubler, § 1 TVG Rn. 175; 197 ff.; *Schwarze*, Betriebsrat, S. 291 ff. 299; *Zachert*, NZA 1988, 185 (188).
[161] BAG, Urt. v. 9.7.1980, AP Nr. 7 zu § 1 TVG Form. Ähnlich für die Unzulässigkeit von Blankettverweisungen in Betriebsvereinbarungen BAG, Beschl. v. 23.6.1992, AP Nr. 55 zu § 77 BetrVG 1972; offengelassen BAG, Beschl. v. 18.8.1987, AP Nr. 23 zu § 77 BetrVG 1972.
[162] BVerfGE 3, 225 (247); 67, 100 (130).
[163] BVerfGE 9, 268 (279); 67, 100 (130); *Zippelius*, Allgemeine Staatslehre, § 9 III 3 und § 14 I 2.
[164] BVerfGE 68, 1 (86); *Maurer*, Allgemeines Verwaltungsrecht, § 21 Rn. 46; *Rudolf*, in: Erichsen/Martens, Allgemeines Verwaltungsrecht, § 56 IV.
[165] *Battis/Gusy*, Einführung in das Staatsrecht, Rn. 225.
[166] BVerfGE 9, 268 (280); 30, 1 (27 f.).

fen sind¹⁶⁷. Insoweit dienen Zuständigkeitsregelungen auch dem Demokratieprinzip¹⁶⁸. Diese Ziele könnten unterlaufen werden, wenn es den Beteiligten erlaubt wäre, sich beliebig über Zuständigkeitsregelungen hinwegzusetzen. Zuständigkeitsregelungen sind deshalb grundsätzlich unverfügbar¹⁶⁹. Nur wo aus wohlerwogenen Gründen ausdrücklich etwas anderes bestimmt ist, ist die Delegation ausnahmsweise zulässig. So erlaubt es Art. 80 Abs. 1 Satz 1 GG dem Bundesgesetzgeber, Rechtssetzungsmacht auf die Regierung zu übertragen. Art. 80 Abs. 1 Satz 2 GG bindet diese Delegationsbefugnis jedoch an strenge Kautelen; die wesentlichen Entscheidungen hat der Gesetzgeber nach wie vor selbst zu treffen, vor allem wenn dadurch in die Grundrechte der Bürger eingegriffen wird¹⁷⁰. Ermächtigungsgesetze, wie etwa das Gesetz vom 24.3.1933¹⁷¹, mit denen sich der Gesetzgeber völlig seiner Rechtssetzungsmacht zugunsten der Regierung begibt, sind nach dem Grundgesetz ausgeschlossen¹⁷².

Die Maximen, die für das staatliche Recht gelten, lassen sich nicht auf das Tarifrecht übertragen. Die prinzipielle Unverfügbarkeit von Zuständigkeitsvorschriften soll die Konzentration staatlicher Gewalt verhindern. Die Normsetzung durch Tarifvertrag erfolgt jedoch nicht in Ausübung staatlicher Gewalt. Vielmehr machen die Tarifvertragsparteien von ihrer grundrechtlich gewährleisteten Freiheit Gebrauch. Tarifverträge erhalten nicht dadurch, daß der Gesetzgeber ihnen normative Wirkungen zuerkennt, den Charakter von Akten öffentlicher Gewalt¹⁷³. Ebensowenig werden die Tarifvertragsparteien innerhalb verfassungsrechtlich zugewiesener Zuständigkeiten tätig. Zwar haben sie eine Aufgabe übernommen, die für die Öffentlichkeit von großer Bedeutung ist. Diese Aufgabe erfüllen sie jedoch nicht hoheitlich, sondern mit den Mitteln des privaten Rechts. Ob die Tarifvertragsparteien selbst Regelungen zur Wahrung und Förderung der Arbeits- und Wirtschaftsbedingungen treffen oder diese anderen überlassen, ist eine Entscheidung, die sie prinzipiell autonom fällen können. Ihre Grundrechtsausübung wird jedenfalls nicht durch den Gewaltenteilungsgrundsatz beschränkt. Schon deshalb bedürfen sie keiner ausdrücklichen Ermächtigung, um ihre Rechtssetzungsbefugnisse auf Dritte zu übertragen.

Eine ausdrückliche Delegationsermächtigung zu verlangen, würde überdies dem rechtsstaatlichen Verteilungsprinzip zuwiderlaufen. Nach diesem ist die Ausübung

---

¹⁶⁷ So BVerfGE 9, 282 (283 f.); 34, 53 (60); 78, 249 (272) für Art. 80 Abs. 1 GG; *Ossenbühl*, in: HdbStR III, § 64 Rn. 13; *Ramsauer*, in: AK-GG, Art. 80 GG Rn. 7.
¹⁶⁸ *Ossenbühl*, in: HdbStR III, § 64 Rn. 13.
¹⁶⁹ So etwa für Art. 30 GG, der die Zuständigkeitsverteilung zwischen dem Bund und den Ländern regelt, BVerfGE 4, 115 (139); 39, 96 (109); 41, 291 (311); 61, 1 (39); *Pieroth*, in: Jarass/Pieroth, Art. 30 GG Rn. 8.
¹⁷⁰ Er hat darüber zu bestimmen, welche Fragen durch die Rechtsverordnung geregelt werden sollen, muß die Grenzen einer solchen Regelung festsetzen und angeben, welchem Ziel die Regelung dienen soll, vgl. BVerfGE 2, 307 (334); 23, 62 (72).
¹⁷¹ Reichsgesetz zur Behebung der Not von Volk und Reich, RGBl. I S. 141.
¹⁷² *Hesse*, Verfassungsrecht, Rn. 524; *Maunz*, in: Maunz/Dürig, Art. 80 GG Rn. 6; dieses Verbot folgt aber nicht aus Art. 80 Abs. 1 GG, sondern aus dem in Art. 20 Abs. 2 GG niedergelegten Grundsatz der Gewaltenteilung.
¹⁷³ So auch BVerfGE 73, 261 allgemein für privatrechtliche Vereinbarungen und speziell für die Wirkung von Betriebsvereinbarungen.

grundrechtlicher Freiheit zunächst unbeschränkt. Will der Gesetzgeber der Freiheit Grenzen ziehen, so muß er dies in hinreichend bestimmter Form tun. Wenn und soweit er eine Schrankenziehung unterläßt, können die Grundrechtsträger von ihren Grundrechten freien Gebrauch machen. Entscheidend ist, daß nicht die Grundrechtsträger ihre Freiheitsbetätigung zu rechtfertigen haben, sondern umgekehrt der Gesetzgeber die Freiheitsbeschränkung begründen muß. Erlaubt ist nicht nur das, was ausdrücklich gestattet ist, sondern auch das, was nicht ausdrücklich verboten wurde. Die Delegation von Rechtssetzungsbefugnissen an Dritte ist Teil der den Tarifvertragsparteien durch Art. 9 Abs. 3 GG gewährleisteten Koalitionsfreiheit. Die Ausübung der Koalitionsfreiheit unterliegt nach dem rechtsstaatlichen Verteilungsprinzip gerade keinem Begründungszwang. Einen solchen würde man jedoch einführen, wenn die Delegation der tariflichen Rechtssetzungsbefugnisse nur beim Vorhandensein einer ausdrücklichen Ermächtigungsnorm erlaubt wäre. Das wäre verfassungswidrig. Aus dem Fehlen einer ausdrücklichen Ermächtigungsnorm kann kein Verbot einer Delegation tariflicher Rechtssetzungsmacht hergeleitet werden[174].

cc) Positive Ermächtigungsnormen. Eine positivrechtliche Ermächtigungsnorm ist nach dem eben Ausgeführten also nicht erforderlich. Sie wäre aber ein deutlicher Beleg für die Zulässigkeit der Delegation tariflicher Rechtssetzungsmacht.

Auf Art. 80 Abs. 1 GG und die ihm entsprechenden Vorschriften in den Verfassungen der Bundesländer[175] können sich die Tarifvertragsparteien nicht berufen. Diese Normen gelten nur für das Verhältnis von staatlicher Legislative zu staatlicher Exekutive. Sie knüpfen an die Begriffe Gesetz und Rechtsverordnung ausschließlich im formellen Sinne an[176]. Auf Rechtsquellen, die dem formellen Gesetz im Rang nachgehen, wie etwa Satzungen oder Verwaltungsvorschriften, sind sie nicht übertragbar[177].

Dafür, daß der Gesetzgeber die Befugnis zu einer Delegation tariflicher Rechtssetzungsbefugnisse stillschweigend vorausgesetzt hat, spricht § 77 Abs. 3 Satz 2 BetrVG. Danach dürfen die Tarifvertragsparteien die Betriebsparteien zum Abschluß von Betriebsvereinbarungen ermächtigen, die die Tarifverträge ergänzen. Diese Ermächtigungsbefugnis ist der Sache nach nichts anderes als die Erlaubnis, tarifliche Rechtssetzungsmacht zu delegieren[178]. Freilich kann dieser Vorschrift nicht im Umkehrschluß entnommen werden, daß die Delegation tariflicher Rechtssetzungsmacht ausschließlich unter den Voraussetzungen des § 77 Abs. 3 Satz 2

---

[174] So auch *Schwarze,* Betriebsrat, S. 294.

[175] Vgl. Art. 61 Bad-WürttVerf; Art. 55 Nr. 2 BayVerf; Art. 47 Abs. 1 BlnVerf; Art. 80 BrandenbVerf; Art. 124 BremVerf; Art. 53 HambVerf; Art. 118 HessVerf; Art. 57 Meck-VorpVerf; Art. 43 NiedersVerf; Art. 70 Nordrh-WestfVerf; Art. 110 Rheinl-PfVerf; Art. 104 SaarVerf; Art. 75 SachsVerf; Art. 79 Sachs-AnhVerf; Art. 38 Schl-HolstVerf; Art. 84 ThürVerf.

[176] *Pieroth,* in: Jarass/Pieroth, Art. 80 GG Rn. 2 f.; *Ramsauer,* in: AK-GG, Art. 80 Rn. 31; *Bryde,* in: von Münch/Kunig, Art. 80 GG Rn. 6 f.

[177] Ausführliche Nachweise bei *Pieroth,* in: Jarass/Pieroth, Art. 80 GG Rn. 3; *Maunz,* in: Maunz/Dürig, Art. 80 GG Rn. 47 ff.

[178] A.A. BAG, Beschl. v. 18.8.1987, AP Nr. 23 zu § 77 BetrVG; danach sollen die Tarifvertragsparteien bei der Zulassung ergänzender Betriebsvereinbarungen keine Befugnisse an die Betriebsparteien delegieren, sondern nur auf eigene Regelungsbefugnisse verzichten.

BetrVG zulässig ist. § 77 Abs. 3 BetrVG ist eine Sondervorschrift, die die Konkurrenz tarifvertraglicher und betriebsautonomer Rechtssetzung zugunsten der Tarifautonomie auflöst. Sie soll die Tarifautonomie vor der Aushöhlung durch Betriebsvereinbarungen schützen, indem sie die Regelungsbefugnisse der Betriebsparteien beschneidet[179]. Die Rechtssetzungsmacht der Tarifvertragsparteien läßt sie unberührt.

dd) Ausdrückliches Verbot der Delegation tariflicher Rechtssetzungsbefugnisse? Bedarf es nach allem für die Delegation tariflicher Rechtssetzungsbefugnisse keiner ausdrücklichen Erlaubnis, so ist doch zu prüfen, ob sie nicht gesetzlich ausgeschlossen ist. In Betracht kommen die Normen des TVG sowie Art. 9 Abs. 3 GG.

(α) Normen des TVG. Das TVG enthält keine Vorschrift, die die Delegation tariflicher Rechtssetzungsbefugnis ausdrücklich ausschließt. Wenn § 1 TVG die zulässigen Gegenstände von Tarifverträgen markiert und dabei von „Rechtsnormen, die den Inhalt von Arbeitsverhältnissen" regeln, spricht, so kommt damit grundsätzlich auch eine Regelung durch Dritte in Betracht. Zwar gewinnt ein privatrechtlicher Normenvertrag, in dem abstrakt der Inhalt von Arbeitsverhältnissen bestimmt wird, seine Qualifikation als Tarifvertrag dadurch, daß er von tariffähigen Parteien abgeschlossen wird. Daß die Tarifvertragsparteien alle Arbeitsbedingungen selbst und unmittelbar regeln müssen, läßt sich § 1 TVG aber nicht entnehmen. Denn eine Pflicht zur höchstpersönlichen Rechtssetzung ordnet das TVG gerade nicht an[180]. Ebenso wenig steht § 2 TVG einer Delegation tariflicher Rechtssetzungsmacht entgegen. Zwar kann nach dieser Vorschrift Partei eines Tarifvertrages nur sein, wer tariffähig ist. Die Tarifvertragsparteien verstoßen aber selbst dann nicht gegen § 2 TVG, wenn sie ihre Rechtssetzungsbefugnis auf nicht tariffähige Dritte übertragen. Durch den Akt der Delegation werden die Dritten nicht zu Parteien des Tarifvertrages. Die Geltung der von ihnen erlassenen Bestimmungen beruht nicht auf ihrem eigenen Willen, sondern auf der freien Entscheidung der Tarifvertragsparteien, die ihre Normsetzungsbefugnisse delegiert haben und die diese Delegation auch wieder rückgängig machen können[181].

---

[179] BAG, Beschl. v. 22.5.1979, AP Nr. 13 zu § 118 BetrVG 1972; Beschl. v. v. 21.1.1980, AP Nr. 3 zu § 87 BetrVG 1972 Lohngestaltung; Beschl. v. 27.1.1987, AP Nr. 42 zu § 99 BetrVG 1972; Beschl. v. 24.2.1987, AP Nr. 21 zu § 77 BetrVG, BAG GS, Beschl. v. 3.12.1991, AP Nr. 51 zu § 87 BetrVG 1972 Lohngestaltung, BAG, Beschl. v. 22.6.1993, AP Nr. 22 zu § 23 BetrVG 1972; *Fitting,* § 77 BetrVG Rn. 67 ff.; *Fischer,* Tarifwidrige Betriebsvereinbarungen, S. 189 ff.; *Hromadka,* DB 1987, 1991 (1993); *Matthes,* in MünchArbR, § 327 Rn. 59; *Richardi* in Richardi, § 77 BetrVG Rn. 244; *Waltermann,* Betriebsvereinbarung, S. 267 ff.; *ders.,* RdA 1996, 129 (131).
[180] A.A. für die Rechtssetzung der Betriebsparteien BAG, Beschl. v. 23.6.1992, AP Nr. 55 zu § 77 BetrVG 1972. Ohne weitere Begründung geht das BAG davon aus, daß der Betriebsrat sein Mandat höchstpersönlich auszuüben hat. Mit Beschl. v. 10.11.1993, AP Nr. 169 zu § 1 TVG Tarifverträge: Bau, hat das BAG aber ausdrücklich festgestellt, daß die für die Betriebsparteien geltenden Grundsätze gerade nicht auf die Tarifvertragsparteien übertragen werden können. Für diese besteht kein uneingeschränktes Verbot dynamischer Blankettverweisungen.
[181] Nach *Baumann,* Delegation, S. 51, soll das aber nur dann gelten, wenn die Ermächtigung des Dritten genügend begrenzt ist.

334 *3. Teil: Die Kopplung des Tarifvertrages an das Gesetz*

Genauso wenig spricht die Entstehungsgeschichte des TVG dagegen, tarifliche Rechtssetzungsmacht zu übertragen. Der historische Gesetzgeber hat sich, soweit es die Materialien belegen[182], über die Delegation der tariflichen Rechtssetzungsmacht keine Gedanken gemacht[183]. Im Parlamentarischen Rat wurde nicht einmal über die Gewährleistung der Tarifautonomie als solcher verhandelt[184]. Schließlich läßt sich auch weder aus Sinn und Zweck des TVG noch aus einer systematischen Gesamtschau seiner Vorschriften ein Delegationsverbot herleiten.

Nicht zu verkennen ist freilich die Gefahr, die eine allzu weitgehende Delegation tariflicher Rechtssetzungsbefugnisse in sich birgt. Die Tarifvertragsparteien können Vorschriften anderer Normgeber übernehmen, für die nicht mehr die Vermutung der Sachgerechtigkeit gilt. Die Vermutung der Sachgerechtigkeit gebührt den Tarifverträgen ausschließlich für ihren eigenen Geltungsbereich. Nur für diesen machen die Tarifvertragsparteien die Interessen ihrer Mitglieder geltend; nur für diesen sind sie zu Arbeitskampfmaßnahmen bereit; nur für diesen übernehmen sie gegenüber ihren Mitgliedern die Verantwortung. Können Dritte Tarifnormen setzen, so fehlt der für einen angemessenen Interessenausgleich notwendige Zwang, die eigenen Belange gegenüber der anderen Tarifvertragspartei geltend zu machen und dafür notfalls eigene Opfer zu bringen. Das kann die Sachgerechtigkeit dieser Normen bedrohen. Dieser Gefahr kann freilich schon dadurch begegnet werden, daß der Delegation tariflicher Rechtssetzungsmacht Grenzen gezogen werden. Die Delegation gänzlich auszuschließen, wäre demgegenüber unverhältnismäßig. Bei dynamischen Verweisungsklauseln ist insbesondere die Möglichkeit einer (außer)ordentlichen Teilkündigung des Tarifvertrages in Betracht zu ziehen.

(β) Art. 9 Abs. 3 GG. Auch Art. 9 Abs. 3 GG enthält kein Delegationsverbot. Wenn es Art. 9 Abs. 3 GG gestattet, zur Wahrung und Förderung der Arbeits- und Wirtschaftsbedingungen Koalitionen zu bilden, so ist zwar in erster Linie daran gedacht, daß die Tarifvertragsparteien die Arbeitsbedingungen durch eigene Regelungen festlegen. Davon kann die Verwirklichung des verfassungsgeschützten Zieles – die Wahrung und Förderung der Arbeits- und Wirtschaftsbedingungen – jedoch nicht entscheidend abhängen. Können die Koalitionen das Ziel auch auf andere Weise als durch eigene Regelungen im Tarifvertrag erreichen, verbietet ihnen das Art. 9 Abs. 3 GG nicht. Jedenfalls läßt der Wortlaut des Art. 9 Abs. 3 GG nicht erkennen, daß die Wahrung und Förderung der Arbeits- und Wirtschaftsbedingungen die ausschließliche oder höchstpersönliche Angelegenheit der Koalitionen wäre[185].

Zu weit geht es, von einer verfassungsmäßig zugewiesenen Aufgabe der Tarifvertragsparteien zum Tätigwerden zu sprechen[186]. Denn es besteht die Gefahr, daß aus

---

[182] Vgl. den Erinnerungsbericht *Herschels*, ZfA 1973, 173 ff.
[183] *Schwarze*, Betriebsrat, S. 295.
[184] Vgl. zur Entstehung des Art. 9 Abs. 3 GG die Debatten in der 17. und 44. Sitzung des Hauptausschusses des Parlamentarischen Rates und den schriftlichen Bericht zum Entwurf des Grundgesetzes für die Bundesrepublik Deutschland, Bonn, 1949, S. 11.
[185] So aber BAG, Urt. v. 9.7.1980, AP Nr. 7 zu § 1 TVG Form.
[186] So aber *Löwisch/Rieble*, § 1 TVG Rn. 170; *Wiedemann*, Anm. zu BAG, Urt. v. 9.7.1980, AP Nr. 7 zu § 1 TVG Form. Noch weiter geht *Zachert*, RdA 1996, 140 (142), der die Existenz eines spezifischen

der grundrechtlichen Garantie, Arbeitsbedingungen tarifautonom zu regeln, unversehens eine verfassungswidrige Verpflichtung zum Erlaß von Tarifnormen wird[187]. Den Tarifvertragsparteien muß es grundsätzlich selbst überlassen bleiben, wann, mit wem und mit welchem Inhalt sie einen Tarifvertrag schließen[188]. Dazu gehört auch die Entscheidung, ob tarifliche Regelungsbefugnisse delegiert werden[189]. Ist es dem Gesetzgeber gestattet, auf die Vorschriften anderer Normgeber Bezug zu nehmen, kann den Tarifvertragsparteien diese Regelungstechnik nicht verwehrt sein, wenn sie eine Verweisung für zweckmäßig und sachgerecht halten.

Allerdings bedeutet die Delegation tariflicher Rechtssetzungsmacht einen zumindest teilweisen Verzicht auf grundrechtlich eingeräumte Regelungsbefugnisse. Das ist nicht unproblematisch. Die Tarifvertragsparteien tragen eine gewisse Verantwortung, wenn sie die Tarifwilligkeit für sich reklamieren. Sie besteht nicht zuletzt gegenüber ihren Mitgliedern, deren Interessen sie zu vertreten haben[190]. Wer sich selbst für tarifwillig erklärt und damit die Befugnis zur gemeinsamen Normsetzung mit dem Tarifpartner in Anspruch nimmt – wozu weder Verfassung noch einfaches Gesetz zwingen –, kann nicht im gleichen Atemzug geltend machen, nichts regeln zu wollen. Hierfür haben die Tarifvertragsparteien auch kein Mandat ihrer Mitglieder. Da die Verfassung die Tarifautonomie im Unterschied zu anderen freiheitlichen Garantien nicht zweckneutral gewährleistet, sondern sie an das Ziel der Wahrung und Förderung der Arbeits- und Wirtschaftsbedingungen bindet, können die Tarifvertragsparteien über diese Garantie nicht unbeschränkt verfügen. Die Tarifautonomie besteht weder um ihrer selbst noch um der Interessen der Tarifvertragsparteien willen, sondern sie dient der freiheitlichen und angemessenen Regelung der Arbeits- und Wirtschaftsbedingungen. Deshalb kann auf sie nicht in derselben Weise verzichtet werden wie auf die individuellen Freiheitsrechte[191]. Durch den weitge-

---

Bereichs tarifautonomer Normsetzungsbefugnisse annimmt, in dem sich der Verfassungsauftrag der Koalitionen zur freiwilligen Gestaltung der Arbeits- und Wirtschaftsbedingungen zu einer Rechtspflicht verdichtet.

[187] Das erkennt auch die Rechtsprechung an, wenn sie meint, zum Kernbereich der koalitionsmäßigen Betätigung gehöre nicht, daß die Tarifvertragsparteien die Arbeits- und Wirtschaftsbedingungen regeln müßten, sondern daß sie entsprechende Regelungen treffen könnten, vgl. BAG, Urt. v. 10.11.1982, AP Nr. 8 zu § 1 TVG Form. Die Lehre will zwar keine justitiable Verpflichtung zum Erlaß eigener Tarifnormen anerkennen, postuliert aber das Verbot, sich im Kernbereich der eigenen Normsetzung durch den Verweis auf fremdes Rechtsgut zu entziehen, vgl. *Wiedemann*, Anm. zu BAG, Urt. v. 9.7.1980, AP Nr. 7 zu § 1 TVG; *Zachert*, RdA 1996, 140 (142).

[188] Allgemeine Meinung, vgl. *Hromadka/Maschmann/Wallner*, Der Tarifwechsel, Rn. 11; *Löwisch/Rieble*, § 1 TVG Rn. 169.

[189] Da die Delegation nur einen teilweisen Verzicht auf Rechtssetzungsmacht bedeutet, die Tarifvertragsparteien mit der Vereinbarung einer Delegationsnorm zumindest im Ansatzpunkt eine eigene Regelung treffen, hält sie *Mangen*, Anm. zu BAG, Urt. v. 10.11.1982, AP Nr. 8 zu § 1 TVG Form, für grundsätzlich erlaubt.

[190] *Gröbing*, AuR 1982, 116 (117); *A. Hueck*, AR-Blattei, Tarifvertrag IV, Entscheidungen 8; *Löwisch*, in: MünchArbR, § 251 Rn. 9 f.; *Löwisch/Rieble*, § 1 TVG Rn. 169 f.; *Wiedemann*, Anm. zu BAG, Urt. v. 9.7.1980, AP Nr. 7 zu § 1 TVG Form; *Zachert*, RdA 1996, 140 (142).

[191] In Rechtsprechung und Lehre ist anerkannt, daß auf bestimmte Grundrechte nicht oder nur unter sehr eingeschränkten Bedingungen verzichtet werden kann. Dazu gehören solche Grundrechte, die einen über den Schutz des einzelnen Bürgers hinausgehenden Gehalt aufweisen und deshalb nicht zu dessen Disposition stehen. Hierzu rechnen Grundrechte, die für den Prozeß der politischen Willensbildung

henden Verzicht auf eigene Regelungen könnte zudem das Institut der Tarifautonomie von innen ausgehöhlt werden[192]. Einer Aushöhlung kann jedoch dadurch begegnet werden, daß der Delegation tariflicher Rechtssetzungsmacht Grenzen gezogen werden. Die Delegation gänzlich auszuschließen, wäre unverhältnismäßig.

ee) Zwischenergebnis. Die materiell-rechtliche Zulässigkeit dynamischer Verweisungsnormen ist wie eine Delegation tariflicher Rechtssetzungsbefugnisse zu beurteilen. Da die tarifliche Rechtssetzungsbefugnis nicht in Ausübung staatlicher Gewalt erfolgt, sondern auf einer grundrechtlichen Gewährleistung beruht, bedarf es zu ihrer Delegation auf Dritte keiner ausdrücklichen Ermächtigungsnorm. Zu prüfen ist nur, ob es Rechtsnormen gibt, die eine Delegation tariflicher Rechtssetzungsbefugnisse ausschließen. Solche Normen sind weder die Vorschriften des TVG noch Art. 9 Abs. 3 GG. Die Delegation tariflicher Rechtssetzungsbefugnisse ist deshalb grundsätzlich zulässig. Allerdings kann eine beliebige Delegation tariflicher Rechtssetzungsbefugnisse dazu führen, daß die Tarifvertragsparteien Regelungen übernehmen, deren Sachgerechtigkeit nicht gewährleistet ist. Darin kann zugleich ein verfassungswidriger Verzicht auf die durch Art. 9 Abs. 3 GG eingeräumten Rechtssetzungsbefugnisse liegen. Die Delegation tariflicher Rechtssetzungsmacht und damit die Verwendung dynamischer Verweisungsklauseln ist deshalb nicht schrankenlos erlaubt[193]. Das macht es erforderlich, ihre Grenzen zu bestimmen.

d) Grenzen der Delegation tariflicher Rechtssetzungsmacht

Die Grenzbestimmung muß zwei einander widerstreitenden Prinzipien Rechnung tragen. Auf der einen Seite hat sie die grundrechtlich garantierte Selbstbestimmung der Tarifvertragsparteien zu achten, die in eigener Verantwortung über das „Ob" und das „Wie" ihrer Regelungen befinden. Auf der anderen Seite hat sie sicherzustellen, daß die Tarifautonomie, soweit sie von den Tarifvertragsparteien tatsächlich beansprucht wird, auch verantwortlich ausgeübt wird und es dabei zu keinem verfassungswidrigen Verzicht auf Regelungsbefugnisse kommt.

aa) Art. 80 Abs. 1 Satz 2 GG. Eine formale Grenze könnte das Konkretisierungsgebot des Art. 80 Abs. 1 Satz 2 GG ziehen. Danach muß der Gesetzgeber, wenn er seine Rechtssetzungsmacht auf die Exekutive überträgt, Inhalt, Zweck und Ausmaß dieser Delegation selbst im Gesetz festlegen. Damit soll die pauschale Verlagerung der Regelungsbefugnis von der Legislative auf die Exekutive – die Blankovollmacht des Parlaments für die Regierung – verhindert werden[194].

---

wichtig sind. Deshalb darf der Bürger nicht auf die geheime Stimmabgabe verzichten. Bei keinem Grundrecht ist es erlaubt, seine Ausübung im ganzen aufzugeben. Worauf verzichtet werden kann, sind allenfalls einzelne durch das Grundrecht geschützte Handlungsweisen; vgl. *Jarass*, in: Jarass/Pieroth, Vor Art. 1 GG Rn. 36; *Pieroth/Schlink*, Grundrechte, Rn. 135 ff.; *Robbers*, JuS 1985, 925 ff; *Sturm*, FS Geiger (1974), S. 173 (192 ff.).

[192] BAG, Urt. v. 10.11.1982, AP Nr. 8 zu § 1 TVG Form.
[193] BAG, Urt. v. 10.11.1982, AP Nr. 8 zu § 1 TVG Form.
[194] *Ossenbühl*, in: HdbStR III, § 64 Rn. 17; *Seifert/Hömig*, Art. 80 GG Rn. 3.

Allerdings bindet Art. 80 Abs. 1 Satz 2 GG unmittelbar nur den parlamentarischen Gesetzgeber. In der Literatur wird mit unterschiedlicher Begründung versucht, Art. 80 Abs. 1 Satz 2 GG auch bei der Delegation tariflicher Rechtssetzungsmacht anzuwenden. Art. 80 Abs. 1 Satz 2 GG sei eine spezielle Ausprägung des allgemeinen Rechtsstaatsprinzips, das auch für die Tarifvertragsparteien gelte. Gehe der Tarifvertrag dem staatlichen Gesetz im Range nach, könnten die Tarifvertragsparteien als Normsetzer nicht von Bindungen freigestellt werden, die für den parlamentarischen Gesetzgeber Gültigkeit beanspruchten[195]. Die Normsetzung durch den Delegatar sei nicht durch seine Wahl legitimiert. Legitimiert sei nur derjenige, der die Rechtssetzungsmacht delegiere. Um Legitimationsdefizite zu vermeiden, müsse der Umfang der delegierten Befugnisse inhaltlich beschränkt werden. Art. 80 Abs. 1 Satz 2 GG sei dafür mangels Alternative der einzig geeignete Anknüpfungspunkt[196].

Beide Begründungen vermögen indes nicht zu überzeugen. Richtig ist, daß Art. 80 Abs. 1 Satz 2 GG auf das Rechtsstaatsprinzip zurückgeht. Die Vorschrift wurzelt aber im Grundsatz der Gewaltenteilung, an den die Tarifvertragsparteien, wie gesehen, gerade nicht gebunden sind[197]. Richtig ist auch, daß die Legitimität der delegierten Normsetzung nicht auf einer Wahl des Delegatars beruht. Sie gründet sich auf die demokratische Legitimation desjenigen, der die Rechtssetzungsbefugnisse delegiert. Kann dieser die Delegation jederzeit inhaltlich beschränken oder zurückholen, bleibt er Herr über die Rechtssetzung. Legitimationsdefizite sind damit ausgeschlossen[198].

Selbst wenn man die „Rückholbarkeit" tariflicher Normen rein praktisch für schwierig hält, bleiben Zweifel, ob die entsprechende Anwendung von Art. 80 Abs. 1 Satz 2 GG die Preisgabe tarifvertraglicher Rechtssetzungsbefugnisse wirksam verhindern kann[199]. Die Schutzwirkung dieser Vorschrift hängt nämlich davon ab, wie genau der Normgeber Inhalt, Zweck und Ausmaß der Delegation seiner Rechtssetzungsbefugnis bestimmen muß. Art. 80 Abs. 1 GG liefert hierzu keine Maßstäbe. Das erklärt die Zurückhaltung der Rechtsprechung, wenn sie überprüft, ob der Gesetzgeber die Grenzen der Delegation richtig bestimmt hat. Sie hält den Gesetzgeber gerade nicht für verpflichtet, Inhalt, Zweck und Ausmaß seiner Delegation von Rechtssetzungsmacht ausdrücklich im Gesetzestext zu bestimmen. Vielmehr läßt sie es ausreichen, daß diese nach den allgemeinen Auslegungsgrundsätzen ermittelt werden können, sich also aus dem Sinnzusammenhang mit anderen Vorschriften des Gesetzes, aus seinem Regelungszweck und seiner Entstehungsge-

---

[195] *Baumann*, Delegation, S. 55; *Zachert*, RdA 1996, 140 (142 f.).
[196] *Schwarze*, Betriebsrat, S. 299.
[197] Art. 80 Abs. 1 Satz 2 GG ist – dies entgegen *Zachert*, RdA 1996, 140 (142 f.) – nicht lediglich Ausdruck des Gedankens der Rechtsklarheit und der Rechtssicherheit. Es wäre auch sehr zweifelhaft, inwieweit die Angabe von Inhalt, Zweck und Ausmaß der Ermächtigung zu delegierter Rechtssetzung größere Rechtssicherheit oder Rechtsklarheit schaffen könnte. Ist die Rechtsverordnung erst einmal erlassen, bestimmt sich die materielle Rechtslage im wesentlichen nach deren konkreten Anordnungen, nicht jedoch nach den abstrakten Vorschriften des zur delegierten Rechtssetzung ermächtigenden Gesetzes.
[198] *Mangen*, Anm. zu BAG, Urt. v. 10.11.1982, AP Nr. 8 zu § 1 TVG Form.
[199] Das sehen auch *Baumann*, Delegation, S. 60 und *Zachert*, RdA 1996, 140 (143).

schichte ergeben[200]. Zudem verlangt sie keine größtmögliche, sondern nur eine hinreichende Bestimmtheit bei der Angabe der Grenzen der Delegation. Damit trägt sie dem Umstand Rechnung, daß überzogene Anforderungen an das Bestimmtheitsgebot den mit der Delegation bezweckten Entlastungseffekt zunichte machen würden[201]. Hinreichend bestimmt ist danach die Delegation, wenn die dem Verordnungsgeber übertragenen Kompetenzen nach Tendenz und Programm so genau umrissen sind, daß schon aus der Ermächtigung erkennbar und vorhersehbar ist, was dem Bürger gegenüber zulässig sein soll[202].

Im Ergebnis führt diese Rechtsprechung zu einer weitgehenden Abschwächung der formellen Sperrwirkung des Art. 80 Abs. 1 Satz 2 GG[203]. Kaum verwunderlich ist es deshalb, daß das Bundesarbeitsgericht nur selten und ohne Rückgriff auf Art. 80 Abs. 1 Satz 2 GG eine klare Benennung des Ausmaßes der delegierten Rechtssetzungsbefugnisse von den Tarifvertragsparteien verlangt hat[204]. In anderen Fällen hat es der Sache nach sogar eine inhaltlich unbeschränkte Delegation zugelassen, namentlich als es die Verwendung dynamischer Blankettverweisungsnormen billigte[205]. Die Lehre entnimmt denn auch dem Art. 80 Abs. 1 Satz 2 GG für die Tarifvertragsparteien nur ein grundsätzliches „Selbstentscheidungserfordernis" und die Verpflichtung, den Rahmen oder die Struktur der delegierten Rechtssetzung vorzugeben[206].

bb) Delegation nur bei größerer Sachnähe des Delegatars. Schwarze[207] ist der Auffassung, eine Delegation tariflicher Rechtssetzungsbefugnisse könne nur in Bereichen stattfinden, in denen die Tarifvertragsparteien Arbeitsbedingungen – etwa wegen der Überbetrieblichkeit der Tarifautonomie – selbst nicht oder weniger effektiv als der Delegatar regeln könnten. Er begründet seine Ansicht mit dem verfassungsrechtlichen Primat der tarifautonomen Rechtssetzung. Habe die Verfassung die Tarifmacht gerade den Koalitionen als deren Träger zugeordnet, würde eine beliebige Delegation der Tarifmacht die Vorrangentscheidung der Verfassung konterkarieren. Da die Verfassung die Tarifvertragsparteien wegen ihrer besonderen Sachnähe für besonders geeignet erachte, die Interessen des Arbeitnehmerschutzes wahrzunehmen, könne die Rechtssetzungsmacht nur auf solche Delegatare übertragen werden, die einen effektiveren Arbeitnehmerschutz gewährleisteten als die Tarifvertragsparteien selbst. Eine gänzlich unbeschränkte Delegation lehnt er mit dem Argument ab, kein Dritter könne die Arbeitnehmerinteressen sachgerechter wahren als die Koalitionen selbst.

---

[200] BVerfGE 26, 16 (27); 29, 198 (210); 55, 207 (226); 58, 257 (277); 62, 203 (209); 68, 319 (332).
[201] *Ossenbühl*, in: HdbStR III, § 64 Rn. 19.
[202] BVerfGE 55, 207 (226); 69, 162 (167); BVerwGE 30, 287 (292); 36, 61 (66); 45, 331 (333); 56, 186 (189); 65, 323 (326); 68, 277 (280).
[203] *Bryde*, in: von Münch, Art. 80 GG Rn. 22; *Ossenbühl*, in: HdbStR III, § 64 Rn. 17; *Pieroth*, in: Jarass/Pieroth, Art. 80 GG Rn. 11.
[204] BAG, Urt. v. 28.11.1984, AP Nrn. 1 und 2 zu § 4 TVG Bestimmungsrecht; Urt. v. 15.1.1987, AP Nr. 21 zu § 75 BPersVG.
[205] BAG, Urt. v. 10.11.1982, AP Nr. 8 zu § 1 TVG Form.
[206] *Baumann*, Delegation, S. 59 ff.; *Schwarze*, Betriebsrat, S. 299; *Zachert*, RdA 1996, 140 (143).
[207] Betriebsrat, S. 295 ff.

Schwarzes Ansatzpunkt ist richtig. Tarifliche Regelungsmacht kann nicht beliebig auf Dritte übertragen werden. Sein Effizienzkriterium ist jedoch viel zu unbestimmt, als daß es zur Bestimmung der Grenze der Delegation von Regelungsmacht beitragen könnte. Dasselbe gilt für das Merkmal der Sachnähe. Unklar ist, ob die Effizienz eine bloße Frage der zweckmäßigen Gestaltung von Tarifverträgen ist, die im unüberprüfbaren Beurteilungsspielraum der Tarifvertragsparteien liegt, oder ob es sich um ein rechtliches Kriterium handelt. Da *Schwarze* nicht angibt, wonach sich die Effizienz einer tariflichen Regelung richtet, kommt es allein darauf an, wer darüber entscheidet. Das können nicht die Tarifvertragsparteien selbst sein, da sie durch das Effizienzkriterium gerade gebunden werden sollen. Es kann deshalb nicht zu ihrer Disposition stehen. Wer sonst für diese Entscheidung in Betracht kommt, läßt *Schwarze* offen. Sein Ansatz führt deshalb nicht weiter. Man wird *Schwarze* aber insoweit folgen können, als eine Delegation tariflicher Rechtsetzungsbefugnisse jedenfalls dann zulässig ist, wenn auf Normen verwiesen wird, denen die Vermutung des effektiven Arbeitnehmerschutzes und der Sachgerechtigkeit zukommt. Verweist der Tarifvertrag auf ein bestimmtes Gesetz in seiner jeweiligen Fassung, kann das nicht verboten sein. Das förmliche Parlamentsgesetz hat jedenfalls insoweit als sachgerecht zu gelten, als es im Prozeß demokratischer Willensbildung zustandegekommen ist.

cc) Wesentlichkeitsprinzip. Eine andere Meinung will die Grenze der Delegationsbefugnisse an Hand des Wesentlichkeitsprinzips bestimmen[208]. Das Wesentlichkeitsprinzip steht im Zusammenhang mit dem Parlamentsvorbehalt. Dabei geht es um das Problem, welche Regelungen dem parlamentarischen Gesetzgeber vorbehalten sind und welche Fragen er ungeregelt lassen kann. Läßt er etwas ungeregelt, schafft die Exekutive unter Umständen eigene Normen. Freilich stellen solche Normen keine Form delegierter Rechtsetzung dar, da die Exekutive in eigener Zuständigkeit handelt. Früher nahm man an, daß der Gesetzgeber selbst handeln muß, wenn in „Freiheit und Eigentum" eingegriffen wird[209]. Derartige Eingriffe berührten die Individualsphäre des Bürgers und bedürften schon deshalb einer gesetzlichen Ermächtigung. Heute verpflichten das Rechtsstaatsprinzip und das Demokratieprinzip den Gesetzgeber, die grundlegenden und wesentlichen Fragen eines bestimmten Lebensbereichs selbst zu regeln, und zwar unabhängig vom Merkmal des Eingriffs. Die Entscheidung der grundsätzlichen Fragen, die den Bürger unmittelbar betreffen, darf der Gesetzgeber nicht der Exekutive zur näheren Bestimmung überlassen[210].

Seine aus dem Demokratieprinzip hergeleitete Rechtfertigung findet der Parlamentsvorbehalt in dem Gedanken, daß dem vom Parlament beschlossenen Gesetz

---

[208] *Baumann*, RdA 1987, 273 f.; *ders.*, Delegation, S. 54 f.; 60; *Mangen*, Anm. zu BAG, Urt. v. 10.11.1982, AP Nr. 8 zu § 1 TVG Form; *Reim*, in: Däubler, § 1 TVG Rn. 204; *Wiedemann*, Anm. zu BAG, Urt. v. 9.7.1980, AP Nr. 7 zu § 1 TVG Form.

[209] Das war der wesentliche Inhalt der Lehre vom Vorbehalt des Gesetzes, vgl. nur *Herzog*, in: Maunz/Dürig, Art. 20 V Rn. 94; *Jarass*, in: Jarass/Pieroth, Art. 20 GG Rn. 46; *Pieroth/Schlink*, Grundrechte, Rn. 304; *Rottmann*, EuGRZ 1985, S. 277 ff; *Schlink*, EuGRZ 1984, S. 457 ff.

[210] BVerfGE 33, 125 (157 ff.); 34, 165 (192 f.); 40, 237 (249); 41, 251 (259 f.); 45, 400 (417); 47, 46 (78); 49, 89 (126); 57, 295 (320 f.); 58, 257 (268); 61, 260 (275); 77, 170 (230 f.).

gegenüber dem bloßen Verwaltungshandeln die größere demokratische Legitimation zukommt[211] und gerade das Parlament dazu berufen ist, im öffentlichen Willensbildungsprozeß die verschiedenen, teilweise widerstreitenden Interessen abzuwägen und auszugleichen und über die von der Verfassung offengelassenen Fragen des Zusammenlebens zu entscheiden[212]. Seine rechtsstaatliche Begründung beruht auf der Erwägung, daß das Grundgesetz in erster Linie dem Gesetzgeber die Entscheidung überlassen hat, welche Gemeinschaftsinteressen so gewichtig sind, daß grundrechtlich gewährleistete Freiheitsbereiche dahinter zurücktreten müssen[213].

Diese Erwägungen gelten nicht nur für die Frage, welche Angelegenheiten der Gesetzgeber ausdrücklich selbst regeln muß und welche er ungeregelt lassen darf. Sie beanspruchen auch Geltung für das Problem, welche Befugnisse der Gesetzgeber ausdrücklich auf Dritte übertragen darf. Denn auch hier verzichtet der Gesetzgeber zumindest teilweise auf den Erlaß eigener Vorschriften. Ob dieser Verzicht Ergebnis einer delegierten Rechtssetzung ist oder auf einem bloßen Unterlassen beruht, macht keinen Unterschied. In keinem Fall darf sich der Gesetzgeber seiner Aufgabe, die wesentlichen und grundlegenden Fragen der staatlichen und der gesellschaftlichen Ordnung selbst zu regeln, entziehen. Kaum verwunderlich ist es deshalb, daß die Rechtsprechung die Zulässigkeit dynamischer Verweisungen in Gesetzen an Hand des Wesentlichkeitsprinzips beurteilt hat[214]. Die dynamische Verweisung wirkt wie eine Delegation und damit wie ein zumindest teilweiser Regelungsverzicht. Die Frage, was der Gesetzgeber selbst zu regeln hat, bleibt im Kern stets dieselbe.

Ob das Wesentlichkeitsprinzip auch für die Tarifvertragsparteien gilt, ist allerdings zweifelhaft. Zwar wird behauptet, es sei kein Grund ersichtlich, die Tarifvertragsparteien freier zu stellen als den Gesetzgeber. Sei dieser an den Parlamentsvorbehalt und an das Wesentlichkeitsprinzip gebunden, so müsse dies erst recht für die Tarifvertragsparteien gelten[215]. Die für den staatlichen Gesetzgeber maßgeblichen Erwägungen treffen auf die Tarifvertragsparteien jedoch nur sehr bedingt zu. Das gilt sowohl für das Demokratieprinzip als auch für das Rechtsstaatsprinzip. Die Tarifvertragsparteien sind zwar regelmäßig durch demokratische Wahlen legitimiert, sie können aber nicht in derselben Art und Weise wie der parlamentarische Gesetzgeber an das Demokratieprinzip gebunden sein. Die Tarifvertragsparteien machen weder öffentliche Belange geltend, noch sind sie dazu berufen, die widerstreitendenen Einzelinteressen zu diskutieren, abzuwägen und durch eine verbindliche nor-

---

[211] BVerfGE 40, 237 (249). Das bedeutet andererseits nicht, daß allein aus dem Umstand, daß nur die Mitglieder des Parlaments unmittelbar vom Volk gewählt werden, andere Institutionen und Funktionen der Staatsgewalt der demokratischen Legitimation entbehrten, vgl. BVerfGE 49, 89 (125). Vielmehr hat das Grundgesetz auch die Exekutive als verfassungsunmittelbare Institution und Funktion geschaffen, wobei die Verfahren zur Bestellung der Regierung zugleich zumindest eine mittelbare personelle demokratische Legitimation im Sinne des Art. 20 Abs. 2 GG verleihen, vgl. *Ossenbühl*, Verwaltungsvorschriften und Grundgesetz, S. 187 ff., 199; *Böckenförde/Grawert*, AöR 95 (1970), S. 1 (25 f.).
[212] BVerfGE 33, 125 (159).
[213] BVerfGE 33, 125 (159).
[214] BVerfGE 47, 285 (315).
[215] *Mangen*, Anm. zu BAG, Urt. v. 10.11.1982, AP Nr. 8 zu § 1 TVG Form; *Reim*, in: Däubler, § 1 TVG Rn. 204.

mative Entscheidung auszugleichen. Vielmehr sind die Tarifvertragsparteien gerade Vertreter von Einzelinteressen. Schon gar nicht ist es ihre Aufgabe, darüber zu befinden, welchen Gemeinschaftsbelangen der Vorrang vor den Einzelinteressen zukommt. Ob den Delegataren der tarifautonomen Regelungsbefugnisse größere demokratische Legitimation zukommt als den die Befugnisse delegierenden Tarifvertragsparteien, spielt keine Rolle, wenn und soweit die Tarifvertragsparteien die Herren der Delegation oder der Verweisung bleiben.

Wie wenig ertragreich der Rückgriff auf das Wesentlichkeitsprinzip ist, zeigt sich, wenn man fragt, welche Entscheidungen dem Parlament vorbehalten bleiben müssen. Maßgeblich sind nach Ansicht der Rechtsprechung die Wertentscheidungen des Grundgesetzes[216], die jeweils betroffenen Lebensbereiche und Rechtspositionen des Bürgers sowie die Eigenart des Regelungsgegenstands insgesamt[217]. Dabei sollen die Grundrechte mit ihren speziellen Gesetzesvorbehalten konkretisierende, weiterführende Anhaltspunkte geben[218]. Im grundrechtsrelevanten Bereich bedeute „wesentlich" in der Regel „wesentlich für die Verwirklichung der Grundrechte"[219]. Zu berücksichtigen seien dabei vor allem Art, Intensität und Dauer einer Regelung. Zu prüfen sei, ob eine Regelung weitreichende Auswirkungen auf den Freiheits- und Gleichheitsbereich sowie auf die allgemeinen Lebensverhältnisse der Bürger besitze[220], ob es sich um eine das Gesamtbild einer freiheitlichen Betätigung wesentlich prägende Vorschrift[221] im Sinne einer normativen Grundsatzentscheidung[222] handele und ob sich die Norm als „Zuteilung von Lebenschancen" auswirken könne[223].

Auf Tarifnormen lassen sich diese Grundsätze nur schwer übertragen. Zwar haben Tarifnormen mitunter Grundrechtsrelevanz, was schon lange die Tendenz verstärkt hat, sie auf ihre grundrechtliche Zulässigkeit zu überprüfen[224]. Es ist aber

---

[216] BVerfGE 47, 46 (79).

[217] *Kloepfer*, JZ 1984, 685 (695), hält ein Handeln durch den parlamentarischen Gesetzgeber regelmäßig nur dann für geboten, wenn durch eine Maßnahme zugleich substantielle Individualpositionen und Fragen mit substantiellem Gewicht für das politische System der Bundesrepublik betroffen seien. Daß das BVerfG speziell in diesen Fällen einen Parlamentsvorbehalt gefordert hat, läßt jedoch keinen Rückschluß darauf zu, daß eine parlamentarische Entscheidung nicht bereits dann angezeigt ist, wenn allein Individualpositionen oder Maßnahmen mit erheblichem politischen Gewicht in Rede stehen; weitere Einwände gegen das Konzept bei *Rottmann*, EuGRZ 1985, 277 (294).

[218] BVerfGE 40, 237 (249). Freilich können die Gesetzesvorbehalte nicht mehr als Anhaltspunkte liefern, geht es bei ihnen doch im wesentlichen um die Rechtfertigung von Eingriffen, nicht aber um andere staatliche Maßnahmen.

[219] BVerfGE 34, 165 (192); 40, 237 (248 f.); 41, 251 (260f.); 47, 46 (79); 49, 89 (127); vgl. auch *Battis/Gusy*, Staatsrecht, Rn. 262.

[220] BVerfGE 49, 89 (127).

[221] BVerfGE 33, 125 (160).

[222] BVerfGE 49, 89 (127); 53, 30 (56), auch und besonders dann, wenn die vom Gesetzgeber zu beurteilende Situation mit Ungewißheit belastet ist.

[223] BVerfGE 33, 303 (346).

[224] BAG, Urt. v. 15.1.1955, 2.3.1955, 6.4.1955, 23.3.1957, 2.6.1961, 18.10.1961, 1.12.1961, 25.1.1963, 15.1.1964, 20.4.1977, 13.11.1985, AP Nrn. 4, 6, 7, 16, 17, 18, 68, 69, 70, 77, 87, 136 zu Art. 3 GG; Urt. v. 28.2.1985, AP Nr. 21 zu § 622 BGB; Urt. v. 13.11.1985, AP Nr. 4 zu § 1 TVG Tarifverträge: Textilindustrie; Urt. v. 29.1.1986, AP Nr. 115 zu §§ 22, 23 BAT; Urt. v. 1.6.1983, AP Nr. 5 zu § 611 BGB Deputat; Urt. v. 6.2.1985, AP Nr. 16 zu § 4 TVG Übertariflicher Lohn und Lohnerhö-

nicht Sache der Tarifvertragsparteien, normative Grundsatzentscheidungen für die freiheitliche Betätigung der Bürger zu fällen, um damit Wesentliches für die Verwirklichung der Grundrechte zu regeln. Wo Tarifnormen in Grundrechte der Normunterworfenen eingreifen, wie etwa bei tariflichen Altersregelungen, spricht nichts dagegen, solche Entscheidungen auf Dritte zu delegieren, wenn die Tarifvertragsparteien diesen sachnähere Regelungen zutrauen. Denn die Delegation muß keineswegs von Dauer sein. Selbst wesentliche tarifliche Regelungsgegenstände, wie Arbeitszeit und Arbeitsentgelt, lassen sich auf Dritte delegieren, soweit die Tarifvertragsparteien sie nicht völlig aus der Hand geben, wie etwa bei blankettartigen dynamischen Verweisungsklauseln; diese lassen sich jederzeit beschränken oder aufheben.

Insgesamt gesehen ist es deshalb nicht möglich, die Grenzen der Delegation an Hand des Wesentlichkeitsprinzips zu bestimmen.

dd) Kernbereichslehre. Auf *Wiedemann*[225] geht die Vorstellung zurück, die Tarifvertragsparteien müßten zumindest in einem Kernbereich selbstverantwortlich handeln. In diesem seien sie zur Wahrnehmung der Interessen ihrer Mitglieder verpflichtet, und in diesem könnten sie sich nicht ihrer verfassungsrechtlichen Aufgabe einer eigenen Normsetzung durch den Verweis auf fremdes Rechtsgut entziehen. Ähnlich wird von anderer Seite argumentiert[226]. Das Bundesarbeitsgericht hat diese Erwägungen aufgenommen[227]. Wenn nach der früheren Rechtsprechung des Bundesverfassungsgerichts[228] ein Kernbereich tarifautonomer Betätigung verfassungsrechtlich geschützt sei, so bedeute das nicht nur einen Schutz nach außen gegenüber dem Gesetzgeber, sondern auch einen Schutz nach innen gegenüber den Tarifvertragsparteien, denen es verboten sei, sich ihrer Normsetzungsbefugnis zu entäußern. Die Kernbereichsbetätigung dürfen die Tarifvertragsparteien nach Meinung des Bundesarbeitsgerichts nicht aus der Hand geben.

Dieser Ansicht kann nur in der Tendenz ihres Ergebnisses, nicht aber in ihrem dogmatischen Ausgangspunkt gefolgt werden[229]. Es begegnet erheblichen Bedenken, die Kernbereichslehre, die vom BVerfG entwickelt wurde, um die Koalitionsfreiheit vor dem Zugriff des Gesetzgebers und der an seiner Stelle handelnden Rechtsprechung zu bewahren, ohne weiteres in eine Verpflichtung der Koalitionäre zum Tätigwerden umzudeuten. Die Sachfragen sind nicht vergleichbar. Die Beschränkung der Koalitionsfreiheit durch den Staat ist von ihrer Problemstruktur et-

---

hung. Nachweise zu der kaum mehr übersehbaren Literatur zu diesem Thema bei *Däubler*, Tarifvertragsrecht, Rn. 424 ff.; *Kempen*, in: Kempen/Zachert, TVG Grundl. Rn. 188 ff; *Löwisch/Rieble*, § 1 TVG Rn. 218 ff.; *Wiedemann*, TVG, Einl. Rn. 198.

[225] Anm. zu BAG, Urt. v. 9.7.1980, AP Nr. 7 zu § 1 TVG Form und *Wiedemann/Arnold*, Anm. zu BAG, Beschl. v. 23.6.1992, AP Nr. 55 zu § 77 BetrVG 1972.

[226] *Däubler*, Tarifvertragsrecht, Rn. 243; *Reim*, in: Däubler, § 1 TVG Rn. 204; *von Hoyningen-Huene/Meyer-Krenz*, ZfA 1988, 293 (305 f., 315).

[227] BAG, Urt. v. 10.11.1982, AP Nr. 8 zu § 1 TVG Form.

[228] BVerfGE 19, 303 (321); 28, 295 (303); 38, 386 (397); 58, 233 (247); aufgegeben durch Beschl. v. 24.4.1996, BVerfGE 94, 268; ähnlich bereits zuvor BVerfGE 84, 212; 92, 277; 93, 352.

[229] So auch *Baumann*, Delegation, S. 59 f.; *Mangen*, Anm. zu BAG, Urt. v. 10.11.1982, AP Nr. 8 zu § 1 TVG Form.

was vollkommen anderes als der freiwillige Verzicht auf die Ausübung eines Grundrechts durch den Grundrechtsträger, auch wenn beide im Ergebnis dazu führen, daß grundrechtliche Freiheit nicht wahrgenommen wird. Die Koalitionsfreiheit wird durch die Kernbereichslehre nur nach außen hin, nicht aber gegen ihre Grundrechtsträger geschützt. Wer anderes behauptet, verkennt die grundlegende Struktur jedes freiheitlichen Grundrechts, das in erster Linie ein staatsgerichtetes Abwehrrecht ist[230]. Alle weiteren Funktionen, die einem Grundrecht etwa als Teil der objektiven Grundordnung oder der Werteordnung zukommen, sind der abwehrenden Funktion untergeordnet und können dieser nicht entgegengesetzt werden[231].

Richtig ist aber, daß die Tarifvertragsparteien ihre Regelungsbefugnisse nicht unzulässig preisgeben dürfen. Nur ergibt sich dies nicht aus der Kernbereichslehre des Bundesverfassungsgerichts, sondern aus der Dogmatik des Grundrechtsverzichts. Wenn von einem Kernbereich gesprochen wird, der für die Tarifvertragsparteien unverfügbar ist, so ist damit an die Normierung bestimmter, besonders wichtiger Materien gedacht, die ausschließlich den Tarifvertragsparteien selbst vorbehalten bleiben müssen. Nur dieser Vorbehalt eines „Residualbereichs" tarifautonomer Regelungsmöglichkeiten ist es, der beide Kernbereichslehren – der nach außen gegen den Gesetzgeber und der nach innen gegen die Tarifvertragsparteien gerichteten – als gemeinsamer Grundgedanke miteinander verbindet. Welche Materien zum Kernbereich gehören, bleibt aber auch hier offen. Sicher wird man hierzu die arbeitsvertraglichen Hauptpflichten[232], also Arbeitsdauer[233] und Arbeitsvergütung, rechnen können. Allerdings ist heute zu beobachten, daß die Tarifvertragsparteien auch die grundlegenden Arbeitsbedingungen keinesfalls mehr starr und in allen Einzelheiten vorgeben. Sie wären damit auch überfordert. Die Grundstrukturen regeln sie aber nach wie vor selbst.

ee) Reversibilität der Delegation. Das wirft die Frage auf, ob sich der Kernbereich allein durch unaufgebbare Regelungsmaterien bestimmten läßt oder ob nicht zusätzlich oder alternativ auf formelle Kriterien abgestellt werden kann. Zu denken ist hier an das Kriterium der Rückholbarkeit der delegierten Rechtssetzung. In der Tat hat die Rechtsprechung[234] dynamische Blankettverweisungen auf andere Tarifverträge auch deshalb für zulässig erachtet, weil die Tarifvertragsparteien in der Lage waren, die delegierte Rechtssetzung zu beschränken oder zu beenden. Die Tarifver-

---

[230] BVerfGE 1, 97 (104); 6, 55 (72); 7, 198 (204 f.); 10, 59 (81); 21, 362 (369); 39, 1 (41); 39, 68 (70 ff.); 50, 290 (337); 61, 82 (101); 68, 193 (205).

[231] BVerfGE 50, 290 (337).

[232] *Baumann*, Delegation, S. 61; *Reim*, in: Däubler, § 1 TVG Rn. 204; *Zachert*, RdA 1996, 140 (143).

[233] Ob die Arbeitsdauer im Sinne einer tariflichen Höchstarbeitsbedingung regelbar ist, ist allerdings umstritten; bejahend *Däubler*, Tarifvertragsrecht, Rn. 673 ff., 681 ff. 704 ff.; *Käppler*, NZA 1991, 745 ff.; *Zachert*, RdA 1996, 140 (143); a.A. *Hromadka*, DB 1992, 1042 ff.: die Arbeitsdauer gehört nicht zu den Hauptleistungspflichten, sondern betrifft den Umfang der Leistungspflicht; sie ist nur sehr beschränkt durch Tarifvertrag regelbar, etwa zum Schutze von Leben und Gesundheit; *Löwisch/Rieble*, § 4 TVG Rn. 255; vgl. zusammenfassend *Auktor*, DB 2002, 1714 ff.

[234] BAG, Urt. v. 10.11.1982, AP Nr. 8 zu § 1 TVG Form; Urt. v. 14.8.1986, AP Nr. 1 zu § 13 TV Ang Bundespost; Urt. v. 28.7.1988, AP Nr. 1 zu § 5 TV Arb Bundespost; Urt. v. 10.11.1993, AP Nr. 169 zu § 1 TVG Tarifverträge: Baugewerbe.

tragsparteien gäben nur dann einen Kernbereich ihrer Normsetzungsbefugnisse auf, wenn sie die Unkündbarkeit der Verweisungsnorm vereinbarten oder eine zeitlich lange Bindung eingingen, etwa durch die Vereinbarung einer besonders langen Laufzeit oder einer langen Kündigungsfrist. Zum Kernbereich tarifautonomer Befugnisse gehöre nicht, daß die Tarifvertragsparteien die Arbeits- und Wirtschaftsbedingungen tatsächlich selbst regelten, sondern daß sie entsprechende Regelungen treffen könnten. Sei gewährleistet, daß sich die Tarifvertragsparteien jederzeit oder innerhalb angemessener Frist von der Verweisung lösen könnten, dann blieben sie die Herren ihrer Verträge; zu einer Aufgabe der Normsetzungsbefugnisse komme es nicht.

In der Literatur ist dem vereinzelt widersprochen worden. Die Rückholbarkeit der Delegation könne nicht das entscheidende Kriterium für ihre Zulässigkeit sein. Auch der Gesetzgeber könne prinzipiell zu jeder Zeit die der Regierung erteilte Ermächtigung, an seiner Stelle Rechtsnormen zu erlassen, zurückziehen. Gleichwohl binde ihn die Verfassung an zusätzliche Kriterien, wie etwa durch Art. 80 Abs. 1 Satz 2 GG oder das Wesentlichkeitsprinzip. Es sei kein Grund ersichtlich, der die Tarifvertragsparteien hier freier stellen könnte als den Gesetzgeber[235].

Dieser Einwand überzeugt nicht. Warum Art. 80 GG und das Wesentlichkeitsprinzip zwar den Gesetzgeber, nicht aber die Tarifvertragsparteien binden, wurde bereits ausgeführt. Die Delegation gesetzlicher und tariflicher Regelungsmacht unterscheiden sich aber noch in einem weiteren Punkt, der ihre Gleichbehandlung ausschließt. Tarifvertragliche Regelungen sind regelmäßig befristet, gesetzliche sind es nicht. Dem Tarifvertrag kommt viel seltener das Moment der Dauerhaftigkeit zu[236]; mit ihm sollen die Arbeits- und Wirtschaftsbedingungen immer wieder neu bestimmt werden. Die Chance, delegierte Regelungsmacht zurückzuholen, ist deshalb bei den Tarifvertragsparteien viel höher als beim Gesetzgeber, dessen Normen auf Dauer angelegt sind. Zudem ist die Bedeutung gesetzlicher Regelungen, zumal wenn sie grundrechtlich relevant sind, weitaus größer. Das hat zur Folge, daß an die Delegation tariflicher Rechtssetzungsmacht geringere Anforderungen gestellt werden müssen als an die Delegation der staatlichen Rechtssetzungsmacht des parlamentarischen Gesetzgebers.

Allerdings ist der Kritik zuzugeben, daß auch tarifliche Verweisungsnormen mitunter schwer kündbar sind und daß die Verweisung bis zum Zustandekommen einer Neuregelung nach Ablauf der Kündigungsfrist gemäß § 4 Abs. 5 TVG nachwirkt. Die Tarifvertragsparteien büßen insoweit also etwas von ihrer jederzeitigen Dispositionsbefugnis ein. Gleichwohl bleiben sie die Herren des Tarifvertrages. Während

---

[235] *Mangen*, Anm. zu BAG, Urt. v. 10.11.1982, AP Nr. 8 zu § 1 TVG Form; *Schwarze*, Betriebsrat, S. 290 ff.; *Zachert*, RdA 1996, 140 (142 ff.).

[236] Das gilt auch dann, wenn die Tarifvertragsparteien auf das Gesetz verweisen und dabei Jeweiligkeitsklauseln verwenden; zwar wollen sich die Tarifvertragsparteien damit die umständliche Anpassung des Tarifvertrages an geändertes Gesetzesrecht ersparen, dies aber nur für die Laufzeit des Tarifvertrages; eine verlängerte Laufzeit des Tarifvertrages ist damit nicht, jedenfalls nicht in erster Linie bezweckt; im übrigen werden die Tarifvertragsparteien wesentliche Änderungen des Gesetzesrechts regelmäßig zum Anlaß für neue Tarifregelungen nehmen; zumindest wird man über den Sinn der bisherigen Tarifnormen unter den neuen gesetzlichen Rahmenbedingungen diskutieren.

des Nachwirkungszeitraums wirken sich Änderungen der in Bezug genommenen Rechtsnorm nämlich nicht mehr aus[237]. Es gilt das, wovon die Tarifvertragsparteien ursprünglich ausgegangen sind, und ihre bisherige Regelung können sie jederzeit einvernehmlich ändern. An der Dispositionsbefugnis der Tarifvertragsparteien fehlt es aber in der Tat, wenn die freie Kündbarkeit praktisch ausgeschlossen ist. Dann wird man auf materielle Kriterien nicht verzichten können. Will oder kann man das nicht, führt kein Weg daran vorbei, den Tarifvertragsparteien ein Recht zur außerordentlichen (Teil-)Kündigung des Tarifvertrages einzuräumen[238].

3. Überraschende Änderung des Gesetzes

Darf in Tarifverträgen auf Gesetze in ihrer jeweiligen Fassung verwiesen werden, so fragt es sich abschließend, ob solche Verweisungen auch Gesetzesänderungen decken, von denen die Tarifvertragsparteien und die Tarifunterworfenen überrascht werden. Die Frage ist umstritten.

a) Rechtsprechung und Lehre

Zum Teil wird angenommen, die Unterwerfung unter die jeweils gültigen Bestimmungen habe gerade den Sinn, eine Geltung auch solcher späteren Bestimmungen zu ermöglichen, mit denen man zur Zeit der Unterwerfung noch nicht rechnen konnte[239]. Zum Teil meint man, dynamische Verweisungen bezögen sich nicht mehr auf solche Änderungen, die zum Zeitpunkt ihrer Vereinbarung in keiner Weise vorhersehbar waren[240] oder mit denen die Arbeitnehmer billiger- und gerechterweise nicht zu rechnen brauchten[241]. Schließlich wird darauf abgestellt, ob die Änderung der in Bezug genommenen Vorschrift nur geringfügig oder grundlegend und einschneidend war[242].

b) Stellungnahme

Zum richtigen Ergebnis gelangt man, wenn man analysiert, worin die Überraschung der Tarifvertragsparteien liegen kann. Zwei Momente kommen in Betracht. Überraschend kann sein, daß sich das Gesetz, auf das der Tarifvertrag verweist,

---

[237] BAG, Urt. v. 10.11.1982, AP Nr. 8 zu § 1 TVG Form; Urt. v. 10.11.1993, AP Nr. 169 zu § 1 TVG Tarifverträge: Bau; *Däubler*, Tarifvertragsrecht, Rn. 123, 1457; *Zachert*, in: Kempen/Zachert, § 1 TVG Rn. 803.

[238] Letzterem neigt die Rechtsprechung zu, vgl. BAG, Urt. v. 10.11.1982, AP Nr. 8 zu § 1 TVG Form.

[239] BAG, Urt. v. 10.11.1982, AP Nr. 8 zu § 1 TVG Form; Urt. v. 10.11.1993, AP Nr. 169 zu § 1 TVG Tarifverträge: Bau; *Zachert*, in: Kempen/Zachert, § 1 TVG Rn. 800.

[240] BVerfGE 73, 261; *Zachert*, in: Kempen/Zachert, § 1 TVG Rn. 800.

[241] LAG Hamm, Urt. v. 24.2.1987, LAGE § 4 TVG Ausschlußfristen Nr. 5; *Zachert*, DB 1996, 2078 (2079); wohl auch *Herschel*, BB 1963, 1220 (1223).

[242] *Iffland*, DB 1964, 1737 (1740); ähnlich *Mangen*, Anm. zu BAG, Urt. v. 10.11.1982, AP Nr. 8 zu § 1 TVG Form; *Reim*, in: Däubler, § 1 TVG Rn. 188.

überhaupt ändert. Überraschend kann aber auch der Inhalt des neuen Gesetzes sein. Das erste Moment betrifft das „Ob" der Änderung, das zweite ihre Reichweite.

Vom „Ob" einer Änderung" können die Tarifvertragsparteien – recht betrachtet – nicht überrascht werden. Mit der Vereinbarung einer Jeweiligkeitsklausel haben sie gerade für die Möglichkeit, daß sich nach Abschluß des Tarifvertrages das in Bezug genommene Gesetz ändert, Vorsorge getroffen. Daran müssen sie sich im Falle einer tatsächlichen Änderung festhalten lassen. Alles andere wäre ein unzulässiges venire contra factum proprium. Zwar kann zwischen der Vereinbarung der Jeweiligkeitsklausel und der Gesetzesänderung ein langer Zeitraum liegen, so daß für jemanden, der eine neue gesetzliche Regelung aus der Perspektive des Vertragsschlusses vor 10 oder 20 Jahren sieht, diese eine Überraschung sein mag[243]. Für die aktiv am Tarifgeschehen Beteiligten ist sie es nicht. Ein Gesetz wird nicht über Nacht und nicht im Geheimen geändert. Plant der Gesetzgeber weitgehende Änderungen, geht dem für gewöhnlich eine längere Phase intensiver Diskussionen im Parlament und in der Öffentlichkeit voraus. Die Sozialpartner werden in der Regel angehört. Davon, daß die Tarifvertragsparteien von einer Neuregelung überrascht werden, kann also keine Rede sein. Anderes kann nur behaupten, wer den Zeitpunkt der Vereinbarung einer Verweisungsklausel für maßgeblich hält. Damit attestiert er den Tarifvertragsparteien politisches Desinteresse und Weltfremdheit. Das kann nicht richtig sein.

In der Tat kann aber der Inhalt einer neuen gesetzliche Regelung, auf die sich der Tarifvertrag dynamisch bezieht, so erheblich von der bisherigen Regelung abweichen, daß die Verweisung auf das neue Gesetz kaum mehr vom Willen beider Tarifvertragsparteien gedeckt ist[244]. Ob und wann das der Fall ist, läßt sich nur im Einzelfall sagen. Immerhin müssen sich auch hier die Tarifvertragsparteien entgegenhalten lassen, daß sie für die Möglichkeit einer Gesetzesänderung ausdrücklich Vorsorge getroffen haben und daß im Falle der Gesetzesänderung gerade diese Vorsorgemaßnahme Bedeutung erlangt. Wollte man auf die Erheblichkeit der Gesetzesänderung abstellen und würde man die Verweisungsklausel bei überraschenden, d.h. bei grundlegenden oder wesentlichen Änderungen automatisch entfallen lassen, so käme es zu unerträglicher Rechtsunsicherheit, gerade weil es keinen absoluten und allgemein verbindlichen Maßstab für diese Erheblichkeitsschwelle gibt. Hinzukommt, daß man den Tarifvertragsparteien bei einem automatischen Entfallen der Verweisungsklausel, wenn sich das in Bezug genommene Gesetz wesentlich ändert, die Befugnis nimmt, auch unter diesen Umständen an der Verweisung festzuhalten. Das wäre ein schwerwiegender und verfassungsrechtlich nicht zu legitimierender Eingriff in die von Art. 9 Abs. 3 GG geschützte tarifautonome Regelungsbefugnis. Diese Nachteile lassen sich vermeiden, wenn man zwar die Verweisung auf überraschende Gesetzesänderungen anerkennt, den Tarifvertragsparteien aber bei wesentlichen Gesetzesänderungen das Recht zu einer außerordentlichen Teilkündigung dieser Klauseln zugesteht. Unter diesen Umständen verweist der Tarifvertrag zwar

---

[243] Hromadka/Maschmann/Wallner, Der Tarifwechsel, Rn. 95 zu dem ähnlich gelagerten Problem einer arbeitsvertraglichen Bezugnahmeklausel, die auf den Tarifvertrag in seiner jeweiligen Fassung verweist.
[244] Däubler, Tarifvertragsrecht, Rn. 124; Reim, in: Däubler, § 1 TVG Rn. 187.

auch dann automatisch auf das Gesetz in seiner neuesten Fassung, wenn dieses grundlegend oder weitreichend geändert wird; die Tarifvertragsparteien haben aber die Möglichkeit, die Verweisung durch Ausübung von Gestaltungsrechten aufzuheben oder zu verändern[245].

§ 10 Konstitutive und deklaratorische Tarifbestimmungen

I. Abgrenzung nach der Wirkungsweise

Nicht jede Bestimmung in einem Tarifvertrag soll normativ wirken. Darauf stellen Rechtsprechung[246] und Lehre[247] ab, wenn sie zwischen konstitutiven und deklaratorischen Tarifbestimmungen differenzieren. Nur die konstitutiven Tarifbestimmungen gestalten das Rechtsverhältnis zwischen den tarifgebundenen Arbeitsvertragsparteien mit unmittelbarer und zwingender Wirkung. Da allein sie tarifliche Rechte oder Pflichten begründen, handelt es sich nur bei ihnen um echte Tarifnormen. Demgegenüber weisen deklaratorische Bestimmungen keinen eigenen normativen Gehalt auf. Sie regeln nichts, sondern verlautbaren lediglich die Rechtslage, die für jedermann bereits aufgrund seiner prinzipiellen Unterworfenheit unter das allgemeine staatliche Recht besteht. Sie haben – mit *Herschel*[248] gesprochen – ausschließlich „rechtsbelehrenden oder erläuternden Charakter". Als tatsächliche Hinweise ohne eigenen Geltungsanspruch könnten sie im Tarifvertrag gestrichen werden, ohne daß irgendeine Änderung der Rechtslage einträte[249]. Insofern sagt der Tarifvertrag etwas an sich „Überflüssiges"[250], denn die eigentliche Regelung enthält das Gesetz, nicht der Tarifvertrag[251].

Wenn Rechtsprechung[252] und Lehre[253] deklaratorische Tarifbestimmungen häufig als „neutrale Regeln" oder „neutrale Normen" bezeichnen, um damit anzudeuten,

---

[245] Zu diesen Möglichkeiten im einzelnen s. 4. Teil.
[246] BAG, Urt. v. 26.3.1981, AP Nr. 17 zu § 72a ArbGG 1979; Urt. v. 5.11.1980, 27.8.1982, AP Nrn. 126, 133 TVG Auslegung; Urt. v. 28.2.1985, 28.1.1988, 21.3.1991, 29.8.1991, AP Nrn. 21, 24, 31, 32 zu § 622 BGB; Urt. v. 23.9.1992, 2 AZR 231/92 n.v.; Urt. v. 4.3.1993, 16.9.1993, AP Nrn. 40, 42 zu § 622 BGB; Urt. v. 10.5.1994, AP Nr. 3 zu § 1 TVG Tarifverträge: Verkehrsgewerbe; 5.10.1995, AP Nr. 48 zu § 622 BGB; Urt. v. 12.12.1995, AP Nr. 50 zu § 72a ArbGG 1979 Grundsatz; Urt. v. 14.2.1996, AP Nr. 50 zu § 622 BGB; Urt. v. 14.2.1996, AP Nr. 21 zu § 1 TVG Tarifverträge: Textilindustrie.
[247] *Bengelsdorf*, NZA 1991, 121 (125); *Boerner*, ZTR 1996, 435 (437 ff.); *Buchner*, NZA 1996, 1177 (1182); *Creutzfeld*, AuA 1995, 87 f.; *Däubler*, Tarifvertragsrecht, Rn. 127, 385; *Hromadka*, BB 1993, 2372 (2375); *Kamanabrou*, RdA 1997, 22 ff.; *Kunze*, ArbRdGgw 1 (1964), S. 119 (126); *Löwisch/Rieble*, § 1 TVG Rn. 584 ff.; *Preis/Kramer*, DB 1993, 2125 (2130); *Wedde*, AuR 1996, 421 (422 ff.); *Worzalla*, NZA 1994, 195 (196 ff.); *Zachert*, DB 1996, 2078 f.
[248] BB 1963, 1220.
[249] *Preis*, Vertragsgestaltung, S. 116; *Preis/Kramer*, DB 1993, 2125 (2130).
[250] *Hueck/Nipperdey*, Arbeitsrecht II/1 § 19 D III 1, S. 398; *Säcker*, AR-Blattei (D), Tarifvertrag I, C IV 2 b.
[251] *Boemke*, JuS 1991, 813 (817); *Worzalla*, NZA 1994, 145 (147).
[252] BAG, Urt. v. 26.3.1981, AP Nr. 17 zu § 72a ArbGG Grundsatz.
[253] *Däubler*, Tarifvertragsrecht, Rn. 385; *Bengelsdorf*, NZA 1991, 121 (125); *Buchner*, NZA 1996, 1177 (1182); *Herschel*, BB 1963, 1220; *Hueck/Nipperdey*, Arbeitsrecht II/1, § 19 D III 1, S. 399; *Nikisch*, Arbeitsrecht II, S. 230; *Wiedemann*, § 1 TVG Rn. 257.

daß es den Arbeitsvertragsparteien erlaubt ist, von ihnen zu Gunsten und zu Lasten des Arbeitnehmers abzuweichen, so ist das terminologisch falsch. Denn qua definitione ist mit dem Begriff der Rechtsnorm deren *eigene* normative Wirkung, d.h. ihr selbständiger Geltungsanspruch aufgrund ihres Charakters als Rechtsnorm verbunden. Bestimmungen, denen keine normative Wirkung zukommt, können deshalb weder Normen noch Regeln sein[254]. Daß man von „neutralen Regeln" abweichen kann, versteht sich von selbst. Als „rechtliches Nullum" können sie die Arbeitsvertragsparteien nicht an eigenen Regelungen hindern. Folglich kann sich auch die Frage, ob die tarifliche oder die arbeitsvertragliche Regelung günstiger ist (§ 4 Abs. 3 TVG), nicht stellen[255]. Andererseits ist die Wendung „konstitutive Tarifnorm" streng genommen ein Pleonasmus. Denn versteht man unter einer Norm nur eine Bestimmung, der eine rechtsverbindliche Wirkung zukommt, so erübrigt es sich, diesen Umstand zusätzlich mit dem Attribut „konstitutiv" zu kennzeichnen. Wenn im folgenden trotzdem von „konstitutiver Tarifnorm" die Rede ist, soll damit nur der Unterschied zu den rein deklaratorischen Bestimmungen im Tarifvertrag hervorgehoben werden.

II. Funktionen

1. Konstitutive Tarifbestimmungen

Für die Tarifvertragsparteien gibt es im wesentlichen vier Gründe, konstitutive Bestimmungen zu vereinbaren.

a) Abweichung, Ergänzung, Erstreckung des Gesetzes

Konstitutive Tarifbestimmungen müssen die Tarifvertragsparteien verwenden, wenn sie vom Gesetz abweichen oder dieses ergänzen wollen. Da die Abweichung oder Ergänzung nicht mehr auf dem staatlichen Gesetz selbst beruht, kommt ihr nur deshalb rechtsverbindliche Wirkung zu, weil sie vom gemeinsamen Willen der Tarifvertragsparteien getragen wird. Dasselbe gilt, wenn die Tarifvertragsparteien staatliche Vorschriften in Bezug nehmen, die auf die Tarifunterworfenen an sich nicht anwendbar sind. Ohne eine konstitutive Tarifbestimmung wäre eine solche Geltungserstreckung nicht möglich[256].

---

[254] So auch die neuere Rechtsprechung zu deklaratorischen Tarifbestimmungen, BAG, Urt. v. 27.8.1982, AP Nr. 133 zu § 1 TVG Auslegung; *Bengelsdorf*, NZA 1991, 121 (125); *Kunze*, ArbRdGgw 1 (1964), S. 119 (126); *Nikisch*, Arbeitsrecht II, S. 231, die gleichwohl an der überkommenen Terminologie festhalten.
[255] BAG, Urt. v. 27.8.1982, AP Nr. 133 zu § 1 TVG Auslegung.
[256] BAG, Urt. v. 7.9.1982, 16.1.1985, AP Nrn. 7, 9 zu § 44 BAT; Urt. v. 10.4.1985, AP Nr. 19 zu § 242 BGB Betriebliche Übung; Urt. v. 14.8.1986, AP Nr. 1 zu § 13 TV Ang Bundespost; Urt. v. 28.7.1988, AP Nr. 1 zu § 5 TV Arb Bundespost; *Buchner*, AR-Blattei (D), Tarifvertrag V C, I 2 b; *Kamanabrou*, RdA 1997, 22 (27); *Reuter*, JuS 1994, 1083.

b) Absicherung gesetzlicher Ansprüche

Es macht aber auch Sinn, konstitutive Tarifnormen zu vereinbaren, mit denen eine gesetzliche Regelung übernommen wird, die für die Tarifunterworfenen bereits Geltung beansprucht[257]. Auf diese Weise wird die gesetzliche Norm durch eine tarifliche unterfangen; zu einem Anspruch auf gesetzlicher Grundlage tritt ein inhaltsgleicher auf tariflicher Basis hinzu. Bedeutung gewinnt die tarifliche Anspruchsgrundlage freilich erst, wenn sich das Gesetz ändert[258] oder für verfassungswidrig erklärt wird[259]. Die zusätzliche Anspruchsgrundlage sichert, was ursprünglich gesetzlich gegolten hat, tarifrechtlich ab. Zu weit geht es allerdings, in diesem Fall von einer „Zementierung" der ursprünglichen Rechtslage zu sprechen[260]. Denn die Tarifnorm gilt nur, solange der Tarifvertrag läuft. Jeder Tarifvertrag kann aber gekündigt werden, sei es ordentlich, sei es – in seltenen Ausnahmefällen – außerordentlich.

c) Relative Friedenspflicht

Es macht aber noch aus einem anderen Grunde Sinn, gesetzliche Regelungen, die für die Tarifunterworfenen ohnehin gelten, durch konstitutive Tarifnormen zu übernehmen. Bekanntlich schützt die sogenannte relative Friedenspflicht die Tarifvertragsparteien und ihre Mitglieder[261] vor einem Arbeitskampf, der während eines laufenden Tarifvertrages um seinen Bestand im ganzen oder um einzelne seiner Bestimmungen geführt werden soll[262]. Die „tariflich geregelte Materie" soll – so das Bundesarbeitsgericht – während der Laufzeit des Tarifvertrages kollektiven Ausein-

---

[257] Wie hier *Creutzfeld*, AuA 1995, 87; *Däubler*, Tarifvertragsrecht, Rn. 386; *Kunze*, ArbRdGw 1 (1964), S. 119 (127); *Wiedemann*, Anm. zu BAG, Urt. v. 27.8.1982, AP Nr. 133 zu § 1 TVG Auslegung; *Wiedemann*, TVG, Einl. Rn. 386; a.A. *D. Gaul*, Arbeitsrecht im Betrieb II, S. 327; *Nikisch*, Arbeitsrecht II, S. 231; gegen einen Normsetzungswillen bei der Übernahme zweiseitig zwingenden Gesetzesrechts *Bengelsdorf*, NZA 1995, 121 (126); *Säcker/Oetker*, Tarifautonomie, S. 193.

[258] Das erkennen auch diejenigen Stimmen in der Literatur an, die bei der Wiedergabe des Gesetzes im Tarifvertrag nur von deklaratorischen Klauseln ausgehen, vgl. *Nikisch*, Arbeitsrecht II, S. 231; *Säcker/Oetker*, Tarifautonomie, S. 193.

[259] Trifft der Gesetzgeber eine verfassungswidrige Regelung, so muß eine entsprechende tarifliche Regelung noch längst nicht verfassungswidrig sein. Das gilt vor allem dann, wenn die Verfassungswidrigkeit auf formellen Gründen beruht, etwa auf einem Verstoß gegen die grundgesetzliche Zuständigkeitsverteilung oder auf einem Verfahrensfehler, vgl. BAG, Urt. v. 23.4.1957, AP Nr. 1 zu § 1 TVG.

[260] So aber *Buchner*, NZA 1996, 1177 (1182); *Säcker/Oetker*, Tarifautonomie, S. 193 f.

[261] Für diese ist der Tarifvertrag nach einhelliger Meinung insoweit ein Vertrag mit Schutzwirkung zugunsten Dritter, vgl. nur BAG, Urt. v. 31.10.1958, AP Nr. 2 zu § 1 TVG Friedenspflicht; *Brox/Rüthers*, Arbeitskampfrecht, Rn. 220; *Däubler*, Tarifvertragsrecht, Rn. 515; *Hanau/Adomeit*, Arbeitsrecht, C III 5 c; *Söllner/Waltermann*, Arbeitsrecht, § 12 II 2 b aa; *Wiedemann*, § 1 TVG Rn. 661; *Zöllner/Loritz*, Arbeitsrecht, § 35 V 1 c. Adressat der Friedenspflicht sind nur die Tarifvertragsparteien, aber nicht ihre Mitglieder, vgl. nur BAG, Urt. v. 17.12.1958, AP Nr. 3 zu § 1 TVG Friedenspflicht; *Brox/Rüthers*, Arbeitskampfrecht, Rn. 219; *Otto*, in: MünchArbR, § 278 Rn. 80; *Wiedemann/Stumpf*, § 1 TVG Rn. 328.

[262] *Brox/Rüthers*, Arbeitskampfrecht, Rn. 222; *Hueck/Nipperdey*, Arbeitsrecht II/1, § 16 II 2 a; *Löwisch/Rieble*, § 1 TVG Rn. 377; *Nikisch*, Arbeitsrecht II, S. 334; *Otto*, in: MünchArbR, § 276 Rn. 4 und § 278 Rn. 81; *Söllner*, Arbeitsrecht, § 12 II 3 a; *Schaub*, Arbeitsrechts-Handbuch, § 201 Rn. 9; *Wiedemann*, § 1 TVG Rn. 681; *Zöllner/Loritz*, Arbeitsrecht, § 35 V 1 b.

andersetzungen entzogen sein[263]. Nur so kann der Tarifvertrag seine Ordnungs- und Befriedungsfunktion erfüllen[264]. Bezüglich der nicht geregelten Bereiche dürfen die Tarifvertragsparteien Forderungen an die Gegenseite stellen[265]. Die gegenständliche Reichweite der Friedenspflicht können die Tarifvertragsparteien selbst bestimmen. Sie können die Friedenspflicht erweitern oder beschränken, jedoch nicht gänzlich ausschließen[266]. Meist treffen die Tarifvertragsparteien im Hinblick auf die Friedenspflicht keine Regelungen[267]. Deren Reichweite muß dann durch Auslegung des Tarifvertrages bestimmt werden[268]. Da sich die „Relativität" der Friedenspflicht auf den Inhalt des im Tarifvertrag Normierten bezieht, ist zu ermitteln, was die Tarifvertragsparteien im Tarifvertrag materiell geregelt haben[269]. Dabei kann man mit der Mindermeinung[270] streng formalistisch vorgehen und die Friedenspflicht auf solche Rechte und Pflichten beschränken, die im Tarifvertrag ausdrücklich geregelt sind. Für die Mindermeinung sprechen Rechtsklarheit und Rechtssicherheit. Man kann aber auch, wie die herrschende Lehre[271] meint, auf Regelungsbereiche im ganzen abstellen und prüfen, ob sie abschließend geregelt sind und deshalb weitergehende Forderungen ausschließen. Für die herrschende Lehre spricht, daß die Tarifvertragsparteien üblicherweise nur bestimmte Ausschnitte aus einem Regelungsbereich ausdrücklich normieren, andere, mit der geregelten Materie in innerem sachlichen Zusammenhang stehende Fragen, auf die sie die Friedenspflicht ebenfalls beziehen, jedoch unerwähnt lassen[272]. Die Tarifvertragsparteien denken nicht in „negativen Abreden"[273], und sie unterlassen – schon aus Gründen des eigenen Prestiges – ausdrückliche Vereinbarungen über Gegenstände, über die sie sich nicht einigen konnten[274]. Innerhalb der herrschenden Lehre ist allerdings umstritten, wann der Tarifvertrag einen Regelungsbereich abschließend geregelt hat[275].

---

[263] Urt. v. 21.12.1982, AP Nr. 76 zu Art. 9 GG Arbeitskampf.
[264] *Söllner/Waltermann*, Arbeitsrecht, § 12 II 2 b aa.
[265] *Hanau/Adomeit*, Arbeitsrecht, C II 6 a; *Zöllner/Loritz*, Arbeitsrecht, § 35 V 1 b.
[266] BAG, Urt. v. 21.12.1982, AP Nr. 76 zu Art. 9 GG Arbeitskampf; a.A. für den Ausschluß der Friedenspflicht *Däubler*, Tarifvertragsrecht, Rn. 534.
[267] *Däubler*, Tarifvertragsrecht, Rn. 536.
[268] *Brox/Rüthers*, Arbeitskampfrecht, Rn. 223 f.; *Söllner/Waltermann*, Arbeitsrecht, § 12 II 2 b aa; *Wiedemann*, § 1 TVG Rn. 682.
[269] *Brox/Rüthers*, Arbeitskampfrecht, Rn. 222; *Däubler*, Tarifvertragsrecht, Rn. 518.
[270] *Blank*, NZA 1988, Beil. 2, S. 9 ff.; *Däubler*, Tarifvertragsrecht, Rn. 536 ff.; *Zachert*, in: Kempen/Zachert, § 1 TVG Rn. 680 ff.; wohl auch LAG Hamburg, Urt. v. 24.3.1987, NZA 1988, Beil. 2, S. 27.
[271] *Brox/Rüthers*, Arbeitskampfrecht, Rn. 224; *Löwisch/Rieble*, § 1 TVG Rn. 380 ff.; *Söllner/Waltermann*, Arbeitsrecht, § 12 II 2 b aa; *Wiedemann*, § 1 TVG Rn. 682; *Zöllner/Loritz*, Arbeitsrecht, § 35 V 1 b.
[272] *Söllner/Waltermann*, Arbeitsrecht, § 12 II 2 b aa.
[273] *Wiedemann*, § 1 TVG Rn. 682; die Möglichkeit negativer Abreden erwägt allerdings auch die Mindermeinung, vgl. *Däubler*, Tarifvertragsrecht, Rn. 512; *Kalb*, Arbeitskampfrecht, in: HzA. Grp. 18 Rn. 1124.
[274] Eine solche Vereinbarung könnte lauten: „Die Tarifvertragsparteien sind sich darin einig, die Frage der Entgeltfortzahlung im Krankheitsfalle nicht geregelt zu haben".
[275] Nach *Gift*, DB 1959, 651, soll sich die Friedenspflicht auf alle nicht ausdrücklich geregelten Materien erstrecken, die bei *wirtschaftlicher Betrachtungsweise* mit dem ausdrücklich Geregelten zusammenhängen; ähnlich *Löwisch/Rieble*, § 1 TVG Rn. 380, nach denen sich der innere sachliche Zusammenhang daraus ergeben soll, daß die Erfüllung der nicht ausdrücklich geregelten Tarifforderung das wirtschaftliche Gewicht der in dem weiteren Tarifvertrag festgelegten Arbeitsbedingungen verändert; in diese Rich-

Sowohl nach der Mindermeinung als auch nach der herrschenden Lehre wird die relative Friedenspflicht jedenfalls dann ausgelöst, wenn die Tarifvertragsparteien eine konstitutive Tarifbestimmung vereinbart haben. Wollen sie also sicherstellen, daß es auch dann zu keinem Arbeitskampf kommt, wenn der Tarifvertrag eine gesetzliche Regelung übernimmt, so müssen sie eine konstitutive Tarifnorm verwenden. Eine rein deklaratorische Klausel löst die relative Friedenspflicht normalerweise nicht aus[276].

Für die Mindermeinung versteht sich das von selbst. Mit deklaratorischen Klauseln treffen die Tarifvertragsparteien keine eigenen Regelungen, sondern sie weisen nur auf bereits geltende staatliche Gesetze hin. Folgt man der herrschenden Lehre, so wird eine deklaratorische Tarifbestimmung ebenfalls nur selten zu einer relativen Friedenspflicht führen. Auch die herrschende Lehre muß davon ausgehen, daß die Tarifvertragsparteien mit deklaratorischen Tarifbestimmungen selbst nichts geregelt haben. Möglicherweise wurde aber der von den deklaratorischen Tarifbestimmungen berührte Sachbereich bereits von anderen, konstitutiven Tarifnormen abschließend geregelt und ist deshalb einem Arbeitskampf entzogen. Daran fehlt es, wenn es zwischen den deklaratorischen und konstitutiven Tarifbestimmungen desselben Regelungsbereiches keinen inneren sachlichen Zusammenhang gibt. Das ist eine Frage des Einzelfalles[277]. Daß die Tarifvertragsparteien mit deklaratorischen Tarifbestimmungen den fraglichen Regelungsbereich zwar nicht geregelt, aber zumindest behandelt haben, löst die relative Friedenspflicht jedenfalls nicht aus. Bekanntlich genügt es nicht, daß im Laufe der Verhandlungen eine Forderung erhoben wurde, die im Vertrag aber nicht durchgesetzt werden konnte[278]. Ebensowenig kann angenommen werden, der Tarifvertrag habe durch die Aufnahme einer deklaratorischen Tarifbestimmung zum eigentlichen Regelungsgegenstand insoweit „beredt geschwiegen", als damit zwar materiell nichts geregelt, aber formell eine Friedenspflicht begründet worden sei. Ein und dieselbe Klausel kann nicht zugleich rein tat-

---

tung auch *Zöllner/Loritz*, Arbeitsrecht, § 35 V 1 b. Das Kriterium des wirtschaftlichen Zusammenhangs ist jedoch nicht genügend trennscharf, da letztlich alle in einem Tarifvertrag geregelten Materien wirtschaftlich zusammenhängen. Nach *G. Müller*, DB 1959, 515 ff., soll sich die („erweiterte") Friedenspflicht auch auf alle tariflich nicht geregelten Teile eines Gesamtkomplexes beziehen, wenn und soweit kein eindeutiger Kampfvorbehalt besteht. Damit wird aber die relative Friedenspflicht unzulässigerweise zu einer absoluten Friedenspflicht erweitert. Kritisch dazu *Hueck/Nipperdey*, Arbeitsrecht II/1 § 16 II 2 d, S. 317; *Hueck/Nipperdey* wollen prüfen, ob die tariflich nicht geregelten Fragen mit den tariflich geregelten Angelegenheiten in einem so engen inneren Zusammenhang stehen, daß ihre Regelung mittelbar auf den weiter geltenden Tarif einwirken würde. *Söllner/Waltermann*, Arbeitsrecht, § 12 II 2 b aa, hält den wirklichen Willen der Vertragsparteien für maßgeblich und untersucht, ob dieser die Erstreckung der Friedenspflicht auf die nicht geregelten Fragen zuläßt; das will er an Hand der allgemeinen Auslegungsgrundsätze feststellen. *Wiedemann*, § 1 TVG Rn. 682 will auf die im Arbeits- und Sozialleben üblichen Anschauungen abstellen.

[276] So auch *Buchner*, NZA 1996, 1177 (1182); a.A. LAG Schleswig-Holstein, Urt. v. 29.11.1996, 6 Sa 553/96, allerdings ohne nähere Begründung.

[277] Beispielsweise haben die Dauer und Höhe der Lohnfortzahlung nichts mit der Verpflichtung zur Anzeige und zum Nachweis der krankheitsbedingten Arbeitsunfähigkeit zu tun, auch wenn sie zum Regelungsbereich der Entgeltfortzahlung rechnen. Weitere Beispiele bei *Wiedemann*, § 1 TVG Rn. 682.

[278] Vgl. nur *Söllner/Waltermann*, Arbeitsrecht, § 12 II 2 b aa; *Wiedemann*, § 1 TVG Rn. 682; differenzierend *Brox/Rüthers*, Arbeitskampfrecht, Rn. 224, die eine Friedenspflicht für nicht durchgesetzte Forderungen annehmen, wenn sie dem „Kompromiß eines Verhandlungspakets" zum Opfer gefallen sind.

sächlicher Hinweis und rechtlich verbindliche Tarifnorm sein[279]. Zudem kann die relative Friedenspflicht nicht von den materiellen Regelungen des Tarifvertrages gelöst werden. Wo der Tarifvertrag selbst nichts geregelt hat, gibt es keine relative Friedenspflicht. Für eine absolute Friedenspflicht fehlt es an Anhaltspunkten. Zumindest wäre es widersprüchlich, einerseits anzunehmen, eine Gesetzesänderung schlage auf ein Arbeitsverhältnis sofort und unmittelbar durch, weil der Tarifvertrag selbst nichts geregelt hat, andererseits aber den Tarifvertragsparteien zu verbieten, Arbeitskämpfe gerade um die Tarifierung des Nichtgeregelten zu führen. Nur konstitutive Tarifnormen können also Arbeitskämpfe um ein Gesetz, das ein Tarifvertrag in Bezug nimmt, verhindern[280].

d) Ausschluß konkurrierender Betriebsvereinbarungen

Ein letzter Grund, konstitutive und nicht nur deklaratorische Tarifbestimmungen zu vereinbaren, liegt im Ausschluß konkurrierender Betriebsvereinbarungen. Nach § 77 Abs. 3 BetrVG sind Betriebsvereinbarungen unzulässig, mit denen Arbeitsentgelte und sonstige Arbeitsbedingungen festgelegt werden, die durch Tarifvertrag geregelt sind oder üblicherweise geregelt werden. Die Regelungssperre des § 77 Abs. 3 BetrVG bezweckt nach herrschender Meinung den Schutz der Tarifautonomie vor einer Gefährdung oder gar Aushöhlung durch Betriebsvereinbarungen[281]. Selbst günstigere Betriebsvereinbarungen sollen ausgeschlossen sein[282]. Geschützt wird jedoch nur die ausgeübte und aktualisierte Tarifautonomie[283]. Nur sie ist schutzwürdig und schutzbedürftig. Tarifliche Negativregelungen sind es nicht. Mit ihnen versuchen die Tarifvertragsparteien, konkurrierende Betriebsvereinbarungen ausdrücklich auszuschließen, ohne daß sie selbst etwas materiell regeln[284]. Das ist ihnen verwehrt, weil die reine Negativregelung Arbeitsbedingungen nicht inhaltlich festlegt. Aus demselben Grund löst auch die schlichte Nichtregelung die Tarifsperre

---

[279] Möglich sind zwar zusammengesetzte Klauseln, die zum Teil deklaratorisch, zum Teil konstitutiv sind; üblich sind solche Klauseln jedenfalls nicht, vgl. *Wiedemann*, Anm. zu BAG, Urt. v. 27.8.1982, AP Nr. 133 zu § 1 TVG Auslegung. Jedenfalls können ihre nicht weiter zerlegbaren Teile nur entweder deklaratorisch oder konstitutiv sein.
[280] Im Ergebnis auch *Buchner*, NZA 1996, 1177 (1181 f., 1185).
[281] BAG, Beschl. v. 22.5.1979, AP Nr. 13 zu § 118 BetrVG 1972; Beschl. v. v. 21.1.1980, AP Nr. 3 zu § 87 BetrVG 1972 Lohngestaltung; Beschl. v. 27.1.1987, AP Nr. 42 zu § 99 BetrVG 1972; Beschl. v. 24.2.1987, AP Nr. 21 zu § 77 BetrVG, BAG GS, Beschl. v. 3.12.1991, AP Nr. 51 zu § 87 BetrVG 1972 Lohngestaltung, BAG, Beschl. v. 22.6.1993, AP Nr. 22 zu § 23 BetrVG 1972; *Berg*, in Däubler/Kittner/Klebe*, § 77 BetrVG Rn. 62; *Richardi* in Richardi, § 77 BetrVG Rn. 244; *Fitting*, § 77 BetrVG Rn. 67; *Wendeling-Schröder*, in: Kempen/Zachert, TVG, Grundl. Rn. 327; *Hromadka*, DB 1987, 1991 (1993); *Matthes*, in MünchArbR, § 327 Rn. 59; *Waltermann*, Betriebsvereinbarung, S.267 ff.
[282] *Richardi*, in: Richardi, § 77 BetrVG Rn. 278; *Fitting*, § 77 BetrVG Rn. 67; *Kreutz*, in: GK-BetrVG, § 77 BetrVG Rn. 129; *Wank*, RdA 1991, 129 (131); a.A. *Ehmann/Schmidt*, NZA 1995, 193 (199).
[283] BAG, Beschl. v. 3.4.1979, AP Nr. 2 zu § 87 BetrVG 1972; Beschl. v. 22.1.1980, AP Nr. 3 zu § 87 BetrVG 1972 Lohngestaltung; Urt. v. 1.12.1992, AP Nr. 3 zu § 77 BetrVG Tarifvorbehalt.
[284] Etwa durch ein ausdrückliches Verbot oder konkludent durch eine Tarifregelung, die die Gestaltung von Arbeitsbedingungen ausdrücklich der einzelvertraglichen Absprache überläßt; zu letzterem vgl. BAG, Urt. v. 1.12.1992, AP Nr. 3 zu § 77 BetrVG Tarifvorbehalt.

nicht aus²⁸⁵. Erforderlich ist vielmehr eine positive inhaltliche Sachregelung²⁸⁶. Eine solche kann aber nur durch konstitutive Tarifnormen erfolgen. Deklaratorische Tarifbestimmungen genügen nicht, weil mit ihnen materiell nichts geregelt wird. Freilich stellt sich auch hier das Problem, ob die Tarifvertragsparteien durch andere, konstitutive Bestimmungen den fraglichen Sachbereich abschließend normiert und damit einer Regelung durch die Betriebsparteien entzogen haben. Daran mangelt es, wenn zwischen den deklaratorischen und den konstitutiven Tarifbestimmungen desselben Regelungsbereiches kein innerer sachlicher Zusammenhang besteht. Wollen die Tarifvertragsparteien durch Übernahme gesetzlicher Regelungen verhindern, daß die Betriebsparteien Betriebsvereinbarungen schließen, so müssen sie auch hier konstitutive Tarifnormen vereinbaren.

2. Deklaratorische Tarifbestimmungen

Die Gründe für die Aufnahme deklaratorischer Bestimmungen in den Tarifvertrag sind ebenfalls vielfältig. Manche sind nur den Tarifvertragsparteien bekannt, andere sind eher irrational, wie etwa das Bestreben der Tarifvertragsparteien, ihre Mitglieder mit einem umfangreichen Vertragswerk zu beeindrucken²⁸⁷. Den wichtigsten Grund sehen Rechtsprechung²⁸⁸ und Literatur²⁸⁹ darin, daß die Tarifvertragsparteien Wert auf eine vollständige Darstellung der maßgeblichen arbeitsrechtlichen Fragen in ihrem Tarifvertrag legen. Die Tarifvertragsparteien wollten die Tarifunterworfenen möglichst umfassend über die einschlägigen Rechtsvorschriften unterrichten. Der Tarifvertrag solle aus sich selbst heraus verständlich sein. Im Interesse von Klarheit und Übersichtlichkeit müßten deshalb gesetzliche Vorschriften auch zu Fragen in den Tarifvertrag aufgenommen werden, die die Tarifvertragsparteien nicht selbst rechtsverbindlich regeln wollten oder konnten. Können sich die Tarifvertragsparteien beispielsweise auf keine Regelung der Entgeltfortzahlung im Krankheitsfall einigen, kann der Wortlaut des Entgeltfortzahlungsgesetzes im Tarifvertrag rein informatorisch wiedergegeben werden. Hinweise seien außerdem erforderlich, wenn die Tarifvertragsparteien die gesetzliche Grundregel nur ergänzen oder verfeinern wollten, ohne diese selbst anzutasten. Damit die tariflichen Er-

---

[285] Etwa weil die Tarifvertragsparteien sich nicht einigen konnten, vgl. *Fitting*, § 77 BetrVG Rn. 85.
[286] BAG, Beschl. v. 22.1.1980, AP Nr. 3 zu § 87 BetrVG 1972 Lohngestaltung; Urt. v. 1.12.1992, AP Nr. 3 zu § 77 BetrVG 1972 Tarifvorbehalt; *Kreutz*, in: GK-BetrVG, § 77 BetrVG Rn. 108; *Fitting*, § 77 BetrVG Rn. 74.
[287] So allgemein für die Praxis der Kautelarjurisprudenz *Langenfeld*, Vertragsgestaltung, Rn. 136.
[288] BAG, Urt. v. 27.8.1982, AP Nr. 133 zu § 1 TVG Auslegung; Urt. v. 16.9.1993, AP Nr. 42 zu § 622 BGB; Urt. v. 10.5.1994, AP Nr. 3 zu § 1 TVG Tarifverträge: Verkehrsgewerbe; Urt. v. 5.10.1995, AP Nr. 48 zu § 622 BGB.
[289] *Bengelsdorf*, NZA 1991, 121 (125); *Buchner*, NZA 1996, 1177 (1183); *Hergenröder*, Anm. zu BAG, Urt. v. 4.3.1993, AP Nr. 40 zu § 622 BGB; *Hueck/Nipperdey*, Arbeitsrecht II/1 § 19 D III 1, S. 398; *Jansen*, Anm. zu BAG, Urt. v. 16.9.1993, AP Nr. 42 zu § 622 BGB; *Kamanabrou*, RdA 1997, 22 (23); *Kramer*, ZIP 1994, 929 (930 f.); *Kunze*, ArbRdGgw 1 (1964), S. 119 (126); *Marschollek*, DB 1991, 1069 (1071); *Nikisch*, Arbeitsrecht II, § 69 IV 4, S. 231; *Wedde*, AuR 1996, 421 (422); *Worzalla*, NZA 1994, 145 (146); *Zachert*, DB 1996, 2078.

gänzungen nicht in der Luft hingen, seien Hinweise auf die gesetzliche Grundregel erforderlich.

Zu solchen Hinweisen verpflichtet sind die Tarifvertragsparteien allerdings nicht. Eine übersichtliche, erschöpfende Behandlung aller relevanten Fragen ist zwar erstrebenswert, aber nicht mehr als das[290]. Ebensowenig verlangt das rechtsstaatliche Bestimmtheitsgebot[291], an das die Tarifvertragsparteien als Normsetzer gebunden sind[292], derartiges. Die meisten Tarifverträge treten von vornherein nicht mit dem Anspruch auf, die Arbeitsbedingungen vollständig und lückenlos zu regeln[293]. Überdies ist zweifelhaft, ob die Verständlichkeit und die Handhabbarkeit des Tarifvertrages durch Aufnahme deklaratorischer Bestimmungen erhöht wird. Die Rechtslage wird nicht klarer, wenn auf unverständliches oder kompliziertes Gesetzesrecht verwiesen wird, zumindest nicht für die Tarifunterworfenen selbst, die zumeist als juristische Laien auf die weitere Unterstützung ihrer Tarifvertragsparteien angewiesen sind. Darüber hinaus birgt die Aufnahme deklaratorischer Bestimmungen ihrerseits erhebliche Gefahren. So kann unklar bleiben, ob sich der deklaratorische Verweis nur auf eine einzelne Vorschrift oder einen Vorschriftenkomplex bezieht. Wird ausdrücklich nur auf eine bestimmte gesetzliche Norm verwiesen, kann fraglich sein, ob damit alle anderen Vorschriften des einschlägigen Regelungszusammenhangs ausgeschlossen sein sollten[294]. Schließlich bereitet die Aufnahme rein deklaratorischer Bestimmungen schwierige Abgrenzungsprobleme zu konstitutiven Tarifnormen, die von Gesetzesänderungen unberührt bleiben. Deshalb mehren sich die Stimmen in der Literatur, die bei einer wörtlichen oder sinngemäßen Wiederholung des Gesetzes im Tarifvertrag bezweifeln, daß es den Tarifvertragsparteien nur um die Information ihrer Mitglieder gehe[295].

III. Die Abgrenzung in der Praxis

Ob eine Tarifbestimmung deklaratorischer oder konstitutiver Natur ist, muß durch Auslegung des Tarifvertrages ermittelt werden.

---

[290] *Herschel*, DB 1963, 1220 (1221).
[291] BVerfGE 49, 268 (181); 59, 104 (114); 65, 1 (44); 78, 205 (212); 86, 288 (311).
[292] *Hueck/Nipperdey*, Arbeitsrecht II/1, § 19 A II 9 a, S. 390; *Löwisch/Rieble*, § 1 TVG Rn. 293.
[293] BAG, Urt. v. 13.6.1973, AP Nr. 123 zu § 1 TVG Auslegung; *Nikisch*, Arbeitsrecht II, § 69 IV 4, S. 230.
[294] *Langenfeld*, Vertragsgestaltung, Rn. 136.
[295] LAG Köln, Urt. v. 29.5.1991, DB 1991, 2447; LAG Thüringen, Urt. v. 20.2.1995, DB 1995, 1030 (1031 ff.); *Barth*, Anm. zu BAG, Urt. v. 5.10.1996, EWiR 1996, 617 f.; *Bengelsdorf*, NZA 1991, 121 (126); *Boerner*, ZTR 1996, 435 (437); *Creutzfeld*, AuA 1995, 87; *Hromadka*, DB 1993, 2372 (2375); *Kunze*, ArbRdGgw 1 (1964), S. 119 (127); *Löwisch/Rieble*, § 1 TVG Rn. 584; *Wedde*, AuR 1996, 421 (424 ff.); *Wiedemann*, Anm. zu BAG, Urt. v. 27.8.1982, AP Nr. 133 zu § 1 TVG Auslegung; *Zachert*, DB 1996, 2078 ff.

1. Allgemeine Regeln für die Auslegung von Tarifverträgen

a) Ziel und Gegenstand der Auslegung

Ziel jeder Auslegung ist die Ermittlung des Sinns einer rechtlich bedeutsamen Regelung[296]. Wirft der Wortlaut einer Norm keine Zweifel auf, so bedarf es keiner weiteren Auslegung. Jedenfalls muß sich das Auslegungsergebnis mit dem klaren Wortlaut einer Norm vereinbaren lassen[297]. Der Auslegung fähig und bedürftig kann nicht nur der Inhalt einer Tarifbestimmung sein. Gegenstand der Auslegung kann auch sein, ob die Tarifvertragsparteien überhaupt eine konstitutive Tarifnorm erlassen haben. Für Tarifverträge kann hinsichtlich des „Ob" einer Regelung nichts anderes gelten als bei gewöhnlichen privatrechtlichen Verträgen. Die Frage, ob die Tarifvertragsparteien eine Regelung mit normativer Wirkung getroffen haben, betrifft das Zustandekommen des Tarifvertrages. Dieses richtet sich ausschließlich nach dem allgemeinen Vertragsrecht. Ist aber die Frage, ob die Parteien eines gewöhnlichen privatrechtlichen Vertrages überhaupt eine Regelung getroffen haben, ein möglicher Gegenstand der Auslegung[298], gilt dasselbe für die Beurteilung, ob die Tarifvertragsparteien eine Tarifnorm geschaffen haben. Auch sie ist tauglicher Gegenstand einer Auslegung[299].

Damit ist noch nicht gesagt, ob Tarifverträge mehr wie Gesetze oder eher wie Verträge auszulegen sind. Das Problem ist streitig. Der Streit läßt sich auf die Frage zuspitzen, ob dem objektiv im Tarifvertrag Erklärten oder den subjektiven Vorstellungen der beiden Tarifvertragsparteien der Vorrang zukommt[300].

b) Unterschiede zwischen objektiver und subjektiver Auslegung

Bei der Auslegung von Gesetzen kommt der subjektiven Vorstellung der am Gesetzgebungsverfahren beteiligten Organe kein entscheidendes Gewicht zu. Maßgeblich ist vielmehr der objektivierte Wille des Gesetzgebers, so wie er sich aus dem Wortlaut der Gesetzesbestimmung und dem Sinnzusammenhang ergibt, in den diese hineingestellt ist[301]. Hierzu ist der Wortlaut der Norm unter grammatischen, systematischen, teleologischen und historischen Gesichtspunkten zu analysieren. Der Entstehungsgeschichte einer Vorschrift kommt nur insofern Bedeutung zu, als

---

[296] Statt aller *Larenz*, Methodenlehre, S. 201.
[297] BAG, Urt. v. 26.4.1966; 21.7.1993, AP Nr. 117, 144 zu § 1 TVG Auslegung; BAG, Urt. v. 23.9.1992, AP Nr. 8 zu § 1 TVG Tarifverträge: Großhandel; *Nikisch*, Arbeitsrecht II, S. 221; *Schaub*, NZA 1994, 597 (599); *Wank*, RdA 1998, 71 (85 f.); a.A. *Kamanabrou*, RdA 1997, 22 (24).
[298] St. Rspr., vgl. BGHZ 21, 106; 91, 328; BGH, NJW 1984, 721; 1990, 456; 1994, 189.
[299] *Boerner*, ZTR 1996, 435 (437); *Däubler*, Tarifvertragsrecht, Rn. 384; *Kamanabrou*, RdA 1997, 22 (23); *Schaub*, Arbeitsrechts-Handbuch, § 198 Rn. 22; *Wedde*, AuR 1996, 421 (422).
[300] *Däubler*, Tarifvertragsrecht, Rn. 130; *Schaub*, NZA 1994, 597 (598).
[301] Kritisch zum Begriff der objektiven Auslegung *Kamanabrou*, RdA 1997, 22 (24), die zu bedenken gibt, daß es keinen vom jeweiligen Gesetzesinterpreten losgelösten „objektiven Sinn" einer Norm gibt. Dagegen läßt sich freilich einwenden, daß die allgemeinen Auslegungsregeln zumindest den Prozeß der Normeninterpretation transparent, nachvollziehbar und damit kontrollierbar werden lassen; schließlich geht es nicht allein um das Ergebnis einer Auslegung, sondern um die (guten) Argumente, die für dieses sprechen.

sie die Richtigkeit eines Auslegungsergebnisses, das sich bereits aus grammatischen, systematischen und teleologischen Erwägungen ergeben hat, bestätigt oder Zweifel behebt, die mit den übrigen Auslegungsmethoden allein nicht ausgeräumt werden können[302]. Ähnliches gilt für die Auslegung Allgemeiner Geschäftsbedingungen. Sie sind zwar keine Rechtsnormen, müssen aber wegen ihres abstrakt-generellen Charakters grundsätzlich objektiv ausgelegt werden[303].

Demgegenüber geht es bei der Auslegung von Willenserklärungen im Rahmen eines Vertrages um die Erforschung des wirklichen Willens der Beteiligten (§ 133 BGB). Gemeint ist der subjektive Wille der Vertragsparteien und nicht etwa ein darüber hinausgehender oder gar damit in Widerspruch stehender „objektivierter Wille". Freilich trägt § 157 BGB ein gewisses objektives Moment in die Auslegung von Verträgen, wenn er bestimmt, daß Verträge so zu interpretieren sind, wie es Treu und Glauben mit Rücksicht auf die Verkehrssitte verlangen. Deshalb kommt es auf den inneren Willen nur einer Vertragspartei nicht an, wenn dieser der anderen tatsächlich nicht bekannt war und wenn er ihr auch nicht hätte bekannt sein können. Stimmt jedoch der subjektive Wille zwischen den Vertragsparteien überein und läßt er sich im Wege der Auslegung feststellen, so hat dieser Vorrang vor dem objektiv Erklärten[304].

Der Unterschied zwischen der Auslegung von Gesetzen und Verträgen läßt sich am Beispiel der „falsa demonstratio" zeigen. Die irrtümliche oder absichtliche Falschbezeichnung des Gewollten ist bei Verträgen bekanntlich dann unbeachtlich, wenn die Vertragsparteien übereinstimmend etwas anderes als das Erklärte gewollt haben. Falsa demonstratio non nocet[305]. Anderes gilt beim Gesetz, das sich an eine unbestimmte Anzahl von Personen wendet. Hier muß es bei dem bleiben, was sich objektiv aus dem Wortlaut des Gesetzes ergibt[306]. Zu Unterschieden zwischen Vertrags- und Gesetzesauslegung kommt es auch dann, wenn objektiv etwas geregelt wurde, über das zwischen den Urhebern der Regelung keine Einigung bestand. Der Dissens der Vertragsparteien läßt das objektiv Erklärte unwirksam werden. Demgegenüber ist die fehlende Übereinstimmung der am Gesetzgebungsverfahren Beteiligten unbeachtlich; es gilt das objektiv im Gesetz Geregelte[307].

c) Objektive oder subjektive Auslegung des Tarifvertrages?

Dafür, den Tarifvertrag objektiv wie ein Gesetz auszulegen, sprechen zwei Gründe[308]: Zum einen seine Rechtsnatur. Geht man davon aus, daß die Tarifnor-

---

[302] St. Rspr., vgl. BVerfGE 1, 299 (312); 8, 274 (307); 10, 234 (244); 11, 126 (130 f.); 20, 283 (293); 35, 263 (278 f.); 47, 109 (127); 48, 246 (256); 49, 168 (183); 51, 304 (317); 53, 135 (147); 53, 207 (212); 71, 81 (106); 79, 106 (121).
[303] St. Rspr. vgl. nur BGH, NJW 1992, 2629.
[304] St. Rspr. vgl. BGHZ 20, 110; 71, 247; BGH, NJW 1994, 1529.
[305] Die irrtümliche Falschbezeichnung schadet selbst dann nicht, wenn für die Abgabe der Erklärung ein Formerfordernis bestand, st. Rspr. seit RGZ 46, 227; vgl. zuletzt BGH, NJW-RR 1988, 971.
[306] A.A. *Löwisch/Rieble*, § 1 TVG Rn. 548; *Wank*, in: Wiedemann, § 1 TVG Rn. 775 m.w.N.
[307] BAG, Urt. v. 12.9.1984, AP Nr. 135 zu § 1 TVG Auslegung; *Däubler*, Tarifvertragsrecht, Rn. 134.
[308] *Dütz*, FS K. Molitor, S. 63 (65); *Hueck/Nipperdey*, Arbeitsrecht II/1, § 18 V 3, S. 356 ff.; *Nikisch*, Arbeitsrecht II, S. 219; *Schaub*, NZA 1994, 597 f.

men echte Rechtsnormen sind, woran angesichts des klaren Wortlauts des § 4 Abs. 1 TVG, der ihre unmittelbare und zwingende Wirkung anordnet, kein Zweifel besteht, so müssen für ihre Auslegung die gleichen Grundsätze gelten, die bei der Auslegung von Vorschriften des objektiven Rechts angewendet werden. Zum anderen sein Adressatenkreis. Die Bestimmungen des normativen Teiles eines Tarifvertrages schaffen Regelungen für Dritte, die an den Vertragsverhandlungen nicht beteiligt waren. Da es diesen regelmäßig am „Sonderwissen" der Tarifvertragsparteien fehlt und da sie deren wirklichen Willen nur selten kennen, müssen sie sich auf das verlassen können, was objektiv im Tarifvertrag erklärt wurde. Weicht das objektiv im Tarifvertrag Erklärte von dem ab, was die Tarifvertragsparteien regeln wollten, oder haben die Tarifvertragsparteien gar keine Regelung beabsichtigt, bleibt es beim objektiv im Tarifvertrag Bestimmten. Eine Auslegung, die sich ausschließlich am subjektiven, mitunter nur hypothetischen Willen der Tarifvertragsparteien orientiert, ist zudem nicht mit den Erfordernissen von Rechtssicherheit und Rechtsklarheit, an die die tarifliche Rechtssetzung aus rechtsstaatlichen Gründen gebunden ist, zu vereinbaren[309].

Dagegen spricht, daß die objektive Auslegung des Tarifvertrages dazu führen kann, daß den Tarifnormen ein Inhalt beigelegt wird, der nicht mehr dem übereinstimmenden Willen beider Tarifvertragsparteien entspricht. Mehr noch: Sie kann Tarifnormen Geltung verschaffen, über die die Tarifvertragsparteien in Wahrheit gar kein Einvernehmen erzielt haben. Derartige Auslegungsergebnisse sind nicht mit der verfassungsrechtlich garantierten Tarifautonomie zu vereinbaren, die die staatsfreie Festlegung der Arbeits- und Wirtschaftsbedingungen gewährleistet. Der Richter, der sich anmaßt, besser als die Vertragsparteien zu wissen, was diese gewollt haben, betreibt eine verfassungswidrige Tarifzensur, wenn er eine Tarifnorm so auslegt, daß sie nicht mehr vom Willen der Vertragsparteien gedeckt ist[310]. Der Willen der Tarifvertragsparteien läßt sich auch häufig einfacher feststellen als der des staatlichen Gesetzgebers, der sich vor allem bei alten Gesetzen kaum mehr rekonstruieren läßt. Es ist unerfindlich, warum auf den übereinstimmenden Willen der Tarifvertragsparteien auch dann nicht zurückgegriffen werden darf, wenn dieser zweifelsfrei feststeht und er den Arbeitsvertragsparteien bekannt ist, was allerdings selten der Fall sein wird. Schließlich übergeht die rein objektive Auslegung den doppelten Charakter des Tarifvertrages, der nicht nur Norm, sondern auch Vertrag ist. Gerade weil der Tarifvertrag das Ergebnis eines Prozesses des Aushandelns ist, das zwischen paritätischen Vertragspartnern erfolgt und dem deshalb die Vermutung der Richtigkeit und der Sachgerechtigkeit zukommt, gilt es, seinem Kompromißcharakter gebührend Rechnung zu tragen. Hierzu ist in erster Linie auf das beiderseits Gewollte, nicht aber auf das objektiv Erklärte abzustellen. Die Bedeutung des Wortlauts ist zwar groß, sie darf aber nicht überschätzt werden. Weiterhin ist zu berücksichtigen, daß die Tarifvertragsparteien häufig unter einem größeren Zeitdruck

---

[309] BAG, Urt. v. 27.3.1957, AP Nr. 3 zu § 1 TVG Auslegung; *Liedmeier*, Auslegung von Kollektivverträgen, S. 45 ff., 81 ff., 87.
[310] *Däubler*, Tarifvertragsrecht, Rn. 134, 137; *Dütz*, FS K. Molitor (1988), S. 63 (69); *Kamanabrou*, RdA 1997, 22 (24); *dies.*, Anm. zu BAG, AP Nr. 21 zu § 1 TVG Tarifverträge: Textilindustrie.

als der Gesetzgeber stehen und sie deshalb nicht stets dieselbe Sorgfalt bei der Ausformulierung ihrer Rechtsnormen verwenden können wie der Gesetzgeber. In manchen Fällen kommt es zu Formelkompromissen, bei denen ganz bewußt auf präzise Formulierungen verzichtet wird[311]. All das spricht für eine subjektive Auslegung des Tarifvertrages.

Freilich relativieren sich die Unterschiede zwischen objektiver und subjektiver Auslegung. Bei der Vertragsauslegung ist das Schriftformgebot des § 1 Abs. 2 TVG zu beachten. Deshalb kann der – übereinstimmende – Wille der Tarifvertragsparteien auch bei subjektiver Auslegung nur dann berücksichtigt werden, wenn er im Wortlaut des Tarifvertrages eine Andeutung erfahren hat[312]. Bei der Gesetzesauslegung ist zu berücksichtigen, daß sich das objektiv-normative Auslegungsergebnis nicht über die erkennbare Regelungsabsicht des historischen Gesetzesgebers und die von ihm bewußt getroffenen Wertentscheidungen hinwegsetzen darf[313]; sonst würde aus der Auslegung eine Normsetzung. Diese steht aber allein dem Gesetzgeber oder den Tarifvertragsparteien zu.

Da gute Gründe sowohl für die objektive Gesetzesauslegung als auch für die subjektive Vertragsauslegung sprechen, ist beiden Auslegungsarten Rechnung zu tragen[314]. Allerdings ist das Spannungsverhältnis, das dadurch entsteht, nicht einfach aufzulösen.

Das Reichsarbeitsgericht betonte seinerzeit das Willensmoment und neigte deshalb den Grundsätzen über die Vertragsauslegung zu, verlangte aber einen für die Tarifunterworfenen erkennbaren Willen[315]. Das entsprach der damals herrschenden Lehre[316]. Das Bundesarbeitsgericht ging den umgekehrten Weg. Tarifverträge seien in ihrem normativen Teil Gesetze im materiellen Sinne und müßten deshalb objektiv nach den für Gesetze geltenden Prinzipien ausgelegt werden[317]. Zu erforschen sei der maßgebliche Sinn der Erklärung, ohne blind an seinem Wortlaut zu haften[318]. Vorrangige Auslegungskriterien seien in jedem Fall der Wortlaut und der

---

[311] *Herschel*, FS E. Molitor (1962), S. 161 (169); *ders.*, AuR 1976, 1 (5 f.).

[312] In diese Richtung auch *Dütz*, FS K. Molitor (1988), S. 63 (72); *Zachert*, in: Kempen/Zachert, TVG, Grundl. Rn. 375; *Zöllner*, RdA 1964, 443 (449). Vgl. allgemein zur Andeutungstheorie BGHZ 63, 362; 80, 245 (250); 87, 154. Danach muß der aus Umständen außerhalb der Urkunde ermittelte rechtsgeschäftliche Wille in der Urkunden einen, wenn auch unvollkommenen Ausdruck gefunden haben.

[313] *Larenz*, Methodenlehre, S. 206.

[314] So wohl die mittlerweile h.M., vgl. *Däubler*, Tarifvertragsrecht, Rn. 131 ff.; *Dütz*, FS K. Molitor (19889, S. 63 (72); *Hueck/Nipperdey*, Arbeitsrecht II/1, § 18 V 3, S. 356 ff.; *Zachert*, in: Kempen/Zachert, TVG, Grundl. Rn. 375; *Larenz*, Methodenlehre, S. 206; *Löwisch/Rieble*, § 1 TVG Rn. 550; *Nikisch*, Arbeitsrecht II, S. 220; *Rüthers/Heilmann*, JZ 1991, 422; *Wank*, in: Wiedemann, § 1 TVG Rn. 775 ff.

[315] Vgl. nur RGZ 119, 25; ARS 4, 287 (290); 6, 478 (480); 7, 196 (201).

[316] Nachweise bei *Hueck/Nipperdey*, Arbeitsrecht II/1 § 18 V 3 in Fn. 34.

[317] Anderes gilt für den schuldrechtlichen Teil. Dieser ist, da er nur die Tarifvertragsparteien bindet, wie jeder gewöhnliche Vertrag nach subjektiver Methode auszulegen, *Buchner*, AR-Blattei (D), Tarifvertrag IX, A II 2; *Däubler*, in: Däubler, TVG, Einl. Rn. 536; *Löwisch/Rieble*, § 1 TVG Rn. 599 f.; *Wank*, in: Wiedemann, § 1 TVG Rn. 768.

[318] St. Rspr., vgl. zuletzt BAG, Urt. v. 25.10.1995, AP Nr. 208 zu § 22, 23 BAT 1975.

Gesamtzusammenhang des Tarifvertrages[319]. Das Bekenntnis zur subjektiven Auslegungsmethode blieb die seltene Ausnahme[320]. Nach der objektiven Auslegungsmethode mußte das Gericht die Anwendung des Prinzips „falsa demonstratio non nocet" für Tarifverträge ebenso ablehnen[321] wie den Grundsatz, daß bei Dissens der Vertragsparteien das objektiv Erklärte bedeutungslos ist[322].

Freilich ließ das Bundesarbeitsgericht den subjektiven Willen der Tarifvertragsparteien nicht ganz außer Acht. An seine Berücksichtigung stellte das Gericht im Laufe der Zeit allerdings unterschiedliche Anforderungen. Anfänglich meinte es, daß ein Vertragswille, der im Tarifvertrag keinen erkennbaren Niederschlag gefunden habe, für die Anwendung tariflicher Normen bedeutungslos sei[323]. 1966 wollte es eine verbindliche Reihenfolge von Auslegungskriterien aufstellen, falls der Wortlaut keinen hinreichenden Aufschluß über den Sinn der Erklärung liefert. Demzufolge sollten in erster Linie der Gesamtzusammenhang, in zweiter die Tarifgeschichte und die Tarifübung und erst zuletzt die Entstehungsgeschichte des Tarifvertrages berücksichtigt werden[324]. Die nurmehr letztrangige Berücksichtigung der Entstehungsgeschichte hätte zur Folge gehabt, daß der wirkliche Wille der Tarifvertragsparteien in Zweifelsfällen nur selten zur Geltung gekommen wäre. Mit dieser Ansicht konnte sich das Gericht jedoch nicht durchsetzen. Weder gibt es einen allgemeinen Erfahrungssatz, in welcher Weise die Tarifvertragsparteien den jeweils mit einer Tarifnorm verfolgten Sinn und Zweck zum Ausdruck bringen, noch gebietet die juristische Methodenlehre eine bestimmte Reihenfolge der Auslegungskriterien[325]. 1984 gab es die Bindung an eine feste Reihenfolge von Auslegungskriterien ausdrücklich auf[326]. Seit dieser Zeit beharrt die Rechtsprechung auch nicht mehr darauf, daß der Wille der Tarifvertragsparteien einen „Niederschlag" in den tariflichen Normen gefunden hat[327], sondern sie läßt es genügen, daß er sich aus dem tariflichen Gesamtzusammenhang ergibt, zu dem insbesondere auch die Protokollnotizen gehören[328]. Deutlich aufgewertet wurden die Kriterien der Entstehungsgeschichte des Tarifvertrages und der praktischen Tarifübung, soweit eine solche besteht[329].

---

[319] BAG, Urt. v. 12.9.1984, AP Nr. 135 zu § 1 TVG Auslegung.
[320] BAG, Urt. v. 12.9.1968, AP Nr. 2 zu § 51 BAT m. krit. Anm. von *Thiele*. Dort vertrat der 5. Senat die Ansicht, daß eine objektiv-normative Auslegung des Tarifvertrages einem damit im Widerspruch stehenden gemeinsamen wirklichen Willen der Tarifvertragsparteien zu weichen habe, falls eine solche tatsächliche Überzeugung festgestellt werden könne.
[321] BAG, Urt. v. 17.9.1957, AP Nr. 4 zu § 1 TVG Auslegung.
[322] BAG, Urt. v. 9.3.1983, AP Nr. 128 zu § 1 TVG Auslegung.
[323] BAG, Urt. v. 17.9.1957, AP Nr. 4 zu § 1 TVG Auslegung.
[324] BAG, Urt. v. 26.4.1966, AP Nr. 117 zu § 1 TVG Auslegung.
[325] *Däubler*, in: Däubler, TVG, Einl. Rn. 497; *Joachim*, Anm. zu BAG, Urt. v. 28.2.1979, AP Nr. 9 zu § 1 TVG Tarifverträge: Rundfunk; *Zachert*, in: Kempen/Zachert, TVG, Grundl. Rn. 368; *Larenz*, Methodenlehre, S. 233 m.w.N.; *Wiedemann/Stumpf*, § 1 TVG Rn. 810.
[326] BAG, Urt. v. 12.9.1984, AP Nr. 135 zu § 1 TVG Auslegung.
[327] So noch BAG, Urt. v. 20.10.1982, AP Nr. 45 zu § 1 TVG Tarifverträge: Bau; Urt. v. 9.7.1980, AP Nr. 2 zu § 1 TVG Tarifverträge: Seeschiffahrt; Urt. v. 9.3.1983, AP Nr. 128 zu § 1 TVG Auslegung.
[328] St. Rspr., vgl. zuletzt BAG, Urt. v. 25.10.1995, AP Nr. 208 zu §§ 22, 23 BAT 1975.
[329] St. Rspr., vgl. zuletzt BAG, Urt. v. 25.10.1995, AP Nr. 208 zu §§ 22, 23 BAT 1975.

Zwar hat das Bundesarbeitsgericht die Änderung seiner bisherigen Rechtsprechung mit dem Argument begründet, man wolle der im Schrifttum erhobenen Forderung gerecht werden, daß der wirkliche Wille der Tarifvertragsparteien und nicht der Wortlaut des Tarifvertrags maßgeblich bleiben müsse[330]. Das Gericht hat damit aber nicht den Weg zu einer rein subjektiven Auslegung des Tarifvertrages gebahnt. Im Gegenteil. In einer Reihe von neueren Entscheidungen hat das Bundesarbeitsgericht ausdrücklich bekräftigt, daß Tarifverträge wie Gesetze auszulegen sind[331]. Dabei sei zunächst vom Wortlaut der Tarifnorm auszugehen. Wenn und soweit dieser nicht eindeutig sei, müsse der wirkliche Wille der Tarifvertragsparteien mit berücksichtigt werden, aber auch nur insoweit, als er in der einzelnen Tarifnorm oder im Gesamtzusammenhang des Tarifvertrages seinen Niederschlag gefunden habe[332]. Den wirklichen Willen will das Gericht zusätzlich berücksichtigen, wenn es um die Ermittlung des Zwecks einer Tarifnorm geht, allerdings nur in objektivierter Form, denn auch hier muß er sich aus dem Gesamtzusammenhang des Tarifvertrages ergeben. Insgesamt gesehen kommt dem wirklichen Willen eine bloße Kontrollfunktion zu. Mit seiner Beachtung will das Gericht sicherstellen, daß es sich nicht über die erklärten Ziele der Tarifvertragsparteien hinwegsetzt.

Für eine Hinwendung zur objektiven Auslegung spricht zudem, daß das Bundesarbeitsgericht seit den 80er Jahren eine Reihe von Auslegungsregeln formuliert hat, die weniger Rücksicht auf den wirklichen Willen der Tarifvertragsparteien nehmen, als vielmehr die Rechtsklarheit und damit die Rechtssicherheit der Normunterworfenen in den Vordergrund stellen. Das gilt speziell für die Auslegungsgrundsätze der Praktikabilität und der Verfassungskonformität von Tarifnormen. Die Rechtsprechung unterstellt den Tarifvertragsparteien, daß sie eine vernünftige, gerechte, zweckorientierte und praktisch brauchbare Regelung treffen wollen. Deshalb sei im Zweifel derjenigen Auslegung der Vorzug zu geben, die diesen Anforderungen des Rechts- und Arbeitslebens am ehesten entspricht[333]. Weiterhin unterstellt die Rechtsprechung, daß die Tarifvertragsparteien im Zweifel Regelungen treffen wollen, die mit zwingendem höherrangigem Recht in Einklang stehen und damit auch Bestand haben. Für die Auslegung von Tarifnormen gelte insoweit dasselbe wie für Gesetze[334]. Von zwei möglichen Auslegungen einer Norm, deren

---

[330] BAG, Urt. v. 9.3.1983, AP Nr. 128 zu § 1 TVG Auslegung.

[331] BAG, Urt. v. 21.7.1993, AP Nr. 144 zu § 1 TVG Auslegung; Urt. v. 14.6.1995, AP Nr. 6 zu § 1 TVG Durchführungspflicht; Urt. v. 25.10.1995, AP Nr. 208 zu § 22, 23 BAT 1975.

[332] BAG, Urt. v. 23.9.1992, AP Nr. 8 zu § 1 TVG Tarifverträge: Großhandel; Urt. v. 21.7.1993, AP Nr. 144 zu § 1 TVG Auslegung; Urt. v. 23.2.1994, AP Nr. 2 zu § 1 TVG Tarifverträge: Kirchen; Urt. v. 14.6.1995, AP Nr. 6 zu § 1 TVG Durchführungspflicht.

[333] BAG, Urt. v. 25.8.1982, AP Nr. 9 zu § 1 TVG Auslösung; Urt. v. 9.3.1983, AP Nr. 128 zu § 1 TVG Auslegung; Urt. v. 20.4.1983, AP Nr. 2 zu § 21 TVAL II; Urt. v. 23.9.1992, AP Nr. 8 zu § 1 TVG Tarifverträge: Großhandel; Urt. v. 21.7.1993, AP Nr. 144 zu § 1 TVG Auslegung; Urt. v. 31.5.1994, AP Nr. 10 zu § 1 TVG Tarifverträge Banken; Urt. v. 10.5.1994, AP Nr. 3 zu § 1 TVG Tarifverträge: Verkehrsgewerbe; Urt. v. 17.1.1995, AP Nr. 12 zu § 1 TVG Tarifverträge: Holz; Urt. v. 25.10.1995, AP Nr. 208 zu § 22, 23 BAT 1975.

[334] Das BVerfG geht in st. Rspr. von einem Gebot verfassungskonformer Auslegung aus, vgl. BVerfGE 2, 266 (282); 7, 120 (126); 8, 28 (33 f.); 8, 38 (41); 8, 274 (324); 12, 45 (61); 18, 70 (80); 19, 1 (5); 19, 76 (84); 30, 129 (148); 31, 119 (132); 32, 373 (383 f.); 44, 105 (122); 47, 285 (317); 48, 40 (45); 49, 148 (157); 54, 251 (273 f.); 64, 229 (242); 66, 313 (319); 69, 1 (55); 88, 203 (331); 90, 263 (275); 92, 158

eine zu einem verfassungswidrigen, die andere dagegen zu einem verfassungsgemäßen Ergebnis führe, sei letztere zu wählen. Tarifnormen seien daher gemeinschaftsrechtskonform[335], verfassungskonform[336] und gesetzeskonform[337] auszulegen.

Den vorläufigen Höhepunkt einer Rechtsprechungsentwicklung, die dem subjektiven Willen der Tarifvertragsparteien immer weniger Bedeutung beimißt, stellt die Behauptung dar, die Tarifvertragsparteien müßten deutlich zum Ausdruck bringen, wenn sie von den Auslegungsregeln der Rechtsprechung abweichen wollten. Da sie bei Nichteinhaltung der Auslegungsregeln die Unwirksamkeit oder Kassation des subjektiv Gewollten riskierten, könne ein entsprechender Wille nur dann unterstellt werden, wenn es den Tarifvertragsparteien darum gehe, die Auslegungsregeln selbst zu Fall zu bringen. Das sei aber nicht die Regel, sondern die Ausnahme, für die es besonders deutliche Anhaltspunkte geben müsse. Selbst der eindeutige Wortlaut einer Tarifnorm reiche dafür nicht aus[338]. Den Tarifvertragsparteien sei es außerdem zuzumuten, sich über die laufende Rechtsprechung zu informieren, die richterrechtlich aufgestellten Auslegungsregeln zur Kenntnis zu nehmen und sie ihrer Rechtssetzung zugrunde zu legen[339].

Damit hat die Rechtsprechung den Bogen aber sicher überspannt. Die richterlich aufgestellten Auslegungsregeln sind keine zwingenden Normen, die die Tarifvertragsparteien rechtlich binden können, wenngleich aus ihrer regelmäßigen Anwendung zumindest eine faktische Bindung entsteht. Die Auslegungsregeln sind um der Tarifautonomie willen geschaffen worden und nicht umgekehrt. Sie sollen der Tarifautonomie zu größerer Wirksamkeit verhelfen, sie nicht unnötig gängeln. Die Tarifvertragsparteien haben auch das Recht zu unpraktikablen Regelungen[340]. Denn die Praktikabilität einer Regelung läßt sich nicht an Hand juristischer Kriterien messen. Die Kontrolle der Zweckmäßigkeit einer Tarifnorm ist aber nicht Sache der Gerichte. Das Moment der Rechtsklarheit und der Rechtssicherheit, so berechtigt es im Einzelfall auch immer ist, darf sich nicht ohne weiteres gegen die verfassungsrechtlich garantierte Freiheit der Tarifvertragsparteien durchsetzen, selbst über die Gestaltung ihrer autonom gesetzten Regeln zu befinden. Der Wortlaut einer Tarifnorm ist Wortlaut genug[341]. Alles andere ist eine verfassungswidrige Tarifzensur. Hier muß gelten, was das BVerfG im Hinblick auf die Grenzen der Auslegung von Gesetzen formuliert hat: Den Gerichten ist es „von Verfassungs wegen

---

(183); 93, 37 (81). Danach ist ein Gesetz nicht verfassungswidrig, wenn eine Auslegung möglich ist, die im Einklang mit dem Grundgesetz steht, sofern das Gesetz bei dieser Auslegung sinnvoll bleibt. Es spreche eine Vermutung dafür, daß ein Gesetz mit dem Grundgesetz vereinbar sei. Der Respekt vor der gesetzgebenden Gewalt gebiete es, in den Grenzen der Verfassung das Maximum dessen aufrechtzuerhalten, was der Gesetzgeber gewollt habe, vgl. BVerfGE 9, 194 (200); 12, 45 (61); 47, 327 (380); 48, 40 (45 f.); 49, 148 (157); 69, 1 (55); 86, 288 (320 f.); 90, 263 (275); 93, 37 (81).

[335] BAG, Urt. v. 23.9.1992, AP Nr. 1 zu § 612 BGB Diskriminierung m.w.N.
[336] BAG, Urt. v. 21.1.1987, AP Nr. 47 zu Art. 9 GG.
[337] BAG, Urt. v. 21.7.1993, AP Nr. 144 zu § 1 TVG Auslegung.
[338] So für das Festhalten an einer gesetzeswidrigen Tarifnorm BAG, Urt. v. 21.7.1993, AP Nr. 144 zu § 1 TVG Auslegung; ähnlich für die Übernahme von Gesetzesrecht als konstitutive Tarifnormen BAG, Urt. v. 14.2.1996, AP Nr. 50 zu § 622 BGB.
[339] BAG, Urt. v. 14.2.1996, AP Nr. 50 zu § 622 BGB.
[340] Däubler, Tarifvertragsrecht, Rn. 134; Wiedemann/Stumpf, § 1 TVG Rn. 411.
[341] So zu Recht Creutzfeld, AuA 1995, 87 (88).

verwehrt, die gesetzgeberische Entscheidung im Wege der Auslegung zu unterlaufen"[342]. Verfassungswidrig ist es, „an die Stelle der Gesetzesvorschrift inhaltlich eine andere zu setzen oder den Regelungsinhalt erstmals zu schaffen[343]". Jede verfassungskonforme Auslegung findet ihre Grenze dort, wo sie mit dem Wortlaut und dem klar erkennbaren Willen des Gesetzgebers in Widerspruch tritt[344].

2. Auslegungsregeln für die Abgrenzung zwischen konstitutiven und deklaratorischen Klauseln

Angesichts dieser Tendenz zur objektiven Auslegung von Tarifverträgen verwundert es nicht, daß die Rechtsprechung auch für die Abgrenzung von konstitutiven und deklaratorischen Tarifbestimmungen Auslegungsregeln entwickelt hat. Bei der Mehrzahl der Bezugnahmeklauseln ist man sich über die Rechtsnatur einig. Streit besteht über den Fall, daß im Tarifvertrag wörtlich oder inhaltlich dasselbe geregelt wird wie im Gesetz.

a) Verweisungsklauseln

aa) Pauschale Verweisungen. Einigkeit besteht zunächst im Grundsatz. Je pauschaler und je flexibler die Verweisungsklauseln gefaßt sind, desto eher ist von deklaratorischen Bestimmungen auszugehen. Nimmt ein Tarifvertrag pauschal das Gesetzesrecht in Bezug, spricht das für einen Verzicht der Tarifvertragsparteien auf eigene Regelungen[345]. Dieser Verzicht ist verfassungsrechtlich zulässig, denn an die Stelle einer eigenen tariflichen Regelung tritt das Gesetzesrecht, dem die Vermutung der Sachgerechtigkeit zukommt. Ergeben sich auch aus dem Gesamtzusammenhang des Tarifvertrages keine Anhaltspunkte für einen Regelungswillen der Tarifvertragsparteien, geht die herrschende Meinung zutreffend von reinen Hinweisen ohne normative Wirkung aus. Letztlich kann offenbleiben, ob bei pauschalen Verweisungen auf das Gesetz eine echte Tarifnorm oder ein bloßer Hinweis vorliegt. Denn selbst wenn man von einer echten Tarifnorm ausgeht, wäre eine pauschale Verweisungsklausel im Zweifel dynamisch zu verstehen, so daß das Gesetzesrecht in seiner jeweils geltenden Fassung in Bezug genommen wäre. In beiden Fällen regelt der Tarifvertrag die Arbeits- und Wirtschaftsbedingungen nicht selbst. Maßgeblich ist das Gesetz in seiner jeweiligen Fassung.

---

[342] BVerfGE 37, 132 (148); 49, 304 (318); 63, 266 (289).
[343] BVerfGE 48, 40 (47); 54, 277 (299); 78, 20 (24).
[344] BVerfGE 8, 28 (34); 18, 97 (111); 47, 46 (82); 49, 286 (301); 51, 77 (91); 55, 134 (143); 57, 361 (388); 64, 180 (187); 67, 299 (329); 67, 382 (390); 71, 81 (105); 88, 203 (332); 90, 263 (275); 92, 158 (183).
[345] BAG, Urt. v. 12.11.1964, AP Nr. 4 zu § 34 SchwBeschG 1961; Urt. v. 28.9.1977, AP Nr. 4 zu § 1 TVG Tarifverträge: Rundfunk; *Bengelsdorf*, NZA 1991, 121 (125); *Buchner*, AR-Blattei (D), Tarifvertrag V C, I 2 b; *ders.*, NZA 1991, 41 (48); *ders.*, NZA 1996, 1177 (1182); *Hueck/Nipperdey*, Arbeitsrecht II/1 § 19 D III 3 c, S. 400; *Kamanabrou*, RdA 1997, 22 (27); *Kramer*, ZIP 1994, 929 (930); *Kunze*, ArbRdGw 1 (1964), S. 119 (128); *Nikisch*, Arbeitsrecht II, S. 230; *Reuter*, JuS 1994, 1083; *Wiedemann*, Anm. zu BAG, Urt. v. 27.8.1982, AP Nr. 133 zu § 1 TVG Auslegung; *Worzalla*, NZA 1994, 145 (147).

§ 10 *Konstitutive und deklaratorische Tarifbestimmungen*   363

Anders liegt es, wenn pauschal auf ein Gesetz verwiesen wird, das für die Tarifunterworfenen nicht aufgrund staatlicher Anordnung gilt. Um diesem Gesetz Geltung zu verschaffen, ist eine konstitutive Norm erforderlich[346]. Da die pauschale Verweisung im Zweifel dynamisch zu verstehen ist, spielt der Unterschied zwischen konstitutiver und deklaratorischer Tarifnorm auch hier keine Rolle. Nicht der Tarifvertrag trifft die maßgeblichen Bestimmungen, sondern das Gesetz.

Konstitutiv sind auch solche Verweisungen, die ein Gesetz zwar pauschal, jedoch in einer bestimmten Fassung in Bezug nehmen. Mit ihnen geben die Tarifvertragsparteien zu erkennen, daß sie eine bestimmte Gesetzeslage festschreiben und gegen spätere Änderungen absichern wollen. Demgegenüber haben Klauseln, die die Gesetzeslage unberührt lassen, wieder den Charakter von bloßen Hinweisen. Hier fehlt den Parteien, die nur sagen, daß sich durch den Tarifvertrag an der Gesetzeslage nichts ändert, der Wille, selbst etwas zu regeln[347].

bb) Teilverweisungen. Schwieriger ist es, wenn der Tarifvertrag nicht pauschal, sondern nur in einzelnen Regelungsgegenständen, bei einzelnen Normen oder Teilen von Normen auf das Gesetz verweist, im übrigen aber selbst Regelungen trifft. In der Literatur gehen die einen auch hier von bloßen Hinweisen aus[348], die anderen sehen darin bereits echte Tarifnormen[349]. Richtigerweise wird darauf abzustellen sein, ob die Regelungsgegenstände abtrennbar und einer eigenen Ausgestaltung zugänglich sind[350]. Denn bei jedem getrennt normierbaren Teil einer Sachmaterie stellt sich für die Tarifvertragsparteien die Frage, ob etwas geregelt werden soll oder nicht. Stimmt man dem zu, so ist weiter zu unterscheiden.

Hat der Tarifvertrag auf eine Regelungsmaterie im ganzen (Kündigungsrecht, Entgeltfortzahlungsrecht) oder auf einzelne Normen daraus in einer bestimmten Fassung verwiesen, so spricht die Angabe der konkreten Fassung für eine konstitutive, vom Gesetz unabhängige Regelung[351]. Schweigt der Tarifvertrag zur Frage der

---

[346] BAG, Urt. v. 7.9.1982, 16.1.1985, AP Nrn. 7, 9 zu § 44 BAT; Urt. v. 10.4.1985, AP Nr. 19 zu § 242 BGB Betriebliche Übung; Urt. v. 14.8.1986, AP Nr. 1 zu § 13 TV Ang Bundespost; Urt. v. 28.7.1988, AP Nr. 1 zu § 5 TV Arb Bundespost; *Buchner*, AR-Blattei (D), Tarifvertrag V C, I 2 b; *Kamanabrou*, RdA 1997, 22 (27); *Reuter*, JuS 1994, 1083.

[347] *Bengelsdorf*, NZA 1991, 121 (125); *Däubler*, Tarifvertragsrecht, Rn. 385; *Hueck/Nipperdey*, Arbeitsrecht II/1, § 19 D III 3 b, S. 400; *Kamanabrou*, RdA 1997, 22 (27); *Kunze*, ArbRdGgw 1 (1964), S. 119 (128); *Nikisch*, Arbeitsrecht II, S. 230; *Säcker*, AR-Blattei (D), Tarifvertrag I C, IV 2 b cc; *Wiedemann*, Anm. zu BAG, Urt. v. 27.8.1982, AP Nr. 133 zu § 1 TVG Auslegung; *Wiedemann*, TVG, Einl., Rn. 386. Gleiches gilt für die Klauseln, wie etwa „Die §§ … erfahren durch den Tarifvertrag keine Änderung" oder „Es bleibt/bewendet bei den gesetzlichen Vorschriften".

[348] *Bengelsdorf*, NZA 1991, 121 (125 f.); *Kunze*, ArbRdGgw 1 (1964), S. 119 (128); *Nikisch*, Arbeitsrecht II, S. 230.

[349] *Däubler*, Tarifvertragsrecht, Rn. 385; *Hueck/Nipperdey*, Arbeitsrecht II/1, § 19 D III 3 b; *Säcker*, AR-Blattei (D), Tarifvertrag I C, IV 2 b bb; wohl auch *Wiedemann*, Anm. zu BAG, Urt. v. 27.8.1982, AP Nr. 133 zu § 1 TVG Auslegung.

[350] So auch BAG, Urt. v. 14.2.1996, AP Nr. 50 zu § 622 BGB für eigene Regelung der Grundkündigungsfrist und den Verweis auf die gesetzlich verlängerten Kündigungsfristen.

[351] *Buchner*, AR-Blattei (D), Tarifvertrag V C, I 2 b; *Säcker*, AR-Blattei (D), Tarifvertrag I C, IV 2 b cc; a.A. *Buchner*, NZA 1996, 1177 (1182).

Fassung, so soll die jeweilige Fassung in Bezug genommen sein[352]. Das kann wieder konstitutiv oder deklaratorisch gemein sein.

Für die Abgrenzung ist es unerheblich, wie genau der Tarifvertrag das in Bezug genommene Gesetz bezeichnet. Es macht keinen Unterschied, ob er die einschlägigen Paragraphen aufführt oder ob er es insoweit „bei den gesetzlichen Vorschriften bewenden läßt"[353]. Der Angabe der Paragraphen kommt keine eigenständige Bedeutung zu. Sie soll nur das Auffinden der einschlägigen Bestimmungen erleichtern. Entscheidend ist der Umfang der Verweisung. Wird auf Regelungsmaterien im ganzen verwiesen, wie etwa auf die gesetzlichen Kündigungsvorschriften oder das Entgeltfortzahlungsgesetz, spricht das für deklaratorische Bestimmungen, weil sich die Tarifvertragsparteien die Regelungsmaterie insgesamt nicht zueigen gemacht haben[354]. Wird innerhalb einer Regelungsmaterie zum Teil verwiesen, zum Teil selbst geregelt, liegt eine konstitutive Verweisung vor, wenn der selbst geregelte Teil auf dem Teil, der in Bezug genommen ist, aufbaut und dieser ohne jenen nicht mehr verständlich ist. Es kann nicht vermutet werden, daß die Tarifvertragsparteien Unverständliches regeln wollten. Es ist ihnen auch nicht zu unterstellen, daß sie nur bei den Teilen, die sie zur Verfeinerung oder Ergänzung des Gesetzes selbst geregelt haben, Regelungswillen hatten. Diese Teile sind schon deshalb konstitutiver Natur, weil mit ihnen etwas geregelt wird, das nicht bereits kraft Gesetzes gilt[355]. Ändert sich das Gesetz, das sie verfeinern oder ergänzen, besteht die Gefahr eines Leerlaufs dieser Teile. Das haben die Tarifvertragsparteien nicht gewollt. Was sie wollten, war die Geltung der gesetzlichen Regelung in der beim Abschluß des Tarifvertrages gültigen Fassung und deren Verfeinerung oder Ergänzung durch tarifliche Normen. Davon müssen auch die Arbeitsvertragsparteien ausgehen, wenn sie im Vertrauen auf den Bestand der tariflichen Regelungen auf entsprechende eigene Vereinbarungen verzichten.

b) Übernahmeklauseln

Am meisten umstritten ist die Frage, ob eine tarifliche Bestimmung, die eine gesetzliche Regelung wörtlich oder sinngemäß übernimmt, eine echte Tarifnorm oder ein bloßer Hinweis auf das Gesetz ist.

aa) Rechtsprechung. Das Bundesarbeitsgericht nahm ursprünglich eine echte Tarifnorm an[356]. Seit 1980 vertritt es die entgegengesetzte Ansicht[357]. In nunmehr

---

[352] *Buchner*, NZA 1996, 1177 (1182); *Herschel*, BB 1963, 1220 (1223); *Iffland*, DB 1964, 1737 (1739 ff.); *Kamanabrou*, RdA 1997, 22 (27); wohl auch *Bengelsdorf*, NZA 1991, 121 (125 f.); *Nikisch*, Arbeitsrecht II, S. 230 f.; *Säcker*, AR-Blattei (D); Tarifvertrag I C, IV 2 b 3 aa.
[353] *Däubler*, Tarifvertragsrecht, Rn. 385; *Nikisch*, Arbeitsrecht II, S. 230.
[354] *Buchner*, NZA 1996, 1177 (1182); *Kamanabrou*, RdA 1997, 22 (27).
[355] BAG, Urt. v. 7.9.1982, 16.1.1985, AP Nrn. 7, 9 zu § 44 BAT; Urt. v. 10.4.1985, AP Nr. 19 zu § 242 BGB Betriebliche Übung; Urt. v. 14.8.1986, AP Nr. 1 zu § 13 TV Ang Bundespost; Urt. v. 28.7.1988, AP Nr. 1 zu § 5 TV Arb Bundespost; *Buchner*, AR-Blattei (D), Tarifvertrag V C, I 2 b; *Kamanabrou*, RdA 1997, 22 (27); *Reuter*, JuS 1994, 1083.
[356] BAG, Urt. v. 23.4.1957, AP Nr. 1 zu § 1 TVG; Urt. v. 6.3.1958, AP Nr. 1 zu § 59 BetrVG 1952.
[357] BAG, Beschl. v. 16.1.1980, AP Nr. 3 zu § 72a ArbGG 1979 Grundsatz.

ständiger Rechtsprechung geht das Gericht davon aus, daß die wörtliche oder inhaltliche Übernahme einschlägiger gesetzlicher Vorschriften in ein umfassenderes tarifliches Regelwerk gegen einen eigenen Normsetzungswillen der Tarifvertragsparteien spricht. Konstitutiv sei die Regelung dann, wenn die Tarifvertragsparteien einen Hinweis auf die gewollte Eigenständigkeit und Unabhängigkeit ihrer Tarifbestimmung vom Gesetz gäben. Unterließen sie einen solchen Hinweis, spreche dies im Zweifel gegen den Normsetzungswillen[358]. Im Zusammenhang mit der Novellierung der gesetzlichen Kündigungsfristen hat der 2. Senat die ständige Rechtsprechung in einer Reihe von Entscheidungen bekräftigt[359]. Der 3. Senat[360] und der 4. Senat[361] haben sie bei anderer Gelegenheit bestätigt. Zwischen 1997 und 2000 hatte dann der 5. Senat in rund 60 Entscheidungen[362] zu der Frage Stellung zu nehmen, ob die 1996 erfolgte[363] Absenkung der gesetzlichen Entgeltfortzahlung im Krankheitsfalle von 100% auf 80% des Arbeitsentgelts auf die tarifliche Entgeltfortzahlung durchschlägt, was bei einer bloß deklaratorischen Tarifbestimmung ohne weiteres zu bejahen war. Der 5. Senat verwies auf die vom 2. Senat aufgestellten Grundsätze, meinte jedoch, daß sich der Wille zu einer eigenständigen Regelung auch aus dem tariflichen Gesamtzusammenhang ergeben könne. In gut einem Fünftel der Fälle ging der Senat vom konstitutiven Charakter der ihm unterbreiteten Tarifnormen aus, vor allem wenn die Höhe der Entgeltfortzahlung bestimmt war; beim großen Rest hielt er die Tarifbestimmungen für rechtlich unbedeutende Hinweise auf die jeweilige Gesetzeslage. Nur einige Obergerichte versagten dem BAG die Gefolgschaft und bejahten die konstitutive Natur der Übernahmeklauseln[364]. Die Literatur ist in dieser Frage gespalten[365], eine herrschende Lehre hat sich bislang nicht herausgebildet.

---

[358] BAG, Urt. v. 26.3.1981, AP Nr. 17 zu § 72a ArbGG 1979; Urt. v. 5.11.1980, 27.8.1982, AP Nrn. 126, 133 TVG Auslegung; Urt. v. 28.2.1985, 28.1.1988, 21.3.1991, 29.8.1991, AP Nrn. 21, 24, 31, 32 zu § 622 BGB; Urt. v. 23.9.1992, 2 AZR 231/92 n.v.; Urt. v. 4.3.1993, 16.9.1993, AP Nrn. 40, 42 zu § 622 BGB; Urt. v. 10.5.1994, AP Nr. 3 zu § 1 TVG Tarifverträge: Verkehrsgewerbe; 5.10.1995, AP Nr. 48 zu § 622 BGB; Urt. v. 12.12.1995, AP Nr. 50 zu § 72a ArbGG 1979 Grundsatz; Urt. v. 14.2.1996, AP Nr. 50 zu § 622 BGB; Urt. v. 14.2.1996, AP Nr. 21 zu § 1 TVG Tarifverträge: Textilindustrie.
[359] Urt. v. 28.2.1985, 28.1.1988, 21.3.1991, 29.8.1991, 4.3.1993, 16.9.1993, 5.10.1995, 14.2.1996 AP Nrn. 21, 24, 31, 32, 40, 42, 48, 50 zu § 622 BGB; Urt. v. 14.2.1996, AP Nr. 21 zu § 1 TVG Tarifverträge: Textilindustrie.
[360] Urt. v. 10.5.1994, AP Nr. 3 zu § 1 TVG Tarifverträge: Verkehrsgewerbe.
[361] Urt. v. 12.12.1995, AP Nr. 50 zu § 72a ArbGG 1979 Grundsatz.
[362] Nachweise bei *Sandmann*, RdA 2002, 73 (74) Fußnote 7.
[363] Arbeitsrechtliche Beschäftigungsförderungsgesetz vom 25.9.1996, BGBl. I S. 1476.
[364] LAG Köln, Urt. v. 29.5.1991, DB 1991, 2447; LAG Thüringen, Urt. v. 20.2.1995, DB 1995, 1030.
[365] Für eine konstitutive Tarifregelung *Ahrens*, NZA 1997, 301 ff.; *Barth*, EWiR 1996, 617 f.; *Bengelsdorf*, NZA 1991, 121 (126); *ders.*, Anm. zu BAG, AP Nr. 48 zu § 622 BGB; *Boecken*, NZA 1999, 673 (677 f.); *Boerner*, ZTR 1996, 435 (437); *ders.*, ZfA 1997, 67 (71 f.); *Creutzfeld*, AuA 1995, 87 ff.; *Däubler*, Tarifvertragsrecht, Rn. 386; *Giesen*, RdA 1997, 193 (203 f.); *Hueck/Nipperdey*, Arbeitsrecht II/1, § 19 D III 3 a; *Kempen*, in: Kempen/Zachert, TVG, Grundl. Rn. 284 ff.; *Kunze*, ArbRdGw 1 (1964), S. 119 (127); *Löwisch/Rieble*, § 1 TVG Rn. 584 ff.; *Löwisch*, in: MünchArbR, § 258 Rn. 37; *Preis/Kramer*, DB 1993, 2125 (2131); *Preis*, FS Schaub (1998), S. 571 ff.; *Rieble*, RdA 1997, 134 ff.; *Säcker*, AR-Blattei (D), Tarifvertrag I C, IV 2 b aa; *Sandmann*, RdA 2002, 73 (80); *Stein*, AuR 1998, 1 (13); *Wedde*, AuR 1996, 421 (424); *Wiedemann*, Anm. zu BAG, Urt. v. 27.8.1982, AP Nr. 133 zu § 1 TVG Auslegung; *Wiede-*

bb) Kritik. Die neuere Rechtsprechung überzeugt nicht. Sie läßt sich weder mit den übrigen vom BAG aufgestellten Auslegungsregeln vereinbaren, noch wird sie den rechtsstaatlichen Anforderungen an Rechtsklarheit und Rechtssicherheit gerecht. Letztlich stellt sie die Rechtsnormqualität in Frage und bedeutet einen unzulässigen Eingriff in die verfassungsrechtlich geschützte Tarifautonomie.

(γ) Vergleich mit dem staatlichen Gesetz. Ist der Tarifvertrag Gesetz, und sei es auch nur im materiellen Sinne, so ist der Vergleich mit dem staatlichen Gesetz nicht nur erlaubt, sondern geboten. Kaum jemand käme auf die Idee, dem ausdrücklich im staatlichen Gesetz Angeordneten nur deshalb seine normative Geltung abzusprechen, weil es wörtlich oder inhaltlich wiedergibt, was bereits ein anderer Normsetzer geregelt hat. Was der parlamentarische Gesetzgeber ausdrücklich normiert hat, das hat er im Zweifel auch in seinen Willen aufgenommen. Freilich finden sich zuweilen auch in Gesetzen deklaratorische Bestimmungen, etwa die Rechtsgrundverweisungen der §§ 275 Abs. 4, 951 BGB, die selbst nichts regeln, sondern nur auf das hinweisen, was bereits aufgrund anderer Vorschriften desselben Gesetzgebers gilt. Auf welche Rechtsvorschriften anderer Normgeber sollte der staatliche Gesetzgeber auch hinweisen. Nur der staatliche Gesetzgeber selbst ist es, der einer Norm zu rechtlicher Geltung verhelfen kann. Fälle, in denen Normen unabhängig von seinem Dazutun gelten, sind die Ausnahme. Wo es sie gibt, wie etwa beim Gewohnheits- oder Richterrecht, sind gesetzliche Normen gerade nicht vorhanden. Kodifiziert der Gesetzgeber zu späterer Zeit das, was vorher gewohnheits- oder richterrechtlich gegolten hat, so spricht aus Gründen der Rechtssicherheit und der Rechtsbeständigkeit eine kaum widerlegbare Vermutung dafür, daß der Gesetzgeber damit eine konstitutive Norm geschaffen hat.

Manche wollen dieser Vermutung eine allgemeine und nicht nur für den staatlichen Gesetzgeber geltende Regel entnehmen. Jeder Normengeber, der fremde Rechtssätze wiederholt, soll diese im Zweifel in seinen eigenen Rechtssetzungswillen aufnehmen[366]. Offen bleibt jedoch, worauf sich diese Zweifelsregel gründet. Die Verallgemeinerung auf alle Normsetzer überzeugt schon deshalb nicht, weil sich die staatliche Gesetzgebung in einem wichtigen Punkt von den anderen Arten der Normsetzung unterscheidet. Das staatliche Gesetz muß seinen Bestimmungen grundsätzlich konstitutive und normative Wirkung beilegen, weil es außerhalb des staatlichen Gesetzes so gut wie keine Rechtsnormen gibt, die für alle Rechtsunterworfenen gelten. Für den staatlichen Gesetzgeber paßt die Zweifelsregel. Nimmt er

---

mann, TVG, Einl., Rn. 386; für bloßen Hinweis *Bauer/Lingemann,* BB 1996, Beil. 17,S. 8, 15 f.; *Buchner,* NZA 1996, 1177 (1182); *Doerner,* in: HzA, Grp. 18 Rn 271; *Gaul,* Arbeitsrecht im Betrieb, II, S. 327; *Hanau,* DB 1991, 40 (43); *Hergenröder,* Anm. zu BAG, Urt. v. 4.3.1993, AP Nr. 40 zu § 622 BGB; *Hromadka,* BB 1993, 2372 (2375); *Jansen,* Anm. zu BAG, Urt. v., Urt. v 16.9.1993, AP Nr. 42 zu § 622 BGB; *Kamanabrou,* RdA 1997, 22 (27); *Nikisch,* Arbeitsrecht II, S. 231; *Richardi,* Anm. zu BAG, AP Nr. 1 zu § 1 TVG Tarifverträge: Fleischwarenindustrie; *Säcker/Oetker,* Tarifautonomie, S. 192 f; *Worzalla,* NZA 1994, 145 (147).

[366] So zuerst *Wiedemann,* Anm. zu BAG, Urt. v. 27.8.1982, AP Nr. 133 zu § 1 TVG Auslegung; ihm folgend *Bengelsdorf,* NZA 1991, 121 (126); *Creutzfeld,* AuA 1995, 87; *Däubler,* Tarifvertragsrecht, Rn. 386; *Leipold,* SAE 1989, 263 (265); *Löwisch/Rieble,* § 1 TVG Rn. 584; *Wedde,* AuR 1996, 421 (423); vgl. auch LAG Köln, Urt.v. 29.5.1991, DB 1991, 2447; LAG Thüringen, Urt. v. 20.2.1995, DB 1995, 1030 (1031).

fremdes Rechtsgut auf, geschieht das im Zweifel konstitutiv. Wollen die Tarifvertragsparteien etwas normieren, so finden sie in weitem Umfange staatliches Recht vor, das auch ohne ihr Dazutun Geltung beansprucht. Nehmen sie bereits geltendes staatliches Recht in ihren Tarifvertrag auf, kann darin zwar eine Regelung mit eigener normativer Wirkung liegen, denn niemand kann ihnen die Übernahme des Gesetzes als eigene Regelung verbieten. Zwingend ist diese Annahme jedoch nicht. Genauso gut können sie nur auf das hinweisen, was ohnehin schon gilt[367].

(β) Abweichung vom Primat des Wortlauts bei der Auslegung von tarifvertraglichen Übernahmeklauseln. Welche Bedeutung der Wiedergabe des Gesetzes im Tarifvertrag zukommt, muß also jeweils die Auslegung erweisen. Heranzuziehen sind die allgemeinen Grundsätze. Aus Gründen der Rechtssicherheit und der Rechtsklarheit gilt der Primat des Wortlauts[368]. Eine denkbare Auslegung gegen den Willen beider Tarifvertragsparteien wird nur selten vorkommen. Im allgemeinen wird sich nur eine Tarifvertragspartei mit dem Wortlaut der Norm identifizieren, während die andere die Regelungsabsicht bestreitet. Die andere Partei am Wortlaut der Norm festzuhalten, kann aber kein unzulässiger Eingriff in die Tarifautonomie sein, weil der Text zumindest vom Willen einer Vertragspartei gedeckt ist.

Den Primat des Wortlauts erkennt die Rechtsprechung dann nicht an, wenn der Tarifvertrag eine gesetzliche Vorschrift übernimmt. Obwohl der Wortlaut auch hier für den Willen der Tarifvertragsparteien spricht, etwas zu regeln, bestreitet die Rechtsprechung ihnen den Rechtssetzungswillen. Damit gibt sie ohne Not die allgemeinen und von ihr sorgsam erarbeiteten Auslegungsregeln auf. Im folgenden wird es darum gehen, die Argumente der Rechtsprechung kritisch zu überprüfen. Läßt sich die Abweichung von den allgemeinen Auslegungsregeln nicht überzeugend begründen, muß es bei den allgemeinen Auslegungsregeln und damit beim Primat des Wortlauts bleiben.

Nicht weiter führt das von *Nikisch* stammende Argument, die wörtliche Übernahme des Gesetzes sei bei deklaratorischen Tarifbestimmungen das Übliche[369]. Das Übliche verweist auf das Rechtstatsächliche. Um den Nachweis des Üblichen zu erbringen, müßte in der Rechtspraxis eine Übung bestehen, nach der alle Beteiligten trotz des klaren Wortlauts der Tarifnorm der Meinung sind, keine normative Regelung getroffen zu haben. Das dürfte schwerfallen. Noch schwerer dürfte es sein, eine dementsprechende allgemeine Überzeugung auszumachen. Wie die zahlreichen kritischen Stimmen belegen[370], besteht eine solche communis opinio gerade nicht.

---

[367] Die Möglichkeit deklaratorischer Klauseln wird denn auch bei den Kritikern der neueren Rechtsprechung anerkannt, vgl. *Löwisch/Rieble*, § 1 TVG Rn. 584; *Wedde*, AuR 1996, 421 (424).
[368] BAG, Urt. v. 25.8.1982, AP Nr. 9 zu § 1 TVG Auslösung; Urt. v. 31.10.1990, AP Nr. 11 zu § 1 TVG Tarifverträge: Presse; Urt. v. 21.7.1993, AP Nr. 144 zu § 1 TVG Auslegung.
[369] Arbeitsrecht II, S. 231.
[370] *Barth*, EWiR 1996, 617 f.; *Bengelsdorf*, NZA 1991, 121 (126); *Creutzfeld*, AuA 1995, 87 ff.; *Däubler*, Tarifvertragsrecht, Rn. 386; *Hueck/Nipperdey*, Arbeitsrecht II/1, § 19 D III 3 a; *Kunze*, ArbRdGw 1 (1964), S. 119 (127); *Löwisch/Rieble*, § 1 TVG Rn. 584; *Löwisch*, in: MünchArbR, § 258 Rn. 37; *Preis/Kramer*, DB 1993, 2125 (2131); *Säcker*, AR-Blattei (D), Tarifvertrag I C, IV 2 b aa; *Wedde*, AuR 1996, 421 (424 ff.); *Wiedemann*, Anm. zu BAG, Urt. v. 27.8.1982, AP Nr. 133 zu § 1 TVG Auslegung; *Wiedemann*, TVG, Einl. Rn. 386.

Sogar das Bundesarbeitsgericht ist früher[371] davon ausgegangen, daß eine eigenständige, d.h. vom Gesetz unabhängige normative Tarifregelung besteht, wenn die Tarifvertragsparteien wesentliche Teile ihres Tarifvertrages wörtlich dem Gesetz entnommen haben. Damit hätten die Tarifvertragsparteien mehr getan, als nur ihre Mitglieder auf das Gesetz hinzuweisen.

Heute meint das Bundesarbeitsgericht[372], die damalige Entscheidung habe den Sonderfall eines tarifvertraglichen Spezialabkommens – über Urlaubsfragen – betroffen. In solchen Fällen gehe es den Tarifvertragsparteien anders als bei größeren Tarifwerken nicht um die Information ihrer Mitglieder, sondern um Rechtssetzung. Darum seien auch keine zusätzlichen Hinweise zum Nachweis des Normsetzungswillens der Tarifvertragsparteien erforderlich gewesen. Zudem habe das frühere Urteil nichts zur Unterscheidung zwischen deklaratorischen und konstitutiven Tarifregelungen ausgeführt; schon deshalb könne nicht darauf zurückgegriffen werden.

Beide Begründungen sind wenig stichhaltig. In der Tat hat das damalige Urteil keine abstrakten Kriterien entwickelt, um konstitutive Tarifbestimmungen von deklaratorischen abzugrenzen. Es ist nämlich vom konstitutiven Charakter sämtlicher Tarifbestimmungen ausgegangen. Mit der allgemeinen Fragestellung hat es sich aber sehr wohl befaßt. Nur ist es damals zum entgegengesetzten Ergebnis gekommen. Es kann auch keinen Unterschied machen, ob die Tarifvertragsparteien den Wortlaut des Gesetzes in einem größeren Tarifwerk oder in einem Spezialabkommen wiedergeben. In beiden Fällen wissen die Normunterworfenen nicht, ob sie nur über das Gesetz informiert werden sollen oder ob echte Tarifnormen bestehen. Die These, es sei das Übliche, daß die tarifvertragliche Wiedergabe des Gesetzes nur deklaratorisch erfolgt, läßt sich nicht halten.

Das zweite Argument für die deklaratorische Wirkung der Wiedergabe des Gesetzestextes lautet: Die nur deklaratorische Wiedergabe des Gesetzestextes sei im Interesse der Klarheit und Übersichtlichkeit erfolgt. Die Tarifvertragsparteien hätten auf diese Weise eine unvollständige Darstellung der Rechtslage vermeiden wollen. Es sei ihnen um die möglichst umfassende Unterrichtung der Tarifgebundenen über die von ihnen zu beachtenden Rechtsvorschriften gegangen[373]. Für die Tarifvertragsparteien gibt es aber keinen Grund für eine solche Information und schon gar keine Verpflichtung. Bei der Prüfung der Normqualität von Tarifbestimmungen geht das Bundesarbeitsgericht selbst davon aus, daß der Bürger die verfassungsgemäß beschlossenen und verkündeten Gesetze zu kennen hat[374]. Wollen die Tarifvertragsparteien ihre Mitglieder nur informieren, stehen ihnen im übrigen wirksamere Mittel als deklaratorische Klauseln in Tarifverträgen zur Verfügung. Rundschreiben, Informationsveranstaltungen und Einzelberatungen erreichen ihre Adressaten

---

[371] BAG, Urt. v. 23.4.1957, AP Nr. 1 zu § 1 TVG unter Hinweis auf Urt. v. 5.3.1957, AP Nr. 1 zu § 1 TVG Rückwirkung.
[372] BAG, Urt. v. 5.10.1995, AP Nr. 48 zu § 622 BGB.
[373] BAG, Urt. v. 27.8.1982, AP Nr. 133 zu § 1 TVG Auslegung; Urt. v. 5.10.1995, AP Nr. 48 zu § 622 BGB.
[374] BAG, Urt. v. 5.10.1995, AP Nr. 48 zu § 622 BGB.

§ 10 Konstitutive und deklaratorische Tarifbestimmungen 369

schneller und zielsicherer[375]. Dem Informationsbedürfnis der Tarifgebundenen würde auch ein Abdruck des Gesetzeswortlauts in einem Anhang zum Tarifvertrag genügen[376]. Überdies stellt sich die Frage, warum gerade diese und nicht auch andere Gesetzesvorschriften erwähnt werden[377].

In manchen Fällen geht es den Tarifvertragsparteien nicht ausschließlich um die Unterrichtung über die allgemeine Rechtslage. Zuweilen erfolgt die Wiedergabe des Gesetzes aus gestaltungstechnischen Gründen. Denn bevor man eine gesetzliche Grundregel branchentypisch verfeinert, ergänzt oder in Einzelfällen von ihr abweicht, bietet es sich an, zunächst die Grundregel ausdrücklich zu nennen. Selbst in diesem Fall bereitet die Annahme einer rein deklaratorischen Wiedergabe der gesetzlichen Grundregel erhebliche praktische Schwierigkeiten. Den Normunterworfenen bleibt zumeist verborgen, woher die Tarifvertragsparteien ihr Material zur Normsetzung beziehen[378]. Sie wissen häufig nicht, daß die tarifliche Regelung dem Gesetz entspricht, schon gar nicht, welcher konkreten Fassung. Sie haben auch keinerlei Veranlassung, an der Verbindlichkeit einer Tarifbestimmung zu zweifeln. Nach der neueren Rechtsprechung wären die Normunterworfenen gezwungen, die gesetzliche Entwicklung ständig im Auge zu behalten. Außerdem müßte die zum Gesetz ergangene gemeinschaftsrechtliche, verfassungsrechtliche und einfachgerichtliche Rechtsprechung verfolgt werden. Der Informationszweck deklaratorischer Bestimmungen würde völlig verfehlt, wenn die gesetzliche Regelung später geändert oder für verfassungswidrig erklärt würde. Der Tarifvertrag würde dann nämlich etwas Ungültiges verlautbaren[379]. Solche Änderungen waren zwar bislang selten, werden aber bei anhaltendem Reformeifer des Gesetzgebers immer häufiger erfolgen. Letztlich könnten die Normunterworfenen nicht mehr auf die Richtigkeit des Tarifvertrages vertrauen. Diese Schwierigkeiten sieht auch die neuere Rechtsprechung. Sie hält es jedoch für ausreichend, daß die Tarifvertragsparteien ihre nur deklaratorischen Bestimmungen ohne weiteres der Neuregelung anpassen können; das sei für sie sehr viel einfacher als für den staatlichen Gesetzgeber[380]. Das Gericht übergeht dabei den qualitativen Unterschied zwischen einer Verweisungs- und einer Übernahmeklausel[381]. Bei einer Verweisungsklausel manifestiert sich der Verzicht auf eine eigene tarifliche Regelung, vor allem wenn sie, wie gewöhnlich, dynamisch gefaßt ist[382]. Bei einer Übernahmeklausel läßt sich ein solcher Verzicht nicht ausmachen. Vielmehr spricht

---

[375] Die schnelle und mit geringem Aufwand verbundene Information der Tarifunterworfenen durch Rundschreiben zieht sogar die Rechtsprechung in Erwägung, vgl. BAG, Urt. v. 5.10.1995, AP Nr. 48 zu § 622 BGB.
[376] *Barth*, EWiR 1996, 617 (618).
[377] *Däubler*, Tarifvertragsrecht, Rn. 386; *Kunze*, ArbRdGw 1 (1964), S. 119 (127); *Wedde*, AuR 1996, 421 (424).
[378] LAG Köln, Urt.v. 29.5.1991, DB 1991, 2447; LAG Thüringen, Urt. v. 20.2.1995, DB 1995, 1030 (1031); *Creutzfeld*, AuA 1995, 87 (88); *Löwisch/Rieble*, § 1 TVG Rn. 584; *Wiedemann*, § 1 TVG Rn. 257.
[379] LAG Köln, Urt. v. 29.5.1991, DB 1991, 2447; LAG Thüringen, Urt. v. 20.2.1995, DB 1995, 1030 (1032).
[380] BAG, Urt. v. 5.10.1995, AP Nr. 48 zu § 622 BGB.
[381] *Barth*, EWiR 1996, 617 (618); *Bengelsdorf*, NZA 1991, 121 (126); *Creutzfeld*, AuA 1995, 87 (88); vgl. auch LAG Köln, Urt.v. 29.5.1991, DB 1991, 2447.
[382] *Buchner*, NZA 1996, 1177 (1182); *Kamanabrou*, RdA 1997, 22 (27); *Wedde*, AuR 1996, 421 (424).

nach dem Primat des Wortlauts gerade eine Vermutung für den Regelungswillen. Offen läßt das Bundesarbeitsgericht auch, warum die Tarifvertragsparteien zwar die Ergänzungen zur gesetzlichen Grundnorm konstitutiv regeln, nicht aber die Grundnorm selbst, obwohl diese wichtiger und bedeutender ist als die branchenspezifischen Verfeinerungen. Überdies werden die Tarifvertragsparteien die in Bezug genommene gesetzliche Regelung im allgemeinen als Mindestbedingung ansehen[383].

Noch schwieriger wird es, wenn die Tarifvertragsparteien die gesetzliche Regelung lediglich teilweise übernehmen, im übrigen aber davon abweichen. Weicht der Tarifvertrag nur geringfügig vom Gesetz ab, so soll das nach der Rechtsprechung für eine rein deklaratorische Tarifbestimmung sprechen[384]. Der rechtsunkundige Normunterworfene wird das nur selten erkennen können. Jedenfalls müßte er hierzu jede einzelne Tarifnorm detailliert analysieren. Ob die Tarifbestimmung zumindest den „Kernbereich" der gesetzlichen Regelung wiedergibt, ist selbst für die Rechtsprechung nicht immer klar erkennbar. Rechtssicherheit läßt sich nur dann erreichen, wenn man vom konstitutiven Charakter aller das Gesetz wiederholenden Klauseln ausgeht.

Wie unsicher der Grund ist, auf dem die neuere Rechtsprechung steht, zeigt auch ein Blick auf ihre Herleitung. Die Unterscheidung zwischen konstitutiven und deklaratorischen Tarifbestimmungen hat das Bundesarbeitsgericht in einer Entscheidung zu § 72a ArbGG entwickelt[385], der 1979 novelliert wurde. Ziel der Novelle war die Entlastung des Bundesarbeitsgerichts[386]. Seit dieser Zeit kann die Nichtzulassung der Revision durch das Landesarbeitsgericht im Wege der Nichtzulassungsbeschwerde nur noch dann angefochten werden, wenn die Auslegung eines Tarifvertrages, dessen Geltungsbereich sich über den Bezirk eines Landesarbeitsgerichts hinaus erstreckt, streitig ist und dem Auslegungsproblem grundsätzliche Bedeutung zukommt. Um den Entlastungseffekt des § 72a ArbGG 1979 nicht zu gefährden, legt das Bundesarbeitsgericht die Vorschrift restriktiv aus. Insbesondere will es vermeiden, daß über klares und eindeutiges Gesetzesrecht im Wege der Nichtzulassungsbeschwerde entschieden wird[387]. Das aber wäre der Fall, wenn dem Bundesarbeitsgericht Gesetzesrecht auch in Gestalt von Tarifnormen zur Entscheidung unterbreitet werden könnte. Daher verlangt das Gericht, daß es sich um die Auslegung einer tarifvertragsspezifischen Norm handelt. Eine solche liege vor, wenn die Tarifvertragsparteien selbst der von ihnen getroffenen Regelung normativen Charakter verliehen hätten oder wenn sie eine außertarifliche Norm in einem bestimmten tariflichen Sinne verstanden wissen wollten. Die uneingeschränkte Übernahme einer außertariflichen Norm könne demgegenüber nicht im Wege der Nichtzulassungsbeschwerde überprüft werden[388].

---

[383] *Hromadka*, BB 1993, 2372 (2375).
[384] BAG, Urt. v. 5.10.1995, AP Nr. 48 zu § 622 BGB.
[385] BAG, Beschl. v. 3.9.1980, AP Nr. 8 zu § 72a ArbGG 1979 Grundsatz.
[386] BAG, Beschl. v. 26.3.1981, AP Nr. 17 zu § 72a ArbGG 1979 Grundsatz.
[387] BAG, Beschl. v. 3.9.1980, 26.3.1981, 13.12.1995, AP Nrn. 8, 17, 50 zu § 72a ArbGG 1979 Grundsatz.
[388] BAG, Beschl. v. 3.9.1980, 26.3.1981, 13.12.1995, AP Nrn. 8, 17, 50 zu § 72a ArbGG 1979 Grundsatz.

§ 10 Konstitutive und deklaratorische Tarifbestimmungen

Was sich für die Anwendung des § 72a ArbGG als geeignete Unterscheidung erweist, muß längst nicht für alle anderen Fälle sachgerecht sein. In der Tat wäre es um den Entlastungseffekt der Beschleunigungsnovelle, deren wesentlicher Bestandteil die Abschaffung der zulassungsfreien Streitwert- und Divergenzrevision war, schlecht bestellt, wenn nur deshalb immer wieder über weitgehend klares Gesetzesrecht entschieden werden müßte, weil es in Gestalt wort- oder inhaltsgleicher Tarifnormen erscheint. Bei § 72a ArbGG macht es Sinn, darauf abzustellen, ob die Tarifvertragsparteien das Gesetz lediglich abgeschrieben haben oder nicht. Unabhängig von ihrem Urheber können wort- oder inhaltsgleiche Normen nur identisch ausgelegt werden. Existiert bereits eine feste Auslegung, so bedarf es keiner weiteren gerichtlichen Entscheidung. Bei der Frage, ob eine Tarifbestimmung konstitutiv oder deklaratorisch gemeint ist, kann es jedoch nicht entscheidend darauf ankommen, ob das Gesetz wörtlich oder sinngemäß übernommen wurde. Hier hat die Unterscheidung den Sinn festzustellen, wann eine tarifliche Regelung weitergilt, wenn sich das in Bezug genommene Gesetz ändert[389].

Gegen die neuere Rechtsprechung sprechen auch Gründe der Praktikabilität. Das Bundesarbeitsgericht meint, die Tarifvertragsparteien könnten mit Sicherungsklauseln Vorsorge für den Fall treffen, daß sich nach Abschluß des Tarifvertrages das im Tarifvertrag übernommene Gesetz ändert. Hierzu seien keine „monströsen Vorspanne" oder ausgefeilten Formulierungen erforderlich. Vielmehr reiche es aus, daß durch schlichte Wendungen, wie etwa „unabhängig von der gesetzlichen Regelung" oder „auch bei Änderung der gesetzlichen Regelung" der Normsetzungswille dokumentiert werde[390].

Das ist wenig überzeugend. Machten die Tarifvertragsparteien Ernst mit dem, was die Rechtsprechung von ihnen verlangt, so müßten sie nicht nur jede Tarifklausel, sondern jeden selbständig normierbaren Teil daraufhin überprüfen, ob eine eigenständige und vom Gesetz unabhängige Regelung beabsichtigt war oder nicht. Damit nicht genug. Sie müßten die entsprechenden Bestimmungen auch noch sorgfältig als konstitutive Klauseln kennzeichnen. Reiner Formalismus wäre das Ergebnis, wenn die Tarifvertragsparteien die Mehrzahl ihrer Tarifbestimmungen als konstitutiv ansehen, ganz abgesehen von der Schwerfälligkeit eines solchen Verfahrens. Zwar ließe sich der Tarifvertrag dadurch entlasten, daß man die Sicherungsklauseln in Anmerkungen oder Protokollnotizen zum Tarifvertrag verbannte[391]; nur blieben sie dort den Normunterworfenen häufig verborgen, so daß von umfassender Information – jedenfalls so wie sie das Bundesarbeitsgericht versteht – nicht mehr ernstlich die Rede sein könnte. Bei unklaren Sicherungsklauseln wäre zudem der Streit um ihre Reichweite vorprogrammiert. Nicht auszuschließen sind zudem Tarifkämpfe, die lediglich um die Vereinbarung von Sicherungsklauseln geführt werden. Es steht deshalb kaum zu erwarten, daß die Tarifvertragsparteien Sicherungsklauseln in größerem Umfange vereinbaren werden. Sinnvoll sind sie allenfalls dort,

---

[389] *Creutzfeld*, AuA 1995, 87 (90).
[390] BAG, Urt. v. 5.10.1995, AP Nr. 48 zu § 622 BGB.
[391] Auch das würde nach der neueren Rechtsprechung noch den Normsetzungswillen der Tarifvertragsparteien dokumentieren, vgl. BAG, Urt. v. 5.10.1995, AP Nr. 48 zu § 622 BGB.

wo sich eine Änderung des in den Tarifvertrag übernommenen Gesetzes abzeichnet und die Tarifvertragsparteien dann die tarifliche Regelung als eigenständige erhalten möchten. Wo jedoch das Gesetz jahre- oder gar jahrzehntelang nicht geändert worden ist, werden sie keinen Bedarf nach Sicherung sehen. Deshalb kann es den Tarifvertragsparteien auch nicht zum Nachteil gereichen, wenn sie von Sicherungsklauseln absehen. Jedenfalls wäre es treuwidrig, ihnen die Möglichkeit einer Absicherung in Fällen zu versagen, in denen Gesetzesänderungen nicht voraussehbar sind.

Der wichtigste Einwand gegen die neuere Rechtsprechung ist aber ein anderer. Legt man die neuere Rechtsprechung zugrunde, so verschwimmt im Ergebnis die Grenze zwischen Änderungsgesetzen, die in laufende Tarifverträge eingreifen, und solchen ohne Eingriff. Damit besteht die Gefahr, daß sich der Gesetzgeber den strengen Anforderungen, die an den Erlaß zwingenden Rechts gestellt werden, dadurch entzieht, daß er dispositives Recht schafft, das im Ergebnis wie zwingendes Recht in laufende Tarifverträge eingreift. Da die meisten Tarifverträge das Gesetz wiederholen, ohne zugleich Sicherungsklauseln zu enthalten, hätte schon die Änderung von dispositiven Vorschriften die Wirkung, daß viele tariflich geregelte Arbeitsbedingungen automatisch umgestaltet oder abgesenkt werden. Die neuere Rechtsprechung erspart dem Gesetzgeber den Erlaß zwingenden Rechts. Es ist dem Bundesarbeitsgericht jedoch nicht erlaubt, den Gesetzgeber von seinen verfassungsmäßigen Rechtfertigungszwängen zu befreien. Die Rechtsprechung verletzt das Gebot der staatlichen Neutralität beim Aushandeln von Tarifbestimmungen. Denn sie führt zu einer Benachteiligung derjenigen Partei, zu deren Lasten die Gesetzesänderung geht, da die Änderung mangels tarifvertraglicher Sicherungsklausel automatisch auf das tarifvertraglich geregelte Arbeitsverhältnis durchschlägt[392].

Zusammenfassend ist daher folgendes festzuhalten: Vereinbaren die Tarifvertragsparteien Tarifbestimmungen, so ist selbst dann von deren konstitutivem Charakter auszugehen, wenn damit nur wörtlich oder inhaltsgleich das Gesetz wiedergegeben wird. Bei der Auslegung des Tarifvertrages gilt hier wie auch sonst der Primat des Wortlauts. Läßt sich dem Tarifvertrag nicht eindeutig entnehmen, ob die Tarifvertragsparteien nur auf das geltende Recht hinweisen wollten, so ist im Zweifel zu vermuten, daß sie eine vom weiteren Bestand der gesetzlichen Regelung unabhängige Tarifnorm vereinbart haben[393]. Die Gründe für die Abweichung vom Primat des Wortlauts für den Fall, daß der Tarifvertrag das Gesetz wiedergibt, überzeugen nicht.

---

[392] *Wedde*, AuR 1996, 421 (425).
[393] So im Ergebnis auch LAG Köln, Urt. v. 29.5.1991, DB 1991, 2447; LAG Thüringen, Urt. v. 20.2.1995, DB 1995, 1030 (1032); *Barth*, EWiR 1996, 617 f.; *Bengelsdorf*, NZA 1991, 121 (126); *Creutzfeld*, AuA 1995, 87 ff.; *Däubler*, Tarifvertragsrecht, Rn. 386; *Kempen*, in: Kempen/Zachert, TVG, Grundl. Rn. 286; *Hueck/Nipperdey*, Arbeitsrecht II/1, § 19 D III 3 a; *Kunze*, ArbRdGw 1 (1964), S. 119 (127); *Löwisch/Rieble*, § 1 TVG Rn. 584; *Löwisch*, in: MünchArbR, § 258 Rn. 37; *Preis/Kramer*, DB 1993, 2125 (2131); *Säcker*, AR-Blattei (D), Tarifvertrag I C, IV 2 b aa; *Wiedemann*, Anm. zu BAG, Urt. v. 27.8.1982, AP Nr. 133 zu § 1 TVG Auslegung; *Wiedemann*, TVG, Einl. Rn. 384 und § 1 TVG Rn. 257.

4. Teil:
Änderung und Beseitigung von Übernahme- und Verweisungsklauseln

Übernahme- und Verweisungsklauseln stellen die Verbindung zwischen gesetzlicher und tariflicher Regelung her. Von ihrer konkreten Ausgestaltung hängt es ab, ob die Veränderung des Gesetzes unmittelbare Auswirkungen auf das tariflich geregelte Arbeitsverhältnis hat. Wann das der Fall ist, wurde in den letzten Abschnitten ausführlich dargelegt. Nunmehr geht es um das Problem, ob die Tarifvertragsparteien die Änderung des Gesetzes zum Anlaß nehmen können, um von bestimmten Übernahme- und Verweisungsklauseln wieder loszukommen.

Eine Aufhebung dieser Klauseln durch einen Änderungstarifvertrag ist jederzeit möglich. Sie setzt das Einvernehmen der Tarifvertragsparteien voraus. Ist dieses nicht zu erzielen, stellt sich die Frage, ob eine Tarifvertragspartei auch einseitig eine Übernahme- oder Verweisungsklausel beseitigen kann. Hierbei ist zunächst an eine Kündigung des Tarifvertrags zu denken, die auf die Beseitigung einer Übernahme- oder Verweisungsklausel beschränkt ist. Derartige Teilkündigungen werden von der herrschenden Meinung grundsätzlich abgelehnt[1]. Die Rechtsprechung steht ihnen freundlicher gegenüber[2]. Es wird sich zeigen, daß die generellen Vorbehalte gegen Teilkündigungen zumindest beim Tarifvertrag unbegründet sind.

Da sich Übernahme- und Verweisungsklauseln meist in Manteltarifverträgen befinden, die eine lange Laufzeit haben, fragt es sich, ob diese insbesondere unmittelbar nach einer Gesetzesänderung gekündigt werden können. In Betracht kommt nur eine außerordentliche Kündigung. Diese kann zwar grundsätzlich zu jeder Zeit, d.h. ohne Einhaltung von Terminen und Fristen ausgesprochen werden. Erforderlich ist jedoch ein wichtiger Grund (§ 314 Abs. 1 Satz 1 BGB). Dieser muß es der durch die Gesetzesänderung benachteiligten Tarifvertragspartei unzumutbar machen, bis zur vereinbarten Beendigung des Tarifvertrags oder bis zum Ablauf des Kündigungsfrist gebunden zu sein (§ 314 Abs. 1 Satz 2 BGB). Die Dogmatik der außerordentlichen Kündigung von Tarifverträgen steckt erst in den Anfängen; sie ist im folgenden näher zu entfalten. Dabei steht der Begriff der Unzumutbarkeit im Vordergrund.

Auf diesem Begriff baut auch das Institut des Wegfalls der Geschäftsgrundlage auf, das durch das Gesetz zur Modernisierung des Schuldrechts[3] in § 313 BGB im

---

[1] *Hueck/Nipperdey*, Arbeitsrecht II/1, S. 469 Fn. 30; *Kaskel/Dersch*, Arbeitsrecht, S. 102; *Nikisch*, Arbeitsrecht II, S. 350 f.; *Stein*, in: Kempen/Zachert, § 4 TVG Rn. 142; *Wank*, in: Wiedemann, § 4 TVG Rn. 24; *ders.*, FS Schaub (1998), S. 761 (778); *Zachert*, AuR 1993, 294 (295); *Zöllner/Loritz*, Arbeitsrecht, §§ 6a I 2 und 22 I 2; im Grundsatz auch *Däubler*, Tarifvertragsrecht, Rn. 1448; wohl auch *Schaub*, Arbeitsrechts-Handbuch, § 199 Rn. 39; im Ergebnis auch G. *Hueck*, RdA 1968, 201 (208); *Oetker*, RdA 1995, 82 (99).

[2] BAG, Urt. v. 19.3.1957, AP Nr. 1 zu § 16 AOGÖ; Urt. v. 29.5.1964, AP Nr. 24 zu § 59 BetrVG 1952; Urt. v. 3.12.1985, AP Nrn. 1 und 2 zu § 74 BAT; Urt. v. 10.11.1982, AP Nr. 8 zu § 1 TVG Form; Urt. v. 16.8.1990, AP Nr. 19 zu § 4 TVG Nachwirkung.

[3] Vom 16.11.2001, BGBl. I S. 3138.

Jahr 2002 erstmals positiviert wurde. Allerdings lehnt die herrschende Meinung die Anwendung dieses Instituts auf Normenverträge ab[4]. Der Sache nach behandelt sie aber eine Reihe wichtiger Kündigungsgründe nach den Grundsätzen der Lehre vom Wegfall der Geschäftsgrundlage. Das bietet sich an, denn sie hält genauere Maßstäbe bereit als die noch nicht entwickelte Dogmatik des wichtigen Grundes zur außerordentlichen Kündigung. Es wird sich zeigen, daß die Grundsätze des Wegfalls der Geschäftsgrundlage auch auf Tarifverträge anwendbar sind. Die Änderung eines Gesetzes kann unter gewissen Umständen zum Wegfall der Geschäftsgrundlage führen. Die Rechtsfolgen bei einem Wegfall der Geschäftsgrundlage reichen von der Möglichkeit, den Tarifvertrag ganz oder teilweise zu kündigen, bis hin zur gerichtlichen Anpassung an die veränderten Bedingungen.

§ 11 Teilkündigung

I. Begriff und Wirkungsweise

Unter einer Teilkündigung versteht man die Kündigung eines bestimmten, abgegrenzten Teiles eines Rechtsverhältnisses, das nur hinsichtlich des gekündigten Teiles enden, im übrigen jedoch fortbestehen soll[5]. Der gekündigte Teil kann ein eigener Vertrag sein, der in ein größeres Vertragswerk aufgenommen wurde und mit diesem verbunden ist, oder eine einzelne Vertragsbedingung[6]. Kündigung ist die Teilkündigung insofern, als sie die Beendigung zumindest eines Teiles des Rechtsverhältnisses bezweckt[7]. Ziel ist letztlich die Änderung des Vertragsbedingungen.

---

[4] *Bauer/Diller*, DB 1993, 1085 (1090); *Belling*, NZA 1996, 906 (910); *Buchner*, NZA 1993, 289 (295); *ders.*, NZA 1996, 1177 (1182); *Henssler*, ZfA 1994, S. 487 (493 f.); *Stein*, in: Kempen/Zachert, § 4 TVG Rn. 148; *Lohs*, Anpassungsklauseln in Tarifverträgen, S. 80; *Oetker*, RdA 1995, 82 (98); *Steffan*, JuS 1993, 1027 (1028); *Wank*, in: Wiedemann, § 4 TVG Rn. 73; *Zachert*, NZA 1993, 299 (300); *ders.*, RdA 1996, 140 (149); a.A. *Löwisch/Rieble*, § 1 TVG Rn. 522 ff.

[5] BAG, Urt. v. 19.3.1957, AP Nr. 1 zu § 16 AOGÖ; Urt. v. 8.11.1957, AP Nr. 10 zu § 13 KSchG 1952; Urt. v. 4.2.1958, AP Nr. 1 zu § 620 BGB Teilkündigung; Urt. v. 7.10.1982, AP Nr. 5 zu § 620 BGB Teilkündigung; Urt. v. 25.2.1988, 14.11.1990 AP Nrn. 18, 25 zu § 611 BGB Arzt-Krankenhaus-Vertrag; *Däubler*, Tarifvertragsrecht, Rn. 1448; *Frey*, AuR 1958, 97; *Galperin*, DB 1958, 799; *Gumpert*, BB 1969, 409; *Gutekunst*, RdA 1959, 369; *Stein*, in: Kempen/Zachert, § 4 TVG Rn. 142; *Herschel*, BB 1958, 160; *Hillebrecht*, in: KR, § 626 BGB Rn. 20a; *Hueck/Nipperdey*, Arbeitsrecht II/1, S. 469 Fn. 30; *G. Hueck*, RdA 1968, 201; (202); *Joachim*, RdA 1957, 326; *Löwisch/Rieble*, § 1 TVG Rn. 509; *Monjau*, DB 1959, 707; *Oetker*, RdA 1995, 82 (98); *Rost*, in: KR, § 2 KSchG Rn. 51; *Schleßmann*, DB 1959, 977; *Wiedemann/Stumpf*, § 4 TVG Rn. 24; *M. Wolf*, in: KR, Grunds. Rn. 143.

[6] *Gumpert*, BB 1969, 409 f.; *G. Hueck*, RdA 1968, 201 (202).

[7] Für manche Autoren kann sich das Problem der Teilkündigung schon deshalb nicht stellen, weil sie unter einer Kündigung nur den einseitigen Gestaltungsakt verstehen, der das gesamte Rechtsverhältnis vollständig beendet, vgl. *Dersch*, RdA 1958, 446; *Gutekunst*, RdA 1959, 369; *Molitor*, AR-Blattei (D), Kündigung I B VI; *Zöllner/Loritz*, Arbeitsrecht, §§ 6a I 2 und 22 I 2. Vgl. auch *Oetker*, RdA 1995, 82 (98): „Die Kündigung ist (…) de lege lata auf die Beendigung und nicht auf die Umgestaltung des Vertragsverhältnisses gerichtet; sie ist kein rechtsänderndes Gestaltungsrecht." Das Problem rein begrifflich zu lösen, überzeugt nicht; so auch *G. Hueck*, RdA 1968, 201 (202): „Scheinlösung". Der Gesetzgeber hat durch § 2 KSchG deutlich gemacht, daß es neben der Kündigung zur Beendigung des gesamten Arbeitsverhältnisses auch eine besondere Art von Kündigungen gibt, deren Ziel nicht die Beendigung, sondern die Änderung des Arbeitsverhältnisses ist.

Darauf zielt auch die Änderungskündigung[8]. Unterschiedlich sind jedoch die Wege dorthin. Bei der Teilkündigung erfolgt die Änderung des Rechtsverhältnisses durch die bloße Beseitigung eines Vertragsteiles oder einer einzelnen Abrede. Die Teilkündigung hat rein kassatorische Wirkung[9]. Ob und wie die dadurch entstehende „Lücke" im Rechtsverhältnis geschlossen wird, ist keine Frage der Teilkündigung[10]. Durch eine Teilkündigung wird nicht der Bestand des Rechtsverhältnisses als Ganzes aufs Spiel gesetzt[11]. Hierin liegt der wesentliche Unterschied zur Änderungskündigung. Bei ihr soll durch den Druck der Kündigung des gesamten Rechtsverhältnisses die Annahmeerklärung zum Abschluß einer Vereinbarung herbeigeführt werden, mit der der bisherige Vertrag geändert wird. Die Änderung kann sich ebenfalls auf die bloße Beseitigung eines Teiles beschränken. Häufig wird aber an seiner Stelle etwas Neues vereinbart. Können sich die Beteiligten nicht über die Vertragsänderung einigen, so endet wegen der Kündigung der gesamte Vertrag. Die Änderungskündigung ist also nichts anderes als die Kündigung des gesamten Vertrages, die mit dem Angebot auf Abschluß eines neuen Vertrages zu geänderten Bedingungen verbunden ist[12].

II. Zulässigkeit

1. Fehlende spezialgesetzliche Regelung

Im TVG fehlen Regelungen zur Beendigung des Tarifvertrags. Zwar ordnet § 4 Abs. 5 TVG die Nachwirkung des Tarifvertrags nach dessen Ablauf an. Wann ein Tarifvertrag abläuft, läßt das TVG aber offen. Insbesondere enthält das Gesetz keine Vorschrift zur Kündigung von Tarifverträgen. Das ist um so erstaunlicher, als in den Anfängen des Tarifrechts die Frage der einseitigen Beendigung von Tarifverträgen kontrovers diskutiert wurde. Dabei wurde erwogen, das Recht zur außerordentlichen Kündigung zugunsten einer Aufhebung durch den Spruch eines Schiedsgerichts[13], Tarifamtes[14] oder Tarifgerichts[15] oder zugunsten einer gerichtlichen Auflösungsklage nach dem Modell des § 133 HGB[16] auszuschließen. Andere Rechtsordnungen regeln zumindest die ordentliche Vollkündigung eines Tarifvertrags[17].

---

[8] *Oetker*, RdA 1995, 82 (99).
[9] *Herschel*, BB 1958, 160; *G. Hueck*, RdA 1968, 201 (202).
[10] *Herschel*, BB 1958, 160; *G. Hueck*, RdA 1968, 201 (202).
[11] *M. Wolf*, in: KR, Grunds. Rn. 146.
[12] Zu den Konstruktionsmöglichkeiten im einzelnen *Rost*, in: KR, § 2 KSchG Rn. 12-15.
[13] *Lotmar/Sulzer*, Soziale Praxis 11 (1901/1902), Sp. 349 ff; dazu *Sinzheimer*, Arbeitstarifgesetz, S. 264 ff.; vgl. aus rechtsgeschichtlicher Sicht *Dreschers*, Tarifvertrag in Deutschland, S. 433 ff.; *Hainke*, Entstehung der TVVO, S. 133 ff.
[14] *Rosenthal*, FS Laband II (1908), S. 147 ff.
[15] *Nipperdey*, Beiträge zum Tarifrecht, S. 128 f.
[16] *Sinzheimer*, Arbeitstarifgesetz, S. 124 f.
[17] Vgl. § 17 Abs. 1 öster. ArbVG; Art. L. 132-8 franz. Code du Travail; Art. 15 Abs. 3 und 4 japan. Gewerkschaftsgesetz (dreimonatige Kündigungsfrist); Art. 356c Abs. 2 schweizer. OR (sechsmonatige Kündigungsfrist).

Trotz fehlender gesetzlicher Regelung gehen Rechtsprechung[18] und Literatur[19] heute von der Zulässigkeit der ordentlichen Vollkündigung eines Tarifvertrags aus. Der Tarifvertrag entfaltet zwar normative Wirkung, sein Zustandekommen beurteilt sich aber nach vertragsrechtlichen Grundsätzen. Nichts anderes kann dann für seine Beendigung gelten[20]. Es gelten die allgemeinen Grundsätze für Dauerschuldverhältnisse und damit seit dem 1.1.2002 die Kündigungsregelung des § 314 BGB. Der Tarifvertrag schafft ein Dauerschuldverhältnis zwischen den Tarifvertragsparteien und seine Normen begründen für die Tarifunterworfenen rechtliche Verpflichtungen, die sich nicht in der Herbeiführung eines einmaligen Leistungserfolges erschöpfen, sondern den Inhalt der Arbeitsverhältnisse für einen längeren Zeitraum normativ bestimmen[21]. Daß die Tarifvertragsparteien ewig an den einmal ausgehandelten Tarifvertrag gebunden sein wollen, kann nicht angenommen werden[22]. Sie würden sich selbst entrechten[23] und damit in unzulässiger Weise auf ihre durch Art. 9 Abs. 3 GG grundrechtlich garantierte Normsetzungsbefugnis verzichten[24]. Das Recht zur außerordentlichen Kündigung kann seit dem 1.1.2002 unmittelbar dem § 314 BGB entnommen werden, nicht jedoch die Befugnis zur ordentlichen Kündigung. Sie wird nach wie vor aus einer Rechtsanalogie zu den gesetzlichen Regelungen über die einseitige Beendigung von vertraglichen Dauerschuldverhältnissen hergeleitet[25]. Richtiger ist es, eine Rechtsanalogie zu § 77 Abs. 5 BetrVG und § 28 Abs. 2 Satz 4 SprAuG anzunehmen, da es hier um die Kündigung von Kollektivverträgen geht. Das bietet sich um so mehr an, als der Gesetzgeber beim Erlaß von § 77 Abs. 5 BetrVG fälschlich davon ausging, er übernehme für die Betriebsvereinbarung die für Tarifverträge geltende Vorschrift[26]. Zu Recht verneint wird das Bestehen eines besonderen Kündigungsschutzes, der die Kündigung eines Tarifvertrags an einen sachlichen Grund binden würde[27]. Das KSchG ist nicht analogiefähig, da es den Schutz des Arbeitnehmers als der präsumtiv

---

[18] Vgl. nur BAG, Urt. v. 14.11.1958, AP Nr. 4 zu § 1 TVG Friedenspflicht; Urt. v. 1.12.1976, AP Nr. 1 zu § 36 BAT; Urt. v. 10.11.1982, AP Nr 8 zu § 1 TVG Form; Urt. v. 30.5.1984, AP Nr. 3 zu § 9 TVG; Urt. v. 12.9.1984, AP Nr. 135 zu § 1 TVG Auslegung; Urt. v. 26.9.1984, AP Nr. 21 zu § 1 TVG.

[19] *Buchner*, NZA 1993, 289 (293 ff.); *Däubler*, Tarifvertragsrecht, Rn. 1431 ff.; *Hromadka/Maschmann*, Arbeitsrecht Bd. 2, § 13 Rn. 92; *Hueck/Nipperdey*, Arbeitsrecht II/1, S. 469; *Stein*, in: Kempen/Zachert, § 4 TVG Rn. 131 ff.; *Löwisch/Rieble*, § 1 TVG Rn. 507; *Oetker*, RdA 1995, 82 (89 ff.); *Schaub*, Arbeitsrechts-Handbuch, § 199 Rn. 39; *Söllner/Waltermann*, Arbeitsrecht, § 16 II 4; *Thiele*, RdA 1968, 424 ff.; *Wank*, in: Wiedemann, § 4 TVG Rn. 22; *Zöllner/Loritz*, Arbeitsrecht, § 35 V 1 a.

[20] BAG, Urt. v. 26.9.1984, AP Nr. 21 zu § 1 TVG; Urt. v. 18.6.1997, AP Nr. 2 zu § 1 TVG Kündigung.

[21] *Beuthien/Meik*, DB 1993, 1518; *Hueck/Nipperdey*, Arbeitsrecht II/1, S. 468; *Oetker*, RdA 1995, 82 (90) m.w.N.; *Rüthers*, NJW 1993, 1628 (1629).

[22] Allgemein dazu, daß Vertragsparteien im Zweifel keine Ewigkeitsbindung gewollt haben, BGH, LM Nr. 8 zu § 242 BGB (Bc); NJW 1988, 332 (333).

[23] *Oetker*, Dauerschuldverhältnis, S. 248 ff.

[24] *Oetker*, RdA 1995, 82 (91); *Löwisch/Rieble*, § 1 TVG Rn. 174.

[25] Dazu *Oetker*, Dauerschuldverhältnis, S. 272 ff.

[26] Amtl. Begr., vgl. BT-Dr. VI/1786, S. 47: „Die Absätze 4 bis 6 enthalten Bestimmungen über die bisher gesetzlich geregelten Fragen der Wirkung, der Kündigung und der Nachwirkung von Betriebsvereinbarungen. Sie lehnen sich an die Regelung für Tarifverträge nach dem TVG an".

[27] *Oetker*, RdA 1995, 82 (93).

§ 11 Teilkündigung

schwächeren Vertragspartei bezweckt. Zwischen den Tarifvertragsparteien herrscht jedoch Parität.

Fehlt es bereits an einer gesetzlichen Regelung über die Beendigung des Tarifvertrags im Ganzen, nimmt es nicht wunder, daß die Kündigung einzelner Tarifnormen besonders umstritten ist. Seit jeher stehen Rechtsprechung und Literatur der Teilkündigung skeptisch gegenüber. Das gilt sowohl für die Teilkündigung von Individualverträgen als auch für die von Kollektivvereinbarungen. Die Skepsis mag beim Individualarbeitsvertrag begründet sein, beim Tarifvertrag ist sie es nicht.

2. Rechtsprechung und Literatur

Bei Individualverträgen halten Rechtsprechung[28] und überwiegende Literatur[29] die Teilkündigung für unzulässig, es sei denn, die Parteien haben sich eine Teilkündigung beim Abschluß des Vertrages ausdrücklich vorbehalten. Die vorbehaltene Teilkündigung ist der Sache nach nichts anderes als ein Widerrufsvorbehalt[30]. Fehle ein solcher Vorbehalt oder gehe dieser zu weit[31], so komme für eine einseitige Änderung der Vertragsbedingungen nur die Änderungskündigung in Betracht[32]. Das Arbeitsverhältnis muß dann insgesamt gekündigt werden, verbunden mit dem Angebot auf Abschluß eines Arbeitsvertrages zu geänderten Bedingungen.

---

[28] BAG, Urt. v. 8.11.1957, AP Nr. 2 zu § 242 BGB Betriebliche Übung; Urt. v. 4.2.1958, 7.10.1982, AP Nrn. 1, 5 zu § 620 BGB Teilkündigung; Urt. v. 25.2.1988, 14.11.1990 AP Nrn. 18, 25 zu § 611 BGB Arzt-Krankenhaus-Vertrag. Schon früh hatte das Reichsarbeitsgericht apodiktisch festgestellt: „Es gibt keine Kündigung einzelner Arbeitsvertragsbedingungen, sondern nur eine Kündigung des ganzen Vertrages", vgl. ARS 19, 77; ähnlich bereits ARS 18, 270. Die Teilkündigung zugelassen hat es, wenn eine besondere Abrede unter Kündigungsvorbehalt getroffen wurde, vgl. ARS 12, 519; 13, 302; 25, 63; 29, 352; 42, 437.

[29] *Frey*, AuR 1958, 97; *Galperin*, DB 1958, 799; *Gumpert*, BB 1969, 409; *Gutekunst*, RdA 1959, 369; *Herschel*, BB 1958, 160; *Hueck/Nipperdey*, Arbeitsrecht I, S. 551; *G. Hueck*, RdA 1968, 201; (202); *Hromadka*, RdA 1992, 234 (251); *Monjau*, DB 1959, 707; *Schleßmann*, DB 1959, 977; *M. Wolf*, in: KR, Grunds. Rn. 143; a.A. *Joachim*, RdA 1957, 326 (329).

[30] BAG, Urt. v. 7.10.1982, AP Nr. 5 zu § 620 BGB Teilkündigung; Urt. v. 25.2.1988, 14.11.1990, 10.12.1992 AP Nrn. 18, 25, 27 zu § 611 BGB Arzt-Krankenhaus-Vertrag; *Gumpert*, BB 1969, 409 (410); *Hromadka*, RdA 1992, 234 (243); *ders.*, DB 1995, 1609; *A. Hueck*, Anm. zu BAG, Urt. v. 4.2.1958, AP Nr. 1 zu § 620 BGB Teilkündigung; *Hueck/Nipperdey*, Arbeitsrecht I, S. 551; *G. Hueck*, RdA 1968, 201 (206 f.); *Nikisch*, Arbeitsrecht I, S. 280; *Rost*, in: KR, § 2 KSchG Rn. 51; a.A. *Herschel*, BB 1958, 160 (161); *M. Wolf*, in: KR, Grunds. Rn. 143.

[31] Das Recht, sich den Widerruf einzelner Vertragsbedingungen vorzubehalten, besteht nach der Rechtsprechung nicht unbeschränkt. Den Widerruf von wesentlichen Elementen des Arbeitsverhältnisses könnten sich die Arbeitsvertragsparteien dann nicht vorbehalten, wenn dadurch das Gleichgewicht zwischen Leistung und Gegenleistung grundlegend gestört würde, vgl. Urt. v. 4.2.1958, AP Nr. 1 zu § 620 BGB Teilkündigung; Urt. v. 16.10.1965, AP Nr. 20 zu § 611 BGB Direktionsrecht; Urt. v. 7.10.1982, AP Nr. 5 zu § 620 BGB Teilkündigung; Urt. v. 12.12.1984, AP Nr. 6 zu § 2 KSchG 1969; Urt. v. 13.5.1987, AP Nr. 4 zu § 305 BGB Billigkeitskontrolle; Urt. v. 14.11.1990, AP Nr. 25 zu § 611 BGB Arzt-Krankenhaus-Vertrag.

[32] BAG, Urt. v. 4.2.1958, AP Nr. 1 zu § 620 BGB Teilkündigung; Urt. v. 16.10.1965, AP Nr. 20 zu § 611 BGB Direktionsrecht; Urt. v. 7.10.1982, AP Nr. 5 zu § 620 BGB Teilkündigung.

Ein wenig großzügiger ist man bei der Betriebsvereinbarung. Diese ist nach Ansicht von Rechtsprechung[33] und Literatur[34] teilweise kündbar, wenn sich die Betriebsparteien dies ausdrücklich vorbehalten haben. Fehlt der Vorbehalt, wird die Teilkündigung für zulässig gehalten, wenn sie einen vom übrigen Inhalt der Betriebsvereinbarung sachlich unabhängigen und selbständigen Teilkomplex betrifft[35]. Wann das der Fall ist, wird unterschiedlich, zumeist aber zurückhaltend[36] beurteilt. Häufig wird auf den Willen der Betriebsparteien abgestellt[37]. Fehlen hinreichende Anhaltspunkte für die Zulassung der Teilkündigung durch die Betriebsparteien, so soll sie unzulässig sein[38].

Beim Tarifvertrag steht zumindest die neuere Rechtsprechung einer Teilkündigung freundlicher gegenüber. Sie ist der Meinung, daß angesichts der Elastizität des Tarifrechts ein erhebliches praktisches Bedürfnis besteht, auch nur einzelne tarifliche Bestimmungen oder Teile von Tarifverträgen zu kündigen. Zugelassen hat sie auch hier die ausdrücklich vorbehaltene Teilkündigung, wenn hinreichend klar ist, worauf sie sich bezieht[39]. Das entspricht der herrschenden Lehre[40]. Ob die Teilkündigung eines Tarifvertrags ohne ausdrücklichen Vorbehalt generell zulässig ist, hat die Rechtsprechung bislang offengelassen[41]. Selbständig gekündigt werden könne zumindest eine tarifvertragliche Verweisungsklausel[42]. In der Literatur sind die Meinungen geteilt. Vereinzelt wird die Teilkündigung zugelassen, wenn tarifliche Regelungen teilbar nebeneinanderstehen[43] oder selbst Gegenstand eines eigenen Tarifvertrags sein könnten[44], was sich aus dem Regelungszusammenhang des Tarif-

---

[33] BAG, Urt. v. 19.3.1957, AP Nr. 1 zu § 16 AOGÖ, Urt. v. 17.4.1959, AP Nr. 1 zu § 4 TVG Günstigkeitsprinzip; Urt. v. 29.5.1964, AP Nr. 24 zu § 59 BetrVG.

[34] *Berg*, in: Däubler/Kittner/Klebe, § 77 BetrVG Rn. 55; *Fitting*, § 77 BetrVG Rn. 153; *Galperin/Löwisch*, § 77 BetrVG Rn. 77; *Hess/Schlochauer/Glaubitz*, § 77 BetrVG Rn. 213; *G. Hueck*, RdA 1968, 201 (208); *Kreutz*, in: GK-BetrVG, § 77 BetrVG Rn. 365; *Matthes*, in: MünchArbR, § 328 Rn. 44; *Oetker*, RdA 1995, 82 (98); *Richardi* in Richardi, § 77 BetrVG 199; *Stege/Weinspach*, § 77 BetrVG Rn. 43.

[35] BAG, Urt. v. 19.3.1957, AP Nr. 1 zu § 16 AOGÖ, Urt. v. 29.5.1964, AP Nr. 24 zu § 59 BetrVG 1952; *Berg*, in: Däubler/Kittner/Klebe, § 77 BetrVG Rn. 55; *Fitting*, § 77 BetrVG Rn. 153; *Hess/Schlochauer/Glaubitz*, § 77 BetrVG Rn. 215; *Matthes*, in: MünchArbR, § 328 Rn. 44.

[36] *Fitting*, § 77 BetrVG Rn. 153; *G. Hueck*, RdA 1968, 201 (208); *Kreutz*, in: GK-BetrVG, § 77 BetrVG Rn. 365.

[37] *G. Hueck*, RdA 1968, 201 (208); *Kreutz*, in: GK-BetrVG, § 77 BetrVG Rn. 365; *Matthes*, in: MünchArbR, § 328 Rn. 44; *Richardi* in Richardi, § 77 BetrVG 206.

[38] BAG, Urt. v. 19.3.1957, AP Nr. 1 zu § 16 AOGÖ; Urt. v. 29.5.1964, AP Nr. 24 zu § 59 BetrVG 1952.

[39] BAG, Urt. v. 3.12.1985, AP Nrn. 1 und 2 zu § 74 BAT; Urt. v. 16.8.1990, AP Nr. 19 zu § 4 TVG Nachwirkung.

[40] *Däubler*, Tarifvertragsrecht, Rn. 1448; *Hueck/Nipperdey*, Arbeitsrecht II/1, S. 469 Fn. 30; *G. Hueck*, RdA 1968, 201 (208); *Stein*, in: Kempen/Zachert, § 4 TVG Rn. 142; *Koberski/Clasen/Menzel*, § 1 TVG Rn. 182; *Löwisch/Rieble*, § 1 TVG Rn. 509; *Maus*, § 1 TVG Rn. 293a; *Nikisch*, Arbeitsrecht II, S. 350; *Oetker*, RdA 1995, 82 (99); *Reichel*, § 1 TVG Anm. 51b; *Schaub*, Arbeitsrechts-Handbuch, § 199 Rn. 39; *Wank*, in: Wiedemann, § 4 TVG Rn. 24; *Zachert*, AuR 1993, 294 (295).

[41] Zuletzt BAG, Urt. v. 18.12.1996, AP Nr. 1 zu § 1 TVG Kündigung.

[42] BAG, Urt. v. 10.11.1982, AP Nr. 8 zu § 1 TVG Form.

[43] *Buchner*, NZA 1996, 1177 (1182); *Koberski/Clasen/Menzel*, § 1 TVG Rn. 182 f.; *Löwisch*, in: MünchArbR, § 249 Rn. 37; *Löwisch/Rieble*, § 1 TVG Rn. 509.

[44] *G. Hueck*, RdA 1968, 201 (208); *Maus*, § 1 TVG Rn. 293a.

vertrags ergeben soll⁴⁵. Teilweise wird sie dann anerkannt, wenn damit eine außerordentliche Beendigungskündigung abgewendet werden kann⁴⁶. Wieder andere wollen die Teilkündigung zulassen, wenn sie das Gesamtgefüge von Leistung und Gegenleistung nicht stört⁴⁷. Nur ganz selten wird die Teilkündigung von keinen weiteren Voraussetzungen abhängig gemacht⁴⁸. Die herrschende Lehre lehnt die Teilkündigung ab, wenn sie nicht vorbehalten wurde⁴⁹.

3. Gründe

Gegen die Zulässigkeit einer nicht vorbehaltenen Teilkündigung werden beim Individualarbeitsvertrag im wesentlichen dieselben Argumente vorgebracht wie bei den Kollektivverträgen. Verpönt ist die Teilkündigung, weil mit ihr die einseitige Änderung von Vertragsbedingungen gegen den Willen der anderen Vertragspartei möglich wird⁵⁰. Durch die Teilkündigung entziehe sich eine Partei punktuell einer vertraglichen Verpflichtung, ohne gleichzeitig auf ihre Rechte aus der Bindung der anderen Vertragspartei zu verzichten. Damit zerstöre die Teilkündigung das von den Parteien vereinbarte Äquivalenz- und Ordnungsgefüge des Vertrages, weil sie keine Rücksicht darauf nehme, daß die Rechte und Pflichten der Parteien in vielfachen inneren Beziehungen stünden⁵¹. Wer beim Tarifvertrag das Bestehen eines solchen Äquivalenz- und Ordnungsgefüges leugne⁵², müsse zumindest beachten, daß die einzelnen Tarifbestimmungen auf mühsam errungenen Kompromissen be-

---

⁴⁵ *Löwisch*, in: MünchArbR, § 249 Rn. 37; *Löwisch/Rieble*, § 1 TVG Rn. 509; *Oetker*, RdA 1995, 82 (99) verlangt darüber hinaus einen „Anklang im Wortlaut des Tarifvertrags". Das ist kaum etwas anderes als die ausdrücklich vorbehaltene Teilkündigung; in diese Richtung auch G. *Hueck*, RdA 1968, 201 (208) und *Zachert*, AuR 1993, 294 (295).

⁴⁶ ArbG Stralsund, AuA 1993, 219 (220); *Buchner*, NZA 1993, 289 (298); *Däubler*, Tarifvertragsrecht, Rn. 1448; *Steffan*, JuS 1993, 1027 (1029).

⁴⁷ *Oetker*, RdA 1995, 82 (99). Für die Teilkündigung des Individualarbeitsvertrages auch *Ascheid*, Kündigungsschutzrecht, S. 21.

⁴⁸ *Hannig*, in: Praxiskommentar-BAT, § 74 Rn. 5; *Thiele*, RdA 1968, 424 (426) meint, wegen der in § 4 Abs. 5 TVG angeordneten Nachwirkung liege in jeder ordentlichen Kündigung ohnehin nur eine Teilkündigung des Tarifvertrags.

⁴⁹ *Hueck/Nipperdey*, Arbeitsrecht II/1, S. 469 Fn. 30; *Kaskel/Dersch*, Arbeitsrecht, S. 102; *Nikisch*, Arbeitsrecht II, S. 350 f.; *Stein*, in: Kempen/Zachert, § 4 TVG Rn. 142; *Wiedemann/Wank*, § 4 TVG Rn. 22; *Zachert*, AuR 1993, 294 (295); *Zöllner/Loritz*, Arbeitsrecht, §§ 6a I 2 und 22 I 2; im Grundsatz auch *Däubler*, Tarifvertragsrecht, Rn. 1448; wohl auch *Schaub*, Arbeitsrechts-Handbuch, § 199 Rn. 39; im Ergebnis auch G. *Hueck*, RdA 1968, 201 (208); *Oetker*, RdA 1995, 82 (99).

⁵⁰ Das ist der Haupteinwand; zu weiteren, eher formalen Bedenken G. *Hueck*, RdA 1968, 201 (204); dort auch zur Widerlegung der Einwände.

⁵¹ So ausdrücklich für die Teilkündigung des Arbeitsvertrages BAG, Urt. v. 4.2.1958, AP Nr. 1 zu § 620 BGB Teilkündigung; Urt. v. 8.11.1957, AP Nr. 2 zu § 242 BGB Betriebliche Übung; Urt. v. 14.10.1960, AP Nr. 25 zu § 123 GewO; Urt. v. 7.10.1982, AP Nr. 5 zu § 620 BGB Teilkündigung; Urt. v. 25.2.1988, 14.11.1990 AP Nrn. 18, 25 zu § 611 BGB Arzt-Krankenhaus-Vertrag; *Gumpert*, BB 1969, 409 (410); *Rost*, in KR, § 2 KSchG Rn. 51 ff. Für die Teilkündigung des Tarifvertrags *Stein*, in: Kempen/Zachert, § 4 TVG Rn. 142; *Hueck/Nipperdey*, Arbeitsrecht II/1, S. 469 Fn. 30; G. *Hueck*, RdA 1968, 201 (208); *Nikisch*, Arbeitsrecht II, S. 350 f.; *Oetker*, RdA 1995, 82 (99); *Zachert*, AuR 1993, 294 (295).

⁵² *Maus*, § 1 TVG Rn. 293a.

ruhten[53]. Zwar könnten viele Tarifbestimmungen rein nach ihrem Regelungsgehalt isoliert voneinander bestehen; sie gingen aber vielfach auf Zugeständnisse des Vertragspartners in anderen Bereichen zurück. Eine Teilkündigung einzelner Tarifbestimmung würde den zumindest latenten Zusammenhang aller Normen eines Tarifvertrags zerstören und sei deshalb unzulässig. Die Vertragsparteien könnten jedoch bestimmte Bedingungen aus dem vertraglichen Äquivalenz- und Ordnungsgefüge herausnehmen, um sie der freien Widerrufbarkeit anheimzustellen. Die Möglichkeit, nur einen Teil eines Rechtsverhältnisses zu beenden, es im übrigen aber fortzusetzen, stehe dann nicht mehr im Belieben nur einer Partei, sondern beruhe auf dem übereinstimmenden Willen beider Vertragsparteien. Solches zu vereinbaren sei Ausfluß der verfassungsrechtlich geschützten Vertragsautonomie[54].

4. Stellungnahme

In der Tat zielt die Teilkündigung darauf ab, die Vertragsbedingungen durch einen einseitigen Gestaltungsakt zu verändern. Diese Veränderung wird regelmäßig zu Lasten der anderen Vertragspartei gehen. Zwingend ist das nicht. Das Bedürfnis, den Vertrag einseitig, d.h. auch gegen den Willen der anderen Vertragsparteien zu ändern, besteht aber nur in diesem Fall[55]. Denn warum sollte die andere Vertragspartei die Zustimmung zu einer Vertragsänderung verweigern, die sie ausschließlich begünstigt? Der Eingriff in das Vertragsgefüge wird also erst zum Problem, wenn er den Vertragspartner belastet oder zumindest nicht ausschließlich begünstigt. Belastend kann die Teilkündigung aber nur insofern wirken, als sie dem Vertragspartner ein bereits bestehendes Recht entzieht. Zusätzliche Verpflichtungen, die über das vertraglich Vereinbarte hinausgehen, lassen sich mit der Teilkündigung ohnehin nicht begründen. Die Teilkündigung wirkt, wie gesagt, rein kassatorisch.

Vor diesem Hintergrund läßt die herrschende Meinung dem Änderungswilligen nur die Wahl zwischen der Beendigung des gesamten Vertrages und dem Verzicht auf die Änderung. Diese Alternative ist für beide Vertragsparteien wenig sachgerecht. Das zeigt sich besonders, wenn nur eine einzige Vertragsbedingung geändert werden soll. Verweigert sich die andere Vertragspartei einer einvernehmlichen Vertragsänderung, setzt sie sich der Gefahr aus, daß der Änderungswillige das Vertragsverhältnis durch eine Vollkündigung insgesamt beendet. Eine Vollkündigung wäre jedoch vielfach unverhältnismäßig[56]. Sich einer geringfügigen Änderung des Vertragsverhältnisses zu verweigern, wäre es nicht weniger. Die Teilkündigung ist in

---

[53] *Däubler*, Tarifvertragsrecht, Rn. 1448; *Hueck/Nipperdey*, Arbeitsrecht II/1, S. 469 Fn. 30; *G. Hueck*, RdA 1968, 201 (208); *Nikisch*, Arbeitsrecht II, S. 350 f.; *Oetker*, RdA 1995, 82 (99); *Otto*, FS Kissel (1994), S. 787 (794); Steinmeyer, Anm. zu BAG, EzA § 4 TVG Nr. 9; *Wank*, in: Wiedemann, § 4 TVG Rn. 24; ähnlich *Zachert*, AuR 1993, 294.

[54] *G. Hueck*, RdA 1968, 201 (205).

[55] So zutreffend *Joachim*, RdA 1957, 326.

[56] *Joachim*, RdA 1957, 326 (328 f.). Das wird vielfach auch von denen eingeräumt, die die Teilkündigung ansonsten ablehnen, vgl. *Herschel*, BB 1958, 160 (161).

diesen Fällen das gegenüber einer Vollkündigung mildere[57] und damit vorzugswürdige Mittel[58].

Trotzdem wird sie dem Änderungswilligen von der herrschenden Meinung verweigert. Rein tatsächlich wird aber, je höher die Anforderungen an eine Vertragsanpassung liegen, desto eher mit der Beendigung des gesamten Vertragsverhältnisses reagiert. An diesem Umstand kommt auch derjenige nicht vorbei, der die Teilkündigung ablehnt und statt dessen der Änderungskündigung das Wort redet. Mit der Änderungskündigung wird zwar nicht in das vertragliche Gefüge von Leistung und Gegenleistung eingegriffen, aber das pactum wird durchbrochen. Das ist für den Vertragspartner nicht weniger belastend. Trotzdem geht von der Änderungskündigung eine besondere Anziehungskraft aus, weil die Beendigung des Vertragsverhältnisses nicht das letzte Wort des Kündigenden ist. Vielmehr werden die neuen Vertragsbedingungen zur Disposition beider Vertragsparteien gestellt. Die Änderung der Vertragsbedingungen wird nur wirksam, wenn sich die Kontrahenten einig werden. Zu einem wirklichen Aushandeln der neuen Vertragsbedingungen kommt es jedoch in den seltensten Fällen. Für gewöhnlich werden die neuen Vertragsbedingungen einseitig vom Änderungswilligen gestellt[59]. Die andere Vertragspartei hat dann nur noch die Wahl zwischen Annahme der einseitig gestellten Vertragsbedingungen und der Beendigung des Vertrages. Unter diesen Umständen verliert der Vorwurf an Bedeutung, die Teilkündigung nötige den Vertragspartner zur Fortsetzung des Vertragsverhältnisses unter für ihn ungünstigeren oder ungewollt veränderten Bedingungen[60]. Im Ergebnis verlangt ihm die Teilkündigung nicht mehr ab als eine Änderungskündigung. Weiterhin übersieht die herrschende Meinung, daß die Teilkündigung nicht das Vorrecht einer bestimmten Partei ist, sondern beiden Vertragspartnern zusteht[61]. Die Teilkündigung des Änderungswilligen kann der Vertragspartner seinerseits zum Anlaß für eine Teilkündigung nehmen, und er wird dies tun, wenn er sich übervorteilt fühlt. Mehr noch: Er kann die Teilkündigung des Änderungswilligen mit einer Vollkündigung beantworten. Dieser Möglichkeit muß sich der Änderungswillige stets bewußt sein. Sie wird ihn in vielen Fällen von voreiligen Teilkündigungen abhalten. Das gilt zumindest dann, wenn sich gleich starke Vertragsparteien gegenüberstehen.

Damit ist ein wichtiger Unterschied zwischen der Teilkündigung von Individualverträgen und Kollektivvereinbarungen markiert. Beim Individualvertrag stehen Vertragsparteien einander gegenüber, zwischen denen keine Parität herrscht. Zugunsten des Arbeitnehmers als der präsumtiv schwächeren Partei wirkt ein Kündigungsschutz, der die Beendigung des Arbeitsverhältnisses davon abhängig macht, daß der Arbeitgeber über einen rechtlich beachtlichen Kündigungsgrund verfügt.

---

[57] Damit ist nicht gesagt, daß die Teilkündigung gegenüber der Vollkündigung ein wesensgleiches Minus ist; dagegen *Herschel*, BB 1958, 160.
[58] So nur *Joachim*, RdA 1957, 326 (328 f.).
[59] Davon geht jedenfalls § 2 KSchG aus.
[60] G. *Hueck*, RdA 1968, 201 (204).
[61] Zweifel daran äußert *Zachert*, AuR 1993, 294 (295), der die Teilkündigung offenbar nur der Gewerkschaft zugestehen möchte, dies aber für wenig durchsetzbar hält.

Da die Teilkündigung nicht auf die Beendigung des gesamten Vertragsverhältnisses, sondern nur einzelner seiner Bedingungen zielt, besteht folglich auch kein Kündigungsschutz[62]. Der Arbeitnehmer könnte zwar eine Teilkündigung des Arbeitgebers mit einer Vollkündigung des Arbeitsverhältnisses erwidern. Damit würde ihm aber in unzumutbarer Weise der „Schwarze Peter" zugeschoben. Er würde seinen eigenen Kündigungsschutz verlieren, da die Kündigung dann von ihm selbst ausginge[63]. Umgekehrt könnte der Arbeitgeber bei einer Teilkündigung des Arbeitnehmers diese gerade wegen des Kündigungsschutzes nur schwer mit einer Vollkündigung beantworten[64]. Rechtsprechung und herrschende Lehre gehen deshalb zu Recht von der Unzulässigkeit der Teilkündigung des Individualarbeitsvertrages aus.

Wo Regelungen zum Kündigungsschutz fehlen, gehen die Einwände gegen die Teilkündigung jedoch ins Leere. Im Tarifvertragsrecht und im Betriebsverfassungsrecht besteht ein freies Kündigungsrecht[65]. Die Rechtsordnung geht von der Parität der Tarifvertragsparteien aus. Sie vertraut darauf, daß Teilkündigungen genauso wohlüberlegt ausgesprochen werden wie Vollkündigungen. Die Tarifvertragsparteien wissen, daß eine Teilkündigung mit einer Teil- oder Vollkündigung erwidert werden kann. Für die Laufzeit des Vertrages sind sie vor ordentlichen Teilkündigungen genauso gefeit wie vor Beendigungskündigungen. Einen darüber hinausgehenden Schutz benötigen sie nicht.

Hinzu kommt, daß die Teilkündigung eines Tarifvertrags die gekündigte Vertragsbedingung nicht sofort entfallen läßt. Vielmehr wirken die gekündigten Teile gemäß § 4 Abs. 5 TVG nach, bis sie durch eine andere Abmachung ersetzt werden[66]. Zwar spricht § 4 Abs. 5 TVG nur vom „Ablauf des Tarifvertrags". Der Wortlaut unterscheidet aber nicht danach, ob der gesamte Tarifvertrag abläuft oder nur einzelne Teile davon. Maßgeblich ist der Normzweck. § 4 Abs. 5 TVG hat im wesentlichen Überbrückungsfunktion. Dadurch, daß die Normen des bisher geltenden Tarifvertrags auch nach seinem Ablauf fortgelten, soll verhindert werden, daß das tariflich geregelte Arbeitsverhältnis „inhaltsleer" wird. Diese Folge wird vermieden, wenn die alten Tarifbedingungen so lange weitergelten, bis sie durch andere Bedingungen ersetzt werden. Überdies versetzt die Nachwirkung die Tarifvertragsparteien in die Lage, ohne Zeitdruck über die neuen Bedingungen zu verhandeln, da bis zur Vereinbarung neuer Bedingungen die bisherigen Regelungen

---

[62] *Gumpert*, BB 1969, 409; *Hueck/Nipperdey*, Arbeitsrecht I, S. 551 f.; *G. Hueck*, RdA 1968, 201 (204 f.); *Joachim*, RdA 1957, 329; *Monjau*, DB 1959, 707 (708); *Nikisch*, Arbeitsrecht I, S. 702.
[63] *Frey*, AuR 1958, 97 (98); *G. Hueck*, RdA 1968, 201 (204); *Nikisch*, Arbeitsrecht I, S.702.
[64] *G. Hueck*, RdA 1968, 201 (204).
[65] Die Versuche von *Schaub*, BB 1990, 287 ff. und *Hanau/Preis*, NZA 1991, 81 ff., zumindest für Betriebsvereinbarungen einen Kündigungsschutz praeter legem zu schaffen, dürfen als gescheitert betrachtet werden, vgl. *Fitting*, § 77 BetrVG Rn. 146; *Leinemann*, BB 1989, 1907 f.; *Loritz*, RdA 1991, 67 ff.; *Richardi*, § 77 BetrVG Rn. 185; Die Rechtsprechung ist diesen Überlegungen jedenfalls nicht gefolgt, vgl. BAG, Beschl. v. 26.4.1990, AP Nr. 4 zu § 77 BetrVG 1972 Nachwirkung; Beschl. v. 10.3.1992, AP Nr. 5 zu § 1 BetrAVG; Beschl. v. 26.10.1993, 17.1.1995, AP Nrn. 6, 7 zu § 77 BetrVG 1972 Nachwirkung.
[66] *Thiele*, RdA 1968, 424 (426). Bei einer außerordentlichen Teilkündigung kann das anders sein, s. 4. Teil, IV 5 c bb.

gültig bleiben⁶⁷. Der Überbrückungsschutz, den § 4 Abs. 5 TVG bieten will, hängt nicht davon ab, ob sämtliche oder nur einige Tarifbedingungen enden. Bei einer Teilkündigung würden die Arbeitsverhältnisse zumindest teilweise inhaltsleer. Zudem benötigen die Tarifvertragsparteien auch nach einer Teilkündigung Zeit für eine Neuregelung. Schließlich verbietet der Schutzzweck der Norm eine enge, nur die Vollkündigung einbeziehende Auslegung des § 4 Abs. 5 TVG. Führt die Teilkündigung eines Tarifvertrags aber zur Nachwirkung der gekündigten Teile, kann erst recht nicht von einem Eingriff in das Vertragsgefüge die Rede sein. Freilich büßt der gekündigte Teil des Tarifvertrags seine zwingende Wirkung ein und kann individual- oder kollektivvertraglich abgelöst werden. Einer Ablösung durch Betriebsvereinbarung steht zumeist § 77 Abs. 3 BetrVG entgegen, und zu einer anderen einzelvertraglichen Abmachung werden sich nicht alle Arbeitnehmer bereitfinden. Auch das Instrument der Änderungskündigung verspricht in diesem Fall nur wenig Erfolg⁶⁸.

Auswirkung hat eine Teilkündigung des Tarifvertrags letztlich nur, wenn damit eine dynamische Verweisungsnorm beseitigt wird. Die Teilkündigung verhindert dann die automatische Anpassung des Tarifvertrags an die in Bezug genommene Norm. Die Teilkündigung läßt die Verweisungsnorm entfallen. Zwar wirkt die Klausel nach; Zweck der Nachwirkung ist jedoch nur die Erhaltung des bisherigen Rechtszustandes. Um dieses Ziel zu erreichen, braucht die in Bezug genommene Norm nicht in ihrer jeweiligen Fassung fortzuwirken. Es genügt, daß sie in der Fassung nachwirkt, die sie beim Wirksamwerden der Kündigung hatte⁶⁹. Die Beendigung der Anpassungsautomatik kann damit den Interessen derjenigen Tarifvertragsparteien zuwiderlaufen, zu deren Gunsten sich die Änderung der in Bezug genommenen Norm ausgewirkt hätte. Aber auch darin liegt kein Eingriff in das tarifvertragliche Gesamtgefüge. Die Teilkündigung einer dynamischen Verweisungsklausel führt letztlich nur dazu, daß sich an der bisherigen Rechtslage nichts ändert.

Mitunter wird behauptet, Teilkündigungen würden die Gefahr „unerträglicher Rechtsunsicherheit" in sich bergen⁷⁰. Derartige Vorbehalte sind unbegründet. Eine Teilkündigung bringt nicht mehr Rechtsunsicherheit mit sich als eine Vollkündigung. Ist die Kündigung hinreichend genau formuliert, wissen die Vertragsparteien, woran sie sind⁷¹. Beim Tarifvertrag kommt noch ein weiteres hinzu: Zwar entstehen aufgrund der kassatorischen Wirkung der Teilkündigung im Tarifvertrag Lücken. Solange die Tarifvertragsparteien keine andere Regelung treffen, wirkt jedoch die alte Regelung gemäß § 4 Abs. 5 TVG nach. Aus diesem Grund spielt es beim Ta-

---

⁶⁷ BAG, Urt. v. 18.3.1992, 2.12.1992, AP Nrn. 13, 14 zu § 3 TVG; Urt. v. 5.10.1993, AP Nr. 42 zu § 1 BetrAVG Zusatzversorgungskassen; Urt. v. 14.6.1994, AP Nr. 2 zu § 3 TVG Verbandsaustritt; Urt. v. 13.7.1995, AP Nr. 14 zu § 3 TVG Verbandszugehörigkeit, Urt. v. 13.12.1995, DB 1996, 1284. So auch die allgemeine Meinung, vgl. *Däubler*, Tarifvertragsrecht, Rn. 1450; *Hromadka/Maschmann/Wallner*, Der Tarifwechsel, Rn. 248 f.; *Kempen*, in: Kempen/Zachert, § 4 TVG Rn. 530 ff.; *Löwisch/Rieble*, § 4 TVG Rn. 371 ff.; *Söllner/Waltermann*, Arbeitsrecht, § 16 II 4 b.
⁶⁸ Im einzelnen *Hromadka/Maschmann/Wallner*, Der Tarifwechsel, Rn. 265 ff; kritisch zur Ablösung durch andere als tarifliche Regelungen *Kempen*, in: Kempen/Zachert, § 4 TVG Rn. 531.
⁶⁹ BAG, Urt. v. 10.11.1982, AP Nr. 8 zu § 1 TVG Form.
⁷⁰ *Frey*, AuR 1958, 100; *Gutekunst*, RdA 1959, 370; *Herschel*, BB 1958, 160 (162).
⁷¹ *G. Hueck*, RdA 1968, 201 (204).

rifvertrag auch keine Rolle, ob sich der Tarifvertrag in mehrere selbständige Teile spalten läßt, und ob diese nach der Kündigung noch eine sinnvolle Regelung darstellen[72].

Auch arbeitskampfrechtliche Gesichtspunkte sprechen nicht gegen eine Teilkündigung von Tarifverträgen. Kündigt eine Tarifvertragspartei nur eine einzelne Tarifbestimmung, will sie den Arbeitskampf auf diese Frage beschränken. Das ist ihr gutes Recht. Für den nicht gekündigten Teil des Tarifvertrags besteht weiterhin Friedenspflicht. Der Vertragspartner kann das akzeptieren. Er kann die Regelungsbereiche, um die ein Arbeitskampf geführt werden soll, dadurch erweitern, daß er seinerseits den Tarifvertrag ganz oder teilweise kündigt. Ob eine Teilkündigung zweckmäßig ist, steht auf einem anderen Blatt. Gehen die Tarifbedingungen auf wechselseitige Zugeständnisse zurück, wird es sich häufig empfehlen, den Tarifvertrag vollständig zu kündigen, um über alle Bestimmungen verhandeln und notfalls einen Arbeitskampf führen zu können. Zwingend ist das nicht.

Aus der Tatsache, daß die Teilkündigung des Tarifvertrags das gegenüber der Vollkündigung mildere Mittel darstellt, darf nicht gefolgert werden, daß vor der Vollkündigung eines Tarifvertrags zunächst eine Teilkündigung ausgesprochen werden muß[73]. Das ultima-ratio-Prinzip, das das Arbeitskampfrecht prägt, will nur den Einsatz von Arbeitskampfmaßnahmen verbieten, solange nicht alle zumutbaren Möglichkeiten einer friedlichen Einigung ausgeschöpft sind[74]. Ob ein Arbeitskampf um den Tarifvertrag im ganzen oder nur um einzelne Bestimmungen geführt wird, liegt in der freien Entscheidung der Vertragsparteien. Nichts anderes folgt aus dem Gebot der Verhältnismäßigkeit. Dieses verbietet Kampfmaßnahmen, die zur Erreichung des Kampfzieles nicht geeignet oder nicht erforderlich sind oder außer Verhältnis zum erstrebten Ziel stehen[75]. Welches Ziel die Tarifvertragsparteien verfolgen, ist ihre Sache. Sie können den Tarifvertrag ganz oder teilweise neuverhandeln und dementsprechend Kampfmittel einsetzen.

Bedenken könnten allerdings im Hinblick auf die Einhaltung von Kündigungsterminen und -fristen bestehen. Eine Tarifvertragspartei könnte eine Teilkündigung so lange hinauszögern, bis der anderen Partei wegen des Ablaufs der Kündigungsfrist oder des Verstreichens eines Kündigungstermines keine Möglichkeit mehr bliebe, ihrerseits eine Teil- oder Vollkündigung auszusprechen. Zwar könnte

---

[72] So aber *G. Hueck*, RdA 1968, 201 (208); *Koberski/Clasen/Menzel*, § 1 TVG Rn. 182 f.; *Löwisch*, in: MünchArbR, § 249 Rn. 37 und *Löwisch/Rieble*, § 1 TVG Rn. 509; *Maus*, § 1 TVG Rn. 293a. Für eine generelle Unzulässigkeit Wiedemann/*Wank*, § 4 TVG Rn. 24.

[73] So zu Recht *Zachert*, AuR 1993, 294 (295). Anderes gilt im Individualarbeitsrecht. Dort verlangt die Rechtsprechung vor Ausspruch einer betriebsbedingten Beendigungskündigung die Unterbreitung eines Änderungsangebotes, vgl. nur BAG, Urt. v. 27.9.1984, AP Nr. 8 zu § 2 KSchG 1969.

[74] BAG GS, Beschl. v. 28.1.1955, AP Nr. 1 zu Art. 9 GG Arbeitskampf; BAG Beschl. v. 19.1.1962, AP Nr. 13 zu § 2 TVG; Urt. v. 20.12.1963, AP Nr. 34 zu Art. 9 GG Arbeitskampf; BAG GS, Beschl. v. 21.4.1971, AP Nr. 43 zu Art. 9 GG Arbeitskampf; Urt. v. 10.6.1980, AP Nr. 65 zu Art. 9 GG Arbeitskampf; *Brox/Rüthers/Henssler*, Arbeitsrecht, Rn. 798; *Brox/Rüthers*, Arbeitskampfrecht, Rn. 197; *Hueck/Nipperdey*, Arbeitsrecht II/1, S. 939 ff.; *Söllner/Waltermann*, Arbeitsrecht, § 12 II 5 c bb; *Zöllner/Loritz*, Arbeitsrecht, § 40 VI 4 a.

[75] BAG, Urt. v. 10.6.1980, AP Nr. 65 zu Art. 9 GG Arbeitskampf; *Brox/Rüthers/Henssler*, Arbeitsrecht, Rn. 796; *Zöllner/Loritz*, Arbeitsrecht, § 40 VI 4 b.

§ 11 *Teilkündigung* 385

sich die kündigende Partei mit der Teilkündigung nicht eines Teiles ihrer Pflichten entledigen, weil der gekündigte Teil nachwirkt. Aber sie hätte es in der Hand, den Arbeitskampf auf bestimmte tarifliche Regelungsbereiche zu beschränken. Doch selbst solche Manöver sprechen nicht gegen die grundsätzliche Zulässigkeit einer Teilkündigung. Eine Partei, die sich derartiger Mittel bedient, muß sich bewußt sein, daß ihr beim nächsten Mal ähnliches widerfahren kann. Deshalb darf man auf die Vernunft der Tarifvertragsparteien vertrauen, solche Manipulationen zu unterlassen. In Ausnahmefällen kann es der Tarifvertragspartei, die die Teilkündigung zur Unzeit ausspricht, nach Treu und Glauben (§ 242 BGB) verwehrt sein, sich darauf zu berufen, daß die andere Partei die Kündigungsfrist oder den Kündigungstermin versäumt hat. Im übrigen läßt sich ein Arbeitskampf auch dann noch mit Aussicht auf Erfolg führen, wenn es um einen einzigen Regelungspunkt geht, vorausgesetzt, es handelt sich um eine wichtige Materie. Das hat der Konflikt um die Regelung und die Neuregelung der Entgeltfortzahlung im Krankheitsfall hinlänglich bewiesen.

Die Bedenken gegen die Teilkündigung sind also unbegründet. Sie ist entgegen der h.M. auch dann zulässig, wenn sie nicht eigens vorbehalten wurde, und sie hängt von keinen weiteren Bedingungen ab. Insbesondere kommt es nicht darauf an, daß ein selbständiger Teil eines Tarifvertrags gekündigt wird.

III. Gesetzliches Verbot der Teilkündigung

Die Befugnis zu einer Kündigung nur eines Teiles des Tarifvertrags ist ebenso selbstverständlicher Teil der Tarifautonomie wie das Recht, den Tarifvertrag insgesamt zu beenden. Die Teilkündigung muß daher nicht eigens durch eine gesetzliche Vorschrift zugelassen werden[76]. Zu prüfen ist aber, ob die Teilkündigung nicht gesetzlich ausgeschlossen ist. Gesetzliche Regelungen über die Beendigung von Tarifverträgen, insbesondere durch Kündigung, fehlen. Da sich das Zustandekommen und die Beendigung des Tarifvertrags nach allgemeinem Privatrecht richten, könnte die Teilkündigung durch Vorschriften des Allgemeinen Schuldrechts, insbesondere durch § 266 BGB oder § 311 BGB, ausgeschlossen sein.

Das ist jedoch nicht der Fall. § 266 BGB verbietet dem Schuldner zwar, Teilleistungen zu erbringen. Daraus ergibt sich aber kein Verbot der Teilkündigung[77]. Was § 266 BGB meint, ist die einzelne bereits entstandene und fällige Schuld, die nicht in Raten erbracht werden soll, um Belästigungen des Gläubigers durch mehrfache Leistungen zu verhindern[78]. § 266 BGB betrifft nicht das Schuldverhältnis als ganzes, aus dem immer wieder neue Rechte und Pflichten entstehen[79]. Die Erfüllung einer Verpflichtung aus einem teilweise geänderten Schuldverhältnis ist demnach

---

[76] A.A. *Oetker*, RdA 1995, 82 (99).
[77] So aber *Lehmann*, in Enneccerus/Lehmann, Schuldrecht, S. 103, der meint, da der Gläubiger zur Annahme von Teilzahlungen nicht verpflichtet sei, brauche er sich auch die Kündigung eines Teiles der Schuld nicht gefallen zu lassen.
[78] RGZ 79, 361.
[79] *Herschel*, BB 1958, 160 f.; *Joachim*, RdA 1957, 326 (329).

auch keine Teilleistung. Ähnliches gilt für § 311 Abs. 1 BGB. Zwar ist danach zur Änderung des Inhalts eines Schuldverhältnisses ein Vertrag zwischen den Beteiligten erforderlich, soweit nicht das Gesetz ein anderes vorschreibt. Gemeint ist damit aber nur das Schuldverhältnis im engeren Sinne, d.h. die einzelne, bereits entstandene Forderung. Insoweit normiert § 311 Abs. 1 BGB nichts anderes als den Grundsatz der Vertragstreue[80]. Keiner der Beteiligten soll eine bereits entstandene Forderung einseitig zu seinen Gunsten verändern können. Pacta sunt servanda. Das Schicksal eines Schuldverhältnisses im weiteren Sinne betrifft § 311 Abs. 1 BGB überhaupt nicht[81]. Jedenfalls regelt es nicht die Beendigung eines Schuldverhältnisses, weder im ganzen noch in einzelnen Teilen. Das ist vor allem eine Frage des Kündigungsrechts. Daran ändert auch der Umstand nichts, daß nur gewisse Teile eines Schuldverhältnisses gekündigt werden, da der Kündigende jedenfalls nicht einseitig neue, zusätzliche Verpflichtungen für den Vertragspartner begründen kann.

IV. Vertraglicher Ausschluß der Teilkündigung

1. Ausdrückliche Regelung

Denkbar ist auch, daß die Teilkündigung durch eine Vereinbarung der Tarifvertragsparteien ausgeschlossen ist. Ein solcher Ausschluß steht den Tarifvertragsparteien als Herren der Verträge im Rahmen der Tarifautonomie ohne weiteres frei[82]. Nur wenige Tarifverträge regeln die Teilkündigung ausdrücklich. Wenn überhaupt, wird die Teilkündigung nicht verboten, sondern ausdrücklich zugelassen. Für gewöhnlich werden dann Teil- und Vollkündigung gleichbehandelt, etwa im Hinblick auf die Einhaltung von Kündigungsterminen und -fristen. Typisch sind in diesem Fall Klauseln wie: „Der Tarifvertrag kann mit einer Frist von ... Monaten ganz oder teilweise gekündigt werden". Eine ausdrückliche Regelung der Kündigung von Teilen des Tarifvertrags ist erforderlich, wenn gewisse Bestimmungen von der gewöhnlichen Laufzeit des Tarifvertrags ausgenommen oder nur zusammen mit anderen Bestimmungen kündbar sein sollen[83].

2. Fehlende Regelung

Fehlen ausdrückliche Regelungen zur Teilkündigung, ist durch Auslegung zu ermitteln, ob die Tarifvertragsparteien ihren Tarifvertrag als einheitliches Ganzes sehen, das nur insgesamt, nicht aber in seinen Teilen gekündigt werden kann. Nach den allgemeinen Auslegungsgrundsätzen müßte ein entsprechender Wille im Wort-

---

[80] So zutreffend *Joachim*, RdA 1957, 326 (329).
[81] Offengelassen von G. *Hueck*, RdA 1968, 201 (204); *Herschel*, BB 1958, 160 f.
[82] *Oetker*, RdA 1995, 82 (98).
[83] Beispiel für eine höchst differenzierte Regelung der Teilkündigung ist § 74 BAT. Der BAT kann grundsätzlich ohne Einhaltung einer Frist oder eines Termines gekündigt werden. Von diesem Grundsatz macht § 74 Abs. 2 Satz 2 BAT zahlreiche Ausnahmen.

laut des Tarifvertrags eine Andeutung erfahren haben[84]. Das gebietet formal das Schriftformerfordernis des § 1 Abs. 2 TVG, material der Umstand, daß Tarifverträge die Rechtsverhältnisse von an der Normsetzung unbeteiligten Dritten regeln, denen der Wille der Tarifvertragsparteien nicht bekannt ist. An derartigen Andeutungen wird es zumeist fehlen. Das wäre dann unschädlich, wenn der Ausschluß der Teilkündigung dem entspräche, wovon Tarifvertragsparteien üblicherweise ausgehen. Eine solche Gepflogenheit oder Verkehrssitte besteht nicht. Für gewöhnlich laufen die Bestimmungen eines Manteltarifvertrages über Jahre, geändert werden allenfalls einzelne Regelungen. Dann aber besteht kein Anlaß, die Kündigung nur von Teilen des Tarifvertrags auszuschließen. Die Tarifvertragsparteien wollen im Gegenteil in aller Regel nur die teilweise, nur selten die vollständige Beendigung der Vertragsbeziehungen. Schon das zeigt, wie schwach das Argument ist, die Tarifvertragsparteien sähen ihren Vertrag als Ganzes[85]. Sicher wollen die Tarifvertragsparteien für die Laufzeit ihres Vertrages Eingriffe in die vertragliche Ordnung, die nicht unbedingt ein synallagmatisches Austauschverhältnis von Leistungen und Gegenleistungen sein muß, vermeiden. Davor schützt sie die relative Friedenspflicht. Nach Ablauf des Tarifvertrags können die Tarifvertragsparteien den denkbar stärksten Eingriff in die tarifvertragliche Ordnung ohnehin nicht verhindern: ihre Auflösung. Widersprüchlich wäre dann die Annahme, den Tarifvertragsparteien sei zwar die Auflösung der tarifvertraglichen Ordnung recht, nicht aber ihre Umgestaltung. Es bleibt dabei: Der Tarifvertrag kann zu den vereinbarten Kündigungsterminen und -fristen, auch teilweise gekündigt werden. Der Ausschluß der Teilkündigung im Tarifvertrag ist zwar zulässig. Er muß aber ausdrücklich erklärt werden.

§ 12 Außerordentliche Kündigung von Tarifverträgen und Wegfall der Geschäftsgrundlage

I. Außerordentlichen Kündigung

1. Jederzeitige Kündbarkeit unzumutbar gewordener Dauerschuldverhältnisse

An eine außerordentliche Kündigung ist immer dann zu denken, wenn das Recht zur ordentlichen Kündigung ausgeschlossen oder zeitlich beschränkt ist, etwa durch die Bindung an Termine oder Fristen. Das gilt für Teilkündigungen genauso wie für Vollkündigungen. Die außerordentliche Kündigung ermöglicht die sofortige Lösung von einem Dauerschuldverhältnis, wenn einer Vertragspartei das Festhalten am Vertrage aus wichtigem Grunde nicht länger zugemutet werden kann. Dieser Grundsatz war vor der Schuldrechtsreform unter anderem in den §§ 554a, 626 Abs. 1, 723 Abs. 1 BGB regelt; seit dem 1.1.2002 gilt er nach § 314 BGB für alle

---

[84] St. Rspr., vgl. zuletzt BAG, Urt. v. 25.10.1995, AP Nr. 208 zu § 22, 23 BAT 1975.
[85] So aber *Hueck/Nipperdey*, Arbeitsrecht II/1, S. 469 Fn. 30; *Nikisch*, Arbeitsrecht II, S. 350; *Oetker*, RdA 1995, 82 (99); *Wank*, in: Wiedemann, § 4 TVG Rn. 24.

4. Teil: Änderung und Beseitigung von Übernahme- und Verweisungsklauseln

Dauerschuldverhältnisse[86] und damit auch für Tarifverträge[87]. Die Rechtsordnung kann von den Vertragsparteien nicht verlangen, ein unzumutbar gewordenes Dauerschuldverhältnis aufrechtzuerhalten, und sie verlangt es nicht[88]. Schon § 242 BGB läßt sich der allgemeine Grundsatz entnehmen, daß eine vereinbarte Leistung (nur) so zu bewirken ist und (nur) so gefordert werden kann, wie Treu und Glauben es mit Rücksicht auf die Verkehrssitte gebieten. Für Normenverträge kann nichts anderes gelten. Rechtsprechung[89] und Literatur[90] erkennen deshalb überwiegend ein Recht zur außerordentlichen Kündigung von Tarifverträgen an.

2. *Beschränkungen der jederzeitigen Kündbarkeit von Tarifverträgen*

a) *Gesetzliche Beschränkungen*

Während Betriebs- und Sprechervereinbarungen nur mit einer gesetzlichen Frist von drei Monaten gekündigt werden können, soweit nichts anderes vereinbart ist (§§ 77 Abs. 5 BetrVG bzw. 28 Abs. 2 Satz 4 SprAuG), enthält das TVG weder Bestimmungen zu Kündigungsfristen noch zu Kündigungsterminen. Die frühere Literatur ging, wenn nichts anderes vereinbart war, von der jederzeitigen Kündbarkeit des Tarifvertrags aus[91]. Die neuere Lehre nimmt im Zweifel eine Kündigungsfrist von drei Monaten an[92]. In diese Richtung tendiert auch das BAG[93].

---

[86] BGHZ 29, 172; 41, 108; BGH, NJW 1989, 1483; *Haarmann*, Geschäftsgrundlage, S. 35; *Heinrichs*, in: Palandt-EB, § 314 BGB Rn. 4 ff.; *Henkel*, FS Mezger (1954), S. 249 (261); *Kramer*, in: MünchKomm, Einl. zu §§ 241 ff. BGB Rn. 88; *Larenz*, Schuldrecht I, § 2 VI; *Oetker*, Dauerschuldverhältnis, S. 268 f.; *J. Schmidt*, in: Staudinger, § 242 BGB Rn. 1161; *M. Wolf*, in: Soergel, § 305 BGB Rn. 20.

[87] *Stein*, in: Kempen/Zachert, § 4 TVG Rn. 134; *Oetker*, RdA 1995, 82 (93 f.); *Zachert*, RdA 1996, 140 (149); rechtshistorisch *Dreschers*, Tarifvertrag in Deutschland, S. 433 ff.

[88] Dieser Grundsatz ist überpositiven Ursprungs und Bestandteil der allgemeinen Rechtslehre, vgl. *Belling*, NZA 1996, 906 (907); *Buchner*, NZA 1993, 289 (293); *Gitter*, AuR 1970, 129 (131); *Henkel*, FS Mezger (1954), S. 249 (260); *Oetker*, RdA 1995, 82 (94); *Säcker/Oetker*, Tarifautonomie, S. 230.

[89] BAG, Urt. v. 14.11.1958, AP Nr. 4 zu § 1 TVG Friedenspflicht; AP Nr. 1 zu Art. 24 VerfNRW; Urt. v. 10.11.1982, AP Nr. 8 zu § 1 TVG Form; Urt. v. 18.12.1996, 18.6.1997, 18.2.1998, AP Nr. 1, 2, 3 zu § 1 TVG Kündigung; LAG Sachsen, Urt. v. 5.12.1995, 1 Sa 494/95.

[90] *Bauer/Diller*, DB 1993, 1085 (1090); *Belling*, NZA 1996, 906 (907); *Brox/Rüthers*, Arbeitskampfrecht, Rn. 363; *Buchner*, NZA 1993, 289 (293 ff.); *Däubler*, Tarifvertragsrecht, Rn. 1443; *Henssler*, ZfA 1994, 487 (490); *Hueck/Nipperdey*, Arbeitsrecht II/1, S. 425; *Stein*, in: Kempen/Zachert, § 4 TVG Rn. 134; *Koch*, AuA 1993, 232 (234); *Löwisch/Rieble*, § 1 TVG Rn. 514 ff.; *Löwisch*, Anm. zu BAG, AP Nr. 1 zu § 1 TVG Kündigung; *Lohs*, Anpassungsklauseln in Tarifverträgen, S. 81 ff.; *Nikisch*, Arbeitsrecht II, S. 351; *Oetker*, RdA 1995, 82 (93 ff.); *Otto*, FS Kissel (1994), S. 787 (789); *Rüthers*, NJW 1993, 1628 (1629); *Schaub*, Arbeitsrechts-Handbuch, § 199 Rn. 40 ff.; *Söllner/Waltermann*, Arbeitsrecht, § 16 II 4; *Steffan*, JuS 1993, 1027 (1028); *Thiele*, RdA 1968, 424 (425); *Wank*, in: Wiedemann, § 4 TVG Rn. 26; *Zachert*, NZA 1993, 299 (300); RdA 1996, 140 (149), skeptisch allerdings *Beuthien/Meik*, DB 1993, 1518; *Unterhinninghofen*, AuR 1993, 101.

[91] *Nikisch*, Arbeitsrecht II, S. 350; *Hueck/Nipperdey*, Arbeitsrecht II/1, S. 470 m.w.N.; *Thiele*, RdA 1968, 424 (426).

[92] *Däubler*, Tarifvertragsrecht, Rn. 1435; *Gamillscheg*, Kollektives Arbeitsrecht I, § 17 IV 4 c; *Stein*, in: Kempen/Zachert, § 4 TVG Rn. 132; *Löwisch/Rieble*, § 1 TVG Rn. 507; *Oetker*, RdA 1995, 82 (92); *Stein*, Tarifvertragsrecht, Rn. 123; *Schaub*, Arbeitsrechts-Handbuch, § 199 Rn. 39; *Wank*, in: Wiedemann, § 4 TVG Rn. 22.

[93] BAG, Urt. v. 18.6.1997, AP Nr. 2 zu § 1 TVG Kündigung; zuvor bereits ähnlich BAG, Urt. v. 10.11.1982, AP Nr. 8 zu § 1 TVG Form. Die Frage war bislang nicht entscheidungserheblich, da die meisten Tarifverträge Vorschriften über Laufzeiten, Kündigungstermine und Kündigungsfristen enthalten.

Der neueren Lehre ist zu folgen. Daß die Parteien eine Ewigbindung wollten, ist nicht anzunehmen. Sie wäre auch nicht zulässig[94]. Andererseits würde die jederzeitige Kündbarkeit eines Tarifvertrags seiner Friedens- und der Ordnungsfunktion zuwiderlaufen. Als Normenvertrag soll der Tarifvertrag die Arbeitsbedingungen der Tarifunterworfenen für eine gewisse Zeit festlegen und damit Stabilität und Planungssicherheit schaffen. Zwar führt die sofortige Beendigung des Tarifvertrags wegen der Nachwirkung nicht zum Wegfall der Tarifnormen. Jedoch endet die (relative) Friedenspflicht, so daß unmittelbar nach der Kündigung ein Arbeitskampf geführt werden darf. Darauf müssen sich die Parteien einstellen können. Um ihnen entsprechende Dispositionen zu ermöglichen, muß die Kündigung des Tarifvertrags an eine Frist gebunden werden. In Betracht kommt die analoge Anwendung der gesetzlichen Kündigungsfrist für Betriebs- und Sprechervereinbarungen[95]. Dafür spricht, daß es sich bei Betriebs- und Sprechervereinbarungen ebenfalls um Normenverträge handelt. Eine Kündigungsfrist von drei Monaten erlaubt den Parteien, Kampfmaßnahmen vorzubereiten, ohne daß sie eine übermäßig lange Bindung bewirkt.

b) Tarifvertragliche Beschränkungen

Dessen ungeachtet können die Tarifvertragsparteien selbst Kündigungsfristen und -termine regeln[96]. Dabei spricht nichts dagegen, eine andere als die in §§ 77 Abs. 5 BetrVG, 28 Abs. 2 Satz 4 SprAuG genannte Kündigungsfrist zu vereinbaren. Es gibt keinen Grund, daß die bei Betriebs- und Sprechervereinbarungen dispositiv geltende gesetzliche Kündigungsfrist bei nur entsprechender Anwendung auf Tarifverträge unabdingbar sein soll[97]. Eine zwingende Wirkung hätte der Gesetzgeber ausdrücklich anordnen müssen. Das wäre kein Eingriff in die Tarifautonomie, sondern eine Ausgestaltung, da sie zum Kreis der bislang nicht gesetzlich normierten Grund- und Ausgangsvoraussetzungen der Regelung von Arbeitsbedingungen gehören würde[98]. Freilich dürfen die Tarifvertragsparteien das Kündigungsrecht nicht durch überlange Fristen oder seltene Termine derart beschränken, daß es zu einem unzulässigen Verzicht auf die tarifautonome Regelungsmacht kommt[99]. Der immer ra-

---

[94] *Oetker*, Dauerschuldverhältnis, S. 248 ff.; *ders.* RdA 1995, 82 (91); ähnlich *Stein*, in: Kempen/Zachert, § 4 TVG Rn. 133; *Löwisch/Rieble*, § 1 TVG Rn. 127.
[95] So *Löwisch/Rieble*, § 1 TVG Rn. 507; *Oetker*, RdA 1995, 82 (91); *Wank*, in: Wiedemann, § 4 TVG Rn. 22.
[96] *Däubler*, Tarifvertragsrecht, Rn. 1434; *Stein*, in: Kempen/Zachert, § 4 TVG Rn. 131; *Hueck/Nipperdey*, Arbeitsrecht II/1, S. 470; *Löwisch/Rieble*, § 1 TVG Rn. 507; *Oetker*, RdA 1995, 82 (92); *Wank*, in: Wiedemann, § 4 TVG Rn. 21.
[97] *Oetker*, RdA 1995, 82 (92).
[98] Eine andere Frage ist, ob die Ausgestaltung von Kündigungsfristen als zwingende Normen von der Sache her geboten ist. Unzulässig wäre eine einheitliche, für sämtliche Arten von Tarifverträgen geltende Kündigungsfrist, da sie die notwendigen Unterschiede in der Laufzeit von Tarifverträgen außer acht ließe.
[99] BAG, Urt. v. 10.11.1982, AP Nr. 8 zu § 1 TVG Form; *Oetker*, RdA 1995, 82 (92).

schere Wandel der wirtschaftlichen Verhältnisse verlangt nach Möglichkeiten kurzzeitiger Anpassung. Damit verträgt sich eine zu lange Bindung nicht[100].

Die Tarifvertragsparteien können das Recht zur ordentlichen Kündigung – zumindest für einen gewissen Zeitraum – auch völlig ausschließen[101]. Das entspricht der Rechtslage im allgemeinen Vertragsrecht[102]. Die entsprechende Anwendung der §§ 77 Abs. 5 BetrVG, 28 Abs. 2 Satz 4 SprAuG auf den Tarifvertrag steht dem nicht entgegen. Der Ausschluß der ordentlichen Kündigung kann ausdrücklich oder konkludent erfolgen. Ist der Tarifvertrag von vornherein auf eine bestimmte Laufzeit abgeschlossen, ergibt sich aus seiner Befristung der Wille der Tarifvertragsparteien, daß der Tarifvertrag für diese Zeit nicht ordentlich gekündigt werden darf[103]. Ziel der Befristung ist es, die tariflich geregelten Arbeitsbedingungen für die Laufzeit des Tarifvertrags stabil zu halten. Diesem Ziel widerspräche es, wenn eine Partei den Tarifvertrag vor Ende seiner Laufzeit einseitig durch Kündigung beenden könnte[104]. Haben die Tarifvertragsparteien die ordentliche Kündigung ganz oder zeitweise ausgeschlossen, wäre eine einseitige Beendigung des Tarifvertrags vor seinem regulären Ablauf eine Durchbrechung des Prinzips der Vertragstreue[105]. Sie ist nur dann zulässig, wenn sie im Einzelfall durch ein gegenläufiges Prinzip gerechtfertigt ist. Ein solches Prinzip ist das der Unzumutbarkeit, das für alle Schuldverhältnisse gilt und bei Dauerschuldverhältnissen das Recht zur außerordentlichen Kündigung gewährt[106].

3. Wichtiger Grund

In der Rechtspraxis ist die außerordentliche Kündigung von Tarifverträgen bis heute die Ausnahme geblieben[107]. Deshalb gibt es keine Systematisierung der wichtigen Gründe, geschweige denn einen allgemeinen Ansatz zur weiteren Durchdringung des Begriffs der Unzumutbarkeit. Es existieren kaum mehr als eine bloße Auflistung der Kündigungsgründe, von denen viele umstritten sind, und ein bunter Strauß allgemeiner Erwägungen.

---

[100] *Löwisch/Rieble*, § 1 TVG Rn. 508 und *Hanau/Kania*, DB 1995, 1229 (1230) erwägen die Möglichkeit einer ordentlichen Kündigung spätestens nach fünf Jahren mit einer Frist von sechs Monaten entsprechend § 624 BGB; a.A. *Stein*, in: Kempen/Zachert, § 4 TVG Rn. 133, der aber die Möglichkeit der außerordentlichen Kündigung in Erwägung zieht.
[101] *Oetker*, RdA 1995, 82 (92).
[102] *Oetker*, Dauerschuldverhältnis, S. 460 ff. m.w.N.; *M.Wolf*, in: Soergel, § 305 BGB Rn. 20.
[103] *Löwisch/Rieble*, § 1 TVG Rn. 508; *Stein*, in: Kempen/Zachert, § 4 TVG Rn. 146.
[104] Allerdings steht es den Tarifvertragsparteien frei, anderes zu vereinbaren. Das Recht, den Tarifvertrag vor Ablauf seiner Laufzeit zu kündigen, muß aber ausdrücklich und bereits bei Abschluß des Tarifvertrags vorbehalten sein. Mit solchen Kündigungsklauseln wollen die Tarifvertragsparteien die tariflich geregelten Arbeitsbedingungen flexibel halten.
[105] *Oetker*, Dauerschuldverhältnis, S. 265 ff.
[106] *Belling*, NZA 1996, 906 (907); *Buchner*, NZA 1993, 289 (293); *Gitter*, AuR 1970, 129 (131); *Henkel*, FS Mezger (1954), S. 249 (260); *Oetker*, Dauerschuldverhältnis, S. 268 f.; *Oetker*, RdA 1995, 82 (94); *Säcker/Oetker*, Tarifautonomie, S. 230.
[107] So zutreffend *Zachert*, NZA 1993, 299 (301) und *Stein*, in: Kempen/Zachert, § 4 TVG Rn. 134.

§ 12 *Kündigung von Tarifverträgen und Wegfall der Geschäftsgrundlage* 391

Als Kündigungsgründe werden immer wieder genannt: der schwere Verstoß einer Tarifvertragspartei gegen tarifvertragliche Verpflichtungen[108], insbesondere gegen die Friedenspflicht[109], der Verlust der Tariffähigkeit oder der Tarifzuständigkeit der anderen Tarifvertragspartei oder deren Auflösung[110] sowie Willensmängel einer Tarifvertragspartei bei Abschluß des Tarifvertrags (Irrtum oder arglistige Täuschung)[111]. Die Veränderung der wirtschaftlichen Verhältnisse wird ebenfalls als Kündigungsgrund anerkannt, zumeist aber unter sehr restriktiven Bedingungen[112]. Allgemein wird verlangt, daß das Ereignis, das zur außerordentlichen Kündigung berechtigt, von erheblicher Bedeutung ist, anderenfalls liege gerade keine Unzumutbarkeit vor[113]. Manche wollen an die Prüfung des wichtigen Grundes „strengste"[114] oder „besonders strenge"[115] Anforderungen stellen. Offen bleibt, wie sich diese Maßgabe konkret in der Prüfung der Unzumutbarkeit niederschlagen soll. Deshalb plädieren andere gegen eine Verschärfung der allgemeinen Zumutbarkeitsformel[116]. Nach überwiegender Ansicht ergibt sich die Grenze der Zumutbarkeit aus einer wertenden Gesamtbetrachtung aller Umstände des Einzelfalles[117]. Dabei werden neuerdings auch Gesichtspunkte der Risikoverteilung diskutiert[118]. Darüber hinaus soll die Vorhersehbarkeit veränderter Umstände eine Rolle spielen[119]. Schon

---

[108] *Däubler*, Tarifvertragsrecht, Rn. 1445; *Hueck/Nipperdey*, Arbeitsrecht II/1, S. 472 f.; *Stein*, in: Kempen/Zachert, § 4 TVG Rn. 139; *Löwisch/Rieble*, § 1 TVG Rn. 516; *Oetker*, RdA 1995, 82 (94); *Schaub*, Arbeitsrechts-Handbuch, § 199 Rn. 40 ff.; *Wiedemann/Stumpf*, § 4 TVG Rn. 53; a.A. *Nikisch*, Arbeitsrecht II, S. 351 f., der bei einer Vertragsverletzung nur Ersatzansprüche, aber keine Kündigungsmöglichkeit zulassen will.

[109] BAG, Urt. v. 14.11.1958, AP Nr. 4 zu § 1 TVG Friedenspflicht; *Brox/Rüthers*, Arbeitskampfrecht, Rn. 364 ff; *Stein*, in: Kempen/Zachert, § 4 TVG Rn. 139; *Wank*, in: Wiedemann, § 4 TVG Rn. 53.

[110] *Hromadka/Maschmann/Wallner*, Der Tarifwechsel, Rn. 230; *Hueck/Nipperdey*, Arbeitsrecht II/1, S. 472; *Schaub*, Arbeitsrechts-Handbuch, § 199 Rn. 44; *Söllner/Waltermann*, Arbeitsrecht, § 16 II 4 (der von „außergewöhnlichen schwerwiegenden Gründen" spricht); *Wank*, in: Wiedemann, § 4 TVG Rn. 54; a.A. *Däubler*, Tarifvertragsrecht, Rn. 1447; *Stein*, in: Kempen/Zachert, § 4 TVG Rn. 141.

[111] *Däubler*, Tarifvertragsrecht, Rn. 1446; *Hueck/Nipperdey*, Arbeitsrecht II/1, S. 472; *Stein*, in: Kempen/Zachert, § 4 TVG Rn. 147 f.; *Schaub*, Arbeitsrechts-Handbuch, § 199 Rn. 41; *Wank*, in: Wiedemann, § 1 TVG Rn. 50.

[112] *Buchner*, NZA 1993, 289 (295 ff.); *Däubler*, Tarifvertragsrecht, Rn. 1444: „Entwertung von Tariflöhnen durch inflationäre Entwicklungen von mehr als 40%"; *Hueck/Nipperdey*, Arbeitsrecht II/1, S. 472: „unvorhersehbare umstürzende Veränderung"; *Löwisch/Rieble*, § 1 TVG Rn. 529 „nur in krassen Ausnahmefällen"; vgl. auch *Belling*, NZA 1996, 906 (908); *Steffan*, JuS 1993, 1027 (1028 f.).

[113] *Belling*, NZA 1996, 906 (908); *Brox/Rüthers*, Arbeitskampfrecht, Rn. 363; *Hueck/Nipperdey*, Arbeitsrecht II/1, S. 471 f., m.w.N. in Fn. 41; *Nikisch*, Arbeitsrecht II, S. 351; *Söllner/Waltermann*, Arbeitsrecht, § 16 II 4: „außergewöhnlich schwerwiegende Gründe".

[114] *Hueck/Nipperdey*, Arbeitsrecht II/1, S. 471; ähnlich *Bauer/Diller*, DB 1993, 1085 (1090): „außerordentliche Kündigung nur in Grenzfällen"; *Zachert*, NZA 1993, 299 (300): „fristlose Kündigung entsprechend § 626 BGB nur in extremen Ausnahmefällen".

[115] BAG, Urt. v. 18.12.1996, AP Nr. 1 zu § 1 TVG Kündigung; *Henssler*, ZfA 1994, S. 487 (491); *Stein*, in: Kempen/Zachert, § 4 TVG Rn. 134; *Zachert*, RdA 1996, 140 (149).

[116] *Oetker*, RdA 1995, 82 (94); ebenso für die Betriebsvereinbarung *Kreutz*, in: GK-BetrVG, § 77 BetrVG Rn. 366.

[117] *Däubler*, Tarifvertragsrecht, Rn. 1444; *Stein*, in: Kempen/Zachert, § 4 TVG Rn. 134; *Oetker*, RdA 1995, 82 (94); *Wank*, in: Wiedemann, § 4 TVG Rn. 27.

[118] *Belling*, NZA 1996, 906 (908 f.); *Buchner*, NZA 1993, 289 (296); *Oetker*, RdA 1995, 82 (94 ff.); *Otto*, FS Kissel (1994), S. 787 (796 ff.); *Steffan*, JuS 1993, 1027 (1028 f.).

[119] *Henssler*, ZfA 1994, S. 487 (494); *Oetker*, RdA 1995, 82 (94).

das RAG nahm an, daß sich die Tarifvertragsparteien nur bei völlig unerwarteten und ganz außergewöhnlichen Ereignissen auf die Unzumutbarkeit der Bindung an den Tarifvertrag berufen könnten[120]. Absolute Kündigungsgründe, die ohne weitere Interessenabwägung zu einer außerordentlichen Kündigung berechtigen, wenn die tatbestandlichen Voraussetzungen gegeben sind, werden von niemandem anerkannt. Das soll allerdings anders sein, wenn sich die Tarifvertragsparteien solche absoluten Kündigungsgründe ausdrücklich vorbehalten haben[121]. Schließlich soll es auf ein Verschulden der anderen Tarifvertragspartei ausschließlich dann ankommen, wenn der Kündigungsgrund in einer schweren Pflichtverletzung liegt. Insgesamt gesehen ist es der Lehre noch nicht gelungen, die teilweise divergenten Prinzipien zu einem stimmigen Ganzen zu verbinden.

II. Wegfall der Geschäftsgrundlage

1. Tatbestand und Rechtsfolgen

Auf dem das Recht der außerordentlichen Kündigung beherrschenden Prinzip der Unzumutbarkeit beruht auch das Institut des Wegfalls der Geschäftsgrundlage[122]. Sind die Parteien beim Abschluß eines Vertrages von bestimmten Umständen ausgegangen, die in Wirklichkeit gar nicht vorliegen oder sich nach Vertragsschluß erheblich ändern, so kann es für eine Partei unzumutbar werden, am Vertrag in unveränderter Weise festgehalten zu werden (§ 313 Abs. 1 BGB). Solche außerhalb des Vertrages liegenden Umstände können tatsächlicher oder rechtlicher Natur sein. Die Veränderung tatsächlicher Umstände kann etwa in einem Wechsel der wirtschaftlichen, politischen oder sozialen Verhältnisse liegen, die Veränderung der rechtlichen Rahmenbedingungen kann Folge der Novellierung von Gesetzen oder einer neuen Rechtsprechung sein. Der Wegfall der Geschäftsgrundlage führt bei Unzumutbarkeit der bisherigen Vertragsbedingungen zu einem Anspruch auf Anpassung des Vertrages an die veränderten Umstände (§ 313 Abs. 1 BGB). Nur wenn eine Anpassung unmöglich oder unzumutbar ist, kommt eine Lösung vom Vertrag in Betracht (§ 313 Abs. 3 BGB).

---

[120] Urt. v. 2.2.1929, ARS 5, 411 (416) m. Anm. *Nipperdey*; so auch *Nikisch*, Arbeitsrecht II, S. 351.
[121] *Löwisch/Rieble*, § 1 TVG Rn. 514.
[122] *Buchner*, NZA 1993, 289 (293); *Fikentscher*, Schuldrecht, § 27 II 2 S. 111; *Haarmann*, Geschäftsgrundlage, S. 35 m.w.N.; kritisch *Chiotellis*, Grundlagenstörungen, S. 36 ff., 40 ff. 180 ff., der stärker auf die Störung des Äquivalenzverhältnisses von Leistung und Gegenleistung abstellt. Nach *Flume*, Allgemeiner Teil II, § 26.3, geht es um die Frage, welche Vertragspartei das Risiko einer Abweichung von „Rechtsgeschäft und Wirklichkeit" zu tragen hat. Allein mit Risikoerwägungen läßt sich das Problem des Wegfalls der Geschäftsgrundlage aber nicht in den Griff bekommen.

2. Verhältnis zur außerordentlichen Kündigung

a) Bisheriges Meinungsspektrum

Umstritten war bislang das Verhältnis zwischen außerordentlicher Kündigung und Wegfall der Geschäftsgrundlage[123]. Teilweise wurde angenommen, daß die Möglichkeit der außerordentlichen Kündigung die Berufung auf den Wegfall der Geschäftsgrundlage ausschließe[124]. Andererseits meinte man, die außerordentliche Kündigung verdränge das Institut der Geschäftsgrundlage nur insoweit, als die Auflösung des Dauerschuldverhältnisses, nicht aber seine Umgestaltung begehrt werde[125]. Nur vereinzelt wurde vertreten, daß ein Dauerschuldverhältnis ausnahmsweise ohne rechtsgestaltende (Kündigungs-)Erklärung enden könne, wenn seine Grundlage aufgrund außergewöhnlicher Verhältnisse entfallen sei[126]. Wieder andere meinten, die Änderung der Geschäftsgrundlage gewähre einen gegen den Vertragspartner gerichteten Anspruch auf Zustimmung zu einer einvernehmlichen Vertragsänderung[127]. Im Individualarbeitsrecht wurde zudem die Ansicht vertreten, daß der Wegfall der Geschäftsgrundlage in einem Recht zur (außerordentlichen) Änderungskündigung aufgehe[128]. Beim Tarifvertrag meinte man zum Teil, die Wertungen des Wegfalls der Geschäftsgrundlage fänden sich vollständig im wichtigen Kündigungsgrund wieder[129]. Zum Teil nahm man an, wenn schon die eher strengeren Voraussetzungen des Wegfalls der Geschäftsgrundlage[130] erfüllt seien, müsse erst recht ein wichtiger Grund für eine außerordentliche Kündigung bestehen[131].

Das Schuldrechtsmodernisierungsgesetz hat das Konkurrenzverhältnis nunmehr ausdrücklich geregelt. Aus § 313 Abs. 3 BGB ergibt sich, daß die Vertragsanpassung Vorrang vor der Vertragsauflösung hat. Aus diesem Vorrangverhältnis leitet der Gesetzgeber die Subsidiarität des in § 314 BGB allgemein bestimmten Instituts der außerordentlichen Kündigung her[132]. Problematisch ist allerdings, daß § 314 BGB in Konkurrenz zu Vorschriften innerhalb und außerhalb des BGB steht, die ebenfalls

---

[123] Hierzu *Haarmann*, Geschäftsgrundlage, S. 127; *Oetker*, Dauerschuldverhältnis, S. 418 ff.

[124] BGH, BB 1953, 369; BGHZ 24, 91 (96); BGH, DB 1980, 1163 (1164); BAG, Urt. v. 9.7.1986, AP Nr. 7 zu § 242 BGB Geschäftsgrundlage; *Emmerich*, Grundlagen des Vertrags- und Schuldrechts I, S. 462 Fn. 69; *Flume*, Allgemeiner Teil II, S. 514; *Hilger*, BB 1957, 296 (297); *Wiedemann*, in: Soergel, Vor § 323 BGB Rn. 60.

[125] BGH, NJW 1958, 785; *Heinrichs*, in: Palandt-EB, § 313 BGB Rn. 26; *Roth*, in: MünchKomm, § 242 BGB Rn. 583.

[126] BAG, Urt. v. 3.10.1961, 12.3.1963, 21.5.1963, 24.8.1995, AP Nrn. 4, 5, 6, 17 zu § 242 BGB Geschäftsgrundlage.

[127] Einen Anspruch auf Anpassung des unzumutbar gewordenen Vertrages an die geänderten Umstände bejaht das BAG, Urt. v. 18.12.1996, 18.6.1997, AP Nr. 1 zu § 1, 2 TVG Kündigung.

[128] LAG Saarbrücken, Urt. v. 5.10.1960, DB 1960, 1212; *Ascheid*, in: Hromadka (Hg.), Änderung von Arbeitsbedingungen, S. 109 (134 ff.; 143 f.); *Haarmann*, Geschäftsgrundlage, S. 145, 170.

[129] *Buchner*, NZA 1996, 1177 (1182, 1185); *Oetker*, RdA 1995, 82 (98): seine „Wertungsgedanken leben in dem Körper der außerordentlichen Kündigung fort"; *Steffan*, JuS 1993, 1027 (1028).

[130] Zu den Systematisierungsversuchen bis 1961 *Weber*, in: Staudinger, § 242 BGB Rn. 2 ff.; für den Meinungsstand bis 1994 *J. Schmidt*, in: Staudinger, § 242 BGB Rn. 965 ff. mit einem umfassenden eigenen Systematisierungsvorschlag in Rn. 992-1062.

[131] In diese Richtung wohl *Buchner*, NZA 1993, 289 (294 f.); *Otto*, FS Kissel (1994), S. 787 (791, 795).

[132] Vgl. Begr. RegE, BT-Drucks. 14/6040 S. 177.

die Kündigung aus wichtigem Grund bei einzelnen Dauerschuldverhältnissen regeln, wie etwa § 626 BGB, auf den bisher die Kündigung von Tarifverträgen gestützt wurde[133]. Nach Ansicht des Gesetzgebers sollen diese Einzelbestimmungen nicht aufgehoben oder geändert werden, sondern als leges speciales Vorrang vor dem § 314 BGB haben[134]. Das gilt vor allem für die Vorschrift des § 626 BGB. Deshalb führt nach wie vor kein Weg daran vorbei, das Konkurrenzverhältnis beider Rechtsinstitute zu bestimmen.

b) Stellungnahme

Gerade § 313 Abs. 3 BGB zeigt, daß der Wegfall der Geschäftsgrundlage nicht völlig im wichtigen Grund für die außerordentliche Kündigung aufgeht. So kann es sein, daß zwar sämtliche tatbestandlichen Voraussetzungen des Wegfalls der Geschäftsgrundlage erfüllt sind, aber trotzdem kein wichtiger Grund für eine außerordentliche Kündigung des Tarifvertrags vorliegt, weil den Parteien das Festhalten an einem veränderten Tarifvertrag zumutbar ist. Der Wegfall der Geschäftsgrundlage ist der Grund für die Ausübung von zwei unterschiedlichen Rechten: dem nach § 313 Abs. 1 BGB vorrangigen Anspruch, die Anpassung des Vertrages an die geänderten Umstände zu verlangen, und dem Recht zur außerordentlichen Kündigung, falls die Anpassung unzumutbar ist (§ 313 Abs. 3 BGB). Deshalb läßt sich auch nicht behaupten, die Voraussetzungen eines Wegfalls der Geschäftsgrundlage seien strenger als die für eine außerordentliche Kündigung. Der Wegfall der Geschäftsgrundlage kann ein wichtiger Grund für eine außerordentliche Kündigung sein, er muß es aber nicht. Umgekehrt gibt es, wie gesehen, wichtige Gründe für eine außerordentliche Kündigung, die nichts mit dem Wegfall der Geschäftsgrundlage zu tun haben. Allenfalls ließe sich erwägen, ob zumindest dann, wenn im konkreten Einzelfall das Institut der Geschäftsgrundlage zwar thematisch einschlägig ist, seine tatbestandlichen Voraussetzungen aber nicht erfüllt sind, die Berufung auf den wichtigen Grund ausgeschlossen ist. Das Institut der Geschäftsgrundlage wäre dann eine abschließende Regelung aller in diese Richtung gehender Kündigungsgründe. In der Tat wäre es wenig sinnvoll, neben der Berufung auf den Wegfall der Geschäftgrundlage die Berufung auf eine Art allgemeiner Unzumutbarkeit als Kündigungsgrund zuzulassen. Dagegen spricht auch, daß sämtliche Zumutbarkeitserwägungen bereits bei der Prüfung, ob die Geschäftsgrundlage des Tarifvertrags entfallen ist, erfaßt werden. Sie können unter einem anderen Gesichtspunkt nicht noch einmal bedeutsam werden. Das Institut der Geschäftsgrundlage ist der speziellere Rechtsbehelf. Im folgenden ist daher nur zu diskutieren, ob und unter welchen Voraussetzungen die Geschäftsgrundlage bei einem Tarifvertrag entfällt, wenn sich die Gesetzeslage, von der die Parteien ausgegangen sind, ändert. Ob der Wegfall der Geschäftsgrundlage stets die sofortige Beendigung des Tarifvertrags rechtfertigt, ist eine andere Frage, die erst bei den Rechtsfolgen zu erörtern ist. Vorweg ist zu klären, ob das Institut überhaupt auf Tarifverträge anwendbar ist.

---

[133] Für die Lit. statt aller *Wank*, FS Schaub (1998), S. 761 (765).
[134] Vgl. Begr. RegE, BT-Drucks. 14/6040 S. 177.

§ 12 Kündigung von Tarifverträgen und Wegfall der Geschäftsgrundlage

3. Anwendbarkeit des Rechtsinstituts auf Normenverträge

Ob auch die Geschäftsgrundlage eines Tarifvertrags entfallen kann und welche Rechtsfolgen sich daraus ergeben, wird unterschiedlich beantwortet.

a) Rechtsprechung

Die Rechtsprechung war bislang nur selten mit dem Wegfall der Geschäftsgrundlage bei Tarifverträgen befaßt. Sie geht grundsätzlich davon aus, daß die Geschäftsgrundlage eines Tarifvertrags entfallen kann[135]. Eine tarifliche Norm werde aber nicht ohne weiteres Zutun der Tarifvertragsparteien wegen Wegfalls der Geschäftsgrundlage unanwendbar[136]. Die Veränderung der tatsächlichen oder der rechtlichen Umstände gebe den Tarifvertragsparteien lediglich das Recht zur Kündigung. Ein automatisches Außerkrafttreten einer formell ordnungsgemäß zustandegekommenen Tarifnorm widerspreche ihrem Charakter als verbindliches Recht und gefährde die Rechtssicherheit[137]. Ob neben der außerordentlichen Kündigung eines Tarifvertrags auch eine Berufung auf den Wegfall der Geschäftsgrundlage möglich ist, hat das BAG bislang offengelassen[138].

In der Vergangenheit haben sich die Gerichte auch geweigert, selbst die Tarifverträge an veränderte Umstände anzupassen; das sei Sache der Tarifvertragsparteien[139]. Diese Auffassung entspricht der Judikatur zur ergänzenden Auslegung von Tarifverträgen. Weist der Tarifvertrag bei Vertragsschluß oder danach Lücken auf, so hält sich die Rechtsprechung nur dann zur Schließung der Lücken für befugt, wenn der Tarifvertrag entsprechende Anhaltspunkte enthält. Fehlen artverwandte oder vergleichbare Regelungen, die Hinweise auf den Willen der Tarifvertragsparteien geben können, unterbleibt die gerichtliche Lückenschließung. Das ist Sache der Tarifvertragsparteien[140]. In keiner Entscheidung wurde den Tarifunterworfenen das

---

[135] BAG, Urt. v. 5.3.1957, AP Nr. 1 zu § 1 TVG Rückwirkung; Urt. v. 23.4.1957, AP Nr. 1 zu § 1 TVG; Urt. v. 14.7.1961, AP Nr. 1 zu Art. 24 VerfNRW; Urt. v. 15.12.1976, AP Nr. 1 zu § 36 BAT; Urt. v. 30.5.1984, AP Nr. 3 zu § 9 TVG; Urt. v. 12.9.1984, AP Nr. 135 zu § 1 TVG Auslegung; offengelassen von BAG, Urt. v. 18.12.1996, AP Nr. 1 zu § 1 TVG Kündigung. Das entspricht der Judikatur des RAG, Urt. v. 2.2.1929, ARS 5, 411 (415). Auch bei einer Betriebsvereinbarung kann die Geschäftsgrundlage wegfallen, BAG, Beschl. v. 17.2.1981, AP Nr. 11 zu § 112 BetrVG 1972; BAG GS Beschl. v. 16.9.1986, AP Nr. 17 zu § 77 BetrVG 1972; BAG, Beschl. v. 10.8.1994, AP Nr. 86 zu § 112 BetrVG 1972.

[136] BAG, Urt. v. 5.3.1957, AP Nr. 1 zu § 1 TVG Rückwirkung; Urt. v. 23.4.1957, AP Nr. 1 zu § 1 TVG; Urt. v. 14.7.1961, AP Nr. 1 zu Art. 24 VerfNRW; Urt. v. 15.12.1976, AP Nr. 1 zu § 36 BAT.

[137] A.A. BAG GS, Beschl. v. 17.12.1959, AP Nr. 21 zu § 616 BGB. In dieser Entscheidung ging es um die automatische Außerkraftsetzung von Tarifverträgen infolge einer Gesetzesänderung. Die Entscheidung paßt nicht ganz in den hier erörterten Zusammenhang, da der Gesetzgeber selbst angeordnet hat, daß die Tarifverträge automatisch außer Kraft treten sollten. Das Gericht ging aber davon aus, daß die gesetzliche Regelung größere Rechtsklarheit als die tariflichen Regelungen besaß und deshalb das Außerkrafttreten entgegenstehender Tarifverträge gerechtfertigt war.

[138] BAG, Urt. v. 18.12.1996, 18.6.1997, AP Nr. 1 zu § 1, 2 TVG Kündigung.

[139] BAG, Urt. v. 1.2.1982, AP Nr. 5 zu § 33 BAT; Urt. v. 10.2.1988, AP Nr. 12 zu § 33 BAT; Urt. v. 9.11.1988, AP Nr. 5 zu § 1 TVG Tarifverträge: Süßwarenindustrie.

[140] BAG, Urt. v. 13.6.1973, AP Nr. 123 zu § 1 TVG Auslegung; Urt. v. 10.2.1988, AP Nr. 12 zu § 33 BAT; Urt. v. 21.10.1992, AP Nr. 165 zu §§ 23, 23 BAT 1975.

Recht zugestanden, sich auf den Wegfall der Geschäftsgrundlage zu berufen. Da den Tarifunterworfenen regelmäßig nicht erkennbar sei, von welcher Geschäftsgrundlage die Tarifvertragsparteien ausgegangen seien, könnten sie auch nicht erkennen, ob die Norm noch diesen Voraussetzungen entspreche. Eine Änderung des Tarifvertrags komme allenfalls in Betracht, wenn die betreffenden Vorschriften obsolet und daher unanwendbar seien[141].

b) Lehre

Auch die Lehre hat sich bislang nur wenig mit den Problemen des Wegfalls der Geschäftsgrundlage beim Tarifvertrag befaßt. Zu einer intensiveren Diskussion kam es erst, als Anfang 1993 die Stufentarifverträge in der ostdeutschen Metallindustrie durch die Arbeitgeberverbände außerordentlich gekündigt wurden. Die Kündigung ist im wesentlichen damit begründet worden, daß die Geschäftsgrundlage für die automatische Anpassung der Osttarife an das Niveau der Westtarife aufgrund veränderter Umsatz- und Gewinnentwicklung in Ostdeutschland entfallen sei[142]. Die überwiegende Lehre folgt der Ansicht der Rechtsprechung. Allgemein hält man es zwar für möglich, daß die Geschäftsgrundlage eines Tarifvertrags entfallen kann[143]. Die meisten Autoren sind aber der Meinung, daß es neben dem Recht zur außerordentlichen Kündigung kein eigenständiges Institut des Wegfalls der Geschäftsgrundlage gibt[144]. Seine Wertungen gingen ganz[145] oder doch überwiegend[146] im Recht zur außerordentlichen Kündigung auf. Keinesfalls ende der Tarifvertrag von selbst, wenn seine Geschäftsgrundlage entfalle[147]. Besonders skeptisch steht man einer gerichtli-

---

[141] BAG, Urt. v. 15.12.1976, AP Nr. 1 zu § 36 BAT.
[142] Unmittelbar dazu *Beuthien/Meik*, DB 1993, 1518 ff.; *Buchner*, NZA 1993, 289 ff.; *ders.*, NZA 1996, 1177 (1182); *Däubler*, ZTR 1996, 241 ff.; *Koch*, AuA 1993, 232 ff.; *Lohs*, Anpassungsklauseln in Tarifverträgen, S. 77 ff.; *Otto*, FS Kissel (1994), S. 787 ff.; *Rüthers*, NJW 1993, 1628 f.; *Steffan*, JuS 1993, 1027 ff.; *Unterhinninghofen*, AuR 1993, 101; *Zachert*, NZA 1993, 299 ff. (103); *ders.*, RdA 1996, 140 (149); zu den arbeitskampfrechtlichen Problemen ArbG Stralsund, Urt. v. 13.5.1993, NZA 1993, 811; *Walker*, NZA 1993, 769 ff.
[143] *Bauer/Diller*, DB 1993, 1085 (1090); *Belling*, NZA 1996, 906 (910); *Buchner*, NZA 1993, 289 (295); *Däubler*, Tarifvertragsrecht, Rn. 154; *Stein*, in: Kempen/Zachert, § 4 TVG Rn. 148; *Löwisch/Rieble*, § 1 TVG Rn. 522 ff.; *Lohs*, Anpassungsklauseln in Tarifverträgen, S. 77 ff.; *Oetker*, RdA 1995, 82 (98); *Otto*, FS Kissel (1994), S. 787 (789, 795); *Steffan*, JuS 1993, 1027 (1028); *Wank*, in: Wiedemann, § 4 TVG Rn. 62 ff., 73; *Zachert*, NZA 1993, 299 (300); a.A. wohl *Unterhinninghofen*, AuR 1993, 101 (103), der eine Überprüfung der Zumutbarkeit von Tarifbedingungen ablehnt. Gegen die Anwendung des Instituts des Wegfalls der Geschäftsgrundlage auf Tarifverträge auch *Henssler*, ZfA 1994, S. 487 (493 f.).
[144] *Bauer/Diller*, DB 1993, 1085 (1090); *Belling*, NZA 1996, 906 (910); *Buchner*, NZA 1993, 289 (295); *ders.*, NZA 1996, 1177 (1182); *Henssler*, ZfA 1994, S. 487 (493 f.); *Stein*, in: Kempen/Zachert, § 4 TVG Rn. 148; *Lohs*, Anpassungsklauseln in Tarifverträgen, S. 80; *Oetker*, RdA 1995, 82 (98); *Steffan*, JuS 1993, 1027 (1028); *Wank*, in: Wiedemann, § 4 TVG Rn. 73; *Zachert*, NZA 1993, 299 (300); *ders.*, RdA 1996, 140 (149); a.A. *Löwisch/Rieble*, § 1 TVG Rn. 522 ff.
[145] *Buchner*, NZA 1996, 1177 (1182); *Stein*, in: Kempen/Zachert, § 4 TVG Rn. 148; *Oetker*, RdA 1995, 82 (98); *Steffan*, JuS 1993, 1027 (1028); *Wank*, in: Wiedemann, § 4 TVG Rn. 73.
[146] *Belling*, NZA 1996, 906 (910); *Buchner*, NZA 1993, 289 (295).
[147] *Belling*, NZA 1996, 906 (909); *Däubler*, Tarifvertragsrecht, Rn. 154; *Hueck/Nipperdey*, Arbeitsrecht II/1, S. 471 Fn. 41; *Oetker*, RdA 1995, 82 (97); *Otto*, FS Kissel (1994), S. 787 (795); *Wiedemann/Stumpf*, § 4 TVG Rn. 73.

chen Anpassung des Tarifvertrags an veränderte Umstände gegenüber[148]. Die Tarifautonomie sei ein staatsfreier Prozeß zur Regelung der Arbeitsbedingungen. Deshalb bedeute jegliche Festsetzung von Arbeitsbedingungen durch den Richter einen verfassungsrechtlich nicht[149] oder nur schwer[150] zu rechtfertigenden Eingriff in die Tarifautonomie. Die Gerichte seien keine „Ersatzgewerkschaften"[151]. Die Tarifvertragsparteien müßten selbst für eine Anpassung sorgen. Die Möglichkeit zur Anpassung könnten sie sich durch eine außerordentliche Kündigung schaffen[152]. Zuweilen wird unter dem Gesichtspunkt der Verhältnismäßigkeit für eine (außerordentliche) Teilkündigung[153] oder eine Änderungskündigung[154] plädiert.

Vor allem *Otto* hat der herrschenden Meinung widersprochen[155]. Seiner Meinung nach haben außerordentliche Kündigung und Wegfall der Geschäftsgrundlage weder denselben Tatbestand noch dieselbe Rechtsfolge, auch wenn bei beiden Rechtsinstituten das Merkmal der Unzumutbarkeit das entscheidende sei[156]. Ebensowenig sei der Wegfall der Geschäftsgrundlage gegenüber der außerordentlichen Kündigung subsidiär. Ihm komme vielmehr eigenständige Bedeutung zu. Wegen Wegfalls der Geschäftsgrundlage könne die benachteiligte Partei zunächst die gerichtliche Anpassung des Tarifvertrags an die geänderten Umstände verlangen. Erst wenn das nicht möglich oder nicht zumutbar sei, komme eine Kündigung in Betracht. Die Vorbehalte gegen eine gerichtliche Anpassung des Tarifvertrags seien allenfalls dort begründet, wo der Richter für eine Neugestaltung so viel Spielraum habe, daß er mit einer Anpassung überfordert wäre[157]. Ansonsten bleibe es aber beim Vorrang der Anpassung vor der Kündigung des Tarifvertrags[158].

c) Stellungnahme

Daß Tarifverträge auf bestimmten äußeren Umständen aufbauen, von denen die Tarifvertragsparteien gemeinsam ausgegangen sind, liegt auf der Hand. Auch Tarif-

---

[148] *Bauer/Diller*, DB 1993, 1085 (1090); *Belling*, NZA 1996, 906 (910); *Buchner*, NZA 1993, 289 (298); ders., NZA 1996, 1177 (1182); *Henssler*, ZfA 1994, S. 487 (493 f.); *Stein*, in: Kempen/Zachert, § 4 TVG Rn. 148; *Löwisch/Rieble*, § 1 TVG Rn. 523; *Lohs*, Anpassungsklauseln in Tarifverträgen, S. 80; *Oetker*, RdA 1995, 82 (97 f.); *Steffan*, JuS 1993, 1027 (1028); *Wank*, in: Wiedemann, § 4 TVG Rn. 72; *Zachert*, RdA 1996, 140 (149).

[149] *Henssler*, ZfA 1994, S. 487 (491); *Stein*, in: Kempen/Zachert, § 4 TVG Rn. 148; *Oetker*, RdA 1995, 82 (97); *Zachert*, RdA 1996, 140 (149).

[150] *Belling*, NZA 1996, 906 (910).

[151] *Wiedemann*, Anm. zu BAG, Urt. v. 15.12.1976, AP Nr. 1 zu § 1 TVG Arbeitsentgelt.

[152] *Bauer/Diller*, DB 1993, 1085 (1090); *Däubler*, Tarifvertragsrecht, Rn. 154; *Stein*, in: Kempen/Zachert, § 4 TVG Rn. 148; *Löwisch/Rieble*, § 1 TVG Rn. 523; *Lohs*, Anpassungsklauseln in Tarifverträgen, S. 80; *Oetker*, RdA 1995, 82 (97 f.); *Steffan*, JuS 1993, 1027 (1028); *Zachert*, RdA 1996, 140 (149).

[153] *Belling*, NZA 1996, 906 (911); *Buchner*, NZA 1993, 289 (298); ders., NZA 1996, 1177 (1182); *Däubler*, Tarifvertragsrecht, Rn. 1448; *Steffan*, JuS 1993, 1027 (1029); *Wank*, in: Wiedemann, § 4 TVG Rn. 24, 38; verneinend *Löwisch/Rieble*, § 1 TVG Rn. 525.

[154] *Oetker*, RdA 1995, 82 (96).

[155] FS Kissel (1994), S. 787 ff.

[156] FS Kissel (1994) S. 787 (791, 795).

[157] FS Kissel (1994), S. 787 (793); ähnlich *Oetker*, RdA 1995, 82 (97).

[158] FS Kissel (1994), S. 787 (795).

verträge haben eine Geschäftsgrundlage[159]. Die äußeren Umstände können sich im Laufe der Zeit so erheblich zum Nachteil einer Tarifvertragspartei ändern, daß ihr die Vertragstreue unzumutbar wird. Die Geschäftsgrundlage kann also entfallen. Das wird von niemandem bestritten. Streiten kann man nur darüber, wann die Vertragstreue unzumutbar wird und welche Rechtsfolgen dadurch ausgelöst werden.

aa) Wegfall der Geschäftsgrundlage nur Gestaltungsgrund, nicht Gestaltungsmittel. Ein Gutteil der Schwierigkeiten resultiert daraus, daß man beim Wegfall der Geschäftsgrundlage nicht genügend zwischen der Ursache für eine Umgestaltung des unzumutbar gewordenen Vertrages und der Umgestaltung selbst unterscheidet[160]. Gestaltungsgrund und Gestaltungsmittel sind aber auseinanderzuhalten: Kündigung und Kündigungsgrund sind ebenso wenig dasselbe wie Anfechtung und Anfechtungsgrund. Die Annahme, der Wegfall der Geschäftsgrundlage sei selbst das Gestaltungsmittel und nicht nur der Grund für die Ausübung eines Gestaltungsrechts, beruht auf der in Rechtsprechung[161] und Literatur[162] vor Inkrafttreten des Schuldrechtsmodernisierungsgesetzes weit verbreiteten Vorstellung, die Rechtsfolgen eines Wegfalls der Geschäftsgrundlage träten „eo ipso", „ex iure", kraft Gesetzes ein. Nach dieser Ansicht hat der Richter den Wegfall der Geschäftsgrundlage von Amts wegen zu berücksichtigen; einer Geltendmachung durch den Berechtigten bedürfe es nicht[163]. Die Aufgabe des Richters sei eine rechtsfeststellende oder rechtsfindende, keine rechtsgestaltende[164].

Diese Ansicht ist schon in der Vergangenheit zu Recht auf Kritik gestoßen[165]. Es sind im wesentlichen drei Gründe, die bei einem Wegfall der Geschäftsgrundlage gegen eine automatische Vertragsanpassung oder Vertragsauflösung sprechen. Zum ersten kann die Rechtsordnung zwar nichts Unzumutbares von den Parteien verlangen, den Parteien bleibt es aber unbenommen, freiwillig auch Unzumutbares zu

---

[159] So zutreffend *Belling*, NZA 1996, 906 (910).
[160] Überdies läßt die Rechtsprechung das Verhältnis der Änderungsinstrumente (Widerrufsvorbehalt, Änderungskündigung, Wegfall der Geschäftsgrundlage) zueinander häufig offen, vgl. BAG, Urt. v. 4.5.1983, 25.2.1988, 10.12.1992, AP Nrn. 12, 18, 27 zu § 611 BGB Arzt-Krankenhaus-Vertrag.
[161] BGHZ 12, 286 (304); 16, 334 (337); 29, 6 (12); BGH, WM 1962, 679 (680); WM 1965, 476 (479); MDR 1968, 35; WM 1969, 335 (337); NJW 1972, 152, (153); BAG, Urt. v. 3.10.1961, 12.3.1963, 21.5.1963, 24.8.1995, AP Nrn. 4, 5, 6, 17 zu § 242 BGB Geschäftsgrundlage. In der neueren Rechtsprechung zeichnet sich aber allmählich eine Trendwende ab, vgl. BGH, Urt. v. 12.6.1987, BGHZ 101, 143 (150); Urt. v. 22.1.1993, ZIP 1993, 428 (430).
[162] *Heinrichs*, in: Palandt-EB, § 313 BGB Rn. 29; *Knopp*, in: Soergel, § 242 BGB Rn. 1130; *Nipperdey*, Vertragstreue und Nichtzumutbarkeit der Leistung, S. 32; *Roth*, in: MünchKomm, § 242 BGB Rn. 515 ff.; *Teichmann*, in: Soergel, § 242 BGB Rn. 262; weitere Nachweise bei *Haarmann*, Geschäftsgrundlage, S. 103.
[163] BGHZ 54, 145 (155); *Alf*, in: RGRK, § 242 BGB Rn. 88.
[164] BGH, NJW 1953, 1585; NJW 1959, 2203; NJW 1969, 233.
[165] *Ascheid*, in Hromadka (Hg.), Änderung von Arbeitsbedingungen, S. 109 (129 f.); *Belling*, NZA 1996, 906 (909); *Esser/Schmidt*, Schuldrecht I/2, § 24 III; *Haarmann*, Geschäftsgrundlage, S. 104 ff.; *Horn*, AcP 181 (1981), S. 255 (278); *Medicus*, Bürgerliches Recht, Rn. 168; *Otto*, Anm. zu BAG, EzA § 77 BetrVG 1972 Nr. 17; *Stötter*, NJW 1972, 1191; *M. Wolf*, in: KR, Grunds. Rn. 209; das war auch die überwiegende Meinung im früheren Schrifttum, vgl. nur *Locher*, AcP 121 (1923), S. 1 (106); *Oertmann*, Geschäftsgrundlage, S. 155 (159); *Stampe*, JhergJb 72 (1922), S. 348 (397 f.).

leisten. Sie können dafür gute Gründe haben[166]. Eine von Amts wegen vorgenommene Vertragsanpassung wäre ein verfassungswidriger Eingriff in die Vertragsautonomie, da er den Willen der Vertragsparteien gänzlich unberücksichtigt ließe. Die Vertragsanpassung darf den Parteien nicht aufgedrängt werden. Es besteht auch kein öffentliches Interesse daran, daß der Schuldner nichts Unzumutbares leistet, ohne daß er sich auf die Unzumutbarkeit beruft[167]. Wenn es einer Vertragspartei freisteht, einen für sie ungünstigen Vertrag zu schließen, muß sie auch das Recht haben, an einem Vertrag festzuhalten, der sie wegen veränderter Umstände benachteiligt, und zwar selbst dann, wenn das Festhalten an dem Vertrag an sich, d.h. für einen unbeteiligten Dritten, unzumutbar wäre. Zum zweiten sind bei einer Änderung der Geschäftsgrundlage viele Möglichkeiten zur Anpassung an die geänderten Umstände denkbar. Könnte der durch den Wegfall der Geschäftsgrundlage Benachteiligte die andere Vertragspartei darüber im unklaren lassen, wie der Vertrag angepaßt werden soll, wäre die Folge eine nicht unerhebliche Rechtsunsicherheit. Diese wäre der anderen Vertragspartei nicht zumutbar, zumal sie sich durch eine ausdrückliche Erklärung einfach und schnell beseitigen läßt. Die jedem Vertrag innewohnende Vertragstreue gebietet die Abgabe einer solchen Erklärung[168]. Schließlich kommt hinzu, daß das „Wie" der Anpassung eine Frage der angemessenen vertraglichen Gestaltung dargestellt, bei der zumeist ein Spielraum besteht[169]. Das Gericht wäre mit einer selbständigen Anpassung häufig überfordert. Die „richtige Lösung" ergibt sich jedenfalls nicht ohne weiteres aus § 313 BGB[170].

Das Schuldrechtsmodernisierungsgesetz zieht aus diesen Überlegungen die richtige Konsequenz. § 313 BGB regelt nunmehr ausdrücklich, daß beim Wegfall der Geschäftsgrundlage weder Vertragsanpassung noch Vertragsauflösung automatisch kraft Gesetzes erfolgen[171]. Vielmehr bedarf es stets rechtsgestaltender Erklärungen. Der Gesetzgeber überläßt die Entscheidung über das „Wie" der Anpassung zunächst den Parteien[172]. Gelingt ihnen keine einvernehmliche Anpassung, und nur dieser Fall ist problematisch, hat die benachteiligte Partei einen Anspruch auf Vertragsanpassung. Dazu hat sie eine konkrete Maßnahme zu verlangen. Dieses Verlangen muß vom Gericht überprüft werden können, wobei sich die Kontrolle darauf zu beschränken hat, ob der Tatbestand des Wegfalls der Geschäftsgrundlage erfüllt ist und ob die verlangte Anpassungsmaßnahme dem Verhältnismäßigkeitsprinzip

---

[166] So kann es abstrakt gesehen unzumutbar sein, einen Arbeitnehmer weiter zu beschäftigen, der sich einer einschlägigen Straftat schuldig gemacht hat. Aus diesem Grunde kann das Arbeitsverhältnis gekündigt werden (vgl. nur BAG, Urt. v. 17.5.1984, AP Nr. 14 zu § 626 BGB Verdacht strafbarer Handlung). Der Arbeitgeber kann von einer Kündigung aber absehen, etwa weil er dem Arbeitnehmer noch eine Chance geben will.

[167] So auch *Haarmann*, Geschäftsgrundlage, S. 106; a.A. *Nipperdey*, Vertragstreue und Nichtzumutbarkeit, S. 18 f.

[168] *Haarmann*, Geschäftsgrundlage, S. 105.

[169] *Chiotellis*, Geschäftsgrundlagenstörungen, S. 113 ff., 186 f.; *Haarmann*, Geschäftsgrundlage, S. 87, 94 ff. 141 ff.

[170] *Ascheid*, in: Hromadka (Hg.), Änderung von Arbeitsbedingungen, S. 109 (130); *Chiotellis*, Geschäftsgrundlagenstörungen, S. 24 ff., 181.

[171] Begr. RegE, BT-Drucks. 14/6040 S. 175.

[172] Begr. RegE, BT-Drucks. 14/6040 S. 176; zuvor bereits *Haarmann*, Geschäftsgrundlage, S. 87.

entspricht, d.h. ob die Anpassung das geeignete, erforderliche und angemessene Mittel ist, das unzumutbar gewordene Vertragsverhältnis zu retten[173]. Erst wenn das Festhalten am angepaßten Vertrag unzumutbar ist, besteht ein Recht zur Kündigung (§ 313 Abs. 3 BGB), das zu seiner Geltendmachung einer rechtsgestaltenden Erklärung bedarf. Der Wegfall der Geschäftsgrundlage ist deshalb nicht selbst Gestaltungsmittel, sondern nur der Grund zur Ausübung eines Gestaltungsrechts[174]. Die Ansicht, die außerordentliche Kündigung verdränge das Rechtsinstitut des Wegfalls der Geschäftsgrundlage oder gehe diesem als speziellerer Behelf vor[175], trifft daher nicht den Kern der Sache. Die außerordentliche Kündigung ist eine der beiden möglichen Rechtsfolgen eines Wegfalls der Geschäftsgrundlage und kann als Teil dieses Rechtsinstituts nicht spezieller als das Rechtsinstitut selbst sein.

Die herrschende Meinung[176] ist deshalb schon vor Inkrafttreten des Schuldrechtsmodernisierungsgesetzes völlig zu Recht davon ausgegangen, daß der Tarifvertrag nicht automatisch unwirksam wird, wenn seine Geschäftsgrundlage entfällt. Der Wegfall der Geschäftsgrundlage kann den Grund liefern, den Tarifvertrag zu kündigen. Ohne die ausdrückliche Kündigungserklärung bleibt er jedoch wirksam. Das verlangen bereits die Rechtssicherheit und die Rechtsklarheit, auf die bei Normenverträgen wegen ihrer Drittwirkung besonders zu achten ist. Andererseits kann es den Tarifvertragsparteien nicht verwehrt sein, an unzumutbaren Verträgen festzuhalten, wenn sie dies für richtig halten. Auch der staatliche Gesetzgeber muß auf veränderte Umstände nicht sofort mit dem Erlaß neuer Gesetze reagieren, sondern er kann zuwarten. Nichts spricht dafür, die Tarifvertragsparteien anders zu behandeln. Da die Rechtswirkungen des Tarifvertrags aber nicht bei den Tarifvertragsparteien selbst, sondern bei Dritten eintreten, kommt es für die Beurteilung, ob das Festhalten am unveränderten Vertrag noch zumutbar ist, auf die tatsächliche und rechtliche Situation bei den Normunterworfenen an.

Aus diesen Prämissen ergibt sich eine wichtige Konsequenz für die Normunterworfenen. Die Normunterworfenen selbst können sich nicht auf den Wegfall der Geschäftsgrundlage berufen. Die Gestaltungsrechte, die sich aus dem Wegfall der Geschäftsgrundlage ergeben, stehen allein den Tarifvertragsparteien zu. Das gebietet der Respekt vor den Tarifvertragsparteien als Normgebern. Sie sind die Herren der Tarifverträge. Nur sie schließen die Verträge ab, nur ihnen steht das Recht zu, diese zu beenden oder zu modifizieren. Ob die Tarifunterworfenen die Geschäftsgrundlage gekannt haben, ist deshalb nicht entscheidend[177]. Stünden die Rechte aus ei-

---

[173] Die Anwendung des Verhältnismäßigkeitsprinzips bejahen *Chiotellis*, Geschäftsgrundlagenstörungen, S. 88 ff.; *Haarmann*, Geschäftsgrundlage, S. 82 f.
[174] So zutreffend *Otto*, FS Kissel (1994), S. 787 (791, 795).
[175] *Bauer/Diller*, DB 1993, 1085 (1090); *Belling*, NZA 1996, 906 (910); *Buchner*, NZA 1993, 289 (295); ders., NZA 1996, 1177 (1182); *Heinrichs*, in: Palandt-EB, § 313 BGB Rn. 26; *Stein*, in: Kempen/Zachert, § 4 TVG Rn. 148; *Lohs*, Anpassungsklauseln in Tarifverträgen, S. 80; *Oetker*, RdA 1995, 82 (98); *Steffan*, JuS 1993, 1027 (1028); *Wank*, in: Wiedemann, § 4 TVG Rn. 73; *Wiedemann*, in: Soergel, Vor § 323 BGB Rn. 60; *Zachert*, NZA 1993, 299 (300); ders., RdA 1996, 140 (149).
[176] *Belling*, NZA 1996, 906 (909); *Buchner*, NZA 1996, 1177 (1185); *Däubler*, Tarifvertragsrecht, Rn. 154; *Hueck/Nipperdey*, Arbeitsrecht II/1, S. 471 Fn. 41; *Oetker*, RdA 1995, 82 (97); *Otto*, FS Kissel (1994), S. 787 (795).
[177] A.A. BAG, Urt. v. 15.12.1976, AP Nr. 1 zu § 36 BAT.

nem Wegfall der Geschäftsgrundlage auch den Normunterworfenen zu, wären die Ordnungs- und die Friedensfunktion des Tarifvertrags bedroht. Für manche Tarifunterworfene würde der Tarifvertrag noch Geltung beanspruchen, für andere nicht. Dort, wo der Tarifvertrag nicht mehr gelten würde, könnte um eine Neuregelung gekämpft werden. Das kann nicht sein. Die Rechtsordnung weist den Tarifunterworfenen, denen die Erfüllung des Tarifvertrags unzumutbar geworden ist, einen anderen Weg. Sie müssen auf die Tarifvertragsparteien einwirken. Notfalls müssen sie ihren Verband verlassen. Nur wenn das Festhalten an einem unzumutbaren Tarifvertrag zu einem unverhältnismäßigen Eingriff in ihre Grundrechte führt, können sie sich selbst auf die Unzumutbarkeit des Tarifvertrags berufen. Das wird aber nur ausnahmsweise der Fall sein[178]. Die Normunterworfenen müssen sich entgegenhalten lassen, daß sie die Bindung an den Tarifvertrag selbst herbeigeführt haben und seinerzeit mit der Regelung der Arbeits- und Wirtschaftsbedingungen durch die Tarifvertragsparteien einverstanden waren.

bb) Keine Bedenken gegen eine richterlich vorgenommene Tarifvertragsanpassung. Ist der Wegfall der Geschäftsgrundlage nur der Grund, der eine Umgestaltung eines Vertragsverhältnisses durch Anpassungsbegehren oder Kündigung rechtfertigen kann, so sind auch die Bedenken, die Rechtsprechung[179] und herrschenden Lehre[180] gegen eine gerichtliche Anpassung des Tarifvertrags an die veränderten Umstände hegen, gegenstandslos. Zu dem befürchteten Eingriff in die Tarifautonomie[181] oder zu einer staatlichen Tarifgestaltung durch die Gerichte[182] kommt es nicht.

Zwar erfolgt die Umgestaltung des Tarifvertrags durch das Gericht, wenn die Tariftreue unzumutbar geworden ist und sich die Parteien auf keine Neuregelung einigen können. Das geschieht aber niemals von Amts wegen, sondern nur auf Antrag einer der beiden Tarifvertragsparteien, und auch nur im Rahmen des Anpassungsverlangens. Über andere als die beantragten Umgestaltungsmöglichkeiten hat das Gericht nicht zu befinden. Bei der beantragten Umgestaltung hat das Gericht nur zu prüfen, ob die tatbestandlichen Voraussetzungen eines Wegfalls der Geschäftsgrundlage gegeben sind und ob die beantragte Gestaltung ein verhältnismäßiges Mittel ist, den Tarifvertrag an die veränderten Umstände anzupassen. Ist die begehrte Umgestaltung unverhältnismäßig, muß das Gericht sie ablehnen. Kommen andere, insbesondere weitergehende Gestaltungsrechte in Betracht, darf das Gericht diese nicht selbst ausüben, sondern es muß abwarten, bis die Tarifvertragsparteien von ihren Gestaltungsrechten Gebrauch machen. Das Gericht kontrolliert also nur das von der benachteiligten Tarifvertragspartei erhobene Anpassungsverlangen,

---

[178] *Buchner,* NZA 1993, 289 (294).
[179] BAG, Urt. v. 1.2.1982, AP Nr. 5 zu § 33 BAT; Urt. v. 12.9.1984, AP Nr. 135 zu § 1 TVG Auslegung; Urt. v. 10.2.1988, AP Nr. 12 zu § 33 BAT; Urt. v. 9.11.1988, AP Nr. 5 zu § 1 TVG Tarifverträge: Süßwarenindustrie.
[180] *Bauer/Diller,* DB 1993, 1085 (109); *Belling,* NZA 1996, 906 (910); *Buchner,* NZA 1993, 289 (295); *Stein,* in: Kempen/Zachert, § 4 TVG Rn. 148; *Löwisch/Rieble,* § 1 TVG Rn. 523; *Lohs,* Anpassungsklauseln in Tarifverträgen, S. 80; *Oetker,* RdA 1995, 82 (97 f.); *Steffan,* JuS 1993, 1027 (1028); *Unterhinninghofen,* AuR 1993, 101 (103); *Wank,* in: Wiedemann, § 4 TVG Rn. 72.
[181] Vgl. nur *Belling,* NZA 1996, 906 (910); *Oetker,* RdA 1995, 82 (97 f.).
[182] *Buchner,* NZA 1993, 289 (295).

ohne selbst gestalterisch tätig zu werden. Die Zweckmäßigkeit des Anpassungsverlangens ist nicht Gegenstand der Prüfung. Das Gericht hat auch nicht darüber zu befinden, ob es geeignetere Mittel gibt, den Tarifvertrag an die veränderten Umstände anzupassen. Es hat nur zu untersuchen, ob das Anpassungsbegehren erforderlich und angemessen ist.

Genau diese Prüfung nimmt das Gericht auch bei einem gewöhnlichen Vertrag unter Privaten vor. Niemand käme auf die Idee, hierin einen Eingriff in die Vertragsfreiheit der Beteiligten zu sehen. Im Gegenteil. Das Gericht verhilft der Vertragsgerechtigkeit zum Durchbruch, indem es den Vertrag an veränderte Umstände anpaßt. Beim Tarifvertrag kann nichts anderes gelten. Selbst der Umstand, daß auf der Ebene des Tarifvertrags präsumtive Parität zwischen den Vertragsparteien besteht, hindert nicht eine gerichtliche Anpassung. Die Vertragstreue kann auch zwischen gleich starken Parteien unzumutbar werden[183]. Die Unzumutbarkeit betrifft nämlich nur das Äquivalenzverhältnis der vertraglichen Leistungen[184]. Eine Partei an einem unzumutbar gewordenen Vertrag festhalten zu wollen, verstößt gegen die materiale Vertragsgerechtigkeit[185]. Mit der Marktposition der Beteiligten oder deren Durchsetzungsvermögen hat das nichts zu tun. Einer gerichtlichen Anpassung bedarf es dann, wenn die durch den Wegfall der Geschäftsgrundlage begünstigte Partei die einvernehmliche Änderung des Vertrages ablehnt, aber nicht auf die Vorteile aus den veränderten Umständen verzichten will. Das widerspricht der Vertragstreue. Die Rechtsordnung kann die Ausnutzung einer unangemessenen Risikoverschiebung nicht hinnehmen[186]. Sie muß der unzumutbar benachteiligten Partei Mittel und Wege bereitstellen, von ihren bisherigen Verpflichtungen loszukommen.

Das Anpassungsverlangen erscheint ohnedies in einem anderen Lichte, wenn der Grund für den Wegfall der Geschäftsgrundlage eines Tarifvertrags darin besteht, daß sich die Gesetzeslage ändert, von der die Parteien gemeinsam ausgegangen sind. Zumeist genügt die Kündigung des Teiles des Tarifvertrags, der auf dem geänderten Gesetz aufbaut. Fällt dieser Teil weg, gilt das Gesetz in seiner neuen Fassung. In diesem speziellen Fall bedarf es keiner gestaltenden Anpassung durch das Gericht. Selbst wenn das Gericht an Stelle einer (Teil-)Kündigung nur die Anpassung zuließe, würde sich diese mit großer Wahrscheinlichkeit an der neuen Gesetzeslage orientieren. In diese Richtung deutet zumindest die bisherige Rechtsprechung[187]. Dafür spricht, daß der gesetzlichen Regelung grundsätzlich die Vermutung der Sachgerechtigkeit zukommt und daß dabei die unterschiedlichen, mitunter auseinandergehenden Interessen sorgfältig abgewogen wurden.

---

[183] Schon das RG wies zutreffend darauf hin, daß man beim Wegfall der Geschäftsgrundlage nicht zwischen einem vermögenden Schuldner und einem Mann, der nichts besitze, unterscheiden dürfe. Ausschlaggebend sei allein das (gestörte) Äquivalenzverhältnis von Leistung und Gegenleistung, vgl. RG, Urt. v. 29.11.1921, RGZ 103, 177 (178).

[184] *Chiotellis*, Geschäftsgrundlagenstörungen, S. 33 ff., 36, 40 ff. und passim.

[185] *Haarmann*, Geschäftsgrundlage, S. 48.

[186] *Haarmann*, Geschäftsgrundlage, S. 48.

[187] Vgl. die Übersicht bei *Chiotellis*, Geschäftsgrundlagenstörungen, S. 125 ff.

Als Ergebnis ist daher folgendes festzuhalten: Auch bei Tarifverträgen kann die Geschäftsgrundlage entfallen. Der Wegfall der Geschäftsgrundlage ist der Grund dafür, daß diejenige Partei, zu deren Nachteil sich die Umstände in unzumutbarer Weise geändert haben, die Anpassung des Tarifvertrags an die neuen Verhältnisse verlangen kann. Der Wegfall der Geschäftsgrundlage selbst ist nicht das Mittel zur Umgestaltung. Mittel sind die (außerordentliche) Kündigung des Tarifvertrags und das Anpassungsverlangen. In der gerichtlichen Anpassung des Tarifvertrags liegt weder eine unzulässige Gestaltung der Arbeitsbedingungen durch das Gericht noch ein Eingriff in die Tarifautonomie. Das Gericht hat lediglich zu prüfen, ob ein konkretes Anpassungsverlangen durch den Wegfall der Geschäftsgrundlage gerechtfertigt ist und sich als verhältnismäßige Maßnahme zur Wiederherstellung unzumutbar gewordener Vertragstreue erweist.

Im folgenden ist nur zu diskutieren, ob und unter welchen Voraussetzungen die Geschäftsgrundlage bei einem Tarifvertrag entfällt, wenn sich die Gesetzeslage, von der die Parteien ausgegangen sind, ändert. Ob der Wegfall der Geschäftsgrundlage stets zunächst zu einem Anspruch auf Vertragsanpassung führt und erst beim Scheitern eine außerordentliche Kündigung rechtfertigt, ist eine andere Frage, die erst bei den Rechtsfolgen zu erörtern ist.

III. Tatbestandliche Voraussetzungen des Wegfalls der Geschäftsgrundlage

1. Geschäftsgrundlage

Im allgemeinen Vertragsrecht gehen Rechtsprechung[188] und herrschende Lehre[189] davon aus, daß die Änderung der Gesetzeslage zu einem Wegfall der Geschäftsgrundlage führen kann. Dasselbe soll bei einer Änderung der höchstrichterlichen Rechtsprechung gelten[190]. Die Geschäftsgrundlage kann subjektiv oder objektiv verstanden werden. Faßt man die Geschäftsgrundlage subjektiv auf, so ist die Vorstellung der Parteien entscheidend. Zu prüfen ist dann, von welchen äußeren Umständen sich die Parteien bei Abschluß des Vertrages gemeinsam leiten ließen. Begreift man die Geschäftsgrundlage objektiv, so ist ausschließlich die tatsächliche Veränderung der Umstände maßgeblich. Auf die Erwartungen der Parteien kommt es nicht an.

---

[188] BGH, NJW 1958, 1540; NJW 1961, 1859; NJW 1962, 29 (30); WM 1969, 527 ff; WM 1969, 1054; NJW 1995, 1892; BAG, Urt. v. 4.5.1983, 25.2.1988, 3.5.1989, 25.7.1990, 10.12.1992, AP Nrn. 12, 18, 20, 24, 27 zu § 611 BGB Arzt-Krankenhaus-Vertrag. So bereits schon RG, Urt. v. 12.5.1928, RGZ 121, 141 (146 f.); Urt.v. 1.4.1935, RGZ 147, 228 (232).

[189] *Chiotellis*, Geschäftsgrundlagenstörungen, S. 125-134 m.w.N.; *Haarmann*, Geschäftsgrundlage, S. 60 m.w.N.; *Heinrichs*, in: Palandt-EB, § 313 BGB Rn. 41; *Roth*, in: MünchKomm, § 242 BGB Rn. 589 ff.; *Schieferstein*, Gesetzesänderung und Geschäftsgrundlage, S. 69 ff.; *Teichmann*, in: Soergel, § 242 BGB Rn. 258 m.w.N; *Ulmer*, AcP 174 (1974), S. 167 (186 ff.).

[190] BGH, LM (Bb) § 242 BGB Nr. 33; BGHZ 58, 362; 70, 298; BGH, NJW 1983, 1548 (1552); *Chiotellis*, Geschäftsgrundlagenstörungen, S. 134 ff.; *Heinrichs*, in: Palandt-EB, § 313 BGB Rn. 41 m.w.N.; *Roth*, in: MünchKomm, § 242 BGB Rn. 593.

a) Subjektive Formel der Rechtsprechung

Die ständige Rechtsprechung macht den Begriff der Geschäftsgrundlage am gemeinsamen subjektiven Vorstellungsbild der Parteien fest. Nach der von ihr benutzten Formel, die auf die Definition von *Oertmann* zurückgeht[191], gehören zur Geschäftsgrundlage „die nicht zum eigentlichen Vertragsinhalt erhobenen, aber bei dem Vertragsschluß zutage getretenen gemeinschaftlichen Vorstellungen beider Vertragsparteien oder die dem Geschäftspartner erkennbaren und von ihm nicht beanstandeten Vorstellungen der einen Vertragspartei von dem Vorhandensein oder dem künftigen Eintritt oder dem Fortbestand gewisser Umstände, auf denen sich der Vertragswillen aufbaut"[192]. Geschäftsgrundlage ist daher nicht, was Inhalt des Vertrages ist, was also die Parteien selbst ausdrücklich im Vertrag geregelt haben. Geschäftsgrundlage ist auch nicht, was einseitige Erwartung einer der beiden Vertragsparteien geblieben ist. Geschäftsgrundlage sind nur die Vorstellungen, die sich beide Vertragsparteien gemeinsam über die äußeren Umstände ihres Vertrages gemacht haben.

Spätestens hier wird die durch die Veränderung der äußeren Umstände benachteiligte Vertragspartei regelmäßig in Beweisnot geraten, wenn sie sich auf den Wegfall der Geschäftsgrundlage berufen will. Denn sie hätte darzulegen und zu beweisen, daß nicht sie allein vom Fortbestand einer bestimmten Gesetzeslage ausgegangen ist, sondern auch der Vertragspartner. Dieser Nachweis wird ihr kaum gelingen[193]. Die subjektiven Motive und Erwartungen ihres Vertragspartners bleiben ihr zumeist verborgen. Hält man sich an den Wortlaut der von der Rechtsprechung verwendeten Formel, kommt es auf diesen Nachweis nicht an. Nach der Formel ist nur zu prüfen, ob dem Vertragspartner die einseitige Erwartung der benachteiligten Vertragspartei erkennbar war und ob er diese Erwartung nicht beanstandet hat. Entscheidend ist dann, welche Anforderungen man an die Erkennbarkeit der einseitigen Erwartung stellt. Hat der eine Vertragsteil dem anderen seine Erwartungen ausdrücklich kundgetan und hat der andere nicht widersprochen, so ist die Erkennbarkeit in jedem Fall zu bejahen. Eine sicherere Form der Erkennbarkeit als die ausdrückliche Mitteilung von Erwartungen gibt es nicht. Mangels Beanstandung der anderen Seite wäre die Erwartung, daß die äußeren Umstände des Vertrages unver-

---

[191] Die Geschäftsgrundlage, S. 37.
[192] Ständige Rechtsprechung seit BGHZ 25, 390 (392); vgl. auch BGHZ 40, 334 (336); 61, 153 (160); 74, 370 (372 f.); 81, 1 (8f.); 88, 226 (231); BGH, NJW 1985, 313 (314); NJW 1991, 1478; NJW-RR 1991, 1269; NJW 1993, 1641 (1642); NJW 1993, 1856 (1859). Diese Formel hat das BAG übernommen, vgl. nur Urt. v. 9.7.1986, AP Nr. 7 zu § 242 BGB Geschäftsgrundlage.
[193] Vgl. nur BGH, NJW 1995, 1892. Die Geschäftsgrundlage sollte dort das Fortbestehen der Gesetzeslage sein, nach der gesetzliche Unterhaltsrenten zeitlich unbefristet gezahlt werden mußten. Mit Einführung des § 1573 Abs. 5 BGB im Jahre 1986 wurde deren zeitliche Begrenzung möglich. Der Beklagte berief sich auf den Wegfall der Geschäftsgrundlage wegen der Gesetzesänderung. Er verlor den Prozeß, weil er nicht beweisen konnte, daß die Klägerin und er selbst beim Abschluß der Unterhaltsvereinbarung gemeinsam vom Fehlen einer gesetzlichen Regelung zur zeitlichen Begrenzung von Unterhaltsansprüchen ausgegangen waren. Er konnte ebenso wenig beweisen, daß seine Erwartung, die Gesetzeslage würde unverändert fortbestehen, der Klägerin erkennbar war.

ändert bleiben, zur Geschäftsgrundlage geworden. Rechtsprechung[194] und Lehre[195] lassen dieses Ergebnis aber häufig nicht gelten. Selbst wenn die Erwartungen der anderen Partei ausdrücklich genannt würden und somit ohne weiteres erkennbar seien, würden sie damit noch längst nicht zum Inhalt der gemeinsamen Geschäftsgrundlage[196].

Wie wenig sich die Rechtsprechung an die von ihr selbst aufgestellte Formel hält, zeigt auch der umgekehrte Fall. In der Regel verständigen sich die Vertragsparteien nicht über ihre inneren Erwartungen; die Erwartungen bleiben unerkennbar oder fehlen ganz. Nicht selten kommen sie den Parteien erst dann zu Bewußtsein, wenn sich die äußeren Umstände des Vertrages erheblich geändert haben. Trotz fehlender oder nicht erkennbarer Erwartungen unterstellt die Rechtsprechung den Vertragsparteien zuweilen einfach gemeinsame Vorstellungen und macht sie so zum Inhalt der Geschäftsgrundlage[197]. Das geschieht nicht zuletzt durch die Annahme, die Parteien seien stillschweigend davon ausgegangen, an der Grundlage ihres Vertrages werde sich zukünftig nichts ändern[198]. Stellt man auf solche allgemeinen Erwartungen ab, die letztlich jedem Vertrag zugrundeliegen, ist das Tatbestandsmerkmal „Geschäftsgrundlage" stets erfüllt und wird damit für die Abgrenzung bedeutungslos. Die Lehre meint deshalb zu Recht, die Formel der Rechtsprechung habe häufig nur deklaratorische Funktion[199]. Sie sei, um ein Wort *Kegels* aufzugreifen, „bloßes Ornament"[200]. Eine genaue Subsumtion findet regelmäßig nicht statt. Weder kommt es auf die Erkennbarkeit der Erwartungen der einen Partei noch auf den Widerspruch der anderen Partei an.

Daß die Rechtsprechung trotz der Kritik an der Notwendigkeit einer gemeinsamen Vorstellung der Parteien festhält, hat seinen Grund in etwas anderem. Die Rechtsprechung behandelt den Wegfall der Geschäftsgrundlage wegen einer nachträglichen Gesetzesänderung nämlich wie einen gemeinschaftlichen Irrtum über die Rechtslage, in dem sich die Parteien beim Abschluß des Vertrages befanden[201]. Beim Abschluß einer Vereinbarung könne ein beiderseitiger Irrtum über die Rechtslage das Fehlen der Geschäftsgrundlage bedeuten, wenn die Vereinbarung ohne diesen Rechtsirrtum nicht oder nicht mit diesem Inhalt geschlossen worden

---

[194] BGH, NJW 1967, 1082; ZIP 1982, 1307; NJW-RR 1986, 708; NJW-RR 1993, 774; BGHZ 104, 242.

[195] *Larenz*, Geschäftsgrundlage, S. 17; ders., Allgemeiner Teil, § 20 III; ders. Schuldrecht I, § 21 III; *Teichmann*, in: Soergel, § 242 BGB Rn. 208, 210.

[196] Die Rechtsprechung könnte sich allerdings mit dem weiteren Argument behelfen, daß das bloße Schweigen der anderen Partei nicht ohne weiteres als Zustimmung gewertet werden darf.

[197] Vgl. nur BGH, NJW 1972, 1577 (1579): „Daß die Parteien diese Frage [sc. den unveränderten Fortbestand der damaligen Rechtsprechung] nicht ausdrücklich erörtert haben (…) steht diesen Feststellungen nicht entgegen. Gerade dann, wenn über einen bestimmten Umstand – sei er tatsächlicher oder rechtlicher Art – zwischen den Parteien kein Streit herrscht, besteht kein Anlaß, diesen Punkt zum Gegenstand von Erörterungen zu machen".

[198] BGH, NJW 1983, 1548 (1552).

[199] *Teichmann*, in: Soergel, § 242 BGB Rn. 208 Fn. 31 m.w.N.; ähnlich *Larenz*, Geschäftsgrundlage, S. 112.

[200] Gutachten für den 40. DJT (1953), Bd. 1, S. 157, 161.

[201] BGH, NJW 1983, 1548 (1552); DtZ 1994, 371; NJW 1995, 1892.

wäre²⁰². Befinde sich nur eine Partei in einem Rechtsirrtum, habe das keine Auswirkungen. Der Irrende könne insbesondere nicht den Vertrag anfechten²⁰³. Hätten jedoch beide Parteien die wahre Rechtslage verkannt, könne keine Partei von der anderen Seite verlangen, uneingeschränkt am Vertrag festgehalten zu werden. Es könne aber keinen Unterschied machen, ob die Parteien schon bei Abschluß des Vertrages von einer unzutreffenden Rechtslage ausgegangen seien oder ob ihre Vorstellungen erst nach Abschluß des Vertrages aufgrund einer Gesetzesänderung unzutreffend geworden seien.

Diese Auffassung vermag aus zwei Gründen nicht zu überzeugen. Erstens sind der anfängliche gemeinsame Rechtsirrtum beider Parteien und die spätere Änderung der Rechtslage keineswegs strukturgleiche Phänomene, wie gelegentlich in der Literatur behauptet wird²⁰⁴. Es macht einen erheblichen Unterschied, ob die Parteien die wahre Rechtslage hätten erkennen können, wenn sie beim Vertragsschluß nur etwas sorgsamer gewesen wären, oder ob rechtskundige Parteien von einer späteren Gesetzesänderung überrascht werden, die beim Vertragsschluß in keiner Weise vorauszusehen war. Im ersten Fall liegt beim Vertragsschluß eine Abweichung von Vorstellung und Wirklichkeit vor, im zweiten Fall nicht. Im ersten Fall muß man in der Tat auf die gemeinsamen Vorstellungen der Beteiligten abstellen, im zweiten nicht. Entscheidend ist im zweiten Fall nur, daß sich das Gesetz geändert hat. Zudem setzt ein Irrtum immer eine bestimmte, konkrete Vorstellung voraus, die von der Wirklichkeit abweicht. Das gilt auch für den Rechtsirrtum. Nur weil beide Parteien eine bestimmte, aber unzutreffende Vorstellung über die Rechtslage hatten, wird ihnen die Berufung auf den Wegfall der Geschäftsgrundlage erlaubt. Im Falle einer nachträglichen Gesetzesänderung haben sich die Vertragsparteien aber häufig gar keine Vorstellung über die künftige Rechtslage gemacht, sondern sind einfach von der bestehenden gesetzlichen Regelung ausgegangen. Ihnen die Erwartung zu unterstellen, Gesetze würden sich nicht ändern, wirkt gekünstelt und entspricht nur selten der Wirklichkeit. Darüber hinaus nimmt die Rechtsprechung auch bei einem beiderseitigen Rechtsirrtum nicht ohne weiteres den Wegfall der Geschäftsgrundlage an, sondern prüft, ob die Vereinbarung ohne diesen Rechtsirrtum nicht oder nicht mit diesem Inhalt geschlossen worden wäre. Nur darauf kommt es letztlich an. Die Prüfung der fehlgegangenen tatsächlichen Vorstellungen ist in diesem Zusammenhang eine mehr oder weniger bedeutungslose Vorfrage.

Insgesamt gesehen bestehen also erhebliche Einwände gegen die Annahme einer subjektiven Geschäftsgrundlage. Die Rechtsprechung hält sich nicht an die von ihr selbst aufgestellte Formel, und sie kann es nicht. Denn es kann nicht entscheidend auf die subjektiven Erwartungen und Vorstellungen der Parteien ankommen. Sie würden die durch die Änderung der tatsächlichen Verhältnisse benachteiligte Partei in unlösbare Beweisprobleme stürzen. Das wäre um so mißlicher, je stärker sich die äußeren Umstände nach Abschluß des Vertrages ändern.

---

²⁰² BGH, Urt. v. 15.11.1951, LM Nr. 1 zu § 242 BGB (Bd); Urt. v. 23.10.1957, NJW 1958, 297 (298). Das war auch die Ansicht des RG, vgl. RGZ 108, 105 ff.; 122, 200 (203).

²⁰³ So bereits RGZ 88, 278 (284); 134, 195 (197 f.); *Flume*, Allgemeiner Teil II, § 23, 4 d; *Larenz*, Allgemeiner Teil, § 20 II 2; *Medicus*, Allgemeiner Teil Rn. 751; *ders.*, Bürgerliches Recht Rn. 133.

²⁰⁴ *Heinrichs*, in: Palandt-EB, § 313 BGB Rn. 15, 34, 41; *Teichmann*, in: Soergel, § 242 BGB Rn. 258.

b) *Objektive Geschäftsgrundlage*

Die Schwierigkeiten der subjektiven Formel vermeidet die Theorie der objektiven Geschäftgrundlage. Dazu rechnen im Anschluß an *Larenz*[205] alle Umstände und allgemeinen Verhältnisse, deren Vorhandensein oder Fortbestand objektiv erforderlich ist, damit der Vertrag nach seinem Inhalt, seinem Zweck und seiner wirtschaftlichen Bedeutung noch als sinnvolle und brauchbare Gestaltung bestehen kann, mögen die Parteien an diese Umstände gedacht haben oder nicht. Welche Umstände dies sind, sagt diese Theorie freilich nicht. Sie ermöglicht es aber, äußere Umstände als Geschäftsgrundlage anzuerkennen, über die sich die Vertragsparteien beim Abschluß des Vertrages keine Gedanken gemacht haben, weil sie von ihnen als sicher und unproblematisch vorausgesetzt wurden. Damit werden nicht nur gekünstelte Unterstellungen vermieden, sondern der beweisbelasteten Partei wird die Möglichkeit gegeben, sich auf den Wegfall der Geschäftsgrundlage zu berufen, ohne daß sie der anderen Partei die Kenntnis oder Erkennbarkeit der eigenen Erwartungen nachweisen muß.

Ob die Bindung an den bisherigen Vertrag noch zumutbar ist, entscheidet sich nach neuerer Lehre nicht allein danach, ob ein äußerer Umstand zur Geschäftsgrundlage geworden ist[206]. Dennoch ist die Prüfung der Geschäftsgrundlage nicht völlig entbehrlich. Sie besitzt aber nur die Funktion eines ersten Filters. Was überhaupt nicht zur Geschäftsgrundlage eines Vertrages geworden ist, kann später keine Auswirkungen auf die Vertragsbindung haben. Deshalb können beim Wegfall der Geschäftsgrundlage infolge einer Gesetzesänderung nur solche Vorschriften die Geschäftsgrundlage eines Vertrages bilden, die für die Vertragsbeziehung thematisch einschlägig sind. Das sind nicht nur die Vorschriften, die die vertraglichen Haupt- und Nebenleistungspflichten regeln, sondern alle Normen, die in irgendeiner Weise mit dem Gegenstand, dem Zweck und dem Inhalt des Vertrages zusammenhängen, insbesondere in wirtschaftlicher Hinsicht.

Darüber hinaus können nur wesentliche Gesetzesänderungen die Geschäftsgrundlage entfallen lassen. Wann eine Gesetzesänderung die „Minimalschwelle" überschreitet, kann nicht ein für alle Mal gesagt werden. Allgemein ist davon auszugehen, daß die Änderung dann wesentlich ist, wenn nicht ernstlich bezweifelt werden kann, daß eine der Parteien oder beide bei Kenntnis der Gesetzesänderung den Vertrag nicht oder mit anderem Inhalt abgeschlossen hätten[207]. Das dürfte bei umfangreichen, systemverändernden Gesetzesänderungen stets zu bejahen, bei redaktionellen Fehlerkorrekturen oder systematischen Vereinheitlichungen, die den Inhalt der Norm unberührt lassen, stets zu verneinen sein.

---

[205] Vertrag und Unrecht, S. 164; ähnlich bereits *Locher*, AcP 121 (1923) S. 1 (71 f.); später hat *Larenz* der objektiven Geschäftsgrundlage für bestimmte Fallgruppen die subjektive Geschäftsgrundlage zur Seite gestellt, vgl. Geschäftsgrundlage, S. 142 ff., 184.

[206] *Chiotellis*, Geschäftsgrundlagenstörungen, S. 18 ff., 29 ff., 180 ff.; *Teichmann*, in: Soergel, § 242 BGB Rn. 255 ff.

[207] *Heinrichs*, in: Palandt-EB, § 313 BGB Rn. 19.

2. Vertragliche Risikozuweisung

a) Grundgedanken

Der bloße Wandel der äußeren Umstände führt ebenso wenig zum Wegfall der Geschäftsgrundlage wie die Enttäuschung der gemeinsamen Vorstellung der Vertragspartner, daß sich an der bisherigen Gesetzeslage nichts ändert. Denn die bindende Wirkung von Verträgen entfaltet ihren Sinn gerade darin, den Vertragsbestand gegenüber nachträglichen Interesseänderungen – oder neuerdings: Risikoeinflüssen – zu schützen. Darauf hat bereits *Ihering*[208] aufmerksam gemacht, und dem ist mit der neueren Literatur[209] ohne weiteres zuzustimmen. Zu Recht meint *Kegel*: „Contracter c'est prévoir. Der Vertrag ist gefährlich und soll gefährlich sein."[210] Umstände, die in den Risikobereich oder in die Sphäre nur einer der beiden Vertragsparteien fallen, lassen den Einwand, die Geschäftsgrundlage des Vertrages sei entfallen, nicht zu, wenn sich durch die „Störung" gerade das von dieser Partei zu tragende Risiko realisiert[211]. Davon geht mittlerweile auch das Gesetz aus. Die Frage, ob das Festhalten am Vertrag für eine Partei unzumutbar ist, bemißt sich zufolge der Regelung des § 313 Abs. 1 BGB insbesondere anhand der vertraglichen oder gesetzlichen Risikoverteilung.

Welche Risiken eine Partei allein tragen muß, können die Vertragspartner selbst bestimmen[212]. Die Risiken können mit Hilfe von Bedingungen, Auflagen, Rücktritts- und Kündigungsvorbehalten sowie einseitigen Leistungsbestimmungs- und Anpassungsrechten verteilt werden[213]. Haben die Vertragspartner ein bestimmtes Risiko ausdrücklich einer bestimmten Partei zugewiesen, so kann diese Vereinbarung nur selten durch das Institut des Wegfalls der Geschäftsgrundlage umgestürzt werden[214]. Das verbietet der Respekt vor dem ausdrücklich erklärten Willen der Vertragsparteien. Überdies ist die von der Störung nachteilig betroffene Partei kaum schutzwürdig: Volenti non fit iniuria. Andererseits sind Risikozuweisungsklauseln Vertragsbestimmungen, die bei einer außergewöhnlichen, völlig unvorhersehbaren Änderung der äußeren Umstände einer Anpassung zugänglich sein müssen[215]. Denn

---

[208] Der Zweck im Recht I, S. 76: „Die Anerkennung der bindenden Kraft der Verträge vom Standpunkt des Zweckgedankens aus betrachtet heißt nichts als Sicherung des ursprünglichen Zwecks gegen den nachteiligen Einfluß einer späteren Interessenverschiebung oder veränderter Interessenbeurteilung in der Person des einen Teils, oder: rechtliche Einflußlosigkeit der Interessenänderung".

[209] *Fikentscher*, Geschäftsgrundlage, S. 31; ders., Schuldrecht, § 27 II 2 i; *Haarmann*, Geschäftsgrundlage, S. 30, 57 f.; *Ulmer*, AcP 174 (1974), S. 167 (183).

[210] Gutachten für den 40. DJT (1953) Bd. 1, S. 200.

[211] BGHZ 74, 373; 101, 152; BGH, NJW 1984, 1747; NJW 1992, 2691; *Heinrichs*, in: Palandt-EB, § 313 BGB Rn. 15.

[212] *J. Schmidt*, in: Staudinger, § 242 BGB Rn. 1065, 1076, 1079; *Teichmann*, in: Soergel, § 242 BGB Rn. 223.

[213] *J. Schmidt*, in: Staudinger, § 242 BGB Rn. 1081; *Teichmann*, in: Soergel, § 242 BGB Rn. 225 f.

[214] BGH, WM 1970, 907; WM 1978, 1008; NJW 1979, 370; NJW 1981, 989; NJW 1985, 313 (314); WM 1989, 414 (415); NJW-RR 1990, 601 (602); NJW 1992, 2690 (2691); *Roth*, in: MünchKomm, § 242 BGB Rn. 500; *J. Schmidt*, in: Staudinger, § 242 BGB Rn. 1079.

[215] So zu Recht *Chiotellis*, Geschäftsgrundlagenstörungen, S. 58 f. m.w.N.; in diese Reichtung auch *Belling*, NZA 1996, 906 (908); *Oetker*, RdA 1995, 82 (94). Zum Problem der Anpassung von Anpassungsklauseln *J. Schmidt*, in: Staudinger, § 242 BGB Rn. 1105-1107 m.w.N.

zum einen findet die Risikoübernahme selbst Grenzen, etwa in den Schranken der §§ 134, 138 BGB; zum anderen kann die Risikoübernahme selbst eine unzumutbare Äquivalenzstörung hervorrufen, die die Bindung an den unveränderten Vertrag unzumutbar werden läßt[216].

Dieser Gesichtspunkt gewinnt vor allem bei Dauerschuldverhältnissen mit längerer Laufzeit an Bedeutung. Die längere Bindung an den Vertrag macht die Risikoabschätzung für die Parteien schwieriger, das Risiko unerwarteter Änderungen ist wegen der Zukunftsbezogenheit größer[217]. Es kann dann nicht mehr ohne weiteres davon ausgegangen werden, daß eine Partei auch Risiken für nicht vorhersehbare Änderungen übernehmen wollte. Andererseits weisen Dauerrechtsverhältnisse gegenüber Verträgen, die sich in einem einmaligen Austausch von Leistungen erschöpfen, insoweit eine geringere Bindungsintensität auf, als sie für die Zukunft gekündigt werden können[218]. Da sich die Parteien ihrer zukünftigen Vertragspflichten ganz oder teilweise entledigen können, bestehen weniger Bedenken gegen die einseitige Zuweisung eines nicht vorhersehbaren Risikos. Bei Dauerrechtsverhältnissen sind deshalb die gegenläufigen Momente – geringere Vorhersehbarkeit des Risikos, erleichterte Möglichkeit der Beendigung für die Zukunft – sehr sorgfältig zu analysieren. Insbesondere ist genau zu prüfen, welches konkrete Risiko einer Partei zugewiesen wurde. Welchem der beiden genannten Aspekte letztlich der Vorrang zukommt, entscheidet sich bei der Interessenabwägung, die erst im Rahmen der Unzumutbarkeitsprüfung erfolgt. Diese hat sämtliche Umstände des Einzelfalls zu berücksichtigen und angemessen auszugleichen. Die Durchbrechung einer ausdrücklichen vertraglichen Risikozuweisung wird aber nur dann möglich sein, wenn die gegenläufigen Aspekte so schwerwiegend sind, daß sie die Vertragsbindung selbst bei übernommenem Störungsrisiko unzumutbar werden lassen[219]. Dazu genügt es nicht, daß sich die Änderung der Verhältnisse im Zeitablauf noch im Rahmen des normalen Risikos langfristiger Verträge bewegt[220].

Fehlen ausdrückliche Risikozuweisungen, so ist zu prüfen, ob die Parteien stillschweigend von bestimmten Risikozuweisungen ausgegangen sind. Hierzu sind die Parteierklärungen nach den allgemeinen Regeln auszulegen, wobei dem Vertragszweck besondere Bedeutung zukommt. Läßt sich auf diese Weise nicht feststellen, ob eine der beiden Parteien ein bestimmtes Störungsrisiko übernommen hat, ist die

---

[216] *Chiotellis*, Geschäftsgrundlagenstörungen, S. 59 m.w.N.
[217] *Haarmann*, Geschäftsgrundlage, S. 122; *Otto*, FS Kissel (1994), S. 787 (797).
[218] So *Haarmann*, Geschäftsgrundlage, S. 124 f., der allerdings nur auf die außerordentliche Kündigung abstellt und diese als eine Ausprägung der vertraglichen Selbstbestimmungsfreiheit, speziell der Vertragsbeendigungsfreiheit sieht. Das Mittel zur Verwirklichung der Vertragsbeendigungsfreiheit ist aber normalerweise die ordentliche Kündigung; die außerordentliche Kündigung durchbricht diese Regel für den Sonderfall, daß der Vertragspartei das Abwarten des nächsten Kündigungstermines oder der Ablauf der Kündigungsfrist nicht zumutbar ist. Sie dient zwar auch der Freiheit, Verträge zu beenden; ihre Rechtfertigung liegt aber im Prinzip der Unzumutbarkeit, an freiwillig geschlossenen Verträgen festgehalten zu werden.
[219] *Chiotellis*, Geschäftsgrundlagenstörungen, S. 59.
[220] So BAG, Urt. v. 9.7.1985, AP Nr. 6 zu § 1 BetrAVG Ablösung, für die Schwankungen der wirtschaftlichen Ertragskraft des dem Arbeitgeber gehörenden Unternehmens.

Risikostruktur des betreffenden Vertragstyps zu untersuchen[221], wobei vor allem das dispositive Recht zu beachten ist[222]. Erst wenn sich aus einer Analyse der speziellen vertraglichen und gesetzlichen Regelungen nichts weiter ergibt, kann auf das Institut des Wegfalls der Geschäftsgrundlage zurückgegriffen werden[223]. Freilich darf man sich von der Anwendung des dispositiven Rechts nicht allzu viel versprechen, wenn es gerade um die nachträgliche Änderung des dispositiven Rechts geht. Vorschriften, die sich ausschließlich mit diesem Problem befassen, gibt es nicht. Man ist deshalb auf die privatrechtlichen Generalklauseln angewiesen. Dabei gilt der Grundsatz: Das Risiko bleibt bei der Partei, die nach dem Vertrag oder dem Gesetz das Risiko zu tragen hat[224]. Das allgemeine Lebensrisiko, zu dem auch das Rechtsfolgenrisiko gehört, d.h. das Risiko der (nachteiligen) Auswirkungen eines Rechtsgeschäftes, trägt jeder selbst[225]. Anderes gilt nur, wenn das ausdrücklich vereinbart ist oder wenn die immanenten Grenzen der vertraglichen oder gesetzlichen Risikozuweisung durch die Änderung der äußeren Umstände überschritten werden[226].

Die durch die Gesetzesänderung benachteiligte Tarifvertragspartei kann sich also kaum noch auf den Wegfall der Geschäftsgrundlage berufen, wenn ihr der Tarifvertrag gerade ein spezielles Risiko zugewiesen hat. Realisiert sich das tarifvertraglich zugewiesene Risiko, hat sie „Pech" gehabt[227]. Zu prüfen ist daher, ob und wie nach dem Tarifvertrag das Risiko einer nachträglichen Gesetzesänderung zwischen den Parteien verteilt ist.

b) Risikozuweisung im Tarifvertrag

Auch bei Tarifverträgen gilt der Grundsatz, daß das Risiko dort bleibt, wo es vertragsgemäß oder gesetzlich liegt. Das Rechtsfolgenrisiko trägt zunächst jede Tarifvertragspartei für sich selbst und damit für ihre Mitglieder. Freilich können auch die Tarifvertragsparteien das Risiko, daß sich nach Abschluß des Tarifvertrags die äußeren Umstände ändern, durch Vereinbarung untereinander aufteilen. Das ergibt sich bereits aus ihrer tarifautonomen Regelungsbefugnis[228]. Nichts spricht dafür, die Tarifvertragsparteien anders als die Parteien eines gewöhnlichen privatrechtlichen Vertrages zu behandeln[229]. Da zwischen den Tarifvertragsparteien präsumtive Parität

---

[221] Beispiele für unterschiedliche Risikostrukturen bei *J. Schmidt*, in: Staudinger, § 242 BGB Rn. 1087 ff.
[222] *Chiotellis*, Geschäftsgrundlagenstörungen, S. 98; *Medicus*, Bürgerliches Recht, Rn. 153.
[223] *Teichmann*, in: Soergel, § 242 BGB Rn. 255.
[224] *Roth*, in: MünchKomm, § 242 BGB Rn. 500 f.; *Teichmann*, in: Soergel, § 242 BGB Rn. 230 ff. zu weiteren allgemeinen Grundsätzen der Risikoverteilung.
[225] *Teichmann*, in: Soergel, § 242 BGB Rn. 237.
[226] *Belling*, NZA 1996, 906 (908).
[227] *Belling*, NZA 1996, 906 (908).
[228] Davon geht die h.M. aus, vgl. *Bauer/Diller*, DB 1993, 1085 (1090); *Belling*, NZA 1996, 906 (908); *Däubler*, Tarifvertragsrecht, Rn. 1444; *Oetker*, RdA 1995, 82 (94); *Otto*, FS Kissel (1994), S. 787 (799); *Steffan*, JuS 1993, 1027 (1028); *Unterhinninghofen*, AuR 1993, 101 (103); *Zachert*, NZA 1993, 299 (301).
[229] Zu den Grenzen der allgemeinen Vereinbarungsbefugnis *J. Schmidt*, in: Staudinger, § 242 BGB Rn. 107 m.w.N.

besteht, finden allerdings solche Vorschriften keine Anwendung, die es zum Schutze der schwächeren Partei verbieten, ihr ein bestimmtes Risiko zuzuweisen. Die Risikozuweisung kann wie bei gewöhnlichen Verträgen ausdrücklich oder konkludent erfolgen. Ist die Risikozuweisung nur konkludent erfolgt, so ist bei Tarifverträgen das Schriftformgebot (§ 1 Abs. 2 TVG) zu beachten. Dieses verlangt, daß der aus Umständen außerhalb der Vertragsurkunde ermittelte rechtsgeschäftliche Wille in der Urkunde einen, wenn auch unvollkommenen Ausdruck gefunden hat[230]. Und auch bei Tarifverträgen gilt, daß Risikozuweisungen nicht unumstößlich sind, sondern in Ausnahmefällen selbst angepaßt oder aufgehoben werden können[231]. Das ist aber eine Frage der Interessenabwägung im Einzelfall, die unter dem Gesichtspunkt der Unzumutbarkeit zu erfolgen hat.

Es fragt sich, ob die Tarifvertragsparteien das Risiko einer nachträglichen Gesetzesänderung durch die Vereinbarung von Verweisungs- und Übernahmeklauseln verteilt haben. Aufgrund dieser Klauseln wirkt sich eine Änderung des dispositiven oder einseitig zwingenden Gesetzesrechts, die nicht unmittelbar in laufende Tarifverträge eingreift, trotzdem auf die tarifvertraglich bestimmte Rechtslage aus. Entscheidend ist, ob die Verweisungs- oder Übernahmeklausel konstitutiv oder deklaratorisch gemeint war.

c) Risikozuweisung durch deklaratorische Klauseln

War die Klausel nur deklaratorisch gemeint, haben die Tarifvertragsparteien selbst nichts verbindlich geregelt, sondern lediglich auf die bestehende Gesetzeslage hingewiesen, und zwar auf die jeweils bestehende[232]. Jede Gesetzesänderung schlägt deshalb unmittelbar und sogleich auf das tarifllich bestimmte Arbeitsverhältnis durch. Da den Tarifvertragsparteien bei deklaratorischen Klauseln der Wille zu eigener Normsetzung fehlt, kann nicht davon ausgegangen werden, daß damit eine Partei das Risiko einer Gesetzesänderung übernehmen wollte. Deshalb ist es möglich, daß die Tarifvertragsparteien zwar auf die (jeweilige) Gesetzeslage hingewiesen haben, jedoch gemeinsam vom Fortbestand der bisherigen Gesetzeslage ausgegangen sind. Es wäre darum unbillig, der durch die Gesetzesänderung benachteiligten Partei den Einwand, die Geschäftsgrundlage sei entfallen, abzuschneiden.

Folgt man der Rechtsprechung, muß dasselbe für Klauseln gelten, mit denen die Tarifvertragsparteien wort- oder inhaltsgleich die gesetzliche Regelung übernehmen. Da die Tarifvertragsparteien keine eigene Regelung getroffen haben[233], fehlt

---

[230] Allgemein BGHZ 63, 362; 80, 245 (250); 87, 157. Zur Auslegung von Tarifverträgen s. 3. Teil IV 3 a.

[231] In diese Richtung *Belling*, NZA 1996, 906 (908); *Oetker*, RdA 1995, 82 (94).

[232] Deklaratorisch-statische Klauseln, mit denen nur auf die Rechtslage zu einem bestimmten Zeitpunkt hingewiesen werden soll, sind nicht möglich. Sobald sich die Rechtslage ändert, müßte aus der deklaratorischen Klausel eine konstitutive werden.

[233] BAG, Urt. v. 26.3.1981, AP Nr. 17 zu § 72a ArbGG 1979; Urt. v. 5.11.1980, 27.8.1982, AP Nrn. 126, 133 TVG Auslegung; Urt. v. 28.2.1985, 28.1.1988, 21.3.1991, 29.8.1991, AP Nrn. 21, 24, 31, 32 zu § 622 BGB; Urt. v. 23.9.1992, 2 AZR 231/92 n.v.; Urt. v. 4.3.1993, 16.9.1993, AP Nrn. 40, 42 zu § 622 BGB; Urt. v. 10.5.1994, AP Nr. 3 zu § 1 TVG Tarifverträge: Verkehrsgewerbe; Urt. v. 5.10.1995,

es auch hier erst recht an einer tarifvertraglichen Risikozuweisung. Die benachteiligte Partei könnte sich danach grundsätzlich auf den Wegfall der Geschäftsgrundlage berufen. Dieses Ergebnis ist zwar der Sache nach richtig, die Voraussetzungen treffen aber nicht zu. Die wort- oder inhaltsgleiche Übernahme des Gesetzes im Tarifvertrag wirkt im Zweifel konstitutiv[234]. Es ist daher zu prüfen, ob und inwieweit das Risiko veränderter Umstände durch konstitutive Klauseln zugewiesen wird.

d) Risikozuweisung durch konstitutive Klauseln

Die Tarifvertragsparteien können Risiken überhaupt nur mit konstitutiven, nicht aber mit deklaratorischen Klauseln zuweisen. Allein die konstitutiven Klauseln sind rechtlich verbindlich. Haben die Tarifvertragsparteien den Willen zu verbindlicher Rechtsgestaltung, so sind sie für die Laufzeit des Vertrages an die von ihnen selbst gesetzten Regeln gebunden. Damit tragen zunächst beide je für sich das übliche Rechtsfolgenrisiko. Im weiteren ist aber zwischen Verweisungs- und Übernahmeklauseln zu unterscheiden.

Bei Verweisungsklauseln haben die Tarifvertragsparteien keine eigenen Regelungen getroffen, sondern das Gesetz in Bezug genommen, sei es in einer bestimmten (statische Verweisung), sei es in seiner jeweiligen Fassung (dynamische Verweisung). Das Rechtsfolgenrisiko wirkt sich jedoch unterschiedlich aus. Bei einer statischen Verweisung wird diejenige Partei benachteiligt, zu deren Gunsten sich das Gesetz ändert, etwa indem es zusätzliche, der Partei günstige Gestaltungsmöglichkeiten erlaubt, die bislang ausdrücklich verboten waren. Die Bindung an die in den Vertrag übernommene bisherige gesetzliche Regelung verwehrt es dieser Partei, den Spielraum, den ihr das neue, sie begünstigende Gesetz gewährt, auszunutzen. Bei einer dynamischen Verweisung wird diejenige Partei benachteiligt, zu deren Lasten sich das Gesetz ändert, da die Verweisungsklausel eine Anpassungsautomatik schafft. Der Tarifvertrag ändert sich unmittelbar und sogleich, wenn sich das Gesetz ändert.

Ob die Tarifvertragsparteien durch Verweisungsklauseln das Risiko einer Gesetzesänderung so zugewiesen haben, daß eine Berufung auf den Wegfall der Geschäftsgrundlage ausgeschlossen ist, wenn sich das Risiko später realisiert, ist nicht ganz eindeutig. Ein Stück Risikovorsorge steckt in beiden Klauseln. Sie kommt bei der dynamischen Verweisung allerdings stärker zum Ausdruck als bei der statischen.

AP Nr. 48 zu § 622 BGB; Urt. v. 12.12.1995, AP Nr. 50 zu § 72a ArbGG 1979 Grundsatz; Urt. v. 14.2.1996, AP Nr. 50 zu § 622 BGB; Urt. v. 14.2.1996, AP Nr. 21 zu § 1 TVG Tarifverträge: Verkehrsgewerbe.

[234] *Barth,* EWiR 1996, 617 f.; *Bengelsdorf,* NZA 1991, 121 (126); *Boerner,* ZTR 1996, 435 (437); *Creutzfeld,* AuA 1995, 87 ff.; *Däubler,* Tarifvertragsrecht, Rn. 386; *Hueck/Nipperdey,* Arbeitsrecht II/1, § 19 D III 3 a; *Löwisch/Rieble,* § 1 TVG Rn. 584; *Kunze,* ArbRdGw 1 (1964), S. 119 (127); *Preis/Kramer,* DB 1993, 2125 (2131); *Säcker,* AR-Blattei (D), Tarifvertrag I C, IV 2 b aa; *Wiedemann,* Anm. zu BAG, Urt. v. 27.8.1982, AP Nr. 133 zu § 1 TVG Auslegung; *Wiedemann,* TVG, Einl. Rn. 386 und § 1 TVG Rn. 257; a.A. *Doerner,* in: HzA, Gruppe 18 Rn 271; *D. Gaul,* Arbeitsrecht im Betrieb II, S. 327; *Hergenröder,* Anm. zu BAG, Urt. v. 4.3.1993, AP Nr. 40 zu § 622 BGB; *Hromadka,* BB 1993, 2372 (2375); *Jansen,* Anm. zu BAG, Urt. v 16.9.1993, AP Nr. 42 zu § 622 BGB; *Kamanabrou,* RdA 1997, 22 (27); *Nikisch,* Arbeitsrecht II, S. 231; *Säcker/Oetker,* Tarifautonomie, S. 192 f; *Worzalla,* NZA 1994, 145 (147).

Bei der statischen Verweisung wollten die Parteien zunächst das Gesetz in einer bestimmten Fassung in den Tarifvertrag übernehmen. Risikoplanung betreiben die Tarifvertragsparteien mit dieser Klausel allerdings nur dann, wenn sie das Gesetz ausschließlich in der genannten und in keiner weiteren Fassung in Bezug nehmen wollen. Das ist anzunehmen, wenn sich eine Gesetzesänderung konkret abzeichnet und damit unmittelbar und sogleich eine Risikoplanung erforderlich ist. Die Angabe einer bestimmten Gesetzesfassung kann aber auch zur Klarstellung erfolgt sein, von welcher Fassung die Tarifvertragsparteien im Zeitpunkt des Vertragsschlusses ausgegangen sind. Gerade dann wäre es verfehlt, in der statischen Verweisung eine Garantie zu sehen, mit der die bisherige Gesetzesfassung auf alle Zeiten hin festgeschrieben ist[235]. Jedenfalls geht die Annahme, in einer statischen Verweisung liege eine Risikoübernahme, die der benachteiligten Partei den Einwand des Wegfalls der Geschäftsgrundlage abzuschneiden vermag, zu weit. Das gilt vor allem dann, wenn die Verweisung nur den Zweck hatte, sich das Abschreiben einer womöglich komplizierten gesetzlichen Regelung zu ersparen. Die arbeitsökonomische Entlastung, die die Verweisung bringt, wollte die benachteiligte Partei sicher nicht um den Preis eines Verzichts auf ihre „Unzumutbarkeitsrechte" erkaufen.

Demgegenüber haben die Parteien bei einer dynamischen Verweisungsklausel die zukünftige Änderung des in Bezug genommenen Gesetzes ausdrücklich berücksichtigt. Sie wollten die automatische Anpassung des Vertrages an die veränderte Gesetzeslage. Das spricht für eine vertragliche Risikozuweisung. Ändert sich nach Abschluß des Tarifvertrags das Gesetz, so realisiert sich das übernommene Risiko. Der Einwand, die Geschäftsgrundlage sei entfallen, scheint unzulässig. Dagegen spricht aber, daß bei Abschluß des Vertrages kaum abzusehen ist, welcher Partei eine Änderung des Gesetzes zum Nachteil gereichen wird. Darin unterscheidet sich die dynamische Verweisung auf ein Gesetz von anderen Anpassungsklauseln, wie etwa Preiserhöhungsklauseln, bei denen zumindest feststeht, wen das Risiko der Änderung der äußeren Umstände nach Abschluß des Vertrages trifft[236]. Welchen Grund sollte aber eine Partei haben, ein Risiko zu übernehmen, bei dem nicht nur ungewiß ist, ob, wann und in welcher Form es sich realisiert, sondern zudem nicht einmal feststeht, welche Partei davon nachteilig betroffen wird? Das Angebot auf Abschluß einer derartigen vertraglichen Bestimmung wäre wegen Unbestimmtheit und Unbestimmbarkeit unwirksam[237]. Für Tarifvertragsparteien kommt ein weiteres hinzu. Dynamische Verweisungen auf ein Gesetz bedeuten im Ergebnis eine Form versteckter Rechtssetzungsdelegation, die mit dem Verzicht auf eigene Regelungsbefugnisse einhergeht. Zu einem solchen Verzicht sind die Tarifvertragsparteien nicht ohne weiteres befugt. Jedenfalls dürfen sie sich ihrer Normsetzungsmacht nicht so weitgehend begeben, daß es zu einer endgültigen oder bedingungslosen

---

[235] *Buchner*, NZA 1996, 1177 (1182).
[236] Die Zulässigkeitsvoraussetzungen solcher Klauseln sind berechtigterweise hoch. Die Rechtsprechung verlangt eine konkrete Bezeichnung der Erhöhungsvoraussetzungen. Zudem muß sich die Ausübung der Klausel in den Grenzen billigen Ermessens halten, vgl. zusammenfassend *Heinrichs*, in: Palandt-EB, § 309 BGB Rn 8.
[237] Zu den Anforderungen an die Bestimmtheit eines Vertragsangebotes allgemein *Heinrichs*, in: Palandt, § 145 BGB Rn. 1.

4. Teil: Änderung und Beseitigung von Übernahme- und Verweisungsklauseln

Aufgabe ihrer Befugnisse kommt[238]. Genau das wäre aber die Folge, wenn man in dynamischen Verweisungen eine Risikoübernahme der von einer Gesetzesänderung benachteiligten Partei erblicken würde. Ihr wäre es grundsätzlich nicht mehr erlaubt, sich bei einer Gesetzesänderung auf den Wegfall der Geschäftsgrundlage zu berufen, um den Vertrag zu kündigen und anschließend eine andere tarifliche Regelung zu treffen. Das widerspräche ihrem verfassungsrechtlichen Regelungsauftrag. Auf der anderen Seite darf nicht übersehen werden, daß die Tarifvertragsparteien gerade die tarifvertragliche Anpassungsautomatik gewollt haben; sonst hätten sie keine dynamische, sondern eine statische Verweisungsklausel vereinbart. Obgleich mit dieser Anpassungsautomatik keine Risikozuweisung an ausschließlich eine Partei verbunden ist, kann die Wirkung der dynamischen Klausel doch nur dann durchbrochen werden, wenn aus schwerwiegenden Gründen das Festhalten an der Dynamik des Vertrages nicht mehr zuzumuten ist, etwa bei einer erheblichen und unvorhersehbaren Änderung der äußeren Umstände. Das ist auch hier eine Frage der Interessenabwägung im Einzelfall, die bei der Prüfung der Unzumutbarkeit des Festhaltens an der bisherigen Regelung zu erfolgen hat. Die Vereinbarung einer dynamischen Verweisungsklausel führt im Ergebnis zu einer Verschiebung der Opfergrenze zu Lasten der durch die Gesetzesänderung benachteiligten Partei.

Haben die Tarifvertragsparteien weder eine bestimmte noch die jeweilige Fassung eines Gesetzes in Bezug genommen, sondern schlicht auf das Gesetz verwiesen, so kommt es auf die Reichweite der Verweisung an. Je weiter und unbestimmter die Verweisung ist, desto eher wird man von einer deklaratorischen Klausel auszugehen haben. Ist die Reichweite der Verweisung begrenzt, spricht das für eine konstitutive Klausel, die im Zweifel dynamisch zu verstehen ist. Diese Klausel schneidet der benachteiligten Partei ebenfalls nicht den Einwand des Geschäftsgrundlagenfortfalls ab, sondern verschiebt nur zu ihren Lasten die Zumutbarkeitsgrenze.

Übernahmeklauseln schließlich sind – entgegen der Ansicht der Rechtsprechung[239] – konstitutive Tarifnormen, mit denen der Tarifvertrag den Wortlaut oder den Inhalt des Gesetzes übernimmt. Mit ihnen wird gerade keine Risikovorsorge getroffen, da ihr Zweck zunächst in einer Abkoppelung der tariflichen von den gesetzlichen Normen besteht. Stehen aber gesetzliche und tarifliche Regelung unverbunden nebeneinander, so verbietet sich schon von daher die Annahme, die Tarifvertragsparteien hätten damit das Risiko einer Gesetzesänderung einseitig auf eine Partei verlagert. Übernahmeklauseln ermöglichen deshalb in vollem Umfang die Berufung auf den Wegfall der Geschäftsgrundlage und führen zu keiner Änderung der Unzumutbarkeitsgrenze.

---

[238] BAG, Urt. v. 10.11.1982, AP Nr. 8 zu § 1 TVG Form.
[239] BAG, Urt. v. 26.3.1981, AP Nr. 17 zu § 72a ArbGG 1979; Urt. v. 5.11.1980, 27.8.1982, AP Nrn. 126, 133 TVG Auslegung; Urt. v. 28.2.1985, 28.1.1988, 21.3.1991, 29.8.1991, AP Nrn. 21, 24, 31, 32 zu § 622 BGB; Urt. v. 23.9.1992, 2 AZR 231/92 n.v.; Urt. v. 4.3.1993, 16.9.1993, AP Nrn. 40, 42 zu § 622 BGB; Urt. v. 10.5.1994, AP Nr. 3 zu § 1 TVG Tarifverträge: Verkehrsgewerbe; Urt. v. 5.10.1995, AP Nr. 48 zu § 622 BGB; Urt. v. 12.12.1995, AP Nr. 50 zu § 72a ArbGG 1979 Grundsatz; Urt. v. 14.2.1996, AP Nr. 50 zu § 622 BGB; Urt. v. 14.2.1996, AP Nr. 21 zu § 1 TVG Tarifverträge: Verkehrsgewerbe.

3. Vorhersehbarkeit

a) Vorhersehbarkeit als negatives Tatbestandsmerkmal

Ob sich eine Partei erfolgreich auf den Wegfall der Geschäftsgrundlage berufen kann, hängt nach § 313 Abs. 1 BGB ferner davon ab, ob die Änderung der äußeren Umstände voraussehbar war. Das war bereits vor Inkrafttreten des Schuldrechtsmodernisierungsgesetzes allgemeine Meinung in Rechtsprechung[240] und Literatur[241]. Allerdings kommt der Vorhersehbarkeit nur die Funktion eines negativen Tatbestandsmerkmals zu, das, wenn es erfüllt ist, die Berufung auf den Wegfall der Geschäftsgrundlage ausschließt[242] oder zumindest einschränkt[243]. Eine positive Risikozuweisung ist damit nicht verbunden. Wäre es anders, bräuchte die benachteiligte Partei lediglich darauf zu verweisen, daß der Wandel der äußeren Umstände nicht vorhersehbar war, um vom Vertrag loszukommen. Das kann nicht richtig sein[244]. Niemand trägt allein deshalb das Risiko für die Veränderung eines äußeren Umstandes, weil die Veränderung für ihn vorhersehbar war[245]. Aus diesem Grunde kann sich das Risiko für veränderte Umstände auch nicht ohne weiteres auf die andere Vertragsseite verlagern, wenn dem Vertragspartner die Veränderung nicht vorhersehbar war. Die Vorhersehbarkeit veränderter Umstände ist also kein Risikoübernahmegrund, sondern die Unvorhersehbarkeit schränkt eine bereits bestehende Risikozuweisung ein[246]. Das Kriterium der Vorhersehbarkeit soll grundsätzlich auch beim Wegfall der Geschäftsgrundlage von Tarifverträgen gelten[247]. Allerdings legt die herrschende Meinung dabei einen sehr strengen Maßstab an. Die benachteiligte

---

[240] BGH, WM 1959, 1133; WM 1965, 843 (845); WM 1972, 656; BB 1973, 1139; BGHZ 112, 261.

[241] *Buchner*, NZA 1996, 1177 (1182); *Chiotellis*, Geschäftsgrundlagenstörungen, S. 58 m.w.N.; *Haarmann*, Geschäftsgrundlage, S. 62; *Heinrichs*, in: Palandt-EB, § 313 BGB Rn. 18; *Henssler*, ZfA 1994, S. 487 (494); *Larenz*, Geschäftsgrundlage, S. 107 f.; *Medicus*, Bürgerliches Recht Rn. 166; *Ulmer*, AcP 174 (1974), S. 167 (181, 185, 189); a.A. *Siebert*, in: Soegel, 10. Aufl., § 242 BGB Rn. 410.

[242] So wohl *Larenz*, Geschäftsgrundlage, S. 107 f., 185.

[243] In diesem Fall wäre die Vorhersehbarkeit in die allgemeine Interessenabwägung einzustellen, die beim Tatbestandsmerkmal der Unzumutbarkeit erfolgt; in diesem Sinne *Chiotellis*, Geschäftsgrundlagenstörungen, S. 58; *Ulmer*, AcP 174 (1974), S. 167 (182): Vertrauen auf den Nichteintritt von Störungen ist kein eigenständiges Merkmal, sondern bloßer Anhaltspunkt für die vertragliche Risikoverteilung; ähnlich *Haarmann*, Geschäftsgrundlage, S. 62: „Die Vorhersehbarkeit, (...) eventuell eintretender ungünstiger Ereignisse im Zeitpunkt des Vertragsschlusses, d.h. das Bewußtsein des Risikos, verschieben die Opfergrenze sehr weit zuungunsten des Betroffenen"; so auch *Teichmann*, in: Soergel, § 242 BGB Rn. 246. Dieser Ansicht gebührt der Vorzug, weil sie flexiblere Lösungen ermöglicht und das starre „Alles oder Nichts" vermeidet; unentschieden *Roth*, in: MünchKomm, § 242 BGB Rn. 506.

[244] Wäre die These richtig, würde beispielsweise der Verkäufer eines Eheringes, der vorhergesehen hat, daß die geplante Hochzeit nicht stattfindet, nur wegen seiner richtigen Vorahnung plötzlich das Verwendungsrisiko des Ringes tragen und müßte diesen zurücknehmen. Das Verwendungsrisiko liegt nach dem Gefahrübergang aber beim Käufer, und daran kann auch die zutreffende Voraussicht des Verkäufers nichts ändern.

[245] *Teichmann*, in: Soergel, § 242 BGB Rn. 238.

[246] *Teichmann*, in: Soergel, § 242 BGB Rn. 239.

[247] So bereits RAG, Urt. v. 2.2.1929, ARS 5, 411; *Belling*, NZA 1996, 906 (908); *Buchner*, NZA 1996, 1177 (1182); *Däubler*, Tarifvertragsrecht, Rn. 1444; *Stein*, in: Kempen/Zachert, § 4 TVG Rn. 148; *Hueck/Nipperdey*, Arbeitsrecht II/1, S. 472; *Oetker*, RdA 1995, 82 (94); *Steffan*, JuS 1993, 1027 (1028 f.); *Unterhinninghofen*, AuR 1993, 101 (103); *Zachert*, NZA 1993, 299 (300).

Tarifvertragspartei dürfe sich nur dann auf den Wegfall der Geschäftsgrundlage berufen, wenn sich die Umstände völlig unerwartet geändert hätten[248].

b) Grundgedanke

Der Gedanke, den Rechtsprechung und Literatur mit der Unvorhersehbarkeit verbinden, ist einfach. Die Berufung auf den Wegfall der Geschäftsgrundlage soll die materielle Vertragsgerechtigkeit wiederherstellen. Die Berufung auf die formale Vertragsbindung („pacta sunt servanda") wird der begünstigten Partei versagt, wenn sie die zufällige Änderung der Umstände zum Nachteil ihres Vertragspartners unzumutbar ausnutzt[249]. Von einem Ausnutzen der gewandelten Situation kann aber dann keine Rede sein, wenn die benachteiligte Partei die Änderung der Umstände voraussehen und dieses Risiko bei der Vertragsgestaltung einkalkulieren konnte. Unterläßt die Vertragspartei eine entsprechende Risikovorsorge, obwohl ihr die Änderung der Umstände voraussehbar war, so verdient sie keinen Schutz. Das gilt erst recht, wenn sie den Wandel der Umstände tatsächlich vorausgesehen hat. Wer sich angesichts eines greifbar nahen Wandels der Umstände auf einen Vertrag einläßt, der auf dem Fortbestand der bisherigen Gesetzeslage aufbaut, muß sich beim Wort nehmen lassen. Ohne weitere Abreden muß der Vertragspartner davon ausgehen, daß der anderen Partei der mögliche Wandel der Verhältnisse bewußt war und daß sie mit dem Vertragsschluß das Risiko einer Änderung der Umstände in Kauf genommen hat. Kommt es später tatsächlich zum Wandel, muß die Berufung auf den Wegfall der Geschäftsgrundlage grundsätzlich ausgeschlossen sein[250]. Für die Frage der Voraussehbarkeit ist aber weniger das „Wie" als vielmehr das „Ob" der neuen Regelung entscheidend. Deshalb schadet es nicht, daß nicht vorauszusehen war, in welcher Art und Weise ein Gesetz geändert wird.

c) Konsequenzen

Aus dieser Grundregel ergibt sich für die Verweisung im Tarifvertrag auf eine gesetzliche Regelung eine Reihe von Konsequenzen. War die Änderung des Gesetzes objektiv vorhersehbar, sind aber beide Parteien tatsächlich vom Fortbestand der bisherigen ausgegangen, so kann sich die benachteiligte Partei jedenfalls im Grundsatz auf den Wegfall der Geschäftsgrundlage berufen[251]. Wenn beide Parteien auf den Fortbestand der bisherigen Gesetzeslage vertraut haben, wäre es unbillig, der durch die Änderung benachteiligten Partei die Berufung auf den Wegfall der Geschäftsgrundlage zu verweigern. Die andere Partei konnte nämlich nicht davon ausgehen, daß die benachteiligte Partei das Risiko sich ändernder Umstände übernehmen wollte. Im Zweifel haben die Parteien zumindest stillschweigend die mit der Geset-

---

[248] RAG, Urt. v. 2.2.1929, ARS 5, 411; *Däubler*, Tarifvertragsrecht, Rn. 1444; *Stein*, in: Kempen/Zachert, § 4 TVG Rn. 148; *Unterhinninghofen*, AuR 1993, 101 (103); *Zachert*, NZA 1993, 299 (300).
[249] *Chiotellis*, Geschäftsgrundlagenstörungen, S. 41 f., 185; *Haarmann*, Geschäftsgrundlage, S. 48.
[250] Vgl. nur *Larenz*, Geschäftsgrundlage, S. 107 f., 185; *Teichmann*, in: Soergel, § 242 BGB Rn. 223.
[251] BGHZ 112, 261; so auch *Ulmer*, AcP 174 (1974), S. 167 (190).

§ 12 Kündigung von Tarifverträgen und Wegfall der Geschäftsgrundlage   417

zesänderung verbundenen Risiken aus der Vertragssphäre ausgeklammert. Freilich wird der benachteiligten Partei nur selten der Nachweis gelingen, daß auch die andere Partei auf den Fortbestand der bisherigen Gesetzeslage vertraut hat. Zu einer unangemessenen Ausnutzung der formalen Vertragsbindung kann es auch dann kommen, wenn die benachteiligte Partei zwar den Wandel der Verhältnisse vorausgesehen hat, es ihr aus rechtlichen oder tatsächlichen Gründen aber nicht möglich war, dies bei der Vertragsgestaltung entsprechend zu berücksichtigen. Ihr kann deshalb, wenn sich das Gesetz ändert, nicht von vornherein die Berufung auf den Wegfall der Geschäftsgrundlage versagt werden[252]. In allen anderen Fällen spielt die Frage, ob die benachteiligte Partei die Gesetzesänderung tatsächlich vorausgesehen hat, keine Rolle. In einem Prozeß würde sie dies stets bestreiten. Ihr das Gegenteil zu beweisen, wäre schwierig, wenn nicht gar unmöglich. Es kommt deshalb ausschließlich darauf an, ob die Änderung der Gesetzeslage abstrakt-allgemein voraussehbar war und ob sie auch von der benachteiligten Vertragspartei hätte vorausgesehen werden können und müssen.

d) Kriterien der Vorhersehbarkeit

aa) Abstrakt-generelle Vorhersehbarkeit. Im Grundsatz ist davon auszugehen, daß sich in einer dynamischen Rechtsordnung Gesetze immer wieder ändern. Das Vertrauen auf den Fortbestand einer bestimmten Rechtslage ist nur im Ausnahmefall berechtigt. Allerdings sind Häufigkeit und Intensität von Gesetzesänderungen bei den einzelnen Arten von Gesetzen unterschiedlich. Das wirkt sich auch auf die Vorhersehbarkeit aus. Bei Gesetzen, die sich ständig und dann zumeist nicht unerheblich ändern, ist eher von der Vorhersehbarkeit des Wandels auszugehen als bei Gesetzen, die nur selten und dann nur geringfügig novelliert werden. So hat die Rechtsprechung zu Recht die Berufung auf den Wegfall der Geschäftsgrundlage kaum zugelassen, wenn es um die Änderung des Steuerrechts ging[253]. Gleiches dürfte für die Änderung des Sozialversicherungsrechts und ähnlicher Materien gelten, die einer ständigen Anpassung an sich wandelnde wirtschaftliche und soziale Rahmendaten unterliegen. Dabei spielt auch die Änderbarkeit von Rechtsvorschriften eine Rolle. Verfassungsrecht ist schwerer abzuändern als einfaches Recht, zustimmungsfreie Gesetze können leichter novelliert werden als zustimmungspflichtige. Auf Rechtsverordnungen wird gerade deshalb gern zurückgegriffen, weil sie sich einfacher und schneller ändern lassen als formelle Gesetze.

Demgegenüber hat der Zeitpunkt der letzten Neufassung einer Vorschrift nur eine geringe Bedeutung. Liegt die letzte Novellierung schon lange zurück, können die Parteien zwar auf den Fortbestand des Gesetzes vertraut haben, insbesondere wenn es um für sie wichtige oder um systemprägende Vorschriften geht. Der mangelnde Reformeifer des Gesetzgebers in der Vergangenheit kann jedoch zu einer Überalterung der Vorschrift geführt haben und gerade deswegen eine Neuordnung

---

[252] *Heinrichs*, in: Palandt, § 242 BGB Rn. 128.
[253] BGH, NJW 1951, 517; 1967, 1081; *Heinrichs*, in: Palandt-EB, § 313 BGB Rn. 18; *Roth*, in: MünchKomm, § 242 BGB Rn. 591.

nötig machen. Andererseits ist auch eine erst jüngst vom Gesetzgeber erlassene Vorschrift nicht vor einer alsbaldigen Novellierung gefeit, vor allem wenn sich die wirtschaftlichen und sozialen Verhältnisse oder die politischen Anschauungen ändern. Zuweilen erläßt der Gesetzgeber auch Vorschriften mit vorweg bestimmter Geltungsdauer, wie etwa das Beschäftigungsförderungsgesetz. Solche befristeten Gesetze können der Erprobung einer neuen Regelung oder der Beseitigung eines konkreten Mißstandes dienen. Hier müssen die Parteien in jedem Fall damit rechnen, daß es nach dem Ende der Laufzeit zu Veränderungen kommt. Dem Gesetzgeber steht es aber frei, das Gesetz auch schon früher zu ändern. Dasselbe gilt für Vorschriften, mit denen ein konkret formuliertes Lenkungsziel verfolgt wird. Von diesen Ausnahmen abgesehen, spielt der Zeitpunkt der letzten Änderung eines Gesetzes also kaum eine Rolle. Insgesamt gesehen bleibt es häufig bei der Grundregel, daß sich niemand auf den Fortbestand der Gesetzeslage verlassen kann. Gesetzesänderungen sind abstrakt-generell vorhersehbar.

bb) Konkret-spezielle Vorhersehbarkeit. Um so mehr kommt es für die benachteiligte Partei darauf an, ob für sie konkret die Gesetzesänderung vorhersehbar war. Dabei geht es, wie *Ulmer* zutreffend herausgestellt hat[254], um zwei Probleme. Zum einen ist zu fragen, ab wann sich die abstrakte Möglichkeit einer (jederzeitigen) Gesetzesänderung so hinreichend verdichtet hat, daß mit ihr auch konkret zu rechnen ist. Zum anderen geht es um die normativ zu bestimmenden Anforderungen an die Informationsobliegenheiten der Parteien. Bei Dauerschuldverhältnissen tritt das Problem hinzu, nach welchem Zeitpunkt zu beurteilen ist, ob die Gesetzesänderung für die benachteiligten Partei vorhersehbar war. Bei jahre- oder jahrzehntelanger Laufzeit können die Unterschiede in der Betrachtungsweise beträchtlich sein. Stellt man auf den Zeitpunkt des Vertragsschlusses ab, so sind gesetzliche Neuregelungen, die zehn oder zwanzig Jahre später erfolgen, kaum mehr konkret vorauszusehen. Anders ist es, wenn man den Zeitpunkt der letzten (ordentlichen) Kündigungsmöglichkeit zugrundelegt. Zumeist liegt dieser Zeitpunkt zwar sehr viel weiter vom damaligen Vertragsschluß entfernt, dafür aber um so dichter an der konkreten gesetzlichen Neuregelung. In dieser Perspektive kann eine Gesetzesänderung leichter vorhersehbar sein. Wird der Vertrag trotz konkreter Vorhersehbarkeit einer Gesetzesänderung nicht gekündigt, so spricht das für eine Risikoübernahme. Bei Tarifverträgen wird man darum wie folgt zu differenzieren haben: Ist der Tarifvertrag auf unbestimmte Zeit geschlossen und besteht keine Kündigungsmöglichkeit, so ist der Zeitpunkt des Vertragsschlusses entscheidend. Dasselbe gilt, wenn der Tarifvertrag befristet abgeschlossen wurde. Ist der Tarifvertrag befristet abgeschlossen und verlängert er sich automatisch, wenn er nicht zu einem bestimmten Termin gekündigt wird, so ist der Zeitpunkt der letzten Kündigungsmöglichkeit maßgebend.

Weit schwieriger zu beantworten ist die Frage, wann sich die Wahrscheinlichkeit einer Gesetzesänderung so erhöht, daß mit ihr auch konkret zu rechnen ist. Entscheidend dürfte der Moment sein, zu dem die maßgeblichen politischen Kräfte den Willen zu einer Änderung bekundet haben. Ein solcher Wille kann sich aus einer

---

[254] AcP 174 (1974), S. 167 (189).

Koalitionsvereinbarung, einem Regierungsprogramm oder ähnlichen offiziellen Verlautbarungen ergeben. Mit der Änderung des Gesetzes ist spätestens zu rechnen, wenn ein entsprechender Gesetzesentwurf im Bundestag oder im Bundesrat eingebracht worden ist[255]. Das Vertrauen auf den Fortbestand eines Gesetzes ist aber auch dann nicht mehr geschützt, wenn es vom Bundesverfassungsgericht nur für verfassungswidrig, nicht aber für nichtig erklärt wird, und der Appell an den Gesetzgeber ergeht, bis zu einem bestimmten Termin für eine Neuregelung zu sorgen.

Inhalt und Umfang der Informationsobliegenheiten der Parteien[256] bestimmen sich nicht nach den konkret-individuellen Kenntnismöglichkeiten. Sie hängen vielmehr davon ab, was vergleichbaren Parteien in ähnlicher Lage an Aufmerksamkeit und Wahrnehmungskraft abverlangt werden darf. Das entspricht dem objektiven, d.h. auf die Bedürfnisse des allgemeinen Verkehrs ausgerichteten Sorgfaltsmaßstab, der im Zivilrecht üblich ist[257]. Im Rechtsverkehr muß jeder darauf bauen können, daß der andere die für die Erfüllung seiner Pflichten erforderlichen Fähigkeiten und Kenntnisse besitzt, und die Rechtsordnung schützt diese Basis jeglichen geschäftlichen Verkehrs. Deshalb kann der Schuldner im allgemeinen auch nicht seine fehlenden Fachkenntnisse oder Verstandeskräfte einwenden. Der für rechtsgeschäftliche oder gesetzliche Verpflichtungen geltende objektive Sorgfaltsmaßstab muß auch für Obliegenheiten gelten. Zu prüfen ist deshalb, was von einer Tarifvertragspartei im allgemeinen an aufmerksamer Verfolgung der Gesetzesentwicklung verlangt werden kann. Das ist jedenfalls mehr, als man gewöhnlichen Vertragspartnern zumutet. Normalerweise sind Tarifvertragsparteien an Gesetzesvorhaben, die die Regelung der Arbeits- und Wirtschaftsbedingungen betreffen, mehr oder weniger beteiligt: sei es, daß ihre Mitglieder oder Funktionäre im Parlament mit der Änderung von Gesetzen befaßt sind, sei es, daß sie um Stellungnahmen ersucht werden. Selbst wenn das nicht der Fall ist, verfügen Tarifvertragsparteien über weitaus bessere Erkenntnismöglichkeiten als gewöhnliche Vertragsparteien. Verständigen Tarifvertragsparteien ist es deshalb zuzumuten, bei der Vertragsplanung künftige Änderungen der rechtlichen Lage in Betracht zu ziehen[258]. Man wird davon auszugehen haben, daß immer dann, wenn sich nach den soeben beschriebenen Kriterien die abstrakte Möglichkeit einer Gesetzesänderung so hinreichend verdichtet, daß mit

---

[255] Dieser Zeitpunkt weicht freilich von demjenigen ab, den das BVerfG bei der Bestimmung der Grenzen zulässiger Gesetzesrückwirkung für maßgeblich hält. Danach ist weder die Ankündigung eines bestimmten Gesetzesvorhabens durch die Regierung noch die Vorlage von Ausschußberichten entscheidend, sondern allein der Zeitpunkt der Beschlußfassung im Deutschen Bundestag, vgl. BVerfGE 14, 288 (289); 23, 12 (33); 27, 167 (173 f.). Dieser sehr späte Zeitpunkt ist in der Sache begründet, da es um Eingriffe des Gesetzgebers in Rechtspositionen des Bürger und damit um den Schutz des Vertrauens gegenüber Hoheitsakten geht. Die hierfür geltenden Überlegungen lassen sich jedoch nicht auf das Problem übertragen, ob und inwieweit eine durch freien Willensakt geschaffene vertragliche Bindung aufgehoben werden kann, wenn eine Gesetzesänderung vorhersehbar war.

[256] Es handelt sich um bloße Obliegenheiten, weil das Gebot, sich über die Entwicklung der Gesetzgebung auf dem laufenden zu halten, nicht selbst einforderbar ist. Die Verletzung dieses Gebotes führt nur dazu, daß die Berufung auf den Wegfall der Geschäftsgrundlage ausgeschlossen wird.

[257] RGZ 95, 17; 127, 135; 152, 240; BGHZ 24, 27; 39, 281; *Heinrichs*, in: Palandt, § 276 BGB Rn. 15; *Larenz*, Schuldrecht I, § 20 III.

[258] So ausdrücklich *Oetker*, RdA 1995, 82 (94); *Rüthers*, DB 1970, 2120 (2124) für die Berücksichtigung der Wirtschaftsentwicklung.

ihr auch konkret zu rechnen ist, eine entsprechende Informationsobliegenheit einer Tarifvertragspartei entsteht. Versäumt die Tarifvertragspartei, sich zu gebotener Zeit angemessen über Reformvorhaben des Gesetzgebers zu informieren, ist ihr die spätere Berufung auf den Wegfall der Geschäftsgrundlage versagt. Zu weit geht es allerdings, die Berufung auf den Wegfall der Geschäftsgrundlage ausschließlich dann zuzulassen, wenn die Änderung der äußeren Umstände völlig unerwartet erfolgt[259]. Da mit Gesetzesänderungen stets zu rechnen ist und sie deshalb niemals völlig unerwartet erfolgen, wäre eine Berufung auf die Unzumutbarkeit der bisherigen Vertragsbedingungen praktisch ausgeschlossen. Für eine derartige Verschärfung des Maßstabes der Vorhersehbarkeit gibt es keinen sachlichen Grund. Rechtsprechung und Lehre haben denn auch, wenn sie nur wirklich unvorhersehbare Ereignisse zulassen, die Änderung der wirtschaftlichen Verhältnisse vor Augen. Was für den Wandel der wirtschaftlichen Rahmendaten richtig ist, muß aber noch längst nicht Gültigkeit für die Änderung der Gesetzeslage haben.

4. Unzumutbarkeit

a) Rechtsprechung und Lehre

Der entscheidende und zugleich schwierigste Prüfungsschritt ist die Frage, ob der durch die nachträgliche Gesetzesänderung benachteiligten Tarifvertragspartei das weitere Festhalten am Vertrag noch zuzumuten ist. Daß eine solche Prüfung erforderlich ist, wird in Rechtsprechung[260] und Lehre[261] allgemein anerkannt. Einig ist man sich auch in der Bewertung, daß es sich beim Problem der Unzumutbarkeit um eine Rechtsfrage handelt, die im Konfliktfall von den Gerichten zu entscheiden ist[262]. Weiter wird allgemein angenommen, daß unter dem Prüfungspunkt „Unzumutbarkeit" eine Abwägung sämtlicher Umstände und Interessen des Einzelfalles zu erfolgen hat[263]. Allerdings streitet man darüber, ob die Unzumutbarkeit ein Element des Tatbestandes[264] oder der Rechtsfolge[265] des Wegfall der Geschäftsgrundlage ist,

---

[259] So aber RAG, Urt. v. 2.2.1929, ARS 5, 411; *Däubler*, Tarifvertragsrecht, Rn. 1444; *Stein*, in: Kempen/Zachert, § 4 TVG Rn. 148; *Unterhinninghofen*, AuR 1993, 101 (103); *Zachert*, NZA 1993, 299 (300).

[260] BGH, WM 1957, 401; NJW 1962, 29 (30); WM 1967, 561; WM 1969, 335; WM 1969, 496; WM 1973, 752; WM 1975, 1131; BGHZ 84, 1 (9) m.w.N.; BGH, NJW 1989, 289; BAG, Urt. v. 14.2.1956, 9.7.1986, AP Nrn. 1, 7 zu § 242 BGB Geschäftsgrundlage; Urt. v. 3.5.1985, 10.12.1992, 15.11.1994, AP Nrn. 20, 27, 31 zu § 611 BGB Arzt-Krankenhaus-Vertrag.

[261] *Ascheid*, in: Hromadka (Hg.), Änderung von Arbeitsbedingungen, S. 109 (115); *Chiotellis*, Geschäftsgrundlagenstörungen, S. 36 ff.; *Fikentscher*, Schuldrecht, S. 70 ff.; *ders.*, Schuldrecht, § 27 II 2 a; *Haarmann*, Geschäftsgrundlage, S. 34 ff.; *Hromadka*, RdA 1992, 234 (258 ff.); *Hromadka/Maschmann/Wallner*, Der Tarifwechsel, Rn. 447 ff.; *Koller*, Risikozurechnung, S. 44 ff.; *Larenz*, Schuldrecht I, § 21 II; *Medicus*, Bürgerliches Recht Rn. 166; *Roth*, in: MünchKomm, § 242 BGB Rn. 478, 503; *Teichmann*, in: Soergel, § 242 BGB Rn. 245, 263.

[262] So bereits RAG, Urt. v. 2.2.1929, ARS 5, 411.

[263] BayObLG, NJW-RR 1989, 1296; *Fikentscher*, Schuldrecht, § 27 II 2 i; *Heinrichs*, in: Palandt-EB, § 313 BGB Rn. 28; nicht ganz so deutlich *Teichmann*, in: Soergel, § 242 BGB Rn. 263: „Interesse des anderen Teils ist zu berücksichtigen".

[264] *Haarmann*, Geschäftsgrundlage, S. 39.

[265] *Chiotellis*, Geschäftsgrundlagenstörungen, S. 184 ff.; *Ulmer*, AcP 74 (1974), S. 167 (184).

§ 12 *Kündigung von Tarifverträgen und Wegfall der Geschäftsgrundlage*

ob sie eine eigentümliche Stellung zwischen beiden Prüfungsstationen einnimmt oder sowohl beim Tatbestand als auch bei der Rechtsfolge zu prüfen ist[266]. Zuweilen, insbesondere bei erheblichen Störungen der Geschäftsgrundlage und beim Fehlgehen gemeinsamer Erwartungen der Parteien[267], übergeht die Rechtsprechung diesen wichtigen Prüfungsschritt ganz. Unklar ist der Maßstab, der an die Unzumutbarkeit anzulegen ist. Das liegt daran, daß die Beurteilung erheblich durch Billigkeits- und Zweckmäßigkeitserwägungen beeinflußt wird und nicht durch einfache Subsumtion unter eine Norm zu beantworten ist. Damit besteht zugleich die Gefahr einer kaum mehr berechenbaren Einzelfallrechtsprechung, die die Rechtssicherheit bedroht.

Es würde den Rahmen dieser Arbeit sprengen, wollte man versuchen, ein neues Konzept für die Unzumutbarkeit zu entwerfen. Hier kann es nur darum gehen, die Grundgedanken und Probleme zu skizzieren, um insbesondere die in die Unzumutbarkeitsprüfung eingehenden Wertungen zu erhellen. Das konkrete Ergebnis bleibt dennoch häufig unvorhersehbar, weil es von den Umständen des Einzelfalles abhängt.

b) Grundgedanken

Die Unzumutbarkeit führt zu einer Auflockerung der Bindung an einen Vertrag und damit zu einer Durchbrechung des Grundsatzes „pacta sunt servanda". Sie findet ihre Begründung im Grundsatz von Treu und Glauben (§ 242 BGB)[268] und geht damit auf das Prinzip der materialen Vertragsgerechtigkeit zurück. An das Schuldverhältnis sollen damit ganz allgemein die Anforderungen des Maßhaltens und des Gerechtwerdens gestellt werden[269]. Die formale Vertragsbindung erzeugt zwar rechtliche Pflichten. Diese bestehen aber aus Gründen materialer Vertragsgerechtigkeit nicht schrankenlos, sondern finden ihre Grenze in der Unzumutbarkeit der Leistungspflicht[270]. Ist es dem Schuldner nach Treu und Glauben nicht mehr zuzumuten, die versprochene Leistung zu erbringen, darf der Gläubiger sie nicht mehr von ihm verlangen. Die Unzumutbarkeit ist folglich ein pflichtenbegrenzendes Rechtsprinzip[271]. Zwei Aspekte des Unzumutbarkeitsprinzip sind besonders hervorzuheben: zum einen seine rein negative Ausrichtung, zum anderen sein Charakter als Rechtsprinzip[272].

---

[266] *Heinrichs*, in: Palandt-EB, § 313 BGB Rn. 28; *Teichmann*, in: Soergel, § 242 BGB Rn. 263.
[267] BAG, Beschl. v. 10.8.1994, AP Nr. 86 zu § 112 BetrVG 1972.
[268] Das dürfte mittlerweile allgemeine Meinung sein, vgl. *Chiotellis*, Geschäftsgrundlagenstörungen, S. 39; *Fikentscher*, Schuldrecht, § 27 II 2 a; *Haarmann*, Geschäftsgrundlage, S. 35.
[269] *Chiotellis*, Geschäftsgrundlagenstörungen, S. 37 f.
[270] *Haarmann*, Geschäftsgrundlage, S. 40.
[271] Mit der Unzumutbarkeit der Leistung ist nicht bloß ein ethisches Werturteil verbunden. Vielmehr hat § 242 BGB diesem Werturteil normativen Gehalt gegeben, vgl. *Chiotellis*, Geschäftsgrundlagenstörungen, S. 39.
[272] Vom Charakter eines Rechtsprinzips geht auch *Chiotellis*, Geschäftsgrundlagenstörungen, S. 36 ff.; 182 f., aus; anders *Haarmann*, Geschäftsgrundlage, S. 39 f.: „Generalklausel" bzw. „unbestimmter Rechtsbegriff".

Das Prinzip der Unzumutbarkeit hat ausschließlich pflichtenbegrenzende Funktion. Es kann weder Pflichten begründen noch „absolute Gerechtigkeit" herstellen. Welche Leistungen die Parteien erbringen wollen und ob sie ihnen zumutbar und gerecht erscheinen, ist ihre Sache, solange sie die von der Rechtsordnung errichteten äußersten Schranken (§§ 134, 138 BGB) beachten. Sie sind nicht verpflichtet, zumutbare Vertragsbedingungen im Sinne von „absolut gerechten" Regelungen zu vereinbaren. Nicht umsonst ist nur die Rede von „Unzumutbarkeit" und nicht von „Zumutbarkeit". Das Prinzip der Unzumutbarkeit dient allein der relativen Gerechtigkeit zwischen den Vertragsparteien. Es soll verhindern, daß es zu einer unangemessenen Ausnutzung der formalen Vertragsbindung kommt, wenn sich die äußeren Umstände des Vertrages beträchtlich ändern[273]. Die benachteiligte Partei unverändert am Vertrag festzuhalten, kann der anderen Partei einen unzulässigen Machtzuwachs verschaffen. Dieser Machtzuwachs kann das vertragliche Gleichgewicht zerstören[274]. Das Prinzip der Unzumutbarkeit ermöglicht in diesem Fall eine Korrektur des Vertrages, indem es unzumutbar gewordene Pflichten auf das Maß des Zumutbaren zurückführt, wenn und soweit es die benachteiligte Partei wünscht. Es geht nicht darum, einen idealen Ausgleich herzustellen oder Vertragsbedingungen zu schaffen, die gerechter, zumutbarer oder angemessener als die beim Vertragsschluß vereinbarten sind. Das von den Vertragspartnern autonom geschaffene Gleichgewicht hat die Rechtsordnung hinzunehmen[275].

Mit der Feststellung, die Unzumutbarkeit habe den Charakter eines Rechtsprinzips, soll zum Ausdruck gebracht werden, daß nicht bei jeder Änderung der äußeren Umstände von vornherein feststeht, ob eine Korrektur der vertraglichen Bindung zu erfolgen hat und wie diese aussehen muß. Vielmehr kann es gegenläufige Prinzipien geben, die eine Bindung an den unveränderten Vertrag verlangen. Prinzipien stellen Gründe für normative Verhaltenspflichten dar, die durch Gegengründe ausgeräumt werden können. Daß ein Prinzip in einem Fall einschlägig ist, bedeutet nicht, daß das, was das Prinzip grundsätzlich verlangt, sich im Ergebnis auch durchzusetzen vermag. Denn in welchem Verhältnis Grund und Gegengrund zueinander stehen, sagt das Prinzip selbst nicht[276]. Deshalb enthalten Prinzipien anders als Regeln keine ein für allemal feststehenden Verhaltenspflichten, sondern Optimierungsgebote. Optimierungsgebote verlangen, daß ein Prinzip, soweit es die rechtlichen und tatsächlichen Möglichkeiten zulassen, realisiert wird[277]. Im Gegensatz dazu sind Regeln Normen, die stets nur entweder erfüllt oder nicht erfüllt werden können. Sind ihre tatbestandlichen Voraussetzungen erfüllt, verlangen sie, genau das zu tun, was durch sie geboten wird. Demgegenüber können Prinzipien in unterschiedlichem Grad erfüllt sein.

---

[273] *Haarmann*, Geschäftsgrundlage, S. 50.
[274] *Haarmann*, Geschäftsgrundlage, S. 48.
[275] *Haarmann*, Geschäftsgrundlage, S. 58.
[276] *Alexy*, Theorie der Grundrechte, S. 88; *ders.*, Theorie der juristischen Argumentation, S. 21, 299, 319; *ders.*, Recht, Vernunft, Diskurs, S. 216; ähnlich *Canaris*, Systemdenken und Systembegriff in der Jurisprudenz, S. 52 f.
[277] So *Alexy*, Theorie der Grundrechte, S. 75 f., 87.; *ders.*, Recht, Vernunft, Diskurs, S. 216, 226 im Anschluß an *Dworkin*, Bürgerrechte ernstgenommen, S. 58 ff.

Das Unzumutbarkeitsprinzip fordert, mit der Geltendmachung von Rechten maßzuhalten, wenn sich die äußeren Umstände beträchtlich zum Nachteil der verpflichteten Vertragspartei geändert ändern. Das gebietet die materiale Vertragsgerechtigkeit, deren Ziel die Äquivalenz vertraglicher Rechte und Pflichten ist. Dem Unzumutbarkeitsprinzip wirkt das Prinzip der vertraglichen Bindung entgegen. Es verlangt, Verträge so einzuhalten, wie sie geschlossen wurden. Denn die Verbindlichkeit von Verträgen soll gerade den Vertragsbestand und den Vertragsinhalt gegenüber nachträglichen Interesseänderungen schützen. Sie dient der Verläßlichkeit und der Sicherheit des Verkehrs[278]. Zudem wäre eine beliebige richterliche Korrektur oder Auflösung des Vertrages ein schwerer Eingriff in die Vertragsabschluß- und -gestaltungsfreiheit[279]. Das Prinzip der vertraglichen Bindung ist ebenfalls ein Rechtsprinzip im oben dargelegten Sinne, das ein Optimierungsgebot enthält.

Beim Wegfall der Geschäftsgrundlage kollidieren beide Prinzipien. Die veränderten Umstände können die Vertragsbindung unzumutbar werden lassen. Die Kollision von Prinzipien kann nur durch eine Vorrangrelation aufgelöst werden. In einem konkreten Fall hat das Prinzip mit dem geringeren Gewicht dem Prinzip mit dem höheren Gewicht zu weichen. Damit wird das zurücktretende Prinzip nicht aus der Rechtsordnung verabschiedet. Es ist sehr gut möglich, daß es in anderen Fällen dem vorgehenden Prinzip überlegen ist. Die Vorrangfrage ist dann genau umgekehrt zu lösen. Welches Prinzip sich jeweils durchsetzt, ist durch eine Interessenabwägung festzustellen[280]. Dazu müssen die maßgebenden Interessen analysiert, bewertet und gegeneinander abgewogen werden. Der Begründungszwang verlangt, den Prozeß der Interessenabwägung so transparent wie möglich zu machen. Das genügt jedoch nicht. Die Rechtssicherheit verlangt darüber hinaus die Berechenbarkeit und Voraussehbarkeit jeder hoheitlichen Entscheidung. Einer hoheitlichen Entscheidung durch das Gericht bedarf es, wenn die andere Partei nicht freiwillig einer Anpassung des Vertrages an veränderte Umstände zustimmt. Dafür müssen Bedingungen angegeben werden, unter denen allgemein das Prinzip der Unzumutbarkeit dem Prinzip der Vertragsbindung vorgeht oder bei denen die umgekehrte Vorrangrelation gilt. Aus einfachen Vorrangrelationen werden so „bedingte Vorrangrelationen"[281]. Sie haben den Charakter von Regeln, weil sie, wenn die Bedingungen erfüllt sind, definitive Gebote enthalten: Unter bestimmten Bedingungen setzt sich die Unzumutbarkeit gegenüber der Vertragsbindung durch. Unter diesen Bedingungen ist dieses und nur dieses Ergebnis richtig. Unter anderen Umständen gebührt der Vertragsbindung gegenüber der Unzumutbarkeit der Vorrang[282]. Je mehr und je präzisere „bedingte Vorrangrelationen" gefunden werden, desto voraussehbarer

---

[278] *Haarmann*, Geschäftsgrundlage, S. 49.
[279] Für den Eingriff in Tarifverträge *Belling*, NZA 1996, 906 (910); *Henssler*, ZfA 1994, S. 487 (491); *Stein*, in: Kempen/Zachert, § 4 TVG Rn. 148; *Oetker*, RdA 1995, 82 (97); *Zachert*, RdA 1996, 140 (149).
[280] *Alexy*, Theorie der Grundrechte, S. 78 ff.; *ders.*, Recht, Vernunft, Diskurs, S. 217 f.
[281] *Alexy*, Theorie der Grundrechte, S. 81; *ders.*, Recht, Vernunft, Diskurs, S. 225.
[282] Alexy, Theorie der Grundrechte, S. 83 f. und *ders.*, Recht, Vernunft, Diskurs, S. 225, bezeichnet dies als Kollisionsgesetz: „Die Bedingungen, unter denen das eine Prinzip dem anderen vorgeht, bilden den Tatbestand einer Regel, die die Rechtsfolge des vorgehenden Prinzips ausspricht.".

barer und sicherer wird beim Wegfall der Geschäftsgrundlage der Prozeß der Rechtsfindung. Angesichts sich ständig wandelnder Umstände mit neu zu bewertenden Merkmalskombinationen läßt sich allerdings kaum eine Ordnung festlegen, die in jedem Fall zu genau einer Entscheidung führt.

Eine gewisse Schwierigkeit bereitet der Umstand, daß der Wegfall der Geschäftsgrundlage nur der Grund ist, der es ermöglicht, bestimmte Gestaltungsrechte auszuüben. Die Interessenabwägung zwischen dem Prinzip der Unzumutbarkeit und dem der Vertragsbindung muß deshalb die geltend gemachte Rechtsfolge im Auge behalten. Mit dem Urteil, daß die Bindung an einen bestimmten Vertrag unzumutbar geworden ist, ist der benachteiligten Partei nicht gedient. Sie weiß damit nur, daß es ihr nach Treu und Glauben nicht mehr zuzumuten ist, die Leistung, so wie sie vertraglich versprochen war, zu erbringen. Wichtiger ist, welches Gestaltungsrecht die benachteiligte Partei geltend machen darf. Auch das richtet sich nach dem Grad der Unzumutbarkeit und ist bei der Interessenabwägung entsprechend zu berücksichtigen.

Beim Tarifvertrag ergeben sich noch zwei weitere Probleme. Zum einen handelt es sich um einen Normenvertrag, dessen Rechtswirkungen bei Dritten eintreten. Zum anderen ist die Palette von Rechtsfolgen bei festgestellter Unzumutbarkeit noch größer als bei gewöhnlichen Verträgen. Das erste Problem wird sogleich behandelt, das zweite bei der Diskussion der Rechtsfolgen.

c) Interessenabwägung

Nach den oben dargestellten Grundgedanken dürfte es sich von selbst verstehen, daß bei jedem Wegfall der Geschäftsgrundlage eine eingehende Interessenabwägung erforderlich ist. Der Wegfall der Geschäftsgrundlage beruht auf dem Rechtsprinzip der Unzumutbarkeit, das in unterschiedlichem Grade erfüllt sein kann und dem das Prinzip der Vertragsbindung entgegenwirkt. Beim Wegfall der Geschäftsgrundlage kollidieren beide Prinzipien, und es steht nicht von vornherein fest, wie diese Kollision aufzulösen ist, d.h. welches Prinzip wie weit zurückzutreten hat. In der Rechtspraxis fehlt es nicht selten an einer sorgfältigen Interessenabwägung[283]. Das liegt zumeist daran, daß das Gewicht des stärkeren Prinzips das des schwächeren so erheblich übertrifft, daß das Zurückweichen des schwächeren außer jeder Diskussion steht[284]. Dieses Phänomen sollte indes nicht zur Annahme verleiten, es gebe absolute Gründe für einen Wegfall der Geschäftsgrundlage, die eine Interessenabwägung überflüssig machen könnten. Solche Gründe kann es schon deshalb nicht geben, weil stets zwei gegenläufige Prinzipien zugleich wirken und nicht von vornherein feststeht, welches Prinzip sich durchsetzt. Selbst bei größten Veränderungen der äußeren Umstände kann sich das Prinzip der Vertragsbindung durchsetzen, so beispielsweise, wenn Änderungen vorhersehbar waren oder eine Partei bewußt das Risiko sich wandelnder Umstände übernommen hat. Andererseits gibt es ebenso

---

[283] Vgl. nur BGH, NJW 1995, 1892.

[284] So stand im Urteil des BGH, NJW 1995, 1892 ganz die Frage der Vorhersehbarkeit der Änderung im Vordergrund.

§ 12 *Kündigung von Tarifverträgen und Wegfall der Geschäftsgrundlage* 425

wenig absolute Gründe, die eine Berufung auf den Wegfall der Geschäftsgrundlage automatisch ausschließen. Selbst vorhersehbare Veränderungen können die Bindung an den Vertrag unzumutbar werden lassen, wenn sie die nach Treu und Glauben noch erwartbare Leistung über jedes Maß beeinträchtigen[285]. Dasselbe gilt für die vertragliche Übernahme eines Risikos[286].

Das zentrale Problem bei der Interessenabwägung besteht darin, welche Interessen mit welchem Gewicht zu berücksichtigen sind und wie gegenläufige Interessen zum Ausgleich gebracht werden können. Dabei darf, wie gesagt, nicht die Rechtsfolge außer acht gelassen werden. Denn letztlich geht es um eine gestalterische Entscheidung, deren Ergebnis normativ nur in geringem Umfang vorgezeichnet ist. Deshalb obliegt es zunächst der benachteiligten Partei, eine konkrete Gestaltung vorzuschlagen. Das Gericht hat sich dann auf die Kontrolle zu beschränken, ob die gewählte Gestaltung einen angemessenen Ausgleich der verschiedenen Rechtsprinzipien darstellt.

Welche Gesichtspunkte in die Interessenabwägung einzustellen sind, dürfte nach den bisherigen Ausführungen ebenfalls klar sein. Zugunsten des Unzumutbarkeitsprinzips streiten die Schwere der nachträglichen Veränderung der äußeren Umstände, ihre (mangelnde) Vorhersehbarkeit sowie die (Un)Möglichkeit einer effektiven Risikovorsorge; zugunsten des Vertragsbindungsprinzips die nur geringfügige Änderung der Umstände, ihre Vorhersehbarkeit und Planbarkeit sowie eine vertragliche Risikoübernahme. Bei Dauerschuldverhältnissen kommen als Gesichtspunkte die Laufzeit des Vertrages, der Termin der nächsten Kündigungsmöglichkeit und die Länge der Kündigungsfrist hinzu. Eine kurze Laufzeit kann den Vertragsparteien das Zuwarten bis zum Ablauf des Vertrages oder bis zum nächsten Kündigungstermin abverlangen und damit zugunsten des Vertragsbindungsprinzips in die Abwägung einzustellen sein[287]. Eine lange Laufzeit spricht für das Gegenteil. Beim Tarifvertrag als einem für Dritte verbindlichen Normenvertrag ist darüber hinaus das Moment der Rechtssicherheit und der Rechtsbeständigkeit zu beachten. Die Rechtssicherheit schlägt eher zugunsten des Vertragsbindungsprinzips zu Buche.

Mit welchem Gewicht die genannten Belange einzustellen sind, ist eine Frage normativer Wertung. Eine genaue Quantifizierung ist unmöglich. Deshalb muß es ausreichen, das relative Gewicht der Belange zueinander zu bestimmen oder die Belange zu qualifizieren. So wäre die Feststellung ausreichend, die Umstände hätten sich bei noch langer Laufzeit des Tarifvertrags „erheblich" geändert und dies sei „kaum voraussehbar" gewesen.

Das schwierigste Problem ist das des angemessenen Ausgleichs. Es muß, wie gesagt, mit Rücksicht auf die geltend gemachte Rechtsfolge gelöst werden. Ziel ist es, die Opfergrenze zu bestimmen, d.h. den Punkt, ab dem die Vertragstreue unzumutbar wird, weil von dort an das Unzumutbarkeitsprinzip dem Vertragsbindungsprinzip vorgeht. Beide Prinzipien enthalten Optimierungsgebote. Sie sind unter Berücksichtigung veränderter Umstände möglichst weitgehend zu realisieren. Da das

---

[285] *Chiotellis*, Geschäftsgrundlagenstörungen, S. 132.
[286] Etwa die Übernahme einer Bürgschaft, vgl. BVerfGE 89, 214.
[287] Für den Tarifvertrag *Zachert*, RdA 1996, 140 (149).

Vertragsbindungsprinzip dem Unzumutbarkeitsprinzip entgegenwirkt, kann folgendes Abwägungsgesetz formuliert werden: Je höher der Grad der Nichterfüllung oder Beeinträchtigung des einen Prinzips ist, desto bedeutsamer muß die Notwendigkeit der Erfüllung des anderen sein. Gibt es einen Gesichtspunkt, der erheblich für die Vertragsbindung spricht, so muß der Gegengrund, der für die Unzumutbarkeit spricht, ein höheres Gewicht aufweisen. Ist die Änderung der tatsächlichen Umstände außerordentlich, so kann sie auch dann zur Unzumutbarkeit führen, wenn ein Wandel voraussehbar war. Ist demgegenüber der Wandel nicht besonders schwerwiegend, aber auch nicht voraussehbar, bleibt es bei der Vertragbindung.

Wo genau die Opfergrenze liegt, läßt sich nur im Einzelfall bestimmen[288]. Allgemein wird aber angenommen, daß sie relativ hoch liegt[289]. Die Rechtsprechung umschreibt diese Vorgabe für die Interessenabwägung mit unterschiedlichen Formeln. Der Wegfall der Geschäftsgrundlage soll nur dann beachtlich sein, „wenn das zur Vermeidung eines untragbaren, mit Recht und Gerechtigkeit nicht zu vereinbarenden und damit der betroffenen Partei nicht zumutbaren Ergebnisses unabweislich erscheint"[290], oder – womöglich noch strenger – „wenn anders ein untragbares, mit Recht und Gerechtigkeit schlechthin unvereinbares Ergebnis nicht zu vermeiden wäre"[291]. Dabei soll „ein strenger Maßstab" angelegt werden[292]. Erforderlich sei mindestens eine Störung, durch die die beiderseitigen Verpflichtungen in ein grobes Mißverhältnis gerieten[293]. Doch können die Formeln der Rechtsprechung nicht mehr, als die Richtung anzeigen, in die die Bestimmung der Opfergrenze gehen muß. Diese Richtung ergibt sich aber schon daraus, daß die Unzumutbarkeit ein pflichtenbegrenzendes Rechtsprinzip ist. Dieses setzt die selbst gewollte Bindung an den frei geschlossenen Vertrag als Regel voraus und fügt dem als Ausnahme – oder besser: als Grenze – die Durchbrechung der Vertragsbindung bei unzumutbarer Vertragstreue hinzu. Wann dieser Grenzfall erreicht ist, läßt sich den Formeln nicht entnehmen. Sie machen nur deutlich, daß es sich bei der Durchbrechung der Vertragstreue um einen Ausnahmefall, eben um die Grenze des vertraglich Zumutbaren handelt. Die Bedingungen, unter denen dieser Grenzfall anzunehmen ist, wollen sie indes nicht noch zusätzlich verschärfen. Sie ergeben sich ausschließlich aus einer sorgfältigen Interessenabwägung im Einzelfall. Allerdings enthalten sie einen wichtigen Hinweis für das weitere Vorgehen. Sie stellen auf die „Unabweislichkeit" oder die „Unvermeidlichkeit" der Durchbrechung der bisherigen Vertragstreue ab. Das nimmt die Anwendung des Verhältnismäßigkeitsprinzips bei der Rechtsfolgenbestimmung unzumutbar gewordener Vertragstreue vorweg. Bei diesem geht es vor allem um die Feststellung, ob die geltend gemachte Rechtsfolge erforderlich, unab-

---

[288] *Haarmann*, Geschäftsgrundlage, S. 57 ff.
[289] Vgl. nur *Chiotellis*, Geschäftsgrundlagenstörungen, S. 182 f.; *Fikentscher*, Schuldrecht, § 27 II 2 i; *Haarmann*, Geschäftsgrundlage, S. 59 ff.; *Heinrichs*, in: Palandt-EB, § 313 BGB Rn. 19; *Larenz*, Geschäftsgrundlage, S. 185; *Medicus*, Bürgerliches Recht Rn. 166; *J. Schmidt*, in: Staudinger, § 242 BGB Rn. 948; *Zachert*, RdA 1996, 140 (149).
[290] BGH, WM 1958, 1226; WM 1971, 214 (215); NJW 1979, 717; NJW 1984, 1746 (1747).
[291] BGH, NJW 1977, 2262.
[292] BGH, NJW 1985, 313 (314); NJW 1991, 1478 (1479); WM 1993, 1233 (1234).
[293] BGH, NJW 1960, 91; NJW 1984, 1746 (1747).

weislich bzw. unvermeidlich ist oder ob es Mittel gibt, die zum selben Erfolg führen, jedoch weniger einschneidende Folgen für den Vertrag haben.

Bei Tarifverträgen soll die Opfergrenze noch höher als bei gewöhnlichen Verträgen liegen[294]. Gelegentlich meint man, daß es nur dann zu einem Wegfall der Geschäftsgrundlage kommen könne, wenn sich die äußeren Umstände völlig unerwartet und ganz außergewöhnlich geändert hätten[295]. Begründet wird dies mit der besonderen Stabilisierungsfunktion des Tarifvertrags, der während seiner Laufzeit für verläßliche Arbeitsbedingungen sorgen soll. Zudem sprächen die kurzen Laufzeiten gegen die Berufung auf einen Wegfall der Geschäftsgrundlage. Die Tarifvertragsparteien übernähmen für diese das normale Rechtsfolgenrisiko. Dieses schließe den Einwand, die Geschäftsgrundlage sei entfallen, aus, wenn sich das Risiko realisiere, d.h. wenn es zu einer Änderung der äußeren Umstände komme.

In der Tat wird man beim Tarifvertrag die Meßlatte für die Opfergrenze höher als bei gewöhnlichen Verträgen legen müssen. Eine Kündigung des Tarifvertrags wegen Wegfalls der Geschäftsgrundlage hat nicht nur Auswirkungen auf einen einzigen Vertrag, sondern auf die Arbeitsverhältnisse sämtlicher Normunterworfenen. Der Ordnungs- und Friedensfunktion des Tarifvertrags ist Rechnung zu tragen. Allerdings darf nicht vergessen werden, daß die Meinung, nur wirklich unerwartete und ganz außergewöhnliche Ereignisse könnten einen Wegfall der Geschäftsgrundlage rechtfertigen, vor allem die Änderung der wirtschaftlichen Verhältnisse vor Augen hat. Die Änderung der rechtlichen Verhältnisse wurde bislang nicht thematisiert. Was für die Änderung der wirtschaftlichen Verhältnisse gilt, muß nicht für die Änderung der rechtlichen Verhältnisse gelten. Hier können bereits formal kleine Gesetzesänderungen erhebliche Konsequenzen haben[296]. Entscheidend ist, daß die Frage stets im Hinblick auf die geltend gemachte Rechtsfolge beantwortet wird.

IV. Rechtsfolgen

1. Vertragsanpassung oder Vertragsauflösung

Sind die tatbestandlichen Voraussetzungen eines Wegfalls der Geschäftsgrundlage erfüllt, gibt das Schuldrechtsmodernisierungsgesetz der durch den Wandel der Umstände unzumutbar belasteten Vertragspartei seit Anfang 2002 zwei Rechte, die in einem Stufenverhältnis stehen. Primär kann Anpassung des Vertrags an die gewandelten Verhältnisse verlangt werden (§ 313 Abs. 1 BGB). Nur wenn diese nicht möglich oder einer Partei nicht zumutbar ist, darf die benachteiligte Partei vom

---

[294] BAG, Urt. v. 18.12.1996, AP Nr. 1 zu § 1 TVG Kündigung; *Bauer/Diller*, DB 1993, 1085 (1090); *Belling*, NZA 1996, 906 (908); *Brox/Rüthers*, Arbeitskampfrecht, Rn. 363; *Henssler*, ZfA 1994, S. 487 (491); *Hueck/Nipperdey*, Arbeitsrecht II/1, S. 471 f., m.w.N. in Fn. 41; *Stein*, in: Kempen/Zachert, § 4 TVG Rn. 148; *Nikisch*, Arbeitsrecht II, S. 351; *Söllner/Waltermann*, Arbeitsrecht, § 16 II 4; *Zachert*, NZA 1993, 299 (300); ders., RdA 1996, 140 (149).

[295] RAG, Urt. v. 2.2.1929, ARS 5, 411 (416).

[296] *Buchner*, NZA 1996, 1177 (1182) sieht in der Absenkung der Höhe der gesetzlich geregelten Entgeltfortzahlung im Krankheitsfall von 100% auf 80% der bisherigen Vergütung einen Wegfall der Geschäftsgrundlage von Tarifverträgen mit entsprechenden Regelungen.

Vertrag zurücktreten oder – bei Dauerschuldverhältnissen – den Vertrag kündigen (§ 313 Abs. 3 BGB).

Diese Rechtsfolgen sind für das allgemeine Zivilrecht seit langem in Rechtsprechung[297] und Literatur[298] anerkannt. Auch das Stufenverhältnis von Vertragsanpassung und Vertragsauflösung entspricht ständiger Rechtsprechung. Schon immer prüfte der BGH in erster Linie, ob der Vertrag nicht in einer den berechtigten Interessen beider Parteien Rechnung tragenden Form der wirklichen Sachlage angepaßt werden kann. Erst wenn dies nicht möglich oder nicht zumutbar sei, könne das Vertragsverhältnis durch (außerordentliche) Kündigung beendet werden[299]. Die Kündigung sei daher „ultima ratio"[300]. Die herrschende Lehre folgte der Rechtsprechung zumeist ohne nähere Begründung[301].

Beim Tarifvertrag hielten Rechtsprechung[302] und herrschende Lehre[303] bislang nur die außerordentliche Kündigung, nicht aber die Anpassung für zulässig. Gegen einen unbedingten Vorrang der Vertragsanpassung vor der Vertragsauflösung bestehen auch nach der Positivierung des Wegfalls der Geschäftsgrundlage Bedenken. Offen bleibt zunächst, wann bei einem Geschäftsgrundlagenfortfall die zweite Stufe erreicht ist und deshalb eine außerordentliche Kündigung ausgesprochen werden

---

[297] BGHZ 47, 48 (51 f.); 89, 226 (238 f.); NJW 1984, 1746 (1747); NJW 1993, 259 (262).

[298] *Chiotellis*, Geschäftsgrundlagenstörungen, S. 186; *Haarmann*, Geschäftsgrundlage, S. 131, 141, 170; *Larenz*, Geschäftsgrundlage, S. 186; *Medicus*, Bürgerliches Recht Rn. 168; *Roth*, in: MünchKomm, § 242 BGB Rn. 509; *J. Schmidt*, in: Staudinger, § 242 BGB Rn. 950, 1409; *Teichmann*, in: Soergel, § 242 BGB Rn. 266; *Ulmer*, AcP 174 (1974), S. 167 (184).

[299] BGH, NJW 1951, 836 (837); NJW 1953, 1585 (1586); NJW 1958, 785; JZ 1966, 409; WM 1966, 490 (493); BGHZ 47, 48 (51 f.); 83, 254; 89, 226 (238 f.); NJW 1984, 1746 (1747); NJW 1993, 259 (262).

[300] BAG, Urt. v. 18.12.1996, 18.6.1997, AP Nr. 1, 2 zu § 1 TVG Kündigung. In seinem Beschl. v. 10.8.1994, AP Nr. 86 zu § 112 BetrVG 1972, ist das BAG noch einen Schritt weitergegangen. Bei einer Betriebsvereinbarung habe der Wegfall der Geschäftsgrundlage nur zur Folge, daß die Vertragsbedingungen den geänderten tatsächlichen Umständen anzupassen seien. Der Wegfall der Geschäftsgrundlage führe nicht zur Beendigung der Betriebsvereinbarung, sondern lasse diese – wenn auch mit geändertem Inhalt – fortbestehen. Ein Recht zur außerordentlichen Kündigung beim Wegfall der Geschäftsgrundlage hat das BAG in dieser Entscheidung ausdrücklich abgelehnt, allerdings ohne seine von der allgemeinen Meinung abweichenden Ansicht genauer zu begründen. Für einen generellen Ausschluß der außerordentlichen Kündigung beim Wegfall der Geschäftsgrundlage fehlen aber jegliche Anhaltspunkte. Überdies hat sich das BAG nicht mit den Fragen der Zumutbarkeit auseinandergesetzt. Die Anpassung einer Betriebsvereinbarung an geänderte Verhältnisse ist aber nicht „zumutbarer" oder „milder" als die außerordentliche Kündigung, wenn damit sogar rückwirkend in bereits bestehende Sozialplanansprüche eingegriffen wird. Die Entscheidung darf deshalb nicht verallgemeinert werden. Was für die Abänderung von Sozialplänen gilt, läßt sich nicht ohne weiteres auf Tarifverträge übertragen.

[301] *Haarmann*, Geschäftsgrundlage, S. 170; *Heinrichs*, in: Palandt-EB, § 313 BGB Rn. 30 ff. m.w.N.; *Larenz*, Geschäftsgrundlage, S.186; *Medicus*, Bürgerliches Recht Rn. 168; *Otto*, FS Kissel (1994), S. 787 (795); *Teichmann*, in: Soergel, § 242 BGB Rn. 266.

[302] BAG, Urt. v. 1.2.1982, AP Nr. 5 zu § 33 BAT; Urt. v. 10.2.1988, AP Nr. 12 zu § 33 BAT; Urt. v. 9.11.1988, AP Nr. 5 zu § 1 TVG Tarifverträge: Süßwarenindustrie; offengelassen von BAG, Urt. v. 18.12.1996, 18.6.1997, AP Nr. 1, 2 zu § 1 TVG Kündigung.

[303] *Bauer/Diller*, DB 1993, 1085 (1090); *Belling*, NZA 1996, 906 (910); *Buchner*, NZA 1993, 289 (295); ders., NZA 1996, 1177 (1182); *Henssler*, ZfA 1994, S. 487 (493 f.); *Stein*, in: Kempen/Zachert, § 4 TVG Rn. 148; *Löwisch/Rieble*, § 1 TVG Rn. 523; *Lohs*, Anpassungsklauseln in Tarifverträgen, S. 80; *Oetker*, RdA 1995, 82 (98); *Steffan*, JuS 1993, 1027 (1028); *Wank*, in: Wiedemann, § 4 TVG Rn. 72; *Zachert*, NZA 1993, 299 (300); ders., RdA 1996, 140 (149).

darf. Überdies fehlt eine Begründung dafür, warum die außerordentliche Kündigung in jedem Fall die ultima ratio ist. Einen Grundsatz, daß die außerordentliche Kündigung bei jedem Dauerschuldverhältnis das letzte Mittel zur Beseitigung von Störungen darstellt, kann es in dieser Allgemeinheit nicht geben. Dieser Satz müßte von der Prämisse ausgehen, die Vertragsanpassung sei gegenüber der Vertragsauflösung stets das mildere und damit vorzugswürdige Mittel. Der angepaßte, aber weiterhin ungünstige Vertrag sei besser als der nicht vorhandene Vertrag.

Ein solcher Grundsatz mag dort gelten, wo eine Partei existentiell auf das Bestehen(bleiben) eines Vertrags angewiesen ist, wie bei Wohnraummietverträgen oder beim Individualarbeitsvertrag. Wo das nicht der Fall ist, kann eine Vertragsanpassung, die, weil sie nicht einvernehmlich erfolgt, stets durch eine gerichtliche Entscheidung herbeigeführt werden muß, einen viel stärkeren Eingriff in die Privatautonomie bedeuten als die außerordentliche Kündigung[304]. Das gilt insbesondere dann, wenn der durch die gerichtliche Anpassung benachteiligten Partei das Recht verweigert wird, sich in Zukunft vom Vertrag zu lösen. Ohne dieses Verbot hätte eine Vertragsanpassung aber keinen rechten Sinn. Der Primat der Anpassung hat dort seine Berechtigung, wo es um die Abänderung einer einmaligen Leistungspflicht geht. Die Leistungspflicht ist überschaubar und reicht nicht in die Zukunft. Durch den Wegfall der Geschäftsgrundlage soll die Leistungspflicht so weit auf das Maß des Zumutbaren reduziert werden, daß sie noch erfüllt werden kann und der Vertrag nicht scheitert. Bei Dauerschuldverhältnissen ist die Zukunft jedoch offen, und es gehört zur Vertragsfreiheit, den Vertrag unter Einhaltung bestimmter Fristen zu kündigen. Besteht kein Kündigungsschutz, der den Bestand des Dauerschuldverhältnisses sichert, so kann die Anpassung des Dauerschuldverhältnisses aufgrund einer gerichtlichen Entscheidung die Vertragsfreiheit stärker belasten als die außerordentliche Kündigung. Einen Primat der Anpassung kann es deshalb nicht geben.

Zu Recht lehnt deshalb eine Mindermeinung in der Literatur das von der Rechtsprechung befürwortete und nunmehr aus gesetzlich festgeschriebene Stufenverhältnis der Rechtsfolgen ab. Sie plädiert für eine flexible Rechtsfolgenbestimmung, bei der es weder einen Vorrang der Anpassung vor der Beendigung noch ein striktes „entweder – oder" gibt[305]. Nach *Ulmer* bewegen sich die möglichen Rechtsfolgen auf einer Skala von 0 bis 100%, d.h. vom unveränderten Festhalten am Vertrag bis zur Vertragsaufhebung. Die Zumutbarkeit bestimme dabei den Punkt auf dieser Skala[306]. Im Interesse der Rechtssicherheit muß aber auch diese Meinung Maßstäbe für die Rechtsfolgenbestimmung formulieren. Zumindest muß sie die Wertungen transparent machen, aufgrund derer sie zu einer bestimmten Rechtsfolge gelangt. Dazu bietet sich der Rückgriff auf den Grundsatz der Verhältnismäßigkeit an[307].

---

[304] So auch *Haarmann*, Geschäftsgrundlage, S. 169 f.
[305] *Chiotellis*, Geschäftsgrundlagenstörungen, S. 56, 92; *Roth*, in: MünchKomm, § 242 BGB Rn. 509; *Ulmer*, AcP 174 (1974), S. 167 (184).
[306] AcP 174 (1974), S. 167 (184); kritisch zum Primat der Anpassung auch *Köhler*, Zweckstörungen, S. 196.
[307] So auch *Belling*, NZA 1996, 906 (907); *Chiotellis*, Geschäftsgrundlagenstörungen, S. 88 ff.; *Haarmann*, Geschäftsgrundlage, S. 83.

2. Grundsatz der Verhältnismäßigkeit

a) Begründungszwang für die Anwendbarkeit des Verhältnismäßigkeitsprinzips

Nach dem Grundsatz der Verhältnismäßigkeit muß die Rechtsfolge, die von der benachteiligten Partei geltend gemacht wird, die verhältnismäßige Reaktion auf die Änderung der äußeren Umstände sein. Sie muß das geeignete, erforderliche und angemessene Mittel sein, um das vertragliche Gleichgewicht, das durch die Änderung der äußeren Umstände unzumutbar gestört worden ist, wiederherzustellen. Gibt es Mittel, die die Störung ebenso erfolgreich beheben, die Vertragsparteien aber weniger belasten, so müssen diese als Rechtsfolge gewählt werden. Fraglich ist jedoch, wie die Anwendung des Verhältnismäßigkeitsprinzip begründet werden kann. Anders als im öffentlichen Recht, das wesentlich vom Verhältnismäßigkeitsprinzip beherrscht wird, kennt das Privatrecht keinen allgemeingültigen Grundsatz der Verhältnismäßigkeit[308]. Seine Geltung muß im Einzelfall nachgewiesen werden. Das hängt letztlich damit zusammen, daß das private Vertragsrecht weniger von der austeilenden als vielmehr von der ausgleichenden Gerechtigkeit beherrscht wird. Es geht nicht um die Zähmung hoheitlicher Macht durch eine Übermaßkontrolle, sondern um die (Wieder)Herstellung eines Gleichgewichts der vertraglichen Pflichten. Eine allgemeine und strikte Verhältnismäßigkeitsprüfung würde zudem die Sicherheit des rechtsgeschäftlichen Verkehrs beeinträchtigen, da das Bestehen jeder rechtlichen Verpflichtung mit dem Argument angezweifelt werden könnte, sie sei nicht verhältnismäßig[309]. Was die Parteien für noch verhältnismäßig halten, müssen sie grundsätzlich selbst bestimmen. Daran ist schon deshalb festzuhalten, weil es in einer freiheitlichen Rechtsordnung keine allgemeinverbindlichen Maßstäbe dafür gibt und auch nicht gegeben kann, wann eine Leistung verhältnismäßig ist[310].

b) Begründung der Rechtsprechung und der herrschenden Lehre

Rechtsprechung und herrschende Lehre kommen mittelbar zur Prüfung der Verhältnismäßigkeit, weil sie – seit dem Schuldrechtsmodernisierungsgesetz unter Berufung auf § 313 Abs. 3 BGB – vom ultima-ratio-Charakter der außerordentlichen Kündigung ausgehen[311]. Danach ist die außerordentliche Kündigung nur das äußerste Mittel, um Störungen des Vertrages infolge veränderter Umstände zu beheben. Ob eine außerordentliche Kündigung erforderlich ist, läßt sich nur feststellen, wenn man – zumindest hypothetisch – andere Mittel zur Beseitigung der aufgetretenen Störung in Erwägung zieht. Der Vergleich der verschiedenen Mittel ist aber nichts anderes als die Prüfung der Verhältnismäßigkeit. Denn zu fragen ist, ob die anderen Mittel das Ziel – Beseitigung der unzumutbaren Zustände – genauso gut

---

[308] *Medicus*, AcP 192 (1992), S. 35 (69 f.).
[309] *Haarmann*, Geschäftsgrundlage, S. 36; *Medicus*, AcP 192 (1992), S. 35 (62, 69).
[310] In diese Richtung auch *Medicus*, AcP 192 (1992), S. 35 (62, 69).
[311] BAG, Urt. v. 18.12.1996, 18.6.1997, AP Nr. 1, 2 zu § 1 TVG Kündigung; *Belling*, NZA 1996, 906 (910 ff.); *Stein*, in: Kempen/Zachert, § 4 TVG Rn. 137; *Oetker*, RdA 1995, 82 (95 f.); *Steffan*, JuS 1993, 1027 (1029); *Wank*, in: Wiedemann, § 4 TVG Rn. 38; *Zachert*, RdA 1996, 140 (149).

erreichen und die Vertragsparteien weniger belasten als eine außerordentliche Kündigung. Freilich ist der Ausgangspunkt von Rechtsprechung und Lehre, wie gesehen, nicht in allen Fällen richtig. Wo die Prämisse, die außerordentliche Kündigung sei die ultima ratio, nicht zutrifft, weil die Parteien nicht aufeinander angewiesen sind und ihnen die Auflösung des Vertragsverhältnisses weniger schwer fällt als die Bindung an einen veränderten Vertrag, läßt sich die Anwendung des Verhältnismäßigkeitsprinzips nicht begründen.

c) Weitere Begründungen in der Literatur

Haarmann stellt darauf ab, daß es der Richter sei, der im Streitfalle über die Anpassung oder die Auflösung des Vertrages zu befinden habe. Beim Wegfall der Geschäftsgrundlage werde der Vertrag zum Objekt richterlichen Handelns. Damit werde der Wegfall der Geschäftsgrundlage zur Einbruchsstelle für die im privaten Vertragsrecht ansonsten unangebrachte Verhältnismäßigkeitsprüfung[312]. *Haarmann* gelangt – unausgesprochen – über den hoheitlichen Charakter der richterlichen Entscheidungsfindung zur unmittelbaren Anwendbarkeit des Verhältnismäßigkeitsprinzips. Ist die Staatsgewalt an das Rechtsstaatsprinzip und damit an den Grundsatz der Verhältnismäßigkeit gebunden, so ist es auch der Richter, der im konkreten Einzelfall über die Kündigung oder das Anpassungsbegehren zu urteilen hat. Ein im öffentlichen Recht allgemeingültiges Prinzip beansprucht aber nicht schon deshalb Geltung im Privatrecht, weil der Zivilrichter die Grundsätze des öffentlichen Rechts zu beachten hat. Würde man dieser Ansicht folgen, müßten auch die Grundrechte über die Bindung des Richters nach Art. 1 Abs. 3 GG für die Vertragsparteien verbindlich sein. Das wird heute nur noch von einer Mindermeinung vertreten[313]. Entscheidend ist, daß der Zivilrichter einen zivilrechtlichen Fall nach zivilrechtlichen Normen zu beurteilen hat. Diese zivilrechtliche Norm gilt es zu bestimmen. Die Behauptung, der Wegfall der Geschäftsgrundlage sei eine Einbruchsstelle für die Prüfung der Verhältnismäßigkeit, ist deshalb eine petitio principii.

Chiotellis kommt aufgrund einer Analyse der Rechtsfolgen, die das BGB für die verschiedenen Vertragsstörungen enthält[314], zu dem Ergebnis, daß sie vom Prinzip der Relativität und Verhältnismäßigkeit beherrscht würden. Die Rechtsfolgen bauten nicht auf einem „Alles-oder-Nichts-Prinzip" auf, sondern griffen erst und insoweit ein, wie es das Gewicht der Störung und der jeweilige Schutzzweck der die Störung sanktionierenden Norm verlangten[315]. Da es beim Wegfall der Geschäftsgrundlage um nichts anderes als eine Vertragsstörung gehe, müsse deshalb auch hier der Grundsatz der Verhältnismäßigkeit Anwendung finden[316]. Ob das Recht der Vertragsstörungen tatsächlich vom Grundsatz der Verhältnismäßigkeit beherrscht

---

[312] Geschäftsgrundlage, S. 82 f.
[313] *Schwabe*, Die sogenannte Drittwirkung der Grundrechte, passim.; neuerdings *Hager*, JZ 1994, 373 (383); dagegen die h.M., vgl. nur *Jarass*, in: Jarass/Pieroth, Art. 1 GG Rn. 35; *Pieroth/Schlink*, Grundrechte, Rn. 204 f.
[314] *Chiotellis*, Geschäftsgrundlagenstörungen, S. 64 ff.
[315] *Chiotellis*, Geschäftsgrundlagenstörungen, S. 88.
[316] *Chiotellis*, Geschäftsgrundlagenstörungen, S. 91.

wird, ist allerdings zweifelhaft. Viele Normen des privaten Vertragsrechts enthalten starre Rechtsfolgen, die, wenn ihre Voraussetzungen tatbestandlich erfüllt sind, ohne weiteres zur Unwirksamkeit des Vertrages führen. Selbst geringfügige Verstöße gegen eine Formvorschriften (§ 125 BGB) oder Verbotsgesetze (§ 134 BGB) führen zur Unwirksamkeit des Rechtsgeschäftes. Auch läßt sich kein Stufenverhältnis zwischen Rücktritt und Schadensersatz konstruieren. Seit Inkrafttreten des Schuldrechtsmodernisierungsgesetzes hat der Gläubiger bei einer Leistungsstörung sogar das Recht, Rücktritt und Schadensersatz zu kombinieren (§ 325 BGB).

d) Eigener Ansatz

Wie gesehen, kommt es beim Wegfall der Geschäftsgrundlage zu einer Kollision zwischen zwei privatrechtlichen Rechtsprinzipien: dem Prinzip der Unzumutbarkeit, das auf das Gebot des Maßhaltens zurückgeht und sich aus Treu und Glauben ergibt, und dem Prinzip der Vertragsbindung. Beide Prinzipien müssen bei einer Kollision zu einem Ausgleich gebracht werden[317]. Das wirft ein Optimierungsproblem auf[318]. Denn die Maßnahmen, die darauf gerichtet sind, die Unzumutbarkeit der Vertragsbindung für die benachteiligte Partei zu beseitigen, dürfen ihrerseits nicht zu unzumutbaren Verhältnissen für die andere Partei führen. Allerdings zielen die Maßnahmen nicht auf die Schaffung zumutbarer, im Sinne absolut gerechter, guter oder angemessener Verhältnisse, sondern auf die Beseitigung unzumutbar gewordener Bedingungen. Die freiheitliche Rechtsordnung muß sich zur Frage der gerechten Vertragsbedingungen mangels eines juristisch operationalisierbaren Maßstabes neutral verhalten. Es kann aber wertend nachvollzogen werden, ob die von der benachteiligten Partei gewünschte Änderung des Vertrages die geeignete, erforderliche und bei Berücksichtigung der gegenläufigen Interessen auch angemessene Maßnahme ist, die Störung zu beseitigen. Die Rechtsordnung verlangt eine solche Prüfung, weil die Änderung der äußeren Umstände das vertragliche Gleichgewicht verschoben hat und es aus Gründen der materialen Vertragsgerechtigkeit nicht zugelassen werden kann, daß die eine Partei die nachteilige Lage der anderen Partei unangemessen ausnutzt. Der vom Wegfall der Geschäftsgrundlage Benachteiligte hat jedoch nur das Recht auf geeignete, erforderliche und angemessene Maßnahmen[319]. Nur diese beseitigen die Vertragsstörung, ohne selbst wiederum Störungen zu verursachen, die nun der anderen Vertragspartei nicht mehr zugemutet werden können. Anzustreben ist daher ein nach beiden Seiten hin schonender Ausgleich, und dieser läßt sich ausschließlich bei strikter Beachtung des Verhältnismäßigkeitsprinzips erreichen.

---

[317] Ähnlich *Belling*, NZA 1996, 906 (909): „Das Zumutbarkeitsprinzip stellt nicht vom „Ob" der vertraglichen Bindung frei, sondern nur von der unbedingten Verbindlichkeit in ihrer ursprünglich gewählten konkreten inhaltlichen Gestalt.".
[318] *Alexy*, Recht, Vernunft, Diskurs, S. 216 ff., 225 f.
[319] So zu Recht *Haarmann*, Geschäftsgrundlage, S. 83.

e) Konsequenzen

Damit ist zugleich eine Brücke zurück zum Tatbestand des Wegfalls der Geschäftsgrundlage geschlagen. Die Rechtsfolgen eines Wegfalls der Geschäftsgrundlage müssen verhältnismäßig zum Grad der Unzumutbarkeit sein, am unveränderten Vertrag festgehalten zu werden. Eine geringfügige Störung kann, wenn überhaupt, zu bloß geringfügigen Rechtsfolgen führen. In diesen Fällen wird aber nur selten die Opfergrenze überschritten sein, bei der das Prinzip der Unzumutbarkeit das der Vertragsbindung übersteigt. Umgekehrt gilt: Je unzumutbarer die Vertragsbindung, desto weiterreichend sind die Rechtsfolgen, die geltend gemacht werden können.

Der letzte Schritt in der Prüfung muß darin bestehen, die einzelnen Rechtsfolgen im Hinblick auf ihre Reichweite zu analysieren. Dabei ist insbesondere zu untersuchen, ob und wieweit es zur geltend gemachten Rechtsfolge „mildere" Mittel gibt, die einen geringeren Eingriff in den Vertrag bedeuten und deshalb der anderen Partei eher zuzumuten sind. Für den Tarifvertrag liegen die Probleme komplizierter, da es nicht mit der Anpassung oder der außerordentlichen Kündigung sein Bewenden hat. In die Prüfung einzubeziehen sind auch die Fragen der Nachwirkung eines (außerordentlich) gekündigten Tarifvertrags und der Erstreikbarkeit einer unzumutbar geworden und deshalb veränderten Tarifbestimmung.

3. Rechtsfolge: außerordentliche Kündigung

a) Unbeachtlichkeit von Kündigungsfristen und -terminen

Bei einem gewöhnlichen Vertrag dient die außerordentliche Kündigung der sofortigen Beendigung des Vertragsverhältnisses. Sie erspart dem Kündigenden das Abwarten des nächsten Kündigungstermines oder den Ablauf einer möglicherweise sehr langen Kündigungsfrist. Bestehen Kündigungsschutzvorschriften, so führt der wichtige Grund dazu, daß das gesetzlich besonders geschützte Interesse am Fortbestand des Vertrages hinter das Interesse an seiner Beendigung zurücktritt. Da es beim Tarifvertrag keinen Kündigungsschutz gibt, käme es bei einer außerordentlichen Kündigung allein darauf an, ob dem Kündigenden auch bei einer erheblichen Veränderung der Gesetzeslage das Zuwarten auf den nächsten Kündigungstermin zumutbar wäre. Diese Frage – isoliert für sich gestellt – wäre nicht selten zu bejahen, womit der wichtige Grund regelmäßig entfiele. Denn die Laufzeiten der Tarifverträge sind kurz bemessen, gerade um auf Änderungen des vertraglichen Umfeldes flexibel reagieren zu können. Überdies dürften an die Einhaltung selbst gewählter tarifvertraglicher Laufzeiten strengere Anforderungen zu stellen sein als an die Beachtung der gesetzlich vorgegebener Kündigungsfristen und -termine. Nicht zuletzt deshalb läßt die herrschende Meinung die außerordentliche Kündigung nur bei besonders schwerwiegenden Gründen zu[320].

---

[320] BAG, Urt. v. 23.4.1957, AP Nr. 1 zu § 1 TVG; Urt. v. 14.11.1958, AP Nr. 4 zu § 1 TVG Friedenspflicht; BAG, Urt. v. 18.12.1996, 18.6.1997, AP Nr. 1, 2 zu § 1 TVG Kündigung; *Hueck/Nipperdey*, Arbeitsrecht II/1, S. 472; *Nikisch*, Arbeitsrecht II, S. 351.

Selbst wenn man das Abwarten des nächsten Kündigungstermines für unzumutbar hielte, hätte die außerplanmäßige Beendigung des Tarifvertrags nur zur Folge, daß die Tarifvertragsparteien früher als sonst die Gelegenheit zu Neuverhandlungen erhielten. Das schließt das Recht ein, seinen Forderungen notfalls mit Mitteln des Arbeitskampfes Geltung zu verschaffen. Denn mit der vorzeitigen Beendigung des Tarifvertrags endet automatisch auch die (relative) Friedenspflicht.

b) Nachwirkung

Im Gegensatz zur Kündigung eines gewöhnlichen schuldrechtlichen Vertrages, bei dem nach Ablauf der Kündigungsfrist die gegenseitigen Rechte und Pflichten der Vertragsparteien erlöschen, führt die Kündigung des Tarifvertrags nicht zum Entfallen seiner Normen. Vielmehr gelten die Tarifnormen gemäß § 4 Abs. 5 TVG weiter, bis sie durch eine andere Abmachung ersetzt werden. Solange sich die Tarifvertragsparteien nach einer Kündigung auf keine neue Regelung einigen, wirken die alten Tarifnormen nach. Bestünde die Rechtsfolge der außerordentlichen Kündigung lediglich in einer Freistellung von Kündigungsfristen und -terminen, so würde nach einer außerordentlichen Kündigung dieselbe Rechtslage wie nach einer ordentlichen Kündigung eintreten: die bisherigen Tarifnormen würden weitergelten. Lösen aber außerordentliche wie ordentliche Kündigung dieselbe Rechtsfolge aus – die Nachwirkung der alten Tarifnormen –, ist nicht einzusehen, warum es den Tarifvertragsparteien nicht zumutbar sein soll, den nächsten Kündigungstermin abzuwarten. Bei konsequenter Anwendung vertragsrechtlicher Maximen wäre eine außerordentliche Kündigung damit unzulässig[321]. Um dieses Ergebnis zu vermeiden, ist nach verbreiteter Meinung § 4 Abs. 5 TVG bei einer außerordentlichen Kündigung teleologisch zu reduzieren[322]. Der Wortlaut des § 4 Abs. 5 TVG sei zu weit geraten. Den Fall einer außerordentlichen Kündigung habe der Gesetzgeber nicht bedacht. Die außerordentliche Kündigung könne ihr Ziel – die sofortige Befreiung von unzumutbar gewordenen Tarifbedingungen – nur erreichen, wenn es nach Ausspruch der außerordentlichen Kündigung zu keiner Fortgeltung der bisherigen Normen komme. § 4 Abs. 5 TVG gelte daher nur bei planmäßiger Beendigung eines Tarifvertrags, nicht aber bei einer außerordentlichen Kündigung.

Allerdings muß sich eine teleologische Reduktion zunächst mit dem üblichen Zweck der Norm auseinandersetzen. § 4 Abs. 5 TVG hat eine Schutz- und Ordnungsfunktion. Er dient der Überbrückung des Zeitraums, in dem der alte Tarifvertrag nicht mehr und der neue noch nicht gilt. Ohne § 4 Abs. 5 TVG würden viele Arbeitsverhältnisse nach Ablauf des Tarifvertrags inhaltsleer, weil die Arbeitsvertragsparteien zumeist von der Geltung des einschlägigen Tarifvertrags ausgehen und darum auf eigene Regelungen im Arbeitsvertrag verrichten. Die Arbeitnehmer wäre auf das Gesetzesrecht verwiesen, das ihm aber nur einen Mindestschutz gewährt. Darüber hinaus versetzt die Nachwirkung des alten Tarifvertrags die Tarif-

---

[321] *Oetker*, RdA 1995, 82 (95).
[322] *Bauer/Diller*, DB 1993, 1085 (1090); *Belling*, NZA 1996, 906 (911); *Oetker*, RdA 1995, 82 (95); *Otto*, FS Kissel (1994), S. 787 (794); *Steffan*, JuS 1993, 1027 (1029); *Thiele*, RdA 1968, 424 (426).

vertragsparteien in die Lage, in Ruhe über einen neue Tarifbedingungen zu verhandeln[323].

Dieser Schutz- und Ordnungsfunktion des § 4 Abs. 5 TVG bedarf es aber auch bei einer außerordentlichen Kündigung[324]. Denn die außerordentliche Kündigung führt ebenfalls dazu, daß die Arbeitsverhältnisse inhaltsleer werden. Zudem benötigen die Tarifvertragsparteien bei einer außerordentlichen Kündigung keinen geringeren zeitlichen Spielraum für ihre Verhandlungen als bei einer ordentlichen Kündigung. Das sofortige Außerkrafttreten aller bisherigen Tarifnormen würde die Kontrahenten unangemessen unter Druck setzen und könnte die Verhandlungsparität verschieben, da bei einer Nichteinigung nur die gesetzlichen Mindestbedingungen, nicht aber die alten Tarifnormen gelten würden. Schließlich besteht im Nachwirkungszeitraum die Möglichkeit, andere Abmachungen zu vereinbaren[325]. Die nur mehr nachwirkenden Tarifnormen gelten zwar noch unmittelbar, d.h. ohne Vereinbarung, aber nicht mehr zwingend.

Freilich wird es schwierig sein, zu neuen Abmachungen zu gelangen. Betriebsvereinbarungen kommen wegen der Regelungssperre des § 77 Abs. 3 BetrVG praktisch nicht in Betracht[326]. Man kann zwar darüber diskutieren, ob § 77 Abs. 3 BetrVG in diesem Fall einschränkend auszulegen ist[327]. Die Zulassung abweichender Betriebsvereinbarungen beim Wegfall der Geschäftsgrundlage eines Tarifvertrags wäre aber kein geringerer Eingriff in die Tarifautonomie als der Ausschluß der Nachwirkung. Die Tarifvertragsparteien verlören damit für die Zukunft faktisch ihre Normsetzungsbefugnis, denn bei einer späteren Einigung würden die vom Tarifvertrag abweichenden Betriebsvereinbarungen wirksam bleiben. Andere Abmachungen könnten zwar auch auf der Ebene des Individualvertrages getroffen werden, aber nicht jeder Arbeitnehmer wird dazu freiwillig bereit sein[328]. Unter Umständen kann das fehlende Einverständnis durch eine Änderungskündigung erzwungen werden. Allerdings sind die Anforderungen sehr hoch, und eine Erleichterung für die Ablösung nachwirkender Tarifnormen gibt es nicht[329]. Die außerordentliche Beendigung eines Tarifvertrags infolge der Änderung eines Gesetzes ist regelmäßig kein Grund für eine betriebsbedingte Änderungskündigung. Überdies ist die Änderungskündigung kein taugliches Instrument, massenhaft Arbeitsverträge zu ändern. Genau das wäre aber bei einer außerordentlichen Kündigung des Tarifvertrags erforderlich[330]. Insgesamt gesehen kann die Nachwirkung der bisherigen

---

[323] BAG, Urt. v. 18.3.1992, 2.12.1992, AP Nrn. 13, 14 zu § 3 TVG; Urt. v. 5.10.1993, AP Nr. 42 zu § 1 BetrAVG Zusatzversorgungskassen; Urt. v. 14.6.1994, AP Nr. 2 zu § 3 TVG Verbandsaustritt; Urt. v. 13.7.1995, AP Nr. 14 zu § 3 TVG Verbandsaustritt; Urt. v. 13.12.1995, DB 1996, 1284; *Däubler*, Tarifvertragsrecht, Rn. 1450; *Hromadka/Maschmann/Wallner*, Der Tarifwechsel, Rn. 248 f.; *Kempen*, in: Kempen/Zachert, § 4 TVG Rn. 533; *Löwisch/Rieble*, § 4 TVG Rn. 371 ff.; *Söllner/Waltermann*, Arbeitsrecht, § 16 II 4 b; *Wank*, in: Wiedemann, § 4 TVG Rn. 329.

[324] Im Ergebnis ebenso *Buchner*, NZA 1993, 289 (299); *Zachert*, NZA 1993, 299 (301).

[325] *Buchner*, NZA 1993, 289 (299).

[326] Im einzelnen *Hromadka/Maschmann/Wallner*, Der Tarifwechsel, Rn. 268 ff. m.w.N.

[327] Dafür *Buchner*, NZA 1993, 289 (299).

[328] Zu den Anforderungen im einzelnen *Hromadka/Maschmann/Wallner*, Der Tarifwechsel, Rn. 283 ff.

[329] Dazu *Hromadka/Maschmann/Wallner*, Der Tarifwechsel, Rn. 303 ff.

[330] *Bauer/Diller*, DB 1993, 1085 (1090); *Belling*, NZA 1996, 906 (911); *Oetker*, RdA 1995, 82 (95).

Tarifnormen deshalb in der Tat zu einer unzumutbaren Belastung werden. Die außerordentliche Kündigung kann aber nicht schon deshalb unzulässig sein, weil ihr Ergebnis – die Nachwirkung der gekündigten Tarifnormen – bereits mit einer ordentlichen Kündigung erreicht werden kann.

Sachgerecht ist es, die Nachwirkung der Tarifnormen bei der Frage, ob die bisherigen Tarifbedingungen noch zumutbar sind, außer acht zu lassen, und erst dann ins Spiel zu bringen, wenn es um die konkreten Rechtsfolgen des Wegfalls der Geschäftsgrundlage geht. Diese sind nach der hier vertretenen Ansicht flexibel zu bestimmen. Nichts spricht dagegen, die zeitliche Dauer der Nachwirkung an den Grad der Unzumutbarkeit der bisherigen Tarifbedingungen zu binden. § 4 Abs. 5 TVG ist selbst dispositives Recht, das von den Tarifvertragsparteien außer Kraft gesetzt oder abgeändert werden kann[331]. Was den Tarifvertragsparteien bei Abschluß des Tarifvertrags möglich ist, kann auch nicht zu einem späteren Zeitpunkt verboten sein. Rechtstechnisch könnte sich für beide Tarifvertragsparteien aus § 313 BGB die Verpflichtung ergeben, bei einem Wegfall der Geschäftsgrundlage einer flexiblen Regelung der Nachwirkung zuzustimmen. Die zeitliche Dauer der Nachwirkung könnte theoretisch von dem gesetzlich vorgesehenen „unendlich" bis „0" reichen. Bei einer Nachwirkung von „0" entfielen die Tarifnormen automatisch mit der außerordentlichen Kündigung, womit die Arbeitsverhältnisse der Tarifunterworfenen inhaltsleer würden und die Arbeitsvertragsparteien auf das staatliche Arbeitsrecht verwiesen wären. Bei einer Nachwirkung von „unendlich" würden die alten Tarifnormen auch dann noch weitergelten, wenn sich die Tarifvertragsparteien nicht auf neue Bedingungen einigen können. Erst mit dem Abschluß eines neuen Tarifvertrags würden die alten Tarifnormen abgelöst. Eine Nachwirkung zwischen „0" und „unendlich" würde bedeuten, daß die bisherigen Tarifnormen zwar nicht bereits mit der außerordentlichen Kündigung, aber auch nicht erst mit dem Abschluß eines neuen Tarifvertrags entfallen. Vielmehr würde für die Parteien ein Übergangszeitraum geschaffen, in dem unter der Fortgeltung der alten Tarifnormen Verhandlungen möglich sind. Dieser würde aber spätestens dann enden, wenn die nicht benachteiligte Tarifpartei die Verhandlungen verweigert oder abbricht. Einem hohen Grad der Unzumutbarkeit entspricht eine Nachwirkung in der „Nähe von 0", einem niedrigeren Grad eine Nachwirkung von „unendlich".

Für eine solche Lösung spricht, daß, wenn es um die Nachwirkung des Tarifvertrags im Falle einer außerordentlichen Kündigung geht, wiederum zwei Rechtsprinzipien kollidieren. Zugunsten der Nachwirkung streiten nämlich die Schutz- und Ordnungsfunktion des Tarifvertrags, dagegen das Prinzip der Unzumutbarkeit. Da im Kollisionsfall beide Prinzipien Geltung beanspruchen, sind die gegenläufigen Interessen optimal, d.h. nach beiden Seiten hin schonend auszugleichen. Deshalb kommen nur flexible, dem Grundsatz der Verhältnismäßigkeit gehorchende Lösungen in Betracht. Die von der herrschenden Meinung vorgenommene teleologische Reduktion des § 4 Abs. 5 TVG greift zu kurz, weil sie allein die Unzumutbarkeit

---

[331] BAG, Urt. v. 6.10.1965, 26.4.1966, AP Nrn. 1, 2 zu §§ 22, 23 BAT; *Däubler*, Tarifvertragsrecht, Rn. 1467; *Kempen*, in: Kempen/Zachert, § 4 TVG Rn. 548; *Wank*, in: Wiedemann, § 4 TVG Rn. 362 m.w.N.; a.A. *Herschel*, ZfA 1976, 97.

der bisherigen Tarifnormen vor Augen hat und darüber die Schutz- und Ordnungsfunktion des Tarifvertrags vergißt. Bei einer flexiblen Rechtsfolgenbestimmung ist zunächst von der „unendlichen" Dauer der Nachwirkung auszugehen, denn sie ist, soweit die Tarifvertragsparteien nichts anderes vereinbart haben, der Regelfall. Jede Verkürzung dieser üblichen Nachwirkung muß durch die Unzumutbarkeit der Fortgeltung der bisherigen Bedingungen gerechtfertigt sein. Die Verkürzung der Nachwirkung muß das geeignete, erforderliche und angemessene Mittel sein, um die Unzumutbarkeit zu beseitigen. Je weiter die Nachwirkung verkürzt werden soll, desto größer ist der Rechtfertigungsbedarf. Die Nachwirkung entfällt nur dann vollständig, wenn es der benachteiligten Tarifvertragspartei und ihren Mitgliedern in keiner Weise mehr zuzumuten ist, an den bisherigen Bedingungen festgehalten zu werden. Dazu sind sämtliche Umstände des Einzelfalles zu ermitteln und in eine umfassende Interessenabwägung einzustellen. Die Flexibilität der Rechtsfolgen wird allerdings mit gewissen Einbußen bei der Rechtssicherheit erkauft. Denn es steht nicht von vornherein fest, ob und wieweit es zur Nachwirkung kommt. Diese Einbußen sind jedoch vergleichsweise gering. Wie lange die bisherigen Tarifnormen nachwirken, hängt nicht zuletzt auch davon ab, ob der Tarifvertrag ganz oder teilweise gekündigt wird.

c) Teilkündigung

Nach mittlerweile herrschender Lehre soll eine außerordentliche Kündigung des gesamten Tarifvertrags dann unzulässig sein, wenn die Störung bereits mit einer Teilkündigung behoben werden kann[332]. Während die Teilkündigung im allgemeinen für unzulässig erachtet wird[333], weil sich der Kündigende damit einseitig seinen Pflichten entziehen kann, ohne auf seine vertraglichen Rechte zu verzichten, soll das bei einer außerordentlichen Kündigung anders sein. Wird außerordentlich gekündigt, gilt die Teilkündigung als das gegenüber einer Vollkündigung mildere und damit vorzugswürdige Mittel. Diese erstmals von *Löwisch/Rieble*[334] vertretene Ansicht geht davon aus, daß eine gerichtliche Anpassung des Tarifvertrags an die veränderten Umstände nicht in Betracht kommt. Sie sei ein verfassungswidriger Eingriff in die Tarifautonomie. Andererseits sei es unverhältnismäßig, die Geltung des gesamten Tarifvertrags in Frage zu stellen, wenn sich die veränderten Umstände nur

---

[332] *Belling*, NZA 1996, 906 (911); *Buchner*, NZA 1993, 289 (298); *ders.*, NZA 1996, 1177 (1182); *Däubler*, Tarifvertragsrecht, Rn. 1446a, 1448; *Löwisch/Rieble*, § 1 TVG Rn. 525 ff.; *Otto*, FS Kissel (1994), S. 787 (794); *Steffan*, JuS 1993, 1027 (1029); a.A. *Oetker*, RdA 1995, 82 (96): Vorrang der (außerordentlichen) Änderungskündigung vor der Beendigungskündigung; so wohl auch BAG, Urt. v. 18.12.1996, 18.6.1997, AP Nr. 1, 2 zu § 1 TVG Kündigung, wonach die Zulässigkeit einer außerordentlichen Beendigungskündigung des Tarifvertrags davon abhängen soll, daß dem Kündigungsgegner zuvor ein *zumutbares* Änderungsangebot unterbreitet worden ist. Im älteren Schrifttum wird nur die Zulässigkeit der ordentlichen, nicht aber der außerordentlichen Teilkündigung behandelt; sie wird allgemein abgelehnt, vgl. *Hueck/Nipperdey*, Arbeitsrecht II/1, S. 469 Fn. 30; *Nikisch*, Arbeitsrecht II, S. 350; *Wank*, in: Wiedemann, § 4 TVG Rn. 38.
[333] *Belling*, NZA 1996, 906 (911); *Stein*, in: Kempen/Zachert, § 4 TVG Rn. 142; *Hueck/Nipperdey*, Arbeitsrecht II/1, S. 469 Fn. 30; *Nikisch*, Arbeitsrecht II, S. 350; *Wank*, in: Wiedemann, § 4 TVG Rn. 24.
[334] *Löwisch/Rieble*, § 1 TVG Rn. 366; allerdings aufgegeben in der 2. Aufl. s. § 1 TVG Rn. 525.

auf eine bestimmte Regelung oder einen einzelnen Regelungskomplex auswirken. Die Störung sei selten so erheblich, daß sie die außerordentliche Kündigung des gesamten Tarifvertrags rechtfertigen könne. Die Bindung an den bisherigen Tarifvertrag sei der benachteiligten Tarifvertragspartei aber in keinem Falle zuzumuten. Den einzigen Ausweg aus diesem Dilemma sieht die herrschende Lehre in der ausnahmsweisen Zulassung einer Kündigung, die auf den von der Störung betroffenen Teil des Tarifvertrags beschränkt ist. Sie sei gegenüber der Lösung vom gesamten Vertrag die weniger eingreifende Maßnahme. Da die Unzumutbarkeit nur bestehende Vertragspflichten begrenze, aber nicht in toto aufhebe, sei die Vollkündigung weder gefordert noch gerechtfertigt[335].

Die herrschende Lehre beachtet zu wenig die weiteren Folgen, die durch eine Teilkündigung ausgelöst werden. Insbesondere bleibt das Problem der Nachwirkung unberücksichtigt. Bezieht man aber die Nachwirkung der gekündigten Klauseln in die Überlegungen ein, so ergibt sich ein differenzierteres Bild. Die Nachwirkung wird man schon deshalb nicht außer acht lassen können, weil die Rechtsprechung bei der ordentlichen Teilkündigung von Verweisungsklauseln zu Recht annimmt, daß diese nachwirken[336].

Nimmt man mit der hier vertretenen Ansicht entgegen der herrschenden Lehre an, daß die außerordentliche Kündigung des gesamten Tarifvertrags grundsätzlich zu seiner Nachwirkung führt, wenn und soweit dem nicht die Unzumutbarkeit der bisherigen Tarifnormen entgegensteht, so kann für die Kündigung nur eines Teiles des Tarifvertrags nichts anderes gelten. Denn auch dann kann es zu einer Kollision zwischen dem Rechtsprinzip der Unzumutbarkeit und der Schutz- und Ordnungsfunktion des Tarifvertrags kommen. Unter diesen Umständen sind das Unzumutbarkeitsprinzip und die Schutz- und Ordnungsfunktion des Tarifvertrags optimal, d.h. nach beiden Seiten hin schonend auszugleichen. Deshalb müssen bei einer Teilkündigung die gekündigten Klauseln grundsätzlich nachwirken, es sei denn, die Unzumutbarkeit steht dem entgegen. Setzt man die Nachwirkung der gekündigten Normen voraus, so unterscheiden sich außerordentliche Voll- und Teilkündigung nur mehr im Hinblick auf die Reichweite der relativen Friedenspflicht. Bei einer Teilkündigung wäre ein Arbeitskampf allein um die gekündigte Tarifmaterie zulässig; bei einer Vollkündigung stünde der gesamte Tarifvertrag zur Disposition. Problematischer ist, daß der von einer Teilkündigung betroffene Vertragspartner den Arbeitskampf nicht auf andere Sachmaterien ausdehnen kann, da ihm das Recht zur außerordentlichen Kündigung fehlt und für die nicht gekündigten Teile weiterhin Friedenspflicht besteht. Das kann zu Störungen des Verhandlungsgleichgewichtes führen. Schon deshalb muß die Teilkündigung nicht unbedingt das gegenüber einer Vollkündigung mildere Mittel sein.

Unterstellt man mit der herrschenden Lehre, daß die gekündigten Teile des Tarifvertrags sofort und ohne Nachwirkung entfallen, so ist die außerordentliche Teilkündigung von Klauseln, mit denen das Gesetz übernommen oder in denen darauf

---

[335] So auch *Belling*, NZA 1996, 906 (911); *Buchner*, NZA 1996, 1177 (1182) für die Teilkündigung von Verweisungsklauseln.
[336] BAG, Urt. v. 10.11.1982, AP Nr 8 zu § 1 TVG Form.

verwiesen wird, nicht stets erforderlich. In manchen Fällen hat sie keine Auswirkungen auf das tariflich geregelte Arbeitsverhältnis. Ohnehin brauchen nur die konstitutiven, nicht aber die deklaratorischen Tarifbedingungen gekündigt zu werden. Allein den ersteren kommt normative Wirkung zu. Werden deklaratorische Tarifbedingungen „gekündigt", liegt darin nicht mehr als die – jederzeit mögliche – Beseitigung eines rein tatsächlichen Hinweises. Die Teilkündigung von konstitutiven Tarifbestimmungen hat keine Auswirkungen auf das tariflich geregelte Arbeitsverhältnis, wenn dynamische Verweisungsklauseln gekündigt werden. Zwar entfällt mit der Kündigung die Klausel, und an ihre Stelle tritt, soweit arbeitsvertraglich nichts anderes vereinbart ist, das dispositive Gesetzesrecht in seiner jeweiligen Fassung. Die dynamische Verweisungsklausel hätte im Ergebnis jedoch dasselbe bewirkt, da bei einer Änderung des Gesetzes dessen neueste Fassung unmittelbar und sogleich in den Tarifvertrag einbezogen worden wäre. Anders ist es bei der Kündigung einer statischen Verweisungsklausel oder einer Übernahmenorm. Werden diese außerordentlich gekündigt, so werden sie durch die dispositiven gesetzlichen Vorschriften ersetzt, und zwar in ihrer neuen Fassung. Ohne die Kündigung würde das alte Recht weitergelten. Nur bei diesen Klauseln kann deshalb die Zulässigkeit einer außerordentlichen Teilkündigung relevant werden.

Das Problem der außerordentlichen Teilkündigung liegt darin, daß sich der Kündigende teilweise seinen tariflichen Pflichten entziehen kann, ohne auf seine vertraglichen Rechte verzichten zu müssen. Bei der ordentlichen Teilkündigung ist das, wie gesehen, nicht weiter tragisch. Die andere Vertragspartei kann die Teilkündigung grundsätzlich zu jeder Zeit mit einer eigenen Teil- oder Vollkündigung erwidern. Das spricht – entgegen der Annahme der herrschende Meinung – für die Zulässigkeit der Teilkündigung. Bei einer außerordentlichen Kündigung hat die andere Vertragspartei dieses Recht jedoch nicht. Die außerordentliche Kündigung ist nur dann statthaft, wenn es einen wichtigen Grund gibt, und über den verfügt beim Wegfall der Geschäftsgrundlage nur die durch die Änderung der Umstände benachteiligte Partei, nicht aber ihr Vertragspartner. Deshalb könnte es in der Tat dazu kommen, daß sich die benachteiligte Vertragspartei teilweise ihrer Pflichten entledigt, ihren Vertragspartner aber unverändert am Vertrage festhält. Der Vertragspartner müßte den nächsten ordentlichen Kündigungstermin oder den Ablauf der Frist abwarten. Unter normalen Bedingungen würde dies zu einer zeitweisen Störung des vertraglichen Gleichgewichts führen. Beim Wegfall der Geschäftsgrundlage ist durch die Veränderung der äußeren Umstände bereits eine Störung eingetreten, die es zu beseitigen gilt. Denn es ist für die benachteiligte Partei nicht mehr zumutbar, wegen des unangemessen verschobenen vertraglichen Gleichgewichts am Vertrage festgehalten zu werden. Nur weil und soweit die Teilkündigung der Beseitigung dieser Störung dient, ist sie zulässig. Sie ist aber nicht schon deshalb zulässig, weil sie das gegenüber einer außerordentlichen Kündigung oder einer Anpassung des Tarifvertrags an die veränderten Umstände mildere Mittel ist. Entscheidend ist, wie stets bei der Bestimmung der Rechtsfolgen des Wegfalls der Geschäftsgrundlage, der Grad der Unzumutbarkeit. Ist nur die Bindung an eine bestimmte Verweisungs- oder Übernahmeklausel unzumutbar, so kann auch nur diese gekündigt werden. Ohne Nachwirkung entfällt sie nur dann, wenn die Unzumutbarkeit dies verlangt.

Führt die Beseitigung der Klausel allerdings zu einer groben Verzerrung der Kompromißstruktur des Tarifvertrags, so kann die Bindung an den Tarifvertrag für die andere Partei unzumutbar werden. In diesem Fall kann diese den gesamten Tarifvertrag außerordentlich kündigen. Dasselbe gilt, wenn der nach einer Teilkündigung verbleibende Rest des Tarifvertrags keine sinnvoll durchführbare Regelung mehr ist[337].

4. Rechtsfolge: Anpassung

Rechtsfolge eines Wegfalls der Geschäftsgrundlage kann auch die Anpassung des Tarifvertrags an die veränderten Umstände sein (§ 313 Abs. 1 BGB). Dafür kommen zwei Formen in Betracht: die einvernehmliche, durch einen Änderungsvertrag zu bewirkende Anpassung, und die einseitige Anpassung aufgrund eines gerichtlich durchsetzbaren Anspruchs auf Zustimmung zum Abschluß eines Änderungsvertrags.

a) Einvernehmliche Anpassung

Die Tarifvertragsparteien können den Tarifvertrag jederzeit einvernehmlich ganz oder teilweise abändern[338]. Dieses Recht gehört zur tarifvertraglichen Vereinbarungsbefugnis, die essentialer Bestandteil der Tarifautonomie ist. Die Tarifvertragsparteien sind die Herren der Tarifverträge; sie bestimmen über das „Ob" und das „Wie" der Vereinbarungen und damit auch darüber, wie lange an bestehenden Regelungen festgehalten wird. Im Normalfall kann es dahinstehen, ob zu einer einvernehmlichen Änderung des Tarifvertrags zunächst die Normen des alten Tarifvertrags aufzuheben und dann in einem zweiten Schritt neue Tarifnormen zu vereinbaren sind oder ob es genügt, sofort neue Tarifnormen zu vereinbaren, die sich gegenüber den alten Tarifnormen aufgrund der Zeitkollisionsregel durchsetzen[339]. Probleme bestehen allenfalls, wenn die Normen des alten Tarifvertrags ganz (oder teilweise) gekündigt werden und die Vereinbarung neuer Normen noch auf sich warten läßt[340]. Diese Probleme sind lösbar und ändern nichts an dem Grund-

---

[337] Ähnlich *Belling*, NZA 1996, 906 (911).
[338] *Däubler*, Tarifvertragsrecht, Rn. 1441; *Deinert*, in: Däubler, § 4 TVG Rn. 100; *Löwisch/Rieble*, § 1 TVG Rn. 500; *Lohs*, Anpassungsklauseln in Tarifverträgen, S. 89; *Wank*, in: Wiedemann, § 4 TVG Rn. 261.
[339] *Löwisch/Rieble*, § 1 TVG Rn. 502; *Wank* in: Wiedemann, § 4 TVG Rn. 74.
[340] Die Kündigung des alten Tarifvertrags führt zur Nachwirkung gemäß § 4 Abs. 5 TVG. In dieser Nachwirkungsphase hält die Rechtsprechung die Tarifvertragsparteien für nicht mehr befugt, den Tarifvertrag zu ändern. Wäre eine solche Änderung möglich, so würden die geänderten Normen zwar unmittelbar für die Tarifgebundenen gelten, d.h. sie müßten von diesen nicht eigens vereinbart werden, aber nicht mehr als zwingendes Recht; damit könnten die Tarifgebundenen durch andere Abmachungen davon abweichen. Die Rechtsprechung verlangt den Abschluß eines neuen Tarifvertrags. Den alten Tarifvertrag im Zustand der Nachwirkung zu halten, ihn aber gleichzeitig zu ändern, könnten die Tarifvertragsparteien ebensowenig wie einen nur dispositiv geltenden Tarifvertrag zu vereinbaren. Dem hat die Lehre mit dem Argument widersprochen, daß es die Tarifautonomie den Tarifvertragsparteien ohne weiteres auch gestatte, bloß dispositive oder nachwirkende Tarifverträge zu vereinbaren, vgl. *Däubler*, Tarif-

satz, daß sich Tarifverträge auch schon vor dem Ablauf ihrer Laufzeit oder Kündigungsfrist oder vor dem Erreichen des nächsten Kündigungstermines einvernehmlich ändern lassen. Um den Tarifvertrag an ein geändertes Gesetz anzupassen, können die Tarifvertragsparteien zu jeder Zeit in Neuverhandlungen eintreten. Freilich besteht, solange der Tarifvertrag nicht (u.U. außerordentlich) gekündigt wird, Friedenspflicht[341]. Die Tarifvertragsparteien können daher ihren Anpassungswünschen nicht durch die Androhung von Arbeitskampfmaßnahmen Gewicht verleihen[342].

b) Pflicht zur Neuverhandlung?

aa) Prozeß- und ergebnisorientierte Neuverhandlungspflichten. Daß die Tarifvertragsparteien ihre Tarifverträge freiwillig an ein geändertes Gesetz anpassen können, steht außer Zweifel. Seit einiger Zeit wird aber im allgemeinen Vertragsrecht die Frage diskutiert, ob die Vertragsparteien bei einem Wegfall der Geschäftsgrundlage nicht sogar dazu verpflichtet sind, in Neuverhandlungen über den bisherigen Vertrag einzutreten, um diesen an die veränderten Umstände anzupassen, zu ergänzen oder abzuändern[343]. Das gilt um so mehr, als das Schuldrechtsmodernisierungsgesetz den Anspruch auf Vertragsanpassung als den vorrangigen Rechtsbehelf ansieht. Die tarifrechtliche Rechtsprechung[344] und Literatur[345] haben diese Ansätze aufgenommen. Über den genauen Inhalt derartiger Neuverhandlungspflichten besteht allerdings keine Einigkeit. Insbesondere ist unklar, ob diese Pflichten im wesentlichen prozeßorientiert[346] oder darüber hinaus auch ergebnisorientiert sind[347].

Prozeßorientierte Neuverhandlungspflichten beziehen sich nur auf das Verfahren der Neuverhandlung als solcher, nicht auf ihr Ergebnis. Sie geben Auskunft über das „Ob" und das „Wie" des Prozesses zur Anpassung des Vertrages an die veränderten

---

vertragsrecht, Rn. 1466; *Kempen*, in: Kempen/Zachert, § 4 TVG Rn. 549; *Herschel*, ZfA 1976, 89; *Wank*, in: Wiedemann, § 4 TVG Rn. 326, 365 ff. Folgte man dieser Lehre, gäbe es neben zwingenden (§ 4 Abs. 1 TVG) und dispositiven Tarifnormen (§ 4 Abs. 5 TVG) mit Friedenspflicht eine dritte Kategorie von Normen: dispositive Tarifnormen ohne Friedenspflicht. Eine solche Dreiteilung ist dem TVG aber unbekannt.

[341] Die gegenteilige Ansicht von *Belling*, NZA 1996, 906 (909), überzeugt nicht. Seines Erachtens sei beim Wegfall der Geschäftsgrundlage die Friedenspflicht für diejenigen Regelungskomplexe suspendiert, deren Geschäftsgrundlage weggefallen ist. *Belling* übersieht jedoch, daß der Wegfall der Geschäftsgrundlage nicht zur automatischen Beendigung des ganzen Tarifvertrags oder seiner Teile führt. Solange der Tarifvertrag nicht gekündigt wurde, bleibt es bei der Friedenspflicht.

[342] *Lohs*, Anpassungsklauseln in Tarifverträgen, S. 116 f.

[343] Dazu *Horn*, AcP 181 (1981), S. 255-288; *ders.*, ZHR 158 (1994), S. 425-430; im Anschluß daran auch *Eidenmüller*, ZIP 1995, 1063-1071; *Fecht*, Neuverhandlungspflichten, 1988; *Heinrichs*, in: Palandt-EB, § 313 BGB Rn. 29; *Nelle*, Neuverhandlungspflichten, 1994; eher skeptisch *Roth*, in: MünchKomm, § 242 BGB Rn. 552; *Teichmann*, in: Soergel, § 242 BGB Rn. 262.

[344] BAG, Urt. v. 18.12.1996, 18.6.1997, AP Nr. 1, 2 zu § 1 TVG Kündigung.

[345] *Belling*, NZA 1996, 906 (909); *Lohs*, Anpassungsklauseln in Tarifverträgen, S. 91 ff., 108 ff.; *Oetker*, RdA 1995, 82 (96); *Otto*, FS Kissel (1994), S. 787 (795).

[346] *Eidenmüller*, ZIP 1995, 1063 (1064); *Fecht*, Neuverhandlungspflichten, S. 7 f; anders aber auf S. 179: „Zustimunspflichten sind Bestandteil von Neuverhandlungspflichten"; *Nelle*, Neuverhandlungspflichten, S. 12, 17, 288 f.

[347] *Horn*, AcP 181 (1981), S. 255 (255, 277, 282); *Teichmann*, in: Soergel, § 242 BGB Rn. 262.

Umstände, gebieten aber weder eine Pflicht zur Einigung noch zur Zustimmung. Prozeßorientierte Neuverhandlungspflichten lassen sich weiter unterscheiden in Pflichten zur fairen Verhandlungsführung, zur Gestaltung des Verhandlungsprozesses und zur Abgabe von konkreten Anpassungsvorschlägen[348]. Als typische prozeßorientierte Neuverhandlungspflichten werden in der Literatur immer wieder genannt: die Pflicht, sich überhaupt auf Verhandlungen einzulassen; darüber hinaus die Pflicht, notwendige Informationen zu geben, eigene Angebote zu machen und die der Gegenseite ernsthaft zu prüfen; sich, wo dies erforderlich ist, hinsichtlich von Streitfragen eines Gutachters oder Schiedsrichters zu bedienen; die Verhandlungen nicht treuwidrig zu verzögern oder ohne Not einen fait accompli zu schaffen, um dadurch eine zunächst mögliche Vertragsanpassung später doch zu vereiteln, und allgemein das Verbot von Täuschung und Drohung[349]. Welche Pflichten die Parteien mit welcher Intensität treffen, ist noch weitgehend offen. Einigkeit besteht darin, daß es auf die Umstände des Einzelfalles ankommt[350]. Entscheidend ist, ob überhaupt Verhandlungsbedarf besteht und ob die Verhandlungen zumutbar sind[351]. Konkretisierungen sind letztlich nur kasuistisch zu gewinnen[352].

Einen Schritt weiter gehen diejenigen, die in Neuverhandlungspflichten nicht nur das Gebot sehen, sich auf ordnungsgemäße Verhandlungen zur Anpassung des Vertrages einzulassen, sondern die zusätzlich verlangen, daß am Ende des Neuverhandlungsprozesses die einvernehmliche Änderung oder Ergänzung des Vertrages steht[353]. Wer eine ergebnisorientierte Neuverhandlungspflicht annimmt, für den hat die durch den Wegfall der Geschäftsgrundlage benachteiligte Vertragspartei gegen ihren Vertragspartner einen Anspruch auf einvernehmliche Abänderung des Vertrages im Wege der Verhandlung[354]. Freilich führt die Annahme einer ergebnisorientierten Neuverhandlungspflicht zu einem Widerspruch. Eine Verpflichtung, sich freiwillig zu einigen, kann es nicht geben. Entweder einigen sich die Parteien, und zwar freiwillig; oder sie einigen sich nicht; dann wäre aber eine unter dem Zwang der Neuverhandlungspflicht zustandegekommene Einigung nicht mehr freiwillig. Dieser Widerspruch läßt sich nur auflösen, wenn das Merkmal der Freiwilligkeit preisgegeben wird. Weigert sich der Vertragspartner, die zur Abänderung des Vertrages erforderliche Willenserklärung abzugeben, so muß seine Erklärung durch ein gerichtliches Urteil nach § 894 ZPO ersetzt werden können. Formal

---

[348] *Eidenmüller*, ZIP 1995, 1063 (1068); *Lohs*, Anpassungsklauseln in Tarifverträgen, S. 106 ff.; *Nelle*, Neuverhandlungspflichten, S. 262 ff.

[349] *Eidenmüller*, ZIP 1995, 1063 (1068); *Horn*, AcP 181 (1981), S. 255 (284); ders., ZHR 158 (1994), S. 425 (429); *Nelle*, Neuverhandlungspflichten, S. 262 ff.

[350] *Eidenmüller*, ZIP 1995, 1063 (1069 ff.); *Horn*, AcP 181 (1981), S. 255 (283); *Nelle*, Neuverhandlungspflichten, S. 206.

[351] *Nelle*, Neuverhandlungspflichten, S. 206, 208 ff., 219 ff., 225 ff., 233 ff. Das Kriterium der Zumutmutbarkeit will Nelle durch weitere – unbestimmte – Kriterien erhellen. Er nennt hier Begriffe wie Fortsetzungsinteresse, Unbestimmtheit, Komplexität, Vertraulichkeit, weniger belastend für die Beziehung oder Umverteilungsrisiko. Derartige Formeln sind aber so vage, daß sich nur richtungsmäßige Aussagen treffen lassen.

[352] *Horn*, AcP 181 (1981), S. 255 (284).

[353] *Horn*, AcP 181 (1981), S. 255 (255, 277, 282, 285).

[354] *Horn*, AcP 181 (1981), S. 255.

liegt damit zwar noch eine einvernehmliche, weil vertragliche Abänderung des alten Vertrages vor. Material gesehen kommt diese Lösung jedoch einem Recht zur einseitigen Umgestaltung des Schuldverhältnisses gleich. Auf sie ist daher erst bei der Frage der einseitigen Anpassung einzugehen. Die folgenden Ausführungen betreffen, soweit nichts anderes gesagt wird, nur die prozeßorientierten Neuverhandlungspflichten.

bb) Begründung für Neuverhandlungspflichten. Die Verfechter vertraglicher Neuverhandlungspflichten verweisen zunächst auf die Vorteile, die – institutionalisierte – Neuverhandlungen gegenüber einer gerichtlichen Anpassung des Vertrages an die veränderten Umstände haben. Institutionalisierte, d.h. durch Rechtsnormen verbindlich gesteuerte Neuverhandlungen seien mit geringeren Kosten verbunden als spontane Neuverhandlungen oder gerichtliche Auseinandersetzungen[355]. Sie überwänden häufig Barrieren für das Zustandekommen von Einigungsprozessen, strukturierten den Neuverhandlungsprozeß und führten so zu einer „verfahrensmäßigen Stabilisierung des Vertrages"[356]. Ein Vertrag zu veränderten Bedingungen sei für beide Vertragsparteien ökonomisch häufig sinnvoller als die Beendigung ihrer Beziehung. „Nicht-Verhandeln" sei weniger vernünftig als „Neuverhandeln", da nur beim Verhandeln die gegenseitigen Standpunkte offengelegt und Informationen ausgetauscht würden. Ohnehin wüßten die Konfliktparteien über ihre eigenen Interessen viel besser Bescheid als unbeteiligte Dritte, wie etwa ein Gericht. Bei Verhandlungen allein unter den Vertragsparteien gelangten auch keine vertraulichen Informationen an die Öffentlichkeit. Schließlich werde eine im Verhandlungswege erzielte Einigung von den Beteiligten im allgemeinen eher akzeptiert als eine gerichtlich verfügte Anpassung[357].

In der Tat liegen die Vorteile, die freiwillige Neuverhandlungen gegenüber hoheitlich angeordneten Maßnahmen haben, auf der Hand. Darum steht zu vermuten, daß die Vertragsparteien oftmals versuchen, sich bei einem Wegfall der Geschäftsgrundlage gütlich zu einigen. Ob das auch dann noch gilt, wenn man die Parteien zu Neuverhandlungen zwingt, ist nicht gesagt[358]. Jedenfalls genügt es zur Begründung der Neuverhandlungspflicht als einer echten Rechtspflicht nicht, daß freiwillige Verhandlungen unter bestimmten Umständen einen interessengerechten und sinnvollen Anpassungsmechanismus ermöglichen, vor allem dann nicht, wenn es darum geht, Neuverhandlungspflichten zwangsweise durchzusetzen oder (schadensersatz-) rechtlich zu bewehren. Ohne eine normative Verankerung bliebe die Neuverhandlungspflicht ein rechtlich unverbindliches Nullum[359].

---

[355] *Fecht*, Neuverhandlungspflichten, S. 12; *Nelle*, Neuverhandlungspflichten, S. 148, 216; kritisch *Eidenmüller*, ZIP 1995, 1063 (1065 f.).
[356] *Nelle*, Neuverhandlungspflichten, S. 167.
[357] *Eidenmüller*, ZIP 1995, 1063 (1066); *Nelle*, Neuverhandlungspflichten, S. 133 ff., 166 f.
[358] *Horn*, in: Horn/von Bieberstein, Die Anpassung langfristiger Verträge, S. 71, nimmt an, daß die Neuverhandlung der Parteien die größte Problemlösungskapazität und damit die Chance habe, zu den besten Anpassungsergebnissen zu führen. Dieses beste Ergebnis werde aber oft nur erreicht, wenn den Parteien beim Scheitern ihrer Verhandlungen eine nur zweitbeste Lösung drohe.
[359] Ähnlich *Horn*, ZHR 158 (1994), S. 425 (428): „metajuristischer Vorschlag".

444 4. Teil: Änderung und Beseitigung von Übernahme- und Verweisungsklauseln

Keine Schwierigkeiten bestehen, wenn die Vertragsparteien eine Pflicht zur Neuverhandlung ausdrücklich vereinbart haben. Derartige „Revisionsklauseln" sind heute schon Bestandteil vieler Verträge[360]. Sie gehören zu einer vorsorgenden Vertragsgestaltung. Mit ihnen wird sichergestellt, daß der Vertrag auch dann noch durchführbar bleibt, wenn sich die äußeren Umstände erheblich zum Nachteil einer Partei geändert haben. Das ist bei Verträgen mit längerer Laufzeit und bei Dauerschuldverhältnissen besonders wichtig[361]. Zuweilen enthalten auch Tarifverträge entsprechende Klauseln[362]. Gegen deren Zulässigkeit bestehen grundsätzlich keine Bedenken[363]. Die Neuverhandlungspflicht ist dann eine echte Vertragspflicht. Um ihren genauen Inhalt zu bestimmen, ist auf den Vertrag zurückzugreifen[364].

Im Regelfall wird eine Neuverhandlungspflicht aber nicht ausdrücklich vereinbart. Dann kann sie sich konkludent aus der Gesamtheit der vertraglichen Abmachungen oder aus dem Gesetz[365] ergeben. Beide Möglichkeiten stoßen jedenfalls beim Tarifvertrag auf Grenzen. Der Annahme konkludent vereinbarter Neuverhandlungspflichten steht beim Tarifvertrag das Schriftformgebot des § 1 Abs. 2 TVG entgegen. Soweit der Tarifvertrag keinerlei Andeutungen dazu enthält, daß sich die Parteien bei einer wesentlichen Änderung der Umstände zu Neuverhandlungen verpflichtet haben, kann von einer solchen Verpflichtung nicht ausgegangen werden. Eine spezielle gesetzliche Regelung zur Neuverhandlung von Tarifverträgen fehlt. Mehr noch: Die Rechtsprechung[366] und ein Großteil der Lehre[367] gehen davon aus, daß es gerade keinen allgemeinen Verhandlungsanspruch der Tarifvertragsparteien gibt.

Eine Neuverhandlungspflicht kann deshalb nur aus § 313 Abs. 1 BGB entstehen[368]. Sie ist eine der möglichen Rechtsfolgen des Wegfalls der Geschäftsgrundlage[369]. Diese Rechtsfolgen bestimmen sich im wesentlichen nach dem Grundsatz

---

[360] Nachweise bei *Horn*, AcP 181 (1981), S. 255 (257 f.).
[361] *Horn*, AcP 181 (1981), S. 255 (257).
[362] Nachweise bei *Lohs*, Anpassungsklauseln in Tarifverträgen, S. 5 ff.
[363] So auch BAG, Urt. v. 14.2.1989, AP Nr. 52 zu Art. 9 GG; Urt. v. 18.12.1996, 18.6.1997, AP Nr. 1, 2 zu § 1 TVG Kündigung; zustimmend *Däubler*, Tarifvertragsrecht, Rn. 110; *Lohs*, Anpassungsklauseln in Tarifverträgen, S. 94 ff.
[364] *Horn*, AcP 181 (1981), S. 255 (282).
[365] Beispiele für gesetzliche Neuverhandlungspflichten sind § 2 MHRG, § 9a ErbbauzinsVO.
[366] BAG, Urt. v. 2.8.1963, AP Nr. 5 zu Art. 9 GG; BAG GS, Beschl. v. 21.4.1971, AP Nr. 43 zu Art. 9 GG Arbeitskampf; BAG, Urt. v. 26.10.1972, AP Nr. 44 zu Art. 9 GG Arbeitskampf; Beschl. v. 14.7.1981, 20.10.1982, 19.6.1984, AP Nrn. 1, 2, 3 zu § 1 TVG Verhandlungspflicht; Urt. v. 14.2.1989, AP Nr. 52 zu Art. 9 GG; vgl. auch EuGHMR, Urt. v. 6.2.1976, EuGRZ 1976, 78.
[367] *Brox/Rüthers*, Arbeitskampfrecht, Rn. 136; *Coester*, ZfA 1977, 87 (108); *Däubler*, Tarifvertragsrecht, Rn. 108; *Kempen*, in: Kempen/Zachert, § 2 TVG Rn. 32; *Löwisch/Rieble*, TVG, Grundl. Rn. 55; *Schaub*, Arbeitsrechts-Handbuch, § 188 Rn. 22; *Waas*, AuR 1991, 334 ff.; a.A. *Hottgenroth*, Die Verhandlungspflicht der Tarifvertragsparteien, S. 7 f.; *Hueck/Nipperdey*, Arbeitsrecht II/1, S. 443; *Seiter*, FS 125 Jahre Juristische Gesellschaft zu Berlin, S. 729 (738); *Wiedemann*, § 1 TVG Rn. 182 f; *Wiedemann/Thüsing*, RdA 1995, 280 (285); *Zöllner/Loritz*, Arbeitsrecht, § 33 III 4.
[368] So auch *Lohs*, Anpassungsklauseln in Tarifverträgen, S. 111, der die Neuverhandlungspflicht aber aus dem Grundsatz der vertrauensvollen Zusammenarbeit herleiten will; ähnlich *Hottgenroth*, Verhandlungspflicht, S. 217; *Oetker*, RdA 1995, 82 (95).
[369] So auch *Eidenmüller*, ZIP 1995, 1063 (1067 f.); *Fecht*, Neuverhandlungspflichten, S. 39; *Heinrichs*, in: Palandt-EB, § 313 BGB Rn. 29; *Horn*, AcP 181 (1981), S. 255 (276 ff.); *ders.*, in: Horn/v. Bieberstein

§ 12 *Kündigung von Tarifverträgen und Wegfall der Geschäftsgrundlage* 445

der Verhältnismäßigkeit³⁷⁰. Die Mittel müssen geeignet, erforderlich und angemessen sind. Existieren mehrere gleich geeignete Mittel, so ist dasjenige zu wählen, das beide Vertragsparteien möglichst gering belastet. Nur dieses Mittel ist das erforderliche. Die Suche nach einer einvernehmlichen Lösung ist gegenüber dem einseitigen Anpassungsverlangen oder der außerordentlichen Kündigung eine weniger belastende Maßnahme³⁷¹. Sie beruht auf dem gemeinsamen Willen beider Vertragspartner und bedarf nicht der autoritativen Anordnung durch einen Dritten. Nicht selten ist sie zudem das geeignetere Mittel, weil sie einen Informationsaustausch zwischen den Kontrahenten ermöglicht und damit Klarheit für weitere Schritte schafft. Ein Zwang zum Verhandeln kann den Prozeß der Einigung beschleunigen³⁷². Die Annahme einer Neuverhandlungspflicht steht auch nicht im Widerspruch zu Rechtsprechung und herrschender Lehre. Diese lehnen einen allgemeinen Verhandlungsanspruch vor allem deshalb ab, weil es jeder tariffähigen Partei selbst überlassen sein muß, wann und mit wem sie in Tarifverhandlungen eintreten will. Die Neuverhandlungspflicht ergibt sich jedoch aus einer bereits bestehenden Vertragsbeziehung zwischen den Tarifvertragsparteien. Sie dient nur dazu, eine unzumutbare Störung zu beseitigen, zwingt den Beteiligten aber weder einen neuen Vertrag noch einen neuen Vertragspartner auf. Bei Betriebsvereinbarungen hat die Rechtsprechung bereits 1994 eine auf den Wegfall der Geschäftsgrundlage gestützte Neuverhandlungspflicht bejaht³⁷³. Seit 1996 erkennt das BAG eine Neuverhandlungspflicht auch bei Tarifverträgen an³⁷⁴.

cc) Folgen einer Verletzung der Neuverhandlungspflicht. (α) Notwendigkeit von Sanktionen. Allgemein wird angenommen, daß die Verletzung der Verhandlungspflicht nicht ohne Sanktion bleiben darf³⁷⁵. Die Sanktion ist der „Prüfstein der ganzen Rechtsfigur"³⁷⁶. Nicht jeder Partei ist bewußt, daß es für sie vorteilhaft sein kann, einen unzumutbar gewordenen Vertrag neu auszuhandeln. Dann muß es äußere Anreize geben, um verhaltenssteuernd zu wirken. Ohne eine rechtliche Bewehrung stünden Neuverhandlungspflichten nur auf dem Papier, der Normenverstoß wäre – ökonomisch gesprochen – kostenlos³⁷⁷. Indes fällt eine genaue Ermittlung dieser Sanktionen um so schwerer, je unbestimmter der Inhalt der Neuverhandlungspflichten ist. Kann bereits der allgemeine Pflichtenkanon nur vage beschrieben wer-

---

(Hg.), Die Anpassung langfristiger Verträge, S. 9, 38 f.; *ders.*, ZHR 158 (1994), S. 425 (427 f.); *Nelle*, Neuverhandlungspflichten, S. 204; *Roth*, in: MünchKomm, § 242 BGB Rn. 552; *Teichmann*, in: Soergel, § 242 BGB Rn. 262.
³⁷⁰ S. 4. Teil IV 5 b dd.
³⁷¹ BAG, Urt. v. 18.12.1996, 18.6.1997, AP Nr. 1, 2 zu § 1 TVG Kündigung; *Eidenmüller*, ZIP 1995, 1063 (1068).
³⁷² *Horn*, in: Horn/von Bieberstein, Die Anpassung langfristiger Verträge. Vertragsklauseln und Schiedpraxis, S. 71.
³⁷³ BAG, Beschl. v. 10.8.1994, AP Nr. 86 zu § 112 BetrVG 1972.
³⁷⁴ BAG, Urt. v. 18.12.1996, 18.6.1997, AP Nr. 1, 2 zu § 1 TVG Kündigung.
³⁷⁵ *Eidenmüller*, ZIP 1995, 1063 (1070); *Heinrichs*, in: Palandt-EB, § 313 BGB Rn. 29; *Horn*, AcP 181 (1981), S. 255 (282 ff.); *ders.*, ZHR 158 (1994), S. 425 (428 f.); *Nelle*, Neuverhandlungspflichten, S. 306 ff.
³⁷⁶ *Horn*, ZHR 158 (1994), S. 425 (428).
³⁷⁷ *Eidenmüller*, ZIP 1995, 1063 (1070).

den³⁷⁸, so sind erst recht keine genauen Angaben zu den Sanktionen möglich, wenn gegen ihn verstoßen wird. Letztlich bestimmen sich die Sanktionen nach den gesamten Umständen des Einzelfalls³⁷⁹. Sie hängen von den jeweiligen Inhalten der Neuverhandlungspflicht ab, und diese stehen selbst nicht von vornherein fest, sondern ergeben sich aus einer Interessenabwägung im Einzelfall³⁸⁰. Eine Sanktion ist auf jeden Fall ausgeschlossen: die automatische Anpassung des Vertrages an die veränderten Umstände. Beziehen sich die Neuverhandlungspflichten nur auf das Prozedere zu einer einvernehmlichen Anpassung des Vertrages an die veränderten Umstände, nicht aber auf die Einigung selbst, so kann ein Verstoß gegen Neuverhandlungspflichten niemals dazu führen, daß die zur einvernehmlichen Anpassung erforderlichen Willenserklärungen der Parteien ersetzt oder fingiert werden³⁸¹.

Vier Sanktionen kommen in Betracht: ein einklagbarer Anspruch auf Erfüllung der Neuverhandlungspflicht³⁸², ein Anspruch auf Schadensersatz wegen Verletzung dieser Verpflichtung (§ 280 Abs. 1 BGB)³⁸³, eine Obliegenheit, vor dem Ergreifen anderer Maßnahmen eine Neuverhandlung durchzuführen, gleichsam als Beschränkung von „sekundären Anpassungskompetenzen"³⁸⁴, und die außerordentliche Kündigung.

(β) Erfüllung und Schadensersatzanspruch. Mit der zwangsweisen Durchsetzung eines Erfüllungsanspruchs ist der benachteiligten Partei nur wenig geholfen. Überdies ist zweifelhaft, ob der Anspruch auf Neuverhandlung überhaupt mit rechtlichen Zwangsmitteln durchgesetzt werden darf. Zwar kann eine Partei dazu verurteilt werden, eine unvertretbare, d.h. nur von ihr auszuführende Handlung vorzunehmen, und diese Verpflichtung kann durch Androhung von Zwangsmitteln auch vollstreckt werden (§ 888 ZPO)³⁸⁵. Die Rechtsprechung verlangt aber zu Recht einen hinreichend bestimmten Klageantrag. Daran fehlt es, wenn eine Partei nur dazu

---

[378] Zum Versuch, tarifvertragliche (Neu)verhandlungspflichten zu konkretisieren, *Hottgenroth*, Verhandlungspflicht der Tarifparteien, S. 212 ff.; *Lohs*, Anpassungsklauseln in Tarifverträgen, S. 108 ff.; *Wiedemann*, § 1 TVG Rn. 188 ff.

[379] *Eidenmüller*, ZIP 1995, 1063 (1071); *Lohs*, Anpassungsklauseln in Tarifverträgen, S. 118.

[380] So ausdrücklich für den Verhandlungsanspruch der Tarifvertragsparteien *Lohs*, Anpassungsklauseln in Tarifverträgen, S. 118; allgemein *Eidenmüller*, ZIP 1995, 1063 (1069 ff.); *Horn*, AcP 181 (1981), S. 255 (283); *Nelle*, Neuverhandlungspflichten, S. 206.

[381] A.A. *Horn*, AcP 181 (1981), S. 255 (285), der allerdings nicht von einem prozeß-, sondern von einem ergebnisbezogenen Begriff der Neuverhandlungspflicht ausgeht.

[382] Für den Verhandlungsanspruch der Tarifvertragsparteien *Seiter*, FS 125 Jahre Juristische Gesellschaft zu Berlin, S. 729 (749); *Hottgenroth*, Verhandlungspflicht der Tarifparteien, S. 217; *Wiedemann*, § 1 TVG Rn. 182 ff. m.w.N.; allgemein für den Neuverhandlungsanspruch *Eidenmüller*, ZIP 1995, 1063 (1070); *Horn*, AcP 181 (1981), S. 255 (281 ff.); a.A. *Lohs*, Anpassungsklauseln in Tarifverträgen, S. 119.

[383] Zur Rechtslage vor Inkrafttreten des Schuldrechtsmodernisierungsgesetzes, vgl. BGH, LM § 242 (Bb) BGB Nr. 57; ähnlich BGH, WM 1958, 700 f.; *Eidenmüller*, ZIP 1995, 1063 (1070); *Fecht*, Neuverhandlungspflichten, S. 137 ff.; *Horn*, AcP 181 (1981), S. 255 (281, 285 ff.); *Nelle*, Neuverhandlungspflichten, S. 303 ff.

[384] *Nelle*, Neuverhandlungspflichten, S. 90 f.

[385] *Belling*, NZA 1996, 906 (909) lehnt die gerichtliche Durchsetzung der Verhandlungspflicht gegenüber Tarifvertragsparteien ab. Diese müßten auf staatsfreiem Wege zu einer Anpassung gelangen. *Belling* hat aber nicht die rein prozeßorientierte Neuverhandlungspflicht im Blick, sondern die ergebnisorientierte.

§ 12 Kündigung von Tarifverträgen und Wegfall der Geschäftsgrundlage 447

verurteilt werden soll, überhaupt Neuverhandlungen aufzunehmen[386]. Erforderlich ist die genaue Angabe der im einzelnen vorzunehmenden Handlungen. Das wird in einem dynamischen Verhandlungsprozeß häufig nicht möglich oder zumindest nicht praktikabel sein. Bei jeder Verhandlungsrunde, in der sich eine Vertragspartei auch nur teilweise oder zeitweise unkooperativ verhält, müßte das Gericht erneut bemüht werden. Eine weitere Verzögerung würde sich zudem ergeben, wenn die andere Vertragspartei Rechtsmittel gegen eine gerichtliche Entscheidung einlegte, die sie zur Neuverhandlung verpflichtet. Das entscheidende Problem liegt jedoch in etwas anderem. Einer verhandlungsunwilligen Partei kann man nicht mit der zwangsweisen Durchsetzung von Verhandlungspflichten beikommen. Sie kann sich unter Androhung von Zwangsmitteln zwar äußerlich verhandlungsbereit zeigen, sich jedoch insgeheim vorbehalten, es zu keiner Einigung über die Anpassung des Vertrages an die geänderten Umstände kommen zu lassen[387].

Daran ändert die Androhung von Schadensersatzansprüchen wenig. Diese hängen stets von einem Verschulden der verhandlungsunwilligen Partei ab[388]. Einer Partei, die eine Neuverhandlungspflicht nicht beachtet, ist nur selten ein Verschulden nachzuweisen. Da es sich um die Verletzung einer vertraglichen Verpflichtung handelt, bewirkt § 280 Abs. 1 Satz 2 BGB zwar insoweit eine gewisse Beweiserleichterung, als der Nachweis der Verletzung einer objektiven Sorgfaltspflichtverletzung genügt[389]. Angesichts der Fülle von Verpflichtungen, die sich aus einem Neuverhandlungsanspruch ergeben, könnte sich die andere Partei aber darauf berufen, sie sei in einem entschuldbaren Rechtsirrtum. Denn ob die Voraussetzungen eines Wegfalls der Geschäftsgrundlage gegeben sind und welche Verpflichtungen sich daraus ergeben, ist mit Sicherheit erst erkennbar, wenn ein Urteil ergangen ist. Anders kann es liegen, wenn der Tarifvertrag selbst die Voraussetzungen für Neuverhandlungen und deren Inhalt bestimmt oder wenn der Wegfall der Geschäftsgrundlage für jedermann offensichtlich ist und dann ein konkretes und zugleich zumutbares Änderungsangebot unterbreitet wird, das die andere Partei nicht annehmen will[390].

(γ) Neuverhandlungslast als Obliegenheit. Ist es schwierig, wenn nicht gar ausgeschlossen, eine unwillige Tarifvertragspartei an den Verhandlungstisch zu zwingen, so darf das seinerseits nicht dazu führen, daß die durch den Wegfall der Geschäftsgrundlage benachteiligte Partei gar kein Änderungsangebot unterbreitet. Ohne ein entsprechendes Änderungsangebot bliebe nämlich der anderen Partei verborgen,

---

[386] BGH, WM 1973, 464 (465); zustimmend *Däubler*, Tarifvertragsrecht, Rn. 109; *Lohs*, Anpassungsklauseln in Tarifverträgen, S. 119.

[387] *Däubler*, Tarifvertragsrecht, Rn. 109: „Wer nicht wirklich verhandeln will, wird die Argumente seines Gegenspielers bestenfalls mit einem Achselzucken beantworten"; ähnlich *Lohs*, Anpassungsklauseln in Tarifverträgen, S. 119.

[388] BGH, LM § 242 (Bb) BGB Nr. 57; ähnlich BGH, WM 1958, 700 f.; *Horn*, AcP 181 (1981), S. 255 (287).

[389] *Heinrichs*, in: Palandt, § 282 BGB Rn. 35.

[390] Freilich kann der zu ersetzende Schaden nicht in der mangelnden Abgabe der Willenserklärung zur Vertragsanpassung bestehen, sondern lediglich in den durch eine Verschleppung der Verhandlung entstandenen zusätzlichen Kosten, vgl. *Horn*, AcP 181 (1981), S. 255 (287).

daß der Vertrag überhaupt geändert werden soll und wie sich die benachteiligte Partei die Anpassung des Vertrages an die geänderten Umstände vorstellt. Eines Änderungsangebotes bedarf es schon deshalb, weil die Rechtsfolgen des Wegfalls der Geschäftsgrundlage nicht von selbst eintreten, sondern von den Parteien geltend gemacht werden müssen.

Die Konsequenzen für die benachteiligte Partei sind hart. Allgemein wird angenommen, daß die durch die Veränderung der Umstände benachteiligte Vertragspartei einen Rechtsverlust erleidet, wenn sie es unterläßt, ein Änderungsangebot zu unterbreiten[391]. Wer selbst seinen Verhandlungspflichten nicht nachkommt, verspielt die Chance auf eine für ihn günstige gerichtliche Anpassung oder eine Auflösung des Vertrages[392]. Die Unterbreitung eines Änderungsangebotes ist jedoch keine Verpflichtung im engeren Sinne, die selbständig eingefordert werden könnte, sondern eine bloße Obliegenheit[393]. Sie hat eine „Vorschaltfunktion"[394] vor der Geltendmachung anderer Rechte.

Auf dieser Vorschaltfunktion beruht zugleich die rechtsdogmatische Begründung für diese Obliegenheit. Tritt durch einen Wegfall der Geschäftsgrundlage eine unzumutbare Vertragsstörung ein, so können Maßnahmen zur Beseitigung dieser Störung ergriffen werden. Zulässig sind jedoch nur solche Eingriffe, die nicht ihrerseits wieder für die nicht benachteiligte Vertragspartei unzumutbar sind. Das sind Maßnahmen, die geeignet, erforderlich und angemessen sind, die Störung zu beheben. Eine Maßnahme ist dann nicht erforderlich, wenn es ein anderes Mittel gibt, die Störung zu beseitigen, das weniger intensiv in die Vertragsbeziehung eingreift. Ein solches Mittel ist das Unterbreiten eines Änderungsangebotes. Dieses zielt auf die einvernehmliche Änderung des Vertrages. Die einvernehmliche Änderung des Vertrages greift weniger stark in die Vertragsbeziehung ein als eine außerordentliche Kündigung oder die einseitige Anpassung. Weder die außerordentliche Kündigung noch die einseitige Anpassung sind notwendig, wenn die andere Partei verhandlungsbereit ist. Um dies festzustellen, bedarf es eines Änderungsangebotes. Es wäre unverhältnismäßig, den Tarifvertrag einseitig zu beenden oder anzupassen, wenn es möglich ist, zu einer einvernehmlichen Lösung zu gelangen[395]. Im Individualarbeitsrecht ist anerkannt, daß vor einer (betriebsbedingten) Beendigungskündigung das Angebot zu unterbreiten ist, das Arbeitsverhältnis zu geänderten Bedingungen

---

[391] Für den Tarifvertrag BAG, Urt. v. 18.12.1996, 18.6.1997, AP Nr. 1, 2 zu § 1 TVG Kündigung; *Belling*, NZA 1996, 906 (909); *Däubler*, ZTR 1996, 241 (244); *Koch*, AuA 1993, 232 (233 ff.); *Oetker*, RdA 1995, 82 (96); allgemein *Eidenmüller*, ZIP 1995, 1063 (1070); *Horn*, AcP 181 (1981), S. 255 (283, 285); *Nelle*, Neuverhandlungspflichten, S. 306 ff.

[392] *Eidenmüller*, ZIP 1995, 1063 (1070).

[393] So ausdrücklich für den Tarifvertrag BAG, Urt. v. 18.12.1996, 18.6.1997, AP Nr. 1, 2 zu § 1 TVG Kündigung; allgemein *Eidenmüller*, ZIP 1995, 1063 (1070); *Horn*, ZHR 158 (1994), S. 425 (428); *Nelle*, Neuverhandlungspflichten, S. 306 ff.

[394] *Eidenmüller*, ZIP 1995, 1063 (1068); zur Vorschaltfunktion der Neuverhandlungspflicht vor der Auflösung einer Gesellschaft *Nelle*, Neuverhandlungspflichten, S. 64; *Horn*, ZHR 158 (1994), S. 425 (426).

[395] BAG, Urt. v. 18.12.1996, 18.6.1997, AP Nr. 1, 2 zu § 1 TVG Kündigung; im Ergebnis auch *Belling*, NZA 1996, 906 (909); *Däubler*, ZTR 1996, 241 (244); *Koch*, AuA 1993, 232 (233 ff.); *Oetker*, RdA 1995, 82 (96).

§ 12 *Kündigung von Tarifverträgen und Wegfall der Geschäftsgrundlage* 449

fortzusetzen[396]. Ähnliches gilt, wie *Nelle* in einer umfangreichen Analyse der gesellschaftsrechtlichen Rechtsprechung festgestellt hat, für die Auflösung der Gesellschaft. Dort hat die Neuverhandlungspflicht ebenfalls eine „Vorschaltfunktion"[397]. Für Tarifverträge gilt nach neuester Rechtsprechung nichts anderes[398]. Eines Änderungsangebotes bedarf es aber auch dann, wenn letztlich nicht die Auflösung des Vertrages erstrebt wird, sondern dieser gegen den Willen der anderen Partei den veränderten Umstände angepaßt werden soll. Denn die einvernehmliche Änderung ist das gegenüber der einseitigen Anpassung mildere Mittel. Maßnahmen zur Erreichung einer einvernehmlichen Änderung wie das Änderungsangebot sind daher vorrangig.

(δ) Neuverhandlungspflicht und außerordentliche Kündigung. Es fragt sich, ob die verhandlungswillige Tarifvertragspartei ein Recht zur außerordentlichen Kündigung hat, wenn ihr Vertragspartner gegen eine Pflicht zur Neuverhandlung verstößt. Von einem solchen Recht wird vielfach ausgegangen[399]; es wird jedoch nur in den seltensten Fällen bestehen. Zunächst ist der Verstoß gegen eine Verhandlungspflicht kein absoluter Kündigungsgrund, der eine außerordentliche Kündigung ohne jede weitere Interessenabwägung rechtfertigt. Dazu sind die aus einem Neuverhandlungsanspruch erwachsenden Verpflichtungen viel zu vage. Ebensowenig kann der Bestand des Tarifvertrags von einem nur geringfügigen Verstoß gegen eine Neuverhandlungspflicht abhängen. Als wichtiger Grund für eine außerordentliche Kündigung kommt überhaupt nur eine schwere und zudem vorwerfbare Verletzung einer besonders wichtigen und für jedermann offensichtlichen Verhandlungspflicht in Betracht. Selbst dann wird man das pflichtwidrige Verhalten zunächst abzumahnen haben, bevor der Tarifvertrag gekündigt werden kann. Eine Abmahnung wäre nur bei Zwecklosigkeit entbehrlich. Das ist der Fall, wenn die andere Partei ernsthaft und endgültig jede Verhandlung über den laufenden Tarifvertrag ablehnt. Möglicherweise hat die andere Partei einen guten Grund, Neuverhandlungen zu verweigern, etwa weil die tatbestandlichen Voraussetzungen des Wegfalls der Geschäftsgrundlage gar nicht gegeben sind oder weil das Änderungsangebot unzumutbar ist oder weil die benachteiligte Partei ihren Vertragspartner durch ein bestimmtes Verhalten schon im Vorfeld so desavouiert hat, daß es treuwidrig wäre, nun von ihm eine ernsthafte Neuverhandlung zu verlangen. Schließlich muß sich die änderungswillige Partei fragen lassen, ob sie überhaupt an einer Anpassung des Vertrages interessiert war, wenn sie den Tarifvertrag sofort nach Ablehnung ihres Änderungsangebotes außerordentlich kündigt.

---

[396] BAG, Urt. v. 27.9.1984, AP Nr. 8 zu § 2 KSchG 1969.
[397] *Nelle*, Neuverhandlungspflichten, S. 64.
[398] BAG, Urt. v. 18.12.1996, 18.6.1997, AP Nr. 1, 2 zu § 1 TVG Kündigung.
[399] Für das Tarifrecht *Belling*, NZA 1996, 906 (909); *Oetker*, RdA 1995, 82 (95); ähnlich für tarifvertraglich zugesagte Verhandlungen BAG, Urt. v. 14.11.1958, AP Nr. 4 zu § 1 TVG Friedenspflicht; allgemein *Eidenmüller*, ZIP 1995, 1063 (1071); *Horn*, AcP 181 (1981), S. 255 (286); *Nelle*, Neuverhandlungspflichten, S. 316.

450   4. Teil: Änderung und Beseitigung von Übernahme- und Verweisungsklauseln

c) Einseitige Anpassung

aa) Ausgangslage. Rechtsprechung[400] und Lehre[401] lehnen es ab, einen Tarifvertrag, dessen Geschäftsgrundlage entfallen ist, an die veränderten Umstände anzupassen, wenn nicht beide Tarifvertragsparteien damit einverstanden sind. Stimme der Vertragspartner einer einvernehmlichen Änderung nicht zu, so bleibe der durch die Änderung der äußeren Umstände benachteiligten Tarifvertragspartei nichts weiter übrig, als den Tarifvertrag ganz oder – so die Konzession der herrschenden Lehre[402] – teilweise zu kündigen. Eine einseitige Anpassung komme schon deshalb nicht in Betracht, weil die Tarifvertragsparteien sich damit ihrer Normsetzungsmacht begäben. Denn dann müßten die umstrittenen Tarifbedingungen letztlich durch das Gericht festgelegt werden, und das widerspreche – so die herrschende Meinung[403] – der staatsfreien Regelung von Arbeits- und Wirtschaftsbedingungen. Zur Widerlegung dieser Ansicht ist bereits oben das Nötige gesagt worden[404].

Ebensowenig ist allerdings der Rechtsprechung zum allgemeinen Vertragsrecht zu folgen. Diese geht bei den Rechtsfolgen eines Wegfalls der Geschäftsgrundlage bekanntlich von einem Stufenverhältnis von Anpassung und Kündigung aus[405]. Die Kündigung sei ultima ratio und komme erst dann in Betracht, wenn eine Anpassung des Vertrages an die veränderten Umstände nicht möglich oder nicht zumutbar sei. Wie bereits ausgeführt wurde, kann es beim Dauerschuldverhältnis, für das kein Kündigungsschutz besteht, dieses Stufenverhältnis gerade nicht geben[406]. Vielmehr kann die – gerichtlich durchgesetzte – Anpassung des Vertrages die Parteien weitaus härter treffen als die Lösung vom Vertrag. Das gilt insbesondere für die Tarifvertragsparteien. Darauf ist jetzt näher einzugehen.

bb) Formen. Die einseitige Anpassung eines Vertrages an veränderte Umstände ist der Privatrechtsordnung nicht unbekannt. Sie tritt im wesentlichen in zwei

---

[400] BAG, Urt. v. 1.2.1982, AP Nr. 5 zu § 33 BAT; Urt. v. 10.2.1988, AP Nr. 12 zu § 33 BAT; Urt. v. 9.11.1988, AP Nr. 5 zu § 1 TVG Tarifverträge: Süßwarenindustrie.

[401] *Bauer/Diller*, DB 1993, 1085 (1090); *Belling*, NZA 1996, 906 (910); *Buchner*, NZA 1993, 289 (298); *ders.*, NZA 1996, 1177 (1182); *Henssler*, ZfA 1994, S. 487 (493 f.); *Stein*, in: Kempen/Zachert, § 4 TVG Rn. 148; *Löwisch/Rieble*, § 1 TVG Rn. 523; *Lohs*, Anpassungsklauseln in Tarifverträgen, S. 80; *Oetker*, RdA 1995, 82 (97 f.); *Steffan*, JuS 1993, 1027 (1028); *Wank*, in: Wiedemann, § 4 TVG Rn. 73; *Zachert*, RdA 1996, 140 (149); anders nur *Otto*, FS Kissel (1994), S. 787 (792 ff.).

[402] *Belling*, NZA 1996, 906 (911); *Buchner*, NZA 1993, 289 (298); *ders.*, NZA 1996, 1177 (1182); *Däubler*, Tarifvertragsrecht, Rn. 1448; *Löwisch/Rieble*, § 1 TVG Rn. 523; *Steffan*, JuS 1993, 1027 (1029); *Wank*, in: Wiedemann, § 4 TVG Rn. 38, 73.

[403] BAG, Urt. v. 1.2.1982, AP Nr. 5 zu § 33 BAT; Urt. v. 10.2.1988, AP Nr. 12 zu § 33 BAT; Urt. v. 9.11.1988, AP Nr. 5 zu § 1 TVG Tarifverträge: Süßwarenindustrie; *Bauer/Diller*, DB 1993, 1085 (1090); *Belling*, NZA 1996, 906 (910); *Buchner*, NZA 1993, 289 (298); *ders.*, NZA 1996, 1177 (1182); *Henssler*, ZfA 1994, S. 487 (493 f.); *Stein*, in: Kempen/Zachert, § 4 TVG Rn. 148; *Löwisch/Rieble*, § 1 TVG Rn. 523; *Lohs*, Anpassungsklauseln in Tarifverträgen, S. 80; *Oetker*, RdA 1995, 82 (97 f.); *Steffan*, JuS 1993, 1027 (1028); *Wank*, in: Wiedemann, § 4 TVG Rn. 72; *Zachert*, RdA 1996, 140 (149).

[404] S. 4. Teil, IV 2 b cc.

[405] BGH, NJW 1951, 836 (837); NJW 1953, 1585 (1586); NJW 1958, 785; JZ 1966, 409; WM 1966, 490 (493); BGHZ 47, 48 (51 f.); 83, 254; 89, 226 (238 f.); NJW 1984, 1746 (1747); NJW 1993, 259 (262).

[406] S. 4. Teil, IV 5 a.

Spielarten auf: in Form von Gestaltungsrechten und in Form von Ansprüchen auf Zustimmung zum Abschluß eines Änderungsvertrages. Beiden Varianten ist gemeinsam, daß die Änderung des Vertrages nicht von selbst eintritt[407], sondern vom Willen des Änderungsberechtigten abhängt, wobei es auf die tatsächliche Zustimmung des anderen Vertragsteils letztlich nicht ankommt. Die Position des Inhabers eines Gestaltungsrechts ist aber stärker. Er vermag die Anpassung des Vertrages bereits durch einen einseitigen Willensakt zu bewirken. Das Einverständnis seines Vertragspartners benötigt er nicht[408]. Genausowenig ist die Anrufung eines Gerichts erforderlich. Der Vertragspartner hat jedoch zuweilen die Möglichkeit, die Rechtmäßigkeit und die Billigkeit einer (Um-) Gestaltung des Vertrages im nachhinein gerichtlich überprüfen zu lassen. Beispiel für ein solches Gestaltungsrecht ist die einseitige Leistungsbestimmung nach § 315 BGB[409]. Beim Anspruch auf Zustimmung zum Abschluß eines Änderungsvertrages ist der Anspruchsinhaber zwar formal auf die Zustimmung der anderen Partei angewiesen. Weigert sich diese, kann ihre Zustimmung aber durch ein gerichtliches Urteil nach § 894 ZPO ersetzt werden. Beispiel hierfür ist das in § 558 ff. BGB geregelte Zustimmungsverlangen des Vermieters von Wohnraum zur Erhöhung des Mietzinses. Mitunter wird die Verbindung von Zustimmungsverlangen und Klage aus dem angepaßten Vertrag zugelassen. Das führt dann zu einem verdeckten richterlichen Gestaltungsurteil. Beispiel hierfür ist die Wandelung, so wie sie im BGB vor Inkrafttreten des Schuldrechtsmodernisierungsgesetzes geregelt war. Hier kann nach herrschender Meinung nicht nur auf Zustimmung zum Abschluß eines Wandelungsvertrages nach § 465 BGB a.F. geklagt werden, sondern unmittelbar auf Erfüllung des gewandelten Vertrages[410].

Beim Wegfall der Geschäftsgrundlage hat sich der Gesetzgeber für die letzte Variante entschieden. Nach § 313 Abs. 1 BGB besteht ein Anspruch auf Vertragsanpassung, aber kein einseitiges Gestaltungsrecht. Ein einseitiges Gestaltungsrecht würde dem Berechtigten gegenüber der anderen Partei eine gewisse Überlegenheit verschaffen, da es auf deren Zustimmung in keinem Falle ankommt. Diese ist aber nicht erforderlich, wenn es nur darum geht, Störungen eines unzumutbar gewordenen Vertrages zu beheben[411]. Im Hinblick auf die Drittwirkung ist beim Tarifvertrag allein ein das Zustimmungsverlangen, d.h. ein Anspruch auf gemeinsame Neugestaltung, sachgerecht[412]. Allerdings geht der Gesetzgeber davon aus, daß – wie bei der früheren Wandelung – die Klage auf Vertragsanpassung mit der auf Erfüllung des angepaßten Vertrages kombiniert werden darf[413]. Die Unterschiede zwischen An-

---

[407] Dazu wäre erforderlich, die konkrete Änderung des Tarifvertrags schon bei seinem Abschluß zu formulieren, sie aber unter eine genauer definierte aufschiebende Bedingung zu stellen.
[408] *Adomeit*, Gestaltungsrechte, S. 35 ff.; *Bötticher*, Gestaltungsrecht und Unterwerfung, S. 7 ff.
[409] Dabei ist allerdings zu beachten, daß § 315 BGB nicht selbst das Recht zur einseitigen Leistungsbestimmung verleiht, sondern dieses voraussetzt und an seine Ausübung gewisse Anforderungen stellt („im Zweifel nach billigem Ermessen"), wenn und soweit die Parteien nichts anderes vereinbart haben, vgl. dazu umfassend *Hromadka*, DB 1995, 1609 (1610 ff.).
[410] Statt aller *Larenz*, Schuldrecht II/1, § 41 II.
[411] *Haarmann*, Geschäftsgrundlage, S. 109.
[412] *Otto*, FS Kissel (1994), S. 787 (792 f.).
[413] Begr. RegE, BT-Drucks. 14/6040, S. 176.

passungsanspruch und Gestaltungsrecht sind freilich geringer als angenommen. Das gilt vor allem dann, wenn man die einseitige Anpassung des Tarifvertrag an eine zuvor durchgeführte Neuverhandlung bindet. Da die einseitige Anpassung letztlich immer zu einem Eingriff in das Vertragsgefüge führt, bedarf sie in jedem Fall einer ausreichenden Legitimation.

cc) Legitimation. Das Recht, einseitig die Anpassung des Tarifvertrags an veränderte Umstände zu verlangen, kann sich zunächst aus einer ausdrücklichen Vereinbarung im Tarifvertrag ergeben. Das gilt sowohl für die einseitige Anpassung durch Gestaltungsrecht als auch für das Zustimmungsverlangen. Nichts spricht gegen die Vereinbarung von Gestaltungsrechten als einseitigen Leistungsbestimmungsrechten im Tarifvertrag[414]. Der Tarifvertrag ist ein schuldrechtlicher Vertrag, und auf diesen finden die §§ 315 ff. BGB Anwendung. Daran ändert auch sein Charakter als Normenvertrag nichts. Der normative Teil des Tarifvertrags enthält Regelungen, die auch Bestandteil eines Arbeitsvertrages sein könnten. Nur tritt die Wirkung der normativen Regelungen nicht bei den Tarifvertragsparteien selbst, sondern bei Dritten ein. Wenn und soweit es für die Dritten, d.h. für die Tarifunterworfenen, erkennbar ist, daß und unter welchen Umständen die Tarifnormen von einer Tarifvertragspartei allein geändert werden können, bestehen gegen einseitige Bestimmungsrechte keine Bedenken[415]. Dasselbe gilt für Klauseln, die den Anspruch auf Zustimmung zum Abschluß eines Änderungsvertrages begründen. Allerdings sind solche Klauseln in der Rechtspraxis bislang die Ausnahme geblieben. Eine Tarifvertragspartei hat in der Regel keine Veranlassung, sich durch die Vereinbarung von Rechten zur einseitigen Vertragsanpassung der Herrschaft der anderen Partei zu unterwerfen. Deshalb ist bei der Annahme von stillschweigend vereinbarten einseitigen Anpassungsrechten Zurückhaltung geboten. Dies gilt um so mehr, als das Schriftformerfordernis des § 1 Abs. 2 TVG entsprechende Anhaltspunkte verlangt, die nur selten vorliegen werden. Im Gegensatz zum Individualarbeitsvertrag, der durch das ohne jede ausdrückliche Vereinbarung bestehende Weisungsrecht des Arbeitgebers gekennzeichnet ist[416], enthält der Tarifvertrag gerade keine immanenten einseitigen Leistungsbestimmungsrechte.

Wo der Tarifvertrag zu einseitigen Änderungsbefugnissen schweigt, kann sich ein Recht auf einseitige Anpassung nur aus § 313 Abs. 1 BGB ergeben, d.h. als eine der möglichen Rechtsfolgen eines Wegfalls der Geschäftsgrundlage. Ebenso wie die bereits geprüften Instrumente – außerordentliche Teil- bzw. Vollkündigung mit und ohne Nachwirkung, einvernehmliche Vertragsänderung, Neuverhandlungspflicht – dient das Recht zur einseitigen Anpassung keinem anderen Zweck als der Beseitigung einer unzumutbaren Störung.

---

[414] BAG, Urt. v. 28.9.1977, AP Nr. 4 zu § 1 TVG Tarifverträge: Rundfunk; Urt. v. 28.11.1984, AP Nr. 2 zu § 4 TVG Bestimmungsrecht; *Däubler,* Tarifvertragsrecht, Rn. 186a ff.; *Lohs,* Anpassungsklauseln in Tarifverträgen, S. 120.

[415] BAG, Urt. v. 28.9.1977, AP Nr. 4 zu § 1 TVG Tarifverträge: Rundfunk; Urt. v. 28.11.1984, AP Nr. 2 zu § 4 TVG Bestimmungsrecht.

[416] Dazu zuletzt *Hromadka,* DB 1995, S. 2601-2606.

Entgegen der herrschenden Ansicht[417] besteht dieses Recht nicht nur bei gewöhnlichen Schuldverhältnissen, sondern auch beim Tarifvertrag. Die herrschende Meinung versagt der durch den Wegfall der Geschäftsgrundlage benachteiligten Tarifvertragspartei die Anpassung, weil diese notfalls gerichtlich durchgesetzt werden müßte. Sie meint, damit würden die Arbeitsbedingungen nicht mehr aufgrund tarifautonomer Vereinbarung gelten, sondern kraft eines gerichtlichen Urteils. Der Staat mische sich auf diese Weise unzulässig in den tarifautonomen Regelungsprozeß ein. Nicht zuletzt besteht die Angst vor einer versteckten staatlichen Zwangsschlichtung. Das mag einer der Gründe sein, weshalb die Tarifvertragsparteien bislang nicht aktiv von ihrem Recht zur einseitigen Anpassung des Tarifvertrags Gebrauch gemacht haben.

Derartige Bedenken sind jedoch unbegründet. Einer gerichtlichen Durchsetzung bedarf es schon dann nicht, wenn man davon ausgeht, daß bei einem Wegfall der Geschäftsgrundlage ein einseitiges Gestaltungsrecht zur Anpassung des Vertrages besteht. Anders liegt es zwar, wenn man der benachteiligten Partei nur einen Anspruch auf Zustimmung zur Anpassung des Tarifvertrags einräumt, weil dann das Gericht in der Tat die Zustimmung des Vertragspartners ersetzen kann und muß. Aber selbst das führt zu keiner unzulässigen Antastung der Tarifautonomie. Worum es allein geht, ist die Beseitigung einer unzumutbaren Störung. Das Gericht greift ausnahmsweise, d.h. ausschließlich wenn die tatbestandlichen Voraussetzungen eines Wegfalls der Geschäftsgrundlage gegeben sind, in den Vertrag ein. Das geschieht nicht, weil das Gericht von sich aus und nach eigenem Gutdünken sämtliche Arbeitsbedingungen für die Zukunft festlegen will. Vielmehr muß es diejenige Erklärung ersetzen, die von einer billig und gerecht denkenden Tarifvertragspartei abgegeben worden wäre. Eine billig und gerecht denkende Partei hätte sich den berechtigten Interessen ihres Vertragspartners nicht verschlossen. Sie hätte einer Vertragsanpassung zugestimmt. Eine Partei, die sich einer erforderlichen und nicht unzumutbaren Vertragsanpassung widersetzt, verhält sich treuwidrig. Denn sie nutzt die formale Vertragsbindung für sich aus, indem sie ihren Vertragspartner an einem Vertrag festhält, an dem niemand aus Gründen der materialen Vertragsgerechtigkeit festgehalten werden darf. Die unberechtigte Ausnutzung einer formalen Vertragsposition darf die Rechtsordnung nicht hinnehmen, schon gar nicht beim Tarifvertrag. Denn dort kann es nicht nur zur Ausnutzung der durch die Vertragsstörung benachteiligten Tarifvertragspartei, sondern aller ihrer Mitglieder kommen.

Das Gericht unternimmt dann nichts weiter, als die gestörte Vertragsgerechtigkeit wiederherzustellen. Dabei greift es nicht von sich aus in den Vertrag ein, sondern wird ausschließlich auf Antrag der benachteiligten Partei aktiv. Überdies kann das Gericht dem unterbreiteten Änderungsangebot nur entweder stattgeben oder die Klage auf Vertragsanpassung abweisen. Eine dritte Möglichkeit besteht nicht. Bei

---

[417] BAG, Urt. v. 1.2.1982, Urt. v. 10.2.1988, AP Nrn. 5, 12 zu § 33 BAT; Urt. v. 9.11.1988, AP Nr. 5 zu § 1 TVG Tarifverträge: Süßwarenindustrie; *Bauer/Diller*, DB 1993, 1085 (1090); *Belling*, NZA 1996, 906 (910); *Buchner*, NZA 1993, 289 (298); *ders.*, NZA 1996, 1177 (1182); *Henssler*, ZfA 1994, S. 487 (493 f.); *Stein*, in: Kempen/Zachert, § 4 TVG Rn. 148; *Löwisch/Rieble*, § 1 TVG Rn. 522 ff.; *Lohs*, Anpassungsklauseln in Tarifverträgen, S. 80; *Oetker*, RdA 1995, 82 (97 f.); *Steffan*, JuS 1993, 1027 (1028); *Wank*, in: Wiedemann, § 4 TVG Rn. 62 ff; *Zachert*, RdA 1996, 140 (149).

der Prüfung, ob das von der benachteiligten Partei unterbreitete Angebot auf Vertragsanpassung berechtigt ist, hat das Gericht allein festzustellen, ob die gewünschte Anpassung die geeignete, verhältnismäßige und angemessene Maßnahme ist, um die Vertragsstörung zu beseitigen. Weitere Untersuchungen sind weder erforderlich noch zulässig. Insbesondere ist es dem Gericht verwehrt zu prüfen, ob es geeignetere Angebote zur Vertragsanpassung gibt.

Insgesamt gesehen spricht also prinzipiell nichts dagegen, bei einer erheblichen, unvorhersehbaren Änderung der Verhältnisse den Tarifvertrag einseitig anzupassen. Freilich ist die einseitige Anpassung eine für die Vertragsparteien äußerst belastende Maßnahme. Deshalb ist bei ihr der Grundsatz der Verhältnismäßigkeit, nach dem sich, wie gesehen, sämtliche Rechtsfolgen bei einem Wegfall der Geschäftsgrundlage bestimmen, besonders sorgfältig zu prüfen.

dd) Verhältnismäßigkeit. Die besondere Belastung einer einseitigen Anpassung liegt nicht allein darin, daß der Tarifvertrag auch ohne oder gegen den Willen des Vertragspartners geändert werden kann. Die einseitige Vertragsanpassung macht überhaupt nur Sinn, wenn sich der Vertragspartner nach der Anpassung nicht sogleich wieder vom geänderten Vertrag lösen kann. Eine sofortige Lösung vom Tarifvertrag kommt ohnehin nicht in Betracht, wenn Kündigungsfristen oder -termine bestehen. Es ist aber auch an das Recht zur außerordentlichen Kündigung zu denken, die stets möglich ist, wenn ein wichtiger Grund besteht. Freilich wird ein solcher Grund nur bestehen, wenn es für den Vertragspartner nun seinerseits unzumutbar ist, an dem geänderten Tarifvertrag festgehalten zu werden. Das ist aber nur dann der Fall, wenn die durch den Wegfall der Geschäftsgrundlage benachteiligte Partei eine Vertragsanpassung verlangt, die unverhältnismäßig ist. Verlangt sie eine Anpassung, die nicht geeignet, nicht erforderlich oder nicht angemessen ist, um die Störung zu beseitigen und würde ein Gericht dem stattgeben, wäre der Vertragspartner berechtigt, den geänderten Tarifvertrag aus diesem Grunde außerordentlich zu kündigen.

Bei der Frage, welches Anpassungsverlangen das geeignetste ist, um die Störung zu beseitigen, hat die zur Anpassung berechtigte Partei einen Beurteilungsspielraum, der vom Gericht nur auf offensichtliche Fehlsamkeit hin überprüft werden kann. Die gerichtliche Kontrolle der Erforderlichkeit des Anpassungsverlangens geht weiter. Hier wird man darauf bestehen müssen, daß die benachteiligte Tarifvertragspartei mit ihrem Vertragspartner zunächst in Neuverhandlungen über den Tarifvertrag eintritt[418]. Unterläßt sie es, den Vertragspartner vorab über ihre Änderungswünsche zu unterrichten oder ihn diesbezüglich anzuhören, ist die einseitige Anpassung nicht erforderlich. Vor der einseitigen Änderung muß der Versuch stehen, einen Änderungsvertrag zu schließen. Für die benachteiligte Partei ist die Neuverhandlung also eine Obliegenheit. Davon kann nur abgesehen werden, wenn sich der Vertragspartner ernsthaft und endgültig weigert, eine Neuverhandlung zu führen.

---

[418] So bereits die neuere Rechtsprechung, vgl. BAG, Urt. v. 18.12.1996, 18.6.1997, AP Nr. 1, 2 zu § 1 TVG Kündigung.

§ 12 Kündigung von Tarifverträgen und Wegfall der Geschäftsgrundlage

Sind die Verhandlungen zur einvernehmlichen Änderung des Tarifvertrags gescheitert, so kommt eine einseitige Anpassung an die veränderten Umstände nur in Betracht, wenn diese angemessen ist. Das erfordert eine Abwägung der Interessen im Einzelfall. Das Ziel der Anpassung des Tarifvertrags an eine geänderte Gesetzeslage wird vielfach schon dadurch erreicht, daß die bestehenden tarifvertraglichen Übernahme- oder Verweisungsklauseln durch eine Teilkündigung beseitigt werden. Fallen diese Klauseln weg, ohne nachzuwirken, gilt das Gesetz in seiner neuen Fassung. Einer Anpassung bedarf es dann überhaupt nicht. Eine Anpassung ist jedoch erforderlich, wo das Gesetz in seiner neuen Fassung Spielräume zur Gestaltung schafft, die es zuvor nicht gegeben hat, und die nun ausgenutzt werden sollen.

Ergebnisse der Arbeit

1. Die Tarifautonomie als Befugnis zu einer staatsunabhängigen, selbstbestimmten Regelung von Arbeitsbedingungen mit normativer Wirkung für Tarifgebundene wird – obwohl nicht eigens im Grundgesetz erwähnt – als Herzstück der Koalitionsfreiheit von Art. 9 Abs. 3 GG mit gewährleistet. Der Zugriff des Gesetzgebers auf die Tarifautonomie hat sich deshalb vor dem Forum der Grundrechte zu legitimieren. Die Rechtfertigung bereitet von je her Schwierigkeiten. Speziell für die Tarifautonomie entworfene topoi wie Kernbereich, Normsetzungsprärogative und Ausgestaltung haben den verfassungsrechtlichen Diskurs geprägt und zu einer bereichsspezifischen Sonderdogmatik geführt, die sich in Teilen weit von den allgemeinen Grundrechtslehren entfernt hat. Zwar besinnt sich die neuere Rechtsprechung des BVerfG wieder stärker auf die grundrechtlichen Elementarkategorien zurück; jedoch fügt sich die Tarifautonomie nicht ohne weiteres in das hergebrachte Eingriffs-Schranken-Schema. Sie ist Repräsentant der Gruppe der rechtsgeprägten Grundrechte, deren Bauplan sie mit so unterschiedlichen Gewährleistungen wie denen der Ehe, des Eigentums und der Vereinigungsfreiheit teilt, und der erst erkennbar wird, wenn man von den bereichsspezifischen Besonderheiten der einzelnen Gewährleistungen absieht.

2. Gemeinsames Kennzeichen der genannten Grundrechte ist ihre Ausgestaltungsbedürftigkeit. Was unter Grundrechtsausgestaltung zu verstehen ist und welche Rolle sie im Kanon der allgemeinen Grundrechtslehren spielt, ist ebenso ungeklärt wie die Frage, ob sich eine allgemeine Ausgestaltungsdogmatik schaffen läßt. Die h.M. bejaht zwar übereinstimmend die Notwendigkeit einer strikten Trennung von Grundrechtsausgestaltung und Grundrechtseingriff, über die Abgrenzungskriterien wird aber gestritten. Nicht selten billigt man dem Gesetzgeber bei der Ausgestaltung einen weit größeren Beurteilungsspielraum als beim Eingriff zu, und manchem dient die Unterscheidung gar als Lackmusprobe für die Anwendung des Grundsatzes der Verhältnismäßigkeit. Gesetzgeberische Beliebigkeit kann es bei der Grundrechtsausgestaltung jedoch nicht geben. Sie würde zu empfindlichen Schutzlücken führen und angesichts der Vagheit der bisher diskutierten Abgrenzungskriterien Umgehungsversuchen Tür und Tor öffnen. Daß derartige Bedenken nicht aus der Luft gegriffen sind, zeigt eine in der Verfassungspraxis festzustellende Tendenz, immer dann auf das Institut der Ausgestaltung zurückzugreifen, wenn sich der Zugriff des Gesetzgebers auf eine grundrechtlich geschützte Freiheit mangels eines dem jeweiligen Grundrecht ausdrücklich beigegebenen Beschränkungsvorbehalts nicht oder nicht als Eingriff legitimieren läßt. Daß eine solche Praxis bei denen Beifall finden muß, die für die gesetzliche Ausgestaltung jedes Grundrechts plädieren, liegt auf der Hand. Zu Recht gilt jedoch das hinter diesen Ansichten hervorschimmernde institutionelle Grundrechtsverständnis heute als überwunden. Freiheit läßt sich nicht als staatlich ausgestalteter und begrenzter Ordnungszustand begreifen.

Folglich können auch die Grundrechte nicht nur nach Maßgabe des einfachen Gesetzesrechts gelten. Es führt daher kein Weg daran vorbei, zunächst der Abgrenzung zwischen Ausgestaltung und Eingriff nachzuspüren, um dann in einem zweiten Schritt das speziell für die Ausgestaltung geltende Anforderungsprofil zu formulieren.

3. Den Begriff der Grundrechtsausgestaltung als striktes Gegenstück zur Figur des Grundrechtseingriffs zu etablieren, so wie es die h.M. versucht, begegnet Bedenken. Die Merkmale der Grundrechtsausgestaltung durch bloße Negation der für den Eingriff charakteristischen Kennzeichen zu gewinnen, erscheint zwar auf den ersten Blick vielversprechend; jedoch sind die den Grundrechtseingriff bestimmenden Kriterien alles andere als trennscharf. Selbst die für den als „klassisch" apostrophierten Begriffskern geltenden Eigenschaften haben sich mittlerweile aufgelöst. Hinzukommt, daß das herrschende Konzept zur Abgrenzung von der unbewiesenen Grundannahme einer strengen Exklusivität von Ausgestaltung und Eingriff ausgeht. Nicht auszuschließen ist aber die Existenz einer dritten, zwischen Ausgestaltung und Eingriff anzusiedelnden Kategorie. Davon unbeirrt, knüpft die h.M. zum Zwecke der Abgrenzung an einem erweiterten Begriff des Eingriffs an, für den die Umstellung von „Form" auf „Effekt" prägend ist. Eingriffsqualität haben danach nicht mehr nur Rechtsakte, die – von der Form her – imperativ, final und unmittelbar auf grundrechtlich geschützte Freiheit zugreifen, sondern sämtliche dem Staat zurechenbaren Maßnahmen, die im Ergebnis die freie Selbstbestimmung beeinträchtigen. Damit kommt die h.M. zu der prägnanten Kurzformel: Der Eingriff wirkt freiheitsbeschränkend, die Ausgestaltung nicht. Die genauere Analyse hat indes ergeben, daß sich beide Kategorien nicht auf diese Weise abgrenzen lassen, da von Grundrechtsausgestaltungen auch den Bürger belastende Wirkungen ausgehen können, die einer verfassungsrechtlichen Legitimation bedürfen.

4. Kaum weiter führt eine neuere Lehre, die die Ausgestaltung als Vehikel zur Verwirklichung objektiv-rechtlicher Grundrechtsgehalte begreift. Abgesehen davon, daß der Begriff des objektiven Grundrechtsgehalts wegen seiner Vagheit nur wenig treffsichere Abgrenzungen erlaubt, läuft diese Ansicht Gefahr, die den Grundrechten beigegebenen Beschränkungsvorbehalte zu überspielen. Denselben Vorwurf trifft der Versuch, die Grundrechtsausgestaltung als geeignetes Mittel zur Auflösung von Grundrechtskollisionen zu empfehlen. Zwar ist es vornehmste Aufgabe des Gesetzgebers sicherzustellen, daß die Freiheit des einen mit der des andere „verträglich" bleibt. Daraus erwächst aber kein Freibrief zur Grundrechtsbeschränkung, den eine verfassungsrechtlich ungebundene Befugnis zur Grundrechtsausgestaltung ohne weiteres liefern würde. Die Grundrechtsausgestaltung ist kein Grundrechtseingriff in anderem Gewande, sondern ein Vorgang, der denknotwendig an die Figur des rechtsgeprägten Grundrechts gekoppelt ist. Ausgestaltung und Eingriff lassen sich deshalb nicht hinsichtlich ihrer Wirkungen unterscheiden, sondern nur nach dem mit ihnen verfolgten Ziel. Der Eingriff beschränkt unmittelbar und zielgerichtet grundrechtliche Schutzgüter, die Ausgestaltung konstituiert sie, allerdings nur bei den rechtsgeprägten Grundrechten.

5. Rechtsgeprägte Grundrechte unterscheiden sich von sachgeprägten durch das von ihnen gewährleistete Schutzgut, das seine Entstehung und Geltung im wesentlichen dem einfachen Gesetzesrecht verdankt. Rechtsgeprägten Grundrechten liegt keine „natürlich-vorstaatliche" Freiheit zugrunde, sondern eine „normativ konstituierte". Eine Freiheit ist normativ konstituiert, wenn erst die Rechtsordnung die Möglichkeit schafft, zwischen verschiedenen Handlungsalternativen frei zu wählen. Die Rechtsordnung fügt dann dem Handlungsspielraum, der dem Einzelnen kraft seiner Natur als Mensch zukommt, eine Fähigkeit hinzu, die er ohne die Rechtsordnung nicht hätte. Die Rechtsordnung erweitert das „natürliche Können" im Sinne einer vom Staate unabhängigen psychisch-physischen Handlungsmöglichkeit des Einzelnen um die Dimension eines „rechtlichen Könnens". Sie schafft eine „rechtliche Gestaltungsmacht Privater". Anders als natürliche Freiheiten, die „selbstexekutiv" sind, benötigen normativ konstituierte Freiheiten gesetzliche „Ausübungshilfen", um zu realen Freiheitspositionen zu erstarken. Das liegt vor allem daran, daß es sich bei den relevanten Gewährleistungen um „Kontaktfreiheiten" handelt, die der Grundrechtsträger nicht allein, sondern nur zusammen mit mindestens einem weiteren Grundrechtsträger realisieren kann, und die zu ihrer effektiven Wahrnehmung auf staatlicherseits zur Verfügung zu stellende Mittel und Verfahren angewiesen sind.

6. Auch normativ konstituierte Freiheiten bedürfen eines verfassungsrechtlichen Schutzes. Die Möglichkeit, Individual- und Kollektivverträge zu schließen, eine Vereinigung zu gründen, eine Ehe einzugehen, Eigentum zu erwerben, zu veräußern oder zu belasten, ist für den Einzelnen nicht weniger wichtig, als an einer Versammlung teilzunehmen, eine Meinung zu äußern oder einen Beruf auszuüben. Die in der Literatur diskutierten Schutzmodelle werden den Belangen normativ konstituierter Freiheit nicht gerecht. Eine Garantie nach Maßgabe des einfachen Rechts scheidet von vornherein aus, weil damit rechtlich konstituierte Freiheiten völlig dem Belieben des Gesetzgebers anheimfielen. Ebenso wenig kommen Status-quo-Garantien in Betracht. Sie führen zu einer unerwünschten Versteinerung freiheitskonstituierender Normbestände und ebnen den aus Gründen des Stufenbaus der Rechtsordnung unverzichtbaren Unterschied zwischen Verfassungsrecht und einfachem Recht ein. Selbst die von der h.M. favorisierten Einrichtungsgarantien genügen den Belangen eines angemessenen verfassungsrechtlichen Schutzes nicht. Die Vorstellung, einen zugriffsresistenten Kern von einem regelungsoffenen Rand zu scheiden, besticht in der Theorie, lässt sich aber in der Praxis nicht realisieren, da es an trennscharfen Abgrenzungskriterien fehlt. Überdies bieten Einrichtungsgarantien nur einen Minimalschutz. Sie bewahren normativ konstituierte Freiheiten zwar vor völliger Abschaffung oder Denaturierung, nicht jedoch vor einzelnen Zugriffen, selbst wenn diese für sich allein schwerwiegend und weitreichend sind oder sich im nachhinein als Ketten sukzessiver Beschränkung erweisen.

7. Normativ konstituierte Freiheiten lassen sich nur durch Grundrechte angemessen schützen. Ein spezifisch grundrechtlicher Normbestandsschutz vermeidet die Schwächen der Lehre von den Einrichtungsgarantien, da er nicht nur den Kernbereich, sondern den gesamten zu einem einschlägigen Grundrecht gehörigen einfachrechtlichen Normenkomplex dem grundrechtlichen Schutzbereich unterstellt. Damit entfallen Zonen unterschiedlicher Schutzdichte, was dazu führt, daß der abwehrrechtliche Schutzmechanismus nicht erst beim Angriff auf die wesentlichen, typusprägenden Merkmale des Grundrechts anspringt, sondern bereits zuvor. Auf dieser Linie bewegt sich auch die neuere Rechtsprechung des BVerfG, insbesondere nach Aufgabe der jahrelang zu Art. 9 Abs. 3 GG vertretenen Kernbereichslehre. Die von der Literatur gegen dieses weite Verständnis eines grundrechtlichen Normbestandsschutzes vorgebrachten Vorbehalte haben sich als haltlos erwiesen. Weder gibt es die häufig behauptete, allen normativ konstituierten Freiheiten eigentümliche Schwäche, auf die Rechtsordnung und damit auf den „guten Willen" des Gesetzgebers" angewiesen zu sein, noch führt umgekehrt ihre spezifisch grundrechtliche Anerkennung zu einer Versteinerung der Rechtsordnung. Dem einfachen Gesetzesrecht im Bereich normativ konstituierter Freiheit wird nicht selbst Verfassungsrang zuteil, sondern nur verfassungsrechtlicher Schutz. Dieser besteht prima facie allerdings umfassend und gewährleistet sowohl den Bestand konkreter Rechtspositionen, die auf der Grundlage des einfachen Rechts bereits realisiert wurden, als auch die Möglichkeit, eine noch nicht in Anspruch genommene normativ konstituierte Freiheit jederzeit später realisieren zu können. Normativ konstituierte Freiheiten bedürfen darüber hinaus noch des Schutzes vor einem „Nicht-Ingangsetzen" und einem „Nicht-Inganghalten". Dieser Schutz läßt sich nicht abwehrrechtlich bewerkstelligen, sondern bedarf einer weiteren, bislang nicht genügend erschlossenen grundrechtlichen Garantieschicht, die nur bei rechtsgeprägten Grundrechten anzutreffen ist. Deren Ausgestaltungsbedürftigkeit kann weder über die Figur der Einrichtungsgarantie noch über die neuere Lehre von den grundrechtlichen Schutzpflichten erklärt werden, sondern folgt bei rechtsgeprägten Grundrechten aus der Natur der Sache: ihrem drohenden „Leerlauf" bei Verlust oder Wirkungslosigkeit des einfachrechtlich konstituierten Schutzgutes.

8. Grundrechtsausgestaltung meint im Kontext rechtsgeprägter Grundrechte – und nur dort ist der legitime Anwendungsbereich der Figur – die Schaffung des grundrechtlich gewährleisteten Schutzguts. Ausgestaltet wird aber nicht das Grundrecht selbst – das wäre eine von Verfassung wegen undenkbare authentische Interpretation des Grundgesetzes durch das einfache Gesetzesrecht – sondern konstituiert wird das Schutzgut. Die Ausgestaltung erfolgt dementsprechend nicht auf der Ebene des Verfassungs-, sondern des einfachen Rechts. Sie ist keine Grundrechtsausgestaltung im technischen Sinne, sondern eine grundrechtsgeleitete Entfaltung des einfachen Rechts. Sie ist „aliud" zum Eingriff, aber nicht sein exaktes Gegenstück. Da von ihr belastende Wirkungen ausgehen können, bedarf sie einer verfassungsrechtlichen Legitimation.

9. Gesetzgeberische Beliebigkeit ist bei der Grundrechtsausgestaltung allgemein verpönt. Ausgestaltungsgesetze sind deshalb nicht per se verfassungsmäßig. Verfassungswidrige Ausgestaltungsgesetze lassen sich nicht als Grundrechtseingriff rechtfertigen. Vielmehr existiert ein spezifisches Anforderungsprofil. Der grundrechts-

ausgestaltende Gesetzgeber unterliegt wegen Art. 1 Abs. 3 GG der Bindung an die Grundrechte. Die sich daraus ergebende Bindungsparadoxie – der Gesetzgeber wird von Verfassungs wegen an die Grundrechte gebunden, deren Substrat er selbst erst schafft – läßt sich auflösen, indem das grundrechtliche Schutzgut idealtypisch beschrieben wird. Die den Idealtypus prägenden Merkmale sind nicht identisch mit der bereits bestehenden einfachrechtlichen Ausgestaltung eines rechtsgeprägten Grundrechts, sondern ergeben sich aus dem Normzweck, dem das jeweiligen Grundrecht zu dienen bestimmt ist. Wird der Normzweck durch eine andere einfachrechtliche Ausgestaltung ebenso gut realisiert wie durch eine bereits vorhandene, ist ein Austausch der Ausgestaltungsformen möglich. Austauschbar ist, was funktionell äquivalent ist. Daraus läßt sich die an den Gesetzgeber adressierte Verpflichtung ableiten, stets für ausreichende Funktionsfähigkeit der einfachrechtlichen Ausgestaltung zu sorgen. An den Grundsatz der Verhältnismäßigkeit ist der Gesetzgeber dagegen nicht gebunden. Dieses Prinzip paßt nur für den Eingriff; seine Wertungen lassen sich nicht auf die Ausgestaltung übertragen.

10. Von der erstmaligen Ausgestaltung eines rechtsgeprägten Grundrechts ist der Zugriff des Gesetzgebers auf einen bereits bestehenden Normenkomplex abzugrenzen, der – je nach dem damit verfolgten Ziel – Eingriff oder Umgestaltung sein kann. Beim Eingriff erfolgt die Aufopferung oder Beschränkung des einfachrechtlich ausgestalteten Grundrechts zugunsten eines anderen Rechtsguts, bei der Umgestaltung primär um seiner selbst willen. Für den Eingriff gelten die allgemeinen Grundsätze; der Gesetzgeber benötigt einen Zugriffstitel, und er ist strikt an den Grundsatz der Verhältnismäßigkeit sowie an Art. 19 Abs. 2 GG gebunden. Unzulässig wäre die Beseitigung der idealtypischen Merkmale der verfassungsrechtlichen Garantie, die zum Leerlauf des Grundrechts führen würde. Stellt der Zugriff eine Umgestaltung im engeren Sinne dar, darf die Änderung des Normensubstrates nicht zugunsten eines anderen Rechtsgutes erfolgen, sondern nur dazu dienen, die Funktionsfähigkeit einer vorgefundenen Ausgestaltung zu verbessern. Den Gesetzgeber trifft dabei die volle Beweislast dafür, daß die neue Ausgestaltung mit der alten funktionell gleichwertig und damit gegen diese austauschbar ist. Im Zuge einer Umgestaltung darf der Gesetzgeber auch die Rechte und Pflichten von Grundrechtsträgern, die sich zugleich auf dasselbe Grundrecht berufen, ändern und damit die Grundrechtskollision anders als bisher auflösen. Aufgrund der Bindung an den allgemeinen Gleichheitssatz hat der Gesetzgeber die aus Art. 3 Abs. 1 GG abgeleiteten Grundsätze der Systemgerechtigkeit und Folgerichtigkeit gesetzlicher Regelungen zu beachten. Neue Vorschriften müssen sich in das bestehende Normensystem einfügen. Abweichungen vom eingeschlagenen Kurs sind möglich, erzeugen jedoch weitere Rechtfertigungslasten, die um so größer sind, je stärker vom bisherigen Modell abgewichen wird. Der Systemwechsel ist möglich, wenn ihm auch durch Art. 19 Abs. 2 GG und Art. 79 Abs. 3 GG äußerste Schranken gesetzt werden.

11. Vor diesem verfassungsrechtlichen Hintergrund ist der Zugriff des Gesetzgebers auf die Tarifautonomie zu beurteilen. Gründe für einen Zugriff gibt es genug, hat man doch gerade in den weitgehend unflexiblen Tarifverträgen eine der Hauptursachen für die derzeitige Misere am Arbeitsmarkt ausfindig gemacht. Der Zugriff auf die Tarifautonomie kann die Tarifwirkung oder die Tarifmacht betreffen. Die zwingende Geltung von Tarifverträgen läßt sich beseitigen oder lockern, Regelungsbereiche oder Regelungsgegenstände, die den Tarifvertragsparteien bislang für eine tarifautonome Normsetzung offenstanden, können gesperrt werden. Denkbar ist schließlich, auch bestehende Tarifverträge ganz oder teilweise außer Kraft zu setzen. Der Schlüssel für die verfassungsrechtliche Zulässigkeit all dieser Maßnahmen ist nach dem hier vertretenen Konzept die Frage, ob der Zugriff im wesentlichen deshalb erfolgt, um ein anderes Verfassungsrechtsgut auf Kosten der Tarifautonomie zu befördern, oder ob die Tarifautonomie um ihrer selbst willen gestärkt und in ihrer Funktionsfähigkeit verbessert werden soll. Im ersten Fall muß sich der Zugriff als Eingriff, im zweiten als Umgestaltung rechtfertigen.

12. Die vollständige Aufhebung der zwingenden Tarifwirkung ist weder als Umgestaltung noch als Eingriff verfassungsrechtlich legitimierbar. Dieses Ergebnis entspricht der älteren und der – insoweit strengeren – neueren Rechtsprechung des BVerfG. Dasselbe gilt für Maßnahmen mit vergleichbaren Effekten: die gänzliche Aufhebung des § 77 Abs. 3 BetrVG, die vollkommene Beseitigung der verlängerten Tarifgebundenheit nach einem Verbandsaustritt sowie eine Neuinterpretation des Günstigkeitsprinzips zu Lasten der zwingenden Tarifwirkung. Unterschiede zwischen Rechtsprechung und hier vertretener Auffassung bestehen aber in der Beurteilung einer bloßen Auflockerung der zwingenden Tarifwirkung, etwa durch gesetzliche Öffnungsklauseln, durch Beschränkung der verlängerten Tarifgebundenheit oder der Nachwirkung von Tarifverträgen oder durch Sonderregeln für bestimmte (notleidende) Betriebe oder Personengruppen, die bestimmte tarifvertragliche Regelungen zu verdrängen vermögen. Während die bisherige Rechtsprechung solche Maßnahmen ohne weiteres als zulässig ansah, da sie die Tarifautonomie als nur in einem Kernbereich geschützt ansah, ist nach hier vertretenem Konzept zwischen Umgestaltungen und Eingriffen zu differenzieren. Dient der Zugriff der Umgestaltung, hat der Gesetzgeber empirisch nachzuweisen, daß die getroffene Maßnahme die Funktionsfähigkeit der Tarifautonomie insgesamt stärkt. Das dürfte kaum gelingen. Erst recht nicht dürfte ein Eingriff in die Tarifautonomie zu legitimieren sein. Zwar kann sich der Gesetzgeber zur Beschränkung von Art. 9 Abs. 3 GG auf kollidierendes Verfassungsrecht berufen, etwa auf die Bekämpfung der Arbeitslosigkeit als ein Rechtsgut mit Verfassungsrang; doch überwiegen die Zweifel an der Erforderlichkeit gesetzlicher Maßnahmen, solange den Tarifvertragsparteien selbst die Möglichkeit offensteht, Abweichungen vom Tarifvertrag im Einzelfall zuzulassen. Die Vergangenheit lehrt, dass die beschäftigungsfördernden Wirkungen von Öffnungsklauseln eher gering einzuschätzen sind.

13. Der Zugriff auf die Tarifmacht erfolgt vor allem durch den Erlaß zwingenden Gesetzesrechts, mit dem bestimmte Regelungsgegenstände einer tariflichen Normierung entzogen werden. Bis 1996 erachtete das BVerfG solche Zugriffe für grundsätzlich unbedenklich. Die Tarifvertragsparteien genießen – so das BVerfG früher – kein Normsetzungsmonopol, sondern eine Normsetzungsprärogative; der

Staat sei weiterhin für die Ordnung des Arbeitslebens zuständig und könne Bereiche tarifautonomer Normsetzung jederzeit wieder zurückholen; die Tarifmacht werde allenfalls in einem Kernbereich geschützt, allerdings nur im Sinne einer auf das Unverzichtbare beschränkten Minimalgarantie. Die ältere Literatur versuchte das Problem durch die Definition gegenständlich abgegrenzter Zuständigkeitsbereiche für staatliche und tarifautonome Regelungen zu lösen, scheiterte jedoch: zum einen, weil sich keine trennscharfe Kriterien finden ließen, zum anderen, weil die Tarifmacht nicht auf einen Kernbereich zugriffsfester Materien beschränkt werden konnte. Der Versuch, staatliche und tarifliche Regelungskompetenzen nach dem Subsidiaritätsprinzip zuzuordnen, mißlang zwar ebenfalls, führte jedoch zu der richtigen Erkenntnis, daß die Zuordnung weder starr noch absolut, sondern nur relativ, d.h. im Einzelfall und unter Berücksichtigung des Grundsatzes der Verhältnismäßigkeit erfolgen kann. Auf diese Linie schwenkte das BVerfG im Jahre 1996 ein, als es die Kernbereichslehre verabschiedete und an die Stelle eines 2-Zonen-Konzeptes aus eingriffsresistentem Kernbereich und gesetzesoffenem Randbereich das Modell eines auf sämtliche tarifautonomen Regelungsbereiche bezogenen Grundrechtsschutzes setzte, bei dem jede Beschränkung der Tarifmacht als rechtfertigungsbedürftiger Eingriff erscheint. Klarer ist jedoch die hier vertretene Unterscheidung zwischen Ausgestaltung, Umgestaltung und Eingriff, die sich – wie näher gezeigt wurde – auch auf die Frage der Tarifmacht bezieht; das einfachrechtliche Normsubstrat ist nämlich nur dann funktionsfähig, wenn den Tarifvertragsparteien ein ausreichend großer Regelungsbereich verbleibt. Der Eingriff in die Tarifmacht darf angesichts des fehlenden Beschränkungsvorbehalts in Art. 9 Abs. 3 GG nur zur Beförderung anderer Rechtsgüter mit Verfassungsrang erfolgen. Dazu gehören die Bekämpfung der Arbeitslosigkeit und die Stärkung der Systeme der sozialen Sicherheit, nicht aber die Kodifikation des Arbeitsvertragsrechts im Sinne einer Harmonisierung, Standardisierung und Vereinheitlichung des Arbeitsrechts. Ferner muss die Sperrung tariflicher Regelungsbereiche geeignet, erforderlich und angemessen sein. Nur bei der Frage der Eignung genießt der Gesetzgeber einen weiten Beurteilungsspielraum. Bei der Erforderlichkeit und der Angemessenheit der Sperrung sind deren Intensität und Reichweite einerseits, die diese rechtfertigenden Gründe andererseits zu berücksichtigen. Daraus ergibt sich eine Reihe von „je-desto-Beziehungen".

14. Bestehende Tarifverträge lassen sich im Prinzip vollständig oder teilweise außer Kraft setzen, da diese – entgegen einer verbreiteten Ansicht in der Literatur – kein für den Gesetzgeber impermeables Recht darstellen. Da ein solcher Zugriff das Vertrauen der Tarifvertragsparteien und der Normunterworfenen in die Kontinuität der einfachrechtlichen Grundrechtsausgestaltung und den Fortbestand der darauf gegründeten konkreten Rechtsposition enttäuscht, muß er sich den allgemeinen Regeln über den von Verfassungs wegen garantierten Vertrauensschutz fügen. Dieser ruht auf einem grundrechtlichen, in Art. 14 Abs. 1 GG begründeten, und einem allgemein rechtsstaatlichen, sich im Verbot der Rückwirkung manifestierenden Fundament. Den Schutz von Art. 14 Abs. 1 GG genießen nur Forderungen, die selbständig übertragbar sind und deren tatsächlicher Realisierung nichts mehr im

Wege steht. Sie dürfen nur beseitigt werden, wenn der Gesetzgeber zum Erlaß zweiseitig-zwingenden Rechts befugt ist – was selten vorkommt – und wenn die sofortige Beseitigung zur Erreichung des gesetzgeberischen Zieles unabweisbar notwendig ist; das Bedürfnis nach Vereinheitlichung der Rechtslage genügt nicht. Für alle anderen Rechtspositionen gelten die weniger strengen Grundsätze der „unechten Rückwirkung". Sie ist nur dann unzulässig, wenn bei einer Abwägung das Kontinuitätsverlangen das Änderungsinteresse eindeutig überwiegt. Das ist zu verneinen, wenn der Gesetzgeber die Außerkraftsetzung von Tarifverträgen durch Übergangsregeln abmildert. Ein Schutz konkreter tarifvertraglicher Positionen direkt aus Art. 9 Abs. 3 GG, wie er offenbar dem BVerfG vorschwebt, führt indessen nicht weiter. Zum einen würden dann nämlich Einzelpositionen aus bestehenden Tarifverträgen einen stärkeren Schutz genießen als zentrale Elemente des einfachen Tarifrechts, obwohl diese aufs Ganze gesehen für die Funktionsfähigkeit des Tarifrechts sicher bedeutender sind als jene. Zum anderen würde verkannt, daß es sich bei der Außerkraftsetzung bestehender Tarifverträge um die allgemeine Frage der Harmonisierung von Rechtsvorschriften und keine thematische Besonderheit des Art. 9 Abs. 3 GG handelt. Art. 9 Abs. 3 GG ist allenfalls der prozessuale Hebel, mit dem eine Tarifvertragspartei oder ein Tarifgebundener einen Verstoß gegen das Rückwirkungsverbot verfassungsrechtlich geltend machen kann.

15. Zu einem mittelbaren Zugriff des Gesetzgebers auf die Tarifautonomie kommt es, wenn eine Änderung des staatlichen Arbeitsrechts, ohne selbst das Tarifrecht oder laufende Tarifverträge zu berühren, zu einer Änderung der durch Tarifverträge bestimmten Rechtslage führt. Das passiert, wenn der Tarifvertrag an das Gesetz gekoppelt wird. Eine Koppelung ist auf etwa dreierlei Arten möglich. Durch Verweisungsklauseln, mit denen der Tarifvertrag staatliches Gesetz ausdrücklich in Bezug nimmt, durch Übernahmeklauseln, mit denen das Gesetz vollständig oder teilweise im Wortlaut oder nur seinem Inhalt nach übernommen wird, oder durch die schlichte Wiederholung gesetzlich geprägter Fachbegriffe. Verweisungsklauseln, Übernahmeklauseln und einfache Begriffswiederholungen können konstitutiv oder deklaratorisch gemeint sein. Nur konstitutive Tarifbestimmungen sind echte Tarifnormen, deklaratorische Tarifnormen geben lediglich Hinweise auf die bereits durch gesetzliche Normen gestaltete Rechtslage, ohne selbst etwas zu regeln. Bei deklaratorischen Klauseln schlägt die Gesetzesänderung unmittelbar und sogleich auf den Tarifvertrag durch; bei konstitutiven Tarifnormen nur, wenn es sich um dynamische Verweisungsklauseln handelt. Der Unterschied zur ausdrücklichen Delegation von Tarifmacht ist gering. Zwar lassen dynamische Verweisungsklauseln anders als die Delegation die vorgefundene Verteilung von Regelungskompetenzen unberührt; ob die Tarifvertragsparteien einen anderen Normgeber im Wege der Delegation ausdrücklich ermächtigen, für sie Normen zu setzen, oder ob sie seine bereits bestehenden Normen per Bezugnahmeklausel übernehmen und daran auch für den Fall festhalten, daß er seine Normen ändert, ist jedoch im Ergebnis ohne Belang. In beiden Fällen begeben sich die Tarifvertragsparteien eine Zeitlang eigener Rechtssetzungsmacht, weshalb es gerechtfertigt erscheint, stets dieselben Anforderungen zu stellen.

16. Dynamische Verweisungen sind ohne weiteres mit dem Schriftformgebot des § 1 Abs. 2 TVG vereinbar, wenn sie die in Bezug genommene Rechtsquelle ordnungsgemäß bezeichnen. Daß im Zeitpunkt des Abschlusses des Tarifvertrags noch unbestimmt ist, welchen Inhalt das in Bezug genommene Gesetz später aufweist, schadet nicht, da seine Gestalt spätestens bei Anwendung der Norm bekannt ist. Einer ausdrücklichen gesetzlichen Ermächtigung zur Delegation – etwa nach dem Vorbild des Art. 80 Abs. 1 GG – bedürfen die Tarifvertragsparteien nicht. Tarifliche Normsetzung erfolgt in Ausübung grundrechtlich gewährleisteter Freiheit und muß deshalb nicht eigens gerechtfertigt werden. Wenn und soweit gesetzliche Bestimmungen fehlen, können die Grundrechtsträger von ihren Grundrechten prinzipiell freien Gebrauch machen. Der Mangel an ausdrücklichen Ermächtigungsnormen begründet deshalb kein Delegationsverbot. Weder aus Art. 9 Abs. 3 GG noch aus den §§ 1, 2 TVG läßt sich eine unbedingte Pflicht zu höchstpersönlicher Rechtsetzung entnehmen. Ein willkürlicher Verzicht auf die Tarifmacht widerspricht allerdings Art. 9 Abs. 3 GG. Die Tarifautonomie ist nicht um ihrer selbst willen geschützt, sondern dient der angemessenen Regelung der Arbeits- und Wirtschaftsbedingungen. Aus dem Rechtsgedanken des Art. 80 Abs. 1 Satz 2 GG entnimmt die h.L. das an die Tarifvertragsparteien adressierte Gebot der „Selbstentscheidung"; andere reklamieren das vom BVerfG für den Gesetzgeber entwickelte Wesentlichkeitsgebot auch für die tarifliche Normsetzung. Beides geht zu weit. Auch die Vorstellung, die Tarifvertragsparteien müßten zumindest in einem „Kernbereich" ihre Tarifmacht höchstpersönlich wahrnehmen, hilft nur bedingt. Abgesehen davon, daß die Kernbereichslehre vom BVerfG für Art. 9 Abs. 3 GG nicht mehr vertreten wird und sich überdies mit einer anders gelagerten Problematik befaßt, läßt sich nur schwer bestimmen, welche Tarifinhalte stets höchstpersönlich zu regeln wären. Tarifliche Kernfragen, wie etwa die Arbeitszeit oder das Arbeitsentgelt, dürften schon rein praktisch kaum delegiert werden. Zu einer Selbstentmachtung der Tarifvertragsparteien wird es angesichts geringer Laufzeiten von Tarifverträgen und einem weitgehend freien Kündigungsrecht ohnedies nur selten kommen. Aus Gründen der Rechtssicherheit decken Verweisungsklauseln auch Gesetzesänderungen, von denen die Tarifvertragsparteien und die Tarifunterworfenen überrascht werden. Bei wesentlichen Änderungen besteht ein Recht zur außerordentlichen Teilkündigung der Verweisungsklausel.

17. Konstitutive Tarifbestimmungen sind erforderlich, wenn tarifvertraglich vom Gesetz abgewichen oder wenn das Gesetz ergänzt werden soll oder wenn man seinen Anwendungsbereich auf die bislang nicht unter das Gesetz fallenden Tarifunterworfenen ausdehnen möchte. Ferner lassen sich mit konstitutiven Tarifbestimmungen gesetzliche Ansprüche zusätzlich tariflich absichern, was im Fall einer Änderung oder Aufhebung des Gesetzes bedeutsam wird. Hinzukommt, daß um Regelungen in konstitutiven Tarifbestimmungen für die Laufzeit des Tarifvertrags kein Arbeitskampf geführt werden darf; deklaratorische Klauseln begründen die relative Friedenspflicht nicht. Schließlich lösen allein konstitutive Tarifnormen die Regelungssperre des § 77 Abs. 3 BetrVG aus. Enthält der Tarifvertrag rein deklaratorische Normen, bleiben damit konkurrierende Betriebsvereinbarungen zulässig.

Ob eine Tarifnorm konstitutiv oder deklaratorisch zu verstehen ist, muß durch Auslegung ermittelt werden, wobei umstritten ist, ob dies objektiv wie bei Gesetzen oder subjektiv wie bei Verträgen zu erfolgen hat. Für eine objektive Auslegung spricht die normative Natur des Tarifvertrags, für die subjektive, daß sich die Auslegung nicht ohne weiteres über den erkennbaren Willen der Vertragsparteien hinwegsetzen darf, da sonst eine „Tarifzensur durch die Hintertür" droht. Die Rechtsprechung hat einen Mittelweg eingeschlagen und eine Reihe von Auslegungsregeln aufgestellt. Die Tarifparteien wollten – so das BAG -eine gemeinschaftsrechts-, verfassungs- und gesetzeskonforme, vernünftige, gerechte, zweckorientierte sowie praktisch brauchbare Regelung, weshalb im Zweifel derjenigen Auslegung der Vorzug zu geben sei, die den Anforderungen des Rechts- und Arbeitslebens am besten entspreche. Der Rechtsprechung kann allerdings nicht mehr gefolgt werden, wenn sie von den Tarifparteien einen deutlichen Hinweis verlangt, wenn sie von den richterrechtlich geprägten Auslegungsregeln abweichen wollen.

18. Vor diesem Hintergrund gilt bei Verweisungsklauseln, daß, je pauschaler und flexibler sie gefaßt sind, desto eher von ihrem deklaratorischen Charakter ausgegangen werden muß. Verweist der Tarifvertrag nicht pauschal, sondern nur in einzelnen Regelungsgegenständen, bei einzelnen Normen oder Teilen von Normen auf das Gesetz und trifft er im übrigen eigene Regelungen, so ist darauf abzustellen, ob die Regelungsbereiche abtrennbar und einer eigenen Ausgestaltung fähig und bedürftig sind. Baut der selbst geregelt Teil auf dem Teil, der in Bezug genommen wurde, auf und ist dieser ohne jenen nicht verständlich, liegt eine konstitutive Verweisung vor, da den Tarifvertragsparteien nicht ohne weiteres der Wille zu einer unverständlichen Regelung unterstellt werden darf. Ändert sich das Gesetz, das die Tarifvertragsparteien verfeinern oder ergänzen, gilt tarifvertraglich die beim Abschluß des Vertrages gültige Fassung und deren tarifliche Verfeinerung oder Ergänzung. Erst recht konstitutiv zu verstehen sind Tarifnormen, mit denen Gesetze wörtlich oder inhaltlich in den Tarifvertrag übernommen werden. Die anderslautende Rechtsprechung des BAG ist weder mit den übrigen Auslegungsregeln vereinbar noch wird sie den rechtsstaatlichen Anforderungen an Rechtsklarheit und Rechtssicherheit gerecht; sie stellt die Rechtsnormqualität tariflicher Übernahmeklauseln in Frage und bedroht so mittelbar die Tarifautonomie. Folgt man der Rechtsprechung, verschwimmt im Ergebnis die Grenze zwischen Änderungsgesetzen, die in laufende Tarifverträge eingreifen, und solchen ohne Eingriffe. Es entsteht die Gefahr, daß sich der Gesetzgeber den strengen Anforderungen, die an den Erlaß zwingenden Rechts gestellt werden, dadurch entzieht, daß er dispositives Recht schafft, das im Ergebnis wie zwingendes Recht in laufende Tarifverträge eingreift.

19. Übernahme- und Verweisungsklauseln lassen sich im Wege der Teilkündigung beseitigen. Das gilt – anders als Rechtsprechung und h.L. meinen – auch dann, wenn im Tarifvertrag der ausdrückliche Vorbehalt einer Teilkündigungsbefugnis fehlt. Zwar kann sich durch die Teilkündigung eine Partei punktuell einer vertraglichen Verpflichtung entziehen, ohne auf ihre Rechte gegenüber der anderen Partei verzichten zu müssen, wodurch einseitig in das Äquivalenz- und Ordnungsgefüge des Tarifvertrags eingegriffen wird. Die Teilkündigung ist jedoch das gegenüber einer Vollkündigung mildere und damit vorzugwürdige Mittel. Eine Übervorteilung der anderen Tarifpartei droht nicht, da sich die Teilkündigung jederzeit mit einer Vollkündigung beantworten läßt. Eingedenk dieser Möglichkeit wird vom Institut der Teilkündigung nur in wohlerwogenen Fällen Gebrauch gemacht werden, zumal zwischen den Tarifvertragsparteien Parität besteht. Arbeitskampfrechtliche Gesichtspunkte stehen dem nicht entgegen. Aus § 266 BGB, der es dem Schuldner verbietet, Teilleistungen zu erbringen, läßt sich kein Verbot von Teilkündigungen herleiten. Der tarifliche Ausschluß von Teilkündigungen muß verabredet werden; er ergibt sich nicht bereits aus der Vereinbarung von Kündigungsfristen und -terminen. Die gekündigten Verweisungsklauseln wirken nach, bis sie durch andere Abmachungen ersetzt werden (§ 4 Abs. 5 TVG), dynamische Klauseln allerdings nur in ihrer Fassung zum Zeitpunkt der Kündigung; im Ergebnis führt dies zum „Einfrieren" der bisherigen Rechtslage.

20. Das Recht zur jederzeitigen Kündbarkeit des Tarifvertrags kann ausgeschlossen oder beschränkt sein. In diesen Fällen gewährt § 314 Abs. 1 BGB, der seit dem 1.1.2002 für alle Dauerschuldverhältnisse und damit auch für den Tarifvertrag gilt, ein Recht zur außerordentlichen Kündigung, wenn dem Kündigenden die Fortsetzung des Vertragsverhältnisses bis zur vereinbarten Beendigung oder bis zum Ablauf einer Kündigungsfrist nicht zugemutet werden kann. Auf dem Prinzip der Unzumutbarkeit der Vertragsbindung beruht auch das Institut des Wegfalls der Geschäftsgrundlage, das mit dem Schuldrechtsmodernisierungsgesetz in § 313 BGB eine positiv-rechtliche Regelung erfahren hat. Das Konkurrenzverhältnis zwischen beiden Instituten hat § 313 Abs. 3 BGB zugunsten des Wegfalls der Geschäftsgrundlage gelöst, jedenfalls soweit diese tatbestandlich einschlägig ist. Ob sich das Institut auch auf Tarifverträge anwenden läßt, wird kontrovers beurteilt. Die Rechtsprechung hat die Frage bislang offengelassen, die Lehre nahm überwiegend an, daß der Wegfall der Geschäftsgrundlage in einem Recht zur außerordentlichen Kündigung aufgeht. Unbehagen weckt ist die Vorstellung, Tarifverträge verlören bei einem Wegfall der Geschäftsgrundlage automatisch ihre Geltung oder müßten von Amts wegen an die gewandelten Umstände angepaßt werden. Ein automatisches Außerkrafttreten von Tarifverträgen ist nach dem Schuldrechtsmodernisierungsgesetz jedoch ausgeschlossen. Vielmehr bedarf es stets einer rechtsgestaltenden Erklärung der durch eine Gesetzesänderung benachteiligten Vertragspartei. Wenn das Gesetz eine gerichtlich durchsetzbare Anpassung des unzumutbar gewordenen Tarifvertrags an die veränderte Rechtslage vorsieht, so liegt darin aber – anders als die h.M. annimmt – kein unzulässiger Eingriff in die Tarifautonomie. Das Gericht wird nur auf Antrag einer Partei und nur im Rahmen der verlangten Anpassung tätig. Es überprüft, ob der Tatbestand des § 313 BGB gegeben ist und ob das Anpassungsverlangen der benachteiligten Partei ein geeignetes, erforderliches und verhältnismäßiges Mittel zur Wiederherstellung der durch die Gesetzesänderung beeinträchtigten Vertragsgerechtigkeit darstellt. Eigene gestalterische Überlegungen darf das Gericht nicht anstellen. § 313 BGB gilt daher auch für Tarifverträge, wenn deren Geschäftsgrundlage entfallen ist.

21. Die Voraussetzungen für den Wegfall der Geschäftsgrundlage sind seit Inkrafttreten des Schuldrechtsmodernisierungsgesetzes ausdrücklich in § 313 BGB geregelt. Daß die Änderung der Gesetzeslage zu einem Wegfall der Geschäftsgrundlage führen kann, gilt nach wie vor. Die Rechtsprechung behandelt die Fallgruppe „Gesetzesänderung" als gemeinsamen Irrtum der Parteien. Das überzeugt schon deshalb nicht, weil sich die Parteien beim Vertragsschluß kaum jemals irgendwelche Gedanken über den Fortbestand des Gesetzesrechts machen und sie deshalb auch keinem Irrtum unterliegen können. Sachgerecht ist die Annahme, der Fortbestand der Gesetzeslage bilde die objektive Geschäftsgrundlage des Tarifvertrags. Freilich können nur wesentliche Gesetzesänderungen die Geschäftsgrundlage entfallen lassen. Eine Änderung ist wesentlich, wenn nicht ernstlich bezweifelt werden kann, daß eine der Parteien oder beide bei Kenntnis der neuen Gesetzeslage den Tarifvertrag nicht oder mit anderem Inhalt abgeschlossen hätten. Ob die Bindung an den Tarifvertrag trotz geänderter Rechtslage zumutbar bleibt, bemißt sich ferner nach der vertraglichen Risikozuweisung und danach, ob die Änderung vorhersehbar war und durch eine entsprechende tarifliche Regelung gestaltbar gewesen wäre. Eine Risikozuweisung kann nur von konstitutiven, nicht aber von deklaratorischen Klauseln ausgehen. Die Berufung auf den Wegfall der Geschäftsgrundlage ist ausgeschlossen, wenn die Tarifvertragsparteien ein Gesetz in einer ganz bestimmten Fassung in Bezug nehmen, um damit für das Risiko seiner späteren Änderung vorzusorgen. Dynamische Verweisungsklauseln schneiden der durch eine Gesetzesänderung benachteiligten Tarifvertragspartei nicht den Einwand des Geschäftsgrundlagenfortfalls ab, sondern verschieben nur zu ihren Lasten die Zumutbarkeitsgrenze. Dasselbe ist für Klauseln anzunehmen, die den Tarifvertrag wörtlich oder inhaltlich übernehmen. Hinsichtlich der Vorhersehbarkeit der Gesetzesänderung gelten folgende Grundsätze: War die Gesetzesänderung konkret voraussehbar, ist die Berufung auf § 313 BGB dann nicht ausgeschlossen, wenn beide Parteien vom Fortbestand des bisherigen Gesetzesrechts ausgegangen sind. Ansonsten kommt es darauf an, ob die benachteiligte Partei ihren Informationsobliegenheiten ordnungsgemäß nachgekommen ist, wobei die Anforderungen angesichts des ständigen Wandels in der Gesetzgebung nicht überspannt werden dürfen. Allerdings ist von in der Öffentlichkeit agierenden Tarifvertragsparteien insoweit mehr zu verlangen als von Privatpersonen.

22. Die zentrale Frage beim Wegfall der Geschäftsgrundlage lautet, wann die Bindung an den Tarifvertrag infolge der Änderung der Gesetzeslage unzumutbar wird. Wo die Opfergrenze liegt, bestimmt sich unter Berücksichtigung sämtlicher Umstände des Einzelfalls anhand einer Interessenabwägung. Bei Individualverträgen ist die Grenze erreicht, wenn die „Störung" die beiderseitigen Verpflichtungen in ein grobes Mißverhältnis bringt. Bei Tarifverträgen liegt die Opfergrenze angesichts ihrer besonderen Stabilisierungsfunktion und wegen ihrer verhältnismäßig kurzen Laufzeit noch höher. Allerdings können bereits formal geringe Gesetzesänderungen das Festhalten am Vertrag unzumutbar werden lassen.

23. Der Vorrang der Vertragsanpassung vor der Vertragsauflösung, den § 313 Abs. 3 BGB als Rechtsfolgen nach einer Störung der Geschäftsgrundlage vorsieht,

paßt bei Dauerschuldverhältnissen nur bedingt. Die Vertragsanpassung ist kein gegenüber der Vertragsauflösung milderes und damit vorzugswürdiges Mittel, wenn der durch die zwangsweise Anpassung benachteiligten Partei das Recht verweigert wird, sich in Zukunft vom Vertrag zu lösen. Ohne ein solches Verbot macht eine gerichtliche Vertragsanpassung aber keinen Sinn. Einen Primat der Vertragsanpassung kann es deshalb bei Dauerschuldverhältnissen nicht geben. Vielmehr müssen die Rechtsfolgen jeweils im Einzelfall unter Berücksichtigung des Grundsatzes der Verhältnismäßigkeit bestimmt werden. Die von der benachteiligten Tarifvertragspartei begehrte Rechtsfolge – Vertragsanpassung oder Vertragsauflösung – muß das geeignete, erforderliche und angemessene Mittel sein, die durch die Gesetzesänderung bewirkte Störung des vertraglichen Gleichgewichts zu beheben.

24. Eine außerordentliche Kündigung des Tarifvertrags kommt nur in Betracht, wenn es der benachteiligten Tarifvertragspartei nicht zuzumuten ist, nach einer Gesetzesänderung den Ablauf der Kündigungsfrist für den Tarifvertrag oder das Erreichen des nächsten Kündigungstermins abzuwarten. Eine außerplanmäßige Beendigung des Tarifvertrags würde nur dazu führen, daß die Tarifvertragsparteien früher als sonst Gelegenheit erhielten, die streitigen Bedingungen neu zu verhandeln, und zwar auch unter Einsatz von Arbeitskampfmaßnahmen. Wichtiger ist deshalb die Frage, ob außerordentlich gekündigte Tarifverträge nachwirken; die h.M. verneint. Die von der Lehre vorgenommene teleologische Reduktion des § 4 Abs. 5 TVG überzeugt aber nicht in jedem Fall, denn der von der Norm bewirkten Schutz- und Ordnungsfunktion bedarf es auch im Falle einer außerordentlichen Kündigung, da auch dann die Arbeitsverhältnisse inhaltsleer zu werden drohen. Sachgerecht ist es, die Frage der Nachwirkung flexibel jeweils im Einzelfall nach dem Grad der Unzumutbarkeit der weiteren Tarifgeltung zu bestimmen. Das entspricht den allgemeinen Grundsätzen für die Ermittlung der Rechtsfolgen beim Wegfall der Geschäftsgrundlage, da es um den Ausgleich zweier widerstreitender Prinzipien geht: dem der Vertragstreue einerseits und dem der Unzumutbarkeit andererseits. Daraus ergibt sich folgende Regel: Bei einer außerordentlichen Kündigung ist zunächst von der Nachwirkung der gekündigten Tarifnormen auszugehen. Jede Verkürzung des Nachwirkungszeitraums muß durch die Unzumutbarkeit der Fortgeltung der bisherigen Regelungen gerechtfertigt sein. Je kürzer ein Tarifvertrag nachwirken soll, desto erheblicher müssen die Gründe sein, die gegen ein Festhalten am Vertrag sprechen.

25. Liegen die Voraussetzungen für eine außerordentliche Kündigung vor, so kann es zur Beseitigung unzumutbar gewordener Vertragsverhältnisse genügen, statt des gesamten Tarifvertrags nur die nicht mehr hinnehmbaren Klauseln zu kündigen. Den von der h.M. behaupteten Primat der außerordentlichen Teilkündigung gibt es indes nicht. Vielmehr ist in jedem Einzelfall nach dem Grade der Unzumutbarkeit zu entscheiden, ob und wie lange der durch die Gesetzesänderung benachteiligten Vertragspartei die Bindung an bestimmte Verweisungs- oder Übernahmeklauseln noch zumutbar ist. Das Problem der außerordentlichen Teilkündigung liegt darin, daß sie nicht jederzeit von der anderen Seite mit einer Vollkündigung beantwortet werden kann; so kann es zu Störungen des vertraglichen Gleichgewichts kommen.

26. Eine von Gerichts wegen zu bewirkende Anpassung des Tarifvertrags an die geänderte Gesetzeslage bei einem gleichzeitigen Ausschluß der Kündigungsbefugnis braucht sich eine Partei trotz des in § 313 Abs. 3 BGB geregelten Vorrangs der Vertragsanpassung vor der Vertragsauflösung nur ausnahmsweise gefallen zu lassen. Allerdings wird man dem § 313 Abs. 3 BGB eine Verhandlungspflicht der Tarifvertragspartei entnehmen können, der die Gesetzesänderung zum Vorteil gereicht. Für die durch die Gesetzesänderung benachteiligte Partei ergibt sich aus § 313 Abs. 3 BGB eine „Neuverhandlungslast". Verstößt die benachteiligte Partei gegen die Obliegenheit, mit dem Vertragspartner wegen der geänderten gesetzlichen Vorschriften den Tarifvertrag ganz oder teilweise neu zu verhandeln, kann sie weder die einseitige Anpassung des Tarifvertrags durch das Gericht verlangen noch selbst den Tarifvertrag ganz oder teilweise außerordentlich kündigen.

Literaturverzeichnis

Abel, Gunther, Die Bedeutung der Lehre von den Einrichtungsgarantien für die Auslegung des Bonner Grundgesetzes, Berlin 1964
Achterberg, Norbert, Rechtstheoretische Grundlagen einer Kontrolle der Gesetzgebung durch die Wissenschaft, Rechtstheorie 1 (1978), S. 147-155
Adomeit, Klaus, Gestaltungsrechte, Rechtsgeschäfte, Ansprüche. Zur Stellung der Privatautonomie im Rechtssystem, Berlin 1969
– Regelung von Arbeitsbedingungen und ökonomische Notwendigkeiten. Eine Untersuchung zu aktuellen Fragen des deutschen Tarifrechts, München/Landsberg a.L. 1996
Ahrens, Martin, Tarifvertragliche Regelung zur Entgeltzahlung im Krankheitsfall, NZA 1997, S. 301-303
Alexy, Robert, Zum Begriff des Rechtsprinzips, Rechtstheorie, Beiheft 1 (1979), S. 59-87
– Grundrechte als subjektive Rechte und als objektive Normen, Der Staat 29 (1990), S. 39-68
– Theorie der juristischen Argumentation, 2. Aufl., Frankfurt 1991
– Theorie der Grundrechte, 2. Aufl., Frankfurt 1994
– Recht, Vernunft, Diskurs – Studien zur Rechtsphilosophie, Frankfurt a.M. 1995
– Verfassungsrecht und einfaches Recht – Verfassungsgerichtsbarkeit und Fachgerichtsbarkeit, VVDStRL 61 (2002), S. 8-33
Ananiadis, Antonios, Die Auslegung von Tarifverträgen. Ein Beitrag zur Auslegungstypologie zwischen Vertrag und Gesetz, Berlin 1974
Anschütz, Gerhard, Diskussionsbeitrag, VVDStRL 4 (1928), S. 74-76
– Die Verfassung des Deutschen Reichs vom 11. August 1919. Ein Kommentar für Wissenschaft und Praxis, 14. Aufl., Berlin 1933
Anschütz, Gerhard / Thoma, Richard (Hg.), Handbuch des Deutschen Staatsrechts, Bd. 2, 1932 (zit. HdbDStR II/Bearbeiter)
Arnauld, Andreas von, Die Freiheitsrechte und ihre Schranken, Baden-Baden 1999
– Die normtheoretische Begründung des Verhältnismäßigkeitsgrundsatzes, JZ 2000, S. 276-280
Arndt, Gottfried, Die dynamische Rechtsnormverweisung in verfassungsrechtlicher Sicht – BVerfGE 47, 285, JuS 1979, S. 784-789
Artus, Ingrid / Schmidt, Rudi / Sterkel, Gabriele, Brüchige Tarifrealität. Der schleichende Bedeutungsverlust tariflicher Normen in der ostdeutschen Industrie, Berlin 2000
Ascheid, Reiner, Änderung der Geschäftsgrundlage und wirtschaftliche Notlage, in: Hromadka, Wolfgang (Hg.), Änderung von Arbeitsbedingungen, Heidelberg 1990, S. 109-144
Ascheid, Reiner / Preis, Ulrich / Schmidt, Ingrid, Kündigungsschutzrecht. Die Kündigung des Arbeitsverhältnisses, Stuttgart/Berlin/Köln 1993
Aschke, Manfred, Übergangsregelungen als verfassungsrechtliches Problem, Frankfurt a.M. 1987
Auktor, Christian, Flexibilität durch Arbeitszeitverlängerung. Zur arbeitsvertraglichen Abweichung von tariflichen Höchstarbeitszeiten, DB 2002, S. 1714-1719
Badura, Peter, Arbeitsgesetzbuch, Koalitionsfreiheit und Tarifautonomie, RdA 1974, S. 129-138
– Das Recht der Koalitionen – Verfassungsrechtliche Fragestellungen, ArbRdGgw Band 15 (1978), S. 17-36
– Die Tarifautonomie im Spannungsfeld von Gemeinwohlerfordernissen und kollektiver Interessenwahrung, AöR 104 (1979), S. 246-264

- Arbeit als Beruf (Art. 12 Abs. 1 GG), in: Hanau, Peter/Müller, Gerhard/Wiedemann, Herbert/Wlotzke, Otfried (Hg.), Festschrift für Wilhelm Herschel, München 1982, S. 21-35
- Grundpflichten als verfassungsrechtliche Dimension, DVBl. 1982, S. 861-872
- Neutralität des Staates und koalitionsrechtliches Gleichgewicht, in: Fürst, Walter/Herzog, Roman/Umbach, Dieter C. (Hg.), Festschrift für Wolfgang Zeidler, Band I, Berlin 1987, S. 1591-1610
- Arten der Verfassungsrechtssätze, in: Isensee, Josef/Kirchhof, Paul (Hg.), Handbuch des Staatsrechts der Bundesrepublik Deutschland, Heidelberg 1992, Band VII, § 159
- Staatsrecht. System. Erläuterung des Grundgesetzes für die Bundesrepublik Deutschland, 3. Aufl., München 2003
- Kodifikatorische und rechtsgestaltende Wirkung von Grundrechten, in: Böttcher, Reinhard/Hueck, Götz/Jähnke, Burkhard, Festschrift für Walter Odersky zum 65. Geburtstag am 17. Juli 1996, Berlin/New York 1996, S. 159-181
- Schriftliche Stellungnahme zum Gesetzentwurf für ein Entgeltfortzahlungsgesetz, BT-Ausschuß für Arbeit und Sozialordnung, Drs. 12/865

Bamberger, Christian, Verfassungswerte als Schranken vorbehaltloser Freiheitsgrundrechte, Frankfurt a.M./Berlin/Bern/New York/Paris/Wien 1999

Barth, Klaus-Dieter, Kurzkommentar zu BAG, Urt. v. 5.10.1996, EWiR 1996, S. 617-618

Battis, Ulrich / Gusy, Christoph, Einführung in das Staatsrecht, 4. Aufl., Heidelberg 1999

Bauer, Jobst-Hubertus / Diller, Martin, Flucht aus Tarifverträgen – Konsequenzen und Probleme, DB 1993, S. 1085-1090

Bauer, Jobst-Hubertus / Lingemann, Stefan, Probleme der Entgeltfortzahlung nach neuem Recht, BB 1996, Beil. 17, S. 8-18

Baumann, Thomas, Anforderungen an den Tarifvertrag als Gesetz, RdA 1987, S. 270-276
- Die Delegation tariflicher Rechtsetzungsbefugnis, Berlin 1992

Baur, Fritz, Die „Naßauskiesung" – oder wohin treibt der Eigentumsschutz, NJW 1982, S. 1734-1736

Bayreuther, Frank, Tarifautonomie als kollektiv ausgeübte Privatautonomie. Tarifrecht im Spannungsfeld von Arbeits-, Privat- und Wirtschaftsrecht, München 2005

Belling, Detlev W., Die außerordentliche Anpassung von Tarifverträgen an veränderte Umstände, NZA 1996, S. 906-913
- Die Verantwortung des Staats für die Normsetzung durch die Tarifpartner. Zur Grundrechtstreue und Legalitätskontrolle von Tarifnormen, ZfA 1999, S. 547-615

Belling, Detlev W./Hartmann, Christian, Die Unzumutbarkeit der Bindung an den Tarifvertrag, ZfA 1997, S. 87-144

Bengelsdorf, Peter, Die tariflichen Kündigungsfristen für Arbeiter nach der Entscheidung des BVerfG vom 30.5.1990, NZA 1991, S. 121-129

Bepler, Klaus, Altersgrenzen in Tarifverträgen, AuA 1994, S. 169-172

Berg, Günther Heinrich von, Handbuch des Teutschen Policeyrechts, 2. Aufl., Hannover 1802

Berg, Peter/Wendeling-Schröder, Ulrike/Wolter, Henner, Die Zulässigkeit tarifvertraglicher Besetzungsregelungen RdA 1980, S. 299-313

Berg, Wilfried, Konkurrenzen schrankendivergenter Freiheitsrechte im Grundrechtsabschnitt des Grundgesetzes, Berlin/Frankfurt a.M. 1968

Berthold, Norbert, Der Flächentarifvertrag. Vom Wegbereiter des Wirtschaftswunders zum Verursacher der Beschäftigungsmisere?; Vortrag im Rahmen des VII. Travemünder Symposiums zur ökonomischen Analyse des Rechts, 22. – 25. März 2000, Würzburg 2000

Berthold, Norbert / Fehn, Rainer, Evolution von Lohnverhandlungssystemen. Macht oder ökonomisches Gesetz?, in: Zohlnhöfer, Werner (Hg.), Die Tarifautonomie auf dem Prüfstand, Berlin 1996

Bethge, Herbert, Zur Problematik von Grundrechtskollisionen, München 1977
- Innere Pressefreiheit, AfP 1980, S. 13-16
- Grundrechtsverwirklichung und Grundrechtssicherung durch Organisation und Verfahren, NJW 1982, S. 1-7
- Aktuelle Aspekte der Verfassungsgarantie der kommunalen Selbstverwaltung, Die Verwaltung 1982, S. 205-225
- Das Selbstverwaltungsrecht im Spannungsfeld zwischen institutioneller Garantie und grundrechtlicher Freiheit, in: von Mutius, Albert (Hg.), Selbstverwaltung im Staat der Industriegesellschaft, Festgabe zum 70. Geburtstag von Georg Christoph von Unruh, Heidelberg 1983, S. 149-170
- Aktuelle Probleme der Grundrechtsdogmatik, Der Staat 24 (1985), S. 351-382
- Der Grundrechtseingriff, VVDStRL 57 (1998), S. 7-56
- Über die Zulässigkeit privaten Rundfunks, in: Arndt, Hans-Wolfgang/Knemeyer, Franz-Ludwig/Kugelmann, Dieter/Meng, Werner/Schweitzer, Michael, (Hg.), Völkerrecht und deutsches Recht, Festschrift für Walter Rudolf zum 70. Geburtstag, München 2001, S. 405-419

Bettermann, Karl August, Rundfunkfreiheit und Rundfunkorganisation, DVBl. 1963, S. 41-44
- Die allgemeinen Gesetze als Schranken der Pressefreiheit, JZ 1964, S. 601-611
- Grenzen der Grundrechte, 2. Auflage, Berlin 1976
- Hypertrophie der Grundrechte – Eine Streitschrift, Hamburg 1984

Beuthien, Volker, Mitbestimmung unternehmerischer Sachentscheidungen kraft Tarif- oder Betriebsautonomie, ZfA 1984, S. 1-30

Beuthien, Volker/Meik, Frank A., Wenn Tariftreue unzumutbar wird, DB 1993, S. 1518-1520

Bieback, Karl-Jürgen, Sozialstaatsprinzip und Grundrechte, EuGRZ 1985, S. 657-669
- Neue Strukturen der Koalitionsfreiheit? – Zum Konflikt zwischen Tarifvertrag und Gesetz im Urteil des Bundesverfassungsgerichts v. 27.4.1999 – Abstandsgebot, ArbuR 2000, S. 201-204

Biedenkopf, Kurt H., Grenzen der Tarifautonomie, Karlsruhe 1964
- Sinn und Grenzen der Vereinbarungsbefugnis der Tarifvertragsparteien, Gutachten für den 46. Deutschen Juristentag (Essen 1966), in: Verhandlungen des 46. DJT, Band I, Teil 1, München/Berlin 1966, S. 97-167
- Diskussionsbeitrag auf dem 46. Deutschen Juristentag (Essen 1966), Arbeitsrechtliche Abteilung in: Verhandlungen des 46. DJT, Band II (Sitzungsberichte), Teil D, München/Berlin 1966, S. 67-70

Bischoff, Werner, Änderung in der Verbandslandschaft – Gewerkschaften, NZA 2000, Sonderbeilage zu Heft 24, S. 4-6.

Blaesing, Heiner, Grundrechtskollisionen, Diss. jur. Bochum 1974

Blank, Michael, Die Warnstreikprozesse in der Metall-Tarifrunde 1987 NZA 1988, Beil. 2, S. 9-18

Blanke, Thomas, Die Neufassung des Arbeitnehmer-Entsendegesetzes: Arbeitsmarktregulierung im Spannungsverhältnis von Dienstleistungsfreiheit, Arbeitnehmerschutz und Tarifautonomie, AuR 1999, S. 417-426

Bleckmann, Albert, Staatsrecht II – Die Grundrechte, 4. Aufl., Köln/Berlin/Bonn/München 1997
- Begründung und Anwendungsbereich des Verhältnismäßigkeitsprinzips, JuS 1994, S. 177-183

Bleckmann, Albert/Eckhoff, Rolf, Der „mittelbare" Grundrechtseingriff, DVBl. 1988, S. 373-382

Boecken, Winfried, Probleme der Entgeltfortzahlung im Krankheitsfall, NZA 1999, S. 673-683

Böckenförde, Ernst-Wolfgang, Das Grundrecht der Gewissensfreiheit, VVDStRL 28 (1970), S. 33-88
- Diskussionsbeitrag, VVDStRL 30 (1972), S. 162-166
- Grundrechtstheorie und Grundrechtsinterpretation, NJW 1974, S. 1529-1538
- Die Methoden der Verfassungsinterpretation – Bestandsaufnahme und Kritik, NJW 1976, S. 2089-2099
- Artikel „Freiheit" in: Görres-Gesellschaft (Hg.), Staatslexikon, Band II, 7. Aufl., Freiburg/Basel/Wien 1986, Sp. 704-713
- Zur Lage der Grundrechtsdogmatik nach 40 Jahren Grundgesetz, München 1989
- Grundrechte als Grundsatznormen – Zur gegenwärtigen Lage der Grundrechtsdogmatik, Der Staat 29 (1990), S. 1-31
- Recht, Staat, Freiheit: Studien zur Rechtsphilosophie, Staatstheorie und Verfassungsgeschichte, 2. Aufl., Frankfurt a.M. 1992
- Staat, Verfassung, Demokratie: Studien zur Verfassungstheorie und zum Verfassungsrecht, 2. Aufl., Frankfurt a.M. 1992

Böckenförde, Wolfgang / Grawert, Rolf, Sonderverordnungen zur Regelung besonderer Gewaltverhältnisse, AöR 95 (1970), S. 1-37

Böhm, Franz, Kartelle und Koalitionen, Berlin 1933

Boehmer, Gustav, Art. 154 WRV (Vertragsfreiheit), in: Nipperdey, Hans Carl, Die Grundrechte und Grundpflichten der Reichsverfassung, Band III, Berlin 1930

Boemke, Burkhard, Ungleiche Kündigungsfristen für Arbeiter und Angestellte – BVerfGE 82, 126, JuS 1991, S. 813-817
- Unwirksamkeit tariflicher Beendigungsklauseln wegen Rentenalters – BAG, NJW 1994, 538, JuS 1994, S. 461-466

Boerner, Dietmar, Die Reform der Entgeltfortzahlung und der Urlaubsanrechnung im Lichte der Tarifautonomie, ZTR 1996, S. 435-449
- Tarifvertragliche Entgeltfortzahlung im Krankheitsfall und allgemeiner Gleichheitssatz, ZfA 1997, S. 67-84

Bötticher, Eduard, Gestaltungsrecht und Unterwerfung im Privatrecht, Berlin 1964

Borowski, Martin, Grundrechte als Prinzipien. Die Unterscheidung von prima facie-Position und definitiver Position als fundamentaler Konstruktionsgrundsatz der Grundrechte, Baden-Baden 1998

Brandner, Thomas, Die tarifrechtliche Reformdiskussion in der Weimarer Zeit unter besonderer Berücksichtigung der deutsch-österreichischen Tarifrechtsangleichung, Diss. jur. Jena 1999

Brecht, Holger / Höland, Armin / Reim, Uwe, Flächentarifverträge in der betrieblichen Praxis, RdA 2002, S. 28-32
- Die Zukunft betrieblicher Bündnisse für Arbeit, AuR 2002, S. 127-132

Breuer, Rüdiger, Legislative und administrative Prognoseentscheidungen, Der Staat 16 (1977), S. 21-54

Brötzmann, Ulrich K., Probleme bei der Auslegung von Tarifvertragsnormen, Frankfurt a.M./Bern/New York/Paris, 1990

Brox, Hans, Allgemeiner Teil des Bürgerlichen Gesetzbuchs, 29. Aufl., Köln/Berlin/München 2005

Brox, Hans / Rüthers, Bernd (Hg.), Arbeitskampfrecht. Ein Handbuch für die Praxis, 2. Aufl., Stuttgart/Berlin/Köln/Mainz 1982

Brox, Hans / Rüthers, Bernd / Henssler, Martin, Arbeitsrecht, 16. Aufl., Stuttgart/Berlin/Köln 2004

Brugger, Winfried, Grundrechte und Verfassungsgerichtsbarkeit in den Vereinigten Staaten von Amerika, Tübingen 1987

Bucher, Eugen, Das subjektive Recht als Normsetzungsbefugnis, Tübingen 1965
Buchner, Herbert, Verweisung im Tarifvertrag, AR-Blattei (D), Tarifvertrag V Inhalt C, 1978
– Befristete Arbeitsverhältnisse mit wissenschaftlichem Personal an Hochschulen und Forschungseinrichtungen, RdA 1985, S. 258-282
– Die Kündigungsfristen für Arbeiter nach der Entscheidung des Bundesverfassungsgericht vom 30.5.1990, NZA 1991, S. 41-49
– Kündigung der Tarifregelungen über die Entgeltanpassung in der Metallindustrie der östlichen Bundesländer, NZA 1993, S. 289-299
– Wirkliche und vermeintliche Gefährdungen der Tarifautonomie, in: Heinze, Meinhard/Söllner, Alfred (Hg.), Arbeitsrecht in der Bewährung, Festschrift für Otto Rudolf Kissel zum 65. Geburtstag, München 1994, S. 97-117
– Anm. zu BAG, Urt. v. 10.3.1994, SAE 1996, S. 109-115
– Entgeltfortzahlung im Spannungsfeld zwischen Gesetzgebung und Tarifautonomie, NZA 1996, S. 1177-1186
Bulla, G.A., Soziale Selbstverantwortung der Sozialpartner als Rechtsprinzip, in: Dietz, Rolf/Hübner, Heinz (Hg.), Festschrift für Hans C. Nipperdey zum 70. Geburtstag am 21.1.1965, Band II, München/Berlin 1965, S. 79-104
Bumke, Christian, Der Grundrechtsvorbehalt. Untersuchungen über die Begrenzung und Ausgestaltung der Grundrechte, Baden-Baden 1998
Bundesarbeitsminister für Arbeit und Sozialordnung, Tarifvertragliche Arbeitsbedingungen im Jahr 2001
Burgi, Martin, Das Grundrecht der freien Persönlichkeitsentfaltung durch einfaches Gesetz, ZG 1994, S. 341-366
Butzer, Hermann, Verfassungsrechtliche Grundlagen zum Verhältnis zwischen Gesetzgebungshoheit und Tarifautonomie, RdA 1994, S. 375-385
Canaris, Claus-Wilhelm, Systemdenken und Systembegriff in der Jurisprudenz, 2. Aufl. Berlin 1983
– Tarifdispositive Normen und richterliche Rechtsfortbildung, in Hueck, Götz/Richardi, Reinhard (Hg.), Gedächtnisschrift Rolf Dietz, München 1973, S. 199-224
– Gesetzliches Verbot und Rechtsgeschäft, Schriftenreihe der Juristischen Studiengesellschaft zu Berlin, Band 160, Heidelberg 1983
– Grundrechte und Privatrecht, AcP 184 (1984), S. 201-246 und AcP 185 (1985), S. 9-13
Caspar, Richard, Die gesetzliche und verfassungsrechtliche Stellung der Gewerkschaften im Betrieb, Köln/Berlin/Bonn/München 1980
Cassel, D., Schattenwirtschaft und Deregulierung. Wohlfahrtsstaatliche Reglementierungen der Wirtschaft als Ursache der Expansion des informellen Sektors und ordnungspolitische Gestaltungsaufgabe, in: Seidenfus, Hellmuth St. (Hg.), Deregulierung – eine Herausforderung an die Wirtschafts- und Sozialpolitik in der Marktwirtschaft, Berlin, 1989, S. 37
Chiotellis, Aristide, Rechtsfolgenbestimmungen bei Geschäftsgrundlagenstörungen in Schuldverträgen, München 1981
Clemens, Thomas, Die Verweisung von einer Rechtsnorm auf andere Vorschriften, AöR 111 (1986), S. 63-127
Coester, Michael, Vorrangprinzip des Tarifvertrages, Heidelberg 1974
– Zur Verhandlungspflicht der Tarifvertragsparteien, ZfA 1977, S. 87-109
Cornils, Matthias, Die Ausgestaltung der Grundrechte. Untersuchungen zur Grundrechtsbindung des Ausgestaltungsgesetzgebers, Tübingen 2005
Creutzfeld, Malte, Handhabe tariflicher Kündigungsfristen bei Gesetzesidentität, AuA 1995, S. 87-90
Däubler, Wolfgang, Das Grundrecht auf Mitbestimmung und seine Realisierung durch tarifvertragliche Begründung von Beteiligungsrechten, 3. Aufl., Frankfurt a.M. 1975

- Das zweite Schiffsregister. Völkerrechtliche und verfassungsrechtliche Probleme einer deutschen „Billig-Flagge", Baden-Baden 1988
- Der Arbeitsvertrag – ein Mittel zur Verlängerung der Wochenarbeitszeit?, DB 1989, S. 2534-2538
- Arbeitskampfrecht mit neuen Konturen?, AuR 1992, S. 1-8
- Tarifvertragsrecht, Ein Handbuch, 3. Aufl., Baden-Baden 1993
- Die Anpassung von Tarifverträgen an veränderte wirtschaftliche Umstände, ZTR 1996, S. 241-245

Däubler, Wolfgang (Hg.), Tarifvertragsgesetz. Kommentar, 2. Aufl., Baden-Baden 2006

Däubler, Wolfgang / Hege, Hans, Koalitionsfreiheit. Ein Kommentar, Baden-Baden 1976

Däubler, Wolfgang / Kittner, Michael / Klebe, Thomas (Hg.), Betriebsverfassungsgesetz. Kommentar für die Praxis, 10. Aufl., Frankfurt am Main 2006

Dallinger, Peter, Neue Möglichkeiten für Zeitverträge mit wissenschaftlichen Assistenten, NZA 1985, S. 648-653

Danwitz, Thomas von, Arbeitsmarkt und staatliche Lenkung, VVDStRL 59 (2000), S. 99-142

Degenhart, Christoph, Systemgerechtigkeit und Selbstbindung des Gesetzgebers als Verfassungspostulat, München 1976
- Staatsrecht I – Staatszielbestimmungen, Staatsorgane, Staatsfunktionen, 21. Auflage, Heidelberg 2005

Denninger, Erhard, Staatliche Hilfe zur Grundrechtsausübung durch Verfahren, Organisation und Finanzierung, in: Isensee, Josef / Kirchhof, Paul (Hg.), Handbuch des Staatsrechts der Bundesrepublik Deutschland, Band V, Heidelberg 1992, § 113, S. 291-319
- Vom Elend des Gesetzgebers zwischen Übermaßverbot und Untermaßverbot, in: Däubler-Gmelin, Hertha / Kinkel, Klaus (Hg.), Gegenrede, Aufklärung-Kritik-Öffentlichkeit. Festschrift für Ernst Gottfried Mahrenholz, Baden-Baden 1994

Deregulierungskommission (Unabhängige Expertenkommission zum Abbau marktwidriger Regulierungen), Marktöffnung und Wettbewerb, Stuttgart 1991

de Wall, Heinrich, Die Einrichtungsgarantien des Grundgesetzes als Grundlagen subjektiver Rechte, Der Staat 38 (1999), S. 377-398

Dieterich, Thomas, Die Grundrechtsbindung von Tarifverträgen, in: Schlachter, Monika / Ascheid, Reiner / Friedrich, Hans-Wolf (Hg.), Tarifautonomie für ein neues Jahrhundert. Festschrift für Günter Schaub zum 65. Geburtstag, München 1998, S. 117-134
- Anm. zu BVerfG, Beschl. v. 27.4.1999, 1 BvR 2203/93 und 1 BvR 897/95, AR-Blattei ES 1650 Nr. 20
- Zukunft der Tarifautonomie, AuR 2000, S. 441-443
- Tarifautonomie und Bundesverfassungsgericht, AuR 2001, S. 390-393
- Flexibilisiertes Tarifrecht und Grundgesetz, RdA 2002, S. 1-17
- Tarifautonomie und Gesetzgebung. Ein verfassungsgeleitetes Kompetenzverhältnis, Frankfurt a. Main 2003

Dieterich, Thomas / Hanau, Peter / Henssler, Martin / Oetker, Hartmut / Wank, Rolf / Wiedemann, Herbert, Empfehlungen zur Entwicklung des Tarifvertragsrechts, RdA 2004, S. 65-78

Dietz, Rolf, Tarifrechtliche Fragen aus Anlaß des Beitritts eines Arbeitgebers zu einem Arbeitgeberverband, in: Dietz, Rolf / Hübner, Heinz (Hg.), Festschrift für Hans C. Nipperdey zum 70. Geburtstag am 21.1.1965, Band II, München/Berlin 1965, S. 141-157
- Die Koalitionsfreiheit, in: Bettermann, Karl August / Nipperdey, Hans Carl / Scheuner, Ulrich, Die Grundrechte, Band III, 1. Halbband, S. 453 ff.
- Koalitionsfreiheit und Arbeitskampfrecht, in: Weber, Werner / Scheuner, Ulrich / Dietz, Rolf, Koalitionsfreiheit – Drei Rechtsgutachten, Berlin/Frankfurt a.M. 1961, S. 94-126

- Diskussionsbeitrag auf dem 46. Deutschen Juristentag (Essen 1966), Arbeitsrechtliche Abteilung in: Verhandlungen des 46. DJT, Band II (Sitzungsberichte), Teil D, München/Berlin 1966, S. 50-51

Dörner, Hans-Jürgen, Tarifvertrag, in: Stahlhacke, Eugen (Hg.), Handbuch zum Arbeitsrecht, Gruppe 18, Teil B, Teilbereich 1
- Die Anrechnung von Krankheits- und Kurtagen auf den tarifvertraglich geregelten Erholungsurlaub nach § 4a EFZG und § 10 I BUrlG, in: in: Schlachter, Monika/Ascheid, Reiner/Friedrich, Hans-Wolf (Hg.), Tarifautonomie für ein neues Jahrhundert. Festschrift für Günter Schaub zum 65. Geburtstag, München 1998, S. 135-156

Donges, Juergen B., Deregulierung am Arbeitsmarkt und Beschäftigung, Tübingen 1992

Dreier, Horst, Dimensionen der Grundrechte. Von der Wertordnungsjudikatur zu den objektiv-rechtlichen Grundrechtsgehalten, Hannover 1993
- Subjektiv-rechtliche und objektiv-rechtliche Grundrechtsgehalte, Jura 1994, S. 505-513

Dreschers, Martin, Die Entwicklung des Rechts des Tarifvertrages in Deutschland. Eine rechtshistorische Untersuchung über den Verlauf der Durchsetzung des Kollektivvertragsgedankens, Frankfurt a.M./Berlin/New York/Paris/Wien 1994

Drews, Bill/Martens, Wolfgang/Vogel, Klaus, Gefahrenabwehr. Allgemeines Polizeirecht (Ordnungsrecht) des Bundes und der Länder, 9. Aufl. Köln/Berlin/Bonn/München 1986

Dütz, Wilhelm, Koalitionsautonome Regelung der Arbeits- und Wirtschaftsbedingungen, JA 1987, S. 405-415
- Subjektive Umstände bei der Auslegung kollektivvertraglicher Normen, in: Gamillscheg, Franz/Rüthers, Bernd/Stahlhacke, Eugen (Hg.), Sozialpartnerschaft in der Bewährung, Festschrift für Karl Molitor zum 60. Geburtstag, München 1988, S. 63-79

Dworkin, Ronald, Bürgerrechte ernstgenommen, Frankfurt a.M. 1990

Eckhoff, Rolf, Der Grundrechtseingriff, Köln/Berlin/Bonn/München 1992

Ehmann, Horst/Schmidt, Benedikt, Betriebsvereinbarungen und Tarifverträge, NZA 1995, S. 193-203

Ehmke, Horst, Prinzipien der Verfassungsinterpretation, VVDStRL 20 (1963), S. 53-102

Ehrich, Christian, Die Neuregelung des § 41 Abs. 4 Satz 3 SGB VI – Nun doch wieder mit 65 in Rente?, BB 1994, S. 1633-1635

Ehrlich, Eugen, Die stillschweigende Willenserklärung, Berlin 1893

Eich, Rolf-Achim, Tarifverträge und Sozialpartnerbeziehungen am Beispiel der chemischen Industrie, NZA 1995, S. 149-155

Eidenmüller, Horst, Neuverhandlungspflichten bei Wegfall der Geschäftsgrundlage, ZIP 1995, S. 1063-1071

Emmerich, Volker/Gerhardt, Walter, Grundlagen der Vertrags- und Schuldrechts, München 1974

Enderlein, Axel, Der Begriff der Freiheit als Tatbestandsmerkmal der Grundrechte. Konzeption und Begründung eines einheitlichen, formalen Freiheitsbegriffs, dargestellt am Beispiel der Kunstfreiheit, Berlin 1995

Engel, Christoph, Arbeitsmarkt und staatliche Lenkung, VVDStRL 59 (2000), S. 56-98

Engelberger, Josef, Tarifautonomie im Deutschen Reich. Entwicklung des Tarifvertragswesens in Deutschland von 1870/71 bis 1945, Berlin 1995

Engisch, Karl, Die Idee der Konkretisierung in Recht und Rechtswissenschaft unserer Zeit, 2. Aufl., Heidelberg 1968

Enneccerus, Ludwig/Nipperdey, Hans, C., Allgemeiner Teil des Bürgerlichen Rechts, Band I, 15. Aufl., Tübingen 1959; Band II, 15. Aufl., Tübingen 1960

Enneccerus, Ludwig/Lehmann, Heinrich, Recht der Schuldverhältnisse, 15. Aufl., Tübingen 1958

Epping, Volker, Grundrechte, 2. Aufl., Berlin/Heidelberg 2005

Erichsen, Uwe, Grundrechtliche Schutzpflichten in der Rechtsprechung des Bundesverfassungsgerichts, Jura 1997, S. 85-89

Erichsen, Hans-Uwe / Martens, Wolfgang, Allgemeines Verwaltungsrecht, 10. Aufl., Berlin/New York 1995

Esser, Josef / Schmidt, Eike, Schuldrecht I, Band 1, Entstehung, Inhalt und Beendigung von Schuldverhältnissen, 8. Aufl., Heidelberg 1995

Esser, Josef / Schmidt, Eike, Schuldrecht I, Band 2, Durchführungshindernisse und Vertragshaftung, 7. Aufl., Heidelberg 1993

Fecht, Gabriele, Neuverhandlungspflichten zur Vertragsänderung unter besonderer Berücksichtigung des bundesdeutschen Rechts und der UN-Kodizes über Technologietransfer und das Verhalten transnationaler Unternehmen, München 1988

Fiedler, Jürgen, Neuorientierung der Verfassungsrechtsprechung zum Rückwirkungsverbot und zum Vertrauensschutz, NJW 1988, S. 1624-1631

Fikentscher, Wolfgang, Die Geschäftsgrundlage als Frage des Vertragsrisikos, München 1971
– Schuldrecht, 8. Aufl., Berlin/New York 1992

Fischer, Christian, Die tarifwidrigen Betriebsvereinbarungen, Berlin 1998

Fitting, Karl / Engels, Gerd / Schmidt, Ingrid / Trebinger, Yvonne / Linsenmaier, Wolfgang, Betriebsverfassungsgesetz. Handkommentar, 23. Aufl., München 2006

Flume, Werner, Rechtsgeschäft und Privatautonomie, in: Caemmerer, Ernst von / Friesenhahn, Ernst / Lange, Richard (Hg.), Hundert Jahre deutsches Rechtsleben, Festschrift zum hundertjährigen Bestehen des Deutschen Juristentages 1860-1960, Band I, Karlsruhe 1960, S. 135-238
– Allgemeiner Teil des Bürgerlichen Rechts, Zweiter Band, Das Rechtsgeschäft, 4. Auflage, Berlin 1992

Fohmann, Lothar H., Konkurrenzen und *Kollisionen* im Verfassungsrecht. Studie zur Operationalisierung spezifischer Rechtsanwendungsmethoden und zur Konstruktion einer rechtsorientierten Argumentationstheorie, Berlin 1978
– Konkurrenzen und Kollisionen im Grundrechtsbereich, EuGRZ 1985, S. 49-62

Forsthoff, Ernst, Der Entwurf eines Zweiten Vermögensbildungsgesetzes – Eine verfassungsrechtliche Würdigung, BB 1965, S. 381-391
– Lehrbuch des Verwaltungsrechts, Band I, Allgemeiner Teil, 10. Auflage, München 1973
– Begriff und Wesen des sozialen Rechtsstaates, in: Rechtsstaat im Wandel, 2. Aufl., München 1976, S. 165-200

Franzen, Martin, Tarifrechtssystem und Gewerkschaftswettbewerb – Überlegungen zur Flexibilisierung des Flächentarifvertrags, RdA 2001, S. 1-10

von Freytagh-Loringhoven, Axel, Die Weimarer Verfassung in Lehre und Wirklichkeit, München 1924

Frey, Erich, Tarifvertragliche Verweisung auf andere künftige Tarifverträge, AuR 1958, S. 306-307

Friauf, Karl Heinrich, Zur Rolle der Grundrechte im Interventions- und Leistungsstaat, DVBl 1971, S. 674-682
– Gesetzesankündigung und rückwirkende Gesetzgebung im Steuer- und Wirtschaftsrecht, BB 1972, S. 669-678
– Verfassungsrechtliche Aspekte der erleichterten Zulassung von befristeten Arbeitsverhältnissen, NZA 1985, S. 513-517
– Verfassungsgarantie und sozialer Wandel – das Beispiel von Ehe von Familie, NJW 1986, S. 2595-2602
– Die verfassungsrechtlichen Vorgaben einer gesetzlichen oder tarifvertraglichen Arbeitskampfordnung, RdA 1986, S. 188-196

Friese, Birgit, Kollektive Koalitionsfreiheit und Betriebsverfassung, Berlin 2000

Frowein, Jochen Abr., Reform durch Meinungsfreiheit, AöR 105 (1980), S. 169-187
Gallon, Thomas-Peter, Rente als Einkommensbegrenzung. Zum „Altersgrenzenurteil" des Bundesarbeitsgerichts aus rentensystematischer Sicht, SGb 1994, S. 166-170
Gallwas, Hans-Ulrich, Der Mißbrauch der Grundrechte, Berlin 1967
– Faktische Beeinträchtigungen im Bereich der Grundrechte. Ein Beitrag zum Begriff der Nebenwirkungen, Berlin 1970
Galperin, Hans, Wirkung und Unwirksamkeit der Änderungskündigung (Teil 1), DB 1958, S. 799-803
– Die autonome Rechtsetzung im Arbeitsrecht, in: Nipperdey, Hans Carl (Hg.), Festschrift für Erich Molitor, München und Berlin 1962, S. 143-160
– Inhalt und Grenzen des kollektiven Koalitionsrechts, AuR 1965, S. 1-9
– Diskussionsbeitrag auf dem 46. Deutschen Juristentag (Essen 1966), Arbeitsrechtliche Abteilung in: Verhandlungen des 46. DJT, Band II (Sitzungsberichte), Teil D, München/Berlin 1966, S. 57-58
Galperin, Hans / Löwisch, Manfred, Kommentar zum Betriebsverfassungsgesetz, 6. Aufl., Heidelberg 1982
Gamillscheg, Franz, Die Grundrechte im Arbeitsrecht, AcP 164 (1964), S. 385-445
– Der zweiseitig-zwingende Charakter des § 626 BGB, AuR 1981, S. 105-109
– Die Grundrechte im Arbeitsrecht, Berlin 1989
– Die allgemeinen Lehren der Grundrechte und das Arbeitsrecht, AuR 1996, S. 41-48
– Kollektives Arbeitsrecht Band I: Grundlagen, Koalitionsfreiheit, Tarifvertrag, Arbeitskampf und Schlichtung, München 1997
Gartz, Hubert, Änderungen in der Verbandslandschaft – Gewerkschaften, NZA 2000, Sonderbeilage zu Heft 24, S. 6-10
Gaul, Dieter, Das Arbeitsrecht im Betrieb, 8. Aufl., Heidelberg 1986
– Schranken der Bezugnahme auf einen Tarifvertrag, ZTR 1993, S. 355-563
Geiger, Willi, Die Grundrechte in der Privatrechtsordnung, Stuttgart 1960
Gellermann, Martin, Grundrechte im einfachgesetzlichem Gewande, Untersuchung zur normativen Ausgestaltung der Freiheitsrechte, Tübingen 2000
Gentz, Manfred, Zur Verhältnismäßigkeit von Grundrechtseingriffen, NJW 1968, S. 1600-1607
Gerhardt, Michael, Das Koalitionsgesetz, Berlin 1977
Gierke, Otto von, Die soziale Aufgabe des Privatrechts, Leipzig 1889
– Deutsches Privatrecht, Bd. I: Allgemeiner Teil und Personenrecht, Leipzig 1895, Neudruck Leipzig 1936
– Deutsches Privatrecht, Bd. III: Schuldrecht, München/Leipzig, 1917
Giesen, Richard, Das neue Entgeltfortzahlungs- und Urlaubsrecht, RdA 1997, S. 193-204
Gift, Probleme der Friedenspflicht, DB 1959, S. 651-655
Gitter, Wolfgang, Die Unzumutbarkeit als Grenze der Tarifmacht, RdA 1970, S. 129-134
Glos, Gabriel, Der Schutz obligatorischer Rechte durch die Eigentumsgarantie. En Beitrag zur Geschichte und dogmatischen Struktur des Eigentumsgrundrechts, Berlin/Baden-Baden 1998
Goerlich, Helmut, Wertordnung und Grundgesetz. Kritik einer Argumentationsfigur des Bundesverfassungsgerichts, Baden-Baden 1973
Götz, Volkmar, Bundesverfassungsgericht und Vertrauensschutz, in: Starck, Christian (Hg.), Bundesverfassungsgericht und Grundgesetz. Festgabe aus Anlaß des 25jährigen Bestehens des Bundesverfassungsgerichts, Band I, Tübingen 1976, S. 421-452
– Allgemeines Polizei- und Ordnungsrecht, 12. Aufl., Göttingen 1995
Grabitz, Eberhard, Der Grundsatz der Verhältnismäßigkeit in der Rechtsprechung des Bundesverfassungsgerichts, AöR 98 (1973), S. 568-616

- Vertrauensschutz als Freiheitsschutz, DVBl. 1973, S. 675-684
- Freiheit und Verfassungsrecht, Tübingen 1976

Graf, Hans L., Die Grenzen der Freiheitsrechte ohne besondere Vorbehaltsschranke. Zugleich ein Beitrag zur Auslegung der Grundrechte, Diss. jur., München 1970
- Ungeschriebene Grundrechtsschranken, BayVBl. 1971, S. 55-57

Gragert, Nicola, Möglichkeiten und Grenzen der Flexibilisierung von Tarifverträgen zugunsten betrieblicher Regelungen, Hamburg 1997

Grimm, Dieter, Eigentumsschutz sozialpolitischer Positionen und rechtlich-politisches System, in: Verfassungsrechtlicher Eigentumsschutz sozialer Rechtspositionen (Veröffentlichungen der 2. Sozialrechtslehrertagung), Band XXIII, Wiesbaden 1982, S. 226-239
- Grundrechte und Privatrecht in der bürgerlichen Sozialordnung, in: Grimm, Dieter (Hg.), Recht und Staat der bürgerlichen Gesellschaft, Frankfurt a.M. 1987
- Die Entwicklung der Grundrechtstheorie in der deutschen Staatsrechtslehre des 19. Jahrhunderts, in: Birtsch, Günter (Hg.) Grund- und Freiheitsrechte von der ständischen zur spätbürgerlichen Gesellschaft, Göttingen 1987
- Effektivität und Effektuierung des Subsidiaritätsprinzips, KritV 1994, S. 6-12
- Die Zukunft der Verfassung, 2. Aufl., Frankfurt a.M. 1994

Grochtmann, Andreas, Art. 14 GG. Rechtsfragen der Eigentumsdogmatik, Münster/New York/München/Berlin

Gröbing, Karl, Der Bundesangestelltentarif, AuR 1961, S. 334-340
- Zur Rechtswirksamkeit von Verweisungsklauseln in Tarifverträgen, AuR 1982, S. 116-119
- Das Koalitionsrecht in der Krise, AuR 1986, S. 297-302

Groß, Rolf, Verweisungen in Tarifverträgen, BlStSozArbR 1965, S. 287-288

Gumpert, Jobst, Bezugnahme auf Tarifverträge in Arbeitsverträgen und Tarifverträgen, BB 1961, S. 1276-1278
- Teilkündigung, Änderungskündigung und Widerruf, BB 1969, S. 409-412

Gutekunst, Dieter, Zur Teilkündigung, RdA 1959, S. 369-374

Haarmann, Wilhelm, Wegfall der Geschäftsgrundlage bei Dauerrechtsverhältnissen, Berlin 1979

Hainke, Stefan, Vorgeschichte und Entstehung der Tarifvertragsverordnung vom 23. Dezember 1918, Diss. Kiel 1987

Häberle, Peter, Grundrechte im Leistungsstaat, VVDStRL 30 (1972), S. 43-141
- „Positivismus" als Historismus?, DÖV 1977, S. 90-92
- Die Wesensgehaltgarantie des Artikel 19 Abs. 2 GG – Zugleich ein Beitrag zum institutionellen Verständnis der Grundrecht und zur Lehre vom Gesetzesvorbehalt, 3. Aufl., Heidelberg 1983

Hager, Johannes, Grundrechte im Privatrecht, JZ 1994, S. 373-383

Hahn, Frank, Die gewerkschaftliche Betätigung in der Dienststelle, Diss. Tübingen 1991

Hanau, Peter, Arbeitsrecht in der sozialen Marktwirtschaft, in: Wilke, Dieter (Hg.), Festschrift zum 125jährigen Bestehen der Juristischen Gesellschaft zu Berlin, Berlin/New York 1984, S. 227-243
- Zum Kernbereich des Koalitionswesens, AuR 1983, S. 257-265
- Die fehlenden Kündigungsfristen für Arbeiter, DB 1991, S. 40-43
- Zur Deregulierung des Arbeitsrechts, in: Baur, Jürgen F./Müller-Graff, Peter-Christian/ Zuleeg, Manfred (Hg.), Europarecht – Energierecht – Wirtschaftsrecht, Festschrift für Bodo Börner zum 70. Geburtstag, Köln/Berlin/Bonn/München 1992, S. 729-746
- Arbeitsrechtliche und verfassungsrechtliche Fragen zu Karenztagen bei der Entgeltfortzahlung im Krankheitsfall, Bonn 1993
- Die Deregulierung von Tarifverträgen durch Betriebsvereinbarungen als Problem der Koalitionsfreiheit, RdA 1993, S. 1-10

- Tarifautonomie in der Bewährung, GMH 1994, S. 129-141
- Die Koalitionsfreiheit sprengt den Kernbereich, ZIP 1996, S. 447
- Der Tarifvertrag in der Krise, RdA 1998, S. 65-71

Hanau, Peter/Adomeit, Klaus, Arbeitsrecht, 13. Aufl., München 2005

Hanau, Peter/Preis, Ulrich, Die Kündigung von Betriebsvereinbarungen, NZA 1991, S. 81-93

Hanau, Peter/Kania, Thomas, Stufentarifverträge, DB 1995, S. 1229-1234

Hardy, Jörg, Artikel „Typus" in: Prechtl, Peter/Burkard, Franz-Peter (Hg.), Metzler Philosophie Lexikon, Stuttgart/Weimar 1996

Haverkate, Görg, Rechtsfragen des Leistungsstaats. Verhältnismäßigkeitsgebot und Freiheitsschutz im leistenden Staatshandeln, Tübingen 1983

Hauschka, Christoph E./Henssler, Martin, Ein „Billigarbeitsrecht" für die deutsche Seeschiffahrt?, NZA 1988, S. 597-601

Heilmann, Joachim, Die Koalitionsfreiheit als normales Grundrecht, AuR 1996, S. 121- 123

Heimes, Jürgen, BVerfG: Neues Profil der Koalitionsfreiheit, MDR 1996, S. 561-566

Heinze, Meinhard, Krankenstand und Entgeltfortzahlung – Handlungsbedarf und Anpassungserfordernisse, NZA 1996, S. 785-791
- Gibt es eine Alternative zur Tarifautonomie? – Thesen zur aktuellen Diskussion, DB 1996, S. 729-735
- Wege aus der Krise des Arbeitsvertragsrechts – Der Beitrag der Wissenschaft, NZA 1997, S. 1-9

Hengstenberg, H.E., Philosophische Begründung des Subsidiaritätsprinzips, in: Utz, Arthur F., Das Subsidiaritätsprinzip, Sammlung Politeia, Band II, Heidelberg 1953

Henkel, Heinrich, Zumutbarkeit und Unzumutbarkeit als regulatives Rechtsprinzip, in: Engisch, Karl (Hg.) Festschrift für Edmund Mezger zum 70. Geburtstag 15.10.1953, München/Berlin 1954, S. 249-309

Henssler, Martin, Flexibilisierung der Arbeitsmarktordnung – Überlegungen zur Weiterentwicklung der tariflichen Regelungsmacht, ZfA 1994, S. 487-515
- Tarifautonomie und Gesetzgebung, ZfA 1998, S. 1-40

Herbert, Georg, Der Wesensgehalt der Grundrechte, EuGRZ 1985, S. 321-335

Hergenröder, Curt Wolfgang, Anm. zu BAG, Urt. v. 4.3.1993, AP Nr. 40 zu § 622 BGB

Hering, Carl Joseph, Zur Interpretation der Formel „innerhalb der Schranken des für alle geltenden Gesetzes", in: Institut für Völkerrecht und ausländisches öffentliches Recht (Hg.), Festschrift für Hermann Jahrreiß, Köln 1964, S. 87-100

Hermes, Georg, Verfassungsrecht und einfaches Recht – Verfassungsgerichtsbarkeit und Fachgerichtsbarkeit, VVDStRL 61 (2002), S. 119-154

Herschel, Wilhelm, Zur Frage der Teilkündigung, BB 1958, S. 160-162
- Gesetzbuch der Arbeit – heute?, DB 1959, S. 1440-1449
- Zur Rechtsnatur der Allgemeinverbindlicherklärung von Tarifverträgen, in: Jantz, Kurt/Neumann-Duesberg, Horst/Schewe, Dieter (Hg.), Festschrift für Walter Bogs, Berlin 1959, S. 125-137
- Die Auslegung der Tarifvertragsnormen, in: Nipperdey, Hans C. (Hg.), Festschrift für Erich Molitor zum 75. Geburtstag, München/Berlin 1962, S. 161-202
- Verweisungen in Tarifverträgen und Betriebsvereinbarungen, BB 1963, S. 1220-1223
- Sinn und Grenzen der Vereinbarungsbefugnis der Tarifvertragsparteien, Referat auf dem 46. Deutschen Juristentag (Essen 1966), Arbeitsrechtliche Abteilung, in: Verhandlungen des 46. DJT, Band II (Sitzungsberichte), Teil D, München/Berlin 1966, S. 7-34
- Die Zulassungsnormen des Tarifvertrages, RdA 1969, S. 211-215
- Tarifdispositives Recht, DB 1971, S. 2114-2116
- Zur Entstehung des Tarifvertragsgesetzes, ZfA 1973, S. 183-200
- Gesetzesvertretendes Richterrecht und Tarifautonomie, RdA 1973, S. 147-156

- Eigenart und Auslegung der Tarifverträge, AuR 1976, S. 1-6
- Der nachwirkende Tarifvertrag, insbesondere seine Änderung, ZfA 1976, S. 89-106
- Kernbereichslehre und Kodifikationsprinzip in der Tarifautonomie, AuR 1981, S. 265-269

Herzog, Roman, Subsidiaritätsprinzip und Staatsverfassung, Der Staat 2 (1963), S. 399-423
- Artikel „Subsidiaritätsprinzip", in: Kunst, Hermann (Hg.), Evangelisches Staatslexikon, 2. Aufl., Stuttgart/Berlin 1975, Sp. 2591-2597
- Verwaltung und Verwaltungsrecht in einer freiheitlichen Industriegesellschaft, Verhandlungen des 48. DJT 1970 (Mainz), München 1970, Abt. L, S. 5-10
- Grundrechte aus der Hand des Gesetzgebers, in: Fürst, Walter/Herzog, Roman/Umbach, Dieter C. (Hg.), Festschrift für Wolfgang Zeidler, Berlin 1987, Band II, S. 1415-1428
- Der allgemeine Gleichheitssatz (Art. 3 Abs. 1 GG) in der Rechtsprechung des Bundesverfassungsgerichts, in: Maunz, Theodor/Dürig, Günter, Grundgesetz. Kommentar. Stand: 47. Ergänzungslieferung, München, Juni 2006, Anhang zu Art. 3 GG
- Art. 20 und die Frage der Rechtsstaatlichkeit, in: Maunz, Theodor/Dürig, Günter, Grundgesetz. Kommentar. Stand: 47. Ergänzungslieferung, München, Juni 2006, Art. 20 GG VII
- Hierarchie der Verfassungsnormen und ihre Funktion beim Schutz der Grundrechte, EuGRZ 1990, S. 483-486

Hess, Harald/Schlochauer, Ursula/Worzalla, Michael/Glock, Dirk, Betriebsverfassungsgesetz. Kommentar, 6. Aufl., Neuwied 2003

Hesse, Konrad, Der Rechtsstaat im Verfassungssystem des GG, in: Forsthoff, Ernst (Hg.), Rechtsstaatlichkeit und Sozialstaatlichkeit, 1968, S. 557-575
- Bestand und Bedeutung der Grundrechte in der Bundesrepublik Deutschland, EuGRZ 1978, S. 427-438
- Funktionelle Grenzen der Verfassungsgerichtsbarkeit, in: Recht als Prozeß und Gefüge. Festschrift für Hans Huber zum 80. Geburtstag, Bern 1981, S. 261-272
- Der Gleichheitssatz in der neueren deutschen Verfassungsentwicklung, AöR 109 (1984), S. 174-198
- Verfassungsrecht und Privatrecht, Karlsruhe 1988
- Die verfassungsgerichtliche Kontrolle der Wahrnehmung grundrechtlicher Schutzpflichten des Gesetzgebers, in: Däubler-Gmelin, Hertha/Kinkel, Klaus (Hg.), Gegenrede, Aufklärung-Kritik-Öffentlichkeit. Festschrift für Ernst Gottfried Mahrenholz, Baden-Baden 1994, S. 541-550
- Bedeutung der Grundrechte, in: Benda, Ernst/Maihofer, Werner/Vogel, Hans-Jochen (Hg.), Handbuch des Verfassungsrechts der Bundesrepublik Deutschland, 2. Aufl., Berlin/New York 1994, S. 127-160
- Grundzüge des Verfassungsrechts der Bundesrepublik Deutschland, 20. Aufl., Heidelberg 1995

Heßhaus, Andrea, Kündigung und Wegfall der Geschäftsgrundlage im Tarifvertragsrecht, Konstanz 1999

Heun, Werner, Funktionell-rechtliche Schranken der Verfassungsgerichtsbarkeit, Baden-Baden 1992
- Verfassungsrecht und einfaches Recht – Verfassungsgerichtsbarkeit und Fachgerichtsbarkeit, VVDStRL 61 (2002), S. 80-118

Hey, Felix Christopher, Wegfall der Geschäftsgrundlage bei Tarifverträgen, ZfA 2002, S. 275-294

Heyde, Wolfgang, Der Regelungsspielraum des Gesetzgebers bei vorbehaltslos gewährleisteten Grundrechten, in: Fürst, Walter/Herzog, Roman/Umbach, Dieter C. (Hg.), Festschrift für Wolfgang Zeidler, Band II, Berlin 1987, S. 1429-1444

Hilger, Marie-Louise, Rentenreform und betriebliche Ruhegeldzusagen (Ruhegeldzusagen ohne Vorbehalt), BB 1957, S. 296-299
Hill, Hermann, Einführung in die Gesetzgebungslehre, Heidelberg 1982
Hillgruber, Christian, Richterliche Rechtsfortbildung als Verfassungsproblem, JZ 1996, S. 188-125
von Hippel, Eike, Grenzen und Wesensgehalt der Grundrechte, 1965
Hirschberg, Lothar, Der Grundsatz der Verhältnismäßigkeit, Göttingen 1981
Hobbes, Thomas, Leviathan, zit. nach der Reclam-Ausgabe, Stuttgart 1990
Höfling, Wolfram, Offene Grundrechtsinterpretation. Grundrechtsauslegung zwischen amtlichem Interpretationsmonopol und privater Konkretisierungskompetenz, Berlin 1987
– Vertragsfreiheit. Eine Grundrechtsdogmatische Studie, Heidelberg 1991
– Grundrechtstatbestand – Grundrechtsschranken – Grundrechtsschrankenschranken, Jura 1994, S. 169-173
– Die Grundrechtsbindung der Staatsgewalt, JA 1995, S. 431-437
– Grundelemente einer Bereichsdogmatik der Koalitionsfreiheit – Kritik und Reformulierung der sog. Kernbereichslehre, in: Wendt, Rudolf / Höfling, Wolfram / Karpen, Ulrich / Oldiges, Martin (Hg.), Staat – Wirtschaft – Steuern, Festschrift für Karl Heinrich Friauf zum 65. Geburtstag, Heidelberg 1996, S. 378-389
– Anm. zu BVerfG, Beschl. v. 27.4.1999, 1 BvR 2203/93 und 1 BvR 897/95, JZ 2000, S. 44-46
– Das Günstigkeitsprinzip – ein grundrechtsdogmatischer Zwischenruf, NJW 2005, S. 469-473
Höland, Armin / Reim, Uwe / Brecht, Holger, Flächentarifvertrag und Günstigkeitsprinzip. Empirische Beobachtungen und rechtliche Betrachtungen der Anwendung von Flächentarifverträgen in den Betrieben, Baden-Baden 2000
Hofacker, Wilhelm, Grundrechte und Grundpflichten der Deutschen, Stuttgart 1926
Hoffmann-Riem, Wolfgang, Medienfreiheit und der außenplurale Rundfunk, AöR 109 (1984), S. 304-368
– Rundfunkrecht neben Wirtschaftsrecht. Zur Anwendbarkeit des GWB und des EWG-V auf das Wettbewerbsverhalten öffentlich-rechtlichen Rundfunks in der dualen Rundfunkordnung, Baden-Baden 1991
– Kommunikations- und Medienfreiheit, in: Benda, Ernst / Maihofer, Werner / Vogel, Hans-Jochen, Handbuch des Verfassungsrechts der Bundesrepublik Deutschland, 2. Aufl., Berlin/New York 1994, S. 191-262
Holoubek, Michael, Bauelemente eines grundrechtsdogmatischen Argumentationsschemas, in: Grabenwarter, Christoph (Hg.), Allgemeinheit der Grundrechte und Vielfalt der Gesellschaft. 34. Tagung der Wissenschaftlichen Mitarbeiterinnen und Mitarbeiter der Fachrichtung „Öffentliches Recht", Stuttgart 1994
– Grundrechtliche Gewährleistungspflichten, Wien/New York 1997
Hottgenroth, Ralf, Die Verhandlungspflicht der Tarifvertragsparteien, Baden-Baden 1990
Horn, Norbert, Neuverhandlungspflicht, AcP 181 (1981), S. 255-288
– Die Anpassung langfristiger Verträge im internationalen Wirtschaftsverkehr. Vertragsklauseln und Schiedspraxis, in: Horn, Norbert / Kötz, Hein (Hg.), Die Anpassung langfristiger Verträge. Vertragsklauseln und Schiedspraxis, Frankfurt a.M. 1984
– Besprechung von Nelle, Andreas, Neuverhandlungspflichten, ZHR 158 (1994), S. 425-430
Hromadka, Wolfgang, Betriebsvereinbarungen über mitbestimmungspflichtige soziale Angelegenheiten bei Tarifüblichkeit – Zwei-Schranken-Theorie ade?, DB 1987, S. 1991-1994
– Arbeitsrecht – Quo vadis?, in: Festschrift 40 Jahre der Betrieb, Stuttgart 1988, S. 241-265

- Tarifautonomie versus Privatautonomie – Ein Beitrag zur Arbeitszeitdiskussion, DB 1992, S. 1042-1047
- Änderung von Arbeitsbedingungen, RdA 1992, S. 234-265
- Rechtsfragen zum Kündigungsfristengesetz, BB 1993, S. 2372-2381
- Tarifdispostives Recht und Tarifautonomie – „KAPOVAZ" per Tarifvertrag?, in: Heinze, Meinhard / Söllner, Alfred (Hg.), Arbeitsrecht in der Bewährung, Festschrift für Otto Rudolf Kissel zum 65. Geburtstag, München 1994, S. 417-431
- Tariffibel. Tarifvertrag und Tarifverhandlungen, Schlichtung, Arbeitskampf, 4. Aufl. 1995
- Das Leistungsbestimmungsrecht des Arbeitgebers, DB 1995, S.1609-1615
- Das allgemeine Weisungsrecht, DB 1995, S. 2601-2606
- Reformbedarf im Tarifrecht?, in: Anzinger, Rudolf (Hg.), Entwicklungen im Arbeitsrecht und Arbeitsschutzrecht. Festschrift für Otfried Wlotzke zum 70. Geburtstag, München 1996, S. 333-355
- Reformbedarf im Tarifrecht?, AuA 1996, S. 289-293
- Möglichkeiten und Grenzen der Änderungskündigung, NZA 1996, S. 1-14
- Mehr Flexibilität für die Betriebe, NZA 1996, S. 1233-1240
- Tarifvertrag und Arbeitsvertrag bei der Ausgründung von Betriebsteilen, DB 1996, S. 1872-1879
- Gesetzliche Tariföffnungsklauseln – Unzulässige Einschränkung der Koalitionsfreiheit oder Funktionsbedingung der Berufsfreiheit?, NJW 2003, S. 1273-1277

Hromadka, Wolfgang / Maschmann, Frank, Arbeitsrecht Band 2. Kollektivarbeitsrecht, 3. Aufl., Heidelberg 2004

Hromadka, Wolfgang / Maschmann, Frank / Wallner, Franz, Der Tarifwechsel. Tarifvertrag und Arbeitsvertrag bei Änderung von Verbandsmitgliedschaft, Betriebszweck und Betriebsinhaber, München 1996

Huber, Ernst Rudolf, Bedeutungswandel der Grundrechte, AöR n.F. 23 (1933), S. 1-98
- Verfassungsrecht des Großdeutschen Reiches, 2. Aufl., Hamburg 1939
- Deutsche Verfassungsgeschichte seit 1789. Ausbau, Schutz und Untergang der Weimarer Republik, Band VII, Stuttgart 1984

Huber, Hans, Die verfassungsrechtliche Bedeutung der Vertragsfreiheit, Berlin 1966
- Über die Konkretisierung der Grundrechte, in: Saladin, Peter / Wildhaber, Luzius (Hg.), Der Staat als Aufgabe, Gedenkschrift für Max Imboden, Basel und Stuttgart 1972, S. 191-209
- Über den Grundsatz der Verhältnismäßigkeit im Verwaltungsrecht, ZSchwR 1977, S. 1-29

Huber, Konrad, Maßnahmegesetz und Rechtsgesetz, Berlin 1963

Hueck, Alfred / Nipperdey, Hans Carl, Lehrbuch des Arbeitsrechts, Band I, 7. Aufl., Berlin/ Frankfurt 1967

Hueck, Alfred / Nipperdey Hans Carl, Lehrbuch des Arbeitsrechts, Band II, 1. Halbband Kollektives Arbeitsrecht, 7. Aufl., Berlin/Frankfurt 1967

Hueck, Götz, Die Teilkündigung im Arbeitsrecht, RdA 1968, S. 201-208

Hufen, Friedhelm, Anm. zu BVerfG, Beschl. v. 24.4.1996, 1 BvR 712/86 (HRG-Entscheidung), SAE 1997, S. 137-139

Husserl, Gerhart, Rechtskraft und Rechtsgeltung. Eine rechtsdogmatische Untersuchung. Band I. Genesis und Grenzen der Rechtsgeltung, Berlin 1925

Iffland, Hans, Verweisungen in Tarifverträgen und Betriebsvereinbarungen, DB 1964, S. 1737-1740

Ihering, Rudolf, Der Zweck im Recht, Band 1, 3. Aufl., Leipzig 1893

Ipsen, Jörn, Gesetzliche Einwirkungen auf grundrechtlich geschützte Rechtsgüter, JZ 1997, S. 473-480
- Staatsrecht II (Grundrechte) 5. Aufl., Neuwied/Kriftel 2002

Ipsen, Knut, Völkerrecht, 4. Aufl., München 1997
Isensee, Josef, Subsidiaritätsprinzip und Verfassungsrecht – Eine Studie über das Regulativ des Verhältnisses von Staat und Gesellschaft, Berlin 1968
- Wer definiert die Freiheitsrechte?, Karlsruhe 1980
- Verfassung ohne soziale Grundrechte, Der Staat 19 (1980), S. 367-384
- Grundrechte und Demokratie, Der Staat 20 (1981), S. 161-176
- Artikel „Staat" in: Görres-Gesellschaft (Hg.), Staatslexikon, Band V, 7. Aufl., Freiburg/Basel/Wien 1986, Sp. 133-157
- Die Neuregelung der Arbeitskampf-Neutralität nach § 116 AFG und die Vorgaben der Verfassung, DB 1986, S. 429-436
- Die verfassungsrechtliche Verankerung der Tarifautonomie, in: Die Zukunft der sozialen Partnerschaft, Veröffentlichungen der Walter-Raymond-Stiftung, Bd. 24, Köln 1986, S. 159-193
- Das Grundrecht als Abwehrrecht und staatliche Schutzpflicht, in: Isensee, Josef/Kirchhof, Paul (Hg.), Handbuch des Staatsrechts der Bundesrepublik Deutschland, Band V, Heidelberg 2000, S. 143-241
- Grundrechtsvoraussetzungen und Verfassungserwartungen, in: Isensee, Josef/Kirchhof, Paul (Hg.), Handbuch des Staatsrechts der Bundesrepublik Deutschland, Band V, Heidelberg 1992, S. 353-484
- Vorbehalt der Verfassung. Das Grundgesetz als abschließende und als offene Norm, in: Isensee, Josef/Lecheler, Helmut (Hg.), Freiheit und Eigentum. Festschrift für Walter Leisner zum 70. Geburtstag, Berlin 1999
- Das Dilemma der Freiheit im Grundrechtsstaat, in: Kästner, Karl-Hermann (Hg.), Festschrift für Martin Heckel zum 70. Geburtstag, Tübingen 1999, S. 739-773
Jacobs, Matthias, Tarifeinheit und Tarifkonkurrenz, Berlin 1999
Jahnke, Volker, Tarifautonomie und Mitbestimmung, München 1984
Jakobi, Erwin, Grundlehren des Arbeitsrechts, Leipzig 1927
Jakobs, Michael Ch., Der Grundsatz der Verhältnismäßigkeit, Köln/Berlin/Bonn/München 1985
- Der Grundsatz der Verhältnismäßigkeit, DVBl. 1985, S. 97-102
Jansen, Guido, Anm. zu BAG, Urt. v. 16.9.1993, AP Nr. 43 zu § 622 BGB
Jarass, Hans D., Die Freiheit des Rundfunks vom Staat. Gremienbesetzung, Rechtsaufsicht, Genehmigungsvorbehalte, staatliches Rederecht und Kooperationsformen auf dem verfassungsrechtlichen Prüfstand, Berlin 1981
- Grundrechte als Wertentscheidungen bzw. objektivrechtliche Prinzipien in der Rechtsprechung des Bundesverfassungsgerichts, AöR 110 (1985), S. 363-397
- In welcher Weise empfiehlt es sich, die Ordnung des Rundfunks und sein Verhältnis zu anderen Medien – auch unter dem Gesichtspunkt der Harmonisierung – zu regeln? Gutachten G für den 56. Deutschen Juristentag (Berlin 1986), München 1986
- Tarifverträge und Verfassungsrecht – Grundlagenfragen, dargestellt am Beispiel des Streits um den Ladenschluß, NZA 1990, S. 505-510
- Bausteine einer umfassenden Grundrechtsdogmatik, AöR 120 (1995), S. 345-381
Jarass, Hans D./Pieroth, Bodo, Grundgesetz, Kommentar, 8. Aufl. München 2006
Jeand'Heur, Bernd, Grundrechte im Spannungsverhältnis zwischen subjektiven Freiheitsgarantien und objektiven Grundsatznormen, JZ 1995, S. 161-167
Jellinek, Georg, System der subjektiven öffentlichen Rechte, 2. Aufl., Tübingen 1919
- Allgemeine Staatslehre, 3. Aufl., Berlin 1919
Joachim, Hans G., Kann die Änderung des Arbeitsvertrages auch durch eine Teilkündigung erfolgen?, RdA 1957, S. 326-329
- Anm. zu BAG, Urt. v. 28.2.1979, AP Nr. 9 zu § 1 TVG Tarifverträge: Rundfunk

Junker, Abbo, Der Flächentarifvertrag im Spannungsverhältnis von Tarifautonomie und betrieblicher Regelung, ZfA 1996, S. 383-417
Kälin, Walter, Verfassungsgerichtsbarkeit in der Demokratie. Funktionen der staatsrechtlichen Beschwerde, Bern 1987
Käppler, Renate, Voraussetzungen und Grenzen tarifdispositiven Richterrechts, Berlin 1977
– Tarifvertragliche Regelungsmacht, NZA 1991, S. 745-754
Kalb, Heinz-Jürgen, Arbeitskampf, in: Stahlhacke, Eugen (Hg.), Handbuch zum Arbeitsrecht, Gruppe 18, Teil B, Teilbereich 4
Kamanabrou, Sudabeh, Die Auslegung tarifvertraglicher Entgeltfortzahlung – zugleich ein Beitrag zum Verhältnis der Tarifautonomie zu zwingenden Gesetzen, RdA 1997, S. 22-34
– Anm. zu BAG, Urt. v. 14.2.1996, AP Nr. 21 zu § 1 TVG Tarifverträge: Textilindustie
– Die Auslegung und Fortbildung des normativen Teils von Tarifverträgen auf der Grundlage eines Vergleichs der Auslegung und Fortbildung von Gesetzen mit der Auslegung und Ergänzung von Rechtsgeschäften, Berlin 1997
Karakatsanis, Alexander, Die kollektivrechtliche Gestaltung des Arbeitsverhältnisses und ihre Grenzen, Heidelberg 1963
Karpen, Hans-Ulrich, Die Verweisung als Mittel der Gesetzgebungstechnik, Berlin 1970
Kaskel, Walter / Dersch, Hermann, Arbeitsrecht, 5. Aufl., Berlin/Göttingen/Heidelberg 1957
Kast, Matthias / Freihube, Dirk, Die fristlose Kündigung von (Haus-)Tarifverträgen, BB 2003, S. 956-961
Kegel, Gerhard, Empfiehlt es sich, den Einfluß grundlegender Veränderungen des Wirtschaftslebens auf Verträge gesetzlich zu regeln? Gutachten für den 40. Deutschen Juristentag, in: Verhandlungen des 40. Deutschen Juristentages, Band I, Tübingen 1953, S. 135 ff.
Keil, Hilger, Entgeltfortzahlung und Tarifvertrag, in: Isenhardt, Udo / Preis, Ulrich (Hg.), Arbeitsrecht und Sozialpartnerschaft, Festschrift für Peter Hanau, Köln 1999, S. 517-527
Kempen, Otto Ernst, Ansätze zu einer Neuorientierung des gegenwärtigen Tarifvertragsrechts, AuR 1980, S. 193-203
– Arbeitnehmerschutz, Tarifverträge und Beschäftigungsförderungsgesetz. Zum Verhältnis von Tarifautonomie und Gesetzgebung, AuR 1985, S. 374-386
– Struktur- und Funktionsunterschied zwischen Tarifvertrag und Betriebsvereinbarung, ArbRdGgw 1993, S. 97-125
– Subsidiaritätsprinzip, europäisches Gemeinschaftsrecht und Tarifautonomie, KritV 1994, S. 13-56
– Betriebsverfassung und Tarifvertrag – Eine Standortbestimmung, RdA 1994, S. 140-152
– Staatliche Schutzpflicht gegenüber der Tarifautonomie, in: Heinze, Meinhard / Schmitt, Jochem (Hg.), Festschrift für Wolfgang Gitter, Wiesbaden 1995, S. 427-445
– Der verfassungsrechtliche Vorrang der Tarifautonomie im arbeitsrechtlichen Regelungsgefüge, AuR 1996, S. 326-344
Kempen, Otto Ernst / Zachert, Ulrich, Tarifvertragsgesetz. Kommentar für die Praxis, 4. Aufl., Frankfurt am Main 2006
Kemper, Michael, Die Bestimmung des Schutzbereichs der Koalitionsfreiheit (Art. 9 Abs. 3 GG) – Zugleich ein Beitrag zur Lehre von den Einrichtungsgarantien, Heidelberg 1990
– Kommentierung von Art. 9 GG in: Mangoldt, Hermann von / Klein, Friedrich / Starck, Christian, Das Bonner Grundgesetz, 4. Aufl., München 1999
Kimminich, Otto, in: Abelein, Manfred / Kimminich, Otto (Hg.), Festschrift für Hermann Raschhofer zum 70. Geburtstag am 26. Juli 1975, Kallmünz 1977, S. 105-121
Kingreen, Thorsten, Die verfassungsrechtliche Stellung der nichtehelichen Lebensgemeinschaft im Spannungsfeld zwischen Freiheits- und Gleichheitsrechten, Berlin 1995
– Das Grundrecht von Ehe und Familie (Art. 6 Abs. 1 GG), Jura 1997, 401 ff.
Kirchhof, Ferdinand, Private Rechtsetzung, Berlin 1987

Kirchhof, Paul, Der allgemeine Gleichheitssatz, in: Isensee, Josef/Kirchhof, Paul (Hg.), Handbuch des Staatsrechts, Band III, Heidelberg 1992, S. 837-972
– Gleichheit in der Funktionenordnung, in: Isensee, Josef/Kirchhof, Paul (Hg.), Handbuch des Staatsrechts, Band III, Heidelberg 1992, S. 973-1016
– Gleichmaß und Übermaß, in: Badura, Peter/Scholz Rupert (Hg.), Wege und Verfahren des Verfassungslebens, Festschrift für Peter Lerche zum 65. Geburtstag, München 1993, S. 133-149
Kissel, Otto Rudolf, Das Spannungsfeld zwischen Betriebsvereinbarung und Tarifvertrag, NZA 1986, S. 73-80
– Rechtsprechung und Tariffreiheit, ArbRdGgw 1994, S. 21-36
– Kollektive Arbeitsbedingungen im Spannungsfeld zwischen Tarif- und Betriebsautonomie, NZA 1995, S. 1-5
Kittner, Michael, Öffnung des Flächentarifvertrags, in: Schlachter, Monika/Ascheid, Reiner/Friedrich, Hans-Wolf (Hg.), Tarifautonomie für ein neues Jahrhundert. Festschrift für Günter Schaub zum 65. Geburtstag, München 1998, S. 389-420
Kittner, Michael/Däubler, Wolfgang/Zwanziger, Bertram, Kündigungsschutzrecht. Kommentar für die Praxis zu Kündigungen und anderen Formen der Beendigung des Arbeitsverhältnisses, 6. Aufl., Köln 2004
Klein, Eckart, Preferred Freedoms-Doktrin und deutsches Verfassungsrecht, in: Klein, Eckart (Hg.), Grundrechte, soziale Ordnung und Verfassungsgerichtsbarkeit. Festschrift für Ernst Benda, Heidelberg 1995, S. 135-152
Klein, Friedrich, Institutionelle Garantien und Rechtsinstitutsgarantien, Breslau 1931
Klein, Hans Hugo, Gedanken über neuere Entwicklungen im Hochschulrecht. Zur Auslegung des Art. 5 Abs. 3 Satz 1 des Grundgesetzes, AöR 90 (1965), S. 129-182
– Die Grundrechte im demokratischen Staat, Stuttgart/Berlin/Köln/Mainz, 1972
– Rundfunkrecht und Rundfunkfreiheit, Der Staat 20 (1981), S. 177-200
– Die grundrechtliche Schutzpflicht, DVBl. 1994, S. 489-497
Kloepfer, Michael, Grundrechtstatbestand und Grundrechtsschranken in der Rechtsprechung des Bundesverfassungsgerichts – dargestellt am Beispiel der Menschenwürde, in: Starck, Christian (Hg.), Bundesverfassungsgericht und Grundgesetz. Festgabe aus Anlaß des 25jährigen Bestehens des Bundesverfassungsgerichts, Band II, Tübingen 1976, S. 405-420
– Der Vorbehalt des Gesetzes im Wandel, JZ 1984, S. 685-695
– Arbeitsgesetzgebung und Wesentlichkeitstheorie, NJW 1985, S. 2497-2505
Klußmann, Manfred, Zulässigkeit und Grenzen von nachträglichen Eingriffen des Gesetzgebers in laufende Verträge, Berlin 1970
Knemeyer, Franz-Ludwig, Polizei- und Ordnungsrecht, 6. Aufl., München 1995
Knies, Wolfgang, Schranken der Kunstfreiheit als verfassungsrechtliches Problem, München 1967
Koch, Franz-Michael, Kündigung von Ost-Tarifverträgen – Kein Rechtsbruch?!, AuA 1993, S. 232-235
Köhler, Helmut, Unmöglichkeit und Geschäftsgrundlage bei Zweckstörungen im Schuldverhältnis, München 1971
Kohte, Wolfhard, Über den Umgang mit Tarifverträgen. Eine Intervention aus aktuellem Anlaß, BB 1986, S. 397-408
Koller, Ingo, Die Risikozurechnung bei Vertragsstörungen in Austauschverträgen, München 1979
Konertz, Wolfram, Tarifrechtliche Regelungsmöglichkeiten der Rationalisierung, Frankfurt a.M. 1983
Konzen, Horst, Die Tarifautonomie zwischen Akzeptanz und Kritik, NZA 1995, S. 913-920
– Anm. zu BVerfG, Urt. v. 4.7.1995, SAE 1996, S. 216-224

Kramer, Michael, Unterschiedliche vertragliche Kündigungsfristen für Arbeiter und Angestellte, ZIP 1991, S. 929-937

Krebs, Walter, Vorbehalt des Gesetzes und Grundrechte, Berlin 1975

– Zum aktuellen Stand der Lehre vom Vorbehalt des Gesetzes, Jura 1979, S. 305-312

Kreft, Friedrich, Öffentlich-rechtliche Ersatzleistungen. Amtshaftung, Enteignung, Aufopferung, Berlin 1980

Kreutz, Peter, Kommentierung des § 77 BetrVG in: Kraft, Alfons / Wiese, Günther / Kreutz, Peter / Oetker, Hartmut / Raab, Thomas / Weber, Christoph / Franzen, Martin, Gemeinschaftskommentar zum Betriebsverfassungsgesetz, Band II, 8. Aufl. Neuwied 2005

Kriele, Manfred, Theorie der Rechtsgewinnung – entwickelt am Problem der Verfassungsinterpretation, 2. Aufl., Berlin 1976

– Vorbehaltlose Grundrechte und die Rechte anderer, JA 1984, S. 629-638

Krings, Hermann, Artikel „Freiheit" in: Görres-Gesellschaft (Hg.), Staatslexikon, 7. Aufl., Freiburg/Basel/Wien 1986, Sp. 606-703.

Kronberger Kreis, Mehr Markt im Arbeitsrecht, in: Frankfurter Institut für wirtschaftspolitische Forschung e.V., Veröffentlichungen des Kronberger Kreises 10, Bad Homburg v.d.H. 1986, Nr. 12

Kronke, Herbert, Regulierungen auf dem Arbeitsmarkt. Kernbereiche des Arbeitsrechts im internationalen Vergleich, Baden-Baden 1990

Krüger, Herbert, Die Einschränkung von Grundrechten nach dem Grundgesetz, DVBl. 1950, S. 625-629

– Staatliche Gesetzgebung und nichtstaatliche Rechtsetzung, RdA 1957, S. 201-206

– Über die Herkunft der Gewalt der Staaten und der sogenannten supranationalen Organisationen, DÖV 1959, S. 721-726

– Sinn und Grenzen der Vereinbarungsbefugnis der Tarifvertragsparteien, Gutachten für den 46. Deutschen Juristentag (Essen 1966), in: Verhandlungen des 46. DJT, Band I, Teil D, München/Berlin 1966, S. 7-96

– Diskussionsbeitrag auf dem 46. Deutschen Juristentag (Essen 1966), Arbeitsrechtliche Abteilung, in: Verhandlungen des 46. DJT, Band II (Sitzungsberichte), Teil D, München/Berlin 1966, S. 64-67

Krummel, Christoph, Die Geschichte des Unabdingbarkeitsgrundsatzes und des Günstigkeitsprinzips im Tarifvertragsrecht, Frankfurt a.M./Bern/New York/Paris 1991

Küchenhoff, Günther, Staatsverfassung und Subsidiarität, in: Utz, Arthur F., Das Subsidiaritätsprinzip, Sammlung Politeia, Band II, Heidelberg 1953

– Das Prinzip der staatlichen Subsidiarität im Arbeitsrecht, RdA 1959, S. 201-206

– Verbandsautonomie, Grundrechte und Staatsgewalt, AuR 1963, S. 321-334

– Einwirkungen des Verfassungsrechts auf das Arbeitsrecht, in: Dietz, Rolf / Hübner, Heinz (Hg.), Festschrift für Hans C. Nipperdey zum 70. Geburtstag am 21.1.1965, Band II, München/Berlin 1965, S. 317-348

– Das Arbeitsrecht als Ordnung individueller und sozialer Grundkräfte des Menschen, in: Festschrift für Hans Schmitz, Band II, Wien/München 1967, S. 109-121

Kühling, Jürgen / Bertelsmann, Klaus, Tarifautonomie und Unternehmerfreiheit – Arbeitskampf aus Anlass von Standortentscheidungen, NZA 2005, S. 1017-1027

Kunig, Philip, Das Rechtsstaatsprinzip, Tübingen 1986

– Verfassungsrecht und einfaches Recht – Verfassungsgerichtsbarkeit und Fachgerichtsbarkeit, VVDStRL 61 (2002), S. 34-79

Kunze, Otto, Das Verhältnis des dispositiven Gesetzesrecht zum Tarifvertrag, ArbRdGgw 1 (1964), S. 119-143

Lagoni, Rainer, Koalitionsfreiheit und Arbeitsverträge auf Seeschiffen, JZ 1995, S. 499-503

Lambrich, Thomas, Tarif- und Betriebsautonomie. Ein Beitrag zu den Voraussetzungen und Grenzen des Tarifvorbehalts, insbesondere dem Erfordernis der Tarifbindung des Arbeitgebers, Berlin 1999
Langenfeld, Gerrit, Vertragsgestaltung. Methode, Verfahren, Vertragstypen, München 1991
Larenz, Karl, Vertrag und Unrecht I, Vertrag und Vertragsbruch, Hamburg 1936
– Geschäftsgrundlage und Vertragserfüllung. Die Bedeutung „veränderter Umstände" im Zivilrecht, 3. Aufl., München 1963
– Allgemeiner Teil des deutschen Bürgerlichen Rechts, 7. Aufl., München 1989
– Lehrbuch des Schuldrechts, Band I: Allgemeiner Teil, 14. Aufl., München 1987
– Lehrbuch des Schuldrechts, Band II: Besonderer Teil/1. Teilband, 13. Aufl., München 1986
– Methodenlehre der Rechtswissenschaft. Studienausgabe, 2. Aufl., Berlin/Heidelberg/New York/London/Paris/Tokyo/Hong Kong/Barcelona/Budapest 1992
Lecheler, Helmut, Schutz von Ehe und Familie, in: Isensee, Josef/Kirchhof, Paul (Hg.), Handbuch des Staatsrechts der Bundesrepublik Deutschland, Heidelberg 1992, Band VI, § 133
Leenen, Detlef, Typus und Rechtsfindung, Berlin 1971
Leibholz, Gerhard, Der Status des Bundesverfassungsgericht, in: Das Bundesverfassungsgericht 1951-1971, Karlsruhe 1971, S. 61-86
Leipold, Dieter, Aussetzung nach § 148 ZPO bis zur Entscheidung nach Art. 100 GG – Unterschiedliche Kündigungsfristen für ältere Arbeiter und Angestellte, SAE 1989, S. 263-265
Leinemann, Wolfgang, Änderung von Arbeitsbedingungen durch Betriebsvereinbarungen. Fragen zum Beschluß des Großen Senats des Bundesarbeitsgerichts vom 16.9.1986, BB 1989, S. 1905-1912
Leisner, Walter, Grundrechte und Privatrecht, München 1960
– Von der Verfassungsmäßigkeit der Gesetze zur Gesetzmäßigkeit der Verfassung, Tübingen 1964
– Die Gesetzmäßigkeit der Verfassung, JZ 1964, S. 201-206
– Das Gesetzesvertrauen des Bürgers. Zur Theorie der Rechtsstaatlichkeit und der Rückwirkung der Gesetze, in: Blumenwitz, Dieter/Randelzhofer, Albrecht, Festschrift für Friedrich Berber zum 75. Geburtstag, München 1973, S. 273-297
– Eigentumswende? Liegt der Grundwasserentscheidung des Bundesverfassungsgerichts ein neues Eigentumsverständnis zugrunde?, DVBl 1983, S. 61-67
– Eigentum, in: Isensee, Josef/Kirchhof, Paul (Hg.), Handbuch des Staatsrechts der Bundesrepublik Deutschland, Heidelberg 1992, Band VI, § 149
Lerche, Peter, Grundrechtsbegrenzungen „durch Gesetz" im Wandel des Verfassungsbildes, DBVl. 1958, S. 524-534
– Übermaß und Verfassungsrecht. Zur Bindung des Gesetzgebers an die Grundsätze der Verhältnismäßigkeit und der Erforderlichkeit, Köln/Berlin/München/Bonn 1961
– Verfassungsfragen um Sozialhilfe und Jugendwohlfahrt, in: Institut für Staatslehre, Staats- und Verwaltungsrecht der FU Berlin, Studien und Gutachten, Heft 3, Berlin 1963
– Förderalismus als nationales und internationales Ordnungsprinzip, VVDStRL 21 (1964), S. 66-104
– Verfassungsrechtliche Zentralfragen des Arbeitskampfes, Bad Homburg v.d.H/Berlin/Zürich 1968
– Zur Verfassungsposition der Landkreise, DÖV 1969, S. 46-56
– Stiller Verfassungswandel als aktuelles Verfassungsproblem, in: Spanner, Hans/Lerche, Peter/Zacher, Hans/Badura, Peter/von Campenhausen, Axel (Hg.), Festgabe für Theodor Maunz zum 70. Geburtstag, München 1971, S. 285-300
– Bayerisches Schulrecht und Gesetzesvorbehalt, München 1981

- Schutzbereich, Grundrechtsprägung, Grundrechtseingriff, in: Isensee, Josef/ Kirchhof, Paul (Hg.), Handbuch des Staatsrechts der Bundesrepublik Deutschland, Heidelberg 2000, Band V, S. 739-773
- Grundrechtsschranken, in: Isensee, Josef/ Kirchhof, Paul (Hg.), Handbuch des Staatsrechts der Bundesrepublik Deutschland, Heidelberg 2000, Band V, S. 775-804
- Grundrechtswirkungen im Privatrecht. Einheit der Rechtsordnung und materielle Verfassung, in: Böttcher, Reinhard/ Hueck, Götz/ Jähnke, Burkhard, Festschrift für Walter Odersky zum 65. Geburtstag am 17. Juli 1996, Berlin/New York 1996, S. 215-232

Lesch, Hagen, Dezentralisierung der Tarifpolitik und Reform des Tarifrechts, DB 2000, S. 322-326

Lieb, Manfred, Kritische Gedanken zum tarifdispositiven Richterrecht, RdA 1972, S. 129-143
- Mehr Flexibilität im Tarifvertragsrecht? Moderne Tendenzen auf dem Prüfstand, NZA 1994, S. 289-294 und S. 337-342
- Anm. zu BVerfG, Urt. v. 4.7.1995 – 1 BvF 2/86 (§ 116 AFG), JZ 1995, S. 1174-1178

Liedmeier, Norbert, Die Auslegung und Fortbildung arbeitsrechtlicher Kollektivverträge, Berlin 1991

Limpens, Herbert, Funktion und Grenzen der Inhaltsbestimmung des Eigentums im Sinne von Art. 14 Abs. 1 Satz 2 des Grundgesetzes, Diss. Köln 1973

Link, Ewald, Das Subsidiaritätsprinzip. Sein Wesen und seine Bedeutung für die Sozialethik, Freiburg 1955

Locher, Eugen, Geschäftsgrundlage und Geschäftszweck, AcP 121 (1923), S. 1-45

Loewenstein, Karl, Erscheinungsformen der Verfassungsänderung. Verfassungsdogmatische Untersuchungen zu Art. 76 der Reichsverfassung, Tübingen 1931
- Verfassungslehre, Tübingen 1959

Löwer, Wolfgang, Stellungnahme zum Entwurf eines Entgeltfortzahlungsgesetzes, BT-Ausschuß für Arbeit und Sozialordnung, Drucks. 12/892

Löwisch, Manfred, Die Ausrichtung der tariflichen Lohnfestsetzung am gesamtwirtschaftlichen Gleichgewicht – Ein Beitrag zum Spannungsverhältnis von Tarifautonomie und Staatsintervention, RdA 1969, S. 129-137
- Der rundfunkpolitische Streik, RdA 1982, S. 73-86
- Zur Verfassungsmäßigkeit der erweiterten Zulassung befristeter Arbeitsverhältnisse durch das Beschäftigungsförderungsgesetz, NZA 1985, S. 478-481
- Die Arbeitsrechtsordnung unter dem Grundgesetz, in: Universität Freiburg (Hg.), 40 Jahre Grundgesetz. Der Einfluß des Verfassungsrechts auf die Entwicklung der Rechtsordnung, Heidelberg 1990, S. 59-85
- Gemeinschaftsarbeiten für Bezieher von Arbeitslosengeld und Arbeitslosenhilfe in rechtlicher Sicht, NZS 1993, S. 473-482
- Der Entwurf einer Entsende-Richtlinie der EU in rechtlicher Sicht, in: Bettermann, Karl August/ Löwisch, Manfred/ Otto, Hansjörg/ Schmidt, Karsten (Hg.), Festschrift für Albert Zeuner zum siebzigsten Geburtstag, Tübingen 1994, S. 91-99
- Schutz der Selbstbestimmung durch Fremdbestimmung – Zur verfassungsrechtlichen Ambivalenz des Arbeitnehmerschutzes, ZfA 1996, S. 293-318
- Neuabgrenzung von Tarifvertragssystem und Betriebsverfassung, JZ 1996, S. 812-821
- Tariföffnung bei Unternehmens- und Arbeitsplatzgefährdung, NJW 1997, S. 905-911
- Zulässigkeit und Grenzen des Eingriffs in Tarifverträge, ZIP 2001, S. 1565-1568

Löwisch, Manfred (Hg.), Schlichtungs- und Arbeitskampfrecht, Wiesbaden 1989

Löwisch, Manfred / Rieble, Volker, Kommentar zum Tarifvertragsgesetz, 2. Aufl. München 2004

Lohs, René A., Anpassungsklauseln in Tarifverträgen, Frankfurt a.M./Berlin/Bern/New York/Paris/Wien 1996
- Kann der Gesetzgeber in laufende Tarifverträge eingreifen?, BB 1996, S. 1273-1274

Loritz, Karl-Georg, Tarifautonomie und Gestaltungsfreiheit des Arbeitgebers. Dargestellt anhand der gewerkschaftlichen Forderungen nach tarifvertraglicher Regelung der Bemessungsvorgaben bei der Deutschen Bundespost, Berlin 1990
- Die Kündigung von Betriebsvereinbarungen und die Diskussion um eine Nachwirkung freiwilliger Betriebsvereinbarungen, RdA 1991, S. 65-79

Lübbe-Wolff, Gertrude, Die Grundrechte als Eingriffsabwehrrechte. Struktur und Reichweite der Eingriffsdogmatik im Bereich staatlicher Leistungen, Baden-Baden 1988
- Zur verfassungskonformen Interpretation des § 823 BGB im Zusammenhang mit aktiv produktionsbehindernden Arbeitskampfmaßnahmen, DB 1988, Beilage 9

Luhmann, Niklas, Grundrechte als Institution – Ein Beitrag zur politischen Soziologie, 2. Aufl., Berlin 1974
- Das Recht der Gesellschaft, Frankfurt a.M. 1993

Mager, Ute, Einrichtungsgarantien, Tübingen 2003

Majewski, Otto, Auslegung der Grundrechte durch einfaches Gesetzesrecht? – Zur Problematik der sogenannten Gesetzmäßigkeit der Verfassung, Berlin 1971

Mangen, Kurt Günter, Anm. zu BAG, Urt. v. 10.11.1982, AP Nr. 8 zu § 1 TVG Form
- Die Form des Tarifvertrages gemäß § 1 Abs. 2 Tarifvertragsgesetz, RdA 1982, S. 229-237

Mangoldt, Hermann von, Entstehungsgeschichte des Art. 19 Abs. 2 GG, JöR n.F. 1 (1951), S. 177

Mangoldt, Hermann von / Klein, Friedrich, Das Bonner Grundgesetz, 2. Aufl., Frankfurt 1966

Mangoldt, Hermann von / Klein, Friedrich / Starck, Christian, Das Bonner Grundgesetz, 4. Aufl., München 1999

Manssen, Gerrit, Regelung der Baugestaltung und gemeindliche Selbstverwaltung, Die Verwaltung 24 (1991), S. 33-46
- Privatrechtsgestaltung durch Hoheitsakt, Tübingen 1994

Marcon, Helmut, Arbeitsbeschaffungspolitik der Regierungen Papen und Schleicher, Frankfurt a.M. 1974

Marschner, Andreas, Entscheidung des Bundesverfassungsgerichts zur Verfassungsmäßigkeit des sog. Lohnabstandsgebots bei Arbeitsbeschaffungsmaßnahmen, ZTR 1999, S. 489-490

Marschollek, Günter, Kündigungsfristen für Arbeiter in der Praxis, DB 1991, S. 1069-1075

Martens, Wolfgang, Öffentlich als Rechtsbegriff, Bad Homburg v.d.H./Berlin/Zürich, 1969

Maschmann, Frank, Deregulierung im Handwerk: Die Meisterprüfung – Ein alter Zopf?, ZRP 1990, S. 434-438
- Deutsches und Europäisches Arbeitsschutzrecht – Arbeitssicherheit im Wandel der Zeit, ZSR 1994, S. 535-632
- Die Zukunft des Arbeitsschutzrechts, BB 1995, S. 146-153

Matthes, Hans-Christoph, Mitwirkung und Mitbestimmung des Betriebsrats, in: Richardi, Reinhard / Wlotzke, Otfried (Hg.), Münchener Handbuch zum Arbeitsrecht, Band III, Kollektives Arbeitsrecht, 2. Aufl., München 2000, § 318

Maunz, Theodor / Dürig, Günter, Grundgesetz. Kommentar. Hg. von Herdegen, Matthias; Herzog, Roman; Klein, Hans H.; Scholz, Rupert, Stand: 47. Ergänzungslieferung, München, Juni 2006

Maunz, Theodor / Zippelius, Reinhold, Deutsches Staatsrecht, 30. Aufl., München 1998

Maurer, Hartmut, Kontinuitätsgewähr und Vertrauensschutz, in: Isensee, Josef / Kirchhof, Paul (Hg.), Handbuch des Staatsrechts, Band III, Heidelberg 1992, § 60
- Enteignungsbegriff und Eigentumsgarantie, in: Maurer, Hartmut (Hg.), Das akzeptierte Grundgesetz, Festschrift für Günter Dürig zum 70. Geburtstag, München 1990, S. 293-317
- Allgemeines Verwaltungsrecht, 13. Aufl., München 2000

Maus, Wilhelm, Kommentar zum TVG, Göttingen 1956
Mayer, Udo R., ABM und tarifliche Entlohnung in den neuen Bundesländern, AuR 1993, S. 309-316
Mayer-Maly, Theo, Leistungsdifferenzierung und Tarifmachtbegrenzung, BB 1966, S. 1067-1070
- Diskussionsbeitrag auf dem 46. Deutschen Juristentag (Essen 1966), Arbeitsrechtliche Abteilung, in: Verhandlungen des 46. DJT, Band II (Sitzungsberichte), Teil D, München/Berlin 1966, S. 54-57
- Negative Koalitionsfreiheit?, in: Däubler, Wolfgang/Mayer-Maly, Theo, Negative Koalitionsfreiheit, Tübingen 1971
- Probleme der Erstellung eines Arbeitsgesetzbuches, AuR 1975, S. 225-234
- Das Richterrecht zu Verweisungen in Tarifverträgen, in: Bickel, Dietrich (Hg.), Recht und Rechtserkenntnis, Festschrift für Ernst Wolf zum 70. Geburtstag, Köln/Berlin/Bonn/München 1985, S. 473-481
- Ergänzende Tarifvertragsauslegung und Tarifautonomie, RdA 1988, S. 136-137
Medicus, Dieter, Der Grundsatz der Verhältnismäßigkeit im Privatrecht, AcP 192 (1992), S. 35-70
- Allgemeiner Teil des BGB, 7. Aufl., Heidelberg 1997
- Schuldrecht I. Allgemeiner Teil, 13. Aufl., München 2002
- Bürgerliches Recht, 20. Aufl., Köln/Berlin/München 2004
Meik, Frank A., Der Kernbereich der Tarifautonomie, Berlin 1987
Melchinger, Hansjörg, Die Eigentumsdogmatik des Grundgesetzes und das Recht des Denkmalschutzes, Berlin 1994
Menger, Christian-Friedrich, Das verfassungsrechtliche Urteil zu § 218 StGB – Gesetzgebung durch das BVerfG?, VerwArch 66 (1975), S. 397-403
Menzel, Eberhard, Das Ende der institutionellen Garantien, AöR 28 (1937), S 32-76
Merten, Detlef, Grundpflichten im Verfassungssystem der Bundesrepublik Deutschland, BayVBl 1978, S. 554-559
- Vereinsfreiheit (§ 144), in: Isensee, Josef/Kirchhof, Paul (Hg.), Handbuch des Staatsrechts der Bundesrepublik Deutschland, Band VI, Heidelberg 1989, S. 775-807
Meyer, Cord, Chancen und Grenzen der Anpassung von Tarifverträgen, RdA 1998, S. 142-155
Meyer, Kurt, Arbeiter-Kündigungsfristen in Tarifverträgen: Wohin führt der Gleichheitssatz?, DB 1991, S. 1881-1885
Mikat, Paul, Kirchen und Religionsgemeinschaften, in: Bettermann, Karl August/Nipperdey, Hans Carl/Scheuner, Ulrich, Die Grundrechte, 4. Band, 1. Halbband, Berlin 1930
Misera, Karlheinz, Tarifmacht und Individualbereich unter Berücksichtigung der Sparklausel, Berlin 1969
Misera-Lang, Kathrin, Dogmatische Grundlagen der Einschränkbarkeit vorbehaltloser Freiheitsgrundrechte, Frankfurt a.M./Berlin/Bern/New York/Paris/Wien 1999
Möschel, Wernhard, Tarifautonomie – ein überholtes Ordnungsmodell?, WuW 1995, S. 704-713
- Das Spannungsverhältnis zwischen Individualvertrag, Betriebsvereinbarung und Tarifvertrag, BB 2002, S. 1314-1318
- Dezentrale Lohnfindung und Tarifautonomie, BB 2003, S. 1951-1956
- Tarifvertragsreform zwischen Ökonomie und Verfassung, BB 2005, S. 490-494
Molitor, Erich, Die Kündigung. Unter besonderer Berücksichtigung der Kündigung des Arbeitsvertrages, 2. Auflage, Mannheim 1951
Moll, Wilhelm, Altersgrenzen am Ende, NJW 1994, S. 499-501

Monjau, H., Senkung außertariflicher Löhne, DB 1959, S. 707-709

Monopolkommission, Zehntes Hauptgutachten 1992/1993, BT-Drs. 12/8323 vom 22.7.1994, Kapitel VII: Arbeitsmarkt und Wettbewerb

Muckel, Stefan, Kriterien des verfassungsrechtlichen Vertrauensschutzes bei Gesetzesänderungen, Berlin 1989

– Die Rückwirkung von Gesetzen in der neueren Rechtsprechung des Bundesverfassungsgerichts, JA 1994, S. 13-16

Müller, Friedrich, Freiheit der Kunst als Problem der Grundrechtsdogmatik, Berlin 1969

– Die Einheit der Verfassung, Berlin 1979

– Juristische Methodik, 3. Aufl., Berlin 1989

– Die Positivität der Grundrechte. Fragen einer praktischen Grundrechtsdogmatik, 2. Aufl., Berlin 1990

Müller, Gerhard, Probleme der Friedenspflicht, DB 1959, S. 515-519

– Zum Verhältnis zwischen Betriebsautonomie und Tarifautonomie, AuR 1992, S. 257-262

– Die Tarifautonomie in der Bundesrepublik Deutschland. Rechtliche und ethische Grundlagen, 2. Aufl., Berlin 1990

Müller, Hanswerner, Handbuch der Gesetzgebungstechnik, 2. Aufl., Köln/München 1968

Müller, Thomas / Thüsing, Gregor, Anm. zu BVerfG, EzA Art. 9 GG Nr. 61

von Münch, Ingo / Kunig, Philip, Grundgesetz-Kommentar, Band I (Präambel bis Art. 19), 5. Aufl., München 2000

von Mutius, Albert, Grundrechte als „Teilhaberechte". Zu den verfassungsrechtlichen Aspekten des „numerus clausus", VerwArch 64 (1973), S. 183-195

Natzel, Ivo, Gesetzliche Öffnungsklausel im Kommen? – Ein Alternativmodell zur Diskussion um eine Neujustierung des Tarifvertragssystems, NZA 2005, S. 903-908

Nell-Breuning, Oswald von, Wirtschaft und Gesellschaft heute, Band I, Freiburg 1956

– Artikel „Subsidiaritätsprinzip" in: Görres-Gesellschaft (Hg.), Staatslexikon, 6. Aufl., Freiburg 1962, Band VII, Sp. 830

– Den Kapitalismus umbiegen – Schriften zu Kirche, Wirtschaft und Gesellschaft, Düsseldorf 1990

– Baugesetze der Gesellschaft – Solidarität und Subsidiarität, Freiburg 1990

Nelle, Andreas, Neuverhandlungspflichten. Neuverhandlungen zur Vertragsanpassung und Vertragsergänzung als Gegenstand von Pflichten und Obliegenheiten, München 1994

Neumann, Dirk, 40 Jahre Rechtsprechung zum Tarifrecht, RdA 1994, S. 370-375

Niclaus, Karlheinz, Der Weg zum Grundgesetz. Demokratiegründung in Westdeutschland, Paderborn/München/Wien/Zürich 1998

Nierhaus, Michael, Grundrechte aus der Hand des Gesetzgebers? – Ein Beitrag zur Dogmatik der Art. 1 Abs. 3 GG, AöR (1991), S. 72-111

Niebler, Engelbert, Abw. Meinung zu BVerfG, Beschl. v. 23.4.1986, BVerfGE 73, S. 274-280

Nikisch, Arthur, Arbeitsrecht, Band I, Allgemeine Lehren und Arbeitsvertragsrecht, 3. Aufl., Tübingen 1951

– Arbeitsrecht, Band II, Koalitionsrecht, Arbeitskampfrecht und Tarifvertragsrecht, 2. Aufl., Tübingen 1959

Nipperdey, Hans C., Vertragstreue und Nichtzumutbarkeit der Leistung, Mannheim/Berlin/Leipzig 1921

– Beiträge zum Tarifrecht, Mannheim 1924

– Die Grundrechte und Grundpflichten der Reichsverfassung. Kommentar zum zweiten Teil der Reichsverfassung
Band 1 Allgemeine Bedeutung der Grundrechte und die Artikel 102-117, Berlin, 1929
Band 2 Artikel 118-142, Berlin 1930
Band 3 Artikel 143-165 und zur Ideengeschichte der Grundrechte, Berlin 1930

- Diskussionsbeitrag auf dem 46. Deutschen Juristentag (Essen 1966), Arbeitsrechtliche Abteilung in: Verhandlungen des 46. DJT, Band II (Sitzungsberichte), Teil D, München/Berlin 1966, S. 42-45

Oertmann, Paul, Die Geschäftsgrundlage, Leipzig/Erlangen 1921

Oetker, Hartmut, Ausgliederung und Verselbständigung eines Kaufhausrestaurants, Anm. zu BAG, Urt. v. 1.4.1987, SAE 1987, S. 301-309

- Das Dauerschuldverhältnis und seine Beendigung. Bestandsaufnahme und kritische Würdigung einer tradierten Figur der Schuldrechtsdogmatik, Tübingen 1994
- Die Kündigung von Tarifverträgen, RdA 1995, S. 82-102
- Gesetz und Tarifvertrag als komplementäre Instrumente zur Regulierung des Arbeitsrechts, ZG 1998, S. 155-174

Oppermann, Thomas, Auf dem Wege zur gemischten Rundfunkverfassung in der Bundesrepublik Deutschland. Schritte im rundfunkrechtlichen Entwicklungsprozeß vor dem Hintergrund der drei „Fernsehentscheidungen" des Bundesverfassungsgerichts 1961-1981, JZ 1981, S. 721-730

Oppolzer, Alfred / Zachert, Ulrich, Gesetzliche Karenztage und Tarifautonomie, BB 1993, S. 1353-1359

- Krise und Zukunft des Flächentarifvertrages, Baden-Baden 2000

Ossenbühl, Fritz, Die Rücknahme fehlerhaft begünstigender Verwaltungsakte, 2. Aufl., Berlin 1965

- Die verfassungsrechtliche Zulässigkeit der Verweisung als Mittel der Gesetzgebungstechnik, DVBl 1967, S. 401-408
- Verwaltungsvorschriften und Grundgesetz, Bad Homburg v.d.H. 1968
- Die Kontrolle von Tatsachenfeststellungen und Prognoseentscheidungen durch das Bundesverfassungsgericht, in: Starck, Christian (Hg.), Bundesverfassungsgericht und Grundgesetz. Festgabe aus Anlaß des 25jährigen Bestehens des Bundesverfassungsgerichts, Band I, Tübingen 1976, S. 458-518
- Grundrechtsschutz im und durch Verfahrensrecht, in: Müller, Georg (Hg.), Staatsorganisation und Staatsfunktionen im Wandel, Festschrift für Kurt Eichenberger zum 60. Geburtstag, Basel 1982, S. 183-195
- Staatshaftungsrecht, 4. Aufl., München 1991
- Inhaltsbestimmung des Eigentums und Enteignung – BVerfGE 83, 201, JuS 1993, S. 200-203
- Maßhalten mit dem Übermaßverbot, in: Badura, Peter / Scholz, Rupert (Hg.), Wege und Verfahren des Verfassungslebens, Festschrift für Peter Lerche zum 65. Geburtstag, München 1993, S. 151-164

Otto, Hansjörg, Erleichterte Zulassung befristeter Arbeitsverträge, NJW 1985, S. 1807-1813

- Anm. zu BAG, EzA § 77 BetrVG 1972 Nr. 17
- Tarifautonomie unter Gesetzes- oder Verfassungsvorbehalt. Gedanken zur Funktionsgarantie des Art. 9 Abs. 3 GG, in: Bettermann, Karl August / Löwisch, Manfred / Otto, Hansjörg / Schmidt, Karsten (Hg.), Festschrift für Albert Zeuner zum siebzigsten Geburtstag, Tübingen 1994, S. 121-145
- Die Kündigung des Tarifvertrages aus wirtschaftlichen Gründen, in: Heinze, Meinhard / Söllner, Alfred (Hg.), Arbeitsrecht in der Bewährung, Festschrift für Otto Rudolf Kissel zum 65. Geburtstag, München 1994, S. 787-812

Palandt, BGB. Bearbeitet von Bassenge, Peter / Brudermüller, Gerd / Diederichsen, Uwe / Edenhofer, Wolfgang / Heinrichs, Helmut / Heldrich, Andreas / Putzo, Hans / Sprau, Hartwig / Thomas, Heinz / Weidenkaff, Walter, 66. Aufl., München 2007

Palandt, Gesetz zur Modernisierung des Schuldrechts, Ergänzungsband zu Palandt, BGB, 61. Auflage. Bearbeitet von Bassenge, Peter / Brudermüller, Gerd / Diederichsen, Uwe /

Edenhofer, Wolfgang/Heinrichs, Helmut/Heldrich, Andreas/Putzo, Hans/Sprau, Hartwig/Thomas, Heinz/Weidenkaff, Walter, München 2002
Papier, Hans-Jürgen, Art. 12 GG – Freiheit des Berufs und Grundrecht der Arbeit, DVBl. 1984, S. 801-814
– Der verfassungsrechtliche Rahmen für Privatautonomie im Arbeitsrecht, RdA 1989, S. 137-144
– Arbeitsmarkt und Verfassung, RdA 2000, S. 1-7
Peine, Franz-Joseph, Systemgerechtigkeit. Selbstbindung des Gesetzgebers als Maßstab für die Normenkontrolle?, Baden-Baden 1985
Peiseler, Manfred, Probleme des befristeten Arbeitsverhältnisses, NZA 1985, S. 285-243
Pestalozza, Christian Graf von, Kritische Bemerkungen zu Methoden und Prinzipien der Grundrechtsauslegung in der Bundesrepublik Deutschland, Der Staat 2 (1963), S. 425-449
Peters, Hans/Ossenbühl, Fritz, Die Übertragung von öffentlich-rechtlichen Befugnissen auf die Sozialpartner unter besonderer Berücksichtigung des Arbeitszeitschutzes, Berlin/Frankfurt 1967
Pfeiffer, Thomas, Einladung zum Abfindungspoker. Flexibilisierung der Lebensarbeitszeit oder Rettung der Rentenkasse. Zur Entscheidung des BAG vom 20. Oktober 1993, ZIP 1994, S. 264-274
Picker, Eduard, Die Regelung der „Arbeits- und Wirtschaftsbedingungen" – Vertragsprinzip oder Kampfprinzip?, ZfA 1986, S. 199-339
– Die Tarifautonomie in der deutschen Arbeitsverfassung, Köln 2000
– Tarifautonomie, Betriebsautonomie, Privatautonomie, NZA 2002, S. 761-770
Pieroth, Bodo, Rückwirkung und Übergangsrecht, Berlin 1981
– Die neuere Rechtsprechung des Bundesverfassungsgerichts zum Grundsatz des Vertrauensschutzes, JZ 1984, S. 971-978
– Die neuere Rechtsprechung des Bundesverfassungsgerichts zum Grundsatz des Vertrauensschutzes, JZ 1990, S. 279-286
– Materiale Rechtsfolgen grundgesetzlicher Kompetenz- und Organisationsnormen, AöR 114 (1989), S. 422-450
– Rezension von Lübbe-Wolff, Gertrude, Die Grundrechte als Eingriffsabwehrrechte, AöR 115 (1990), S. 517-519
– Stellungnahme zum Entwurf eines Entgeltfortzahlungsgesetzes, BT-Ausschuß für Arbeit und Sozialordnung, Drucks. 12/872
– Koalitionsfreiheit, Tarifautonomie und Mitbestimmung, in: Badura, Peter/Dreier, Horst (Hg.), Festschrift 50 Jahre Bundesverfassungsgericht, Band 2, Klärung und Fortbildung des Verfassungsrechts. Tübingen, 2001, S. 293-317
Pieroth, Bodo/Schlink, Bernhard, Grundrechte, Staatsrecht II, 22. Aufl., Heidelberg 2006
Pietzcker, Jost, Drittwirkung – Schutzpflicht – Eingriff, in: Maurer, Hartmut (Hg.), Das akzeptierte Grundgesetz. Festschrift für Günter Dürig zum 70. Geburtstag, München 1990, S. 345-363
Plander, Harro, Gesetzliche Eingriffe öffentlicher Arbeitgeber in Tarifverträge und Tarifabschlußfreiheit als verfassungswidriger Angriff auf die Tarifautonomie, RiA 1985, S. 54-60
– Was sind Tarifverträge?, ZTR 1997, S. 145-152
Der Staat als Hoheitsträger und Tarifvertragspartei im Rollenkonflikt (Grenzen des Einsatzes hoheitlicher Mittel zu tarif- und arbeitskampfrelevanten Zwecken), AuR 1986, S. 65-78
– Gesetzliche Fixierung oder Beeinflussung des Inhalts von Tarifverträgen? Ein Beitrag zum Verhältnis von Gesetz und Tarifvertrag aus Anlaß neuerer Regelungen zur Erleichterung von Befristungsabreden, DB 1986, S. 2180-2187
Pollern, Hans-Ingo von, Forum: Immanente Grundrechtsschranken – eine Bestandsaufnahme, JuS 1977, S. 644-648

Potthoff, Heinz, Die Einwirkung der Reichsverfassung auf das Arbeitsrecht, Leipzig 1925
Preis, Bernd, Tarifdispositives Richterrecht. Ein Beitrag zur Funktion und zum Rangverhältnis von Tarifrecht und staatlichem Recht, ZfA 1972, S. 271-303
Preis, Ulrich, Grundfragen der Vertragsgestaltung im Arbeitsrecht, Neuwied/Berlin, 1993
- Konstitutive und deklaratorische Klauseln in Tarifverträgen, in: Schlachter, Monika/ Ascheid, Reiner/Friedrich, Hans-Wolf (Hg.), Tarifautonomie für ein neues Jahrhundert. Festschrift für Günter Schaub zum 65. Geburtstag, München 1998, S. 571-592
Preis, Ulrich/Kramer, Michael, Das neue Kündigungsfristengesetz, DB 1993, S. 2155-2131
Quaritsch, Helmut, Das parlamentslose Parlamentsgesetz, 2. Aufl., Hamburg 1961
- Artikel „Institutionelle Garantie" in: Kunst, Hermann (Hg.), Evangelisches Staatslexikon, 2. Aufl., Stuttgart/Berlin 1975, Sp. 1022
Rauscher, Anton, Subsidiaritätsprinzip und Berufsständische Ordnung in „Quadragesimo Anno", Münster 1958
Reichel, Hans/Ansey, Siegfried/Koberski, Wolfgang, Tarifvertragsgesetz. Kommentar, Loseblatt-Sammlung, Frankfurt a.M.
Reichold, Hermann, Betriebsverfassung als Sozialprivatrecht. Historisch-dogmatische Grundlagen von 1848 bis zur Gegenwart, München 1995
Reinermann, Andreas, Verweisungen in Tarifverträgen und Betriebsvereinbarungen, Bonn 1997
Reiserer, Kerstin, Wirksamkeit tarifvertraglicher Altersgrenzenregelungen, BB 1994, S. 69-71
Reuß, Wilhelm, Die Stellung des kollektiven autonomen Arbeitsrechts im Rechtssystem, AuR 1958, S. 321-331
- Die Stellung der Koalitionen in der geltenden Rechtsordnung, ArbRdGgw 1 (1964), S. 144-163
- Das Bundesverfassungsgericht zur Handwerksordnung, DVBl. 1961, S. 865-871
Reuter, Dieter, Zulässigkeit und Grenzen tarifvertraglicher Besetzungsregelungen, ZfA 1978, S. 1-44
- Grundlagen des Kündigungsschutzes – Bestandsaufnahme und Kritik, in: Gamillscheg, Franz/Hueck, Götz/Wiedemann, Herbert (Hg.), Festschrift 25 Jahre BAG, München 1979
- Das Verhältnis von Individualautonomie, Betriebsautonomie und Tarifautonomie, RdA 1991, S. 193-204
- Betriebsverfassung und Tarifvertrag, RdA 1994, S. 152-168
- Verweisung auf Beamtenrecht im Tarifvertrag oder Arbeitsvertrag, JuS 1994, S. 1083-1084
- Möglichkeiten und Grenzen einer Auflockerung des Tarifkartells, ZfA 1995, S. 1-94
Richardi, Reinhard, Kollektivgewalt und Individualwille bei der Gestaltung des Arbeitsverhältnisses, München 1968
- Empfiehlt es sich, die Regelungsbefugnis der Tarifparteien im Verhältnis zu den Betriebsparteien neu zu ordnen?, Gutachten B für den 61. Deutschen Juristentag (Karlsruhe 1996), München 1996
- Anm. zu BAG, AP Nr. 1 zu § 1 TVG Tarifverträge: Fleischwarenindustrie
- Staatskontrolle oder freie Tarifverträge – zur Einführung der Tarifautonomie durch das Tarifvertragsgesetz vom 9. April 1949, in: Hanau, Peter/Heither, Friedrich/Kühling, Jürgen (Hg.), Richterliches Arbeitsrecht. Festschrift für Thomas Dieterich zum 65. Geburtstag, München 1999, S. 497-504
- Tarifautonomie und Betriebsautonomie als Formen wesensverschiedener Gruppenautonomie im Arbeitsrecht, DB 2000, S. 42-48
- Welche Folgen hätte eine Aufhebung des Tarifvorbehalts (§ 77 Abs. 3 BetrVG)?, NZA 2000, S. 617-621

- Münchener Handbuch zum Arbeitsrecht, Band 1 Individualarbeitsrecht I [§§ 1-113], Band 2 Individualarbeitsrecht II [§§ 114-239], Band 3 Kollektives Arbeitsrecht [§§ 240-394], 2. Aufl., München 2000
- Betriebsverfasungsgesetz mit Wahlordnung, Kommentar, 10. Aufl., München 2006

Ricken, Oliver, Autonomie und tarifliche Rechtsetzung. Die Tarifzuständigkeit als Wirksamkeitserfordernis des Tarifvertrages, München 2006

Rieble, Volker, Arbeitsrecht und Wettbewerb. Der Schutz von Vertrags- und Wettbewerbsfreiheit im Arbeitsrecht, Berlin/Heidelberg/New York 1996
- Krise des Flächentarifvertrages? Herausforderungen für das Tarifrecht, RdA 1996, S. 151-157
- Die Einschränkung der gesetzlichen Entgeltfortzahlung im Krankheitsfall und ihre Auswirkung auf inhaltsgleiche Regelungen in Tarifverträgen, RdA 1997, S. 134-141
- Der Tarifvertrag als kollektiv-privatautonomer Vertrag, ZfA 2000, S. 5-27

Robbers, Gerhard, Der Grundrechtsverzicht, JuS 1985, S. 925-931
- Der Gleichheitssatz, DÖV 1988, S. 749-758
- Rezension von Lübbe-Wolff, Gertrude, Die Grundrechte als Eingriffsabwehrrechte, DÖV 1989, S. 687-688

Roscher, Falk, Vertragsfreiheit als Verfassungsproblem. Dargestellt am Beispiel der Allgemeinen Geschäftsbedingungen, Berlin 1974

Rosenthal, Eduard, Die gesetzliche Regelung des Tarifvertrages, in: Festgabe für Paul Laband zum 50. Jahrestage der Doktor-Promotion, Band 2, Tübingen 1908, S. 135-195

Rossen, Helge, Freie Meinungsbildung durch den Rundfunk. Die Rundfunkfreiheit im Gewährleistungsgefüge des Art. 5 Abs. 1 GG, Baden-Baden 1988

Rost, Friedhelm, Kommentierung des § 2 KSchG, in: Gemeinschaftskommentar zum Kündigungsschutzgesetz und zu sonstigen kündigungsschutzrechtlichen Vorschriften, 7. Aufl., Neuwied/Kriftel/Berlin 2004

Roth, Wolfgang, Faktische Eingriffe in Freiheit und Eigentum, Berlin 1994

Rottmann, Frank, Der Vorbehalt des Gesetzes und die grundrechtlichen Gesetzesvorbehalte, EuGRZ 1985, S. 277-297

Rozek, Jochen, Die Unterscheidung von Eigentumsbindung und Enteignung, Tübingen 1998

Rudolf, Walter, Verwaltungsorganisation, in: Erichsen, Hans-Uwe/Martens, Wolfgang (Hg.), Allgemeines Verwaltungsrecht, 10. Aufl., Berlin/New York 1995

Rüfner, Wolfgang, Überschneidungen und gegenseitige Ergänzungen der Grundrechte, Der Staat 7 (1968), S. 41-61
- Grundrechtskonflikte in: Starck, Christian (Hg.), Bundesverfassungsgericht und Grundgesetz. Festgabe aus Anlaß des 25jährigen Bestehens des Bundesverfassungsgerichts, Band II, Tübingen 1976, S. 453-479
- Vorschriften des RAG 21 über die Anpassung der Bestandsrenten, JZ 1983, S. 755-756
- Die Verschränkung von Wirtschaft und Recht. Zum Streik in Ostdeutschland, NJW 1993, S. 1628-1629

Rüthers, Bernd / Heilmann, Frank, Zur wortlautwidrigen Auslegung tarifvertraglicher Normen bei Annahme eines Redaktionsversehens, JZ 1991, S. 422-424

Ruck, Silke, Zur Unterscheidung von Ausgestaltungs- und Schrankengesetzen im Bereich der Rundfunkfreiheit, AöR 117 (1992), S. 543-566

Ruffert, Mathias, Vorrang der Verfassung und Eigenständigkeit des Privatrechts. Eine verfassungsrechtliche Untersuchung zur Privatrechtswirkung des Grundgesetzes, Tübingen 2001

Ruoff, Axel, Die Flexibilisierung der Tarifverträge. Tarifliche und gesetzliche Öffnungsklauseln unter besonderer Berücksichtigung des betrieblichen Notfalls, Konstanz 1999

Rupp, Hans Heinrich, Grundfragen der heutigen Verwaltungsrechtslehre, Tübingen 1965

- Das Grundrecht der Berufsfreiheit in der Rechtsprechung des Bundesverwaltungsgerichts, AöR 92 (1967), S. 212-242
- Zum „Mephisto-Beschluß" des BVerfG – ein methodologischer Nachtrag, DVBl. 1972, S. 66-67
- Freiheit und Partizipation, NJW 1972, S. 1537-1543
- Die Bindung des Richters an das Gesetz, NJW 1973, S. 1769-1774
- Vom Wandel der Grundrechte, AöR 101 (1976), S. 161-201
- Methodenkritische Bemerkungen zum Verhältnis von tarifvertraglicher Rechtsetzung und parlamentarischer Gesetzgebungskompetenz, JZ 1998, S. 919-926
- „Dienende" Grundrechte, „Bürgergesellschaft", „Drittwirkung" und „soziale Interdependenz" der Grundrechte, JZ 2001, S. 271-277

Sachs, Michael, Grundrechtstatbestand, Grundrechtsbeeinträchtigung, Grundrechtsbegrenzung, in: Stern, Klaus, Das Staatsrecht der Bundesrepublik Deutschland III/2, München 1994
- Die relevanten Grundrechtsbeeinträchtigungen, JuS 1995, S. 303-307
- Die Gesetzesvorbehalte der Grundrechte des Grundgesetzes, JuS 1995, S. 693-697
- Grundrechtsbegrenzungen außerhalb von Gesetzesvorbehalten, JuS 1995, S. 984-989
- Grundgesetz. Kommentar, 3. Aufl., München 2003
- Verfassungsrecht II. Grundrechte, 2. Auflage, Berlin 2003

Säcker, Franz-Jürgen, Grundprobleme der kollektiven Koalitionsfreiheit, Düsseldorf 1969
- Rezension von Richardi, Reinhard, Kollektivgewalt und Individualwille bei der Gestaltung des Arbeitsverhältnisses, RdA 1969, S. 291-302
- Die Institutions- und Betätigungsgarantie der Koalitionen im Rahmen der Grundrechtsordnung, ArbRdGgw 12 (1975), S. 17-69
- Gesetz und Tarifvertrag als komplementäre Instrumente der Regelung sozialer Sicherheit, in: Deutscher Sozialrechtsverband, Sozialrecht und Tarifrecht, Wiesbaden 1984, S. 64-99
- Das Verhältnis des Tarifvertrages zu den übrigen arbeitsrechtichen Rechtsquellen, AR Blattei [D] Tarifvertrag I C, 1981
- Aufgaben der Koalitionen in einer sich fortentwickelnden Unternehmensrechtsordnung, in: Beuthien, Volker (Hg.), Arbeitnehmer oder Arbeitsteilhaber. Zur Zukunft des Arbeitsrechts in der Wirtschaftsordnung, Stuttgart 1987, S. 145-149
- Das neue Entgeltfortzahlungsgesetz und die individuelle und kollektive Vertragsfreiheit, AuR 1994, S. 1-12

Säcker, Franz-Jürgen / Oetker, Hartmut, Grundlagen und Grenzen der Tarifautonomie, München 1992

Sandmann, Bernd, Die Unterscheidung zwischen deklaratorischen und konstitutiven Tarifvertragsklauseln aus verfassungsrechtlicher Sicht, RdA 2002, S. 73-80

Sannwald, Rüdiger, Die Reform der Gesetzgebungskompetenzen nach den Beschlüssen der Gemeinsamen Verfassungskommission von Bundestag und Bundesrat, DÖV 1994, S. 629-636
- Die Reform des Grundgesetzes, NJW 1994, S. 3313-3320

Sasse, Christoph, Die verfassungsrechtliche Problematik von Steuerreformen, AöR 85 (1960), S. 423-457

Savigny, Friedrich C. von, System des heutigen Römischen Rechts, Bd. VIII, Neudruck der Ausgabe Berlin 1849, 1974

Schaub, Günter, Auslegung und Regelungsmacht von Tarifverträgen, NZA 1994, S. 597-602
- Tarifautonomie in der Rechtspechung, RdA 1995, S. 65-71
- Arbeitsrechts-Handbuch, 11. Aufl., München 2005
- Scherzberg, Arno, Grundrechtsschutz und Eingriffsintensität. Das Ausmaß individueller Grundrechtsbetroffenheit als materiellrechtliche und kompetenzielle Determinante der

verfassungsgerichtlichen Kontrolle der Fachgerichtsbarkeit im Rahmen der Urteilsverfassungsbeschwerde, Berlin 1989
- Grundlagen und Typologie des subjektiv-öffentlichen Rechts, DVBl 1988, S. 129-134

Scheuner, Ulrich, Die institutionellen Garantien des Grundgesetzes, in: Wandersleb, Hermann (Hg.), Recht. Staat. Wirtschaft., Band IV, Düsseldorf 1953, S. 88-119
- Der Inhalt der Koalitionsfreiheit, in: Weber, Werner/Scheuner, Ulrich/Dietz, Rolf, Koalitionsfreiheit – Drei Rechtsgutachten, Berlin/Frankfurt a.M. 1961, S. 29-91
- Diskussionsbeitrag, VVDStRL 20 (1963), S. 125
- Pressefreiheit, VVDStRL 22 (1965), S. 1-100
- Funktion der Grundrechte im Sozialstaat – Die Grundrechte als Richtlinie und Rahmen der Staatstätigkeit, DÖV 1971, 505-513

Schenke, Wolf-Rüdiger, Die verfassungsrechtliche Problematik dynamischer Verweisungen, NJW 1980, S. 743-749

Schieferstein, Erich, Gesetzesänderung und Geschäftsgrundlage, Diss. Gießen 1970

Schleßmann, Karl, Änderung eines Teils des Arbeitsverhältnisses durch Teilkündigung, DB 1959, S. 977-978

Schlenker, Rolf-Ulrich, Soziales Rückschrittsverbot und Grundgesetz – Aspekte verfassungsrechtlicher Einwirkung auf die Stabilität sozialer Rechtslagen, Berlin 1986

Schliemann, Harald, Zur arbeitsgerichtlichen Kontrolle kollektiver Regelungen, in: Isenhardt, Udo/Preis, Ulrich (Hg.), Arbeitsrecht und Sozialpartnerschaft, Festschrift für Peter Hanau, Köln 1999, S. 577-606
- Tarifkollision – Ansätze zur Vermeidung und Auflösung, NZA 2000, Sonderbeilage zu Heft 24, S. 24-32

Schlink, Bernhard, Abwägung im Verfassungsrecht, Berlin 1976
- Freiheit durch Eingriffsabwehr – Rekonstruktion der klassischen Grundrechtsfunktion, EuGRZ 1984, S. 457-468

Schmidt, Jürgen, Kommentierung des § 242 BGB in: J. von Staudingers Kommentar zum Bürgerlichen Gesetzbuch mit Einführungsgesetz und Nebengesetzen, 13. Bearbeitung, Berlin 1995

Schmidt, Walter, Die Freiheit vor dem Gesetz. Zur Auslegung des Art. 2 Abs. 1 GG, AöR 91 (1966), S. 42-85
- Wissenschaftsfreiheit als Berufsfreiheit – Das BVerfG und die Hochschulautonomie, NJW 1973, S. 585-590
- Vertrauensschutz im öffentlichen Recht. Randpositionen des Eigentums im spätbürgerlichen Rechtsstaat, JuS 1973, S. 529-537
- Grundrechtstheorie im Wandel der Verfassungsgeschichte, Jura 1983, S. 169-180

Schmidt-Aßmann, Gemeinden und Staat im Recht des öffentlichen Dienstes, in: König, Klaus/Laubinger, Hans-Werner/Wagener, Frido (Hg.), Öffentlicher Dienst. Festschrift für Carl Hermann Ule zum 70. Geburtstag am 26. Februar 1977, Köln/Berlin/Bonn/München 1977, S. 461-482

Schmidt-Bleibtreu, Bruno/Klein, Franz, Kommentar zum Grundgesetz, 9. Aufl., Neuwied/Kriftel/Berlin, 1999

Schmidt-Eriksen, Tarifvertragliche Betriebsnormen – Zum Konflikt individueller Gestaltung des Arbeitsverhältnisses und zur Reichweite tarifvertraglicher Gestaltungsmacht gegenüber dem Arbeitgeber, Baden-Baden 1992

Schmidt-Jortzig, Edzart, Die Einrichtungsgarantien der Verfassung. Dogmatischer Gehalt und Sicherungskraft einer umstrittenen Figur, Göttingen, 1979
- Meinungs- und Informationsfreiheit, in: Isensee, Josef/Kirchhof, Paul (Hg.), Handbuch des Staatsrechts, Heidelberg 1992, Band VI, § 141

Schmitt, Carl, Verfassungslehre, Berlin 1928

- Freiheitsrechte und institutionelle Garantien (1931), in: ders., Verfassungsrechtliche Aufsätze aus den Jahren 1924-1954, Materialien zu einer Verlassungslehre, Berlin 1958, S. 140-171
- Grundrechte und Grundpflichten (1932), in: ders., Verfassungsrechtliche Aufsätze aus den Jahren 1924-1954, Materialien zu einer Verlassungslehre, Berlin 1958, S. 181-230
- Inhalt und Bedeutung des zweiten Hauptteils der Reichsverfassung, in: Anschütz, Gerhard/Thoma, Richard (Hg.), Handbuch des Deutschen Staatsrechts, Bd. 2, Berlin 1932, S. 572-666

Schmitt-Kammler, Arnulf, Ungelöste Probleme der verfassungsrechtlichen Eigentumsdogmatik, in: Festschrift der rechtswissenschaftlichen Fakultät zur 600-Jahr-Feier der Universität zu Köln, Köln 1988, S. 821-844

Schmidt-Salzer, Joachim, Vertragsfreiheit und Verfassungsrecht, NJW 1970, S. 8-15.

Schnapp, Friedrich E., Grenzen der Grundrechte, JuS 1978, S. 729-735
- Die Verhältnismäßigkeit des Grundrechtseingriffs, JuS 1983, S. 850-855

Schneider, Hans, Zur Verhältnismäßigkeitskontrolle insbesondere bei Gesetzen, in: Starck, Christian (Hg.), Bundesverfassungsgericht und Grundgesetz. Festgabe aus Anlaß des 25jährigen Bestehens des Bundesverfassungsgerichts, Band II, Tübingen 1976, S. 390-404
- Gesetzgebung. Ein Lehrbuch, 3. Aufl., Heidelberg 2002

Schneider, Hans-Peter, Verfassungsinterpretation aus theoretischer Sicht, in: Schneider, Hans-Peter/Steinberg, Rudolf (Hg.), Verfassungsrecht zwischen Wissenschaft und Richterkunst, Konrad Hesse zum 70. Geburtstag, Heidelberg 1990, S. 39-52

Schneider, Harald, Die Güterabwägung des Bundesverfassungsgerichts bei Grundrechtskonflikten, Baden-Baden 1979

Schneider, Ludwig, Der Schutz des Wesensgehalts von Grundrechten nach Art. 19 Abs. 2 GG, Berlin 1983

Schneider, Peter, In dubio pro libertate, in: Hundert Jahre deutsches Rechtsleben, Festschrift zum 100jährigen Bestehen des Deutschen Juristentages 1860-1960, Band II, Karlsruhe 1960, S. 263-290
- Prinzipien der Verfassungsinterpretation, VVDStRL 20 (1963), S. 1-52

Schnorr, Gerhard, Kollektivmacht und Individualrechte im Berufsverbandswesen – Zur Frage der „immanenten" Gewährleistungsschranken der Koalitionsfreiheit, in: Hans Carl Nipperdey (Hg.), Festschrift für Erich Molitor, München/Berlin 1962, S. 229-252
- Inhalt und Grenzen der Tarifautonomie, JR 1966, S. 327-334

Schnur, Roman, Zur Geschichte der Erklärung der Menschenrechte, Darmstadt 1964
- Grundgesetz, Landesverfassung und „höhere Gemeindeverbände", DÖV 1965, S. 114-118
- Rezension von „Peter Häberle, Die Wesensgehaltsgarantie des Art. 19 Abs. 2 GG", DVBl 1965, S. 489-491

Schoch, Friedrich, Der Gleichheitssatz, DVBl. 1988, S. 863-882

Scholz, Rupert, Rezension von Säcker, Grundprobleme der kollektiven Koalitionsfreiheit, RdA 1970, S. 210-213
- Koalitionsfreiheit als Verfassungsproblem, München 1971
- Die Berufsfreiheit als Grundlage und Grenze arbeitsrechtlicher Regelungssystem, ZfA 1981, S. 265-302
- Grundgesetzliche Arbeitsverfassung – Grundlagen und Herausforderungen, DB 1987, S. 1192-1198
- Tarifautonomie, Arbeitskampf und privatwirtschaftlicher Wettbewerb, in: Löwisch, Manfred (Hg.), Beiträge zum Handels- und Wirtschaftsrecht. Festschrift für Fritz Rittner zum 70. Geburtstag, München 1991, S. 629-650
- Koalitionsfreiheit, in: Isensee, Josef/Kirchhof, Paul (Hg.), Handbuch des Staatsrechts, Heidelberg 1992, Band VI, § 151, S. 1115-1183

- Aufgaben der Koalitionen in einer sich fortentwickelnden Unternehmensrechtsordnung – Aus der Sicht des Staatsrechts, in: Beuthien, Volker (Hg.), Arbeitnehmer oder Arbeitsteilhaber – Zur Zukunft des Arbeitsrechts in der Wirtschaftsordnung, Stuttgart 1987, S. 163-177
- Die gemeinsame Verfassungskommission von Bundestag und Bundesrat. Auftrag, Verfahrensgang und Ergebnisse, Zeitschrift für Gesetzgebung 1994, S. 1-34
- Tarifautonomie im Umbruch. Neue Herausforderungen, Wandel und Reform, in: von Westphalen, Friedrich Graf von / Sandrock, Otto, Lebendiges Recht – Von den Sumeren bis zur Gegenwart. Festschrift für Reinhold Trinkner zum 65. Geburtstag, Heidelberg 1995, S. 377-397
- Anm. zu BVerfG, Beschl. v. 14.1.1995, 1 BvR 601/92 (Mitgliederwerbung des Betriebsrats), SAE 1996, S. 320-323
- „Eingetragene Lebenspartnerschaft" und Grundgesetz, NJW 2001, S. 393-400

Schröder, Meinhard, Verwaltungsrecht als Vorgabe für Zivil- und Strafrecht, DVBl 1990, S. 1217-1218

Schüren, Peter, Tarifautonomie und tarifdispositives Richterrecht. Zugleich Besprechung der Entscheidung des BAG vom 29.1.1987, 2 AZR 109/86, AuR 1988, S. 245-251

Schuppert, Gunnar Folke / Bumke, Christian, Die Konstitutionalisierung der Rechtsordnung. Überlegungen zum Verhältnis von verfassungsrechtlicher Ausstrahlungswirkung und Eigenständigkeit des „einfachen" Rechts, Baden-Baden 2000

Schwabe, Jürgen, Die sogenannte Drittwirkung der Grundrechte. Zur Einwirkung der Grundrechte auf den Privatrechtsverkehr, München 1971
- Probleme der Grundrechtsdogmatik, Darmstadt 1977
- Zur Anwendbarkeit von Art. 14 Abs. 3 GG, wenn der Gesetzgeber durch Neugestaltung eines Rechtgebietes bestehende Rechte abschafft, für die es im neuen Recht keine Entsprechung gibt, JZ 1991, S. 777-779
- Nutzungsbeschränkende Maßnahmen im Interesse des Denkmalschutzes – Enteignung – Inhaltsbestimmung des Eigentums, DVBl. 1993, S. 840-842

Schwark, Eduard, Der Begriff der „Allgemeinen Gesetze" in Art. 5 Abs. 2 GG, Berlin 1970

Schwarz, Kyrill-A., Das Postulat lückenlosen Grundrechtsschutzes und das System grundgesetzlicher Freiheitsgewährleistung, JZ 2000, S. 126-131

Schwarze, Roland, Der Betriebsrat im Dienst der Tarifvertragsparteien, Berlin 1991
- Die verfassungsrechtliche Garantie des Arbeitskampfes – BVerfGE 84, 212, JuS 1994, S. 653-659

Schwerdtfeger, Gunther, Öffentliches Recht in der Fallbearbeitung, 10. Aufl., München 1997
- Die dogmatische Struktur der Eigentumsgarantie. Schriftenreihe der Juristishen Gesellschaft zu Berlin, Heft 77, Berlin/New York 1983

Schwerdtner, Peter, Beschäftigungsförderungsgesetz, Tarifautonomie und Betriebsverfassung, NZA 1985, S. 577-581

Seetzen, Uwe, Der Prognosespielraum des Gesetzgebers, NJW 1975, S. 429-434

Seifert, Hartmut, Betriebliche Bündnisse für Arbeit – Ein neuer beschäftigungspolitischer Ansatz, WSI-Mitteilungen 2000, S. 437-443

Seifert, Karl-Heinz / Hömig, Dieter (Hg.), Grundgesetz für die Bundesrepublik Deutschland. Taschenkommentar, 6. Aufl., Baden-Baden 1999

Seitel, Hans Peter, Öffnungsklauseln in Tarifverträgen – Eine ökonomische Analyse für Löhne und Arbeitszeiten, Berlin 1994

Seiter, Hugo, Die Rechtsprechung des Bundesverfassungsgerichts zu Art. 9 Abs. 3 GG, AöR 109 (1984), S. 88-136

- Der Verhandlungsanspruch der Tarifvertragsparteien, in: Wilke, Dieter (Hg.), Festschrift zum 125jährigen Bestehen der Juristischen Gesellschaft zu Berlin, Berlin/New York 1984, S. 729-751
- Zur Zulässigkeit der Befristung der Arbeitsverhältnisse der Rentenauszahlhilfen der Bundespost, SAE 1970, S. 206-208
- Die Entwicklung der Rechtsprechung des Bundesarbeitsgerichts im Jahr 1969, ZfA 1970, S. 355-429

Selk, Michael, Einschränkung von Grundrechten durch Kompetenzregelungen?, JuS 1990, S. 895-899

Siebert, Horst, Geht den Deutschen die Arbeit aus? Wege zu mehr Beschäftigung, München 1994

Siedentopf, Heinrich, Standort und Zukunft gemeindlicher Selbstverwaltung, in: StGdB 1976, S. 272-277

Siegers, Josef, Die Auslegung tarifvertraglicher Normen, DB 1967, S. 1630-1637

Simitis, Spiros, Die Altersgrenzen – Ein spät entdecktes Problem, RdA 1994, 257-263

Simons, Cornelius, Grundrechte und Gestaltungsspielraum. Eine rechtsvergleichende Untersuchung zum Prüfungsinstrumentarium von Bundesverfassungsgericht und US-amerikanischem Supreme Court bei der Normenkontrolle, Berlin 1999

Sinzheimer, Hugo, Der korporative Arbeitsnormenvertrag, Berlin 1907
- Ein Arbeitstarifgesetz – Die Idee der sozialen Selbstbestimmung im Recht, München/Leipzig 1916
- Grundzüge des Arbeitsrechts, Jena 1921

Smend, Rudolf, Das Recht der freien Meinungsäußerung, VVDStRL 4 (1928), S. 44-74
- Verfassung und Verfassungsrecht (1928), neuabgedruckt in: Statsrechtliche Abhandlungen und andere Aufsätze, 2. Aufl. Berlin 1968, S. 119-135
- Festvortrag zur Feier des zehnjährigen Bestehens des Bundesverfassungsgerichts am 26.1.1962, in: Das Bundesverfassungsgericht 1951-1971, Karlsruhe 1971

Sodan, Helge, Verfassungsrechtliche Grenzen der Tarifautonomie, JZ 1998, S. 421-430

Söllner, Alfred, Zu Sinn und Grenzen der Vereinbarungsbefugnis der Tarifvertragsparteien, AuR 1966, S. 257-263
- Das Begriffspaar der Arbeits- und Wirtschaftsbedingungen in Art. 9 Abs. 3 GG, ArbRdGgw 16 (1979), S. 19-28
- Der verfassungsrechtliche Rahmen für Privatautonomie im Arbeitsrecht, RdA 1989, S. 144-150
- Das Arbeitsrecht im Spannungsfeld zwischen dem Gesetzgeber und der Arbeits- und Verfassungsgerichtsbarkeit, NZA 1992, S. 721-730
- Grenzen des Tarifvertrages, NZA 1996, S. 897-906
- Der Flächentarifvertrag – ein Kartell?, ArbRdGgw 35 (1998), S. 21-32
- Tarifmacht – Grenzen und Grenzverschiebungen, NZA 2000, Sonderbeilage zu Heft 24, S. 33-41

Söllner, Alfred / Waltermann, Raimund, Grundriß des Arbeitsrechts, 13. Aufl., München 2003

Spilger, Andreas Michael, Tarifvertragliches Betriebsverfassungsrecht. Rechtstatsachen und Rechtsfragen tarifvertraglicher Regelungen von Betriebsratsrechten, Berlin 1988

Stahlhacke, Eugen, Bezugnahme auf Tarifverträge in Betriebsvereinbarungen, DB 1960, S. 579-582

Starck, Christian, Freiheit und Organisation. Rede, gehalten am 10. April 1976 bei der Übernahme des Rektorats der Georg-August-Universität Göttingen, Tübingen 1976
- Staatliche Organisation und staatliche Finanzierung als Hilfen zur Grundrechtsverwirklichung, in: Starck, Christian (Hg.), Bundesverfassungsgericht und Grundgesetz. Festgabe

aus Anlaß des 25jährigen Bestehens des Bundesverfassungsgerichts, Band II, Tübingen 1976, S. 480-517
- Die Grundrechte des Grundgesetzes – Zugleich ein Beitrag zu den Grenzen der Verfassungsauslegung, JuS 1981, S. 237-246
- Die Verfassungsauslegung, in: Isensee, Josef/Kirchhof, Paul (Hg.), Handbuch des Staatsrechts der Bundesrepublik Deutschland, Heidelberg 1992, Band VII, § 164
- Praxis der Verfassungsauslegung, Baden-Baden 1994

Stark, Ernst, Verfassungsfragen einer Arbeitsplatzsicherung durch Tarifvertrag, München 1989

Steffan, Ralf, Der praktische Fall – Arbeitsrecht: Ein (zu) langer Tarifvertrag, JuS 1993, S. 1027-1032

Stege, Dieter/Weinspach, F.K., Betriebsverfassungsgesetz. Handkommentar für die betriebliche Praxis, 9. Aufl., Köln 2002

Steiger, Heinhard, Institutionalisierung der Freiheit? Zur Rechtsprechung des BVerfG im Bereich der Grundrechte, in: Schelsky, Helmut (Hg.), Zur Theorie der Institution, 2. Aufl., Düsseldorf 1973, S. 91-118.

Stein, Axel, Tarifvertragsrecht, Stuttgart/Berlin/Köln 1997
- Die Konkurrenz von Gesetz und Tarifvertrag. Zugleich zur tarifvertraglichen Verweisung auf Gesetz, AuR 1998, S. 1-14

Steiner, Udo, Beschäftigung und Beschäftigungsförderung aus grundgesetzlicher Sicht, NZA 2005, 657-662

Steinbeiß-Winkelmann, Christine, Grundrechtliche Freiheit und staatliche Freiheitsordnung – Funktion und Regelungsgehalt verfassungsrechtlicher Freiheitsgarantien im Licht neuerer Grundrechtstheorien, Frankfurt a.M./Bern/New York 1986

Stern, Klaus, Zur Grundlegung einer Lehre des öffentlich-rechtlichen Vertrages, VerwArch 49 (1958), S. 106-157
- Funktionsgerechte Finanzierung der Rundfunkanstalten durch den Staat, München 1968
- Zur Problematik rückwirkender Gesetze. Eine Skizze für eine Neuorientierung, in: Lerche, Peter/Zacher, Hans/Badura, Peter (Hg.), Festschrift für Theodor Maunz zum 80. Geburtstag am 1. September 1981, München 1981, S. 381-393
- Die Verfassungsgarantie der kommunalen Selbstverwaltung, in: Püttner, Günter (Hg.), Handbuch der kommunalen Wissenschaft und Praxis, 2. Aufl., Berlin 1981, Bd. 1, S. 204-223?
- Das Staatsrecht der Bundesrepublik Deutschland, Band I – Grundbegriffe und Grundlagen des Staatsrechts. Strukturprinzipien der Verfassung, 2. Aufl., München 1984
- Das Staatsrecht der Bundesrepublik Deutschland, Band II – Staatsorgane, Staatsfunktionen, Finanz- und Haushaltsverfassung, Notstandsverfassung, München 1980
- Das Staatsrecht der Bundesrepublik Deutschland, Band III/1 – Allgemeine Lehren der Grundrechte. Grundlagen und Geschichte, nationaler und internationaler Grundrechtskonstitutionalismus, juristische Bedeutung der Grundrechte, Grundrechtsberechtigte, Grundrechtsverpflichtete, München 1988
- Das Staatsrecht der Bundesrepublik Deutschland, Band III/2 – Allgemeine Lehren der Grundrechte. Grundrechtstatbestand, Grundrechtsbeeinträchtigungen und Grundrechtsbegrenzungen, Grundrechtsverluste und Grundpflichten, Schutz der Grundrechte, Grundrechtskonkurrenzen, Grundrechtssystem, München 1994
- Idee und Elemente eines Systems der Grundrechte, in: Isensee, Josef/Kirchhof, Paul (Hg.), Handbuch des Staatsrechts der Bundesrepublik Deutschland, Band V, Heidelberg 2000, S. 45-100

– Zur Entstehung und Ableitung des Übermaßverbotes, in: Badura, Peter/Scholz Rupert (Hg.), Wege und Verfahren des Verfassungslebens, Festschrift für Peter Lerche zum 65. Geburtstag, München 1993, S. 165-175
Stettner, Rudolf, Grundfragen einer Kompetenzlehre, Berlin 1983
Stiglitz, Joseph E. / Schönfelder, Bruno, Finanzwissenschaft, 2. Aufl., München/Wien 1989
Stolleis, Michael, Geschichte des öffentlichen Rechts in Deutschland. Weimarer Republik und Nationalsozialismus, München 2002
Stötter, Viktor, Anm. zu BGH, Urt. v. 19.11.1971 – V ZR 103/69, NJW 1972, S. 1191-1192
Streinz, Rudolf, Europarecht, 5. Aufl., Heidelberg 2001
Stumpfe, Werner, Änderungen in der Verbandslandschaft – Arbeitgeber, NZA 2000, Sonderbeilage zu Heft 24, S. 1-4
Sturm, Gerd, Probleme eines Verzichts auf Grundrechte, in: Leibholz, Gerhard, Menschenwürde und freiheitliche Rechtsordnung, Festschrift für Willi Geiger, Tübingen 1974, S. 173-198
Suckow, Jens, Gewerkschaftliche Mächtigkeit als Determinante korporatistischer Tarifsysteme, Berlin 2000
Tettinger, Peter J., Grundlinien der Koalitionsfreiheit nach Art. 9 Abs. 3 GG, Jura 1981, S. 1-9
Thiele, Wolfgang, Bemerkungen zur Kündigung von Gesamtvereinbarungen, RdA 1968, S. 424-427
Thon, Kurt, Diskussionsbeitrag auf dem 46. Deutschen Juristentag (Essen 1966), Arbeitsrechtliche Abteilung, in: Verhandlungen des 46. DJT, Band II (Sitzungsberichte), Teil D, München/Berlin 1966, S. 45-49
Thoma, Richard, Grundrechte und Polizeigewalt, in: Triepel, Heinrich (Hg.), Verwaltungsrechtliche Abhandlungen, Festgabe zur Feier des fünfzigjährigen Bestehens des Preußischen Oberverwaltungsgerichts, Berlin 1925, S. 183-223
– Die juristische Bedeutung der grundrechtlichen Sätze, in: Nipperdey, Hans Carl (Hg.), Die Grundrechte und Grundpflichten der Reichsverfassung, Band I, Berlin 1929, S. 255
– Der Begriff der modernen Demokratie in seinem Verhältnis zum Staatsbegriff, in: Erinnerungsgabe für Max Weber, Band 2, München/Leipzig 1923, S. 37-64
Thüsing, Gregor, Anm. zu BVerfG, EzA Art. 9 Nr. 60
– Anm. zu BVerfG, EzA Art. 9 GG Nr. 75
– Flexibilität und Sicherheit – Eine neue Balance im Arbeitsrecht, NJW 2005, 3477-3479
Timm, Charlotte, Eigentumsgarantie und Zeitablauf, Baden-Baden 1977
Triepel, Heinrich, Delegation und Mandat im öffentlichen Recht, Stuttgart 1942
Ulmer, Peter, Wirtschaftslenkung und Vertragserfüllung. Zur Bedeutung staatlicher Lenkungsmaßnahmen für die vertragliche Geschäftsgrundlage, AcP 174 (1974), S. 167-201
Unterhinninghofen, Hermann, Fristlose Kündigung der ostdeutschen Metalltarifverträge. „Hilfeschrei" oder „eklatanter Rechtsbruch"?, AuR 1993, S. 101-105
Ven, J.J.M. van der, Organisation, Ordnung und Gerechtigkeit, in: Utz, Arthur F., Subsidiaritätsprinzip, Sammlung Politeia, Freiburg 1953, Band II, S. 59
von Hoyningen-Huene, Gerrick, Betriebsverfassungsrecht, 5. Aufl., München 2002
– Die altersbedingte Beendigung von Arbeitsverhältnissen, BB 1994, S. 640-641
von Hoyningen-Huene, Gerrick / Meier-Krenz, Ulrich, Flexibilisierung des Arbeitsrechts durch Verlagerung tariflicher Regelungskompetenzen auf den Betrieb, ZfA 1988, S. 293-318
von Wallwitz, Sebastian, Tarifverträge und die Wettbewerbsordnung des EG-Vertrags, Frankfurt a.M./Berlin/Bern/New York/Paris/Wien 1997
Vossen, Reinhard, Tarifdispositives Richterrecht, Berlin 1974
Voßkuhle, Andreas, Verfassungsstil und Verfassungsfunktion, AöR 119 (1994), S. 35-60
Waas, Bernd, Der Verhandlungsanspruch tariffähiger Verbände und schuldrechtliche Dauerbeziehungen zwischen den Tarifvertragsparteien, AuR 1991, S. 334-339

Waechter, Kay, Einrichtungsgarantien als dogmatische Fossilien, Die Verwaltung 29 (1996), S. 47-72

Wagner, Klaus R., Verfassungsrechtliche Grundlagen der Übertragung von Kompetenzen der Tarifparteien auf die Betriebsparteien, DB 1992, S. 2550-2554

Wahl, Rainer, Der Vorrang der Verfassung, Der Staat 20 (1981), S. 485-516
- Der Vorrang der Verfassung und die Selbständigkeit des Gesetzesrechts, NVwZ 1984, S. 401-409

Walker, Wolf-Dietrich, Zur Rechtmäßigkeit von Arbeitsniederlegungen wegen der Kündigung eines Tarifvertrages, NZA 1993, S. 769-775
- Zur Zulässigkeit von Betriebsbußen, in: Heinze, Meinhard/Söllner, Alfred (Hg.), Arbeitsrecht in der Bewährung, Festschrift für Otto Rudolf Kissel zum 65. Geburtstag, München 1994, S. 1205-1224
- Möglichkeiten und Grenzen einer flexibleren Gestaltung von Arbeitsbedingungen, ZfA 1996, S. 353-381

Waltermann, Raimund, Kollektivvertrag und Grundrechte, RdA 1990, S. 138-144
- Beschäftigungspolitik durch Tarifvertrag?, NZA 1991, S. 754-760
- Altersgrenzen in Kollektivverträgen, RdA 1993, S. 209-220
- Wieder Altersgrenze 65?, NZA 1994, S. 822-830
- Rechtssetzung durch Betriebsvereinbarung zwischen Privatautonomie und Tarifautonomie, Tübingen 1996
- Zuständigkeiten und Regelungsbefugnisse im Spannungsfeld von Tarifautonomie und Betriebsautonomie, RdA 1996, S. 129-139
- Gestaltung von Arbeitsbedingungen durch Vereinbarung mit dem Betriebsrat, NZA 1996, S. 357-365
- Zu den Grundlagen der Tarifautonomie, ZfA 2000, S. 53-86
- Zu den Grundlagen der Rechtsetzung durch Tarifvertrag, in: Köbler, Gerhard/Heinze, Meinhard/Hromadka, Wolfgang, Europas universale rechtsordnungspolitische Aufgabe im Recht des dritten Jahrtausends, Festschrift für Alfred Söllner zum 70. Geburtstag, München 2000, S. 1250-1277

Wank, Rolf, Tarifautonomie oder betriebliche Mitbestimmung? Zur Verteidigung der Zwei-Schranken-Theorie, RdA 1991, S. 129-139
- Anm. zu BVerfG, Beschl. v. 10.1.1995, AP Nr. 76 zu Art. 9 GG
- Anm. zu BVerfG, Beschl. v. 14.11.1995 – 1 BvR 601/92, JZ 1996, S. 629-632
- Empfiehlt es sich, die Regelungsbefugnisse der Tarifparteien im Verhältnis zu den Betriebsparteien neu zu ordnen?, NJW 1996, S. 2273-2282
- Die Auslegung von Tarifverträgen, RdA 1998, S. 71-90
- Kündigung und Wegfall der Geschäftsgrundlage bei Tarifverträgen, in: Schlachter, Monika/Ascheid, Reiner/Friedrich, Hans-Wolf (Hg.), Tarifautonomie für ein neues Jahrhundert. Festschrift für Günter Schaub zum 65. Geburtstag, München 1998, S. 761-792

Weber, Max, Wirtschaft und Gesellschaft. Grundriß der verstehenden Soziologie. Studienausgabe, 5. Aufl., Tübingen 1972

Weber, Werner, Die Sozialpartner in der Verfassungsordnung, Göttinger Festschrift für das OLG Celle, 1961, S. 239-261
- Die rechtliche Beurteilung der Verfassungsbeschwerde der IG Metall gegen das Urteil des BAG vom 31.10.1958, in: Weber, Werner/Scheuner, Ulrich/Dietz, Rolf, Koalitionsfreiheit – Drei Rechtsgutachten, Berlin/Frankfurt a.M. 1961, S. 3-25
- Unzulässige Einschränkungen der Tariffreiheit – Dargestellt an dem Gesetz zur Förderung der Vermögensbildung der Arbeitnehmer, BB 1964, S. 764-767
- Koalitionsfreiheit und Tarifautonomie als Verfassungsproblem, Berlin 1965

- „Allgemeines Gesetz" und „für alle geltendes Gesetz", in: Forsthoff, Ernst (Hg.), Festschrift für Ernst Rudolf Huber zum 70. Geburtstag am 8. Juni 1973, Göttingen 1973, S. 181-199
Weber-Dürler, Beatrice, Vertauensschutz im öffentlichen Recht, Basel 1983
Wedde, Peter, Besteht aufgrund der MTV der Metall-, Elektro- und Stahlindustrie trotz der gesetzlichen Neuregelung (§ 4 Abs. 1 EFZG n.F.) weiterhin ein Anspruch auf 100%ige Fortzahlung des Entgelts im Krankheitsfall?, AuR 1996, S. 421-429
Weller, Bernhard, Betriebliche und tarifvertragliche Regelungen, die sich auf die soziale Auswahl nach § 1 Abs. 3 KSchG auswirken, RdA 1986, S. 222-231
Wendt, Rudolf, Eigentum und Gesetzgebung, Hamburg 1985
- Der Garantiegehalt der Grundrechte und das Übermaßverbot – Zur maßstabsetzenden Kraft der Grundrechte in der Übermaßprüfung, AöR 104 (1979), S. 414-474
- Der Gleichheitssatz, NVwZ 1988, S. 778-786
- Kommentierung von Art. 5 GG in von Münch, Ingo / Kunig, Philip, Grundgesetz-Kommentar, Band I (Präambel. Art. 1-19), 5. Aufl., München 2000
Wiedemann, Anton, Die Bindung der Tarifnormen an Grundrechte, insbesondere an Art. 12 GG, Heidelberg 1994
Wiedemann, Herbert, Anm. zu BAG, Urt. v. 9.7.1980, AP Nr. 7 zu § 1 TVG Form
- Unternehmensautonomie und Tarifvertrag, in: Jayme, Erik, Festschrift für Stefan Riesenfeld aus Anlaß seines 75. Geburtstages, Heidelberg 1983, S. 301
- Tarifautonomie und staatliches Gesetz, in: Farthmann, Friedhelm / Hanau, Peter / Isenhardt, Udo / Preis, Ulrich (Hg.), Arbeitsgesetzgebung und Arbeitsrechtsprechung. Festschrift zum 70. Geburtstag von Eugen Stahlhacke, Neuwied 1995, S. 675-691
- Die Gestaltungsaufgabe der Tarifvertragsparteien, RdA 1997, S. 297-304
- Tarifvertragliche Öffnungsklauseln, in: Isenhardt, Udo / Preis, Ulrich (Hg.), Arbeitsrecht und Sozialpartnerschaft, Festschrift für Peter Hanau, Köln 1999, S. 607-621
- Normsetzung durch Vertrag, in: Hanau, Peter / Heither, Friedrich / Kühling, Jürgen (Hg.), Richterliches Arbeitsrecht. Festschrift für Thomas Dieterich zum 65. Geburtstag, München 1999, S. 661-682
Wiedemann, Herbert (Hg.), Tarifvertragsgesetz, 6. Aufl., München 1999
Wiedemann, Herbert / Arnold, Markus, Anm. zu BAG, Urt. v. 23.6.1992, AP Nr. 55 zu § 77 BetrVG 1972
Wiedemann, Herbert / Thüsing, Gregor, Die Tariffähigkeit von Spitzenorganisationen und der Verhandlungsanspruch der Tarifvertragsparteien, RdA 1995, S. 280-287
Wieland, Joachim, Arbeitsmarkt und staatliche Lenkung, VVDStRL 58 (2000), S. 13-55
Wilke, Dieter, Bundesverfassungsgericht und Rechtsverordnungen, AöR 98 (1973), S. 196-247
Willke, Helmut, Stand und Kritik der neueren Grundrechtstheorie. Schritte zu einer normativen Systemtheorie, Berlin 1975
Windbichler, Christine, Arbeitsrecht im Konzern, München 1989
Windel, Peter A., Über Privatrecht mit Verfassungsrang und Grundrechtswirkungen auf der Ebene einfachen Privatrechts, Der Staat 37 (1998), S. 385-410
Windthorst, Kai, Verfassungsrecht I – Grundlagen, München 1994
Winkler, Andreas, Hat der Flächentarifvertrag Zukunft?, NZA 2000, Sonderbeilage zu Heft 24, S. 10-16
Winter, Engelbert / Zekau, Wolfgang, Außerordentliche Kündigung von Tarifverträgen, AuR 1997, S. 89-94
Winterfeld, Rosemarie, Das Verhältnis von Art. 1 § 1 BeschFG zu tarifvertraglichen Regelungen über befristete Arbeitsverträge, ZfA 1986, S. 157-176

Wipfelder, Hans-Jürgen, Ungeschriebene und immanente Schranken der Grundrechte, BayVBl. 1981, S. 417-423, S. 457-462

Wittig, Peter, Zum Standort des Verhältnismäßigkeitsgrundsatzes im System des Grundgesetzes, DÖV 1968, S. 817-825

- Bundesverfassungsgericht und Grundrechtssystematik, in: Ritterspach, Theo (Hg.), Festschrift für Gebhard Müller. Zum 70. Geburtstag des Präsidenten des Bundesverfassungsgerichts, Tübingen 1970, S. 575-593

Wlotzke, Otfried, Entwicklungstendenzen im Arbeitsrecht, RdA 1963, S. 44-51

- Zum Vorhaben eines Arbeitsvertragsgesetzes – Eine rechtspolitische Betrachtung, in: Gamillscheg, Franz/Hueck, Götz/Wiedemann, Herbert (Hg.), Festschrift 25 Jahre BAG, München 1979, S. 681-707
- Das gesetzliche Arbeitsrecht in einer sich wandelnden Arbeitswelt, DB 1985, S. 754-762

Wolf, Manfred, Tarifautonomie, Kampfparität und gerechte Tarifgestaltung, ZfA 1971, S. 151-179

- Allgemeine Grundsätze des Kündigungsrechts und des Kündigungsschutzrechts, in: Gemeinschaftskommentar zum Kündigungsschutzgesetz und zu sonstigen kündigungsschutzrechtlichen Vorschriften, 3. Aufl., Neuwied 1989

Wolff, Martin, Reichsverfassung und Eigentum, in: Festgabe der Berliner Juristischen Fakultät für Wilhelm Kahl zum Doktorjubiläum am 19.4.1923, Tübingen 1923

Wolff, Patrick, Kollision tarifvertraglicher Normsetzung und Gesetzgebung am Beispiel der verfassungskonformen Ausgestaltung einer gesetzlichen Härteklausel zugunsten der Betriebsparteien. Die Grenzen der Tarifautonomie in einem „Zwei-Stufen-Modell", Diss. Bonn 1999

Worzalla, Michael, Auswirkungen des Kündigungsfristengesetzes auf Regelungen in Tarif- und Einzelarbeitsverträgen, NZA 1994, S. 145-151

Wülfing, Thomas, Grundrechtliche Gesetzesvorbehalte und Grundrechtsschranken, Berlin 1981

Zacher, Hans F., Sozialpolitik und Verfassung im 1. Jahrzehnt der Bundesrepublik, Berlin 1980

Zachert, Ulrich, Tarifautonomie und tarifdispositives Richterrecht, AuR 1988, S. 248-251

- Neue Entwicklungen zur Tarifautonomie und betrieblichen Mitbestimmung, NZA 1988, S. 185-190
- Aufhebung der Tarifautonomie durch „freiwillige Regelungen" im Arbeitsvertrag, DB 1990, S. 986-989
- Deregulierung des Tarifvertrags – Ein taugliches Mittel zur Lösung der Arbeitsmarktprobleme?, DB 1991, S. 1221-1226
- Probleme der Teilkündigung von Tarifverträgen im öffentlichen Dienst, AuR 1993, S. 294-297
- Möglichkeit der fristlosen Kündigung von Tarifverträgen in den neuen Bundesländern, NZA 1993, S. 299-301
- Grenzen für eine gesetzliche Absenkung tariflicher Schutzstandards, NZA 1994, S. 529-534
- Auslegung und Überprüfung von Tarifverträgen durch die Arbeitsgerichte, in: Die Arbeitsgerichtsbarkeit: Festschrift zum 100jährigen Bestehen des Deutschen Arbeitsgerichtsverbandes, Neuwied/Berlin 1994, S. 573-599
- Rechtsfragen zu den aktuellen Tarifverträgen über Arbeitszeitverkürzung und Beschäftigungssicherung, AuR 1995, 1-13
- Auslegungsgrundsätze und Auslegungsschwerpunkte bei der aktuellen Diskussion um die Entgeltfortzahlung, DB 1996, S. 2078-2079
- Krise des Flächentarifvertages? Herausforderungen für das Tarifrecht, RdA 1996, S. 140-151

- Hat der Flächentarifvertrag noch eine Zukunft? AuA 1996, S. 293-295
- Firmentarifvertrag als Alternative?, NZA 2000, Sonderbeilage zu Heft 24, S. 17-23
- Vereinigungsfreiheit/Koalitionsfreiheit, Arbeitsrechts-Blattei SD, 89. Lief., Juni 2001

Zechlin, Lothar, Beeinträchtigungen der Koalitionsfreiheit durch Subventionsauflagen, NJW 1985, S. 585-592

Zippelius, Reinold, Allgemeine Staatslehre (Politikwissenschaft), 12. Aufl., München 1994

Zöllner, Wolfgang, Tarifmacht und Außenseiter, RdA 1962, S. 453-459
- Das Wesen der Tarifnormen, RdA 1964, S. 443-450
- Die Rechtsnatur der Tarifnormen nach deutschem Recht – zugleich ein Beitrag zur Abgrenzung von Rechtssetzung und Privatautonomie, Wien 1966
- Die Rechtsnatur der Allgemeinverbindlicherklärung von Tarifverträgen – Unbewältigte Konsequenzen eines Auffassungswandels, DB 1967, S. 334-344
- Tarifvertragliche Differenzierungsklauseln, Düsseldorf 1967
- Privatautonomie und Arbeitsverhältnis – Bemerkungen zu Parität und Richtigkeitsgewähr beim Arbeitsvertrag, AcP 176 (1976), S. 221-246
- Flexibilisierung des Arbeitsrechts, ZfA 1988, S. 265-291
- Arbeitsrecht und Marktwirtschaft, ZfA 1994, S. 423-437

Zöllner, Wolfgang / Loritz, Karl-Georg, Arbeitsrecht, Ein Studienbuch, 5. Aufl. 1998

Zuck, Rüdiger, Zur Frage der späteren Wiederwahl eines Richters gemäß § 4 BVerfGG, NJW 1976, S. 285

Zuleger, Thomas, Karenztage im Krankheitsfall – Fragen statt Antworten, AuR 1992, S. 231-235

Zweigert, Konrad, Die Verfassungsbeschwerde, JZ 1952, S. 321

Stichwortverzeichnis

Allgemeine Geschäftsbedingungen 311 f., 356
Änderung der Geschäftsgrundlage s. Geschäftsgrundlage
Änderung der Tarifpolitik 4
Änderungskündigung 375, 377, 381, 383, 393, 397, 435
Änderungstarifvertrag 373
Apothekenurteil 272
Äquivalenzstörung 409
Arbeitgeberverbände 2, 54, 396
Arbeits- und Wirtschaftsbedingungen 1, 8, 10, 15, 146, 149, 176, 180 ff., 201, 212 f., 218, 225, 233, 237 ff., 246 ff., 277, 298, 303, 313, 331, 334 f., 344, 357, 362, 401, 419, 450, 464
Arbeitsgesetzbuch und Tarifautonomie 255 ff.
Arbeitskampf 54, 57, 64, 183, 197, 231, 349, 351 f., 384 f., 434, 438, 464
Arbeitskampfrecht 64, 84, 245, 257, 466
Art. 118 I 2 WRV 221, 223
Art. 137 III WRV 219, 223 ff., 232
Art. 159 WRV 8
Art. 165 WRV 7, 15, 247
Auflockerung der normativen Tarifwirkung 188 ff.
– als Eingriff 194
– als Umgestaltung i.e.S 191 ff.
– in Notfällen 3, s. auch gesetzliche Tariföffnungsklausel
Ausgestaltung eines Grundrechts 163 f., 171, 182, 247, 456, 462
– als Aktualisierung eines Grundrechts 19
– als rechtsschöpferische Konkretisierung 33
– ambivalentes Wesen 16
– Auflösung einer Grundrechtskollision 54
– Ausgleich widerstreitender Interessen 16
– beschränkende Wirkung 16
– Beurteilungsspielraum des Gesetzgebers 56
– Bindung des Gesetzgebers 20 ff.

– Bindungsparadoxie 138, 140, 148, 171, 460
– der Eigentumsgarantie 57
– der Freiheit 36
– der Rundfunkfreiheit 17
– durch Organisation und Verfahren 55
– Entfaltung des objektiven Gehalts eines Grundrechts 20
– Grenzen 250
– bei Grundrechten ohne Beschränkungsvorbehalt 23
– keine Grundrechtsbeschränkung 17
– koordinierende Regelungen 16
– Schutzbereich des Grundrechts 17
– Spielräume des Gesetzgebers 21
– trennscharfer Gegenbegriff zum Eingriff 43
– Umqualifizierung eines Eingriffs 27 f.
– verfassungsrechtliche Kontrolldichte 21
– verfassungswidrige 56
– Verhältnismäßigkeitsgrundsatz 20 ff.
– Verwirklichung objektiv-rechtlicher Grundrechtsgehalte 47, 64
– von Art. 9 III GG 9
– Zur-Verfügung-Stellung von Normkomplexen 16
Ausgestaltungsbefugnis 16
Ausgestaltungsgesetz 16 f., 50, 52, 132, 135, 137, 130, 192, 459
Ausgestaltung und Eingriff 19 f., 29
– bei der Koalitionsfreiheit 30
– Nivellierung der Unterschiede 30
– strikte Unterscheidung 37
Aussperrungsbeschluß 31, 57, 178 f.
Außentheorie des Rechts 79 f., 126

Berliner Vergabegesetz 32
Berufsfreiheit 184, 197
– Berufsausübungsfreiheit 30
– Berufszulassungsschranke, subjektive 168
– Drei-Stufen-Lehre 14
Beschäftigungsförderungsgesetz 418
Beschränkungsvorbehalt 23, 456
Besitzstandswahrung sozialer Rechte 264

Bestands- oder Rechtsstellungsgarantie 101
Bestandskraft tariflicher Regelungen 301
Bestimmtheitsgebot, rechtsstaatliches 354
betriebsbedingte Beendigungskündigung 448
Betriebsnormen 251
Betriebsvereinbarung 333, 378, 388 f.
– Ablösung 204
– konkurrierende 352
– verschlechternde 193
Beurteilungsspielraum 186, 189, 311, 454, 456
– der Tarifvertragsparteien 313, 339
– des Gesetzgebers 259, 261 ff., 462
Bezugnahme, dynamisch 319
Bezugnahmeklausel 362, 463
binnensouveräner Verfassungsstaat 218
Binnensouveränität des Staates 218, 227, 234 238, 241

Contergan-Entscheidung 286, 288

Dauerschuldverhältnis 288 ff., 295 ff., 376, 387 f., 390 f., 393, 409, 418, 466, 468
Delegation 321
– Abgrenzung zur Verweisung 314 f.
– Ermächtigung 331
– Reversibilität 343 ff.
– staatlicher Gesetzgebungsgewalt 330
– tariflicher Rechtssetzungsmacht 335 f.
– von Rechtssetzungsbefugnissen 332 f.
– von Rechtssetzungsmacht 315, 324 ff., 330, 337
– Verbot der 334, 464
– versteckte 413
Dentisten-Entscheidung 167
Dienstleistungsgerechtigkeit 168
Drittmittelfinanzierung 243
Durchnormierung eines Rechtsgebietes 93, 137

Ehe 66 f., 72, 90 ff., 96, 98, 102, 109, 124 f., 128, 134, 141, 147 ff., 158, 171, 173
Ehefähigkeitsentscheidung 67, 141
Eigentumsfreiheit 30, 70, 138, 147

Eigentumsgarantie 55, 57, 68, 98, 116, 141, 145, 152, 157, 261, 281 ff., 287, 290
Einbahnstraße, sozialpolitische 263
Einflußgrößen, nachfrage- und angebotsorientierte 186
Einfuhr- und Vorratsstellen-Entscheidung 288
Eingriff 183, 194, 460 ff.
– Abwehr 37
– als Hemmung eines grundrechtlichen Prinzips 46
– erweiterter Begriff 40 ff.
– Finalität 40
– Imperativität 39
– klassische Merkmale 39
– Minimalschwelle 53, 407
– und Ausgestaltung 30, 32, 44, 50, 61
– Unmittelbarkeit 40
Eingriffs- und Schranken-Dogmatik 9, 41, 53, 459
Einheit der Verfassung 25
Einrichtungsgarantie, s. auch Institutsgarantie 10 ff., 91, 103 ff., 137, 143, 170 ff., 214, 231, 243, 458 f.
Einstiegstarif für Langzeitarbeitslose 4
Elastizität des Tarifrechts 378
Enteignung 70, 101, 158, 283 ff., 291 f.
Entgeltfortzahlung im Krankheitsfall 119, 256, 258, 353, 365, 385
Entgeltfortzahlungsgesetz 301, 364
Erbrecht 68, 72, 97 f., 146
Ermächtigungsgesetze 331
Ermächtigungsnorm 464
– ausdrückliche 330
– positive 332

fait accompli 442
falsa demonstratio non nocet 356, 359
Flaggenrechtsbeschluss 31
Freiheit, s. auch Freiheitsbegriff
– als Ordnungszustand 34
– als Rechtsinstitut 35
– kompetentielle 112
– Konstituierung durch die Rechtsordnung 36
– nach Maßgabe des Gesetzes 36
– natürliche 79 f., 90 f., 96, 125, 290, 458
– negative-formelle 34

- normativ konstituierte 88 ff., 100 f., 158 ff., 458
- rechtliche 80, 149
- rechtlich konstituierte 96, 290, 296
- und Demokratie 36
- vorstaatliche 64, 81, 88, 90 f., 101, 172, 200, 290, 458
- wahre 76 f., 82, 161
- zur Beliebigkeit 37, 76, 79, 80, 84, 88, 90

freiheitlich-demokratische Grundordnung 266
Freiheitsbegrenzung 78, 82
Freiheitsbegriff
- formaler 76
- materieller 77
- negativer 75, 79 f., 85 f.
- negativ-formeller 81
- objektiver 75 ff.
- positiver 76, 82

Freiheitsgebrauch 60, 77 f., 131, 134
Freiheitsgrundrechte s. Grundrechte
freiheitskonstituierende Normen 95
Freiheitsverkürzung, s. auch Eingriff 17, 81, 160
Friedenspflicht 384, 391, 441
- absolute 352
- relative 349 ff., 387, 389, 434, 438, 464
Funktionsfähigkeit des Tarifsystems 191

Garantie privatrechtlicher Rechtsinstitute 67
Gemeinwohl 31, 79, 86 f., 146, 215, 226, 235, 239, 261, 272, 277 f., 297
gesamtwirtschaftliches Gleichgewicht 184, 257, 276
Geschäftsgrundlage s. Wegfall der Geschäftsgrundlage
Gesetz
- dispositives 202
- einseitig zwingendes 202
- tarifdispositives 202
- unabdingbare Generalklausel 313
- zweiseitig zwingendes 202, 208
gesetzliche Tariföffnungsklausel 175, 189 ff., 461
Gewaltenteilung 139, 330 f., 337
- horizontal 330
- vertikal 140, 330

Gewerkschaft, s. auch Arbeitnehmerkoalition 2, 54, 95, 196, 243 f., 397
Gewerkschaftsausschluss 31
Gewerkschaftswerbungs-Entscheidung 178, 245
Gleichheitssatz, allgemeiner 165 ff., 170, 460
Goetheinstituts-Entscheidung 323
Grundrechte 36, 49, 52, 63, 133
- abwehrende Funktion 34, 37, 48 f., 51, 63, 74 f., 87, 165
- als Abwehrrecht 165
- als Generalklausel 34
- als negative Kompetenznormen 74, 218
- als Optimierungsgebote 44
- auf Kriegsdienstverweigerung 66
- aus der Hand des Gesetzgebers 19
- Ausgestaltung s. dort
- Ausgestaltungsauftrag 251
- ausgestaltungsbedürftige 33
- funktionale 212
- Funktionserweiterung 51, 74
- Gesetzesvorbehalt 13, 66, 210, 220
- Handlungspflicht 49
- im einfachgesetzlichen Gewande 19
- Inhaltsbestimmung 30
- Kern- oder Minimalschutz 49
- Konkretisierungsbedürftigkeit 33
- Leerlauf 52, 67
- nach Maßgabe des einfachen Rechts 34
- objektiver Gehalt 48 f.
- prima-facie-Garantie 74, 102 f., 181
- rechtsgeprägte 5, 9, 20, 65 ff., 70 ff., 88, 121, 127, 131 ff., 148, 158 ff., 162, 170 ff., 182, 192, 250 ff., 457 ff.
- Regelungsauftrag 30
- Regelungsvorbehalt 38
- sachgeprägte 71 f., 458
- schrankenlose 24
- Schutzbereich 37
- Schutzdichte 91, 106, 122, 459
- Schutzgebotsfunktion 311
- Schutzgut 34, 86 ff., 141, 170
- Schutzpflichten 49, 123, 132 ff., 269, 459
- vorbehaltlose 23, 25 f., 31, 70, 185
- Wertentscheidung 48
- Werteordnung 26, 343
- Wert- und Vorrangrelation 222
- Wesensgehalt 107, 169, 178, 185

Grundrechtsbeschränkung s. Eingriff, Freiheitsverkürzung
Grundrechtskollision 54 ff., 65, 173, 457, 460
- Auflösung 16, 61 f., 128, 173, 192
- Generalvorbehalt gesetzlicher Regelung 63
Grundrechtssicherung durch Organisation und Verfahren 59 f.
Grundrechtsverständnis
- institutionelles 34 ff., 54, 63 f., 108, 456
- klassisch-liberales 34
Günstigkeitsprinzip 188, 225 f., 461
Güterabwägung 164, 221 f.

Harmonisierung von Rechtsvorschriften 463
Hartz-I-Gesetz 32
Haustarifvertrag 323
Heimarbeitsgesetz-Beschluß 208 f.
HFVG-Urteil 243 f., 269
Höchstarbeitsbedingungen 269
HRG-Beschluß 31, 210, 267 f., 272, 299

Informationsfreiheit 265
Informationsobliegenheit 418 ff.
Inhalts- und Schrankenbestimmung 70, 101, 158, 283, 291 f.
Inhaltskontrolle 134, 151, 262
Innentheorie des Rechts 82 ff., 86
Institutsgarantie, s. auch Einrichtungsgarantie 10 f, 67, 70, 91, 110 ff., 143, 150, 282

jus evocandi 224

Kartellierung des Arbeitsmarktes 186
KDV-Entscheidung 26
Kernbedingungen des Arbeitsverhältnisses 269
Kernbereich 8, 113 ff., 143, 153, 162, 170 ff., 178 ff., 190 ff., 208 ff., 224 ff., 241 ff., 254 f., 276, 299, 324, 330, 342 ff., 370, 456 ff.
- der typusprägenden Merkmale 172
- der Koalitionsfreiheit 9
- Gestaltungsmöglichkeiten 226
- koalitionsmäßiger Betätigung 254

Kernbereichsformel 178
Kernbereichsgarantie 213 f., 243
- koalitionsmäßiger Betätigung 212
kernbereichsgeschützte Betätigung 180
Kernbereichslehre 117, 211, 246, 299, 342 ff., 459, 462, 464
Kernbereichsrechtsprechung 13, 243, 245, 255
Kleingarten-Entscheidung 152
Koalition 233, 237
Koalitionsfreiheit 175 ff., 181 ff., 190, 194, 227, 229 f., 254, 271, 332, 342 f., 456
- als Einrichtung 178
- als Gruppengrundrecht 14
- als Individual- oder Kollektivgrundrecht 14 f.
- als Programmsatz 9
- als Teil einer Kommunikationsverfassung 13
- Ausgestaltungsbedürftigkeit 15 f.
- Aushöhlung 213
- Beschränkungsmöglichkeit 13, 209
- Betätigungsfreiheit 15, 176
- Einrichtungsgarantie oder Grundrecht? 10
- Einschränkung 179
- funktionales Grundrecht 212, 215
- Garantie 171
- Institutsgarantie 10 f.
- Kernbereich 179
- kollektive 175
- kollektiver Charakter 14
- negative und positive 193
- schleichende Aushöhlung 191
- staatliche Ausgestaltungskompetenz 8
- und Vereinigungsfreiheit 12 f.
Kodifikation des Arbeitsvertragsrechts 207, 255 f., 258 ff.
Kollektivvertragsfreiheit 228
kollidierendes Verfassungsrecht 183, 461
Kommunale Selbstverwaltung 115, 123, 213, 218
Kommunikationsfreiheiten 229
Kompetenzkatalog als Zugriffstitel 26
Kontaktfreiheit 91, 127, 134, 159, 173, 182, 247, 458
Kriegsdienstverweigerer-Urteil 141
Kunstfreiheit 26, 72

Lex-posterior-Regel, s. auch Zeit-
  kollisionsregel 163
Lohnabstandsgebot 31, 267
Lüth-Urteil 48

Mächtigkeit
– hinreichende 94
– soziale 95
Massenarbeitslosigkeit 32, 183 ff., 191
Maßnahmegesetz 226, 228
Meinungsfreiheit 219 ff., 265
Menschenbild des Grundgesetzes 35
Menschenwürde 83 ff., 215, 266
Mindestarbeitsbedingungen 258, 269
Mitbestimmungsurteil 16, 51, 67, 181

Naßauskiesungsbeschluß 70, 141
natürliches Können 88, 133, 149, 170 f.,
  218, 458
Neuverhandlungspflicht 441 ff.
– außerordentliche Kündigung 449
– Begründung 443 ff.
– bei Betriebsvereinbarungen 445
– Folgen einer Verletzung 445 ff.
– prozeß- und ergebnisorientierte 441 ff.
Normbestandsschutz 109, 117, 122 ff.,
  164, 172, 183, 191 f., 243, 246, 250,
  458 f.
Normsetzungsbefugnis 176, 242, 250
Normsetzungsprärogative 211 f., 456
– der Gewerkschaften 244
– der Koalitionen 277
– der Tarifparteien 8, 208 ff., 226, 461
Notverordnung 187, 197
Nullum, rechtliches 348, 443

Opfergrenze 425 ff., 467
Ordnungsgefüge des Vertrags 379 f.

pacta sunt servanda 386, 416, 421
Parität der Tarifparteien 183, 226, 382,
  402, 410, 466
Parlamentarischer Rat 36, 107, 334
Parlamentsvorbehalt 339 f.
Poststreik-Beschluß 178
Präponderanz der Freiheitsrechte 265
preferred freedoms-Doktrin 266
Preiserhöhungsklausel 413
Pressefreiheit 219, 265
Prinzipienmodell der Grundrechte 44 ff.

Privatautonomie 69, 134, 138, 152,
  206 ff., 218, 429

Rahmentarifvertrag 228
Randbereich 462
– koalitionsmäßiger Betätigung 191, 246
Rastede-Entscheidung 123
Rationalisierungsschutzabkommen 251
Rechtfertigungszwang 27 f., 42, 47, 52,
  124, 157, 257, 313, 372
rechtliches Dürfen 89, 199 f., 224
rechtliches Können 88, 94 ff., 101, 124,
  127, 164, 170 f., 198 ff., 218, 255, 458
Rechtsgrundverweisung 366
Rechtsirrtum 406, 447
Rechtsklarheit 367, 400, 465
Rechtssetzung, Pflicht zur höchstpersön-
  lichen 333
Rechtssetzungsmonopol des Staates 235
Rechtssicherheit 260, 367, 400, 465
rechtsstaatliches Verteilungsprinzip 80, 82
Rechtsstaatsprinzip 260, 294, 337, 339 f.,
  431
Rechtsstellungsgarantie 282
Regelungssperre 352, 435, 464
Regelungsverzicht 340
Regelungsvorbehalt 66
Religionsfreiheit 66, 223
repräsentative Demokratie 253
Revisionsklausel 444
Richterrecht 366
Rückanknüpfung, tatbestandliche 280
Rückbewirkung von Rechtsfolgen 280
Rückwirkung
– echte 279 ff., 294 f.
– unechte 279 ff., 294 ff., 463
– Verbot 462 f.
– von Gesetzen 291, 294, 298, 300
– Zulässigkeit 296 ff.
Rundfunkfreiheit 17, 28, 30, 55 ff., 147

Schiedsgericht 375
Schleyer-Beschluß 266
Schlichtung 231
Schrankenbestimmung 219
Schrankendogmatik 164
Schranken-Schranke 230
Schrankensystem 160
Schriftformgebot 324 ff., 358, 385 ff.,
  411, 444, 452, 464

Schuldrechtsmodernisierungsgesetz 373, 393, 398 ff., 415, 427, 430, 432, 441, 451, 466 f.
Schuldverhältnis im engeren Sinne 386
Schutz des ungeborenen Lebens 50
sekundäre Anpassungskompetenz 446
Selbstbestimmung 1, 10, 35, 40 f., 69, 76 f., 81 ff., 100, 128, 146, 311, 336, 457
– der Tarifvertragsparteien 336
– des Menschen 35
Selbstentmachtung der Tarifvertragsparteien 464
Selbstentscheidung, Gebot der 464
selbstexekutiv 458
Selbstverwaltung, soziale 312
Sicherungsklausel 304, 371 f.
Solidarnormen 251
Sonderdogmatik 20
Sonderdogmatik des Art. 9 III GG 8 f.
Sondergesetz 221, 223
Sonderrechtslehre 221, 223, 226
Sorgfaltspflichtverletzung, objektive 447
Souveränitätsprinzip 237
soziale Selbstverwaltung als Verfassungsprinzip 15
sozialer Bundesstaat 237
Sozialisierungsgefahren 100
Soziallehre, katholische 233, 239
Sozialpflichtigkeit des Eigentums 284
Sozialstaatsgebot 226, 269
Sozialstaatsprinzip 185, 226 f., 229, 237 f., 276
– Konkretisierungs- und Aktualisierungsbedürftigkeit 262
Sperrung von tariflichen Regelungsbereichen 5
Sperrwirkung, formelle 338
Spezialabkommen, tarifliches 368
Sprechervereinbarung 388 f.
status-quo-Garantie 102 ff., 113 f., 162, 172, 177, 458
– des Tarifvertragssystems 177
Störungsrisiko 409
Streitwertrevision 371
Stufenordnung der Rechtsquellen 238
Stufentarifvertrag 395
Subsidiarität 211
– der staatlichen Gesetzgebung 208 f.
Subsidiaritätsprinzip 232 ff., 462

Subtraktionsmethode 120
Superlegislatur 61
Synallagma
– arbeitsvertragliches 267, 270 f., 293
– des Austauschvertrages 267
Systemgerechtigkeit 166 ff., 170, 173, 194, 460
Systemkonformität 257

Tarifamt 375
Tarifautonomie 102, 171, 176, 179, 181 f., 190 ff., 219 ff., 225, 231 f., 236, 242, 244, 253 ff., 284, 298 f., 310, 335 f., 357, 361, 385, 396, 401, 440, 456, 460 f., 463 ff.
– als Einrichtungsgarantie 214, 243
– als Umgestaltungsziel 254
– ausgeübte und aktualisierte 352
– Begrenzung 177
– Eigenart 199
– einfachrechtliche Ausgestaltung 248
– Eingriff 318, 366, 466
– Funktionsfähigkeit 192
– Kernbereich 180, 211
– mittelbarer Zugriff 301 f.
– schleichende Aushöhlung 190
– Schutz der positiv ausgeübten 246
– Überbetrieblichkeit 7
– Verfassungsgarantie 338
– Zugriff des Gesetzgebers 174
Tarifbestimmung
– deklaratorische 306, 347 ff., 316, 351, 353
– konstitutive 305 f., 316, 347 ff., 464
Tarifbindung 193, 258, 261
– Beschränkung der 3
– kongruente 261
– verlängerte 3, 176, 188, 461
Tariffähigkeit 94, 391
Tarifgericht 375
Tarifgesetz 177
Tarifgestaltung durch die Gerichte 401
Tarifkartell 2
Tariflohn, Unterschreitung 195
Tarifmacht 174, 245, 254, 461 f.
– Beschneidung 207
– Beschränkung 208, 258, 260, 266 ff., 271 f.
– Delegation 463
– Eingriff 257

Stichwortverzeichnis 515

– Regelungsbefugnisse 232
– Reichweite 253
– Residualbereich 343
– Umfang 199, 248
– und staatliche Regelungskompetenzen 215 ff.
– Verzicht 464
– Zugriff 198 ff., 461
Tarifniveau, Absenkung 204
Tarifnorm
– deklaratorische 305, 363, 368
– konstitutive 354, 363, 368
– Kontrolle der Zweckmäßigkeit 361
Tarifregelung, vorsorgliche 303 ff.
Tarifsperre 293, 352
Tariftreueerklärung 32
Tarifvertrag 171, 176, 228, 246, 460, 465 f.
– Abschluß 180
– Äquivalenzgefüge 465 f.
– Allgemeinverbindlichkeit 174, 180, 208 ff.
– als Instrument der Normsetzung 247
– als Reglungsinstrument 174 f., 244
– Altersgrenzenregelung 211
– Auflockerung der normativen Wirkung 198
– Auslegung 355 ff., 359, 371
– Außerkraftsetzung 463
– außerordentliche Kündigung 387 ff., 468
– doppelter Charakter 357
– eigentumsrechtlicher Schutz 284 ff.
– ergänzende Auslegung 395
– Flexibilisierung des Tarifvertrags 2 f.
– Friedensfunktion 389, 401, 427
– Funktionen 320
– Kollision 261
– Kopplung an das Gesetz 301 ff., 463
– Kündigungsschutzregelung 268
– Nachwirkung 193, 344, 375, 383, 389, 434 f., 438 f., 461, 486
– normativer Teil 247, 286 f., 357 f.
– Ordnungsfunktion 320, 350, 389, 401, 427, 434 ff., 468
– Ordnungsgefüge 465 f.
– schuldrechtlicher Teil 286 f.
– Schutzfunktion 320, 434 ff., 468
– Sperrwirkung gegenüber Betriebsvereinbarung 352 f.

– staatlicher Geltungsbefehl 199
– Stabilisierungsfunktion 427, 467
– Teilkündigung 329, 373 ff.
– Übernahme gesetzlicher Vorschriften 307 ff.
– unmittelbare Wirkung 174, 247
– Vertrauensschutzprinzip 294
– Vollkündigung 301 f., 463
– Wiederholung gesetzlicher Begriffe 376, 380
– Zugriff des Gesetzgebers 275 ff.
– zwingende Wirkung 174 ff., 181 ff., 188, 190 ff., 247
Tarifvertragssystem 176, 180
Tarifzensur 313, 357, 361
Tarifzuständigkeit 391
Tathandlung und Rechtshandlung 88, 171
Teilkündigung 346, 374 ff., 397, 455, 465 f., 468
– gesetzliches Verbot 385 f.
– kassatorische Wirkung 375, 380, 383
– vertraglicher Ausschluß 386
– Zulässigkeit 375 ff.
Teilverweisung 363 f.
Testierfreiheit 146
totalitäre Ordnung 86
Totalregelung 137
Treu und Glauben 310, 356, 385, 388, 421, 425, 432
TVVO 175, 251
Typenzwang 94
Typus 141 ff., 172, 459 f.
– Idealtypus 142 f., 460
– Realtypus 142 f.

Übergangsregelung 293, 463
Übermaßverbot, s. auch Verhältnismäßigkeitsprinzip 27 f., 49, 127, 153
Übernahmeklausel 301 f., 364 ff., 422 f., 414, 439, 455, 463 ff., 468 ff.
– Änderung und Beseitigung 373 ff.
– tarifliche 465
ultima-ratio 428 ff., 450
Umgestaltung einer einfachrechtlichen Ausgestaltung 163 f., 172, 182, 460 ff.
– Begriff 157, 252
– Bindung an den Gleichheitssatz 165
– Grenzen 165
– im engeren Sinne 159, 161 f., 164, 172 f., 194

– im weiteren Sinne 158, 164
– verfassungsrechtliche Bindungen 162
– Verhältnismäßigkeitsprinzip 162
– und Eingriff 162
– und Systemgerechtigkeit 166 ff.
Unternehmensautonomie 252
Unzumutbarkeit
– Grundgedanken 421 ff.
– Interessenabwägung 424 ff.
– Prinzip 425 f., 436 ff.

venire contra factum proprium 346
Verbandsaustritt 461
Verbandstarifvertrag 323
Verbot des sozialen Rückschritts 263
Verbotsnormen, Typik 200 ff.
Vereinigungsfreiheit 12, 15, 18, 28 ff., 67, 102, 149, 456
Verfassungsrechtsgut 183 f.
Verhältnismäßigkeitsprinzip 17, 151 f., 155 ff., 162 f., 169, 171 f., 177, 187, 194, 219, 245, 250, 252, 273, 283, 293, 298, 429 ff., 454, 460 ff., 468
Verhandlungsanspruch gegenüber Tarifpartner 445, 469
Verhandlungsparität 435
Verkündungszwang 325
Verstaatlichungsauftrag 227
Verteilungsfunktion 320
Verteilungsprinzip, rechtsstaatliches 80, 82, 91, 331 f.
Vertragsanpassung 427 ff., 454
Vertragsautonomie 380, 399
Vertragsbindungsprinzip 425 f., 432
Vertragsfreiheit 18, 69, 97 ff., 134, 197, 228, 311, 402, 429
Vertragsgerechtigkeit 421
Vertragsgestaltungsfreiheit 423
Vertragstreue, Grundsatz der 386, 390, 399
Vertrauensschutz 123 f., 159, 282, 291, 300, 319, 462
– bei Gesetzesänderung 278 ff.
– Einzelfall 297
– grundrechtliche Grundlage 281 ff.
– qualifizierter 295
– Rechtsstaatsprinzip 279 ff.
Verweisung
– auf das Gesetz 314 ff.

– Außenverweisung 315, 322
– Binnenverweisung 315, 322
– dynamische 305 f., 316 ff., 321 ff., 340 ff., 345, 464
– statische 305 f., 316 ff., 322
– Zulässigkeit und Grenzen 322 ff.
Verweisungsklausel 301 f., 304 ff., 346, 362 ff., 369, 378, 411 f., 438 f., 455, 463 ff.
– Änderung und Beseitigung 373 ff.
– dynamische 327 f., 334, 336, 383, 413 f., 439, 467
volenti non fit iniuria 408
Vorkaufsrechts-Entscheidung 292

Wegfall der Geschäftsgrundlage 373 f., 387, 392 ff., 466 ff.
– Anpassungsautomatik 412
– Anpassungsklausel im Tarifvertrag 413
– Anwendbarkeit auf Tarifverträge 303, 394 ff., 403 ff.
– außerordentliche Kündigung 433 ff.
– einseitige Anpassung des Tarifvertrags 450 ff.
– einvernehmliche Anpassung des Tarifvertrags 440 f.
– Gestaltungsgrund 398
– objektive Geschäftsgrundlage 407
– Rechtsfolgen 427 ff.
– Risikoübernahme 418
– Risikoverteilung 408 ff., 467
– subjektive Formel 428, 450
– tatbestandliche Voraussetzungen 403 ff.
– Teilkündigung 437 ff.
– Unzumutbarkeit 419 ff.
– Verhältnis der Anpassung zur Kündigung 403 ff.
– Verhältnismäßigkeit 454 f.
– Vorhersehbarkeit einer Gesetzesänderung 415 ff.
– Vorrang der Vertragsanpassung vor der Vertragsauflösung 467, 469
Weimarer Reichsverfassung 97, 103, 107, 115, 139, 154, 285
Weltwirtschaftskrise 187
Wertentscheidungen des Grundgesetzes 341
Wesentlichkeitsprinzip 339 ff., 344, 358 ff.

Wettbewerbsverbot, nachvertragliches 256
Widerrufsvorbehalt 377
Willkürverbot, allgemeines 165 f.
Wissenschaftsfreiheit 18, 24, 257
Wohlfahrtsstaat 41, 253

Zeitkollisionsregel, s. auch Lex-posterior-Regel 305, 440
Zentralismus 238

Zitiergebot 30
Zugriff des Gesetzgebers
– als Eingriff 254
– als Umgestaltung 252
– auf den laufenden Tarifvertrag 31
– auf die Tarifwirkung 4
Zuständigkeitsvorschriften, Unverfügbarkeit 331
Zwangsschlichtung 453
Zweitregister-Entscheidung 178 f.